谨以此书献给

为安徽高速公路发展事业作出贡献的决策者、建设者、管理者

Record of Expressway Construction in
Anhui

图1 G42S 沪鄂（上海—武汉）高速公路岳西至武汉段

图2 G56 杭瑞（杭州—瑞丽）高速公路黄山至昱岭关段

图3 G4001 合肥绕城高速公路北环段

图4 G3 京台（北京—台北）高速公路铜陵至黄山段

图5　G3 京台（北京—台北）高速公路合肥至徐州北段

图6　G50 沪渝（上海—重庆）高速公路高河埠至界子墩段

图7　G4012 溧宁（溧阳—宁德）高速公路溧阳至广德段

图8 G4012 溧宁(溧阳—宁德)高速公路绩溪至黄山段

图9 G4012 溧宁(溧阳—宁德)高速公路绩溪至黄山段古树保护

图10 G35 济广(济南—广州)高速公路六安至潜山段珍稀植物保护

图11 G35 济广(济南—广州)高速公路六潜高速公路霍山段

图12 G35 济广(济南—广州)高速公路六潜高速公路岳西段

图13 G35 济广（济南—广州）高速公路安庆至景德镇安徽段

图14 S32 宣铜（宣城—铜陵）高速公路合福铁路铜陵长江公铁大桥公路接线段

图15 G35 济广（济南—广州）高速公路六安至潜山段黄尾互通立交

图16 G3W 德上（德州—上饶）高速公路毛集互通立交

图17 G30 连霍（连云港—霍尔果斯）高速公路安徽段朱圩子互通

图18 G40 沪陕（上海—西安）高速公路六安至叶集段枢纽互通

图19 G30 连霍（连云港—霍尔果斯）高速公路安徽段朱圩子互通全景

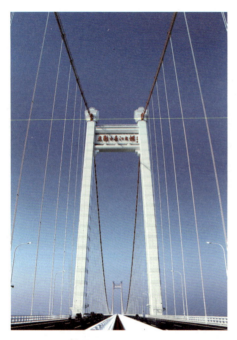
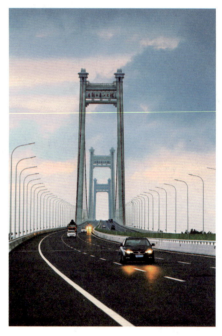

图20 G42S 沪鄂（上海—武汉）高速公路马鞍山长江公路大桥主桥三塔

图21 G42S 沪鄂（上海—武汉）高速公路马鞍山长江公路大桥远景

Record of Expressway Construction in
Anhui

图22　G3 京台（北京—台北）高速公路铜陵至汤口段太平湖大桥

图23　G50 沪渝（上海—重庆）高速公路安庆长江公路大桥

图24 G35济广（济南—广州）高速公路望东长江公路大桥

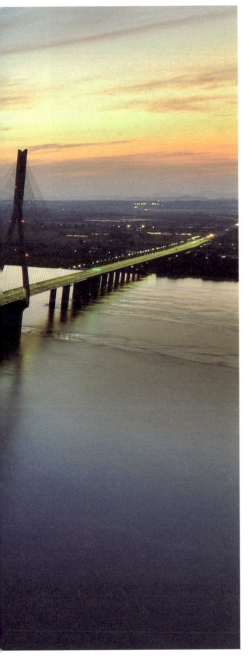

图25　G3京台（北京—台北）高速公路合肥至徐州南段涂山淮河大桥

图26　G56杭瑞（杭州—瑞丽）高速公路徽杭段桥隧相连

图27 G5011 芜合（芜湖—合肥）高速公路试刀山隧道

图28 G5011 芜合（芜湖—合肥）高速公路改扩建试刀山隧道应急工程

图29 G3 京台（北京—台北）高速公路小贺至桃林段桥隧相连

图30 G4012 溧宁（溧阳—宁德）高速公路宁国至绩溪段公路隧道

图31 G4012 溧宁（溧阳—宁德）高速公路绩溪至黄山段佛岭隧道

图32 G42S 沪鄂（上海—武汉）高速公路岳西至武汉安徽段明堂山隧道——安徽第一长隧道

图33 G42S 沪鄂（上海—武汉）高速公路明堂山隧道棚洞

图34 G36 宁洛（南京—洛阳）高速公路皖苏主线收费站

安徽 高速公路建设实录

图35 S93 合肥新桥国际机场高速公路匝道收费站

图36 G36 宁洛（南京—洛阳）高速公路皖苏主线收费站

图37 G1516 盐洛（盐城—洛阳）高速公路泗许高速公路虞姬服务区

"十三五"国家重点图书出版规划项目

中国高速公路建设实录

Record of Expressway Construction in
Anhui

安徽高速公路建设实录

安徽省交通运输厅

人民交通出版社股份有限公司
China Communications Press Co.,Ltd.

内 容 提 要

本书是《中国高速公路建设实录》系列丛书之安徽卷,内容包括经济社会与综合交通运输发展、高速公路网规划、高速公路建设成就、高速公路建设管理地方法规和相关制度、高速公路建设科技成果、高速公路养护和服务运营管理、高速精神及文化建设、高速公路建设项目,以及安徽高速公路建设大事记、获奖情况等。

本书全面系统总结了安徽省高速公路建设发展成就,详细记述了高速公路建设过程中的管理经验、科技创新、文化建设以及项目建设实情,具有很高的史料价值。本书可供交通运输建设行业相关人员阅读、学习与查询参考。

图书在版编目(CIP)数据

安徽高速公路建设实录 / 安徽省交通运输厅组织编写. — 北京:人民交通出版社股份有限公司,2018.10
ISBN 978-7-114-14836-1

Ⅰ. ①安… Ⅱ. ①安… Ⅲ. ①高速公路—道路建设—安徽 Ⅳ. ①U412.36

中国版本图书馆 CIP 数据核字(2018)第 137606 号

"十三五"国家重点图书出版规划项目
中国高速公路建设实录

书　　　名:	**安徽高速公路建设实录**
著 作 者:	安徽省交通运输厅
责任编辑:	刘永超　周　宇　牛家鸣　尤　伟
责任校对:	宿秀英
责任印制:	张　凯
出版发行:	人民交通出版社股份有限公司
地　　　址:	(100011)北京市朝阳区安定门外外馆斜街 3 号
网　　　址:	http://www.ccpress.com.cn
销售电话:	(010)59757973
总 经 销:	人民交通出版社股份有限公司发行部
经　　　销:	各地新华书店
印　　　刷:	北京雅昌艺术印刷有限公司
开　　　本:	787×1092　1/16
印　　　张:	58
字　　　数:	1137 千
版　　　次:	2018 年 10 月　第 1 版
印　　　次:	2018 年 10 月　第 1 次印刷
书　　　号:	ISBN 978-7-114-14836-1
定　　　价:	400.00 元

(有印刷、装订质量问题的图书,由本公司负责调换)

《安徽高速公路建设实录》
编审委员会

主　任：施　平
副主任：罗　宁　王　水
委　员：秦　勤　宴少鹤　何　光　钱东升
　　　　王宏祥　王吉双　王建国
顾　问：梅　劲　李永铎　刘效尧　徐乃强　屠筱北

《安徽高速公路建设实录》
编纂工作委员会

主　任：罗　宁
副主任：章后忠　张国栋
委　员：王能才　汪炳兰　黄莉芸　徐家兵　周正兵
　　　　卞国炎　沈　群　黄学文　苏新国　殷永高
　　　　左敦礼　郑建中　黄　淼　宋　文　杜建国
　　　　刘巍巍　吴　强　郭正义　李　昊　乔春林
　　　　王生国　徐建东　惠肖林

《安徽高速公路建设实录》
编 辑 部

主　　编：王　水
副 主 编：徐乃强　屠筱北　章后忠
执行主编：王生国

《安徽高速公路建设实录》编写和审稿人员名单

第一章　经济社会与综合交通运输发展

初稿编写：第一节　卢　川

　　　　　第二节　黄秋乐

审　　稿：黄学文

第二章　高速公路网规划

初稿编写：陈　敏

审　　稿：徐家兵

第三章　高速公路建设成就

初稿编写：第一节　杨牧盘　杨冬林　陈　蓉

　　　　　第二节　屠筱北

　　　　　第三节　王　波

审　　稿：黄学文

第四章　高速公路建设管理地方法规

　　　　和相关制度

初稿编写：张曼曼

审　　稿：黄莉芸

第五章　高速公路建设科技成果

初稿编写：曹　进

审　　稿：段海澎

第六章　高速公路养护和服务运营管理

初稿编写：第一节　耿　超

　　　　　第二节　王炤华

　　　　　第三节　沈志祥　彭　霞

审　　稿：王宏祥

第七章　高速精神及文化建设

初稿编写：第一节、第二节　王重阳

　　　　　第三节　斯俊华

审　　稿：王宏祥

第八章　高速公路建设项目

初稿编写：相关项目建设单位和路段管理单位

审　　稿：黄学文　段海澎　陆学元　徐建东

　　　　　朱兵兵　徐炬平　黄志福　朱新实

附录一　高速公路建设大事记

初稿编写：毛志遂

审　　稿：张国栋

附录二　获奖情况

初稿编写：曹　进

审　　稿：段海澎

序

编　　写：王生国　蒋周平(初稿)

　　　　　章后忠(二稿)

审　　稿：施　平

彩色插页

图片提供：安徽省交通控股集团有限公司

　　　　　其他各公司

审　　稿：黄学文

为安徽发展插上"高速"翅膀

伴随着改革开放的春风,安徽高速公路走过了30年的发展历程。30年来,安徽高速公路实现从无到有、连线成网的历史跨越,一条条高速公路贯穿东西、连通南北,让江淮大地处处变通衢,一举奠定和释放了安徽的区位比较优势,为全省经济社会发展插上了强有力的腾飞"翅膀"。

栉风沐雨,砥砺前行。30年来,安徽交通人用热血和青春战胜恶劣的自然环境和重重困难,逢山开路、遇水架桥,谱写了一曲高速公路大发展、大跨越的动人赞歌。从1986年10月合宁高速公路破土动工,拉开全省高速公路建设序幕,到如今通车里程突破4500km,"四纵八横"主框架全面形成,5座雄伟大桥横跨长江,416km皖江"天堑变通途",3小时东西穿越,6小时南北过境,安徽高速公路不断刷新纪录、创造历史,无缝衔接、沟通全国,构建了安徽开放发展的大通道,有力促进了资源、资金、技术、人才等要素的交流融合,撑起全省经济社会发展的"脊梁",让梦想照进现实。

勇立潮头,创新超越。30年来,安徽交通人始终站在时代潮头,在探索中发展,在创新中超越,从省内首条、全国率先、被评为"改革开放以来全国十大公路工程"之一的合宁高速公路,到首条穿越皖南旅游山区,荣获多项全省和全国高速公路创新设计与施工奖项,被誉为生态之路、景观之路的铜黄高速公路,再到被誉为"世界一流、国内领先"的现代化桥梁——马鞍山长江公路大桥,我们先后在全国创造了一批高速公路建设管理的安徽经验,创立了"品质工程""安徽精度"等具有安徽特色的现代工程管理模式;开展200多项科技攻关,突破了一批核心技术,一批重点项目先后荣获乔治·理查德森奖、詹天佑奖、鲁班奖等全球性、全国性大奖;开创国内公路企业境外融资先河,安徽皖通被誉为"中国公路境外上市第一股"。一连串的创新成果,已成为展示安徽形象的靓丽名片。

微笑服务,臻于至善。30年来,安徽交通人始终用心用情服务,着力让群众方便出行、满意出行。安徽高速公路按照"融入山水间、承载徽文化、构建新走廊"的建设理念,让路与徽风皖韵相融,畅、安、舒、美的出行环境更加"皖美"。互联网等现代服务技术广泛运用,智慧交通、绿色交通日新月异,从路段管理到路网管理,从手工收费到电子收费,服务效率不断提升,高速出行更加便捷。行业核心价值观土壤不断培厚,"微笑服务、温馨交通"入选全国交通运输行业十大文化品牌并成为行业标准,服务品质持续优化,宾至如归的出行体验更加温馨。

未来可期,任重道远。古人云:"三十而立。"走过30年的风雨历程,安徽高速公路已经迈入成熟发展的新阶段。习近平总书记指出,"十三五"是交通运输基础设施发展、服务水平提高和转型发展的黄金时期。安徽交通人将在省委、省政府和交通运输部的坚强领导下,认真贯彻落实习近平总书记重要讲话精神和治国理政新理念、新思想、新战略,按照省第十次党代会"构建现代立体化综合交通运输体系"的决策部署,本着适度超前的原则,以"扩容网化"为核心目标,推进主通道扩容改造,实现县域全覆盖,完善与铁路、航空、水运、城市道路的衔接,形成"布局合理、覆盖广泛、功能完善、畅通高效"的高速公路网络,更加积极主动地服务于全省经济社会发展大局,为建设"五大发展、美好安徽"当好先行、再立新功,谱写更加辉煌的安徽高速公路建设新篇章。

为了彰显安徽高速公路波澜壮阔的发展历程,总结弥足珍贵的建设经验,传承公路文化,弘扬交通精神,省公路学会按照交通运输部的部署要求,组织编纂了《安徽高速公路建设实录》(以下简称《实录》)。

《实录》共8章24节,从经济社会与综合交通运输发展、高速公路网规划、高速公路建设成就、高速公路建设管理地方法规和相关制度、高速公路建设科技成果、高速公路养护和服务运营管理、高速精神及文化建设、高速公路项目等方面收录相关史料,以编年体形式原原本本地还原和记录了安徽高速公路的发展历程。

《实录》不仅突出史料性和可读性,更突出专业性和技术性,全方位展示了我省高速公路发展的历史脉络、制度体系、政策法规、技术创新、文化建设以及管理服务,是安徽省广大交通科技工作者多年来的科研智慧结晶与实践经验总结,具有较高的学术价值和借鉴意义。

  《实录》的出版,对于了解安徽高速公路、安徽交通运输事业乃至全省经济社会发展进程,进一步指导推进安徽高速公路和交通运输事业发展,必将具有重要意义。

安徽省交通运输厅厅长 施平

2017 年 8 月 28 日

目录 Contents

第一章 经济社会与综合交通运输发展 ········· 1
  第一节 安徽省基本概况 ········· 1
  第二节 综合交通运输发展 ········· 9

第二章 高速公路网规划 ········· 19
  第一节 早期起步阶段 ········· 19
  第二节 快速发展阶段 ········· 23
  第三节 完善提升阶段 ········· 29

第三章 高速公路建设成就 ········· 36
  第一节 建设管理体制的沿革 ········· 36
  第二节 高速公路建设成果 ········· 43
  第三节 桥梁和隧道建设成果 ········· 48

第四章 高速公路建设管理地方法规和相关制度 ········· 52
  第一节 省人大、省政府出台的相关法规 ········· 52
  第二节 行政主管部门发布的相关规章 ········· 55
  第三节 项目业主单位制定的相关管理制度 ········· 59

第五章 高速公路建设科技成果 ········· 62
  第一节 科技创新 ········· 62
  第二节 重大科研课题 ········· 65
  第三节 标准规范 ········· 86
  第四节 主要专著 ········· 88
  第五节 知识产权 ········· 89

第六章 高速公路养护和服务运营管理 ········· 90
  第一节 养护管理 ········· 90
  第二节 服务区管理 ········· 95

第三节　运营管理 …………………………………………………… 98
第七章　高速精神及文化建设 ………………………………………… 109
　　第一节　"勇为人先,追求卓越"的高速精神 ………………………… 109
　　第二节　"徽风皖韵"的地域特色 …………………………………… 113
　　第三节　"微笑服务,温馨交通"的品牌建设 ……………………… 118
第八章　高速公路建设项目 …………………………………………… 123
　　第一节　国家高速公路项目 ………………………………………… 123
　　第二节　省级高速公路项目 ………………………………………… 713
附录一　高速公路建设大事记 ………………………………………… 857
附录二　获奖情况 ……………………………………………………… 874

第一章
经济社会与综合交通运输发展

安徽建省于清朝康熙六年(公元1667年),省名取当时安庆、徽州两府首字合成。因境内有皖山、春秋时期有古皖国而简称皖。安徽地质环境多样,长江、淮河横贯东西,黄山秀美名扬天下。人文历史悠久,徽派建筑、文学流派、哲学观点等交互融合。改革开放以来,安徽省交通运输部门服务于全省经济社会发展全局,坚持以科学发展为主题,全力推进基础设施建设,着力构筑综合交通运输体系,交通运输面貌发生了翻天覆地的变化,为经济社会持续健康发展提供了坚强支撑和有力保障。

第一节 安徽省基本概况

一、行政区划与人口

(一)行政区划

为适应经济社会发展需要,安徽省行政区划历经多次调整。自2000年以来,先后发生三次重要调整:

2000年,国务院同意调整阜阳市的行政区划(国函〔2000〕47号),将阜阳市管辖的涡阳县、蒙城县、利辛县划归新设立的地级亳州市管辖。

2011年,国务院《关于同意安徽省撤销地级巢湖市及部分行政区划调整的批复》(国函〔2011〕84号)指出:同意撤销地级巢湖市,以原地级巢湖市居巢区的行政区域为新设的县级巢湖市的行政区域,新设的县级巢湖市归安徽省直管,合肥市代管。庐江县划归合肥市管辖,无为县划归芜湖市管辖,和县的沈巷镇划归芜湖市鸠江区管辖,含山县、和县(不含沈巷镇)划归马鞍山市管辖。

2015年,国务院批复同意对安庆市、铜陵市、六安市、淮南市部分行政区划进行调整(国函〔2015〕206号),将安庆市枞阳县划归铜陵市管辖;撤销铜陵市铜官山区、狮子山区,设立铜陵市铜官;撤销铜陵县,设立铜陵市义安区;将六安市寿县划归淮南市管辖;设立六安市叶集区,将霍邱县的叶集镇、三元镇、孙岗乡划归叶集区管辖。

至此,安徽省行政区划为16个地级市、6个县级市、55个县、44个市辖区和1249个乡镇,详见表1-1。

安徽省行政区划情况(2015年)　　　　　表1-1

地市名称	市级区划数	县级区划数				乡镇级区划数		
		总数	县级市	县	市辖区	总数	镇	乡
总计	16	105	6	55	44	1249	946	303
合肥市	1	9	1	4	4	84	65	19
淮北市	1	4		1	3	18	18	
亳州市	1	4		3	1	79	72	7
宿州市	1	5		4	1	94	71	23
蚌埠市	1	7		3	4	55	40	15
阜阳市	1	8	1	4	3	155	124	31
淮南市	1	7		2	5	71	57	14
滁州市	1	8	2	4	2	94	82	12
六安市	1	7		4	3	131	88	43
马鞍山市	1	6		3	3	35	31	4
芜湖市	1	8		4	4	44	40	4
宣城市	1	7	1	5	1	78	59	19
铜陵市	1	4		1	3	34	21	13
池州市	1	4		3	1	45	37	8
安庆市	1	10	1	6	3	131	83	48
黄山市	1	7		4	3	101	58	43

注:数据来源于《安徽统计年鉴2016》。

(二)人口

截至2015年末,全省户籍人口6949.1万人,常住人口6143.6万人,城镇化率50.5%。全省人口构成详见表1-2,各市人口分布情况见表1-3。

2015年末安徽省人口及构成(单位:万人)　　　　　表1-2

指标	年末数	比重(%)
年末户籍人口	6949.1	
年末常住人口	6143.6	
其中:城镇	3102.5	50.50
乡村	3041.1	49.50
其中:0~15周岁	1189.4	19.36
16~59周岁	3892.0	63.35
60周岁及以上	1062.2	17.29
其中:65周岁及以上	720.6	11.73

注:数据来源于《安徽统计年鉴2016》。

第一章 经济社会与综合交通运输发展

安徽省各市主要人口指标(2015年)　　　　　　　　　表1-3

地市名称	户籍人口		常住人口	
	总数(万人)	城镇人口比重(%)	总数(万人)	城镇人口比重(%)
总计	6949.11	27.58	6143.61	50.50
合肥市	717.72	42.75	778.95	70.40
淮北市	216.50	48.07	217.88	60.76
亳州市	634.95	14.82	504.69	36.96
宿州市	649.51	17.13	554.12	38.73
蚌埠市	376.35	31.66	329.14	52.22
阜阳市	1042.65	15.56	790.15	38.81
淮南市	383.39	37.99	343.11	60.67
滁州市	449.06	26.60	401.71	49.02
六安市	580.53	17.30	474.12	42.81
马鞍山市	228.50	44.61	226.22	65.15
芜湖市	384.79	49.82	365.45	61.96
宣城市	279.95	23.05	259.24	50.64
铜陵市	170.43	37.91	159.22	52.73
池州市	161.61	31.59	143.63	51.11
安庆市	525.48	25.80	458.61	45.87
黄山市	147.69	29.79	137.37	48.28

注:数据来源于《安徽统计年鉴2016》。

二、历史人文

安徽省是中国史前文明的重要发祥地之一。在繁昌县人字洞发现距今约250万年前人类活动遗址。在和县龙潭洞发掘的三四十万年前旧石器时代的"和县猿人"遗址,表明远古时期已有人类生息繁衍在安徽这块土地上。安徽文化主要由淮河文化、新安文化、皖江文化、庐州文化等组成。

安徽文化底蕴深厚,源远流长,曾培育出道教文化、建安文学、桐城派、北宋理学、徽文化等,涌现出老子、庄子、管子、曹操、华佗、包拯、朱元璋、李鸿章、胡适等一批著名历史人物。产生于淮河流域的老庄道家学派,与儒家学说一起构成我国传统文化两大支柱。徽文化是明清时期最有影响的文化流派,徽剧是京剧的主要源流之一,黄梅戏是中国四大戏曲门类之一,池州的傩戏号称"戏剧活化石",淮河两岸流行的花鼓灯被誉为"东方芭蕾"。

三、地理环境

安徽地处长江、淮河中下游,长江三角洲腹地,居中靠东,沿江通海,东连江苏、浙江,西接湖北、河南,南邻江西,北靠山东,东西宽约450km,南北长约570km,土地面积14.01万km²,占全国的1.45%,居第22位。地跨长江、淮河、新安江三大流域,世称江淮大地。长江、淮河横贯东西,将全省分为淮北平原、江淮丘陵、皖南山区三大自然区域。

(一)地形地貌

安徽地势西南高、东北低,地形地貌复杂多样。平原、台地(岗地)、丘陵、山地等类型齐全,其中以山地、丘陵为主,可将全省分成淮河平原区、江淮台地丘陵区、皖西丘陵山地区、沿江平原区和皖南丘陵山地区五个地貌区。

(二)气候水文

1. 气候

安徽地处暖温带与亚热带过渡地带,在淮河以北属暖温带半湿润季风气候,淮河以南属亚热湿润季风气候。全年无霜期200~250d,年平均气温为14~17℃,1月平均气温-1~-4℃,7月平均气温28~29℃。全年平均降水量在773~1670mm,夏季降水丰沛,占年降水量的40%~60%。全省日照充足,光能资源较为丰富,年平均日照时数为1800~2500h,适合多种植物的生长和动物的繁衍。

2. 水文

安徽水文既带有强烈的季风气候特征,又受地貌形态的严格制约。径流年际变化大,年内分配不均,汛期5~8月或6~9月的径流量占全年径流量的55%~70%,丰水年与枯水年径流量的比值差达14~22倍。径流量的地区差异与降水量地区差异相一致,在皖西和皖南丘陵山区平均年径流深600~1000mm,淮北仅200mm左右。

安徽跨淮河、长江、新安江三大水系,湖泊众多,水域辽阔。长江在安徽境内全长416km,俗称"皖江",境内流域面积6.6万km²。淮河在安徽境内长430km,境内流域面积6.69万km²。新安江在安徽境内长194km,流域面积6500km²。安徽省共有湖泊500余个,总面积为1750km²,其中大型12个、中型37个,湖泊主要分布于长江、淮河沿岸,湖泊面积为1250km²,占全省湖泊总面积的72.1%。巢湖是全国五大淡水湖之一。

安徽省地下水在淮河平原和沿江平原最为丰沛,占全省地下水总储量的78%,尤其淮河平原面积仅占全省总面积的26.6%,而地下水储量占全省总储量的55%,皖西、皖南两个丘陵山区和江淮之间的台地丘陵区,面积约占全省总面积的55%,但地下水储量仅占22%。

(三)土地

截至2015年底,全省各类用地中,占比较高的分别为耕地、林地、居民点及独立工矿用地,分别占用地总面积的41.93%、26.76%、11.64%。交通运输用地为1373.91km², 占比0.98%。土地利用状况详见表1-4。

土地利用状况(2015年) 表1-4

指　　标	面积(km²)	占总面积(%)
总面积	140139.85	100.00
耕地	58766.38	41.93
园地	3512.45	2.51
林地	37505.92	26.76
牧草地	4.76	0.01
其他农用地	11804.23	8.42
居民点及独立工矿用地	16312.61	11.64
交通运输用地	1373.91	0.98
水利设施用地	2064.77	1.47
未利用地	8794.82	6.28

注:数据来源于《安徽统计年鉴2016》。

(四)矿产资源

安徽资源条件优越,全省已发现矿种达160种(含亚矿种),探明资源储量的有123种(含亚矿种),其中能源矿6种、金属矿21种、非金属矿94种、水气矿2种。安徽煤、铁、铜、硫铁矿等矿产资源保有储量在全国名列前茅。

(五)动植物资源

安徽省野生动植物资源丰富、种类繁多。有高等植物4245种,占全国种数的14.2%,其中国家一级保护植物6种、二级保护植物25种。脊椎动物44目121科742种,占全国种数的14.1%,其中国家一级保护动物21种、二级保护动物70种,世界特有的野生动物扬子鳄和白鳍豚就产在安徽中部的长江流域。

全省林副产品丰富,盛产苹果、梨等水果,板栗、山核桃、银杏等干果,木瓜、杜仲等木本药材以及香菇、木耳等,其中砀山酥梨、太和香椿、金寨板栗、宁国山核桃、宣州木瓜、水东蜜枣、泾县青檀等林副产品闻名遐迩。

(六)旅游资源

安徽是中国旅游资源最丰富的省份之一。截至2015年底,全省有国家级、省级各类旅游点290多处,其中国家重点名胜风景区5处、历史文化名城3座。以黄山、九华山为中心的皖南旅游区,山水人文交相辉映,是我国品位最高、景点最集中、特色最鲜明的山岳风光旅游区。黄山以奇松、怪石、云海、温泉闻名于世。九华山为中国四大佛教名山之一，齐云山是江南道教圣地，太平湖和新安江素有"山水画廊"之誉。江淮之间有历史上享誉数百年的古南岳天柱山，有因宋代著名诗人欧阳修的《醉翁亭记》而驰誉古今的琅琊山。采石矶、敬亭山、桃花潭、五松山、齐山和秋浦河等江南山水，为唐代大诗人李白晚年的钟情之地，诗踪遗迹十分丰富。此外，小孤山、浮山、巢湖等名胜景观都各具特色。中国历史文化名城歙县、亳州、寿县，分别以其悠久的文化、古老的名胜建筑和著名的典故、传说而闻名遐迩。

四、交通区位

安徽省在国家交通运输网络中，具有承东接西、连南接北、居中靠东、临江近海及处于长三角腹地等区位特征。截至2017年底，安徽省高速公路通车里程已达4673km，2018年底高速公路通车里程将突破4800km。四通八达的高速公路网络已基本形成。全省一级公路里程达到3166km，二级及以上公路里程超过1.8万km，实现所有乡镇通沥青（水泥）路，行政村通公路率为99.99%。安徽省铁路密度居华东前列，2015年全省铁路运营里程达4062km，其中快速客运铁路达到1330km。2015年安徽省内河航道里程达到5729km。2015年民航航线里程达到103676km。合肥新桥国际机场是国内4E级枢纽干线机场。

五、经济、社会发展

（一）经济发展

自改革开放以来，安徽省委、省政府带领全省人民紧紧围绕发展这个第一要务，锐意进取，开拓创新，取得了改革开放和现代化建设的伟大成就。如今，奋进中的安徽已迈入厚积薄发、加速崛起的新阶段，特别是在中部崛起、长江经济带和"一带一路"倡议等国家重要发展战略的指引下，相继实施了"861行动计划""东向发展""三个强省""五大发展行动计划"等一系列重大决策，出台了合芜蚌自主创新综合试验区、皖江城市带承接产业转移示范区、皖南国际旅游文化示范区等一系列区域专项规划，经济发展更是保持快速健康发展的良好势头。

安徽省是中国重要的农产品生产、能源、原材料和加工制造业基地，汽车、机械、家电、化工、电子、农产品加工等行业在全国占有重要位置。目前，工业已成为全省经济增长的主导产业，工业门类齐全、布局合理，现已形成机械、家电、化工、能源、原材料等支柱产业，正在积极改造提升烟酒、农产品加工等传统产业，大力培育和发展电子、信息、新材料、生物工程等先导产业。

2015年地区生产总值为22005.6亿元。其中，第一产业增加值2456.7亿元，第二产业增加值11342.3亿元,第三产业增加值8206.6亿元。三种产业结构为11.2∶51.5∶37.3。其中工业增加值占地区生产总值比重为43.9%。人均生产总值35997元(折合5779美元)。2015年全省就业人员4342.1万人,全年全省常住居民人均可支配收入18363元,其中全年城镇常住居民人均可支配收入26936元,全年农村常住居民人均可支配收入10821元。安徽省历年主要社会经济指标见表1-5,各市生产总值情况见表1-6。

安徽省历年主要社会经济指标　　　　　　　表1-5

年份	生产总值(亿元)						人均生产总值(按常住人口计算)(元/人)
	总计	第一产业	第二产业			第三产业	
			合计	工业	建筑业		
2000	2902.09	741.77	1056.78	885.10	171.68	1103.54	4779.46
2005	5350.17	966.50	2245.90	1837.36	408.54	2137.77	8630.70
2007	7360.92	1200.18	3370.96	2810.00	560.96	2789.78	12039.47
2008	8851.66	1418.09	4198.93	3505.67	693.26	3234.64	14448.15
2009	10062.82	1495.45	4905.22	4064.72	840.50	3662.15	16407.66
2010	12359.33	1729.02	6436.62	5407.40	1029.22	4193.69	20887.80
2011	15300.65	2015.31	8309.38	7062.00	1247.38	4975.96	25659.31
2012	17212.05	2178.73	9404.84	8025.84	1379.00	5628.48	28792.32
2013	19229.34	2267.15	10390.04	8880.45	1524.11	6572.15	32000.89
2014	20848.75	2392.39	11077.67	9455.48	1638.32	7378.69	34424.61
2015	22005.63	2456.69	10946.83	9264.82	1698.92	8602.11	35996

注:数据来源于《安徽统计年鉴2016》。

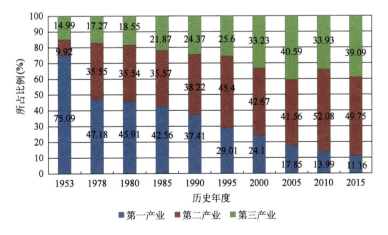

安徽省历年生产总值结构

安徽省各市生产总值(2015年)

表 1-6

地区	生产总值(亿元)	第一产业	第二产业	第三产业	构成(%) 第一产业	构成(%) 第二产业	构成(%) 第三产业	人均生产总值(元/人)
合肥市	5660.27	263.43	2977.28	2419.57	4.7	52.6	42.7	73102
淮北市	760.39	59.33	441.57	259.49	7.8	58.1	34.1	35057
亳州市	942.61	195.04	370.18	377.39	20.7	39.3	40.0	18771
宿州市	1235.83	268.26	468.85	498.72	21.7	37.9	40.4	22415
蚌埠市	1253.05	188.55	600.98	463.53	15.0	48.0	37.0	38267
阜阳市	1267.45	286.28	516.38	464.79	22.6	40.7	36.7	16121
淮南市	901.08	111.51	433.33	356.24	12.4	48.1	39.5	26398
滁州市	1305.7	221.53	657.01	427.15	17.0	50.3	32.7	32634
六安市	1016.49	180.46	468.37	367.65	17.7	46.1	36.2	21524
马鞍山市	1365.30	79.46	773.62	512.22	5.8	56.7	37.5	60802
芜湖市	2457.32	120.02	1405.43	931.87	4.9	57.2	37.9	67592
宣城市	971.46	121.30	473.33	376.83	12.5	48.7	38.8	37610
铜陵市	911.60	47.24	562.93	301.43	5.2	61.7	33.1	57387
池州市	544.74	70.57	251.33	222.84	13.0	46.1	40.9	38014
安庆市	1417.43	185.93	685.78	545.72	13.1	48.4	38.5	31101
黄山市	530.90	55.11	211.75	264.04	10.4	39.9	49.7	38794

注:本表绝对数按当年价格计算,指数按可比价格计算。数据来源于《安徽统计年鉴2016》。

(二)社会发展

伴随着国民经济的快速发展,安徽省社会发展在各个方面也产生了巨大的变革。其中城市建设快速推进,城市框架不断扩大,城镇化率稳步增长,人民生活水平不断提高。社会发展与交通运输发展密切相关、相辅相成,主要表现在以下方面。

第一,社会经济的发展和人民生活水平的提高逐步提升了居民的购买力,私人小汽车的保有量逐年增长。第二,高速公路、高速铁路和民航等运输方式的快速发展,极大地缩短了区域间的时间和空间距离,改善了人们的出行条件,同时诱发了大量潜在的交通出行需求。尤其是随着高速公路网的完善和私人小汽车保有量的增长,自驾游的规模呈现出快速增长的趋势。第三,经济一体化和城乡一体化使得区域间的人流、物流日益频繁,相互间联系越发密切,对于交通运输发展的需求不断提升。第四,城市的建设发展和城市空间的扩大需要道路建设、公共交通等交通资源的配套作为支撑。统计分析表明,安徽省历年生产总值增加和高速公路里程增长高度一致。

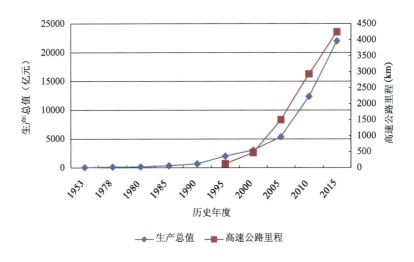

安徽省生产总值与高速公路里程对比示意图

第二节 综合交通运输发展

一、交通运输行业管理体制变迁

新中国成立初期的安徽省交通运输行业管理体系的建立可追溯于1949年3月27日皖北区人民行政公署设立的皖北行署公路管理总局。1950年1月成立皖北行署交通处，位于合肥市，管理长江以北安徽境域的水陆交通。原公路管理总局改为公路管理局，隶属交通处。

1949年6月，皖南区人民行政公署在屯溪设立皖南区公路局，7月迁至芜湖，11月改为皖南区交通管理局，管理长江以南安徽境域的水陆交通。1950年7月，皖南区交通管理局改为皖南行署交通处。

1951年12月，皖南、皖北人民行署交通处在合肥合并，筹建安徽省交通厅，暂称皖南北行署交通处，处址位于合肥市小东门。

1952年8月，安徽省交通厅成立，全省水路、陆路（除铁路）交通管理归于统一。

1959年，民航安徽省管理局成立，属于政事企三者合一的单位，曾分别隶属于国家民航局和空军管理局，1980年脱离空军建制由国家民航总局管理。

1966年"文化大革命"开始不久，交通系统各级组织工作陷于瘫痪。

1968年12月，安徽省交通纵队革命委员会成立，内设政工、生产指挥和后勤3个大组，代行原交通厅职责。

1980年1月,中共安徽省委决定省交通局恢复省交通厅建制,机构内设办公室、政治部等部门;下辖省公路工程处、省航运管理局等企、事业单位。

1983年以后,交通体制改革,逐步实行政企分开。交通厅于1984年6月将大部分直属企业下放地、市。

1986年7月,省政府决定成立312国道工程建设领导小组,下设省高等级公路工程建设指挥部,于同年10月1日开工建设合肥至南京的高速公路。

1990年2月,安徽省高等级公路管理局正式成立,高管局负责对全省高速公路建设和经营进行集中调度,统一管理。

1992年12月,安徽省高速公路总公司成立,并与前期成立的安徽省高等级公路工程建设指挥部、安徽省高等级公路管理局合为三块牌子一套班子。

1996年,以合宁路为总股本发起设立的皖通高速公路股份有限公司是我国第一家H股上市的公路企业。2003年1月7日,皖通公司成功增发2.5亿股A股股票,成为国内为数不多的公路类拥有H股和A股的上市公司。

1998年,经安徽省人民政府批准,安徽省高速公路总公司为大型一类企业,也是安徽省最大的交通基建企业,由安徽省人民政府国有资产监督管理机构直接监管。

2001年5月,安徽省交通投资集团有限责任公司正式挂牌成立,由安徽省人民政府国有资产监督管理机构直接监管。从2004年起,该公司开始承担高速公路建设和路产运营职能,逐步发展成为安徽省交通基础设施建设的两大国有投资主体之一。

2003年11月,安徽省民航管理局撤销,改制为国有独资的安徽民航机场管理有限责任公司,由国家民航总局移交安徽省人民政府,实行属地化管理。2005年11月,通过引入安徽省高速公路总公司作为战略合作伙伴,改制为股权多元化的安徽民航机场集团有限公司。

2009年6月,根据省机构编制委员会有关文件精神,将原省交通厅的职责、省建设厅承担的城市客运管理职责整合划入新组建成立的省交通运输厅,不再保留省交通厅。这是安徽省深化行政体制改革、探索实行职能有机统一的大部门体制的一项重要举措,也是安徽省交通运输管理体制的一项重大变革。

2010年1月,经安徽省国资委批复同意,安徽省高速公路总公司实施公司制改革,成立安徽省高速公路控股集团有限公司。

2014年12月,经省政府批复同意,原省高速集团和原省交通集团合并重组成立安徽省交通控股集团有限公司,注册资本160亿元,主业为公路及相关基础设施设计和建设、经营与服务等。截至2017年底,集团公司资产总额已突破2600亿元,成为安徽省资产总额最大的国有企业。

"十二五"期间,伴随着国家大部制改革,邮政业开始纳入交通运输发展的管理范畴。

二、交通运输发展

纵观安徽交通运输的发展历史,大致可以划分为新中国成立前、新中国成立后至改革开放前、改革开放以来至20世纪末、21世纪以来等四个时期。新中国成立前,因政治、军事、经济等因素制约,交通运输发展比较落后,甚至经常性造成道路破坏和交通瘫痪。新中国成立后,安徽交通运输发展在曲折的道路上缓慢前行,到了1986年,安徽交通运输发展步入了崭新的时代,交通基础设施规模总量快速增长,公路、铁路、航空等同步发展,网络覆盖面进一步扩大,通达深度大幅提升,综合交通运输能力显著增强,以高速公路、高速铁路、主要航道为骨架的交通运输体系基本建成,为安徽经济社会发展提供了重要支撑。表1-7~表1-11真实地反映了自新中国成立以来,全省交通运输发展的成就。

安徽省各种交通线路里程(单位:km) 表1-7

年份	铁路通车里程	长江航道里程	公路通车里程	内河航道里程	民用航线里程
1949	719	397	2088	8760	
1950	719	397	3299	8760	
1955	703	397	4226	8774	
1960	850	397	13616	9812	490
1965	753	401	15179	10151	480
1970	887	401	17395	10240	480
1975	938	401	20644	10262	480
1978	987	1103	23680	5523	480
1980	1059	1205	24262	5523	480
1985	1431	1205	26988	5515	3282
1990	1540	1125	30126	5527	
1995	1756	1125	35178	5612	
2000	2163	1751	44493	5611	60553
2005	2308		72807	5616	72263
2010	2850		149382	5587	76303
2015	4169		186940	5729	103676

注:内河航道里程1963年以前包括长江航道里程,1978年以前包括放排、筏里程,1978年后不包括。民用航线里程按航线统计(即包括省外部分)。数据来源于《安徽省地方志》和历年安徽统计年鉴。

安徽省运输工具拥有量表

表 1-8

年份	民用汽车(辆)			其他机动车(辆)	机动船(艘)	驳船(艘)	帆船(艘)
	总量	载货汽车	载客汽车				
1949	395	367	28		100	52	30480
1950	365	324	41		124	43	32767
1955	838	683	155		99	79	25964
1960	2105	1813	292		259	1564	15291
1965	2337	1894	443		185	638	14836
1970	3233	2649	584		307	1116	12796
1975					1163	2184	9882
1978	40528	31583	7326	5025	4155	5228	12912
1980	50687	38876	9759	5705	4694	6062	12180
1985	90971	66043	21246	20884	23222	6267	951
1990	153700	101500	45700	40500	31761	5053	
1995	244600	135500	93100	63600	30700	4474	
2000	386706	192348	187940	106596	21692	3946	
2005	804952	332139	436372		30439	2933	
2010	2432339	663361	1409537		27041	2145	
2015	5128000	875638	4081562		27475	1325	

注:1978年前统计范围是交通部门,后为全社会。数据来源于《安徽省地方志》和历年安徽统计年鉴。

安徽省旅客运输量表(单位:万人)

表 1-9

年份	总计	铁路	长航	地方交通			民航
				合计	公路(汽车)	水运	
1949	77			77	10	67	
1950	133			133	31	102	
1955	1479	624	55	800	362	438	
1960	3930	1660	40	2130	1176	954	
1965	3854	1021	331	2502	2274	228	
1970	5345	1454	467	3424	3036	378	0.49
1975				6887	6349	538	1.66
1978	13250	2164	838	10248	9733	515	2.56
1980	18054	2572	972	14510	13801	709	2.50
1985	27212	2818	814	23577	22926	651	2.78
1990	39530	2342		37176	35706	1470	12
1995	57881	2537		55251	54153	1098	93
2000	62033	2994		58886	58026	860	153
2005	72871	3486		69171	68927	244	214
2010	159597	5552		153836	153697	139	208
2015	87107	8553		78257	78072	185	297

注:2015年交通运输部组织开展了公路水路运输量小样本调查工作,重新调整基数,客、货运量及周转量与往年数据不具可比性。下表同。数据来源于《安徽省地方志》和历年安徽统计年鉴。

第一章
经济社会与综合交通运输发展

安徽省货物运输量表（单位：万t） 表1-10

年份	总计	铁路	长航	地方交通			民航
				合计	公路	水运	
1949	283			283	4	279	
1950	310			310	4	306	
1955	2618	608	99	1911	530	666	
1960	11903	3180	525	8198	3869	2680	
1965	5039	1743	545	2751	1662	900	
1970	6546	2370	525	3651	2216	1079	
1975				6582	3717	1369	
1978	11776	3805	451	7520	3742	1322	
1980	11144	3546	823	6475	3258	1087	
1985	12775	4452	609	7714	3127	1203	
1990	44643	4189		40454	35427	5027	0.1
1995	40462	5103		35358	30236	5122	1.0
2000	44536	6473		38060	32740	5320	2.5
2005	67128	10386		56739	49614	7125	3.0
2010	228106	12091		216013	183658	32355	2.2
2015	345756	10158		335596	230649	104947	2.3

注：地方交通运输量合计中包括组织其他部门运输量在内。数据来源于《安徽省地方志》和历年安徽统计年鉴。

安徽省地方交通客货运输周转量表 表1-11

年份	客运周转量（万人公里）			货运周转量（万吨公里）		
	合计	公路（汽车）	水运	合计	公路	水运
1949	3761	828	2933	30572	302	30270
1950	6239	2071	4168	33424	273	33151
1955	26757	12039	14718	56672	5664	47240
1960	89757	59132	30625	190490	48795	128654
1965	85963	77992	7971	108215	28609	77152
1970	126759	115565	11194	139310	46433	86767
1975	212441	198196	14345	224174	67942	134977
1980	401081	384996	16085	288413	90851	159739
1985	817630	802243	15387	703694	150460	401396
1990	1402061	1340964	61097	2283298	1220654	1062644
1995	2254544	2205313	49231	3461253	1909684	1551569
2000	3177542	3141134	36408	4573368	2747117	1826251
2005	4815555	4812462	3093	6823567	4226699	2596868
2010	10104558	10101874	2684	61368650	50049069	11319581
2015	5752672	5748829	3843	96628670	47218724	49409946

注：地方交通周转量合计中包括组织其他部门周转量在内。数据来源于《安徽省地方志》和历年安徽统计年鉴。

(一)公路

安徽省公路最早创建于20世纪早期。至1949年4月全省解放时,仅有通车公路2088km。新中国成立后至改革开放前,全省公路建设取得了长足的发展。公路建设发展成就变化指标详见表1-12。

新中国成立至改革开放前安徽省公路里程主要指标　　表1-12

年份	公路通车里程(km)	面积密度(km/100km²)	人口密度(km/万人)
1949	2088	1.50	0.75
1950	3299	2.37	1.16
1955	4226	3.03	1.32
1960	13616	9.77	4.48
1965	15179	10.89	4.62
1970	17395	12.48	4.42
1975	20644	14.81	4.60
1978	23680	16.99	5.02

注:数据来源于《安徽省地方志》和历年安徽统计年鉴。

改革开放以来,全省城乡经济空前活跃,公路建设进入新的全面发展阶段。1986年,省内第一条高等级公路——312国道合(肥)宁(南京)公路安徽段动工兴建,标志着全省高速公路建设开始起步。

另外,随着交通建设投融资体制改革不断深化,交通基础设施建设取得突破性进展,一批具有标志性的公路工程陆续建成。205国道马鞍山过境线和天长段、104国道文明样板路、318国道宣广段、312国道六叶段、合淮路改造工程建成或完工;铜陵长江公路大桥、黄山太平湖大桥、蚌埠与凤台淮河公路大桥、安庆皖河大桥等一批特大桥梁建成。尤其是1995年建成的铜陵长江公路大桥,结束了安徽省境内皖江无跨江大桥的历史,该项目也是安徽省利用日本协力基金贷款,依靠社会融资、收费还贷建设公共交通设施的首个成功范例。

公路建设取得非凡成就的同时,交通运输市场改革呈现新的变化。旧的运输体制被打破,出现了国营、集体、个体运输一起上的新格局,运输市场十分活跃。全省公路运输网络有了新发展,公路客车运营线路达4000余条,总运营里程8万多公里,零担运输班线沟通了国内18个省、市。全省已形成以17个地、市国营运输企业为主力,以地、市、县集体运输企业为补充,以城乡两户、个体和社会自备车辆单位为调节的3个运输层次,构成了内联城乡、外联省际、四通八达、灵活机动的公路运输网。1985年,安徽在国内率先提出《征集汽车站建设专用基金实施办法》,两年即征集建站资金2124万元,为公路建设持续发展提供支持。

第一章 经济社会与综合交通运输发展

21世纪以来,安徽公路建设实现了跨越式发展,以高速公路、一级公路为代表的高等级公路进入发展的黄金机遇期,公路网规模稳步增长,干线公路结构进一步优化,农村公路服务能力显著提高,工程质量稳步提高。

截至2015年底,安徽省公路总里程达186940km,公路网面积密度达143.8km/100km²,居全国第6位。安徽省公路发展状况指标详见表1-13、表1-14。

改革开放以来安徽省公路发展情况　　　　　　　　　　　表1-13

年份	公路通车里程（km）	面积密度（km/100km²）	人口密度（km/万人）	乡镇通达率（%）	建制村通达率（%）
1978	23680	16.99	5.02		
1980	23984	17.21	4.90		
1985	26988	19.36	5.23	90.6	70.9
1990	30126	21.61	5.32	97.2	75.0
1995	35178	25.24	5.86	99.6	83.6
2000	44493	31.92	7.09	99.8	85.6
2005	72807	52.23	11.17	99.9	99.3
2010	149382	107.16	21.88	100	99.97
2015	186940	134.10	26.90	100	99.99

注:数据来源于《安徽省地方志》和历年安徽统计年鉴。

改革开放以来安徽省公路发展等级划分(单位:km)　　　　表1-14

年份	行政等级					技术等级						合计
	国道	省道	县道	乡道	专用公路	村道	高速	一级	二级	三级	四级	等外
1978		9389	13101		1190								23680
1980		9692	11264	2813	493		6	715	4047	11851	7643		24262
1985		10331	12103	4128	426		15	1196	4068	14967	6742		26988
1990		9186	12632	7967	341		28	2167	4626	19051	4254		30126
1995		9897	12847	12176	258		123	197	4160	5277	22345	3076	35178
2000	3217	7280	17494	16226	276		470	264	6347	9050	26448	1914	44493
2005	3240	7757	24200	36606	1004		1501	338	9633	12537	43074	5724	72807
2010	5037	7375	23970	36226	1004	75771	2929	499	10504	15306	113106	7042	149382
2015	5427	8402	24253	36498	1002	111358	4249	3166	10667	18920	145875	4063	186940

注:数据来源于《安徽省地方志》和历年安徽统计年鉴。

截至2017年底,安徽省高速公路通车里程已达4673km,2018年底将突破4800km。规划"四纵八横"高速公路骨架路网初步形成,地市之间形成了网格状路网结构,同期建成了马鞍山长江公路大桥、安庆长江大桥等一批在全国有影响力的跨江大桥,过江交通瓶颈得到极大缓解。同时建成了铜黄、黄塔桃、六武、岳武等一批生态高速公路,合宁高速公路南环段、京台高速公路小西冲至方兴大道等繁忙路段八车道扩建工程完成,高速公路主通道服务能力显著提升。

截至2015年底,全省一级公路里程达到3166km,是1999年末的15倍。合肥、阜阳、马鞍山、铜陵、淮北等市已基本实现市到县通一级公路。普通国省干线公路升级改造力度大幅提升,投资力度不断加大。

安徽省农村公路相继开展了村村通工程、危桥改造、安保工程以及农村公路畅通工程等。农村公路通达的广度和深度都在不断提高。2006年全省公路乡镇通达率已达到100%,2012年至今全省公路建制村通达率达到99.99%(仅余1个未通)。此外,农村公路的安全性和舒适性也得到了显著提升。

在公路建设规模不断提高的同时,通过持续开展"质量安全年""施工标准化"等活动,逐步形成以标准、规程、工法为主要内容的标准化管理体系,施工质量与工程管理都得到了显著提高。安徽省高速公路、干线公路、农村公路工程建设质量的一次抽检合格率均居于全国前列,多个项目荣获国家和省级优质工程称号。

公路建设树立全寿命周期成本理念,坚持"建养并重、科技创新、强化管理"的发展方针,养护工作取得同步发展,养护成本大幅下降。以路况快速检测技术为支撑的公路养护科学决策机制不断完善。截至2015年,全省高速公路、普通干线公路平均路面使用性能指数PQI分别达到95和90以上,全省公路路况水平良好。

公路建设行业改革方面,推行"省市共建、以市为主"的普通国省干线公路建设模式全面落实,地方政府建设主体责任得到进一步强化。普通国省干线公路建设由部门责任转变为政府责任,由行业行为转变为社会行为,公路的公益性、基础性得到了理性回归,大大调动了各地的积极性,全省掀起普通国省干线公路的建设热潮,公路建设投资能力大幅增强。安徽省被交通运输部列为全国普通国省干线公路建设示范省。

在投融资机制改革方面,各市(省直管县)以国家和省级投资补助、地方国债资金作为注册资本,成立交通投资公司对外融资。交通投融资平台的设立和运转,拓展了普通公路建设的多元筹资渠道。截至2015年底,全省18个市(省直管县)交通投资公司均已投入运营,谋划推动政府与社会资本合作(PPP)建设交通基础设施。交通运输部将安徽省作为交通基础设施投融资PPP模式试点省,部分市县政府与相关企业已开展衔接。

在预算管理改革方面,省市公路部门实现省市两级财政预算管理,将燃油税中央转移支付预算资金直接下划市(县)级财政,基本实现了省、市(县)公路管理机构在"人权、事权、财权"的统一,地方各级政府在普通国省干线公路建设、养护和管理过程中的主体责任得到明确。此外,大中修工程和农村公路也实现了预算管理改革。

(二)铁路、水运、民航

与公路建设发展的四个历史时期相近,安徽省综合交通运输体系中铁路、水运、民航等也经历了不平凡的发展历史,并且在21世纪以来,进入了现代化的发展行列。

1. 铁路

中日甲午战争以后,商办安徽省铁路有限公司成立,议定修建芜湖至景德镇铁路,仅完成芜湖至湾沚32km铁路路基和桥涵,后因资金缺乏而停建,这是省内最早修建而未完成的铁路。1909年1月,清政府向英、德两国借款修建的津(天津)浦(口)铁路南段开工,全线于1911年9月竣工,1912年11月通车,这是省内最早建成通车的铁路。1949年,全省通车铁路仅有津浦、陇海、淮南等线约696km。20世纪50年代初期,在全路推广中长铁路经验,创造出许多先进工作方法,使运输管理水平和生产效率明显提高。1958年省内铁路基本建设项目陆续加速上马,芜裕铁路简易轮渡仅用3个多月时间就竣工通航,沟通了长江南北铁路,成为全省唯一的铁路轮渡。皖北地区的青阜铁路(青龙山至阜阳)的建设仅用8个多月时间,于1970年建成通车。芜铜(芜湖至铜陵)铁路于1971年12月全线通车。党的十一届三中全会之后,随着国家对铁路投资的不断增加,津浦、陇海双线和淮南部分双线相继建成,蚌埠东区段站和淮南西编组站先后建成投产,芜湖枢纽芜湖东编组站部分交付使用,皖赣(火龙岗至贵溪)、阜淮(阜阳至淮南)铁路相继建成。21世纪后,安徽省的铁路建设掀起了新的热潮。2004年宁西铁路合肥至西安段建成通车,2008年合宁铁路和铜九铁路建成通车,2009年合武客运专线建成通车则拉开了安徽省高速铁路建设的序幕,此后合蚌高速铁路、合福高速铁路、宁安高速铁路相继建成投运。合肥南站、芜湖站、蚌埠南站和黄山北站成为省内重要的现代化铁路枢纽站。截至2015年末,安徽省铁路运营里程已达到4169km。

2. 水运

安徽水运条件优越,是全国10个优水省份之一。长江淮河两大川流横贯省境,天然地将全省划分为淮北、江淮之间和江南三个自然区。1876年,近代水运业正式兴起,中英《烟台条约》开芜湖为商埠,设立海关,又将安庆、大通作为外轮停泊地点和上下货物的"寄航港"。次年,李鸿章主持的轮船招商局在芜湖设立办事机构,经营轮船运输业务。1898年,芜湖、无为商人先后创办轮船公司,开辟巢湖、合肥、南京、安庆等航线。1938—1949年,安徽水上运输由停滞走向衰退。1949年,轮驳船只有152艘,木帆船30480艘。全省内河航道通航里程8760km(包括排筏通道),但多数处在自然状态,通轮船的里程仅有2404km。1949年初皖北解放,人民政府接收了安徽省政府遗留下来的水上航运企业,积极组织船工恢复运输,有力地支援了人民解放军渡江战役。1952年,私营航运业开始进行民主改革,组织联运社,船舶运输效率比民主改革前提高1倍多。同年6月,安徽省内河航运管理局、安徽省轮船运输公司成立,进一步加强了对全省航运业的领导。1958年,裕溪口建起了国内第一座内河机械化煤码头。1958—1976年,结合兴修水利,一些航道设施明显改善。全省先后建成过船设施29座,使淮河、颍河、滁河、合裕航道等以及省境内的佛子岭、梅山、陈村等10大水库实现了渠化通航;全省人工开挖水道465km,其中宿县地区开挖128km长的新汴河,被誉为横贯淮北,沟通豫、皖、苏水上交通的"黄金水道"。改革开放以来,水上航道建设有力地促进了国民经济的发展,1984年5月茨淮新河建成全线通航后,新增300吨级轮船航道134.2km。沘河总干渠和滁河干渠的开挖,横排头等船闸的建成,为沘淮航道沟通、推动皖西大别山区经济发展提供了有利条件。港口方面,1982年前后,省内陆续建起安庆、芜湖、淮南平圩等大件码头。21世纪以来,安徽省航道和港口建设进入到新的发展阶段,截至2015年底,全省内河航道总里程达6612km,通航里程5729km,分别位居全国第7和第8位。2015年底,全省共有生产型泊位1212个,港口吞吐能力达5亿t、120万标准箱。

3. 民航

安徽省的民用航空,始于1929年沪蓉航空线管理处,辟沪汉航线自上海,经南京、安庆、九江至汉口,在安庆长江水面设置机场,供该航线水陆双翼飞机备降。新中国成立后,1952年组建安庆航空站,安庆机场复航。1956年组建合肥航空站,1957组建阜阳航空站。1958年,合肥成立中国民用航空安徽省管理处,处、站合一,同年组建芜湖、屯溪航空站。1977年12月,合肥骆岗机场建成启用,为国家一级机场,其规模和设备居全国八大机场之列,开创了大型喷气机可在安徽起降的历史。20世纪80年代的合肥骆岗机场是华东腹地的航空枢纽和合肥与国内其他城市往来的空中要道,先后开辟了合肥至北京、上海、广州、武汉等城市的航线和国际航线。进入21世纪以来,安徽省机场布局不断完善,客货运吞吐能力进一步提升,建成合肥新桥国际机场一期工程、池州九华山旅游机场以及宁国通用机场。

截至2015年,全省已建民用机场5个,分别为合肥新桥国际机场(2008年11月动工建设,2013年5月启用),黄山屯溪机场(建于1958年,2008年由4C机场顺利升级到4D机场),阜阳西关机场(1958年建成通航,1998年进行了大规模扩建,2004年底停飞,2007年11月复航),池州九华山机场(2009年开工建设,2013年7月通航),安庆天柱山机场(1993年10月通航,2015年2月复航),宁国通用机场(2011年开工建设,2015年建成)。

第二章
高速公路网规划

根据经济社会和交通运输发展需要,安徽省高速公路发展经历了早期起步、快速发展、完善提升三个阶段,先后研究编制了《安徽省1991—2020年国省道公路网规划及调整》《安徽省高速公路网规划要点(2005—2020年)》和《安徽省高速公路网规划(2016—2030年)》。另外,在编制五年发展规划和区域发展规划时,根据发展需要研究提出了若干高速公路建设项目。

第一节 早期起步阶段

早期起步阶段时间跨度为1984—2005年,高速公路建设主要依据为交通部"五纵七横"国道主干线规划、安徽省1991—2020年国省道公路网规划及修编。该阶段规划高速公路以省际区域间、主要经济走廊联系的主通道功能为主。

一、高速公路规划萌芽

1984年初,安徽省提出了"以省会合肥为枢纽,建设东西南北贯通线十字形主骨架"的构想,并被列入省第四次党代会的工作报告。为筹集建设资金,安徽省又提出了10条措施,1985年国务院和交通部对安徽省筹资修建东西南北贯通线的10条措施给予了充分肯定。1986年10月开工建设合肥—南京公路,当时国内公路技术等级划分未提高速公路,合宁路批复建设的技术等级为汽车专用公路,1991年10月建成通车。1994年经交通部批准为高速公路。

二、"五纵七横"国道主干线安徽段

随着改革开放的推进和经济社会的发展,社会对交通的需求迅速增加,大多数干线公路、城市出入口和沿海发达地区堵车、压港现象严重。交通部于20世纪80年代末提出了"五纵七横"12条路线(含支线)的规划布局方案。该方案得到国务院认可,并于1993年正式部署实施。

"五纵七横"国道主干线规划提出:从1991年开始到2020年,用30年左右的时间,建

成 12 条长 35000km 的"五纵七横"国道主干线,将全国重要城市、工业中心、交通枢纽和主要陆地口岸连接起来,并连接所有当前 100 万以上人口的特大城市和绝大多数 50 万以上人口的中等城市,逐步形成一个与国民经济发展格局相适应、与其他运输方式相协调、主要由高等级公路(高速、一级、二级公路)组成的快速、高效、安全的国道主干线系统。

在"五纵七横"国道主干线中,涉及安徽省的主要有北京—福州公路、连云港—霍尔果斯公路、上海—成都公路三条公路,安徽省境内规划总里程约 677km。京福、连霍、沪蓉三条国道主干线串联了安徽省最重要的城镇发展轴,是连接长三角地区、华北地区、华南地区的高速公路主通道。2003 年 12 月,"五纵七横"国道主干线安徽段全部建成通车。"五纵七横"国道主干线在安徽省规划情况见表 2-1。

安徽省境内"五纵七横"国道主干线规划一览表　　　表 2-1

编号	公路名称	主要控制点	里程(km)	备注
纵二	北京—福州公路	萧县、宿州、蚌埠、合肥、舒城、桐城、怀宁、潜山、太湖、宿松	539	
横四	连云港—霍尔果斯公路	萧县	54	与京福高速公路共线 6km
横五	上海—成都公路	全椒、合肥、舒城、桐城、怀宁、潜山、太湖、宿松	352	与京福高速公路共线 262km
合计			677	扣除重复里程

三、安徽省 1991—2020 年国省道公路网规划

根据交通部要求各省编制 1991—2020 年公路网规划的总体部署,安徽省交通厅编制了《安徽省 1991—2020 年国省道公路网规划》,并于 1996 年 9 月获得安徽省政府批复。《安徽省 1991—2020 年国省道公路网规划》提出了安徽省公路网的"丰"字形基本骨架,由高速公路和一级公路组成。该骨架包括"三横一竖",分别为:"横一"界阜蚌(埠)高速公路及蚌宁高速公路;"横二"312 国道合肥—叶集段及上海—成都国道主干线合肥—南京段;"横三"沿江高速公路;"一竖"北京—福州国道主干线徐州—合肥段及合肥—铜陵—黄山公路,详见表 2-2。

安徽省公路网"丰"字形基本骨架规划表　　　表 2-2

编号	路段组成	主要控制点	里程(km) 高速公路	里程(km) 一级公路	备注
横一	界阜蚌高速公路	界首、太和、蒙城、怀远、蚌埠	187		
横一	蚌宁高速公路	蚌埠、明光、滁州、来安	165		
横二	312 国道合肥—叶集段	合肥、六安、叶集		130	
横二	沪蓉高速公路合肥—南京段	合肥、全椒	134		

续上表

编号	路段组成	主要控制点	里程(km)		备注
			高速公路	一级公路	
横三	沿江高速公路	马鞍山、芜湖、繁昌、铜陵、池州、安庆	227		
一竖	京福高速公路徐州—合肥段	萧县、淮北、宿州、蚌埠、合肥	277		
	合肥—铜陵—黄山公路	合肥、庐江、铜陵、青阳、甘棠、屯溪		310	
	合计		990	440	

根据《安徽省1991—2020年国省道公路网规划》，除"丰"字形骨架网中的界首—蚌埠—南京高速公路、沪蓉高速公路合肥—南京段、京福高速公路徐州—合肥段、沿江高速公路外，尚有连霍高速公路安徽段、京福(沪蓉)高速公路合肥—界子墩段，高速公路规划总里程1274km。截至2008年，以上规划高速公路全部完成建设。

四、安徽省1991—2020年国省道公路网规划调整

(一)调整的背景

《安徽省1991—2020年国省道公路网规划》经省政府批准生效以来，在安徽省公路建设中起到了重要的指导作用。但规划编制后，经济环境和公路交通基础设施建设形势均发生了重大变化。为应对东南亚金融危机对我国经济产生的不利影响，1998年中央制定了加快基础设施建设，拉动经济增长的宏观经济政策。安徽省随之加快了公路基础设施建设步伐，原规划目标将提前完成。其次，周边省份公路发展规划对安徽省也提出了新的要求。此外，交通量的快速增长给高速公路网络带来了更高的要求。综合以上因素，1999年，安徽省交通厅组织编写了《安徽省1991—2020年国省道公路网规划调整》。

(二)规划成果

规划提出，在安徽省远景公路网中，将形成"三纵四横七连"的骨架路网，其覆盖安徽省几乎所有的地级市及大部分行政县。该骨架路网不仅是安徽省内部公路运输的通道，而且是联系周边省份的重要省际通道，是区域经济发展的大动脉。"三纵四横七连"主要由高速公路和一级公路组成，见表2-3。

三纵分别为："纵一"徐州—合肥—芜湖—宣城—千秋关公路，"纵二"亳州—合肥—铜陵—黄山—开化公路，"纵三"亳州—阜阳—六安—安庆—景德镇公路。

四横分别为："横一"南京—蚌埠—界首公路，"横二"南京—合肥—叶集公路，"横三"南京—铜陵—安庆—界子墩公路，"横四"杭州—黄山—张王庙公路。

"三纵四横七连"骨架路网一览表

表 2-3

骨架编号	路段组成	主要控制点	里程(km) 高速公路	里程(km) 一、二级公路	备注
纵一	合肥—徐州高速公路	萧县、淮北、宿州、蚌埠、合肥	271		
纵一	合肥—芜湖—宣城高速公路	巢湖、芜湖、宣城	162		
纵一	宣城—千秋关高速公路	宣城、宁国、千秋关(皖浙界)	84		
纵二	合肥—亳州高速公路	淮南、凤台、蒙城、亳州	283		
纵二	合肥—铜陵高速公路	合肥、庐江、铜陵	141		
纵二	铜陵—黄山一级公路	青阳、甘棠、休宁、屯溪		168	
纵二	黄山—开化一级公路	屯溪、桃林(皖浙界)		45	
纵三	亳州—六安—安庆公路	亳州、阜阳、六安、潜山		480	
纵三	安庆—景德镇高速公路	安庆、东至	87		
横一	界首—蚌埠高速公路	界首、太和、蒙城、怀远	187		
横一	蚌埠—南京高速公路	蚌埠、明光、滁州、来安	165		
横二	合肥—六安—叶集高速公路	合肥、六安、叶集	160		
横二	合肥—南京高速公路	全椒、合肥	134		
横三	沿江高速公路	马鞍山、芜湖、铜陵、池州、安庆	227		
横三	安庆—界子墩高速公路	怀宁、潜山、太湖、宿松	158		
横四	徽杭高速公路	歙县、屯溪	80		
横四	黄山—张王庙一级公路	休宁、黟县、祁门		108	
连一	连霍高速公路安徽段	萧县	54		
连二	萧县—阜阳—淮滨高速公路	淮北、阜阳、阜南	215		
连三	104国道泗县—明光一级公路	泗县、五河、明光		110	
连四	南京—连云港高速公路天长段	天长	14		
连五	湖州—宣城—铜陵高速公路	广德、宣州、南陵、铜陵	157		
连六	宜兴—广德—黄山一级公路	广德、宁国、绩溪、歙县		230	
连七	六安—舒城—安庆一级公路	舒城、桐城、怀宁		147	
其他	沪蓉高速公路马堰—高河埠段		63		
合计			2642	1288	总计3930

七连分别为:"连一"连霍国道主干线安徽段,"连二"萧县—阜阳—淮滨公路,"连三"104国道泗县—明光公路,"连四"南京—连云港高速公路天长段,"连五"湖州—广德—宣城—铜陵公路,"连六"宜兴—广德—黄山公路,"连七"六安—舒城—安庆公路。

根据《安徽省1991—2020年国省道公路网规划调整》,"三纵四横七连"公路主骨架总里程3930km,其中高速公路规划总里程约2642km,占总里程的67%。

第二节 快速发展阶段

快速发展阶段时间跨度为2006—2015年。经过10余年的建设,高速公路在国民经济和社会发展中发挥了极其重要的作用,其快速、高效、安全的功能得到了全社会的广泛认可,进一步提高路网覆盖率、加快高速公路的建设已经成了社会的共识。国家和省级层面均编制了高速公路专项规划。在国家层面上,2004年国务院批准印发了《国家高速公路网规划》,到2020年建成"7918"国家高速公路网,总里程约8.5万km。在省级层面上,2005年12月安徽省人民政府印发了《安徽省高速公路网规划要点》,规划到2020年建成"四纵八横"高速公路网络,总里程约5500km。

一、"7918"国家高速公路网安徽段

根据《国家高速公路网规划》,国家高速公路网络采用放射线与纵横网格相结合的布局方案,形成由中心城市向外放射以及横贯东西、纵贯南北的大通道,由7条首都放射线、9条南北纵向线和18条东西横向线组成,简称为"7918网",总规模约8.5万km,其中主线6.8万km,地区环线和联络线等其他路线约1.7万km。

安徽省境内的国家高速公路共有G3北京—台北、G25长春—深圳、G35济南—广州、G30连云港—霍尔果斯、G36南京—洛阳、G40上海—西安、G42上海—成都、G50上海—重庆、G56杭州—瑞丽、G4211南京—芜湖、G4212合肥—安庆、G5011芜湖—合肥等13条,总里程2776km,详见表2-4。

国家高速公路安徽省境内规划一览表　　　　表2-4

布局	编号	规划项目	主要控制点	里程(km)
放射线	G3	北京—台北高速公路	萧县、宿州、蚌埠、合肥、铜陵、黄山	611
纵线	G25	长春—深圳高速公路	天长	14
	G35	济南—广州高速公路	亳州、阜阳、六安、潜山、望江、东至	540
横线	G30	连云港—霍尔果斯高速公路	萧县	48
	G36	南京—洛阳高速公路	滁州、明光、蚌埠、蒙城、太和、界首	353
	G40	上海—西安高速公路	全椒、合肥、六安、叶集	213
	环线G4001	合肥绕城高速公路	陇西枢纽、小西冲枢纽、合肥西枢纽、路口枢纽	106
	G42	上海—成都高速公路	全椒、合肥、六安、金寨	91
	联络线G4211	南京—芜湖高速公路	马鞍山、当涂、芜湖	48
	联络线G4212	合肥—安庆高速公路	合肥、舒城、桐城、安庆	62

续上表

布局	编号	规划项目	主 要 控 制 点	里程(km)
横线	G50	上海—重庆高速公路	广德、宣城、芜湖、铜陵、池州、安庆、怀宁、潜山、太湖、宿松	479
	联络线 G5011	芜湖—合肥高速公路	合肥、巢湖、芜湖	110
	G56	杭州—瑞丽高速公路	歙县、屯溪	101
合　计				2776

注：部分线路规划在后期建设过程中进行了调整。

二、安徽省高速公路网规划要点(2005—2020年)

（一）规划概述

2005年12月，安徽省人民政府印发了《安徽省高速公路网规划要点》，规划期限至2020年。《安徽省高速公路网规划要点》体现了以下基本原则：适应经济社会快速发展和生产力布局调整的需要；体现东向发展战略要求，加密与长三角地区的连接通道；与省域城镇体系规划和人口布局相配套，满足人民便捷、安全出行的需要；与铁路、水路、航空和一般公路等综合运输通道和枢纽相衔接，满足现代化综合运输体系发展的需要；与全省土地利用总体规划和生态安徽建设相协调，集约利用土地，降低资源消耗，加强环境保护；正确处理全局与局部、当前与长远、已建与在建、需要与可能、经济与环境等关系，统筹考虑，合理布局，协调发展。

（二）高速公路布局方案

1. 规划总规模

全省高速公路网总里程到2020年达到5500km。

2. 布局规划方案

到2020年，全省将形成"四纵八横"的高速公路网，主线约4800km，联络线约700km，详见表2-5。

（1）南北纵线(4条)

纵一：徐州—杭州公路，另有五河—泗洪、浦口—和县、芜湖—高淳、湖州—铜陵、南京—宣城、扬州—千岛湖6条联络线。

纵二：徐州—福州公路，另有蚌埠—黄山并行线，鸿门—黄山区、合肥—九江2条联络线。

纵三：济宁—祁门公路。

纵四：商丘—景德镇公路，另有岳西—武汉1条联络线。

第二章
高速公路网规划

安徽省"四纵八横"高速公路网规划一览表　　　　表 2-5

布局		项目名称	主要控制点	路段组成	备注
纵线	纵一主线	徐州—杭州	明光、滁州、和县、马鞍山、芜湖、宣城、宁国	S07 徐明高速公路、G36 宁洛高速公路明光至来安段、S22 天潜高速公路来安至和县段、S24 常合高速公路和县至马鞍山段、G4211 宁芜高速公路马鞍山至芜湖段、G50 沪渝高速公路芜湖至宣城段、S05 宣桐高速公路	
	联络线	五河—泗洪	五河	S0711 泗五高速公路	
	联络线	浦口—和县	和县	S2212 宁和高速公路	
	联络线	芜湖—高淳	芜湖	S28 溧芜高速公路	
	联络线	湖州—铜陵	广德、宣城、铜陵	G50 沪渝高速公路皖浙省界至宣城段、S32 宣铜高速公路	
	联络线	南京—宣城	宣城	S03 宁宣高速公路	
	联络线	扬州—千岛湖	广德、郎溪、宁国、绩溪、歙县	S01 溧黄高速公路、S48 建黄高速公路	
	纵二主线	徐州—福州	淮北、宿州、蚌埠、合肥、巢湖、无为、南陵、旌德、黄山	G3 京台高速公路老山口至陇西枢纽段、G5011 芜合高速公路陇西枢纽至巢湖段、S11 巢黄高速公路、G3 京台高速公路黄山区至皖浙省界段	
	并行线	蚌埠—黄山并行线	蚌埠、淮南、合肥、庐江、铜陵、黄山	S17 蚌合高速公路、G4001 合肥绕城环线长岗至小西冲枢纽段、G3 京台高速公路小西冲枢纽至黄山区段	
	联络线	鸿门—黄山区	旌德、黄山区	S1111 宁旌高速公路	
	联络线	合肥—九江	合肥、庐江、桐城、怀宁、潜山、太湖、宿松	G4212 合安高速公路马堰枢纽至鸽子墩枢纽段、G50 沪渝高速公路鸽子墩枢纽至省界段	
	纵三主线	济宁—祁门	砀山、涡阳、舒城、桐城、池州、祁门	S21 济砀高速公路、S23 砀祁高速公路	
	纵四主线	商丘—景德镇	亳州、阜阳、六安、潜山、望江、东至	G35 济广高速公路安徽段	
	联络线	岳西—武汉	岳西	S18 岳武高速公路	
横线	横一	连云港—郑州	萧县	G30 连霍高速公路安徽段	
	横二	淮安—许昌	泗县、灵璧、宿州、亳州	S04 泗宿高速公路、S06 宿登高速公路	
	横三	南京—洛阳	滁州、明光、蚌埠、蒙城、界首	G36 宁洛高速公路安徽段	
	横四	南京—驻马店	滁州、定远、长丰、淮南、阜阳、临泉	G36 宁洛高速公路南京至来安段、S12 滁新高速公路	
	联络线	阜阳—淮滨	阜阳、阜南	S1211 阜潢高速公路	
	横五	上海—西安	全椒、合肥、六安、叶集	G40 沪陕高速公路安徽段	

续上表

布局		项目名称	主要控制点	路段组成	备注
横线	联络线	六安—武汉	金寨	G42 沪蓉高速公路大顾店枢纽至皖豫省界段	
	横六	南通—武汉	天长、滁州、和县、无为、枞阳、安庆、潜山、宿松	S2211 新扬高速公路皖苏省界至天长段、S22 天潜高速公路、G50 沪渝高速公路潜山至省界段	
	联络线	明光—扬州	明光、天长	S0712 盱明高速公路、S2211 新扬高速公路	
	联络线	淮安—南京	天长	G25 长深高速公路安徽段	
	横七	南京—九江	马鞍山、当涂、芜湖、繁昌、铜陵、池州、安庆(池州大渡口)、东至	G4211 宁芜高速公路安徽段、G50 沪渝高速公路芜湖东枢纽至大渡口枢纽段、S27 安东高速公路大渡口枢纽至良田段、S38 东彭高速公路	
	联络线	合肥—马鞍山	巢湖、含山、和县、马鞍山	S24 常合高速公路马鞍山至合肥段	
	联络线	合肥—芜湖	巢湖、芜湖	G5011 芜合高速公路	
	联络线	安庆—东至	安庆、东至	G50 沪渝高速公路鸽子墩枢纽至大渡口枢纽段、S27 安东高速公路	
	横八	杭州—武汉	歙县、黄山、祁门	G56 杭瑞高速公路皖浙省界至屯溪枢纽段、S42 黄浮高速公路	

(2)东西横线(8条)

横一:连云港—郑州公路。

横二:淮安—许昌公路。

横三:南京—洛阳公路。

横四:南京—驻马店公路,另有阜阳—淮滨 1 条联络线。

横五:上海—西安公路,另有六安—武汉 1 条联络线。

横六:南通—武汉公路,另有明光—扬州、淮安—南京 2 条联络线。

横七:南京—九江公路,另有合肥—马鞍山、合肥—芜湖、安庆—东至 3 条联络线。

横八:杭州—武汉公路。

三、安徽省高速公路网规划要点的局部调整

"十二五"时期,安徽省经济和社会发展迈入了厚积薄发、加速崛起的新阶段,中部崛起战略、合肥经济圈发展规划、皖江城市带承接产业转移示范区规划等区域经济战略的实施,安徽省社会经济、城镇体系和产业布局处于大发展、大调整时期。"加速成网、扩容改造、提升覆盖率"是"十二五"时期高速公路建设的重点。

第二章
高速公路网规划

《安徽省高速公路"十二五"发展规划》建设项目基本来源于既有规划,但为了与"十二五"期间省政府提出的"皖江城市带产业转移示范区建设、皖北振兴"等重点发展战略相适应,对部分区域高速公路进行了加密,新增加密项目 4 条,分别为蚌埠至五河高速公路、铜陵长江公铁大桥接线工程、申嘉湖高速公路西延、岳武高速公路东延,新增里程 259km,详见表 2-6。

"十二五"期间新增高速公路规划一览表　　　　表 2-6

编号	项 目 名 称	主要控制点	里程(km)
1	蚌埠至五河高速公路	蚌埠、五河	50
2	铜陵长江公铁大桥接线工程	铜陵、无为	43
3	申嘉湖高速公路西延	宁国中溪、唐舍	12
4	岳武高速公路东延	桐城、庐江、无为	154
	合计		259

《安徽省高速公路网规划要点》结合"十二五"发展要求进行局部调整,到 2020 年安徽省高速公路网规划总里程达到 5800km 左右,详见表 2-7。

安徽省高速公路网规划方案汇总表　　　　表 2-7

级别	项 目 名 称	编号	主要控制点	里程(km)
国家高速公路	北京—台北高速公路	G3	萧县、宿州、蚌埠、合肥、铜陵、黄山	611
	长春—深圳高速公路	G25	天长	14
	济南—广州高速公路	G35	亳州、阜阳、六安、望江、东至	540
	连云港—霍尔果斯高速公路	G30	萧县	48
	南京—洛阳高速公路	G36	滁州、明光、蚌埠、利辛、界首	353
	上海—西安高速公路	G40	全椒、合肥、六安、叶集	213
	上海—成都高速公路	G42	全椒、合肥、六安、金寨	91
	南京—芜湖高速公路	G4211	马鞍山、芜湖	48
	合肥—安庆高速公路	G4212	合肥、舒城、桐城、怀宁、安庆	62
	上海—重庆高速公路	G50	广德、宣城、芜湖、铜陵、池州、安庆、怀宁、潜山、太湖、宿松	479
	芜湖—合肥高速公路	G5011	芜湖、巢湖、合肥	110
	杭州—瑞丽高速公路	G56	歙县、黄山	101
	合肥绕城高速公路	G4001	陇西枢纽、小西冲枢纽、合肥西枢纽、路口枢纽	106
	合计			2776
省级高速公路	溧阳—黄山高速公路	S01	溧阳、广德、宁国、绩溪、歙县	178
	南京—宣城高速公路	S03	高淳、宣城	31
	宣城—桐庐高速公路	S05	宣城、宁国、桐庐	84
	徐州—明光高速公路	S07	徐州、泗县、明光	139
	泗洪—五河高速公路	S0711	泗洪、五河	12

续上表

级别	项目名称	编号	主要控制点	里程(km)
省级高速公路	盱眙—明光高速公路	S0712	盱眙、明光	14
	巢湖—黄山高速公路	S11	巢湖、繁昌、旌德、黄山区	176
	宁国—旌德高速公路	S1111	宁国(鸿门)、旌德	31
	蚌埠—合肥高速公路	S17	蚌埠、淮南、合肥	101
	济宁—砀山高速公路	S21	砀山	26
	砀山—祁门高速公路	S23	砀山、涡阳、舒城、桐城、池州、石台、祁门	546
	安庆—东至高速公路	S27	池州(大渡口)、东至	55
	泗阳—宿州高速公路	S04	泗县、灵璧、宿州	114
	宿州—登封高速公路	S06	宿州、永城、亳州	91
	滁州—新蔡高速公路	S12	滁州、定远、淮南、阜阳、临泉	307
	阜阳—潢川高速公路	S1211	阜阳、阜南	40
	岳西—武汉高速公路	S18	岳西、英山	46
	天长—潜山高速公路	S22	天长、滁州、和县、含山、无为、枞阳、安庆、潜山	320
	新沂—扬州高速公路	S2211	天长	57
	南京—和县高速公路	S2212	和县	17
	常熟—合肥高速公路	S24	马鞍山、巢湖、合肥	72
	溧阳—芜湖高速公路	S28	芜湖、高淳	17
	宣城—铜陵高速公路	S32	宣城、南陵、铜陵	83
	东至—彭泽高速公路	S38	东至	11
	黄山—浮梁高速公路	S42	黄山、休宁、祁门	102
	建德—黄山高速公路	S48	歙县、淳安	21
	北京—台北高速公路淮北支线	S91	淮北	4
	沪渝高速公路铜陵连接线	S92	铜陵	6
	合肥新桥机场高速公路	S93	合肥新桥机场	18
	宁洛高速公路凤阳支线	S95	凤阳	45
	铜陵长江公铁大桥接线	/	铜陵、无为	43
	申嘉湖高速公路西延工程	/	宁国	12
	蚌埠至五河高速公路	/	蚌埠、五河	50
	岳武高速公路东延	/	桐城、庐江、无为	154
合计				5799

四、规划主要效果

（1）本轮高速公路网规划方案形成了安徽省连接周边、密度适当、布局合理的网格状骨架公路网络，路网平均密度4.2km/100km^2，路网平均间距50km，实现了南北6小时过境，东西3小时过境，县城半小时上高速公路的目标。

（2）全省对外高速公路出口总数约41个，江苏方向17个，浙江方向6个，河南方向10个，江西方向4个，湖北方向3个，山东方向1个。长江上新建4座高速公路大桥，相邻长江公路大桥之间的平均间距小于50km。淮河上新建4座高速公路大桥，相邻淮河公路大桥之间的平均间距小于30km。

（3）高速公路与水运、民航、铁路等其他运输方式衔接顺畅。马鞍山、芜湖、铜陵、池州、安庆等沿江港口及合肥港、巢湖港、蚌埠港距高速公路均在20km以内。合肥、黄山、安庆、阜阳等4个民用机场半小时内上高速公路。合肥、蚌埠、阜阳、芜湖等铁路枢纽主要客货站场半小时内上高速公路。

第三节　完善提升阶段

完善提升阶段时间跨度为2016—2030年。经过20年的建设，安徽省高速公路骨架网络已经基本建成，强力支撑了安徽省经济社会的快速发展。但在路网布局、路网结构、通车里程、服务能力等方面与社会经济发展和客货运输实际需求之间还存在着差距，仍需对既有规划路网进一步完善。为实现高速公路在经济社会先行官中的作用，在《国家公路网规划（2013年—2030年）》的指导下，安徽省交通运输厅组织编制了《安徽省高速公路网规划（2016—2030年）》，该规划已经获得安徽省政府批复。

该规划以"扩容网化"为核心目标，对高速公路主通道扩容改造或建设辅道，进一步提升主通道的服务能力；进一步完善高速公路网络布局，提升高速公路覆盖率；进一步完善与铁路、航空、水运、城市道路的衔接，最终形成"布局合理、覆盖广泛、功能完善、畅通高效"的高速公路网络。

一、"71118"国家高速公路网安徽段

未来国家将加快实施区域发展总体战略和主体功能区战略，推进城镇化和城乡一体化发展，要求发挥国家公路引导区域空间布局的作用。为了提高应急保障能力，要求从国家层面统筹考虑重要通道及辅助路线、迂回路线的布设，提高公路网的安全性、可靠性和应急保障能力。为构建综合运输体系，也要求发挥高速公路的骨干作用。

2013年，国家发改委会同交通运输部编制了《国家公路网规划（2013年—2030年）》。根据该规划，国家高速公路网由7条首都放射线、11条北南纵线、18条东西横线，以及地区环线、并行线、联络线等组成，约11.8万km。

在上一轮国家高速公路安徽段所有路段（12条）的基础上，新增了G3W德州至上饶、G1516盐城至洛阳、G42S上海至武汉、G4012溧阳至宁德4条国家高速公路。安徽省境

内国家高速公路总里程达到4087km,详见表2-8。

安徽省境内国家高速公路规划一览表　　　表2-8

编号	项目名称	主要控制点	里程(km)	备注
G3	北京—台北公路	宿州、蚌埠、合肥、铜陵、黄山	611	
G3W	德州—上饶公路	砀山、凤台、舒城、池州、祁门	572	新增,原S21、S23调整
G25	长春—深圳公路	天长	14	
G35	济南—广州公路	亳州、阜阳、六安、潜山、东至	540	
G30	连云港—霍尔果斯公路	萧县	48	
G36	南京—洛阳公路	滁州、蚌埠、蒙城、太和、界首	353	
G1516	盐城—洛阳公路	宿州、亳州	205	新增,原S04、S06调整
G40	上海—西安公路	滁州、合肥、六安、叶集	213	
G4012	溧阳—宁德公路	郎溪、宁国、绩溪、歙县	199	新增,原S01、S48调整
G42	上海—成都公路	滁州、合肥、六安、金寨	91	
G4211	南京—芜湖公路	马鞍山、芜湖、繁昌、铜陵	108	原路线延长至钟鸣枢纽
G4212	合肥—安庆公路	合肥、舒城、桐城、怀宁、安庆	62	
G42S	上海—武汉公路	马鞍山、和县、含山、巢湖、无为、庐江、桐城、岳西	275	新增,原S18、S24、S22和县—无为段调整
G50	上海—重庆公路	宣城、芜湖、铜陵、池州、安庆	434	S32路段调整为G50线位
G5011	芜湖—合肥公路	合肥、芜湖、湾址、宣城	155	原路线延长至宣城
G56	杭州—瑞丽公路	歙县、屯溪	101	
G4001	合肥绕城公路	陇西枢纽、小西冲枢纽、合肥西枢纽、路口枢纽	106	
	合计		4087	

二、安徽省高速公路网规划(2016—2030年)

(一)规划背景

2005年12月,安徽省人民政府印发了《安徽省高速公路网规划要点》,经过10年的建设,高速公路主骨架已经基本建成通车。近年来,国务院、安徽省政府及相关职能部门先后出台了多个区域发展、交通运输、城镇体系等相关规划,对全省高速公路网络提出了更高的要求。已经通车的高速公路交通量增长也较快,部分主通道路段交通拥堵已经常态化,急需扩容改造。当前,安徽省高速公路网正处于网络形成到网络优化、基本适应到服务引领的关键阶段,距离《安徽省高速公路网规划要点》的规划期限也仅剩余4年时间,为满足经济社会和交通运输对高速公路网的新要求,系统性谋划安徽省未来高速公路发展,交通运输厅组织编制了《安徽省高速公路网规划(2016—2030年)》。

(二)发展目标

到2030年,全面形成"布局合理、覆盖广泛、功能完善、畅通高效"的高速公路网络,实现省际互通、市市直通、县县连通;重要交通经济带和城镇发展轴形成多通道路网格局,区域中心城市、重要经济区、城市群内外交通实现多路连接;高速公路主要通道扩容改造完成,服务能力大幅提升,道路拥堵明显改善;地级市基本建成高速公路环线,满足城市发展需要。

(三)规划方案

1. 规划重点

皖江城市带重点推进长江两岸高速公路和过江通道的建设,实现城市群内中心城市之间、中心城市与周边之间的快速通达。合肥经济圈重点强化合肥辐射功能,推进合肥放射周边通道建设,加强经济圈内部互联互通。皖北地区以加强与周边经济区和区域内部联系为重点,完善高速公路交通网络布局,实现相邻市之间高速公路短直连接。大别山区重点实现高速公路服务均等化,提高高速公路通达程度。皖南国际文化旅游示范区以高效服务文化旅游的发展为核心目标,加强旅游快速通道建设。

2. 本轮规划新增项目

安徽省已经规划高速公路5799km,本轮新增高速公路20条,计1685km。到2030年,安徽省高速公路规划总里程达到7484km。新增高速公路详见表2-9。本轮新增高速公路分为五个类型:

一是提升合肥全国综合枢纽功能,强化合肥市辐射周边的高速公路。规划项目有合肥—明光、合肥—霍邱—阜阳—周口、合肥—霍山—商城、合肥—无为(石涧)、合肥—无为(塔桥)、合肥—滁州等高速公路。

二是提升重要交通走廊通行能力的高速公路。皖北地区规划项目有徐州—固镇—蚌埠高速公路,皖江地区规划项目有安庆—九江高速公路、安庆海口长江公路大桥、芜湖泰山路长江公路大桥。

三是优化路网,实现市市短直连接的高速公路。该类规划项目主要在皖北地区,有徐州—淮北—阜阳、宿州—阜阳、亳州—蒙城等高速公路。

四是强化安徽省与周边省份连接的省际出口通道,规划项目有滁州—六合、太湖—蕲春高速公路。

五是旅游公路、城市环线、路网联络线等,解决城市交通需求,强化路网交通流转换,改善风景名胜区出行条件。规划项目有沪陕高速公路滁州支线、杭瑞高速公路徽州支线、合肥绕城高速公路联络线、沪武高速公路安庆支线、沪蓉高速公路天堂寨支线等。

安徽省新增高速公路规划表（2016—2030 年）　　　　　　　表 2-9

序号	项目名称	主要控制点	里程（km）
1	合肥—明光高速公路	合肥、定远、明光	185
2	合肥—霍邱—周口高速公路	合肥、霍邱、颍上、阜南、临泉、界首	245
3	合肥—霍山—商城高速公路	合肥、舒城、霍山、金寨	181
4	合肥—无为（石涧）高速公路	无为（石涧）、巢湖	67
5	合肥—无为（塔桥）高速公路	无为（塔桥）、合肥	47
6	合肥—滁州高速公路	合肥、滁州	104
7	徐州—固镇—蚌埠高速公路	宿州、固镇、蚌埠	135
8	安庆—九江高速公路	望江	132
9	安庆海口长江公路大桥	安庆海口镇	10
10	芜湖泰山路长江公路大桥	芜湖泰山路	39
11	徐州—淮北—阜阳高速公路	萧县、淮北、涡阳	173
12	宿州—阜阳高速公路	宿州、蒙城	90
13	亳州—蒙城高速公路	亳州、涡阳、蒙城	122
14	滁州—六合高速公路	来安、六合	35
15	太湖—蕲春高速公路	太湖、蕲春	16
16	沪陕高速公路滁州支线	全椒、滁州	24
17	沪武高速公路安庆支线	怀宁	19
18	杭瑞高速公路徽州支线	歙县、岩寺	20
19	合肥绕城高速公路联络线		11
20	沪蓉高速公路天堂寨支线	天堂寨	30
	合计		1685

3. 总体布局

通过多方案的比选、优化，确定布局方案由主线和联络线组成。主线采用纵横网格相结合的形式，包括 5 条纵向路线和 9 条横向路线，归纳为"五纵九横"高速公路网，联络线共 32 条，详见表 2-10。

五纵："纵一"徐州—杭州高速公路，"纵二"徐州—福州高速公路（主线、徐州—黄山并行线），"纵三"德州—上饶高速公路，"纵四"商丘—景德镇高速公路，"纵五"濮阳—阳新高速公路。

九横："横一"连云港—郑州高速公路，"横二"淮安—许昌高速公路，"横三"南京—洛阳高速公路，"横四"南京—驻马店高速公路，"横五"上海—西安高速公路，"横六"南通—武汉高速公路，"横七"上海—武汉高速公路，"横八"南京—九江高速公路，"横九"杭州—武汉高速公路。

安徽省"五纵九横"高速公路网一览表

表 2-10

编号	类别	路线名称	主要控制点	与命名编号的对应
纵一	主线	徐州—杭州高速公路	泗县、五河、明光、滁州、和县、马鞍山、芜湖、宣城、宁国	S07 徐明高速公路、G36 宁洛高速公路明光至来安段、S22 天潜高速公路来安至和县段、G42S 马鞍山长江大桥段、G4211 宁芜高速公路马鞍山至芜湖段、G5011 芜合高速公路芜湖至宣城段、S05 宣桐高速公路
	联络线	泗洪—蚌埠高速公路	蚌埠、五河	S0711 泗蚌高速公路
	联络线	合肥—明光高速公路	明光、定远、合肥	S09 合明高速公路
	联络线	浦口—和县高速公路	和县	S2212 宁和高速公路
	联络线	芜湖—高淳高速公路	芜湖	S28 溧芜高速公路
	联络线	湖州—铜陵高速公路	铜陵、南陵、宣城、广德	G50 沪渝高速公路广德至宣城段、S32 宣城至铜陵高速公路
	联络线	南京—宣城高速公路	宣城	S03 宁宣高速公路
	联络线	溧阳—宁德高速公路	郎溪、宁国、绩溪、歙县	G4012 溧宁高速公路
	联络线	宁国—安吉高速公路	宁国	S0511 宁安高速公路
纵二	主线	徐州—福州高速公路	淮北、宿州、蚌埠、合肥、巢湖、无为、繁昌、南陵、泾县、旌德、屯溪	G3 京台高速公路老山口至陇西段、G5011 芜合高速公路陇西至巢湖段、S11 巢黄高速公路、G3 京台高速公路谭家桥至皖浙省界段
	并行线	徐州—黄山高速公路	宿州、固镇、蚌埠、淮南、合肥、庐江、铜陵、青阳、黄山区	S15 徐蚌高速公路、S17 蚌合高速公路、G4001 合肥绕城环线合肥西枢纽至小西冲段、G3 京台高速公路小西冲至谭家桥段
	联络线	徐州—阜阳高速公路	萧县、淮北、涡阳、阜阳、阜南	S25 徐阜高速公路、S1211 阜潢高速公路阜阳—阜南段
	联络线	京台高速公路淮北支线	淮北	S91 京台高速公路淮北支线
	联络线	宿州—阜阳高速公路	宿州、蒙城	S19 宿阜高速公路
	联络线	合肥—滁州高速公路	合肥、滁州	S14 合滁高速公路
	联络线	合肥—九江高速公路	庐江、桐城、怀宁、潜山、太湖、宿松	G4212 合安高速公路马堰至鸽子墩段、G50 沪渝高速公路鸽子墩至省界段
	联络线	铜陵—合肥—商城高速公路	铜陵、无为、庐江、舒城、霍山、金寨	S32 宣商高速公路铜陵—合肥—霍山—皖豫界段
	联络线	鸿门—旌德高速公路	旌德	S1111 宁旌高速公路
纵三	主线	德州—上饶高速公路	砀山、涡阳、凤台、寿县、舒城、桐城、枞阳、池州、石台、祁门	G3W 德上高速公路
	联络线	合肥—阜南高速公路	合肥、霍邱、颍上、阜南	S18 合周高速公路合肥—阜南段
纵四	主线	商丘—景德镇高速公路	亳州、阜阳、六安、岳西、潜山、望江、东至	G35 济广高速公路安徽段

续上表

编号	类别	路线名称	主要控制点	与命名编号的对应
纵五	主线	濮阳—阳新高速公路	临泉、阜南、金寨	S18 合周高速公路皖豫界—阜南段、S1211 阜潢高速公路阜南—皖豫界段、S32 宣商高速公路皖豫界—金寨丁埠段、S96 沪蓉高速公路天堂寨支线
横一	主线	连云港—郑州高速公路	萧县	G30 连霍高速公路安徽段
横二	主线	淮安—许昌高速公路	泗县、灵璧、宿州、亳州	G1516 盐洛高速公路安徽段
横二	联络线	亳州—蒙城高速公路	亳州、涡阳、蒙城	S08 亳蒙高速公路
横三	主线	南京—洛阳高速公路	滁州、明光、蚌埠、蒙城、利辛、太和、界首	G36 宁洛高速公路安徽段
横三	联络线	凤阳支线	凤阳	S95 宁洛高速公路凤阳支线
横三	联络线	来安—六合高速公路	来安	S2213 来六高速公路
横四	主线	南京—驻马店高速公路	滁州、定远、长丰、淮南、颍上、阜阳、临泉	S12 滁新高速公路、S94 沪陕高速公路滁州支线
横五	主线	上海—西安高速公路	全椒、滁州、合肥、六安、叶集	G40 沪陕高速公路安徽段
横五	联络线	合肥绕城高速公路联络线	合肥	S1411
横五	联络线	合肥新桥机场高速公路	新桥机场	S93
横五	联络线	六安—武汉高速公路	金寨	G42 沪蓉高速公路大顾店至皖豫省界段
横六	主线	南通—武汉高速公路	天长、滁州、和县、含山、巢湖、无为、枞阳、安庆、潜山、宿松	S2211 新扬高速公路皖苏省界至天长段、S22 天潜高速公路、G50 沪渝高速公路潜山至省界段
横六	联络线	明光—扬州高速公路	明光、天长	S0712 盱明高速公路、S2211 新扬高速公路
横六	联络线	淮安—南京高速公路	天长	G25 长深高速公路安徽段
横七	主线	上海—武汉高速公路	马鞍山、巢湖、无为、庐江、桐城、岳西	G42S 上海—武汉高速公路安徽段
横七	联络线	安庆—岳西高速公路	怀宁、安庆	G50 沪渝高速公路安庆至鸽子墩、S97 沪汉高速公路安庆支线、S2711 安庆海口长江公路大桥
横七	联络线	太湖—蕲春高速公路	太湖	S26 太湖—蕲春高速公路
横八	主线	南京—九江高速公路	马鞍山、芜湖、铜陵、池州、东至	G4211 宁芜高速公路安徽段、G50 沪渝高速公路铜陵至大渡口段、S27 安东高速公路大渡口至良田段、S38 东彭高速公路
横八	联络线	芜湖—合肥高速公路	芜湖、巢湖、合肥	G5011 芜合高速公路
横八	联络线	芜湖泰山路长江公路大桥	芜湖泰山路	S2214 芜湖泰山路长江公路大桥
横八	联络线	沪渝高速公路铜陵连接线	铜陵	S92
横八	联络线	安庆—九江高速公路	安庆、望江	S2215 安九高速公路

续上表

编号	类别	路线名称	主要控制点	与命名编号的对应
横九	主线	杭州—武汉高速公路	歙县、屯溪、祁门	G56杭瑞高速公路皖浙界至屯溪段、S42黄浮高速公路
	联络线	黄山—塔岭高速公路	屯溪	G56杭瑞高速公路黄山—塔岭段
	联络线	杭瑞高速公路徽州支线	歙县、徽州区	S98

（四）布局展望

在2016—2030年高速公路布局规划的基础上，从服务更加高效、路网结构更加完善、覆盖范围更加广泛的角度考虑，对高速公路布局进行远景展望，分别为合肥—和县高速公路、宣城—甘棠—东至高速公路、和县—无为高速公路、凤阳—定远高速公路，展望线397km。

三、规划效果评价

（1）路网覆盖大幅提高。到2020年，实现"县县通高速"。高速公路规划总里程达到7484km，面积密度达到5.37km/100km^2。基本覆盖了AAAAA级旅游景区、重要的港口、空港、铁路场站等运输枢纽，实现了公路与铁路、航空、水运的顺畅衔接。

（2）路网结构大幅提升。到2030年，高速公路网总规模达到7484km，比"十二五"末增加3238km，以县城为节点，路网连通度为2.16。在高速公路组成中，六车道以上高速公路达到1996km，占高速公路总里程的26.7%，比现状提升了18个百分点。

（3）城镇体系支撑加大。全省省辖市之间实现了高速公路短直连接，县县实现高速公路连通。沿江城市带、淮蚌合芜宣发展带实现两条高速公路贯通；合肥连通周边地区高速公路达到14条；皖江地区高速公路标准过江通道达到10座；功能突出的主通道实施扩容改造，服务更加高效。

（4）与周边省份高效衔接。安徽省与周边省份高速公路出口达到50个（江苏20个、山东1个、河南12个、湖北5个、江西6个、浙江6个）；安徽省连接周边省份的G40沪陕高速公路合宁段、G4211宁芜高速公路、G42S沪鄂高速公路马鞍山段、G25长深高速公路天长段、G50沪渝高速公路安徽段、G36宁洛高速公路安徽段、G30连霍高速公路安徽段均达到六车道以上标准。

第三章
高速公路建设成就

1986年10月,安徽省第一条高速公路合肥至南京公路(合宁高速公路)安徽段正式开工建设,结束了安徽没有高速公路的历史。30年来,安徽高速公路建设成就突出。截至2017年底,全省高速公路通车里程已达4673km,2018年底将突破4800km。高速公路网络不断完善,为助推安徽经济社会发展发挥重要作用。

第一节 建设管理体制的沿革

一、建设单位的变革

伴随我国经济社会的改革开放,工程建设领域逐步推行建设管理体制改革,而建设单位是项目建设管理的主体,建设管理体制改革必然影响建设单位的组建、管理和发展。从安徽高速公路30年的发展历程来看,建设单位经历了建设指挥部管理模式、行政事业单位管理模式、企业化项目法人管理模式(含社会民营资本企业法人模式)三个阶段,各种模式均较好地适应了特定历史时期的高速公路建设发展需要,但也存在各自的优缺点。

（一）建设指挥部管理模式

安徽是全国较早推进高速公路建设发展的省份之一,就在全国多地争论高速公路需不需要建设、适应不适应中国国情之际,合宁高速公路悄然开工,但建设高速公路牵涉面广,涉及交通、财政、银行、土地、公安、水利等诸多行业和各级地方政府,又是全省的十大重点工程之一,社会影响面大、建设任务重,如何建设管理,没有现成的模式可以借鉴。1986年7月,安徽省人民政府决定成立安徽省高等级公路工程建设指挥部,负责具体项目融资、建设、协调等各项工作。安徽省高等级公路工程建设指挥部由省政府分管副省长任指挥长,省计委、交通厅、公安厅等行业部门主要领导担任指挥部组成成员。指挥部内设工程计划室、工程监理室、机电中心控制室、物资设备科、财务科等职能部门,分别承担项目建设期计划、质量、安全、造价、协调等各项组织协调工作。同时,为弥补高速公路建设专业技术上的不足,聘请南京工学院(现为东南大学)等科研院校的专家学者担任技术顾问。

可见,建设指挥部是代表政府直接管理大型工程建设项目的管理模式,管理人员是从政府各个行业抽调或借调组建而成,具有临时属性,项目建成后即面临解散,不利于建设经验的总结和传承,也不利于项目运营养护管理的衔接。

(二)行政事业单位管理模式

为改进工程建设指挥部这种临时建设机构管理模式的不足,满足即将建成的合宁高速公路运营养护的需要,1989年4月,在安徽省高等级公路工程建设指挥部的基础上,安徽省高等级公路管理局成立。安徽省高等级公路管理局是隶属于省交通厅的行政事业单位,与安徽省高等级公路工程建设指挥部是两块牌子、一套机构,统一运作。安徽省高等级公路管理局除了承担高速公路建设任务外,还承担收费运营和养护等工作,形成建管养一体化的管理模式。同时,高管局作为行政事业单位,人员结构稳定,易于积累工程建设管理经验,形成专业化管理团队。因此,新开工的高速公路项目开始实行委派专业化团队,驻工程现场一线管理,减少了管理层级,大幅提高了管理效率,降低了工程建设管理成本。这种行政事业单位管理模式应用于随后建设的合巢芜高速公路、合宁高速公路延伸线大蜀山至龙塘段、高界高速公路,工程建设质量、安全、造价得到有效控制,建设工期大幅缩短。

(三)企业化项目法人管理模式

1996年,国家计划委员会依照《中华人民共和国公司法》颁发了《关于实行建设项目法人责任制的暂行规定》,要求国有单位经营性基本建设大中型项目必须组建项目法人,实行项目法人责任制。1997年,《中华人民共和国公路法》明确规定了"公路建设项目应当按照国家有关规定实行法人负责制度、招标投标制度和工程监理制度"。

为适应工程建设领域改革发展的新要求,安徽省高等级公路管理局以事业单位项目法人的职责继续承担高速公路建设任务,但面临发展动力不足、融资途径单一、责权利不清等问题。为此,经省人民政府批准,探索事业单位改革发展新途径,安徽省高速公路总公司挂牌成立。1996年8月,安徽省高速公路总公司以合宁高速公路总资产为股本,发起设立安徽皖通高速公路股份有限公司,同年成功在境外上市,开创了高速公路企业治理新模式。1998年12月,安徽省高速公路总公司经省政府批准为国有独资公司的大型一类企业,安徽省高等级公路管理局从原来的事业体制正式转变成安徽省高速公路总公司,全面实行企业化体制运作,市场融资能力大幅提高,建设管理力量迅速扩大。高速公路建设开始以企业化项目法人管理模式建设多条高速公路,如芜湖长江大桥南岸接线、合徐高速公路南段、合安高速公路、连霍高速公路安徽段等,基本处于同期建设之中。

在此时期,安徽省高速公路总公司实现了快速做大做强的目标。2009年底,总公司拥有17个公路运营管理处和多个子公司,运营管理高速公路里程1500km,全资和控股高速公路运营里程1436km。2010年1月,通过企业治理结构改革,安徽省高速公路控股集团有限公司挂牌成立,安徽高速公路再次进入一个全新的发展阶段。在大力推进高速公路跨越式发展的同时,安徽省高速公路控股集团根据全省各地高速公路建设形势发展的需要,深化体制改革,创新探索多元化组建项目法人的新模式。在阜周、宁绩、溧广等高速公路项目建设中,采取"省市共建"的企业化项目法人模式,由安徽省高速公路控股集团与地方国有独资公司组建项目法人,充分发挥地方政府的支持力度。在望东长江大桥北岸接线建设中,首次与央企中交三局集团组建新型项目法人模式;在东九高速公路建设中,首次采用设计施工总承包模式。通过创新项目法人模式,挖掘各方潜力,发挥各自优势,不断深化改革,完善高速公路建设管理体制。2014年,安徽省高速公路控股集团运营管理路线里程占全省高速公路通车里程的60%,成为"全国交通企业100强"和"安徽省50强企业"。

2004年,安徽省人民政府进行交通投融资体制改革,安徽省交通投资集团有限公司开始承担高速公路建设和运营职能,成为安徽省交通基础设施建设的又一重要国有投资主体。2014年底,安徽省交通投资集团有限公司已拥有10个公路运营管理公司,建设管理芜宣、界阜蚌、铜黄等15条高速公路,运营里程占全省高速公路通车里程的30%以上。

2014年12月,经省政府批准(皖政秘〔2014〕189号),安徽省高速公路控股集团和安徽省交通投资集团合并重组,成立安徽省交通控股集团有限公司。两大集团实现强强联合,成为安徽省国有资产最大的企业,也是安徽高速公路建设最大的项目法人,占全省高速公路建设运营总里程的90%以上。

除以上本省国有独资企业项目法人建设模式外,安徽高速公路先后吸引部分社会企业作为项目法人参与建设,即BOT(Build-Operate-Transfer)建设模式,意即"建设—经营—转让"。政府通过契约授予企业一定期限的特许专营权,许可其融资建设和经营特定的公路设施,并准许其通过经营收费偿还贷款,回收投资,赚取利润。特许权期限满后,公路设施将无偿移交给政府。BOT建设模式包括徽杭高速公路、蚌明高速公路、滁宁高速公路、亳阜高速公路、阜周高速公路、周六高速公路、铜南宣高速公路等,约占全省高速公路通车运营总里程的10%。其中,阜周高速公路、周六高速公路、铜南宣高速公路因项目法人管理力量不足、融资能力不够等原因,被迫中止建设,由省政府收回分别交由安徽省高速公路控股集团有限公司和安徽省交通投资集团有限公司完成建设。

二、项目融资模式的发展

从20世纪80年代开始,安徽高速公路建设资金逐步由单纯依靠计划投资,发展到政策筹资和社会融资相结合。从单一的依靠养路费、车辆购置费,发展到向银行贷款,向社会发行债券、股票和有偿转让公路收费权,以及利用外资等,逐步建立"国家投资、地方筹资、社会融资、利用外资"和"贷款修路、收费还贷、滚动发展"的投融资机制。

(一)融资模式发展历程

安徽高速公路建设融资模式经历了以下阶段:

(1)单一政府投资。安徽高速公路建设初期的资金投入全部由政府投资,基本无其他资金来源,融资渠道单一。最早修建的合宁高速公路全部由国家养路费投资修建。

(2)公开上市融资。1996年,安徽省高速公路总公司以合宁路全部资产为股本发起设立安徽皖通高速公路股份有限公司,同年在香港上市发行H股,成为"中国公路境外上市第一股",为安徽高速公路建设新添了政府投资外的资金来源。其后修建的高界高速公路、连霍高速公路均通过上市所募资金完成修建。

(3)银行贷款融资。引入国内政策性银行、商业银行以及日本海外经济协力基金、国际复兴开发银行、亚洲开发银行等贷款,为安徽高速公路建设增添了丰富的筹资渠道和稳定的资金来源。1998年,合徐高速公路南段成功获得工商银行首笔商业贷款,以此为突破点,银行贷款逐渐成为安徽高速公路建设的债务融资主渠道。

(4)引入其他资本。为缓解高速公路建设资金压力,提高社会资本参与度,不断尝试引入地市平台、省外企业、中央企业、外资企业等合资共建安徽高速公路,或完全采用BOT建设模式吸引社会企业资本。其中,与地市平台合资共建的代表项目有扬绩高速公路、芜雁高速公路,与省外企业合资共建的代表项目有合徐高速公路南段,与中央企业合资共建的代表项目有望东长江大桥北岸连接线项目,与外资企业合资共建的代表项目有马巢高速公路。BOT融资建设成功的项目有蚌明高速公路、滁宁高速公路、亳阜高速公路等。自2016年始,创新融资新模式PPP(Public-Private-Partnership)试点工作已经有序展开,岳武高速公路东延线、黄千高速公路、合枞高速公路首次采用PPP模式建设,高速公路建设融资模式即将翻开新的篇章。

(二)融资模式创新

安徽高速公路融资模式始终坚持求变创新,经过30年左右的探索发展,融资手段基本实现了从贷款到债券、从股权到债权、从境内到境外的全覆盖,其中创新型做法主要有以下几种:

(1)率先通过上市融资。安徽皖通高速公路股份有限公司在香港成功上市发行H股,2002年在国内A股实现上市,开创国内公路企业通过上市融资的先河。

(2)积极引入其他资本。安徽高速公路建设过程中始终注重引入地市平台、中央企业等其他资本参与进来,缓解建设资金压力。不管是在合作资本的广度及推进落实的进度上,都处在全国同行业企业前列。

(3)不断拓宽融资渠道。安徽高速公路建设企业对于融资渠道的拓宽及融资成本的控制方面严格把关、精益求精。目前除常规银行贷款外,已广泛涉足直接债务融资工具、永续债券、公司债券、境外债券、国开专项基金等融资品种,有效保证建设资金来源,降低融资成本。

(三)创新融资案例

1. 永续票据

(1)融资要素:注册20亿元,已发行10亿元、期限5+N、票面利率3.57%。

(2)发行利率。发行利率创下本年度同级别企业同类产品发行最低水平,较同期限银行贷款基准利率下浮高达25%,与同期银行贷款相比,整个存续期内能为集团公司节省财务成本约5900万元。

(3)可计入所有者权益。与一般债务融资工具相比,本票据按规定可直接计入所有者权益项下,有助于降低集团公司资产负债率。

2. 境外债券

(1)融资要素:3亿美元、3年期、票面利率2.875%。

(2)评级结果。取得穆迪给出的A3/稳定以及惠誉BBB+/稳定的投资级评级,结果理想。

(3)发行利率。债券获得投资者的广泛青睐,有效订单超过35亿美元,认购倍数高达11.67倍。最终债券发行票面利率2.875%,较国内同期限贷款基准利率下浮高达48%,发行利率十分可观。

(4)示范效应。安徽省内企业在境外发行债券的第一单,开创了省内企业境外融资的先河,具有明显的示范效应。

三、监理体制的变革

安徽省高速公路建设监理制度的施行,先后经历了内部监理制度、业主监理和社会化监理混合制度、社会化监理制度三个发展历程。

(一)内部监理制度(1986—1995年)

安徽省先后建设的合宁高速公路、合巢芜高速公路、大(蜀山)龙(塘)高速公路监理模式均为建设单位自行组建,属于内部监理制度。

1986年初,安徽省高等级公路建设指挥部成立技术监理室,全面负责合宁高速公路的监理工作,实行一级监理模式,根据工程进展的需要分别在路基工程和路面工程施工标段设置驻地监理组。同年,建设部发布开展建设监理工作和试点的通知,拉开全国工程监理的序幕。

1992年12月,安徽省高等级公路管理局成立,设置监理科,相继成立监理站,先后负责合巢芜高速公路、大(蜀山)龙(塘)高速公路的监理工作。由于监理科监理技术人员不足,在合巢芜高速公路建设期间,驻地监理组采取了省指挥部与市指挥部联合监理的模式。同时全国监理工作也从试点转向推广,各种监理管理制度已基本趋于成熟和规范。

(二)混合监理制度(1996—2002年)

这个阶段以高界高速公路、合安高速公路、合徐高速公路的建设为代表。项目监理基本采用业主和社会监理相结合的模式,也称之为混合模式。

1996年,高界高速公路开工,由建设单位安徽省高等级公路工程建设指挥部和安庆市高速公路建设指挥部与经招标的安徽省高等级公路工程监理有限公司共同组建总监办(代表处),负责项目的监理管理工作。现场由监理企业设立驻地监理组,负责现场监理工作,实行二级管理模式。

1998年,合徐高速公路南段开工,建设单位安徽省高等级公路工程建设指挥部委托组建总监办,同时招标社会监理企业负责组建驻地办,实行二级监理模式。

1999年,合安高速公路开工,因该项目属于世行贷款项目,结合世行项目管理的要求,建设单位组建总监办,聘请外监(澳大利亚雪山咨询公司)和国内监理单位组建高级驻地办,国内社会监理单位负责驻地监理组,实行三级监理模式。

2001年,合徐高速公路北段路基开工,参照合安高速公路建设模式,建设单位组建总监办和高级驻地办,社会监理负责驻地监理组,实行三级监理模式。路面工程阶段,则实行由业主派驻总监代表,社会监理单位组建总监办和驻地监理的二级监理模式。

(三)社会化监理制度(2002年至今)

全面推行社会化监理制度后,安徽高速公路工程监理一律采取公开招标。建设单位通过招标择优确定监理单位,与其签订监理合同,明确监理工作内容和费用标准。监理机构一般实行二级监理,即项目设总监理工程师办公室,下分标段设驻地监理工程师办公室。监理岗位分为总监理工程师、总监理工程师代表、监理组长、专业监理工程师(按专业划分为合同、安全、测量、试验、桥梁、路基、路面、机电、房建、绿化)、监理员等。监理人员数量一般按每公里0.8~1.2人标准配置。社会化监理在建设单位的委托下主要负责工程质量、安全生产、合同管理及相关协调任务。社会化监理单位具有服务性、公正性、独立性和科学性的特点,促进了高速公路建设管理的规范化。

安徽省实行社会化监理制度和公开招标制度以来,吸引了全国各地监理企业参与安徽高速公路建设,加速了安徽高速公路建设管理水平的进步,同时也壮大了安徽省专业化监理企业的成长。全省现有公路监理企业37家,其中甲级监理单位7家,乙级监理单位7家,丙级监理单位23家。全省有2250人持有部颁公路监理(含专业监理)工程师证书,523人持有省专业监理工程师证书。

四、施工招标投标制度的变革

安徽高速公路建设实行施工招投标试点是与第一条高速公路建设同步的,安徽也是国内较早开放高速公路建设市场的省份之一。1986年8月,合宁高速公路施工图设计完成后,建设单位安徽省高等级公路工程建设指挥部立即组织招标发包,通过编制工程量清单作为计量支付基础,据实计量。招标合同明确双方职责,管理界面清晰。通过招标引进了国内较有实力的专业化施工企业参与工程建设,为合宁高速公路建设质量、工期、造价等目标的实现奠定了牢固的基础。

2000年1月《中华人民共和国招标投标法》实施,包括招标投标法实施条例颁布,以及相关部委招投标管理办法出台,为高速公路建设招标投标管理提供了更加规范、清晰的要求。安徽高速公路严格按照国家及部委规定,开始对工程建设项目的勘察、设计、施工、监理以及与工程建设有关的重要设备、材料等的采购,均实行公开招标。招标工作一般由项目法人自行组织招标,少数具有创新建设管理模式要求的特殊项目委托代理单位组织招标。招标场所早期由项目法人自行确定,现阶段一律进入合肥市公共资源交易中心,接受省交通运输厅招标办、资源管理中心监管。招标评标办法根据项目工程特点推行最低价法、合理低价法、综合评估法、双信封法等。

作为公路建设管理体制"四项制度"之一,招标投标制度的实施促进了公路建设市场的繁荣和经济的发展,在保证建设工程质量标准,加快工程建设进度,提高经济效益,推进建设管理体制改革,培育和规范市场体系,降低投资成本,预防和惩治腐败交易行为等方面发挥了重要作用。但从安徽省高速公路多年招标投标经验总结得出,较多项目采用了最低价或最低价满分的评标方法,信誉、业绩、技术能力难以体现,最终以低价竞争取胜,非择优竞争,招投标价值取向发生偏离。低价竞争的恶性循环,扰乱了招标投标市场。为此,交通运输主管部门已开始加强市场整顿,交通运输部建立了全国公路建设市场信用系统,安徽省制定了公路建设市场信用评价管理办法,每年度对从业施工企业进行信用评价并公布,将企业信用划分为AA、A、B、C、D五个等级,评价结果纳入施工招标投标评分标准当中,评价最差的纳入黑名单,限制市场准入。信用等级建设有效地促进了招标投标市场的理性回归,为提升高速公路施工水平发挥了重要的引导作用。

第二节 高速公路建设成果

一、起步建设阶段(1986—1991年)

20世纪80年代,我国经济社会已全面步入改革开放的春天,"要想富,先修路""经济要腾飞,基础靠交通"已逐步成为人们的共识。安徽作为农业内陆省份,改革开放与经济发展对交通的需求更加迫切,特别是外资进入内地后,落后的交通现状严重阻碍安徽省对外开放、招商引资的步伐。"七五"期间,在社会舆论对是否该建高速公路、建高速公路到底有多大作用,还持观望甚至怀疑态度之际,安徽省委、省政府根据安徽当时的财力和物力,大力发展交通事业,大胆提出高速公路建设设想,并作出先建设东西贯通线的东段即合宁高速公路,连通宁、沪的决定。1985年5月,时任国务院总理李鹏同志亲自批准该路修建。合宁高速公路首次采用全封闭、全立交、控制出入的双向四车道高速公路标准,被列为交通部和安徽省重点建设项目。

1986年10月1日正式开工建设合肥至南京高速公路龙塘至周庄段。合宁高速公路的建设在当时是走在全国前列的,没有国家技术标准和成熟施工经验。安徽高速公路建设者一方面借鉴国外高速公路建设经验,引进菲迪克(FIDIC)条款管理模式,试行工程监理制,严把投资、质量和工期关;另一方面大胆探索,聘请南京工学院(现为东南大学)教授、讲师担任技术监理,研究解决建设中的技术难题。本项目首次采用施工招标制度,利用RCC工艺等解决高等级公路水泥混凝土路面施工技术难题。

1991年6月,合宁高速公路即将建成通车之际,一场百年不遇的特大洪涝灾害遍袭安徽。合肥通往外地的铁路、公路全部中断,唯有处于试运行期的合宁高速公路畅通无阻,成为抢险救灾的唯一通道,被群众亲切地称为"救命路"。党和国家领导人江泽民、李鹏、朱镕基等先后视察该路,给予了高度评价。1991年10月,合宁高速公路全线建成通车。

合宁高速公路是沪蓉线的重要组成部分,在国家高速公路网络具有重要地位。它东连沪宁高速公路,西接高界高速公路直至宜黄、成渝,是国家首批"三纵两横"高速公路网架的重要路段。它的建成,大大缩短了安徽等内陆省份与苏沪等沿海地区的距离,抢抓了向外改革开放大发展的机遇,为安徽经济的振兴起到了至关重要的作用。合宁高速公路的典型示范,在全国掀起了高速公路建设热潮,它也成为全国同行学习的榜样。

二、稳步发展阶段(1992—2003年)

随着合宁高速公路成功建成通车,特别是经历了1991年特大洪水的考验,一条"救命路"的鲜活事实告诉人们修建高速公路的现实意义,扭转了社会舆论对高速公路的非议,高速公路这一新生事物得到了各级政府和社会各界的认可。从此,修建高速公路成为各地发展经济、改善民生的企盼。安徽省交通厅紧紧抓住这一有利时期,积极谋划加快全省高速公路建设步伐。1990年2月安徽省高等级公路管理局成立,1992年12月组建成立安徽省高速公路总公司,与前期成立的安徽省高等级公路工程建设指挥部整合,形成"三块牌子、一套班子",集中人力、财力、物力进行统一调度和专业化管理,不再是临时机构的建设指挥部建设模式,而是专业从事高速公路建设、运营、管理、养护的常设机构,高速公路建设步入稳步发展阶段。

稳步发展阶段高速公路建设迫切需要大量资金,融资单一、融资困难一直是建设单位的难题。1992年,建设合巢芜高速公路期间,安徽省高等级公路管理局吸收社会资金组建有限责任公司来建设高速公路,成为国内利用社会资金建设高速公路的"第一人"。1998年,合徐高速公路南段建设期间,为解决建设资金困难,引进山东联大集团合作成立安联公司,由安联公司作为项目法人出资建设,取得圆满成功。在此期间,引进社会资本已成为安徽省高速公路建设融资的一条重要渠道。

为进一步扩大融资渠道,尽快筹集资金稳步发展安徽高速公路,1996年,安徽省高速公路总公司以合宁高速公路全部资产为股本发起设立安徽皖通高速公路股份有限公司,同年11月2日安徽皖通正式发行H股,于11月13日在香港成功挂牌上市,筹集资金9.3亿元。2003年,皖通公司再次在国内增发2.5亿股A股,为安徽高速公路建设募集5.5亿元的资金。

从"九五"至"十五",安徽高速公路迎来了发展的黄金机遇期。历经10年左右的时间,全省高速公路通车和在建里程双双突破1000km,基本形成了以合肥为中心、以高速公路为骨架的"十字形"交通主干网,全省16个地市中的10个地市通上高速公路,实现了省内主要城市之间"一日往返"的交通目标。

安徽高速公路在稳步发展数量的同时,技术质量和创新管理也不断得到提高。高界高速公路被时任交通部部长黄镇东誉为"水泥混凝土路面的典范"。随后合徐高速公路南段建设中,将路面结构从水泥混凝土路面变更为沥青混凝土路面,获得了成功。作为全省第一条真正意义上的沥青混凝土路面高速公路,合徐高速公路南段荣获"国家优秀建设项目奖"。以此为标志,沥青混凝土技术在安徽省得到广泛推广应用,高速公路给人们出行带来的行车舒适性、便捷性、安全性再次得到了提升。几乎同期开工的合安高速公路是安徽省又一条南北大通道,连接已经建成的合宁高速公路和高界高速公路,全长154km,是全省第一次利用世界银行贷款修建的高速公路项目,也是安徽省利用世行的最大项目。安徽高速公路建设者创新管理模式,引进澳大利亚咨询监理公司,施行FIDIC条款,严格程序管理,优良的质量和舒适优美的行车环境赢得了世界银行的赞誉,荣获"国家优秀项目管理奖"。

三、快速发展阶段(2004—2015年)

截至"十二五"末期,安徽高速公路通车里程达到4249km,详细情况见表3-1、表3-2。全省所有地级市通上高速公路,所有县城1小时上高速公路,国道干线皖境段全部建成高速公路,全面形成安徽南北四纵、东西八横的高速公路网络。

安徽省2004—2015年建成通车高速公路情况　　　　　　　　表3-1

序号	项目名称	里程(km)	概算(亿元)	开工时间	通车时间	建设单位
1	宣广高速公路广祠段	13.2	2.8	2002.7	2004.6	省高速公路总公司
2	徽杭高速公路	81.7	19.3	2002.5	2004.10	黄山长江公司
3	界阜蚌高速公路三期	89.5	19.3	2001.4	2004.10	省交通投资集团
4	安庆长江大桥	5.6	13.17	2001.11	2004.12	安庆大桥公司
5	安庆长江大桥北岸接线	14.9	4.74	2003.1	2004.12	省高速公路总公司
6	庐铜高速公路	73.2	18.56	2002.3	2005.1	安徽金宇集团
7	芜马高速公路	53.3	26.17	2002	2005.12	省高速公路总公司
8	蚌明高速公路	80.9	26.4	2003.1	2005.12	安徽蚌明公司
9	来明高速公路	84.5	22.2	2002.11	2006.9	安徽滁宁公司
10	马坝至六合高速公路安徽段	13.99	5.59	2005.1	2006.12	省高速公路总公司
11	沿江池州至安庆段	49.7	22.47	2004.4	2006.12	省高速公路总公司
12	亳阜高速公路	101.3	27.7	2002.12	2006.12	新中侨投资公司
13	沿江芜铜段	60.6	20.19	2004.6	2007.6	省高速公路总公司
14	铜汤高速公路	116.1	51.1	2004.6	2007.9	省交通投资集团
15	汤屯高速公路	57.4	30.45	2004.3	2007.9	省交通投资集团
16	合六叶高速公路	123.4	39	2004.3	2007.11	省交通投资集团
17	北环高速公路	41.1	16	2004.3	2007.11	安徽省国路公司
18	沿江铜池段	53.54	22.32	2005.10	2008.6	省高速公路总公司
19	安景高速公路	55.53	25.41	2006.3	2008.10	省高速公路总公司
20	合淮阜高速公路	190.58	77.51	2005.10	2008.10	省高速公路总公司
21	黄塔桃高速公路	51.1	38.4	2006.4	2008.12	省交通投资集团
22	合宁大蜀山至陇西扩建	42.64	19.65	2006.9	2009.9	省高速公路总公司
23	六潜高速公路岳潜段	77.84	56.35	2009.12	2009.12	省高速公路总公司
24	六潜高速公路六岳段	72.29	35.68	2005.9	2009.12	省高速公路总公司
25	六武高速公路安徽段	90.9	53.72	2006.2	2009.12	省交通投资集团
26	阜周高速公路	83.57	35.19	2003.12	2009.12	省高速公路总公司
27	高界高速公路改建	109.77	9.92	2008.3	2009.7	省高速公路总公司
28	沿江铜陵连接线	6.27	1.99	2007.1	2010.1	省高速控股集团
29	泗许高速公路宿州段	91.5	36.89	2008.1	2010.12	省交通投资集团

续上表

序号	项目名称	里程(km)	概算(亿元)	开工时间	通车时间	建设单位
30	绩黄高速公路	24.61	17.19	2008.12	2011.10	省高速控股集团
31	泗许高速公路亳州段	39.5	17.38	2009.4	2011.12	省交通投资集团
32	周六高速公路	91.45	33.15	2003.12	2012.1	省高速控股集团
33	蚌淮高速公路	41.4	25.61	2009.10	2012.7	省高速控股集团
34	小西冲至方兴大道扩建	7.95	3.54	2011.3	2012.9	省高速控股集团
35	芜雁高速公路	16.92	15.33	2009.12	2012.12	省高速控股集团
36	泗许高速公路泗县段	23.3	10.72	2010.11	2012.11	省交通投资集团
37	泗许高速公路淮北段	51.1	21.53	2010.9	2012.12	省交通投资集团
38	机场高速公路	17.6	15.2	2010.10	2013.5	省交通投资集团
39	宣宁高速公路	45.96	26.78	2010.3	2013.8	省高速控股集团
40	阜新高速公路安徽段	69	24.44	2011.3	2013.11	省高速控股集团
41	马鞍山大桥	36.27	70.78	2008.12	2013.12	省高速控股集团
42	黄祁高速公路	103	65.2	2009.9	2013.10	省高速控股集团
43	马巢高速公路	35.8	23.99	2011.1	2013.12	省交通投资集团
44	宁绩高速公路	76.26	50.9	2011.4	2014.11	省高速控股集团
45	徐明高速公路安徽段	139.1	62.5	2010.1	2014.12	省交通投资集团
46	济祁高速公路砀山段	39.5	24.76	2012.10	2015.10	省交通控股集团
47	济祁高速公路永利段	71.7	47.9	2013.9	2015.11	省交通控股集团
48	合福铁路长江大桥接线	40.6	51.3	2013.9	2015.12	省投资控股集团
49	铜南宣高速公路	82.68	64.49	2013.4	2015.12	省交通控股集团
50	岳武高速公路	46.235	52.58	2012.11	2015.12	省交通控股集团
51	宁千高速公路	40.202	29.27	2012.12	2015.12	省交通控股集团
52	滁马高速公路	83.01	56.59	2013.5	2015.12	省交通控股集团
53	望东长江大桥北岸接线	49.96	23.31	2013.6	2015.12	省交通控股集团
	合计	3259.02	1612.61			

安徽省高速公路里程主要指标　　　　表3-2

年份	高速公路通车里程(km)		面积密度 (km/100km²)	人口密度 (km/万人)
	总里程	国家高速公路		
1993	92		0.07	0.016
1994	92		0.07	0.015
1995	123		0.09	0.021
1996	123		0.09	0.020
1997	123		0.09	0.020
1998	294		0.21	0.048
1999	404		0.29	0.065

续上表

年份	高速公路通车里程(km)		面积密度 (km/100km²)	人口密度 (km/万人)
	总里程	国家高速公路		
2000	470		0.34	0.075
2001	596	339	0.43	0.094
2002	866	534	0.62	0.136
2003	1070	677	0.77	0.167
2004	1294	677	0.93	0.200
2005	1501	677	1.08	0.230
2006	1747	677	1.25	0.265
2007	2206	677	1.58	0.330
2008	2506	2272	1.80	0.372
2009	2810	2576	2.02	0.414
2010	2929	2594	2.10	0.429
2011	3009	2612	2.16	0.438
2012	3210	2686	2.30	0.465
2013	3521	2686	2.53	0.508
2014	3752	2686	2.69	0.541
2015	4249	2893	3.05	0.611

注：2008年以前国家高速公路对应的数据应为国道主干线里程。数据来源于《安徽省地方志》和历年安徽统计年鉴。

四、扩容网化阶段(2016—2020年)

"十三五"期间，安徽省高速公路建设依然处于黄金机遇期，高速公路建设将贯穿"创新、协调、绿色、开放、共享"五大发展理念，重点实施高速公路扩容和网化两大工程，强化省会经济圈对周边的辐射和与长三角地区的对接，积极推动以合宁高速公路等13条总里程约为876km的高速公路的扩容改造建设。推进高速公路县县通，续建滁州至淮南高速公路等12个项目总计627km的高速公路，新建岳武高速公路东延等20个项目总计1353km的高速公路。"十三五"期间高速公路建设依然保持快速发展势头，2016年新增里程240km(含试刀山隧道改建应急工程)，2017年建成通车4个项目新增里程196km，详见表3-3。预计到2020年，安徽省高速公路总里程能达到5700km。

2016—2017年通车项目情况表　　　　　　表3-3

序号	项目名称	里程(km)	概算(亿元)	开工时间	通车时间	建设单位
1	溧广高速公路	38.78	26.18	2013.11	2016.9	省交通控股集团
2	试刀山隧道应急工程	3.35	4.94	2015.3	2016.10	省交通控股集团
3	望东长江大桥	38.03	50.38	2011.12	2016.12	省交通控股集团
4	济祁高速公路利淮段	77.10	55.71	2014.4	2016.12	省交通控股集团

续上表

序号	项目名称	里程(km)	概算(亿元)	开工时间	通车时间	建设单位
5	济祁高速公路淮合段	82.75	54.07	2014.4	2016.12	省交通控股集团
6	芜湖长江二桥	55.508	90.389	2013.11	2017.12	省交通控股集团
7	陇西到路口扩建	9.44	6.8	2015.12	2017.10	省交通控股集团
8	宿扬高速公路天长段	56.815	36.4	2014.10	2017.10	安徽滁宁公司
9	宁宣杭狸宣高速公路	30.615	21.335	2015.6	2017.12	省交通控股集团
10	北沿江巢芜高速公路	43.858	36.577	2015.6	2017.12	省交通控股集团
	合计	436.246	382.781			

第三节 桥梁和隧道建设成果

一、桥梁建设成果

截至2016年底,安徽省特大桥、大中桥梁累计建成4342座,总长991.433km。下文将分别列举跨江(长江)桥梁、跨河(淮河)桥梁、其他典型桥梁进行阐述。

(一)跨江(长江)桥梁

1. 铜陵长江公路大桥

1991年12月开工建设,1995年12月26日建成,总投资4.5亿人民币。铜陵长江公路大桥是安徽境内第一座跨江公路大桥,该桥由交通部公路规划设计院承担设计,中国公路建设总公司和湖南省公路桥梁建设公司承担施工,交通部第一公路勘察设计院承担施工监理。

该桥全长2592m,其中主桥长1152m,引桥长1440m。桥跨布置为(80+90+190+432+190+90+80)m,主跨为432m的双塔双索面预应力混凝土斜拉桥,是当时世界上同类型排名第3位大跨径桥梁。该桥建成后,北接合(肥)铜(陵)二级汽车专用公路,南接铜(陵)屯(溪)公路。该桥已成为G3京台高速公路合肥至黄山段的过江大桥。

2. 芜湖长江公铁大桥

芜湖长江公铁大桥是国家"九五"期间重点交通项目,是我国第一座公路、铁路两用斜拉桥。全桥正桥钢梁为14孔5跨连续梁,跨长江桥长2193m,主桥为矮塔斜拉桥,主跨为312m。公路桥采用双线四车道,车行道宽18m。该桥运用国产新材料14MnNbq和整体节点技术,集新结构、新材料、新技术于一体,共应用15项新技术,大大提高了中国公铁两用桥梁设计、制造和安装水平,其中有14项刷新了全国建桥纪录。全桥长10521m,全桥混凝土总量55万t,结构用钢11万t,其工程总量及规模均超过了武汉和南京两座公路、铁路两用桥的总和,工程规模居当时中国长江大桥之首。

该桥是当时中国跨度最大的公路和铁路两用桥梁,居世界第二。从武汉长江大桥跨度128m,发展到九江长江大桥的216m,花了40年时间,而芜湖长江大桥主跨突破300m,却用了不到10年的时间。芜湖长江公铁大桥是中国重载桥梁跨度发展的一个里程碑,它的建设表明中国已经跻身于世界大跨重载铁路桥梁的先进行列。该桥的科技含量、工程规模和建造质量居国际一流、国内领先,并荣获国家优质工程金奖、国家科技进步一等奖、中国建筑工程鲁班奖。

3. 安庆长江公路大桥

2001年11月18日开工建设,2004年12月26日建成通车,总投资13.174亿元。该桥对于完善华东地区高速公路网络有着重要意义。

4. 马鞍山长江公路大桥

2008年12月开工建设,2013年12月建成通车,总投资71亿元。该桥全长11209m,左汊主桥采用2×1080m三塔两跨悬索桥,右汊主桥采用(120+2×260+120)m的三塔双索面半漂浮体系斜拉桥,桥塔为椭圆拱形,为国内首座拱形塔三塔两跨斜拉桥。大桥多项成果位列世界同类桥型第一。大桥的建成为安徽省更好地融入长三角地区起到促进作用。

此外,望东长江公路大桥于2011年12月举行开工典礼,2016年12月建成通车,总投资12.6亿元。芜湖长江公路二桥于2013年12月开工建设,2017年12月建成通车,总投资约90亿元。铜陵长江公铁大桥于2010年开工建设,2015年通车。池州长江公路大桥于2014年12月30日开工建设,计划2018年底建成通车,概算投资60.19亿元。

跨江桥梁的建设,对于带动安徽省沿江城市经济和社会的发展具有十分重要的意义。

(二)跨河(淮河)桥梁

1. 合徐高速公路涂山淮河大桥

1988年11月开工建设,2001年7月1日建成通车。桥梁设计采用纵向分离双幅形式,设计速度120km/h,通航标准三级,按8度地震烈度设防。

合徐高速公路涂山淮河大桥是国家高速公路网G3京台高速公路合徐北段建设的组成部分。

2. 宁洛高速公路临淮关淮河特大桥

2003年1月开工建设,2005年12月建成通车,是国家高速公路网G36南京至洛阳高速公路的组成部分。

此外,合淮阜高速公路寿阳淮河特大桥于2005年10月开工建设,2008年6月竣工通车,是合淮阜高速公路建设的组成部分。阜周高速公路南照淮河特大桥于2003年底开工建设,2009年底建成通车。徐明高速公路五河淮河特大桥于2011年1月开工建设,2014年底建成通车,采用了同向回转拉索体系,在国内属首创。济祁高速公路寿春淮河特大桥于2014年4月正式开工建设,2016年底建成通车,是淮河上首座矮塔斜拉桥,国内首次大规模应用钢板组合梁桥结构。

（三）其他典型桥梁

1. 太平湖大桥

2004年6月开工建设,2006年9月通车,总长452m,是铜(陵)黄(山)高速公路建设的组成部分。设计为中承式空间曲线钢管混凝土提篮拱桥,采用一跨过湖,大桥主跨径352m,计算跨径336m,跨径时居亚洲乃至世界同类桥梁之首。

2. 磨子潭大桥

2005年开工建设,2009年通车,总长480.37m。大桥集高墩、大跨于一体,桥面离地面垂直距离最高处达94.8m,是安徽省迄今为止最高墩大桥。

此外,还有如钢板组合梁桥、低高度T梁桥、拼装体外预应力节段梁桥等等。

二、隧道建设成果

安徽省高速公路第一座隧道——试刀山隧道位于合巢芜高速公路,于1995年12月建成通车。截至2016年底,高速公路隧道通车里程122.09km,其中特长隧道8座,长30.2km。下面从主要特长隧道、其他典型隧道分述。

（一）主要特长隧道

1. 明堂山隧道

2012年11月开工,左洞于2014年12月13日贯通,右洞于2015年1月13日贯通。分离式特长隧道,双向四车道,隧道总长达7770m,是安徽省已建高速公路中最长的隧道。隧道通风运营中首次采用单通道送风模式,可显著减少能源消耗。

2. 佛岭隧道

分离式特长隧道,双向四车道,隧道左线长3704m,右线长3904m。采用短进尺、强支护、弱爆破形式;制定围岩快速分级鉴定法;采取地表截水导流结合洞内TSP超前预报和打孔预探等方法。

3. 塔岭隧道

分离式特长隧道,双向四车道,左线长3756m,右线长3728m,是皖赣省界最长的隧道。设计遵循"安全、环保、经济、舒适"的原则,采用新奥法设计施工,为交通部典型示范工程。

4. 马金岭隧道

分离式特长隧道,双向四车道,隧道左线长3325.0m,右线长3380.0m。为突出高速公路的文化承载特性,马金岭隧道洞口设置了徽派建筑风格棚洞结构。隧道照明采用新型LED光源,隧道洞口段设置了新型排水沥青路面。

此外,新开岭隧道,双向四车道,左线长3197m,右线长3229m。首次应用和建立了多功能涂料辅助公路隧道节能照明的技术,首次建立了国内隧道LED灯的应用技术标准,补充完善了设计规范中逃生照明条件的空白。曹河隧道,现改为妙道山隧道,分离式特长隧道,双向四车道,左线长3161m,右线长3215m。岳西端洞口出洞施工实现真正"零开挖",保护环境。桃墅岭隧道,分离式特长隧道,双向四车道,左线全长3060m,右线全长3012m,穿越皖赣省界。隧道洞口采用"零开挖"工法进洞,主体结构设计按新奥法原理。石头岭隧道,分离式特长隧道,双向四车道,左线长3054.0m,右线长3011.0m。隧道主体结构按新奥法原理设计。胭脂畈隧道,分离式特长隧道,双向四车道,隧道左线长3040m,右线长3045m。

(二)其他典型隧道

1. 试刀山隧道

安徽省高速公路的第一座隧道。隧道左线长1130m,右线长1101m,分离式长隧道,双向四车道,1996年建成并投入使用。2015年4月,对试刀山隧道采用两侧分离加宽改造,2016年6月顺利贯通。

2. 富溪隧道

该隧道为直线连拱隧道,是安徽省最长的双连拱隧道。

此外,黄梅山隧道,双向四车道连拱隧道,长2×530m,设计速度120km/h,是安徽省第一座设计施工运营的连拱隧道,是全国第一座照明按120km/h运营速度设计的隧道。隧道设计遵循"管超前、强支护、勤量测、早封闭"的原则。龙瀑隧道,分离式路基段左幅隧道,长80m,是目前国内唯一的一座半明半暗的通透肋式拱梁异形结构隧道,提出了通透肋式拱梁隧道结构荷载设计计算模型,填补了隧道工程设计规范的空白。

第四章
高速公路建设管理地方法规和相关制度

自1986年以来,安徽省人大、省政府、行政主管部门根据交通发展和高速公路建设需要,出台了一系列地方法规和相关制度,形成了以市场主导、多层管控、与时俱进为特征的管理体系,有力促进了安徽省高速公路建设的健康、有序与协调发展。本章对现行的主要法规和管理制度进行列举。

第一节 省人大、省政府出台的相关法规

自安徽省高速公路建设起步以来,省人大、省政府高度重视建设市场、运营市场的发展,相继出台了相关法规和意见。

(一)《安徽省建筑市场管理条例》

为了培育、发展和规范安徽省建筑市场,保证工程建设质量,保护建筑经营当事人的合法权益,安徽省人大出台了该《条例》。该《条例》于1995年12月30日由安徽省第八届人民代表大会常务委员会第二十一次会议通过并发布,自1996年3月1日起实施。2002年4月4日,安徽省第九届人民代表大会常务委员会第二十九次会议通过《关于修改〈安徽省建筑市场管理条例〉的决定》,进行第一次修正。2004年6月26日,安徽省第十届人民代表大会常务委员会第十次会议通过《关于修改〈安徽省建筑市场管理条例〉的决定》,进行第二次修订,自2004年7月1日起施行。全文分总则、资质管理、发承包和招投标管理、施工管理、工程质量管理、建设监理、法律责任、附则等部分,共8章51条。

(二)《安徽省高速公路管理条例》

为了加强高速公路管理,保障高速公路安全畅通和高效运营,安徽省人大出台了该《条例》。该《条例》于1997年1月30日由安徽省第八届人民代表大会常务委员会第二十九次会议通过,1997年5月1日施行。2004年8月20日,安徽省第十届人民代表大会常务委员会第十一次会议通过《关于修改〈安徽省高速公路管理条例〉的决定》,自2004年10月1日起施行。2004年10月19日,安徽省第十届人民代表大会常务委员会第十二

次会议通过《关于修改〈安徽省高速公路管理条例〉第二十条的决定》,自 2004 年 10 月 20 日起施行。全文分总则、养护管理、路政管理、交通管理、收费管理、服务监督、法律责任、附则等部分,共 8 章 47 条。

(三)《安徽省公路路政管理条例》

为了加强公路路政管理,维护公路完好,保障公路安全、畅通,安徽省人大出台了该《条例》。该《条例》于 2000 年 12 月 28 日由安徽省九届人大常委会第 20 次会议通过,自 2001 年 2 月 1 日起施行。2004 年 8 月 20 日,安徽省十届人大常委会第 11 次会议通过《关于修改〈安徽省公路路政管理条例〉的决定》,进行第一次修正;2004 年 10 月 19 日,安徽省十届人大常委会第 12 次会议通过《安徽省人民代表大会常务委员会关于修改〈安徽省公路路政管理条例〉第二十条的决定》,进行第二次修正;2011 年 12 月 28 日,安徽省第十一届人民代表大会常务委员会第三十次会议通过《安徽省人民代表大会常务委员会关于修改部分法规的决定》,进行第三次修正。该《条例》分总则、公路路产管理、超限运输车辆行驶管理、公路两侧建筑控制区管理、服务与监督、法律责任、附则等部分,共 7 章 39 条。

(四)《安徽省实施〈中华人民共和国招标投标法〉办法》(省人大常委会公告第 118 号)

为了规范安徽省行政区域内进行的招标投标活动,根据《中华人民共和国招标投标法》和有关法律、行政法规,安徽省人大出台了该《办法》。该《办法》于 2002 年 11 月 30 日由安徽省第九届人民代表大会常务委员会第三十四次会议通过,自 2003 年 1 月 1 日起施行。全文分总则,招标、投标,开标、评标和中标,法律责任,附则等部分,共 5 章 27 条。

(五)《安徽省高速公路经营权转让管理暂行办法》(皖政办〔2004〕24 号)

为了规范高速公路经营权转让行为,维护转让方、受让方的合法权益,促进国有资产保值增值,安徽省政府出台了该《办法》。该《办法》于 2004 年 5 月 8 日由安徽省人民政府办公厅发布。全文分总则、转让条件、资产评估与转让期限、资产评估与转让期限、转让收益的使用与监管、转让方和受让方的义务、法律责任、附则等部分,共 8 章 40 条。

(六)《安徽省公路工程招标投标管理办法》(皖政办〔2004〕25 号)

为了规范公路工程招标投标活动,保护国家利益、社会公共利益和招标投标活动当事人的合法权益,保证公路工程质量,安徽省政府出台了该《办法》。该《办法》于 2004 年 5 月 8 日由安徽省人民政府办公厅印发,自发布之日起施行。全文分总则,招标,投标,开标、评标和中标,监督检查,法律责任,附则等部分,共 6 章 37 条。

(七)《安徽省安全生产条例》(省人大常委会公告第92号)

为了加强安全生产监督管理,防止和减少生产安全事故,安徽省人大出台了该《条例》。该《条例》于2006年12月22日由安徽省第十届人民代表大会常务委员会第二十七次会议通过,自2007年3月1日起施行。全文分总则、生产经营单位的安全生产保障、安全生产监督管理、生产安全事故的应急救援与调查处理、法律责任、附则等部分,共6章49条。

(八)《安徽省建设工程质量管理办法》(省政府令第203号)

为了加强建设工程质量管理,保证建设工程质量,安徽省政府出台了该《办法》。该《办法》于2007年6月1日由安徽省人民政府第54次常务会议通过,自2007年8月1日起施行。全文分总则,建设单位的质量责任,勘察、设计单位和施工图审查机构的质量责任,施工单位的质量责任,监理单位的质量责任,工程质量检测机构的质量责任,建设工程质量保修和安全性鉴定,监督管理,法律责任,附则等部分,共10章60条。

(九)《安徽省人民政府办公厅关于进一步加强高速公路权益转让监管工作的通知》(皖政办〔2007〕36号)

为进一步贯彻落实《收费公路管理条例》和《安徽省高速公路经营权转让管理暂行办法》的规定,切实加强对高速公路权益转让的监督管理,确保国有资产不流失,保护投资者的合法利益,2007年6月15日安徽省人民政府印发该《通知》,要求高速公路权益包括收费权、广告经营权、服务设施经营权,转让其中任何一项权益或一项权益中的部分权益,必须按规定的程序,报省政府或交通部审批。

(十)《安徽省人民政府关于加快交通运输基础设施建设的意见》(皖政〔2010〕44号)

为适应安徽省推进科学发展的新要求和工业化、城镇化加速发展的新形势,更好地发挥承接产业转移的示范作用,2010年6月3日安徽省人民政府出台了该《意见》。该《意见》从总体目标、体制改革、扶持力度、前期工作、工作机制等方面,为安徽省2015年底前的交通事业发展指明了方向和措施,对目前高速公路的建设依然有着重要的指导性意义。

(十一)《安徽省建设工程安全生产管理办法》(省政府令第265号)

为了加强建设工程安全生产工作,防止和减少建设工程安全事故,安徽省政府出台了该《办法》。该《办法》于2016年1月28日由安徽省人民政府第69次常务会议通过,2016年2月15日安徽省人民政府令第265号公布,自2016年4月1日起施行,同时废止《安徽省建筑安全生产管理办法》。全文分总则、主体责任、监督管理、法律责任、附则等部分,共5章36条。

第二节　行政主管部门发布的相关规章

安徽省交通运输厅等行业行政管理单位,为保证高速公路建设和发展,印发了诸多管理规章。

一、市场管理

（一）《安徽省实施〈公路施工企业信用评价规则〉细则（试行）》

为了规范公路施工企业信用评价工作,统一方法和标准,准确评价公路施工企业信用,根据交通运输部《公路施工企业信用评价规则（试行）》（交公路发〔2009〕733号）要求,结合安徽省实际,安徽省交通运输厅制定了该《细则（试行）》,自2011年4月26日起试行,全文28条。

（二）《安徽省公路建设市场信用信息管理实施细则（试行）》

为了加强安徽省公路建设市场信用信息管理,规范公路建设从业单位和从业人员的市场行为,营造诚实守信的市场环境,根据交通运输部《公路建设市场信用信息管理办法》（交公路发〔2009〕731号）要求,结合安徽省实际,安徽省交通运输厅制定了该《细则（试行）》,自2011年11月8日起试行。全文分总则、管理职责、信用信息内容、信用信息征集与更新、信用信息发布与管理、附则等部分,共6章35条。

（三）《安徽省公路水运工程施工企业信用评价管理暂行办法》

为了规范安徽省公路水运工程建设市场秩序,提高施工企业诚信意识,提供一个公平、公正的良好环境,从源头治理公路水运工程建设领域不良行为,安徽省交通运输厅制定了该《办法》。全文分总则,信用评价的内容、程序和方法,信用评价等级和奖惩,附则等部分,共4章23条。

（四）《安徽省公路工程施工分包管理暂行办法（试行）》

为了加强公路建设市场管理,规范安徽省公路工程施工分包行为,维护建设市场秩序,保证工程质量和施工安全,根据交通运输部《公路建设市场管理办法》《公路工程施工分包管理办法》等,结合安徽省实际,安徽省交通运输厅印发了该《暂行办法（试行）》。全文分总则、分包的条件和规定、分包管理、责任及追究、附则等部分,共5章31条。

（五）《安徽省高速公路建设农民工工资支付保障暂行办法》

为了贯彻落实《安徽省工资支付规定》（省政府令第194号）和省政府《关于建立长效机制防止拖欠工程款和农民工工资的通知》（皖政〔2004〕51号）精神，从源头上解决高速公路建设企业拖欠农民工工资问题，切实维护农民工合法权益，安徽省劳动和社会保障厅、交通运输厅于2007年3月16日印发了该《办法》，自2007年4月1日起施行。全文分为规范工程款和农民工工资支付行为、建立农民工工资支付保障金制度、实行联查协管强化监督力度等部分，共20条。

二、招投标管理

（一）《安徽省公路、水运工程施工招标资格预审办法》

安徽省交通运输厅于2007年9月21日印发该《办法》（皖交基〔2007〕1号）。全文分总则、资格预审程序和要求、资格预审申请、资格评审、资格评审报告、附则等部分，共6章50条。

（二）《安徽省公路水运工程建设项目招标投标管理办法》

为了贯彻落实《安徽省公共资源交易监督管理办法》，规范安徽省公路水运工程建设项目招标投标活动，安徽省交通运输厅于2016年12月9日印发该《办法》。全文分总则，招标，投标，开标、评标和中标，监督管理，附则等部分，共6章73条。

三、项目管理

（一）《安徽省重点公路工程设计变更管理实施细则》

为加强重点公路工程设计变更管理，根据交通部有关规定，结合安徽省公路基本建设项目管理的实际情况，安徽省交通厅于2007年9月21日印发该《细则》，自发布之日起施行。全文分为总则、设计变更的基本条件、变更的分类和管理权限、变更程序、设计变更费用规定、处罚、附则等部分，共7章28条。

（二）《安徽省交通工程质量安全监督行政处罚自由裁量权参照执行标准（试行）》

为了规范交通运输行政处罚自由裁量权的行使，保证交通运输行政处罚权的合法、合理、公开、公平、公正，维护当事人合法权益，根据交通运输部《关于规范交通运输行政处罚自由裁量权的若干意见》（交政法发〔2010〕251号）和《安徽省交通行政执法自由裁量权实施暂行办法》（皖交体法〔2008〕11号）的规定，安徽省交通运输厅制定了该《标准（试行)》,自2012年1月1日起施行。该《标准》从工程质量安全、合同、资质、监理、招投标等方面的监督行政处罚自由裁量权明确了执行依据。

(三)《安徽省交通建设工程安全生产事故应急处置程序(试行)》

为了规范交通建设安全生产事故快速报告程序,及时有效处置安全生产事故,最大限度减少人员伤亡和财产损失,安徽省交通建设工程质量监督局于2009年2月14日印发该《处置程序(试行)》(皖交质监站〔2009〕41号),全文共16条。

(四)《安徽省加强高速公路建设管理的若干意见(试行)》

为了加强推进现代工程管理,提升安徽省高速公路建设质量和管理水平,安徽省交通运输厅于2012年10月26日印发《若干意见(试行)》。全文分建设管理目标、招标投标管理、工程设计管理、项目组织管理、施工过程管理、施工环境管理等部分。

(五)《安徽省一级公路勘察设计工作指导意见(试行)》

为了加强安徽省一级公路勘察设计管理工作,规范勘察设计行为,提升勘察设计质量,安徽省交通运输厅于2012年10月26日印发《指导意见(试行)》。全文分基本要求、技术要点、设计管理等部分。

(六)《安徽省交通运输厅安全生产举报奖励暂行办法》

为了加强全省交通运输行业安全生产工作,鼓励社会各界举报交通运输安全生产重大事故隐患和非法违法行为,及时发现并排除重大事故隐患,制止和惩处非法违法行为,安徽省交通运输厅于2016年3月8日印发该《暂行办法》(皖交安监〔2016〕22号),全文共16条。

(七)《安徽省交通运输企业安全生产标准化考评管理实施细则(试行)》

为了规范安徽省交通企业安全生产标准化考评工作,安徽省交通运输厅于2013年8月6日印发了该《细则(试行)》,自印发之日起施行。全文分总则、考评机构与考评员、考评与发证、责任与义务、附则等部分,共5章52条。

(八)《安徽省公路水运工程工地试验室建设与管理暂行规定》

为了加强安徽省公路水运建设项目工地试验室管理,规范公路水运工程现场试验检测工作,提高试验检测质量,安徽省交通建设工程质量监督局于2012年2月10日印发该《规定》(皖交质监局〔2012〕6号),自2012年3月1日起实施。全文分总则、工地试验室设立、工地试验室备案、试验检测工作要求、信用评价、监督管理、附则等部分,共7章48条。

四、运营管理

(一)《安徽省收费公路管理暂行办法》

为了加强收费公路管理,维护收费公路经营管理者和使用者的合法权益,促进公路事业发展,安徽省交通运输厅于 2009 年 12 月 28 日以皖交路〔2009〕571 号文印发该《办法》,全文共 27 条。

(二)《安徽省收费公路重大节假日免收小型客车通行费工作实施细则》

为贯彻国务院、交通运输部重大节假日免收小型客车通行费有关精神,办好办实惠民利民好事,2012 年 9 月 24 日,安徽省交通运输厅印发该《细则》。全文分组织保障、实施范围、实施细则等部分。

(三)《安徽省交通运输厅关于推进全国高速公路电子不停车收费联网工作的实施意见》

根据交通运输部《关于开展全国高速公路电子不停车收费联网工作的通知》(交公路发〔2014〕64 号),结合安徽省实际,安徽省交通运输厅印发该《实施意见》。全文分指导思想、实施目标、主要任务、进度安排、组织保障等部分。

(四)《安徽省高速公路服务区管理办法》

为加强安徽省高速公路服务区管理,提高服务质量和管理水平,安徽省交通运输厅于 2011 年 4 月 22 日印发该《办法》,对服务区开通运营、日常运营管理和环境卫生管理提出了明确要求。全文分总则、管理机构及职责、运营管理、综合管理、环境卫生管理、监督管理、附则等部分,共 7 章 33 条。

(五)《安徽省高速公路服务区星级考核评定办法(试行)》

为加强高速公路服务区管理,规范高速公路服务区的监管和考核,安徽省交通运输厅于 2011 年 4 月 22 日印发该《办法(试行)》,全文共 15 条,自发布之日起施行。2006 年制定的《安徽省高速公路服务区服务质量考核暂行办法》同时废止。

(六)《安徽省交通运输厅关于进一步提升高速公路服务区服务质量的实施意见》

为进一步规范安徽省服务区运营管理,提升服务质量,更好地满足市场需求,根据交通运输部《关于进一步提升高速公路服务区服务质量的意见》(交公路发〔2014〕198 号),结合安徽省实际,安徽省交通运输厅于 2014 年 12 月印发该《实施意见》,从加强规划设计、规范运营管理、拓展服务内容、加强安全管理、畅通投诉渠道、健全保障机制、加强队伍建设等方面对提升服务区管理水平作了详细规定。

第三节　项目业主单位制定的相关管理制度

安徽省交通控股集团作为全省交通发展的主力军和国有重点骨干企业,为加强高速公路项目建设管理和运营管理,制定了一系列管理制度。

一、项目管理

《公路建设项目前期工作管理暂行办法》(2016年12月26日修订)
《公路建设项目计划进度管理暂行办法》(2016年12月26日修订)
《公路建设工程质量管理暂行办法》(2016年12月26日修订)
《公路建设工程项目安全生产管理暂行办法》(2016年12月26日修订)
《公路建设项目安全生产费用使用管理暂行办法》(2016年12月26日修订)
《公路建设项目变更管理暂行办法》(2016年12月26日修订)
《公路建设项目材料物资管理暂行办法》(2016年12月26日修订)
《公路建设项目合同管理暂行办法》(2016年12月26日修订)
《公路建设项目计量支付管理暂行办法》(2016年12月26日修订)
《公路建设项目机电工程管理暂行办法》(2016年12月26日修订)
《房建工程管理暂行办法》(2016年12月26日修订)
《公路建设项目征地拆迁管理暂行办法》(2016年12月26日修订)
《公路建设项目档案管理暂行办法》(2016年12月26日修订)
《公路环保验收管理暂行办法》(2016年12月26日修订)
《公路建设项目竣(交)工验收管理暂行办法》(2016年12月26日修订)
《公路建设项目工程沿线各级指挥机构设置及工作经费管理暂行办法》(2016年12月26日修订)
《公路建设项目房屋拆迁工作考核和奖励管理暂行办法》(2016年12月26日修订)
《公路建设项目施工分包管理暂行办法》(2016年12月26日修订)
《公路建设项目农民工工资管理暂行办法》(2016年12月26日修订)
《涉路工程管理暂行办法》(2016年12月28日修订)

二、招标管理

《非招标方式采购管理暂行办法》(2016年12月20日修订)
《招标投标管理暂行办法》(2016年12月20日修订)

三、审计管理

《工程建设项目审计管理办法》(2016年12月22日修订)

四、养护管理

《高速公路养护管理办法》(2016年12月28日修订)
《高速公路小修保养工程管理办法》(2016年12月28日修订)
《高速公路养护限时修复管理办法》(2016年12月28日修订)
《高速公路大中修工程管理办法》(2016年12月28日修订)
《高速公路大中修工程计量支付及变更管理办法(试行)》(2016年12月28日修订)
《高速公路桥梁养护管理办法(试行)》(2016年12月28日修订)
《高速公路巡查检查管理办法(试行)》(2016年12月28日修订)
《高速公路绿化养护管理办法(试行)》(2016年12月28日修订)
《高速公路养护工程安全管理办法(试行)》(2016年12月28日修订)
《高速公路隧道土建结构养护管理办法》(2016年12月28日修订)

五、信息化和机电管理

《信息化工作管理暂行办法》(2016年12月22日修订)
《信息化系统安全管理暂行办法》(2016年12月22日修订)
《监控机房管理暂行办法》(2016年12月22日修订)
《信息资源管理暂行办法》(2016年12月22日修订)
《高速公路信息管理工作检查考核暂行办法》(2016年12月22日修订)
《信息服务工作管理暂行办法》(2016年12月22日修订)
《道路可变情报板信息发布管理暂行办法》(2016年12月22日修订)
《"96566"客服热线受理投诉处置管理办法》(2016年12月22日修订)
《高速公路机电系统运营管理暂行办法》(2016年12月22日修订)
《高速公路机电系统维护维修管理暂行办法》(2016年12月22日修订)
《高速公路机电系统突发事件应急管理暂行办法》(2016年12月22日修订)
《高速公路机电工程项目管理暂行办法》(2016年12月22日修订)

六、运营管理

《收费工作管理暂行办法》(2016年12月28日修订)
《通行费票据管理暂行办法》(2016年12月28日修订)

《收费通行卡管理暂行办法》(2016年12月28日修订)

《收费操作规范》(2016年12月28日修订)

《收费现场管理暂行办法》(2016年12月28日修订)

《应急收费管理暂行办法》(2016年12月28日修订)

《星级文明收费员评选和奖励管理暂行办法》(2016年12月28日修订)

《收费稽查工作管理暂行办法》(2016年12月28日修订)

《通行费堵漏增收统计及稽核管理暂行办法》(2016年12月28日修订)

《绿色通道管理暂行办法》(2016年12月28日修订)

《收费人员违规违纪惩戒管理暂行办法》(2016年12月28日修订)

《公路收费窗口微笑服务管理暂行办法》(2016年12月28日修订)

《公路收费窗口微笑服务考核暂行办法》(2016年12月28日修订)

《服装管理暂行办法》(2016年12月28日修订)

《路产管理暂行办法》(2016年12月28日修订)

《营运安全管理暂行办法》(2016年12月28日修订)

第五章
高速公路建设科技成果

30多年来,安徽省高速人在大力开展高速公路建设的同时,在科技创新方面取得了系统性突破,收到了良好的社会效益和经济效益,为全省高速公路建设积累了丰富的经验,提供了可靠的技术支撑。

第一节 科技创新

一、桥梁

安徽高速公路建设者们在太平湖大桥、马鞍山长江公路大桥、望东长江公路大桥、芜湖长江公路二桥等项目开展了一系列综合性、原创性研究,形成一批大跨径桥梁建设自主知识产权成果。

太平湖大桥工程建设中,开展了"太平湖大桥桥基岩体工程适宜性及深大基坑设计—施工互馈技术研究""大跨度拱桥施工过程空间仿真分析研究""太平湖特大跨径提篮拱桥安全及稳定关键技术研究"。相关研究获得安徽省科技奖三等奖3项。

马鞍山长江公路大桥开展"系列根式基础""多塔连跨悬索桥中塔设计与施工成套技术""多塔连跨悬索桥超长主缆架设技术""大型锚碇基础施工关键技术等方面的研究"。共获得专利授权26项,相关研究成果荣获安徽省科学技术一等奖1项和二等奖1项、中国公路学会科学技术特等奖。马鞍山长江公路大桥也荣获鲁班奖和国际桥梁大会最高奖"乔治·理查德森"奖。

望东长江公路大桥开展"望东长江大桥建设成套技术研究"(交通运输部西部科技项目)等研究,完善了我国千米级叠合梁桥梁理论体系,攻克了超大跨径叠合梁斜拉桥的多项关键技术。

芜湖长江公路二桥开展"超大跨径跨江桥梁工程示范性创新技术研究"等。其中,柱式塔无拉应力锚索机理及同向回转拉索体系填补了行业技术空白。装配式通道、节段梁、钢混组合梁、大跨径特殊结构桥梁的一批成套技术在国内居于领先地位。

二、隧道

高速公路建设者先后攻克复杂地质条件下隧道支护等技术难题,创新了隧道施工期围岩分级方法和隧道LED照明技术,提出了新型的傍山拱肋式隧道形式。六武高速公路大别山隧道群获得中国土木工程詹天佑奖。

"复杂地质条件下长连拱隧道设计施工关键技术研究"以富溪长连拱隧道建设为依托,首次提出在复杂地质条件下适用于隧道施工期间围岩类(级)别确定的快速评价方法。

"隧道半导体照明(LED)综合节能技术研究"依托黄塔桃高速公路和六武高速公路隧道,在国内高速公路隧道照明中首次大规模应用LED灯具。

"通透肋式拱梁傍山隧道修建技术研究"针对京台高速公路黄塔桃段特殊的地形条件,创造性地提出通透肋式拱梁隧道的新隧道形式。

在岳武高速公路明堂山隧道工程(全长7568.5m)开展"特长公路隧道运营通风及防灾救灾关键技术研究",总结出"安全、快速、优质、高效"的特长公路隧道施工与运营通风关键技术。

三、路基

建设者进行了系列攻关,解决不良地质路基取土、填土以及高边坡地质灾害防治等技术难题。

开展"软土地基处理新工艺的研究——干振复合桩复合地基",通过小型成桩机械与有效的成桩工艺,以干料形式成桩,桩体材料吸水硬化而产生强度,以达到最佳处理效果。

"安徽江淮膨胀土工程特性及路基处治关键技术研究"首次开展降雨对路基填筑影响的研究。

开展"山区高速公路高边坡稳定性及支护设计优化系统研究""山区高速公路高边坡动态设计及施工控制技术系统研究"等。成果获得安徽省科学技术二等奖、三等奖和中国公路学会科学技术一等奖各1项。

四、路面

针对路面病害防治、病害检测、预防性养护、提高路面耐久性等方面开展系列研究,取得了丰硕的研究成果。

"超薄沥青混凝土在特大水泥混凝土桥面中的应用研究"(交通运输部部省联合攻关

项目),成果为水泥混凝土桥面铺装中应用薄层沥青混凝土铺装提供必要的技术支撑和实践经验,经济效益和社会效益显著。

"合宁高速公路扩建工程关键技术研究"(交通运输部部省联合攻关项目),成果为合宁高速公路扩建工程提供有效技术支撑,在国内多条高速公路改扩建工程中成功应用。

"旧水泥混凝土路面加铺薄层沥青混凝土关键技术研究",成果可最大限度降低对原路面高程的影响。

五、其他

开展"安徽省高等级公路生态工程综合技术研究",以创新的"公路生态工程"和"路域生态系统"理论为起点,以恢复和优化生态环境为关键技术,节约环境资源。

依托六潜高速公路开展"安徽生态高速公路工程技术研究",荣获多项创新成果。

在岳武高速公路建设中开展"山区隧道防灾、资源利用及环保技术集成研究"(交通运输部西部科技项目)、"花岗岩洞渣在沥青路面的综合应用技术研究""长大隧道耐久环保型沥青路面结构与材料研究"等9项省部级课题研究。

依托皖北地区多条高速公路开展"平原区高速公路集约建造成套创新技术研究",开创出平原区节约土地资源新途径。

开展"安徽省六武高速公路道路安全评价与模拟驾驶验证研究",研究成果应用于六武高速公路运营管理,获得中国公路学会科学技术三等奖。

依托京台高速公路汤屯和黄塔桃段开展"山区高速公路高边坡运营期监控技术研究",研究成果获得安徽省科学技术三等奖。

开展"桥隧工程施工'平安班组'建设管理模式研究",首次通过自评量表实现对一线桥隧工程施工人员心理生理健康状况的安全评价等。

开展"山区高速公路高边坡运营期监控技术研究"(交通运输部部省联合攻关项目)。结合京台高速公路上跨合肥绕城高速公路小西冲互通枢纽D匝道钢桥面铺装改造工程,开展"大坡度弯曲钢桥桥面铺装技术研究"。

开展"高速公路沥青路面养护成套技术研究",形成安徽省高速公路沥青路面养护成套技术体系。

以服务运营管理为核心,以科研与实际相结合为主线,为高速公路运营发展提供信息技术保障。

此外,建成机电管理信息化系统,建立监控数字化平台,建立综合指挥调度平台等。

第二节 重大科研课题

一、软土地基处理新工艺的研究——干振复合桩复合地基

（一）主要研究内容

（1）对粉煤灰—石灰—硫酸盐系统的基本物理、力学性质进行分析，寻找适合地基处理的混凝土配合比。

（2）为降低地基孔隙水含量，粉煤灰—石灰—硫酸盐混凝土将以干燥状态成型桩体，将研究影响混凝土桩体吸水硬化的因素及桩体强度发展的规律和条件。

（3）进行现场试验和室内模拟试验，分析影响桩体的强度因素和施工工艺及其桩体性能改善的途径。

（4）根据粉煤灰—石灰—硫酸盐混凝土桩体施工工艺，选择施工设备。

（5）进行微观测试和化学分析，确定桩体活性材料对桩间土是否具有化学加固作用。

（6）进行土样物理分析，研究桩间土在成桩挤密、吸水和化学固化后的物理、力学性质变化。

（7）建立适合于粉煤灰—石灰—硫酸盐混凝土桩复合地基的相关设计计算公式。

（8）进行粉煤灰—石灰—硫酸盐混凝土桩复合地基的地基加固机理分析。

（二）主要成果

研究结果显示，处理相同面积的桥台地基与传统的技术相比，会比原综合工程造价降低 15%~10%。研究中所采用的施工设备和工艺，适合条件比较差的现场环境施工。设备机械体积是普通粉喷桩机的 1/2，自重较轻，场内移动方便，对于原地基承载力比较差的区域，同样可以进行施工，而且场外转运方便。施工过程无明显污染，同时粉煤灰—石灰—硫酸盐混凝土桩可全部采用工业废渣，其社会效益极为显著。

由粉煤灰—石灰—硫酸盐构成的干振复合桩，提出干振复合桩复合地基的新概念，应用于软土地基处理，为软基处理增添了新的处理方法。该方法施工机具小型化，施工速度快，就位精度高，相对其他复合地基而言，其施工工艺较为合理。施工时作用面小，占用土地少，并使用粉煤灰这种工业废渣作为桩体材料，可以在一定程度上减少燃煤电厂废弃物对周边环境的影响。

项目获2006年度安徽省科学技术二等奖，获得国家级工法1项。

干振复合桩基础成桩照片　　　　　　　　　　干振复合桩静载试验

二、山区高速公路数字化集成设计系统研究与开发

(一)主要研究内容

(1)基于山区地形特征对地面激光扫描等现代勘测技术的适应性进行深入的研究与对比分析。

(2)开发首套基于专业数字地面模型的公路三维互动优化设计技术和软件系统,实现公路路线的全三维动态优化设计,解决山区高速公路勘察设计中路线高效优化的难题。

(3)系统研究和开发三维工程地质重构与再现技术,实现公路沿线带状三维地质的整体显示,改变仅能局部、抽象描述的现状,解决在公路工程地质背景的三维可视化方面的难题。

(4)首次开发适用于弯、斜、坡、变宽、分叉乃至异形箱梁设计绘图的大型 CAD 系统,实现桥梁结构的参数化设计和标注化绘图,填补国内同类软件研发和应用领域的空白。

(5)开发公路三维建模技术,突破航空和卫星影像超大数据的准确贴图和实时显示等技术关键,实现对设计成果的仿真分析和综合评价。

(二)主要成果

数字化集成设计系统及成套技术的研究与开发,代表着公路勘察设计技术和公路 GIS 发展的未来与方向,具有一定的开创性和前瞻性。成套的技术研究开发成果对提高我国山区高速公路总体勘察设计管理优化水平,对提高公路建设和养护水平有重大深远意义。据统计,2005 年、2006 年度应用上述成套技术和软件系统提高生产效率,节约成本达 1.52 亿元。

项目获 2007 年度中国公路学会科学技术一等奖。

三、根式基础研究

(一)主要研究内容

(1)根式基础的受力机理与计算方法研究,形成根式基础的设计方法。
(2)根式基础的施工工艺及工法研究。
(3)配套设备研发,包括根键顶进及施工平台等装置。
(4)根式基础的检测与质量评定标准。
(5)根式基础地方标准、行业标准等标准研究。

(二)主要成果

根式锚碇基础可有效利用根式基础的抗拔、抗倾覆的特点,减少工程投资,使得一直不被行业内认可的小跨径悬索桥具有竞争力。鉴于根式锚碇基础的受力特性不会引起周边地基的沉降,这使得在大城市建设悬索桥成为可能。根式锚碇具有组合结构的特点,为大跨径的跨海悬索桥提供可行性。根式基础能够有效解决黄土负摩阻力、软土抗沉降、深海基础施工等特殊地质条件的桩基施工难题,为沿海及我国西北地区工程建设提供具有竞争力的选择。

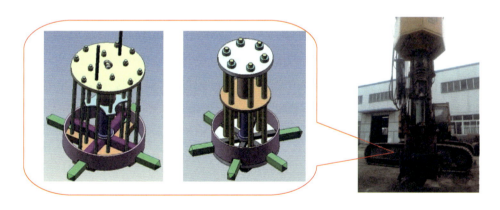

根式基础关键设备——根键顶进装置

经检测单位检测,布置根键后试桩的承载力得到提高,极限承载力提高约30%以上,造价可节约20%以上。池州长江公路大桥引桥工程应用根式基础节约造价20%;在秋浦河悬索桥中应用根式锚碇节约40%,约1700万元;浙江甬台温高速公路复线改扩建工程可节约造价35%。按照安徽省"十三五"期间高速公路建设规划,若采用新型的根式基础,可节约造价近8亿元。

项目获2008年度安徽省科学技术奖二等奖、2009年度安徽省交通科技进步特等奖;已编制安徽省地方标准《根式基础技术规程》(DB 34/T 2157—2014);在中外核心期刊发表论文12篇;获得10余项国家专利;2014年被列入交通运输部科技成果推广目录。

根式桩基础施工　　　　　　　　　　　根式沉井基础施工

四、安徽江淮膨胀土工程特性及路基处治关键技术研究

(一)主要研究内容

(1)针对安徽江淮膨胀土建立新的膨胀土判别与分类的模糊综合评判法和新的膨胀土判别分类的Fisher判别分析方法。多目标模糊评判模型的建立充分反映和表征了膨胀土的胀缩机理和特性,避免了膨胀土判别的主观性,使评判结果更加客观。

(2)首次开展控制相对湿度的裂土裂隙演化过程试验,再现裂土在环境脱湿条件下裂隙产生、发展、传播的全过程,结合非饱和土力学理论和断裂力学方法,导出裂隙演化的状态方程,揭示裂土裂隙的演化过程,为裂隙黏土的工程行为分析奠定基础。

(3)建立裂土运动波—两域优势流模型,获得了分析土体裂隙入渗的有效方法,解决了困扰膨胀土入渗分析中的难题。首次尝试将土壤优势流理论应用于裂土边坡雨水入渗及其对边坡稳定性的影响分析,获得了分析降雨诱发膨胀土滑坡的新方法。

(4)对膨胀土的工程特性进行系统的试验研究,全面阐述膨胀土的压实、胀缩和强度与变形特性的变化规律及其影响因素,深化对膨胀土工程特性的认识,并在此基础上提出对弱或中膨胀土压实的施工原则、填筑控制标准,保证填筑质量,降低施工难度。

(5)针对膨胀土路基的特点,建立了膨胀土路基的合理结构形式,首次在安徽省膨胀土地区全面推广膨胀土包边方案。

(6)首次开展降雨对路基填筑影响的研究,提出雨后膨胀土填料的处治方法,保证路基填筑质量。

(二)主要成果

中膨胀土路堤包边方案和弱膨胀土直填技术的运用大大减少了石灰对公路沿线的环境污染,基本不影响公路沿线的生态环境。骨格防护与植物防护相结合的综合方式的推广应用,保证了路堑和路堤边坡的长期稳定性,同时达到与周围环境协调一致和自然美观的效果。

建成后的合六叶高速公路

包边路堤

研究成果在合六叶、周六、合淮阜、合肥至六安(合肥北环段)等多条高速公路中成功应用,节省建设经费1.27亿元,其中六安—叶集高速公路节省投资2121万元、合肥—六安高速公路节省投资4213万元、周集—六安高速公路节省投资2600万元、合肥—六安高速公路(合肥北环段)节省投资1800万元、合肥—淮南—阜阳高速公路节省投资2030万元。

项目荣获2008年度安徽省科学技术三等奖、中国公路学会科学技术二等奖;获得专利3项,其中发明专利1项、实用新型专利2项;发表论文25篇,其中17篇被EI/ISTP收录。

五、铜黄高速公路汤口至屯溪段高边坡稳定性及支护设计优化系统研究

(一)主要研究内容

(1)基于支护的高边坡工程地质条件研究。

(2)边坡的结构类型及其失稳机理研究。

(3)高边坡支护设计地质参数取值及其优化。

(4)板裂岩体边坡稳定性评价方法和支护设计理论研究。

(5)基于变形理论的二维、三维数值仿真模拟研究。

(6)边坡破坏机理的模拟研究。

(7)基于监测信息反馈分析的边坡稳定性研究。

(8)生态护坡设计研究。

(9)重点工程边坡支护设计优化研究。

（10）基于 GIS 的重点边坡的管理信息系统研究。

（二）主要成果

通过本项目的研究,促进了本学科领域的发展,提高了勘察设计单位在山区公路勘察和设计方面的技术进步,积累了山区公路边坡支护设计的经验,提高了建设单位山区高速公路的管理和施工控制水平。项目成果在汤屯高速公路的建设中成功应用,解决高边坡工程所面临的重大地质工程问题。项目的研究方法与相关技术成果推广应用到铜汤、黄塔桃、六武等高速公路的勘测、设计及施工,在六武高速公路和黄塔高速公路的应用中共减少投资 1.26 亿元。

项目获 2008 年度中国公路学会科学技术一等奖,在《岩石力学与工程学报》等核心刊物上发表论文 10 篇。

高边坡稳定性及支护设计优化

六、通透肋式拱梁傍山隧道修建技术研究

（一）主要研究内容

(1) 通透肋式拱梁隧道变形与受力特征研究。
(2) 通透肋式拱梁隧道破坏模式与设计计算方法研究。
(3) 通透肋式拱梁隧道变形控制技术与施工方法研究。
(4) 通透肋式拱梁隧道施工过程力学与稳定性反馈控制研究。

（二）主要成果

项目提出的通透肋式拱梁隧道修建方案,为我国山区傍山道路的建设开拓了新的途径,填补国内空白。研究成果在龙瀑隧道成功运用,节约土地约 49 亩❶,节省建设经费 800 万元,环保效应显著。

---

❶ 1 亩≈666.67m²,后同。

隧道全貌　　　　　　　　　　　　　　　　　隧道内部效果

项目获第十届中国土木工程詹天佑奖、2009 年安徽省科学技术二等奖、2009 年度安徽省交通科技进步一等奖;共获得专利 3 项,其中发明专利 2 项、外观设计专利 1 项;发表论文 5 篇;编制国家级工法 1 部。

七、山区高速公路高边坡动态设计及施工控制技术系统研究

（一）主要研究内容

(1)高边坡普查及优化设计。
(2)特殊地质条件边坡稳定、监测及景观技术。
(3)隧道进洞技术及洞门生态恢复技术。
(4)边坡快速评价指标体系及其评价模型研究。

（二）主要成果

据统计,取得直接经济效益 1.71 亿元。项目获得 2011 年安徽省科学技术二等奖;在《岩石力学与工程学报》《工程地质学报》《公路》等刊物上发表论文 30 篇,其中被 EI、ISTP 检索 4 篇、中文核心期刊 20 篇,1 篇获得"第五届中国公路科技创新高层次论坛"优秀论文奖。

八、山区高墩大跨度连续刚构桥温度场与温度荷载模式研究

（一）主要研究内容

(1)以六安至武汉高速公路船板冲大桥为背景,进行温度场实测试验。
(2)根据混凝土温度场分析理论的基本原理和分析方法,确定温度场需要的定解条件和假设条件。

(3)太阳辐射条件下混凝土箱梁和桥墩温度场分析。

(4)寒流降温作用下混凝土箱梁和桥墩温度场分析。

(5)混凝土温度作用效应分析和参数分析。

(6)温度荷载模式的研究与探讨。

(二)主要成果

研究成果在六武高速公路船板冲大桥、白水河大桥、李集大桥等连续刚构桥的设计施工中得到成功应用,对桥梁施工阶段和成桥阶段温度荷载的监控起到有效作用。项目荣获2011年度安徽省科学技术二等奖、2011年度中国公路学会科学技术二等奖。

九、京台高速公路皖南段建设创新成套技术研究

(一)主要研究内容

(1)提出了生态旅游高速公路的动态景观设计技术。

(2)提出了生态旅游高速公路的生态保护成套技术。

(3)提出了生态旅游高速公路的生态补偿与环境恢复技术。

(4)提出了生态旅游高速公路的低碳节约技术。

(二)主要成果

研究成果应用于六安至岳西、六安至潜山、岳西至武汉等山区高速公路的建设。仅依托京台高速公路皖南段,照明节能、降低油耗、减少碳排放已累计产生经济效益1.57亿元。

隧道内部照明效果(一)　　　　　　　　隧道内部照明效果(二)

项目获2010年度公路交通优秀设计一等奖、2013年安徽省科学技术二等奖及2013年度中国公路学会科学技术一等奖;共获得专利8项,其中发明专利3项、外观设计专利1

项、实用新型专利 4 项;发表论文 35 篇;编制国家级工法 1 部。

十、大雾条件下高速公路运营安全保障技术研究

(一)主要研究内容

(1)大雾等高速公路低能见度环境综合监测技术。
(2)雾天等低能见度条件下在途车辆行车安全主动诱导技术与设施。
(3)雾天等低能见度条件下高速公路安全保障关键支撑技术。
(4)雾天等低能见度条件下高速公路安全监管集成技术。

(二)主要成果

视频能见度监测技术与当前主导应用的散射型能见度仪相比造价更低,降低工程建设成本,能够降低事故发生概率,提高大雾条件下高速公路的通行效率。蚌淮高速公路示范工程是我国大雾条件下第一个集监测预警、信息发布以及行车诱导为一体的安全保障系统,形成了安徽省内雾天高速公路安全保障的精品样板示范工程。

能见度仪

行车安全智能诱导设施

雾区路段路肩振动带

雾区路段的横线减速标线连续布设

项目获 2014 年中国公路学会科学技术一等奖;获得发明专利 1 项、实用新型专利 1 项、软件著作权 1 项;编制技术指南 1 项;发布行业标准 1 项;发表论文 5 篇。

十一、马鞍山三塔缆索承重桥成套技术研究

（一）主要研究内容

（1）建立适用于深泓摆动的定性—定量综合论证桥型方案的方法及相应的指标体系,并论证左汊三塔两跨悬索桥方案的合理性。在此基础上采用符号化设计方法,以经典力线和文化传承为符号轮廓,构建马鞍山大桥的美学景观造型,结合模糊综合评价法论证大桥与环境景观的协调性。

（2）提出全新的钢与混凝土叠合的中塔结构模式,研究受力机理,研发世界最大的起吊设备（D5200）及施工工艺和工法。

（3）首次提出三塔悬索桥非漂移结构体系钢混叠合塔、钢塔柱与混凝土塔柱的合理结构形式和计算分析方法,给出中间塔钢混结构分界和与加劲梁固结的合理位置及加劲梁截面高度渐变过渡段长度的合理取值。

（4）研发牵引、支撑、量测成套装备,形成三塔体系下的超长索股架设工法。

（5）研发钢箱梁精确制造、预拼预控、合龙控制,形成三塔悬索桥体系下的钢箱梁平衡安装技术。

（6）实现多塔悬索桥体系由百米到千米的突破,跨度位居世界同类桥梁首位,塔墩梁分别固结的非漂移结构体系最大限度提高主缆抗滑移安全系数。

（7）研发非漂移体系三塔两跨悬索桥新结构,形成设计方法。

（8）研发超大规模的钢混叠合塔施工工艺及工法,有效解决三塔悬索桥"中塔"不平衡效应。

（9）研发 D5200 塔吊及施工工艺和工法,使得钢塔大节段安装成为可能。提高钢塔节段的安装精度（如垂直线形 1/15000）,创造 2.3 天/节钢塔安装的纪录。

（10）提出超长主缆架设线形的参数控制法与动态监测技术,提高主缆架设精度。改进主缆架设工艺,解决索股鼓丝、扭转质量问题,提高钢丝利用率 2%。

（11）研发平衡吊装控制技术,减少施工期间的中塔应力和变形,减少配重工序,保障体系的实施。

（二）主要成果

项目创新成果确保了马鞍山大桥的顺利建设,缩短了安徽省与长三角地区的距离,加快了当地的发展;推动了安徽省的桥梁建设水平,使得安徽省的建桥水平达到全新的高

度；为同类多塔悬索桥跨度最大，大桥形成的成套技术代表攻克了三塔连跨悬索桥建造关键技术的难关。桥型方案的创新比传统的一跨过江方案节省造价约5亿元。新的建设管理模式及创新成果应用比概算节省10%（约7亿元），其中施工新技术的应用节省造价约8500万元。

左汊主桥夜景效果图

右汊主桥夜景效果图

项目荣获第33届国际桥梁大会最高奖"乔治·理查德森"奖、2015年度安徽省科学技术一等奖及2015年度中国公路学会科学技术特等奖，共获得专利20项，编制施工指南5本、手册1部、施工工法8种，出版专著2部，发表论文55篇，完成研究报告31本，研发设备1台。

十二、同向回转拉索柱式塔斜拉桥关键技术研究

（一）主要研究内容

（1）原创同向回转拉索体系。提出1种索塔无拉应力锚索机理、1种新型鞍座结构形

式、1种新型索股防护形式。

（2）首创全新鞍座锚索系统夹持、磨蚀—疲劳综合试验。

（3）原创挤压摩擦式锚拉板。提出1种新型锚拉板连接方式,连接面较传统方式发生本质变化,均匀受压在可控的15MPa以内。

（4）原创同向回转拉索、柔性柱式索塔、全体外索混合梁组合体系斜拉桥。

（二）主要成果

同向回转拉索体系从根本上实现索塔的无拉应力锚索。新型鞍座与拉索的组合,结构简化,无须进行灌浆和灌脂。系统综合试验的平台和方法,位于国际或国内领先地位。简洁、优美的柱式塔斜拉桥,应用实现全新突破。经济效益可观:怀洪新河大桥、新汴河大桥、阜阳东三环颍河桥、淮南淮上淮河大桥节约投资1008万元;淮南淮河二桥、济祁高速公路寿春淮河大桥、北沿江高速公路裕溪河大桥、芜湖长江二桥主跨806m柱式塔钢箱梁斜拉桥主桥及两座矮塔斜拉桥引桥节约投资9776万元;芜湖长江二桥28km连续箱梁桥引桥及接线桥,全面采用全新工厂化结构——全体外预应力、节段预制、轻型薄壁箱梁,节约投资45430万元。

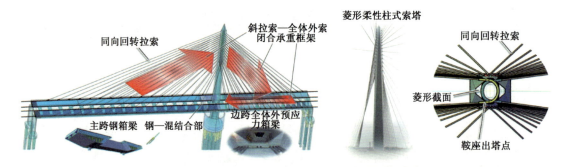

原创同向回转拉索、柔性柱式索塔、全体外索混合梁组合体系斜拉桥

同向回转拉索体系

项目荣获2014年全球BE创新奖、2013年度安徽省交通科技进步特等奖及2015年度中国公路学会科学技术一等奖;共获得专利16项,其中发明专利3项、实用新型专利12项、软件著作权1项;编制标准4部;参修《公路斜拉桥设计细则》(JTG/T D65—01—2007)。

十三、基于排水抗裂功能的耐久性路面设计及改扩建工程应用

（一）主要研究内容

（1）提出集排水、抗裂功能于一体,可快速施工并充分利用结构残余承载力的既有损伤半刚性基层沥青路面加铺维修技术,减少大规模挖除重建,实现既有损伤半刚性基层沥青路面结构养护的高效和路面结构使用的耐久目标。

(2)开发基于结构排水抗裂和变形协调的改扩建工程新旧路面拓宽拼接方法,解决拓宽拼接路面结构的不均匀沉降损坏问题,实现旧路面结构改造新旧结构层性能的协调。

(3)研发兼顾排水、抗裂功能,平衡高温稳定性、水稳定性和抗疲劳性能的排水抗裂型沥青混合料,为半刚性基层沥青路面旧路快速改造维修提供经济耐久的新材料。

(二)主要成果

该技术充分利用旧路面的残余强度,具有节约资源、保护环境等特点。该技术施工效率高、施工时间短,可极大地减少施工期间堵车现象的发生,提高道路的服务水平。采用新型排水抗裂路面加铺结构,延长道路使用寿命,避免周期性重建,极大缓解因路面维修对道路交通的影响,保障交通安全。采用全寿命周期费用分析方法,按20年分析期计算,仅考虑维修路面结构的初期维修费用和运营后养护费,每年节省的养护费单车道每公里1.42万元,已应用累计节约养护费9716.65万元。

排水抗裂结构在合巢芜高速公路中的应用　　排水抗裂结构在合徐南高速公路中的应用

项目荣获2015年度安徽省科学技术三等奖、2015年度中国公路学会科学技术一等奖及2015年度安徽省交通科技进步奖一等奖;共获得专利8项,其中发明专利5项、实用新型专利2、软件著作权1项;编制安徽省地方标准1部(送审稿);在国内外核心期刊发表论文10余篇。

重大科研课题统计见表5-1。

重大科研课题统计表

表 5-1

序号	项目名称	项目来源	研究单位	起止时间	成果形式	主要技术指标	获奖情况
1	安徽省高等级公路生态工程综合技术研究	交通部	安徽省交通控股集团有限公司,交通部公路科学研究所,北京大学环境科学中心、交通部环境保护中心	1996.5～1999.12	研究报告	(1)"生态工程"的关键技术是工程防护和生物防护结合的技术,研究多种工程防护形式与生物材料的协调配置、最优化组合。(2)通过调查,选种、种植、繁育等工作,寻找、筛选、引进、利用和推广优良的乔木、灌木、草本植物种植资源,去适应不同环境、不同的工程区域。(3)探索公路绿化工程招投标文件的格式及招投标组织。(4)探索公路绿化工程建植与管养成本核算和定额	2000年安徽省科学技术一等奖；2000年交通部行业联合科技攻关项目二等奖
2	桥梁波形伸缩缝推广应用与研究	安徽省交通厅	安徽省交通控股集团有限公司,交通部科学研究院,安徽省科技开发有限公司	2001.3.30～2002.7.8	编制公路桥梁波形伸缩装置行业标准1部	(1)提出了新一代桥梁伸缩缝装置——波形伸缩缝的定型结构。(2)采用热轧不等厚波形钢板代替原锻压成形波形板残余变形工艺,解决了原压成形U形底槽,采用分段组装工艺,提高主结构的形状、强度和稳定性。(3)增加U形底槽,采用分段组装工艺,方便现场安装施工。(4)两侧采用高韧性钢纤维混凝土,抗冲击韧性较同等强度普通混凝土大大提高。(5)波形伸缩缝减少行车噪声和振动,提高行车舒适性,比橡胶板式、模数式型钢等常用类型伸缩缝使用成本明显降低	2002年安徽省科学技术一等奖
3	软土地基处理新工艺的研究——干振复合桩复合地基	安徽省交通厅	安徽省交通控股集团有限公司,安徽省交通规划设计研究总院股份有限公司	2002.10～2006.12	获国家级工法1项	(1)在新材料方面,选用粉煤灰—石灰—硫酸盐(FLS)混凝土作为桩体材料。本研究开发的是一种新型地基桩形式,体现了材料科技创新。(2)在成桩机械方面,采用改装的小型振动打桩机打桩,以干料形态成型桩体达到使桩基加固结实的目的。根据混凝土干料以形成桩体,现场采用振动锤击等成孔,孔内灌填混凝土于料,自身得以水化,形成强动方式复实桩体,桩体水化使桩同土脱水固结,自身得以水化,形成强度,体现了工艺技术创新。(3)与传统的地基有综合处理技术相比,施工成本低,粉煤灰—石灰—硫酸盐混凝土复合地基具有综合处理工程量,降低上部工程量。本研究结果显示,处理相同面积的桥合设计难度,降低上部工程量。本研究结果显示,处理相同面积的桥地基与传统的技术相比,会比原综合造价降低15%～20%	2006年安徽省科学技术二等奖

第五章 高速公路建设科技成果

续上表

序号	项目名称	项目来源	研究单位	起止时间	成果形式	主要技术指标	获奖情况
4	山区高速公路数字化集成设计系统研究与开发	安徽省交通厅	安徽省交通控股集团有限公司,中交第一公路勘察设计研究院	2004.7.1~2007.4.26	培训建设管理单位、设计单位、施工单位、监理单位技术人员共100余人	(1)研发国内第一套公路三维互动优化设计技术和集成建设系统。(2)首次在山区高速公路勘测中应用"三维激光快速扫描技术",总结出该技术的应用条件,适用性和相应测量精度。(3)开发出首套适用于公路工程三维工程地质信息CAD软件系统。(4)国内首次进行弯、坡、变宽、分叉及异形桥梁同类软件研发,填补了应用领域的空白,解决了桥梁结构参数化设计和智能化绘图技术,复杂特殊箱梁的标准化研究和设计技术等关键技术。(5)首次提出《基于项目级的公路GIS编码规则和标准》,利用GIS技术自主开发首个"数字公路"基础信息平台	2007年中国公路学会科学技术奖一等奖
5	根式基础研究	交通运输部	安徽省交通控股集团有限公司,安徽省交通规划设计研究总院股份有限公司,同济大学,东南大学,中交第二公路工程局有限公司,中铁大桥局集团有限公司,中交第二航务工程局有限公司,中交路桥华南工程有限公司	2006.8~2014.3	编制安徽省地方标准《根式基础技术规程》(DB 34/T 2157—2014),获10余项国家专利,2014年被列入交通运输部交通科技成果推广目录	(1)首创一种全新的基础形式——根式基础,该基础能充分发挥桩土共同作用,有效提高材料利用率和基础承载力,经检测单位检测,布置根键后,试桩的承载力得到了提高,极限承载力提高约30%以上,造价可节约20%以上。(2)在马鞍山长江公路大桥、望东长江公路大桥及池州长江公路大桥等工程进行了根式基础的施工工艺及承载性状测试分析工作,对根式基础顶进的工艺进行了研究,并对根式基础承载性状进行试验分析。(3)对根式基础的受力机理进行分析并总结了解析公式,提出根式基础的设计计算方法。在工程实际应用过程中进行对比试验,精确定位等关键验证明根式基础可以大幅提高桩基础承载。(4)研发了根键制作、自平衡顶进、可移动平台、精确定位等施工成套设备,并结合旋挖钻机研发旋挖一项进一体化装置。(5)编制安徽省地方标准《根式基础技术规程》(DB 34/T 2157—2014),对根式基础的适用范围、设计方法、施工工艺以及质量检验与评定进行了系统的阐述	2008年安徽省科学技术奖二等奖 2009年安徽省交通科技进步奖特等奖

续上表

序号	项目名称	项目来源	研究单位	起止时间	成果形式	主要技术指标	获奖情况
6	安徽江淮膨胀土工程特性及路基处治关键技术研究	安徽省交通厅	安徽省交通控股集团有限公司,安徽省交通规划设计总院,中国科学院武汉岩土力学研究所	2004.9.10~2007.12.10	获专利3项,发表论文25篇(17篇被EI/ISTP收录)	(1)针对安徽江淮膨胀土建立了一种新的膨胀土判别与评价的模糊综合评判法和一种新的含5个指标的膨胀土判别分析方法。多目标模糊评判模型的建立充分反映和表征了膨胀土的胀缩机理和特性,避免了膨胀土判别的主观性,将使评判结果尽量客观,易操作。(2)首次开展了控制相对湿度的裂土裂隙演化过程试验,再现了裂土在环境脱湿条件下裂隙演化的全过程,结合非饱和土力学理论和断裂力学方法,导出了裂隙演化的状态方程,揭示了裂土裂隙的演化过程,为裂隙黏土的工程行为分析奠定了基础。(3)建立了裂土运动波—两域优势流模型,获得了一种分析土体裂隙入渗的有效方法,解决了目前困扰膨胀土入渗分析的难题。并首次尝试将优势流理论应用于裂土边坡雨水入渗及其对边坡稳定性的影响分析,获得了一种分析降雨诱发膨胀土滑坡的新方法。(4)对膨胀土的工程特性进行了系统的试验研究,全面阐述了膨胀土的压实、胀缩和强度与变形特性的变化规律及其影响因素,深化了对膨胀土工程特性的认识,并在此基础上提出了对弱或中膨胀土压实的施工原则、填筑控制标准,既保证了填筑质量,又降低了施工难度,标准更趋合理。(5)首次针对膨胀土路基的特点,建立了膨胀土路基的合理结构形式,并首次在安徽江淮膨胀土地区全面推广膨胀土包边结构,取得了显著的经济效益。(6)首次开展了降雨对路基影响的研究,提出了雨后膨胀土填料的处治方法,保证了路基填筑质量	2008年安徽省科学技术奖三等奖 2008年中国公路学会科学技术奖二等奖

续上表

序号	项目名称	项目来源	研究单位	起止时间	成果形式	主要技术指标	获奖情况
7	铜黄高速公路汤口至屯溪段高边坡稳定性及支护设计优化系统研究	安徽省交通控股集团有限公司	安徽省交通控股集团有限公司、成都理工大学	2004.4.1～2006.11.5	发表学术论文10余篇	(1)首次提出了山区高速公路高边坡全过程动态优化设计和信息化施工的系统思路和方法，采用科研、业主和设计、施工、监理单位共同参与的管理模式，保证了高边坡治理工程实施和工程建设的安全。 (2)首次提出"先普查，再选取地质条件复杂、岩体结构差、边坡高度较高的边坡进行重点研究，最后进行优化设计"的高边坡优化设计思路。 (3)首次对皖南山区古老板裂化变质岩边坡的形成机制和失稳模式进行了系统研究，提出了一套适合山区高速公路高边坡的"地质模式详细调查—岩体结构精细描述—形成机制和失稳模式分析—基于地质过程的定性与定量的稳定性评价—支护控制"—次害控制与支护优化设计"的理论和方法体系。 (4)建立了基于支护的高速公路高边坡岩体结构面的分级方案，为高速公路高边坡岩体结构精细描述和支护措施的选择奠定基础。 (5)首次提出三维离散元技术和块体理论相结合的块体稳定性评价方法，采用三维离散元方法搜索关键块体，再利用块体理论对关键块体进行稳定性评价，最后采用三维离散元方法验证支护效果，创新了块体控制型边坡稳定性评价方法。 (6)通过大量种植基特性的对比研究，提出了适合本地区的污泥(垃圾)、客土种植方法和污泥(垃圾肥)作为种植基添加物的岩质高陡边坡生态绿化防护方法。 (7)将GIS技术应用到公路高边坡地质调查及优化设计，通过GIS技术实现大量高边坡信息的管理和查询，为基于GIS的边坡安全管理奠定了基础	2008年中国公路学会科学技术奖一等奖

续上表

序号	项目名称	项目来源	研究单位	起止时间	成果形式	主要技术指标	获奖情况
8	京台高速公路院南段建设创新成套技术研究	安徽省交通运输厅	安徽省交通规划设计研究院有限公司、安徽省交通控股集团有限公司、同济大学	2009.11.1~2012.5.31	获专利8项，发表论文35篇，编制国家级工法1部	（1）提出了基于生态旅游的山区高速公路选线和景观设计的要点及基于山区地质灾害预防的高速公路的选线设计思路，并成功地应用于京台高速公路黄山段建设中。 （2）在太平湖大桥中集"大跨度、变桁高、内提篮"三大特点于一体，回归了典型拱桥设计的基本原理，被称为"亚洲第一提篮拱桥"。 （3）结合超前管棚法和监测技术成功实现了全线隧道"零开挖"进洞，对隧道洞口的破坏达到最小。 （4）国内首创并实现了通透助式拱梁傍山隧道，其为半明半暗异形结构，凸显环保景观与景观协调的设计理念，具有广泛的应用前景。 （5）黄山风景区高速公路采用综合性的低碳节约新技术，在保证工程安全的前提下，获得了较大的经济效益和环保效益，达到低碳减排的目的。 （6）首次在高速公路隧道照明采用"LED管能照明系统"，有效减少能源的消耗，取得了较大的经济效益和社会效益。 （7）系统完善地总结了一套山区高速公路建设管理的相关制度，达到完善高速公路建设管理规范，安全、实效的目的，具有广泛的应用价值。 （8）实现高速公路与区域自然文化的融合。项目充分尊重当地传统文化，在专项设计时充分融入徽文化元素，吸收徽派建筑的特点，全线隧道洞门、收费站、管理区、服务区、观景台等各具徽派特色，体现了路域特色，达到了高速公路与区域文化自然融合的目标	2013年安徽省科学技术奖二等奖 2013年中国公路学会科学技术奖一等奖 2010年度公路交通优秀设计一等奖 第十届中国土木工程詹天佑奖

第五章 高速公路建设科技成果

续上表

序号	项目名称	项目来源	研究单位	起止时间	成果形式	主要技术指标	获奖情况
9	大雾条件下高速公路运营安全保障技术研究	安徽省交通控股集团股份有限公司	安徽省交通控股集团有限公司,交通运输部公路科学研究院	2011.11.1~2014.3	获专利3项,编制技术指南1项,行业标准1项,发表论文5篇	(1)大雾综合监测技术研究 研究开发基于视频技术的能见度监测技术,通过软件方式实现现有视频监控摄像机功能"升级",使之具备能见度检测功能;对视频能见度仪和前向散射能见度仪进行比对试验,分析其观测数据的相关性。 (2)大雾条件下信息联动发布技术 分析短信、路网,可变信息板等交通信息发布方式对在途道路使用者信息服务的适用性,研究其组合发布策略;基于可变情报板,提出大雾条件下信息发布预案和联动发布策略,研究其实现方法,开发关联路网综合路况信息联动发布策略的计算机实现方法,开发关联路网综合路况信息联动发布情况下信息辅助生成,以多渠道智能联动发布雾情和交通情况下的发布信息辅助生成,以多渠道智能联动发布。 (3)大雾条件下高速公路交通安全设施应用技术 分析各种安全保障技术措施在大雾条件下的适用性,提出提高运行安全性的设施建议以及各类设施的综合应用方法,编制大雾条件下高速公路安全通行保障技术指南。针对示范路段(滁马高速公路、合徐南高速公路、岳武高速公路),制定大雾条件下交通安全设施保障方案。研究雾区安全行车智能引导策略,开发具有防止车辆追尾功能的新型雾区安全行车智能引导系统。 (4)大雾条件下公路交通安全管理与监控策略研究 研究大雾条件下及其组合事件下的高速公路交通安全管控策略;建立大雾条件下安全监控与管理支持系统和应急管理预案。 (5)大雾条件下示范路段雾情,结合运行管理实际,集成上述研究成果,提出切实可行的雾情监测、预警与安全运行管理支持系统,实现示范应用,开发监管管理软件(重点针对大雾条件下的功能),实现大雾气象实时监测与预警,在途信息发布、外场设备协调控制,交通分流诱导方案辅助生成等功能	2014年中国公路学会科学技术奖一等奖

续上表

序号	项目名称	项目来源	研究单位	起止时间	成果形式	主要技术指标	获奖情况
10	马鞍山三塔缆索承重桥成套技术研究	交通运输部	安徽省交通控股集团有限公司,交通运输部公路科学研究所,中铁大桥勘测设计院有限公司,安徽省交通规划设计研究院有限公司,中交第二公路工程局有限公司,中铁大桥局集团有限公司,中交第二航务工程有限公司,中交路桥华南工程有限公司,西南大学,合肥工业大学,中铁宝桥集团有限公司,同济大学,安徽省高等级公路工程监理有限公司,广东省长大公路工程有限公司,望江县科技股份有限公司	2013.6.30~2015.3.23	获专利20项,编制施工指南5本,手册1部,工法8本,出版专著2部,发表论文55篇,完成研究报告31本,研发设备1台	(1)马鞍山长江大桥结合长江下游桥位特点和通航条件,充分论证了采用三塔悬索桥的经济合理性,建立了深泓摆动河流桥位定性一定量综合论证桥型方案的方法及相应的指标体系。 (2)采用符号设计化方法,以经典的桥梁结构和文化传承构建了马鞍山大桥的美学景观造型。 (3)首次提出了三塔悬索桥非漂移结构体系,给出了主要设计参数的取值范围。 (4)通过全桥与塔梁固结段的理论研究与模型试验,成功解决了三塔悬索桥的中塔鞍座抗滑及主跨的刚度问题。 (5)创造性地提出了主梁全断面与横梁的连接方式及钢-混叠合中塔合理结构形式,实现了非漂移体系下的中塔合理刚度取值,给出了中间塔钢混结构分界与加劲梁固结的合理位置及加劲梁截面高度新变过渡段长度的合理取值。 (6)研发了三塔悬索桥钢混叠合塔施工结合施工工艺,塔梁固结段施工工艺,塔柱节段混凝土施工工艺装备,包括多接头精确定位技术,大尺寸密闭空间叠合段混凝土安装与D5200上回转塔机(最大起重力矩达5200t·m),解决了非漂移体系下钢-混叠合塔施工关键技术。 (7)从构件制作、架设、监控三方面构建三塔非漂移结构体系悬索桥钢箱梁线形综合控制技术,解决了非漂移体系下钢加劲梁特有的施工关键技术。 (8)提出双缠包带法,研发全回转拖拉器连接件和弹性支撑托滚架,并形成索股防扭转架设新工艺,有效解决了三塔特大桥下特有的主缆施工关键技术。 (9)建立了基于EBS方式和PIP技术的信息管理模式并研发了相应的业务处理,视频会议,档案管理和视频监控的信息化管理模式并研发了相应用系统,建立大型建设项目的综合集成管理方法	2015年安徽省科学技术奖一等奖 2015年中国公路学会科学技术奖特等奖 第33届国际桥梁大会乔治·理查德森奖

第五章 高速公路建设科技成果

续上表

序号	项目名称	项目来源	研究单位	起止时间	成果形式	主要技术指标	获奖情况
11	同向回转柱式塔拉索桥关键技术研究	安徽省交通运输厅	安徽省交通控股集团有限公司,安徽省交通规划设计研究总院股份有限公司,同济大学	2009.1.1~2015.6.18	获专利16项,编制标准4部,参修《公路斜拉桥设计细则》(JTG/T D65-01)	(1)原创同向回转拉索体系。提出1种同向回转拉索塔无拉应力锚索机理,1种新型鞍座结构形式,1种新型索股防护形式,锚索塔壁较传统锚索塔状态优化明显,均匀受压在理想的7MPa以内。锚索鞍座较传统鞍形式用钢下降超过70%,造价降低超过60%。(2)首创全新鞍座锚索系统实验,种全世界最小半径,磨蚀一疲劳综合试验。提出1套半径转角下新型鞍座夹持参数,1套磨蚀一疲劳定量判断公式。(3)原创挤压摩擦式锚拉板,1套新型锚拉板连接方式,均匀受压可控的15MPa以内。(4)原创同向回转拉索、柔性柱式索塔,全体外索混合梁组合体系斜拉桥。提出1种菱形柔性柱式索塔,1种新型索闭合承重框架。索塔长细比突破至54:1,用材减少20%左右,整桥造价降低超过5%。	2013年安徽省交通科学技术进步奖特等奖 2014年全球BE创新奖 2015中国公路学会科学技术奖一等奖
12	基于排水抗裂功能的耐久性路面设计及改扩建工程应用	安徽省交通运输厅	安徽省交通控股集团有限公司,山东省交通科学研究院,安徽省交通规划设计研究总院股份有限公司	2007.3.1~2014.12.26	已授权发明专利5项,实用新型专利2、软件著作权1项,编制安徽省地方标准1部,发表论文10余篇	(1)提出了基于动态拉伸应变指标的既有损伤半刚性基层上加铺抗裂结构设计方法,为基层结构损伤分析评价和养护设计提供依据。(2)提出了基于结构排水抗裂和变形协调的改扩建工程新旧路面拓宽拼接方法,解决新旧结构拼接路面结构改造新旧结构层协调的不均匀沉降破坏问题,实现了旧路面结构改造新旧结构层性能的协调。(3)提出了半刚性基层沥青路面结构开裂损伤的现场诊断方法。(4)研发了兼顾排水、抗裂功能,平衡高温稳定性、水稳定性和抗疲劳性能的高粘沥青混合料,为半刚性基层沥青路面快速改造维修提供经济耐久的新材料。	2015年安徽省交通科学技术进步奖一等奖 2015年中国公路学会科学技术奖一等奖 2015年安徽省科学技术奖三等奖

第三节 标准规范

自2009年以来,安徽省高速公路系统结合科研和工作实践,加强标准化工作,组织编制多项安徽省地方标准和企业标准,并积极参与行业标准编制。主要标准规范见表5-2。

主要标准规范统计表　　　　表5-2

序号	规范名称	标准号	发布单位	编制单位	发布时间
1	公路隧道施工非接触量测规程	DB 34/T 1087—2009	安徽省质量技术监督局	安徽省交通控股集团、武汉广益工程咨询公司、西南交通大学、省交通规划设计研究院、省交通基本建设质量监督站	2009.12.10
2	公路隧道施工阶段围岩分级规程	DB 34/T 1088—2009	安徽省质量技术监督局	安徽省交通控股集团有限公司、武汉广益工程咨询有限公司、西南交通大学、省交通规划设计研究院、省交通基本建设质量监督站	2009.12.10
3	高速公路隧道LED照明灯具	DB 34/T 1543—2011	安徽省质量技术监督局	安徽省交通控股集团有限公司、安徽省交通规划设计研究院、安徽省通途信息技术有限公司	2011.12.05
4	高速公路收费人员微笑服务标准	DB 34/T 1835—2013	安徽省质量技术监督局	安徽省交通控股集团有限公司	2013.3.4
5	高速公路沥青路面小修养护施工作业规程	DB 34/T 2150—2014	安徽省质量技术监督局	安徽省交通控股集团有限公司、安徽省交通集团道路养护管理公司、庐江高速公路管理公司、青阳高速公路管理公司、金寨高速公路管理公司	2014.9.28
6	易密实沥青混合料ECA-10技术应用指南	DB 34/T 2151—2014	安徽省质量技术监督局	安徽省交通控股集团有限公司、安徽省交通集团道路养护管理公司、东南大学、界阜蚌高速公路管理公司、芜宣高速公路管理公司	2014.9.28
7	高速公路收费管理规范	DB 34/T 2154—2014	安徽省质量技术监督局	安徽省交通控股集团有限公司、界阜蚌高速公路管理公司、宿州高速公路管理公司、芜宣高速公路管理公司、庐江高速公路管理公司、青阳高速公路管理公司、黄山高速公路管理公司、六安高速公路管理公司、金寨高速公路管理公司、马巢高速公路有限公司	2014.9.28
8	高速公路机电系统管理规范	DB 34/T 2153—2014	安徽省质量技术监督局	安徽省交通控股集团有限公司、界阜蚌高速公路管理公司、宿州高速公路管理公司、芜宣高速公路管理公司、庐江高速公路管理公司、青阳高速公路管理公司、黄山高速公路管理公司、六安高速公路管理公司、金寨高速公路管理公司、马巢高速公路有限公司	2014.9.28

续上表

序号	规范名称	标准号	发布单位	编制单位	发布时间
9	安徽省高速公路施工标准化指南 桥涵工程	DB 34/T 2155—2014	安徽省质量技术监督局	安徽省交通控股集团有限公司	2014.9.28
10	根式基础技术规程	DB 34/T 2157—2014	安徽省质量技术监督局	安徽省交通控股集团有限公司	2014.9.28
11	高速公路养护安全作业规程	DB 34/T 2196—2014	安徽省质量技术监督局	安徽省交通控股集团有限公司、省交通质监局、省交通集团道路养护管理公司、界阜蚌高速公路管理公司、黄山高速公路管理公司、六安高速公路管理公司	2014.12.25
12	皖北地区公路小型构造物地基承载力测试技术规程	DB 34/T 2320—2015	安徽省质量技术监督局	安徽省交通控股集团有限公司、中科院武汉岩土所	2015.4.27
13	公路煤矸石路堤设计与施工指南	DB 34/T 2376—2015	安徽省质量技术监督局	安徽省交通控股集团有限公司、合肥工业大学	2015.7.3
14	钢波纹板桥涵施工技术指南	DB 34/T 2378—2015	安徽省质量技术监督局	安徽省交通控股集团有限公司、中交第一公路勘察设计研究院有限公司	2015.7.3
15	骨架密实型水泥稳定碎石路面基层施工技术规程	DB 34/T 2377—2015	安徽省质量技术监督局	安徽省交通控股集团有限公司、东南大学	2015.7.3
16	高速公路养护工程预算编制办法及定额	DB 34/T 2393—2015	安徽省质量技术监督局	安徽省交通控股集团有限公司	2015.7.3
17	高速公路桥梁伸缩缝维修与更换技术规程	DB 34/T 2396—2015	安徽省质量技术监督局	安徽省交通控股集团有限公司、交通运输部科学研究所	2015.7.3
18	高速公路绿化管养和更新技术规程	DB 34/T 2394—2015	安徽省质量技术监督局	安徽省交通控股集团有限公司、安徽农业大学	2015.7.3
19	安徽省高速公路施工标准化指南 隧道工程	DB 34/T 2558—2015	安徽省质量技术监督局	安徽省交通控股集团有限公司、安徽省路桥工程集团有限责任公司	2016.1.30
20	淮北地区公路粉土路基设计施工指南	DB 34/T 2559—2015	安徽省质量技术监督局	安徽省交通控股集团有限公司	2016.1.30
21	安徽省斜拉桥养护检测技术规程	DB 34/T 2867—2017	安徽省质量技术监督局	安徽省交通控股集团有限公司、安徽省高速公路试验检测科研中心有限公司	2017.3.30

第四节 主 要 专 著

安徽省交通运输厅组织编写了"公路施工技术丛书",先后编写出版了《公路施工测量》《公路地基处理》《公路路基施工》《公路路面基层施工》《公路沥青路面施工》等14个分册,全面、系统地汇编了公路施工各个环节的实用技术,受到业内高度评价。

近年来主要专著详见表5-3。

主要专著统计表　　　　　　　　　　表5-3

序号	专著名称	出版社	出版时间	著作权人
1	高界高速公路论文集	人民交通出版社	2001.01	高界高速公路建设指挥部 屠筱北 主编
2	安徽省合安高速公路建设论文集	人民交通出版社	2003.09	钱东升 主编
3	徽杭高速公路论文集	人民交通出版社	2005.10	黄山长江徽杭高速公路有限责任公司 编
4	高速公路沿线设施施工/公路施工技术丛书	人民交通出版社	2003.03	谢新宇 主编
5	公路路面基层施工/公路施工技术丛书	人民交通出版社	2003.04	孙江 主编
6	公路排水设施/公路施工技术丛书	人民交通出版社	2003.07	朱新实、蒋周平 主编
7	公路隧道施工技术/公路施工技术丛书	人民交通出版社	2003.07	钱东升 主编
8	公路施工监理/公路施工技术丛书	人民交通出版社	2003.09	殷志宁、程中则 主编
9	公路沥青路面施工/公路施工技术丛书	人民交通出版社	2004.03	殷岳川 主编
10	公路地基处理/公路施工技术丛书	人民交通出版社	2004.04	殷永高、屠筱北 主编
11	公路施工试验与检测/公路施工技术丛书	人民交通出版社	2004.05	卞国炎 主编
12	公路施工机械/公路施工技术丛书	人民交通出版社	2004.06	戴强民 主编
13	公路施工测量/公路施工技术丛书	人民交通出版社	2005.01	宋文 主编
14	安徽省公路水运重点工程项目建设质量管理指南	人民交通出版社	2012.04	何光、马中南 等 编著
15	安徽省公路水运重点工程项目安全生产管理指南(第二版)	人民交通出版社	2013.06	何光、卞国炎 等 编著
16	安徽省高速公路绿化养护和管理技术	中国农业出版社	2015.12	安徽省交通控股集团公司、安徽农业大学 黄成林 主编
17	高速公路建设卓越管理模式研究——以安徽为例	武汉理工大学出版社	2016.01	安徽省交通控股集团公司、长沙理工大学 陈赟、李晶晶、朱文喜、钱东升、范承余 著
18	施工安全风险管理技术	人民交通出版社股份有限公司	2016.02	何光 著

第五节 知识产权

安徽高速公路系统高度重视专利、软件著作权等知识产权的保护与管理,把知识产权工作当成一个动态的系统工程推进,将知识产权作为战略性资产科学管理,不断提高高速公路建设软实力。

主要软件著作权见表5-4。

主要软件著作权统计表　　　　表5-4

序号	专著名称	证书号	授权公告日	著作权人
1	高边坡安全管理及应急决策系统	软著登字第0591315号	2013.8.15	安徽省交通投资集团有限责任公司、成都理工大学
2	多维异构监测数据自动处理入库系统	软著登字第0591104号	2013.8.15	安徽省交通投资集团有限责任公司、成都理工大学
3	参数化三维预应力钢束辅助设计软件	软著登字第0759697号	2014.7.03	安徽省交通规划设计研究总院股份有限公司
4	交规院在线委托和在线服务系统	软著登字第0875391号	2014.12.23	安徽省交通规划设计研究总院股份有限公司
5	桥梁三维数字化信息系统	软著登字第0920340号	2015.2.16	安徽省交通规划设计研究总院股份有限公司
6	高速公路建设信息管理平台	软著登字第0962726号	2015.05.06	安徽省高速公路控股集团有限公司、长沙云软信息技术有限公司
7	新型装配式管型通道结构设计系统	软著登字第1090856号	2015.10.22	安徽省交通控股集团公司、安徽省交通规划设计研究院有限公司
8	三维钢筋大样出图及工程量统计软件V1.0	软著登字第1127505号	2015.12.02	安徽省交通规划设计研究总院股份有限公司
9	科研项目管理系统V1.0	软著登字第1522777号	2016.11.28	安徽省交通控股集团公司、安徽省通途信息技术有限公司
10	公路设计线形分析及运行速度预测软件V1.0	软著登字第1138656号	2015.12.9	安徽省交通规划设计研究总院股份有限公司
11	磁通量采集系统软件V1.0	软著登字第0933843号	2015.3.17	江西飞尚科技有限公司、安徽省高速公路试验检测科研中心有限公司
12	高速公路动态健康信息系统V1.0	软著登字第1253742号	2016.4.18	安徽省高速公路试验检测科研中心有限公司

第六章
高速公路养护和服务运营管理

高速公路建成通车后,科学专业的养护和温馨高效的服务是延长高速公路使用期限、提升通行能力的必要措施。安徽省根据高速公路发展实际,探索养护和运营管理体制,坚持服务质量,强化路政执法,为安徽省的经济和社会发展做出突出的贡献。

第一节 养护管理

高速公路养护的基本任务是树立全寿命周期养护理念,采取正确有效的措施,及时维修损坏的公路设施,提高公路的使用质量,延长公路的使用期限,提高公路的运营效益和社会效益。安徽省高速公路养护事业从无到有,建立起较为完整的管理体系,实现了高速公路"畅、安、舒、美"的养护目标,保障了高速公路的安全和高效运营。

一、养护管理体制的发展

作为高速公路运营管理体制的重要组成部分,养护管理体制也在不断变化和完善。安徽高速公路养护管理体制发展主要经历两个阶段。

第一阶段:行政事业型阶段(1998年前),即安徽省高等级公路管理局作为省交通厅直属事业单位,统一管理全省高速公路养护工作。省高管局内设养护科作为职能部门,具体负责高速公路养护的规划编制、计划审核和监督指导等工作。当时安徽的高速公路仅有合宁高速公路一条,合宁高速公路成立了两个管理处(肥东处、全椒处),每个管理处设养护科承担各自辖段具体的养护管理任务。

第二阶段:企业化管理方式阶段(1998年后),即省高速公路总公司、省交通投资集团(省交通投资集团2004年开始承担高速公路建设和运营职能)等企业各自承担所辖高速公路的养护管理工作。各高速公路经营企业内设机构开展养护工作。

二、养护管理模式的分类

(一)管理模式

安徽省高速公路基本采取"管养分离"的管理模式,按照市场化要求,通过竞争方式择优选择社会化、专业化养护施工队伍,提供各项养护施工服务,包括高速公路的小修保养、大中修工程和改扩建工程。安徽交通控股集团作为大型国有高速公路经营企业,也是高速公路养护主体,其采取"统一领导,分级管理"的养护管理模式,该种模式主要表现为两种方式:

一是路段管理。2002年以前,高速公路养护管理在分级管理的基础上,实行路段管理,即省高管局、省高速公路总公司、省交投集团设立相应养护职能部门进行宏观管理,各路段管理处承担具体管理任务。

二是路段管理+集中管理。从合宁高速公路水泥混凝土路面养护维修开始,通过多年的实践和探索,逐步发现路面养护具有"技术方案复杂、专业性较强、区域制约较弱"的特点,实行集中管理和路段管理相结合的管理方式,打破路段管理界限,充分发挥集约化优势。鉴于此,在原有"分级管理+路段管理"的基础上,2002年企业成立了养护中心,专门负责高速公路路面养护管理,把路段管理处的路面养护管理职责划归养护中心。根据高速公路路网布局和规划,养护中心在全省部分地市设立垂直管理的分中心。高速公路路基、桥隧、绿化、沿线设施养护,路损修复,除雪保通,应急抢险等养护管理工作仍实行路段养护,由路段各管理处负责。

2014年后,针对管理体量大、类别多的特点,企业以建立"权责一致、集约高效的养护管理体系"为基本目标,采取了进一步优化母公司层面宏观管理、强化集中管理和路段管理、发挥区域和路段两个优势的调整措施。在母公司层面,设立养护管理部进行养护宏观管理,具体负责高速公路养护的指导、协调、考核、监督等管理工作。养护管理中心主要承担沥青路面和跨长江大桥的集中养护管理工作,对养护分中心实行垂直管理;管理处(公司)主要负责除沥青路面以外的其他高速公路设施养护及除雪保通、应急养护等管理工作。

(二)主要工作内容

高速公路养护维修的范围包括路基、路面、桥隧、沿线设施、绿化养护等,以及除雪保通、应急养护任务。主要工作内容有:路况调查与评定、养护计划和预算管理、养护工程管理、养护安全管理、技术档案管理等。

高速公路养护工程管理是日常管理工作的重要组成部分。高速公路养护按工程性质、技术复杂程度和规模大小,分为小修保养、中修工程、大修工程和改建工程等四大类。小修保养是对高速公路及其沿线设施经常进行维护保养和修补其轻微损坏部分的作业;中修工程是对高速公路及其沿线设施的一般性损坏部分进行定期的修理加固,以恢复公路原有技术状况的工程;大修工程是对高速公路及其沿线设施较大损坏进行周期性的综合修理,以全面恢复到原有技术标准的工程;改建工程是对高速公路及其沿线设施因不适应现有交通量增长和荷载需要而进行全线或逐段提高技术等级指标,显著提高其通行能力的较大工程项目。

(三)主要发展阶段

1. 水泥混凝土路面养护阶段

2002年以前,安徽省主要有合宁高速公路、合巢芜高速公路、高界高速公路等,均为水泥混凝土路面。因相应路段通车时间不长、交通量较小,养护管理工作主要任务是水泥混凝土路面养护维修,采取的养护技术主要有水泥混凝土换板、水泥混凝土板脱空压浆处治等。桥隧结构物主要为表面功能性维修,采取的养护技术主要有混凝土表面环氧砂浆修补、裂缝灌封缝处理等。自2002年起,为有效改善路面的通行能力,提高路面整体平整度和行车舒适性,安徽高速公路启动了水泥混凝土路面和早期建设的沥青路面的规模化整体改造。先后实施了205国道天长段"白+白"改建工程,合宁高速公路、合巢芜高速公路长江大桥接线、高界高速公路的"白加黑"改建工程,合徐南高速公路路面改善(大修)工程等。

2. 沥青路面养护阶段

2002年以后,随着连霍高速公路安徽段、合安高速公路、合徐高速公路、芜宣高速公路、庐铜高速公路等路段建成运营,安徽高速公路开始沥青路面养护。养护管理工作主要任务是沥青混凝土路面养护维修。先后采用微表处工艺有效填补路面车辙、恢复路表面抗滑功能,提高路面整体平整度和美观度;采用路面预防性养护雾封层技术,填补微小裂缝和孔隙,恢复路表沥青黏附力,维持路面性能;采取MOH沉陷处理技术修复桥头沉陷,消除安全隐患,提高路面行车舒适性;对于路面深层次病害采用铣刨修复配合大粒径柔性基层处理。随着通车年限的增长、交通量的大幅增加和车辆荷载的加重,桥隧结构物除表面功能性维修外,相继开展了结构性能维修,采取的养护技术主要有梁板粘钢、更换梁板、增设箱梁体外预应力、隧道衬砌渗漏水处治等。

三、主要做法

安徽省高速公路养护管理工作秉承交通运输部"畅通主导、安全至上、服务为本、创新引领"十六字方针,牢固树立全寿命周期管养理念,坚持建管养服并重、管养分离,以路面养护为中心,以桥隧养护为重点,推进养护管理专业化、社会化、信息化,高速公路养护管理工作达到国内先进水平。

(1)积极推进养护内业、外业标准化管理。先后制定了《高速公路沥青路面小修养护作业规程》《高速公路养护安全作业规程》《高速公路桥梁伸缩缝维修与更换技术规程》等9项地方标准。经安徽省交通建设工程质量监督局批准,由省交控集团编制的《安徽省高速公路养护定额》于2012年4月1日起在全省施行。中国农业出版社出版的《安徽省高速公路绿化养护和管理技术》是国内首次针对高速公路绿化养护的专著。

（2）实施路面预防性养护。按照防治结合、预防为主的原则，加大预防性养护投入，特别注重恢复沥青路面使用功能，有效延长了路面使用寿命，降低了养护综合成本，"十一五""十二五"期间，安徽省高速公路技术状况指数（MQI）平均值均达95以上。

（3）实施桥隧专业化养护和分类管理。省交控集团创新首推桥梁分类管理，从养护管理的角度将桥梁分为甲、乙、丙三个类别，并通过增加甲、乙类桥梁检测频率，采取针对性的管养措施，进一步提升桥梁管养水平。铜黄高速公路太平湖大桥、芜宣高速公路清水河大桥、合徐北高速公路浍河大桥先后在交通运输部长大桥隧抽检中受到通报表彰。

（4）精抓安全管控体系建设。各高速公路经营单位均成立安委会，所属单位也均成立安全生产领导小组，按季度召开安全生产专题会议，研究部署安全生产工作。加强路警联动、路地协调和省际路段交流沟通，构建了高速公路交通安全定期会商平台，商讨研究涉路施工监管、重大隐患治理和应急联动处置等安全问题。

四、养护成效

（一）高速公路养护"四新"技术和科研创新

为发挥科技支撑作用，安徽高速公路积极研发、引进和推广养护新技术、新工艺、新材料、新设备。2000年，在合宁路"白加黑"改建工程中第一次在全国范围内采用冲击压实技术对水泥混凝土路面进行冲击压实，并参编交通部公路科学研究院《公路冲击碾压技术应用指南》；2004年，第一次在安徽省高速公路养护工程中采用微表处技术进行车辙填充，有效解决沥青路面车辙病害；2007年，第一次在安徽省高速公路养护工程中引进应用大粒径柔性基层技术，成功解决沥青路面半刚性基层反射裂缝病害；2013年，第一次在安徽省高速公路改善工程中规模应用厂拌冷再生技术，该技术的经济、环保、社会效益显著。

截至2016年底，安徽高速公路针对养护技术攻关，先后开展"高速公路路面养护决策系统应用研究""沥青路面成套养护技术研究""桥梁伸缩装置病害处治成套技术研究""基于排水抗裂功能的耐久性路面设计及改扩建工程应用"等27项课题研究，其中5项成果达到国际先进水平，2项成果处于国内领先水平，累计13项成果获得省部级奖励。"高速公路沥青路面养护成套技术研究"成果在国内得到广泛推广应用。在2015年度中国公路学会科学技术评比中，"基于排水抗裂功能的耐久性路面设计及改扩建工程应用"研究项目获2015年度中国公路学会科学技术一等奖。

安徽高速公路养护树立绿色发展理念，积极应用绿色环保技术，实现了资源节约，如在多项工程中应用泡沫沥青温拌技术、水泥稳定碎石再生技术、沥青拌和站加热设备改造技术等,实现了废旧料的再生利用。合徐南高速公路路面改善工程是安徽省第一条大修改善的沥青路面高速公路,首次大规模开展乳化沥青厂拌冷再生技术应用,并对铣刨后的沥青层旧料进行回收、破碎、筛分并分档,旧沥青层材料再生利用率达到95%。据统计,合徐南高速公路路面改善工程共节省新集料37万 m^3,节省旧料堆积场地约45亩,实现二氧化碳减排5318.75t,节约概算投资2亿元以上。

(二)高速公路养护经费投入

养护经费投入是高速公路运营管理成本的重要组成部分。安徽高速公路养护工作从多方面入手,实现"花最少的钱,办最好的事"。一是管理创新,采用沥青路面集中养护,打破路段管理界限,发挥集约化养护效果;二是大量运用养护新技术,提高养护效果;三是通过招标,引进竞争机制;四是大力推广预防性养护,提高道路使用寿命。

多年来,安徽高速公路养护投入占同期通行费收入的比例始终保持在4%~5%,远低于全国平均9%的水平。若按全国平均9%计算,每年节约养护成本约3亿元。以安徽交控集团为例,"十二五"期间,累计完成养护经费25.61亿元,其中2011年为4亿元、2012年为4.63亿元、2013年为4.73亿元、2014年为5.75亿元,2015年计划投入6.5亿元,占通行费累计收入比例约5%,处于全国较低水平。

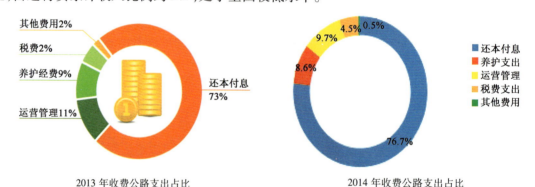

2013年收费公路支出占比　　　　2014年收费公路支出占比

注:数据来自交通运输部《2013年全国收费公路统计公报》。

(三)养护国检成绩

由交通运输部每五年组织一次的全国干线公路养护管理检查,是对各省养护管理成果的一次集中检阅,养护国检成绩一定程度上代表了各省在全国范围内的养护管理水平。2016年6月16日,交通运输部在江苏徐州召开全国公路养护管理工作会议。会议通报了"十二五"全国干线公路养护管理工作检查结果。安徽省检查总评分在中部地区排名第1,全国综合排名第9,各省、自治区、直辖市中排名第5,继续保持全国先进行列。其中,普通国省干线公路较"十一五"前进了2名,高速公路较"十一五"前进了3名,被授予"十二五"全国干线公路养护管理工作先进单位的荣誉称号。

第二节 服务区管理

1992年合宁高速公路大墅服务区正式营业,成为安徽省第一对高速公路服务区。伴随着高速公路里程的不断增长,安徽省服务区不断完善设施,开展优质服务,日益成为展现安徽风貌、了解安徽发展的窗口之一。

一、发展现状

截至2016年底,安徽省高速公路服务区总数达101对,其中宿松、天柱山、潜山、林东半岛服务区为单侧式,其他为双侧分离式服务区。安徽交通控股集团所属服务区85对,其他分属安徽省蚌明高速公路开发有限公司、安徽省滁宁高速公路开发有限公司、宣城市交通投资有限公司、黄山徽杭高速公路开发有限公司、安徽国路高速公路有限公司、安徽新中侨基建投资有限公司等。

安徽省高速公路服务区平均面积120亩/对,主要配备停车广场、综合楼、加油站、汽修厂、污水处理等基础设施。建设风格主要有中式、地中海式、徽派、汉风楚韵等四大类型,其中长江以南的服务区主要采用徽派风格,以灰瓦白墙、马头墙为特点,与南方自然风光相融合;淮河流域采用地中海式风格;皖北地区采用汉代建筑风格;其他地区采用中式风格。

安徽省服务区的功能定位和发展,与安徽省经济社会发展、驾乘人员出行需求密切相关。经过多年的探索实践,安徽省服务区的定位逐步厘清,兼顾社会效益和经济效益,注重满足群众日益多元化的出行需求。在这一指导思想下,服务区功能不断健全,基础功能日益完善,商业业态逐步丰富,引入交通出行配套服务、文化服务、公益服务等。

二、服务区管理体制发展

服务区管理体制经历了三个重要阶段。

(一)第一阶段:整体外包(1992—2005年)

这是安徽高速公路服务区经营的起步阶段,服务区整体外包给民营企业和个体经营。个体经营过于重视经济效益,服务区仅有便利店、快餐、加油、汽修等基本业态,商品和服务单一,环境卫生维护投入少,设施设备更新、维护不足,经营管理的整体水平较低。

(二)第二阶段:多个服务区经营品牌专业化、一体化经营管理(2005—2013年)

2005年11月,原安徽省高速公路总公司成立驿达公司;2007年10月,原安徽交通投资集团成立驿安公司。驿达、驿安是安徽省两个主要服务区经营品牌,既有合作也有竞争。两公司逐步接收民营、个体服务区经营权,承租新建服务区,截至2013年底,安徽全省80对高速公路服务区中,由驿达、驿安公司经营71对,占全省的90%,成为最主要的服务区经营主体,安徽省高速公路服务区完成专业化、一体化经营管理之路。

1. 驿达公司

驿达公司成立后,原安徽省高速公路总公司逐步收回民营、个体承包服务区,同时将新建服务区交由驿达公司经营管理。服务区产权仍归业主单位所有。驿达公司租赁经营服务区,缴纳租金,在业主单位授权下,经营服务区便利店、餐厅、汽修厂、特产店,为出行群众免费提供停车、汽车加水、热水供应等服务。驿达公司的服务有以下典型特色:

服务理念。驿达公司制定了"以人为本、诚信服务,构建和谐服务区"的经营理念,明确了"特色化经营、人性化服务、专业化管理、市场化运作"的工作思路,秉承"一切为了驾乘人员,一切方便驾乘人员,一切服务驾乘人员"的服务理念和"旅途一站,驿达相伴""有驿达,就有温暖"的服务承诺。公司统一员工着装,规范员工仪容仪表,对外展示统一形象,强化企业识别度,形成了统一的品牌形象。

管理架构。公司逐步完善管理框架和部门职能设置,机关部门划分以职能为主要依据,按照专业化原则行使组织各项职能管理工作,设有8个部门,基本满足当时的管理需要。公司成立驿达万佳便利店分公司、物流分公司,经营便利店、物流业务,形成了以服务区业务为主多元发展的经营格局。2008年公司通过ISO90001质量管理体系认证,2013年开展全国服务业标准化试点工作。

经营特色。驿达公司结合地方历史文化和特产,着力打造八公山、符离集、香铺等一批特色服务区。八公山服务区引进了100多种豆制品,开辟豆腐文化馆,做豆腐经济,传地方文化;符离服务区位于"中国烧鸡之乡"宿州市符离镇,公司开辟符离集烧鸡专营店,引入各类品种的烧鸡,在服务区设计上融入烧鸡文化元素,服务区烧鸡年销量不断攀升,带动了地方经济的发展;香铺服务区搭建了黄梅戏大舞台,免费奉献文化大餐,传播地方黄梅文化。

微笑服务。驿达公司从2009年开始大力推进微笑服务工作,建立培训基地,加强人员培训,编制以"一张笑脸、一句问候、一个眼神、一声道别"为核心的微笑服务"四个一"标准流程,规定员工的仪容仪表、服务礼仪、文明用语和餐饮、便利店、疏导等岗位的服务规范和标准,微笑服务有章可循、有规可依、有法可学。2013年,公司获得省交通运输行业创建"微笑服务、温馨交通"活动示范单位。

2. 驿安公司

隶属于安徽交通投资集团的驿安公司于2007年10月组建,统一经营服务区。2013

年6月,驿安公司陆续接管合六叶高速公路沿线新桥、西桥服务区和罗集停车区以及庐铜高速公路周潭服务区,标志着安徽交通集团所属高速公路沿线服务区全部由其经营管理。驿安公司的服务有以下典型特色:

打造"橙色驿站"。驿安公司在打造"驿安高速服务"品牌过程中,契合"微笑服务、温馨交通"的总基调,以"橙色"为标准色,广泛用于服务区乃至公司机关的标志识别、广告、包装、服饰、建筑等,让顾客、员工从视觉上留下温暖的印象,从服务上感受橙色的魅力。

打造区域特色。驿安公司提出"一区一特色"建设思路,融入地域文化。九华山服务区融入国画、唐卡等传统艺术元素,梅山服务区融入红色革命文化,吕望等北方服务区融入老庄道教文化。

打造"高速之家"。驿安公司从满足驾乘多元化的消费、休闲、文化等需求入手,通过推进作业标准化、管理规范化、服务特色化等措施,推出免费使用雨伞、宝宝座椅、手机充电、开水供应、旅游咨询、发布气象信息等十多项便民措施,建设旅客的"旅途之家"。

(三)第三阶段:单一品牌为主体的专业化、一体化经营管理(2015年至今)

2015年5月,驿安公司并入驿达公司,安徽省服务区经营主要以驿达品牌为主,服务区的经营管理主要沿袭了驿达公司模式。驿达公司启动服务区转型升级,以"服务区+"为管理思路,构建起"1+N+X"经营服务格局。

1."服务区+"管理思路

新驿达以"迎客松"服务为抓手,围绕吃、行、游、购四个主题,赋予了"服务区+"理念以特有的时代内涵。

服务区+旅游。新驿达选择周边景点集中的服务区,建立自驾游汽车营地,把高速公路上的服务区融入旅游产业。2014年6月,国内第一个高速公路服务区汽车营地驿达公司齐云山服务区汽车营地正式开放,营地配置了三星标准客房、多功能厅、露天影院、培训教室、拓展训练区等。

服务区+智慧出行。驾乘人员扫描二维码,搜索安徽驿达公司官方微信,通过驿达公司推出的一键导航、网上订餐、信息查询、失物招领、景点介绍等智能服务,即可轻松获取各类咨询信息,顺畅到达目的地。ETC圈存机、拉卡拉等自助服务终端,让高速公路出行的有关业务在服务区得到及时办理。

服务区+精准扶贫。驿达公司始终坚持联动发展,将地方特产引进作为招商工作的一个重要方面,持续打造地方特产销售平台。目前公司经营管理的170多个服务区,全面覆盖地方特产销售,地方特产种类超过500种。公司建立"惠驿佳"自主品牌,与地方特产龙头企业合作,建立生产基地,促进安徽地方产品更好发展。在用工上优先考虑周边村民,提供工作岗位。

服务区+综合运输。在国内首个服务区候机楼新桥服务区即可办理登机手续,较传统出行方式可节省一个半小时。全新的航空式高速服务,为乘客提供航班查询、购买机票、换登机牌、候机服务。

2."1+N+X"经营服务格局

做强"1"——连锁经营万佳便利店,提升基础服务能力。成立了万佳商贸分公司,建立信息化物流配送系统和专业配送队伍,对便利店商品实行统一采购、统一配送、统一定价的"三统一"管理。

优化"N"——坚持开放共享理念,发展多元餐饮。促进自营餐饮与合作餐饮的竞争协调发展,自营餐饮突出品牌和质量,经营"徽驿"自选餐、自助餐和"驿家小厨"点餐,合作餐饮引进各类城市知名餐饮品牌。

充实"X"——改善"供给侧",提供丰富多彩的服务,落实"服务区+"管理思路,使服务区的功能属性得到延展。

第三节 运营管理

安徽高速公路运营管理模式随着路网结构的形成与智能交通发展不断演进,从路段收费管理到联网收费管理,再到路网管理,高速公路运营管理效率和服务水平不断提升。

一、路段收费管理

(一)路段收费管理概况

路段收费管理是指由高速公路路段管理者按照规定对高速公路使用者收取通行费工作的管理,总体要求是采用科学高效的手段,提高管理水平和服务质量,做到"应收不漏、应免不收"。目前路段收费管理工作主要涵盖的业务领域包括在高速公路路段建成开通后,完成对收费人员管理、通行费收入计划管理、收费现场管理、收费票卡管理、收费监控管理、收费稽查管理和收费服务管理等,同时根据收费管理业务需要进行信息化系统的建设与应用。

(二)路段收费管理体制机制

安徽高速公路的路段收费管理均采用三级管理的形式。母公司为第一级,对高速公路规划建设、资金使用、收费规范标准等实行宏观管理,下设与管理内容有关的职能机构。各路段设置高速公路管理处(公司)为第二级,具体负责高速公路的各项运营管理工作,管理处(公司)设有职能管理部门。路段所辖各收费站为第三级,这一级管理是最基层的管理单元,负责收费现场的具体管理工作。

(三)收费模式发展历程

回顾安徽省高速公路收费模式的发展历程,主要经历了从人工收费到半自动收费,再到电子不停车收费的发展。

1. 人工收费阶段:通行卡

1991—1997年,路段收费主要采用人工收费方式,即通过收费人员人工判断车型,在路段的入口先收费、出口验票或在入口发放通行卡,该通行卡印有入口站名、站编号等信息,出口收费人员收取通行卡后,根据收费站编号、车型等信息进行人工计算通行费,完成收费过程。1991年4月至1995年4月,采用入口收费、出口验票的方式;1995年4月至1995年10月,采用入口发穿孔卡、出口验卡收费的方式;1995年10月至1997年9月,采用入口发一次性纸质印制通行卡、出口验卡收费的方式。由于当时正处于安徽省高速公路建设初期,路网尚未形成,路段通车里程短、车流量不大,这种以通行卡为核心的人工收费方式基本满足路段收费运营管理的基本要求。

但是随着路网不断扩大、车流量不断增加,出现了收费效率难以提高、差错率高、容易伪造和作弊等问题。以通行卡为核心的人工收费方式即将被其他更先进、更严谨的收费方式替代。

2. 半自动收费阶段:磁卡、IC卡

为解决人工收费方式的弊端,1997—2007年启用磁卡(即纸质磁性通行券)收费系统。磁卡收费系统采用收费人员人工判断车型,入口通过发券机发放纸质磁性通行券,出口通过读券机读取通行券信息到磁卡收费系统中,由磁卡收费系统自动计算通行费,此种方式已将原有的人工收费转变为半自动收费模式。在收费费过程中发现该种收费方式仍然存在问题:纸质磁性通行券的物理特性决定了必须经过接触式的摩擦才能够完成读写,设备的长期工作导致了磁头极易污损,经常需要保养和更换;因设备结构复杂,长期暴露在灰尘含量极大的环境中,设备故障率较高、寿命短、出错率高,维修成本也居高不下,后期也难以继续推广。

2007年11月,安徽高速公路收费系统升级换代为非接触式IC卡收费系统。该系统采用收费人员人工判断车型,入口发放非接触式IC通行卡,出口收费系统通过非接触式来读取IC卡信息自动计算通行费。目前,各路段收费站已全部采用非接触式IC卡进行半自动收费。

3. 电子不停车收费阶段

从2007年开始,交通运输部依托"十一五"科技支撑计划重大项目"国家高速公路联网不停车收费和服务系统",组织编制了 ETC 系列国家标准和行业技术要求,并开展了京津冀和长三角区域 ETC 联网示范工程建设,拉开了全国高速公路 ETC 电子不停车收费的序幕。2009 年 4 月开始,ETC 电子不停车收费系统在吴庄、宿松、包河大道、雍镇等主线收费站率先试点,同年 11 月安徽省高速公路 ETC 系统正式开通,安徽高速公路进入 ETC 电子不停车收费阶段。电子不停车收费系统启用后,与非接触式 IC 卡收费方式并存。在 MTC 车道,收费人员人工判型,入口人工读写电子支付卡,出口电子收费系统读取电子支付卡信息并自动扣款。在 ETC 车道,安装有电子标签(OBU)的车辆在出入口自动判型,在出口自动扣款,实现不停车收费。到 2014 年底实现了 ETC 车道覆盖率 100%,之后又采用更先进的相控阵技术对 ETC 天线技术进行升级,使交易成功率更高,彻底解决 ETC 跟车干扰与邻道干扰问题。

二、联网收费管理

(一)联网收费管理概况

高速公路联网收费指的是采用兼容电子不停车收费(ETC)和人工半自动收费的组合式收费技术,将全省所有高速公路纳入一个统一的封闭式收费系统,通过车辆多义性路径识别技术,对各收费公路经营管理单位实行"统一收费、系统分账"。至 2016 年,联网收费业务领域主要涵盖全省及跨省高速公路通行费数据清分、资金结算、票证卡及密钥管理、上门收款解缴、统计分析等联网收费工作,全省高速公路通行卡、安徽交通卡、电子标签发行管理以及 ETC 客服中心建设、运营与服务,全省高速公路联网收费系统建设、运维管理及升级改造,全省高速公路设站收费、并网测试与系统改造等工作。实行联网收费可以减少人力资源成本,降低运营管理费用,提高集中监督管理水平。

(二)联网收费发展历程

安徽省高速公路于 1997 年开始实行联网收费,并以长江为界分为南、北两个路网,实现了一车一卡、一卡到底的联网收费目标,减少了不必要的主线收费站,提高车辆通行效率,填补了国内三条及三条以上高速公路联网收费的空白。

2003 年 12 月,安徽省交通厅批准省联网收费结算中心分别成立南、北网两个分中心,分别负责江南片区和江北片区高速公路联网收费结算工作。2007 年 7 月,成立省联网收费结算中心 IC 卡管理分中心,在对北网原磁卡收费系统进行改造的基础上,对全省高速公路通行卡、预制卡、身份卡、PSAM 卡实行统一管理和统一调配,实现了全省高速公路"一卡通"的目标。2008 年 11 月,安庆长江大桥建成通车接入高速公路路网,打通了南北过江通道,安徽省南、北网高速公路顺利完成并网,实现全省高速公路"一个网",标志着全省高速公路已实现联网收费。南、北网结算分中心同时行使省结算中心的职能,其中北网为主结算系统,南网为备结算系统,主备系统数据拆分相互校核、互为备份,安徽高速公路联网收费开始具有"双核"功能。2008年3月,省联网收费结算中心电子收费分中心成立,承担原交通部长三角区域高速公路联网电子不停车收费示范工程建设和运营工作。经过努力,安徽高速公路2009年4月试运行徽通卡和不停车收费系统,实现了刷卡消费、快速通行,同年11月正式开通徽通卡并实现了沪苏皖两省一市电子收费并网,从全省"一卡通行"发展到"一卡畅行长三角"。

2009年11月,安徽高速公路ETC系统正式开通,即与上海、江苏联网运行;2010年7月与江西ETC系统联网;2012年底与福建ETC系统联网;2013年5月与浙江ETC系统联网,实现长三角五省一市联网运行;2014年12月与北京、天津、河北等13省市ETC系统联网运行;2015年10月,安徽高速公路ETC实现全国联网(除西藏、海南)。截至2016年12月,全省228个收费站建成527条ETC专用车道,ETC收费站覆盖率达100%,主线收费站ETC车道实现两入两出。已建成全功能ETC客服中心达40个,覆盖全省16个地市,合作银行"一站式"ETC代理网点2118个,充值网点约4855个,自助服务终端157台。安徽交通卡用户突破185万。

三、路网管理

(一)路网管理概况

路网管理指围绕高速公路路网保通保畅所开展的运行监测、应急处置与公众出行服务等。近年来,随着皖江经济快速发展,安徽作为中部综合交通枢纽的区位优势不断显现,全省道路交通建设进入了黄金发展期,取得了历史性突破。日益发达的公路运输网和逐年增加的客货运输量,对路网交通运行安全保畅工作提出了严峻挑战,迫切要求建立集成化、一体化的跨部门、跨区域路网运行与应急管理新机制。

(二)路网管理体制机制

为破解交通发展和路网管理并存难题,按照省政府的决策部署,省交通运输厅牵头,联合省公安厅、省气象局等部门,于2009年底在全国率先创建省路警联合指挥中心(以下简称"省路警中心"),和省交通运输联网管理中心(以下简称"省交通联网中心")实行合署办公、业务协同。2011年11月,省路警中心与省交通联网中心一并揭牌运行。

自高速公路路网路警联动管理体制创建以来,省交通运输厅按照部省指示要求,本着"建以致用、求实创新"的原则,统筹布局路网运行管理与服务工作,依托省交通联网中心(省路警中心)建设发展,同步推进行业联网运行、业务协同与服务融合,着力加强跨部门、跨行业信息系统与管理资源整合共享,建立健全完善路网运行管理规划设计与支撑系统平台建设,努力构建"四中枢、两平台",即数据交换共享中枢、信息归集发布中枢、应急联动指挥中枢、公众出行服务中枢,联网运行监测与智能调度平台、综合评价与考核监管平台,大力推进路网运行综合管理平台及路网运行与应急管理"一案三制"建设,着重开展路网运行监测预警、联合应急值守、信息报送发布、应急联动处置、公众出行服务等业务,圆满完成了历次重大节假日免费通行、台风、雨雪冰冻等重要交通运输和恶劣天气等特殊时期的路网运行保畅与应急联动处置任务,路网整体运行效率与通行能力不断提升。截至2016年底,省路警中心累计审核各类交通信息200余万条,通过媒体、网络、短信、微博等多种载体发布交通与气象信息104万次,开展路网安全隐患和突发事件监测预警300余次,重大交通事故(阻断)联动处置调度480多次,全省高速公路事故发生率年均下降30%左右,人员伤亡率下降40%左右。

(三)路网管理做法

1.创建路网管理顶层架构与运行模式

立足"三中心、两平台、四中枢"功能定位,即全省道路交通网络数据交换中心、应用系统集成中心、路网运行监测中心,全省道路交通安全应急与决策支持平台、行业监管与电子政务平台,全省道路交通数据共享交换中枢、综合运输协调运转中枢、信息发布中枢、安全应急指挥中枢,做好顶层设计与统筹规划,创建完善运行机制。

架构设计。一是集成化。有效集成公安、交通运输、气象等部门的信息系统和管理资源,努力实现交通安全综合监管与应急处置的统一调度。二是信息化。利用现代信息技术手段,创建跨部门、跨区域路网联动应急管理信息系统,克服单兵作战、信息孤岛、分散管理的体制瓶颈。三是系统化。围绕事前预防、事中处置、事后评估的交通安全应急管理三个层次,构建路网监测预警、信息报送发布、快速会商决策、指令传达部署、联动应急处置、评估考核监督系统闭合运行体系。四是协同化。强化交警、路政、高速公路经营管理单位以及省、市、县各方资源的协同应对,提升路网安全畅通的应急管理的整体合力。

运行模式。一是加强路网监测预警。组织开展交警、路政、高速公路经营管理单位"一路三方"24小时联合应急值守,全程监测监控路网运行动态与基础设施安全运行状况。加强交通与气象信息的及时统一归集报送、预警发布,实时开展路网统筹调度,动态掌控处置情况。二是强化应急协同应对。针对一般道路交通突发事件,快速开展现场三方会商决策和动员部署;对重特大道路交通突发事件,及时启动应急处置方案,并通过路网指挥调度平台下发传达。需地方政府牵头处置的,省交通联网中心(省路警中心)及时上报省政府应急办统一协调,利用路况信息报送系统直接向各地市分管领导推送交通险情与突发事件动态,充分发挥地方政府主导作用,实现高速公路道路交通全流程、立体式综合管理。三是发挥综合保障作用。对路网运行管理与应急处置工作及时通报、综合协调,保障各个环节衔接顺畅。每一起突发事件都认真评估,全面增强路网安全监测、救援处置、动态监管及公众出行服务的保障能力。

2.启动路网运行管理平台建设

根据路网运行与应急管理和服务需求,通过现代信息技术的深化集成应用,研发部署了全省高速公路视频监控联网系统、路网日常监测系统、交通秩序管理系统、公路网管理辅助决策支持系统、路况信息报送系统等,完成了与公安网、高速公路气象服务和预警系统、高速公路联网收费系统、国省干道治超信息系统的信息对接,实现了全省高速公路路网收费站流量数据统计。高速公路、国省干线公路、运管、海事、民航等子行业共计7000多条路的视频可控可调,100多条路的公安交警、公路路政执法视频的接入,以及23000多辆"两客一危"的卫星定位与联网联控,做到了路网管理软件监控、交通数据传输通道、路网管理主题数据库、交通安全信息服务"四统一"。

3.建立健全路网运行管理机制

在机构建设上,安徽高速公路着力打造多位一体路网运行综合管理机制,配套建立精简高效的组织管理架构、各类制度规范流程以及应急预案体系。根据交通部、省政府关于加强路网运行管理与服务体系建设要求,对应交通运输部路网中心职能架构与建设思路,参照江苏、陕西等其他省份的经验做法,结合安徽实际,提出"全面整合、分步实施,三级联动、属地为主"的思路,即全面整合高速公路、普通国省干线公路、城市交通及水路、民航等信息资源,统筹构建并分步实施三级路网运行监测与应急处置平台,最终形成以属地管理为主,省、市、县三级联动的大路网运行管理与服务体系,实现所辖路网运行的分级监测与三级掌控,运行信息的汇聚集成与上下贯通,应急处置的统筹调度与协同联动。

为确保路网运行管理特别是联动应急保畅的执行力和落实力,安徽高速公路从路网运行监测、预警发布、决策支持、应急处置、出行服务以及省、市两级应急管理等实际出发,大力推进路网运行管理"一案三制"建设,健全完善联合值守、信息报送发布、会商决策以及各类应急预案与工作流程等制度规范,初步建立了一套科学规范的路网运行与应急管理长效运行机制。省交通运输厅会同省公安厅、省气象局先后联合印发了《省路警联合指挥中心运行方案》《省路警联合指挥中心信息报送工作实施方案》《省路警联合指挥中心议事决策制度》等一系列规章制度,拟定了《重大节假日公路网保畅工作方案》《安徽省高速公路恶劣天气交通管制联动处置工作规范》《安徽省高速公路节假日收费道口拥堵处置方案》《重大节假日保畅工作新闻宣传方案》等系列制度规范,应急管理机制与处置业务流程更趋完善。省路警中心与省交警总队、省路政总队、省交通控股集团公司共同签发了《关于建立全省高速公路"一路三方"联勤联动工作机制的意见》,探索推广"1+1+1"勤务联动与事故快处快撤模式。一系列制度的建立健全为高速公路统筹运行管理功能的发挥夯实了基础。

4. 提升路网运行管理综合协同能力

借助省交通联网中心(省路警中心)平台资源与体制机制优势,实行多部门联合监测预警、路网协调调度和应急联动处置。实时监测监控全省高速公路重要互通、长大桥隧、重要景区、城市周边及重点路段的路网运行动态,全面掌握全省高速公路路网通行状况和车流量动态。完善信息报送、通报与共享机制,统一归集发布高速公路路网交通、气象信息,实现跨行业、跨区域的信息资源共享。组织开展"一路三方"联合应急值守、联动应急演练、错时联动巡查、联合隐患排查、交通险情通报、快速会商决策,强化路警联动指挥协调,及时启动联动应急预案,落实责任分工,合力疏导分流,统筹路网调度,快速清障保畅。积极开展省际路网应急处置的协调指挥工作,与相邻省份共同建立泛长三角区域高速公路应急保障和交通安全防范体系。

5. 做好重大节假日及恶劣天气等特殊时期路网保畅工作

安徽高速公路把应急处置作为保安全、保畅通的工作重点,全面加大路网运行保畅及重特大突发交通安全事件应急处置的协调调度。特别是每年的春节、清明、五一、国庆节假日免费通行期间、冰冻雨雪和特殊会议期间都制定专项应急预案和免费通行工作实施细则,建立全省各市、县及高速公路路段责任分工联络表,创建从节前发布出行指南,节中监测预警、信息报送发布、协调联动处置到节后总结分析的一套相对固定的流程规范,成立信息发布、路网监测、应急协调等工作组,实行领导带班和24小时应急联合值守,着力加强对重点路段、重要时段车流量的监测预测,实时采集发布全省高速公路路网运行动态信息,每日编制交通运行专报,定时上报省委值班室、省政府应急办及交通运输部路网中心等,保证信息畅通。

6. 强化交通出行综合服务能力建设

立足公众出行服务需求,通过深化信息技术在行业中的集成应用,推进交通科技发展成果在民生服务中的快速转化,进一步加大行业内外相关信息、服务资源的整合共享,拓展交通出行服务载体,创建安徽高速公路政务微博,开通全省高速公路客服热线"96566"及统一救援服务热线"12122",启动"12328"交通运输服务监督热线平台建设,加大高速公路各类电子情报板建设推广,及时面向广大公众提供路况咨询、投诉报警、求助救援、出行诱导等多样化服务。强化与省、市新闻媒体的宣传合作,建立并上线运行公众出行信息服务系统,推进高速公路交通广播建设,规划建设全省高速公路路网事故易发和易堵路段的绕行展示平台,开展高速公路电子指示标志建设,逐步构建集约化、高效化的大路网交通出行综合服务体系。

四、路政执法

1991年合宁高速公路建成通车,安徽省高速公路路政管理工作由省交通厅所属省高等级公路管理局具体承担。政企分开之后,路政管理职能由原安徽省高速公路总公司代为行使。

2003年9月,省政府批准成立安徽省公路路政总队,与省公路管理局一个机构、两块牌子,负责全省公路路政管理和重、特大路政案件的查处工作。按照政企分开的原则,将高速公路经营企业(省高速公路总公司)承担的路政管理职能统一收归省公路局承担,高速公路经营企业不再承担路政管理职能。批准成立省高速公路路政支队,系省公路局(省公路路政总队)所属副县级事业单位,主要负责高速公路路政管理、督查和路政违法案件的查处工作。高速公路路政支队按照"一路一大队"的原则下设路政大队,正科级建制,按照0.2人/km的标准核定人员编制,具体负责所辖高速公路的路政巡查、作业现场秩序维护、违章纠察和简易案件的查处工作。高速公路的交通安全管理则由高速公路交警负责。

2006年1月9日,正式成立安徽省高速公路路政支队(以下简称支队),主要职责是:宣传、贯彻路政管理的法律、法规、规章;高速公路路政装备、执法证件、服装的发放和管理;高速公路路政管理、督查和路政违法案件查处;参与高速公路工程交工、竣工验收等。支队于2006年4月底正式挂牌办公。支队在成立之初,仅58人,下设5个路政大队,分别为徽杭路政大队、庐铜路政大队、马芜路政大队、蚌宁路政大队、亳阜路政大队,管理里程约480km。2011年,省政府为理顺全省高速公路路政管理体制,进行了人员和职能划转,将安徽省高速公路控股集团和安徽省交通投资集团管理路段的路政管理职能移交支队,至此,全省高速公路路段的路政管理职能都收归支队,划转时支队管理里程3009km,下设25个路政大队。到2016年底,支队已组建了38个高速公路路政大队,在岗路政执法人员649名。各大队管理路段见表6-1。

各大队管理路段一览表 表6-1

经营公司	序号	所属大队	路段	起点桩号	终点桩号	里程(km)	大队管理里程(km)	起止点
交通控股集团	1	连霍大队	G30连霍高速公路安徽段	237	290.973	53.973	94.814	皖苏省界—皖豫省界
			G3京台高速公路连霍段	742.039	743.38	1.341		
			济祁高速公路砀山段S21	0.5	25.486	24.986		皖鲁省界—砀山收费站
			济祁高速公路砀山段S23	0	14.514	14.514		砀山收费站—砀永主线站
	2	蚌徐大队	G3京台高速公路合徐北段	743.38	886.51	143.13	143.13	蚌埠西—朱圩子互通
	3	徐明大队	S07徐明高速公路安徽段	0	139.032	139.032	139.032	皖苏省界—明光市岗集

续上表

经营公司	序号	所属大队	路段	起点桩号	终点桩号	里程（km）	大队管理里程(km)	起止点
安徽新中侨基建投资有限公司	4	亳阜大队	G35 济广高速公路亳阜段	401	502.3	101.3	140.763	刘小集—皖豫省界
			S06 宿登高速公路亳州段	98.034	137.497	39.463		亳永主线站—亳鹿主线站
交通控股集团	5	淮宿大队	S04 泗宿高速公路	23	113.139	90.139	142.817	泗县—皖豫省界
			S06 宿登高速公路	0	52.678	52.678		
	6	界阜蚌大队	G36 宁洛高速公路界阜蚌段	200.752	387.8	187.048	187.048	大刘郢互通—皖豫省界
	7	阜周大队	G35 济广高速公路阜周段	502.3	585.87	83.57	83.57	刘小集—霍邱周集
安徽省蚌明、滁宁高速公路开发有限公司	8	蚌宁大队	G36 宁洛高速公路蚌宁段	35.392	200.752	165.36	165.36	大刘郢互通—皖苏省界
	9	阜新大队	S12 滁新高速公路	252.75	321.2	68.45	69.4	阜阳南—皖豫省界
	10	周六大队	G35 济广高速公路周六段	585.87	676.2	90.33	90.33	六安西—周集
交通控股集团	11	合淮阜大队	G4001 合肥绕城高速公路合淮阜段	49.01	64	14.99	188.79	长江西路收费站—阜阳南
			S17 蚌合高速公路	60	120.2	60.2		
			S12 滁新高速公路	139	252.6	113.6		
	12	合蚌大队	G3 京台高速公路合徐南段	886.51	1007	120.49	127.275	蚌埠西—陇西
			G4001 绕城高速公路	0	6.785	6.785		
滁宁高速公路公司	13	蚌淮大队	S17 蚌淮高速公路	18.64	60	41.36	86.323	曹庵枢纽—西泉街枢纽
			蚌淮凤阳连接线	0	44.963	44.963		西泉街枢纽—江山枢纽
交通控股集团	14	滁马巢大队	S24 常合	36.24	41.092	4.852	118.772	郑蒲港收费站—姥桥枢纽
			S22 天潜	71.3	185.22	113.92		滁州东枢纽—马鞍山西枢纽
	15	合宁大队	G40 沪陕高速公路合宁段	505.1	596.2	91.1	133.325	长江西路收费站—皖苏省界
			G4001 绕城高速公路	6.785	49.01	42.225		
安徽省国路高速公路有限公司	16	合六叶大队	G4001 合肥绕城高速公路合六叶段	64	104	40	179.132	路口枢纽—皖豫省界
交通控股集团			G40 沪陕高速公路合六叶段	643.47	765	121.53		
			机场高速公路	0	17.602	17.602		合肥—新桥机场

第六章
高速公路养护和服务运营管理

续上表

经营公司	序号	所属大队	路段	起点桩号	终点桩号	里程(km)	大队管理里程(km)	起止点
交通控股集团	17	合巢芜大队	G5011 芜合高速公路	16.851	116.65	99.799	99.799	陇西—芜湖
	18	天长大队	G25 宁淮高速公路安徽段	1935	1948.989	13.989	43.899	G25 宁淮高速公路安徽段
			G205 国道	67.43	97.34	29.91		G205 国道天长段
	19	六武大队	G42 沪蓉高速公路	595.5	686.49	90.99	90.99	大顾店—皖鄂省界
	20	合安大队	G3 京台高速公路合安段	1039.45	1101.611	62.161	171.528	小西冲枢纽—安庆长江大桥
			G4212 合安高速公路	62.159	124.29	62.131		
			G50 沪渝高速公路合安段	521.78	569.016	47.236		
	21	马芜大队	G50 沪渝高速公路马芜段	341.163	359.535	18.372	101.708	芜湖—皖苏省界
			G4211 宁芜高速公路	27.3	74.362	47.062		
			S24 常合马鞍山大桥接线	0	36.274	36.274		马鞍山东枢纽—郑蒲港
	22	六潜大队	G35 济广高速公路六潜段	676.2	827	150.8	150.8	六安—潜山
	23	芜宣大队	G5011 芜合高速公路	0	7.72	7.72	73.6825	芜湖—宣城
			G50 沪渝高速公路芜宣段	292.2	341.163	48.963		
			S28 芜雁高速公路	1.8195	18.819	16.9995		六郎枢纽—水阳
	24	庐铜大队	G3 京台高速公路庐铜段	1101.611	1174.509	72.898	72.898	马堰枢纽—铜陵长江大桥
	25	铜黄大队	G3 京台高速公路铜黄段	1177.874	1346.011	168.137	175.594	铜陵长江大桥—屯溪
			G56 杭瑞高速公路铜黄段	201.51	208.967	7.457		
	26	宣广大队	G50 沪渝高速公路宣广段	200	292.2	92.2	130.976	宣城—皖浙省界
			G4012 溧广高速公路	24	62.776	38.776		苏皖界—广德晋节枢纽
	27	宁宣大队	S05 宣桐高速公路宣城至千秋关段	0	86.3	86.3	86.3	宣广枢纽—千秋关收费站
	28	沿江大队	G50 沪渝高速公路沿江段	359.535	521.78	162.245	168.045	大渡口—芜湖
			S92 铜陵支线	0	5.8	5.8		
	29	高界大队	G50 沪渝高速公路高界段	569.016	678.798	109.782	109.782	鸽子墩—皖鄂省界
	30	安景大队	S27 安东高速公路	0	53.9	53.9	78.83	大渡口—皖赣省界
			G35 济广高速公路安景段	915	939.93	24.93		
	31	宁黄大队	S01 溧黄高速公路宁黄段	84.6	185.475	100.875	100.875	宁国—呈村降互通
黄山长江徽杭高速公路有限责任公司	32	徽杭大队	G3 京台高速公路段	1346.011	1382.012	36.001	129.632	屯溪—皖浙省界
			G56 杭瑞高速公路徽杭B段	226.047	241.168	15.121		皖浙省界—屯溪—皖赣省界
			G56 杭瑞高速公路徽杭A段	123	201.51	78.51		
交通控股集团	33	黄祁大队	S42 黄浮高速公路	0	102.52	102.52	89.5	屯溪—皖赣省界
	34	永利大队	济祁高速公路永城至利辛段	74	163.5	89.5	46.2	岳集枢纽—蒙城服务区
	35	岳武大队	岳武高速公路安徽段	0	46	46.235		岳西—皖鄂省界

续上表

经营公司	序号	所属大队	路段	起点桩号	终点桩号	里程（km）	大队管理里程(km)	起 止 点
交通控股集团	36	铜宣大队	S32 宣铜高速公路铜南宣段	0	82.7	82.7	125.795	宣广枢纽—钟鸣枢纽
安徽芜铜长江高速公路有限公司			S32 宣铜高速公路合福铁路铜陵长江公铁大桥接线段	82.7	125.795	43.095		钟鸣枢纽—无为
交通控股集团	37	望东大队	G35 济广高速公路望东段	827.451	916	88.549	100.549	潜山枢纽—东至
			S38 东彭高速公路安徽段	0	12	12		香隅枢纽—皖赣界
	38	利合大队	G3w 德上高速公路利合段	163.5	304	140.5	140.5	蒙城服务区—高店枢纽

公路是服务性行业，与人民群众的日常生活息息相关，服务对象涵盖所有社会群体和个体。安徽省高速公路路政支队围绕路政管理职责，建立健全"微笑服务、温馨交通"活动的长效机制，着力打造"服务为本、阳光路政"的服务品牌，使以人为本、文明执法、依法行政成为路政执法工作的根本理念。

第七章
高速精神及文化建设

安徽人民千百年来生息繁衍,不断改造世界,创造了灿烂辉煌的地域文化。新的历史时期,作为安徽文化瑰宝的徽文化,继承了程朱理学崇俭尚廉的历史传统,融入了改革创新的时代特征,在推进改革开放的伟大实践中,展现出安徽人百折不挠、敢为人先的精神面貌。重道笃行,安徽高速人更是运用自己的聪明才智,筑起了一条条畅达的高速公路;架起了一座座现代化的桥梁;创新了一项项先进的科技成果。这是安徽高速人超越自我、奋起争先的时代体现,彰显安徽高速人自主创新、图强奋进的时代精神。

第一节 "勇为人先,追求卓越"的高速精神

一、为高速公路正名的"救命路"

20世纪80年代中期,当全国还在争论要不要修建高速公路的时候,安徽高速人就发扬当年凤阳小岗村"敢为天下先"的精神,以合肥至南京高速公路的建设掀开了安徽高速公路建设的序幕。1986年10月1日,安徽第一条以高速公路标准建设的公路——全长134km的合宁公路破土动工。从此,在广袤的江淮大地上,安徽高速公路渐渐伸展出他的臂膀。1991年10月4日,合宁公路顺利建成通车,1994年2月被交通部批准为高速公路,实现了安徽高速公路零的突破,从此开启了安徽省公路建设史上崭新的一页。

回顾20世纪,国内高速公路建设尚未起步,高速公路作为一项新生事物不被大众所接受和理解,主管部门国家计委也对大规模修建高速公路持有怀疑态度。省内更有人提出"修了一条线,丢掉一大片"要求合宁公路下马的言论。高速公路的高造价、高投入,这在当时并不发达的经济条件下让社会公众确实难以接受。因此,合宁路在修建初期并未以高速公路命名,尽管其各项技术指标已经达到了部颁《公路工程技术标准》(JTJ 01—88)平原微丘区高速公路的标准,但还是笼统地称之为高等级公路。

然而,到了1991年的初夏,安徽遭受特大洪灾,肆虐的洪水将安徽多地化作汪洋中的孤岛。省城合肥通往外地的铁路、公路全部中断,连唯一的空港——骆岗机场也与外界隔绝,被迫停航。当人民生命财产面临严重威胁的时候,唯有合宁高速公路如长龙卧波,畅

通无阻。正是有了合宁路,中央领导得以前往灾区指挥抗洪救灾,大批救灾物资得以源源不断运进灾区,人民群众亲切地称合宁路为"救命路"。

《人民日报》分别于1991年7月22日、25日报道了安徽特大洪水中的灾区情况,并将合宁公路冠以"救命路"的光荣称号,充分肯定了合宁公路在抗洪救灾中发挥的巨大作用。此后,国内外传媒纷纷报道"安徽有条救命路",于是"救命路"的美誉一时闻名遐迩。

1991年10月25日,时任国务院副总理朱镕基来皖视察时,合宁公路给朱副总理留下了深刻印象。到达龙塘收费口时,他兴致勃勃地与陪同视察的省委书记卢荣景、副省长龙念等同志合影留念。

合宁路在1991年抗洪救灾中发挥的重大作用以及给沿线经济带来的迅速发展,完全改变了中央初期对修建高速公路的疑虑和看法。正式通车后,党和国家领导人江泽民、李鹏、乔石、李瑞环、朱镕基、邹家华先后视察或驱车通过,均对该路给予了充分肯定和高度评价。同时,合宁公路因其造价相对较低、质量高、效益好而蜚声国内。

1993年,交通部授予合宁高速公路"全国十大公路工程"称号,同时被评为安徽"八五"十大重点工程。许多公路界的同行感慨地说,合宁高速公路不仅是安徽人民的救命路,也是全国高速公路建设的"救命路"。

"改革开放以来十大公路工程"证书

全国十大公路工程奖匾

1994年1月,合宁路经交通部验收评为优良工程。同年2月,交通部发文同意合肥至南京公路安徽境龙塘至吴庄段为高速公路,同时计入高速公路里程。从此,合宁路正式进入了高速公路的行列。

二、"菲迪克"条款国内率先登场

20世纪80年代初期,我国还处于计划经济阶段,招投标管理还未真正应用到公路工程项目中。随着世界银行贷款项目在国内的实施,一个陌生的专用名词"菲迪克"(FIDIC)也开始在中国公路界初露头角,"菲迪克"是国际顾问工程师联合会工程管理方法FIDIC的缩写。它把众多相关的学科,如工程技术、经济、法律等融为一体,分为行政条款、技术条款,再用合同的形式加以固定。

当时,国内没有任何公路工程招投标的经验可以借鉴。恰巧安徽省在突尼斯承接了当地的一个公路项目,就是按照"菲迪克"的有关条款进行招投标运作的,对保证施工质量效果显著。于是,安徽省交通厅姜嘉琦、吴钧枢这两位公路专家在编制招标文件时,把"菲迪克"条款引入到了合宁公路项目中,囊括了招标、资审、投标、开标、决标等招投标各个阶段的具体要求。至此,合宁高速公路成了国内第一条采用招投标方法确定施工单位的高速公路;同时也是率先将"菲迪克"条款应用到合同行政条款和技术条款的高速公路之一。

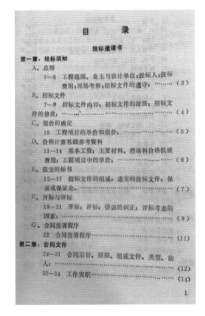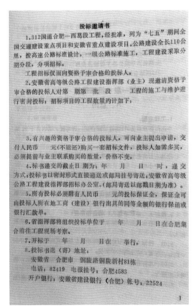

合宁高速公路项目招标文件

"菲迪克"条款的引入,改变了省内各公路从业单位对工程招投标的认识,公平、公正、公开的招投标模式也大大改变了公路从业者思想观念。合宁公路招投标工作伊始,就有投标单位因标书不符合规定而没有通过,被当众宣布为废标。这在当时是绝无仅有的,并带给众多施工单位不小的震动。"菲迪克"条款在合宁高速公路之后,被广泛应用于国内各大公路工程的招投标工作中。

三、首创中国公路境外上市第一股——皖通高速

长期以来,交通公共投入与人民群众日益增长的出行需求之间存在较大的差距,融资难成为制约交通事业发展的重要因素。社会主义市场经济体制的初步建立为解决这一矛盾提供了新的途径,传统的依靠交通部门一家投入的建设管理体制,逐步向以市场为基础的社会融资渠道转变,逐步形成了国家投资、社会融资、群众集资、外商投资等多元化的筹

融资新格局。

1996年8月15日,安徽省高速公路总公司以合宁高速公路总资产为股本,发起设立安徽皖通高速公路股份有限公司,同年11月13日公司在香港联交所成功上市发行H股。至此,全国第一家在境外上市的高速公路股份有限公司——安徽皖通H股在香港联合交易所大厅挂牌上市。皖通上市为安徽交通基础设施建设募集资金达9亿元人民币,开创了国内公路企业境外融资的先河,被誉为"中国公路境外上市第一股"。2002年12月,皖通高速2.5亿元A股在上海证券交易所成功增发。

四、创新技术不断,追求品质卓越

(一)以膨胀土改善技术起步形成高速公路建设成套技术

20世纪80年代,在合宁高速公路修建期间,由于其沿线73%的地段分布有一种称为"合肥膨胀土"的高液限黏土,这种土因为含蒙脱石、伊利石、高岭土等亲水矿物,遇水膨胀,失水则干缩,对构造物破坏很大,能否处理好这种特殊土壤,是高速公路建设成败的关键。安徽交通人为此绞尽脑汁,设计部门对沿线的膨胀土的分布及其性质进行了详细勘察,现场多次取样进行了土壤物理、力学、化学等试验,彻底摸清了其膨胀特性,于是设计人员进行分类处理,路基下部大胆采用中、弱膨胀土填筑,路基上部选用非膨胀土或弱膨胀土掺低剂量石灰改善后填筑,路基顶部再覆盖一层30~40cm厚石灰改善土作封层。在灰土层上再铺筑18cm厚水泥稳定粒料基层,并在面层拟切缝处的基层上涂布宽50cm沥青以防水,其相应缝的位置设盲沟,将水引至路基边坡上泄水孔排出,路基边坡全部护砌。这样在路基全断面形成了封水层设计,铺筑路面时再采取适当的排水措施,从而避免表水渗入路基,使填筑土保持水分平衡,不致产生湿胀干缩。这项技术措施是非常成功的,造价低、效果好、施工方便,为在膨胀土地区修建高速公路摸索出了一条成功之路,这项技术在当时的国内绝无仅有。建设者们在此基础上,继续跟踪高速公路各专业技术攻关,抓住后续高速公路发展良机,以项目为依托,以人才梯队为支撑,先后掌握了水泥混凝土、沥青混凝土高速公路修建成套技术,为安徽高速公路又好又快的发展提供了可靠的技术保障。

(二)以山区隧道创新示范生态环保高速公路建设

2008年12月,黄塔桃高速公路正式建成通车,打通了京台高速公路安徽省全境的最后段落,成功实现了京台高速公路安徽与浙江、江西、福建等省互通互联。作为交通运输部典型示范工程,项目全线穿越皖南旅游山区,设计多以桥隧相连,建设中突出隧道"零开挖进洞""通透式隧道优化"等方案,减少了对山体的开挖与扰动,使得原生态植被和地质得到最大限度的保护。一座隧道悄无声息地融入山水画廊的新安江畔,过往行人在景中行,车在画中游。

随后建设的岳武高速公路安徽段穿越大别山腹地,在秉承黄塔桃高速公路生态环保新理念基础上,更加注重和谐发展、绿色建设。生态路基、绿色梁场、平安隧道建设点鲜明,示范效果好。全长7.77km的明堂山特长隧道首次采用单竖井和单通道送排风节能技术,节能降耗效果显著。该项目的成功建设荣获交通运输部绿色公路建设示范。

(三)以马鞍山长江公路大桥的系列创新引领跨江大桥走向世界一流

马鞍山长江公路大桥左汊主桥采用2×1080m三塔两跨悬索桥,大桥主跨跨度突破千米,位列当时世界同类桥型第一,主缆长度突破3000m,钢混叠合塔混凝土规模为当时世界第一,并首次采用塔梁固结体系。右汊主桥采用2×260m三塔斜拉桥,桥塔为椭圆拱形,是国内首座拱形三塔斜拉桥。马鞍山长江公路大桥系列创新包括:适应河势的三塔连跨悬索桥桥式、悬索桥非漂移结构体系(塔梁固结体系)、钢—混叠合主塔、根式基础等。大桥荣获国际桥梁界最高奖"乔治·理查德森"奖和国内最高优质奖鲁班奖。

正在建设的芜湖长江公路二桥以"建设技术示范型桥梁"为目标,围绕"安全耐久、简约美观"理念,在标准化、系统化、工厂化和数字化方针指导下,开展"超大跨径跨江桥梁工程示范性创新技术研究",延续和培育"大跨径桥梁的技术创新""大规模桥梁的工厂建造"等重点示范创新性技术。其中,柱式塔无拉应力锚索机理及同向回转拉索体系填补了行业技术空白。

第二节 "徽风皖韵"的地域特色

安徽地域文化底蕴深厚,源远流长。安徽的"徽",本义是美好善良,同时有团结的意韵;安徽的简称"皖",本义是无瑕的白色,亦有完美的寓意。"徽文化"是徽州人在历史进程中创造的物质精神财富的总称,其内容广博、深邃,有整体系列性等特点,其以义统利的义利观、公私兼顾的公私观、民富国强的家国观、遵守契约的诚信观、贾而好儒的人才观、冲突融合的和合观等理念,不仅体现了中国最正统的儒家思想,也受到了释家、道家思想的深刻影响,是中国传统文化的典型反映。

安徽高速公路在建设中充分展现了地域文化特色,使建筑景观具有传播地域文化功能;在管理中注重挖掘安徽历史文化传承,打造融入"徽风皖韵"文化内涵的"人文高速"。

安徽高速公路在建设过程中紧紧围绕"融入山水间,承载徽文化,构建新走廊"的理念,将徽商文化、徽派建筑、徽雕、牌坊等传统元素融入高速公路桥梁、服务区、指示牌、沿路广告等各个层面,将传统文化和高速公路景观巧妙结合,向人们呈现出一幅历史与现实、传统与创新的五彩画卷。

一、马鞍山长江公路大桥造型设计的徽派特色

马鞍山长江公路大桥缔造了多项令人惊叹的"世界第一"。2016年,马鞍山长江大桥获得第33届国际桥梁大会最高奖项,被誉为桥梁界的"诺贝尔奖"的"乔治·理查德森"奖。大桥的设计中,有一个极具特色的设计就是体现徽派特色。

1. 总体美学设计

安徽的"徽"字,拆开来讲,"山""水""人""文"兼而有之,这一点正是徽派建筑的核心内容。马鞍山大桥方案景观的主体构思是以体现人文历史要素为主旨,把徽派建筑风格和深厚的人文特点恰当地融入大桥设计之中,从而达到"山""水""人""文"的和谐境界。

左汊主桥桥塔整体采用了比较古朴素雅的古典造型,门式主塔继承中国传统建筑精粹,在现代桥梁建筑中予以发展,在横梁的设计中,深入挖掘徽派文化内涵,萃取徽派文化符号,并应用了徽派建筑中的多个元素,使桥梁方案更具地域文化特征,增强了标志性建筑的符号特征。

左汊主桥实景

右汊主桥与左汊主桥对应,采用三塔拱形塔斜拉桥。左汊主桥"H"形索塔,与右汊主桥"A"形索塔相呼应,"A"和"H"组合与安徽的汉语拼音首字母一致,同时也包含了马鞍山的"鞍"字发音,暗含着本桥所处的特殊地理位置。另外,三个拱形索塔构成的"3A"造型,寓意着结构安全、社会安定和人民安居。

右汊引桥桥墩为手形,仿佛托起一条正在腾飞的巨龙。

2. 主体构件造型

大桥主体构件设计运用了基于符号学的设计方法,巧妙融入徽派元素。

(1)古典徽派符号用于左汊桥梁造型。

桥塔整体采用了比较古朴素雅的古典造型,烘托了马鞍山悠久历史的内涵,高大宏伟的巨型桥塔,线条流畅,体量感十分强烈。

在横梁的设计中,加入了徽派建筑中的牌楼元素,以航标灯作为装饰,使航标灯层次

感与横梁的造型得到统一,视觉得到延伸,景观效果好。

a)右汊主桥实景图

b)引桥桥墩实景

右汊主桥及引桥桥墩

左汊主桥桥塔与徽派牌楼对比

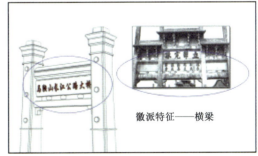

左汊主桥桥塔上横梁

（2）现代徽派符号用于右汊桥梁造型。

采用拱形桥塔结构,符合中国古典拱门形式,烘托出一种拱门迎宾的感觉。斜拉索沿塔柱锚固按曲线布置,在梁上锚固按直线布置,形成了一个曲面形状,全桥的3个主塔与斜拉索共形成了12个曲面,车辆行进在桥面上,宛如穿越一个个时空隧道。

右汊主桥主塔形象造型

二、铜黄高速公路——"人文高速"的典型示范

铜陵至黄山高速公路位于安徽省"两山一湖"(黄山、九华山、太平湖)风景线上,是安徽省北接江淮、南通沿海的重要通道,也是"两山一湖"内贯中华、外联世界的旅游走廊。项目设计与建设被评为"建国六十周年公路交通勘察设计经典工程",荣获詹天佑奖、鲁班奖等一大批省、部级奖项。

铜黄高速公路穿越了徽州人文的腹地,区内山石传情、水墨含香,粉墙黛瓦、人文荟萃。铜黄高速公路本着"承载徽文化、融入山水间"的设计目标,成功地在这条翡翠之路上将徽州典型代表的人文景观串联起来,浓缩到一个"行走铜黄、一览徽州"的高速文化长廊之中。铜黄高速公路充分尊重当地传统文化,在服务区、停车区、观景台、收费站和隧道洞门等专项设计时充分融入徽文化元素,吸收徽派建筑的特点。如青阳收费站,皖赣、皖浙主线收费站,分别采用独特的莲花瓣、迎客松造型收费雨棚,迎接四方宾客的到来,欢迎乘客来到美丽的九华山和黄山;观景台利用弃方平整的场地,塑造了一系列雕塑小品,反映早期徽商创业的艰难和曾经的辉煌;服务区不人为开挖填平,充分利用地势呈点状建设成错落有致的徽式建筑格局,展示了徽州文化、徽商故里的系列文化作品;全线隧道洞

莲花瓣、迎客松收费站人文景观

门,各具徽派特色,有徽式马头墙蝴蝶瓦式,有仿徽州古桥式,有仿徽州山石式,既与自然景观相协调,又宣扬了徽派文化特色,动静结合、天人合一,为铜黄高速公路增添了一道靓丽的文化风景线。铜黄高速公路的建成成为传承徽风皖韵、梦里徽州的新路标。

长坞岭、竹下隧道洞口雕塑人文景观

"黄山情侣"太平湖是华东地区海拔最高的湖泊,也是安徽省湖面最大、湖水最深、生态最美的人工湖。太平湖大桥位于太平湖的上游峡谷口,为保护水源,避免了湖中设墩,大桥设计为一跨过湖。太平湖大桥是全线规模最大、技术含量最高的大桥,是自然景观中的标志性建筑,大桥结构形式采用充分利用山体为基础的拱桥,适应于自然又利用自然。结合桥位区群山叠翠、万绿松涛的景致,运用红绿"对色"的原理,选择中国红的颜色,较好地处理了冷暖色的对比和平衡,取得了"万绿丛中一点红"的良好效果。大桥从远处眺望,处在群山中若隐若现让人神往,到了桥头则一弯曲线后突然闪现,一个特写的镜头跃然眼前让人惊叹。"静"与"动"居然是那么的奇妙。

太平湖大桥的色彩搭配　　　　　　　　太平湖大桥连心桥

三、泗宿高速公路的"汉风楚韵"

泗宿高速公路地处黄海平原中部,地势平坦。项目地处深厚文化沉淀的汉风腹地,毗邻汉文化发祥地徐州,按照"汉风楚韵"的思路,因地制宜,着力挖掘汉代文化元素,塑造了皖北高速公路独具"汉风楚韵"建筑风格的高速公路特色,车行其间,仿佛穿越历史,令人神往。

沿线收费、服务、管理用房采用园林化四合院布局,形成独有的汉风遒劲、宽展霸气的风格。

宿州东收费站的汉代元素

服务区内的园林化四合院布局

第三节 "微笑服务,温馨交通"的品牌建设

安徽高速公路用微笑服务千万客户,用真诚传递人文关怀,内强素质、外树形象,成功打造了安徽交通"微笑服务,温馨通途"品牌,"微笑服务"成为安徽交通运输行业的一面旗帜,也成为安徽的靓丽名片。

一、"微笑服务"发展进程

第一阶段:征费工作阶段(1991—1994年)。高速公路收费尚无服务品牌概念,服务等同于"征费"。

第二阶段:文明服务阶段(1994—1997年)。由于征费工作阶段驾乘关系紧张,矛盾不断升级,提出文明服务理念,提倡使用"您好""再见"等简单的文明用语。

第三阶段:委屈服务阶段(1997—2003年)。随着安徽高速公路各项业务的全面发展,高速公路通车里程的逐步增加,高速公路路网的日臻完善,开始注重深化服务体系的内涵,强化文明服务意识,提出"委屈服务"和"站立式服务"的理念,要求收费员对驾乘人员做到"打不还手,骂不还口",以此换得驾乘人员对收费员的尊重。

第四阶段:从委屈服务到微笑服务的过渡阶段(2003—2008年)。在借鉴省外优质服务的基础上,2003年10月正式提出了"微笑服务"口号,形成安徽特色微笑服务的雏形。

第五阶段:微笑服务的深入开展阶段(2008年至今)。2008年10月,全省在省高速公路总公司合肥管理处正式试点开展"微笑服务"活动,收到了良好的社会效果。从2009年起,在各路段全面倡导和推广"微笑服务",逐步建立起"微笑服务"的组织领导、学习培训、督促考核等一系列工作机制,并通过举办"微笑天使"竞选赛,开展"微笑之星"评选等活动,着力打造了一批在全国驰名的"微笑服务"典型,让"我微笑、我美丽、我快乐"的"微笑服务"理念逐渐成为全省认同的一种工作理念和生活态度。

二、"微笑服务"品牌建设

(一)"微笑服务"品牌建设缘起

高速公路企业作为面向大众的社会服务行业,其窗口服务不仅关系到企业的社会形象,也体现着交通运输行业的整体作风。长期以来,省交通运输厅意识到包括高速公路在内的交通行业普遍存在着"重建设、轻服务"的观念,难以满足人民群众从走得了、到走得好、再到走得满意的交通运输新需求。随着高速公路对经济社会发展促进作用的日益显现,高速公路服务问题受到了社会越来越多的关注。一段时间以来,特别是在一些车流量大的收费路段,收费员工的大工作量和大劳动强度导致服务水平下降,道口的服务纠纷与投诉明显上升。如何增强服务意识,做好高速公路的服务工作,提高社会满意度,一时间成为安徽高速公路一线服务单位面临的难题。

面对这种局面,合肥管理处等基层一线服务单位开始探索通过以"微笑服务"为主要载体的文化建设破解这一难题。2007年底,合肥管理处启动开展了以"使用文明用语、展示微笑服务"为主题的文明服务劳动竞赛活动,从提高服务意识、开展礼仪培训、规范收费程序、强化岗位纪律等方面着手,要求一线收费员工心怀真诚、面带微笑为驾乘人员服务。这一活动的开展,使合肥管理处收费一线员工的精神面貌焕然一新,收费矛盾和纠纷也明显减少,取得了良好的效果。同时一线员工的"微笑服务"也深深感染了处机关管理人员,提高了他们的服务意识,增强了管理处内部凝聚力与外部亲和力。合肥管理处总结出两个没想到:一是没想到社会反响这么好,二是没想到机关管理人员精神面貌变化这么大。省交通运输厅敏锐地意识到,"微笑服务"蕴含着巨大的价值:它正是破解高速公路服务难题的不二良方。2009年因势利导,决定在全省开展"微笑服务"活动。

阳光般微笑服务在全省高速公路上遍地开花,极大地提高了高速公路的服务管理水平,有效化解了矛盾和纠纷,大大增进了社会和谐,在省内外产生了广泛而强烈的影响,不仅树立了安徽高速公路的良好形象,而且也展示了安徽人的良好精神风貌。安徽省交通运输厅进而在全省交通运输行业大力开展了"微笑服务、温馨交通"活动。交通运输部也在合肥召开现场会,将"微笑服务"确定为全国交通运输行业建设的十大品牌,在全国范围内加以推广。

(二)"微笑服务"发展事件脉络

2007年12月28日,安徽省交通运输厅在合肥高速公路管理处举行"使用文明用语,展示微笑服务"竞赛活动启动仪式。开始聘请专业老师对员工进行动作、语言方面的培训,要求先形似后神似,力求达到"微笑服务"标准。2008年奥运会期间,为了向更多的人展示安徽高速公路"微笑服务"的新风采,合肥管理处聘请礼仪培训师、普通话教师对收费员工进行了更加系统全面的培训,进一步丰富了"微笑服务"的内容。

2009年初,根据经验总结的《安徽高速微笑服务标准流程》学习手册编辑完成,在合肥管理处的试点基础上,将"微笑服务"全面推广到部分收费所和服务区,要求大力践行"微笑服务、温馨交通"的服务理念,真诚关怀客户,真情关爱社会,倡导微笑服务,提高服务品质,打造"微笑高速"品牌。收费所员工在当年的春运期间严格遵循流程,执行微笑服务标准,获得了良好的社会反响。

2009年8月,安徽省交通运输厅在全省交通运输行业全面开展了"微笑服务、温馨交通"活动,以"一笑、二礼、三心、四创"为基本内涵和目标。在2009年召开的中国中部投资贸易博览会期间,安徽高速公路"微笑服务"受到国家部委和中部兄弟省份各级领导与各方客商的高度评价和广泛赞誉。2009年11月21日,交通运输部在合肥召开文化建设示范单位座谈会,安徽交通行业开展的"微笑服务、温馨交通"活动得到了交通运输部的盛赞,也赢得了其他省市交通行业同行的高度评价。

2011年,交通运输部发布的《交通运输行业核心价值体系建设实施纲要》中明确提出了"人便于行,货畅其流,服务群众,奉献社会"的行业核心价值观。"人便于行,货畅其流"体现了公路的交通基本功能定位和服务特征,"服务群众,奉献社会"体现了交通行业全心全意为人民服务的根本宗旨。贯彻交通运输行业核心价值体系,建设服务型部门和负责任行业的高尚品德,成为安徽高速公路进一步推动文化创新的内在动力,成为其在新的时代条件下创造文化辉煌的新起点。

"微笑服务"经历了由先期试点到全面推广、由总结摸索到探索创新的一系列发展过程。如今,"微笑服务"成了安徽高速公路的代名词,受到了社会的广泛关注和称赞。全国各省市的高速公路管理同行和其他行业从业人员纷纷来到安徽参观学习。中央主流媒体,如中央电视台、中央人民广播电台、新华社、《人民日报》《经济日报》《光明日报》《新华每日电讯》《工人日报》《中国交通报》、人民网、新华网等,纷纷撰文报道微笑服务工作的开展情况和效果。自从2008年全面推进微笑服务文化建设到2015年底,地市以上媒体的有关报道就有数百篇。

(三)微笑服务保障措施

为推动微笑服务提档升级,实现微笑服务常态化管理,安徽高速公路紧密结合实际,激发品牌创建内生动力,建立长效管理机制。通过构建服务标准体系、员工培训体系、制度管理体系、环境营造体系,进一步将创建工作落到实处。

1. 严格标准,规范管理,促进微笑服务标准化

在微笑服务活动初始阶段,安徽高速公路制定下发了《收费人员文明服务指导规范》,明确了9项服务标准。其间,相关路段管理单位还结合自己的实际,制定标准细则14部,量化服务指标185条,并不断修改充实完善。

为确保微笑服务的深入推进,安徽高速公路出台了《收费人员微笑服务标准》,并成功申报《安徽省高速公路收费人员微笑服务标准》为安徽省地方标准,为进一步提升为国家标准打好基础。2012年初,《高速公路收费人员微笑服务标准》通过了安徽省质监局、省交通运输厅联合评审,并作为安徽省推荐性地方标准发布、实施。

2. 加强培训,讲求实效,促进微笑服务规范化

通过岗前培训促进新员工了解微笑服务的工作内涵,掌握微笑服务技能,通过岗中轮训使收费人员对微笑服务内涵和标准再提升,通过骨干培训打造一支合格、规范的内训师队伍,通过重点培训发挥"微笑之星"示范作用,组织"微笑之星"开展巡讲,以典型榜样引领微笑服务风尚。

在此过程中,安徽高速人综合运用讲授法、案例分析法、讨论交流、现场学习、课堂作业、模拟练习、心理测试、角色扮演、技能比赛、小组活动等方法进行培训。从收费人员的站、坐、走姿以及收费服务标准流程手势等进行示范教学,就普通话、美容化妆、语言交际艺术等进行专题培训。特别是开展目光交流训练,让收费人员通过系统训练掌握眼神交流技巧,敢于同驾乘人员进行眼神交流,让发自内心的微笑通过真诚的目光自然流露出来,提升微笑服务感染力;不断提升操作人员的业务水平和操作技能,增强严格履行岗位职责的能力。

坚持自主培训为主、外委培训为辅的原则,经常性开展微笑服务技能培训,按照岗位不同,开展分层次培训,实现了员工年度培训的全覆盖。2010年还制定了《微笑服务宣讲示范队员选拔办法》,组建了微笑服务宣讲示范队,定期或不定期地抽调示范队员分赴各收费所进行循环宣讲、现场示范,开展"微笑服务、温馨交通"的宣讲示范活动,起到了良好的宣传、示范、带动作用。2012年6月,组织收费人员业务知识技能大赛,选题涵盖时事政治、文化和业务知识等内容,从业务知识笔试、收费现场模拟操作、点钞、假币识别和团体业务知识竞答五个环节展开竞技。2012年12月,组织收费员工业务知识全员测试。2013年以来,在省标准化研究院的大力支持下,采取"请进来,走出去"的方式,组织开展了一系列的标准化知识培训。在标准体系实施过程中,注意加强标准文件的业务培训,在工作一线开展了标准化知识的闭卷考试,标准化理念和业务知识深入人心。

3. 加强考核,注重激励,促进微笑服务制度化

安徽高速公路建立定期考核制度,对考核中表现优秀的收费员进行专项奖励,并对表

现优秀的员工授予"星级收费员"称号。为解决好微笑服务时有松懈,以及有的服务人员表情淡漠、动作生硬问题,持续改进考核机制,突出微笑真诚度、目光专注度和声音亲切度,推动微笑服务从注重动作流程的标准化向更加注重服务的实际效果转变,引导各执行主体将注意力集中在本单位服务管理水平的提升上。

安徽高速公路制定的《微笑服务考核细则》,对于绩效指标、绩效标准、绩效考核方式等进行了详细的规定。考核指标根据考核对象的不同分为公司对管理处的检查考核、管理处对收费站的检查考核、收费站对收费人员的检查考核三类。绩效考核方式包括集中考核或分片区考核、明查或暗访、实时视频或抽查录像。

4.注重人文关怀,突出实际效果,推动微笑服务持久化

安徽高速公路从人文关怀的角度出发,了解收费员工的精神需求,关注收费员工的内心感受,通过有效的沟通方式来改善收费员工的认知、信念、情感、态度和行为,用鼓励和肯定的办法去激发收费员工的上进心和工作动力;通过团队修炼和拓展训练,培养收费员工自信、协作和自强不息的心理品质;通过给予收费员工更多的理解和宽容,使收费员工受到关心、爱护、信任和尊重;为员工办实事,提高员工待遇,改善员工工作和生活环境,在潜移默化中让员工真正感受到"我微笑、我快乐",达到微笑发自内心、服务源自真诚的效果,推动微笑服务深入开展。尊重员工的主体性,其管理体现"以人为本"的主体性思想,尊重员工的个性,注重启发员工的创造能动性和自觉性,视员工为独立的个体,树立员工主人翁的意识,将个性的员工统一起来,发挥统一整体的效能,形成快乐而互相尊重的团队氛围,增强员工的微笑服务意识,确立共同的目标,让员工在企业中具有独立的主体资格,使员工的价值得以体现。通过完善后勤工作,使员工安心工作。通过职工食堂、住宿生活等方面的管理加强,保证职工吃得放心、住得舒心,以更好的状态投入工作。通过加强心理疏导,使职工保持良好心态。积极开展形式多样的主题演讲、棋牌比赛、文艺会演、外出考察等文体活动,增强员工的凝聚力,使员工快乐地工作,造就由心而生的微笑服务新高度。

第八章
高速公路建设项目

第一节　国家高速公路项目

一、G3京台(北京—台北)高速公路合肥至徐州北段

(一)项目概况

G3京台(北京—台北)高速公路合肥至徐州北段(简称"合徐北高速公路")是安徽省早期规划南北通道合肥至徐州高速公路的皖北路段,即安徽朱圩子至西泉街段。项目所经地区处于淮海经济区中苏北、鲁南、豫东三个经济片区的接合部,它的建设对完善国道主干线系统及安徽省高速公路主骨架,增加区域间经济联系及交通往来,拉动地区经济,促进区域经济发展,改善沿线地区交通条件及投资环境,发挥高速公路规模效益等具有重要意义。

本项目批复起于合肥至徐州高速公路南段终点凤阳县西泉街,途径凤阳县、蚌埠市,跨淮河后经怀远县、宿州市、濉溪县、淮北市、萧县,北接连云港至霍尔果斯国道主干线朱圩子互通立交。因凤阳县西泉街至蚌埠市郊区的仁和集段已纳入合徐高速公路南段建设,因此实际建设起点为蚌埠仁和集互通立交,终点不变。

穿越皖北平原的合徐北高速公路(一)

穿越皖北平原的合徐北高速公路(二)

1. 参建单位

建设单位是安徽省高速公路总公司,现场设置安徽省高等级公路工程建设指挥部合徐北项目办公室。

主要参建单位见表8-1。

G3 京台(北京—台北)**高速公路合肥至徐州北段主要参与建设单位汇总表**　　表 8-1

序号	参建单位	单位名称	合同段编号及起止桩号	主要负责人	备注
1	项目管理单位	安徽省合徐高速公路建设指挥部	K112+270~K269+700、K0+050~K4+200	屠筱北	全部
2	勘察设计单位	安徽省公路勘测设计院	K112+270~K269+700、K0+050~K4+200	王吉双	全部
3	施工单位	安徽水建总公司	HXB-02　K112+270~K116+220	牛曙东	路基工程
		蚌埠市路桥公司	HXB-03　K116+220~K119+220	田晓安	
		中煤第三建设公司	HXB-04　K119+220~K122+220	臧正闽	
		淮南国能公司	HXB-05　K122+220~K125+217.848	宫家国	
		交通部第二公路工程局第二工程处	A　K125+217.848~K126+846.908	魏本元	
		安徽省公路桥梁工程公司	B　K125+217.848~K126+846.908	吴锐智	
		交通部第二公路工程局第三工程处	HXB-01　K126+846.908~K134+040	张战发	
		淮南国能建设工程有限责任公司	HXB-02　K134+040~K142+044.22	夏云平	

第八章 高速公路建设项目

续上表

序号	参建单位	单位名称	合同段编号及起止桩号	主要负责人	备注
3	施工单位	铁道部大桥工程局	HXB-03 K142+044.22～K142+967.78	戴振洋	路基工程
		安徽省巢湖市路桥工程有限公司	HXB-04 K142+967.78～K150+700	王良宗	
		交通部二局六处	HXB-05 K150+700～K160+100	郭顺利	
		中国十五冶金工程公司	HXB-06 K160+100～K170+106	高崇	
		攀枝花公路桥梁工程总公司	HXB-07　K170+106～K181+000	谢安财	
		武警交通第一总队	HXB-08 K181+000～K191+501.72	王建国	
		交通部二局二处	HXB-09 K191+501.72～K194+290.58	魏本元	
		北京城建集团有限责任公司	HXB-10 K194+290.58～K205+000	张玉华	
		安徽开源路桥	HXB-11 K205+000～K214+868.22	张久飞	
		中铁十四局四处	HXB-12 K214+868.22～K215+591.78	张国华	
		中煤第三建设公司	HXB-13 K215+591.78～K223+481.72	管万忠	
		中港第二航务工程局	HXB-14 K223+481.72～K226+274.722	王永东	
		安徽省路港公司	HXB-15 K226+274.722～K227+379.28	郑建中	
		交通部路桥集团一公局	HXB-16 K227+379.28～K239+460	黄紫跃	
		武警交通六支队	HXB-17　K239+460～K251+170	刘国珍	
		安徽水利建筑总公司	HXB-18　K251+170～K260+000	杨其昆	
		合肥虹达道路桥梁工程公司	HXB-19　K260+000～K269+700	郭寅	
		安徽开源路桥	HXLM-04 K112+270～K125+217.848	李中福	路面工程
		中铁十四局集团第一工程有限公司	HXBLM-01 K126+847～K153+100	李宏伟	

续上表

序号	参建单位	单位名称	合同段编号及起止桩号	主要负责人	备注
3	施工单位	中铁四局集团第一工程有限公司	HXBLM-02 K153+100~K181+000	陈志贵	路面工程
		北京城建集团有限责任公司	HXBLM-03 K181+000~K209+370	张玉华	
		中国人民武装警察部队交通第六支队	HXBLM-04 K209+370~K239+460	高飞	
		路桥第一公路工程局第一工程有限公司	HXBLM-05 K239+460~K269+700	闫瑞江	
4	监理单位	安徽省高等级公路工程监理有限公司	总监办 全线	杨冬林	路基路面
		安徽中兴建设监理所	K112+270~K125+217.848	齐谓斌	路基工程
		安徽省高等级公路工程监理有限公司	K125+217.848~K126+846.908	魏礼东	
		安徽省高等级公路工程监理有限公司	HXB-01 K126+846.908~K134+040	魏礼东	
		安徽中兴建设监理所	HXB-02 K134+040~K142+044.22	沈项斌	
		南京工苑建设监理有限公司	HXB-03 K142+044.22~K150+700	许文章	
		安徽中兴建设监理所	HXB-04 K150+700~K160+000	张军	
		北京港通路桥工程监理有限公司	HXB-05 K160+000~K170+106	徐峰	
		安徽省公路工程建设监理有限公司	HXB-06 K170+106~K181+000	吴忠鑫	
		安徽省高等级公路工程监理有限公司	HXB-07 K181+000~K194+290.58	张一弓	
		重庆正大公路工程监理有限公司	HXB-08 K194+290.58~K205+000	李大玉	
		北京华通公路桥梁监理咨询有限公司	HXB-09 K205+000~K215+591.78	王继禹	
		安徽省高等级公路工程监理有限公司	HXB-10 K215+591.78~K227+379.28	周明立	
		贵州省交通建设咨询监理有限公司	HXB-11 K227+379.28~K239+460	安发响	
		北京华路捷公路工程建设咨询有限公司	HXB-12 K239+460~K251+170	杨玺昌	
		南京工苑建设监理有限公司	HXB-13 K251+170~K260+000	饶钦启	

续上表

序号	参建单位	单位名称	合同段编号及起止桩号	主要负责人	备注
4	监理单位	安徽省高等级公路工程监理有限公司	HXB-14 K260+000~K269+700、K0+050~K4+200	朱世友	路基工程
		安徽中兴监理所	HXLM-04 K112+270~K125+217.848	齐谓斌	路面工程
		安徽省高等级公路工程监理有限公司	HXBLM-01 K126+846~K153+100	李云彬	
		贵州交通建设咨询监理有限公司	HXBLM-02 K153+100~K181+000	张义平	
		安徽省高等级公路工程监理有限公司	HXBLM-03 K181+000~K209+370、K0+050~K4+200	丁淑兰、张军	
		安徽省中兴工程建设监理所	HXBLM-04 K209+370~K239+460	张军	
		安徽省公路工程建设监理有限公司	HXBLM-05 K239+460~K269+700	施昌权	

2.技术标准

(1)公路等级、里程及地形类别

主线按平原微丘区四车道高速公路标准建设,全封闭,全立交,沥青混凝土路面。全线配置了完善的通信、监控和收费系统及绿化、房建、安全设施等交通工程和服务设施。主线批复建设里程165.221km,实际本期建设主线里程157.43km(不含西泉街至仁和集段7.791km),即合徐北高速公路起点接合徐南高速公路终点仁和集,终点接连云港至霍尔果斯国道主干线朱圩子互通立交,起讫桩号为K112+270~K269+700。另有淮北连接线全长4.15km。

路线所经地区从南向北跨越淮北平原和徐州山地等两个地貌单元。淮北平原地势较低,海拔19~29m。徐州山地,海拔最高132m,并向东南微倾,地势抬高。本段跨线所经范围内地形以平原为主,兼有岗湾、残丘、河间洼地、河漫滩等。

(2)主线行车速度

主线(K112+270~K269+700)行车速度为120km/h,淮北连接线(K0+050~K4+200)行车速度为100km/h。

(3)路基、路面

主线(K104+479~K269+700)路基宽28m、路面宽23.5m;淮北连接线(K0+050~K4+200段)路基宽26m、路面宽23.5m。

全线的路基设计洪水频率1/100。路面标准轴载BZZ-100。

(4)桥梁、涵洞

计算荷载:汽车—超20级,验算荷载:挂车—120。

设计洪水频率:特大桥1/300,大、中小桥、涵洞及小型防排水构造物1/100。

桥面净宽:特大桥、大桥桥面净宽2×12m,中小桥桥面净宽2×11.75m。涵洞与路基同宽。

(5)路线交叉

互通式立体交叉:单向单车道路基宽8.5m,对向双车道有分隔带路基宽15.5m,无分隔带路基宽10.5m。

路线交叉:主线上跨各级公路的桥梁及通道净空高度,二级及二级以上公路5.0m,三、四级公路4.5m,联合收割机通道3.5m,汽车通道3.2m,拖拉机通道≥2.7m,人行通道≥2.2m。主线下穿各级公路的净空高度均按5m控制。

3. 工程内容及主要构造物

(1)建设主要内容

路基土石方1623.8万m³,路基防护、排水工程31.99万m³,沥青混凝土路面429.13万m²,特大桥8座共6991.78m,大桥6座共957.24m,中小桥(包括支线上跨桥)87座共3436.29m,分离式立交102座2191.12m,涵洞、通道共692座,互通式立交7处,收费站6处,服务区2处,管理中心1处。

(2)路线中间控制点

五岔、胡口、鲍集、陈集、君王、方店、大营、耿湾、雷楼、王槽坊、宿州城西、古饶集、马桥、蔡里、庄里、陶墟、大蔡庄、白土。

(3)路线跨越主要河流

北淝河、怀洪新河、清沟河、新懈河、懈河、汾洪江、浍河、新汴河、唐河、濉河、闸河。

(4)桥梁

全线桥梁较多,大桥形式主要为预制连续箱梁和现浇箱梁(表8-2)。

主要大桥建设情况　　　　　　　　　　　　表8-2

序号	名　称	位置桩号	跨径组合	长度(m)	备注
1	涂山淮河大桥	K126+061	7×40+3×40+60+3×40+45+90+130+90+45+6×40+5×40+5×40	1629.06	连续梁
2	怀洪新河大桥	K142+560	9×30+32.65+7×48+30.65+8×30	923.56	连续梁
3	青芦铁路立交桥	K191+947	35×25	889.56	连续梁
4	浍河大桥	K194+033	6×30+40+62+40+6×30	516.56	连续梁
5	濉河大桥	K223+744	6×30+5×30+6×30	524.56	连续梁
6	符夹铁路立交桥	K226+827	5×25+5×25+5×25+20+5×25+5×25+20+6×25+6×25+5×25	1104.56	连续梁

(5)收费站及服务区

全线设仁和集站(已在合徐南段建设)、蚌埠西站、鲍集站、东坪集站、宿州站、淮北站共6个收费站和君王、符离2个服务区。

4．征地拆迁

2000年9月13日，安徽省交通基础设施领导小组代表安徽省人民政府向合徐北段沿线各市、县(区)人民政府下发了《关于合徐高速公路北段工程征地拆迁工作的通知》(皖交基〔2000〕87号)，规定了征地和拆迁的补偿标准及其他补偿原则。安徽省高等级公路工程建设指挥部在2000年10月13日与沿线各市级指挥部正式签订了《合徐高速公路北段工程征地拆迁安置承包责任状》。合徐高速公路北段共计征用和占用土地18117.178亩，其中主线(含互通式立交、管理区、服务区)前期征用土地15193.726亩，淮北连接线征用土地390.5455亩，宿州互通式立交连接线征用土地170.8亩，宿州管理处扩征用地103.57亩，怀远君王服务区扩征用地22.94亩，宿州符离服务区扩征用地21.53亩，线外工程及其他非主线占用土地2214.1063亩。根据皖交基〔2001〕87号文规定，土地安置补偿费为6000元/亩，耕地占用税1000元/亩，耕地开垦费2000元/亩，征地管理费120元/亩，全线共计使用土地安置补偿费9897.27133万元，其他各项税费为5486.390029万元。

房屋及地面附属物拆迁，根据皖交基〔2000〕87号文件关于房屋及地面附属物拆迁补偿标准，合徐路北段拆迁费用合计为2328.012917万元，拆迁面积约6万m^2。

5．项目投资

(1)投资规模、资金来源

交通部于2000年以交公路发〔2000〕420号文批准了该项目的初步设计，核定项目全长165.221km，批复概算为39.3566亿元(含淮北连接线)，其中合徐高速公路西泉街至仁和集段在皖交基〔1997〕58号文中批复概算1.81亿元。资金来源：交通部补助74595万元；交通厅补助6000万元；国家开发银行贷款253461万元；项目法人自筹17000万元。

(2)概算执行情况

经竣工决算审计，合徐高速公路工程基本建设支出数34.9975亿元，与批复的概算总投资39.3566亿元相比，较概算节约4.3591亿元，对比概算节约比例11.08%。

6．开工及通车时间

2000年12月31日正式开工，2003年12月18日建成通车。

(二)决策研究

(1)1996年，安徽省交通厅组织开展规划研究，编制了项目建议书，经省计委以计引字〔1996〕054号文《关于利用日本输出入银行资金协力贷款建设合徐公路西泉街至徐州（省界）段高速公路项目建议书的请示》上报国家计委,抄报交通部。交通部以交函计〔1996〕248号文《关于西泉街至朱圩子公路项目建议书审查意见的函》批复了项目建议书。

（2）1998年交通部以交环字〔1998〕114号文《关于〈国道主干线北京—福州公路安徽凤阳西泉街—朱圩子段公路环境影响报告书〉预审意见的函》递交国家环境保护总局。国家环境保护总局以环发〔1998〕250号文《关于国道主干线北京至福州公路安徽凤阳西泉街至朱圩子段公路环境影响报告书审批意见的复函》出具了审批意见。

（3）1999年6月,安徽省计委以计交能字〔1999〕142号文《关于国道主干线北京至福州公路西泉街—朱圩子段工程可行性研究报告的请示》上报国家计委,抄报交通部。交通部以交函规划〔1999〕158号文《关于京福国道主干线朱圩子至西泉街公路可行性研究报告审查意见的函》出具了项目工程可行性研究报告审查意见的函。国家计委上报国务院通过,以计基础〔2000〕455号文《印发国家计委关于审批北京至福州国道主干线安徽朱圩子至西泉街公路工程可行性研究报告的请示的通知》批复了项目工程可行性研究报告。

（4）2000年,交通部以交公路发〔2000〕420号文《关于北京至福州国道主干线安徽朱圩子至西泉街公路初步设计的批复》批复了项目初步设计文件。核定项目全长165.221km。

（5）2000年,交通部以交建设字〔2000〕211号文《关于北京至福州国道主干线安徽朱圩子至西泉街段路基工程施工招标资格预审和招标文件的批复》批复了项目资格预审和招标文件。

（6）2000年11月,安徽省交通厅对项目开工前准备工作进行审查,对建设资金进行审计,认为具备开工条件。建设单位安徽省合徐高速公路建设指挥部按交通部规定办理了开工报告。

（7）2001年,交通部以交公路发〔2001〕619号文《关于朱圩子至西泉街公路淮北连接线设计变更的批复》批复了淮北连接线建设标准由一级公路变更为高速公路。

（8）2003年,国土资源部以国土资函〔2003〕160号文印发《关于合肥至徐州高速公路淮北段连接线工程建设用地的批复》。

（三）项目实施

1. 项目招标

（1）设计招标

本项目勘察设计未进行招标,直接委托安徽省公路勘测设计院完成。

（2）施工招标

本项目施工招标按路基、路面、附属工程三个阶段分开实施。建设单位严格执行交通部《公路工程施工招标投标管理办法》《资格预审办法》和《招标评标办法》。评标实行复合标底的综合评分办法，邀请交通部专家组织评标并编制评标报告。同时，整个招投标工作还全过程接受纪检、监察等部门的监督检查和社会公开监督，做到了"公开、公平、公正"。

（3）监理招标

路基、路面工程监理招标通过"两报一网"面向全国具有独立法人资格、公路工程监理甲级资质的企业公开招标。全国共有16家监理单位参加资格审查，13家监理单位通过资格预审。

2. 项目管理

（1）管理机构

2000年9月，经安徽省人民政府同意，以皖政交基〔2000〕8号文，建设单位成立了安徽省合徐高速公路建设指挥部。指挥部设办公室、工程计划部、技术质量部、财务部、地方工作部、物资设备部等职能部门。

（2）交（竣）工验收

合徐北高速公路西泉街至仁和集段、仁和集至涂山淮河大桥段、涂山淮河大桥至朱圩子段工程分别于2001年6月22日、2002年6月26日、2003年12月8日举行交工验收会议。

西泉街至仁和集段已列入合徐南段建设（K104+479～K112+270），工程优良率为85.7%，评分值为88.3分，建议评为优良工程。

仁和集至涂山淮河大桥段（K112+270～K126+846.378）工程优良率为83.3%，评分值为90.3分，建议评为优良工程。其中涂山淮河大桥段（K125+217.878～K126+846.378）报告评定结果：单位工程优良率为100%，评分值为87.5分。

涂山淮河大桥至朱圩子段（K126+847～K269+700，另含淮北连接线4.15km），工程优良率为88.9%，评分值为91.9分，建议评为优良工程。

2005年4月1日，安徽省档案局发布《关于合徐高速公路北段工程（包括涂山淮河大桥及其接线工程）竣工档案资料预验收的意见》。

2005年6月21日，安徽省审计厅发布《关于省高速公路总公司合徐北高速公路建设项目竣工决算和投资效益的审计意见》（皖审投决〔2005〕7号）。

2006年3月1日，国家环境保护总局发布《国道主干线北京—福州公路安徽凤阳西泉街至朱圩子段高速公路工程竣工环境保护验收组验收意见》（环验〔2006〕17号）。

2006年5月18日～7月25日，交通部基本建设质量监督总站、安徽省交通基本建设工程质量监督站对该项目进行竣工验收质量鉴定。项目工程质量鉴定得分为91.3分。

2007年4月11~12日,京福国道主干线安徽西泉街至朱圩子段(合徐北)通过交通部组织竣工验收,质量等级评定为优良。

2008年11月,申报并获得全国公路交通优质工程二等奖。

3. 重大事项

(1)重大决策

交通部以交公路发〔2000〕420号文《关于北京至福州国道主干线安徽朱圩子至西泉街公路初步设计的批复》批准建设淮北连接线9.85km,采用一级公路标准,计算行车速度100km/h。

(2)重大变更

鉴于淮北市城市发展较快,城市规划及路网规划重新进行了调整,交通部以交公路发〔2001〕619号文《关于朱圩子至西泉街公路淮北连接线设计变更的批复》同意淮北连接线由原9.85km变更为4.08km,采用高速公路标准与淮北市东环线相接,批准概算为1.55亿元。

4. 复杂技术工程

(1)涂山淮河大桥

桥梁全长1629m,桥跨布置为45m(边跨)+90m(副跨)+130m(主跨)+90m(副跨)+45m(边跨),其中主跨130m预应力混凝土变高度直腹板连续箱梁为当时省内同类型桥梁之最。箱梁顶板宽13.5m,底板宽7m。梁高在主墩处为7m、副墩处为3.11m、过渡墩处为2.2m,主跨和副跨跨中处梁高为2.5m,箱梁底板厚度和梁高按二次抛物线变化。单幅桥面2%的单向横坡通过箱梁的整体旋转来实现。主桥下部各墩为钢筋混凝土独柱实体式桥墩,基础采用直径1.5m钻孔灌注群桩基础,按嵌岩桩设计。

(2)新汴河特大桥

全桥位于半径$R=5716.098$m的平曲线上,主桥采用曲桥曲做,引桥采用曲桥折做的方法。桥墩按径向布置,采用等预制梁长、变现浇接头宽度的方法形成弯桥。全桥纵向采用分离双幅形式,总长723.56m。主桥下部中墩为钢筋混凝土独柱实体式桥墩,基础采用直径1.5m钻孔灌注群桩基础,按摩擦桩设计;过渡墩为钢筋混凝土双柱加盖梁轻型桥墩,基础采用直径1.5m钻孔灌注群桩基础,按摩擦桩设计。

(3)怀洪新河特大桥

全桥位于半径$R=5500$m平曲线上。主桥采用曲桥曲做,引桥采用曲桥折做的方法。桥墩按径向布置,采用等预制梁长、变现浇接头宽度的方法形成弯桥。本桥和主航道斜交角为8%。全桥纵向采用分离双幅形式,总长923.56m。

(4)浍河大桥

全桥位于半径 $R=5500\mathrm{m}$ 平曲线上,上部结构采用折线拟合曲线。全桥纵向采用分离双幅形式,总长 516.56m,主桥为三跨预应力混凝土折线形变高度直腹板连续箱梁,单箱单室。主桥下部主墩为钢筋混凝土双柱式桥墩,墩柱直径2.0m,基础采用直径1.5m钻孔灌注群桩基础,按摩擦桩设计。

(四)科技创新与成果

1. 干振复合桩复合地基

以粉煤灰、石灰、硫酸系统作为桩体材料,通过小型成桩机械与有效的成桩工艺,以干料形式成桩,桩体材料吸水硬化而产生强度,最终发挥脱水固结、置换、桩体作用和化学固结作用,以达到最佳的处理效果。

在成桩机械方面,采用改装的小型振动打桩机打桩,现场采用振动锤击导管成孔,孔内灌填混凝土干料以形成桩体,通过振动方式密实桩体。从应用的合徐北高速公路等地基处理区域检测结果来看,地基承载力可以提高25%～100%。尤其对于含水率较高的松散砂性土、粉土和淤泥质土,加固效果更好。在合徐北高速公路建设中,主要用于替代粉喷桩、钻孔灌注桩,地基经处理后除进行路基填筑外,还可以用来设置趾板式扩大基础、重力式桥台,替代原设计的双排钻孔灌注桩基础、扶壁式桥台,技术经济效益明显。

该创新成果于2004年4月通过验收鉴定,并获得2006年中国公路学会科学技术二等奖、安徽省科技进步二等奖。

2. 高速公路侧向安全槽的研究与应用

在分析高速公路道路安全现状及事故的基础上,探讨并完善侧向安全系统,改进高速公路安全性能。创新提出了侧向安全槽在高速公路中的应用研究,包括侧向安全槽的施工工艺、施工设备研发、合理技术参数等。通过试验路段长期跟踪检查,安全振动提醒效果明显改善,事故率显著下降,成果在合徐北高速公路进行大量推广应用。

该创新成果于2005年11月通过验收鉴定,并于2006年获安徽省科技进步三等奖。

3. 沥青路面结构变异性的控制

沥青路面施工变异性是影响路面修筑质量的关键因素之一,以大量试验及检测数据为基础,对影响沥青路面施工质量并具有变异性的主要技术参数进行研究分析,确定其变异性的水平、变异性分布规律及其对路面路用性能的影响,得出保证沥青路面施工质量的合理技术参数标准及变化范围,并提出减小施工变异性的措施。以项目质量管理学为理论基础,提出在路面质量管理、控制中关于取样频率、评定方法、指标体系的新观点。

4.液化砂性土处理技术

淮北冲积平原分布着大量的包河砂性土,在振动和扰动的情况下,极易导致砂土液化,使地基完全丧失强度和承载能力,从而导致构造物沉陷或路基不均匀沉降,造成极大危害。

对于砂土液化的防治,主要从防治砂土液化的发生入手。通常通过合理选择场地,采取振冲、夯实、挤密桩等措施提高砂土密度,排水降低砂土孔隙水压力,换土、板桩围封,以及采用整体性较好的阀基、深桩基等方法。

根据本项目路线地址资料分析,对于砂土层不太厚的段落,采用经济、简便的降水降压法处理构造物和路基。通过降低地下水位、堆载预压,增加土的有效固结应力,使土层固结变形,土质得到改善,承载力大大提高。

(五)运营与养护

1.服务区和收费站点设置

项目建成通车后,成立安徽省高速公路总公司合徐北管理处,负责运营收费和养护管理,收费站采用人工收费及电子不停车收费综合方式。全线设置2对服务区(符离服务区、君王服务区),6个收费站点(表8-3)。

收费站点设置情况表　　　　　　　　　　　　　表8-3

站点名称	车道数	收费方式
仁和集站	入口4条、出口6条	入口:3条MTC车道,1条ETC车道 出口:5条MTC车道,1条ETC车道
蚌埠西站	入口4条、出口6条	入口:3条MTC车道,1条ETC车道 出口:5条MTC车道,1条ETC车道
鲍集站	入口2条、出口3条	入口:1条MTC车道,1条ETC车道 出口:2条MTC车道,1条ETC车道
东坪集站	入口2条、出口3条	入口:1条MTC车道,1条ETC车道 出口:2条MTC车道,1条ETC车道
宿州站	入口4条、出口6条	入口:1条MTC、2条ETC、1条自动发卡车道 出口:5条MTC车道,1条ETC车道
淮北站	入口4条、出口6条	入口:1条MTC、2条ETC、1条自动发卡车道 出口:5条MTC车道,1条ETC车道

2007年9月28日~2014年12月31日,合徐北高速公路累计交通流量为4695.3万辆。交通流量增长状况见表8-4。

交通流量增长状况表(单位:辆)　　　　　　表8-4

年份	入口	出口	合计	日平均流量
2007	475251	486089	961340	2634
2008	2042383	2074928	4117311	11280
2009	2435050	2451445	4886495	13388
2010	3164954	3119486	6284440	17218
2011	3433854	3388424	6822278	18691
2012	3801917	3764810	7566727	20731
2013	3791187	3730380	7521567	20607
2014	4420323	4372734	8793057	24091

2. 养护管理与大修工程

养护管理由安徽省高速公路总公司养护中心和合徐北管理处共同承担,前者负责大修养护工程,后者以日常养护管理为主,初期养护以路面保洁、排水护坡等施工遗留缺陷维修为主。养护工程采用社会化养护管理模式,通过公开招标方式确定社会专业化养护公司进行小(中)修和路面、绿化、机电等专业化养护。随着全省高速公路路网的逐步形成,项目交通量增长较快,养护以沥青路面早期病害修复为主,主要表现形式有路面水损害坑槽、重载交通车辙、半刚性基层裂缝等。通过及时养护管理,避免大修工程的实施,实现了路面平整、设施完好、结构牢固、绿化美观、道路整洁的目标,好路率达100%。

二、G3京台(北京—台北)高速公路合肥至徐州南段

(一)项目概况

G3京台(北京—台北)高速公路合肥至徐州南段(简称"合徐南高速公路")是国家"九五"规划主干线北京至福州公路中的重要组成部分,也是安徽省早期规划高速公路通道南北贯通线中的主要路段,现调整为国家高速公路网G3京台(北京—台北)高速公路的组成部分。该项目建设对提高安徽省中部、北部地区综合运输网的运输能力有着重要意义。合徐高速公路全长269.7km,经交通部批准分南、北两期建设。其中,合徐高速公路南段起自合宁、合巢芜高速公路交会处——陇西互通立交,终至蚌埠市郊区的仁和集互通立交,全长112.27km,包含1997年6月建成通车的陇西互通立交延长段4.63km。本期实际建设内容为肥东至仁和集段,建设里程107.64km。

1. 参建单位

建设单位是安徽省合徐高速公路建设指挥部,与安徽省高速公路总公司为两块牌子、

一套管理班子。项目现场成立安徽省高速公路总公司合淮阜项目办公室,具体承担项目建设现场管理任务。

合徐高速公路定远段(一)

合徐高速公路定远段(二)

主要参建单位见表8-5。

G3 京台(北京—台北)高速公路合肥至徐州南段主要参与建设单位汇总表　　表8-5

序号	参建单位	单位名称	合同段编号及起止桩号	主要负责人	备 注
1	项目管理单位	安徽省合徐高速公路工程建设指挥部	K4+630~K112+270	陈会年、程中则	全线
2	勘察设计单位	安徽省公路勘察设计院	K4+630~K112+270	程跃辉、秦勤	全线

第八章 高速公路建设项目

续上表

序号	参建单位	单位名称	合同段编号及起止桩号	主要负责人	备注
3	施工单位	湖北省路桥公司	1 合同 K4+630~K4+988.87	李国红、朱宏明	路基
		中国航空港十总队	2 合同 K4+988.87~K15+000	张辉、王炜	路基
		合肥市公路桥梁工程有限责任公司	3 合同 K15+000~K23+500	丁增信、董先明	路基
		中国有色建设集团	4 合同 K23+500~K28+500	刘顶芳、韩平	路基
		合肥市虹达路桥公司	5 合同 K28+500~K38+500	姚维刚、姜守云	路基
		黑龙江省路桥公司	6 合同 K38+500~K49+000	吴协兴、王彦斌	路基
		铁道部第十七工程局二处	7A 合同 K49+000~K54+800	叶兴旺、井茂纯	路基
		铁道部第十七工程局四处	7B 合同 K54+800~K60+000	宋殿强、秦际平	路基
		铁道部第十四工程局五处	8A 合同 K60+000~K66+600	王方兵、马时新	路基
		安徽省路桥公司	8B 合同 K66+600~K71+300	李长斌、周基群	路基
		安徽省滁州市路桥公司	9B 合同 K71+300~K72+885	陈思德、苗加春	路基
		安徽省巢湖市路桥公司	9A 合同 K72+885~K75+583.83	徐先芦、郭红雨	路基
		广东省长大公路工程有限公司	10 合同 K75+583.83~K75+723.17	曾广华、邝永雄	路基
		安徽省港航建筑工程公司	11B 合同 K75+723.17~K81+200	卢方发、熊自州	路基
		中国水利水电第三工程局	11A 合同 K81+200~K89+300	宋璞、张波	路基
		武警交通一总队	12 合同 K89+300~K94+588.27	何玉宣、李福源	路基
		中煤建设开发总公司东北公司	13 合同 K94+588.27~K95+177.73	吴庆文、杨贤贵	路基
		江苏省锡山交通工程总公司	14 合同 K95+177.73~K103+030.02	钱龙兴、翁大为	路基
		安徽省宿州市路桥公司	15 合同 K103+030.02~K103+322.28	马彦、余峰	路基
		青海省路桥总公司	16 合同 K103+322.28~K109+183.13	刘志忠、张铁栋	路基
		铁道部大桥工程局	17 合同 K109+183.13~K109+907.17	王庆昌、高丁成	路基
		安徽省水利建筑总公司	18 合同 K109+907.17~K112+270	牛曙东、甘正永	路基
		浙江大成建设公司	1 合同 K4+630~K38+500	唐凯、王旭东	路面
		中交一公局一公司	2 合同 K38+500~K75+723.17	张岳峰、王玉臣	路面
		吉林交通建设公司	3 合同 K81+200~K112+270	陈海平、穆卫东	路面
4	工程监理	安徽省中兴监理所	K4+630~K71+300	周力军	路基路面
		安徽省公路建设监理有限公司	K71+300~K112+270	戎刚	路基路面
		安徽省高等级公路工程监理有限公司	K4+630~K112+270	陈传明	路基路面

2. 技术标准

(1)公路等级、里程及地形类别

公路等级为四车道高速公路,路面首次采用沥青混凝土结构。全线设置了完善的交通安全、机电、房建等配套设施。总建设里程112.27km。

项目自南向北跨江淮丘陵、蚌淮(南)山地两个地貌单元,属于江淮分水岭北部,淮南、蚌埠一带有山地出现,地势抬高。自然区划分为Ⅳ2区。

(2)主线行车速度

主线行车速度为120km/h。

(3)路基、路面

K0~K4+630段:整体式路基宽26m,路面宽23m。K4+630~K112+270段:整体式路基宽27.5m,路面宽23m。路基设计洪水频率1/100。路面设计标准轴载100kN。

路面结构在安徽省首次采用半刚性基层沥青混凝土,总厚度为70cm,沥青面层厚度15cm。各层结构分别是:4cm AC-13+5cm AC-20+6cm AC-25+35cm 水泥稳定碎石基层+20cm石灰改善土底基层;桥面沥青铺装采用4cm AC-13+5cm AC-20+桥面防水黏结层;匝道结构同主线。

(4)桥梁、涵洞

计算荷载:汽车—超20级;验算荷载:挂车—120。

设计洪水频率:特大桥1/300,大、中小桥、涵洞1/100。

桥面净宽:大桥桥面净宽2×12.25m,中桥、小桥桥面净宽2×11.5m。涵洞与路基同宽。

(5)路线交叉

陇西枢纽互通立交:定向+苜蓿式互通,定向匝道及外环匝道采用80km/h计算行车速度,内环匝道采用50km/h计算行车速度。

双庙、永康、仁和集互通立交:单喇叭A型互通,内环匝道采用40km/h计算行车速度。

3. 工程内容及主要构造物

(1)建设主要内容

本期建设的合徐高速公路南段全长107.64km(不含先期建设的陇西枢纽互通立交段4.63km),路基工程共分18个标段,路面工程分3个标段。建设内容包括土石方1301.7万 m^3,防护工程18.81万 m^3,大桥2083m/5座;跨河桥30座,分离式立交45座,上跨立交桥51座,服务型互通立交3处。服务区1处,涵洞527道,穿通道125道。主要材料用量:钢材12607t,水泥179085t,沥青39367t。

(2)路线中间控制点

起点位于陇西互通立交,经肥东县高塘、草庙、白龙,定远县蒋集、吴圩、九梓、朱湾、永康、能仁,凤阳县楼店、武店、西泉街,终点位于蚌埠市仁和集。

(3)路线跨越主要河流

路线水系属长江和淮河两大水系,沿线跨越主要河流有李坝、吴河、池河、窑河、洛河等,均无通航要求。

(4)桥梁

全线桥梁结构物形式较为简单,上部结构一般采用标准跨径简支梁和先简支后连续空心板或箱梁,孔径主要有16m、20m、25m。下部结构视地质条件多采用扩大基础或钻孔灌注桩基础(表8-6)。

主要桥梁建设情况　　　　　表8-6

序号	中心桩号	名　称	跨　径　组　合	全长(m)	备注
1	K903+621	跨蚌西路桥	8×16+14+22+32+22+14+31×16	724.04	G3
2	K910+134	跨淮南铁路	3×16+20+24.22+25+20+9×16	292.26	G3
3	K918+488	武店铁路	36×16	589.46	G3
4	K937+693	三叉河大桥	8×16.0	139.34	G3
5	K1+981	跨合蚌公路	4×16+3×16+11.12+20+25+20+4×16+5×16	337.74	G4001

(5)收费站及服务区

全线原设双庙、仁和集、永康3个收费站和1个服务区(定远县境内吴圩服务区),后在运营期间增设九梓收费站。

4. 征地拆迁

安徽省合徐高速公路建设指挥部分别与合肥、滁州、蚌埠市签订了征地拆迁责任状,征地拆迁安置起止时间为1998年7月~2000年12月,征地拆迁标准执行皖政交基〔1997〕3号文件,共征用土地11972余亩(合肥3290亩、滁州8010亩、蚌埠672余亩),拆迁房屋约83756万m²,支付补偿费用96350800元。

5. 项目投资

(1)投资规模、资金来源

1997年1月,交通部批复本项目概算为20.62亿元人民币(不含后来增加西泉街至仁和集段工程,概算1.81亿元),其中,国家用车购费安排4.62亿元人民币,其余资金为安徽省自筹。

为加快合徐高速公路南段工程建设,推行项目法人责任制,多渠道筹集资金。安徽省交通厅于1997年12月29日批复成立"安徽安联高速公路有限公司筹备处",安徽高速公路总公司与山东联大集团合作建设合徐高速公路南段。1998年8月,"安徽安联高速公路有限公司"成立,注册资本金7亿元。1998年7月,中国工商银行安徽省分行提供承诺,同意给予合徐南段项目 13 亿元贷款。到 2002 年 10 月,安徽安联公司累计拨付到项目资金 17.72 亿元,垫付项目贷款利息 1.19 亿元,垫付其他往来款 0.267 亿元,累计到位资金 19.18 亿元。建设期间解决临时资金周转,建行贷款 0.8 亿元,交通部贷款 0.4 亿元,工商银行周转贷款 0.4 亿元,收到特种国债资金 0.685 亿元。

安徽高速公路总公司与山东联大集团合作签字

(2)概算执行情况

经竣工决算审计,合徐高速公路南段工程基本建设支出费 19.6 亿元,其中,陇西枢纽互通立交及接线 1.68 亿元,陇西至西泉街 16.27 亿元,两者合计 17.95 亿元,与批复概算 20.62 亿元相比,投资节余 2.67 亿元;西泉街至仁和集 1.7 亿元,与批复概算 1.81 亿元相比,节余 0.11 亿元。

6. 开工及通车时间

1998 年 7 月 15 日正式开工,计划工期为 4 年。2001 年 6 月 30 日建成通车,实际工期 3 年,提前 1 年完成工程项目的建设任务。

(二)决策研究

受安徽省交通厅、公路管理局委托,安徽省公路勘测设计院于 1990 年 9 月完成肥东至西泉街段预可(107.64km),1996 年 10 月完成项目工可。1997 年,交通部批准了合徐高速公路增大规模和提高标准。合徐高速公路南段路线走向方案的决策曾进行过三次初测与初步设计,1997 年 5 月,交通部专项审核同意路线方案。但鉴于项目终点西泉街处于断头路位置,无法与既有地方公路相接,省交通厅批准了终点西泉街延至仁和集。

项目决策研究及完成基本建设程序批复文件如下:

1989 年 3 月,交通部《关于下达八五第一批公路建设重点项目的前期工作计划的通

知》([1989]交计字172号);

1992年,安徽省交通运输厅《关于报送合徐公路合肥至淮南(西泉街)段项目建议书的报告》(皖交基建字[1992]72号);

1993年2月,国家发展计划委员会《关于合肥至淮南公路项目建议书的批复》(交计发[1993]138号);

1994年,国家发展计划委员会《关于合肥至淮南(西泉街)公路可行性研究报告的批复》(交计发[1994]22号);

1995年3月,国家环境保护局《关于合徐一级汽车专用公路合肥—西泉街段环境影响报告书审批意见的复函》(环监[1995]150号);

1996年6月,交通部《关于西泉街至朱围子公路项目建议书审查意见的函》(交函计[1996]248号);

1997年1月,国家发展计划委员会《关于合肥至西泉街公路增大规模和提高标准的批复》(交计发[1997]29号);

1997年5月,交通部《关于合肥至西泉街公路初步设计的批复》(交公路发[1997]278号),批复概算20.62亿元(含陇西互通立交1.895亿元);

1999年4月,因考虑项目建成后的运营与管理需要,安徽省交通运输厅《关于合徐高速公路西泉街至仁和集段工程概算的批复》(皖交基[1999]58号)。

至此,合徐高速公路南段总长112.27km,核定总概算22.4亿元。

(三)项目实施

1. 项目招标

(1)施工招标

建设单位安徽省高等级公路工程建设指挥部成立了施工招标与监理招标评审委员会,招标程序按相关文件规定执行:1998年1月,交通部以《关于合徐高速公路南段资格预审结果的批复》(公建字[1998]4号)和《关于合徐高速公路(南段)工程招标文件的批复》(公建字[1998]10号)对资格预审和招标文件进行批复;1998年2月,路基工程划分为18个标段,面向国内符合资质资信登记要求的施工企业公开招标,通过资格预审共70家,来自公路、铁路、水利等建筑行业的施工企业参加投标。

路面工程分为3个标段,附属工程与路基、路面工程招标程序基本相同。

(2)监理招标

本项目监理招标尚处于我国监理招标试点阶段,共划分2个驻地监理合同段和1个总监办。1998年3月,工程监理面向社会招标,省内有3家甲级单位参加投标,最后安徽省中兴监理所、安徽省公路工程建设监理公司、安徽省高等级公路工程监理有限公司分别中标。

2.项目管理

(1)项目管理机构设置及职能

1997年9月,经安徽省人民政府同意,建设单位安徽省合徐高速公路建设指挥部成立。黄岳忠副省长任指挥长,省高速公路总公司总经理王水、屠筱北、李云贵、陈会年同志任副指挥长。

为明确管理责任目标,指挥部确定陈会年同志为本项目对省政府的责任人,程中则同志为现场负责人。指挥部下设项目办公室,具体负责项目建设管理。项目办设置工程部、质安部、地方部、行秘部四个部门。

工程监理采用二级监理管控模式,总监办负责全线工程建设质量、安全、计量等指导和审核工作,同时对各驻地监理组进行考核管理。各监理组按合同规定负责所辖项目和施工标段的监理管理、质量管理、进度管理、合同管理和投资控制等具体监理工作。

(2)质量安全管理

一是加强路基膨胀土处理。本项目位于江淮之间,多为膨胀土。为解决路床填料短缺的问题,在膨胀土中掺入石灰,通过离子交换、氢氧化钠的结晶、碳酸化和火山灰的反应,生成晶体氢氧化钙、碳酸钙和含水硅、铝酸钙等胶结物,使石灰土的膨缩总率接近于零,强度与水稳定性不断提高。路床共分四层掺入石灰改善,每层20cm,下两层含灰量5%,上两层含灰量6%。

二是探索沥青路面工程技术管理。初步设计的路面方案推荐水泥混凝土路面方案,施工图设计采用沥青混凝土路面。这在安徽尚属第一条沥青混凝土高速公路,没有现成管理经验。建设单位与东南大学展开技术合作,不断探索沥青混凝土施工技术,为后续项目技术质量管理积累了宝贵的经验。

三是重视绿化环保。利用公路中央分隔带和两侧边坡绿地,运用现代园林、林业科技成果,高标准、严要求,达到"四季有花,常年有绿"的效果,并满足防眩、美观等功能,使合徐高速公路南段成为一条园林路,一道风景线。

(3)领导关怀

1998年7月1日,项目举行开工典礼,时任安徽省委书记回良玉宣布正式开工。

施工过程中,项目建设得到了省委、省政府及交通部的高度重视,省委书记王太华、省长许仲林、副省长汪洋和黄岳忠等多次到工地一线视察工程进展,慰问广大建设者并解决实际问题;交通部部长黄镇东、副部长李居昌等先后来到施工现场指导工作,鼓舞士气,有力地促进项目建设又好又快地推动。

2000年2月5日(农历大年初一),省委书记王太华来到工地,向节日期间坚持施工的筑路人员拜年。

省委书记王太华到工地慰问

交通部部长黄镇东检查指导工作

省长许仲林视察建设工地

交通部副部长李居昌检查指导工作

2000年8月1日,省长许仲林等视察建设工地。

2000年11月1日,交通部部长黄镇东等视察项目建设现场。

时任交通部副部长李居昌以及时任安徽省常务副省长汪洋、副省长黄岳忠等先后赴工程一线慰问、检查、指导。

(4)交(竣)工验收情况

2001年6月,安徽省合徐高速公路建设指挥部组织了项目交工验收,安徽省交通基本建设工程质量监督站对本工程质量进行了检测和评定,并向交工验收委员会提交了工程质量检验评定报告,单位工程优良率为84.4%,评分值为90.1分,推荐为优良工程。

2001年6月30日,合徐高速公路南段举行通车典礼,省长许仲林赴现场(吴圩服务区)参加通车活动。

2002年7月31日,本项目顺利通过省档案局组织的工程档案预验收。

省委省政府举行通车仪式

2002年7~9月,省审计厅委托安徽安建会计律师事务所对合徐高速公路南段进行竣工结算审计。2002年10月15日,安徽安建会计律师事务所完成《合徐高速公路南段工程竣工决算审计报告》(皖安审工字〔2002〕71号)。

2002年9月28~29日,国家环保总局同意通过环境保护竣工验收。

2002年12月9~11日,交通部对已通车运营1年多的合徐高速公路南段工程进行了竣工验收。竣工验收委员会认真听取了有关单位的汇报,对工程现场、实体质量、基建程序、质量控制等工作进行了全方位的检查、验收,评定合徐高速公路南段工程建设管理93.94分,工程质量被评定为优良等级。

3. 复杂技术工程

(1) 蚌西路曲线立交桥

蚌西路立交桥在 K109+726 处跨越蚌埠市蚌西路,桥与蚌西路斜交角度为45°,采用斜交正做。主桥为四孔预应力混凝土连续箱梁,引桥为16m预应力空心板,桥面连续体系,连续长度为4孔、5孔或6孔一联。主桥为预应力混凝土连续箱梁结构,纵向、横向为钢绞线群锚体系,预应力钢绞线采用高强度低松弛钢绞线。

施工时箱梁采用搭支架现浇,施工前支架必须预压,预压重等于箱梁重的120%,随着施工进程,开始逐步减压。同时,搭架要充分考虑到蚌西路的净空、行车安全等。主桥现浇箱梁施工时,严格控制支架沉降和稳定性,并做抗压试验。外模采用竹胶模板,保证表面光洁度。预应力张拉前一定要严格校验张拉机具及油表,控制应力以张拉力控制为主,伸长量控制为辅。支架拆除待达到张拉强度并张拉完毕后方可进行。预应力筋有效长度范围以外部分,一定要采取措施进行失效处理,失效范围的预应力筋可用硬塑料管套住,使预应力筋与混凝土不结合。

(2)沥青混凝土路面

本项目初步设计时采用水泥混凝土路面,因水泥混凝土路面噪声较大,路面接缝设置不当或排水不良而易损坏。沥青混凝土提高了行车舒适性,机械化施工进度快。综合减轻噪声,保护环境,提高路面行驶舒适性、安全性以及从施工、养护等几个方面综合考虑,施工图优化设计决定采用沥青混凝土路面。

施工中,为了提高路床土基的回弹模量,增加沥青混凝土路面的整体强度及稳定性,对路床路基进行处理,通过掺加石灰,使处理后的路床土基超出路面设计的土基回弹模量值。同时,为便于施工时合理使用机械台班,基层厚度分两层碾压。

(四)科技创新与成果

1. 波形伸缩缝的改制和推广应用研究

波形伸缩缝相对于其他形式伸缩缝结构具有抗冲击效果好、行车噪声小、使用寿命长、造价较低等优势。依托在建项目对第一代波形伸缩缝结构进行改进,实现主体钢板结构变厚异形加工和填缝料的长期性能提升等创新,并在全线实际推广应用2100m,大幅提高路面使用品质,且较常用毛勒伸缩缝节省工程造价近30%。该项研究获安徽省科技进步二等奖。

2. 沥青混凝土路面的稀浆封层下封层技术研究

针对水泥稳定碎石基层乳化沥青透封层渗透深度不足及工序复杂的问题,首次联合河南高远公路养护公司在半刚性水泥稳定碎石基层顶面推广应用稀浆封层整体施工技术,替代原设计的乳化沥青透封层。应用效果较好,施工简便,适用于早期临时开放交通的半刚性基层。

3. 膨胀土改良性能的研究

本地区土方填料基本为中、弱膨胀性土,CBR试验指标不能满足路基施工规范要求。项目办提出石灰改善土填料的研究思路,从江淮膨胀土特性、掺灰材料及剂量、施工工艺、检测方法等开展系统研究,并首次在安徽省高速公路建设中开展了中、弱膨胀土修筑高速公路的技术应用。

4. 高等级公路环境生态系统的研究

提出了现代高速公路路域环境保护的新概念,为高等级公路绿化工程实施标准的制定做出了重要贡献。该项研究成果在陇西互通立交及本项目中成功运用,获安徽省科技进步一等奖。

(五)运营与养护

2001年7月1日,安徽省高速公路总公司蚌埠管理处揭牌成立,承担合徐公路南段运营养护管理工作。

1. 服务区和收费站点设置

合徐高速公路南段建设时期共设置3个收费站和1对服务区。2014年7月,增设定远县九梓收费站建成。目前,合徐高速公路南段共设4个收费站点,分别是双庙、九梓、永康、蚌埠,采用人工收费及电子不停车收费相结合模式(表8-7)。

合徐高速公路南段收费站点设置情况表 表8-7

站点名称	车 道 数	收费方式
双庙站	入口3条、出口3条	入口:2条MTC车道、1条ETC车道 出口:2条MTC车道、1条ETC车道
九梓站	入口4条、出口6条	入口:3条MTC车道、1条ETC车道 出口:5条MTC车道、1条ETC车道
永康站	入口3条、出口3条	入口:2条MTC车道、1条ETC车道 出口:2条MTC车道、1条ETC车道
蚌埠站	入口4条、出口6条	入口:3条MTC车道、1条ETC车道 出口:5条MTC车道、1条ETC车道

项目建成通车后的交通量增长平稳,随着全省路网的逐步形成,从2007年1月1日起至2015年12月31日,交通量增长较快(表8-8)。

交通流量发展状况表(单位:辆) 表8-8

年份	入口	出口	合计	日平均流量
2007	421522	405908	827430	2267
2008	1498751	1497467	2996218	8209
2009	1492039	1479352	2971391	8141
2010	1466073	1484211	2950284	8083
2011	1662760	1675369	3338129	9146
2012	1839921	1863030	3702951	10145
2013	2394785	2450582	4845367	13275
2014	2092331	2098201	4190532	11481
2015	2300987	2336466	4637453	12705

2. 养护管理与大修工程

养护管理以沥青路面早期病害修复为主,主要表现形式有路面水损害坑槽、重载交通车辙、半刚性基层裂缝等。养护管理部门采用社会化养护管理模式,通过公开招标方式确定社会专业化养护公司进行小修和路面、绿化、机电等专业化养护。以"保畅通、保安全、重服务、树形象"的理念,以提高公路畅通能力和服务水平为目标,围绕规范化养护管理建设,提高养护标准,严格安全生产,努力做到设施完好无破损、结构牢靠无隐患、路容整洁无杂物、绿化美观无枯死,确保"畅、洁、绿、美、安"的行车环境。

管理部门强化日常养护"PDCA 循环"管理,每月初集中召开一次养护生产计划会,将本月的小修保养、绿化养护工程目标和任务以计划审批的方式面对面进行明确,对时间进度、质量、安全等要求加以分析、强调、交底,让各承养单位均能有的放矢。

2014 年 3 月 1 日,通车运营 13 年的合徐高速公路南段开始实施大修改善,改善段全长 105km,分三个阶段实施,于 2015 年 7 月 31 日完成施工。

三、G3 京台(北京—台北)高速公路小西冲至方兴大道扩建段

(一)项目概况

G3 京台(北京—台北)高速公路小西冲至方兴大道扩建段范围为京台高速公路小西冲至方兴大道段,该路段的建设对于提高既有高速公路通行能力,改善合肥市对外出行条件,支持合肥现代化滨湖大城市建设,增强合肥经济圈对外辐射能力都具有重要意义。本项目路线起于小西冲枢纽互通连接合宁高速公路,并通过合宁高速公路与合芜、合徐、合六、合淮阜等高速公路连接成网;终于方兴大道分离立交起点,并通过方兴大道互通立交连接方兴大道,继而与合肥市市政路网连接。

G3 京台高速公路小西冲至方兴大道扩建段

1. 参建单位

建设单位是安徽省高速公路控股集团有限公司。

主要参建单位见表 8-9。

G3 京台(北京—台北)高速公路小西冲至方兴大道扩建段主要参与建设单位汇总表 表 8-9

序号	参建单位	单位名称	合同段编号及起止桩号	主要负责人	备注
1	项目管理单位	京台高速小西冲至方兴大道段项目办	K1039+452~K1047+400	李云贵	
2	勘察设计单位	安徽省交通规划设计研究院有限公司	K1039+452~K1047+400	陈修林	

续上表

序号	参建单位	单位名称	合同段编号及起止桩号	主要负责人	备注
3	施工单位	中交二公局第六工程有限公司	路基路面工程01合同段（K1039+452~K1047+400）	乔晓延	
4	监理检测单位	安徽省高等级公路工程监理有限公司	总监办（K1039+452~K1047+400）	杨东林	

2. 技术标准

（1）公路等级、里程及地形类别

全封闭、全立交的八车道高速公路，采用原位扩建、直接拼宽的方式。本段建设里程7.948km。地处东经117°15′~117°16′，北纬31°44′~30°45′之间。沿途跨越合肥市区、经济开发区、滨湖新区。地势总体特征是缓低岗地貌区，自然地面高程在11~30m之间，地势低平。自然区划分为属Ⅳ2区，即江淮丘陵润湿区。

（2）主线行车速度

主线行车速度为120km/h。

（3）路基、路面

在原道路路基宽度28.0m、路面宽度28m的基础上，加宽扩建为路基宽度42.0m（在原有路基两侧各加宽7.0m）、路面宽度42m。路基设计洪水频率1/100。

（4）桥梁、涵洞

桥涵设计荷载：公路—Ⅰ级；设计洪水频率：大、中、小桥及涵洞为1/100；桥面净宽：2×净-18.75/19m。

（5）路线交叉

互通式立交设计标准：无互通式立交。

分离式立交设计标准：主线上跨各级公路的桥梁及通道净空高度，二级及二级以上公路5.0m，三、四级公路4.5m，汽车通道≥3.2m，拖拉机通道≥2.7m，人行通道≥2.2m；主线下穿各级公路的净空高度均按5m控制。

3. 工程内容及主要构造物

（1）建设主要内容

全线路基土方填方主线6.3km，匝道1.4km（单侧），共计56万m^3；桥梁拼宽10座、新增2座分离式立交，拆除上跨桥1座、涵洞接长36道，通道拼宽14道；老路铣刨3.8万m^3，新建路面级配碎石17万m^2，低剂量水稳16万m^2，高剂量水稳16万m^2，大粒径沥青碎石16万m^2，AC-20沥青中、下面层35万m^2，SMA沥青上面层27万m^2；拆除与安装护栏29km，拆除与安装路侧隔离栅14km，新建和移装标志牌31块，标线8079m^2。

（2）路线中间控制点

合肥市滨湖新区规划、经济技术开发区规划。

（3）路线跨越主要河流

十五里河、塘西河。

4. 征地拆迁

征地拆迁情况见表8-10。

征地拆迁情况统计表　　　　表8-10

征地拆迁安置起止时间	征用土地（亩）	拆迁房屋（m²）	支付补偿费用（元）
2002年8月~2005年1月	116.9	3500	—

5. 项目投资

（1）投资规模、资金来源

安徽省发展与改革委员会2010年10月21日以皖发改设计函〔2010〕895号文批复了本项目的初步设计，概算投资总额为3.5350亿元（原概算为3.2551亿元，后变更增加两座分离式立交桥，概算为2799万元）。建设资金由业主自筹。

（2）概算执行情况

经竣工决算审计，G3京台（北京—台北）高速公路小西冲至方兴大道扩建段完成投资合计23219万元，比概算投资减少9332.83万元，对比概算投资节约比例28.67%。

6. 开工及通车时间

2011年3月22日开工，2012年9月21日通车。

通车典礼

（二）决策研究

2010年7月26日，安徽省发改委以《关于京台高速公路小西冲至方兴大道段扩建工

程立项问题的复函》(皖发改基础函〔2010〕478号)同意扩建工程立项;

2010年8月2日,安徽省环境保护厅以《关于京台高速公路小西冲至方兴大道段扩建工程环境影响报告书的批复》(环评函〔2010〕808号)同意扩建项目建设;

2010年8月6日,安徽省水利厅以《关于京台高速公路小西冲至方兴大道段扩建工程水土保持方案报告书的批复》(皖水保〔2010〕257号)批复同意扩建工程水土保持方案报告书;

2010年8月12日,安徽省国土资源厅以《关于京台高速公路小西冲至方兴大道段扩建工程项目建设用地预审意见的函》(皖国土资函〔2010〕1511号)同意扩建工程通过用地预审;

2010年8月20日,安徽省住房和城乡建设厅出具《关于对京台高速公路小西冲至方兴大道段扩建工程项目规划选址的审核意见》,并核发建设项目选址意见书(证书编号:选字第340000201000130号);

2010年9月10日,安徽省发改委以《关于京台高速公路小西冲至方兴大道段扩建工程可行性研究报告的复函》(皖发改基础函〔2010〕697号)同意实施扩建工程;

2010年10月21日,安徽省发改委以《关于京台高速公路小西冲至方兴大道段扩建工程初步设计的复函》(皖发改设计函〔2010〕895号)批准扩建工程初步设计;

2010年11月16日,安徽省交通运输厅以《关于京台高速公路小西冲至方兴大道段扩建工程施工图设计的批复》(皖交建管〔2010〕430号)批复同意扩建工程施工图设计;

2011年1月8日,安徽省交通运输厅以《关于京台高速公路小西冲至方兴大道段扩建工程施工许可的批复》(皖交建管〔2011〕20号)批复项目施工许可;

2011年5月6日,安徽省交通运输厅以《关于京台高速公路小西冲至方兴大道段扩建工程新增两座分离式立交的意见》(皖交建管函〔2011〕313号)同意实施新增两座分离式立交;

2011年6月14日,安徽省交通运输厅以《关于京台高速公路小西冲至方兴大道段扩建工程新增两座分离式立交的批复》(皖交建管函〔2011〕423号)批复项目新增两座分离式立交变更设计文件。

(三)项目实施

1.项目招标

(1)设计招标

确定安徽省交通规划设计研究院有限公司承担本项目的勘察、设计工作,完成路线勘测、地质勘探、路基、路面、桥梁、隧道、绿化、交通安全设施等的设计和设计优化。

(2)施工招标

确定施工合同段3个,其中路基路面1个、绿化1个、交通工程1个。

（3）监理招标

确定监理合同段1个，即总监办。

2. 项目管理

（1）管理机构

项目法人在工地现场设置了项目办公室，下设行政、工程、交通协调、地方四个主要职能部门，具体实施日常工程管理。监理单位在现场成立驻地办公室，按合同规定配备监理人员。合肥市政府成立了以分管副市长为组长的地方工作领导小组，协助指挥部处理扩建工程沿线地方事务。

（2）质量保证体系

本项目在实施过程中，质量保证体系健全、制度完善、责任明确，体现出较高的质量控制能力。施工中采取的各种工程质量保证措施得力，对提高项目的使用质量起到了有力的保障作用。

（3）交工、竣工验收

项目法人原安徽省高速公路控股集团有限公司于2012年12月5日组织有关单位对项目进行了交工验收，交工验收委员会依据《公路工程质量检验评定标准》（JTG F80—2004），对本项目进行了验收评定，项目工程质量综合评定得分为98.15分，工程质量评定等级为合格，同意交工验收并移交管养。

根据《公路工程竣（交）工验收办法》（交通部令2004年第3号）等有关规定，省交通运输厅于2017年5月10日组织了京台高速公路小西冲至方兴大道段扩建工程竣工验收工作。经竣工验收委员会检查和评议，同意京台高速公路小西冲至方兴大道段扩建工程通过竣工验收，竣工验收工程质量评分值为94.32分，工程质量等级评定为优良。

3. 重大事项

重大变更：考虑到合肥市建设和发展需要，京台高速公路小西冲至方兴大道段扩建工程新增两座下穿式分离式立交，分别为大连路分离式立交（K1040+757）和花园大道分离式立交（K1041+897），共增加费用2254.98万元。

4. 复杂技术工程（小西冲互通立交）

扩建方案综合考虑了工地位置的自然条件，互通现状以及互通出入交通量的要求。根据本互通交通量分布情况变化不大，原有互通使用状况较好等特点，在分析原互通的各项指标之后，制定了尽量利用原有互通设施，在适当控制互通建设规模的基础上，尽可能提高互通平、纵断面等各项指标，满足交通需求和区域路网建设规划要求的改建设计原则。

(四)科技创新与成果

1. Super PCR SBS 改性乳化沥青黏层材料研发与应用研究

（1）创新点

①得出了影响沥青路面层间黏结效果的关键因素；

②开发出沥青路面层间黏结性能评价系统；

③研制出高性能沥青黏层材料；

④得出沥青路面黏层现场施工质量控制工艺。

（2）推广应用情况

可广泛应用于沥青路面建设和大修养护工程中，该成果的推广应用可大大减缓沥青路面早期破损现象，提高沥青路面使用品质，延长路面使用寿命。本研究依托京台高速公路小方段扩建工程，评价不同黏层材料对沥青路面层间黏结效果，选出最优的黏层材料作为以后沥青路面建养中的首选材料，通过安徽省公路建设应用推广至其他省份。

（3）获奖或鉴定验收情况

该项目于 2014 年 5 月 27 日由省交通运输厅在合肥市组织鉴定。专家委员会确认项目总体上达到国内先进水平，并获 2015 年安徽省交通科技进步奖一等奖。

2. 基于排水抗裂功能的耐久性路面设计及改扩建工程应用

（1）创新点

①提出了集排水、抗裂等功能于一体，充分利用老路基层残余承载力，可快速施工的既有损伤半刚性基层加铺维修技术，减少了大规模挖除重建，实现了既有损伤半刚性基层沥青路面结构养护的高效和路面结构使用的耐久目标。提出了基于动态拉伸抗裂和极限应变指标的既有损伤半刚性基层上加铺抗裂结构设计方法，为基层结构损伤分析评价和养护设计提供依据。

②提出了基于结构排水抗裂和变形协调的改扩建工程新旧路面拓宽拼接方法，解决了拓宽拼接路面结构的不均匀沉降损坏问题，实现了旧路面结构改造新旧结构层性能的协调。

③揭示了半刚性基层沥青路面结构开裂及其损伤发展规律，提出了半刚性基层沥青路面结构开裂损伤的现场诊断方法。

④研发了兼顾排水、抗裂功能，平衡高温稳定性、水稳定性和抗疲劳性能的高黏沥青排水沥青混合料，编制了地方标准，为半刚性基层沥青路面旧路快速改造维修提供了经济耐久的新材料。

（2）推广应用情况

本项目研究成果已在安徽、山东、内蒙古等 300 多公里高速公路养护及路面改造实体工程中应用,累计节约养护费用近1亿元。成果应用得到各条高速公路地方养护管理中心和工程监理方的高度认可,一致认为研究成果的应用有效延缓了以往半刚性基层路面经常出现的反射裂缝和水损坏等病害,施工效率高,影响交通小,避免了周期性维修和重建。

(3)获奖或鉴定验收情况

2014年12月26日,由省交通运输厅在合肥市组织鉴定。专家委员会确认项目总体上达到国际先进水平,其中在损伤半刚性基层上的沥青路面加铺抗裂设计方法达到国际领先水平。项目获2015年中国公路学会科学技术一等奖、安徽省公路学会交通科技进步一等奖和安徽省科学技术三等奖。

(五)运营与养护

1. 运营管理

从2012年9月21日起至2016年12月31日,小西冲至方兴大道段累计交通流量为4721.20万辆,收费站点设置及交通流量具体数据见表8-11、表8-12。

收费站点设置情况表　　　　表8-11

站 点 名 称	车 道 数	收 费 方 式
方兴大道站	入口10条、出口16条	人工收费及电子不停车收费综合 (入口:5条MTC车道,5条ETC车道) (出口:14条MTC车道,2条ETC车道)

交通流量发展状况表(单位:万辆)　　　　表8-12

年份	入口	出口	合计	日平均流量
2012	52.28	56.81	109.09	0.30
2013	88.16	87.82	175.98	0.48
2014	135.74	139.06	274.80	0.75
2015	165.16	171.52	336.68	0.92
2016	208.08	221.08	429.16	1.17
合计	649.42	676.29	1325.71	3.62

2. 养护管理

本项目养护管理主要工作包含以下方面:

(1)加强路基病害防治。按照"预防为主,防治结合"的方针,加大路基维护力度,快速处治雨季路基塌陷、高边坡塌方等地质灾害;定期对高填深挖段进行人工巡查;定期清理高填方段截水沟,保证高边坡排水设施完好;提前预防,及时治理高边坡的各种早期病害。

(2)加强桥梁安全管理。贯彻落实桥梁安全运行十项制度,配备专职桥梁工程师负责桥梁养护工作;加强桥涵检查,及时掌握桥涵动态;建立桥梁管理系统,做好桥梁纸质卡片的登记工作,准确掌握桥涵基本数据,完善桥涵管理基础资料。

四、G3 京台(北京—台北)高速公路庐江至铜陵段

(一)项目概况

G3 京台(北京—台北)高速公路庐江至铜陵段(以下简称"庐铜高速公路"),位于安徽省中南部,路线起于合安高速公路马堰互通立交,经庐江县、枞阳县、铜陵市,止于铜陵长江大桥北岸。该项目是安徽省"十五"重点公路建设项目合肥至黄山公路的一部分,也是连接皖中经济区与皖南旅游区(两山一湖)的重要通道。该路的建成对加快安徽促进"两点一线"经济发展战略的实施和"两山一湖"(黄山、九华山、太平湖)为龙头的旅游业发展,完善安徽干线公路网络,改善沿线交通运输条件均具有重要的意义。

G3 京台(北京—台北)高速公路庐江至铜陵段

1. 参建单位

庐铜高速公路原建设单位是安徽省公路管理局,2002 年 3 月开工建设。2003 年 5 月通过 BOT 建设模式转换,建设单位是安徽金宇高速公路发展有限公司。

主要参建单位见表 8-13。

G3 京台(北京—台北)高速公路庐江至铜陵段主要参与建设单位汇总表　　表 8-13

序号	参建单位	单位名称	合同段编号及起止桩号	主要负责人	备注
1	项目管理单位	安徽省公路局	K0+000～K73+206	尹宗学	全线
		安徽金宇高速公路发展有限公司	K0+000～K73+206	李其华、张其云	全线
2	勘察设计单位	安徽省公路勘测设计院	K0+000～K73+206	王吉双	全线
3	施工单位	安徽省公路桥梁工程公司	01 标 K0+000～K8+450	卢元均	路基
		安徽省六安公路桥梁工程有限公司	02 标 K8+450～K20+500	查全东	路基
		安徽省巢湖市路桥工程有限公司	03 标 K20+500～K32+400	郭红雨	路基
		阜阳市公路工程有限责任公司	04 标 K32+400～K38+980	袁立民	路基

第八章
高速公路建设项目

续上表

序号	参建单位	单位名称	合同段编号及起止桩号	主要负责人	备注
3	施工单位	淮南市公路工程公司	05A 标 K38+980~K43+117	沈瑞金	路基
		滁州市路桥工程有限责任公司	05B 标 K43+117~K45+040	张立奎	路基
		淮北市公路桥梁建设有限责任公司	06A 标 K45+040~K49+735	李胜瑛	路基
		安徽省宿州市路桥工程公司	06B 标 K49+735~K53+100	岳超	路基
		安徽省公路工程总公司	07 标 K53+100~K64+167.98	李冬兴	路基
		安徽省路港工程公司	08 标 K64+167.98~K66+832	熊自洲	路基
		广东晶通公路工程建设集团有限公司	09 标 K66+832~YK69+568.1	刘志岳	路基
		中港第二航务工程局	10A 标 YK69+568.1~K72+550	吴天寿	路基
		安庆市路达公路建设工程有限责任公司	10B 标 YK69+568.1~K72+550	丁振宇	路基
		铜陵市华通路桥工程有限责任公司	路基11标 K75+750~K78+060.618	王建国	路基
		路桥集团第二公路工程局	01 标 K0+000~K20+500	孙青	路面
		合肥市公路桥梁工程有限责任公司	02 标 K20+500~K45+040	陈裕民	路面
		宿州市路桥工程公司	03 标 K45+040~K78+060.618	岳超	路面
4	监理单位	安徽省公路工程建设监理有限责任公司	总监办 K0+000~K73+206	李学潮	路基路面
		北京华通公路桥梁监理咨询公司	路基第一驻地办 K0+000~K20+500	郭振华	路基
		江苏交通工程咨询监理公司	路基第二驻地办 K20+500~K38+980	李秀峰	路基
		武汉大通公路桥梁工程咨询监理有限责任公司	路基第三驻地办	张在林、李一强	路基
		安徽省公路工程建设监理有限责任公司	路基第四驻地办	李颖	路基
		安徽省高等级公路工程监理有限公司	路基第五驻地办	惠春阳	路基
		安徽中兴工程建设监理所	路基第六驻地办	徐宏生	路基
		安徽省公路工程建设监理有限责任公司	第一驻地办	耿京芳	路面
		武汉大通公路桥梁工程咨询监理有限责任公司	第二驻地办	成晓山	路面
		安徽中兴工程建设监理所	第三驻地办	齐渭斌	路面

2. 技术标准

(1)公路等级、里程及地形类别

全线按平原微丘区四车道高速公路标准建设,沥青混凝土路面。全线配置了完善的通信、监控和收费系统及照明、绿化、房建、安全设施等交通工程和服务设施。项目建设里程73.206km。项目位于东经117°16′~117°75′、北纬31°19′~30°52′之间。沿线所经区域地形地貌复杂多样,北部为丘陵岗地(江淮波状平原),中部为低山丘陵地,南部为长江河谷平原。自然区划分为Ⅳ2江淮丘陵、山地湿润区。

(2)主线行车速度

主线行车速度为100km/h。

(3)路基、路面

路基宽26m,路面宽22.5m。全线路基设计洪水频率1/100。路面标准轴载BZZ-100。

路面结构采用半刚性基层沥青混凝土,总厚度为69cm,沥青面层厚度为16cm。各层结构分别是:4cm AK-13 + 6cm AC-20 + 6cm AC-25 + 34cm 水泥稳定碎石基层 + 19cm 石灰改善土底基层。

(4)桥梁、涵洞

计算荷载:汽车—超20级,验算荷载:挂车—120。

设计洪水频率:特大桥1/300,大、中小桥、涵洞1/100。

桥面净宽:小桥桥面净宽为2×11.25m,大、中桥2×11.5m,涵洞与路基同宽。

(5)路线交叉

互通式立体交叉设计标准:三级交叉互通;行车速度40/80km/h;匝道宽度,单向单车道路基宽8.5m,路面宽7m,单向双车道路基宽10.5m,路面宽9m,对向双车道路基宽15.5m,路面宽13m。

路线交叉设计标准:主线上跨各级公路的桥梁及通道净空高度,二级及二级以上公路≥5.0m,三、四级公路≥4.5m,汽车通道≥3.2m,拖拉机通道≥2.7m,人行通道≥2.2m;主线下穿各级公路的净空高度均按≥5m控制。

3. 工程内容及主要构造物

(1)建设主要内容

土石方1134.4万m^3,特大桥12688.14m/1座(单幅),大桥588.5m/4座,中小桥1373.6m/41座,涵洞238道,通道105道,防护工程1.99万m^3,以及交通机电工程、绿化工程、服务区工程等。主要材料核定为:木材9767m^3,钢材49332t,水泥33281t,石油沥青42370t。

(2)路线中间控制点

庐江岳庙、龙山、杨家山、毛竹园、吕庄、面店、童冲西、霍庄、钱冲、堰稍、青山水库、桃家磅、枞阳钱铺乡、龟山、严潭、瞿家嘴、周庄、普济圩农场。

(3)路线跨越主要河流

舒庐干渠、罗昌河、横埠河,无通航要求。

(4)桥梁

全线桥梁结构物形式较为简单,一般采用标准跨径简支梁和先简支后连续空心板或箱梁,孔径主要有 10m、13m、16m、20m、25m、30m。主要桥梁建设情况见表8-14。

主要桥梁建设情况　　　　　　　　　　　表8-14

序号	桥梁名称	总长度(m)	跨径组合(m)	结构形式
1	K1116+779 沙溪河桥	107.8	5×20	空心板梁
2	K1145+671 桥	190.5	7×25	PC箱梁
3	K1151+297 横埠河桥	133.7	5×25	PC箱梁
4	K1163+358 杨家圩桥	156.5	6×25	PC箱梁
5	K1169+995 普济圩桥	7280	5×(5×30)+3×(28+2×30+28)+16×(4×30)+(28+2×30+28)+4×(4×30)+5×30+(30+6×52+30)+(24+3×30+28)+7×(28+2×30+28)+2×(5×30)+3×(4×20)+3×30+2×13+1×30+10×(5×30)	现浇连续箱梁与预制箱梁
6	AK0+297 马堰匝道桥	522.18	17.68+5×25+23.74+2×30+17.58+10×25	同上

(5)收费站及服务区

项目设收费站5处,分别是庐江南收费站、泥河收费站、浮山收费站、横埠收费站、花园收费站;服务区2处,分别为沙溪服务区、周潭服务区。

4. 征地拆迁

2001年9月20日,省政府组织召开项目征地拆迁动员会。2001年11月初,省交通厅与巢湖、安庆、铜陵市签订征地拆迁责任状。征地拆迁标准执行省交通厅2003年36号文件,共征用土地7197.82亩(庐江县3756.29亩、枞阳县2986.1亩、铜陵市363.49亩、铜陵县91.94亩),拆迁房屋670余户、118936.6m^2。征地拆迁支付补偿费用18547.79万元。

5. 项目投资

(1)投资规模、资金来源

2001年11月29日,交通部以交公路发〔2001〕696号文批准该项目初步设计概算投资总额为18.56亿元(含建设期贷款利息)。资金主要来源于安徽金宇高速公路发展有限公司自筹与银行贷款。

(2)概算执行情况

经竣工决算审计,工程基本建设支出 19.22 亿元,与批复概算总投资相比增加 0.66 亿元,相对批复概算增加比例 3.5%。

6. 开工及通车时间

2002 年 3 月 1 日正式开工,2005 年 1 月 18 日投入通车试运营。

(二)决策研究

受安徽省交通厅、省公路管理局委托,安徽省公路勘测设计院 1999 年 10 月完成庐江至铜陵预可行性研究;2000 年 9 月编制完成庐江至铜陵公路工程可行性研究,主要完成基本建设程序如下:

(1)2000 年 11 月,交通部《关于庐江至铜陵公路项目建议书的批复》(交规划发〔2000〕601 号)。

(2)2001 年 8 月,交通部《关于庐江至铜陵公路可行性研究报告的批复》(交规划发〔2001〕445 号)。

(3)2001 年 12 月,交通部《关于庐江至铜陵公路初步设计的批复》(交公路发〔2001〕696 号)。

(4)2001 年 12 月,交通部《关于对〈庐江—铜陵高速公路环境影响报告书〉预审意见的函》(交环函〔2001〕81 号)。

(5)2002 年 3 月,安徽省环境保护局《关于〈庐江—铜陵高速公路项目环境影响报告书〉的审查意见》(环然〔2002〕32 号)。

(6)2002 年 3 月,安徽省交通厅《关于庐铜高速公路施工图设计的批复》(皖交基〔2002〕20 号)。

(7)2002 年 6 月,国家环境保护总局《关于庐江至铜陵高速公路工程环境影响报告书审查意见的复函》(环审〔2002〕154 号)。

(8)2003 年 5 月 16 日,《庐江至铜陵高速公路建设经营管理合同书》(安徽省公路管理局、安徽金宇高速公路发展有限公司)。

(9)2003 年 10 月,安徽省国土资源厅《关于对庐江至铜陵公路工程建设用地审查意见的报告》(皖国土资函〔2003〕632 号)。

(10)2004 年 11 月,国土资源部《关于庐江至铜陵高速公路工程建设用地的批复》(国土资函〔2004〕428 号)。

(11)2004 年 11 月,安徽省人民政府《关于庐江至铜陵高速公路工程建设用地的批复》(皖政地〔2004〕498 号)。

(三)项目实施

1. 项目招标

(1)设计招标

安徽省公路管理局重点建设办公室委托安徽省公路勘测设计院为设计单位。其中,机电工程施工图设计单位为北京德基工程咨询有限责任公司,房建工程施工图设计单位为安徽省建筑设计研究院东方设计所。

(2)施工招标

本项目共分11个施工合同段,由招标代理机构安徽省公路工程建设监理有限责任公司按照国家招标管理办法的要求,采用国内竞争性招标方式组织工程施工招标。2001年12月资格预审,2001年12月招投标确定14家中标单位。路面工程3个标段,交通工程3个标段。房建、机电、绿化、加油站、收费大棚等均采用国内竞争性招标方式确定。

(3)监理招标

本项目路基工程共划分6个监理合同段和1个总监办,路面工程共划分3个监理合同段和1个总监办,交通及房建附属工程共划分为1个监理合同段,实行公开招标。

2. 建设管理

(1)项目管理机构

项目前期业主是安徽省公路管理局,成立了庐铜高速公路建设指挥部项目办公室,内设工程部、技术质量部、行政地方部、中心试验室;后由安徽金宇高速公路发展有限公司接手,成立了安徽金宇高速公路发展有限公司庐铜高速公路项目办。

(2)质量管理

项目办树立"百年大计,质量第一"和"对质量终身负责"的思想意识,时刻铭记"铁腕抓质量",始终坚持"内在质量,视作生命,外在质量,国内一流"的原则。正确处理好工程质量与安全、监督、进度、造价之间的辩证关系,认真研究庐铜高速公路工程特点,分析影响质量的主要因素,采取措施,重点控制。

①严格履行基本建设程序,主动申请质监站的监督检查,配合质监站的工作,确保政府监督机制的有效实行。

②项目办、监理、承包人建立了完善的质量保证体系,并坚持使其得到有效运行,层层落实质量责任制,做到人人有责任,事事有人管。

③增强质量意识,提高质量管理规范化程度,将质量教育贯穿工程建设全过程。项目办通过举办试验检测和监理人员培训班,组织监理、承包人学习招标文件、监理手册,召开现场经验交流会,邀请专家讲学等多种方式提高参建人员的技术水平和质量意识。做到

"事前预防,过程控制,事后检查,层层把关",无论是提出问题、分析问题还是制订方案措施都要用事实和数据说话。

④对工程实体质量,严格执行各项技术标准,消除质量隐患,确保工程质量。项目办各部门深入生产第一线全天候巡视工地,协调施工、监理单位之间的工作关系,督促监理和施工单位按技术规范、监理程序进行监理和施工。中心试验室满负荷工作,对工程实体进行试验检测,为质量控制把好最后一道关。如土石混填路堤、软基处理,这些国内尚无成熟规范参考,通过收集多方面资料,组织有丰富实践经验的工程师进行讨论,制定了《填石路堤、土石混填施工质量控制办法(暂行)》《深层搅拌桩施工暂行规定》。

⑤注重合同管理,为高质量精品路创造条件。工程开始阶段,项目办就重视审查、监督各承包人、监理的合同履约情况,对人员、设备进场不符合合同条款的单位勒令整改;要求承包人建设统一的混凝土生产站和大型预制构件场,料场硬化面积必须达到合同要求;混凝土必须集中拌和,集中运输,泵送入模,混凝土构件外露面模板必须采用高档覆膜竹胶板或大型钢模板。

⑥积极采用新技术、新结构、新材料、新设备,提高和保证工程质量。普济圩软基地带采用高架桥方案,避免高路堤方案因沉降而降低工程服务质量。在重点解决深层软土地基上新老路拼接问题时,组织国内知名专家反复论证,综合考虑经济、技术等多方面因素进行优化,最后确定适合本段地质特点的处理方案。

(3)交(竣)工验收

2003年10月~2004年3月,先后完成路基工程14个合同段的交验工作,2004年12月完成路面及房建、绿化、交通、机电工程等的交验工作。建设项目质量评定得分为94.27分,质量等级评定合格。

在缺陷责任期内,建设单位先后完成了档案、环保、财务等专项验收,并分别取得以下批文:

交通部档案馆《印发〈庐江至铜陵公路建设项目档案专项验收意见〉的函》(档指函[2009]59号)。

环境保护部《关于庐江至铜陵高速公路工程竣工环境保护验收意见的函》(环验[2009]283号)。

安徽省交通厅《关于转发安徽庐铜高速公路工程竣工决算审核报告的通知》(皖交财函[2007]49号)。

2010年7月1日,省交通运输厅组织项目竣工验收。竣工验收委员会经现场评议,本项目综合评分89.86分。

庐铜高速公路项目举行竣工验收会议

3. 重大事项

(1)庐铜高速公路管理处位置调整及增设主线收费站

2004年2月27日,安徽省交通厅以《关于庐铜高速公路调整管理处及主线收费站位置的批复》(皖交基〔2004〕21号)批复同意在安徽金宇高速公路发展有限公司成为项目业主后,为方便管理,将原设在铜陵的一处通信监控所和养护工区调整至庐江县境内K7+300处,同时在K63+700处增设一处收费站。

(2)庐铜高速公路增设沙溪服务区

2004年7月21日,安徽省交通厅以《关于庐铜高速公路增设沙溪服务区的批复》(皖交基〔2004〕60号)批复同意在庐铜高速公路K13+800处增设沙溪服务区一处。

(3)庐铜高速公路提前实施小烟墩互通立交

原初步设计时同意预留小烟墩互通立交一处,2005年安徽省交通厅以《关于提前实施庐江至铜陵高速公路小烟墩互通立交的批复》(皖交基〔2005〕34号),批复同意安徽金宇高速公路发展有限公司提前实施小烟墩互通立交。

4. 复杂技术工程

(1)普济圩高架桥

桥址位于长江河漫滩深层软土区域,孔径布设受环河渠、枫沙河、无为—铜陵公路控制。建设桥梁起终点桩号:K64+167.9~K71+460.1,全长7292.2m,采用30m连续箱梁与T梁结构。该桥梁为项目控制工程,施工条件复杂,基础工程难度较大,地表以下20m左右为淤泥质土,间夹流沙层,钻孔施工极易造成塌孔、断桩等病害。根据现场逐孔地质条件变化,现场调整泥浆密度及护筒结构,保证桩基顺利终孔和浇筑水下混凝土的安全。

(2)软基处理

本项目软土路段大部分路段采用高架桥方案,但在长江大桥北岸桥头利用老合铜公路进行单侧加宽,该段软土属于长江流域河相沉积软土,最大厚度近30m。在桥坡段创新采用了粉喷桩联合袋装砂井结合预压处理方案,通过两者的联合作用,大幅降低了工程造价,在缩短工期的同时有效减少了路基的工后沉降。

（3）软地基与基础联合设计

软土地基不能满足小型构造物地基承载力的要求,设计中采用地基与基础联合设计,根据地基土特性和地下水情况,分别采用复合地基、换填、加筋垫层、堆载预压等处理方法,并在全省首次采用土工格室加筋材料用于软基处理,达到地基与基础联合设计的目的,提高了地基的稳定性,减少了地基的不均匀沉降,取得了良好的治理效果,并为后期土工格室等加筋材料的大范围推广运用积累了宝贵的经验。

（四）科技创新与成果

普济圩特大桥桥面铺装改性沥青黏结防水层施工。桥面沥青铺装层与桥面混凝土调平层是通过黏结层共同承受荷载的作用,黏结层与铺装层和桥面的黏结力不足,会导致桥面板与铺装材料的分离,破坏整个铺装体系。考虑普济圩特大桥所处区域的气候环境等因素,高架桥段约12km的沥青混凝土铺装采用了1cm厚改性沥青黏结防水层,5cm厚的SAC-20多碎石沥青混凝土中面层,4cm厚的SAC-13多碎石沥青混凝土表面层的桥面柔性铺装结构层形式。经过12年通车运行,尚未出现车辙、坑槽、沥青剥落、裂缝等病害,使用效果良好,表明铺装结构层的良好适用性及改性沥青黏结防水层的良好质量和性能。

（五）运营与养护

1. 服务区和收费站点设置

庐铜高速公路沿线共设置2对服务区（沙溪服务区、周潭服务区）,共设5个收费站点（庐江南、泥河、浮山、横埠、花园,其中花园站为主线站）。收费站点设置情况见表8-15。

收费站点设置情况表　　　　表8-15

站点名称	车道数	收费方式
庐江南站	入口4条 出口6条	入口:3条MTC车道、1条ETC车道 出口:5条MTC车道、1条ETC车道
泥河站	入口2条 出口3条	入口:1条MTC车道、1条ETC车道 出口:2条MTC车道、1条ETC车道
浮山站	入口2条 出口2条	入口:1条MTC车道、1条ETC车道 出口:1条MTC车道、1条ETC车道
横埠站	入口2条 出口3条	入口:1条MTC车道、1条ETC车道 出口:2条MTC车道、1条ETC车道
花园站	入口4条 出口7条	入口:2条MTC车道、2条ETC车道 出口:5条MTC车道、2条ETC车道

2005年1月18日建成通车后,庐铜高速公路由安徽金宇高速公路发展有限公司进行运营管养,2008年4月26日起由安徽省交通投资集团有限责任公司负责接管运营管养。从2005年1月18日至2015年12月31日,庐铜高速公路交通流量发展状况见表8-16。

交通流量发展状况表(单位:辆) 表8-16

年份	入口	出口	合计	日平均流量
2005	633985	602780	1236765	3388
2006	758865	744371	1503236	4118
2007	893198	884440	1777638	4870
2008	986819	985521	1972340	5404
2009	985504	1011028	1996532	5470
2010	1141589	1173523	2315112	6343
2011	1405618	1428585	2834203	7765
2012	1703984	1723078	3427062	9389
2013	2195390	2211187	4406577	12073
2014	2791564	2803125	5594689	15328
2015	3803413	3795950	7599363	20820

2.养护管理

庐铜高速公路养护管理工作以桥梁和高边坡养护为重点,以路面养护为中心,实行全面养护。重视预防性养护和桥梁养护管理工作,树立全寿命周期养护成本理念,制定适合道路桥梁技术状况特点和养护需求的预防性养护指导意见。对实施预防性养护的工程,积极开展养护工程后评价工作,总结提炼养护处治和管理经验。同时严格执行《公路桥梁养护管理工作制度》,全面落实桥梁养护的技术政策和管理制度。加强长大桥安全运营管理,加强监控检测和监控系统建设,通过采取日常巡查、经常性检查、定期检查等工作,及时处治发现病害,确保路面、桥梁结构运行畅、洁、美、安。

每年10月进行一次路况评定检查工作,及时掌握庐铜高速公路路况质量,尽早做好各项预防措施。同时,组织养护单位对全线桥梁加强经常性检查和定期检查工作力度,全面掌握桥梁技术状况,及时进行维护,保证了桥梁主体结构安全。至今全线主体工程质量优良、结构安全、试运营情况良好。

五、G3京台(北京—台北)高速公路铜陵至汤口段

(一)项目概况

G3京台(北京—台北)高速公路铜陵至汤口段(以下简称"铜汤高速公路")是国家高速公路"7918"网北京至台北高速公路和国家重点干线天津至汕尾公路的组成部分,是安

徽省南北纵向贯通线徐州—合肥—铜陵—黄山—福州—杭州的重要路段,也是安徽省两山一湖(黄山、九华山和太平湖)的旅游通道。铜汤高速公路北端接铜陵长江公路大桥,南端接汤口至屯溪高速公路。铜汤高速公路的建设对于完善安徽省干线公路网络,改善沿线交通运输条件,促进区域经济发展,加快皖南山区脱贫致富的步伐均有着十分重要的意义。

铜汤高速公路太平湖大桥

1. 参建单位

建设单位是安徽省交通投资集团有限责任公司,项目现场设立铜汤高速公路建设办公室,具体负责项目建设管理。

主要参建单位见表8-17。

G3 京台(北京—台北)高速公路铜陵至汤口段主要参与建设单位汇总表　　表8-17

序号	参建单位	单位名称	合同段编号及起止桩号	主要负责人	备注
1	项目管理单位	安徽省交通投资集团铜汤段项目办公室	K1177+874~K1296+300	李学潮、盛恩怀	全线
2	勘察设计单位	安徽省公路勘测设计研究院	K1177+874~K1296+300	王吉双	全线
3	施工单位	中铁四局集团有限公司	01 标 K1180+184.618~K1184+949	牟垣、张道喜	路基
		安徽省公路桥梁工程总公司	02 标 K1184+949~K1193+166	孙学军、张玉杰	路基
		中铁十一局集团第四工程公司	03 标 K1193+166~K1199+304	查钧如、吴达民	路基
		中铁十四局集团第二工程公司	04 标 K1199+304~K1209+124	何帮喜、杨依锁	路基
		中国云南路桥总公司	05 标 K1209+124~K1219+124	韦晓军、李兵	路基
		岳阳公路桥梁基建总公司	06 标 K1219+124~K1231+124	罗奇志、苏检来	路基
		中国有色金属第六冶金建设公司	07 标 K1231+124~K1240+124	罗向辉、鲜永忠	路基
		四川路桥建设股份有限公司	08 标 K1240+124~K1245+274	曾明生、王文清	路基
		广西路桥工程总公司	09 标 K1245+274~K1248+344	杨东海、黄金文	路基
		云南第二公路桥梁有限公司	10 标 K1248+344~K1254+624	洪进、秦文	路基
		中铁隧道集团有限公司	11 标 K1254+624~K1258+424	何毅、孟祥栋	路基

第八章 高速公路建设项目

续上表

序号	参建单位	单位名称	合同段编号及起止桩号	主要负责人	备注
3	施工单位	路桥集团一局厦门工程处	12标 K1258+424～K1263+324	杨焕坤、许向东	路基
		中铁十九局第三工程有限公司	13标 K1263+324～K1269+024	吴连科、于新华	路基
		中铁五局集团有限公司	14标 K1269+024～K1276+424	龙禹、鲁建平	路基
		中铁十九局集团有限公司	15标 K1276+424～K1281+324	李久栋、关喜彬	路基
		中铁十九局第三工程有限公司	16标 K1281+324～K1286+574	王树生、王雪峰	路基
		中铁十三局集团有限公司	17标 K1286+574～K1292+029.95	赵江、朱文忠	路基
		攀枝花路桥工程总公司	18标 K1292+029.95～K1296+300	魏伟、谢东辉	路基
		路桥集团第一公路工程局厦门工程处	01标 K1177+874～K1209+124	王铁法、王加占	路面
		安徽省公路桥梁工程公司	02标 K1209+124～K1240+124	汪卫东、王炜生	路面
		广西壮族自治区公路桥梁工程总公司	03标 K1240+124～K1269+024	龙勇、陈宇	路面
		中铁四局集团有限公司	04标 K1269+024～K1296+300	王维、桂峰锐	路面
4	监理单位	美国路易斯·伯杰通有限责任公司	国外监理 K1177+874～K1296+300	弗朗西斯科	路基
		安徽省公路工程建设监理有限责任公司	总监办 K1177+874～K1296+300	李学潮、李颖	路基
		江苏交通工程咨询监理有限公司	第一驻地办 K1180+184.618～K1193+166	李秀峰	路基
		安徽省高等级公路工程监理有限公司	第二驻地办 K1193+166～K1209+124	郭亮	路基
		福建省交通建设工程监理咨询公司	第三驻地办 K1209+124～K1231+124	王福征	路基
		安徽省中兴工程建设监理所	第四驻地办 K1231+124～K1245+274	葛东海	路基
		安徽省中兴工程建设监理所	第五驻地办 K1245+274～K1254+624	姚大发	路基
		北京京华工程建设监理事务所	第六驻地办 K1254+624～K1263+324	刘峰	路基
		安徽省公路工程建设监理有限责任公司	第七驻地办 K1263+324～K1276+424	邓建军	路基
		安徽省公路工程建设监理有限责任公司	第八驻地办 K1276+424～K1286+574	徐家军	路基

续上表

序号	参建单位	单位名称	合同段编号及起止桩号	主要负责人	备注
4	监理单位	安徽省高等级公路工程监理有限公司	第九驻地办 K1286+574~K1296+300	朱世友	路基
		安徽省中兴工程建设监理所	总监代表处 K1177+874~K1296+300	曹士政	路面
		安徽省科兴交通建设工程监理有限公司	第一驻地办 K1177+874~K1209+124	吴中福	路面
		内蒙古交通建设监理咨询有限责任公司	第二驻地办 K1209+124~K1240+124	庄殿生	路面
		安徽省公路工程建设监理有限责任公司	第三驻地办 K1240+124~K1269+024	徐强	路面
		安徽省高等级公路工程监理有限公司	第四驻地办 K1269+024~K1296+300	徐成竹	路面

2.技术标准

(1)公路等级、里程及地形类别

全线按山岭区四车道高速公路标准设计,配置了完善的通信、监控和收费系统及照明、绿化、房建、安全设施等交通工程和服务设施。项目建设里程116.115km。

项目沿线所经区域地形地貌复杂多样,区域内北部为丘陵与河谷平原、山间盆地交错分布,低山面广,西部及南部多山,为九华山及黄山山脉的主体部分。根据绝对高程及相对高程,区域可划分为中山、低山、丘陵及平原。

(2)主线行车速度

起点 K1180+185~K1236+749 段为100km/h,K1236+749~K1296+300(终点)为800km/h。

(3)路基、路面

起点 K1180+185~K1236+749 段:整体式路基宽26m,路面宽22.5m;K1236+749~K1296+300(终点)段:整体式路基宽24.5m,路面宽21.5m。路基宽度的渐变在陵阳互通立交汤口端三角渐变带内变化。全线路基设计洪水频率1/100。路面标准轴载BZZ-100。

路面结构采用半刚性基层沥青混凝土,总厚度为70cm,沥青面层厚度为15cm。各层结构分别是:4cm AC-13+5cm AC-20+6cm AC-25+35cm 水泥稳定碎石基层+20cm 石灰改善土底基层;桥面沥青铺装采用4cm AC-13+5cm AC-20+桥面防水黏结层;匝道结构同主线。

(4)桥梁、涵洞

计算荷载:汽车—超20级。验算荷载:挂车—120。设计洪水频率:特大桥1/300,大、中小桥、涵洞1/100。桥面净宽:26m路基对应小桥桥面净宽为2×11.5m,大、中桥2×11.75m;24.5m路基对应小桥桥面净宽为2×10.75m,大、中桥2×11m。分离式断面桥梁与路基同宽。涵洞与路基同宽。

(5)隧道

行车道宽(0.5+2×3.75+0.5)m;行车道净高5m;检修道净宽0.75m;检修道净高2.5m。隧道路面横坡为2%的单面坡。

(6)路线交叉

互通式立体交叉设计标准:三级交叉互通;行车速度35~40km/h;匝道宽度,单向双车道路基宽8.5m,路面宽7m(不含加宽值);单向双车道路基宽10.5m、12m,路面宽9m、10.5m;对向双车道路基宽15.5m,路面宽13m。

路线交叉设计标准:主线上跨各级公路的桥梁及通道净空高度,二级及二级以上公路5.0m,三、四级公路4.5m,汽车通道≥3.2m,拖拉机通道≥2.7m,人行通道≥2.2m;主线下穿各级公路的净空高度均按5m控制。

3. 工程内容及主要构造物

(1)建设主要内容

铜汤高速公路建设包括主线116.115km(不含代建的庐铜路桥南2.311km),互通6处,上水桥互通不计入本项目。服务区1处、停车区2处。特大桥6471m/5座,大桥21796.096m/66座,中小桥4638.727m/110座,圆管涵涵洞316道,共长10542.72m;通道89道,总长4358.98m;连拱隧道1711m/8座,分离式隧道单线13575.50m/6座;土石方2266.82万m^3,防护工程46.61万m^3,以及交通机电、房建、绿化等配套工程。主要材料核定为:木材27543m^3,钢材122890t,水泥665225t,石油沥青67180t。

(2)路线中间控制点

牌新村、蛤蟆岭、青阳城东、官塘水库、青石岭垭口、陵阳镇西、杨梅村、紫桐、甘棠城北、金鸡岭垭口、董家村、上芳村、谭家桥、毛塔岭、山岔。

(3)路线跨越主要河流

水桥湖、七星河、东山河、太平湖、镶溪河、浦溪河、麻川河等。

(4)桥梁

铜汤高速公路主要桥梁情况见表8-18。

(5)隧道

全线共有14座隧道,其中分离式隧道6座,连拱隧道8座,详见表8-19。

安　徽

铜汤高速公路主要桥梁情况

表 8-18

序号	桥　名	桥长(m)	主桥跨径(m)	备　注
1	朱家畈特大桥	1233.5	30.0	PC 连续箱梁
2	水桥湖二桥	1424.0	30.0	PC 连续箱梁
3	长河特大桥	1088.0	30.0	PC 连续箱梁
4	太平湖特大桥	505.0	352.0	钢管提篮拱桥
5	七星河特大桥	2254.0	40.0	PC 连续 T 梁
6	乌龙村大桥	793.0	30.0	PC 连续箱梁
7	杨梅村大桥	697.0	30.0	PC 连续箱梁
8	杨家坪 1 号桥	217.0	40.0	PC 连续箱梁
9	杨家坪 2 号桥	251.0	40.0	PC 连续 T 梁
10	杨家坪 3 号桥	309.4	25.0	PC 连续箱梁

铜汤高速公路隧道汇总表

表 8-19

序号	名　称	位　置	总长度(m)	备　注
1	紫桐隧道	上行线	2515	长隧道
		下行线	2340	
2	太平隧道	上行线	1536	
		下行线	1545	
3	黄帝源隧道	上行线	1084	
		下行线	831	
4	香河隧道	上行线	1131	
		下行线	1139	
5	青山隧道	下行线	626	中隧道
		上行线	396	
6	将军岭隧道	上行线	299	短隧道
		下行线	299	
7	和平隧道	上行线	142	
		下行线	142	
8	平湖隧道	上行线	110	
		下行线	110	
9	乌石隧道	上行线	169	
		下行线	169	
10	汪王岭隧道	上行线	363	
		下行线	363	
11	凤凰隧道	上行线	75	
		下行线	75	

续上表

序号	名称	位置	总长度(m)	备注
12	黄榜岭隧道	上行线	428	
		下行线	428	
13	黄狮岭隧道	上行线	170	短隧道
		下行线	170	
14	石门峡隧道右线	上行线	226	
		下行线	195	

(6)收费站及服务区

收费站6处:铜陵南、九华山(原青阳)、陵阳、太平湖、黄山北门(原甘棠)和谭家桥。服务区1处:九华山服务区(原名称:杨田服务区)。停车区2处:太平湖停车区、黄帝源停车区(原名称:长源停车区)。

4.征地拆迁

2003年9月20日,省政府组织召开了项目征地拆迁动员会,省交通厅作为行业主管部门于2003年10月初与铜陵、池州、黄山市签订了征地拆迁责任状。征地拆迁标准执行省交通厅2003年36号文件,共征用土地12300亩(黄山区5518亩、青阳5600亩、铜陵900亩、石台100余亩),拆迁房屋750余户,约129521.96m^2。支付补偿费用368542069.5元。

5.项目投资

(1)投资规模、资金来源

2003年11月17日,交通部以交公路发〔2003〕465号文批准了该项目的初步设计,概算投资总额为51.054亿元。其中,国家用专项基金安排6.76亿元,安徽省交通建设资金安排12.565亿元作为项目的资本金,共计19.325亿元,占总投资的37.89%;安排利用世界银行贷款2.25亿美元(折合人民币18.675亿元);国家开发银行贷款12亿元、招商银行贷款1亿元。

(2)概算执行情况

经竣工决算审计,铜陵至汤口高速公路工程基本建设支出费用48.825亿元,与批复概算总投资51.054亿元相比,节约2.229亿元,对比概算节约比例4.37%。

6.开工及通车时间

2004年6月28日正式开工,同时举行世界银行项目启动仪式。2007年9月28日,举行建成通车仪式,省委、省政府主要领导参加。

(二)决策研究

受安徽省交通厅、公路管理局委托,安徽省公路勘测设计院于2000年8月完成铜陵至黄山区预可(90.45km)及黄山区至屯溪预可(82.4km);2001年8月编制完成铜陵至甘棠公路工可(90.2km)。

世界银行项目启动仪式

2001年7月,安徽省政府聘请了以世界旅游组织(WTO)专家汉弥尔先生为组长的旅游规划组,编制了《皖南万水千山/名山秀水旅游发展结构规划》。世界旅游组织提出如修建本项目,将会对安徽省"两山一湖"旅游总体规划产生不利影响,建议本高速公路采用铜陵—南陵—泾县的绕避方案。2001年12月下旬,省政府组织省工程咨询院、安徽农业大学、东南大学、省计委、省交通厅、省建设厅、省环保厅等部门的生态、旅游、环保、规划等各方面的专家,对此进行了认真比选论证,认为采用原方案更加有利于"两山一湖"旅游的发展,并确定了在原方案的基础上,遵循更加注重环境保护的原则,对路线走向作适当修正设计。

2001年9月,国家计委、财政部到华盛顿,将合肥至黄山公路定为世界银行项目备选;2001年11月,世界银行项目经理川田安弘对合肥至黄山公路进行现场考察,并进行讨论,将铜陵至甘棠公路终点延至汤口,定为世界银行安徽公路项目Ⅱ。

2001年11月,编制完成世界银行项目Ⅱ铜陵至汤口公路预可报告(120.12km),2002年4月通过国家计委组织的评审。2003年6月,省计委以计基础〔2003〕193号文批复立项。

2001年12月,完成世界银行项目Ⅱ铜陵至汤口公路工可报告(117.8km)(中英文本)。针对专家提出路线从黄山西边向南至渔亭和黄山下设置18km隧道穿越方案,以及太平湖大桥跨径偏大的问题,均进行了详细研究对比,充分论证后推荐采用原方案。2003年3月完成工可报告中文版。

项目前期决策研究批复文件如下:

(1)安徽省发展计划委员会《关于安徽省铜陵至汤口公路项目建议书的请示》(计基础〔2001〕1142号)(2001年12月27日);

(2)国家发展计划委员会《国家计委关于审批安徽省铜陵至汤口公路项目建议书的请示》(计基础〔2003〕193号)(2003年2月12日);

(3)国家发展计划委员会以《印发国家计委关于审批安徽省铜陵至汤口公路项目建议书的请示的通知》(计基础〔2003〕338号)(2003年3月5日)批复了项目建议书;

(4)国家环境保护总局《关于安徽省铜陵至汤口公路环境影响报告书审查意见的复函》(环审〔2003〕129号)(2003年4月22日);

(5)水利部水土保持监测中心《关于报送〈安徽省铜陵至汤口公路工程水土保持方案报告书(报批稿)〉审查意见的报告》(水保监方案〔2003〕第51号)(2003年5月20日);

(6)水利部《关于安徽省铜陵至汤口公路工程水土保持方案的复函》(水函〔2003〕71号)(2003年6月13日);

(7)国家发展和改革委员会《国家发展改革委关于审批安徽省铜陵至汤口公路可行性研究报告的请示》(发改交运〔2003〕789号)(2003年7月13日);

(8)国家发展和改革委员会以《印发国家发展改革委关于审批安徽省铜陵至汤口公路可行性研究报告的请示的通知》(发改交运〔2003〕971号)(2003年8月15日)批复了可行性研究报告;

(9)交通部以《关于安徽省铜陵至汤口公路初步设计的批复》(交公路发〔2003〕465号)(2003年11月7日)批复了初步设计;

(10)安徽省国土资源厅《关于安徽省铜陵至汤口公路用地预审意见的函》(皖国土资函〔2003〕733号)(2003年12月12日);

(11)交通部《安徽省铜陵至汤口高速公路公路建设项目招标审查批复表》(2003年11月24日);

(12)安徽省交通厅以《关于安徽省铜陵至汤口高速公路施工图设计的批复》(皖交基〔2004〕44号)(2004年5月8日)批复了施工图设计;

(13)安徽省水利厅征收水土保持补偿费通知书(皖水保费通字〔2005〕第01号、皖水保费通字〔2005〕第02号)(2005年7月7日);

(14)国土资源部《关于安徽省铜陵至汤口高速公路工程建设用地的批复》(国土资函〔2005〕681号)(2005年8月18日);

(15)安徽省交通厅《安徽省铜陵至汤口高速公路施工许可申请书》同意开工(申请日期:2006年8月18日,本项目属于补报)。

(三)项目实施

1. 项目招标

(1)设计招标

安徽省公路管理局重点建设办公室于 2003 年 5 月通过招标形式确定安徽省公路勘测设计院为设计单位。

(2)施工招标

本项目共分 18 个施工合同段,由招标代理机构中机国际招标公司按照世界银行采购的要求,采用国际竞争性招标方式组织工程施工招标。2003 年 10 月进行资格预审,世界银行对 59 家通过资审的单位发表不反对意见。2004 年 2 月进行招投标,确定 18 家中标单位,世界银行 5 月 13 日发表不反对意见。承建单位均具有甲级企业施工资质。经世界银行批准,路面工程和交通工程又重新划分,路面工程共分 4 个标段,交通工程共分 8 个标段。除此之外,房建、机电、消防、绿化、加油站、污水处理等均采用国内竞争性招标方式确定。

(3)监理招标

本项目共划分 9 个监理合同段和 1 个总监办。国内 6 家拥有甲级资质的监理公司中标,另外美国路易斯—伯杰通有限责任公司通过招标担任本项目的国外监理,与国内监理组成中外联合监理小组,共同承担本项目的监理工作。

2. 项目管理

(1)项目管理机构

本项目建立两套管理机构,一是由省政府、省交通厅及省相关部门和沿线市政府组成铜黄高速公路建设指挥部,沿线市、县(区)政府以及交通、土地、电力等部门成立地方指挥部,主要负责征地拆迁、移民安置、外部协调等工作;二是由项目办、总监办、驻地办组成工程管理机构,其中总监办由社会监理与外国专家咨询单位组成联合监理组,负责全线工程质量、进度、投资、安全、环保、组织协调及信息管理等监理工作。

(2)质量保证体系

铜汤高速公路为山区高速公路,工程质量管理形势严峻。质量保证体系认真执行企业自检、监理抽检、业主委检、政府监督的四级体系,同时由于沿线岩溶桩发育,高边坡、桥隧工程较多,地质情况极其复杂,采取主要质量保证措施如下:

一是建立健全各级工地试验室质量检测保证体系。各参建单位试验室按标准化建设,试验仪器配置齐全,试验人员持证上岗。

二是制定一系列的制度、办法,确保质量保证体系的正常有效运转。

三是加强试验路段试铺、总结工作,推行首件工作制,完善施工工艺控制措施。

四是组织高层次岩溶地质学术交流,提升施工管理人员技术水平。同时严格混凝土配合比批复程序,确保关键结构施工质量。

路面水稳基层摊铺首件制

岩溶地质工程技术交流会

五是对台背回填、填挖交界等路基填筑薄弱环节增加补强压实,加强对质量检测和盲区的监控,质量通病治理不留死角。

六是严格处理质量问题,不留隐患。对工程中出现的质量问题,遵循"三不放过"的原则,进行调查处理。

施工中为保护植被避开红豆杉等珍稀物种。

垂直压实用于不易压实部位

施工避开红豆杉等珍稀物种

(3)交(竣)工验收

2007年9月,建设单位安徽省铜黄高速公路建设指挥部铜汤段项目办公室先后组织完成了路基工程18个合同段、路面工程4个合同段和交通工程8个合同段的交工验收,工程质量均评定合格,建设项目质量评定得分为98.2分,质量等级评定合格。在缺陷期内,建设单位先后完成专项验收、工程审计及竣工验收工作如下:

2010年6月18日,安徽九通工程造价咨询事务所有限公司《安徽省铜陵至汤口高速公路项目竣工结算审核报告》（皖九通基审字〔2010〕第083号）；

2010年6月21日，交通运输部档案馆《关于印发〈安徽省铜陵至汤口高速公路建设项目档案专项验收意见〉的函》（档指函〔2010〕37号）；

2010年6月25日，安徽九通会计师事务所《安徽省铜陵至汤口高速公路工程财务竣工决算审计报告》（皖九通专审字〔2010〕第058号）。

2010年10月8日，环境保护部《关于安徽省铜陵至汤口高速公路竣工环境保护验收意见的函》（环验〔2010〕240号）；

2010年12月20日，安徽省交通运输厅《关于对安徽省铜陵至汤口高速公路项目竣工决算审计结果意见的复函》（皖交财函〔2010〕810号）；

2011年7月26日，交通运输部办公厅公路工程竣工验收鉴定书《关于印发铜陵至汤口公路竣工验收鉴定书的通知》（厅公路验〔2011〕4号），同意铜陵至汤口公路通过竣工验收，工程质量等级评定为优良。

3. 重大事项

（1）路线方案论证

2001年7月，省政府聘请了以世界旅游组织专家汉弥尔先生为组长的旅游规划组，对路线方案东移进行论证。东移方案是从铜陵转向芜湖，经泾县、旌德、绩溪至屯溪。规划的基本思路是高速公路不进入"大黄山景区"，利用长江水道首先将池州作为进入旅游规划区的一个"门户"。

2001年12月25～30日，省政府组织专家组，再次对合铜黄高速公路线路方案进行调研。先后沿西线方案、东线方案进行了实地考察，听取了两个方案沿线市县政府和有关部门的意见。专家组对汉弥尔先生编制方案中有关高速公路及其推荐的六条旅游路线和西线方案进行了细致地对比分析，明确提出西线方案的优势。同时对实施中应采取的措施，尽可能给予较详尽的描述。

（2）坚持生态选线和环境保护

坚持"不破坏就是最大保护"的原则，太平湖大桥采用一跨跨越太平湖，路线尽量采用隧道方式穿越山体。全线14座隧道，其中最短隧道仅62m，小于200m的有4座。路线选择尽量减少对原生态的破坏，特别注意对珍稀植物的保护与避让。选择走山腰线为主，减少对农田的占用，这是全线85处边坡大多是半边坡的原因之一，也是半填半挖路段多的原因之一。

（3）加强高边坡监控量测

本项目由中铁西北科学研究院协助承担。该院自2004年6月进入现场，通过两年多时间的现场监控指导，沿线高边坡均未产生变形，确保了高边坡的稳定，高边坡治理工作取得了丰硕的成果。

4. 重大变更

铜汤高速公路施工图相对招标图变化较大,并且随着施工过程中设计的不断优化以及高边坡等的"动态设计",存在大量工程变更。主要包括:

(1)上水桥互通变更

2004年10月7日,安徽省副省长任海深、黄海嵩主持召开了"关于沿江高速公路项目有关问题"的会议。会议研究并确定了沿江高速公路中段路线走向问题,确定了铜陵至池州高速公路按照西线方案实施。根据会议精神,铜陵至池州高速公路与铜汤高速公路的交叉位置由原先预留的石塘冲改至铜陵县大通镇上水桥,设置上水桥枢纽互通立交。该互通立交是连接两条高速公路的大型枢纽工程,原预留的石塘冲互通立交取消。

(2)十八标路改桥

铜汤高速公路 K1294+003~K1295+090 由于揭露地质与原设计差别较大,且原设计对当地居民采光不利,运营不安全。项目办召集专家现场论证,并上报省交通厅批准,决定对该段 K1294+080~K1294+418 路段采用桥梁跨越。

(3)生态保护变更路线

2005年5月19日,为保护国家一级珍稀濒危保护植物红豆杉,更改设计路线,并获得主管部门批准。

5. 复杂技术工程

太平湖大桥。太平湖大桥位于黄山区太平湖柳家梁峡谷风景区,主桥采用计算跨径336m的中承式钢管混凝土提篮拱桥,主跨跨径居当时同类桥型世界第一。大桥主要技术特征和创新点如下:

(1)大桥主跨单根主拱肋由4根直径1280mm钢管组成,管壁厚度由拱脚至拱顶分别为24mm、22mm、20mm,为当时钢管混凝土拱桥最大管径。拱肋采用变高度,由拱脚11m过渡至拱顶4m。该桥集大跨度、变桁高、内提篮特点为一身。

(2)研究了大桥在大悬臂状态拱肋自重、拱肋风荷载、浇筑时自重、成桥状态自重作用下的结构受力状态。分析判别了关键结构的节点位移、截面内力和应力变化的时间历程。

(3)提出了采用单肋吊装、双肋挂扣缆索吊装系统方法,攻克了大跨度钢管混凝土提篮拱桥单肋吊装技术难题。将缆索吊装系统中的起重主索索鞍设计成横向可移动式,利用链子葫芦调整倾角进行单肋的空中提篮倾转,实现了单肋吊装、双肋扣挂,使吊装重量减小了一半。

(四)科技创新与成果

本项目科研和新技术应用主要有三大内容:太平湖大桥的系列科研、高边坡监控量测、路面新材料和新技术应用。

1. 太平湖大桥系列科研

(1)系统地解决了大跨径钢管混凝土拱桥施工和成桥阶段的关键力学问题,形成了大跨径钢管混凝土拱桥抗风、抗震和二类稳定计算的系统方法,并在太平湖大桥中成功应用。

首次系统明确了计算模型、加载模式、施工过程、长期效应等对结构二类稳定过程的影响,形成了可供设计和管理参考的建议,实现了显著的创新。发展了以数值模拟和计算分析为主,小规模模型试验为辅的大跨径钢管混凝土关键力学问题设计施工计算分析成套方法。2007年9月7日,省交通厅在合肥市组织鉴定。验收委员会确认项目总体上达到国内先进水平。

(2)太平湖大桥提篮拱安装工艺。创新设计了塔顶可横移式索鞍,并针对各工况下主塔架的受力分析,对主塔架的强度、刚度和稳定性进行了计算分析与研究。通过研究不同直径密封钢丝绳的接长方式方法,使钢丝绳出现断丝仍可使用。通过对缆索吊装系统承载索索张力灵敏度分析,得出温度变化、主塔高度偏差、主塔水平距离偏差、缆索安装垂直偏差对承载索张力的影响范围。对单边多达11节段、悬臂长达167m的拱肋斜拉扣挂系统进行了横向抗风稳定性研究,设计了完善的横向抗风稳定系统,并经受住了强台风的考验。首次采用长短钢丝绳搭配捆绑工法实现单片拱肋的翻身。

(3)太平湖大桥桥基岩体工程适应性及深大基坑动态设计和施工互馈研究。通过详细调查测试,对拱基岩体力学状态、基础与上部结构联合受力分析、基坑开挖过程力学状态进行模拟,建立三维数学模型,采用FLAC等大型有限元程序进行数值模拟研究,并在施工阶段通过应力应变监控测量,进一步反馈分析,实现动态设计。本项目已经在太平湖大桥超大跨径拱桥中得到运用,切实解决了复杂地质条件下大型工程建设的设计、施工技术难题。

2. 高边坡监控量测

中铁西北科学研究院协助施工单位承担全线高边坡监控量测工作,主要包括沿线高边坡坡体结构类型的确定和稳定性分析、高边坡治理设计的优化、施工工艺的优化和施工过程的动态设计。

(1)结合山区高速公路特点,提出了公路高边坡全过程动态设计和信息化施工的基本思路和方法,建立了山区高速公路高边坡动态设计及施工控制的管理模式,提出了"边坡开挖许可制度",并编制了《山区高速公路边坡工程建设管理技术手册》,用于工程实践。

(2)首次对皖南山区古老板裂化变质岩边坡的形成机制和失稳模式进行了系统研

究,提出了一套适合山区高速公路高边坡过程的定性与定量稳定性评价理论和方法体系,对岩质高边坡勘察设计具有较好的指导作用。

(3)建立了边坡稳定性快速评价方法体系。通过定性与定量评价相结合的快速评价方法,提出边坡稳定性快速评价的"边坡不稳定指数(SII)"方法。

3. 太平湖大桥桥面沥青混凝土铺装施工技术

太平湖大桥为大跨度整体漂浮体系,为增强该桥沥青铺装层抗疲劳性,委托科研合作单位及东南大学对桥面沥青混凝土铺装进行特殊设计。采用抛丸技术对桥面进行处理,洒布 $0.4kg/m^2$ 改性乳化沥青,再洒布 $0.8kg/m^2$ 高强热沥青,全桥满铺聚酯玻纤布。桥面铺装采用6cm高强沥青混凝土。铺筑后通过取芯观察,玻纤布与桥面及沥青混凝土面层黏结紧密。

六、G3 京台(北京—台北)高速公路汤口至屯溪段

(一)项目概况

G3 京台(北京—台北)高速公路汤口至屯溪段(以下简称"汤屯高速公路")是国家早期规划重点干线天津至汕尾公路、杭州至兰州公路的重要组成部分,现已调整为国家高速公路网 G3 京台高速公路的重要组成部分。其中,屯溪枢纽至终点段为与 G56 杭瑞(杭州—瑞丽)高速公路共线部分。项目也是安徽省连接"两山一湖"(黄山、九华山、太平湖)旅游的交通要道及"黄山—衢州—南平"与"黄山—千岛湖—武夷山"旅游路线的重要组成部分。

汤屯高速公路起点位于汤口镇山岔村,北接铜陵至汤口高速公路,南接徽杭高速公路。路线经屯溪区、徽州区、黄山区、休宁县共四个县(区)。

G3 京台高速公路汤口至屯溪段

1. 参建单位

建设单位是安徽省交通投资集团有限责任公司,现场设置安徽省交通投资集团有限责任公司汤屯项目办公室。

主要参建单位见表8-20。

G3京台高速公路汤口至屯溪段主要参与建设单位汇总表　　　　表8-20

序号	参建单位	单位名称	合同段编号及起止桩号	主要负责人	备注
1	项目管理单位	安徽省交通投资集团汤屯段项目办公室	K1296+300~K1346+011/K201+821~K209+507	郑建中	全部
2	勘察设计单位	安徽省交通规划设计研究院	K1296+300~K1346+011/K201+821~K209+507	王吉双	全部
3	施工单位	中铁一局集团第一工程有限公司	1标 K1296+300~K1299+209	马建民	路基
		中铁十八局集团第三工程有限公司	2标 K1299+209~K1301+626	张斌梁	路基
		中铁隧道集团三处有限公司	3标 K1301+626~K1307+574	冯世均	路基
		中铁十七集团有限公司	4标 K1307+574~K1311+594	聂武丁	路基
		福建省第一工程公司	5标 K1311+594~K1315+324	梁球寿	路基
		淮南国能建设工程有限责任公司	6标 K1315+324~K1322+474	吴长城	路基
		中铁十九局集团第二工程有限公司	7标 K1322+474~K1332+833	况世聪	路基
		中铁十二局集团第三工程有限公司	8标 K1332+833~K1344+474	洪成林	路基
		合肥市公路桥梁工程有限责任公司	9标 K1344+474~K1346+011/K201+821~K209+507	杨枫	路基
		路桥集团第一公路工程局天津工程处	1标 K1296+300~K1332+833	皋北	路基
		中铁十九局集团第三工程有限公司	2标 K1332+833~K1346+011/K201+821~K209+507	张伟	路面
4	监理单位	安徽省公路工程建设监理有限责任公司	总监办 K1296+300~K1346+011 K201+821~K209+507	贾雷	路基/路面
		湖北中交公路工程建设监理公司	第1驻地办 K1296+300~K1307+574	王文	路基
		安徽省高等级公路工程监理公司	第2驻地办 K1307+574~K1315+324/K1296+300~K1322+833	巨流	路基
		山东潍坊交通工程监理中心	第3驻地办 K1315+324~K1322+833	吴哲辉	路基

续上表

序号	参建单位	单位名称	合同段编号及起止桩号	主要负责人	备注
4	监理单位	安徽中兴监理所	第4驻地办 K1322+833~K1346+011/K201+821~K209+507	沈项斌	路基
		安徽省高等级公路工程监理公司	第1驻地办 K1296+300~K1332+833	巨流	路面
		安徽中兴监理所	第2驻地办 K1332+833~K1346+011/K201+821~K209+507	吴玉明	路面

注：起止桩号栏"/"号后为 G56 杭瑞高速公路桩号，与 G3 京台高速公路共线。

2. 技术标准

（1）公路等级、里程及地形类别

全线按山岭区四车道高速公路标准建设，配置了完善的通信、监控和收费系统及照明、绿化、房建、安全设施等交通工程和服务设施。项目建设里程为57.40km。

项目沿线所经区域地形地貌复杂多样，从起点至田干段，为山岭重丘区，地面高差大；从田干至屯溪为平原微丘区。自然区划分为Ⅳ5江南丘陵过湿区。

（2）主线行车速度

起点至田干段30.7km，设计速度为80km/h；田干至终点段26.7km，设计速度为100km/h。

（3）路基、路面

起点至田干段路基宽24.5m，路面宽21.5m；田干至终点段路基宽26m，路面宽22.5m。路基设计洪水频率为1/100，路面标准轴载BZZ-100。

路面采用半刚性基层沥青混凝土结构，总厚度为72cm，沥青面层厚度为16cm。各层结构分别是：4cm AC-13（SBS改性）+6cm AC-20（SBS改性）+6cm AC-25+36cm 水泥稳定碎石基层+20cm 低剂量水泥稳定碎石底基层；桥面沥青铺装采用4cm AC-13（SBS改性）+6cm AC-20（SBS改性）+防水黏接层；隧道路面采用复合式路面；匝道结构同主线。

（4）桥梁、涵洞

桥涵设计计算荷载：汽车—超20级；验算荷载：挂车—120。

设计洪水频率：特大桥1/300，大、中小桥、涵洞1/100。

桥面净宽：26m宽路基对应特大、大、中小桥2×11.5m，24.5m宽路基对应大、中、小桥桥面净宽2×10.75m，特大桥为2×11m，分离式断面桥梁与路基同宽，桥面宽12.5m，涵洞与路基同宽。

（5）隧道

隧道行车道及侧向净宽为(0.5+2×3.75+0.5)m，行车道净高5m；检修道净宽2×0.75m，检修道净高2.5m。

(6)路线交叉

互通式立交设计标准:除屯溪枢纽互通立交为一级外,其余均为三级互通。

一级互通:行车速度 40~60km/h;三级互通:行车速度 30~40km/h。匝道宽度:单向单车道匝道路基宽 8.5m,路面宽 7m(不含加宽值);单向双车道路基宽 10.5m、12m,路面宽 9m、10.5m;对向双车道路基宽 15.5m,路面宽 13m;无分隔带路基宽 10.5m,路面宽 9m。

分离式立交设计标准:主线上跨公路净空高度,二级及二级以上公路≥5.0m,三、四级公路≥4.5m,汽车、收割机通道≥3.2m,拖拉机通道≥2.7m,人行通道≥2.2m。上跨公路时预留净宽大于或等于规划宽度。一般人、机孔通道净宽采用 4m,重要村道处的机孔通道净宽采用 6m;主线下穿公路净空高度均按≥5.0m 控制。

3. 工程内容及主要构造物

(1)建设主要内容

全线路基土方 261.89 万 m^3,石方 590.54 万 m^3,特大桥、大桥 10767.49m/41 座,中小桥 630.09m/16 座,分离式立交 5432.88m/45 座。隧道 9 座,单幅全长 18941.6m,涵洞通道 8957m/250 道,全部沥青混凝土路面,5 处互通式立交,3 个收费站,1 对服务区。

(2)路线中间控制点

香溪、石头岭、富溪、四村水库、呈坎、汪泗坞、田干村、翰林第、观村、潜阜、蟾川、长岭、高枧。

(3)路线跨越主要河流

逍遥溪、众川河、丰乐河、率水、横江及新安江,率水属于 3 级航道。

(4)桥梁

汤屯高速公路主要桥梁详见表 8-21。

汤屯高速公路主要桥梁汇总表　　表 8-21

序号	桥　名	跨径组合	桥梁全长(m)	备　注
1	逍遥溪 4 号桥	25×40+30+25	1063.596	PC 箱梁
2	富溪 12 号桥	19×30	580.51	PC 箱梁
3	富溪 19 号桥	11×40	452.58	PC 箱梁
4	碣石 2 号桥	(7×35)+(7×35)	504.5	PCT 梁
5	众川河 3 号桥	32.5+4×60+32.5	312.1	主桥悬浇箱梁
6	大田高架桥	18×30	547.75	PC 型 T 梁
7	丰乐河大桥	14×25	359.44	PC 箱梁
8	横江大桥	6×30+(32+4×54+32)+(25+2×30)	553.2	PC 箱梁
9	屯溪南上跨桥	(25+2×30+25)+3×30+4×30	328.1	现浇连续梁
10	率水河大桥	(2×30+25)+(32.5+3×60+32.5)+(4×30)+(4×30)	578.2	主桥悬浇箱梁

(5)隧道

汤屯高速公路全线共有9座隧道,详见表8-22。

全线隧道建设情况　　　表8-22

序号	隧道名称	方向	洞门形式		长度(m)	备注
			进洞门	出洞门		
1	坞石隧道	右洞	端墙式	端墙式	1312	分离隧道
		左洞	端墙式	端墙式	1329	
2	下杨干隧道	右洞	端墙式	端墙式	140	连拱隧道
		左洞	端墙式	端墙式	140	
3	大田隧道	右洞	台阶式	台阶式	100	连拱隧道
		左洞	台阶式	台阶式	100	
4	大堆尖Ⅱ隧道	右洞	端墙式	柱式	802	分离隧道
		左洞	柱式	端墙式	791	
5	大堆尖Ⅰ隧道	右洞	削竹式	柱式	2091	分离隧道
		左洞	端墙式	台阶式	2091	
6	富溪隧道	右洞	台阶式	端墙式	669	连拱隧道
		左洞	端墙式	台阶式	669	
7	石头岭隧道	右洞	台阶式	台阶式	3011	分离隧道
		左洞	环框式	环框式	3054	
8	香溪隧道	右洞	台阶式	端墙式	735	分离隧道
		左洞	端墙式	环框式	677	
9	汤口隧道		端墙式	环框式	1174.6	匝道双向通行

(6)收费站及服务区

沿线共设3个收费站点,分别是汤口站、岩寺站、屯溪西站;1对服务区,即呈坎服务区。

4.征地拆迁

征地拆迁工作于2003年9月开始,11月基本完成,共计征地共5769.54亩,拆迁建筑物65052.24m²。支付补偿费用152395393元。

5.项目投资

(1)投资规模、资金来源

本项目概算总投资30.4575亿元。工程资金来源于安徽省交通投资集团有限责任公司自筹和交通部补助。

(2)概算执行情况

经过安徽省审计厅审计,本项目总决算金额为29.03亿元,项目结余概算1.43亿元。

6.开工及通车时间

2004年3月16日正式开工,2007年9月28日建成通车。

(二)决策研究

(1)安徽省发展计划委员会以计基础〔2003〕598号文批复项目建议书。
(2)安徽省发展计划委员会以计基础〔2003〕614号文批复可行性报告。
(3)安徽省发展计划委员会以计设计〔2003〕948号文批复初步设计。
(4)安徽省水利厅以皖水农函〔2003〕874号文水土保持方案批复施工许可。
(5)安徽省环境保护局以环然函〔2003〕369号文环境影响报告书批复许可。
(6)安徽省交通厅以皖交基〔2004〕6号文批复施工图设计。
(7)安徽省人民政府以皖政地〔2005〕72号文批复工程建设用地。
(8)安徽省交通厅以皖交基〔2007〕86号文批复施工许可。

(三)项目实施

1.项目招标

(1)设计招标

本项目通过公开招标确定安徽省交通规划设计研究院中标,勘察设计工作内容包括路线勘测、地质勘探、路基、路面、桥梁、隧道、绿化、交通安全设施等设计和技术服务。

(2)施工招标

施工招标按路基、路面及其他工程划分分别进行。路基工程分为9个标段,2003年9月在中国采购与招标网、《中国交通报》上刊登了招标资格预审公告,进行国内公开招标。9家国内公路一级资质施工企业中标。路面工程及交通设施、房建、绿化、机电、消防等附属配套工程施工根据主体工程进展情况,择机实施了公开招标。

(3)监理招标

路基工程分为5个监理标,路面工程分为3个监理标,监理招标与相应施工单位招标同步进行,实行公开招标。

2.项目管理

(1)管理机构

建设单位安徽省交通投资集团成立安徽省铜黄高速公路建设指挥部汤屯段项目办公室,内设总工室、工程部、技术质量部、合同部、安全环保部、财务部、综合部,共六部一室。汤屯项目办受集团公司委托,按照"四项制度"要求,全面负责项目建设过程中的工程质量、安全、进度、环保、投资、地方等各项工作。

(2)管理特色

①贯彻设计管理新理念,对边坡进行动态设计。由于本项目地处山岭重丘区,地形地质条件非常复杂,对于横断面设计产生的高边坡,依据地质勘探报告,施工时根据现场断

面开挖情况,实行动态设计。主要的处理措施包括锚索框架、预应力锚杆框架、非预应力锚杆框架、拱形骨架锚杆等。

②强化生态环境保护。天湖自然保护区范围内禁止设立施工营地,石头岭隧道出口处施工场地和物料堆场位置、范围经保护管理部门划定红线,禁止越界施工。对国家重点保护植物和古树名木尽可能移栽至不受影响的位置。尽量缩短在林区内的施工作业时间,减少爆破作业,减少对野生动物的惊扰。

③重视饮用水源保护区水质保护。施工营地必须远离率水、丰乐河等水体,集中式生活饮用水地表水源二级保护区水域两岸河堤外坡脚向陆地纵深200m内的陆域范围内禁止设立施工营地、物料堆场。

④加强公路建设与城镇规划进一步协调。在屯溪区、呈坎镇规划的修编过程中,应充分考虑汤屯公路的交通噪声、废气等影响,使得城镇与高速公路相协调发展。依据敏感点超标情况的不同,施工前对寺坪小学进行搬迁,营运前期对上汪村、汪村和高枧村等受拟建公路交通噪声影响较大的敏感点实施声屏障、通风隔声窗及降噪砖墙等防护措施。

(3)交(竣)工验收

2007年9月20日,建设单位邀请省交通运输厅、省交通质监局等组织了工程交工验收会议。交工验收委员会对路基、路面、交通工程等进行检查和评审,交工验收质量综合评定得分为98.5分,各单位工程质量全部合格,项目质量评定为合格。缺陷责任期内,建设单位完成专项验收、竣工审计等具体工作如下:

安徽省档案局组织了本项目档案验收,并颁发重大建设项目档案合格证(编号〔2009〕030号)。

汤屯高速公路交工验收会议

安徽省环境保护厅组织环保专项验收,出具《关于汤口至屯溪高速公路工程竣工环境保护验收意见的函》(环评函〔2009〕303号),同意通过专项验收。

安徽省审计厅组织对本项目竣工审计,出具《关于汤屯高速公路建设项目竣工决算和投资效益的审计报告书》(皖审投报〔2009〕12号)。

通过两年多的试运营,安徽省交通运输厅于2010年4月23~24日组织了汤屯高速公路竣工验收,竣工验收委员会认为汤屯高速公路主体质量优良,结构安全,在试运营过程中不断完善其路用性能,体现了汤屯高速公路"生态路、环保路、旅游路"的特点,实现了汤屯高速公路安全、舒适、快速、温馨的目的,得到社会各界的一致好评。竣工验收工程质量评分值为93.85分,工程质量等级为优良。

(4)项目荣获詹天佑奖

2011年12月,安徽铜陵至黄山高速公路荣获第十届中国土木工程詹天佑奖。

3. 重大事项

(1)重大变更

①碣石1号桥变更为路基。

②K211+800~K211+883段路基改为桥梁。

③ZK221+518~ZK221+600、YK221+518~YK221+580段路基改为桥梁。

④原设计路床采用灰土回填处理,因缺少合适土源,变更为采用洞渣回填。

⑤汤口隧道铜陵段洞口段塌方冒顶,对塌腔采用回填注浆加固,并对洞口采用超前大管棚进行预加固。

(2)重要活动

2003年9月5日,安徽省铜黄高速公路汤屯段征迁动员大会在屯溪举行。2003年11月26日,铜黄高速公路汤屯段在呈坎举行开工典礼。

2007年9月28日,铜黄高速公路通车典礼在呈坎服务区举行,省委书记郭金龙、省长王金山等领导出席了通车典礼。

2003年11月26日举行开工典礼　　　　　2007年9月28日举行通车典礼

2004—2006年建设期间,针对铜黄高速公路汤屯段山区复杂地质特点,项目办邀请中铁西北院、中交一公院等专家举办多次高速公路滑坡与高边坡病害防治技术讲座、山区公路地质灾害防治与环境保护技术讲座。

滑坡与边坡灾害防治技术讲座

地质灾害防治与环保技术讲座

4. 复杂技术工程

石岭隧道。隧道明洞段采用明挖法施工,暗洞采用新奥法施工。洞口Ⅱ类围岩偏压段采用注浆中管棚为超前支护,初期支护以锚网喷支护为主,辅以钢拱架。Ⅱ、Ⅲ类围岩加强段采用注浆小导管为超前支护,初期支护以锚网喷支护为主,辅以钢拱架。

开挖方式应根据围岩、支护类型和断面形式等具体情况调整,Ⅱ、Ⅲ类围岩加强段采用环形开挖中心留核心土法,上部留核心土支挡开挖工作面,有利于及时施作拱部初期支护以加强开挖工作面的稳定性,核心土以及下部开挖在初期支护的保护下进行,施工安全性好,一般环形开挖进尺为 0.5~1.0m,下台阶长度为开挖洞径的 1.5 倍。根据隧道围岩特征及开挖后的应力分布情况,建议Ⅲ类围岩一般地段采用台阶法开挖施工,洞身Ⅳ、Ⅴ类围岩地段采用全断面开挖施工。

石岭隧道徽派洞口

根据围岩监控量测结果观察拱顶下沉和拱脚收敛情况,若变形速率值突然增大,除加强初期支护以外,必须立即封闭仰拱。所有围岩段系统锚杆均采用了有压中空注浆锚杆,通过压力注浆使未胶结的围岩形成整体和一定厚度的承载圈以提高自身承载能力,最终根据围岩监控量测结果,在初期支护趋于稳定的条件下,全断面模筑二次混凝土衬砌。

隧道初期支护由上而下,采用先拱后墙法施工,隧道二次衬砌施工,采用在施工边墙、拱顶前先施作仰拱。隧道施工开挖时应减少扰动岩体,严格控制超挖、欠挖。

(四)科技创新与成果

汤屯高速公路作为山区高速公路,沿线地形条件差,地质条件复杂,又位于著名风景名胜黄山脚下,环境保护要求很高。建设单位开展了针对复杂高边坡、隧道工程的一系列科研与技术攻关工作,并取得了较好的成果。

1.汤口至屯溪段高边坡稳定性及支护设计优化系统研究

根据山区高速公路特点,提出了公路高边坡全过程动态优化设计和信息化施工的基本思路和方法,首次对皖南山区古老板裂化变质岩边坡的形成机制和失稳模式进行了系统研究。建立了基于支护的高速公路高边坡岩体结构面的分级方案,为高速公路边坡岩体结构精细描述和支护措施的选择奠定了基础。首次提出三维离散元技术和块体理论相结合的块体稳定性评价方法。通过大量种植基特性的对比研究,提出了适合本地区的污泥(垃圾)客土种植方法和污泥(垃圾肥)作为种植基添加物质的岩质高陡边坡生态绿化防护方法。将GIS技术应用到公路高边坡地质调查及优化设计,通过GIS技术实现大量高边坡信息的管理和查询,为基于GIS的边坡安全管理奠定了基础。

本项科研所取得的成果有效确保了本项目58处高边坡稳定和安全,并实现了良好的生态恢复效果。该项目获得2008年度中国公路学会科技一等奖。

2.复杂地质条件下长连拱隧道设计施工关键技术研究

开展了复杂地质条件下连拱隧道合理施工顺序及工作面合理间距的确定、复杂地质条件下长连拱隧道施工方法及关键技术、连拱隧道施工监控量测技术及应用等项研究。首次提出了在复杂地质条件下适用于隧道施工期间围岩类(级)别鉴定的快速评价方法,将Q法引入公路隧道施工。该项目获得2007年度安徽省科技进步三等奖。

3.浅埋偏压、富水连拱隧道结构形式与施工技术研究

基于普氏理论首次分析了偏压连拱隧道的偏压极限状态,计算得出了各级围岩情况下不同坡度时偏压对连拱隧道产生影响的最大埋深。针对荷载的偏压情况,采用数值计算方法首次将偏压连拱隧道二次衬砌结构设计为不对称形式。建立了与地表完全吻合的计算模型,利用三维有限元程序,模拟了隧道施工过程,得出了偏压连拱隧道的合理开挖顺序,确保了施工安全。该技术成果在汤屯高速公路上得到成功运用,荣获河北省科技进步三等奖、河北省建筑协会一等奖。

4.山区高速公路高边坡运营期监控技术研究

本项研究主要是在高边坡长期稳定监测研究的基础上,通过对高边坡的安全监测,建立高边坡综合地学信息数据库,分析降雨对边坡变形的影响,研究高边坡变形—破坏综合预测预报模型,建立了多维异构的监测数据编码体系,针对高边坡监测数据开发了一套

"多维异构监测数据自动处理入库系统"软件,研发了"山区高速公路高边坡安全管理及应急决策系统",实现了对边坡各种基础信息的维护、高边坡综合信息的三维展示、监测数据实时查看与分析及曲线生成、动态监测预警预报等功能,实现对高速公路高边坡的有效监测预警。该技术成果已成功运用于汤屯、黄塔桃高速公路等多条运营期高速公路,为高速公路的运营安全提供了技术支撑,荣获2014年度安徽省科学技术奖三等奖。

5.隧道监控量测

沿线隧道工程较多,项目办委托北京交通大学承担隧道施工期监控量测,重点加强隧道施工的安全指导,保证穿越断层破碎段的隧道和连拱隧道的施工安全。开展现场监控量测,揭示了围岩变形与支护结构受力特点,对指导隧道的施工起到了积极作用,对类似条件下隧道建设具有一定的参考价值。

(五)运营与养护

1.运营管理

汤屯高速公路沿线共设置1对服务区(呈坎服务区),3个收费站点(汤口站、岩寺站、屯溪西站)。各收费站点采用人工收费及电子不停车收费综合方式,各站点收费车道设置见表8-23。汤屯高速公路通车后交通流量增长变化(2007年9月28日~2015年12月31日)见表8-24。

收费站点设置情况表　　　　　　　　　　　　　　　　　表8-23

站点名称	车道数	收费方式
汤口站	入口4条、出口4条	入口:3条MTC车道、1条ETC车道 出口:3条MTC车道、1条ETC车道
岩寺站	入口2条、出口3条	入口:1条MTC车道、1条ETC车道 出口:2条MTC车道、1条ETC车道
屯溪西站	入口2条、出口4条	入口:1条MTC车道、1条ETC车道 出口:3条MTC车道、1条ETC车道

交通流量发展状况(单位:辆)　　　　　　　　　　　　　表8-24

年份	入口	出口	合计	日平均流量
2007	200117	203697	403814	4251
2008	956182	971531	1927713	5267
2009	1066479	1076835	2143314	5872
2010	1282580	1291091	2573671	7051
2011	1536096	1542517	3078613	8435
2012	1813549	1818550	3632099	9924
2013	2033348	2032127	4065475	11138
2014	2166789	2157022	4323811	11846
2015	2408129	2393867	4801996	13156

2.养护管理

项目通车以来交由黄山公司负责养护管理,采用社会化养护管理模式,通过公开招标方式确定社会专业化养护公司进行小修和路面、绿化、机电等专业化养护。养护管理工作坚持"预防为主,防治结合"的原则,明确"以桥隧和高边坡养护为重点,以路面养护为中心,实行全面养护"的工作思路,严格贯彻落实"畅通主导、安全至上、服务为本、创新引领"的养护管理方针。积极推进养护管理发展方式转变,夯实基础管理,提升管理水平,推进科学养护,强化应急保畅。重点开展养护管理标准化管理体系建设,组织养护示范工程创建和示范管理推广两项活动,并着重推进养护专项工程实施工作。

汤屯高速公路地处皖南山区,桥隧比例达到70%,养护技术含量较高,施工维修难度较大。黄山公司高度重视预防性养护和桥隧养护管理工作,树立全寿命周期养护成本理念,制定适合道路桥梁技术状况特点和养护需求的预防性养护指导意见。对实施预防性养护的大中修工程,积极开展养护工程后评价工作,总结提炼养护处治和管理经验。同时严格执行《公路桥梁养护管理工作制度》,全面落实桥隧养护的技术政策和管理制度;加强长大桥隧安全运营管理,加强监控检测和监控系统建设,通过采取巡查、经常性检查、定期检查和硬化排查等工作,及时发现处治病害,确保桥梁隧道结构安全。

七、G3 京台(北京—台北)高速公路小贺至桃林段暨 G56 杭瑞(杭州—瑞丽)高速公路黄山至塔岭段

黄塔桃高速公路俯瞰图

(一)项目概况

G3 京台(北京—台北)高速公路小贺至桃林(皖浙界)段暨 G56 杭瑞(杭州—瑞丽)高速公路黄山至塔岭(皖赣界)段(以下简称"黄塔桃高速公路")是连通国家高速公路网中 G3 京台高速公路和 G56 杭瑞高速公路的重要路段,作为一个项目同步开工建设,项目起点位于黄山长岭,北接汤屯高速公路,东接徽杭高速公路,西接黄祁高速公路,路线起点

向南至小贺段为 G3 和 G56 共线段,共线段路线长 15.41km。随后,呈"人"字形分为东南和西南两个方向,向东南止于休宁县龙田乡与浙江省的黄(山)衢(州)南(平)高速公路相接,即 G3 小贺至桃林段;向西南止于休宁县岭南乡与江西省的景(德镇)婺(源)黄(山)高速公路相接,即 G56 小贺至塔岭段。G3 线起止点桩号为 K1346+011~K1382+012,G56 线起止点桩号为 K209+507~K241+168。

该项目也是安徽省"四纵八横"高速公路规划网"纵二"中南段重要组成部分,也是安徽省"两山一湖"(黄山、九华山、太平湖)旅游胜地的重要交通要道。本项目的建成无论从构建国家高速公路网,完善国家及区域路网整体结构,提高通达程度,还是从全面促进和谐社会,促进国家及地区协调快速发展,尤其是加快皖南地区社会经济综合发展速度,全面提升周边区域旅游经济等诸多方面,都具有重大而深远的意义。

1. 参建单位

建设单位是安徽省交通投资集团有限责任公司,现场设置安徽省交通投资集团有限责任公司黄塔桃项目办公室。

主要参建单位见表 8-25。

G3 京台(北京—台北)高速公路小贺至桃林段暨 G56 杭瑞(杭州—瑞丽)高速公路黄山至塔岭段主要参与建设单位汇总表　　　　表 8-25

序号	参建单位	单位名称	合同段编号及起止桩号	主要负责人	备注
1	项目管理单位	安徽省交通投资集团黄塔桃项目办公室	K1346+011~K1382+012/K226+047~K241+168	郑建中	全部
2	勘察设计单位	安徽省交通规划设计研究院	K1346+011~K1382+012/K226+047~K241+168	王吉双	全部
3	施工单位	安徽省路港工程有限公司	1 标 K1346+011~K1354+111	郑国新	路基
		中铁四局一公司	3 标 K1357+561~K1362+551	邓为民	路基
		福建路桥建设有限公司	4 标 K1362+551~K1364+011/K1362+551~K226+047	王卫民	路基
		中铁二十二局	5 标 K226+047~K230+767	倪振国	路基
		路桥集团一局天津工程处	6 标 K230+767~K236+024	周桃玉	路基
		路桥集团第一公路工程局	7 标 K236+024~K241+168	王铁红	路基
		中铁十七局三公司	8 标 K1364+011~K1366+799	雷登峰	路基
		中铁十局三公司	9 标 K1366+799~K1368+811	魏义臣	路基
		中铁十四局三公司	10 标 K1368+811~K1372+731	袁培国	路基
		省交通建设有限公司	11 标 K1372+731~K1382+012	黄江应	路基
		路桥集团一局一公司	1 标 K1346+011~K1364+011/K1362+551~K226+047	王玉臣	路面

续上表

序号	参建单位	单位名称	合同段编号及起止桩号	主要负责人	备注
3	施工单位	大连公路工程公司	2标 K1364+011～K1382+012/K226+047～K241+168	齐明	路面
4	监理单位	安徽中兴工程建设监理所	总监办 K1346+011～K1382+012/K226+047～K241+168	邓陈记	路基路面
		省科兴交通建设工程监理有限公司	第1驻地办 K1346+011～K1362+551	罗中凯	路基
		山东恒建工程监理咨询有限公司	第2驻地办 K1362+551～K1368+731	陈松州	路基
		省高等级公路工程监理有限公司	第3驻地办 K1368+731～K1382+012	刘胜	路基
		武汉广益工程咨询有限公司	第4驻地办 K226+047～K231+847	蔡慎雪	路基
		省公路工程建设监理有限责任公司	第1驻地办 11标 K231+847～K241+168	方元	路面
		安徽省高等级公路工程监理有限公司	第2驻地办 K1346+011～K1363+012	巨流	路面
		武汉广益工程咨询有限公司	路面监理2标 K1363+012～K1382+012、K226+047～K241+168	李亮	路面

2．技术标准

(1)公路等级、里程及地形类别

起点至小贺段全线按六车道高速公路标准设计,小贺至塔岭(皖赣界)段及小贺至桃林(皖浙界)段按四车道高速公路标准设计,路面采用沥青混凝土路面。全线配置了完善的通信、监控和收费系统及照明、绿化、房建、安全设施等。建设里程51.12km。本项目沿线所经区域地形地貌复杂多样,山岭重丘区地貌占路线总长的91.12%,平原微丘区占8.88%。自然区划为江南丘陵过湿亚区Ⅳ5。

(2)主线行车速度

起点K1346+011至小贺段主线设计行车速度为120km/h,小贺至塔岭(皖赣界)段及小贺至桃林(皖浙界)段主线设计行车速度为100km/h。

(3)路基、路面

起点K1346+011至小贺段：整体式路基宽33.5m,路面宽30m；分离式路基宽16.75m,路面宽15.25m。

小贺至塔岭(皖赣界)段及小贺至桃林(皖浙界)段：整体式路基宽24.5m,路面宽20m；分离式路基宽12.25m,路面宽10.75m。

全线路基设计洪水频率 1/100,路面标准轴载 BZZ-100。路面总厚度为 74cm,各层结构分别是:4cm SMA-13(SBS)+6cm AC-20(SBS)+8cm AC-25+36cm 水稳碎石+20cm 低剂量水稳碎石。

(4)桥梁、涵洞

计算荷载:汽车—超 20 级;验算荷载:挂车—120;

设计洪水频率:特大桥 1/300,大、中小桥、涵洞 1/100;

桥面净宽:33.5m 路基对应小桥桥面净宽为 $2×16.75$m,大、中桥 $2×16.75$m;24.5m 路基对应小桥桥面净宽为 $2×12.25$m,大、中桥 $2×12.25$m;分离式断面桥梁与路基同宽;涵洞与路基同宽。

(5)隧道

两车道行车道宽$(0.5+2×3.75+0.5)$m,三车道行车道宽$(0.5+3×3.75+0.5)$m;行车道净高 5m;检修道净宽 0.75m;检修道净高 2.5m。

(6)路线交叉

互通式立体交叉设计标准:三级交叉互通;行车速度 35~40km/h;匝道宽度,单向双车道路基宽 8.5m,路面宽 7m(不含加宽值);单向双车道路基宽 10.5m、12m,路面宽 9m、10.5m;对向双车道路基宽 15.5m,路面宽 13m。

路线交叉设计标准:主线上跨各级公路的桥梁及通道净空高度,二级及二级以上公路 5.0m,三、四级公路 4.5m,汽车通道≥3.2m,拖拉机通道≥2.7m,人行通道≥2.2m;主线下穿各级公路的净空高度均按 5m 控制。

3. 工程内容及主要构造物

(1)建设主要内容

全线路基挖方 709.1 万 m^3,路基填方 773.5 万 m^3,防护工程 93029m^3。特大桥、大、中桥共 66 座,桥梁单幅总长 26764m,占路线总长的 26.8%;隧道 16 座,隧道单幅总长 27626m,占路线总长的 27.6%。桥梁隧道占路线总长的 54.4%。互通式立交 5 座,服务区 1 处,全线路面、排水及房建、机电、交通安全设施和绿化工程等配套工程。

(2)路线中间控制点

汪村互通、小贺枢纽互通、牛岭隧道、璜茅互通、璜源山隧道、中村互通、马金岭隧道、塔岭隧道、桃林隧道。

(3)路线跨越主要河流

新安江上游率水、兰水河、汊水河和马金溪均无通航要求。

(4)桥梁

主要桥梁工程建设情况详见表 8-26。

黄塔桃高速公路主要桥梁汇总表　　表8-26

编号	桥　名	跨径组合	桥梁全长(m)	结构形式
1	率水河大桥	(40+2×60+40)+8×30	444.24	连续箱梁
2	蛇坑1号大桥	42×25+5×20+26+3×30	1273.54	连续箱梁
3	汪村大桥	7×20+25×25	768.77	连续箱梁
4	长干2号桥	5×25+5×25+6×25+6×25	550	组合箱梁
5	长干6号桥	27×25	678.5	组合箱梁
6	长干8号桥	20×25	528	组合箱梁
7	中村4号大桥	5×40+5×40+4×40	564.84	T梁
8	璜源1号大桥	19×30	572.55	组合箱梁
9	西坑4号大桥	34×25	850	组合箱梁
10	古楼1号大桥	30×30	900.8	组合箱梁
11	古楼2号大桥	26×30	783.8	组合箱梁
12	陈村桥	27×25	681	组合箱梁
13	璜茅1号桥	16×25+7×20	550.79	现浇连续梁

(5)隧道

全线共建设16座隧道,具体情况详见表8-27。

黄塔桃高速公路隧道汇总表　　表8-27

序号	隧道名称	方向	洞门形式		长度(m)	备注
			进洞门	出洞门		
1	龙湾隧道	右洞	端墙式	斜切式	630	分离式
		左洞			769	
2	长干隧道	右洞	端墙式	端墙式	345	分离式
		左洞			227	
3	五城隧道	右洞	端墙式	端墙式	112	分离式
		左洞			86	
4	竹下隧道	右洞	端墙式	斜切式	214	分离式
		左洞			170	
5	状元岭隧道	右洞	削竹式	削竹式	2905	分离式
		左洞	斜切式		2867	
6	中村南隧道	右洞	端墙式	端墙式	367	分离式
		左洞			367	
7	马金岭隧道	右洞	端墙式	斜切式	3380	分离式
		左洞		端墙式	3325	
8	龙瀑隧道	右洞				
		左洞	端墙式	端墙式	80	通透肋式

续上表

序号	隧道名称	方向	洞门形式		长度(m)	备注
			进洞门	出洞门		
9	龙田隧道	右洞	端墙式	斜切式	128	
		左洞	斜切式	端墙式	238	
10	西坑隧道	右洞				
		左洞	削竹式	端墙式	118	
11	古楼隧道	右洞	端墙式	端墙式	118	连拱隧道
		左洞	端墙式	端墙式	118	
12	桃林隧道	右洞	端墙式	—	345	皖境内
		左洞	—	端墙式	344.89	
13	牛岭隧道	右洞	削竹式	削竹式	2554	分离式
		左洞	削竹式	端墙式	2553	
14	管铺街1号隧道	右洞	端墙式	端墙式	534	分离式
		左洞	削竹式	端墙式	725	
15	管铺街2号隧道	右洞	端墙式	削竹式	235	分离式
		左洞	端墙式	端墙式	223	
16	塔岭隧道	右洞	端墙式	—	1766.5	皖境内
		左洞	—	端墙式	2082.3	

(6)收费站及服务区

全线共设互通式立交5座：汪村互通、小贺枢纽互通、璜茅互通、中村互通、桃林互通；服务区1处：休宁服务区；主线收费站2处：徽州收费站、黄山收费站。

4.征地拆迁

征地拆迁工作于2005年10月开始，2006年1月拆迁安置工作完成，共拆迁各类建筑4.62万 m^2，征用土地5125.14亩，支付征迁资金约9000万元。

征地拆迁动员会

5. 项目投资

(1) 投资规模、资金来源

2005年9月,交通部以交公路发〔2005〕444号文批准了该项目初步设计概算为38.4423亿元。资金来源由交通部补助和建设单位安徽省交通投资集团自筹组成。

(2) 概算执行情况

经竣工决算审计,黄塔桃高速公路工程基本建设支出30.7678亿元。与批复的概算38.4423亿元相比,节约7.6744亿元,约占概算的20%。

6. 开工及通车时间

2006年4月11日正式开工,2008年12月26日建成通车。

(二) 决策研究

2004年6月25日,交通部以《关于黄山至塔岭(皖赣界)和小贺至桃林(皖浙界)公路项目建议书的批复》(交规划发〔2004〕346号)批准立项;

2004年11月26日,交通部以《关于黄山至塔岭(皖赣界)和小贺至桃林(皖浙界)公路可行性研究报告的批复》(交规划发〔2004〕674号)批准工可;

2005年8月30日,国家环境保护总局以《关于黄山至塔岭(皖赣界)公路和小贺至桃林(皖浙界)公路环境影响报告书的批复》(环审〔2005〕718号)进行环境影响评价批复;

2005年9月23日,交通部以《关于黄山至塔岭(皖赣界)和小贺至桃林(皖浙界)公路初步设计的批复》(交公路发〔2005〕444号)批准初步设计;

2006年9月24日,安徽省交通厅以《关于黄山至塔岭(皖赣界)和小贺至桃林(皖浙界)公路施工图设计的批复》(皖交基〔2006〕61号)批准施工图设计。

2007年7月23日,国土资源部以《关于黄山至塔岭和小贺至桃林公路工程建设用地的批复》(国土资函〔2007〕576号)文件批准征地。

(三) 项目实施

1. 项目招标

(1) 设计招标

本项目通过公开招标确定安徽省交通规划设计研究院中标,勘察设计工作内容包括路线勘测、地质勘探、路基、路面、桥梁、隧道、绿化、交通安全设施等设计和技术服务。

(2) 施工招标

本项目路基工程分成11个标段,于2005年8月17日在中国采购与招标网、《中国交通报》上刊登招标资格预审公告,进行国内公开招标。确定11家国内一级施工企业中标,公证机关、监察部门全过程参加了招标活动。

路面工程分为2个标段,交通工程、房建、绿化、机电、消防等施工单位均根据路基工程进展进行了公开招标。

(3)监理招标

路基工程分为6个监理标,路面工程分为2个监理标,监理招标与相应施工单位招标同步进行,实行公开招标。

2.项目管理

(1)管理机构

项目法人为安徽省交通投资集团有限责任公司,项目法人在现场组建安徽省黄塔桃高速公路建设办公室,具体负责项目建设管理。同时,遵照国家基建程序和世界银行项目要求,本项目建立两方面管理机构,一是由省政府、省交通厅及省相关部门和沿线市政府组成黄塔桃高速公路建设指挥部,沿线市、县(区)政府以及交通、土地、电力等部门成立地方指挥部,主要负责征地拆迁、移民安置、外部协调等工作;二是在项目法人建设办公室领导下,由总监办、驻地办组成两级监理机构,其中总监办负责全线的工程质量、进度、安全、环保、组织协调及信息管理等监理工作,驻地办负责招标指定的几个相邻标段的工程质量、进度、安全等监理工作。

(2)管理特色

本项目是安徽省第一条交通部典型示范路工程,建设管理除执行"四项制度"进行质量、安全、进度、造价等方面管理外,重点突出环保与生态建设管理。

①最大限度保护沿线自然景观。项目沿线自然景观优美,生态良好,建设办从施工初期严格要求作业方案尽量不破坏原有自然环境。临时工棚、建设场地、施工便道开挖等,要求先放线比选,将自然破坏降到最小,践行"不破坏就是最大的保护"的新理念。边坡开挖边界现场确定、隧道实施"零开挖"进洞、桥梁除墩台等必须开挖的以外,其余地方一律不得随意开挖。

②落实沿线古树名木保护行动。沿线的古树名木是不可多得的宝贵资源,原则上做好原位保护,对于必须进行迁移的,则就近移植到高速公路旁边,形成高速公路的古树名木景观。路基4标有3棵树龄约300年的古树,位于小贺枢纽互通立交B匝道位置。经研究分析进行改路保树,成功保护了珍贵的古树。路基6标百岁红豆杉和400年的槠树,因无法避让则进行移植,并取得古树名木移植后成活的好经验。

③及时做好生态恢复。对于边坡、隧道洞口、取弃土场等多处需要采取生态恢复的地方,采用液压喷播、厚层基材、植生袋、栽植等技术,采取乔、灌、草相结合的措施。努力做到"四季常绿、季季有花",使公路建设和原始的植物群完全融为一体。

隧道"零开挖"进洞

保护与避让古树

④引进高边坡监控量测,动态优化施工方案。本项目高边坡、隧道工程多,为及时掌握高边坡、隧道工程建设过程中坡体、围岩的变形和受力情况,准确判定高边坡、隧道的安全状态,建设办与同济大学、长安大学、成都理工大学等科研单位、高等院校联合开展高边坡监测和隧道监控量测工作,做到高边坡、隧道信息化施工,确保工程安全,同时为动态化设计、信息化施工提供依据。

⑤重塑当地文化特色。建设期间深入研究了古徽州的建筑文化、教育文化、商业文化等,提出并实施了皖赣交界徽婺古道雕塑群、皖浙交界徽派小院墙、长坞岭隧道的歙砚以及小贺停车区景观亭、青山观景台、龙田河观景台等景观工程,让黄塔桃高速公路融合徽文化,穿行在古村落之间,让所有驾乘人员能够尽情领略古徽州新黄山美好的自然、人文风光。对五城隧道、中村南隧道等进行塑石设计施工,让洞门很好地融入自然,隧道洞口与环境浑然一体,和谐统一。竹下隧道、岭南隧道、马金岭隧道洞门采用徽派手法设计,充分吸收徽文化元素中的马头墙、牌坊、石拱桥等,打造新徽路,使人仿佛置身于徽文化长廊中。

边坡及时生态恢复

隧道洞门景观融入文化特色

(3)交(竣)工验收

2008年12月,建设单位邀请省交通运输厅、省交通质监局等组织了工程交工验收会议。交工验收质量综合评定得分为98.8分,项目质量评定为合格。交工验收后,建设单位同时完成以下专项验收:

①2011年11月,交通运输部《关于印发黄山至塔岭(皖赣界)和小贺至桃林(皖浙界)公路项目档案专项验收意见的函》(档指函〔2011〕44号);

②2011年11月,环境保护部(关于黄山至塔岭(皖赣界)和小贺至桃林(皖浙界)公路竣工环境保护验收意见的函》(环验〔2011〕328号);

③2011年12月,安徽安建会计师事务所有限公司(皖安财审字〔2011〕第201号)"黄山至塔岭(皖赣界)和小贺至桃林(皖浙界)高速公路工程竣工结算审计报告"。

黄塔桃高速公路经过近三年的试运营,安徽省交通运输厅于2012年1月12~13日组织了竣工验收,竣工验收委员会认为项目实现了交通运输部典型示范"工程更耐久、质量更可靠、环境更友好、资源更节约、群众更满意"的总体要求,得到社会各界的一致好评。竣工验收工程质量评分值为95.03分,工程质量等级为优良。

3. 重大事项

(1)重大变更

①四标小贺枢纽B匝道改线,避让3棵树龄约300年的古树。

②七标桥改路,外塔坑5号桥(ZLK29+078~ZLK29+408段)330m桥梁变更为路基,外塔坑3号桥(LK29+010~LK29+421段)411m桥梁变更为路基,实现隧道弃渣废方利用,减少征地,节约工程投资。

③路堑边坡采用动态优化设计。在施工阶段,根据挖开的一至二级边坡,可以对整个边坡有较为准确的认识,给出更为精准的防护方案。设计代表组在施工阶段积极配合建设管理实施"边坡开挖许可证"制度,对全线边坡逐坡调查并进行优化设计。

④龙瀑隧道变更。原设计采用高路堑方案,切坡几近山顶,挖方工程量大,征地多,对环境破坏大,且运营期边坡养护成本高,经充分论证和综合考虑优化为半明半暗通透肋式拱梁异形隧道,工程造价较原方案增加约250万元,但能大大降低后期养护成本,对自然环境的影响降到最小。

(2)重要活动

项目建设过程中,得到交通部、省政府的大力支持,黄海嵩副省长多次到现场对重大问题进行协调决策。

项目于2008年12月26日举行通车典礼。

4. 复杂技术工程

(1)马金岭隧道

马金岭隧道明洞段采用明挖法施工,在确保洞口边坡稳定的条件下,就地模筑全断面整体式钢筋混凝土。暗洞均采用新奥法施工,洞门景观体现徽州文化特色。洞口Ⅴ级围岩段采用以注浆中管棚为超前支护,初期支护以锚网喷支护为主,辅以钢拱架。开挖方式应根据围岩、支护类型和断面形式等具体情况选择采用环形开挖中心留核心土法,上部留核心土支挡开挖工作面,有利于及时施作拱部初期支护以加强开挖工作面的稳定性。为避免初期支护拱脚下沉,每米增加4~6根拱脚锁定锚杆,杆长与相应围岩类别匹配。根据隧道围岩特征及开挖后的应力分布情况,Ⅳ级围岩加强段、Ⅳ级围岩一般段采用台阶法开挖,洞身Ⅲ级围岩段采用全断面开挖。根据围岩监控量测结果观察拱顶下沉和拱脚收敛情况,所有围岩段系统锚杆均采用了有压注浆锚杆,通过压力注浆使未胶结的围岩形成整体和一定厚度的承载圈。隧道初期支护采用由上而下、先拱后墙法施工。隧道施工开挖时尽量少扰动岩体,严格控制超挖、欠挖,钢筋网和钢支撑必须密贴围岩面,支撑紧密,再加上混凝土预制块垫"楔"紧,使初期支护及时可靠。二次衬砌确保混凝土质量达到内实外光。

黄海嵩副省长视察工地

黄塔桃高速公路举行通车典礼

马金岭隧道

(2) 蛇坑 1 号特大桥

蛇坑 1 号特大桥单幅 1273.54m,采用桩基础,上部构造为预应力混凝土组合箱梁。钢筋混凝土及预应力混凝土现浇连续箱梁采用支架逐孔现浇的施工方法,箱梁混凝土浇筑应先浇筑跨中区段,最后浇筑墩顶梁段。箱梁施工前,应对支架进行预压,预压荷载为箱梁自重的 80%,并随着箱梁混凝土的浇筑逐步减少预压荷载。搭设支架时,预留支架弹性和非弹性变形量。预应力钢束应按腹板、底板、顶板的顺序张拉且必须对称张拉,并严格按张拉控制应力进行。施加预应力必须采用张拉吨位与引伸量双量控制。

(四) 科技创新与成果

本项目科研和新技术应用主要有三大内容:山区高速公路高边坡动态设计及施工控制技术系统研究、通透肋式拱梁傍山隧道修建技术研究、隧道半导体照明(LED)综合节能技术研究。

1. 山区高速公路高边坡动态设计及施工控制技术系统研究

根据监测成果研究边坡的长期稳定性,评估边坡在异常工况下的稳定性变化,进一步检验支护结构的效果;完善山区公路边坡监测方法与稳定性评价方法,通过在高速公路沿线边坡实施自动化无线传输观测研究数据传输的可能性与可靠性,为后续工程提供参考。

研究表明山区高速公路沿线边坡监测中实施自动化无线传输观测是可行的,技术可靠、应用简便,可在其他高速公路路段不稳定的高边坡的稳定性监测中使用自动化无线传输观测,以便达到快捷、方便的监测目的。该项目获得 2011 年安徽省科学技术二等奖。

2. 通透肋式拱梁傍山隧道修建技术研究

研究一种新型隧道结构——创新通透肋式拱梁隧道。针对该新型隧道的变形与受力特征、破坏模式、设计计算方法、变形控制技术与施工方法进行了系统的研究,体现了融安全、环保、节能和景观协调于一体的建设理念,为我国傍山道路的建设提供了新的思路。通透肋式拱梁隧道围岩破坏模式与结构荷载设计计算方法为同类型半明半暗隧道结构荷载设计计算提供了有效的参照,填补了行业空白。

该项目研究成果已在黄塔桃、六武等高速公路中得到成功应用,取得了显著的社会、经济效益,具有广阔的推广应用前景。该项目获 2009 年安徽省科学技术二等奖。

本项目除了上述几项创新之外,尚有苗木栽植许可制、桥梁中央分隔带植物防眩、隧道 LED 照明、排水式沥青路面、3F 发光涂料等多种创新。据统计,本项目在全国或省内首次使用的创新点多达十余处,使得本项目成为一条创新型高速公路。

创新通透肋式拱梁隧道

（五）运营与养护

1.运营管理

项目建成通车后,交由黄山高速公路管理有限公司负责运营管理。运营收费站点采用人工收费及电子不停车收费综合方式,各站点收费车道设置见表8-28。2008年12月26日~2015年12月31日,交通流量逐年上升,详见表8-29。

收费站点设置情况表　　　　　　　　　　　　　　　　表8-28

站点名称	车道数	收费方式
五城站	入口2条、出口2条	入口:1条MTC车道、1条ETC车道 出口:1条MTC车道、1条ETC车道
G56徽州站	出口6条	出口:4条MTC车道、2条ETC车道
岭南站	入口2条、出口2条	入口:1条MTC车道、1条ETC车道 出口:1条MTC车道、1条ETC车道
G3黄山站	入口1条、出口6条	入口:1条MTC车道 出口:4条MTC车道、2条ETC车道

交通流量发展状况表（单位:辆）　　　　　　　　　　　表8-29

年份	入口	出口	合计	日平均流量
2008	4921	4685	9606	1601
2009	476170	467447	943617	2585
2010	701696	700844	1402540	3843
2011	964929	976550	1941479	5319
2012	1331744	1346015	2677759	7316
2013	1682876	1729581	3412457	9349
2014	1953091	2021855	3974946	10890
2015	2205577	2472493	4678070	12817

2. 养护管理

黄塔桃高速公路地处皖南山区,桥隧比例达到60%,养护技术含量较高,施工维修难度较大。黄山公司高度重视预防性养护和桥隧养护管理工作,树立全寿命周期养护成本理念,制订适合道路桥梁技术状况特点和养护需求的预防性养护指导意见。对实施预防性养护的大中修工程,积极开展养护工程后评价工作,总结提炼养护处治和管理经验。养护管理工作坚持"预防为主,防治结合"的原则,明确"以桥隧和高边坡养护为重点,以路面养护为中心,实行全面养护"的工作思路,严格贯彻落实"畅通主导、安全至上、服务为本、创新引领"的养护管理方针。积极推进养护管理发展方式转变,夯实基础管理,提升管理水平,推进科学养护,强化应急保畅。重点开展养护管理标准化管理体系建设,组织养护示范工程创建和示范管理推广两项活动,并着重推进养护专项工程实施工作。

养护管理采用社会化模式,通过公开招标方式确定社会专业化养护公司进行小修和路面、绿化、机电等专业化养护。通过采取巡查、经常性检查、定期检查和硬化排查等工作,及时发现处治病害,确保桥梁隧道结构安全。

八、G3W 德上(德州—上饶)高速公路砀山段

(一)项目概况

G3W 德上(德州—上饶)高速公路砀山段是安徽省"四纵八横"高速公路网布局规划中"纵三"的组成部分。其中济南至祁门高速公路北起山东济南,经山东巨野、单县,河南永城,安徽砀山、涡阳、六安、舒城、桐城、枞阳、石台,接安徽黄山至祁门至景德镇高速公路,远期向江西婺源、上饶延伸,向南接G1514 宁德至上饶高速公路,继而于福建建阳接G3 京台高速公路至福州。本路段的建设对于进一步加强鲁、豫、皖三省的经济社会联系,完善三省综合交通运输体系具有重要意义。

本项目地处中部地区,全线位于安徽省砀山县境内。路线起自马良集东面约1km 的鲁皖省界处(起点桩号K0+501.158),与济南至祁门高速公路山东段顺接,路线于邵寨东面约0.6km 至路线终点,与济南至祁门高速公路河南段顺接,终点桩号为K40+007.842,路线全长约39.507km,是沟通皖、豫、鲁,连接黄淮海经济区的纽带。

1. 参建单位

建设单位是安徽省交通投资集团有限责任公司。

主要参建单位见表8-30。

G3W 德上高速公路砀山段

G3W 德上（德州—上饶）高速公路砀山段主要参与建设单位情况表　　表 8-30

序号	参建单位	单位名称	合同段编号及起止桩号	主要负责人	备注
1	项目管理单位	济祁高速公路砀山段项目办	K0+502.14～K40+007.84	夏柱林	
2	勘察设计单位	交通规划设计研究总院股份有限公司	K0+501.16～K40+007.84	王吉双	
3	施工单位	中国水电建设集团十五工程局有限公司	路基工程01合同段 K0+501.16～K8+000.00	吴勇	
		中铁十五局集团有限公司	路基工程02合同段 K8+000.00～K14+798.50	王鹏	
		安徽省公路桥梁工程公司	路基工程03合同段 K14+798.50～K22+200.00	邵世勇	
		中铁十局集团第二工程有限公司	路基工程04合同段 K22+200.00～K27+164.50	李宝郭	
		中铁四局集团有限公司	路基工程05合同段 K27+164.50～K32+960.00	王海涛	
		中铁十五局集团第一工程有限公司	路基工程06合同段 K32+960.00～K40+007.84	李智	
		湖南环达公路桥梁建设总公司	路面工程01合同段 K0+501.16～K22+200.00	曹岳嵩	
		安徽省路桥工程集团有限责任公司	路面工程02合同段 K22+200.00～K40+007.84	费瑞林	
		安徽省公路桥梁工程公司	交通工程01合同段 K0+501.16～K22+200.00	代小海	
		滁州市虹宇交通设施工程有限公司	交通工程02合同段 K22+200.00～K40+007.84	吴长青	
		安徽省蓝斯凯园林建设有限公司	绿化工程01合同段 K0+501.16～K22+200.00	李亮	
		合肥景观园林工程有限责任公司	绿化工程02合同段 K22+200.00～K40+007.84	应明	
		安徽汉高信息科技有限公司	机电工程01合同段 K0+501.16～K40+007.84	刘欢	

续上表

序号	参建单位	单位名称	合同段编号及起止桩号	主要负责人	备注
3	施工单位	安徽龙山建设工程有限公司	房建工程01合同段	汪小苗	
		安徽广厦建筑(集团)股份有限公司	房建工程02合同段	朱圭涛	
		合肥中亚网架工程有限责任公司	收费站天棚、加油站罩棚工程施工	往冠辉	
		日照红叶环保工程有限公司	污水处理工程	殷洪伟	
		安徽汉高信息科技有限公司	通信管道工程 K0+501.16~K40+007.84	郑槐	
4	监理检测单位	安徽中兴工程建设监理所	总监办 K0+501.16~K40+007.84	周力军	
		安徽中兴工程建设监理所	路基工程01监理驻地办 K0+501.16~K22+200.00	周力军	
		江西省公路工程监理公司	路基工程02监理驻地办 K22+200.00~K40+007.84	蒋水龙	
		武汉广益交通科技股份有限公司	路面工程01监理驻地办 K0+501.16~K22+200.00	冯守中	
		江西省公路工程监理公司	路面工程02监理驻地办 K22+200.00~K40+007.84	蒋水龙	
		重庆中宇工程咨询监理有限责任公司	机电工程监理 K0+501.16~K40+007.84	龚世强	
		安徽和黄项目管理有限公司	房建总监办	陈世军	

2．技术标准

（1）公路等级、里程及地形类别

全线采用全封闭、全立交的四车道高速公路,路面采用沥青混凝土结构。全线设置了完善的通信、监控、收费系统和交通安全设施,以及房建、绿化等服务设施。本期砀山马良集至邵寨段建设里程39.507km。地处北纬34°36′~34°17′、东经116°18′~116°29′之间,沿途跨越宿州市砀山县,地势总体特征较为平坦,以黄河故道为分水岭向东南、东北缓倾,坡降1/4000~1/5000。所处区域属暖温带半湿润季风气候区,具有明显的季节性特点。区域内总的气候特征：气候温和,四季分明,雨量适中,光照充足,无霜期长,光、热、水资源都比较丰富。在自然区划中,本项目属Ⅱ5区。

（2）主线行车速度

主线行车速度为120km/h。

（3）路基、路面

路基宽27m,路面宽23.5m,路基设计洪水频率1/100。

(4)桥梁、涵洞

桥涵设计荷载:公路—Ⅰ级;设计洪水频率:特大桥1/300,大、中小桥、涵洞1/100;桥面净宽:桥涵与路基同宽。

(5)路线交叉

互通式立交设计标准:一般单喇叭立交匝道设计速度40km/h;匝道路基宽度:单向单车道路基宽8.5m;对向双车道路基宽15.5m(有中央分隔带)。

分离式立交设计标准:主线上跨各级公路的桥梁及通道净空高度,二级及二级以上公路≥5.2m,三、四级公路≥4.5m,汽车、收割机通道≥3.5m,拖拉机通道≥2.7m,人行通道≥2.2m;上跨公路时预留净宽大于或等于规划宽度。一般人、机孔通道净宽采用4m,重要村道处的机孔通道净宽采用6m。主线下穿各级公路的净空高度均按≥5.2m控制。

3.工程内容及主要构造物

(1)建设主要内容

全线路基填方490.49万m^3;特大桥、大桥520m/1座、中桥310m/6座、小桥221m/8座、涵洞及通道143道;水泥稳定碎石基层110.76万m^3、细粒式沥青混凝土(AC-13厚40mm)111.94万m^2、中粒式沥青混凝土(AC-20厚60mm)112.02万m^2、粗粒式沥青混凝土(AC-25厚80mm)96.51万m^2;互通式立交2处、服务区1对、主线收费站2处;同步建设绿化、交安、机电等附属工程。

(2)路线中间控制点

玄庙镇、孙寨、后王庄、陈屯、朱河、陈瓦房、张屯。

(3)路线跨越主要河流

小寨河、黄河故道、王引河、顺堤河、利民河。

(4)收费站及服务区

全线设鲁皖、砀永2座收费站,设砀山1对服务区。

4.征地拆迁

征地拆迁情况统计见表8-31。

征地拆迁情况统计表　　　　表8-31

征地拆迁安置起止时间	征用土地(亩)	拆迁房屋(m²)	支付补偿费用(元)
2012年9月~2015年11月	3176.73	48082	158487154.86

5.项目投资

(1)投资规模、资金来源

安徽省发改委于2011年7月18日以皖发改设计〔2011〕646号文批准了该项目的初

步设计,概算投资为 24.76 亿元。其中,车购税补助 3.16 亿元,其余资金贷款自筹。

(2)概算执行情况

截至 2016 年 1 月,济祁口高速公路砀山段工程基本建设支出数 17.127 亿元,与批复的概算总投资 24.76 亿元相比,较概算节约 7.633 亿元,对比概算节约比例 30.83%。

6. 开工及通车时间

2012 年 10 月 20 日开工,2015 年 10 月 28 日通车。

通车典礼

(二)决策研究

2010 年 6 月 3 日,安徽省人民政府《安徽省人民政府关于加快交通运输基础设施建设的意见》(皖政〔2010〕44 号文);

2010 年 11 月 3 日,安徽省住房和城乡建设厅颁发《关于济南至祁门高速公路砀山段工程项目规划选址的审核意见》;

2010 年 11 月 18 日,安徽省水利厅《关于济南至祁门高速公路砀山段工程水土保持方案报告书的批复》(皖水保〔2010〕第 422 号);

2011 年 4 月 6 日,安徽省环境保护厅《关于砀山马良集至朱楼段高速公路工程环境影响报告书的批复》(环评函〔2011〕298 号);

2011 年 4 月 29 日,安徽省发展和改革委员会《关于济南至祁门高速公路砀山段工程可行性研究报告的批复》(皖发改基础函〔2011〕344 号);

2011 年 7 月 18 日,安徽省发展和改革委员会《关于济南至祁门高速公路砀山段工程初步设计的复函》(皖发改设计函〔2011〕646 号);

2012 年 4 月 25 日,国家林业局《国家林业局关于批准济南至祁门高速公路砀山段工程项目临时占用林地的行政许可决定》(林资许准〔2012〕059 号);

2012 年 6 月 20 日,国土资源部《国土资源部关于济南至祁门高速公路砀山段工程建设用地的批复》(国土资函〔2012〕477 号);

2012年9月5日,安徽省交通运输厅《关于济南至祁门高速公路砀山段施工图设计的批复》(皖交建管〔2012〕243号);

2013年1月16日,安徽省交通运输厅《公路建设项目行政许可决定书》。

(三)项目实施

1. 项目招标

(1)设计招标

确定安徽省交通规划设计研究院承担本项目的勘察、设计工作。完成路线勘测、地质勘探、路基、路面、桥梁、绿化、交通安全设施等的设计和设计优化。

(2)施工招标

确定施工合同段18个,其中,路基6个、路面2个、交通工程2个、房建2个、机电1个、通信管道1个、绿化2个、加油站1个、污水处理1个。

(3)监理招标

确定监理合同段7个,其中,总监办1个,其他6个。

2. 项目管理

(1)管理机构

本项目建立两套管理机构,一是由沿线市、县(区)政府以及交通、土地、电力等部门成立地方指挥部,主要负责征地拆迁、移民安置、外部协调等工作;二是由总监办、驻地办组成两级监理机构,负责全线的工程质量、进度、投资、安全、环保、组织协调及信息管理等监理工作。

(2)质量保证体系

本项目在实施过程中,质量保证体系健全、制度完善、责任明确,体现出较高的质量控制能力。施工中采取的各种工程质量保证措施得力,对提高项目的质量起到了有力的保障作用。

(3)交工验收

2015年10月,交工验收委员会依据《公路工程质量检验评定标准》(JTG F80—2004),对本项目进行了验收评定,项目工程质量综合评定得分为98.88分,质量等级评定合格。同意交工验收并移交管养。

(四)科技创新与成果

本项目科研和新技术应用主要有三项:一是湖沥青改性沥青混合料路用性能研究,二是聚乙烯醇纤维(PVA)增强水泥稳定碎石基层研究,三是钢波纹板涵洞推广应用。

1. 湖沥青改性沥青混合料路用性能研究

本研究将主要通过湖沥青沥青胶结料及湖沥青改性沥青混合料路用性能的试验研究和工程示范,解决湖沥青改性沥青混合料应用中的关键技术,有效解决高速公路建设过程中的病害问题,研究成果填补了安徽省高速公路建设中湖沥青应用的空白,并获得良好的社会、经济效益。提出湖沥青沥青胶结料选用的 PG 等级要求及安徽省湖沥青技术指标体系和相应建议值;分析湖沥青改性沥青混合料配伍性及其材料性能;提出湖沥青改性沥青的力学特性及其设计参数,提出适宜安徽省气候、交通状况的高速公路合理湖沥青改性沥青路面结构;提出湖沥青改性沥青混凝土路面施工工艺与工程示范。项目创新点如下:

(1)实现了湖沥青改性沥青的性能分级,同时建立湖沥青改性沥青的评价指标体系。

(2)详细分析了湖沥青不同组分、灰分及地沥青成分对湖沥青性能的影响,分析了湖沥青的改性机理。

(3)通过相关试验,测试了不同基质沥青、不同掺量条件下的湖沥青改性沥青混合料的性能,得到湖沥青改性沥青的路用性能。

(4)灰分是湖沥青中较为特殊的成分,重点研究了在具有灰分前提下的沥青混合料配合比设计方法。

项目推广应用情况:本课题对湖沥青材料性能、湖沥青改性沥青混合料及湖沥青改性沥青混合料施工工艺进行研究,以期得到湖沥青改性沥青混合料的路用性能。通过湖沥青沥青胶结料及湖沥青改性沥青混合料路用性能的试验研究和工程示范,解决湖沥青改性沥青混合料应用中的关键技术,有效解决高速公路建设过程中的病害问题。

加热湖沥青改性沥青混合料

湖沥青改性沥青混凝土现场施工

2. 聚乙烯醇纤维(PVA)增强水泥稳定碎石基层研究

项目创新点:

(1)采用正交试验方法,进行 PVA 纤维水泥稳定碎石基层的室内试验,包括分散性试验、干缩试验、温缩试验、抗压强度试验、间接抗拉强度试验、抗压回弹模量试验、弯拉强度试验、疲劳寿命试验等,进一步确定聚乙烯醇纤维(PVA)的最佳掺量和 PVA 理想纤维长度。

（2）通过相关室内试验,研究 PVA 纤维及其不同掺加工艺对水泥稳定碎石基层流动性、黏聚性和保水性等工作性能的影响规律,探讨 PVA 纤维水泥稳定碎石材料获得最佳工作性能的各种途径。

（3）采用支架法、应变片电测法等试验方法对掺 PVA 纤维水泥稳定碎石基层材料的干缩性能和温缩性能进行室内测试,建立 PVA 掺量、长度与干缩系数、温缩系数的关系曲线,研究 PVA 掺量、长度对水稳碎石基层抗裂性能的影响规律。

采用纤维间距理论、复合力学理论等,建立 PVA 纤维水泥稳定碎石混合料阻裂模型,理论研究 PVA 纤维的阻裂机理;采用红外光谱、DSC 和荧光显微镜等试验方法对 PVA 纤维水泥稳定碎石基层材料的微观结构、聚集态结构及分布状态进行微观检测与分析,观测 PVA 纤维在不同环境条件下的阻裂特征,研究 PVA 纤维对塑性收缩裂缝、硬化后的混合料干缩开裂性能和路用性能的影响。

（4）通过无侧限抗压强度、间接抗拉强度(劈裂强度)、抗压回弹模量、弯拉强度等室内试验,研究 PVA 纤维对水泥稳定碎石基层的强度、刚度、抗冻性能及耐久性能的影响规律,为改善水泥稳定碎石基层材料的路用性能提供依据。

（5）结合试验路水泥混凝土搅拌站,研究 PVA 纤维在混凝土搅拌过程中的连续、均匀、高效生产工艺。依托试验路的铺筑,研究 PVA 纤维水泥稳定碎石抗裂基层的施工工艺和施工流程,提出 PVA 纤维水泥稳定碎石抗裂基层施工过程中的施工质量控制关键点。

PVA 水稳配比拌和试验

PVA 水稳基层试验路段

（6）从道路结构角度出发,考虑半刚性基层沥青路面、级配碎石柔性基层沥青路面两种典型结构,建立基于 PVA 纤维水泥稳定碎石基层道路结构的有限元模型,并与未掺入 PVA 纤维的道路结构相对比,分析计算 PVA 纤维对道路结构水稳层顶、沥青层间等应力、应变的影响规律,为 PVA 纤维水泥稳定碎石基层的道路结构优化和减薄设计提供依据。

项目推广应用情况:本项目主要开展基层水泥稳定碎石中掺和不同比例的聚乙烯醇

纤维(PVA)的工程技术性能研究,并探索高性能PVA材料在水泥稳定碎石施工中的推广及应用。

3.钢波纹板涵洞推广应用

先后应用5道钢波纹板管涵,分别是:

(1)BJK0+537.0处,2孔直径为3m钢波纹板管涵;
(2)BJK1+430.2处,2孔直径为3m钢波纹板管涵;
(3)BJK3+745.6处,1孔直径为2m钢波纹板管涵;
(4)BJK4+213.4处,1孔直径为4m钢波纹板管涵;
(5)BJK5+160.0处,1孔直径为2m钢波纹板管涵。

钢波纹板管涵

(五)运营与养护

1.运营管理

全线设服务区1对,即砀山服务区;收费站2处,分别为鲁皖、砀永收费站。

2.养护管理

本项目养护管理主要工作包含以下方面:

(1)加强路基病害防治。按照"预防为主,防治结合"的方针,加大路基维护力度,快速处治雨季路基塌陷、高边坡塌方等地质灾害;定期对高填深挖段进行人工巡查;定期清理高填方段截水沟,保证高边坡排水设施完好;提前预防,及时治理高边坡的各种早期病害。

(2)加强桥梁安全管理。贯彻落实桥梁安全运行十项制度,配备专职桥梁工程师负责桥梁养护工作;加强桥涵检查,及时掌握桥涵动态;建立桥梁管理系统,做好桥梁纸质卡片的登记工作,准确掌握桥涵基本数据,完善桥涵管理基础资料。

(3)坚持日常维护与专项维护相结合的原则,确保机电系统维护维修的及时性、有效性和可靠性;加强中控技术维修队伍建设,定期进行技术交流与培训,提升中控维护水平;落实中控维护人员驻点收费所制度,快速抢修收费系统故障,保障中控系统运行正常。

九、G3W 德上(德州—上饶)高速公路永城至利辛段

(一)项目概况

济南至祁门高速公路北起山东省济南,经巨野、单县,安徽省砀山,河南省永城,安徽省涡阳、六安、舒城、桐城、枞阳、石台、祁门,接在建的安徽黄山至祁门至景德镇高速公路,远期向江西婺源、上饶延伸,向南接 G1514 宁德至上饶高速公路,继而于福建省建阳接 G3 京台高速公路至福州,全长约 1133km。济南至祁门高速公路是安徽省高速公路网规划"四纵八横"中的"纵三",而 G3W 德上(德州—上饶)高速公路永城至利辛段(以下简称"济祁高速公路永利段")作为济南至祁门高速公路中的一段,它的建设将形成鲁豫皖赣闽省际交通大通道,是济广高速公路和京台高速公路在安徽省的合理加密线,项目建成后将会减轻京台高速公路的交通压力,增大南北向干线通行能力。项目的建设是统筹区域经济发展,实施中部崛起战略的迫切需要,对进一步完善安徽省高速公路网规划,发挥高速公路规模效益,推动沿线地区经济发展具有重要意义。

济祁高速公路永利段路线起于淮北市濉溪县岳集西,接泗洪至许昌高速公路淮北段,经亳州市石弓西、龙山东,高炉镇以东的王老家东、前李楼西、单集东、沿单集、张楼煤矿普查区东部、西阳镇西、望疃镇东南侧与南洛高速公路形成枢纽互通。

G3W 德上高速公路永城至利辛段

1.参建单位

建设单位是安徽省交通控股集团有限责任公司。

主要参建单位见表8-32。

第八章 高速公路建设项目

G3W 德上（德州—上饶）高速公路永城至利辛段主要参与建设单位汇总表　　表 8-32

序号	参建单位	单位名称	合同段编号及起止桩号	主要负责人
1	项目管理单位	济祁高速公路永利段项目办	K0+000~K71+697	孙壁存
2	勘察设计单位	安徽省交通规划设计研究总院股份有限公司	K0+000~K71+697	王吉双
3	施工单位	中铁十二局集团第四工程有限公司	路基工程 01 合同段 K0+000~K9+411	肖乾珍
		中交一公局第三工程有限公司	路基工程 02 合同段 K9+411~K21+700	何仁清
		中铁十二局集团有限公司	路基工程 03 合同段 K21+700~K34+000	林胜利
		安徽省交通建设有限责任公司	路基工程 04 合同段（K34+000~K45+925.5）	李荣松
		安徽水利开发股份有限公司	路基工程 04 合同段（K45+925.5~K55+184）	陈松
		北京城建道桥建设集团有限公司	路基工程 05 合同段（K55+184~K67+612.5）	黄修文
		安徽省路港工程有限责任公司	路基工程 05 合同段（K67+612.5~K71+697.318）	朱忠明
		安徽省交通建设有限责任公司	路面工程 01 合同段（K0+000~K22+696.9）	胡义平
		安徽省公路桥梁工程公司	路面工程 02 合同段（K22+696.9~K47+010）	王远胜
		安徽省路港工程有限责任公司	路面工程 03 合同段（K47+010~K71+697.318）	朱勇
4	监理检测单位	安徽省中兴工程监理有限公司	总监办（含交通安全设施工程）	沈项斌
		安徽省交通规划设计研究院工程测试中心	试验检测工作	罗丽华
		安徽省公路工程建设监理有限责任公司	路基工程 01 监理驻地办	刘伟
		安徽省高等级公路工程监理有限公司	路基工程 02 监理驻地办	刘洪良
		武汉广益交通科技股份有限公司	路基工程 03 监理驻地办	李亮
		安徽省中兴工程监理有限公司	路基工程 04 监理驻地办	程安年

续上表

序号	参建单位	单 位 名 称	合同段编号及起止桩号	主要负责人
4	监理检测单位	安徽省高等级公路工程监理有限公司	路面工程01监理驻地办	章继兵
		武汉广益交通科技股份有限公司	路面工程02监理驻地办	余文魁
		安徽省中兴工程监理有限公司	路面工程03监理驻地办	张家民

2．技术标准

（1）公路等级、里程及地形类别

全封闭、全立交的四车道高速公路，路面采用沥青混凝土结构。全线设置了完善的通信、监控、收费系统和交通安全设施，以及房建、绿化等服务设施。本期濉溪县岳集西至望疃镇段建设里程71.697km。地处北纬33°47′30″~33°12′30″、东经116°26′15″~116°18′45″，沿途跨越淮北市濉溪县及亳州市涡阳县、利辛县，属淮北冲积平原，地形平坦开阔，仅东北部分布龙山、狼山等石灰岩残丘。地势总体特征是西北高，东南低。自然区划分为Ⅱ5区。

（2）主线行车速度

主线行车速度为120km/h。

（3）路基、路面

路基宽27m，路面宽23.5m，路基设计洪水频率1/100。

（4）桥梁、涵洞

桥涵设计荷载：公路—Ⅰ级；设计洪水频率：特大桥为1/300，大、中小桥及涵洞为1/100；桥面净宽2×12.125m；大、中小桥、涵洞与路基同宽。

（5）路线交叉

互通式立交设计标准：

一般型互通式立交单向单车道匝道路基宽8.5m；枢纽型立交单向单车道匝道路基宽9.5m；单向双车道匝道路基宽10.5m或12m；对向双车道匝道路基宽15.5m。

分离式立交设计标准：

主线上跨各级公路的桥梁及通道净空：规划一级公路净高≥5.4m，三、四级公路≥4.5m，汽车、收割机通道≥3.5m，拖拉机通道≥2.7m，人行通道≥2.2m。上跨公路时预留净宽大于或等于规划宽度。一般人、机孔通道净宽采用4m，重要村道处的机孔通道净宽采用6m。主线下穿各级公路的净空标准：主线下穿各级公路的净空高度均按≥5.2m控制。净宽均严格按《公路工程技术标准》（JTG B01—2003）中的要求执行。主线上跨各级铁路的净空标准:青(龙山)—阜(阳)铁路净高≥7.96m;永城煤矿集团铁路专用线≥6.55m;袁店煤矿铁路专用线≥6.55m。

3. 工程内容及主要构造物

(1)建设主要内容

全线路基挖方14.8万m^3,路基填方1098.4万m^3。特大桥1335m/1座,大桥569m/4座,中小桥1560.26m/39座,其他桥4265m/31座,涵洞通道4408m/136道,圆管涵4885m/146道。互通式立交5处,匝道收费站2处,服务区2对,养护工区2处,同步建设绿化、交安、机电等附属工程。

(2)路线中间控制点

石弓镇、刘店煤矿、徐广楼煤矿普查区、袁店煤矿勘探区、西阳镇、小涧金矿普查区。

(3)路线跨越主要河流

包河、涡河、芡河、阜蒙新河。

(4)桥梁

全线共有桥梁117座,其中,特大桥1335m/1座(涡河特大桥),大桥569m/4座,中桥1126.84m/24座,小桥433.42m/15座,分离式立交6116m/46座,车行天桥378m/3座,互通匝道桥3154m/24座。

(5)收费站及服务区

全线设涡阳东、涡阳北、利辛东3处收费站,设石弓、马集2对服务区。

4. 征地拆迁

征地拆迁情况见表8-33。

征地拆迁情况统计表　　　　　　　　　　　　　表8-33

征地拆迁安置起止时间	征用土地(亩)	拆迁房屋(m^2)	支付补偿用(元)	备注
2013年5月~2013年12月	6160	53987	252228993.2	征用土地为永久性征地;支付费用为房屋拆迁费用和永久性征地费用

5. 项目投资

安徽省发展和改革委员会于2012年9月11日以皖发改设计〔2012〕980号文批准了该项目的初步设计,概算投资总额为47.9035亿元。资金由项目法人自筹。

6. 开工及通车情况

2013年9月10日开工,2015年12月19日通车。

(二)决策研究

2011年1月26日,安徽省水利厅《关于济祁高速公路永利段工程水土保持方案报告

书的批复》(皖水保〔2011〕46号);

正式通车

2012年4月23日,安徽省环境保护厅《关于济祁高速公路永城至利辛段项目环评工作意见的复函》(皖环函〔2012〕192号);

2012年7月13日,安徽省发展和改革委员会以《关于济南至祁门高速公路永城至利辛安徽段工程可行性研究报告的批复》(皖发改基础〔2012〕735号)同意实施该项目;

2012年9月3日,安徽省环境保护厅《关于济南至祁门高速公路永城至利辛段工程环境影响报告书审批意见的函》(环评函〔2012〕971号);

2012年9月11日,安徽省发展和改革委员会以《安徽省发展改革委关于济南至祁门高速公路永城至利辛安徽段初步设计的复函》(皖发改设计〔2012〕980号)正式批复本项目初步设计;

2013年3月31日,安徽省交通运输厅以《安徽省交通运输厅关于济南至祁门高速公路永城至利辛安徽段施工图设计的批复》(皖交建管函〔2013〕71号)对施工图设计进行了批复;

2013年8月12日,国土资源部以《国土资源部关于济南至祁门高速公路永城至利辛安徽段工程建设用地的批复》(国土资函〔2013〕570号)对建设用地进行了正式批复;

2013年9月17日,安徽省国土资源厅《关于济南至祁门高速公路永城至利辛安徽段工程建设用地的批复》(皖政地〔2013〕494号)。

(三)项目实施

1. 项目招标

(1)设计招标

确定安徽省交通规划设计研究院有限公司承担本项目的勘察、设计工作,完成路线勘测、地质勘探、路基、路面、桥梁、隧道、绿化、交通安全设施等的设计和设计优化。

(2)施工招标

确定施工合同段26个,其中,路基7个、路面3个、绿化3个、交安3个、机电1个、其他9个。

(3)监理招标

确定监理合同段11个,其中,总监办1个、路基4个、路面3个、其他3个。

2.项目管理

(1)管理机构

本项目现场管理机构由项目办公室、总监办、监理组组成,负责全线的工程质量、进度、投资、安全、环保、组织协调及信息管理等工作。成立济祁高速公路亳州市建设指挥部、淮北市建设指挥部等地方指挥部,主要负责征地拆迁、移民安置、外部协调等工作。

(2)质量保证体系

建设办制定了详细的标准化工地建设、工程质量、安全生产、文明规范化施工、合同、行业事务管理等方面的规章制度,用于施工指导。

(3)交工验收

2015年11月30日,交工验收委员会依据《公路工程质量检验评定标准》(JTG F80—2004)对本项目进行了验收评定,项目工程质量综合评定得分为99.21分,工程质量评定等级为合格,同意交工验收并移交管养。

3.重大事项

2011年7月22日济祁高速公路安徽段建设专题会议在省政府召开,黄海嵩副省长主持了会议,参加会议的有省发展和改革委、省交通运输厅、省国土资源厅等省直单位、项目业主以及沿线各地市、涉路利益相关单位等负责同志。与会单位均同意深化的A线方案为工程建设方案,并抓紧开展下一步工作。项目组根据专题会议精神,结合矿产部门意见推荐A线方案为工程建设方案,经多方案、长时间的协调,最终确定了路线方案。由于路线方案比较唯一,因此不再另选路线方案进行比选(A线方案路线走向:路线于淮北市濉溪县岳集西,接泗许高速公路淮北段,经石弓西、龙山东、高炉镇以东的王老家东、前李楼西、单集东、沿单集、张楼煤矿普查区东部布设线位,不占压袁店矿煤矿资源,经西阳镇西至望疃镇东南侧,与南洛高速公路形成枢纽互通)。

4.复杂技术工程

涡河特大桥:分为左、右两幅,主桥左、右幅宽均为13.125m,其中车行道12.125m,外侧护栏宽0.5m,内侧护栏宽0.5m。主桥每幅箱梁顶板宽13.125m,底板宽7.125m,悬臂长3.0m。箱梁跨中及边跨现浇段梁高3.5m(箱梁设计高度指箱梁中心线处的设计高度),墩顶0号梁段高7.5m。从中部跨中至箱梁根部,梁高以1.8次抛物线变化。桥梁全长1335m(包括桥台长2×3.5m)。主桥为空心矩形桥墩,下接群桩基础,引桥桥墩为桩柱式桥墩。桥台采用肋板式桥台。

针对大跨径预应力混凝土连续梁桥在长期运营过程中经常出现跨中持续下挠、开裂问题,涡河特大桥主桥配置了体外预应力束,有利于保证涡河特大桥成桥及运营期内的结构受力及线形,并为相似桥梁的设计、施工、运营提供有益的借鉴。

建设中的涡河特大桥

建成后的涡河特大桥

（四）科技创新与成果

1. 体外预应力改善大跨径混凝土连续梁桥的长期受力性能研究

（1）项目内容

本项目以涡河特大桥为工程背景,以光纤光栅传感器(FBG)为主要长期监测手段,针对桥梁悬臂施工过程及成桥状态,监测体内预应力的有效预应力及长期损失,监测体内预应力损失对桥梁应力、线形的长期影响,运用大型桥梁结构有限元分析软件对结构进行详细的模拟分析来研究体外预应力束对改善大跨预应力混凝土连续梁桥的受力及变形性能的影响,确保成桥及运营期结构受力状态及结构线形与设计状态一致,并保证结构长期受力性能合理。

（2）项目创新点

①采用自开发的光纤光栅传感器(FBG)进行体内预应力的有效预应力、长期损失以及大桥长期受力性能监测,在监测手段上具有创新性。

②通过实测与模拟,提出预应力损失大小、预应力损失时间历程对大跨径预应力混凝土连续梁桥的跨中挠度、截面应力的影响规律。

③提出优化的体外预应力束配置数量、配置位置及张拉过程,结合涡河特大桥长期受力性能的评估及体外束的影响分析,提出体外预应力束对改善大跨径预应力混凝土连续梁桥长期受力性能的方法。

2. 路面新材料和新技术应用

（1）铺筑布敦岩沥青上面层试验段。布敦岩沥青中的天然沥青软化点高,具有优良的高温抗车辙能力,性能稳定,加入岩沥青的混合料在高温稳定性方面有较大的优势,能够很好地解决高等级沥青路面由于大交通量、超重超载等引起的路面车辙早期病害等现象。项目铺筑2km的试验段,进一步推动该新材料的应用。

体外预应力

中大DT1800全幅摊铺

布敦岩沥青上面层试验段

(2)中上面层采用中大DT1800全幅摊铺,抗离析专利技术保证了铺面效果均匀、光洁、平整、密实、防水,保证了沥青路面的耐久性。

(3)采用路面智能监控系统,全过程实时监控沥青混合料的拌和、运输、摊铺和碾压质量,有效保障了沥青路面施工质量。

(五)运营与养护

1.运营管理

全线设服务区2对,分别为石弓、马集服务区;收费站点3处,分别为涡阳北、涡阳东、利辛东收费站(表8-34)。

收费站点设置情况表 表8-34

站点名称	车 道 数	收 费 方 式
涡阳北站	入口3条、出口5条	人工收费及电子不停车收费综合 (入口:2条MTC车道、1条ETC车道) (出口:4条MTC车道、1条ETC车道)
涡阳东站	入口4条、出口6条	人工收费及电子不停车收费综合 (入口:3条MTC车道、1条ETC车道) (出口:5条MTC车道、1条ETC车道)

续上表

站点名称	车道数	收费方式
利辛东站	入口3条、出口5条	人工收费及电子不停车收费综合 (入口:2条MTC车道、1条ETC车道) (出口:4条MTC车道、1条ETC车道)

2. 养护管理

本项目养护管理主要工作包含以下方面:

自通车以来采用社会化养护管理模式,通过公开招标方式确定社会专业化养护公司进行小修和路面、绿化、机电等专业化养护。养护管理工作坚持"预防为主,防治结合"的原则,明确"以路容路貌养护为重点,以路面养护为中心,实行全面养护"的工作思路,严格贯彻落实"畅通主导、安全至上、服务为本、创新引领"的养护管理方针。积极推进养护管理发展方式转变,夯实基础管理,提升管理水平,推进科学养护,强化应急保畅。重点开展养护管理标准化管理体系建设,推进养护专业化实施工作。结合济祁高速公路永利段的特点和实际情况,养护管理工作将始终按照经常性、预防性、及时性的要求,实行规范化、精细化管理,逐步完善、健全精细化养护新模式,扎实细致地开展养护管理工作,保持道路安全、畅通、整洁、美观。围绕"保持道路路况良好、设施齐全、路容整洁、绿化管护到位"的目标任务,以管理创新和技术进步为手段,积极推行日常养护管理标准化、规范化、精细化。加强道路桥梁预防性养护,积极探索高速公路养护管理的新方法、新技术、新工艺,细化养护目标、责任和措施,使养护工作扎实而富有成效。

十、G3W德上(德州—上饶)高速公路利辛至淮南段

(一)项目概况

G3W德上(德州—上饶)高速公路利辛至淮南段(以下简称"利淮段")北起山东省济南,经巨野、单县,安徽省砀山,河南省永城,安徽省涡阳、六安、舒城、桐城、枞阳、石台、祁门,接在建的安徽省黄山至祁门至景德镇高速公路,远期向江西婺源、上饶延伸,向南接G1514宁德至上饶高速公路,继而于福建省建阳接G3京台高速公路至福州,全长约1133km。它是安徽省高速公路网规划"四纵八横"中的"纵三"。它的建设将形成鲁豫皖赣闽省际交通大通道,是济广高速公路和京台高速公路在安徽省的合理加密线,项目建成后将会减轻京台高速公路的交通压力,增大南北向干线通行能力。

利淮段北接永城至利辛段工程,南接淮南至合肥段工程,路线起于利辛县望疃镇东南侧的陈堂村附近,接济祁高速公路永城至利辛段望疃枢纽互通,途经蒙城县、凤台县,终于毛集附近的合淮阜高速公路。

G3W 德上高速公路利辛至淮南段(一)

G3W 德上高速公路利辛至淮南段(二)

1. 参建单位

建设单位是安徽省交通控股集团有限责任公司。

主要参建单位见表 8-35。

G3W 德上(德州—上饶)高速公路利辛至淮南段主要参与建设单位汇总表 表 8-35

序号	参建单位	单位名称	合同段编号及起止桩号	主要负责人
1	项目管理单位	济祁高速公路利淮段项目办	K1177+874~K1296+300	吴建民
2	勘察设计单位	安徽省交通规划设计研究院有限公司	K1177+874~K1296+300	王吉双
3	施工单位	安徽省路港工程有限责任公司	小型预制构件合同段 K0+000~K77+095	宋国庆
		黑龙江省龙建路桥第四工程有限公司	路基工程01合同段 K0+000~K11+700	崔云财
		中交二公局第三工程有限公司	路基工程02合同段 K11+700~K21+393.5	徐世明

续上表

序号	参建单位	单位名称	合同段编号及起止桩号	主要负责人
3	施工单位	安徽省路港工程有限责任公司	路基工程03合同段 K21+393.5~K33+724	陈瑞
		安徽省路桥工程集团有限责任公司	路基工程04合同段 K33+724~K42+931	殷铭
		中铁十局集团第二工程有限公司	路基工程05合同段 K42+931~K51+300	刘朝炳
		中铁十局集团有限公司	路基工程06合同段 K51+300~K58+927.6	石伟
		江西省宜春公路建设集团有限公司	路基工程07合同段 K58+927.6~K62+056、 K62+892~K67+038	刘贤收
		安徽省巢湖市路桥工程有限公司	路基工程07A合同段 K62+056~K62+892	裴世敏
		中铁十局集团第三建设有限公司	路基工程08合同段 左K67+038~K69+750、 右K67+038~K69+754	杨会涛
		中铁十七局集团有限公司	路基工程09合同段 左K69+750~K74+375、 右K69+754~K74+375	赵国荣
		中交一公局第三工程有限公司	路基工程10合同段 K74+375~K77+095	朱永领
		岳阳市公路桥梁基建总公司	路面工程01合同段 K0+000~K21+393.5	张立兵
		浙江省交通工程建设集团有限公司	路面工程02合同段 K21+393.5~K51+300	豆德存
		中石化胜利建设工程有限公司	路面工程03合同段 K51+300~K77+095	童保强
4	监理单位	安徽省中兴工程监理有限公司	路基路面总监办 K0+000~K77+095	张久伟
		武汉广益交通科技股份有限公司	路基工程01监理驻地办 K1180+184.618~K1193+166	邓海清
		山东省交通工程监理咨询公司	路基工程02监理驻地办 K1193+166~K1209+124	杨希安
		安徽省公路工程建设监理有限责任公司	路基工程03监理驻地办 K1209+124~K1231+124	王从海
		安徽省高等级公路工程监理有限公司	路面、绿化、交安工程01监理驻地办 K1177+874~K1209+124	陈勇军

续上表

序号	参建单位	单 位 名 称	合同段编号及起止桩号	主要负责人
4	监理单位	安徽省科兴交通建设工程监理有限公司	路面、绿化、交安工程02监理驻地办 K1209+124~K1240+124	吴中福
		安徽省公路工程建设监理有限责任公司	路面、绿化、交安工程03监理驻地办 K1240+124~K1269+024	周义伦

2.技术标准

(1)公路等级、里程及地形类别

全线按平原区四车道高速公路标准设计,路面采用沥青混凝土路面。全线配置了完善的通信、监控和收费系统及照明、绿化、房建、服务区、安全设施等交通工程和服务设施。本期利辛县望疃镇至毛集建设里程77.095km。地处北纬33°10′33″~32°36′07″、东经116°22′36″~116°39′35″,沿途跨越亳州市利辛县、蒙城县及淮南市凤台县,总体特征是北高南低、西高东低,地形平坦,自北西向南东微倾斜。自然区划分为Ⅱ5区。

(2)主线行车速度

主线行车速度为120km/h。

(3)路基、路面

路基宽27m,路面宽23.5m,路基设计洪水频率1/100。

(4)桥梁、涵洞

桥涵设计荷载:公路—Ⅰ级;设计洪水频率:特大桥1/300,大、中小桥、涵洞1/100。桥面净宽:27m路基对应13m、16m中小桥桥面全宽为27m;20m及20m以上跨境桥梁桥面全宽26.5m。涵洞与路基同宽。

(5)路线交叉

①公路等级:A匝道为全封闭、全立交、对向双车道匝道;B、C、D、E匝道均为全封闭、全立交、单向单车道匝道。

②设计速度:40km/h。

③路基、路面:路基设计洪水频率1/100;路面标准轴载BZZ-100。

④一般最小平曲线半径:60m。

分离式立交设计标准:主线上跨各级公路的桥梁及通道净空高度,一级公路≥5.0m(本项目按5.2~5.5m执行),二级公路≥5.0m,三、四级公路≥4.5m,汽车、收割机通道≥3.5m,拖拉机通道≥2.7m,人行通道≥2.2m;上跨公路时预留净宽大于或等于规划宽度。一般人、机孔通道净宽采用4m,重要村道处的机孔通道净宽采用6m。

3.工程内容及主要构造物

(1)建设主要内容

全线路基土石方1139.377万 m³,圆管涵6550.61m/166道,通道5461.16m/169道,中小桥4136.98/67座,特大、大桥14333.76/12座,全线桥梁总长18.471km,占工程总长度的22.66%。

(2)路线中间控制点

茨淮新河、50万伏高压电线、蒙城西铁矿、杨村煤矿、顾桥煤矿、顾北煤矿、潘谢铁路、新集铁路、阜淮铁路、S308、S102公路、西淝河、焦岗湖服务区、董峰湖行洪区及沿线城镇规划(篱笆、朱马店、凤台县城等)。

(3)路线跨越主要河流

茨淮新河、永幸河、港河、西淝河、董峰湖行洪区。

(4)桥梁

利淮高速全线共有桥梁79座,其中特大桥6座(茨淮新河特大桥、跨潘谢铁路特大桥,跨阜淮铁路特大桥、西淝河特大桥、董峰湖特大桥、跨合淮阜高速公路特大桥),大桥16座,中桥57座。

(5)收费站及服务区

全线设凤台、凤台西2座收费站,古蒙、凤台2对服务区。

4.征地拆迁

征地拆迁情况见表8-36。

征地拆迁情况统计表　　　　　　　　　　　　　　　表8-36

征地拆迁安置起止时间	征用土地 (亩)	拆迁房屋 (m²)	支付补偿费用 (元)
2013年11月~2014年12月	6007.9935	220000	392209381.62

5.项目投资

安徽省发展和改革委员会2013年7月18日以皖发改设计函〔2013〕766号文批准了该项目的初步设计,概算投资总额为55.71亿元。主要由建设单位自筹和国内银行贷款,总造价的25%由建设单位自筹,余额利用国内银行贷款。

6.开工及通车情况

2014年4月26日正式开工,2016年12月30日建成通车。

(二)决策研究

2011年8月1日,安徽省人民政府专题会议纪要《济南至祁门高速公路项目建设专题会议纪要》(第104号);

2012年11月27日,安徽省住房和城乡建设厅《关于对济祁高速公路利辛至淮南段

项目规划选线的审核意见》,原则同意项目沿线市、县规划主管部门对该项目的意见,同意核发建设项目规划选址意见书;

2013年5月17日,安徽省发展和改革委员会《安徽省发展改革委关于济南至祁门高速公路利辛至淮南段工程可行性研究报告的批复》(皖发改基础函〔2013〕492号);

2013年5月31日,国土资源部办公厅《关于济南至祁门高速公路利辛至淮南段压覆矿产资源的复函》(国土资厅函〔2013〕499号);

2013年7月18日,安徽省发展和改革委员会《安徽省发展改革委关于济南至祁门高速公路利辛至淮南段工程初步设计的复函》(皖发改设计函〔2013〕766号);

2013年11月30日,国土资源部《国土资源部关于济南至祁门高速公路利辛至淮南段工程建设用地的批复》(国土资函〔2013〕910号);

2014年3月5日,安徽省交通运输厅《关于济南至祁门高速公路利辛至淮南段工程施工图设计的批复》(皖交建管函〔2014〕87号);

2014年4月24日(申请日期),安徽省交通运输厅《安徽省济祁高速公路利淮段施工许可申请书》同意开工。

(三)项目实施

1. 项目招标

(1)设计招标

确定安徽省交通规划设计研究院有限公司承担本项目的勘察、设计工作,完成路线勘测、地质勘探、路基、路面、桥梁、隧道、绿化、交通安全设施等的设计和设计优化。

(2)施工招标

确定施工合同段25个,其中,路基11个,预制构件1个,路面3个(含附属工程),交通安全设施3个,绿化3个,管道1个,机电1个,房建2个。

(3)监理招标

确定监理合同段10个,其中,总监办1个,路基3个,路面3个,其他3个。

2. 项目管理

(1)管理机构

安徽省交通投资集团成立济祁高速公路利淮段项目建设办公室,沿线市、县(区)政府以及交通、土地、公安等部门成立地方指挥部,主要负责征地拆迁、安置、外部协调等工作;由总监办、驻地办组成两级监理机构,负责全线的工程质量、进度、投资、安全、环保、组织协调及信息管理等监理工作。

(2)质量保证体系

项目办严格按照"五化"要求,成立项目办、监理单位、施工单位三级质量管理小组,建立健全质量责任体系,做到分工明确,责任到人。完善质量管理办法,指导施工作业。严格执行质量标准,从源头把好质量关。

(3)交工验收

2016年11月29日,交工验收委员会依据《公路工程质量检验评定标准》(JTG F80—2004)对本项目进行了验收评定,项目工程质量综合评定得分为98.44分,工程质量评定等级为合格,同意交工验收并移交管养。

3. 重大事项

重大变更如下:

(1)K62+049~K62+880段路基改桥梁变更;

(2)K64+705~K65+009路基变更桥梁;

(3)K60+301~K60+338路基变更桥梁;

(4)路基8标桥墩桩基岩溶处理变更;

(5)路基7标软基处理变更。

(四)科技创新与成果

1. 新设备、新工艺等应用

(1)小型预制构件混凝土浇筑分料器,具有制作简单、成本低廉、入模均匀、避免离析、环保、节约混凝土、节省人工等特点,获得国家实用新型专利。

(2)中央分隔带采用分离式新泽西护栏的形式,既保持了中分带分隔、防撞、防眩的基本功能,同时有效地压缩路基断面宽度,节约大量的土地,减少路面排水工程、路基土石方工程,节约工程造价。

(3)本项目支线上跨采用低高度槽形梁的结构形式上跨高速公路,有效降低了建筑高度,使桥梁两侧接线长度大大降低,节约了大量土方的同时减少了对土地的占用量。

(4)全线推广使用智能张拉压浆设备,改变了传统的质量管理模式,全过程系统自动运转,实现精确同步,确保张拉精度,保证压浆密实,有效提高了梁板使用寿命。

(5)桥面铺装全部采用精铣刨设备,将常规铣刨刀头间距15mm优化至8mm,提高了全线铣刨精度;并通过优化铣刨设备右侧轮,实现铺装边侧精铣刨,确保桥面全幅整体铣刨效果。

(6)全线防护采用塑料模具预制,优化了排水工程形式,减小了锥坡预制块面积,整体外观得到了显著提高。

2. 科研项目:开展桥面铺装排水调温功能层结构设计与应用研究

(1)研究目标

针对桥面铺装排水调温功能层体系有待解决的主要问题,通过相关研究的开展拟达到以下主要目标:完成排水调温功能层的开级配大空隙沥青混合料组成设计;完成钢筋骨架增强的碎石用作排水调温功能层的结构设计;完成含有排水调温功能层的铺装结构的抗剪切和抗弯拉性研究;完成含有排水调温功能层的铺装结构的融冰机理研究;建立桥面铺装排水调温功能层的施工工艺体系。

(2)项目取得的阶段性成果

①数值模拟分析

本项目建立三种数值模型。三种模型的铺装结构总厚度均为70mm,水泥混凝土桥选用C30混凝土,厚度为100mm。模型一为下层排水式桥面铺装结构;模型二在模型一的基础上,将OGFC-10换为AC-13,模型二为普通的双层桥面铺装结构;模型三在模型一的基础上,将OGFC-10与AC-13位置对调,模型三为表面排水式桥面铺装结构。

从试验数据可以看出,模型一排水联结层的拉应力水平为与模型二的下层AC层相近,说明下层排水式桥面结构的力学响应与普通桥面铺装的力学响应较为相近。模型三的OGFC置于上层,是常规的面层排水式桥面铺装结构,比较模型一与模型三层底拉应力,发现模型一排水联结层层底拉应力较大,而模型三的OGFC磨耗层层顶拉应力则出现较大数值。根据数值模拟结果,发现置于下层的排水联结层在车载下拉应力水平与一般桥面铺装结构相近,对比面层排水式桥面铺装结构,下层排水式桥面铺装结构的开级配沥青混合料所受拉力水平更低。

②排水式沥青混合料设计

本次同时进行了两种石料(辉绿岩与石灰岩)的级配设计。综合两组石料试验结果,认为压碎值是开级配沥青混合料设计选择石料的关键指标,压碎值不良的石料难以形成有效骨架。通过比较石灰岩与辉绿岩设计结果,发现辉绿岩混合料有一个较好的稳定性表现,所以拟定使用辉绿岩作为OGFC的使用石料。

③排水式沥青混合料功能性能评价

a. 排水式沥青混合料重复荷载后排水性能评价

本次试验采用常温下浸水方式对试件进行搓揉加载,搓揉加载总时间为16h,测试试件渗水率频率为2次/h。按照《公路工程沥青及沥青混合料试验规程》(JTG E20—2011)中的方法测试搓揉后车辙板试件渗水率。研究表明,在中雨到大雨的降雨量情况下,路面排水速率要求为45~55mL/s。本项目设计的开级配沥青混合料在车载下渗水系数仍能保持在45mL/s左右,考虑到排水联结层设置在桥面铺装下层,透过该层位排出的水量相对较小,所以可以认为开级配沥青混合料排水联结层完全可以应付中到大雨的降雨条件。

b. 排水式沥青混合料隔热降温性能评价

比较三组沥青混合料在加热60min后下表面的温度,开级配沥青混合料为28.6℃,

SMA 为 32.8℃，AC-13 为 32.5℃。经过 1h 的红外灯照射，开级配沥青混合料下表面温度比 SMA 和 AC 低约 4℃，可见在单面加热的情况下，开级配沥青混合料传播热量的速度较慢，能阻隔热量的传播。

④排水联结层与桥面的层间黏结性能评价

本项目选用对称剪切试验方法评价排水联结层与桥面的层间黏结性能，并利用正交试验法组织试验，试验考虑了防水黏结层材料、层间粗糙度（碎石撒布方案）、对试件施加正压力大小、试验温度四个因素，得出以下主要结论：a. 在四个因素中，试验的温度对试件剪切性能影响最大。各项因素的影响程度排名依次为：试验温度 > 材料选择 > 正压力 > 碎石撒布。b. 温度越高，试件剪切强度越低，可见高温下桥面铺装排水联结层与桥面的层间界面黏结会变得相对薄弱。c. 分析各因素的影响，得出最佳防水层铺筑方案：使用高黏度沥青，并撒布 2.36mm 碎石。

⑤桥面铺装融冰功能层导电测试

桥面铺装融冰功能层包括水泥混凝土调平层、排水联结功能层、沥青铺装层。水泥混凝土调平层采用 C40 水泥混凝土，排水联结功能层包括钢筋网架和导电材料。排水融冰联结功能层中不同导电材料的导电结果：通过对铁粒（含铁量高）、铁矿石 1 号（含铁量 40%）、铁矿石 2 号（含铁量 30%）、钢渣这 4 种导电材料进行通电测试结果表明，导电材料为铁粒的试件，加热的结果较好，但如果将电压调高至 24V 或者 36V，会产生短路。

（五）运营与养护

1. 运营管理

全线设服务区 2 对，为古蒙、凤台服务区；收费站点 2 处，分别为凤台、凤台西收费站。

2. 养护管理

本项目采用社会专业养护管理模式，通过公开招标方式确定社会专业化养护公司，对全线路面、交安、机电、桥梁进行专业化养护。本项目暂无大修工程实施。

十一、G3W 德上（德州—上饶）高速公路淮南至合肥段

（一）项目概况

G3W 德上（德州—上饶）高速公路淮南至合肥段（原济祁高速公路淮南至合肥段），是国家高速公路网 G3W 德州至上饶高速公路的一段，是鲁、豫、皖三省规划的省际高速公路，是位于 G3 京台高速公路、G35 济广高速公路之间的南北高速通道，其建设有利于加强三省经济社会联系，完善三省交界地区综合交通运输体系，促进黄淮海地区经济社会发展，是对区域经济一体化的有益探索。同时本项目还是安徽省"四纵八横"高速公路网中

的"纵三",其建设加快了安徽省高速公路网络化、规模化的步伐,促进高速公路投资效益的最大化,进一步扩大了高速公路的覆盖范围,使更广大的区域能够享受到高速公路发展的成果。

济祁高速公路建设对均衡国土开发,加强省际联系,促进煤炭资源外输,改善我国能源供给格局,促进中部地区经济发展具有十分重要的意义。本项目路线起于淮南毛集,自北往南延伸,跨越淮河及寿西湖行洪区,经寿县涧沟、双桥、窑口、堰口、保义、安丰、茶庵、三觉,在肥西县高店乡接合六叶高速公路。

淮河特大桥

1. 参建单位

建设单位是安徽省交通控股集团有限责任公司。

主要参建单位见表8-37。

G3W 德上(德州—上饶)高速公路淮南至合肥段主要参与建设单位汇总表 表8-37

序号	参建单位	单位名称	合同段编号及起止桩号	主要负责人
1	项目管理单位	济祁高速公路淮南至合肥段项目办公室	K77+095~K159+840	张其云
2	勘察设计单位	安徽省交通规划设计研究总院股份有限公司	JQHHSJ~01 K77+095~K159+840	徐宏光
3	施工单位	安徽省公路桥梁工程有限公司	JQHHLJ-01 K77+095~K81+100.5	石怀远
		中铁二十四局集团有限公司	JQHHLJ-02 K81+100.5~K86+220.5	马会天
		安徽省交通建设有限责任公司	JQHHLJ-03 K86+220.5~K91+410.5	时修彬

续上表

序号	参建单位	单位名称	合同段编号及起止桩号	主要负责人
3	施工单位	安徽省路港工程有限责任公司	JQHHLJ-04 K91+410.5~K100+110	林虎
		安徽省路港工程有限责任公司	JQHHLJ-04S K93+220.612 上跨桥	徐东
		上海远通路桥工程有限公司	JQHHLJ-05 K100+110~K115+170	李斌
		中交一公局第三工程有限公司	JQHHLJ-06 K115+170~K131+000	黄金梅
		安徽省路港工程有限责任公司	JQHHLJ-05S 安丰塘互通 K111+559.150	郭明奎
		安徽水利开发股份有限公司	JQHHLJ-07 K131+000~K148+800	施德
		中交第二公路工程局有限公司	JQHHLJ-08 K148+800~K159+840	黄翀垚
		安徽省新路建设工程集团有限责任公司	JQHHLJ-08s 高点枢纽互通工程	崔传志
		中铁宝桥集团有限公司	钢结构-01 K77+095~K86+220.5	卢刚
		中铁山桥建设有限公司	钢结构-02 K86+220.5~K91+410.5	郑家军
		中交第三公路工程局有限公司	JQHHYZ-01 K77+095~K159+840	张富义
		山东省公路建设(集团)有限公司	JQHHLM-01 K77+095~K100+110	夏兰举
		中国铁建大桥工程局集团有限公司	JQHHLM-02 K100+110~K131+000	赵江
		吉林省中盛路桥工程有限公司	JQHHLM-03 K131+000~K159+840	程伟
		合肥佳洲园林建设集团有限公司	JQHHLH-01 K77+095~K100+110	刘华
		江西滕王阁环境建设集团有限公司	JQHHLH-02 K100+110~K131+000	徐文华
		安徽华明园林建设有限公司	JQHHLH-03 K131+000~K159+840	周兵
		安徽开源绿化工程有限公司	JQHHCT-01 K91+410.5~K131+000	丁海涛
		华艺生态园林股份有限公司	JQHHCT-02 K131+000~K159+840	金鹏飞

续上表

序号	参建单位	单位名称	合同段编号及起止桩号	主要负责人
3	施工单位	安徽广厦建筑（集团）股份有限公司	JQHHFJ-01-堰口服务区、安丰塘收费站、寿县西收费站	唐裕南
		航达建设集团有限责任公司	JQHHFJ-02-茶庵服务区、安丰、三觉收费站	乐佳庆
		江苏无锡交通设施有限公司	JQHHJA-01 K77+095～K100+110	顾维德
		安徽省现代交通设施工程有限公司	JQHHJA-02 K100+110～K131+000	李广宏
		南京公路防护设施工程有限公司	JQHHJA-03 K131+000～K159+840	黄从兵
		安徽汉高信息科技有限公司	JQHHJD K77+095～K159+840	张正华
		安徽电信工程有限责任公司	JQHHGD K77+095～K159+840	许天翔
4	监理检测单位	安徽省中兴工程监理有限公司	ZJB	李忠清
		安徽虹桥交通建设监理有限公司	LJJL-01	陈小虎
		山东省交通工程监理咨询公司	LJJL-02	李兆松
		安徽省公路工程建设监理有限责任公司	LJJL-03	贾元军
		武汉广益交通科技股份有限公司	LJJL-04	周衍东
		安徽科海项目建设管理有限公司	防洪影响处理监理	胡勇
		武汉广益交通科技股份有限公司	钢结构监理	马克远
		合肥工大建设监理有限责任公司	LMJL-01	高勇
		安徽省公路工程建设监理有限责任公司	LMJL-02	崔林东
		安徽省高等级公路监理有限公司	LMJL-03	陈正茂
		安徽省公路工程建设监理有限责任公司	房建监理	刘旺节
		安徽省高等级公路监理有限公司	机电监理	张君

续上表

序号	参建单位	单位名称	合同段编号及起止桩号	主要负责人
4	监理检测单位	安徽省中兴工程监理有限公司	安丰塘互通监理	杨文俊
		交通运输部公路科学研究所	中心试验室	陈小栓

2. 技术标准

(1) 公路等级、里程及地形类别

全线采用全封闭、全立交的四车道高速公路,路面采用沥青混凝土结构。全线设置了完善的通信、监控、收费系统和交通安全设施,以及房建、绿化等服务设施。本期淮南毛集至肥西高店段建设里程82.745km。地处北纬32°36′20.72″~31°54′27.14″、东经116°39′49.02″~116°47′14.51″,沿途跨越淮南市毛集试验区、寿县及合肥市肥西县,地势总体特征是北低南高、东低西高,地形起伏较大。自然区划分为Ⅳ2区。

(2) 主线行车速度

主线行车速度为120km/h。

(3) 路基、路面

路基宽27m,路面宽24.25m,路基设计洪水频率1/100。

(4) 桥梁、涵洞

桥涵设计荷载:公路—Ⅰ级;设计洪水频率:特大桥为1/300,大、中、小桥及涵洞为1/100;桥面净宽12.125m或12.375m,涵洞与路基同宽。

(5) 路线交叉

互通式立交设计标准:①枢纽型立交:直连式匝道设计速度采用80km/h,半直连式匝道采用60km/h。单向双车道匝道路基宽10.5m,单向单车匝道路基宽9.5m。②一般型立交:匝道设计速度采用40km/h。对向双车道匝道路基宽17.5m,单向双车道匝道路基宽10.5m,单向单车匝道路基宽9.5m。

分离式立交设计标准:主线上跨各级公路的桥梁及通道净空:二级及以上公路≥5.5m,三、四级公路及乡道≥4.5m,村道、汽车通道净空≥3.5m,拖拉机通道≥2.7m,人行通道≥2.2m。上跨公路时预留净宽大于或等于规划宽度。主线下穿各级公路的净空标准:主线下穿各级公路的净空高度均按≥5.2m控制。净宽均严格按《公路工程技术标准》(JTG B01—2003)中的要求执行。

3. 工程内容及主要构造物

(1) 建设主要内容

全线路基挖方146.45万m^3,路基填方1213.32万m^3。特大、大桥13548m/8座,中小桥657.78m/13座,其他桥3611.93m/31座,涵洞通道5897.16m/211道,圆管涵9963.43m/278道,钢结构加工制造50375t。互通立交5处,匝道收费站4处,管理中心1

处,服务区2对,养护工区2处,同步建设绿化、交安、机电等附属工程。

(2)路线中间控制点

新建队北(跨越淮河处)、双桥、保义、安丰、茶庵、三觉。

(3)路线跨越主要河流

淮河、寿丰干渠、胜利干渠、陡涧河、淮溉航道、东淝河。

(4)桥梁

全线共有桥梁52座,其中,特大桥11836m/1座(淮河特大桥),大桥1712m/7座,中桥593.66m/11座,小桥64.12m/2座,分离式立交1453.09m/16座,车行天桥630.08m/6座,互通匝道桥1528.76m/9座。

(5)收费站及服务区

全线设寿县、安丰塘、安丰、三觉4座收费站,设芍陂、茶庵2对服务区。

4. 征地拆迁

征地拆迁情况见表8-38。

征地拆迁情况统计表 表8-38

征地拆迁安置起止时间	征用土地（亩）	拆迁房屋（m²）	支付补偿费用（元）
2014年1月~2016年12月	6772	39664.37	261449142.73

5. 项目投资

安徽省发展和改革委员会于2013年7月15日以皖发改设计函〔2013〕736号文批准了该项目的初步设计,概算投资总额为54.065亿元。其中,部补资金4.86亿元、国开发展基金5.95亿元、寿县政府0.45亿元,其余资金贷款自筹。

6. 开工及通车情况

2014年4月16日开工建设,2016年12月30日建成通车。

(二)决策研究

2013年5月21日,安徽省发展和改革委员会以《关于济南至祁门高速公路淮南至合肥段工程可行性研究报告的批复》(皖发改基础函〔2013〕536号)同意实施该项目;

2013年7月15日,安徽省发展和改革委员会以《关于济南至祁门高速公路淮南至合肥段初步设计的复函》(皖发改设计函〔2013〕736号)正式批复该项目初步设计;

2013年11月30日,国土资源部《关于济南至祁门高速公路淮南至合肥段工程建设用地的批复》(国土资函〔2013〕911号);

2014年3月28日,安徽省交通运输厅以《关于济南至祁门高速公路淮南至合肥段工

程施工图设计的批复》(皖交建管函〔2014〕130号)对施工图设计进行了批复;

开工典礼

2014年4月15日,安徽省交通运输厅批准了《济南至祁门高速公路淮南至合肥段施工许可申请书》。

(三)项目实施

1. 项目招标

(1)设计招标

确定安徽省交通规划设计研究院有限公司承担本项目的勘察、设计工作,完成路线勘测、地质勘探、路基、路面、桥梁、隧道、绿化、交通安全设施等的设计和设计优化。

(2)施工招标

确定施工合同段22个,其中,路基8个,预制构件1个,路面3个,绿化3个,交安3个,机电1个,房建3个。

(3)监理招标

确定监理合同段13个,其中,总监办1个,路基4个,路面3个,其他5个。

2. 项目管理

(1)管理机构

项目办设置工程、合同、安全、财务、综合5个部门,负责项目建设日常管理工作。总监办、驻地办组成两级监理机构,负责全线的工程质量、进度、投资、安全、环保、组织协调及信息管理等监理工作。成立沿线市、县两级指挥部负责地方问题的协调和征地拆迁工作。

(2)质量保证体系

本项目注重开工前策划,下发各种有关质量、进度、材料、作业队伍、计量、变更等管理办法。在实施过程中,质量保证体系健全、制度完善、责任明确,体现出较高的质量控制能力。

（3）交工验收

2016年12月8日，交工验收委员会依据《公路工程质量检验评定标准》（JTG F80—2004）对本项目进行了验收评定，项目工程质量综合评定得分为99.67分，工程质量评定等级为合格，同意交工验收并移交管养。

3. 重大事项

（1）重大决策（安丰塘互通预留改实施）

根据济南至祁门高速公路淮南至合肥段工程初步设计批复意见，该互通为预留互通。堰口镇可以利用寿县西互通上下高速公路；安丰塘景区、保义镇可利用安丰互通上下高速公路；远期结合安丰塘旅游开发情况及沿线交通发展情况，适时实施安丰塘互通。

随着济祁高速公路的开工建设，为促进安丰塘文化旅游产业区的发展，寿县已正式开展安丰塘文化旅游产业区的开发工作，其中"济祁高速公路安丰塘连接线"的设计工作已基本结束。同时，济祁高速公路预留上跨该连接线的分离立交桥，结合安丰塘旅游开发及沿线交通发展情况，安丰塘互通开通的条件已经具备，由预留变实施有利于促进寿县地方经济更好更快地发展。安徽省交通运输厅于2014年11月18日《关于同步建设济祁高速公路寿县安丰塘互通的办理意见》中明确：同意安丰塘互通由预留改实施。

（2）重大变更

项目办审核较大设计变更：安丰塘预留互通式立交612万元。路基07标新增K148+694.4分离式立交510万元。

4. 复杂技术工程

淮河特大桥。全桥长11836m，桩号K79+574.5~K91+410.5，其中淮河主桥（120m+200m+120m）采用主跨200m预应力混凝土矮塔斜拉桥，该桥为淮河上的首座矮塔斜拉桥，同时也是当时安徽省内跨度最大的矮塔斜拉桥。主桥上部结构主梁采用单箱三室大悬臂斜腹板预应力混凝土连续箱梁，全桥共划分为0号~26号块。主塔采用独柱矩形塔，布置在中央分隔带上，塔高35m，计算高度31m，塔顶4m为装饰段，塔身设置鞍座以便拉索顺利通过。主墩采用双肢薄壁墩，横桥向墩宽12m，顺桥向双肢中心间距7.0m，墩壁厚度1.8m，主墩高23m；墩下为承台接群桩基础，承台为整体式，长23.2m，宽18.2m，厚5.0m；承台下为20根直径2.0m钻孔灌注桩基础，桩基按摩擦桩设计。引桥墩柱为预制空心墩，预制空心墩长6~12m，直径为1.2m，壁厚为25cm，采用C70混凝土。墩柱钢筋采用两层钢筋笼，通过拉筋连成骨架。承台上口设置安装岛，墩柱埋入岛内1m，在安装岛内设置墩柱中心定位墩。该预制空心墩为国内首创。

建成后的淮河特大桥

(四)科技创新与成果

1. 新型钢板组合梁桥综合技术研究

(1)钢板组合梁施工。钢板组合梁施工应用在全国为首例,35m跨平均钢材用量仅135kg/m^2,各项指标已达到国外同类桥梁的先进水平,其中预制桥面板安装QC课题获得市政工程建设先进质量管理小组二等奖。

(2)钢板桩围堰气举法吸泥施工。本方法将从地面注入管内的高压气体与泥水混合,利用气体的膨胀使管内混合物密度降低,将流到管内的混合物流到围堰外。气举法施工设备比较简单、适用性强、运行费用低。该方法通过实际验证,取得了很好的效果,并获得了专利和发明。

围堰气举法水下吸泥施工

2. 项目创新

(1)新工艺创新:①桥面板凿毛采用涂涮缓凝剂后用高压水枪冲洗;②桥面板外露钢筋采用涂刷水泥浆和防锈漆防止锈蚀;③为提高桩基钢筋笼连接质量,把钢筋焊接改为直螺纹连接形式;④钢波纹管在箱梁中的定位控制:采用串联钢圈附着法,分别把定位波纹管的钢圈按图纸设计的高度位置焊接在一根圆钢上,并保证圆钢与箱梁腹板的箍筋多处点焊固定,可以很好地保证波纹管安装精度。

(2)新结构新材料方面:①路基02标桥面板预制采用精加工模具,进场模具验收各项尺寸偏差在1mm以内,经检测能确保桥面板结构尺寸精度;②积极探索边坡防护生态草毯新技术;③配合设计院对边沟形式创新采用"五块板"结构新形式。

(五)运营与养护

1. 运营管理

全线设服务区2对,为芍陂、茶庵服务区;收费站点4处,分别为寿县、安丰塘、安丰、三觉收费站。

2. 养护管理

本项目养护管理主要工作包含以下方面:

(1)加强路基病害防治。按照"预防为主,防治结合"的方针,加大路基维护力度,快速处治雨季路基塌陷、高边坡塌方等地质灾害;定期对高填深挖段进行人工巡查;定期清理高填方段截水沟,保证高边坡排水设施完好;提前预防,及时治理高边坡的各种早期病害。

(2)加强桥梁安全管理。贯彻落实桥梁安全运行十项制度,配备专职桥梁工程师负责桥梁养护工作;加强桥涵检查,及时掌握桥涵动态;建立桥梁管理系统,做好桥梁纸质卡片的登记工作,准确掌握桥涵基本数据,完善桥涵管理基础资料。

(3)坚持日常维护与专项维护相结合的原则,确保机电系统维护维修的及时性、有效性和可靠性;落实中控维护人员驻点收费所制度,快速抢修收费系统故障,保障中控系统运行正常。

十二、G1516盐洛(盐城—洛阳)高速公路泗县段

(一)项目概况

G1516盐洛(盐城—洛阳)高速公路泗县段是安徽省"四纵八横"高速公路规划网中"横二"的组成路段,同时,本项目与江苏省"五纵九横五联"的"联二"(泗县至泗洪至泗阳公路)衔接,是苏皖两省新一轮高速公路网规划中宿州至扬州公路的组成部分。本项目已列入交通运输部《促进中部地区崛起公路水路交通发展规划纲要》的项目。其建设将在南京至洛阳和连云港至霍尔果斯国家高速公路之间又构筑一条东西向高速公路,串联北京至台北、济南至广州、大庆至广州和北京至港澳等国家高速公路,是对国家高速公路功能的进一步补充和加强,对逐步完善安徽省高速公路网络体系,充分发挥高速公路网

的规模效益起到了积极的促进作用。

路线起于苏皖省界泗县小梁以东的伙宅子附近,自东往西,沿 S303 方向,跨越民利河,途经小梁以北、枯河集以北,在浦刘庄附近跨宿淮铁路,沿赵沟北侧,在泗县北大彭庄附近接 G1516 盐洛(盐城—洛阳)高速公路宿州段泗县互通式立交。

G1516 盐洛高速公路泗县段

1. 参建单位

建设单位是安徽省交通投资集团有限责任公司。

主要参建单位见表 8-39。

G1516 盐洛(盐城—洛阳)高速公路泗县段主要参与建设单位汇总表　　表 8-39

序号	参建单位	单位名称	合同段编号及起止桩号	备注
1	项目管理单位	盐洛高速公路泗县段项目办	K0+000～K23+257.338	
2	勘察设计单位	安徽省交通勘察设计院 安徽省交通规划设计研究院	K0+000～K23+257.338	
3	施工单位	安徽公路桥梁工程公司	路基工程 01 合同段 K0+000～K11+038	
		安徽省路港工程有限责任公司	路基工程 2A 合同段 K11+038～K23+257.338 不含宿淮铁路分离式立交	
		中铁十四局集团第四工程有限公司	路基工程 2B 合同段 K15+773～K16+983 含宿淮铁路分离式立交	
		大连公路工程集团有限公司	路面工程 01 标合同段 K0+000～K23+257.338	
4	监理检测单位	安徽中兴工程建设监理所	总监办	主体工程、部分附属工程
		重庆中宇工程咨询监理有限责任公司	驻地监理办	部分附属工程

续上表

序号	参建单位	单位名称	合同段编号及起止桩号	备注
4	监理检测单位	安徽省交院工程试验检测有限公司		路基交工检测
		安徽省交通规划设计研究院工程测试中心		路面交工检测

2.技术标准

(1)公路等级、里程及地形类别

全线采用全封闭、全立交的四车道高速公路,路面采用沥青混凝土结构。全线设置了完善的通信、监控、收费系统和交通安全设施,以及房建、绿化等服务设施。本期宿州市泗县段建设里程23.257km。沿途跨越宿州市泗县,地势总体特征是西北向东南微倾,地面坡降约1/8000~1/15000。

(2)主线行车速度

主线行车速度为120km/h。

(3)路基、路面

路基宽28m,路面宽23.5m,路基设计洪水频率1/100。

(4)桥梁、涵洞

桥涵设计荷载:公路—Ⅰ级;设计洪水频率:特大桥1/300,大、中小桥、涵洞1/100;桥面净宽28m,涵洞与路基等宽。

(5)路线交叉

分离式立交设计标准:主线上跨各级公路的桥梁及通道净空高度,二级及以上公路≥5m,三、四级公路4.5m,汽车通道≥3.2m,拖拉机通道≥2.7m,人行通道≥2.2m,主线下穿各级公路的净空高度均按5m控制。

3.工程内容及主要构造物

(1)路线中间控制点

伙宅子(起点附近)、枯河集、上跨宿淮铁路、大彭庄(终点附近)。

(2)路线跨越主要河流

滩河、民利河、新民利河、小溪河、苏建沟。

(3)收费站及服务区

全线设小梁1座收费站,设汴河1对服务区。

4.征地拆迁

征地拆迁情况见表8-40。

征地拆迁情况统计表　　　　表 8-40

征地拆迁安置起止时间	征用土地(亩)	拆迁房屋(m^2)	支付补偿费用(元)
2010年9月~2010年11月	2010.67	3533	59110000

5. 项目投资

安徽省发改委以皖发改设计〔2009〕1200号文批准了该项目的初步设计,概算投资总额为10.72亿元。建设资金由安徽省交通投资集团自筹。

6. 开工及通车情况

2010年11月26日开工,2012年11月30日通车。

(二)决策研究

安徽省发展和改革委员会以《关于泗洪至许昌公路泗洪至泗县段立项问题的复函》(发改交通函〔2008〕646号)批准立项;

安徽省发展和改革委员会以《关于泗洪至泗县高速公路安徽段可行性研究报告的批复》(皖发改基础〔2009〕911号)批准工可;

安徽省发展和改革委员会以《关于泗洪至泗县高速公路安徽段初步设计的批复》(皖发改设计〔2009〕1200号)批准初步设计;

安徽省交通运输厅以《关于泗洪至泗县高速公路安徽段施工图设计的批复》(皖交建管〔2010〕290号)批准施工图设计;

国土资源部以《国土资源部关于泗洪至泗县高速公路工程建设用地的批复》(国土资函〔2010〕674号)批准征地;

安徽省林业厅以《使用林地审核同意书》(皖林地审字〔2009〕261号)批准林地;

安徽省国土资源厅以《关于泗许高速公路泗洪至泗县段压矿情况审查的复函》(皖国土资函〔2009〕859号)批准压矿用地;

国家环境保护总局以《关于泗洪至许昌公路(安徽段)环境影响报告书的批复》(环审〔2006〕435号)进行环境影响评价批复;

安徽省交通运输厅以《关于泗洪至泗县高速公路安徽段施工许可的批复》(皖交建管函〔2011〕328号)批准施工许可。

(三)项目实施

1. 项目招标

(1)设计招标

确定安徽省交通勘察设计院、安徽省交通规划设计研究院承担本项目的勘察、设计工作,完成路线勘测、地质勘探、路基、路面、桥梁、隧道、绿化、交通安全设施等的设计和设计优化。

(2)施工招标

确定施工合同段8个,其中,路基3个,路面1个,绿化1个,通信管道1个,交通工程1个,汴河服务区管网1个。

(3)监理招标

确定监理合同段2个,其中,总监办1个,其他1个。

2.项目管理

(1)管理机构

本项目设立两套管理机构,一个是由沿线市、县(区)政府以及交通、土地、电力等部门成立地方指挥部,主要负责征地拆迁、移民安置、外部协调等;一个是现场成立建设办,并招标选择总监办、驻地办组成两级监理机构,负责全线的工程质量、进度、安全、投资、环保等协调管理工作。

(2)质量保证体系

本项目在实施过程中,质量保证体系健全、制度完善、责任明确,体现出较高的质量控制能力。施工中采取的各种工程质量保证措施得力,对提高项目的使用质量起到了有力的保障作用。

(3)交工验收

交工验收委员会依据《公路工程质量检验评定标准》(JTG F80—2004)对本项目进行了验收评定,项目工程质量综合评定得分为98.84分,工程质量评定等级为合格,同意交工验收并移交管养。

3.重大事项

濉河桥跨度变更(小桩号减少三跨、大桩号增加一跨),变更费用减少370.2万元;新增支线上跨桥1座,变更费用116.1万元。

(四)科技创新与成果

1.标准跨径桥梁抗震设计研究及应用

针对本项目跨越我国著名的郯(城)庐(江)地震带,以安徽省中小跨径桥梁为研究对象,对中小跨径桥梁构件的抗震设防标准、合理结构形式、基础抗震设计及防落梁措施进行研究,提出具体设计方法,编制形成《标准化桥梁抗震设计研究及应用》,弥补《公路桥梁抗震设计细则》(JTG/T B02-01—2008)实施过程中的不足,指导设计人员正确理解桥梁抗震设计的相关概念、关键技术,合理进行抗震设计,从而达到提高中小跨径桥梁的抗震性能的目的。编制安徽省交通控股集团企业标准1部,发明专利1项。研究成果获得安徽省交通科技进步二等奖。

 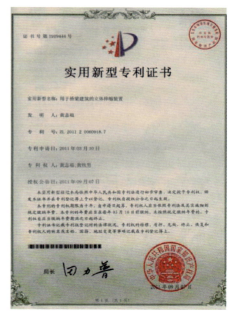

获奖证书

2. 高速公路沥青混凝土路面建设远程智能监管系统研究

本项目通过对国内现有的数据采集技术、视频监控技术、图像识别技术、网络传输技术的主要功能和对应设备产品性能用途等的广泛调研,开展高速公路沥青混凝土路面原材料加工数据采集、智能识别监控系统研究,开发高速公路沥青混凝土路面拌和场管理系统(包括后拌和场全场监控系统和拌和楼数据采集、监控及报警系统)、高速公路沥青混凝土路面施工前场管理系统(包括摊铺、压实等相关指标监测与控制)、高速公路沥青混凝土路面安全监控系统,进行高速公路沥青混凝土路面优质优价评价系统研发等工作,开发高速公路路面工程人员、设备考勤管理系统,建立高速公路路面建设的综合智能办公管理系统,探索高速公路沥青路面建设的标准化施工,形成高速公路沥青路面建设远程智能监控与管理系统。这是一套适用于高速公路建设期路面工程信息化综合管理的系统,其集成远程工程建设办公管理、履约考核、前后场生产施工安全和质量数据的实时监测、数据动态统计分析、工程安全监测与预警、优质优价管理等多项功能,从而大幅提升项目管理水平,降低项目管理成本。将事后检测提前为事前预控、事中监控,达到强化施工管理过程控制、提高施工质量稳定性、减少和消除安全隐患、整体提升工程质量和安全可控性的目的。通过这套系统,可打造出一种远程、高效、实时、轻松、便捷的管理模式和体系,这无疑是对高速公路建设质量管理的一种全新尝试,也是对高速公路施工标准化活动的一种积极探索,对于我国高速公建设质量管理体系的创新和完善有着十分重要的意义。

远程智能监管系统

3. 湖沥青改性沥青在安徽省高速公路中的应用技术研究

本课题率先在安徽省高速公路上使用湖沥青,分道路、桥梁做了 8 个试验段,对湖沥青材料性能、湖沥青改性沥青混合料及湖沥青改性沥青混合料施工工艺、路用性能进行对比研究,并在济南至祁门高速公路砀山段继续进行试验研究。

(五)运营与养护

1. 运营管理

全线设服务区 1 对,为汴河服务区;收费站点 1 处,为小梁收费站。

2. 养护管理

本项目于 2012 年 11 月建成,重点开展养护管理标准化管理体系建设,组织养护示范工程创建和示范管理推广两项活动,并着重推进养护专项工程实施工作。树立全寿命周期养护成本理念,制定适合道路桥梁技术状况特点和养护需求的预防性养护指导意见。对实施预防性养护的大中修工程,积极开展养护工程后评价工作,总结提炼养护处治和管理经验。

十三、G1516 盐洛(盐城—洛阳)高速公路宿州段

(一)项目概况

G1516 盐洛(盐城—洛阳)高速公路宿州段是安徽省"四纵八横"高速公路网规划中"第二横"的组成路段。项目是在南(京)洛(阳)高速公路和连(云港)霍(尔果斯)高速公路之间构筑的又一条东西向高速公路快速通道。其建设对促进中部地区崛起,实施安徽省东向发展战略,加快皖北发展,尤其对带动沿线的宿州、淮北、亳州的经济和社会发展,改善地区交通条件都具有重要的现实意义。同时,该路对加强国家高速公

路网功能,完善安徽省高速公路网络体系,充分发挥高速公路网的规模效益起到了促进作用。

路线起于泗县屏山镇大彭庄,终点位于淮北市濉溪县古饶镇境内,起讫桩号为 K1+011～K92+470,路线全长为 91.459km。

G1516 盐洛高速公路宿州段(一)

G1516 盐洛高速公路宿州段(二)

1. 参建单位

建设单位是安徽省交通投资集团有限责任公司。

主要参建单位见表 8-41。

G1516 盐洛(盐城—洛阳)高速公路宿州段主要参建单位情况表　　表 8-41

序号	参建单位	单位名称	合同段编号及起止桩号	主要负责人
1	项目管理单位	盐洛高速公路宿州段项目办	K1+011～K92+470	黄志福
2	勘察设计单位	安徽省交通规划设计研究院	K1+011～K92+470	王吉双
3	施工单位	安徽省路桥工程集团有限责任公司	K1+011～K10+247	钱叶琳
		东盟营造工程有限公司	K10+217～K21+042	闫工鹏
		浙江鼎盛交通建设有限公司	K21+042～K30+565	丁润贤
		安徽水利开发股份有限公司	K30+565～K36+950	李双

续上表

序号	参建单位	单位名称	合同段编号及起止桩号	主要负责人
3	施工单位	中铁十五局集团第五工程有限公司	K36+950~K45+833	郑春发
		无锡市交通工程有限公司	K45+833~K56+180	胡未艾
		四川武通路桥工程局	K56+200~K63+000	陈止萍
		安徽路港工程有限责任公司	K63+000~K76+000	徐士征
		中交路桥北方工程有限公司	K76+200~K86+000.75	刘忠枢
		中交第一航务工程局有限公司	K86+000.75~K89+035	万熙强
		中交第四公路工程局有限公司	K89+035~K92+470	黄才文
		中铁十九局集团第三工程有限公司	K1+011~K30+565	吴枫井
		中交第四公路工程有限公司	K30+565~K63+000	韩瑞生
		中铁二十三局集团第一工程有限公司	K63+000~K92+470	王以艾
		四川西都交通配套设施有限责任公司	K1+011~K30+565	
		河北龙威交通工程有限公司	K30+565~K63+000	王树为
		江苏中路交通工程有限公司	K63+000~K92+470	蒋信其
		江苏无锡交通设施有限公司	K1+113~K92+470	顾伟德
		江苏泓益交通工程有限公司	K1+113~K92+470	张新林
4	监理检测单位	安徽科兴交通建设工程监理有限公司	监理驻地办 K1+011~K30+565	吴中福
		江苏交通工程咨询监理有限公司	监理驻地办 K30+565~K63+000	李秀峰
		北京泰克华诚技术信息咨询有限公司(主办人)合肥市工程建设监理公司(成员)联合体	总监办 K1+113~K92+470	张玲
		安徽中兴工程建设监理所	监理驻地办 K63+000~K92+470	沈项斌
		安徽省公路工程检测中心等5家单位	K1+113~K92+470	荣光等人

2. 技术标准

(1) 公路等级、里程及地形类别

全线采用全封闭、全立交的四车道高速公路,路面采用沥青混凝土结构。全线设置了完善的通信、监控、收费系统和交通安全设施,以及房建、绿化等服务设施。本期宿州段建设里程 91.459km。地处北纬 33°31′~33°43′、东经 116°56′~117°52′,沿途跨越宿州市灵璧和泗县,地势总体特征是地势平坦,由西北向东南缓倾,地面坡降约为 1/8000~1/15000。自然区划分:按照构造行迹的发育程度和不同特点,可将新华夏系构造分为三个大区,永安、芦岭一线之东为东区,岳集大断层以西为西区,两者之间为中区。本项目基本上位于东区、中区范围内。新华夏系构造在区内具有分布强度不同,表现形式有别,而分带距离相等、同步升降的特点。从地表和隐伏构造总体上可以看出北东向构造占优势,且自东向西构造线往北偏转越来越小。

(2)主线行车速度

主线行车速度为 120km/h。

(3)路基、路面

路基宽 28m,路面宽 23.5m,路基设计洪水频率 1/100。

(4)桥梁、涵洞

桥涵设计荷载:公路—Ⅰ级;设计洪水频率:特大桥 1/300,大、中小桥、涵洞 1/100;桥面净宽:28m,涵洞与路基等宽。

(5)路线交叉

互通式立交设计标准:枢纽型立交匝道设计速度:80km/h(直连式匝道),70km/h(半直连式匝道),50km/h 或 40km/h(内环匝道,视交通量大小确定)。

一般单喇叭立交匝道设计速度:40km/h。

匝道路基宽度:单向单车道匝道路基宽 8.50m;单向双车道匝道路基宽 11.00m;对向双车道匝道路基宽 15.50m。

分离式立交设计标准:主线上跨各级公路的桥梁及通道净空高度,二级及以上公路 5m,三、四级公路 4.5m,汽车通道≥3.2m,拖拉机通道≥2.7m,人行通道≥2.2m;主线下穿各级公路的净空高度均按 5m 控制。

3. 工程内容及主要构造物

(1)建设主要内容

全线路基挖方 27.71 万 m^3,全线路基填方 1175.04 万 m^3,防护工程 75031m^3;特大桥 3789m/2 座,大桥 11814m/55 座,中桥 3425.24m/64 座,小桥 854.16m/59 座,盖板及通道 4445.59m/153 道,圆管涵 3757.86m/179 道;水泥稳定碎石基层 78.27 万 m^2、细粒式沥青混凝土(AC-13 厚 40mm)245.40 万 m^2、中粒式沥青混凝土(AC-20 厚 60mm)246.17 万 m^2、粗粒式沥青混凝土(AC-25 厚 80mm)189.77 万 m^2;收费站 4 处、服务区 3 对、互通 5 处、停车区 3 处;同步建设绿化、交安、机电等附属工程。

(2)路线中间控制点

泗县北(大彭庄)、灵璧北、宿州北(郝庵庄)。

(3) 路线跨越主要河流

新濉河、唐河、阎河、新河、濉河、引河、引塘河。

(4) 收费站及服务区

全线设泗县、灵璧、宿州东、宿州北4座收费站,苗庵、虞姬、宿州3对服务区。

4. 征地拆迁

征地拆迁情况见表8-42。

征地拆迁情况统计表　　　　　　　　　　　　　　表8-42

征地拆迁安置起止时间	征用土地(亩)	拆迁房屋(m^2)	支付补偿费用(元)
2006年6月~2006年8月	8525.11	13500	304839800

5. 项目投资

(1) 投资规模、资金来源

安徽省发展和改革委员会于2006年9月20日以发改设计〔2006〕807号文批准了该项目的初步设计,概算投资总额为36.89亿元。资金由安徽省交通投资集团公司自筹。

(2) 概算执行情况

经竣工决算审计,盐洛高速公路宿州段完成投资合计325390.478万元,比概算投资减少42950.84万元,对比概算投资节约比例11.64%。

6. 开工及通车情况

2008年1月12日开工,2010年12月28日通车。

(二) 决策研究

安徽省发展和改革委员会以《关于泗县至宿州高速公路项目建设书的批复》(发改交运〔2005〕1037号)批准立项;

安徽省发展和改革委员会以《关于泗县至宿州高速公路可行性研究报告的批复》(发改交运〔2006〕338号)批准工可;

安徽省发展和改革委员会以《关于泗县至宿州高速公路初步设计的批复》(发改设计〔2006〕807号)批准初步设计;

安徽省交通运输厅以《关于泗县至宿州高速公路施工图设计的批复》(皖交基函〔2007〕5号)批准施工图设计;

国土资源部以《关于泗县至宿州高速公路工程建设用地的批复》(国土资函〔2007〕1043号)批准征地;

国家林业局以《使用林地审核同意书》(林资许准〔2007〕247号)批准林地;

安徽省国土资源厅以《关于泗县至宿州高速公路压矿审查的复函》（皖国土资函〔2007〕765号）、《关于泗县至宿州高速公路压矿普查区审查意见的函》（皖国土资函〔2007〕946号）批准压矿用地；

安徽省地震局以《关于泗宿路场地地震安全性评价工作的复函》（皖震函〔2006〕7号）批准地震安全性评价；

国家环境保护总局以《关于泗洪至许昌公路（安徽段）环境影响报告书的批复》（环审〔2006〕435号）进行环境影响评价批复；

安徽省交通运输厅以《关于泗县至宿州高速公路项目试验段建设的复函》（皖交基函〔2007〕78号）批准试验段施工许可；

安徽省交通运输厅以《关于泗县至宿州高速公路工程施工许可的批复》（皖交基函〔2009〕527号）批准施工许可。

(三)项目实施

1.项目招标

(1)设计招标

确定安徽省交通规划设计研究院有限公司承担本项目的勘察、设计工作，完成路线勘测、地质勘探、路基、路面、桥梁、隧道、绿化、交通安全设施等的设计和设计优化。

(2)施工招标

确定施工合同段36个，其中，路基11个，路面3个，交通工程5个，绿化3个，通信管道3个，房建2个，机电1个，其他8个。

(3)监理招标

确定监理合同段4个，其中，总监办1个，其他3个。

2.项目管理

(1)管理机构

本项目设立两套管理机构，一是由沿线市、县(区)政府以及交通、土地、电力等部门成立地方指挥部，主要负责征地拆迁、移民安置、外部协调；二是现场成立建设办，并招标选择总监办、驻地办组成两级监理机构，负责全线的工程质量、进度、安全、投资、环保等协调管理工作。

(2)质量保证体系

本项目在实施过程中，质量保证体系健全、制度完善、责任明确，体现出较高的质量控制能力。施工中采取的各种工程质量保证措施得力，对提高项目的使用质量起到了有力的保障作用。

(3)交工、竣工验收

2010年12月28日,交工验收委员会依据《公路工程质量检验评定标准》(JTG F80—2004)对本项目进行了验收评定,项目工程质量综合评定得分为98.46分,工程质量评定等级为合格,同意交工验收并移交管养。

2012年12月~2013年9月,安徽省交通运输厅委托安徽安建会计师事务所、安徽九通工程造价咨询事务所完成项目审计。2013年9月11日,国家环境保护部、环保部华东环境督查中心、安徽省环境保护厅、安徽省交通运输厅组织并通过竣工环境保护验收。2013年11月20日,项目通过竣工验收,项目综合评分95.19分,项目综合评价等级为优良。

2016年6月19日,泗县至宿州高速公路项目荣获公路交通优质工程(李春奖)一等奖。

3.重大事项

(1)重大决策

绿化环保方面:设计伊始,建设者们就把目光投向了当地的历史、文化。本项目毗邻汉文化发祥地,地处有深厚文化沉淀的汉风腹地,按照汉风楚韵的思路,采用中高低混合栽植,防眩变幻,实现了四季常绿、三季有花;采取园林化四合院布局(传统、温馨、安全),建造沿线收费、服务、管理用房,形成特有风格,雄浑凝重,汉风遒劲,宽展霸气;同时在小品、围栏、照壁、内饰等充分吸收原文化、汉文化的精华并得以良好展示。

(2)重大变更

路基06标灵双路支线上跨桥及接线变更,变更费用284.6万元;路基12、13标取土坑调整至三角渊生态园,产生超运距变更费用分别482.5万元、876.7万元。

4.复杂技术工程

(1)K112+539特大桥

K112+539分离式立交特大桥位于宿州市高新区境内,桥梁全长2520.973m,桥梁中心桩号K112+539,起讫桩号为K111+278.513~K113+799.486,跨径组合为3×(5×30m)+(21.5m+3×30m+21.5m)+5×30m+2×(4×30m)+3×30m+(20m+4×30m)+(3×30m+25m)+(25m+3×30m)+(4×30m+20m)+(20m+4×30m)+(24.973m+2×30m)+6×30m+3×30m+5×30m+(3×30m+20m)+(20m+3×30m)+(2×30m+20m)。本桥部分桥梁位于符离集互通内,跨合徐高速公路及A、B、I匝道,净高均不小于5m。

工程技术特色、重点创新及四新技术应用如下:

①勘测设计:本桥位于半径$R=8400m$的圆曲线上,施工时注意路线线形控制,预制

箱梁以折线拟合圆曲线。上部等宽段处采用先简支后连续小箱梁,变宽段采用逐跨现浇预应力混凝土箱梁,下部结构采用桩柱式墩,肋台桩基础。

②施工建设:现浇梁施工顺序从较窄一端向较宽一端施工。本桥有多处交通工程标志牌设置在防撞护栏处,施工时根据详图在箱梁上预埋法兰盘,并在设置标志牌位置断开防撞护栏。本桥各联端除与各匝道相接处设置120型伸缩缝、桥台处采用80型伸缩缝外,余均采用160型伸缩缝。跨合徐高速公路两跨预制梁一端为正交、一端为斜交,施工时注意斜交端的预制,另64号墩5根桩基必须设置在合徐高速公路中央分隔带中线上。施工放样时注意左幅33、45号墩,右幅33、62、68、71号墩预偏心的设置。上部结构预应力采用后张法施工。

(2)K108+879津浦铁路特大桥

K108+879津浦铁路特大桥位于宿州市埇桥区境内,桥梁全长1271m,桥梁中心桩号K108+879,起讫桩号为K108+243.5~K109+514.5,跨径组合为(20m+3×30m+20m)+(5×30m)+(5×30m)+(5×30m+20m)+(28.75m+35m+28.75m)+(4×30m)+(5×30m)+(4×30m)+(28.75m+35m+28.75m)+3×30m;跨津浦铁路、G206、引塘河连接宿州北互通。

工程技术特色、重点创新及"四新"技术应用:

①勘测设计:下部采用ϕ1600灌注桩基础,ϕ1400柱式墩,桥台采用肋板式台。全桥桥孔均为正布,除右幅第十联桥面变宽段3×30m采用现浇预应力箱梁外,其他联上部结构采用先简支后连续预应力小箱梁(第一联20m+3×30m+20m、第二联5×30m、第三联5×30m、第四联5×30m+20m、第五联28.75m+35m+28.75m、第六联4×30m、第七联5×30m、第八联4×30m、第九联28.75m+35m+28.75m、第十联左幅3×30m)。

②施工建设:靠近铁路路基处的桥墩钻孔灌注桩施工时采取可靠措施防止铁路动荷载引起塌孔,上部结构变宽段采用现浇连续箱梁,箱梁采用分节段支架浇筑施工,施工顺序为从较窄一端向较宽一端施工,跨越铁路处有电气化接触网立柱及电力线杆,施工时任何人员机具脚手设备都必须距接触网带电部分2m以上距离。简支小箱梁的联结部分(湿接头)施工时应采取封闭措施保证各种材料、物件不落入轨道。上部结构预应力采用后张法施工。

(四)科技创新与成果

1.新技术、新工艺的推广应用

(1)在安徽省内首创应用骨架密实型抗裂水稳新技术,创造了近5km无裂缝的佳绩,有效地减少了水稳基层裂缝,开创了安徽高速公路抗裂型水稳大面积施工先例。编写安徽省地方标准《骨架密实抗裂型水稳碎石路面基层施工技术规范》(DB 34/T 2377—

2015)。低剂量抗裂型水泥稳定碎石路面基层施工工法获 2011 年度公路工程工法。

科技成果(一)

(2)就地取材,应用煤矸石填筑高速公路路基,减少了取土场的用地和煤矸石的占用土地。

(3)创新台背回填并推广了环形碾压的新工法,有效解决台背、台前、锥坡压实三大质量通病。

2. 重大关键工程技术方面取得突破

(1)针对泗许高速公路位于淮北平原、全线占用基本农田,按照交通运输部建设资源节约型、环境友好型"两型"高速公路要求,泗许高速公路开展了低路堤(2010 年 2 月 2 日鉴定)和低高度桥梁(2010 年 1 月 8 日鉴定)实用研究,创新、优选桥型,压低控制点桥梁建筑高度,从而降低高速公路整体高度,减少工程量和土地占用。泗县至宿州高速公路平均填土高度从 3.42m 下降 0.64～2.78m,节省土地 873 亩,节省投资 6000 万元,为平原区资源节约型高速公路的典范,并推广应用于泗许高速公路各期工程和徐明等平原区高速公路上,其中低路堤技术是 2012 年唯一列入交通运输部科技成果推广目录的项目。

(2)开展装配式混凝土空心板横向联系质量研究,研制高强补偿收缩自密式混凝土新材料,提高空心板梁铰缝混凝土及横向联系质量,避免桥梁运营期出现铰缝破损、脱落引起的桥面铺装破坏和空心板单板受力的通病危险,项目获 2012 年中国公路学会科学技术三等奖。

科技成果(二)

(3)就地取材、变废为宝。开展煤矸石填筑高速公路路基创新研究,减少了取土场的用地和煤矸石的占用土地,双重节约土地资源,发明煤矸石路堤填筑专利1项,重点解决了煤矸石路堤防水问题。项目通车6年路基稳定、平实,无纵向裂缝。项目获得2013年安徽省科学技术三等奖、安徽省交通科技进步三等奖,并形成安徽省地方标准《公路煤矸石路堤设计与施工指南》(DB 34/T 2376—2015)。

科技成果(三)

3. 淮北地区粉土路基设计施工技术研究

因地制宜、就地取材,提出了在防水基础上的新型粉土路堤结构形式,使粉土直接填筑路堤或者简单改性处理后填筑路堤成为现实且安全可靠,并完善了相应的施工控制标准和质量检测指标,通车6年路基无纵向裂缝,效果显著。形成了安徽省地方标准 DB 34/T 2392—2015(主编全国团体标准1部),获得2011年安徽省交通科技进步三等奖、2011年中国公路学会科学技术三等奖、2012年安徽省科学技术三等奖。

科技成果(四)

(五)运营与养护

1. 运营管理

全线设服务区3对,为苗庵、虞姬、宿州服务区;收费站点4处,分别为泗县、灵璧、宿州东、宿州北收费站,见表8-43。2010年12月26日~2015年12月31日,泗县至宿州高速公路累计交通流量为1302.6万辆,具体数据详见表8-44。

收费站点设置情况表　　　　　　　表8-43

站点名称	车道数	收费方式
泗县站	2进4出	人工收费及电子不停车收费综合 (入口:1条MTC车道,1条ETC车道) (出口:3条MTC车道,1条ETC车道)
灵璧站	2进4出	人工收费及电子不停车收费综合 (入口:1条MTC车道,1条ETC车道) (出口:3条MTC车道,1条ETC车道)
宿州东站	2进2出	人工收费及电子不停车收费综合 (入口:入口1条MTC车道,1条ETC车道) (出口:出口1条MTC车道,1条ETC车道)
宿州北站	3进5出	人工收费及电子不停车收费综合 (入口:入口2条MTC车道,1条ETC车道) (出口:出口4条MTC车道,1条ETC车道)

交通流量发展状况表(单位:辆)　　　　　表8-44

年份	入口	出口	合计	日平均流量
2011	739640	716723	1456363	3990
2012	1015038	968827	1983865	5420
2013	1274695	1230096	2504791	6862
2014	1534872	1496072	3030944	8304
2015	2040710	2009628	4050338	11097

2.养护管理

通车以来,本项目采用社会专业养护管理模式,通过公开招标方式确定社会专业化养护公司,对全线路面、交安、机电、桥梁进行专业化养护。本项目暂无大修工程实施。

十四、G1516盐洛(盐城—洛阳)高速公路淮北段

(一)项目概况

G1516盐洛(盐城—洛阳)高速公路淮北段是安徽省"四纵八横"高速公路网规划中"第二横"的组成路段。项目是在南(京)洛(阳)高速公路和连(云港)霍(尔果斯)高速公路之间构筑的又一条东西向高速公路快速通道。其建设对促进中部地区崛起,实施安徽省东向发展战略,加快皖北发展,尤其对带动沿线的宿州、淮北、亳州的经济和社会发展,改善地区交通条件都具有重要的现实意义。同时,该路对加强国家高速公路网功能,完善安徽省高速公路网络体系,充分发挥高速公路网的规模效益起到了促进作用。

盐洛高速公路淮北段

路线起于淮北市烈山区古饶镇小赵村,顺接建成通车的 G1516 盐洛(盐城—洛阳)高速公路宿州段,向西跨南沱河,预留东刘家互通,经四铺,在五铺跨省道 S303,在百善以南跨青阜铁路、省道 S203 和 S202,设置百善互通,在岳集以南跨浍河,设置岳集互通,然后路线折向西北,顺接河南省在建的商丘市任庄至小新庄高速公路,终点位于浍河上的皖豫省界。

1. 参建单位

建设单位为安徽省交通投资集团有限责任公司。

项目主要参建单位见表 8-45。

G1516 盐洛(盐城—洛阳)高速公路淮北段主要参与建设单位汇总表　　　表 8-45

序号	参建单位	单 位 名 称	合同段编号及起止桩号	主要负责人
1	项目管理单位	盐洛高速淮北段项目办	K1+577.026~K52+101	黄志福
2	勘察设计单位	安徽省勘察设计研究院	K1+577.026~K52+101	吴立人
3	施工单位	新疆昆仑路港工程公司	K1+577.026~K9+508.5	张卫国
		安徽省路港工程有限责任公司	K9+508.5~K18+500	许琪
		中铁十五局集团有限公司	K18+500~K25+920	朱紫
		中铁十三局集团有限公司	K25+920~K26+960	任海彬
		中铁十九局集团有限公司	K26+960~K36+600	李宏财
		中铁十局集团有限公司	K36+600~K44+400	凡春宇
		北京城建道桥建设集团有限公司	K44+400~K52+101	石红星
		安徽省路港工程有限责任公司	K45+808.4~K46+385.6	许琪
		江西省交通工程集团公司	K1+577~K26+960	郑雪峰

续上表

序号	参建单位	单位名称	合同段编号及起止桩号	主要负责人
3	施工单位	中交第三公路工程局有限公司	K26+960~K52+101	蔡文
		山东玉泰公路设施有限公司	K1+577~K26+960	
		安徽天洋交通工程有限公司	K26+960~K52+101	
4	监理检测单位	安徽省中兴工程建设监理所	总监办 K1+577.026~K52+101	周力军
		安徽省公路工程建设监理有限责任公司	监理驻地办 K1+577~K26+960	荣光
		武汉广益工程咨询有限公司	监理驻地办 K26+960~K52+101	李亮
		安徽省公路工程检测中心	中心试验室	

2. 技术标准

(1)公路等级、里程及地形类别

全线采用全封闭、全立交的四车道高速公路,路面采用沥青混凝土结构。全线设置了完善的通信、监控、收费系统和交通安全设施,以及房建、绿化等服务设施。本期淮北段建设里程51.101km。地处北纬33°50′~33°41′、东经116°24′~116°56′,沿途跨越淮北市烈山区和濉溪县,地势总体特征是地势平坦,由西北向东南缓倾,地面坡降约为1/8000~1/15000。自然区划分:按照构造行迹的发育程度和不同特点,可将新华夏系构造分为三个大区,永安、芦岭一线之东为东区,岳集大断层以西为西区,两者之间为中区。本项目基本上位于中区范围内。新华夏系构造在区内具有分布强度不同,表现形式有别,而分带距离相等、同步升降的特点。从地表和隐伏构造总体上可以看出北东向构造占优势,且自东向西构造线往北偏转越来越小。

(2)主线行车速度

主线行车速度为120km/h。

(3)路基、路面

路基宽28m,路面宽23.5m,路基设计洪水频率1/100。

(4)桥梁、涵洞

桥涵设计荷载:公路—Ⅰ级;设计洪水频率:特大桥1/300,大、中小桥、涵洞1/100;桥面净宽28m,涵洞与路基等宽。

(5)路线交叉

互通式立交设计标准。枢纽型立交匝道设计速度:80km/h(直连式匝道),70km/h(半直连式匝道),50km/h或40km/h(内环匝道,视交通量大小确定)。一般单喇叭立交匝道设计速度:40km/h。匝道路基宽度:单向单车道匝道路基宽8.50m;单向双车道匝道路基宽 11.00m;对向双车道匝道路基宽 15.50m。

分离式立交设计标准:主线上跨各级公路的桥梁及通道净空高度,二级及以上公路 5.0m,三、四级公路 4.5m,汽车通道≥3.2m,拖拉机通道≥2.7m,人行通道≥2.2m,主线下穿各级公路的净空高度均按 5.0m 控制。

3. 工程内容及主要构造物

(1) 建设主要内容

全线路基填方 503.76 万 m^3,防护工程 4475m^3;特大桥、大桥 2335m/3 座、中桥 439.46m/9 座、小桥 648.8m/23 座、涵洞 2236.38m/61 道、支线上跨桥 2202.06m/20 座;水泥稳定碎石基层 43.45 万 m^2、细粒式沥青混凝土(AC-13 厚 40mm)131.35 万 m^2、中粒式沥青混凝土(AC-20 厚 60mm)131.35 万 m^2、粗粒式沥青混凝土(AC-25 厚 80mm)111.45 万 m^2;收费站 4 处、服务区 1 对、管理处 1 处;同步建设绿化、交安、机电等附属工程。

(2) 路线中间控制点

南沱河、五铺(省道 S303)、青阜铁路、百善(省道 S203、省道 S202)、岳集。

(3) 路线跨越主要河流

南沱河、戚家沟、青卫河、常沟、青沟、浍河。

(4) 收费站及服务区

全线设淮北南、濉溪、铁佛、淮永 4 座收费站,濉溪 1 对服务区。

4. 征地拆迁

征地拆迁情况见表 8-46。

征地拆迁情况统计表 表 8-46

征地拆迁安置起止时间	征用土地(亩)	拆迁房屋(m^2)	支付补偿费用(元)
2009 年 10 月~2010 年 11 月	4189.13	12128	304839800

5. 项目投资

(1) 投资规模、资金来源

安徽省发展和改革委员会于 2009 年 8 月 13 日以发改设计〔2009〕759 号文批准了该项目的初步设计,概算投资总额为 21.5 亿元。建设资金由安徽省交通投资集团自筹。

(2) 概算执行情况

经竣工决算审计,泗许高速公路淮北段公路项目完成投资合计 205511.16 万元,比概算投资减少 10343.17 万元,对比概算投资节约比例 4.79%。

6. 开工及通车情况

2010年9月16日开工建设,2012年11月30日建成通车。

(二)决策研究

泗洪至许昌高速公路淮北段由安徽省发展和改革委员会以《关于泗洪至许昌高速公路淮北段立项问题的复函》(发改交通函〔2008〕645号)批准立项;

安徽省发展和改革委员会以《关于泗洪至许昌高速公路淮北段可行性研究报告的批复》(发改交通〔2009〕512号)批准工可;

安徽省发展和改革委员会以《关于泗洪至许昌高速公路淮北段初步设计的批复》(发改设计〔2009〕759号)批准初步设计;

安徽省交通运输厅以《关于泗许高速公路淮北段施工图设计的批复》(皖交建管〔2010〕109号)批准施工图设计;

国土资源部以《国土资源部关于泗许高速公路淮北段工程建设用地的批复》(国土资函〔2010〕285号)批准征地;

安徽省林业厅以《使用林地审核同意书》(皖林地审字〔2009〕256号)批准林地;

安徽省国土资源厅以《〈关于印发〈泗洪至许昌公路(宿州—濉溪岳集段)沿线压覆矿资源储量调查评估报告〉评审意见书〉的函》(皖国土资函〔2007〕1171号)批准压矿用地;

国家环境保护总局以《关于泗洪至许昌公路(安徽段)环境影响报告书的批复》(环审〔2006〕435号)进行环境影响评价批复;

安徽省交通运输厅以《关于泗洪至许昌高速公路淮北段施工许可的批复》(皖交建管函〔2011〕327号)批准施工许可。

(三)项目实施

1. 项目招标

(1)设计招标

确定安徽省交通规划设计研究院有限公司承担本项目的勘察、设计工作,完成路线勘测、地质勘探、路基、路面、桥梁、隧道、绿化、交通安全设施等的设计和设计优化。

(2)施工招标

确定施工合同段22个,其中,路基7个,路面2个,交通工程2个,绿化2个,通信管道2个,房建2个,机电1个,其他4个。

(3)监理招标

确定监理合同段3个,其中,总监办1个,其他2个。

2. 项目管理

（1）管理机构

本项目设立两套管理机构，一个是由沿线市、县（区）政府以及交通、土地、电力等部门成立地方指挥部，主要负责征地拆迁、移民安置、外部协调等；一个是现场成立建设办，并招标选择总监办、驻地办组成两级监理机构，负责全线的工程质量、进度、安全、投资、环保等协调管理工作。

（2）质量保证体系

本项目在实施过程中，质量保证体系健全、制度完善、责任明确，体现出较高的质量控制能力。施工中采取的各种工程质量保证措施得力，对提高项目的使用质量起到了有力的保障作用。

（3）交工、竣工验收

①交工验收。2012年12月1日，交工验收委员会依据《公路工程质量检验评定标准》（JTG F80—2004），对本项目进行了验收评定，项目工程质量综合评定得分为98.54分，工程质量评定等级为合格，同意交工验收并移交管养。

②竣工验收。2015年3月17日，安徽省档案局通过专项验收，评定得分96分，达优良标准。2014年12月29日，环境保护部华东环保督查中心组织并通过竣工环境保护验收。2014年，安徽省交通运输厅委托安徽安瑞工程咨询有限责任公司等对项目的主体、附属工程和待摊投资等进行了审计。2016年3月2~4日，项目通过竣工验收，综合评分95.68分，综合评价等级为优良。

3. 重大变更

①济祁与纵三交叉四车道改六车道变更289万元。

②跨S303省道分离立交预制改现浇变更197万元。

③百善服务区广场灰土变更286万元。

（四）科技创新与成果

1. 高烈度地区公路路基抗液化处理技术研究

泗许高速公路位于高地震烈度地区，地基为淮北粉土，项目针对性开展粉土液化和抗液化深入研究。这项研究一是为了针对地处高地震烈度地区的构筑物地基提出合理的桩长设计方法；二是对地下水位较高的深厚松散粉土或粉细砂土公路路基提出合理设计处理方案；三给粉土施工规范编制提供了数据支持。研究建立了一套完整的饱和粉土抗震液化的理论分析和工程技术研究方法，完成了和工程实际条件相接近的动力特性试验研究，获得2013年安徽省交通科技进步奖二等奖、中国公路科学技术奖三等奖。

2. 开展了钢波纹板桥涵创新研究

项目在安徽省首次应用钢波纹结构,并开展多孔钢波纹板桥涵受力特征研究,设计建造1.5m、3m孔钢2道,3跨4m钢波纹小桥1座,创新了设计,提出了合理参数,得出相应的规律与施工指南,形成安徽省地方标准《钢波纹板桥涵施工技术指南》(DB 34/T 2378—2015),参编中国工程建设标准化协会《公路钢波纹板涵洞技术规程》,获得2014年中国公路学会科学技术二等奖。

钢波纹结构的应用

3. 发明专利

发明专利共6项,分别是:利用土工织物散体桩加固的路基结构;土工织物散体桩施工桩机;土工织物散体桩处理软基的方法;钢波纹板圆弧拱桥拱脚固定结构;圆弧拱钢波纹板桥涵结构;一种圆弧拱钢波纹板桥涵结构。

(五)运营与养护

1. 运营管理

全线设服务区1对,为濉溪服务区;收费站点4处,分别为淮北南、濉溪、铁佛、淮永收费站,见表8-47。2012年12月24日~2015年12月24日,泗许高速公路淮北段交通流量发展状况见表8-48。

收费站点设置情况表　　　　表8-47

站点名称	车 道 数	收 费 方 式
淮北南站	3进5出	人工收费及电子不停车收费综合 (入口:2条MTC车道,1条ETC车道) (出口:4条MTC车道,1条ETC车道)
濉溪站	3进5出	人工收费及电子不停车收费综合 (入口:2条MTC车道,1条ETC车道) (出口:4条MTC车道,1条ETC车道)

续上表

站点名称	车道数	收费方式
铁佛站	3进4出	人工收费及电子不停车收费综合 （入口：入口2条MTC车道，1条ETC道） （出口：出口3条MTC车道，1条ETC道）
淮永站	10进10出	人工收费及电子不停车收费综合 （入口：入口8条MTC车道，2条ETC道） （出口：出口8条MTC车道，2条ETC道）

交通流量发展状况表（单位：辆） 表8-48

年份	入口	出口	合计	日平均流量
2012	2282	2100	4382	12
2013	511944	476244	988188	2707
2014	851313	815064	1666377	4565
2015	1383064	1331016	2714080	7436

2.养护管理

本项目于2012年11月建成通车以来，采用社会专业养护管理模式，通过公开招标方式确定社会专业化养护公司，对全线路面、交安、机电、桥梁进行专业化养护。本项目暂无大修工程实施。

十五、G1516盐洛（盐城—洛阳）高速公路亳州段

（一）项目概况

亳州郑楼至郭楼高速公路是盐洛高速（江苏盐城—河南洛阳）公路在亳州的一段。盐洛高速公路东西向横贯苏、皖、豫三省，在南京至洛阳高速公路和连云港至霍尔果斯公路之间构筑的又一条东西向公路通道，并串联多条南北向国家高速公路，是对国家高速公路功能的进一步补充和加强，对逐步完善安徽省高速公路网络体系，充分发挥高速公路网的规模效益起到了积极的促进作用。

盐洛高速公路亳州段

1. 参建单位

项目建设单位为安徽省交通投资集团有限责任公司。

项目主要参建单位见表8-49。

G1516 盐洛(盐城—洛阳)高速公路亳州段主要参与建设单位汇总表   表8-49

序号	参建单位	单 位 名 称	合同段编号及起止桩号	主要负责人	备注
1	项目管理单位	安徽省交通投资集团泗许高速亳州段建设办	K0+3.576～K39+460.1	马祖桥 夏柱林	
2	勘察设计单位	安徽省交通规划设计研究院	K0+3.576～K39+460.1	王吉双	
3	施工单位	安徽省公路桥梁工程公司	K0+003.576～K9+400	杜海峰	路基
		安徽省交通建设有限责任公司	K9+400～K14+350	汪能文	路基
		中交第一公路工程局有限公司	K14+350～K21+970	蔡杨	路基
		安徽省路港工程有限责任公司	K21+970～K30+100	赵庆东	路基
		安徽省开源路桥有限责任公司	K30+100～K39+460.1	马彦	路基
		中交二公局第三工程有限公司	K0+003.576～K17+296	李旭颖	路面
		新疆昆仑路港工程公司	K17+296～K39+460.1	张治峰	路面
4	监理单位	安徽省公路工程建设监理有限责任公司	总监办	汪敏	路基、路面
		安徽省高等级公路工程监理有限公司	交安总监办	张君	
		安徽省新同济建设监理咨询有限公司	绿化总监办	朱行水	

2. 技术标准

(1) 公路等级、里程及地形类别

公路等级为全封闭、全立交的四车道平原地区高速公路。全线设置了完善的通信、监控和收费系统,以及安全设施和照明、绿化、房建等服务设施。

路线起点位于亳州张店镇郑楼村,路线总体走向自东向西,经过省道S311、包河、界五路(县道X003)、亳阜(亳州至阜阳)高速公路、京九铁路、国道G105、洪河、亳魏路(县道X010),终于牛集镇郭楼村,全长39.463km。

本项目位于东经115°33′～115°59′,北纬33°55′～33°57′之间。区域地貌属黄淮冲积平原,位于黄河冲积扇平原的前缘与淮河冲积平原的交界处,地势平坦开阔、微有波状起伏的平原形态,地势自西北往东南微倾。根据地貌形成的基本特征与成因类型,进一步可分为泛滥坡平地和泛滥坡高地。

泛滥坡平地:呈片状、带状分布于区域北部,处于黄泛洪流的尾部,地势低平,地面高程30～45m,坡度1/5000左右,组成物质为全新统棕红色黏土等,厚度一般为0.5～

4.0m。

泛滥坡高地:主要分布于涡河、洪河两侧,一般高出平原面0.5~3.0m,地面高程28~47m,坡度1/4000左右,物质组成为全新统灰黄色亚砂土及粉砂等,厚度一般为0.5~15m。

路线起点至K15+500属于泛滥坡平地,K15+500至终点属于泛滥坡高地。

(2)主线行车速度

主线行车速度为120km/h。

(3)路基、路面

主线路基宽28m,路面宽23.5m。路基设计洪水频率1/100。路面首次采用沥青混凝土结构,标准轴载BZZ-100。

(4)桥梁、涵洞

汽车荷载等级:公路—Ⅰ级。

设计洪水频率:特大桥1/300,大、中、小桥及涵洞1/100。

桥面与路基同宽,涵洞与路基等宽。

(5)路线交叉

主线上跨各级公路的桥梁及通道净空高度:二级及二级以上公路5m,三、四级公路4.5m,汽车通道≥3.2m,拖拉机通道≥2.7m,人行通道≥2.2m。

主线下穿各级公路的净空高度均按5m控制。

3.工程内容及主要构造物

(1)建设主要内容

全线路基土方406.83万m^3;特大桥、大桥651.5m/2座,中桥525.44m/9座,小桥234.18m/8座,通道桥321.62m/15座;分离立交桥主线上跨2699.06m/11座,支线上跨2002.21m/17座,铁路立交1座;涵洞23道,808.53m;通道58道,1703.52m。互通枢纽2处。

(2)路线中间控制点

张店镇、五马镇、汤陵办事处、魏岗镇、牛集镇。

(3)路线跨越主要河流

包河、洪河。

(4)桥梁

包河大桥:桥梁全长276m,桥梁跨径布置为9×30m预应力混凝土先简支后连续小箱梁。9孔一联,按双幅布置,梁高1.6m,单幅四片小箱梁,双幅八片。桥墩为桩柱式桥墩,单排桩基础,桥墩立柱直径140cm,桩基直径160cm。

洪河大桥:桥梁全长306m,桥梁跨径布置为10×30m预应力混凝土先简支后连续小箱梁。5孔一联,按双幅布置,梁高1.6m,单幅四片小箱梁,双幅八片。桥墩均为桩柱式桥墩,单排桩基础,桥墩立柱直径140cm,桩基直径160cm。

(5)收费站及服务区

全线共设置亳永、亳鹿、亳州北3个收费站点,谯城1对服务区。

4. 征地拆迁

本项目征地拆迁工作于2009年2月开始,2011年12月全线征地拆迁工作结束,共征用土地7659.11亩,房屋拆迁面积17828m^2,土地及房屋拆迁补偿费用为448.805万元。

5. 项目投资

(1)投资规模、资金来源

本项目初步设计批复投资概算为17.38亿元,其中申请国家车购税补助1.78亿元为项目资本金,其余资金由安徽省交通投资集团有限公司自筹。

(2)概算执行情况

经竣工决算审计,本项目基本建设支出165759.58万元,与批复的概算总投资17.38亿元相比,较概算节约8007.26万元。

6. 开工及通车时间

2009年4月16日正式开工,2011年12月12日全线建成通车。

2011年12月12日亳州郑楼至郭楼高速公路通车

(二)决策研究

(1)2005年9月26日,安徽省发展和改革委员会《关于亳州郑楼至郭楼高速公路项目建议书的批复》(皖发改交运〔2005〕1038号);

(2)2006年9月4日,安徽省发展和改革委员会《关于亳州郑楼至郭楼高速公路工程可行性研究的批复》(皖发改交运〔2006〕761号);

（3）2007年1月15日，安徽省发展和改革委员会《关于亳州郑楼至郭楼高速公路初步设计的批复》（皖发改交运〔2007〕22号）；

（4）2008年11月27日，国土资源部《国土资源部关于郑楼至郭楼高速公路工程建设用地的批复》（国土资函〔2008〕779号）；

（5）2009年，安徽省交通运输厅《关于亳州郑楼至郭楼高速公路施工图设计的批复》（皖交基〔2009〕275号）；

（6）2009年，安徽省交通运输厅《关于亳州郑楼至郭楼高速公路工程施工许可的批复》（皖交基〔2009〕404号）。

（三）项目实施

1. 项目招标

（1）设计招标

通过公开招标方式，确定安徽省交通规划设计研究院为本项目勘察、设计单位。

（2）施工招标

本项目共15个施工单位，其中路基5个、路面2个、绿化2个、交安设施4个、房建2个。所有施工单位均采用国内竞争性招标方式确定中标单位。

（3）监理招标

本项目所有监理单位均采用国内竞争性招标方式确定中标单位。其中路基监理设1个总监办、2个监理驻地办，房建绿化总监办、机电交安总监办等均采用国内竞争性招标方式确定。

2. 项目管理

（1）管理机构

亳州郑楼至郭楼高速公路项目业主为安徽省交通投资集团有限公司，按照国建基建程序，本项目设立两套管理机构，一是由省政府、省交通运输厅、亳州市政府组成本项目建设指挥部，沿线市、区政府以及交通、土地、电力等部门成立地方指挥部，主要负责沿线征地拆迁、移民安置、外部协调；二是现场成立建设办，并和总监办、驻地办组成两级监理机构，负责全线的工程质量、进度、安全、投资、环保等协调管理工作。

建立安徽省交通投资集团有限责任公司亳州郑楼至郭楼高速公路建设办公室。

（2）质量保证体系

本项目在实施过程中，质量保证体系健全、制度完善、责任明确，体现出较高的质量控制能力。施工中采取的各种工程质量保证措施得力，对提高项目的质量起到了有力的保障作用。

(3)竣(交)工验收情况

2011年10~12月先后组织完成了路基工程5个合同段、路面工程2个合同段、绿化2个合同段和交通工程4个合同段的交工验收,工程质量均评定合格,建设项目质量评定得分为98.9分,质量等级评定合格。

2014年9月10~11日,安徽省交通运输厅组织成立亳州郑楼至郭楼高速公路工程竣工验收委员会,对该项目进行了竣工验收。竣工验收委员会对全线工程进行了实地察看,并根据交工验收和质量鉴定意见,按照《公路工程竣(交)工验收办法实施细则》等有关规定,对该项目进行了工程质量评定。

竣工验收工程综合评定得分94.71分,综合评价等级均为优良。

3.重大事项

全线共发生变更762份,主要是图纸优化、水系路系调整、结构物基底换填、清淤换填等,变更增加金额9831.13万元。

(四)科技创新与成果

项目前后被评为安徽省首批"平安工地"示范工程和交通运输部"混凝土质量通病示范"项目。

1.采用旋挖钻开挖桩基

根据本项目地质特点,采用旋挖钻施工工艺,具有施工速度快,成孔质量高,环境污染小,操作灵活方便,安全性能高,适用性强等优点。

旋挖钻开挖桩基

2.混凝土浇筑采用斜向分层浇筑,避免冷缝出现

在预制组合箱梁、现浇箱梁等大体积混凝土浇筑时,采用斜向、分层浇筑方式,可有效解决浇筑时间过长导致的冷缝问题。

3. 采用 PHC 管桩

本项目在省内高速公路建设中率先采用 PHC 管桩进行桩基施工，PHC 管桩具有耐打、耐压、穿透能力强，单桩竖向承载力高，抗震性能好，耐久性好，施工工期短，施工现场整洁等优点。

PHC 管桩施工

4. 通道墙身采用无拉杆施工，提高结构物外观质量

涵洞墙身混凝土浇筑采用"地龙"桩和斜向钢管支架作为外侧模板的支撑体系，满堂支架及剪刀撑作为内侧模板的支撑体系，面板采用 $2m^2$ 的组合钢模，内外模板形成整体结构。因整道通道没有采用对拉螺杆，从而能保证在浇筑混凝土后无须在其表面进行拉杆的处理和孔洞的修补，大大地提高了混凝土外观质量。

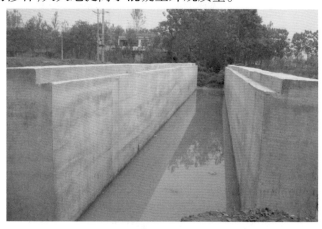

无拉杆施工通道

(五)运营与养护

1. 运营管理

亳州郑楼至郭楼高速公路共设置1对服务区,3个收费站点(亳永收费站、亳鹿收费站、亳州北收费站),具体情况见表8-50。

收费站点设置情况表　　　　　　　　　　　　　　　　　表8-50

站点名称	车道数	收费方式
亳鹿站	9进9出	人工收费及电子不停车收费综合 (入口:7条MTC车道,2条ETC车道) (出口:7条MTC车道,2条ETC车道)
亳永站	10进10出	人工收费及电子不停车收费综合 (入口:8条MTC车道,2条ETC车道) (出口:8条MTC车道,2条ETC车道)
亳州北站	4进6出	人工收费及电子不停车收费综合 (入口:入口3条MTC车道,1条ETC车道) (出口:出口5条MTC车道,1条ETC车道)

从2011年12月12日起至2015年12月24日,亳州郑楼至郭楼高速累计交通流量为903.1万辆,具体数据详见表8-51。

交通流量发展状况表(单位:辆)　　　　　　　　　　　表8-51

年份	入口	出口	合计	日平均流量
2011	2011	1981	3992	998
2012	423070	410940	834010	2279
2013	977545	963012	1940557	5317
2014	1386419	1357306	2743725	7517
2015	1756234	1752154	3508388	9800

2. 养护管理

宿州公司高速公路养护管理工作坚持"预防为主,防治结合"的原则,明确"以桥涵和绿化养护为重点,以路面养护为中心,实行全面养护"的工作思路,严格贯彻落实"畅通主导、安全至上、服务为本、创新引领"的养护管理方针。积极推进养护管理发展方式转变,夯实基础管理,提升管理水平,推进科学养护,强化应急保畅。重点开展养护管理标准化管理体系建设,组织养护示范工程创建和示范管理推广两项活动,并着重推进养护专项工程实施工作。

宿州公司树立全寿命周期养护成本理念,制定适合道路桥梁技术状况特点和养护需求的预防性养护指导意见。对实施预防性养护的大中修工程,积极开展养护工程后评价工作,总结提炼养护处治和管理经验。同时严格执行《公路桥梁养护管理工作制度》,全面落实桥梁养护的技术政策和管理制度;加强长大桥梁安全运营管理,加强监控检测和监控系统建设,通过采取巡查、经常性检查、定期检查和硬化排查等工作,及时发现处治病害,确保桥梁隧道结构安全。

结合本项目的特点和实际情况,养护管理工作始终按照经常性、预防性、及时性的要求,实行规范化、精细化管理,逐步完善、健全平原区高速公路养护新模式,扎实细致地开展养护管理工作,保持道路安全、畅通、整洁、美观。围绕"保持道路路况良好、设施齐全、路容整洁、绿化管护到位"的目标任务,以管理创新和技术进步为手段,积极推行日常养护管理标准化、规范化、精细化。加强道路桥梁预防性养护,积极探索高速公路养护管理的新方法、新技术、新工艺,细化养护目标、责任和措施,养护工作扎实而富有成效。

通车以来,本项目采用社会专业养护管理模式,通过公开招标方式确定社会专业化养护公司,对全线路面、交安、机电、桥梁进行专业化养护。本项目暂无大修工程实施。

十六、G25 长深(长春—深圳)高速公路安徽段

(一)项目概况

G25 长深(长春—深圳)高速公路安徽段(以下简称"马坝至六合公路安徽段"或"宁淮高速公路安徽段")位于安徽省天长市境内,南起天长市釜山镇与江苏南京段六合相接,止于天长市汊涧镇与江苏淮安段马坝连接。本项目是带动安徽省东部及江苏省北部经济发展的重要公路。

长深高速公路安徽段

1. 参建单位

业主单位为安徽皖通高速公路股份有限公司,项目管理单位是安徽省高等级公路工程建设指挥部。

主要参建单位见表8-52。

G25 长深(长春—深圳)高速公路安徽段主要参与建设单位汇总表　　表8-52

序号	参建单位	单 位 名 称	合同段编号及起止桩号	主要负责人	备注
1	项目管理单位	安徽省高等级公路工程建设指挥部	K74+334～K88+322.609	方昱	全线
2	勘察设计单位	中交第一公路勘察设计研究院	K74+334～K88+322.609	柴福斌	全线
3	施工单位	路桥华祥国际工程有限责任公司	1合同 K74+334～K79+910	李朝阳	路基
		北京城建集团工程有限责任公司	2合同 K79+910～K82+500	杨建设	路基
		徐州市公路工程总公司	3合同 K82+500～K88+322.609	张吉鹏	路基
		中交路桥集团公路一局一公司	K74+334～K88+322.609	李朝阳	路面
4	监理单位	安徽省高等级公路工程监理有限公司	K74+334～K88+322.609	石程华	路基路面

2. 技术标准

(1)公路等级、里程及地形类别

本项目按平原微丘区六车道高速公路标准建设,沥青混凝土路面。建设里程13.989km。

项目位于东经118°72′～118°74′,北纬32°61′～32°74′。沿线所经区域地形属江淮平原中之波状平原区,属亚热带-暖温带,具有明显的季风气候特征。

(2)主线行车速度

主线行车速度为120km/h。

(3)路基、路面

路基宽35m,路面宽30.5m。全线路基设计洪水频率1/100,为双向六车道,路面标准轴载BZZ-100。沥青混凝土路面在安徽省首次采用创新结构,上面层4.5cm厚SMA-13改性沥青混凝土、中面层6cm厚SUP-20改性沥青混凝土、下面层9.5cm SUP-25改性沥青混凝土。

(4)桥梁、涵洞

桥涵设计荷载:汽车—超20级、挂车—120;设计洪水频率:大、中小桥、涵洞1/100;桥面净宽2×15.5m,涵洞与路基同宽。

(5)路线交叉

互通式立交采用三级标准:匝道设计行车速度40km/h;单向单车道路基宽7.5m,路面宽6m,对向双车道路基宽15m,路面宽13m。

分离交叉设计标准:主线上跨各级公路的桥梁及通道净空高度,二级及以上公路5.0m,三四级公路4.5m,机动车道≥3.5m,非机动车道≥2.5 m,人行车道≥2.5 m。

3.工程内容及主要构造物

(1)建设主要内容

全线路基工程共分3个标段,路面工程分为1个标段。土石方共271万 m^3,沥青混凝土路面131万 m^2,水稳碎石基层136万 m^2,涵洞32道,通道14道,大桥685.96m/3座,中小桥1076.68m/19座,房屋建设面积6000 m^2。

(2)路线中间控制点

汊涧镇、滁天公路、釜山水库溢洪道、时湾水库溢洪道。

(3)路线跨越主要河流

釜山水库溢洪道、时湾水库溢洪道。

(4)收费站及服务区

全线设互通式立交1处,服务区1处。

4.征地拆迁

2003年10月,安徽省交通厅组织召开了工程建设征迁协调会,本项目共完成路线征地1644.1亩,线外改沟改渠征地178.55亩,拆迁房屋15397m^2,划定取土场765.53亩。支付补偿费44822304.5元。

5.项目投资

(1)投资规模、资金来源

本项目批复概算投资5.59亿元,其中交通部补助0.61亿元,剩余4.98亿元由项目法人安徽皖通高速公路股份有限公司投资,该部分资金来源为自有资金。

(2)概算执行情况

经竣工决算审计,马坝至六合公路安徽段工程基本建设支出金额为4.667亿元,与批复的概算总投资5.59亿元相比,较概算节约0.923亿元,对比概算节约16.51%。

6.开工及通车时间

本项目于2005年1月29日正式开工,工期为23个月,2006年12月18日建成通车。

（二）决策研究

（1）2002年7月30日，安徽省交通厅向交通部上报了《关于审批南京至淮安公路皖境段项目建议书的请示》（皖交计〔2002〕37号）；

（2）2002年9月17日，交通部《关于马坝至六合公路安徽段项目建议书的批复》（交规划发〔2002〕437号）；

（3）2003年1月17日，安徽省交通厅向交通部上报了《关于审批马坝至六合公路安徽段工程可行性报告的请示》（皖交计〔2003〕4号）；

（4）2003年6月13日，交通部《关于马坝至六合公路安徽段可行性研究报告的批复》（交规划发〔2003〕234号）；

（5）2003年8月19日，安徽省交通厅向交通部上报了《关于马坝至六合公路安徽段初步设计的请示》（皖交基〔2003〕74号）；

（6）2004年6月9日，交通部《关于马坝至六合公路安徽段初步设计的批复》（交规划发〔2004〕303号）；

（7）2004年7月19日，安徽省国土资源厅向国土资源部上报了《关于上报宁淮公路安徽段工程建设用地预审初审意见的函》（皖国土资函〔2004〕498号）；

（8）2004年7月27日，安徽省交通厅《关于马坝至六合公路安徽段施工图设计的批复》（皖交基〔2004〕67号）；

（9）2004年8月20日，国土资源部办公厅《关于宁淮高速公路安徽段工程建设用地预审意见的函》；

（10）2006年1月16日，安徽省国土资源厅向省人民政府上报了《关于对宁淮公路安徽段工程建设用地的审查意见》（皖国土函〔2006〕88号）；

（11）2006年10月10日，国土资源部《关于宁淮高速公路安徽段工程建设用地的批复》（国土资函〔2006〕506号）；

（12）2006年10月30日，安徽省人民政府《关于宁淮公路安徽段工程建设用地的审批复》（皖政地〔2006〕338号）。

（三）项目实施

1. 项目招标

（1）设计招标

2003年6~9月，建设单位对本项目勘测设计进行公开招标，招标工作在交通厅的监督下进行，确定中交第一公路勘察设计院为设计单位。

(2) 施工招标

路基工程划分为 3 个合同标段，路面工程为 1 个合同标段。通信管道、机电工程、隔离栅工程、交通工程、桥梁伸缩缝、办公区房建、服务区房建各为 1 个合同段，绿化工程划分为 2 个合同段。

2003 年 12 月 9 日，建设单位在《安徽交通报》和《中国经济导报》发布了路基工程施工招标公告。共有 45 家施工单位报名参加投标，20 家施工单位通过资格预审。2004 年 10 月 15 日，招标委员会确定中标单位。其他标段招标程序与路基工程相同。

(3) 监理招标

本项目监理为 1 个合同段，与路基工程同步招标。

2. 项目管理

(1) 管理机构

2003 年 10 月，安徽省高等级公路工程建设指挥部组建了宁淮高速安徽段工程建设现场办公室，全面负责工程建设管理。天长市政府成立了建设协调指挥部，主要负责征地拆迁、移民安置、外部协调等工作。安徽省交通基本建设工程质量监督站负责项目全过程政府监督工作。

(2) 交（竣）工验收情况

2006 年 10 ~ 12 月，建设单位完成马坝至六合公路安徽段（起讫桩号 K74 + 334 ~ K88 + 323）交工验收的各项基础工作。并于 2006 年 12 月 15 日组织了交工验收会议。交工验收委员会在审查资料和实地察看的基础上，综合评定建设项目质量得分为 96.50，质量等级评定合格。

2009 年 1 月 9 日，省交通运输厅举行竣工验收会议。马坝至六合公路安徽段以舒适的行车条件、优良的建设质量、和谐的服务环境，通过了竣工验收，建设项目综合得分为 94.36 分，工程质量等级被评定为优良。

3. 重大事项

(1) 重大决策

马坝至六合公路安徽段是江苏省规划建设宁淮公路的一段，安徽省从国家整体利益出发，决定与江苏省同步建设宁淮高速公路安徽段。2002 年 7 月 17 日，安徽省交通厅和江苏省交通厅签订了南京至淮安高速公路皖苏衔接方案协议，两省交通厅对路线走向及接点位置、技术标准、高程及坐标、项目前期工作、建设计划、投资建设等达成一致意见。

2004 年 8 月 9 日，安徽省交通厅厅长宋卫平在天长市主持召开六合至马坝公路安徽段项目建设协调会，同意 S312 滁天公路釜（山）汊（涧）段向南侧约 700 米改线，与六合至马坝公路安徽段相接,改建项目建设规模总长度为7.4km。

2005年6月8日,安徽省交通厅罗宁副厅长在天长市主持召开了六合至马坝公路安徽段项目建设协调会。鉴于江苏南北两段工程进展较快,安徽段建设虽起步晚,但必须加快安徽段建设步伐,要求两年工期同步建成。

2006年10月31日,安徽省交通厅和江苏省交通厅在南京就宁淮高速公路江苏段、安徽段建设管理等问题进行了友好协商,双方协商同意马坝至六合公路安徽段与江苏省联网收费,在天长互通式立交设置一处匝道收费站,并与江苏省共建共管。

(2)重大变更

为完善马坝至六合公路安徽段服务区功能配备,项目业主单位向省交通厅上报了《关于宁淮公路安徽段釜山服务区设计变更的请示》(皖高路建〔2006〕16号),安徽省交通厅于2006年4月11日以《关于马坝至六合公路安徽段服务区设计变更的批复》(皖交基〔2006〕18号)进行了批复,同意马坝至六合公路安徽段釜山服务区完善功能配备,由原批复的用地30亩变更为160亩,同意增建停车场40000m^2及办公服务用房2000m^2,总投资增加约1129万元。2007年4月服务区全部完成建设并投入使用。

(3)重要活动

①安徽省公路学会于2004年7月21日在合肥市组织召开马坝至六合公路安徽段施工图设计文件审查会。

施工图设计审查会

②2006年12月15日,建设单位组织六合至马坝公路安徽段召开交工验收会议。

③2006年12月18日,江苏、安徽两省在南京联合举行宁淮高速公路(江苏宁淮段、马坝至六合公路安徽段)通车仪式。安徽省省长王金山、江苏省省长梁保华为通车剪彩。安徽省常务副省长孙志刚、副省长黄海嵩等领导及两省相关部门、企业负责同志出席通车典礼。

交工验收会议

4. 复杂技术工程

马坝至六合公路安徽段无特大桥、无隧道,无复杂技术工程的桥梁。本路段共有大中小桥22座,地质条件较好,桥梁上部结构以预应力钢筋混凝土空心板、预应力钢筋混凝土箱梁为主,最大跨径30m。

(四)科技创新与成果

本项目路面结构与江苏省宁淮高速公路保持一致,三层沥青混凝土分别是:上面层4.5cm厚SMA-13改性沥青混凝土,中面层6cm厚SUP-20改性沥青,下面层9.5cm SUP-25改性沥青混凝土。围绕这种新结构,主要开展了以下技术研究:

(1)SBS改性沥青在上、中、下面层中的使用研究;

(2)Superpave施工技术在中下面层中的使用研究;

(3)SMA施工技术在上面层的使用研究;

(4)在路基与桥头搭板处铺设高性能玻璃纤维,以提高路面使用性能的研究。

创新路面结构形式保证了建成通车后路面舒适性和耐久性,抗车辙和水损害能力明显增强,SMA-13沥青路面技术成果在安徽省后续重载交通路面建设中得到了推广应用。

(五)运营与养护

1. 服务区和收费站点设置

本项目设1对服务区(釜山服务区),1个收费站点(天长收费站)。收费站车道设置为2进4出,出入口各有1个ETC车道,并入江苏省高速公路北网联网收费,收费标准与江苏省宁淮高速公路收费标准统一,通行费由江苏省高速公路北网联网中心进行拆分,在收费中对特殊车辆的处理,比照江苏省高速公路北网联网收费有关规定执行。交通流量发展状况详见表8-53。

交通流量发展状况表(单位:辆) 表8-53

年　份	日均车流量	年　份	日均车流量
2007	10000	2012	17558
2008	11080	2013	24535
2009	13803	2014	27430
2010	15716	2015	30430
2011	17798		

2. 养护管理

马坝至六合公路安徽段公路养护与管理实行分级管理模式,路产路权维护及执法由安徽路政总队宁淮高速安徽段路政大队负责,沥青路面养护由安徽交通控股集团有限公司养护管理中心负责,安徽皖通高速公路股份有限公司天长管理处负责所辖公路其他各项养护与管理工作的组织实施工作。

天长管理处在养护工作中,坚持"畅通主导、安全至上、服务为本、创新引领"的养护工作方针,注重道路预防性养护,突出提高道路通行能力和服务水平,延长道路的使用寿命,通过把养护目标、养护责任、养护措施细化量化,切实提高道路养护水平,确保道路安全畅通。

为提高公路养护水平,节约养护成本,养护工程面向市场化,通过招投标方式选择有资质、有经验、信誉良好的专业养护单位。养护合同实行"三合同"管理制度,签订施工合同、安全生产合同、廉政合同。对养护大中修工程和专项工程引入社会监理,确保质量、安全、进度、资金的有效管控。

不断加强养护工程精细化管理。工程施工时对材料、施工工艺逐一把关,牢固树立全寿命周期养护成本理念,围绕路况调查、分析评价、养护决策和工程实施4个关键环节,抓质量、重安全、严进度,道路施工实行事前报批、事中监督、事后验收,确保工程安全和质量。

加强养护管理科学化、信息化。提高路面养护机械化水平,路况巡查车辆GPS定点跟踪。雨雪雾等恶劣天气下通过摄像头和气象监测站采集路况信息、气象信息,并通过沿线情报板及时发布更新。加强预防性养护,天长管理处对马坝至六合公路安徽段整幅路面先后进行了两次雾封预防性养护,有效地减少病害发展,延长了道路使用寿命。

应急保畅高效化。制订了《天长管理处生产安全事故应急预案》并通过滁州市安监部门评审、完善路警企联动机制,充分发挥机电系统在道路交通安全保障的预警能力,建立了统一指挥、快速反应、协调有序、运转高效的应急救援指挥体系,及时处理雨季路基水毁塌方、冬季冰雪天气等应急保通工作。

加强内业资料规范化。实行日常养护、定期检查、特殊检查、专项检查制度化和程序化,保证内业资料的规范齐全,做到格式标准统一,内容准确完整,归类清楚合理,装订美观整洁,图表上墙规范。

十七、G35 济广(济南—广州)高速公路亳州至阜阳段

(一)项目概况

G35 济广(济南—广州)高速公路亳州至阜阳段是安徽省"四纵八横"高速公路骨架网中西纵(亳州—阜阳—六安—东至)的组成部分,省"861"重点建设项目。该道路全长101.3km,北起亳州市豫皖界黄庄,南至宁洛高速刘小集,连通 G311、S307、S308,与连霍国道主干线(G30)、界阜蚌高速公路(G36)、宿登高速公路(S06)互通。因此,亳阜高速公路的建设有利于增强皖西北公路运输能力、改善公路网布局和交通运输环境;并对区域内投资环境的改善及安徽省西北部经济的发展奠定了重要的基础,为亳州市、阜阳市旅游经济的发展创造了良好条件。

济广高速公路亳州至阜阳段

1. 参建单位

项目建设初期,由安徽省公路管理局(重点工程办公室)承担投资建设管理。2003 年下半年,实行 BOT 建设模式,由安徽新中侨基建投资有限公司作为项目业主独资建设与运营。项目主要参建单位见表 8-54 和表 8-55。

第八章 高速公路建设项目

G35 济广(济南—广州)高速公路亳州至阜阳段
主要参与建设单位汇总表(路基工程) 表 8-54

合同段	施 工 单 位	监 理 单 位	
1 合同段	安徽省宿州市路桥工程公司	第一驻地办: 山东省交通工程监理咨询有限公司	总监办: 安徽省公路工程建设监理有限责任公司
2 合同段	中铁十七局集团第三工程有限公司		
3A 合同段	中铁十七局集团第五工程有限公司		
3B 合同段	淮南市公路工程有限责任公司		
4 合同段	安徽省公路桥梁工程公司	第二驻地办: 安徽省中兴工程建设监理所	
5 合同段	中铁十三局集团有限公司		
6 合同段	合肥市公路桥梁工程有限责任公司		
7 合同段	马鞍山路桥工程有限公司	第三驻地办: 北京路桥通工程监理咨询有限公司	
8 合同段	吉林省交通建设集团有限公司 安徽省公路桥梁工程公司		
9 合同段	安徽省路港工程公司	第四驻地办: 安徽省公路工程建设监理有限责任公司	
10A 合同段	阜阳市公路工程有限责任公司		
10B 合同段	安徽华通路桥工程有限责任公司		
11 合同段	福建路桥建设有限公司		
12 合同段	中铁四局集团第一工程有限公司		

G35 济广(济南—广州)高速公路亳州至阜阳段
主要参与建设单位汇总表(路面工程) 表 8-55

合同段	施 工 单 位	监 理 单 位	
A 合同段	上海建设机场道路工程有限公司	第一驻地办: 安徽省高等级公路工程监理有限公司	总监办: 山东省交通工程监理咨询有限公司
B 合同段	中铁四局集团第一工程有限公司 路桥集团第一公路工程局		
C 合同段	路桥集团第一公路工程局	第二驻地办: 安徽省公路工程建设监理有限公司	
D 合同段	中铁四局集团第一工程有限公司、 安徽省公路桥梁工程公司		

2．技术标准

(1)公路等级及地形类别

平原微丘区高速公路。

(2)主线行车速度

主线行车速度为120km/h。

(3)路基、路面

双向四车道,路基宽28m;路基设计洪水频率1/100;路面宽23.5m(包括硬路肩部分),路面标准轴载BZZ-100。

路面:上面层采用4cm沥青马蹄脂碎石混合料SMA-13(SBS改性沥青)、中面层采用6cm中粒式沥青混凝土AC-20(SBS改性沥青)、下面层采用6cm中粒式沥青混凝土AC-20。本项目是安徽省第一条全线采用SMA技术的高速公路。

(4)互通式立交设计标准

匝道计算行车速度:80km/h(定向匝道)、50km/h(立交枢纽内环匝道)。

匝道路基宽度:单向单车道,路基宽8.5m;单向双车道,路基宽10.5m或12m;双向双车道,有分隔带路基宽15.5m。

(5)桥梁、涵洞

桥涵设计汽车荷载等级:汽车—超20级,挂车—120。

设计洪水频率:路基、大中桥、小桥涵1/100;特大桥1/300。

(6)路线交叉

主线上跨各级公路的桥梁及通道净空高度:二级及二级以上公路5.0m,三、四级公路4.5m,汽车、收割机通道≥3.2m,拖拉机通道≥2.7m,人行通道≥2.2m。

主线下穿各级公路的净空标准:主线下穿各级公路的净空高度均按5m控制。

3. 工程内容及主要构造物

(1)建设主要内容

亳阜高速公路全线桥梁共计145座,其中大中小桥、匝道桥共63座,通道桥、分离式立交桥、支线上跨桥82座;涵洞142道、人机孔通道193道。互通式立体交叉4处;管理处1处(包括监控中心)、服务区2处(辛集、长春)。

(2)主要交叉路网

主要交叉路网:G311、S307、S308。

(3)路线跨越主要河流

武家河、涡河、西淝河、老母猪江。

(4)收费站及服务区(概述)

收费站4处(黄庄、亳州南、亳州东、太和东),其中两省共用主线收费站1处。

4. 征地拆迁

2002年底,亳阜高速公路征地拆迁工作完成。征用土地21019.70亩;拆迁房屋25038.82m²;支付补偿费用342448710.67元。

5. 项目投资

项目工程总投资概算为24.23亿,后调整概算为27.70亿。其中35%是项目资本金;65%是商业银行贷款资金。项目资金由安徽新中侨基建投资有限公司自筹。

6. 开工及通车时间

2002年12月18日举行开工典礼和奠基仪式,2006年12月15日全线通车。

(二)决策研究

项目立项审批由安徽省公路管理局(重点工程办公室)承担完成。

2002年7月25日,交通部以《关于亳州(豫皖界)至阜阳(刘小集)公路项目建议书的批复》(交规划发[2002]325号)审批了亳阜高速公路项目建议书;

2002年9月2日,安徽省发展计划委员会以《关于亳州至阜阳公路可行性研究报告的批复》(计基础[2002]772号)批复了可行性研究报告;

2002年9月,安徽省发展计划委员会以《关于亳州至阜阳高速公路初步设计的批复》(计设计[2002]864号)审批了亳阜高速公路初步设计;

2002年10月,安徽省水利厅以《关于亳州至阜阳高速公路建桥涉河工程初步设计的函》(皖水管函[2002]646号)批复了亳阜高速公路建桥涉河工程的初步设计;

2002年10月14日,交通部以《关于亳州(豫皖界)至阜阳(刘小集)公路可行性研究报告的批复》(交规划发[2002]481号)批复了可行性研究报告;

2002年10月28日,安徽省国土资源厅以《关于亳州至阜阳高速公路用地预审的初审意见》(皖国土资函[2002]528号)通过了本项目土地预审查;

2002年11月4日,安徽省交通厅以《关于亳州至阜阳高速公路施工图设计的批复》(皖交基[2002]140号)对本项目予以了批复;

2003年2月15日,国家环保总局以《关于亳州(豫皖界)至阜阳(刘小集)高速公路环境影响报告书审查意见的复函》(环审[2003]220号)对本项目给予了批复;

2003年4月29日,交通部以《关于亳州(豫皖界)至阜阳(刘小集)公路初步设计的批复》(交公路发[2003]157号)审批了亳阜高速公路工程的初步设计;

2003年8月15日,安徽省交通厅批复了本项目开工报告;

2005年3月30日,国土资源部以《关于亳州至阜阳高速公路工程建设用地的批复》(国土资函[2005]182号)对本项目建设用地给予了批复。

(三)项目实施

1. 项目招标

(1)路基工程施工招标

亳阜高速公路路基工程招标的资格预审文件、招标文件由亳阜高速公路项目办(以下简称"项目办")委托招标代理单位安徽省公路工程监理有限责任公司招标代理中心编制,最后由业主邀请有关专家根据该项目具体情况审核定稿。

2002年10月8日在《中国交通报》《中国经济导报》《安徽交通报》及中国采购招标网,"三报一网"上发布资格预审公告。2002年10月15日发售招标文件,11月12日开标。2002年11月14~11月25日,由业主代表(占1/3)和安徽省交通厅专家库随机抽取的专家(占2/3)组成评标委员会进行评标和推荐中标候选人工作。2002年底由业主确定了14家企业为路基中标单位。

(2)路基工程监理招标

2002年11月3~4日发售招标文件,2002年12月4日在安徽合肥金环大厦四楼会议室公开开标。对所有投标人的符合性进行审查、强制性资格条件审查及技术、能力评分,并结合财务状况及监理业绩评价。具体见表8-54。

(3)路面工程施工、监理招标

2003年11月26日发布招标公告,12月5~6日出售了招标文件。2003年12月25日进行了路面工程开标。此后评标委员会进行路面工程施工监理的评标;2004年1月业主确定了4家路面施工单位与3家监理单位为路面工程中标单位。

(4)交通工程及附属设施、机电、房建工程施工、监理招标

该项工程分为交通安全设施、房建、机电工程,于2004年6月7日发布了招标公告。根据省厅皖交基〔2004〕76、77号文件批复资审结果和招标文件,8月23日出售了招标文件,9月13日开标,9月17~18日组织专家进行了施工、监理的评标。2004年10月,业主确定了各项工程施工、监理中标单位。

2. 项目管理

2002年12月18日,亳阜高速公路举行开工典礼和奠基仪式,2003年2月28日,全线正式开工。2004年7月1日,亳阜高速公路路面总监办下达路面开工令;2005年3月,附属工程开始施工;2005年7月,涡河特大桥主体工程完工;2005年底,亳阜高速公路路基主体工程完工;2006年2月,主线收费站主体完工;2006年5月22日,沥青上面层开始试验段施工。2006年10月,沥青中、下面层施工完成;2006年10月,机电工程安装调试完毕。2006年10月,辛集、长春服务区主体工程完工。2006年12月15日,建成通车运营。

安徽新中侨基建投资有限公司亳阜高速公路项目办公室具体承担本项目的建设管理工作。项目管理机构设置及人员配备齐全,机构完善。工程建设中,以"精心组织、科学管理、博采众长、勇于创新、廉洁高效"作为工作指导思想,把工程质量放在工程建设管理第一位,不断提高质量意识,加强质量管理基础工作,健全质量保证体系,提高质量管理水平。在严格控制工程质量的同时,加强进度控制。亳阜项目办根据上级单位下达的总体计划,对全线各施工单位编制的施工组织设计、年度计划、月度计划进行认真审批,定期召开由监理单位、施工单位参加的生产调度会及监理例会,确保合理工

期的落实。同时要求参建单位每月定期编制工程月报,要求监理单位认真审批施工单位的月计划、周计划,做到"以日保周,以周保月,以月保年",运用动态控制的办法,及时调整进度计划。除路基第08合同段由于低价竞标,出现重大亏损,履约情况较差外,其余各合同段均能够按照合同要求积极组织施工。虽然施工期间,由于材料涨价、洪水、非典以及其他不利因素的影响导致总工期延长,但参建各方克服种种困难,积极组织协调,完成了合同工程建设任务。施工过程中重视文明施工和安全生产,无安全事故发生。整体履约情况良好。

在项目建设过程中,质量监督单位安徽省交通基本建设工程质量监督站委托了试验检测机构,按交通部规定的公路工程质量鉴定办法对工程质量进行了质量跟踪检测及定期和不定期的检查,并最终进行了交工检测。2006年7月23~30日、8月19~24日、9月14~16日,对路基、桥梁工程进行了交工验收;2006年9月20日,对路面、交通安全设施、机电、房屋建筑工程各合同段进行了交工验收。2006年9月28日,出具了项目交工验收报告并报省厅进行了备案。根据对工程质量的检查及平时的跟踪检测,通过对监理单位所做的工程质量评定进行审定,各合同段合同执行情况良好,根据《公路工程质量检验评定标准》,各合同段质量等级评定为合格,本项目质量评定得分为95.64分,工程质量等级评定合格。

2009年6月,安徽省公路工程检测中心受安徽省交通基本建设工程质量监督站的委托,对亳阜高速公路进行了竣工验收检测,并出具了竣工验收检测报告。针对检测报告提出的问题,公司通过公开招标,委托安徽路网交通建设集团有限公司于2010年8~11月对缺陷问题进行了全面的工程缺陷修复处理。并于2010年12月6日由建设单位组织监理单位和施工单位对全线缺陷进行了验收,并出具了验收报告。

安徽省交通基本建设工程质量监督站于2011年1月4~5日组织有关专家对本项目进行了竣工验收前的现场专项检查,对交工验收中提出问题的处理情况进行复查后,出具了竣工验收质量鉴定报告,质量鉴定得分为92.3分。

2010年10月20日,交通运输部档案馆组织对亳阜高速公路项目档案进行了专项验收,验收组认为,本项目各类不同载体文件材料收集齐全、完整、准确,档案整理规范,符合交通建设项目工程档案验收要求,同意通过专项验收。

2010年12月2日,本项目通过了环境保护部华东环境保护督查中心组织的环境保护验收。验收组认为,本项目环境保护手续齐全,基本落实了环评及批复文件提出的主要环保措施和要求,工程竣工环境保护验收合格。

2011年1月20~21日,安徽省交通运输厅组织了项目竣工验收。验收委员会对全线工程进行了实地察看,对竣工资料进行了检查,并听取了建设、设计、施工、监理、质量监督等单位的汇报。一致认为:亳阜高速公路建设项目平、纵线形流畅,路基稳定,路面平整,桥涵及路线交叉构造物状况良好,交通工程及沿线设施使用效果较好。根据《公路工程竣(交)工验收办法实施细则》,竣工验收委员会对该工程进行了质量评分,得分为92.99分。经加权平均,亳阜高速公路工程质量最终得分93.11分,工程质量等级为优良。

3. 重大事项

(1)重大变更

在对待工程变更问题上,为了更好地控制投资,力争使所发生工程变更的规模和费用合理合法,亳阜项目办规定对工程变更采用"一路五方"现场确认,逐层报批制度。凡属设计问题,由设计单位出具变更意见;对满足设计规范要求,能保证工程质量,加快进度,减少投资的变更方案,均被优先采用。本项目主要变更如下:

①路面结构设计变更

2005年10月9日,根据安徽省交通厅《关于亳阜高速公路路面结构设计变更的批复》(皖交基〔2005〕57号)文件精神,将沥青路面结构形式变更为:上面层采用4cm沥青马蹄脂碎石混合料SMA-13(SBS改性沥青)、中面层采用6cm中粒式沥青混凝土AC-20(SBS改性沥青)、下面层采用6cm中粒式沥青混凝土AC-20。

2007年8月3日,交通部以《关于亳州(豫皖界)至阜阳(刘小集)公路调整概算的批复》(交公路发〔2007〕419号)文件批复路面结构设计变更核增10896.96万元。

②增设亳州南管理处

2005年11月15日,安徽省交通厅以《关于同意亳阜高速公路增设管理处的复函》(皖交基〔2005〕69号)批复同意在亳阜高速公路亳州南互通式立交处增设亳州南管理处。2007年8月3日,交通部以《关于亳州(豫皖界)至阜阳(刘小集)公路调整概算的批复》(交公路发〔2007〕419号)批复同意亳州南管理处用地和建筑面积按新增20亩和3000m^2计列概算,核增577.60万元。

③亳阜高速公路辛集、长春服务区变更设计

2006年7月27日,安徽省交通厅以《关于亳阜高速公路服务区变更设计的批复》(皖交基〔2006〕8号)作出批复:同意亳阜高速公路扩建辛集、长春两处服务区设计方案及功能配置;辛集服务区总建筑面积由原批复的5500m^2变更为8322m^2,占地面积由原来批复的60亩变更为178.5亩,总概算核定为5219.97万元;长春服务区总建筑面积由原批复的5500m^2变更为8550m^2,占地面积由原批复的60亩变更为148.05亩,总概算核定为4756.21万元。

(2)重大事件

①路基08标(吉林省交通建设集团有限公司)在2004年施工管理混乱、施工进度严重滞后,尽管业主采取了一系列挽救措施,但始终没有明显改观,业主最终采取了清场

措施。

②本项目建设期间两次提高补偿标准。最初执行的土地补偿标准是省国土资源厅、省交通厅联合下发的〔2001〕24号文件。2003年4月,根据省国土资源厅、省交通厅联合下发的〔2003〕36号文件第一次提高补偿标准。2004年9月,安徽省国土资源厅、省交通厅联合再次下发文件第二次提高亳阜高速公路土地补偿标准,对该工程沿线的工程占地、附属物进行了补偿。

2004年5月15日,副省长黄海嵩在涡阳大桥工地视察

(四)科技创新与成果

为保证公路工程质量的可靠性和技术水平的先进性,提高其科技含量,亳阜项目办从工程设计阶段到施工阶段,不断加强技术交流,吸取先进经验,同有关高校、交通科研部门合作,广泛地采用了新技术、新设备、新材料、新工艺,其主要应用在以下几个方面:

(1)在路基工程施工中,针对土质变化频繁、地下水位高等特点,总结出一套行之有效的处理过湿土施工技术,对全线土方施工进度和质量起了很好的促进作用。对部分路基采取了掺石灰处理的技术。

(2)与合肥工业大学合作,针对路基土方填筑及工艺进行一系列的渗水试验并提出了指导性意见,为加快施工进度和确保工程质量起到了重要作用。项目办主任罗志华等将相关经验整理编撰《亳阜高速公路路基填土性质及稳定性研究》,2006年8月由合肥工业大学出版社出版。

(3)委托交通部路桥集团桥梁技术有限公司、安徽省高速公路试验检测科研中心进行桥梁动载、静载试验研究,为桥梁的验收提供了科学的依据。

(4)在水稳基层施工中,邀请长安大学给予技术指导,研制低强度等级缓凝路用水泥及较粗的颗粒级配,用于路面水泥稳定碎石基层,对该层收缩开裂的通病起了较好的控制作用,在水泥稳定碎石基层裂缝的控制方面有较大突破,取得了良好的经济和社会效益。

（5）本项目与同济大学合作,针对地域位置及气候特点进行路面结构层的优化设计和目标配合比设计,在施工过程中进行多次的技术咨询和现场施工总结指导。并与交通部公路研究所等单位合作,开展"沥青路面工程质量过程控制的研究"课题研究,获中国公路学会科学技术一等奖。

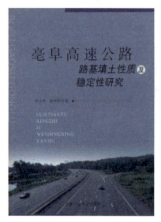

《亳阜高速公路路基填土性质及稳定性研究》

"沥青路面工程质量过程控制的研究"课题工作会议

（6）为提高桥梁伸缩缝的使用质量,延长使用寿命,提高行车舒适及安全性,伸缩缝安装施工采取统一招标,全线通过招标选中两家伸缩缝施工单位,并采用C50高强度等级钢纤维水泥混凝土浇筑伸缩缝两侧。

（五）运营与养护

1. 运营管理

2008年4月,亳州市文行委授予"文明窗口单位"称号。

2008年5月,在中共亳州市委亳州市人民政府举办的亳州市"百佳"创建竞赛活动中,荣获"十佳文明企业"称号。

2010年3月,在2009年度全省公路收费站(所)评选中,被安徽省公路管理局评为"文明窗口"。

2010年4月,被中共亳州市委亳州市人民政府评为第五届"文明单位"。

2011年3月,在2009—2010年度全省公路行业评选中,被安徽省公路管理局、安徽省公路路政总队评为"文明窗口"。

2013年5月,在安徽省交通运输厅、安徽省文明办联合举办的全省交通运输行业创建"微笑服务、温馨交通"活动中,荣获"示范单位"称号。

2013年6月,在2011—2012年度全省公路行业评选中,被安徽省公路管理局、安徽省公路路政总队评为"文明窗口"。

2013年12月,被共青团亳州市委员会评为"青年文明号"。

2015年7月,在2013—2014年度全省交通运输行业评选中,被安徽省交通运输厅、安徽省文明办评为"文明单位"。

标准化服务培训

2. 养护管理

为了能及时了解和全面掌握亳阜高速公路技术状况,提高养护工作和管理决策的科学性,亳阜高速公路于2010年底启动了"亳阜高速公路中长期养护技术及资金管理规划方案"项目的研究工作。该养护规划研究项目旨在围绕如何确定合理的养护目标及养护管理指标体系,在全面检测的基础上,运用全寿命养护的理念,引入预防性养护机制,制定符合路段特点的、科学合理的中长期养护对策,力求通过日常养护、预防性养护与大、中修养护等手段并举并重,使各类养护工作的介入均为最佳时机,使得养护资金的投入效率达到最优。鉴于中长期养护管理在国内经验较少,研究最终确定了动态调整及持续跟踪机制,即在年度养护实施过程中及时总结,根据道路指标和交通量的变化,对下一年度的道路、桥梁养护方案进行调整和修正。该项目的研究,为实现运营期内收益最大和道路状况维持良好性能两者之间的平衡打下了坚实基础。该研究项目分别荣获北京市2013年度优秀工程咨询成果一等奖、中国工程咨询协会2014年度全国优秀工程咨询成果二等奖。

十八、G35 济广(济南—广州)高速公路阜阳至周集段

(一)项目概况

G35济广(济南—广州)高速公路阜阳至周集段(简称"阜周高速公路")是安徽省高速公路网"四纵八横"亳州—阜阳—六安—安庆—东至高速公路的重要部分,也是连接宁洛、亳阜、滁新等高速公路的关键路段。本项目的建设对提高阜阳区域内道路通行能力及

服务水平,促进沿线地区资源开发及社会经济发展等方面具有十分重要的意义。

济广高速公路阜阳至周集段

路线为南北走向,北起亳州市利辛县巩店镇刘小集,接亳州至阜阳高速公路,南至六安市霍邱县冯井镇,接周集至六安高速公路,路线全长 83.57km,途经亳州市利辛县,阜阳市颍泉区、颍东区、颍州区和颍上县,六安市霍邱县。

1. 参建单位

本项目通过政府招商引进项目法人投资建设,原建设单位即项目法人是安徽瑞讯交通开发有限公司,自 2003 年底至 2006 年底承担项目建设任务,后因无力建设而停工,经省政府批准由省交通运输厅收回建设经营权。复工建设单位是安徽省高等级公路工程建设指挥部(安徽省高速公路总公司)。

项目主要参建单位见表 8-56。

G35 济广(济南—广州)高速公路阜阳至周集段主要参与建设单位汇总表 表 8-56

序号	参建单位		单 位 名 称	合同段编号及起止桩号	主要负责人	备注
1	项目管理单位		安徽省瑞讯交通开发有限公司	K0+000~K83+570	冯玉、王光煜	路基
			安徽省高等级公路工程建设指挥部阜周项目办公室	K0+000~K83+570	黄学文	全线
2	勘察设计单位		安徽省交通规划设计研究院	K0+000~K83+570	王耀明	全线
3	施工单位	原路基施工单位	中铁十一局集团第四工程公司	1 标 K0+000~K8+758.25	莫兵、尹康生	路基
			中铁四局集团第一工程公司	2 标 K8+758.25~K17+472	田传毕、徐学松	路基
			中铁十八局集团第一工程公司	3 标 K17+472~K26+698.5	李喜国、王志多	路基
			中铁十二局集团第四工程公司	4 标 K26+698.5~K35+194	贾德合、祁文前	路基
			中铁十七局集团第一工程公司	5 标 K35+194~K38+276	赵瑞轩、王卓林	路基
			四川武通路桥工程局	6 标 K38+276~K44+091.25	李福源、吴世洪	路基
			中国第四冶金建设公司	7 标 K44+091.25~K56+187	李永强、裴海林	路基
			中铁十八局集团第三工程公司	8 标 K56+187~K62+037	陈强华、邹元红	路基

续上表

序号	参建单位		单位名称	合同段编号及起止桩号	主要负责人	备注
3	施工单位	原路基施工单位	中港第二航务工程局	9标 K62+037~K63+372	王德怀、方顶	路基
			中铁十七局集团第六工程公司	10标 K63+372~K65+040	陈平、朱育清	路基
			中铁十三局集团有限公司	11标 K65+040~K68+070	任海滨、姚懿德	路基
			安徽省公路桥梁工程公司	12标 K68+070~K71+046	林宗树、刘俊栋	路基
			中铁二十二局第四工程公司	13标 K71+046~K83+570	张安洪、杜风余	路基
		复工阶段施工单位	新疆兴达公路工程部	01标 K0+000~K21+936	李必哲	路基路面
			中交一公局第一工程有限公司	02标 K21+936~K43+667.5	张立新	路基路面
			中交二公局第三工程有限公司	03标 K43+667.5~K62+314	李旭颖	路基路面
			中交第三公路工程局有限公司	04标 K62+314~K83+570	蔡文	路基路面
4	监理单位	原监理单位	安徽省公路工程建设监理公司	总监办 K0+000~K83+570	解军	路基
			安徽中兴工程建设监理所	1办 K0+000~K17+472	李忠清	路基
			监沂交通工程咨询监理中心	2办 K17+472~K35+194	章秋保	路基
			贵州省交通建设咨询监理公司	3办 K35+194~K44+091.25	景华	路基
			湖北中交公路桥梁监理公司	4办 K44+091.25~K62+037	李华章	路基
			安徽省高等级公路监理公司	5办 K62+037~K65+040	刘忠元	路基
			江西交通工程建设监理所	6办 K65+040~K83+570	李丕仁	路基
		复工阶段监理单位	安徽省公路工程建设监理有限责任公司	总监办 K0+000~K83+570	杨冬林	路基路面
			安徽省高等级公路工程监理有限公司	K0+000~K43+667.5	曹茂军	路基路面
			安徽中兴工程建设监理所	K43+667.5~K83+570	国文新	路基路面

2.技术标准

(1)公路等级、里程及地形类别

全线采用平原微丘区四车道高速公路标准,技术指标按《公路工程技术标准》(JTG B01—2003)规定执行,建设总里程83.57km。

路线自北向南依次穿越淮北平原、江淮波状平原两大地貌单元区。地形地貌以平原为主,丘陵次之。

(2)主线行车速度

主线行车速度为120km/h。

(3)路基、路面

主线路基宽度28m,路面宽23.5m;路基设计洪水频率1/100,路面标准轴载BZZ-100。路面结构采用半刚性基层沥青混凝土,总厚度为76cm,沥青面层厚度18cm。各层结构分别是:4cm AC-13 + 6cm AC-20 + 8cm AC-25 + 38cm 水泥稳定碎石基层 + 20cm

低剂量水泥稳定碎石底基层;匝道结构同主线。

(4)桥梁、涵洞

计算荷载:汽车—超20级,验算荷载:挂车—120。

设计洪水频率:特大桥1/300,大、中小桥、涵洞1/100。

桥面净宽:小桥桥面净宽为2×11.25m,大、中桥2×11.50m;分离式断面桥梁与路基同宽,桥面宽12.50m;涵洞与路基同宽。

(5)路线交叉

互通式立交:设计等级为一级或三级;其中一级互通立交中定向、半定向匝道行车速度采用60km/h,环形匝道行车速度采用40km/h;三级互通立交行车速度采用40km/h。单向单车道匝道路基宽8.5m,路面宽7m(不含加宽值);单向双车道匝道路基宽15.5m,路面宽12m;对向双车道匝道路基宽度10.5m,路面宽9m。

分离式立交:主线上跨公路的净空高度,二级及二级以上公路≥5.0m,三、四级公路≥4.5m,汽车通道≥3.2m,拖拉机通道≥2.7m,人行通道≥2.2m。主线下穿各级公路的净空高度均按≥5m控制。

3. 工程内容及主要构造物

(1)建设主要内容

路基土石方1014.38万m^3,特大桥15144.80m/6座,大桥3618.96m/15座,中小桥4290.80m/85座,明盖板通道971.5m/67座,暗盖板通道涵管10971.57m/300道,支线上跨桥784m/10座,互通立交5处,服务区2处。

复工阶段完成工程量为:路基土方剩余近210万m^3及缺陷路基处理;特大桥、大桥、中小桥及其他构造物附属配套工程和遗留部分缺陷修复;路面工程剩余20cm低剂量水稳碎石底基层188.85万m^2,38cm水稳碎石基层178.86万m^2,沥青混凝土路面面层212.54万m^2;4处收费站、2处服务区房建工程,房建总建筑面积约2.2万m^2,停车场约10.1万m^2;全线交通安全设施、机电和绿化工程等。

(2)路线中间控制点

G36宁洛高速公路界阜蚌段刘小集互通立交、李洼、袁寨、合淮阜高速公路四十铺枢纽互通立交、南照、周集铁矿、冯井(周集)。

(3)路线跨越主要河流

路线自起点至终点跨越主要河流有茨淮新河、济河、颍河、润河、淮河。

(4)桥梁

全线桥梁工程规模较大,共建设特大桥、大桥7座;中小桥38座。主要大型桥梁建设情况见表8-57。

主要桥梁情况　　　　　　　　表 8-57

序号	中心桩号	桥　名	主桥布置	桥长(m)	结构类型
1	K15+654	茨淮新河大桥	2×(40+60+40)	820	PC 连续箱梁
2	K36+436	颍河特大桥	2×(35+60+35)+(45+80+45)	3082	PC 连续箱梁
3	K56+853	润河特大桥	13×30+2×21+9×30	1326	PC 组合箱梁
4	K63+670	淮河主桥	(59+100+59)+(40+68+40)	2726	PC 连续箱梁
5	K68+033	淮河引桥	200×30	6000	PC 组合箱梁

(5)收费站及服务区

全线共设收费站 4 处、服务区 2 处,分别是李洼(现改为阜阳东)、袁寨、南照、周集(冯井)收费站;伍明服务区、红星服务区。

4.征地拆迁

本项目征地拆迁安置工作自 2003 年 10 月起,至 2009 年 3 月基本完成,征地拆迁标准执行省交通厅[2003]36 号文件,共计征用土地 8241.9 亩,拆迁房屋 50594m^2。

5.项目投资

(1)投资规模、资金来源

2003 年 9 月,安徽省发展计划委员会批复了项目概算总额为 31.8916 亿元。2006 年 8 月,安徽省发展计划委员会批复项目调整概算总额为 35.1923 亿元,调增 33007.29 万元。资金来源是由项目法人自筹和银行贷款。其中原项目路基、桥梁建设等已完成工作量由安徽瑞讯交通开发有限公司筹资。复工后,经省交通运输厅、省国资委、省审计厅等审定,并经协商一致,安徽省高速公路总公司分期支付了原项目法人补偿资金,复工工程建设资金由安徽省高速公路总公司自筹。

(2)概算执行情况

2013 年 9 月,安徽省审计厅委托安徽安建工程造价有限责任公司对阜周路项目进行了竣工审计。依据皖交财函[2016]61 号文,阜阳至周集高速公路工程竣工决算审计金额 34.8424 亿元,较概算投资节约 3499.06 万元。其中支付原项目法人投资补偿金额 24.1881 亿元;复工项目总投资额为 10.6543 亿元。

6.开工及通车时间

2003 年 12 月 8 日项目正式开工。因原业主安徽瑞讯交通开发有限公司原因,施工过程中多次间断停工、复工,至 2006 年底全线停工。

2009 年 2 月,安徽省高速公路总公司正式复工建设,2009 年 12 月 30 日,阜周高速公路北段(亳州利辛县巩店镇刘小集至阜阳市颍上县南照段,对应施工桩号 K0+000～K62+314)长 62.314km 建成通车;2010 年 6 月 30 日,剩余南段(颍上县南照镇至霍邱县周集段,对应施工桩号:K62+314~K83+570)长21.256km建成通车。

(二)决策研究

项目前期决策研究按规定基本建设程序要求完成;复工阶段,省政府及交通运输厅等完成原业主相关合同中止、清算并移交新业主等相关决策事项,主要决策批复文件如下:

(1)《关于阜阳至周集高速公路项目建议书的批复》(计基础〔2003〕679号);

(2)《关于阜阳(刘小集)至周集高速公路项目建议书的批复》(交规划发〔2003〕116号);

(3)《关于阜阳至周集高速公路可行性研究报告的批复》(计基础〔2003〕683号);

(4)《关于阜阳至周集高速公路初步设计的批复》(计设计〔2003〕1011号);

(5)《关于阜阳至周集高速公路施工图设计的批复》(皖交基〔2003〕151号);

(6)《关于阜阳(刘小集)至周集高速公路环境影响报告书的批复》(环然〔2003〕164号);

(7)《关于阜阳至周集高速公路高速公路工程建设用地的批复》(国土资函〔2005〕759号);

(8)《关于阜阳至周集高速公路建设项目施工许可的请示》(皖交基〔2005〕62号);

(9)《关于阜阳至周集高速公路调整概算的批复》(发改设计〔2006〕654号);

(10)省政府第14次常务会议纪要(安徽省人民政府办公厅 第14号);

(11)《关于阜阳至周集高速公路恢复施工进行邀请招标的批复》(皖交基〔2008〕54号);

(12)《关于阜阳至周集高速公路复工阶段缺陷修复及变更设计的批复》(皖交基〔2009〕285号)。

(三)项目实施

1. 项目招标

(1)设计招标

2003年5月,招标人安徽省瑞讯交通开发有限公司通过公开招标确定安徽省公路勘测设计院为设计中标单位。复工阶段,缺陷工程处置设计及后续技术服务任务仍由原设计单位承担。

(2)施工招标

本项目原路基工程共分13个施工合同段,2003年11月,安徽省瑞讯交通开发有限公司面向国内施工企业进行公开招投标。经综合评审,确定13家中标单位。

项目复工建设剩余路基及路面工程共划分4个标段,根据安徽省交通厅《关于对阜阳至周集高速公路恢复施工进行邀请招标的批复》(皖交基〔2008〕54号文),2008年10月29日,安徽省高速公路控股集团有限公司向11家施工单位发售招标文件,2008年11月18日公开开标,经评审确定了4家招标单位。

本项目复工建设附属工程,包括机电工程、交通设施工程、收费站及其小区、绿化工程、伸缩缝等均实行公开招标,通过公开招投标程序确定29家施工单位参与本项目工程建设。

(3)监理招标

本项目原路基工程监理共划分6个监理组和1个总监办。2003年11月,安徽省瑞讯交通开发有限公司通过"两报一网"面向全国具有独立法人资格、公路工程监理甲级资质的企业公开招投标,确定了7家监理单位。复工监理招标共划分2个监理组和1个总监办。

2. 项目管理

(1)项目管理机构

本项目先后存在两个项目法人,原项目法人为安徽瑞讯交通开发有限公司,自2003年底成立现场管理办公室,虽按照"四项制度"要求组织实施项目管理,但未能严格执行到位,至2006年底工程全线停工,管理机构撤销。复工建设成立新的项目法人,即安徽省阜周高速公路有限责任公司。该项目法人是由安徽省高速公路总公司与阜阳市城市建设投资集团分别出资95%和5%组建。项目法人全面负责本项目的资金筹措,负责生产经营、债务偿还和国有资产的保值增值。

新的项目法人委托建设单位安徽省高等级公路工程建设指挥部组织项目复工建设管理。2008年11月,建设单位成立安徽省高等级公路工程建设指挥部阜周项目办,具体承担项目现场管理。按照项目法人责任制、项目招标投标制、工程项目监理制和工程合同管理制四项制度要求,复工建设进展顺利,较快地完成了剩余工程建设任务并实现平稳运营。

(2)质量保证体系

本项目在原业主的建设管理下,因多方面原因停工多年,带来工程质量缺陷较多。复工后,作为专业建设管理机构,阜周高速项目办迅速建立健全四级质量保证体系,即施工自检、监理核检、业主委检、质检站抽检的制度,分级独立,层层把关。质量管理重点放在已完工程的评定处置和后续工程质量的控制方面。

首先,设计检测单位对已完工程实施全面检测,提出可利用、报废或技术修复等处置意见。重点对复工施工图设计文件进行优化,针对路基土方压实度下降、路基开裂、水稳开裂、石灰土底基层冻害、桥梁病害等现象,分别采取有效处理措施,确保工程使用合格的

石灰改善处置原有路基工程

基本要求。其次,复工单位根据设计要求,加强自检,经监理机构确认后清除不合格工程,并对可利用工程进行必要的技术修复或补强。对后续路面工程,严格执行既有的质量保证体系,项目中心试验室受建设单位委托全过程加大检测频率,安徽省交通基本建设工程质量监督站对项目跟踪实施政府监督。在全省首次实行标准化建设,水稳用集料和沥青下面层集料均采用反击破破碎机加工工艺,形成5档集料规格,其中4档集料与沥青中面层用集料规格相同,优化级配角度提升水稳抗裂性和沥青混合料综合路用性能等均取得了显著效果。

抗裂型半刚性水稳基层施工

沥青混凝土精细化施工

(3)交(竣)工情况

本项目严格按照交通部发布的《公路工程竣(交)工验收办法》(交通部令2004年第3号)的有关规定,复工项目法人分别于2009年11月和2010年6月组织有关单位对项目进行了交工验收。交工验收工程质量北段评分为98.7分,南段评分为98.5分,质量等级均为合格。

2013年7月4日,安徽省档案局组织档案专项验收小组对本复工建设项目进行专项验收,并于2013年8月6日原则通过了该项验收。11月25日再次组织召开了复核审查会,同意通过专项验收。

2013年11月~2014年11月,安徽省交通建设工程质量监督局组织该项目竣工验收质量复测,并对工程质量进行了鉴定,得分为89.3分,质量等级为合格。

2015年8月20日,安徽省环境保护厅对阜阳至周集高速公路进行了环保验收,同意通过专项验收。

2016年5月19~21日,安徽省交通运输厅成立了阜阳至周集高速公路竣工验收委员会,对该项目进行了竣工验收。竣工验收委员会对全线工程进行了实地查看,查阅了工程建设有关文件和资料,听取了建设、设计、施工、监理、管养及质量监督等单位的工作情况汇报。竣工验收委员会按照《公路工程竣(交)工验收办法》等有关规定,对该项目进行了工程质量评定。竣工验收工程质量评分值为91.74分,工程质量等级为优良。

3. 重大事项

(1) 收回建设经营权

2008年,第14号常务会议纪要决定收回阜周高速公路经营投资权并移交安徽省高速公路总公司投资建设。

2008年12月,省政府第253号专题会议纪要,明确相关各方责任,并对审计和确认工作提出要求。

2009年2月,原业主瑞讯公司将阜周高速公路移交安徽省高速公路总公司复工建设。

(2) 邀请招标批复

针对阜周高速公路复工建设的复杂性,为保证项目能够快速建成通车,经省政府同意,安徽省交通厅以《关于对阜阳至周集高速公路恢复施工进行邀请招标的批复》(皖交基〔2008〕54号),同意本项目复工主体工程实行邀请招标。

(3) 重要活动

2009年,黄海嵩副省长多次赴工地现场召开专题协调会,解决施工过程中的各类难题,有力地保证了项目建设平稳推进。

2009年12月27日,阜周高速公路北段建成并与周六高速公路复工、阜新高速公路开工同址举行通车仪式,省委书记王金山等领导参加。

(4) 重大变更

重大变更分为二个阶段,包含六个方面。原业主办理了①~③项,项目复工期间办理了④~⑥项。

①部分大桥、特大桥缩跨:台背填土高度由7.5m调整到8.5m,K8+410.5分离大桥缩短7跨;阜淮铁路分离立交缩短2跨;K43+832.5跨105国道立交大桥缩短3跨。

黄海嵩副省长现场协调解决问题

②淮河特大桥处于蒙洼蓄洪区内,经"淮委"批复同意,桥跨缩短20多跨共计834m。

③取消四十铺枢纽互通立交内JK0+362.871支线上跨大桥1座(桥跨组合20m+5×25m+20m)。

④为减少原施工工程量的重置,对K9+000~K16+770、K21+936~K26+690、K38+276~K43+190和K76+700~K80+217路段调整其纵坡,增加一层水稳底基层或水稳基层作为补强层。纵坡抬升段的结构物抬高值大于10cm的结构物,采用顶升与加铺桥面铺装相结合的方法来实现。

⑤路面结构层变更为:上面层4cm厚AC-13C SBS改性沥青混凝土、中面层6cm厚AC-20C SBS改性沥青混凝土、下面层8cm厚AC-25沥青混凝土、基层38cm水稳碎石、底基层20cm厚低剂量水稳碎石。

⑥为满足新标准及运营管理的需要,对原收费道口和收费广场进行标准提升,见表8-58。

收费车道数与收费广场扩建规模 表8-58

互通名称	出入口车道		收费广场宽度(m)		收费广场长度(m)	
	原设计	变更设计	原设计	变更设计	原设计	变更设计
阜阳东互通	3进5出	4进6出	44.1	55.5	50	80
袁寨互通	2进2出	3进4出	22.5	33.9	50	80
南照互通	2进3出	2进4出	27.9	33.9	50	80
周集互通	2进3出	2进4出	27.9	33.9	50	80

4. 复杂技术工程

本项目复杂技术工程主要包含淮河特大桥、颍河特大桥,主桥结构均为较大跨径(100m、80m)的连续梁结构,与之前建成的跨越淮河的合徐高速公路涂山大桥、合淮阜高速公路寿阳大桥结构形式相近,采用挂篮悬浇施工工艺。在总结以往施工经验基础上,通过实施悬浇施工监控量测与精细化控制,保证了桥梁合龙精度。同时,增加底板防崩钢筋,防止预应力张拉底板混凝土开裂,取得了良好效果。运营多年表明,该桥基本避免了常见大跨径连续梁中跨下挠的病害发生。

(四)科技创新与成果

1. 长寿命沥青路面结构关键技术研究

为解决半刚性基层开裂导致沥青路面车辙和水损坏等问题,本项目结合安徽省交通科技进步计划项目(2007年立项),联合同济大学开展长寿命沥青路面结构关键技术研究。选择 K70+199~K70+835 段右幅路床顶进行阜周路长寿命重交通沥青路面试验段施工。每条试验段分段长单幅为150m,4种长寿命路面结构共计单幅600m。共确定4种结构层,每种结构层在单幅路段各铺筑150m,结构层内布设了传感器。此外,在 K70+835~K70+900 段右幅常规路段按照相同位置埋设沥青应变计,用以总结归纳本项目常规路段与长寿命重交通沥青路面之间的优劣,为后续的高速公路建设提供参考。目前,试验路段经过7年的运营检验,路面无车辙、开裂现象,应用效果良好。

水稳基层埋设传感器

长寿命试验路段结构如下:

(1)试验路结构一(K70+199~K70+350 段右幅),见表8-59。

试 验 路 结 构 一 表8-59

路 面 结 构	厚度(cm)	备 注
AC-13C 抗滑表层	4	
AC-20 中间层	6	
AC-25C 沥青基层	10	沥青层厚30cm,表面层、中间层与AC-25C下面层采用SBS改性沥青,AC-25F下面层采用70号A级沥青
AC-25F 沥青基层	10	
2%~3%水泥稳定碎石层	30	
级配碎石层	16	
总厚	76	

(2) 试验路结构二(K70+350~K70+500 段右幅),见表8-60。

试验路结构二 表8-60

路面结构	厚度(cm)	备注
AC-13C 抗滑表层	4	沥青层厚26cm,表面层、中间层与AC-25C 下面层采用 SBS 改性沥青,AC-25F下面层采用70号A级沥青
AC-20 中间层	6	
AC-25C 沥青基层	8	
AC-25F 沥青基层	8	
2%~3%水泥稳定碎石层	34	
级配碎石层	16	
总厚	76	

(3) 试验路结构三(K70+500~K70+650 段右幅),见表8-61。

试验路结构三 表8-61

路面结构	厚度(cm)	备注
AC-13C 抗滑表层	4	沥青层厚31cm,表面层、中面层与下面层采用 SBS 改性沥青
AC-20 中间层	6	
AC-25C 沥青基层	8	
LSPM(大粒径碎石沥青混合料)	13	
水泥稳定碎石基层	20	
2%低剂量水泥稳定碎石	25	
总厚	76	

(4) 试验路结构四(K70+650~K70+835 段右幅),见表8-62。

试验路结构四 表8-62

路面结构	厚度(cm)	备注
AC-13C 抗滑表层	4	沥青层厚30cm,表面层、中间层和AC-25C 下面层采用 SBS 改性沥青,AC-25F下面层采用70号A级沥青
AC-20 中间层	6	
AC-25C 沥青基层	10	
AC-25F 沥青基层	10	
级配碎石层	14	
2%~3%水泥稳定碎石层	32	
总厚	76	

2.机电工程推广应用新技术

高速公路收费入口推广应用无人值守全自动发卡机,实现了入口无人化管理,提高车辆的通行速度;为保证信息发布的及时性,收费站大棚顶立面安装嵌入式信息发布屏;为降低建设成本,在颍河特大桥、润河特大桥等关键路段安装太阳能供电的视频车辆检测器,在收费外广场安装太阳能供电的监控摄像机。

（五）运营与养护

1. 运营管理

阜周高速公路设置 2 对服务区和 4 个收费站点，分别是：伍明服务区（中心桩号 K515+880）和红星服务区（中心桩号 K555+100）；阜阳东、袁寨、南照、周集（冯井）收费站，各收费站点情况详见表 8-63。本项目建成通车后交由安徽省高速公路总公司阜阳管理处和六安管理处按属地划分运营养护。

2. 养护管理

管理处重点对复工建设工程质量缺陷处理长期效果跟踪观测，并对缺陷期内一般问题安排小修养护单位或专业维修单位进行修复，主要养护工程情况如下：

（1）原业主建设完成桥梁出现支座变形、偏移现象，建设单位阜周高速项目办组织了专业桥梁施工单位进行更换。

阜周高速公路收费站点设置情况　　　　　表 8-63

站点名称	车道数	收费方式
阜阳东站	4 进 6 出	入口：3 条 MTC 车道、1 条 ETC 车道 出口：5 条 MTC 车道、1 条 ETC 车道
袁寨站	3 进 4 出	暂未同步开通
南照站	2 进 4 出	入口：1 条 MTC 车道、1 条 ETC 车道 出口：3 条 MTC 车道、1 条 ETC 车道
周集站	2 进 4 出	入口：1 条 MTC 车道、1 条 ETC 车道 出口：3 条 MTC 车道、1 条 ETC 车道

（2）全线桥梁原设计梳齿板伸缩缝，因结构耐久性不足出现了早期破坏，影响行车安全，养护管理单位经过三年的养护计划，逐步将该路段损坏梳齿板更换为毛勒伸缩缝。

（3）部分交通安全设施隔离栅、刺铁丝、反光道钉、轮廓标、护栏等出现破坏和损耗，管理处定期养护巡查，并及时修复。

通过运营阶段 6 年多的检验，特别是经受六安至阜阳大量重载砂石车的通行检验，竣工验收检测结果显示车辙合格率 100%，平整度合格率 99.3%，横向力抗滑系数合格率 99.8%，弯沉合格率 100%，表明本项目路面主体工程质量仍然处于优良状态。

十九、G35 济广（济南—广州）高速公路周集至六安段

（一）项目概况

G35 济广（济南—广州）高速公路周集至六安段（简称"周六高速公路"）是安徽省高速公路网"四纵八横"亳州—阜阳—六安—安庆—东至高速公路的重要部分，也是连接阜

周、沪陕高速公路、六潜高速公路的关键路段。它的建设对于完善国家高速公路网和安徽省高速公路网,增强安徽省西部地区公路运输能力、改善交通运输环境以及促进区域经济发展起着重要的作用。同时,项目建成大大提高六安市的交通枢纽地位,提升区域内道路通行能力及服务水平,对促进沿线地区资源开发及社会经济发展等方面具有十分重要意义。

济广高速公路周集至六安段

路线为南北走向,北起于六安市霍邱县冯井镇东(起点桩号 K83+570,对应运营桩号 K585+870),接阜阳至周集高速公路周集互通立交,向南经白庙、马店、河口、长集、罗集、徐集,终于六安市裕安区分路口乡二天门(终点桩号 K175+022,对应运营桩号 K677+322),接六安至潜山高速公路,路线全长 91.452km。

1. 参建单位

本项目通过政府招商引进项目法人投资建设,原建设单位即项目法人是安徽瑞通交通开发有限公司,自 2003 年底至 2006 年底承担项目建设任务,后因无力建设而停工,经省政府批准由省交通运输厅收回建设经营权。复工建设单位是安徽省高速公路总公司,工程现场设置安徽省高速总公司周六项目办公室。

项目主要参建单位见表 8-64。

G35 济广(济南—广州)高速公路周集至六安段
主要参与建设施工单位汇总表　　　　　　　表 8-64

序号	参建单位	单 位 名 称	合同段编号及起止桩号	主要负责人	备注
1	项目管理单位	安徽省高等级公路工程建设指挥部周六项目办	K83+570~K175+022	黄学文	全线
2	勘察设计单位	安徽省交通规划设计研究院	K83+570~K175+022	王耀明	全线
3	施工单位	新疆兴达公路工程部	01 标 K83+570~K96+567.02	王晟	路基
		新疆兴达公路工程部	02 标 K96+567.02~K109+860.5	王晟	路基

续上表

序号	参建单位	单位名称	合同段编号及起止桩号	主要负责人	备注
3	施工单位	安徽省交通建设有限责任公司	03标 K109+860.5～K121+369	汪雨珍	路基
		安徽省公路桥梁工程公司	04标 K121+369～K133+202	邓光文	路基
		中建八局基础设施建设有限公司	05标 K133+202～K144+781	田峰	路基
		安徽省公路桥梁工程公司	06标 K144+781～K156+695.08	邓光文	路基
		安徽建工集团有限公司	07B标 K156+695.08～K160+250	裴承明	路基
		中铁十一局集团第二工程有限公司	07A标 K160+250～K170+912	马玉虎	路基
		江苏交通工程集团有限公司	08标 K170+912～175+022	杨志忠	路基
		新疆兴达公路工程部	01标 K83+570～K109+859	李宏枝	路面
		中交第二公路工程局有限公司	02标 K109+859～K133+207	巩涛	路面
		安徽省公路桥梁工程公司	03标 K133+207～K156+693.5	方征	路面
		中交三公路局第二工程有限公司	04标 K156+693.5～K175+022	蔡文	路面
4	监理单位	安徽省高等级公路工程监理公司	总监办 K83+570～K175+022	杨冬林	路基路面
		安徽省公路工程建设监理公司	监理1组 K83+570～K109+860.5	黎德衍	路基
		河北华达公路工程咨询监理公司	监理2组 K109+860.5～K133+202	王国强	路基
		合肥工大建设监理有限公司	监理3组 K133+202～K156+695.08	陶余苗	路基
		武汉广益工程咨询有限公司	监理4组 K156+695.08～K175+022	周胜	路基
		安徽省公路工程建设监理公司	监理1组 K83+570～K133+207	黎德衍	路面
		安徽省高等级公路工程监理公司	监理2组 K133+207～K175+022	史幼广	路面

2.技术标准

(1)公路等级、里程及地形类别

全线采用平原微丘区四车道高速公路标准,技术指标按《公路工程技术标准》(JTG B01—2003)规定执行,建设总里程91.452km。

项目位于东经115°59′～116°28′,北纬31°45′～32°31′之间,在安徽省西部、淮河以南、江淮分水岭以西,属淮河冲积平原和江淮波状平原工程地质区。地形波状起伏,岗地圆缓,残丘零星分布其间。

(2)主线行车速度

主线行车速度为120km/h。

(3)路基、路面

主线路基宽度28m,路面宽23.5m;路基设计洪水频率1/100,路面标准轴载BZZ-100。路面结构总厚度为76cm,沥青面层厚度18 cm。各层结构分别是:4cm AC-13 + 6cm AC-20 + 8cm AC-25 + 38cm 水泥稳定碎石基层 + 20cm 低剂量水泥稳定碎石底基层;桥面沥青铺装采用4cm AC-13 + 6cm AC-20 + 桥面防水黏结层;匝道结构同主线。

(4)桥梁、涵洞

计算荷载:汽车—超20级,验算荷载:挂车—120。

设计洪水频率:特大桥1/300,大、中小桥、涵洞1/100。

桥面净宽:小桥桥面净宽为2×11.25m,大、中桥2×11.50m;分离式断面桥梁与路基同宽,桥面宽12.50m;涵洞与路基同宽。

(5)路线交叉

互通式立交:设计等级为一级或三级,其中一级互通立交中定向、半定向匝道行车速度采用60km/h,环形匝道行车速度采用40km/h;三级互通立交行车速度采用40km/h。单向单车道匝道路基宽8.5m,路面宽7m(不含加宽值);单向双车道匝道路基宽15.5m,路面宽12m;对向双车道匝道路基宽度10.5m,路面宽9m。

分离式立交:主线上跨公路的净空高度,二级及二级以上公路≥5.0m、三、四级公路≥4.5m,汽车通道≥3.2m,拖拉机通道≥2.7m,人行通道≥2.2m。主线下穿各级公路的净空高度均按≥5m控制。

3.工程内容及主要构造物

(1)建设主要内容

路基土石方1927.089万 m^3,特大桥1296m/1座,大桥1358m/9座,中小桥1142m/24座,分离立交49座;通道136道;涵洞294道。互通立交5处;服务区2处。

原业主已完成路基土方1487.78万 m^3,防护2279m^3,开工建设桥梁52座(其中有37座桥的下部结构已完成,有15座桥的下部结构按完成情况有如下分类:部分桥台完成、桥墩未施工的有2座;桥台完成一半、桥墩完成的有2座;桥台完成一半、桥墩完成一半的有3座;桥台完成一半、桥墩未施工的有5座;桥台未施工、桥墩完成的有3座。桥梁上部结构梁板预制完成435片,现浇箱梁完成4座)。其他工程中涵洞完成343道,通道完成115道。

复工建设内容:路基土石方剩余439.308万 m^3。其中南段剩余302万 m^3,原路基处理56.5万 m^3,路床96区处理与填筑51万 m^3,水泥混凝土剩余7.5万 m^3,剩余桥梁梁板预制 1434 片；北段剩余 29.9396 万 m^3，原路基处理 45.793 万 m^3，路床 96 区处理与填筑 49.284 万 m^3，水泥混凝土剩余 6.01 万 m^3，剩余桥梁梁板预制 1180 片。全线服务区、收费站、机电、绿化、交通安全设施等所有附属配套工程。

（2）路线中间控制点

霍邱县冯井、马店、陡岗、长集，裕安区罗集、徐集、二天门。

（3）路线跨越主要河流

路线跨越的主要河流自起点至终点，依次为沣西干渠、牛脚河、找母河、赵河、西汲河、东汲河、淠河。

（4）桥梁

全线桥梁结构物形式较为简单，上部结构一般采用标准跨径简支梁和先简支后连续箱梁，孔径有 10m、13m、16m、20m、25m、30m。主要桥梁情况见表 8-65。

主要桥梁情况　　　　　　　　　　　　　　表 8-65

序号	中心桩号	桥 名	跨径组合	全长(m)	结构类型
1	K102+762	沣西灌渠大桥	5×20	108.3	PC 组合箱梁
2	K117+330	牛脚河大桥	7×20	147.0	PC 组合箱梁
3	K121+452	找母河大桥	8×20	166.0	PC 组合箱梁
4	K127+120	赵河支流大桥	7×20	147.0	PC 组合箱梁
5	K127+748	赵河支流大桥	5×20	107.0	PC 组合箱梁
6	K133+139	沣东干渠大桥	6×20	126.0	PC 组合箱梁
7	K143+568	王楼大桥	7×20	146.0	PC 组合箱梁
8	K144+640.5	汲河大桥	11×25	281.0	PC 组合箱梁
9	K170+560	淠河特大桥	40×30	1296	PC 组合箱梁

（5）收费站及服务区

全线设收费站 4 处、服务区 2 处，分别是马店、长集、罗集、六安西收费站及河口服务区、徐集服务区。

4. 征地拆迁

征地拆迁安置工作自 2003 年 10 月开始，至 2011 年 1 月基本结束。征地拆迁标准执行省交通厅〔2003〕36 号文件，主线征地 9808.43 亩（含匝道加宽 10.85 亩、罗集互通内征地 67.72 亩），线外用地 407 亩；线外房屋拆迁 9765.04m^2。

5. 项目投资

（1）投资规模、资金来源

安徽省发展计划委员会于 2003 年 11 月批准项目概算投资总额为 24.921 亿元。2010 年 4 月复工，复工阶段缺陷修复和设计变更批复增加投资约 8.23 亿元，总投资规模调整为33.151亿元。

本项目资金为安徽省高速公路控股集团有限公司自筹和交通部补助资金两部分组成。

(2)概算执行情况

2013年9月,安徽省交通运输厅委托安徽安瑞工程咨询有限责任公司、中准会计师事务所安徽分所对周集至六安高速公路复工工程进行竣工决算审计,审计认为本工程严格按安徽省交通运输厅(皖交建〔2004〕12号、皖交建管函〔2012〕25号)批复的内容和建设总投资控制,符合相关规定和要求。

周六高速公路复工前由安徽省瑞通交通开发有限公司负责建设,根据合肥市中级人民法院(2007)合民二初字第91号民事判决书判决认定,复工前投资额为92790.68万元。本次审计确认的周六高速公路复工工程完成投资额为176187.34万元,周六高速公路项目实际完成投资总额为268978.02万元。

截至2016年8月16日,周六高速公路复工工程共筹集建设资金168772.64万元,其中:省交通控股集团(原省高速公路总公司)拨款36402.64万元,交通部补助资金19240万元,基建贷款113130万元。周六高速公路复工工程支出176187.34万元。

6.开工及通车时间

本项目路基工程于2003年12月开工,原业主为安徽省瑞通交通开发有限公司,因多方面原因,2006年底全线停工。2010年4月,原高速公路控股集团有限公司复工建设。2011年12月,周六高速公路南段(K156+693.5~K175+022)通车,2012年1月,周六高速公路北段(K87+570~K156+693.5)通车,到此历经9年时间建设,周六高速公路全线通车。

(二)决策研究

项目前期决策研究按规定基本建设程序要求完成;复工阶段,省政府及交通运输厅等完成相关合同中止、诉讼并移交新业主等相关决策事项,主要决策批复文件如下:

(1)《关于周集至六安高速公路项目建议书的批复》(计基础〔2003〕668号);
(2)《关于周集至六安高速公路可行性研究报告的批复》(计基础〔2003〕949号);
(3)《关于周集至六安高速公路初步设计的批复》(计设计〔2003〕1141号);
(4)《关于周集至六安公路环境影响报告书的批复》(环然〔2003〕163号);
(5)《关于周集至六安高速公路施工图设计的批复》(皖交基〔2004〕12号);
(6)《关于申请周集至六安高速公路建设项目开工的请示》(瑞通工字〔2004〕2号);
(7)《关于周集至六安高速公路工程建设用地的批复》(国土资函〔2005〕760号);
(8)安徽省人民政府《关于周集至六安高速公路工程建设用地的批复》(皖政地

〔2005〕75号）；

（9）省政府专题会议纪要《省交通重点建设项目前期工作协调会议纪要》（安徽省人民政府办公厅第155号2007年12月9日）；

（10）安徽省交通运输厅专题会议纪要《周六高速公路复工建设准备专题会议纪要》（第四十八期2009年11月2日）；

（11）安徽省交通运输厅专题会议纪要《关于推进周六高速公路复工建设会议纪要》第七期2010年2月26日）；

（12）《关于周集至六安高速公路复工阶段工程估算初步确认的函》（皖交建管函〔2010〕280号）；

（13）安徽省交通运输厅《关于周集至六安高速公路复工阶段估算初步确认的函》（皖交建管〔2010〕280号）；

（14）《关于周集至六安高速公路复工阶段变更及缺陷修复设计的批复》（皖交建管函〔2012〕25号）。

（三）项目实施

1. 项目招标

（1）设计招标

2003年5月，原招标人安徽省瑞通交通开发有限公司，通过公开招标确定安徽省公路勘测设计院为设计中标单位。复工阶段，缺陷工程处置设计及后续技术服务任务仍由原设计单位承担。

（2）施工招标

本项目原路基工程共分8个施工合同段，2003年11月，原招标人安徽省瑞通交通开发有限公司面向国内施工企业进行公开招投标。经综合评审，确定9家中标单位，其中7标划分为7A和7B标段。

复工阶段，根据《中华人民共和国招标投标法》规定："涉及国家安全、国家秘密、抢险救灾或者属于利用扶贫资金实行以工代赈、需要使用农民工等特殊情况，不适宜进行招标的项目，按照国家有关规定可以不进行招标。"安徽省高速公路总公司报经主管部门同意，原则上采用原合同承包人，合同工程量按审计确认的工程结算剩余量计，单价不变。截至2010年2月底复工时，经函询原9家施工单位，原路基01标承包人福建省第二公路工程公司、02标承包人贵州省桥梁工程总公司及04标承包人陕西省机械施工公司明确不再施工。放弃施工的标段经省政府、省交通运输厅批准同意，由突击单位新疆兴达公路工程部（武警交通六支队）承担剩余路基01标、02标工程，04标所剩余工程量较少则由相邻单位安徽省公路桥梁工程公司施工，其余路基标段均由原单位施工。路面及其他附属工程均按公开招标程序完成。

（3）监理单位招标

原路基工程监理共划分4个监理驻地办和1个总监办,原业主安徽省瑞通交通开发有限公司于2003年11月通过"两报一网"面向全国具有独立法人资格、公路工程监理甲级资质的企业公开招标。最后安徽省公路工程建设监理有限责任公司等5家监理单位承担了周六高速公路路基工程监理工作。

复工阶段,建设单位与原各路基监理单位取得联系,因无法继续承担周六高速公路复工建设监理工作,故于2010年2月21日发布重新招标公告。复工监理划为1个总监办、4个驻地监理组、1个中心试验室,最后确定了6家中标单位。

2. 项目管理

（1）项目管理机构

原项目法人安徽瑞通交通开发有限公司,自2003年底成立现场管理办公室,2006年底工程全线停工,管理机构撤销。复工建设由新项目法人安徽省高速公路总公司负责,2010年5月,建设单位成立安徽省高等级公路工程建设指挥部周六项目办,具体承担项目现场管理。

（2）质量保证体系

本项目在原业主的建设管理下,因多方面原因带来工程质量缺陷较多,特别是桥梁施工中途停工,带来预制梁未穿钢绞线、未张拉、未压浆较多;桥梁下部结构同样存在残缺不全现象,预留钢筋锈蚀严重;路基工程基本处于全部不合格状态。若按新建项目质量管理要求,则需要大量工程重置,已完工程浪费巨大,因此复工工程质量管理体系是基于项目现状的一种技术创新管理模式。质量管理重点放在已完工程的缺陷处理和后续工程质量的控制方面。

制梁场预制半途而废

设计检测单位对已完工程实施全面检测,提出可利用、报废或技术修复等处置意见,重点对复工施工图设计文件进行质量检测和可控制验算。针对桥梁结构存在的诸

第八章
高速公路建设项目

桥梁下部结构锈蚀

多问题,分别采取有效处理措施加以利用。如对桩基保护层不足冲刷裸露的,进行加筋扩桩;对预留钢筋锈蚀进行补植筋和除锈处置;对未施加预应力和放置时间过长造成梁体开裂的进行报废;对已架设连续梁负弯矩区预应力管道进行破除,确保预应力施加有效。同时,吸收阜周高速公路复工建设的经验,强化对原路基填土的处理到位,并对后续路面工程施工执行严格的四级质量保证体系,即施工自检、监理核检、业主委检、质检站抽检的制度,分级独立,层层把关。重点是半刚性基层沥青混凝土路面集料规格,级配优化控制,通过试验段总结推广精细化摊铺碾压施工工艺,以提升半刚性基层水稳抗裂性和沥青混凝土路面路用性能指标。

裸露桩基扩径补强处理

沥青混凝土施工工艺精细化

(3)交(竣)工情况

复工项目法人分别于2011年10月31日、2012年1月17日举行交工验收会议。交工验收委员会由省交通运输主管部门、质量监督和建设、设计、施工、监理、接管养护、造价管理等单位代表组成。交工验收工程南段(K156+693.5～K175+022)评分为97.56分,北段(K83+570～K156+693.5)评分为97.50分,质量等级均为合格。

各方参加交工验收会议

2014年8月26日,通过安徽省档案局组织的档案专项验收,并颁发《周六高速公路重大建设项目档案合格证》。

2014年7月至8月,安徽省交通建设工程质量监督局组织该项目竣工验收质量复测,并对工程质量进行了鉴定,得分为89.6分,质量等级为合格。

2015年8月20日,通过安徽省环境保护厅组织的环保专项验收。

2016年12月22日,安徽省交通运输厅成立了周集至六安高速公路竣工验收委员会,对该项目进行了竣工验收。竣工验收委员会对全线工程进行了实地查看,交工验收中提出涵洞局部排水不畅及淠河特大桥桥下非法采砂导致桩基裸露等问题已得到修复处理。在查阅工程建设有关文件资料并听取建设、设计、施工、监理、管养及质量监督等工作情况的汇报,经评议,项目竣工验收工程质量评分值为91.43分,建设项目综合评分为92.68分,工程质量等级为优良。

3.重大事项

(1)收回建设经营权

2007年12月6日,省政府召开省交通重点项目前期工作协调会,形成专题会议纪要《省交通重点建设项目前期工作协调会议纪要》(安徽省人民政府办公厅 第155号)。会议决定,周六高速公路由省交通运输厅依法依规收回该项目的建设经营权,建议省法院督促合肥市中院加快审理省公路局起诉收回周六高速公路经营权的案件;同意省高速公路总公司为周集至六安段高速公路新的项目业主,待法院审理固定相关证据后,立即恢复工程建设。

(2)重大变更

①路线纵面变更:根据复工设计施工图审查专家组意见,路面基层水泥稳定碎石厚度从原设计36cm增加到38cm,设计单位对路线纵面进行了修改,全线较原设计平均提高约2cm。

②路基变更:原挖方路段、台背、基坑、部分填方路段因停工,疏于管理和保护,局部路段积水严重,侵蚀路基土,使路基土含水率偏高、压实度降低、强度降低、结构松散,不能作为路基土使用。根据《周集至六安高速公路路基工程复工前质量鉴定检测报告》(JC.DL.090120681),对路基压实度普遍不足情况的进行掺灰补强处理。

③路面变更:复工后考虑到新的路面设计规范已经实施,且根据近几年安徽省高速公路路面施工经验,采用同期新建路面结构设计方案:上面层采用4cm厚AC-13C,中面层采用6cm厚AC-20C,下面层采用8cm厚AC-25,中上面层采用SBS改性沥青。

④桥涵缺陷修复设计变更:根据检测报告内容,本次桥涵缺陷修复设计主要分两大类,一类是一般缺陷修复设计,主要分为裂缝、钢材锈蚀、混凝土表面破损、钢筋盗割、支座脱空及变形、存梁处理问题等,提出缺陷进行修复设计原则和标准图设计;另一类是特殊缺陷修复进行专题补充设计。

⑤交通安全设施变更:周六高速公路交通安全设施原设计标准规范已废止,按最新的要求重新对限速标志及指路标志全部进行整改设计。

(3)重要活动

①2009年12月27日,省委书记王金山等领导参加本项目复工及阜周高速公路通车、阜新高速公路开工典礼。

②分管副省长黄海嵩在省交通运输厅、六安市政府、省高速公路控股集团公司领导陪同下多次赴现场调研,协调解决复工中的复杂矛盾,保障了工程建设得以顺利进行。

副省长黄海嵩现场调研

③ 2011年12月20日,在六安市二天门互通举行周六高速公路南段通车仪式,省委书记张宝顺、省长李斌等主要领导参加。

省委书记等参加周六高速公路通车仪式

(四)科技创新与成果

1. 高模量沥青混凝土在特殊道路中的应用研究

高模量沥青混合料具有较高的刚度,可以有效降低路面结构层的厚度。周六高速公路由于原业主建设期资金断链、管理混乱等原因,导致部分已建桥梁存在较多的"先天性不足"。其中,部分桥梁缺陷问题会造成路面结构层厚度控制难度加大。为减轻桥梁结构恒载和长大纵坡车辙问题,降低沥青铺装层厚度,项目办联合同济大学希望通过应用高模量沥青混合料来解决此类问题。研究重点包括高模量沥青混合料的沥青技术要求、沥青混合料组成设计原理与方法、施工成套技术、路用性能和力学性能等。

2011年11月,课题研究依托周六高速公路路基5标汲河大桥混凝土桥面铺装层,分别在左右幅采用不同设计方案,右幅双层设计方案为:上面层4cm AC-13(高模量改性)+下面层4cm AC-13(高模量改性),将原设计厚度10cm减至8cm。左幅单层设计方案为5.5cm AC-13C(高模量改性),该方案将原设计中的双层式铺装结构改为单层式结构,借以大大降低桥梁结构永久荷载。从现场检测结果看,级配、油石比稳定,摊铺温度控制较好,外观均匀,压实密实,左幅现场芯样剩余空隙率平均值为5.2%,右幅平均值为5.8%,基本实现了预期效果,从试运营6年来看,路面状况优良。

2. 机电工程推广应用新技术

周六高速公路将入口信息发布屏嵌入式安装在收费站入口收费大棚上,极大地节省了收费广场、收费岛的使用空间;收费大棚、入口信息屏、收费岛浑然成为一体,使得收费广场更加简洁、美观。同时实现对高速公路道路交通的诱导和分流,从而保证在有突发事件发生时,能够及时地发布各种交通诱导信息。

汲河大桥桥面调平处理　　　　　　　　沥青混凝土薄层铺装应用

积极采用新能源建设项目,通过在汲河大桥、淠河特大桥等路段的视频车辆检测器、外场监控摄像机等11处设备采用太阳能供电,为今后高速公路机电工程建设起到一定的借鉴作用。

(五)运营与养护

1. 运营管理

本项目设置2对服务区:河口服务区、徐集服务区;4个收费站点:马店收费站、长集收费站、罗集收费站、六安西(二天门)收费站。各收费站点建设情况见表8-66。周六高速公路建成通车后交由安徽省高速公路控股集团有限公司六安管理处进行运营养护管理,运营初期交通流量保持较快增长态势。项目从2012年1月28日建成通车起,至2015年12月31日的交通流量发展状况见表8-67。

收费站点设置情况表　　　　　　　　　　　　　　　　　表8-66

站点名称	车道数	收费车道方式
马店站	入口2、出口3	入口:1条MTC车道、1条ETC车道 出口:2条MTC车道、1条ETC车道
长集站	入口4、出口6	入口:3条MTC车道、1条ETC车道 出口:5条MTC车道、1条ETC车道
罗集站	入口2、出口3	入口:1条MTC车道、1条ETC车道 出口:2条MTC车道、1条ETC车道
六安西站	入口3、出口5	入口:2条MTC车道、1条ETC车道 出口:4条MTC车道、1条ETC车道

交通流量发展状况表(单位:辆)　　　　　　　　　　　　表8-67

年份	入口	出口	合计	日平均流量
2012	1238076	1243076	2481152	7236
2013	1614324	1649332	3263656	8942
2014	2011914	2061900	4073814	11161
2015	2326654	2355522	4682176	12828

2.养护管理

养护工作初期处于试运营阶段,也属于工程建设的缺陷责任期,由原建设施工单位负责遗留工程及局部排水防护等缺陷的修复,涉及路面的保洁和局部缺陷交由运营管理部门处置,缺陷处置费用由原建设施工单位承担。六安管理处内设养护科室加强全线养护计划管理,安排专业技术人员定期对项目进行巡查。通过公开招标方式确定社会专业化养护公司进行小修和路面、绿化、机电等专业化养护。结合周六高速公路的特点和实际情况,养护管理工作始终按照经常性、预防性、及时性的要求,实行规范化、精细化管理,逐步完善、健全平原微丘区高速公路养护新模式,扎实细致地开展养护管理工作,保持道路"畅、安、舒、美"。

二十、G35 济广(济南—广州)高速公路六安至岳西段

(一)项目概况

G35 济广(济南—广州)高速公路六安至岳西段(以下简称"六岳高速公路")是国家公路规划中 G35 的济南—广州公路的重要组成部分,同时也是安徽省"四纵八横"高速公路规划网中的"四纵"亳州—阜阳—六安—东至公路的重要路段。本项目及岳西(黄尾)至潜山高速公路的建成,使得大别山腹地增加一条快捷大通道,对安徽省乃至国家公路网的完善均起到积极的促进作用。同时还对改善皖西老区的交通条件,促进沿线区域社会经济的发展,开发革命老区红色旅游资源及加强国防建设都具有重要意义。

济广高速公路六安至岳西段

该项目路线起于六安市裕安区城南镇,接阜阳至六安高速公路,经霍山县,终于岳西县黄尾镇,接同步实施的岳西(黄尾)至潜山高速公路。

1.参建单位

项目建设单位为安徽省高速公路控股集团有限公司。

项目主要参建单位见表8-68。

G35 济广(济南—广州)高速公路六安至岳西段主要参与建设单位汇总表

表 8-68

序号	参建单位	单 位 名 称	合同段编号及起止桩号	主要负责人
1	项目管理单位	济广高速公路六岳段项目办	K0+000.00~K72+287.00	屠筱北
2	勘察设计单位	安徽省交通规划设计研究院	K0+000.00~K72+287.00	王吉双
3	施工单位	中交一公局厦门工程有限公司	路基工程01合同段 K0~K12+967.8	杨杰
		中铁五局(有限)公司	路基工程02合同段 K12+967.8~K22+780	敖春明
		辽宁路桥建设总公司	路基工程03合同段 K22+780~K35+435	张亚洲
		湖北省路桥有限责任公司	路基工程04合同段 K35+435~K45+800	周伟
		中铁隧道集团有限公司	路基工程05合同段 K45+800~ZK52+800、YK52+780	黄新社
		中铁十四局集团有限公司	路基工程06合同段 K52+780、ZK52+800~K56+000	冯卫东
		中铁四局集团第三工程有限责任公司	路基工程07合同段 K56+000~ZK59+300、YK59+340	赵海
		中铁五局集团第四工程有限责任公司	路基工程08合同段 ZK59+300、YK59+340~ZK63+810、YK63+830	刘勃
		中铁十七局集团第二工程有限公司	路基工程09合同段 ZK63+810、YK63+830~ZK68+565、YK68+617	叶兴旺
		路桥集团第二公路工程局第六工程处	路基工程10合同段 ZK68+565、YK68+617~K72+287	郭顺利
		中铁三局第一建设工程有限责任公司	路面工程01合同段 K000+000~K22+780	步庆革
		中交二公局第三工程有限公司	路面工程02合同段 K22+780~K45+800	张建国
		东盟营造工程有限公司	路面工程03合同段 K45+800~K72+287	贾江
4	监理单位	安徽省高等级公路工程监理有限公司	总监办	陈传明
		镇江润通交通工程监理咨询公司	路基工程01驻地监理办	王学明
		北京双环工程咨询有限公司	路基工程02驻地监理办	王海清
		湖南交通建设监理有限公司	路基工程03驻地监理办	刘清
		江西交通工程建设监理所	路基工程04驻地监理办	华振奇
		安徽省高等级公路监理有限责任公司	路基工程05驻地监理办	田凯
		北京双环工程咨询有限公司	路面工程01驻地监理办	魏金生
		安徽科兴交通建设监理工程公司	路面工程02驻地监理办	江成华
		合肥工大建设监理有限责任公司	路面工程03驻地监理办	刘敏

2. 技术标准

(1)公路等级、里程及地形类别

全封闭、全立交四车道高速公路,路面采用沥青混凝土。全线配置了完善的通信、监控和收费系统及照明、绿化、房建、安全设施等交通工程和服务设施。本段建设里程72.287km。地处北纬31°43′~31°08′,东经116°24′~116°19′之间。沿途跨越六安市裕安区、霍山县和安庆市岳西县,地势总体特征是北端低、南端高,起点至鸟观嘴段为丘陵波状平原,路线区域高程多在50~300m。鸟观嘴至终点(黄尾)段属大别山区,山顶高程在500m以上。项目区域位于北亚热带湿润季风气候区,具有季风显著、四季分明、气候温和、雨量充沛、光照充足、无霜期长等气候特点,区域内年平均气温14.5~16.6℃,梅雨、暴雨和夏季高温炎热形成本区公路的明显不利气候,区内洪涝灾害多发生在梅雨季。

(2)主线行车速度

K0+000~K37+000段:采用100km/h;K37+000~K72+287段:采用80km/h。

(3)路基、路面

K0+000~K37+000段:整体式路基宽度26m,路面宽度22.5m;分离式路基宽度13.0m,路面宽度11.5m;K37+000~K72+287段:整体式路基宽度24.5m,路面宽度21m;分离式路基宽度12.25m,路面宽度10.75m。路基宽度的渐变在霍山互通立交内变化。路基设计洪水频率1/100。

(4)桥梁、涵洞

汽车荷载等级:公路—Ⅰ级;设计洪水频率:特大桥1/300,大、中小桥、涵洞1/100。

桥面净宽:26m路基对应小桥桥面净宽为2×11.25m,特大桥、大桥、中桥2×11.5m;24.5m路基对应小桥桥面净宽为2×10.5m,特大桥、大桥、中桥2×10.75m;分离式断面桥梁与路基同宽。涵洞与路基同宽。

(5)隧道

K0+000~K37+000段:行车道宽9.0(0.5+2×3.75+1.0)m;行车道净高5.0m;检修道净宽0.75m;检修道净高2.5m。

K37+000~K72+287段:行车道宽8.75(0.5+2×3.75+0.75)m;行车道净高5.0m;检修道净宽0.75m;检修道净高2.5m。

(6)路线交叉

互通式立交设计标准:三级交叉互通;匝道宽度:单向双车道路基宽度8.5m,对向双车道路基宽度15.5m;行车速度40km/h。

分离式立交设计标准:主线上跨各级公路的桥梁及通道净空高度,二级及二级以上公路5.0m,三、四级公路4.5m,汽车通道≥3.5m,拖拉机通道≥3.2m,人行通道≥2.7m;主线下穿各级公路的净空高度均按 5.0m 控制。

3. 工程内容及主要构造物

（1）建设主要内容

全线路基土石方共 1400 万 m^3，防护工程 199.58 万 m^3；特大桥 1252m/1 座、大桥 9947.8m/55 座、中桥 1391.22m/34 座、小桥 809.87m/35 座，涵洞通道 6796.96m/182 道，圆管涵 1327.34m/37 道；隧道 8128.5m/15 座；沥青混凝土路面 162.02 万 m^2，水稳碎石基层 130.56 万 m^2；收费站 2 处、服务区 1 对、互通式立交 4 处、停车区 2 处、观景台 1 处；同步建设绿化、交安、机电等附属工程。

（2）路线中间控制点

四望山村、宁西铁路、淠河总干渠、芮草洼（预留互通式立交）、狮子尖、大沙埂（霍山互通式立交）、三里店、梅子关、转步园、单龙寺（预留互通式立交）、磨子潭水库西、板河、胡家河、黄尾（互通式立交）。

（3）路线跨越主要河流

淠河总干渠、板河、胡家河、黄尾河。

（4）隧道

长隧道：梅子关隧道、磨子潭Ⅰ号隧道、汪岔岭隧道。

（5）收费站及服务区

全线设霍山、大别山东两座收费站，霍山一对服务区。

4. 征地拆迁

征地拆迁情况见表 8-69。

征地拆迁情况统计表　　　　　　表 8-69

征地拆迁安置起止时间	征用土地（亩）	拆迁房屋（m^2）	支付补偿费（元）
2005 年 4 月~2009 年 12 月	8868.96	104147	185765824.17

5. 项目投资

（1）投资规模、资金来源

交通运输部 2004 年 12 月以交公路发〔2004〕759 号文批准了该项目的初步设计，概算投资总额为 35.68 亿元。资金来源：3.6 亿元由交通运输部补助，其余由集团公司自筹。

（2）概算执行情况

经竣工决算审计，六岳高速公路工程基本建设支出 27.88 亿元，与批复的概算总投资 35.68 亿元相比，较概算节约 7.8 亿元，对比概算节约比例 21.86%。

6. 开工及通车情况

2005年9月26日开工建设,2009年12月28日建成通车。

开工典礼

通车典礼

(二)决策研究

2003年12月8日,交通运输部以《关于六安至岳西(黄尾)公路项目建议书的批复》(交规划发〔2003〕547号)批复了项目建议书;

2004年6月25日,交通运输部以《关于六安至岳西(黄尾)公路可行性研究报告的批复》(交规划发〔2004〕343号)批复了项目可行性研究报告;

2004年12月14日,安徽省环境保护局《关于六安至岳西(黄尾)公路环境影响报告书审查意见的函》(环然函〔2004〕514号);

2004年12月20日,交通运输部以《关于六安至岳西(黄尾)公路初步设计的批复》(交公路发〔2004〕759号)批复了项目初步设计文件;

2005年3月15日,国家环境保护总局《关于六安至岳西(黄尾)公路环境影响报告书审查意见的复函》(环审〔2005〕260号);

2005年7月13日,安徽省交通运输厅以《关于六安至岳西(黄尾)高速公路施工图设计的批复》(皖交基〔2005〕38号)批复了施工图设计;

2006年4月21日,水利部《关于六安至岳西(黄尾)高速公路水土保持方案的复函》(水保函〔2006〕224号);

2007年7月13日,国土资源部《关于六安至潜山高速公路工程建设用地的批复》(国土资函〔2007〕577号);

2007年9月12日,安徽省人民政府《关于六安至潜山高速公路工程建设用地的批复》(皖政地〔2007〕87号)。

(三)项目实施

1. 项目招标

(1)设计招标

确定安徽省交通规划设计研究院有限公司承担本项目的勘察、设计工作,完成路线勘测、地质勘探、路基、路面、桥梁、隧道、绿化、交通安全设施等的设计和设计优化。

(2)施工招标

确定施工合同段28个,其中:路基10个、路面3个、通信管道2个、护栏2个、标志标线2个、绿化2个、房建2个、机电2个、隔离栅2个、消防工程1个。

(3)监理招标

确定监理合同段10个,其中:总监办1个,其他监理合同段9个。

2.项目管理

(1)管理机构

六安至岳西(黄尾)高速公路的建设按照项目法人责任制、项目招标投标制、工程项目监理制和工程合同管理制,全面加强工程建设组织管理。安徽省六潜高速公路有限公司作为项目法人全面负责本项目的资金筹措,负责生产经营、债务偿还和国有资产的保值增值。项目法人委托建设单位安徽省高等级公路工程建设指挥部具体组织项目建设管理。指挥部内设办公室、总师办、工程计划部、技术质量部、财务部、地方工作部、物资设备部、小区建设办公室等职能部门,并在项目现场成立了六潜高速公路项目办公室和霍山驻地办公室。

(2)质量保证体系

本项目在实施过程中,质量保证体系健全、制度完善、责任明确,体现出较高的质量控制能力。向全体建设者确立了通过程序控制、通过材料控制、通过难点重点工程控制和通过新工艺、新技术的使用保证工程质量。

(3)交工、竣工验收

①交工验收

2009年12月03日,交工验收委员会依据《公路工程质量检验评定标准》(JTG F80/1—2004),对本项目进行了验收评定,项目工程质量综合评定得分为96.58分,工程质量评定等级为合格,同意交工验收并移交管养。

②竣工验收

a.2009年12月6日,安徽省六潜高速公路有限公司文件《关于报送六安至岳西(黄尾)高速公路(K0+000~K72+287)交工验收报告的报告》(皖六潜〔2009〕10号);

b.2012年5月16日,安徽省审计厅《六安—潜山高速公路竣工决算和投资绩效的审计》(皖审投中报〔2012〕4号);

c.2012年8月13日,安徽省高速公路控股集团有限公司《关于报送六潜高速建设项目竣工决算和投资绩效审计决定执行情况的报告》(皖高路财〔2012〕第45号);

d.2012年12月21日,国家交通运输部档案馆《关于印发六安至岳西(黄尾)公路项目档案专项验收意见的函》(档指函〔2012〕48号);

e. 2014年9月12日,环境保护部华东环境保护督查中心《六安至岳西(黄尾)公路竣工环境保护验收现场检查意见》。

3. 重大事项

(1)重大决策

六岳路纵贯大别山腹地,途经磨子潭水库,为了加强对水源区的保护,减少对沿线植被的破坏,将原设计途经磨子潭水库段路线向西偏移300余米,调整段全长3.8km。大大降低了水库水中桩基施工对水质的影响,同时采用短隧道代替了路基大开挖。

(2)重大变更

六岳路实际主线长度增加0.087km,桥梁增加1座,隧道增加4座(单洞),减少互通式立交2处,减少停车区2处,减少服务区1处,在K45+000~K47+000线位向东摆动,最大平移距离50m。K50+400~K58+500改走单龙寺比较短。K59+836~K64+248线位向东摆动,最大平移距离160m。

4. 复杂技术工程

(1)磨子潭11号大桥:桥梁全长1252m,跨径组合为31×40m连续梁。桥梁基础除桥台为扩大基础外,其余均为桩基础。施工关键技术为移动模架现浇梁施工。磨子潭11号桥施工期间投入一台DZ40/1000型下行式移动模架,由于部分桥墩高度在40m以上,移动模架只能在桥墩上安装,为便于施工,支撑托架要求能够自行向前倒装。使用移动模架施工多孔连续梁分为三个阶段:第一阶段施工起始孔,第二阶段施工中间孔,第三阶段施工结束孔。移动模架造桥机利用墩身安装主支腿,主支腿支撑主梁,外模及模架安装在主梁上,形成一个可以纵向移动的桥梁制造平台,完成桥梁的施工。

时任省委书记王金山视察工程建设

(2)磨子潭1(2)号桥:该桥所在位置地形起伏较大,设计为桥隧相连的高墩大跨连续刚构(梁)桥,桥梁最大高度为96m,2号、3号主墩根部梁高8.0m;基础为嵌岩桩基础。在磨子潭1、2号桥高墩大跨桥施工中,除常规线形控制外,要求对悬浇桥梁的应力面进行及时分析控制,并及时提供数据用于指导和调整下一步施工,并在测量中,从立模开始,全程采用全站仪测水平角的方法或用光学垂准、激光铅直的方法,每模(翻模提升)进行一次测量和控制。

(3)汪岔岭隧道。

汪岔岭隧道位于霍山县筐家湾北,为左右分离式单向行车隧道,为曲线长隧道。隧道左线位于超大超高2%的曲线上,左右线隧道行车道中心线相距为40~60m。

隧道围岩地质情况:隧道洞口均为Ⅴ级围岩,地质条件较差,施工时应先做好边仰坡防护,确保其稳定,方可进行主洞开挖。本隧道穿越F13、F14断层,断层破碎带内节理裂隙较发育,围岩稳定性差,地下水集中,是地下水进入隧道的良好通道,可能发生涌水或突水,隧道开挖经过断层时易出现坍塌,甚至冒顶,侧壁易失稳。施工关键技术要点:隧道防排水采用分区处理、采取地质雷达电磁波法和TSP地震波法对地质超前预报、采用先进的激光隧道位移实时监控系统进行现场监控量测、洞口Ⅴ级围岩偏压段采用以注浆中管棚为超前支护,初期支护以锚网喷支护为主,辅以钢拱架。开挖方式根据具体情况选择采用环形开挖中心留核心土法,上部留核心土支挡开挖作业面,有利于及时施作拱部初期支护,以加强开挖工作面的稳定性。

(四)科技创新与成果

1.安徽生态高速公路工程技术研究

主要内容为安徽省高速公路路域生态恢复技术研究、水资源保护的研究、生态型声屏障设计研究、高速公路景观规划方法研究。

创新点:①通过路域植物资源的分析,确定不同气候带石质边坡乔灌草种的最佳组合;②客土基材乡土化配比研究,快速实现坡面自然生态的恢复;③敏感路段水体保护技术研究;④生态型污水处理技术研究;⑤生态型声屏障的选材及结构形式;⑥弃土场治理技术、措施;⑦高速公路景观规划方案。

推广应用情况:在生态高速公路建设理念指导下,建设完成了边坡生态防护超过100万m^2、主线绿化里程近100km,完成了5个互通立交、3个观景台、3个服务区及一项隧道节能工程的景观规划设计和生态环保建设。该项目获得安徽省科技进步奖、中国公路学会科学技术奖。

2.六安至潜山高速公路隧道照明综合节能成套技术研究

根据六潜高速公路隧道特点,从照明灯具选择、布设方式、供电线路、变电站设置等方面着手,通过全面推广使用LED照明设备,在供电环节实现最大程度降低能耗、减少投资。对于远离供电点的短隧道,如狮子尖隧道,开展风光互补供电方式研究,并与传统供电方式进行了对比,形成了一套新能源供电模式。

创新点：①制定照明设计新标准，直接指导工程应用；②研制照明智能控制系统，实现电能利用的智能化；③新能源利用和高效供电方案的研究，实现绿色能源供电、低功耗供电；④综合研究隧道环境影响因素，提高光源应用效率；⑤新型光源技术特性研究，引导产品标准化使用。

推广应用情况：通过在六潜高速公路27座隧道（单洞总长约46.7km）上全面应用隧道照明综合节能成套技术，大幅减少了电能消耗，降低了营运管理成本，取得了较为显著的社会和经济效益。经现场抄表及计算，2010年隧道风机、监控、消防等设备年用电量约104.1万kW·h，电费支出约88.5万元，照明设备2010年耗电量约437.7万kW·h，电费支出约375.1万元。再根据管理处隧道照明营运管理模式与原高压钠灯照明系统对比，相同营运模式下若采用高压钠灯系统照明，照明年耗电量约1339.4万kW·h，电费支出约1146.4万元，降低幅度达67.3%，为六潜高速公路生态环保、低碳节能建设奠定了坚实基础。该项目获得了安徽省公路学会三等奖。

（五）运营与养护

1. 运营管理

全线设服务区1对，为霍山服务区；收费站点2处，分别为霍山、大别山东收费站（表8-70）。从2010年12月28日起至2016年12月31日，六岳高速公路交通流量发展状况见表8-71。

收费站点设置情况表　　　　　　　　　　　　　　　　　表8-70

站点名称	车道数	收费方式
霍山站	入口3条、出口5条	人工收费及电子不停车收费综合 （入口：2条MTC车道、1条ETC车道） （出口：4条MTC车道、1条ETC车道）
大别山东站	入口4条、出口6条	人工收费及电子不停车收费综合 （入口：3条MTC车道、1条ETC车道） （出口：5条MTC车道、1条ETC车道）

交通流量发展状况表（单位：辆）　　　　　　　　　　　表8-71

年　　份	入口	出口	合计	日平均流量
2010	206057	211848	417905	1145
2011	408416	406071	814487	2231
2012	415419	401877	817296	2239
2013	521776	520430	1042206	2855
2014	656471	644653	1301124	3565
2015	975415	970665	1946080	5604
2016	1185558	1187980	2373538	6485

2.养护管理

六岳高速公路地处大别山区,为全封闭、全立交的典型山区高速公路,桥隧比例达到30%,养护技术含量较高,施工维修难度较大。六安管理处高度重视预防性养护和桥隧养护管理工作,树立全寿命周期养护成本理念,制定适合道路桥梁技术状况特点和养护需求的预防性养护指导意见。对实施预防性养护的大中修工程,积极开展养护工程后评价工作,总结提炼养护处治和管理经验。同时严格执行《公路桥梁养护管理工作制度》,全面落实桥隧养护的技术政策和管理制度;加强长大桥隧安全运营管理,加强监控检测和监控系统建设,通过采取巡查、经常性检查、定期检查和硬化排查等工作,及时处治发现病害,确保桥梁隧道结构安全。

结合六岳高速公路的特点和实际情况,养护管理工作始终按照经常性、预防性、及时性的要求,实行规范化、精细化管理,逐步完善、健全山区高速公路养护新模式,扎实细致地开展养护管理工作,保持道路安全、畅通、整洁、美观。围绕"保持道路路况良好、设施齐全、路容整洁、绿化管护到位"的目标任务,以管理创新和技术进步为手段,积极推行日常养护管理标准化、规范化、精细化。加强道路桥梁预防性养护,积极探索高速公路养护管理的新方法、新技术、新工艺,细化养护目标、责任和措施,养护工作扎实而富有成效。目前六岳高速公路暂无大修工程实施。

二十一、G35 济广(济南—广州)高速公路岳西至潜山段

(一)项目概况

G35 济广(济南—广州)高速公路岳西至潜山段(以下简称"岳潜高速公路")是国道主干线济南至广州公路组成部分,是安徽省公路主骨架"西纵"亳州—阜阳—六安—安庆—东至公路的重要组成部分。道路起点位于岳西县黄尾镇,与同期建设的六安至岳西(黄尾)段相接,全程穿越大别山腹地,经阔滩、道义、温泉、岳西城关(天堂)、响肠、水吼、天柱山等地,终点位于潜山县王河镇,与合界高速公路相交。岳潜高速公路的建设,对改善大别山区交通条件,提高安徽西部地区的综合运输能力,以及开发安徽省大别山区旅游资源都具有积极的推动作用和深远的历史意义。

1.参建单位

项目建设单位为安徽省高速公路总公司。

项目主要参建单位见表 8-72。

济广高速公路岳西至潜山段(一)

济广高速公路岳西至潜山段(二)

G35 济广(济南—广州)高速公路岳西至潜山段主要参与建设单位汇总表　　表8-72

序号	参建单位	单位名称	合同段编号及起止桩号	主要负责人	备注
1	项目管理单位	安徽省高速公路总公司	K72+287~K150+129.802	王水	总经理
2	项目法人	安徽省六潜高速公路有限公司	K72+287~K150+129.802	屠筱北	董事长
3	建设管理单位	安徽省高等级公路工程建设指挥部六潜高速公路项目办	K72+287~K150+129.802	陈政平	主任
4	勘察设计单位	中交第一公路勘察设计研究院	K72+287~K150+129.802	王少君	项目负责人
5	施工单位	中铁二十二局集团第四工程有限公司	路基02标 K76+647~K80+477	李仕军	项目经理
		中铁四局集团有限公司	路基03标 K80+477~K83+138	程建平	项目经理
		中铁大桥局股份有限公司	路基04标 K83+136~K88+655	金柏春	项目经理
		中铁十三局集团有限公司	路基05标 K88+655~K91+350	梁富清	项目经理
		中铁二十局集团第一工程有限公司	路基06标 K91+350~K93+700	梁明强	项目经理
		中铁一局集团有限公司	路基07标 K93+700~K96+000	王享容	项目经理
		安徽省交通建设有限责任公司	路基08标 K96+000~K103+800	吴波	项目经理
		甘肃五环公路工程有限公司	路基09标 K103+800~K111+520	陈胜军	项目经理
		中铁二十局集团第二工程有限公司	路基10标 K111+520~K117+000	梁朝富	项目经理
		路桥集团第一公路工程局	路基11标 K117+000~K121+120(ZK121+100)	刘巍	项目经理
		中铁一局集团第二工程有限公司	路基12标 K121+120~K124+550	程长有	项目经理
		中铁十五局集团有限公司	路基13标 K124+530~K128+980	张国营	项目经理
		北京城建道桥工程有限公司	路基14标 K128+980~K134+100	臧红雨	项目经理

第八章 高速公路建设项目

续上表

序号	参建单位	单 位 名 称	合同段编号及起止桩号	主要负责人	备注
5	施工单位	北京城建集团工程有限责任公司	路基15标 K134+100～K140+200	王志海	项目经理
		秦皇岛路桥建设开发有限公司	路基16标 K140+200～K150+129.802	孙兆亮	项目经理
		中铁十四局集团公司	路面01标 K72+287～K105+243	李清泰	项目经理
		浙江正方交通建设有限公司	路面02标 K105+243～K132+038	刘世伟	项目经理
		中铁十九局三公司	路面03标 K132+038～K150+130	吴枫林	项目经理
6	监理单位	安徽省高等级公路工程监理有限公司	总监办	张伟	总监
		武汉广益工程咨询有限公司	路基01组 K72+287～K80+475	蔡陶	组长
		江西科力咨询监理有限公司	路基02组 K80+475～K88+655	洪晓宇	组长
		南京工苑建设监理咨询公司	路基03组 K88+655～K93+700	许文章	组长
		山西交科公路工程咨询监理公司	路基04组 K93+700～K103+800	赵宝军	组长
		河北华达公路工程监理公司	路基05组 K103+287～K117+000	安郁田	组长
		长沙华南交通工程咨询监理公司	路基06组 K117+000～K124+550	刘玮	组长
		北京路桥通工程监理咨询公司	路基07组 K124+550～K134+100	龙永高	组长
		安徽中兴工程建设监理所	路基08组 K134+100～K150+129.802	齐渭斌	组长
		安徽中兴工程建设监理所	路面01组 K72+287～K105+243	吴宗碧	组长
		安徽省公路工程建设监理有限责任公司	路面02组 K105+243～K132+038	黎德衍	组长
		安徽省高等级公路工程监理有限公司	路面03组 K132+038～K150+130	杨永胜	组长

2. 技术标准

(1)公路等级、里程及地形类别

山岭重丘区高速公路;道路全长77.84km。

(2)主线行车速度

K72+287～K140+170段设计速度采用80km/h;K140+170～K150+129.802段设

计速度采用100km/h。

(3)路基、路面

K72+287~K140+170段整体式路基宽度24.5m,K140+170~K150+129.802段路基宽度26m;路面采用沥青混凝土。

(4)互通立交

匝道平纵面设计指标与设计速度相一致。匝道的横断面,根据规范取值,单车道匝道宽度8.5m,双向双车道匝道宽度15.50m,单向双车道匝道宽度12.0m。岳西西互通和天柱山互通匝道的设计速度40km/h,潜山枢纽互通匝道的设计速度40~80km/h。

(5)桥梁、涵洞

汽车荷载等级:公路—Ⅰ级。

设计洪水频率:特大桥为1/300,其余为1/100。

3.工程内容及主要构造物

(1)建设主要内容

全线土石方共1500多万立方米,其中路基挖方772.5738万m^3,填方727.5812万m^3,设天柱山、岳西、黄尾3处互通立交,岳西和天柱山(潜山)2处服务区;各类桥梁113座,共计36654.068m。其中主线桥30396.388m/93座,匝道桥2521.35m/11座,支线上跨桥577.50m/9座;涵洞2757.27m/69道,人机孔4259.47m/87道。隧道15227m/12座,其中特长隧道1座(长3050m);沥青混凝土路面162.08万m^2,水稳碎石基层99.31万m^2。

(2)路线中间控制点

全线主要控制点分别是起点与六安至岳西(黄尾)公路接线位置、路线跨越阔滩河和银珠河位置、县道X084、胭脂畈隧道、老鸭岭隧道、狮形隧道、炉坳隧道、严家隧道进出口等。

4.征地拆迁

本项目在安庆市、岳西县、潜山县分别成立了相应的指挥部,并且开展了广泛的宣传工作。2005年4月征地拆迁工作正式展开,共征用土地6715.96亩;拆迁房屋193190m^2;支付补偿费用65553453.52元。

5.项目投资

本项目概算总投资56.35亿元,其中5.71亿元由交通部补助,其余由项目法人自筹。

6.开工及通车时间

2005年6月29日全线开工建设,2009年12月29日建成通车。

(二)决策研究

2002年11月,安徽省交通厅组织编制了《东营至香港高速公路皖境黄尾至潜山段项目建议书》及《东营至香港高速公路皖境黄尾至潜山段预可行性研究报告》。2003年4月,安徽省公路学会受省交通厅委托,于2003年4月15～17日组织有关专家对黄尾至潜山段公路进行了现场考察,针对预可报告中的两个路线方案,专家组经过比较分析,同意报告中的西线走廊带路线方案;并根据本项目在路网中的重要地位和功能,及又通量初步预测结果,按地形情况,采用下述技术标准:山岭重丘区K72～K140采用计算行车速度80km/h,路基宽24.5m的四车道高速公路标堆;平丘区K140～K155采用计算行车速度100km/h,路基宽26m四车道高速公路标准;桥涵设计荷载汽超—20,挂—120。

2003年11月24日,交通部以(交规划发〔2003〕513号)《关于岳西(黄尾)至潜山公路项目建议书的批复》批复了项目建议书。

2004年6月,交通部以交规划发〔2004〕356号文《关于岳西(黄尾)至潜山公路可行性研究报告的批复》批复了工程可行性研究报告。

2005年3月,交通部以交公路发〔2005〕94号文《关于岳西(黄尾)至潜山高速公路初步设计的批复》批复了初步设计。

2005年5月19日,国家环境保护总局以(环审〔2005〕40号文)《关于岳西(黄尾)至潜山公路环境影响报告书审查意见的复函》批复了该项目环评报告。

2005年7月,安徽省交通厅以皖交基〔2005〕37号文《关于岳西(黄尾)至潜山高速公路施工图设计的批复》批复了施工图设计。

2006年4月,水利部以水保函〔2006〕203号文《关于岳西(黄尾)至潜山高速公路水土保持方案的复函》批复了水土保持方案。

2007年7月,国土资源部以国土咨函〔2006〕577号文《关于六安至潜山高速工程建设用地的批复》批复了工程建设用地批复。

2008年6月,交通部在"安徽省岳西(黄尾)至潜山高速公路施工许可申请书"签字同意开工(本项目属于补报)。

(三)项目实施

1. 项目招标

(1)设计招标

2004年2月,安徽省高速公路总公司(以下简称"总公司")将本项目设计招标文件报交通厅审批,交通厅以皖交基〔2004〕19号文批复了招标文件。指挥部在《中国交通报》和中国招标与采购网发布该项目勘测设计招标公告,中交第一公路勘测设计院等4家设计单位参加了竞标,交通厅从交通部专家库中抽取5名专家和省指挥部委派2名代表组成了评标委员会,对竞标设计单位投标文件进行了认真评审,并形成《评标委员会评标报告》,最后中标单位为中交第一公路勘测设计研究院。

(2)施工及监理招标

①路基工程施工及监理招标

本项目路基工程共划分为16个标段,2005年3月25日,省指挥部在中国招标与采购网和《中国经济导报》发布了路基工程施工、监理招标公告,中铁五局、中铁十一局等245家施工单位和南京工苑监理咨询公司等47家监理单位递交了监理资格预审材料。通过资格审查,中铁四局等154家施工单位和安徽中兴工程建设监理所等47家监理单位通过资格预审。2005年6月16日,通过资审的各家单位同时递交了投标文件,由省第二公证处公证人员现场检查投标文件密封情况并确认全部有效后,进行公开开标。开标后,由省交通厅从交通部专家库中随机抽取的3名专家和省指挥部委派的2名专家组成的评标委员会,对全部投标文件进行了认真评审,并推荐出中标候选人名单。2005年6月19日,总公司招标委员会对评标委员会推荐的中标候选人进行综合评审,并确定中标单位,最后路桥一局、中铁十一局等16家施工企业中标承建六潜高速公路路基工程施工任务,安徽省高等级公路工程监理有限公司等9家监理单位中标承担路基工程监理任务。

②路面工程施工及监理招标

本项目路面工程共划分为3个标段,2007年7月11日,省指挥部在中国招标与采购网和《中国经济导报》发布了路面工程施工、监理招标公告。2007年10月10日,中铁十四局等26家和安徽公路建设监理公司等11家通过资格审查的施工和监理单位同时递交了投标文件。公开开标后,由省交通厅从交通部专家库中随机抽取的4名专家和省指挥部委派的1名专家组成的评标委员会,对全部投标文件进行了认真评审,并推荐出中标候选人名单。2007年10月21日,总公司招标委员会对评标委员会推荐的中标候选人进行综合评审,并确定中标单位,最后中铁十九局等3家施工企业中标承建六潜高速公路路面工程施工任务,安徽省高等级公路工程监理有限公司等3家监理单位中标承担路面工程监理任务。

③附属工程招标

包括机电工程、交通安全工程、收费站与服务小区、伸缩缝、绿化工程、隔离栅工程等均实行公开招标。

2. 项目管理

(1)管理机构

岳西(黄尾)至潜山高速公路组织实施过程中,严格履行了"四项制度",专门成立了安徽省六潜高速公路有限公司作为六潜高速公路建设的项目法人。为了加强工程建设管理,安徽省六潜高速公路有限公司委托安徽省高等级公路工程建设指挥部进行项目建设管理工作,并在项目现场成立了六潜高速公路项目办和岳西驻地办公室,具体负责工程现场的各项建设管理工作。

(2)项目施工

2005年4月8日,六潜高速公路征地拆迁动员会议在六安召开,标志着该项目进入工程实施阶段。2005年6月29日上午11时20分,在岳西县城关镇举行开工仪式。省委书记郭金龙、张学平、季昆森、黄海嵩、王鹤龄、吕录庭等共同挥锹,为六潜高速公路工程奠基。

岳潜高速公路纵贯大别山,沿线风景优美,但地形起伏大,地质复杂,河流众多。为避免大填大挖和尽量减小对环境影响程度,布置大量桥梁、隧道,其中特大桥、大桥56座,长度达25.56km,隧道12座,有4座长度在2km以上,最长的胭脂畈隧道全长3050m,另有半路半隧的马谭棚洞一座。桥梁结构形式多,高边坡、高墩桥的大量存在,全线超过30m的边坡仍不少于50处,墩高超过30m的桥梁也在40座以上。因此施工技术难度大,大型设备进场及钢材等进场都需要化整为零,加大了施工成本。其次是自然条件差,安全风险高。如四标走马滩大桥依山傍水,桩基和立柱施工需要开山放炮,河道内需要修筑便道,受雨季和边坡稳定性影响很大。巴掌湾大桥坐落在山坳处,山坡坡度超过60°,相对高差达到50多米,人员都无法到下面作业,设备和材料运输难度就更大了。在正确领导和全力支持下,项目办及全体参建者共同努力,相互协作,采用新技术、新工艺、新设备、新材料,及时解决了工程进展过程中出现的各类问题,保证了工程的正常推进。

2008年6月,路基主体完成。路面施工单位于2007年底进场,2009年10月路面工程全部完成。2009年11月底,交通工程、机电工程及相关配套工程已相继完成,各项工程进度均按计划完成合同约定的任务。2009年12月28日,安徽省大别山革命老区第一条高速公路建成通车。当天上午10时12分,时任省委书记王金山宣布六潜高速公路通车。省领导王金山、詹夏来、张俊、黄海嵩、刘光复及省政府秘书长梁卫国为工程通车剪彩。

(3)交工验收

本项目的交工验收严格按照交通部颁布的《公路工程交、竣工验收办法》的要求,组建成了岳西(黄尾)至潜山高速公路交工验收委员会,于2009年12月03日举行交工验收会议。本工程质量检验及评定工作由建设单位在安徽省交通基本建设工程质量监督站监督下认真地进行了检测和评定,并向交工验收委员会提交《岳西(黄尾)至潜山高速公路工程质量检验评定报告》,建设项目质量评定得分为98.2分,质量等级评定合格。

(4)竣工验收

①项目档案验收:根据安徽省交通运输厅《关于申请对六安至岳西、岳西至潜山高速公路建设项目档案专项验收的函》(皖交办函〔2012〕771号),按照交通运输部《公路工程竣(交)工验收办法》和《交通建设项目档案专项验收办法》的有关规定,交通运输部档案馆会同安徽省档案馆、安徽省交通运输厅、安徽省交通建设工程质量监督局、安徽省高速公路控股集团有限公司等单位及有关专家共同组成档案专项验收组,于2012年12月18

通车典礼

日对岳西(黄尾)至潜山高速公路项目档案进行了专项验收。

②项目环保设施验收:2014年9月11日~12日,环境保护部华东环境保护督查中心组织对岳西(黄尾)至潜山公路进行了竣工环境保护验收现场检查,并形成竣工环保验收现场检查意见:岳潜高速公路工程总投资56.35亿元,其中环保投资6446.87万元,占总投资1.17%。项目建设过程中环境保护措施及环境风险防范措施基本得到落实,验收组认为工程达到国家有关环保工程设施竣工验收的要求,同意该工程环保设施验收合格。

③项目竣工验收:2014年11月25日至26日,交通运输部委托安徽省交通运输厅组织,成立了以罗宁副厅长为主任的竣工验收委员会。验收委员会查看了工程现场,听取了参建单位的汇报,并审阅了有关资料。经综合评定认为,项目已按批准的设计文件完成了各项建设任务,通过了项目环保、档案验收、竣工决算和审计,同意通过竣工验收,质量等级评为优良。

3. 重大事项

(1)重大变更

在岳西(黄尾)至潜山公路实施过程中,由于规划调整、地质条件及地方矛盾突出等原因,主要有以下几项变更:

①根据《巴掌湾等三座大桥变更技术讨论会会议纪要(2005-11-25)》,YQ11标秦家河大桥由原设计主跨90m现浇连续刚构变更为50m预制T梁,引桥仍采用30m预制箱梁的变更设计;YQ12标马潭大桥由原设计主跨70m现浇连续刚构变更为40m预制T梁,引桥仍采用30m预制箱梁的变更设计。

②根据六潜高速公路项目办公室发《桐树湾大桥变更方案讨论会会议纪要(2006-3-16)》,为充分利用秦老屋隧道洞渣,减少弃渣征地,经慎重研究,将YQ11标桐树湾大桥变更为填石路基。

③由于高界高速公路加铺沥青混凝土路面,造成六潜高速公路潜山枢纽互通匝道与

高界高速公路衔接处设计高程比实际低18cm,为保证两条高速公路衔接顺畅,对潜山枢纽互通匝道纵坡进行调整,对潜山枢纽影响路段进行变更。

④根据安徽省高等级公路工程建设指挥部文件《关于岳西(黄尾)至潜山公路岳西和潜山服务区设计变更的函》和安徽省交通厅《关于同意六安至潜山公路服务区设计变更的函》(皖交基〔2006〕30号)文件精神,并结合本项目实际情况,岳西服务区两侧广场面积增加58.6亩,潜山服务区单侧广场增加28.5亩。

(2)重大事件

2009年3月3日,因长达三周的阴雨恶劣气候导致YQ01标棋盘岭大桥所处路线左侧山体顶面的数颗巨石失稳,并相继从约65m高度的山顶沿坡面(坡度约70°)坠落,对路线左幅路基、右幅箱梁、内侧波形梁护栏底座、外侧防撞护栏造成重大冲击损伤。根据安徽省高等级公路工程建设指挥部《关于六潜路岳西段棋盘岭大桥损伤处理设计工作的委托函》和安徽省高等级公路工程建设指挥部《棋盘岭大桥加固方案专家审查会会议纪要》,对棋盘岭大桥进行了加固处理,并对左侧山坡存在的危石进行了清理,增设了SNS柔性被动防护网。

4. 复杂技术工程

(1)河东特大桥

河东特大桥位于岳西县响肠镇无愁村外畈组,由左右两幅桥组成。主桥为6跨(66m + 4×120m + 66m)预应力混凝土连续刚构 + 连续箱梁,桥长612m;引桥黄尾侧为一联8跨30m预应力混凝土连续小箱梁,潜山侧为一联5跨30m预应力混凝土连续小箱梁。桥梁所处竖曲线:$i_1 = -2.5\%$,变坡点桩号为:K118+200.0,$i_2 = -1.29\%$,$R = 35000m$。在平面上,该桥从K117+116.265开始进入半径$R = 900.0m$缓和曲线段,缓和曲线参数$L_s = 230m$,$A = 454.973m$。桥面设3%单向横坡,主桥通过调整箱梁腹板高度形成横坡,引桥通过调整墩柱及肋墙高度形成横坡,梁高不变。

主桥上部为66m + 4×120m + 66m 6跨PC变截面连续箱梁 + 连续刚构组成;箱梁采用双向预应力体系,边中跨底板束采用先长后短对称均匀张拉。主桥连续箱梁(连续刚构)采用悬臂挂篮施工,边墩为过渡墩,次边墩为连续梁体系,中墩为连续刚构体系。引桥为30m等截面PC连续小箱梁,上、下行分离的每幅桥由4片梁组成,箱梁采用预制安装,每联端部横梁与箱梁同时预制,中间墩顶横梁采用现浇。主桥桥墩采用预应力混凝土薄壁空心墩桩基础,墩外尺寸为6m×6.5m,基础为4φ250cm钻孔灌注桩。过渡墩采用钢筋混凝土薄壁空心墩,墩外尺寸为4m×6.5m,基础为4φ200cm钻孔灌注桩。所有基桩均按嵌岩桩设计,对于过渡墩和9、11、13号主墩,其嵌入新鲜岩石深度不小于1倍桩径;对于10、12号主墩,其嵌入新鲜岩石深度不小于2倍桩径;引桥基桩也按嵌岩桩设计,嵌入新鲜岩石深度不少于1.5m。

薄壁墩身采用爬升模板,泵送混凝土施工,分层浇筑方案并布设多层冷却管,防止大体积混凝土浇筑时产生水化热过大而出现裂缝。

主桥预应力混凝土连续梁,在墩旁托架上浇筑0、1号块(连续梁0号块与墩身临时固结)后,采用悬臂挂篮对称施工,浇筑其余梁段,至全桥合龙。主桥悬浇施工时对梁段的高程准确控制,以保证主梁合龙精度。浇筑同侧梁段高程差小于1cm。各梁段施工时的立模高程考虑设计高程、预拱度、挂篮变形、挂篮非弹性变形,注意预埋防撞护栏锚固钢筋、伸缩缝锚固钢筋及泄水管等预埋件。

0、1号块浇筑现场

(2)胭脂畈隧道

胭脂畈隧道位于大别山腹地,山坡坡度30°~60°,高程在1081.40~525.00m之间,相对高差约556.40m,属山岭重丘区为侵蚀性剥蚀基岩区,隧道最大埋深约481.52m。隧道全长3040m,建筑限界采用单洞净宽10.50m,横断面组成为:(1.00+0.5+3.75×2+0.75+0.75)m,建筑限界高度5.0m,隧道设双侧检修道。

隧址区地层岩性较为单一,除在河谷、冲沟底、山坡分布第四系全新统坡、洪积物砂土、碎石、冲、洪积物块石、卵石外,其他地段大部分基岩裸露,基岩主要为太古界花岗片麻岩等。隧道洞口段结合地形、地质情况设置了长度不等的明洞(左线出口明洞长15m,右线出口明洞长20m),明洞采用整体式钢筋混凝土结构。隧道暗洞衬砌均按新奥法原理设计和施工,支护体系结构均为复合式衬砌,即以锚杆、喷射混凝土、钢拱架、格栅钢架等为初期支护,二次衬砌采用模筑混凝土或钢筋混凝土,并在两次衬砌之间敷设土工布及防水板。

隧道明洞段采用明挖法施工，施工前首先对坡面上的不稳定岩石进行清除或对不稳定坡体做必要的加固，洞口禁止大开挖。隧道暗洞采用新奥法施工。对于V级围岩段，施工开挖在做好超前支护的基础上，采用留核心土环形开挖，开挖长度 0.5~1.0m；IV级围岩段施工开挖采用上下断面正台阶法施工，上下台阶之间的距离满足机具正常作业，当顶部围岩破碎、施工支护需紧跟时适当延长，减少施工干扰；对于III、II级围岩段采用光面爆破全断面开挖法，采取深孔爆破，其深度可取 3.0~3.5m。

隧道施工通风根据长隧道单口独头掘进通风经验，采用单根直径 130~180cm 密封通风管每 1000m 设一加压站分级加压送入新鲜空气，满足洞内施工人员工作要求。胭脂畈隧道出口施工为顺坡施工，施工时排水以自然排水为主，在隧道中部设置排水沟，不让水漫流。

（四）科技创新与成果

1."山区高速公路数字化集成设计系统"研究与开发

安徽省高速公路总公司联合中交第一公路勘察设计研究院，依托岳潜（黄尾至潜山）高速公路的设计和建设项目，通过结合公路专业的深层次研究和开发，形成山区高速公路勘察设计和运营管理的成套技术"山区高速公路数字化集成设计系统"，实现了山区高速公路数字化勘测、设计、施工和管理，为山区高速公路的现代化、信息化建设与运行管理维护提供核技术。2007年4月26日，由交通部组织的"山区高速公路数字化集成设计系统研究与开发"鉴定会在合肥召开。交通部专家委员会主任凤懋润、副主任王玉及有关专家对课题进行了充分肯定。与会专家认为本课题的研究和开发成果总体处于国际先进水平，获得2007年度中国公路学会科学技术一等奖。

2.安徽生态高速公路工程技术研究

为最大限度保护山区生态环境，建设符合公路建设新理念的生态路、景观路，六潜高速公路联合交通部科学研究院开展了"安徽省生态高速公路建设技术研究"。课题从建设理念、景观规划、生态恢复、节能减排降噪等方面入手，以六潜高速公路为工程依托，具体开展了"大别山区生态高速公路公路生态学设计方法研究""高速公路路域生态恢复技术研究""大别山区高速公路景观规划方法研究""高速公路生态型声屏障建造技术研究""生态渗滤床系统在高速公路服务区领域的应用研究"等内容。该研究提出并实践了山区高速公路景观规划新理念，试验并验证了新型高速公路服务区生态污水处理工艺，设计完成了新型生态声屏障并申请设计专利，开发出山区公路边坡生态恢复客土防剥蚀配方，提出大别山区公路边坡生态恢复最佳植物配比模式，开展了弃土场治理、利用及恢复实践，首次将风光互补供电系统应用于高速公路隧道供电。在生态高速公路建设理念指导下，建设完成了边坡生态防护超过100万 m^2、主线绿化里程近100km，完成了5个互通式立交、3个观景台、3个服务区及一项隧道节能工程的景观规划设计和生态环保建设。安徽生态高速公路工程技术研究项目,对交通行业的人才培养、建设理念思路、建设技术创新应用等各方面都有重大贡献,对交通行业还是对安徽省其他行业都有很大借鉴意义和启发价值。项目成果具有创新性,社会经济环境效益显著,获得2014年度中国公路学会科学技术三等奖。

"山区高速公路数字化集成设计系统"获奖证书

"安徽生态高速公路工程"获奖证书

3. 六安至潜山高速公路隧道照明综合节能成套技术研究

本课题根据六潜高速公路隧道特点,从照明灯具选择、布设方式、供电线路、变电站设置等方面着手,通过全面推广使用LED照明设备,在供电环节实现最大程度降低能耗、减少投资。

通过在六潜高速公路27座隧道(单洞总长约46.7km)上全面应用隧道照明综合节能

成套技术,大幅减少了电能消耗,降低了营运管理成本,取得了较为显著的社会和经济效益。经现场抄表及计算,2010年隧道风机、监控、消防等设备年用电量约104.1万kW·h,电费支出约88.5万元,照明设备2010年耗电量约437.7万kW·h,电费支出约375.1万元,再根据管理处隧道照明营运管理模式与原高压钠灯照明系统对比,相同营运模式下若采用高压钠灯系统照明,照明年耗电量约1339.4万kW·h,电费支出约1146.4万元,降低幅度达67.3%,为六潜高速公路生态环保、低碳节能建设奠定了坚实基础。该课题获得2013年度安徽省公路学会三等奖。

4. 大跨高墩连续刚构桥施工监控技术研究

为加强高墩大跨度的悬浇桥线形控制,除常规监控外,项目联合安徽省高速公路试验科研中心对河东特大桥、磨子潭1、2号桥等桥梁施工过程中的应力及变形进行监控分析研究,并及时将研究成果用于指导和调整下一步施工,通过加强施工过程监控,磨子潭1、2号桥高墩垂直度控制在15mm以内,跨中合龙误差不超过10mm。该课题获得安徽省公路学会三等奖和安徽省科技进步奖。

"大跨高墩连续刚构桥施工监控技术"获奖证书

(五)运营与养护

1. 运营管理

岳潜高速公路沿线共设置岳西服务区、天柱山(潜山)服务区2对服务区,天柱山收费站、岳西收费站和黄尾收费站共3个收费站区,见表8-73。从2010年12月30日起至2015年12月31日,岳潜高速公路交通流量发展状况见表8-74。

收费站点设置情况表　　　　　　　　　　　　　　　　　　　表8-73

站点名称	车道数	收费方式
天柱山站	入口3条、出口5条	人工收费及电子不停车收费综合 （入口：2条MTC车道、1条ETC车道） （出口：4条MTC车道、1条ETC车道）
岳西站	入口3条、出口5条	人工收费及电子不停车收费综合 （入口：1条MTC车道、1条ETC车道、1条MTC/自动发卡机复合车道） （出口：4条MTC车道、1条ETC车道）
黄尾站	入口2条、出口3条	人工收费及电子不停车收费综合 （入口：1条MTC车道、1条ETC/MTC复合车道） （出口：2条MTC车道、1条ETC/MTC复合车道）

交通流量发展状况表（单位：辆）　　　　　　　　　　　　　表8-74

年份	入口	出口	合计	日平均流量
2010	470483	489442	959925	2630
2011	613741	592618	1206359	3305
2012	775787	760136	1535923	4208
2013	1107287	1100809	2208096	6050
2014	1066883	1136862	2203745	6038
2015	1191931	1184050	2375981	6510

2.养护管理

坚持每日道路巡查不少于三次，每月开展一次安全隐患排查，层层落实安全生产责任制，确保道路安全畅通；强化路警企联勤联动，维护路产路权，净化道路运营秩序；坚持路警企三位一体，健全应急预案，开展应急演练，积极应对雨雪雾等恶劣天气，不断提高应急抢险救援能力。

二十二、G35济广（济南—广州）高速公路望东长江公路大桥北岸连接线段

（一）项目概况

望（江）东（至）长江公路大桥北岸连接线（潜山至望江段）高速公路是国家高速公路网中G35济南—广州段重要组成部分，与G50沪渝、G42沪蓉、G3京台、G56杭瑞等高速公路连接成网，是北京、天津、河北、山东、河南等地区通往江西、广东、浙江、福建等地的重要通道。该项目北接六潜高速公路和高界高速公路，路线向南终点接望（江）东（至）长江公路大桥，在安徽省路网中是"四纵八横"高速公路网"纵四"中的商丘—亳州—阜阳—六安—潜山—望江—东至—景德镇公路的重要组成部分，是沟通安徽省西部地区的纵向干线公路。它的建设对加强中国南北交通联系、促进区域经济发展起着重要的作用。

1.参建单位

项目建设单位为安徽省高等级公路工程建设指挥部。

望东长江公路大桥北岸连接线(一)

项目主要参建单位见表 8-75。

**G35 济广(济南—广州)高速公路望东长江公路大桥
北岸连接线段主要参与建设单位汇总表**　　　表 8-75

序号	参建单位	单 位 名 称	合同段编号及起止桩号	主要负责人
1	项目管理单位	安徽望潜高速公路有限公司	K0+542～K49+957.723	苏新国
	地方指挥部	安庆市指挥部	K0+542～K49+957.723	魏晓明
		潜山县指挥部		林斗喜
		怀宁县指挥部		郭家满
		望江县指挥部		霍辉
	项目办	望东长江公路大桥北岸接线项目办	K0+542～K49+957.723	黄志福
2	勘察设计单位	安徽省交通规划设计研究总院股份有限公司	K0+542～K49+957.723	王吉双
3	施工单位	中交第三公路工程局有限公司	K0+542～K49+957.723	张耀强
4	监理单位	安徽省高等级公路工程监理有限公司	K0+542～K49+957.723	郭亮
5	设计咨询单位	中交第一公路勘察设计研究院有限公司	K0+542～K49+957.723	吴明先

2. 技术标准

(1)公路等级、里程及地形类别

公路等级为全封闭、全立交的四车道平原微丘区高速公路。全线设置了完善的通信、监控和收费系统,以及安全设施和照明、绿化、房建等服务设施。

本项目北接六潜高速公路和高界高速公路,经潜山县、怀宁县和望江县东,路线向南终点接望(江)东(至)长江公路大桥,路线全长 49.958km。

(2)主线行车速度

主线行车速度为120km/h。

(3)路基、路面

潜山枢纽互通区主线路基宽26m,路面宽22.5m;枢纽互通终点(K1+600)至终点一般路基宽28m,路面宽24.5m。

匝道单向单车道路基宽8.5m,对向双车道有分隔带路基宽16m。

路基设计洪水频率1/100。路面首次采用沥青混凝土结构,标准轴载BZZ-100。

(4)桥梁、涵洞

汽车荷载等级:公路—Ⅰ级。

设计洪水频率:特大桥1/300,大、中、小桥及涵洞1/100。

桥面净宽:特大、大、中桥宽2×12.75m,小桥宽为2×12.5m。

涵洞与路基同宽。

望东长江公路大桥北岸连接线(二)

(5)路线交叉

主线上跨各级公路的桥梁及通道净空高度:二级及二级以上公路净高5.0m,三、四级公路4.5m,汽车通道≥3.5m,拖拉机通道≥2.7m,人行通道≥2.2m。

主线下穿各级公路的净空高度均按5.0m控制。

3. 工程内容及主要构造物

(1)建设主要内容

路基填方460万m^3、挖方370万m^3;路面基层287万m^2,路面面层394万m^2;桥梁3911m/21座,主要有:王家河大桥(K7+555~K7+995)、长河大桥(K11+010.5~K11+665.5)、十里长河特大桥(K30+813.5~K31+848.5)、毛家池大桥(K39+415~K40+400);涵洞(通道)254道;互通式立交4处,分离式立交1287m/11座,支线上跨桥17座。

(2)路线中间控制点

主要控制点:起点潜山枢纽互通,经侯新屋、汪园、郑家塘、腊树、明家屋、武昌湖、周屋、龙王凹,至望江县城茶庵与拟建的望(江)东(至)长江公路大桥相接。

(3)路线跨越主要河流

本项目沿线所经区域为长江水系的皖河水系。主要河流王家河、长河等,主要湖泊有武昌湖、麻塘湖。

(4)收费站及服务区

全线设潜山南、腊树、武昌湖收费站3个,雷埠服务区1对。

4. 征地拆迁

本项目征迁工作于2011年11月开始,2013年9月全线征迁工作结束,共征用土地4359.012亩,房屋拆迁面积约6万m^2,土地及附属物补偿费用为22769.65万元。

5. 项目投资

本项目投资概算为23.319亿元,项目资本金5.8亿元由项目业主自行筹措,其余资金申请商业银行贷款。

项目业主由安徽省高速公路控股集团有限公司和中交第三公路工程局有限公司按60%、40%比例出资组建安徽望潜高速公路有限公司。

6. 开工及通车时间

2013年9月27日正式开工,2015年12月30日全线建成通车。

(二)决策研究

(1)2007年6月25日,安徽省发展和改革委员会《关于望(江)东(至)长江公路大桥北岸连接线项目建议书的批复》(发改交运〔2007〕582号);

(2)2009年7月28日,安徽省水利厅《关于望(江)东(至)长江公路大桥北岸连接线工程水土保持方案的批复》(皖水农函〔2009〕837号);

(3)2009年11月5日,安徽省环保厅《关于望(江)东(至)长江公路大桥北岸连接线项目环境影响报告书的批复》(环评函〔2009〕410号);

(4)2010年3月8日,安徽省发展和改革委员会《关于望(江)东(至)长江公路大桥北岸连接线可行性研究报告的批复》(皖发改基础〔2010〕178号);

(5)2010年9月15日,安徽省发展和改革委员会《关于望(江)东(至)长江公路大桥北岸连接线初步设计的复函》(皖发改设计函〔2010〕693号);

(6)2011年7月24日,国土资源部《国土资源部关于望(江)东(至)长江公路大桥北岸连接线工程建设用地的批复》(国土资函〔2011〕436号);

(7)2011年9月1日,安徽省交通运输厅《关于望(江)东(至)长江公路大桥北岸连接线施工图设计的批复》(皖交建管函〔2011〕631号);

(8)2013年9月26日,安徽省交通运输厅《望(江)东(至)长江公路大桥北岸连接线高速公路建设项目施工许可申请书批复》。

(三)项目实施

1. 项目招标

(1)设计招标

设计单位:安徽省交通规划设计研究总院股份有限公司。

设计咨询单位:中交第一公路勘察设计研究院有限公司。

(2)施工总承包招标

2012年9月28日,省指挥部在中国招标与采购网、安徽省交通运输厅网站、安徽省高速公路控股集团有限公司网站和安徽省高等级公路工程建设部网站发布了本项目施工总承包项目招标公告。2012年11月12日,安徽省高速公路控股集团有限公司根据评标委员会推荐的中标候选人,最后确定中交第三公路工程局有限公司中标为中标单位并进行公示,招标建安费为16.879亿元。

(3)监理招标

总承包工程监理和检测单位招标。2013年5月2日,采用公开招标方式确定分别由安徽省高等级公路工程监理有限公司、安徽省高速公路试验检测科研中心中标承担总承包工程工程监理和试验检测任务。

2. 项目管理

(1)管理机构

项目建设采用省、市、县三级指挥部协调管理模式。项目公司委托招标人(安徽省高等级公路工程建设指挥部)作为业主代表,代表项目公司开展项目建设管理;项目公司负责筹划、资金筹措、运营管理、养护维修、债务偿还和资产管理实行全过程负责,自主经营、自负盈亏,并在特许权协议规定的特许经营期满后,将该项目及其全部设施无偿移交给政府指定的机构。项目执行机构安徽省高等级公路工程建设指挥部望东桥北岸接线工程项目办公室。项目办在省指挥部统一领导下,设置工程部、质安部、地方部、行秘部四个部门,负责项目建设日常管理工作,保证项目建设按期进行。

(2)质量保证体系

以"工程质量更可靠、工程使用性能更耐久、工程设施更完善、资源更节约、群众更满意"为追求目标;以细节决定成败、精细决定品质为施工质量控制原则,以交工验收合格、竣工验收优良为本项目工程质量目标,提升本项目建设管理理念,着力打造精品工程。

制定管理办法,确立质量目标。质量管理一直是项目管理的核心工作,项目办在开工前就制定了系统的质量管理办法,包括工程质量管理要点和质量问题处罚细则等,以质量管理表格化形式、清单形式利于现场质量管控中发挥快速、清晰、针对性作用,要求在项目建设施工过程中,各单位必须严格执行各项管理办法和管理制度,严格控制监理程序、规范施工质量行为,严禁违规和野蛮施工。

建立健全组织机构,确保质保体系正常运转。为加强项目工程建设质量管理,望东接线项目办主持制定所有参建质量管理人员,包括总承包单位、监理单位、试验检测单位和项目办在内的联动、协调机制,明确分工职责。总承包负责原材料、施工质量自检,承担质量主体责任;监理负责质量监控,采取巡查、旁站、抽检、施工行为约束等形式,发挥施工质量作为监理工作的核心作用;中心试验室严格按合同规定配备仪器和人员,发挥独立抽检作用,做到质量信息及时反馈并得到解决;项目办作为施工质量控制总策划者,明确内部质量分工职责、质量监管具体措施、质量管理机构体系建章立制,建立考核标准、工作流程和信息流程,确保制定的严密高效的质量管理组织机构在工程施工过程中得到充分运转,并接受省厅质监局抽查、专项督查等质量管控工作。通过项目办、施工单位和监理单位在施工质量控制中的分工职责,严格执行日常汇报制度、质量事故报告制度、质量问题现场会议和整改制度、考勤制度等,确保质量管理工作抓在实处,消灭质量隐患。

强力推行工程施工标准化、人本化、专业化、信息化、精细化,全面推进现代工程管理。本项目为进一步提高公路建设管理水平,省厅决定在高速公路建设项目中提"发展理念人本化、项目管理专业化、工程施工标准化、管理手段信息化、日常管理精细化"要求,以项目建设单位管理为切入点,日常管理精细化以"注重细节、立足专业、科学量化"为遵循的三大原则,以"精、准、细、严"为遵循的四大要求,构建高起点、高标准、高质量的"三高"竞争平台,认真落实好交通运输部与交通运输厅"五化"部署要求,着力思考当前经济形势下滑对现代工程管理理念的理解和运用。为此,项目办研编下发了包括驻地建设、路基工程、桥梁工程、路面工程等方面的《望东长江公路大桥北岸连接线高速公路标准化施工指南》。重点以施工工艺标准化为抓手、以提高工程品质为目标,工程实体质量和外观质量取得了突破性实效和进展。

（3）竣（交）工验收情况

望东长江公路大桥北岸连接线高速公路工程项目交工验收分别于2015年11月完成路基工程、路面工程、桥梁工程、交通安全设施,完成交工验收检测任务并出具了书面报告,且对交工验收检测单位提出的部分缺陷零星工程及时进行了整改落实。

经总监办和中心试验室独立抽检评定,项目办审定后本项目总体评分为99.77分,其中路基工程质量评分为99.91分,桥梁工程质量评分为99.24分,路面工程质量评分99.97分,交通安全设施质量评分99.8分,绿化工程质量评分99.9分,机电工程质量评分99.8分,项目工程质量等级合格。

12月1日,望东长江公路大桥北岸连接线项目交工验收会议召开。会议成立了由安徽省交通运输厅、质监局、设计、监理、施工单位和安徽交通控股集团建设、管养、资产管理部门代表组成的项目交工验收委员会。验收委员会听取了项目参建各方汇报,认真审议了有关材料,确定该项目工程质量评分,工程质量等级评定为合格,在此基础上形成了交工验收报告,一致同意通过交工验收。认为本项目采用BOT+施工总承包管理运作模式,充分发挥了建设、施工双方在建设管理、资本运作、资源调配、安全管理等方面优势,取得了投资少、工期快、质量好等方面管控目标。本项目的成功运作,给安徽省全面推进的PPP管理模式提供了有效参考作用。

3.重大事项

2013年6月4日下午,原安徽高速集团与中交第三公路工程局公司签署望东长江公路大桥北岸连接线投资合同和安徽望潜高速公路有限公司章程。

(四)科技创新与成果

1.基于骨架密实型沥青路面有效压实时间的碾压遍数与数量配备研究

由70号A级道路石油沥青黏温曲线确定拌和与压实温度,采用室内沥青混合料利用车辙轮碾试验机成型,符合空隙率为3%、5%、7%、10%条件下的轮碾次数,按设计空隙率确定最佳轮碾次数,并考虑不同温度条件下(90℃、120℃、150℃、180℃)车辙板厚度为8cm对空隙率的影响,再通过与轮碾成型试件不同的马氏试验试件,据此建立轮碾与击实功作用下的压实温度关系;通过室内不同压实次数、不同温度、不同厚度3因素3水平的正交均匀设计,考察3因素3水平对空隙率的影响程度和3因素最优组合问题。最后,在完成上述室内试验基础上,展开现场施工碾压验证(布设温度传感器、温度计、核子密度仪等),探讨室内试验规律与现场施工碾压之间的内在联系,以确定AC-25基质沥青混合料的实际施工压实工艺组合和压实机具数量配备技术问题以及可压实的有效压实时间。

2.影响沥青面层稳定性和耐久性分析

我国沥青路面稳定性还有待于进一步提高,突出表现为车辙、坑槽、松散等病害时有发生;路面耐久性还有待于进一步提高与改进,突出表现为反射性裂缝过早出现,水损害现象时有发生。基于此,依托本项路面施工实践,针对性开展沥青面层稳定性和耐久性研究也是符合国家智慧交通建设的具体应用。沥青面层耐久性主要从采用3因素3水平正交试验设计(因素:温度、厚度、荷载;温度水平:45℃、60℃、65℃;厚度水平:4cm AC-13C改性、6cm AC-20C改性、18cm AC-25C基质沥青;荷载水平:0.7 MPa、0.9 MPa、1.1MPa),并考虑需采用加速加载才能模拟行车速度对高温稳定性的影响,探讨重载、高温、慢速条件下车辙发生的演变规律;沥青面层水稳定性研究重点为模拟实际运营车轮对路面造成的损伤,采取室内轮碾成型板块研究短期老化和长期老化对沥青混合料水稳定性评价与影响分析。其次,以低温间接拉伸试验(破坏强度、破坏应变和劲度模量)指标评价研究中、上面层沥青混合料低温抗裂性以及半刚性基层与沥青下面层黏结性能指标控制标准研究,以期为我国历年来施工与设计规范没有沥青路面层间黏结性能验收指标提供参考价值,也希望通过本次较强的适用性研究来改变在项目建设管理中仅通过管理手段解决沥青路面施工污染的问题。若能探讨出可适用性的黏结性能验收指标,从另一侧面也大大减轻了目前紧靠经验性管理的另一技术途径。

二十三、G35 济广(济南—广州)高速公路望东长江公路大桥

(一)项目概况

G35 济广(济南—广州)高速公路望东长江公路大桥(简称"望东大桥")是国家高速公路网 G35 济南至广州高速公路中最为便捷的过江通道,也是北京、山东、河南通往江西、福建、广东等地的重要通道。在安徽省"四纵八横"高速公路网中,望东大桥是"纵四"商丘至景德镇公路的重要组成部分,同时也是 2009 年 9 月国家发布的《促进中部地区崛起规划》、2010 年 1 月国家批复的《皖江城市带承接产业转移示范区》的重点交通项目,并被纳入了国家《长江干流桥梁(隧道)建设规划》中。大桥距离上游九江长江大桥 88km,距离下游安庆长江大桥 58km,是八百里皖江上游的第一座长江大桥。

望东长江公路大桥(一)

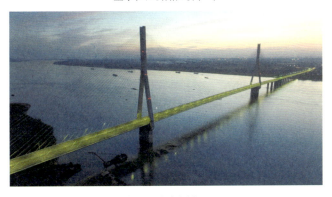

望东长江公路大桥(二)

1. 参建单位

项目建设单位为安徽省交通控股集团有限公司,现场设置安徽省交通控股集团有限公司望东长江公路大桥项目办公室。项目主要参建单位见表8-76。

G35 济广(济南—广州)高速公路望东长江公路大桥主要参与建设单位汇总表　　　表8-76

序号	参建单位	单位名称	合同段编号及起止桩号	主要负责人	备注
1	项目管理单位	安徽省交通控股集团有限公司望东大桥项目办	K0+000~K38+024.774	房涛	全部
2	勘察设计单位	安徽省交通规划设计总院、中交公路规划设计院	1标 K11+740~K15+045	徐宏光	主桥
		安徽省交通规划设计研究总院股份有限公司	2标 K0+000~K11+740、K15+045~K38+068	徐宏光	接线工程
		中国公路工程咨询集团有限公司	3标 K0+000~K38+024.774	王国峰	机电设计
3	施工单位	中交第二航务工程局有限公司	1标 K0+000~K11+443	杨志德	路基
		中交第二航务工程局有限公司	2标 K11+443~K13+766	杨志德	路基
		中交路桥建设有限公司	3标 K13+766~K15+051	江俊波	路基
		中交第三航务工程局有限公司	4标 K15+051~K23+295	张震	路基
		中交第三公路工程局有限公司	5标 K23+295~K29+900	古照	路基
		中交第一公路工程局有限公司	6标 K29+900~K38+024.744	王铁法	路基
		中铁宝桥集团公司、江苏中泰桥梁钢构股份有限公司	1标 K13+141~K14+391	庄世忠	路基
		中交第二公路工程局有限公司	1标 K0+000~K15+051	孙青	路面
		安徽省公路桥梁工程有限公司	2标 K15+051~K38+024.744	王世凯	路面
4	监理单位	安徽省高等级公路工程监理有限公司	总监办/第5监理组	吴志昂、丁为民	路基路面
		山东格瑞特监理咨询有限公司	第1监理组	夏俊杰	路基
		西安方舟工程咨询有限责任公司	第2监理组/第6监理组	袁忠贵、薛立强	路基
		武汉大通公路桥梁工程咨询监理有限责任公司	第3监理组	魏胜新	路基
		江苏华宁工程咨询监理有限公司	第4监理组	戴光辉	路基
		中国船级社实业公司	钢结构监理组	孙华东	钢结构
		安徽省中兴工程监理有限公司	路面监理组	国文新	路面

2. 技术标准

(1)公路等级、里程及地形类别

本项目为双向六车道高速公路,路线起于安庆市望江县城茶庵,顺接潜山至望江高速公路,经周屋、吴家墩、王家圩,在司家阁跨越长江,在池州市东至县香隅镇后山朱与东至至九江高速公路交叉,向东南经南源、彭泽岭、戴村,跨越 G206 后在良田接安庆至景德镇高速公路,建设里程约 38.025km,其中长江公路大桥长 3.608km。

(2)主线行车速度

K0+000～K11+443 段设计速度为 120km/h,其余路段主线设计行车速度为 100km/h。

(3)路基、路面

K0+000～K11+443 段为双向四车道,路基宽 28.0m,路面宽 24.5m;K11+443～K15+051 段为双向六车道,路基宽 33.5m,路面宽 31m,长江大桥桥面宽度 33.0m;K15+051～K38+024.744 为双向四车道,路基宽 26.0m,路面宽 22.5m。路基设计洪水频率为 1/100,路面标准轴载 BZZ-100。

一般路面结构:4cm AC-13 改性沥青混凝土 +6cm AC-20 改性沥青混凝土 +8cm AC-25 沥青混凝土 +38cm 水泥稳定碎石 +20cm 低剂量水泥稳定碎石。隧道路面:4cm AC-13C 细粒式沥青混凝土(SBS 改性沥青)+6cm AC-20C 改性沥青混凝土 +26cm 普通水泥混凝土结构。一般桥面沥青铺装:4cm AC-13C 改性沥青混凝土 +6cm AC-20C 改性沥青混凝土;跨江主体桥梁铺装:5cm SMA-13(高弹改性沥青、玄武岩)+5cm SMA-13(高弹改性沥青、石灰岩)+防水黏结层。

(4)桥梁、涵洞

汽车荷载等级:公路—Ⅰ级。设计洪水频率:大、中、小桥及涵洞为 1/100。桥梁结构设计基准期 100 年,设计安全等级为Ⅰ级,标准横断面为路线标准宽度 33.5m、桥梁标准宽度 33m、分幅标准宽度 16m。

(5)隧道

隧道行车道及侧向宽度净宽 0.5m+2×3.75m+0.75m,净高 5m,检修道净宽 2×0.75m,净高 2.5m。

(6)路线交叉

互通式立交:环形匝道设计速度为 40km/h;定向匝道设计速度为 60km/h。单向单车道匝道路基宽 8.50m;单向双车道匝道路基宽 10.50m;对向双车道匝道路基宽 15.50m。

分离式立交:主线上跨公路净空高度,二级及二级以上≥5.2m,三、四级公路≥4.5m,汽车、收割机通道≥3.5m,拖拉机通道≥2.7m,人行通道≥2.2m。上跨公路时预留净宽≥规划宽度。一般人、机孔通道净宽采用 4m,重要村道处的机孔通道净宽采用 6m;主线下穿公路净空高度,均按≥5.2m 控制。

3. 工程内容及主要构造物

(1)建设主要内容

全线路基挖方 327.41 万 m^3,填方 477.15 万 m^3,防护工程 4.197949 万 m^3,路面底基

层 85.796 万 m^2，路面基层 161.6822 万 m^2，路面面层 313.6111 万 m^2。特大桥、大、中桥共 58 座，桥梁总长 12882m（含分离式立交及互通主线桥），隧道 2 座，隧道总长 3115m，全线桥隧比为 42.07%。

（2）路线中间控制点

望江县城、司家阁（长江大桥桥位）、香隅镇、龙头岭。

（3）路线跨越主要河流

望江河、幸福河、长江、通河、香隅河、尧渡河。

（4）桥梁

本项目主要桥梁建设情况如表 8-77 所示。

望东长江公路大桥项目主要桥梁　　　　　　　　表 8-77

序号	桥　　名	桥长(m)	主跨长度(m)	备　注
1	望东长江公路大桥	1250	638	钢混斜拉桥
2	幸福河特大桥	3555	30	连续箱梁
3	北岸江内引桥	715	55	连续箱梁
4	北岸跨堤引桥	200	90	连续箱梁
5	望江河大桥	2510	30	连续箱梁
6	南岸引桥	660	41	连续箱梁
7	铜九铁路 1 号桥	210	30	连续箱梁
8	铜九铁路 2 号桥	80	40	连续箱梁
9	良田互通 BK0+774.9 匝道桥	891	30	连续箱梁

（5）隧道

全线共有 2 座隧道：南山隧道（连拱隧道 164m）和龙头岭隧道（分离式隧道 2951m）。

（6）收费站及服务区

全线设望江北、华阳、香隅 3 座收费站，望江 1 对服务区。

4. 征地拆迁

本项目征地拆迁于 2012 年 11 月开始，2013 年 6 月全线拆迁安置工作完成，共拆迁各类建筑 8.257035 万 m^2，征用土地 3620.9745 亩，支付征迁资金 17440.91 万元。

5. 项目投资

（1）投资规模、资金来源

交通运输部批准项目初步设计概算投资总额为 50.38 亿元，其中中央财政专项资金为 5.67 亿元，省级财政资金为 2.59 亿元，其他资金由安徽省交通控股集团有限公司自筹。

（2）概算执行情况

控制概算以内，节约概算数量待竣工审计报告确定。

6. 开工及通车时间

2011年12月20日,望东大桥举行开工典礼,2012年12月27日,望东大桥主桥正式开工,2016年12月30日,望东大桥顺利建成通车。

(二)决策研究

(1)2005年5月,安徽省公路学会受省交通运输厅的委托在安庆市组织召开望东大桥预评审会。

(2)2005年9月,中国国际工程咨询公司受省发改委委托,在安庆市组织召开望东大桥项目咨询评估会。

(3)2006年2月,项目组结合专家组评估意见及省发改委意见,完成望东大桥项目最终预可行性研究报告的编制工作。

(4)2007年10月,交通运输部在安庆市主持召开望东大桥项目预可行性研究报告审查会。

(5)2008年3月,交通运输部下发《关于望东长江公路大桥项目建议书的审查意见》(交函规划〔2008〕71号)。

(6)2008年10月,国家发改委批复望东大桥项目建议书(发改基础〔2008〕2923号)。

(7)2009年6月,省地震局批复望东大桥可行性研究阶段工程场地地震安全性评价报告(皖震安评〔2009〕74号)。

(8)2009年11月,环保部批复望东大桥环境影响报告书(环审〔2009〕488号)。

(9)2009年12月,省住房和城乡建设厅颁发望东大桥项目建设选址意见书。

(10)2009年12月,水利部长江水利委员会决定批复望东大桥工程涉河建设方案(长许可〔2009〕217号)。

(11)2010年3月,交通运输部对望东大桥项目工程可行性研究报告进行评审。

(12)2010年4月,交通运输部批复望东大桥通航净空尺度和技术要求(交水发〔2010〕195号)。

(13)2010年7月,国土资源部批复《望(江)东(至)长江公路大桥项目建设用地预审意见的复函》(国土资预审字〔2010〕192号)。

(14)2010年7月,交通运输部向国家发改委出具《关于安徽省望东长江公路大桥可行性研究报告的审查意见》(交函规划〔2010〕175号)。

(15)2011年5月,国家发改委批复望东大桥项目工可(发改基础〔2011〕1010号)。

(16)2011年9月,交通运输部批复望东大桥项目初步设计(交公路发〔2011〕545号)。

(17)2012年6月,国家林业局下发望东大桥项目使用林地审核同意书。

(18)2012年9月,国土资源部批复望东大桥建设用地。

(三)项目实施

1. 项目招标

(1)设计招标

本项目共划分4个设计合同段。2010年8月进行主桥、接线、机电设计招标。

(2)施工招标

本项目共划分30个施工合同段。2012年9月公开招标确定主桥工程2个标段,2013年4月公开招标确定接线路基工程4个标段,2014年6月公开招标确定主梁工程1个标段,2014年12月公开招标确定路面工程2个标段、房建工程4个标段、绿化工程4个标段等。

(3)监理招标

本项目共划分11个监理合同段和1个总监办。

2. 项目管理

(1)管理机构

望东大桥项目建立两套管理机构。一是由安徽省交通运输厅、沿线地方政府、安徽省交通控股集团组成望东长江公路大桥现场指挥部,下设望东大桥项目办公室,行使现场工程建设管理职责;沿线市、县(区)政府以及交通、土地、电力等部门成立地方指挥部,负责征地拆迁、移民安置、外部协调等工作。二是由总监办、驻地办组成两级监理机构,负责项目全线的工程质量、进度、投资、安全、环保、组织协调及信息管理等监理工作。

(2)工程建设特点

①大桥主跨跨径为638m,主桥全联1250m范围内均采用组合梁断面形式。组合梁钢混结构采用工厂一体施工,现场整体吊装。组合梁桥面宽度35.2m,结构自重较大。

②主塔采用钻石形桥塔,将传统的桥塔双肢下塔柱合并在一起,增加桥塔自身刚度,造成了下塔柱处7.15m悬臂;中塔柱弯折点在下横梁上8.8m,亦为一竖直悬臂,为中塔柱的反弯点。两个大悬臂组成的空间悬臂构造成为本桥钻石形桥塔的最关键受力部位,在大跨度斜拉桥索塔中此类型结构属首例。

③大桥主塔下塔柱为刚度较大的整体墙式断面,顺桥向壁厚1.5m,横桥向壁厚3.0m。下横梁为大悬臂结构,悬臂部分混凝土体积量约500m^3,大体积混凝土时变效应非常明显。

④索塔45号主墩处河床为裸露大倾斜中风化灰岩,岩层整体从岸侧向江心侧倾斜,最大坡度约26°,按照常规施工方法无覆盖层条件下钻孔平台搭设困难,钢护筒也无法直接埋设,给钢围堰的设计、加工、下放着床及定位等带来较大难度。

⑤北岸78m辅助跨采用超高支架施工,即组合梁需要在支架上预制。该处河床面高

程-2.1m,施工水位8.0m左右(水深约10m),桥面设计高程46.7m,支架高度约60m(包括打入河床10m左右深度)。该江段属于多发风域,且水面落差11m左右(枯水期水位5.0m,汛期水位16.0m),同时河床冲刷现象严重,这给支架施工带来巨大挑战。

⑥主桥桥址水文条件较为复杂,河床冲刷严重,所处江段属于风毁重灾区,给大桥施工过程中质量、安全控制带来了较高的难度,技术含量较高,施工风险较大。

(3)交(竣)工验收情况

2016年11月23日、2016年12月16日,项目分段通过交工验收。主桥工程质量评分为99.84分,接线工程质量评分为99.65分,工程质量评定等级为合格。

3. 复杂技术工程

(1)跨江主桥

望东大桥跨江主体工程包括跨江主桥、江内引桥、跨堤引桥、北岸引桥以及南岸引桥,工程全长3608m。

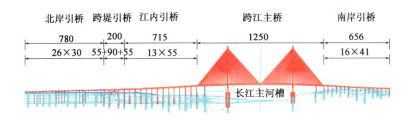

跨江主体桥梁工程布设(尺寸单位:m)

跨江主桥跨径布置为(78 + 228 + 638 + 228 + 78)m,全长1250m,为双塔双索面半漂浮体系斜拉桥。主通航孔由638m的主跨跨越,副通航孔由228m的边跨跨越,辅助通航孔由78m的辅助跨跨越。

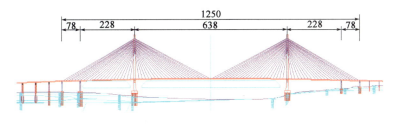

主桥设计立面图(尺寸单位:m)

桥梁结构整体为半漂浮体系。索塔处设置竖向支座、横向抗风支座,纵向设置2个E型动力耗能装置,全桥共4个;辅助墩设置竖向弹性支座(一侧为单向滑动,另一侧为双向滑动)。主梁采用PK型分离双箱组合梁形式。混凝土桥面板分为预制板、纵向湿接缝以及横向湿接缝三部分制作。预制板制作完成吊装搁置于钢梁上,焊接预埋在预制板横隔板与钢梁内;横隔板之间的对接焊缝在工厂内完成,形成一个整体组合梁梁段。梁段间的横向湿接缝需在工地现场浇筑。为了减小混凝土收缩、徐变对结构影响,要求有六个月以上的存放时间,同时纵向湿接缝和横向湿接缝均采用补偿收缩混凝土,预制梁段保证两个月以上存放时间。

主塔为钻石形桥塔,桥塔受力合理,桥面以上为倒Y形,上塔柱为竖直的单个塔柱;中塔柱分开成两个向外倾的塔柱,中塔柱在索塔下横梁处汇合成一个整体,下塔柱为整体断面,结构刚度较大,有较强的抗撞击能力。而且施工简便,造型新颖,实现了受力合理、外形美观、经济合理的目的。主塔中塔柱与下横梁结合处,大悬臂端长7.2m,是整个塔身应力最为集中的地方,参建单位利用钢护筒做基础,严格按照线形要求自制模板。主塔塔顶高程为+224.0m,望江侧承台顶高程为+7.0m,塔高217.0m;东至侧承台顶高程为+8.0m,塔高216.0m。

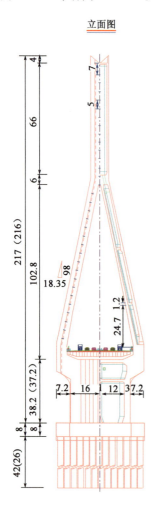
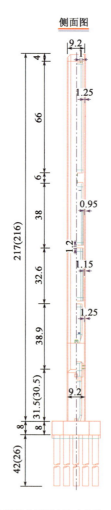
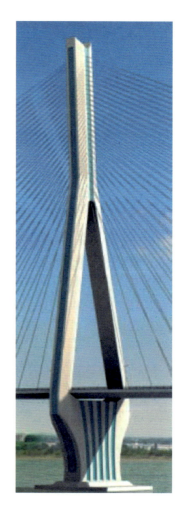

主塔结构设计(尺寸单位:m)

(2)钢围堰竖转施工

望东大桥南岸主塔处河床为裸露中风化灰岩,且岩层从岸侧向江心侧倾斜约26°,地质、地形情况极为复杂,给钢围堰的设计、加工、下放着床及定位等带来较大困难。目前国内外常规施工方法是进行水下爆破或凿岩,施工过程中存在的安全隐患多,具有较高的安全风险。项目办与施工单位创造性地提出了高低刃脚异形钢围堰工厂拼装,浮运至施工现场后采用整体竖转定位的施工方案。2012年10月钢围堰正式在江西同方江新造船厂开始加工。

钢围堰在工厂分块加工,卧式拼装成型并采用橡胶气囊滑移入水,拼装完成后的钢围堰长50.4m,宽28.4m,重达1800多吨。利用设置在钢围堰两侧的挡水板在水中实现自浮,采用"绑拖加顶推"的方式浮运至桥位附近水域,围堰入水区域距大桥桥址约70km。

钢围堰精确定位后,保持悬浮状态,当河床清理完毕时启动水泵向每个隔舱内迅速、均匀、对称地注水,使钢围堰刃脚快速着床。同时要随时测量钢围堰的平面位置及垂直度情况,当需要调整时,应启动水泵,从钢围堰隔舱内向外抽水,使钢围堰上浮,通过收绞锚绳调整钢围堰的位置和垂直度,通过几次反复调整,最后使钢围堰着床后满足安装精度要求。

钢围堰水上浮运

钢围堰定位后竖转

望东大桥南主塔的钢围堰拼装浮运、整体翻转在世界桥梁施工中尚属首次,方案的实施加大了桥梁施工工厂化程度,较其他施工方法相比可缩短围堰施工工期约3个月,在确保望东大桥南主桥围堰施工安全渡洪的同时,也为今后类似大跨桥梁复杂基础施工提供了全新的思路。

(3)主桥路面结构

主桥桥面铺装结构形式为:5cm厚SMA-13高弹改性沥青混凝土上面层+5cm厚SMA-13高弹改性沥青混凝土中面层。沥青混凝土面层层间结合采用改性乳化沥青黏层,桥面混凝土防水层均采用涂膜类防水黏结层。

(4)根式沉井基础

根式沉井采用空心圆柱带外部根键的结构形式。外径5.0m,内径3.2m,壁厚为0.90m,钢壁根式沉井的管身采用钢混结构,根键为矩形断面楔式构造,采用梅花形布置在管壁四周,共15层,每层布置5根,共75根根键,根键层间距为2.0m。沉井钢壁由内外层钢壁板、壁板环向加劲、壁板竖向加劲及径向连接件组成。内外层钢壁板、壁板环向加劲、径向连接件参与桩体受力。

根键式基础施工不需要大型钢围堰,减少了对河道的影响,降低了施工风险性。采用根式基础结构整体刚度较大,提高了基础的防撞能力,另一方面也可减少桩基础钢护筒数量;既可加快施工进度,又可减少工程数量降低造价。

(5)南山隧道

南山隧道主体结构秉承工程安全与环境保护协调一致的建设理念,提出并采用新型傍山隧道结构形式——通透肋式连拱隧道,很好地适应傍山地段陡峭地形,避免山体的切削和大量植被破坏。本项目隧道所采用的主要新技术、新工艺、新材料有:

①采用半明半暗的通透肋式连梁连拱隧道结构。

②连拱隧道中隔墙采用三层夹心式曲墙结构,二次衬砌独立成环,使隧道防排水系统更合理、可靠。

③隧道防排水采用区分处理;隧道各类施工缝、沉降缝采用多种防排水措施联合处理,并采用新型可排水背贴止水带方法,以解决传统止水带只堵不排引起高水压以及传统背贴式止水带不能排水、凸楞过小、质地过软、不便施工的问题。

④新奥法监控量测中采用先进的激光隧道位移实时监控系统,使隧道围岩变形等实现全天候数字化显示,提高了隧道施工的安全性。

⑤喷射混凝土采用湿喷工艺,减少回弹。

(6)龙头岭隧道

龙头岭隧道属低丘地貌,地形起伏较大,斜坡自然坡度为20°~45°,隧道范围内中线地面高程96.3~359.4m。隧道区第四系覆盖层主要为更新统坡积粉质黏土、碎石及块石,下伏基岩为变质砂岩。隧道明洞段采用明挖法施工,就地模筑全断面整体式钢筋混凝土。暗洞均采用新奥法施工,洞口V级围岩段采用以注浆大管棚或中管棚作为预支护。洞身V级围岩段采用注浆小导管超前支护,初期支护以锚网喷支护为主,辅以钢拱架。为了避免初期支护拱脚下沉,隧道每榀钢拱架均设置拱脚锁脚锚杆,杆长与相应围岩级别匹配。

隧道在施工开挖时,V级围岩段采用机械开挖或预裂爆破,严禁大强度爆破。在施作初期支护时,根据其洞室软弱围岩稳定时间较短的特点,必须及时施作初期支护等,锚杆V级围岩抗拔力不小于50kN,IV级、III级围岩抗拔力不小于70kN。施工时应重视围岩监控量测结果,掌握拱顶下沉和拱脚收敛情况,变形速率值突然增大时,除加强初期支护外,必须立即封闭仰拱。Ⅴ级、Ⅳ级围岩段系统锚杆采用了有压注浆锚杆,通过压力注浆使未胶结的围岩形成整体和一定厚度的承载圈,以提高自身承载能力,最终根据围岩监控量测结果,在初期支护趋于稳定的条件下,全断面模筑二次混凝土衬砌。

(四)科技创新与成果

1. 结构体系创新

大跨径叠合梁斜拉桥辅助墩处主梁受力复杂,正负弯矩较大,组合梁钢与混凝土的应力幅均较大,是主梁设计的控制环节。为减小辅助墩处正负弯矩幅值,辅助墩处竖向支座采用弹性支座,支座刚度600kN/m。采用弹性支座后,混凝土桥面板应力幅下降了约2MPa,钢梁应力幅下降了约23MPa,显著改善了辅助墩顶主梁的结构受力性能。

2. 钢混叠合工艺的创新

借鉴钢箱梁组拼工艺,设计了一套全新的预制板、钢梁组拼工艺:

(1)制作预制板,将部分横隔板及其翼缘作为预埋件,在浇筑预制板时预埋,预制板制作完成后,存放6个月以上,以释放混凝土的收缩徐变。

(2)在胎架上组拼钢梁,梁段与梁段之间的位置关系以边腹板为基准点控制;线形确定后,梁段边腹板之间安装工艺匹配件,确保预制板与钢梁组拼过程中不发生相对变形。

(3)吊装预制板将其搁置在钢梁上,并进行精确定位。

(4)焊接预埋在预制板内横隔板与钢梁内横隔板之间的对接焊缝。

(5)浇筑工厂湿接缝,张拉横向预应力。

(6)组合梁移下胎架,存放2个月后发运至现场吊装。

3. 主梁叠合精度控制

主梁采用纵横向预应力钢混组合结构,桥面板为工厂化混凝土预制板,桥面板与钢梁间通过剪力钉结合。桥面板存在较多纵横向预应力管道接口,钢梁与桥面板间匹配关系复杂、控制项点多、制造精度要求很高。施工过程中采取了有效的技术、工艺及管理措施,确保组合梁工厂化制造精度。

4. 组合梁架设

望东桥叠合梁安装分6个部分进行:索塔区梁段安装、标准梁段安装、辅助跨支架上梁段安装、边跨合拢梁段安装及中跨合龙梁段安装、临时墩顶梁段安装。临时搁置在支架上的梁段利用大型浮吊吊装,其他梁段利用桥面吊机吊装。深水区高大临时支架体系结构采用专项设计,梁段采用整体吊装工艺提高梁段安装效率,缩短了施工工期。

钢主梁组拼

预制板安装及湿接缝

5. 基于CACE质量预控建设管理创新

CACE(Construct Analyze Control Evaluate)工程质量预控及评价体系概念由望东大桥首次提出,全过程集中建设、设计、咨询、监理、施工以及试验检测单位的工程质量预控体系。研究将整个工程分解为上千个细小质量预控关键点单元,对每个关键点编号组库后,利用数学分析手段进行预控关键点属类划分。针对不同属类,以"首件制"实施为基础,利用信息化平台为载体,提出对应预控方案。同时开展质量风险预控可靠性评估,并对现有国家规范、规程质量评定标准进行补充。

桥面吊机吊梁

临时墩梁段施工

6. 基于建养一体化的管养策略研究

通过开展大跨径组合梁斜拉桥结构强健性研究,掌握桥梁在构件退化、损伤或缺失后,仍然维持安全或者正常运营的能力,通过分析各种不利状况下的结构体系强健性能,明确大桥关键构件,为大桥管养策略制定提供基础。该课题统计和总结了斜拉桥强健性分析方法和判别准则;明确了望东桥强健性分析的失效准则等关键参数;分析了单索失效和多索失效、剪力连接件病害、组合梁桥面板特有裂缝下构件的整体应力、体系的整体位移;提出了大跨径组合梁斜拉桥风险概率等级与风险损失等级。

7. 主要科研攻关课题项目

共开展了18项科研课题研究,具体如表8-78所示。

科研课题研究汇总　　　　　　　　　　　　　表8-78

序号	科技项目名称	协作单位
1	超大跨组合梁斜拉桥结构特性、关键构造及设计标准研究	同济大学、省交通规划设计院
2	超大跨组合梁斜拉桥主梁时变效应下受力行为研究	同济大学
3	望东长江公路大桥斜拉桥PK型组合梁钢构造细节研究	同济大学、省交通规划设计院
4	望东长江公路大桥斜拉桥组合梁核心技术研究	同济大学
5	全断面钢混组合梁专用伸缩装置研究	省交通规划设计院、成都新筑
6	大倾角裸岩面超大异形钢围堰技术研究	中交路桥建设公司
7	超大悬臂混凝土塔柱设计、施工技术研究	交通运输部公路科学研究所
8	一体化钢混组合梁主梁安装关键技术及全过程控制技术研究	武汉桥科院
9	主梁架设安全保障技术研究	交通运输部科学研究院
10	望东大桥超大跨径组合梁质量预控及保证体系研究	东南大学
11	基于建养一体化的大跨径组合梁斜拉桥管养策略研究	同济大学
12	望东长江公路大桥施工安全风险管控关键技术研究	交通运输部公路科学研究所
13	通透肋拱式傍山隧道成套修建技术	武汉岩土力学所
14	望东大桥4D工程数字生命信息系统	合肥同望信息公司
15	桥塔大体积预应力混凝土结构突变区域复杂应力场下裂缝控制技术	东南大学
16	大跨度钢-混组合梁斜拉桥桥面铺装关键技术研究	交通运输部公路科学研究所
17	安徽高速补充定额编制	长沙理工大学
18	望东大桥信息化管控平台及BIM系统开发	合肥同望信息公司

(五)运营养护管理

1. 服务区和收费站点设置

本项目收费站车道设置情况详见表8-79。

收费站点设置情况表　　　　　　　　　　　　表8-79

站点名称	车道数	收费方式
望江北站	入口4条、出口6条	入口:2条MTC车道、1条ETC车道 出口:3条MTC车道、1条ETC车道
华阳站	入口3条、出口4条	入口:2条MTC车道、1条ETC车道 出口:2条MTC车道、1条ETC车道
香隅站	入口4条、出口6条	入口:2条MTC车道、1条ETC车道 出口:3条MTC车道、1条ETC车道

2. 养护管理与大修工程

望东长江公路大桥建成初期养护管理工作由安徽省交通控股集团有限公司养护管理

中心承担。桥梁日常养护的主要目的是通过检查与检验掌握桥梁的技术情况、交通情况、病害及其发展情况,并根据所得出的数据结论对每一座桥梁提出针对性的养护措施,确保桥梁的各部分能够经常保养和检查发现的病害及时得到处置。根据检查的技术手段,大致可分为经常检查、定期检查和特殊检查三种。

二十四、G35 济广(济南—广州)高速公路安庆至景德镇安徽段

(一)项目概况

G35 济广(济南—广州)高速公路安庆至景德镇安徽段(简称"安景高速公路")是国家高速公路网 G35 济广高速公路和安徽省高速公路网 S27 安东高速公路的组成部分。本项目连南接北、承东启西,它的建设对于加强中国南北交通联系、促进区域经济发展起着重要的作用,同时可以充分发挥安庆长江大桥的投资效益。在安徽路网中,本辖段北接安庆长江大桥和合肥至安庆高速公路,向南延伸可接景德镇、向东接沿江高速公路。

济广高速公路安庆至景德镇安徽段(一)

济广高速公路安庆至景德镇安徽段(二)

第八章
高速公路建设项目

1. 参建单位

项目建设单位是安徽沿江高速公路有限公司,现场设立安徽沿江高速公路建设指挥部安景路项目办公室。

项目主要参建单位见表8-80。

G35济广(济南—广州)高速公路安庆至景德镇安徽段主要参与建设单位汇总表　　表8-80

序号	参建单位	单 位 名 称	合同段编号及起止桩号	主要负责人	备注
1	项目管理单位	安徽沿江高速公路建设指挥部安景路项目办公室	K0+000~K80+577	杨庆云	全部
2	勘察设计单位	安徽省公路勘测设计院	K0+000~K80+577	王耀明	全部
3	施工单位	合肥市公路桥梁工程有限责任公司	1标 K0+000~K3+077.64	程新春	路基
		路桥集团第一公路工程局天津工程处	2标 K3+077.64~K9+300	任利民	路基
		安徽省路港工程有限责任公司	3标 K9+300~K20+750	胡以亮	路基
		安徽省交通建设有限责任公司	4标 K20+750~K32+000	都爱民	路基
		江西赣北公路工程有限公司	5标 K32+000~K39+800	凌兴成、王党生	路基
		安通建设有限公司	6标 K39+800~K45+780	赵其勇、唐安华	路基
		中铁大桥局股份有限公司	7标 K45+780~K47+995	潘中秋、戚玉明	路基
		淮南矿业(集团)有限责任公司	8标 K47+995~K57+300	李家明、张庆祝	路基
		中铁二十四局集团南昌铁路工程有限公司	9标 K57+300~K60+400	郭俊、吴承张	路基
		中铁二十二局第四工程有限公司	10标 K60+400~K63+940	王志才、石建强	路基
		江西井岗路桥(集团)有限公司	11标 K63+940~K69+600	刘钢炳、郭德禧	路基
		中铁十九局集团第一工程有限公司	12标 K69+600~K73+145	马鸿翀、宋伟	路基
		新疆兴达公路工程部	13标 K73+145~K75+388	王晟、赵贵升	路基
		中铁十六局集团第五工程有限公司	14标 K75+388~YK78+169	刘剑民、杨忠领	路基
		中铁隧道集团二处有限公司	15标 K78+169~K80+577	何峰、吴永东	路基
		安徽开源建设发展有限公司	1标 K0+000~K26+000	李志福、张新民	路面
		浙江正方交通建设有限公司	2标 K26+000~K53+000	涂相友、王方	路面
		新疆昆仑路港工程公司	3标 K53+000~K80+577	李明、蒋志全	路面
4	监理单位	合肥工大建设监理有限责任公司	第一监理组	李茂良	路基、路面
		江西省嘉和工程咨询监理有限公司	第二监理组	付仁安	路基
		湖南金衢交通咨询监理有限公司	第三监理组	何正平	路基
		安徽中兴工程建设监理所	第四监理组	林秀川	路基

续上表

序号	参建单位	单位名称	合同段编号及起讫桩号	主要负责人	备注
4	监理单位	安徽省科兴交通建设工程监理有限公司	第五监理组	陈炜	路基
		安徽省公路工程建设监理有限责任公司	第六监理组	谢海滨	路基
		安徽省高等级公路工程监理有限公司	第七监理组	陈勇军	路基
		四川国际工程监理有限公司	第一监理组	骆文	路面
		北京港通路桥工程监理有限责任公司	第二监理组	荣学军	路面
		安徽省高等级公路工程监理公司	第三监理组	史幼广	路面

2. 技术标准

（1）公路等级、里程及地形类别

项目分段按平原和山区两种地形标准的四车道高速公路设计,全封闭、全立交,路面采用沥青混凝土路面。全线配置了完善的通信、监控和收费系统及照明、绿化、房建、安全设施等交通工程和服务设施。项目建设里程80.577km。项目位于北纬29°50′～30°27′和东经116°56′～117°06′之间。沿线所经区域为沿江丘陵平原和皖南山岭区,地形总的趋势是南高北低,全线按地貌可划分为冲积(堆积)平原、剥蚀丘陵、侵蚀低山三个基本类型。公路自然区域属于Ⅳ3、Ⅳ5区。

（2）主线设计行车速度

大渡口互通至东至北段:120km/h;东至北段至东至南段:100km/h;东至南段至终点:80km/h。

（3）路基、路面

大渡口互通至东至北段整体式路基宽度28m,路面宽22.5m;东至北段至东至南段整体式路基宽度26m,路面宽22.5m;东至南段至终点整体式路基宽度24.5m,路面宽21.5m;分离式路基宽度12.5m,路面宽11m。全线路基设计洪水频率1/100;为对向四车道,路面标准轴载BZZ-100。

路面总厚度76cm,各层结构分别为4cm AC-13(SBS) + 6cm AC-20(SBS) + 8cm AC-25 + 透封层 + 38cm 水泥稳定碎石 + 20cm 低剂量水泥稳定碎石层。

（4）桥梁、涵洞

计算荷载:汽车—超20级;验算荷载:挂车—120。

设计洪水频率:大桥1/300,大、中小桥、涵洞1/100。

桥面净宽:26m 路基对应小桥桥面净宽为2×11.5m,大、中桥2×11.75m;24.5m 路基对应小桥桥面净宽为 2×10.75m,大、中桥 2×11m;分离式断面桥梁与路基同宽。涵洞与路基同宽。

(5)隧道

行车道宽(0.5+2×3.75+0.5)m;行车道净高 5m;检修道净宽 0.75m;检修道净高 2.5m。

(6)路线交叉

互通式立体交叉设计标准:三级交叉互通;行车速度 35~40km/h;匝道宽度,单向单车道路基宽 8.5m,路面宽 7m(不含加宽值),单向双车道路基宽 10.5m 和 12m,路面宽 9m 和 10.5m,对向双车道路基宽度 15.5m,路面宽 13m。

路线交叉设计标准:主线上跨各级公路的桥梁及通道净空高度,二级及二级以上公路 5.0m,三、四级公路 4.5m,汽车通道≥3.2m,拖拉机通道≥2.7m,人行通道≥2.2m;主线下穿各级公路的净空高度均按 5m 控制。

3. 工程内容及主要构造物

(1)建设主要内容

全线路基工程共分 15 个标段,路面工程分 3 个标段。特大桥 7476m/5 座,大桥 10957m/42 座,中小桥 976.7m/23 座;涵洞 249 道,共长 9304.6m;通道 146 道,总长 5296.64m;连拱隧道 591m/3 座,分离式隧道单线 10874m/10 座。2 处互通式立交,服务区 2 处。

(2)路线中间控制点

安庆长江大桥、大渡口、G206、查桥、尧渡河、东至县、良田、花园里、檀坡河、双河口、南安、桃墅岭。

(3)路线跨越主要河流

尧渡河、西杨河、檀坡河、双河,其中尧渡河中尧渡至东流河口为Ⅵ级航道,其他河流均无通航要求。

(4)桥梁

主要桥梁建设情况见表 8-81。

主要桥梁建设情况 表 8-81

序号	中心桩号	桥 名	全长(m)	跨径组合	备 注
1	K0+597.6	大渡口枢纽大桥	1903	76×25	K0~K45 为安东高速公路桩号; K922~K936 为 G35 高速公路桩号; 桥梁结构为先简支后连续箱梁桥
2	K6+875	上跨 G206 大桥	1027.5	31×30+2×24+42	
3	K37+977	泉水湖桥	336.2	13×25	
4	K41+125	大桥	758.3	30×25	
5	K43+017	大桥	559.4	22×25	

续上表

序号	中心桩号	桥 名	全长(m)	跨径组合	备 注
6	K45+357	尧渡河特大桥	2217.25		K0~K45为安东高速公路桩号；K922~K936为G35高速公路桩号；桥梁结构为先简支后连续箱梁桥
7	K922+839	西杨河大桥	220.8	7×30	
8	K924+529	檀坡河大桥	344	11×30	
9	K929+168	南安1号桥	233.75	9×25	
10	K932+165	方坡大桥	725.15	24×30	
11	K936+348	老屋3号大桥	258.5	10×25	
12	K936+895	老屋4号大桥	678.15	27×25	
13	K936+888	老屋4号大桥	632.91	25×25	

(5)隧道

全线共有13座隧道，分离式隧道10座，连拱隧道3座，见表8-82。

隧道工程建设情况　　　　　　　表8-82

序号	隧道名称	中心桩号	长度(m)	备 注
1	青潭隧道	ZK918+390	470	分离式
		YK918+387.5	465	
2	港东隧道	ZK920+201.5	365	分离式
		YK920+146	488	
3	南溪隧道	ZK922+193.5	523	分离式
		Y922+138	584	
4	双河口隧道	K926+718	252	连拱式
5	前家山隧道	K930+076.5	143	
6	南安隧道	K931+232	196	
7	仙寓山隧道	ZK932+647.5	229	分离式
		YK932+620.5	159	
8	紫石塔隧道	ZK933+545	204	分离式
		YK933+528	246	
9	马坑1号隧道	ZK934+074	278	分离式
		YK934+043	278	
10	马坑2号隧道	ZK934+442.5	365	分离式
		YK934+419.5	381	
11	菜坑3号隧道	ZK934+980	454	分离式
		YK934+986	428	
12	老屋隧道	ZK937+326.5	147	分离式
		YK937+306.5	129	
13	桃墅岭隧道	ZK938+723.5	2275	省界分离式
		YK938+749.5	2409	

4. 征地拆迁

2005年3月22日,国土资源部以《关于安庆至景德镇公路安徽段建设用地预审意见的复函》批准该项目的建设用地。2005年10月,征地拆迁工作正式展开,全线主线征用土地共计为6763亩,拆迁房屋91700m^2,支付补偿费用128897541元。

5. 项目投资

(1)投资规模、资金来源

2005年8月15日,交通部批准项目的初步设计概算总投资规模为36.88亿元。资金来源:安徽省高速公路总公司拨付项目资本金12.908亿元,交通部配套资金3.53亿元,项目法人自筹银行贷款20.442亿元。

(2)概算执行情况

经竣工决算审计,安庆至景德镇高速公路安徽段工程基本建设支出数26.9亿元,与批复的概算总投资36.88亿元相比,较概算节约9.98亿元,对比概算节约比例27.06%。

6. 开工及通车时间

2006年3月15日正式开工,2008年11月1日建成通车。

(二)决策研究

2003年6月,经安徽省人民政府同意,根据皖政交基〔2003〕2号文成立了安徽省沿江高速公路建设领导小组,根据皖沿江组〔2003〕1号文成立了建设单位——安徽省沿江高速公路建设指挥部。建设单位完成项目决策研究工作如下:

(1)2003年10月,安徽省交通厅《关于安庆至景德镇公路安徽段项目建议书的请示》(交计〔2003〕99号);

(2)2004年4月,交通部《关于安庆至景德镇公路安徽段项目建议书的批复》(交规划发〔2004〕178号);

(3)2004年5月,安徽省交通厅《关于安庆至景德镇公路安徽段工程可行性研究报告的请示》(皖交计〔2004〕39号);

(4)2004年9月,国家环境保护总局环境工程评估中心《关于安庆至景德镇公路安徽段环境影响评价大纲的评估意见》(国环评估纲〔2004〕194号);

(5)2004年11月,交通部《关于安庆至景德镇公路安徽段可行性研究报告的批复》(交规划发〔2004〕678号);

(6)2005年6月,国家环境保护总局《关于安庆至景德镇公路安徽段环境影响报告书审查意见的复函》(环审〔2005〕498号);

(7)2005年8月,交通部《关于安庆至景德镇公路安徽段初步设计的批复》(交公路发〔2005〕365号）；

（8）2008年7月，交通运输部对项目施工许可申请书进行了批复，对建设资金进行了审计。

(三)项目实施

1.项目招标

(1)设计招标

项目勘察设计委托安徽省公路勘测设计院实施。

(2)施工招标

施工招标按路基、路面、附属工程三个阶段分开实施。安徽省沿江高速公路建设指挥部于2003年12月成立了施工招标与监理招标评审委员会。路基工程划分15个标段，面向国内符合资质等级要求的施工企业公开招标，通过资格预审共128家来自公路、铁路、水利等建筑行业的施工企业参加竞标，2005年11月17日公开开标。路面工程划分为3个标段，2007年1月4日公开开标。附属工程招标包括交通工程、绿化工程、收费站与服务小区、机电工程的招标程序与路基、路面工程基本相同。

(3)监理招标

路基工程监理共划分7个监理组、路面工程监理共划分3个监理组，公开面向全国具有独立法人资格、公路工程监理甲级资质的企业公开招标。全国共有20家监理单位通过资格预审，其中通过资格预审的18家单位参加了监理投标。

2.项目管理

(1)管理机构

安景高速公路的建设按照项目法人责任制、项目招标投标制、工程项目监理制和工程合同管理制，全面加强工程建设组织管理。根据《关于设立安徽省沿江高速公路有限责任公司的批复》(皖经贸企改函〔2003〕603号)设立了项目法人安徽省沿江高速公路有限责任公司，项目法人全面负责本项目的资金筹措，负责生产经营、债务偿还和国有资产的保值增值。

2003年6月，经安徽省人民政府同意，根据皖政交基〔2003〕2号文成立了安徽省沿江高速公路建设领导小组，根据皖沿江组〔2003〕1号文成立了建设单位——安徽省沿江高速公路建设指挥部，2005年10月，针对安景高速公路项目建设管理，成立安徽省沿江高速公路建设指挥部安景路项目办公室，进驻东至县城。

(2)质量保证体系

2014年4月安景高速公路荣获2012—2013年度全国公路交通优质工程一等奖。质

量保证措施主要有:

一是严格执行工程质量政府监督制度。安徽省交通基本建设工程质量监督站根据建设指挥部的申请及时批复了工程质量监督通知书,质监站在项目全过程承担政府监督工作。二是推行健全社会监理,总监理工程师办公室和7个路基监理组、3个路面监理组、1个房建监理组,实行全过程、全方位监理。三是施工企业自检体系按照工序要求建立健全内部的自检、互检、交接检等三级质量保证体系外,施工、监理、设计、建设单位的各个部门还将工程分项落实质量责任人,签订责任书、实现人人有责任,一级对一级负责的监督检查机制,真正体现出工程质量负责制。四是建设单位通过严把设计质量、开展技术创新、召开现场会、狠抓现场施工控制等措施,确保创建优质工程目标。

沥青混凝土摊铺工艺改进

成型铺装层取芯检测

(3)进度控制与管理创新

安景高速公路建设中在进度控制方面主要是抓计划的制订和落实,每年初省指召开一次生产调度会,布置项目总体目标和年度工作计划。项目办根据省指要求和工程施工相互交叉的特点,合理划分各阶段工作的重点。每月召开一次项目经理会,具体落实工程进度计划,解决影响工程顺利开展中出现的矛盾。

项目办在以下方面结合安景高速公路特点进行了创新,以此提高了工效,加快了工程进度。具体表现在:①提出新型的甲、乙方关系是"制约与互动"的合作关系;②提出"和谐监理"的概念:多指导、勤检查、监理在前;少批评、少处罚、增进互信;③提出统一供电线路、统一共用便道的创意举措,缩短前期准备时间;④成立变更设计、线外用地审核小组,格式化、程序化快速审批。创新意识和创意举措的贯彻落实为提高项目管理水平及加快施工进程起到了有力的推动作用。

(4)交(竣)工验收

①2010年,安徽省审计厅委托安徽九通工程造价咨询事务所有限公司,对安景高速公路项目进行了竣工审计,审计认为项目法人及项目办能够履行工程管理相关职责,工程造价基本控制在施工单位投标之内,建设程序合规,所有工程均进行了公开招投标,工程

档案齐全规范,工程符合设计要求,工程质量控制较好。

②2011 年 5 月,交通运输部档案馆以档指函〔2011〕18 号文《关于印发安庆至景德镇公路安徽段项目档案专项验收意见的函》批复了本项目通过档案专项验收。

③2012 年 8 月,环境保护部华东环保督查中心组织安徽省环境保护厅、安徽省交通运输厅、池州市环境保护局、东至县环境保护局对安徽省安庆至景德镇公路安徽段进行了环保验收,认为本工程环保审批手续齐全,落实了环境影响报告书及其批复文件提出的主要生态保护、污染防治措施,各项污染物排放满足相应标准要求,同意通过专项验收。

3. 重大决策

2004 年 4 月受交通厅委托,安徽省公路学会组织地方及各方专家对路线方案进行了论证比较,路线避开了升金湖国家级自然保护区的核心区和省级大历山风景区。在东至县城段存在高线方案和低线方案,高线方案从县城边山坡处走,低线方案需占用省道 S327 路线,采用类似城市高架桥方式实施,低线方案里程较高线方案短 2.2km,房屋拆迁及造价大大降低,缺点是和省道有干扰,对城市规划略微有点影响,经综合比较最终确定采用低线方案。

(四)科技创新与成果

从项目开工阶段,项目办联合设计、监理及科研院校东南大学、合肥工业大学进行了各项有针对性的科研工作,并将取得的科研成果及时运用到施工过程中,为提高工程质量,降低工程造价积累了经验。主要开展的科研项目有:①桥面铺装薄层沥青混凝土的应用研究;②改性乳化沥青罩面在特长隧道铺筑中的应用研究;③隧道施工监控量测技术研究。另结合施工实际需要,还开展了一些局部的施工方法和施工工艺的研究,也取得了可喜的成果。

1. 薄层沥青混凝土桥面铺装研究

为减轻桥面铺装恒载,延长桥梁使用寿命,在新建桥面铺装中将传统双层 4cm + 6cm 改性沥青混凝土结构优化为 4cm 或 6cm 单层沥青铺装,从而减薄层面厚度,降低桥面重量。试验采用了间断的 UTA-10 薄层密级配沥青混凝土矿料级配,增加了规范中没有的 6.7mm 筛孔通过率关键性筛网,将薄层与防水黏结功能作了统一考虑,做到了抗滑、密水的使用功能。该项目获得 2012 年安徽省人民政府颁发的安徽省科技进步三等奖。

2. 改性乳化沥青罩面在特长隧道混凝土路面中的应用研究

桃墅岭特长隧道内采用乳化沥青罩面施工工艺,有效解决了隧道内水泥混凝土基面潮湿状态下行车安全性不足的问题。通过研究,创新地提出了乳化沥青施工工艺控制、配合比设计和材料性能创新问题,成功实现乳化沥青微表处隧道水泥混凝土路面的关键技术,提高了隧道路面抗滑、密水、降噪性能和行车的舒适性,同时也相对复合式双层沥青路面降低了工程造价。

3. 隧道照明系统智能化组合应用技术

针对不同路段、设施的照明要求,分回路地进行分合控制,即可相应地调节不同功能需要的照度,实现降损节能运行,同时还可随白天、黑夜或日光照度的变化对照明进行调节控制,以节约能源和降低运营费用。前家山隧道左线全部采用亮度无级调控LED灯的照明方式,根据隧道的照度和车流量实现隧道照度的无级调控。在莱坑1、2号隧道左线基本照明采用LED灯,晴天和阴天照明采用高压钠灯的混合照明的方式。隧道照明系统实现智能化。

隧道加铺改性乳化沥青罩面　　　　　隧道照明系统智能化综合应用

4. 桥面铺装铣刨技术应用

安景高速公路水泥混凝土桥面沥青混凝土铺装。率先在安徽省采用先进型铣刨机对桥面铣刨处理＋水泥混凝土防水剂＋涂聚合物胶乳改性沥青技术设计方案,保证了刚性与柔性路面之间的抗剪切和拉拔应力,也保证了密水性能。同时,这一关键层次不仅具有良好的防水功能,还具有承上启下的黏结作用。该工艺将有助于根治桥面早期损坏,提高桥面的使用寿命、行车的舒适性,减少维修,投资少、回报大,经济效益和社会效益突出。

5. 小区建设节能新技术的应用

一是生活污水沼气净化技术。在安景高速公路服务区中的首次应用,是安徽省服务区在污水处理工艺上变废为宝的新举措,是实现污水达标排放的一个新的尝试。净化沼气池技术由于投资小、易于建造,可就近处理,无须专门占用土地,且具有效果好、易管理、运行耗能低等特点。净化沼气池工艺处理生活污水,不仅产生了显著的生态效益和社会效益,而且通过对回收的沼气加以综合利用,提供了能源,带来了可观的经济效益。二是太阳能技术的应用。利用太阳能照明技术可节约运营管理成本,带来可观的环保社会效益。如隧道照明、服务区广场照明、草坪灯、路灯、装饰灯、广告灯、建筑物的轮廓灯等。安景高速公路建设中,较早实现太阳能 LED 路灯应用于收费区、管理区,取得了良好的经济环保效益。

(五)运营与养护

1.运营管理

项目建成后交由安徽省高速公路总公司池州管理处负责运营管理。全线共设 6 个收费站点,收费方式采用人工收费及电子不停车收费相结合(表8-83)。2008 年 11 至 2015 年 12 月交通流量发展状况见表8-84。

收费站点设置情况　　　　　　　　　　　　　　　　　表 8-83

站点名称	车道数	收费方式
东流站	入口3条、出口4条	入口:2条 MTC 车道、1条 ETC 车道 出口:3条 MTC 车道、1条 ETC 车道
东至站	入口4条、出口6条	入口:3条 MTC 车道、1条 ETC 车道 出口:5条 MTC 车道、1条 ETC 车道
皖赣花园站	入口8条、出口14条	入口:6条 MTC 车道、2条 ETC 车道 出口:12条 MTC 车道、2条 ETC 车道

交通流量发展状况(单位:辆)　　　　　　　　　　　　表 8-84

年份	入口	出口	合计	日平均流量
2008	83378	82102	165480	2712
2009	593416	608229	1201645	3292
2010	774259	790224	1564483	4286
2011	980234	951563	1931797	5292
2012	1187571	1166983	2354554	6450
2013	1652864	1632882	3285746	9002
2014	1663132	1548365	3211497	8798
2015	1832314	1782088	3614402	9902

2.养护管理

项目建成通车以来,养护管理采用社会化养护管理模式。通过招标方式确定社会专业化养护公司进行小修和路面、绿化、机电等专业化养护。养护管理工作坚持"畅通主导、服务需求、安全至上、创新引领"的工作方针,坚持"以路面养护为中心、以桥隧养护为重点、加强全面养护"的养护思路,积极推进养护管理发展方式转变,夯实基础管理,提升科技水平,推进标准化养护,强化应急保畅。努力做到道路整体运行平稳,桥梁隧道结构安全,专项工程质量可靠,绿化工作亮点突出,应急保畅快速有序。

二十五、G30 连霍(连云港—霍尔果斯)高速公路安徽段

(一)项目概况

G30 连霍(连云港—霍尔果斯)高速公路安徽段东起苏皖交界皖境的老山口,沿孤山矿北,在朱圩子与合徐高速公路交叉(朱圩子立交枢纽),向西经邵村、吴庄南、丁里火车站南,跨萧县—淮北二级公路过瓦子口北,于王寨南跨国道G311,再向西经张庄寨北跨濉溪—汤山公路;终于朱大场南,与河南省商丘—开封公路相接。连霍高速公路安徽段的建成为配合国家西部大开发战略、促进东西部交流提供了良好的交通条件。

连霍高速公路安徽段

1.参建单位

项目建设单位为安徽省高速公路总公司。

项目主要参建单位见表8-85。

G30 连霍(连云港—霍尔果斯)高速公路安徽段主要参与建设单位汇总表　　表8-85

序号	参建单位	单位名称	合同段编号及起止桩号	主要负责人	备注
1	项目管理单位	安徽省连霍高速公路建设指挥部	K0～K53+973	陈晓龙	
2	勘察设计单位	安徽省公路勘测设计院	K0～K53+973	沈训龙	
3	施工单位	铁道部第十八工程局	LH-01　K0+000～K8+000	张运书、李清波	
		武警交通第六支队	LH-02　K8+000～K17+700	刘国珍、张宏光	
		中铁四局	LH-03　K17+700～K22+000	王传霖、郭庆智	
		安徽省公路桥梁工程公司	LH-04A　K22+000～K26+873	冯保佑、谢业明	
		中煤第三建设集团	LH-04B　K26+873～K32+000	纪连松、秦胜球	
		安徽省路港公司	LH-05　K32+000～K41+000	许琪、陈广松	

续上表

序号	参建单位	单位名称	合同段编号及起止桩号	主要负责人	备注
3	施工单位	安徽省开元建设发展有限公司	LH-06 K41+000~K43+000	段光才、汪顺利	
		宿州市路桥工程公司三分公司	LH-07 K43+000~K53+973	马彦、肖心太	
		交通部第一公路工程局	LHLM-01 K0+000~K17+000	蔚利军、王长岭	
		中铁四局	LHLM-02 K17+000~K36+000	董文圣、张新华	
		河北路桥集团	LHLM-03 K36+000~K53+973	冀有成、孙显盛	
4	监理单位	安徽省高等级公路工程监理有限公司	K0~K53+973	杨冬林	

2．技术标准

（1）公路等级、里程及地形类别

平原微丘区高速公路,起止桩号 K237+000~K290+973；与京台高速公路（G3）共用6.039km,共用段桩号为 K736+000~K742+039。

（2）主线行车速度

主线行车速度为120km/h。

（3）路基、路面

路基宽度：老山口至朱圩子段（6.507 km）采用28.0m；朱圩子至洪河集段（47.603km）采用26.0m,桥涵与相应路段路基同宽。路面采用沥青混凝土路面。

（4）桥梁、涵洞

计算荷载：汽车—超20级,挂车—20。

设计洪水频率：大、中、小桥和涵洞均为1/100,特大桥1/300。

桥面净宽：桥宽26.0m,大、中桥采用整体式断面,即半幅桥面两侧各0.5m防撞式护栏,桥面净宽11.0m,左右半幅间隔2.0m；小桥采用整体式断面,和路基保持一致。

3．工程内容及主要构造物

（1）建设主要内容

公路全长53.973km。全线设特大桥一座（跨符夹铁路分离式立交）；大桥9座；互通式立交3处,即朱圩子互通式立交（K7+000）、丁里互通式立交（K23+075）、张庄寨互通式立交（K48+386）,不包括王寨预留互通式立交；共设分离式立交24座,其中与公路立交23座,与铁路立交1座,平均每公里0.44座；通道共90座,其中人行通道50座,机耕通道40座,平均每公里1.66座；人行天桥2座。

（2）路线中间控制点

接拟建连云港—徐州公路,沿孤山矿北,经邵村、吴庄南、丁里、瓦子口、王寨、张庄寨、

（3）路线跨越主要河流

所跨主要河流为闸河、运粮河、龙河、岱河、大沙河、西河、港河、王寨沟、申河、毛河、洪何等，多为江淮平原上的人工河道。无通航要求，主要以泄洪排水为主。

4. 征地拆迁

安徽省高等级公路工程建设指挥部在1998年9月29日与萧县连霍高速公路建设指挥部正式签订了《连霍公路安徽段高速公路工程征地拆迁安置承包责任状》，并在1998年11月30日之前完成征地补偿协议的签订。本项目共完成征用土地6286.93亩；拆迁房屋33893.862m^2；支付补偿费用54393472.27元。

5. 项目投资

连霍高速公路安徽段交通部初步设计概算批复为13.1亿元。资金来源为国家开发银行贷款6亿元、交通部补助3.13亿元，其余资金自筹。

6. 开工及通车时间

1998年12月开工建设，2002年7月7日竣工通车。

（二）决策研究

1994年，交通部以交计发〔1994〕905号文批准了项目建议书；

1996年11月22日，交通部以交计发〔1996〕939号文批准了项目可行性研究报告；

1998年8月5日，交通部以公路发〔1998〕481号文批准项目初步设计；

1999年11月1日，安徽省计划经济委员会批准开工建设。

（三）项目实施

1. 项目招标

（1）设计招标

连霍高速公路安徽段施工图设计，由安徽省公路勘测设计院承担。

（2）施工招标

连霍高速公路安徽段通过资审的路基工程投标单位有26家，通过路面工程资审的投标单位有14家。中标路基施工的6家单位是：01标铁十八局、02标武警交通六支队、03标铁四局等以及路面3家单位：01标交一局、02标铁四局、03标河北路桥。连霍线小区工程划为6个合同段进行了公开招投标，最终选定安徽水利建筑工程总公司、宿州市建安总公司等5家施工单位。

（3）监理招标

通过公开招标，最后确定安徽省高等级公路工程监理有限公司为中标人。根据监理合同条款的规定,全线每公里保证1名监理人员。

2. 重大事项

(1)重大决策

土源问题:施工图设计中 K32~K54 为两边取土,宽 60m,深 1.5~2m。该段地处淮北平原,人口稠密,人均占地较少,征地难度相当大,且要去除表层有机质偏大的土再复耕,加大了施工难度。由于沿线地方政府支持力度不够,省指现场办为复耕后农作物减产的补偿问题、原地面高程降低后遗留问题等与其进行了多次谈判未果。省指现场办甚至专门聘请了安徽农业大学的教授来进行土壤颗粒的实验、分析,以期预测复耕后的减产情况。后又因青苗赔偿标准、水系问题等,一直没有与其谈妥,无法按最初设想实施。最终通过远距离运输 13~18km 及拓宽、整治河道 30 多公里以及就近取土相结合才得以解决该段 220 多万立方米土源的问题。该问题是连霍线开工起始最困难的问题之一。

地下溶洞问题:连霍线朱圩子互通立交位于地下石灰岩溶洞发育地区,直接影响着 A、B、J 匝道上三座特大桥基桩的安全。为确保工程质量,消除隐患,省指现场办多次召集有关技术人员探讨解决办法,先用雷达探测仪确定溶洞群的位置,加密桩基地质构造的钻探分析,确立桩尖的持力层厚度不少于 3m,嵌岩深度确定为 1~1.5m,改浅层钻孔桩为挖孔桩等,有效地消除了溶洞可能对基桩形成穿孔、塌孔、支撑力不足等的威胁。最后根据应变检测的结果,所有基桩均评定为优良,无一有缺陷。

石灰土底基层问题:连霍线的粉砂土路段,其石灰土的底基层问题一段时间困扰着所有技术人员。由于实验室中 8% 剂量甚至 10% 剂量的石灰稳定粉砂土 7 天无侧限抗压强度都无法满足设计要求。现场的 10% 剂量的试验段表面松散,起皱现象十分严重,其石灰土的板体性、封水性矿差。当时有人提出石灰剂量加大到 12%,又担心开裂严重且不能完全消除起皱现象;亦有人提出改为二灰碎石,但二灰碎石与石灰土完全是两种施工工艺,现场大量设备、材料都要进行变更,又要做大量的试验,时间上无疑不能满足工期要求。后经讨论研究,决定远调黏土,既保证了工艺流程,又保证了工程质量,同时赢得了工期。

(2)重大变更

①根据安徽、江苏两省协议,对接线线位及收费站进行调整,在省界处共建(用)一个主线收费站。中心桩号为省界分界点,安徽省 K0+007,江苏省 K240+002.54。设计收费车道为 13 进 13 出,收费岛宽分别为 2.2m 和 3.2m(中心岛双向收费),车道宽分别为 3.2m 和 4.0m(边车道),收费广场长 100m,(两省各占 50m),过渡段长 247.145m,安徽段范围为 K0+007~K0+304.145。

②防护设计变更

原设计路堤边坡防护以菱形护坡植草皮为主,后经比较论证,采用三维固土网+紫穗槐方案。

（3）其他变更

①洞、通道位置的变更：根据施工过程中沿线政府及群众的要求，照顾地方道路、水系规划及风俗习惯等，对涵洞、通道位置及交角进行适当改移。

②结构物基础形式的变更：沿线均为粉砂土地区，施工过程中，由于设计钻探与实际地质情况有出入，且受气候地下水位等变化影响，对部分小型构造物基础形式进行变更。

（四）运营与养护

1. 运营管理

连霍高速公路安徽段沿线共设置1对服务区（王寨服务区）、5个收费站点（萧县东、萧县南、张庄寨三个匝道收费站；皖苏、皖豫两个省界收费站，见表8-86）。从2002年7月起至2015年8月，交通流量发展状况见表8-87。

收费站点设置情况表　　　　　　　　　　　　　　　　　　　　　　表8-86

站点名称	车道数	收费方式
皖苏站	入口13，出口13	人工收费及电子不停车收费综合 （入口：12条MTC车道、1条ETC） （出口：11条MTC车道、2条ETC）
萧县东站	入口2，出口3	人工收费及电子不停车收费综合 （入口：1条MTC车道、1条ETC） （出口：2条MTC车道、1条ETC）
萧县南站	入口3，出口4	人工收费及电子不停车收费综合 （入口：2条MTC车道、1条ETC） （出口：3条MTC车道、1条ETC）
张庄寨站	入口2，出口3	人工收费及电子不停车收费综合 （入口：1条MTC车道、1条ETC） （出口：2条MTC车道、1条ETC）
皖豫站	入口10，出口10	人工收费及电子不停车收费综合 （入口：8条MTC车道、2条ETC） （出口：8条MTC车道、2条ETC）

交通流量发展情况表（单位：辆）　　　　　　　　　　　　　　　　表8-87

年份	入口	出口	合计	日平均流量
2002年7～12月	605724	603676	1209400	6573
2003	2052956	2045244	4098200	11228
2004	3854362	3541897	7396259	20264
2005	3805022	3618296	7423318	20338
2006	4230786	4109273	8340059	22849
2007	3846565	3776882	7623447	20886
2008	4150511	4055103	8205614	22481
2009	4271844	4156689	8428533	23092

续上表

年　份	入口	出口	合计	日平均流量
2010	4925220	4799837	9725057	26644
2011	5241259	5196238	10437497	28596
2012	5931197	5985368	11916565	32648
2013	6683641	6821086	13504727	36999
2014	7359198	7532280	14891478	40799
2015年1~8月	5654561	5653860	11308421	46537

注:2002~2003年只有4个收费站,无萧县东站。

2.养护管理

养护管理工作坚持"预防为主,防治结合"的原则,"以畅、洁、绿、美"为目标来管养着连霍高速公路安徽段。对于辖段内的特殊路段,如互通、大桥等地方加大巡查力度,本着以把病害消除于萌芽状态的核心为目标。自通车以来,通过公开招标方式确定社会专业化养护公司进行小修和路面、绿化、保洁等专业化养护。

二十六、G36 宁洛(南京—洛阳)高速公路来安至明光段

(一)项目概况

来安(苏皖界)至明光公路(又称"蚌宁高速公路来明段""蚌宁高速公路滁州段""宁洛高速公路滁州段""滁宁高速公路"等),是G36宁洛(南京—洛阳)高速公路的重要组成部分,是皖、苏、豫省际的重要运输通道,是贯穿皖东地区公路网的骨架公路。它向西通过宁洛高速公路明光至蚌埠段与界阜蚌、合徐高速公路相接,向东通过宁洛高速公路江苏段与宁沪、宁淮、宁杭高速公路相连。它的建成对配合国家西部大开发战略,对安徽省实施东向发展战略,加强与东南沿海发达城市的联系,完善路网布局、促进区域经济社会发展具有重要意义。

宁洛高速公路来安至明光段(一)

第八章
高速公路建设项目

宁洛高速公路来安至明光段(二)

1. 参建单位

项目建设单位为安徽滁宁高速公路开发有限公司(以下简称"滁宁公司")。

项目主要参建单位见表8-88。

来安(苏皖界)至明光公路主要参与建设单位汇总表 表8-88

序号	参建单位	单 位 名 称	合同段编号及起止桩号	主要负责人	备注
1	项目管理单位	安徽滁宁高速公路开发有限公司	K1+392~K85+850	杜建国、朱德玉、光同文	
2	勘察设计单位	安徽省公路勘测设计院	K1+392~K85+850	王吉双	路基、路面
3	施工单位	安徽省公路桥梁工程公司	1A标 K1+392~K2+972.5	杨文柱、缪士玉	路基
		吉林交通建设集团有限公司	1B标 K2+972.5~K4+685.5	张宏、张晓东	路基
		安徽省公路工程总公司	1C标 K4+685.5~K6+600	马新颖、谷生亮	路基
		中铁十九局集团第一工程有限公司	2标 K6+600~K13+000	李尊忠、房文明	路基
		大成工程股份有限公司	3标 K13+000~K19+000	钟嘉升、陈信杰	路基
		安徽省路港工程公司	4标 K19+000~K27+170	高胜、李克让	路基
		安徽水利开发股份有限公司	5标 K27+170~K34+500	谢庆龙、任于同	路基
		中铁十二局集团第三工程有限公司	6标 K34+500~K42+000	李士元、李和平	路基
		北京城建集团道桥股份有限公司	7标 K42+000~K48+180	涂海义、孙圣明	路基
		路桥集团第一公路工程局第一工程公司	8标 K48+180~K55+000	王永利、陈平宇	路基
		北京市政建设集团有限责任公司	9标 K55+000~K63+600	孟雨、朱玉明	路基

续上表

序号	参建单位	单位名称	合同段编号及起止桩号	主要负责人	备注
3	施工单位	湖北省路桥公司	10标 K63+600~K70+000	罗茂盛、仇明芳	路基
		龙建路桥股份有限公司	11标 K70+000~K77+500	邓士生、王建良	路基
		中铁十七局集团第一工程有限公司	12标 K77+500~K85+850	黎海泉、吴日增	路基
		中铁一局集团有限公司	K1+392~K27+170	王双锁、汪建民	路面
		中铁十四局集团四公司	K27+170~K55+000	王勇、寇春河	路面
		吉林高速公路发展股份有限公司	K55+000~K85+850	韦万洲、王殿忠	路面
4	监理单位	河北省交通建设监理咨询有限公司	总监办	孙玉峰	路基、路面
		江苏华宁交通工程监理咨询公司	第一驻地办	陈以清	路基
		安徽省高等级公路工程监理有限公司	第二驻地办	朱世友	路基
		安徽省公路工程建设监理有限责任公司	第三驻地办	王宏斌	路基
		安徽中兴工程建设监理所	第一驻地办	吴玉明	路面
		安徽省高等级公路工程监理有限公司	第二驻地办	李教生	路面
		安徽省公路工程建设监理有限责任公司	第三驻地办	杜和军	路面

2. 技术标准

（1）公路等级及地形类别

平原微丘区高速公路。

（2）主线行车速度

主线行车速度为120km/h。

（3）路基、路面

路线全长84.458km,其中起点曹庄至十二里半13.368km（K1+392~K14+760）为双向六车道,路基宽35m,路面宽30.5m;十二里半至终点71.09km（K14+760~K85+850）为双向四车道,路基宽28m,路面宽23.5m。采用沥青混凝土路面,标准轴载BZZ-100。

（4）桥梁、涵洞

桥梁设计荷载:汽车—超20级;验算荷载:挂车—120。

设计洪水频率:特大桥1/300,大、中、小桥、涵洞均为1/100。

涵洞与路基同宽。

(5)路线交叉

主线上跨各级公路的桥梁及通道净空高度:孔径选择除要满足道路等级及规划外,还要考虑排水等因素,本项目实际设计中二级及以上公路按不小于5m控制,三、四级公路按不小于4.5m控制,等外公路、机耕路根据道路的实际交通情况分为4.0m、3.5m、3.2m、2.7m等几种。

3.工程内容及主要构造物

(1)建设主要内容

全线路基土石方1338万m^3;特大桥1座,即滁河特大桥,桥长为3293.5m;大桥11座,共长2237m;中桥46座;小桥23座;人机通道136道;涵洞296道;沥青混凝土面层219万m^2;房屋建筑面积18280m^2。

(2)路线中间控制点

曹庄、十二里半(朱刘)、叶郢(水口北)、北腰铺、黄泥岗、嘉山集、燕子湾水库、小柴米山、林东水库、王冲(明东互通立交)。

(3)路线跨越主要河流

滁河、新来河、十八河、二道河、沙河,主要湖泊、水库有:金歪桥水库、平洋水库、练子山水库、独山水库、燕子湾水库、林东水库、罗后冲水库、石坝水库等。

(4)收费站及服务区

全线设曹庄、汊河新区、滁州、黄泥岗、三界5座收费站,曹庄、嘉山、林东半岛3对服务区。

4.征地拆迁

本项目征地拆迁于2002年8月开始,2002年10月全线拆迁安置工作完成,共拆迁各类建筑3.04万m^2,征用土地8683.57亩,动用征迁资金22088.01万元。2004年11月3日,国土资源部印发《关于安徽省来安(曹庄)至明光公路工程建设用地的批复》(国土资函〔2004〕430号),共计批准建设用地525.2173公顷,其中服务设施用地(5.0236公顷)范围内经营性用地由当地人民政府以有偿方式提供,其余建设用地以划拨方式提供给滁宁公司,作为来安(曹庄)至明光公路工程建设用地。

5.项目投资

(1)资金来源

交通部于2003年11月18日以交公路发〔2003〕154号文件批准了该项目的初步设计,概算投资总额为22.23亿元,由滁宁公司自筹建设资金。

（2）概算执行情况

经竣工决算审计,来安(苏皖界曹庄)至明光公路工程基本建设支出207100.66万元,与批复的概算总投资222278.64万元相比,较概算相比节约15177万元。

6. 开工及通车时间

2002年11月22日,正式开工建设。2006年4月25日,滁州至明光段通车。2006年6月23日,滁州至十二里半段通车。2006年9月30日,来安(苏皖界)至明光公路全线建成通车,投入试运营。

（二）决策研究

2000年5月23日,安徽省交通厅向安徽省公路勘测设计院下达编制南京至蚌埠公路预可行性研究报告的通知。由于南京至蚌埠公路里程较长,全线建设环境、实施条件均不相同,难以同步实施,故后期将全线分为两个独立项目分别编制预可行性研究报告,分别为来安(苏皖界)至明光公路(即"宁洛高速公路来安至明光段")和明光至蚌埠公路(即"宁洛高速公路明光至蚌埠段")。

2000年8月,安徽省公路勘测设计院完成《来安(苏皖界)至明光公路预可行性研究报告(送审稿)》编制。2000年10月25～27日,安徽省交通厅组织对该报告进行了预评估。

2001年2月,安徽省公路管理局下达编制来安曹庄至明光公路工程可行性研究报告的通知,2001年6月安徽省公路勘测设计院完成《来安(苏皖界)至明光公路可行性研究报告》编制。

2002年4月1日,交通部以交规划发〔2002〕128号文件批准了来安(苏皖界)至明光公路项目建议书。

由于本项目起点与江苏高速公路相连,2002年7月17日,安徽、江苏两省交通厅签订《国家重点公路蚌埠至南京高速公路、南京至淮安高速公路皖苏衔接方案协议》。根据此协议,路线起点位于皖苏交界来安曹庄,向江苏延伸与雍庄枢纽互通式立交、南京长江二桥方向一致。

2002年10月14日,交通部以交规划发〔2002〕477号文件批准了来安(苏皖界)至明光公路可行性研究报告。同意路线起自来安县曹庄(苏皖界),经滁州、嘉山、三关,止于明光,接拟建的明光至蚌埠高速公路,路线全长约90.7km(含省界滁河特大桥江苏境段约640m)。

2003年11月18日,交通部以交公路发〔2003〕154号文《关于来安(苏皖界)至明光公路初步设计的批复》对本项目的建设规模、技术标准和总投资等进行了批复。路线全长84.458km(含滁河特大桥江苏境段桥长);核定总概算为222278万元;项目建设工期

3年。

(三)项目实施

1.项目招标

(1)项目设计招标

通过招标确定由安徽省公路勘测设计院中标本项目的勘察、设计工作,由蚌埠市建筑设计研究院承担房建工程施工图设计。

(2)项目施工招标

本项目施工于2002年9月进行国内公开招标。施工标段划分如下:路基工程12个标段、路面工程3个标段、交通安全工程11个标段以及附属房建、绿化、机电、收费大棚等共计44个标段。

(3)项目监理招标

本项目监理于2002年9月进行国内公开招标。标段划分如下:3个路基工程监理标、3个路面工程监理标以及4个房建、交安、绿化、机电等监理标。

2.项目施工

2002年11月22日,项目正式开工建设。

来安(苏皖界)至明光公路开工典礼

本项目在实施过程中,质量保证体系健全、制度完善、责任明确,体现出较高的质量控制能力。2006年9月12日,滁宁公司主持召开了来安(苏皖界)至明光公路交工验收会,以96.0分顺利通过全线交工验收。

2006年9月30日上午,本项目通车仪式在皖苏主线收费广场隆重举行。时任安徽省省长王金山、常务副省长任海深、省人大常委会副主任朱先发、省政府秘书长张俊及原国家审计署南京特派办特派员翁亦然、安徽省交通厅厅长宋卫平、滁州市委书记汪国才、滁州市市长缪学刚等参加了通车仪式。本项目的通车意味着宁洛高速公路安徽段全线贯通。

来安（苏皖界）至明光公路通车典礼

2009年12月18～19日，安徽省交通运输厅组织对本项目进行了竣工验收。验收委员会经评议，同意该项目通过竣工验收，工程质量最终得分93.7分，工程质量等级为优良。

3. 重大事件

（1）2002年12月16日滁宁公司成立

本项目原项目法人为安徽省公路管理局。2003年1月，经安徽省交通厅批准，将来安（苏皖界）至明光公路建设权移交给滁宁公司，按照BOT（建设-经营-转让）模式，由滁宁公司作为项目法人负责项目的投资、建设和经营管理。滁宁公司成立于2002年12月，由滁州市交通基础设施开发建设有限公司、上海天浦置地有限公司和上海远通路桥工程机械有限公司共同出资组建，注册资金1亿元，上述三方股东分别占股44.9%、36.7%和18.4%。

为及时做好来安（苏皖界）至明光公路征地拆迁及施工过程中地方关系协调、施工环境保障等工作，滁州市成立了蚌宁高速公路滁州段建设工程指挥部，沿线来安县、琅琊区、南谯区、明光市也成立了指挥部。

（2）滁宁公司与安徽省公路管理局进行本项目的投资建设权移交

2003年1月25日，安徽省蚌宁高速公路建设指挥部办公室与滁宁公司财务清算及固定资产移交工作结束，滁宁公司正式接管来安（苏皖界）至明光公路的投资建设与经营管理。

（3）"非典型性肺炎"疫情暴发，影响工程实施

2003年1～6月，全国范围内暴发"非典型性肺炎"疫情。本次传染病疫潮，对本项目

的建设进展造成重大影响。

(4)遭遇特大暴雨,导致路基工程水毁严重

2003年7月4~5日,滁州地区连降特大暴雨,19小时降雨量达394mm,为历史罕见。暴雨造成本项目多处路基被冲毁,部分路段产生内涝,给工程进展带来重大影响。

4. 复杂技术工程

滁河特大桥位于项目起点,桥梁全长3293.5m,起讫桩号K1+392~K4+685.5,桥面宽35m,双向六车道。该桥于2003年4月开工建设,2005年7月完工,工程造价17099.5万元。

特大暴雨造成路基工程严重损毁

建设中的滁河特大桥

桥位区为滁河河床及漫滩,地势低缓,工程地质条件简单,场地和地基稳定。

桥梁的纵向布置:左幅(5×30+5×30+5×30)m预应力混凝土先简支后连续小箱梁+(30+4×50+30)m预应力混凝土连续梁+[(27.5+4×30)+11×(6×30)+3×(5×30)]m预应力混凝土先简支后连续小箱梁;右幅[5×30+5×30+(4×30+27.5)]m预应力混凝土先简支后连续小箱梁+(30+4×50+30)m预应力混凝土连续梁+[5×30+11×(6×30)+3×(5×30)]m预应力混凝土先简支后连续小箱梁。

主桥的上部结构为(30+4×50+30)m6跨预应力混凝土变截面连续梁,按双幅布置。采用单箱双室断面,箱梁梁高及底板厚度按二次抛物线变化。箱梁采用C50混凝土。主桥连续箱梁采用挂篮悬臂浇筑法施工。引桥采用5孔及6孔一联的30m先简支后连续的预应力混凝土连续小箱梁,按双幅布置。小箱梁采用C50混凝土。

下部结构为:主墩,4根φ1.8m钻孔灌注桩、φ2m双柱墩;引桥,2根φ1.6m钻孔灌注桩、φ1.5m双柱墩。

为确保施工中结构的安全和成桥状态的线形、结构恒载内力符合设计要求,对主桥箱梁实施施工全过程的跟踪监测。监测监控内容:①结构分析计算;②挠度监测;③应力监测;④立模高程的确定。

(四)科技创新与成果

在本项目建设过程中,滁宁公司为解决土石混填路堤施工质量控制、结构混凝土耐久性、沥青路面使用寿命等难题,联合东南大学、武汉理工大学、江苏省建筑科学研究院、重庆交通科学研究院等单位开展了"土石混填路堤质量控制技术研究""预应力箱梁高性能混凝土与孔道压浆材料制备技术、性能与应用研究""高边坡路堑爆破开挖技术试验研究""沥青路面'转运—摊铺'新工艺研究""沥青混凝土路面施工技术研究",有力地保障了项目的顺利实施。

获奖证书

滁宁公司结合滁河特大桥、新来河大桥工程建设实际情况,开展研究,采用复合型高效减水剂和Ⅰ级粉煤灰双掺技术,分别配制出适用于箱梁高性能粉煤灰混凝土,具有良好的施工性能、力学性能、变形性能和耐久性能。本研究成果除在本项目所有大桥上得到成功运用外,还应用到宁洛高速公路凤阳支线、宿州至扬州高速公路天长段等项目,具有良好的技术经济效益和社会效益。

2006年4月9日,通过了安徽省科学技术厅在合肥组织的鉴定,该研究成果达到国内领先水平。2009年10月,获安徽省公路学会交通科技进步三等奖。

(五)运营与养护

滁宁公司坚持"以人为本、安全第一、养护优先"原则,始终将道路养护和运营作为日常工作重点,奋力拼搏,努力推进养护管理的标准化、规范化,有效确保了养护运营工作的科学发展、持续优良。

1.养护管理模式

滁宁公司养护工程实行招投标制、合同管理制、工程监理制。通过公开招标方式确定养护施工、监理单位,公司工程养护部负责养护工程预算和计划编制、工程方案制订、养护质量检查考核、合同管理等工作。

2.落实公路养护制度和规范

滁宁公司通过制定了《养护管理办法》《绿化养护实施细则》《养护工程时效性管理办法》等各类新制度,进一步健全了养护工作的管理体系,规范了养护管理行为。

3.日常养护管理

(1)坚持巡查制度,及时发现道路的损坏情况和可能影响交通的路障。同时与高速公路交警、路政建立联合巡查机制,提高了处置突发事件的效率。

(2)加强养护单位管理,强化养护工程时效性管理。滁宁公司制定了对日常养护单位的管理制度和考核制度,督促养护施工单位在规定的时限内及时修复病害或缺损部位,尽量减少道路维修给交通安全带来的影响。

(3)加强施工现场管理。严格按照《公路养护安全作业规程》(JTG H30—2005)进行施工,加强养护安全专项检查,落实安全隐患整改制度。

4. 桥梁养护管理

(1)认真落实桥梁安全运行"十项制度"。

(2)建立了桥梁养护与管理制度,并开展月度、年度检查考核,考核结果与养护单位计量挂钩。

(3)认真开展经常检查、定期检查和技术状况评定,以检查结果指导养护。

(4)加强桥梁维修工程设计与施工管理,确保桥梁养护质量。认真选择桥梁维修设计、施工和监理单位,加强质量安全监督管理。

(5)加强桥梁养护档案管理,积极应用桥梁养护系统。

(6)积极应用新材料、新技术,提高桥梁养护水平。在桥梁伸缩缝更换中,采用快凝混凝土,混凝土浇筑当天即可开放交通,大大减轻通行压力。

5. 养护创新

(1)实行了公路养护科学决策。滁宁公司联合交通部公路科学研究院等开展了"高等级沥青路面工作状态及路面资产信息化的研究",建立高等级沥青路面工作状态及路面资产的信息系统,为路面养护及评价提供技术支持。

(2)实行了绿色养护。与沥青混凝土拌和站签订合作协议,对铣刨的旧沥青路面材料全部进行再生利用。

(3)积极应用养护新技术。开展沥青路面灌缝材料、工艺分析研究,确保施工质量和外观质量;在路面病害修补中,探索使用水稳混合料灌填大粒径碎石结构;路面中修工程中使用就地热再生工艺,节省了沥青、石料,避免了旧料废弃污染。

二十七、G36 宁洛(南京—洛阳)高速公路蚌埠至明光段

(一)项目概况

蚌埠至明光高速公路(简称"蚌明高速公路")是国家高速公路网 G36 宁洛(南京—洛阳)高速公路在安徽境内的重要路段,是西北、中原地区通往长三角的重要通道,将淮河—长江黄金水道、津浦铁路、京沪高速铁路与地方公路网有机串联起来。项目的建成进

一步完善了安徽省乃至华东地区的干线公路网布局,极大地改善了沿线地区的交通运输紧张状况,对促进沿线区域经济的发展有着重要意义。

G36 宁洛(南京—洛阳)高速公路蚌埠至明光段

路线起点接宁洛高速公路南京至滁州段终点,终点至宁洛高速公路界阜蚌段起点,起讫桩号为 K85+850~K166+778.804。施工图阶段,路线为避开石门山林场的石英矿,局部路段实施改线,在 K121+938.24 处断开,里程缩短 26.52m,实际总里程 80.902km。路线经过行政区域包括明光市、凤阳县、五河县和蚌埠市淮上区。

该项目是安徽省"十五"交通建设的重点工程,最初是作为"蚌埠至南京(蚌宁)高速公路"的一部分统一开展前期工作,后期按照交通部东西向高速公路由东向西命名的规则,结合前期工作需求,把"蚌宁高速公路"拆分为"来安曹庄至明光高速公路"和"明光至蚌埠高速公路"两段,习惯上称为"滁宁高速公路"和"蚌明高速公路"。项目当时在国家路网中的地位是属于国家重点干线公路上海—洛阳公路的一段,"7918"国家高速公路规划发布后,本项目调整为 G36 南京—洛阳国家高速公路中的一段。

蚌明高速公路全线按平原微丘区高速公路标准设计,路面采用沥青混凝土。全线配置了完善的通信、监控和收费系统及照明、绿化、房建、安全设施等交通工程和服务设施。

1. 参建单位

项目建设单位为安徽省蚌明高速公路开发有限公司(以下简称"蚌明公司")。

项目主要参建单位见表 8-89。

第八章
高速公路建设项目

蚌明高速公路主要参与建设单位汇总表　　　　　　　　　　表 8-89

序号	参建单位	单位名称	合同段编号及起止桩号	主要负责人	备注
1	项目管理单位	安徽省蚌明高速公路开发有限公司	K85+850~K166+752	李锁安、王传鹏	
2	勘察设计单位	安徽省公路勘测设计院	K85+850~K166+752	王吉双	
3	施工单位	新疆昆仑路港工程公司	路基01标 K85+850~K94+647	刘军、秦海峰	
		中铁十九局集团第二工程有限公司	路基02标 K94+647~K95+643	王立中、曹树强	
		中铁隧道集团二处有限公司	路基03标 K95+643~K101+000	徐泽江、巨景才	
		新疆昆仑路港工程公司	路基04标 K101+000~K110+400	曹长明、韩文军	
		路桥集团第一公路局第五工程公司	路基05标 K110+400~K117+640	刘少卫、马英方	
		路桥集团第二公路工程局	路基06标 K117+640~K124+900.5	郭顺利、张春和	
		中铁大桥局集团有限公司	路基07标 K124+900.5~K126+193	葛兰生、刘俊	
		山东省交通工程总公司	路基08标 K126+193~K127+918.5	翟仲勋、张春林	
		北京城建集团有限责任公司	路基09标 K127+918.5~K136+100	陶传勇、黄泽奎	
		中铁一局集团第二工程有限公司	路基10标 K136+100~K141+890	王树旺、刘同珍	
		龙建路桥股份有限公司	路基11标 K141+890~K147+100	孙宏志、谭斌	
		路桥集团第二公路工程局第三工程处	路基12标 K147+100~K153+600	关小龙、张玉林	
		上海铁路建设(集团)有限公司	路基13标 K153+600~K156+385	崔纯纯、张百芹	
		上海耿耿市政工程有限公司	路基14标 K156+385~K157+919	许志雷、王甫才	
		安徽省公路工程总公司	路基15标 K157+919~K166+752	黄江应、董根深	
		四川公路桥梁建设集团有限公司	路面01标	陈光军	
		龙建路桥股份有限公司	路面02标	崔云财、王海峰	
		中铁十九局集团第三工程公司	路面03标	赵延安、韩峰	

续上表

序号	参建单位	单位名称	合同段编号及起止桩号	主要负责人	备注
4	监理单位	安徽省高等级公路工程监理有限公司	路基第一驻地办	胡兮	
		安徽省公路工程建设监理有限责任公司	路基第二驻地办	王晖、孙伟	
		山东省交通工程监理咨询公司	路基第三驻地办	方兆山	
		北京路桥通工程监理咨询有限公司	路基第四驻地办	袁广学、吴启宏	
		江苏东南交通工程咨询监理公司	路基第五驻地办	马广杰、沈重庆	
		贵州省交通建设咨询监理公司	路面总监办	王德维	
		山东省交通工程监理咨询公司	路面第一驻地办	崔明河	
		安徽省高等级公路工程监理公司	路面第二驻地办	史长权	
		北京路桥通工程监理咨询公司	路面第三驻地办	袁广学	

2.技术标准

(1)公路等级及地形类别

平原微丘区高速公路,全封闭,全立交。

(2)主线行车速度

主线行车速度为120km/h。

(3)路基、路面

路基宽28m;路基设计频率1/100;路面宽23.5m(包括硬路肩部分),为对向四车道,路面标准轴载BZZ-100。

(4)桥梁、涵洞

计算荷载:汽车—超20级;验算荷载:挂车—120。桥梁、涵洞与路基同宽。

设计洪水频率:特大桥1/300,大、中、小桥、路基1/100。

(5)路线交叉

主线上跨各级公路的桥梁及通道净空高度:二级及二级以上公路5.0m,三、四级公路4.5m,汽车、收割机通道≥3.2m,拖拉机通道≥2.7m,人行通道≥2.2m。

主线下穿各级公路的净空标准:线下穿各级公路的净空高度均按5m控制。

3. 工程内容及主要构造物

(1) 建设主要内容

全线共设互通式立交 5 处,即:明光东、明光西、洪山(现改名小岗村)、沫河口、蚌埠北互通式立交。服务区 1 处:大溪河服务区。涵洞 186 道/7521.36m;通道 121 道/3814.79m。中小桥 898.88m/22 座,特大、大桥 5058.7m/5 座,主线上跨分离式立交 5281.51m/42 座,支线上跨分离式立交 1515.07m/13 座。土石方 902.728 万 m^3,防护工程 139946.74m^3。主要材料用量:木材 14132m^3,钢材 68732t,水泥 401675t,石油沥青 58614t。

(2) 路线主要控制点

王冲(S309 明东互通式立交)、小徐岗、许湾(池河特大桥)、赵诚村(G104 岗集互通式立交)、石龙嘴(石门山林场)、王民、大溪河镇(大溪河服务区)、上毛(毛山金矿)、江山乡、小黄庄(洪山互通式立交)、上徐(淮河特大桥)、中畈子(淮河特大桥)、三铺、军事靶场、沫河口镇(沫河口互通式立交)、龙王庙(北淝河特大桥)、洪集(洪集大桥)、京沪高速铁路、太平岗津浦铁路货运线(太平岗互通式立交)、徐家岗津浦铁路客运线、冯咀子、史台子(大刘郢互通式立交)。

(3) 路线跨越主要河流、城镇、铁路

所经主要河流、湖泊:池河、大溪河、板桥河、淮河、沫冲引河、北淝河。

所要城镇:大溪河镇、沫河口镇。

所跨铁路:津浦铁路货运、客运线。

(4) 桥梁

主要桥梁有:池河大桥、石门山大桥、岗集大桥、大溪河 2 号大桥、板桥河中桥、淮河特大桥、北淝河大桥、津浦铁路货运桥、津浦铁路客运桥。

(5) 收费站及服务区

全线共有 5 个收费站,分别是:蚌埠北收费站、沫河口收费站、小岗村收费站、明光西收费站、明光东收费站。1 对服务区,为大溪河服务区。

4. 征地拆迁

征地:共计征用和占用土地 8604.354 亩,其中主线(含互通式立交、管理区、服务区)前期征用土地 7554.2 亩,明光东互通匝道内扩征土地 46.7 亩,大溪河服务区及小岗村管理区扩征土地 91 亩,线外工程占用土地 912.454 亩。根据皖交基〔2001〕24 号文件及皖交基〔2003〕36 号文件规定,征用土地补偿费为 10500 元/亩、耕地占用税 1000 元/亩、土地管理费 120 元/亩、耕地开垦费 4000 元/亩,全线共计使用土地安置补偿费 9650.69 万元,其他各项税费 3255.2854 万元。

房屋及地面附属物拆迁:拆迁费用合计 997.77 万元,拆迁面积 50803.22m^2。

取（弃）土用地：全线使用取土场6422.198亩，无弃土场，合计拨付取土用地补偿费4043.91万元。

三杆升迁：共计升迁电力杆线94道，升迁电信、移动等通信光缆96道，实际发生三杆升迁费用903.2514万元。

5. 项目投资

（1）资金来源

交通部于2002年9月30日以交公路发〔2002〕450号文件批准该项目的初步设计，概算投资总额为26.412亿元。

根据有关规定，项目投资35%由企业自筹，65%利用银行贷款。企业自筹部分为9.25亿元，由三家股东单位按股权比例投资；银行贷款部分为17.16亿元，以蚌明公司为贷款人，向中国工商银行蚌埠分行、国家开发银行安徽分行、中国银行蚌埠分行共同组成的银团签订银团贷款协议。建设过程中，企业自筹资金和银行贷款资金根据工程建设进度的需要同步到达。

（2）概算执行情况

经竣工决算审计，蚌明高速公路基本建设支出数23.72亿元，与批复的概算总投资26.41亿元相比，较概算节约2.69亿元，对比概算节约比例10.19%。

6. 开工及通车时间

蚌明高速公路于2003年1月18日正式开工，2005年12月28日正式通车投入试运营。

（二）决策研究

2001年12月13日，交通部以交规划发〔2001〕727号文件批准蚌明高速公路工程立项。

2002年6月13日，交通部以交规划发〔2002〕247号文件批复蚌明高速公路工程可行性研究。

2002年6月17日，安徽省公路局以皖路前〔2002〕21号文件委托安徽省公路勘测设计院进行明光至蚌埠高速公路初步设计。

2002年7月15日，安徽省公路局重点办以皖路重工函〔2002〕7号文件批复蚌明高速公路施工图设计标段划分。

2002年8月14日，蚌埠市政府以蚌政办秘〔2002〕58号文件批准成立蚌埠—明光段高速公路工程建设指挥部。

2002年9月30日，交通部以交公路发〔2002〕450号文件批复蚌明高速公路初步设计。

2002年10月25日,安徽省交通厅以皖交基〔2002〕113号文件批复蚌埠至明光高速公路施工图设计。

2002年10月28日,安徽省交通厅以皖交基〔2002〕118、119号文件分别批复蚌明高速公路路基工程施工、监理招标资格预审结果。

2002年10月28日,安徽省交通厅以皖交基〔2002〕116号文件批复蚌明高速公路路基工程施工、监理招标文件。

2002年11月11日,安徽省交通厅以皖交基〔2002〕148号文件批准成立蚌埠至明光高速公路项目法人,即安徽省蚌明高速公路开发有限公司作为工程项目法人,负责蚌埠至明光段高速公路的建设、经营、管理工作。

(三)项目实施

1. 项目招标

(1)设计招标

安徽省公路局以皖路前〔2002〕21号文件直接委托安徽省公路勘测设计院开展明光至蚌埠高速公路初步设计。

(2)施工招标

本项目共分15个施工合同段,由招标代理机构安徽省公路工程建设监理有限责任公司(招标代理甲级单位)进行招标代理工作。

路面工程共分3个标段,交通工程共分3个标段,绿化工程共分4个标段,房建工程共分2个标段,机电工程分1个标段,均采用招标方式确定施工单位。

(3)监理招标

本项目共计监理单位11家,其中路基工程5家,路面工程3家,总监办1家,交通、绿化、机电工程1家,房建工程1家,均采用招标方式确定监理单位。

2. 项目管理

(1)项目管理规范高效

蚌明公司遵循公开、公平、公正和诚实信用的原则,对日常管理和工程开支实行两方会审、三方会签的财务审核制度,从源头上把好关,保障工程项目决策正确、方案科学、管理规范、质量可靠,创造廉洁、高效、务实的工程建设施工环境,也有效杜绝了各种腐败行为的发生。

(2)工程管理严格控制

加强施工进度、质量、安全等各项管理和监督工作,公司及时与施工监理单位签订施工、安全、廉政3个协议,把工程施工进度、质量、安全等各项管理和监督工作进行细化、量化,贯彻落实到工程各项具体工作中去。工程实行企业自检、社会监督、业主抽检、政府监督的四级质量管理体系,严格控制工程投资,定期召开全线生产调度会,考核施工各阶段性目标完成情况,并及时根据工程进展实际情况进行动态调整,把蚌明高速公路建成"精品工程""样板工程""廉政工程",确保工程质量目标完成。

3. 工程环保措施

(1)水土保持

本项目对取土场、临时占地进行了平整绿化、改造成水塘、复耕或交给地方利用,通过土石方调配未设弃土场。对路基边坡采取了工程、植被相结合的防护措施,恢复效果良好,建设了完整的排水系统,有效防止了水土流失。工程与女山湖自然保护区最近距离2km,未对其产生明显影响。

(2)水环境保护

本项目沿线跨越了淮河、池河等水体,水质保护目标分别为Ⅲ和Ⅳ类,水体功能主要为农业用水或通航。桥梁施工中采取围堰措施减小了对水体的影响。服务区、收费站的生活污水经地埋式二级生化处理设施处理,处理后的生活污水水质监测结果符合《污水综合排放标准》(GB 8978—1996)一级标准。

(3)声环境保护

本项目对沿线7处声环境敏感点建设了高3m、总长1486m的声屏障。监测结果表明,在目前行车情况下,公路沿线42处村庄昼间噪声监测值均符合《声环境质量标准》(GB 3096—2008)4a类标准。

(四)运营与养护

1. 运营管理

全线共有5个收费站,具体见表8-90。从2005年12月28日至2015年12月31日,蚌明高速公路交通流量发展状况见表8-91。

收费站点设置情况   表8-90

站点名称	车道数	收费方式
蚌埠北站	10	人工收费及电子不停车收费综合
沫河口站	8	人工收费及电子不停车收费综合
凤阳站	8	人工收费及电子不停车收费综合
明光西站	8	人工收费及电子不停车收费综合
明光东站	8	人工收费及电子不停车收费综合

交通流量发展状况表（单位：辆）　　　　　　　　　表 8-91

年份	入口	出口	合计	日平均流量
2005	2126	2076	4202	1050
2006	622276	620166	1242442	3404
2007	1026615	1005305	2031920	5567
2008	1216317	1183496	2399813	6575
2009	1261166	1245391	2506557	6867
2010	1611302	1581250	3192552	8747
2011	1833555	1820153	3653708	10010
2012	2059191	2074296	4133487	11325
2013	3146907	3154277	6301184	17264
2014	3669816	3653555	7323371	20064
2015	4090389	4156151	8246540	22593

蚌明高速公路通车运营伊始，蚌明公司就提出"科学管理、持续创新、高效廉洁、文明服务"企业理念，"养护管理为中心，收费管理为重点，安全是第一"营运管理理念，运用 OEC 目标量化考核体系，狠抓制度建设，努力夯实基础，不断开拓创新。通过十年来的通车运营，通行安全舒适，路面结构稳定，附属设施质量完好，路容整洁美观，满足了设计和通车营运管理的要求。

十多年来，通过定期与不定期检查与巡查相结合，检测、修复和养护配套，采取科学有效的养护施工方案，使路基稳定，没有出现坍塌、滑移和路基沉陷现象；沥青面层使用情况良好，没有出现大的质量问题。路面整洁，线形流畅，路基两侧整齐无杂物，桥梁伸缩缝和泄水管无堵塞等；沿线绿化物种均选择了适宜本地气候条件和园林的树种，采取了乔、灌、草相结合的方式，体现了一切以人为本的理念。

全线桥梁、涵洞基础稳定，结构牢固，排水通畅，桥梁结构完好无损。连接线充分发挥了交通运输的功能，有效保障了车辆进、出高速公路的畅通，质量稳定，使用情况良好。

监控系统各项设备均达到设计要求，运行情况正常，监控摄像机清晰、稳定，信息牌显示的信息丰富、准确。监控软件功能完备，性能可靠，人机界面简洁实用，操作灵活方便。

通过对交通沿线实施的日常维护和保养，标志、标线醒目，沿线防撞设施基础稳固、防撞护栏线形顺适，安全可靠。交通标志设置合理、齐全，标线规范、顺直，反光效果良好。防眩板安装牢固，防眩效果良好。

2. 养护管理

蚌明公司采用社会化养护管理模式，通过公开招标方式确定小修和路面、绿化、机电等专业化养护，目前尚未实施大修工程。

蚌明公司结合蚌明高速公路设计、建设、施工特点,按照国家及交通部相关设计、施工技术标准、规范和试验规程,立足争创一流的高速公路管理理念,认真做好养护管理、运营管理工作,按照"科学、规范、超前、预防"的养护管理方针,抓住有利季节,提升路况质量。严格按照公路养护规范,加强以路面为中心的全面养护,做到路面无坑槽、无沉陷,消灭龟网裂缝。结合冬季防冰冻、春夏季防汛要求,认真清理水沟、涵洞内淤积物,保证水沟、涵洞畅通。加强对桥梁、高边坡的日常监测和日常养护与清扫力度。加强对路容路貌的整理,清理路肩杂物,做到路肩整洁无堆积物。彻底清理公路用地范围内的垃圾、杂物,保证公路环境畅、洁、绿、美。加强对公路设施、标志、标牌的维护和管理。加强路政巡查整治力度,严格控制公路用地内的堆积物、非公路标志牌,对于违法建筑物及非公路标志牌,坚决予以取缔。

蚌明公司在养护管理上具体做了以下工作:

(1)严格控制管养工作

为保证路面使用质量,各项指标符合设计要求和满足设计的使用年限,公司根据相关标准,利用有关设备和计算机信息上报等渠道,通过高密度、高频率、大范围路况巡查,加强路面、桥梁基础数据的收集、整理和分析,掌握沥青混凝土路面、桥梁的使用情况,保证高速公路始终处于良好的营运状态和行驶车辆安全、畅通。

(2)实行规范化管理

为提高养护工作的质量和效率,实行道路养护专业化、规范化,公司积极改革养护管理体制,通过公开招投标择优选择养护施工单位。公司要求养护单位严格制定养护管理规章制度和实施细则,明确各部门职责,在充实工程技术人员和相关物资设备的基础上,要求养护单位配备先进、齐全的养护设备,建立养护施工单位的质量和安全的保证体系。配备整套路面养护设备、高空作业车、路面专用检修车、洒水车、清扫车及其他测量仪器等。

(3)实行养护量化考核管理

为使蚌明高速公路充分发挥重要公路通道的作用,保持良好的营运状态,养护管理实行了量化考核制度,对养护、管理各项目任务确定了考核标准,层层落实责任制。加强路政管理巡查力度,坚持24小时不间断巡逻制和责任制,确保巡查到位,责任到人,及时纠正违章行为。对破坏道路设施、污染路面、桥面、违章停车等及时处理。在做好路政巡查的同时,积极配合地方高速交警处理交通事故,及时追缴路产损坏赔偿款,有力地维护了路产路权。为做好控制区的管理宣传工作,蚌明公司积极主动与沿线政府和企业、学校联系,签订爱路护路协议和联防协议,对违法破坏分子给予了有力的打击;根据公安部、交通部和安徽省的有关规定,严格执行超限超重车辆和偷逃通行费车辆的管理,确保路产完好和安全畅通。

(4)确保道路安全畅通

全面贯彻"建设是发展,养护管理也是发展"的指导思想,设置工程养护部,全面负责工程养护的管理,并对路产赔偿、事故故障施救等分工负责。按照规范化、制度化、科学化的管理手段,本着"以人为本,以路为本"的新服务理念,重视"建、管、养"的衔接关系,抓好"人、车、路"的有机结合。在养护工作中,以加强日常巡查为基本着手点,以检查数据为依据,以规范标准规程为依靠,以监理控制为手段,走程序化的养护管理之路,深挖老问题,研究新情况,逐步探索适合蚌明高速公路的养护管理之路。

蚌明公司制定了《蚌明高速公路工程养护部工作职责》《蚌明高速公路养护管理规范》《蚌明高速公路养护与维修管理办法》《蚌明高速公路路况巡视调查制度》《蚌明高速公路养护作业安全制度》等,使蚌明养护管理工作逐步走向系统化、制度化、规范化、标准化、科学化。加大养护投入、配套相关设备、完善基础设施。投资200多万元配套巡查和施救设备,用来加大巡查力度,提高施救抢险的能力。

应急演练使用车辆

人工撒布融雪剂

人工清除剩余积雪

为确保养护质量,更好地控制养护成本,实行养护监理制。通过监理对养护维修项目的方案报批、数量的审查、质量检测验收等有效控制,既能保证质量,又节约时间和合理费用。安全设施按施工路段设计需要,由养护部门统一制作、安放、管理。救援清障时,统一在交警部门的指挥下,配置各种安全设施,制订安全措施,设置救援清障标志灯具,严格按照相关安全规程操作,文明作业,同时加强自身安全防护,并防止二次事故发生。通过创建重特大事故及恶劣天气的联动紧急预案机制,形成了信息、资源、设备共享协调配合的工作氛围,努力打造畅、洁、绿、美、安的蚌明高速公路,为社会提供最好的通行服务。

二十八、G36宁洛(南京—洛阳)高速公路界首至阜阳至蚌埠段

(一)项目概况

G36宁洛(南京—洛阳)高速公路界首—阜阳—蚌埠段(以下简称"界阜蚌高速公路")是连接南京市和洛阳市的宁洛高速公路(G36)重要组成部分。该道路是皖西北第一条高速公路,安徽省高速公路规划网中的重要一"横",安徽省"九五"重点建设项目。

G36宁洛(南京—洛阳)高速公路界首至阜阳至蚌埠段

道路全长187.134km,分三期建设,全线于2004年10月10日通车运营。道路起于界首市常胜沟,终于蚌埠市大刘郢,经过安徽省界首市、太和县、利辛县、蒙城县、怀远县、蚌埠市三地区五县市,连通105、206两条国道和203、305、307、308四条省道;东接京台高速公路与国家高速公路网中连霍高速公路、长深高速公路、沪宁高速公路、沪陕高速公路、沪蓉高速公路、沪瑜高速公路、宁芜高速公路、芜合高速公路、杭瑞高速公路等相连;西接济广高速公路、漯周界高速公路。界阜蚌高速公路是东部地区通往中西部地区的主干道,是安徽省连接河南漯河—蚌埠—南京经济区域干线的重要组成部分。该路的建成对带动皖北地区经济外运,增强与其沿海发达城市的联系,完善皖北路网布局都具有深远的意义。

1. 参建单位

一期工程前期建设由阜阳市政府负责;1999年11月,由安徽省公路局负责一期工程未完工程的建设以及二期建设;三期工程建设单位为安徽省交通投资集团有限责任公司。

项目主要参建单位见表8-92~表8-95。

**G36 宁洛(南京—洛阳)高速公路界首至阜阳至蚌埠段
主要参与建设单位汇总表(一期工程)**　　　　　表8-92

序号	参建单位	单位名称	合同段编号及起止桩号	主要负责人	备注
1	项目管理单位	安徽省界阜蚌高速公路建设指挥部		李永铎	
2	勘察设计单位	安徽省公路勘测设计院		杨昌道	
3	监督单位	安徽省交通质监站		何光	
4	检测单位	安徽省港航设计院检测公司			
		安徽恒达检测公司		吴皖雄	
5	施工单位	安徽省路港公司	第一合同段(路基工程) K28+497.44~K37+040.44	马贤贵	
		铁道部第四工程局六处	第二合同段(路基工程) K37+040.44~K42+040.44	李中庸	
		锡山市交通工程总公司	第三合同段(路基工程) K42+040.44~K50+050.44	陈忠	
		安徽省水利建筑工程总公司五分公司	第四合同段(路基工程) K50+050.44~K58+040.44	凌智勇	
		中铁第十四工程局第三工程处	第五合同段(路基工程) K58+040.44~K64+315.41	赵三保	
		铁道部第十七工程局四处	第六(Ⅰ)合同段(路基工程) K64+315.41~K68+451.44	朱殿强	
		锡山交通工程总公司	第六(Ⅱ)合同段(路基工程) K68+451.44~K74+040.44	李兆恒	
		阜阳市公路工程有限责任公司	第八合同段(路基工程) K75+94.041~K78+078.31	袁利民	
		安徽省路港公司	第一合同段(路面工程) K28+497.44~K37+040.44	马贤贵	
		合肥市路桥公司	第二合同段(路面工程) K37+040.44~K42+040.44	丁增信	
		锡山市交通工程总公司	第三合同段(路面工程) K42+040.44~K50+050.44	陈忠	
		安徽省公路桥梁工程公司	第四合同段(路面工程) K50+050.44~K58+040.44	盛怀恩	
		中铁第十四工程局第三工程处	第五合同段(路面工程) K58+040.44~K64+315.41	赵三保	

续上表

序号	参建单位	单位名称	合同段编号及起止桩号	主要负责人	备注
5	施工单位	中铁十二局集团第三工程公司	第六合同段(路面工程) K64+315.41~K74+040.44	吴益民	
		中铁十二局集团第三工程公司 安徽省公路桥梁工程公司	第七合同段(西淝河大桥) K74+453.15~K75+275.73	石加玉、盛怀恩	
		阜阳市公路工程有限责任公司	第八合同段(路面工程) K74+040.44~K78+078.31	袁利民	
6	监理单位	安徽省高等级公路工程监理有限公司		陈元权	

注:1.07 标西淝河大桥标段,前期下部由中铁十二局施工,后期上部由安徽省公路桥梁工程有限公司施工。
2. 原一期施工桩号为 K0+457~K50+037.9,为保证和二、三期桩号连续性,表格中桩号均为由换算后施工新桩号 K28+497.44~K78+078.31 相对应的换算合同段桩号。

G36 宁洛(南京—洛阳)高速公路界首至阜阳至蚌埠段主要参与建设单位汇总表(二期工程)

表 8-93

序号	参建单位	单位名称	合同段编号及起止桩号	主要负责人	备注
1	项目管理单位	安徽省界阜蚌高速公路建设指挥部		李永铎	
2	勘察设计单位	安徽省公路勘测设计院		杨昌道	
3	监督单位	安徽省交通质监站		何光	
4	检测单位	安徽省港航设计院检测公司			
		安徽恒达检测公司		吴皖雄	
5	施工单位	淮南国能建设工程有限责任公司	路基 1-1 标段 K0+071.5~K2+112	戴焕生	
		宿县路桥工程公司	路基 1-2 标段 K2+112~K7+100	雷光亮	
		阜阳市公路工程有限责任公司	路基 1-3 标段 K7+100~K9+780	牛永新	
		中煤第三建设集团有限责任公司	路基 1-4 标段 K9+780~K11+782	刘长安	
		中国建筑第八工程局有限公司	路基 2-1 标段 K11+782~K14+269	黄显昵	
		中铁二十工程局	路基 2-2 标段 K14+269~K20+600	刘宏伟	

第八章 高速公路建设项目

续上表

序号	参建单位	单位名称	合同段编号及起止桩号	主要负责人	备注
5	施工单位	巢湖路桥工程有限公司	路基3-1标段 K20+600～K23+600	汪昌宁	
		铜陵市华通路桥工程有限责任公司	路基3-2标段 K23+600～K25+260	汪法仁	
		安庆市路达公路建设工程有限责任公司	路基3-3标段 K25+260～K28+497.44	王易发	
		铁道部第四工程局第四工程处	路基4-1标段 K78+042.51～K81+505	李中庸	
		安徽省水利建筑工程总公司	路基4-2标段 K81+505～K84+900	牛曙东	
		浙江省大成建设集团公司	路基5-1标段 K84+900～K86+910	胡志飞	
		合肥虹达道路桥梁工程公司	路基5-2标段 K86+910～K91+903	姚维刚	
		安徽省公路桥梁工程公司	路基6-1标段 K94+809～K95+544.3	鲁学兴	
		中铁十七工程局第三工程处	路基6-2标段 K91+903～K94+809、 K95+544.3～K97+640	吴建荣	
		宿县路桥工程公司	路面1标 K0+071.5～K14+269	雷光亮	
		巢湖路桥工程有限公司	路面2标 K14+269～K28+497.44	何子平	
		安徽省水利建筑工程总公司	路面3标 K78+042.5～K86+910	周晓山	
		阜阳市公路工程有限责任公司	路面4标 K86+910～K97+640	牛永新	
6	监理单位	安徽省高等级公路工程监理有限公司	东段	石承华	
		安徽省公路工程建设监理有限责任公司	西段	李学潮	

G36 宁洛(南京—洛阳)高速公路界首至阜阳至蚌埠段主要参与建设单位汇总表(三期工程)

表 8-94

序号	参建单位	单位名称	合同段编号及起止桩号	主要负责人	备注
1	项目管理单位	安徽省界阜蚌高速公路建设指挥部		曹兴海	
2	勘察设计单位	安徽省公路勘察设计院	路基、路面、桥涵构造物等	毛洪强	
3	监督单位	安徽省交通厅质量监督站		何光	
4	检测单位	安徽省港航设计院检测公司	路基检测		
		安徽省公路局检测中心	桥梁检测	奚勇	
		安徽恒达检测公司	路面检测	吴皖雄	
5	施工单位	安徽省公路桥梁工程公司	路基工程第一合同段 K97+640~K107+360	冯保佑	
		中铁十七局三处	路基工程第二合同段 K107+360~K113+800	杨胜华	
		淮南国能公司	路基工程第三合同段 K113+800~K122+450	谭明	
		安徽水利开发股份有限公司	路基工程第四合同段 K122+450~K130+350	李俊	
		湖北省路桥公司	路基工程第五合同段 K130+350~K137+700	凡孝均	
		中国建筑第七工程局	路基工程第六合同段 K137+700~K145+250	刘少英	
		中港第一航务局第二工程公司	路基工程第七合同段 K145+250~K152+400	钱振芳	
		安徽省路港工程公司	路基工程第八合同段 K152+400~K157+236.45	高生	
		阜阳市公路工程有限责任公司	路基工程第九合同段 K157+236.45~K158+045.55	牛永新	
		中铁二十局三处	路基工程第十合同段 K158+045.55~K168+350	王天亮	
		安徽省蚌埠市路桥工程有限公司	路基工程第十一合同段 K168+350~K178+653.65	田晓东	
		辽宁省路桥建设总公司	路基工程第十二合同段 K178+653.65~K179+567.35	单飞	
		安徽省路港工程公司	路基工程第十三合同段 K179+567.35~K183+922	李润清	
		安徽省公路桥梁工程公司	路基工程第十四合同段 K183+922~K187+170	王家林	
		山东省交通工程总公司	路面第一合同段 K97+640~K128+095	王彬州	
		路桥集团第一公路工程局第一工程公司	路面第二合同段 K128+095~K158+045.55	王玉臣	
		安徽省公路桥梁工程公司	路面第三合同段 K158+045.55~K187+170	汪卫东	

续上表

序号	参建单位	单位名称	合同段编号及起止桩号	主要负责人	备注
6	监理单位	安徽省公路工程监理公司	路基工程总监办	季俞滨	
		安徽省公路工程监理公司	路面工程总监办	刘振国	
		安徽省公路工程监理公司	路基工程第一驻地办 K97+640~K113+800	刘家保	
		安徽省高等级公路工程监理有限公司	路基工程第二驻地办 K113+800~K130+350	朱晓东	
		河北交通建设监理咨询公司	路基工程第三驻地办 K130+350~K145+250	赵淑芳	
		河北交通建设监理咨询公司	路基工程第四驻地办 K145+250~K157+236.45	高利波	
		安徽中兴工程建设监理公司	路基工程第五驻地办 K157+236.45~K168+350	沈项斌	
		安徽省高等级公路工程监理有限公司	路基工程第六驻地办 K168+350~K179+567.35	陈晓	
		安徽省公路工程监理公司	路基工程第七驻地办 K179+567.35~K187+170	司学习	
		安徽省高等级公路工程监理有限公司	路面工程1办 K97+640~K128+095	朱晓东	
		河北交通建设监理咨询公司	路面工程2办 K128+095~K158+045.55	赵淑芳	
		安徽省公路工程监理公司	路面工程3办 K158+045.55~K187+170	刘振国	

G36 宁洛(南京—洛阳)高速公路界首至阜阳至蚌埠段主要参与建设单位汇总表(一、二期改建工程)

表 8-95

序号	参建单位	单位名称	合同段编号及起止桩号	主要负责人	备注
1	项目管理单位	安徽省界阜蚌高速公路改建工程项目办	K290+405~K387+915	李学潮	
2	勘察设计单位	安徽省交通规划设计研究院	界阜蚌一二期改建工程 K290+405~K387+915	赵可肖	
		安徽省交通规划设计研究院	界首主线收费站扩建工程	李斌	
3	检测单位	安徽省公路工程监测中心	界阜蚌一二期改建工程检测 K290+405~K387+915	奚勇	
		安徽省交通规划设计研究院工程测试中心	界首主线收费站扩建土建工程检测	王尚	
		合工大工程试验检测有限责任公司	界首主线收费站扩建大棚工程检测	潘星	
		合工大工程试验检测有限责任公司	界首主线收费站扩建房建工程检测	潘星	

续上表

序号	参建单位	单位名称	合同段编号及起止桩号	主要负责人	备注
4	监督单位	安徽省交通质监站			
5	施工单位	安徽省路港工程有限责任公司	界阜蚌高速公路改建工程01标 K290+405~K337+812	葛辉	
		南京东部路桥工程总公司	界阜蚌高速公路改建工程02标 K337+812~K387+915	戴亚平	
		胜利油田胜利工程建设集团有限责任公司	界阜蚌高速公路改建工程03标 K290+405~K337+812	朱俊生	
		中交一公局厦门工程有限公司	界阜蚌高速公路改建工程04标 K337+812~K387+915	陈志强	
		安徽开源建设发展有限公司	界阜蚌高速公路改建工程05标 K290+405~K337+812	王锐	
		云南长江现代交通设施有限公司	界阜蚌高速公路改建工程06标 K337+812~K387+915	颜光庆	
		武汉二航路桥特种工程有限责任公司	界阜蚌高速公路改建工程07标 K290+405~K337+812	涂凯	
		上海久坚加固工程有限公司	界阜蚌高速公路改建工程08标 K337+812~K387+915	张晓斌	
		中交第二航务工程局有限公司	界阜蚌高速公路改建工程09标 西淝河大桥、阜蒙新河大桥	周晓萍	
6	监理单位	安徽中兴工程建设监理所	总监办 K290+405~K387+915	邵志兵	
		安徽中兴工程建设监理所	第一驻地办 K290+405~K337+812	张久伟	
		武汉广益工程咨询有限公司	第二驻地办 K337+812~K387+915	周衍东	

2. 技术标准

(1)公路等级及地形类别

平原微丘区高速公路。

(2)主线行车速度

一、二期(K0+071.5~K97+640)设计速度为100km/h;三期(K97+640~K187+017)设计速度为120km/h。

(3)路基、路面

全路线双向四车道。一期工程路基宽度24.5m,路面宽度21m;二、三期工程路基宽度26m,路面宽度22.5m(包括硬路肩部分);路面标准轴载BZZ-100;一、二期采用水泥混凝土路面;三期采用沥青混凝土路面。

互通立交设计标准：二期工程匝道行车速度40km/h，单向单车道路基宽8.5m，对向双车道有分隔带路基宽15.5m。三期工程互通立交匝道计算速度为40～80km/h。

(4)桥梁、涵洞

桥涵设计汽车荷载等级：汽车—超20级，挂车—120。

设计洪水频率：路基、大中桥、小桥涵1/100；特大桥1/300。

(5)路线交叉

主线上跨各公路的桥梁及通道净宽高度：二级及二级以上公路5m，三、四级公路4.5m，联合收割机通道3.5m，汽车通道3.2m，拖拉机通道2.7m，人行通道2.2m。主线下穿各级公路的净宽均按5m控制。

3. 工程内容及主要构造物

(1)建设主要内容

①界阜蚌高速公路一期工程

一期工程全长49.5809km，全线有大桥2座/1004.32m，中桥1座/99.74m，小桥7座/179m，互通立交1处，分离立交36座，涵洞（含通道）共203道，服务区1对。

②界阜蚌高速公路二期工程

二期工程全长48.02343km，全路段共设特大桥及大桥2座，中桥11座，小桥15座，圆管涵73道，盖板涵33道，主线分离立交桥41座，支线上跨桥11座，通道77道，互通立交3处，临时互通立交1处。

③界阜蚌高速公路三期工程

三期工程全长89.5301km，大桥4座，中、小桥131座，互通立交3处，支线上跨3座，涵洞、通道278道，服务区2对。

(2)路线跨越主要河流

路线跨越主要河流见表8-96。

路线跨越主要河流　　　　　　　　表8-96

河流名称	怀洪新河	涡河	阜蒙新河	西淝河	谷河	茨河
通航等级	Ⅴ级	Ⅳ级	Ⅵ级	Ⅴ级	不通航	不通航

(3)主要交叉铁路

青阜铁路、京九铁路。

(4)收费站及服务区

宁洛高速公路安徽界阜蚌段全线共设互通立交8座，即：界首光武互通、太和互通、利辛西互通、利辛互通、利辛东互通（2015年增建）、蒙城互通、怀远西互通、大刘郢互通。全线有服务区3对：四方湖服务区（2011年增建）、吕望服务区、三角元服务区（2015年改建）。线收费站1处：界首收费站。

4. 征地拆迁

（1）界阜蚌高速公路一期工程

1998年4月30日，阜阳市人民政府《关于界阜蚌高速公路工程施工临时用地有关问题的通知》（阜政秘〔1998〕120号）；

1999年9月21日，国土资源部《关于界阜蚌高速公路三角元至西潘楼段工程建设用地的批复》（国土资函〔1999〕473号）；

征用耕地6754.187亩，征用宅地66.535亩；拆除砖瓦房44356.167m^2/2421间，拆除围墙2069.3m，挖树木31522棵，迁坟511口（单棺）及1527口（双棺），填井共计1265眼；拆迁电力及通信设备共194根电线杆。

（2）界阜蚌高速公路二期工程

征用土地7386.8亩，拆除建筑物8154m^2。

（3）界阜蚌高速公路三期工程

2001年4月，安徽省国土资源厅以皖国土资函〔2001〕60号文《关于蒙城至蚌埠公路用地预审意见的函》批准蒙蚌高速公路用地。根据安徽省交通厅、国土资源厅皖交基〔2001〕24号文《关于界阜蚌高速公路蒙蚌段征地拆迁工作的通知》规定的补偿标准，对该工程沿线的工程占地、附属物进行了拆迁和补偿，其中工程占地（含补偿标准）13498.44亩，补偿金额为6969.9万元，附属物补偿金额为370.6万元。

5. 项目投资

（1）项目总投资34.96亿元（不含服务区、管理区投资）。其中：

界阜蚌高速公路一期：工程总投资概算6.98亿元。路基与桥涵工程合同总价2.11亿元，路面工程合同总价1.64亿元，交通工程和附属设施合同总价6054万元。

界阜蚌高速公路二期：工程总投资概算9.16亿元。路基与桥涵工程合同总价4.04亿元，路面工程合同总价1.46亿元，交通工程和附属设施及其他项目合同总价1.04亿元。

界阜蚌高速公路三期：总工程投资概算19.70亿元，其中涡河大桥、怀洪新河大桥综合概算为5656.43万元和5442.65万元；房建工程概算批复为3920.43万元（不包括管理处）。资金主要来源于开发银行贷款，偿还方式为道路收费还贷。

（2）资金来源：养路费5亿元，通行费6.3亿元，客货运附加费3.6亿元，国家开发银行贷款18.1亿元，其余资金1.96亿元由阜阳市政府筹措。

6. 项目开工及通车时间

一期工程：1998年9月正式开工，2000年12月15日交工，2001年4月建成通车。

二期工程：2000年6月18日开工，2002年12月18日建成通车。

三期工程:2000年6月18日开工,2004年10月10日建成通车。

(二)决策研究

1996年,阜阳人民政府《关于界阜蚌公路实施意见的请示》(秘〔1996〕141号);

1996年10月,安徽省人民政府批准省计委立项,批准文件为《关于修建界首—阜阳—蚌埠公路有关问题的批复》(皖政秘〔1996〕234号);

1996年11月,安徽省计委批准立项,批准文件为《关于界首—阜阳—蚌埠公路工程立项的批复》(计交字〔1996〕795号);

1999年6月,安徽省计委批准文件《关于界首—阜阳—蚌埠公路工程可行性研究报告的批复》(计交能字〔1999〕376号);

2001年3月26日,安徽省计委《关于蒙城至蚌埠高速公路工程(界阜蚌三期)初步设计的批复》(设计〔2001〕188号);

2001年4月,安徽省国土资源厅以皖国土资源函〔2001〕60号文《关于蒙城至蚌埠公路用地预审意见的函》批准蒙蚌高速公路用地。

(三)项目实施

1. 项目招标

界阜蚌高速公路一期、二期、三期工程均采用公开招标的方式进行。

(1)界阜蚌高速公路一期、二期工程招投标

一期、二期工程由指挥部成立项目招(评)标领导小组,在招(评)标领导小组的领导下,邀请有关专家组成评标专家,依据规定程序进行工作。一期工程路基与桥涵工程分8个标段,路面工程分7个标段,省内外共有11家施工企业中标。二期路基工程路基与桥涵工程分15个标段,路面工程分4个标段,省内外共有15家施工企业中标;监理2家企业中标。

(2)界阜蚌高速公路三期工程招投标

三期工程,即蒙蚌高速公路,原采用BOT合作模式,其参与投资单位为广州逸涛公司,与安徽省公路管理局共同筹建了安徽省逸涛蒙蚌高速公路开发建设有限公司。2001年9月,广州逸涛公司退出项目建设,原安徽省逸涛蒙蚌高速公路开发建设有限公司变更为界阜蚌高速公路指挥部蒙蚌项目办公室,简称蒙蚌项目办。项目办进行招标内容如下:路基工程监理单位招标;路基工程施工单位招标;路面工程监理单位招标;路面工程施工单位招标;交通工程招标;房建工程施工、监理单位招标;机电工程施工、监理单位招标。

2. 项目建设管理

（1）界阜蚌高速公路一期工程

一期工程于 1998 年 9 月正式开工。2000 年 11 月 29 日,高指办〔2000〕63 号《关于界阜蚌一期工程交工验收的请示》;2000 年 12 月 4 日,界指办〔2000〕17 号《关于界阜蚌一期工程交工验收的批复》。2000 年 12 月 14～16 日,一期工程在阜阳进行了交工验收。交工验收由安徽省交通厅主持,界阜蚌高速公路建设指挥部办公室组织实施,由省交通厅、省公路局、厅质监站、厅基建处、省公路设计院、省高等级公路工程监理有限公司、界阜蚌高等级公路管理处（筹备组）代表组成。一期工程于 2002 年 11 月顺利通过竣工验收。

（2）界阜蚌高速公路二期工程

二期工程于 2000 年 6 月 18 日开工。省厅质监站于 2001 年 12 月和 2002 年 10 月分别对路基和桥涵工程、路面工程、内业资料等进行了检测、评定和验收。2002 年 11 月 27 日,省厅质监站牵头组织有关单位对二期工程进行交工验收。二期工程于 2005 年 6 月顺利通过竣工验收。

（3）界阜蚌高速公路三期工程

三期工程于 2000 年 6 月 18 日开工。2004 年 9 月 27 日,三期工程在蚌埠市举行验收。会议由建设单位主持,成立了交工验收委员会,由交通主管部门、建设、设计、施工、监理、质量监督、接管养护等单位代表组成。三期工程于 2006 年 7 月顺利通过竣工验收。

界阜蚌高速公路二期工程竣工验收会

界阜蚌高速公路三期工程交工验收会

3. 重大事项

1) 重大变更

（1）阜蒙新河桥起讫桩号为:K94+816.94～K95+647.0,全长 830m,分主桥和引桥两大部分。本桥设计变更较大的变更有以下几项:

①主墩承台顶面高程提高变更

因主墩设计埋深过大,较难控制桩顶混凝土浇筑质量及基础开挖困难,并且 Z6～Z94

承台均紧邻阜蚌路,因此作出变更。

②主墩墩截面形式变更

原Y形独柱式墩身变更为方形截面独柱式墩身,在墩顶设普通钢筋混凝土墩帽。

③引桥预应力混凝土空心板变更

原设计空心板梁高80cm,混凝土强度等级C40,变更为空心板梁高85m,混凝土强度等级C50。

④主桥箱梁设计变更

因主桥箱梁的设计施工方案改变,设计院对主桥箱梁的非预应力筋、预应力筋及预应力施加、齿板布置等均作变更。

(2)原设计起点与S308线采用平交进行临时衔接,由于二期工程即将开工建设,起点段纵坡随二期工程设计要求进行调整,原平交改为S308线上跨。

2)重大事件

(1)界阜蚌高速公路一期工程前期建设由阜阳市政府负责,因计划调整,1999年11月,由省公路局负责一期工程未完工程的建设以及二期、三期工程的建设。

(2)界阜蚌高速公路三期工程(蒙蚌高速公路)原采用BOT的合作模式,其参与投资单位为广州逸涛公司,与安徽省公路管理局共同筹建了安徽省逸涛蒙蚌高速公路开发建设有限公司。由于公路管理体制的改变,2001年9月广州逸涛公司退出界阜蚌高速公路三期工程(蒙蚌高速公路)的建设,原安徽省逸涛蒙蚌高速公路开发建设有限公司变更为界阜蚌高速公路指挥部蒙蚌项目办公室。

(3)界阜蚌高速公路三期工程(蒙蚌高速公路)建设期间遭受2003年"非典"疫情及特大洪水灾害影响较大。

4. 复杂技术工程

(1)西淝河大桥

主桥跨西淝河,为Ⅵ级航道。主跨上部采用$3 \times 40m$预应力混凝土弓形组合梁,下部采用双柱式桥墩。引桥跨滩符铁路。引桥上部构造采用25m先张法预应力混凝土空心板,桥面连续。引桥错孔布设,下部构造采用独柱墩,预应力混凝土隐式盖梁或双柱式墩,重力式桥台,桥梁全长794.78m。

(2)大刘郢互通立交

大刘郢互通立交为界阜蚌高速公路与合徐高速公路连接枢纽,中心桩号K185+539.727(=HXK132+225.441),大刘郢互通立交交叉等级为一级。采用部分苜蓿叶+定向型,使主交通流得到较高的服务水平。蒙城至合肥方向、徐州至南京方向两个定向匝道的设计速度采用80km/h,内环匝道设计速度采用40km/h。

大刘郢互通立交鸟瞰图

(四)科技创新与成果

1.界阜蚌高速公路一期工程施工新技术应用

(1)首次采用全球卫星定位系统(GPS)技术进行全线导线控制测量。

(2)采用数字化地形图,可充分利用先进的计算机技术和相关设计软件,计算机出图率达95%以上,有效缩短设计周期,提高设计质量。

(3)水泥混凝土面板采用喷洒水泥混凝土养生膜,保证养生质量,提高工效。

2.界阜蚌高速公路二期工程施工新技术应用

(1)采用蓝派压路机对全线93处路基填方段进行冲击压实,提高了路基压实质量。

(2)为改善预应力箱梁浇筑时的和易性,减少箱梁后期收缩变形,二期工程采取了在预应力箱梁混凝土中掺加粉煤灰的新工艺。

(3)在阜蒙新河大桥施工过程中,同东南大学合作,进行梁板加载试验和优化C50高强度混凝土配合比设计,对提高工程质量、降低工程造价收到了良好效果。

(4)在路面水泥稳定层施工结束后,全线使用了乳化沥青进行稀浆封层新工艺,其既有利于混凝土面板的排水,改善面板与水稳层间的高温下收缩(膨胀)变形而产生拉应力导致的断板现象,同时对冬季施工结束的水稳基层起到了保护作用。

(5)将原合同人工摊铺的混凝土路面变更为机械滑模摊铺,并总结出一套滑模摊铺施工技术的成功经验。

(6)在混凝土路面滑模摊铺中,采用混凝土面板全缩缝加传力杆的新工艺;同时混凝土中掺加粉煤灰,改善混凝土和易性和工作性能,增加混凝土后期强度。

3.界阜蚌高速公路三期工程施工新技术应用

(1)在路基施工中,针对土质变化频繁,地下水位高的特点,总结出一套行之有效的过湿土翻晒施工技术,对全线土方施工进度和质量起到良好的促进作用,此项技术在皖北及皖西北的高速公路尤其是蒙蚌高速公路的建设中得到广泛推广和应用。

(2)与东南大学合作,进行预应力混凝土空心板现场静载试验,研究提出以控制截面开裂弯矩进行最大试验加载设计及静载试验的等效弯矩计算法。

(3)与浙江大学合作,首次将低强度混凝土桩复合地基(振动沉管桩施工)工艺大面积用于结构物软基处理,对控制施工质量,缩短工期,减少工程投资起了良好的作用。

(4)同浙江大学联合,进行了基于振动测试的大跨桥梁无损伤检测研究和预应力固有频率研究。

(5)与东南大学、江苏省交科院联合,进行特大桥动载、静载试验研究,为特大桥的验收提供了科学依据。

(6)在水稳基层施工中,与东南大学合作,研制与采用低强度等级缓凝路用水泥、较粗的级配,用于路面水泥稳定碎石基层,对该层因收缩开裂的通病起到了较好的控制作用,在水泥稳定碎石基层裂缝的控制方面有了较大突破,取得了良好的经济效益和社会效益。

(7)与东南大学合作研究沥青混凝土路面,针对蒙蚌高速公路的地域位置及气候特点,进行路面结构层的优化设计和目标配合比设计。

(8)为提高蒙蚌高速公路沥青路面使用性能,延长使用寿命,经有关专家论证并经省交通厅批准,在全省沥青混凝土路面施工中,首次在中、上面层大规模采用SBS改性沥青。

(9)沥青混凝土中、上面层间首次采用改性乳化沥青黏层油,显著提高了混凝土层面间的黏结效果。

(10)全线大中桥采用FYT三防桥面防水工艺,小型结构物桥面铺装表面采用洗刨处理以提高其黏附性。

(11)为提高桥梁伸缩缝的强度,延长使用寿命,施工中首次采用C50高强度等级钢纤维水泥混凝土。

(五)运营与养护

安徽省界阜蚌高速公路管理有限责任公司(以下简称"界阜蚌公司")在高速公路养护管理工作中坚持"预防为主,防治结合"的原则,明确"以路面、桥梁养护为中心,实行科学化、预防性相结合"的工作思路,严格贯彻落实"畅通主导、安全至上、服务为本、创新引领"的养护管理方针。自通车以来,积极推进养护管理发展方式转变,夯实基础管理,强化应急保畅。采用社会化养护管理模式,通过公开招标确定社会专业化养护公司进行小修和路面、绿化、机电等专业化养护。此外,界阜蚌公司结合界阜蚌高速公路运营情况,及时启动一、二期工程改建,以及增设服务区等工程,提高道路整体服务水平。

1. 一、二期工程改建

界阜蚌高速公路一、二期工程为水泥混凝土路面,全长97.5km(双幅)。分别于2001年4月和2002年11月建成通车。随着宁洛高速公路2006年的全线贯通,界阜蚌高速公路区域内的交通量和承担的交通荷载呈直线增长,路面处于加速破坏的阶段,局部路段的路面服务水平已经衰减,现有道路破损局势加快,矫正性处治及常规养护已跟不上病害发展的速度,导致路面整体使用性能大幅下降,养护维修费用逐年递增。为彻底改善道路技术状况和技术服务水平,根据对道路技术状况跟踪观测、检测和论证分析,安徽省交通投资集团有限责任公司于2009年对界阜蚌高速公路一、二期工程实施了改建。改建工程路面结构形式采用"白+黑"方案,对中央分隔带、土路肩排水进行改建;对路面标线和波形护栏重新设计、现有道路标志和隔离栅的修复改造。

(1)一、二期工程改建前期准备

安徽省交通投资集团有限责任公司于2006年委托江苏省交通科学研究院对一、二期水泥混凝土路面进行了使用状况检测和评定,对改建时机进行了分析论证。2007年下半年,安徽省交通投资集团有限责任公司组织实施了水泥混凝土路面改建试验段,对有关技术进行了分析比较,并进行了必要的技术准备。2008年10月9日,向安徽省交通厅上报皖交投养〔2008〕18号文《关于对界阜蚌高速公路一、二期工程进行改建的请示》;安徽省交通厅于2008年12月16日以皖基建〔2008〕107号文《关于同意对界阜蚌一、二期工程进行路面改建的批复》批复了改建项目。

(2)一、二期工程现状检测

①路基、路面工程现状检测

2009年2月2~12日,安徽省恒达交通建设质量检测有限公司对界阜蚌高速公路一、二期道路路基、路面工程质量现状进行了全面细致的检测。根据检测结果,路面破损率超过5%,路面行驶质量和服务水平下降明显。

②一、二期改建桥梁工程现状检测

2009年2月2日~3月1日,安徽省恒达交通建设质量检测有限公司对界阜蚌高速公路一、二期全线126座桥梁工程质量现状进行了全面细致的检测。经检测,桥梁存在较多病害,需要进行加固处理。

(3)一、二期工程改建工程实施

一、二期改建工程施工共划分为9个标段,分别为原路面处理、沥青路面施工、交通工程施工、桥梁顶升与维修加固、全线的梁板预制与安装、西淝河大桥和阜蒙新河大桥的维修加固等。界首专线收费站扩建工程分为施工土方、大棚、房建工程3个标段。

①路面施工

包括原路面处理,即灌缝、压浆、原路面处理换板、路面破碎冲压等施工内容。

a) 路面结构层钻孔取芯1　　　　　　　b) 路面结构层钻孔取芯2

 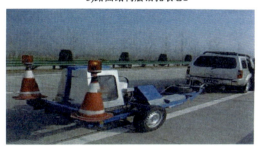

c) 土基钻探　　　　　　　　　　　　d) FWD弯沉测试

一、二期路基、路面质量现场检测

②西溉河大桥、阜蒙新河大桥维修加固施工。

大桥维修加固施工

③界首主线收费站扩建工程

对原界首主线收费站进行扩建施工，原收费站卡门数5进7出（宽65.7m），改造后收费站卡门数6进12出（宽104.1m），并对原大棚拆除改造等。

(4) 一、二期工程改建工程交工、竣工验收

2010年12月16日，路面及桥梁改造等主体工程进行交工验收，质量鉴定得分为98.75分，工程质量等级评定合格。界首主线收费站建设项目工程质量鉴定得分为97.84

分,工程质量等级评定合格。

2012年12月,安徽省交通规划设计研究院工程测试中心对界阜蚌高速公路一、二期改建工程进行了竣工验收检测。2013年5月21日,界阜蚌高速公路一、二期改建工程档案通过了省档案局和安徽省交通运输厅组织的竣工档案单项验收。2014年8月,中交第二航务工程勘察设计院有限公司对界阜蚌高速公路一、二期改建工程环境保护进行了验收。

2014年11月,由安徽省界阜蚌高速公路管理有限责任公司联合安徽省交通投资集团有限责任公司及安徽省交通建设工程质量监督局,对工程进行了竣工验收质量鉴定,项目综合评分为95.46分,综合评价等级为优良。

2. 四方湖服务区工程

界阜蚌高速公路大溪河服务区到吕望服务区之间间距过大,驾乘人员中途无法休息,因此疲劳驾驶事故发生较多。经研究,在213km位置增建怀远服务区(现名为四方湖服务区)一对。2008年11月13日,省交通厅下发《关于同意界阜蚌高速公路增建改建服务区的函》(皖交基函〔2008〕77号)。该项目单边征地面积101.5亩(其中服务区占地86.5亩,匝道占地约15亩),双边征地面积203亩,总建筑面积约7000m^2。项目计划投资3586万元,其中环保投资(含绿化)234.45万元,资金由业主自筹。

四方湖服务区工程于2011年3月3日开工,2011年12月20日完工。界阜蚌高速公路增建服务区工程项目业主为安徽省交通投资集团有限责任公司,10家施工单位与1家监理单位参加工程建设。

2012年4月19日,四方湖服务区工程进行了交工验收,工程质量评定得分为97.6分,工程质量等级评定合格。2016年3月15日,业主进行了项目竣工验收,评定等级为优良。

3. 三角元服务区改建

三角元服务区位于太和县旧县镇境内,2001年10月建成投入使用,占地约60亩。因服务区的设施较为陈旧、规模较小,难以满足日益增长的车流、客流需求。经研究,对三角元服务区进行改建。2008年11月13日,省交通厅下发《关于同意界阜蚌高速公路增建改建服务区的函》(皖交基函〔2008〕77号)。安徽省交通投资集团有限责任公司于2014年4月启动三角元服务区改扩建工程,概算投资约1亿元,包括新建南北区综合楼、加油站、设备间等,新建及扩建出入口匝道及路面等,新增土地73.86亩,扩建后共占地面积约133.86亩。

三角元服务区扩建工程项目业主为安徽省交通投资集团有限责任公司。三角元服务区扩建项目道路工程于2014年12月12日正式开工,2015年12月30日完工。2016年5月10日进行交工验收,工程质量评定等级为合格。

第八章 高速公路建设项目

二十九、G40 沪陕（上海—西安）高速公路合肥至六安至叶集段

（一）项目概况

合肥至六安至叶集高速公路（简称"合六叶高速公路"）是上海—武威国家重点公路的一段，是西部大开发通道合肥—西安的重要组成部分，也是安徽省重要公路主骨架规划中"一横"的重要路段。项目建成后，不仅将合肥、六安两个重要城市紧密联系起来，而且与沪蓉、京福国道主干线、东营—香港国家重点公路、六安—武汉高速公路等也连接起来，构成皖中、皖西地区高速公路的骨架。它的建成对配合国家西部大开发，加强西北与华东地区发达城市的联系，改善安徽省中西部地区投资环境和高速公路网布局，促进沿线地区经济的发展，进一步加快合肥现代化大城市的建设步伐，都具有深远意义。

G40 沪陕（上海—西安）高速公路合肥至六安至叶集段

1. 参建单位

安徽省交通投资集团有限责任公司。

项目主要参建单位见表 8-97。

G40 沪陕（上海—西安）高速公路合肥至六安至叶集段主要参与建设单位汇总表　　表 8-97

序号	参建单位	单位名称	合同段编号及起止桩号	主要负责人	备注
1	项目管理单位	安徽省交通集团有限公司	K643+157~K766+595	施建刚	
2	勘察设计单位	安徽省公路勘测设计院	K643+157~K766+595	许明贤	
		安徽省交通规划设计院	叶集至大顾店路面改造工程一阶段施工图	陈为成	
		安徽省公路勘测设计院	六叶段封闭改造两阶段初步设计文件	许明贤	
3	施工单位	中铁四局集团有限公司	K643+157~K649+270	许良成	路基
		中铁十三局集团有限公司	K649+270~K657+236	刘银辉	路基
		中铁二局五公司	K657+871~K663+389	钟峰	路基

续上表

序号	参建单位	单位名称	合同段编号及起止桩号	主要负责人	备注
3	施工单位	安徽省公路桥梁工程公司	K663+389~K670+970	刑俊	路基
		安徽省路港工程公司	K670+970~K681+640	高胜	路基
		中国建筑第三工程局	K681+640~K688+940	罗建军	路基
		上海市第一市政工程公司	K688+940~K696+070	张奇	路基
		中国建筑第五工程局	K696+070~K699+721	金伟明	路基
		路桥二公局第三工程有限公司	K699+721~K704+770	崔江	路基
		安徽水利发展股份有限公司	K704+770~K713+770	赵国桥	路基
		安徽省路港工程公司	K713+770~K720+470	朱忠明	路基
		安徽省交通建设有限责任公司	K720+470~K731+270	谷生亮	路基
		山西晋中路桥建设集团有限公司	K731+270~K739+770	安道晶	路基
		江苏润扬交通工程公司	K739+770~K747+585	许良潮	路基
		安徽省交通建设有限责任公司	K643+157~K670+970	汪能文	路面
		中铁四局一公司	K670+970~K699+721	许良好	路面
		中铁十局二公司	K699+721~K723+810	曹延民	路面
		胜利油田胜利工程建设集团	K723+810~K747+595	佟宝强	路面
4	监理单位	安徽省公路工程建设监理有限责任公司	第二总监办	李必文	路基
		南通市交通建设咨询监理有限公司	第四驻地办	任长志	路基
		安徽省公路工程建设监理有限责任公司	第五驻地办	胡玉传	路基
		安徽省科兴交通建设工程监理公司	第六驻地办	陈淼负	路基
		安徽省高等级公路监理公司	第七驻地办	夏玉龙	路基
		安徽省中兴工程建设监理所	六叶段总监办	张军	路基
		北京路桥通监理公司	六叶段第一驻地办	王卫东	路基
		安徽省公路工程监理有限责任公司	六叶段第二驻地办	刘家保	路基
		安徽省科兴交通建设工程监理公司	六叶段第三驻地办	杨栋	路基
		安徽省公路工程建设监理有限责任公司	合六段第一总监办	李必文	路面

续上表

序号	参建单位	单位名称	合同段编号及起止桩号	主要负责人	备注
4	监理单位	安徽省公路工程建设监理有限责任公司	合六段第一驻地办	耿京芳	路面
		安徽省公路工程建设监理有限责任公司	合六段第二驻地办	杨书年	路面
		安徽中兴工程建设监理所	六叶段第二总监办	张军	路面
		安徽中兴工程建设监理所	六叶段第一驻地办	方镜	路面
		安徽中兴工程建设监理所	六叶段第二驻地办	吴宗碧	路面

2. 技术标准

(1) 公路等级、里程及地形类别

公路等级为全封闭、全立交的四车道平原微丘区高速公路。全线设置了完善的通信、监控和收费系统,以及安全设施和照明、绿化、房建等服务设施。

合六叶高速公路东起合肥市肥西县长岗乡,经肥西县高刘乡,六安市城北乡、徐集乡、姚李乡,迄于叶集试验区,路线全长123.438km。

项目位于东经117°29′20″~115°53′07″,北纬31°56′56″~31°50′52″之间,横跨三个大的地貌单元,西南部属于大别山的低山丘陵,东南部属于沿江冲积平原的低山丘陵,其余为江淮波状平原。本项目在自然区划中处于Ⅳ2区。

(2) 主线行车速度

主线行车速度为120km/h。

(3) 路基、路面

主线K0+000~K41+387路基宽34.5m,路面宽30m;K41+387~K145+825路基宽28m,路面宽23.5m。匝道单向单车道路基宽8.5m,单向双车道路基宽12.5m,对向双车道有分隔带路基宽度15.5m。路基设计洪水频率1/100。路面首次采用沥青混凝土结构,标准轴载BZZ-100。

(4) 桥梁、涵洞

汽车荷载等级:公路—Ⅰ级。

设计洪水频率:特大桥1/300,大、中、小桥及涵洞1/100。

桥面净宽:34.5m路基对应小桥桥面净宽为2×15.0m,大、中桥2×15.25m;28m路基对应小桥桥面净宽为2×11.75m,大、中桥2×12.10m;分离式断面桥梁和涵洞与路基同宽。

(5) 路线交叉

主线上跨各级公路的桥梁及通道净空高度:二级及二级以上公路净高5.0m,三、四级公路4.5m,汽车、收割机通道≥3.5m,拖拉机通道≥2.7m,人行通道≥2.2m。

主线下穿各级公路的净空高度均按5.0m控制。

3. 工程内容及主要构造物

(1)建设主要内容

路基土石方1178.47万m³,路面水稳基层274.94万m³,沥青上面层335万m³。特大桥1296m/1座,大桥7561m/22座,中小桥6369.86m/113座,全线主线桥梁(左右幅)与匝道桥梁总长21.7765km,占路线总长度的8.03%;涵洞、通道655道。互通式立体交叉7处。

(2)路线中间控制点

长岗、高刘、高店、新安、徐集、姚李、大顾店。

(3)路线跨越主要河流

主要河流:自东向西依次是板桥河、东淝河、源河、淠河、东汲河、汲河支流等。

主要干渠:自东向西依次是滁河干渠、瓦东干渠、瓦西干渠、淠东干渠、汲东干渠等。

(4)收费站及服务区

全线设高刘、六安北、姚李、大顾店、叶集主线站5座收费站,其中两省共用主线收费站1座;新桥、西桥2对服务区,罗集停车区1处。

4. 征地拆迁

本项目征迁工作于2004年12月开始,2005年5月全线征迁工作结束,共征用土地9733.68亩,房屋拆迁面积171005.5m²,土地及附属物补偿费用为18512.5万元。

5. 项目投资

(1)投资规模、资金来源

本项目投资概算为31.56亿元,其中交通部补助9.5044亿元,其余资金由安徽省自筹(含国内银行贷款)。

(2)概算执行情况

经竣工决算审计,本项目基本建设支出31.385亿元,与批复的概算总投资31.56亿元相比,较概算节约1750万元。

6. 开工及通车时间

2005年4月16日正式开工,2007年11月28日全线建成通车。

(二)决策研究

(1)2001年11月14日,国家发展计划委员会《国家计委关于西部开发8条公路干线规划建设有关问题的通知》(发计基础〔2001〕2376号);

(2)2003年12月8日,交通部《关于合肥至六安公路可行性研究报告的批复》(交规划发〔2003〕549号）；

（3）2004年3月4日，国家环境保护总局《关于西安至合肥西部开发通道六安至叶集高速公路环境影响评价大纲的评估意见》（国环评估纲〔2004〕37号）；

（4）2004年6月17日，交通部《关于合肥至六安公路环境影响报告书预审意见的函》（交环函〔2004〕52号）；

（5）2004年6月17日，交通部《关于对六安至叶集公路环境影响报告书预审意见的函》（交环函〔2004〕51号）；

（6）2004年6月22日，交通部《关于六安至叶集（皖豫界）公路可行性研究报告的批复》（交规划发〔2004〕333号）；

（7）2004年9月20日，国家环境保护总局《关于对合肥六安高速公路环境影响报告书审查意见的函》（国环评估纲〔2004〕334号）；

（8）2004年9月20日，国家环境保护总局《关于六安至叶集公路环境影响报告书审查意见的复函》（环审〔2004〕336号）；

（9）2005年6月24日，安徽省水利厅《关于合肥至六安高速公路淠河特大桥等七座桥梁建设方案的批复》（皖水管函〔2005〕490号）；

（10）2007年10月15日，国家环境保护总局《关于对合肥至六安公路工程变更环境影响补充报告的批复》（环审〔2007〕423号）。

（三）项目实施

1. 项目招标

（1）设计招标

根据安徽省交通厅的要求和省公路管理局的委托，由安徽省公路勘测设计院（安徽省交通规划设计研究院）为本项目勘察、设计单位。本项目设计咨询单位2家，分别为中交第一公路勘察设计院、中交第二公路勘察设计研究院。

（2）施工招标

本项目共73家施工单位，其中路基14家、路面4家、其他55家。所有施工单位均采用公开招标方式确定中标单位。

（3）监理招标

本项目所有监理单位均采用公开招标方式确定中标单位。其中路基监理设2个总监办、7个监理驻地办，路面监理单位6家，其他监理单位2家。

2. 项目管理

（1）管理机构

安徽省交通投资集团有限责任公司合六叶高速公路建设办公室。

（2）质量保证体系

项目在实施过程中，质量管理机构健全、制度完善、责任明确，体现出较高的质量控制能力。施工中采取的一系列工程技术措施比较得力，对提高工程的使用质量发挥了较好的作用。

（3）竣（交）工验收情况

2007年7月6日，合六叶高速公路建设办公室主持召开合六叶高速公路路基工程的交工验收会议，交工验收委员会由建设、设计、施工、监理、质量监督等单位代表组成，路基工程总体评定得分为98.09分，质量等级为合格。

2010年，安徽省交通运输厅组织了项目竣工验收，合六叶高速公路工程综合评定得分93.91分，综合评价等级均为优良。

2011年1月18日，安徽省交通运输厅印发《关于印发六安至叶集高速公路竣工验收鉴定书的通知》（皖交建管〔2011〕17号）和《关于印发合肥（长岗）至六安高速公路竣工验收鉴定书的通知》（皖交建管〔2011〕18号）。

（四）科技创新与成果

安徽江淮膨胀土工程特性及路基处治关键技术研究。本研究成功指导了合六叶高速公路膨胀土路段膨胀土工程处理与防护的设计、施工，同时在理论和方法上也取得了长足的进展，研究在以下方面取得创新性成果：

（1）针对安徽江淮膨胀土建立了一种新的含5个指标的膨胀土判别与分类的模糊综合评判法和一种新的膨胀土判别分类的Fisher判别分析方法。多目标模糊评判模型的建立充分反映和表征了膨胀土的胀缩机理和特性，避免了膨胀土判别的主观性，将使评判结果尽量客观，易操作。

（2）首次开展了控制相对湿度的裂土裂隙演化过程试验，再现了裂土在环境脱湿条件下裂隙产生、发展、传播的全过程，结合非饱和土力学理论和断裂力学方法，导出了裂隙演化的状态方程，揭示了裂土裂隙的演化过程，为裂隙黏土的工程行为分析奠定了基础。

（3）建立了裂土运动波—两域优势流模型，获得了一种分析土体裂隙入渗的有效方法，解决了目前困扰膨胀土入渗分析中的难题；并首次尝试将土壤优势流理论应用于裂土边坡雨水入渗及其对边坡稳定性的影响分析，获得了一种分析降雨诱发膨胀土滑坡的新方法。

（4）对膨胀土的工程特性进行了系统的试验研究，全面阐述了膨胀土的压实、胀缩和强度与变形特性的变化规律及其影响因素，深化了对膨胀土工程特性的认识，并在此基础上提出了对弱或中膨胀土压实的施工原则、填筑控制标准，既保证了填筑质量，又降低了施工难度，标准更趋合理。

第八章
高速公路建设项目

(5)针对膨胀土路基的特点,建议了膨胀土路基的合理结构形式,并首次在安徽省膨胀土地区全面推广膨胀土包边方案,取得了显著的经济效益。

(6)首次开展了降雨对路基填筑影响的研究,提出了雨后膨胀土填料的处治方法,保证了路基填筑质量。

该项目于2007年10月12日由安徽省交通运输厅在合肥市组织鉴定,专家委员会确认该项目总体上达到国内先进水平。

提出的膨胀土压实控制标准和方法,以及在此基础上提出的包边方案,既保证了合六叶高速公路膨胀土路堤的工程质量,又大大降低了施工成本和难度,并加快施工进度。该成果已经在合六叶高速公路、周六高速公路、合淮阜高速公路等高速公路膨胀土路段工程项目中推广和应用。合六叶高速公路获奖一览见表8-98。

合六叶高速公路获奖一览表　　　　表8-98

序号	获奖项目	获奖名称	获奖年度	获奖单位	授奖单位
1	安徽江淮膨胀土工程特性及路基处治关键技术研究	2008年中国公路学会科学技术二等奖	2007	安徽省公路勘测设计院、中国科学院武汉岩土力学研究所、安徽省交通投资集团有限责任公司	中国公路学会
2	安徽江淮膨胀土工程特性及路基处治关键技术研究	2008年安徽省科学技术三等奖	2007	安徽省公路勘测设计院、中国科学院武汉岩土力学研究所、安徽省交通投资集团有限责任公司	安徽省人民政府

(五)运营与养护

1.运营管理

合六叶高速公路沿线共设置2对服务区(新桥服务区、西桥服务区)、1对停车区(罗集停车区),共设5个收费站点(高刘站、六安北站、姚李站、大顾店站、叶集主线站)。收费站点设置情况见表8-99。

收费站点设置情况表　　　　表8-99

站点名称	车道数	收费方式
高刘站	入口2条、出口3条	人工收费及电子不停车收费综合 (入口:1条MTC车道1条ETC车道) (出口:2条MTC车道、1条ETC车道)
六安北站	入口6条、出口10条	人工收费及电子不停车收费综合 (入口:5条MTC车道、1条ETC车道) (出口:9条MTC车道、1条ETC车道)
姚李站	入口2条、出口3条	人工收费及电子不停车收费综合 (入口:1条MTC车道、1条ETC车道) (出口:2条MTC车道、1条ETC车道)

续上表

站点名称	车道数	收费方式
大顾店站	入口4条、出口6条	人工收费及电子不停车收费综合 (入口:3条MTC车道、1条ETC车道) (出口:5条MTC车道、1条ETC车道)
叶集站	入口10条、出口12条	人工收费及电子不停车收费综合 (入口:8条MTC车道、2条ETC车道) (出口:10条MTC车道、2条ETC车道)

从2007年11月28日起至2015年12月31日,合六叶高速公路交通流量发展状况见表8-100。

交通流量发展状况表(单位:辆)　　　　表8-100

年份	入口	出口	合计	日平均流量
2007	134112	117216	251328	7181
2008	1804113	1588255	3392368	9294
2009	2426240	2240998	4667238	12787
2010	3019569	2830464	5850033	16027
2011	3648664	3374387	7023051	19241
2012	4262916	3985709	8248625	22599
2013	5144885	5144179	10289064	28189
2014	4751026	4792471	9543497	26147
2015	4727870	4823068	9550938	26167

2.养护管理

公司坚持"预防为主,防治结合"的原则,明确"以桥梁养护为重点,以小修保养为中心,实行全面养护"的工作思路,严格贯彻落实"畅通主导、安全至上、服务为本、创新引领"的养护管理方针。积极推进养护管理发展方式转变,夯实基础管理,提升管理水平,推进科学养护,强化应急保畅。重点开展养护管理标准化管理体系建设,组织养护示范工程创建和示范管理推广两项活动,并着重推进养护专项工程实施工作。

合六叶高速公路桥梁比例达8.0%,养护技术含量较高,施工维修难度较大。公司高度重视预防性养护和桥梁养护管理工作,树立全寿命周期养护成本理念,制定适合公路桥梁技术状况特点和养护需求的预防性养护指导意见。对实施预防性养护的路段,积极开展养护工程后评价工作,总结提炼养护处治和管理经验。同时严格执行《公路桥梁养护管理工作制度》,全面落实桥梁养护的技术政策和管理制度;加强长大桥梁安全运营管理,加强监控、检测和监控系统建设,通过采取巡查、经常性检查、定期检查等工作,及时处治发现病害,确保桥梁结构安全。

结合合六叶高速公路的特点和实际情况,养护管理工作始终按照经常性、预防性、及时性的要求,实行规范化、精细化管理,逐步完善、健全高速公路养护新模式,扎实细致地开展养护管理工作,保持道路安全、畅通、整洁、美观。围绕"保持公路路况良好、设施齐全、路容整洁、绿化管护到位"的目标任务,以管理创新和技术进步为手段,积极推行日常养护管理标准化、规范化、精细化。加强道路桥梁预防性养护,积极探索高速公路养护管理的新方法、新技术、新工艺,细化养护目标、责任和措施,养护工作扎实而富有成效。

自通车以来采用社会化养护管理模式,通过公开招标方式确定社会专业化养护公司进行小修和路面、绿化、机电等专业化养护。目前合六叶高速公路暂无大修工程实施。

三十、G4001合肥绕城高速公路北环段

(一)项目概况

G4001合肥绕城高速公路北环段是国家为实施西部大开发战略经国务院批准而提出的8条公路干线上海—武威国家重点公路的一段,是连接西北与华东地区的重要便捷通道,也是安徽省"三纵四横七连"公路主骨架规划中的第二横的组成路段。本项目与沪蓉、京福国道主干线、东营至香港国家重点公路、六安至武汉高速公路均直接沟通连接。与已建成的合肥市南环高速公路、京福高速公路一段及合淮阜高速公路一起形成合肥市环城高速公路,实现对合肥市南环高速公路的过境分流,缓解合肥市交通压力。

G4001合肥绕城高速公路北环段

1. 参建单位

安徽国路高速公路有限公司。

项目主要参建单位见表8-101。

G4001 合肥绕城高速公路北环段主要参与建设单位汇总表

表 8-101

序号	参建单位	单位名称	合同段编号及起止桩号	主要负责人
1	项目管理单位	安徽国路高速公路有限公司	K0+310~K41+387	汪晓中
2	勘察设计单位	安徽公路勘测设计院	K0+310~K41+387	胡可
3	施工单位	安通建设有限公司	路基工程01合同段 K0+310~K6+122	李强
		中铁十九局集团第四工程有限公司	路基工程02合同段 K6+122~K15+051	郭吉玉
		中铁十二局集团第三工程有限公司	路基工程03合同段 15+051~K25+092	李士元
		中铁五局集团第三工程有限公司	路基工程04合同段 K25+092~K27+098	王海波
		路桥集团第一公路工程局第三工程有限公司	路基工程05合同段 K27+098~K35+389.5	孙新海
		中铁十七局集团第三工程有限公司	路基工程06合同段 K35+389.5~K41+387	张宝明
		路桥二公司第六工程有限公司	路面工程01合同段 K0+310~K21+947.5	陈兴
		路桥集团第一公路工程局	路面工程02合同段 K21+947.5~K41+387	刘继先
4	监理检测单位	安徽省公路工程建设监理有限责任公司	路基、路面监理总监办 路基工程03监理驻地办	汪敏、吴兴恕、汪文兵、袁晓峰
		安徽省高等级公路工程监理有限公司	路基工程01、02监理驻地办、交通工程、机电工程监理	顾承洲、陆伟、贾勇
		合肥诚达交通工程技术服务有限公司	路基交工检测	武道正
		安徽省高速公路试验检测科研中心	桥梁动静载检测	操太林

2. 技术标准

(1) 公路等级、里程及地形类别

全线按平原微丘区六车道高速公路标准设计,路面采用沥青混凝土路面。全线配置了完善的通信、监控和收费系统及照明、绿化、房建、服务区、安全设施等交通工程和服务设施。肥东路口至长丰土山建设里程41.077km。地处北纬31°56′56″~31°55′50″、东经117°29′20″~117°03′22″,沿途跨越合肥市肥东及长丰,均属于江淮波状平原区,地形呈波状起伏,岗坳相间,总的地形特征是西部高,东部相对较低,并由分水岭地带分别向南、向北微倾。自然区划为Ⅳ2。

(2) 主线行车速度

主线行车速度为120km/h。

(3)路基、路面

路基宽度34.5m,路面宽度30.0m,路基设计洪水频率为1/100。

(4)桥梁、涵洞

桥涵设计荷载:公路—Ⅰ级;设计洪水频率:特大桥1/300,路基、大、中、小桥及涵洞1/100;桥面净宽:小桥及跨径总长小于50m的中桥为2×15m,大桥及跨径总长大于50m的中桥为2×15.35m。分离式断面桥梁与路基同宽。涵洞与路基同宽。

(5)路线交叉

互通式立交设计标准。匝道设计速度:定向匝道80km/h;半定向匝道60km/h;枢纽立交内环匝道40km/h。单向单车道路基宽度8.5m;单向双车道路基宽度12.5m;对向双车道有分隔带路基宽度15.5m。

分离式立交设计标准。主线上跨各级公路的桥梁及通道净空高度:二级及二级以上公路5.0m,三、四级公路4.5m,汽车、收割机通道≥3.5m,拖拉机通道≥2.7m,人行通道≥2.2m;主线下穿各级公路的净空高度均按5m控制。

3. 工程内容及主要构造物

(1)建设主要内容

全线土石方551.2239万m^3,防护工程46.61万m^3。全线共设桥梁54座。涵洞通道2381.69m/64道、圆管涵7780.5m/227道。互通立交4处、匝道收费站3处、管理中心1处、服务区1对,同步建设绿化、交安、机电等附属工程。

(2)路线中间控制点

路口、三十头、双墩、土山、长岗。

(3)路线跨越主要河流

滁河干渠。

(4)桥梁

全线共有桥梁54座,其中:特大桥:2006m/1座(K79+991双墩高架桥)、大桥2195.13m/9座、中桥591.88m/9座、小桥211.86m/9座、车行天桥1851.95m/19座、互通匝道桥897.17m/7座。

(5)收费站及服务区

全线设岗集、双墩、三十头3座收费站;众兴1对服务区。

4. 项目投资

(1)投资规模、资金来源

交通部2004年8月16日以交公路发〔2004〕447号文批准了该项目的初步设计,合六高速公路建设项目总概算核定为30.57亿元,其中合肥北环段概算投资总额为16.004

亿元。交通部补助1.88亿元,其余资金自筹。

(2)概算执行情况

经竣工决算审计,合六高速公路合肥北环段建设项目累计完成投资额157591.88万元,与批复概算160043.14万元相比节约投资额2451.26万元,节约比例为1.53%。

5.开工及通车情况

2004年12月18日开工建设,2007年11月28日建成通车。

开工典礼

通车典礼

(二)决策研究

2003年12月8日,交通部以《关于合肥至六安公路可行性研究报告的批复》(交规划发〔2003〕549号)同意项目建设;

2004年6月17日,交通部《关于合肥至六安公路环境影响报告书预审意见的函》(交环函〔2004〕52号);

2004年7月19日,安徽省国土资源厅《关于上报合肥至六安公路建设用地预审初审意见的函》(皖国土资〔2004〕496号);

2004年8月16日,交通部以《关于合肥至六安公路初步设计的批复》(交公路发

〔2004〕447号)对初设进行了批复;

2004年8月20日,国土资源部《关于合肥至六安公路建设用地预审意见的复函》(国土资厅函〔2004〕391号);

2004年9月17日,国家环境保护总局《关于合肥至六安公路环境影响报告书审查意见的复函》(环审〔2004〕334号);

2004年9月21日,安徽省交通厅《关于合肥至六安高速公路施工图设计的批复》(皖交基〔2004〕92号)。

(三)项目实施

1. 项目招标

(1)设计招标

确定安徽省公路勘测设计院(现更名为安徽省交通规划设计研究总院股份有限公司)为设计单位,完成路线勘测、地质勘探、路基、路面、桥梁、交通安全设施等的设计和设计优化工作。

(2)施工招标

确定施工合同段24个,其中:路基6个,路面2个,其他16个。

(3)监理招标

确定监理合同段8个,其中:总监办1个、路基2个、路面2个、其他3个。

2. 项目管理

(1)管理机构

由安徽国路高速公路有限公司成立投资管理公司,沿线市、县(区)政府及交通、土地、电力等部门成立地方指挥部,主要负责征地拆迁、移民安置、外部协调等工作;由总监办、驻地办组成两级监理机构,其中由社会监理成立总监办负责全县的工程质量、进度、投资、安全、环保、组织协调及信息管理等监理工作。

(2)质量保证体系

本项目在实施过程中,质量保证体系健全、制度完善、责任明确,体现出较高的质量控制能力。施工中采取的各种工程质量保证措施得力,对提高项目的质量起到了有力的保障作用。

(3)交工、竣工验收

①交工验收

2007年11月23日,绕城高速公路北环段交工验收会在合肥召开,并以96.5分顺利通过交工验收。

②竣工验收

2010年12月8~9日,安徽省交通运输厅按照《公路工程竣(交)工验收办法》规定,竣工验收委员会对该工程进行了质量评分,得分为92.81分。经加权平均,工程质量最终得分93.18分,质量等级为优良。

3.复杂技术工程

双墩高架桥:该桥起讫桩号为K25+092~K27+098,跨径组合为35×30m+(30+40+30)m+15×30m+5×40m+8×25m,全长2006m。桥梁全宽34.5m。上部结构采用先简支后连续T梁,主桥下部结构采用柱式桥墩,钻孔灌筑桩基础,桥墩采用双柱式钢筋混凝土墩身,悬臂式预应力混凝土盖梁,矩形系梁,下配单排共2根钻孔灌筑桩。箱梁采用逐跨现浇的方法施工,桥墩盖梁、墩身及系梁采用立模现浇的方法施工。

建设中的双墩高架桥

建成后的双墩高架桥

(四)科技创新与成果

1.路基膨胀土填筑技术

绕城高速公路北环段地处江淮丘陵地区,沿线广泛分布着高液限、高塑性、高含水率的膨胀土。为切实有效解决膨胀土施工难题,本项目联系东南大学岩土所,成立膨胀土课题攻关组,经多次试验,通过沙化改善,并根据气候、工期、费用等因素采用包边法、分层法施工。该技术有效解决本地区膨胀土填筑路基的问题。经检查,质量效果明显。

2.路面新技术新材料应用

(1)针对水泥稳定碎石基层不可避免的反射裂缝问题,本项目采取了优化混合料配合比设计,采用粗级配,骨架密实型结构,控制细集料比例,7d无侧限抗压强度控制在4MPa,以减少水泥稳定碎石的早期强度过高而出现收缩裂缝。该种级配因细集料含量少,施工控制要求高,特别是针对摊铺过程中易出现粗集料集中、离析,可调正摊铺机螺旋布料器,尽可能减少碾压成型后表面松散等技术问题。项目公司以总工室牵头,重点从原材料质量控制、混合料拌和、现场摊铺及后期养护等各环节进行了针对性的控制。首先要求水稳基层粗集料必须采用反击破定点加工,改善了粗集料颗粒形状,大大降低针片状含量;同时要求水泥供应商对水泥稳定碎石用水泥进行缓凝技术处理,合理延长水泥初、终凝时间,确保了施工过程中摊铺、碾压时间需求。

(2)聚酯玻纤布对裂缝、施工缝的处理。为有效抑制基层裂缝的快速反射,本项目对基层水文碎石施工缝、沥青中面层施工缝、路基与桥梁刚柔结合部以及水稳碎石基层施工过程中裂缝均采用聚酯玻纤布贴缝处理。在裂缝处喷洒乳化沥青后,铺设玻纤布,沥青面层施工时混合料的温度使乳化沥青热熔,浸透后玻纤布与沥青层紧密黏结,以达到防裂、防渗、补强的效果。

(五)运营与养护

1. 运营管理

安徽国路公司负责所辖路段的运营及管理工作,按照机构职能设置收费科、中控室、安全和路产科、养护科、办公室、财务科等部门,全面负责路段运营管理工作,做好收费、稽查、路产安全设施维护及道路日常养护管理等工作。全线设服务区1对,为众兴服务区;收费站点3处,分别为岗集、双墩、三十头收费站。合肥绕城高速公路北环段交通流量发展状况如表8-102所示。

交通流量发展状况表(单位:辆) 表8-102

年份	入口	出口	合计	日平均流量
2007	38902	43851	82753	2434
2008	1150138	1226858	2376996	6495
2009	1414731	1325676	2740407	7508
2010	1794027	1703286	3497313	9582
2011	1887796	1816796	3704592	10150
2012	2180873	2093057	4273930	11677
2013	2742055	2470435	5212490	14281
2014	3328357	3200775	6529132	17888
2015	3392638	3276136	6668774	18271
2016	3949098	3781731	7730829	21122

2. 养护管理

安徽国路公司养护管理工作坚持预防为主,防治结合的原则,明确以桥涵和高边坡养护为重点,以路面养护为中心,实行全面养护的工作思路,严格贯彻落实"畅通主导、安全至上、服务为本、创新引领"的养护管理方针。积极推进养护管理发展方式转变,夯实基础管理,提升管理水平,推进科学养护,强化应急保畅。

自通车以来采用社会化养护管理模式,通过公开招标方式确定社会专业化养护公司进行小修保养、绿化专业化养护等日常养护工作。路面专业化养护、路面大中修及专项维修工程等均委托安徽省交控集团养管中心负责管理和实施。主要开展实施的重大专项及大中修工程具体如下：

(1)收费大棚改造。建设期间收费大棚采取由施工单位设计并施工的方法,通过近3年的试运营期间,特别是2008年、2009年两年的雪灾,发现双墩、岗集收费大棚原设计膜结构排水、雪灾冰冻最不利荷载组合考虑不足,存有较大的安全隐患。为排除安全隐患,于2010年9月对现有收费大棚进行了改造施工,工期3个月,改造费用304万元。

(2)环保设施。为减少噪声对老百姓居住的影响,根据沿线地方老百姓的要求,对全线相关段落增加了声屏障、沉淀池、蓄毒池等环保措施,于2008年4月增设,工期6个月,总投资为400万元。

(3)滁河干渠大桥防洪影响处理工程。根据省水利厅河道断面设计,由于合肥绕城高速公路北环段跨越滁河干渠,需对4座跨越段河道进行断面补偿处理,以确保河道流水畅通。该项工程增加投资金额为70多万元。

(4)国高网标志牌改造。根据国家高速公路网重新命名和编号调整,针对所辖路段41.077km的标志标牌进行改造,该项目于2008年12月由安徽开源路桥公司进场负责实施,工期5个月,总投资为423万元。

(5)路面大中修铣刨工程。2013年至今,因不断增加的交通流量影响,尤其是重载车辆荷载作用,路面病害不断发生,路面车辙及破损情况较为严重,为确保道路通行安全、顺畅,根据日常调查统计工作开展情况及路面技术状况评定结果,分段开展路面铣刨维修工作,2013年路面铣刨重铺总费用为429万元;2014年为1099万元;2015年为2010万元;2016年为1278万元。

结合北环高速公路的特点和实际情况,养护管理工作始终按照经常性、预防性、及时性的要求,实行规范化、精细化管理,逐步完善、建立健全养护新模式,扎实细致地开展养护管理工作,保持道路安全、畅通、整洁、美观。围绕保持道路路况良好、设施齐全、路容整洁、绿化管护到位的目标任务,积极推行日常养护管理标准化、规范化、精细化。加强道路桥梁预防性养护,积极探索高速公路养护管理的新方法、新技术、新工艺,提升养护管理水平,争取养护管理更上一个台阶。

三十一、G4012溧宁(溧阳—宁德)高速公路溧阳至广德安徽段

(一)项目概况

G4012溧宁(溧阳—宁德)高速公路溧阳至广德安徽段(简称"溧广高速公路")是原规划G4012扬州至绩溪高速公路的重要组成部分,也是安徽省规划的"四纵八横"高速公

路网"纵一"的联络线,又是国家高速公路网 G40 的联络线之一。起点位于皖苏交界廖桥,自北向南经宣城市郎溪县、广德县。

G4012 溧宁(溧阳—宁德)高速公路溧阳至广德安徽段(一)

G4012 溧宁(溧阳—宁德)高速公路溧阳至广德安徽段(二)

溧广高速公路的建设是安徽省积极融入长三角,参与长三角分工合作,承接产业转移发展经济的迫切需要。溧广高速公路为皖南地区经济的快速发展提供了便捷通道,对加强皖苏两省、加强中西部与东部地区间的经济联系,推动区域经济一体化进程,促进旅游经济的发展都具有十分重要的意义。

1. 参建单位

建设单位是安徽省交通控股集团有限公司,现场设置安徽省交通控股集团有限公司溧广项目办公室。

项目主要参建单位见表 8-103。

G4012 溧宁(溧阳—宁德)高速公路溧阳至广德安徽段主要参与建设单位汇总表 表 8-103

序号	参建单位	单位名称	合同段编号及起止桩号	主要负责人	备注
1	项目管理单位	安徽省交通控股集团有限公司溧广项目办公室	K0+000~K38+776	徐静	全部
2	勘察设计单位	安徽省交通规划设计研究院	K0+000~K38+776	王耀明	全部

续上表

序号	参建单位	单位名称	合同段编号及起止桩号	主要负责人	备注
3	施工单位	安徽省路港工程有限责任公司	1标 K0+000～K23+075	钱玉宝	路基
		中国路桥集团西安实业发展有限公司	2标 K23+075～K38+776	杨昕	路基
		安徽开源路桥有限责任公司	1标 K0+000～K23+075	张正顺	路面
		中铁四局集团有限公司	2标 K23+075～K38+776	程瑞	路面
4	监理检测单位	安徽省高等级公路工程监理有限公司	总监理工程师办公室	龚伟	全部
		安徽省高速公路科研试验检测中心有限公司	中心试验室	王文炳	全部

2. 技术标准

(1) 公路等级、里程及地形类别

本项目全线采用平原微丘区四车道高速公路标准；建设里程38.776km。

(2) 主线行车速度

主线行车速度为120km/h。

(3) 路基、路面

路基宽28m,路面宽23.5m。路基设计洪水频率为1/100,路面标准轴载BZZ-100。

路面采用半刚性基层沥青混凝土结构,总厚度为74cm,沥青面层厚度18cm。分别是:4cm AC-13(SBS改性)+6cm AC-20(SBS改性)+8cm AC-25+36cm水泥稳定碎石基层+20cm低剂量水泥稳定碎石底基层。

(4) 桥梁、涵洞

桥涵设计荷载:公路—Ⅰ级；设计洪水频率:1/100。

(5) 路线交叉

服务型互通立交匝道的设计速度均采用40km/h。单向单车道匝道宽度8.5m,单向双车道匝道宽度10.5m,对向分离双车道匝道宽度15.5m。

分离立交:主线上跨各级公路的桥梁及通道净空高度,二级及二级以上公路净高≥5.2m,三、四级公路≥4.5m,汽车、收割机通道≥3.5m,人行通道≥2.2m。主线下穿各级公路的净空高度均≥5.2m。主线上跨宣杭铁路净空高度≥8.16m。

3. 工程内容及主要构造物

(1) 建设主要内容

路基土石方工程804万 m^3,大中小桥49座(其中大桥14座,中小桥35座),涵洞通道188道,路面水稳124万 m^2,沥青面层119万 m^2。互通立交3处,以及绿化、交安设施、房建及机电等附属配套工程。

(2)路线中间控制点

岗南、凌笪乡、孔塘、龙须湖水库、涛城镇、涛城河、郎川河、建平镇、新郎川河、扬子鳄保护区、十字铺镇、誓节镇、宣杭铁路、宣广高速公路、天然气管道。

(3)路线跨越主要河流

郎川河、新郎川河。

(4)桥梁

主要桥梁建设情况见表8-104。

主要桥梁建设情况　　　　　　　　　　　　　　表8-104

序号	桥名	桥梁中心桩号	全长(m)
1	涛城河大桥	K18+623.0	156
2	郎川河大桥	K22+734.0	688
3	新郎川河大桥	K25+495.0	696
4	X018主线上跨桥	K37+606.0	206
5	主线上跨铁路桥	K38+061.0	456
6	主线上跨宣广高速公路匝道桥	K38+642	415
7	上跨宣杭铁路匝道桥	AK0+277.173	205.00
8	上跨宣杭铁路匝道桥	DK1+340.396	150.00
9	上跨宣广高速公路匝道桥	AK0+758.105	373.21
10	上跨宣广高速公路匝道桥	BK0+760.905	197.59
11	上跨宣广高速公路匝道桥	CK0+895.39	156.00
12	上跨宣广高速公路匝道桥	DK0+637.367	216.00
13	誓节东上跨宣广高速公路匝道桥	AK0+784.088	106.00

(5)收费站及服务区

设置3个收费站,分别是广德西收费站、郎溪东收费站、皖苏郎溪主线收费站;设郎溪服务区1对。

4.征地拆迁

2013年8月,高速公路用地获得国土资源部批复,市、县(区)、乡(镇)、行政村及拆迁户6级联动,开展全线土地征用和房屋拆迁工作,按照"统一标准,统一尺度,丈量一户,签字一户"的工作方法,在2个月内完成土地征用(含誓节东互通)、180户房屋征迁工作,创造了征地拆迁的"溧广速度"。共计拆迁各类房屋3.3万m^2,征用土地4010.72亩,包括3处互通区和1处服务区,补偿标准执行皖政〔2012〕67号、宣政秘〔2013〕76号和广德县政办〔2013〕61号文件规定。拆迁补偿经费3693万元,土地征用补偿经费1.2亿元。

5.项目投资

(1)投资规模、资金来源

溧广高速公路项目法人为安徽省溧广高速公路有限公司,由安徽省交通控股集团有限公司和郎溪县交通建设发展有限公司按80%、20%比例出资组建。溧广高速公路概算总投资26.183亿元。资金来源:资本金占总投资的25%,由项目法人自筹;其余75%申请国内商业银行贷款。

(2)概算执行情况

控制在概算以内,节约概算数量待竣工审计报告确定。

6.开工及通车时间

2013年11月开工,2016年9月30日通车试运营。

(二)决策研究

(1)2009年9月14日,安徽省发展和改革委员会《关于扬州至绩溪高速公路溧阳至广德安徽段项目建议书的批复》(发改基础〔2009〕867号);

(2)2011年8月5日,安徽省水利厅《关于扬州至绩溪高速公路溧阳至广德安徽段工程水土保持方案报告书的批复》(皖水保函〔2011〕935号);

(3)2011年12月30日,安徽省环保厅《关于扬州至绩溪高速公路溧阳至广德安徽段环境影响报告书的批复》(环评函〔2011〕1479号);

(4)2012年7月21日,安徽省发展和改革委员会《关于扬州至绩溪高速公路溧阳至广德安徽段工程可行性研究报告的批复》(皖发改基础函〔2012〕777号);

(5)2012年9月5日,安徽省发展和改革委员会《关于扬州至绩溪高速公路溧阳至广德安徽段初步设计的复函》(皖发改设计函〔2010〕960号);

(6)2013年1月17日,安徽省交通运输厅《关于扬州至绩溪高速公路溧阳至广德安徽段施工图设计的批复》(皖交建管〔2013〕18号);

(7)2013年8月12日,国土资源部《国土资源部关于扬州至绩溪高速公路溧阳至广德安徽段工程建设用地的批复》(国土资函〔2013〕577号);

(8)2013年11月13日,安徽省交通运输厅批复了建设项目施工许可。

(三)项目实施

1.项目招标

溧广高速公路项目严格按照公路工程招投标相关法律、法规的规定,从项目设计、工程施工和监理、物资采购、档案咨询、交工质量检测共计招标确定:设计单位1家,总监办

1家,中心试验室1家,房建监理组1家,路基、路面及附属工程施工单位26家,物资供应单位6家,档案咨询单位1家,交工质量检测单位2家。

(1)设计招标

2012年7月20日发布招标公告,2012年8月11日确定中标单位为安徽省交通规划设计研究院有限公司。

(2)施工招标

路基工程施工招标有28家施工单位通过资格预审,2013年4月24日,25家施工单位递交了投标文件。2013年5月2日,招标人确定中标单位。路面工程施工招标有29家施工单位通过资格预审,2014年9月2日,15家施工单位递交了投标文件,2014年9月11日,招标人确定中标单位。附属工程招标根据项目工程进展和总体招标计划,严格按照规定程序陆续完成施工招标工作。

(3)监理招标

与施工招标同步进行。

2. 建设管理

(1)管理机构

建设单位在现场成立溧广高速公路项目办公室(简称"项目办"),内设4个职能部门,见表8-105。地方政府成立市、县两级指挥部,负责地方问题的协调和征地拆迁工作。工程监理按一级监理体系设置,监理范围包括路基、路面,以及绿化、交安、机电等附属工程。

项目办部门设置与主要职责　　　　　　表8-105

部　门	工　作　职　责
工程管理部	工程计划、技术和质量及合同管理等工作
安全管理部	工程安全生产管理工作,"安全文化示范企业"和"平安工地"建设
地方工作部	征地拆迁、协调各级地方机构处理各类地方问题,保障建设环境
行政秘书部	后勤保障与各类往来文件、信息传递处理

(2)质量保证体系

一是明确质量目标。按照省厅"质量安全年"活动要求,项目办结合现场实际确定了质量目标:交工验收阶段,各合同段分项工程质量评定合格率100%,建设项目的工程质量评分大于95分,工程评定等级合格;竣工验收阶段,建设项目的竣工验收工程质量评分大于93分,各合同段及建设项目工程评定等级为优良。

二是健全质量保证体系。从项目办到各参建单位,根据其承担的工程内容细化设立相应专业技术岗位,落实具体的质量责任人,建章立制、确立考核标准、工作流程和信息流程。严格执行日常汇报制度、质量事故报告制度、质量问题现场会议和整改制度、工程例会制度、业务学习制度等,通过日常巡查、专项检查等形式使质量保证体系高效有序运转,将质量管理工作抓在实处。

三是质量管理措施得力。强化工地试验室管理,严把材料质量关。中心试验室严格监管各标段试验室,杜绝假试验和假资料。现场试验室严格进行各类工程材料质量检验,把好源头管理。突出事前监理,实行施工准备阶段质量管控八个"不准"。施工放样未经验收合格不准开工;材料、配合比未经检验批准不准开工;机械设备数量、性能未经验收不准开工;技术管理力量不足不准开工;施工工艺和技术方案未经审批不准开工;没有进行技术交底不准开工;关键工种技术工人未取得执业资格不准开工;质量保证措施不到位不准开工。严格执行首件制,推行样板和示范工程。严格执行"首件两会"制度,施工前进行全面的技术交底,全面布置首件工程现场施工工作,明确首件工程目标。严格执行"示范—首件—总结—推广"程序,制订统一的组织施工方法、工艺流程和质量检测标准,施工后及时进行总结,做到质量目标明确、施工方法可行、评价标准统一。注重细节管控。现场质量管理从细节管控入手,做到抓严、抓实、抓细,提升工程品质。查找质量控制薄弱环节,分析质量隐患容易发生的工程部位和施工工序,及时拟定控制方法并全面加强预控管理。重点加强路基填挖交界部、台背过渡部和拼宽搭接等部位质量控制;桥涵加强梁板预制、张拉和压浆、混凝土外露面养生等质量控制;路面加强自加工集料、混合料级配、现场摊铺及碾压、接头处理等质量控制;绿化控制种子掺配、护栏控制线形、标线控制材料、伸缩缝控制安装质量等。严格质量问题整改。通过现场检查巡查、工程例会等方式对现场存在的质量问题及时发现、及时通报、整改和处罚。

预制梁板技术质量检测

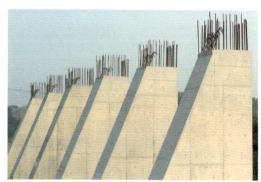

肋式桥台首件后推广

(3)警钟长鸣,多措并举保安全

一是明确管理目标,创新管理方法。明确"零死亡、零责任事故"管理目标,总结和提炼溧广高速公路安全生产"343 工程"和"5 到工作法"。即强化全员、全过程、全天候的"三全"安全意识,加强制度、人员、经费、设施"四项"安全保障,抓好项目责任人、项目经理、项目总监"三个关键人"作用。做到"人到",配备专职安全员;做到"眼到",准确发现危险源;做到"口到",及时提醒违规操作行为;做到"钱到",足额落实安全经费;做到"手到",对违规行为坚决予以处罚。

坚持全员安全培训

涉路施工方案邀请多部门评审

二是健全组织机构,建立管理制度。项目办成立安全生产监督委员会,各参建单位成立安全生产领导小组,足额配备专职管理人员,层层签订安全生产责任状。建立安全生产责任制度、例会制度、考核制度、教育培训制度、施工交底制度和"班前会"制度、危险源辨识建档与检查制度、施工安全保障措施和各类安全应急救援制度(包括演练制度)、生产安全事故报告调查处理制度等,做到安全生产有规有矩。

三是开展应急演练,夯实应对能力。结合本项目特点,制订综合预案、专项预案和现场处置方案等29项,施工期间组织涉路施工、防汛、触电、坍塌、火灾、中暑、煤气中毒等10余次"贴近实战、注重实效"的安全应急演练,全面提升了施工人员应对突发情况的能力,有效防范现场施工风险。

四是落实安全措施,创建"平安工地"。通过不断学习深入领会并贯彻落实省交通质监局推出的一系列先进的安全管理制度,以提高认识、培训技能、设立单元预警牌、三阶段安全风险分析预防、应急救援演练、安全施工方案审查等安全管理措施,推动和实现了项目安全管理"三转变":由单纯地提高安全意识向提高认识与提高生产技能相结合转变;由经验管理向科学管理转变;由单一化向系统化转变,全面提升了项目安全生产管控能力。

五是构建"安全文化",创新"平安班组"。大力推进安全文化示范建设,编印了《安全标准化图册》《安全文化手册》《施工班组手册》,通过"一校、一会、一志"等多种方式和手段,开展形式多样的安全生产宣传教育活动,普及安全文化知识,全力营造以人为本、安全发展的平安文化氛围。创新"平安班组"建设,根植建设一线,根据"谁用工,谁培训,谁负责"的原则,督促施工单位加大"平安班组"建设,重点强化新进场、转岗农民工的三级培训教育、进场教育、岗前及班前交底落实等。

六是严格登记、教育培训制度,提升安全意识。对各单位的施工管理人员和一线作业人员实行花名册登记制度,对新进场人员及时进行全员培训和施工安全技术交底,严格落实"一线工人业余学校"制度,制订教育培训计划、拟定授课内容、规定授课频次。通过落实教育、培训、交底和宣传等系列手段,使全员在安全生产管理和操作技能上的"应知应会"方面得到普及和掌握,大幅提升全员安全生产能力和意识。

七是安全检查格式化,提升监管成效。将安全管理的薄弱环节进行详细划分,确定单项所占分值和权重,制定处罚金额,安全管理人员随身携带格式化检查表,在施工现场巡查过程中实行现场打分处罚制,针对反复出现或整改效果不理想的隐患问题给予重点关注和加倍罚款,以简单易操作的管理手段进一步促进安全管理成效。

(4) 交(竣)工验收情况

2016年9月6日,建设单位在郎溪组织召开扬州至绩溪高速公路溧阳至广德安徽段交工验收会。成立了由省交通运输厅和省交通质监局及设计、施工、监理、管养等单位专家组成的交工验收委员会。9月5日下午,与会专家及各方代表查看了工地现场,6日上午听取了项目参建各方汇报,省交通质监局宣读了工程质量检测意见。通过认真审议有关材料,一致同意溧广高速公路交工验收并移交管养,工程质量综合评定得分为99.67分,工程质量评定等级为合格。认为项目紧紧围绕施工实际,对照交通运输部"五化"要求,实现从场站标准化到施工标准化,直至管理标准化的阶梯式提升,立足绿色公路建设高度,铸造了一条精品公路、智慧公路、绿色公路,经验可复制可推广。

3. 重大变更

(1) 增设临时道口

本项目于K15+300设置郎溪互通收费站和K5+200处设置与江苏分址合建主线收费站。因江苏段尚未开工,本项目先期投入运营,为避免郎溪互通与项目起点段(K0+000~K15+300)建设资源浪费,在K2+200设置临时匝道上下高速公路连接地方县道X021,变更主线收费由15出道口为3进12出收费站。

(2) PHC预制混凝土管桩

誓节枢纽互通匝道拼接宣广段原宣广路堤挡墙位置边坡不稳定(挡墙高度3~5m),土质较软弱,无法按设计开挖台阶施工,设计院对挡墙位置无搭接处理方案,且含有大量未排出层间积水;经设计单位现场查看后,为防止路基不均匀沉降,考虑宣广高速公路通行安全和施工进度,变更采用PHC管桩对宣广挡墙内侧路基进行加固处理。

(3) 誓节枢纽互通

誓节枢纽互通原设计8座桥单跨跨越宣广高速公路,因现浇梁满堂支架净空低于5m。根据2014年3月8日及5月25日两次专家论证会意见,增设宣广中分带立柱,采用半幅封闭施工方案。因增设立柱占用宣广中分带宽度,变更对宣广中分带由1.5m加宽至3m,宣广两侧拼宽由24.5m至28m。合计增加预算约1160万元。

(4)红砂岩变更

路基二标设计的 10 号取土场、11 号取土场、13 号取土场及全线挖方段土源土质在 2~4m 以下均为红砂岩,无法按照设计采用石灰改善土填筑。变更路堤采用红砂岩填筑,路床采用水泥改善红砂岩填筑。

4.复杂技术工程

2014 年 5 月 25 日,誓节枢纽互通上跨宣广高速公路专项安全方案通过专家评审并办理涉路施工许可。自 7 月 10 日实施半幅封闭至 9 月 28 日,顺利完成 8 座桥梁、9 次上跨宣广高速公路桥梁下部结构施工,为国庆黄金周前恢复宣广高速公路双向通行运营安全提供了坚实的保障。

誓节枢纽 9 次跨越宣广高速公路

(四)科技创新与成果

溧广项目紧密围绕绿色低碳理念开展多个绿色节能环保科研项目,从环境保护、节能减排、节约占地、资源循环利用等方面进行了深入研究,建研结合,以研促建,为建设项目赢得环保示范工地提供强劲科技支撑。

1.公路建设期全过程环境管理对策研究

总结梳理国内外已有的环境管理措施,结合安徽省已取得的成就和区域生态环境特点,提出公路施工期环境管理框架体系和保障机制,为公路建设期工程环境保护管理提供指导,最大限度地减少公路建设对周边环境造成的影响,保持周边生态环境的完整性,对促进安徽省乃至全国绿色交通事业发展有着重要的作用。

2.绿色低碳型高速公路服务区建设技术研究

围绕绿色低碳、节能减排理念,研究适合于本项目服务区建筑的热泵采暖空调、地源热泵、节能照明与通风、节能供水技术、低能耗处理设施;研究适用于服务区外场照明的高效节能照明技术、太阳能发电即发即用系统;研究低能耗的服务区污水处理及回用技术、服务区餐厨垃圾就地资源化处理等。

园区房建垂直绿化创新

项目环境保护工作成效突出

3. 高速公路建设信息管理平台应用研究

以高速公路工程建设管理为主线,以工程信息管理为核心,以网络为支撑,以专业应用为基础,以融合集团公司、项目办管理为方向,以远程监管、动态跟踪、信息共享、档案组卷为指导思想,搭建一个全过程的、网络化的、统一的高速公路建设项目信息化管理平台,更进一步实现现代化、科学化、智能化和规范化管理。

4. 安徽省新建高速公路临时用地复垦模式与技术研究

在安徽省临时用地复垦分区与新建高速公路分布研究基础上,提出了安徽省新建高速公路临时用地特征、分类和面临的突出问题,并对当前新建高速公路临时用地复垦成效与评价进行分析。

5. 公路工程"施工质量班组"建设及管理研究

为实现施工标准化,向每位一线工人下发了《施工质量班组手册》,手册中明确重要工序的相关要求和标准,并制订了考核办法直接对施工班组兑现奖罚。通过简单易懂的文字说明规范一线工人的施工行为,提高施工水平,达到严格施工工序质量控制的目的,实现施工标准化。

目前,"高速公路建设信息管理平台应用研究""绿色低碳型高速公路服务区建设技术研究""公路建设期全过程环境管理对策研究"已通过鉴定验收,均达到全国领先水平。

6. 新材推广应用

(1)钢波纹管涵。根据省公路学会推广应用波纹钢管涵洞会议精神,积极做好新材料、新技术、新工艺的推广与应用工作,按照施工图设计审查会专家意见,在部分路段采用了交通运输部行业标准推荐的公路波纹钢管涵替代原设计的混凝土涵洞通道。钢波纹管涵具有施工简便、造价低、工期短等优点,能适应各种地基条件及具有更加优异的受力能力。

(2)自洁防眩板。在满足设计及规范要求的防眩基础上,结合地方特色对样式进行了单独设计,颜色保证6~8年内不变,具备高强(金属骨架和抽芯技术,满足抗风强度不低于12级的要求)和自洁功能,让其起到防眩作用的同时具有一定景观功能。

钢波纹管涵推广应用

自洁防眩板首次应用

三十二、G4012 溧宁(溧阳—宁德)高速公路宁国至绩溪段

(一)项目概况

G4012 溧宁(溧阳—宁德)高速公路宁国至绩溪段(以下简称"宁绩高速公路")是国家新增高速公路网规划的 G4012 中的一段,同时也是安徽省地方高速公路 S01 中的一段,北接宁宣杭高速公路,可连接江苏、浙江,具有对接长三角省际干线通道的服务功能;同时与宣杭高速公路、绩黄高速公路、徽杭高速公路、铜汤屯高速公路等高速公路共同构成皖南高速公路网络。本项目的通车对于完善安徽省公路网,改善区域交通条件、促进区域旅游资源开发具有重要意义。

该项目路线起于宁国市平兴村接宁宣杭高速公路宣城至宁国段工程终点,经宁国市、绩溪县两个市县,止于绩溪县汪庄接绩溪至黄山高速公路。

G4012 溧宁(溧阳—宁德)高速公路宁国至绩溪段(一)

G4012 溧宁(溧阳—宁德)高速公路宁国至绩溪段(二)

第八章 高速公路建设项目

1. 参建单位

安徽省高速公路控股集团有限公司。

项目主要参建单位见表8-106。

G4012溧宁(溧阳—宁德)高速公路宁国至绩溪段主要参与建设单位汇总表 表8-106

序号	参建单位	单位名称	合同段编号及起止桩号	主要负责人	备注
1	项目管理单位	溧宁高速宁绩段项目办	K0+000~K76+300	方昱	
2	勘察设计单位	中交第一公路勘察设计研究院有限公司	K0+000~K76+300	吴明先	
3	施工单位	新疆昆仑路港工程公司	路基工程01合同段 K0+000~K7+550	汪志敏	
		安徽省交通建设有限责任公司	路基工程02合同段 K7+550~K13+000	时修斌	
		中交第二公路工程局有限公司	路基工程03合同段 K13+000~K15+700	王宏刚	
		中铁十局集团有限公司	路基工程04合同段 K15+700~K20+685	高玉杰	
		福建省第二公路工程有限公司	路基工程05合同段 K20+685~K23+700	陈向东	
		中铁二十四局集团有限公司	路基工程06合同段 K23+700~K28+370	杨建明	
		安徽省公路桥梁工程公司	路基工程07合同段 K28+370~K33+350	张庆书	
		中铁十四局集团有限公司	路基工程08合同段 K33+350~K36+030	黄震	
		中铁十局第二工程有限公司	路基工程09合同段 K36+030~K39+270	侯忠杰	
		中交第三公路工程局有限公司	路基工程10合同段 K39+270~K43+710	徐靖	
		辽宁省路桥建设一公司	路基工程11合同段 K43+710~K49+250	王景辉	
		中交第四公路工程局有限公司	路基工程12合同段 K49+250~K56+810	季自刚	
		安徽省巢湖市路桥工程有限公司	路基工程13合同段 K56+810~K62+700	张涛	
		中铁十七局集团有限公司	路基工程14合同段 K62+700~K67+475	杨胜华	
		安徽开源路桥有限责任公司	路基工程15合同段 K67+475~K76+300	梁惠勇	
		安徽省交通建设有限责任公司	路面工程01合同段 K0+000~K25+948.1	胡以平	
		胜利油田胜利建设工程有限公司	路面工程02合同段 K25+948.1~K52+000	杨彦兵	
		安徽开源路桥有限责任公司	路面工程03合同段 K52+000~K76+300	张正顺	

续上表

序号	参建单位	单位名称	合同段编号及起止桩号	主要负责人	备注
4	监理检测单位	安徽省高等级公路工程监理有限责任公司	总监办 K0+000~K76+258	石程华	
		安徽省高速公路试验检测中心	中心试验室 K0+000~K76+258	肖胜	
		宣城华安路桥工程监理有限公司	路基工程01驻地监理办	章熙宏	
		安徽省公路工程建设监理有限公司	路基工程02驻地监理办	张复尾	
		安徽中兴工程建设监理有限公司	路基工程03驻地监理办	方镜	
		安徽省高等级公路工程监理有限公司	路基工程04驻地监理办	周先仓	
		内蒙古交通建设监理咨询有限责任公司	路基工程05驻地监理办	刘刚	
		安徽省科兴交通建设工程监理有限公司	路基工程06驻地监理办	余平	
		武汉广益工程咨询有限公司	路基工程07驻地监理办	周衍东	
		安徽虹桥交通建设监理有限公司	路基工程08驻地监理办	崔爱华	
		山东恒建工程监理咨询有限公司	路面工程01驻地监理办	闪波	
		北京交科工程咨询有限公司	路面工程02驻地监理办	孔庆广	
		武汉广益交通科技股份有限公司	路面工程03驻地监理办	梁军峰	
		河南省豫通公路工程监理事务所	路面工程04驻地监理办	谭进昌	

2. 技术标准

(1)公路等级、里程及地形类别

全封闭、全立交的四车道高速公路,路面采用沥青混凝土。全线设置了完善的通信、监控、收费系统和交通安全设施,以及照明、绿化、房建等服务设施。本期宁国至绩溪段建设里程76.258km。地处北纬30°04′~30°36′、东经118°33′~119°02′,沿途跨越宣城市宁国市和绩溪县。地势总体特征是南高北低,地貌复杂多样,大致可分为山地、丘陵、盆(谷)地、岗地四大类型。自然区划分为Ⅳ5。

(2)主线行车速度

主线行车速度为100km/h。

(3)路基、路面

整体式路基宽度26m,路面宽度22.5m;分离式路基宽度13.0m,路面宽度11.5m。路基设计洪水频率 1/100。

(4)桥梁、涵洞

桥涵设计荷载:公路—Ⅰ级。设计洪水频率:特大桥 1/300;大、中小桥、涵洞 1/100。

桥面净宽:26m 路基对应桥面净宽为 2×11.5m;13m 路基对应桥面净宽为 12m。涵洞与路基同宽。

(5)隧道

净宽 10.75m,即 0.75m(左侧检修道)+0.5m(左侧侧向宽度)+3.75m×2(行车道)+1.0m(右侧侧向宽度)+1.0m(右侧检修道);行车道净高 5m。

(6)路线交叉

互通式立交设计标准:三级交叉互通;行车速度 40km/h;单向单车道路基宽度 8.5m,路面宽度 7.0m(不含加宽值),双向双车道路基宽度 15.5m,路面宽度 13m。

分离式立交设计标准:主线上跨各级公路的桥梁及通道净空高度,二级及以上公路 5.0m,三、四级公路 4.5m,汽车通道≥3.2m,拖拉机通道≥2.7m,人行通道≥2.2m;主线下穿各级公路的净空高度均按 5.0m 控制。

3. 工程内容及主要构造物

(1)建设主要内容

全线路基挖方 975.54 万 m^3,填方 1038.48 万 m^3,防护工程 335700m^3;特大桥 3626m/3 座、大桥 19049m/49 座、中桥 1082m/19 座、小桥 34.08m/1 座、盖板涵及通道 6234.55m/140 道,圆管涵 3822.66m/85 道;分离立交 5221.59m/19 座;隧道 8029.6m/9 座;水泥稳定碎石基层 137.252 万 m^3、细粒式沥青混凝土(AC-13 厚 5mm)117.959 万 m^2、中粒式沥青混凝土(AC-20 厚 6mm)118.607 万 m^2、粗粒式沥青混凝土(AC-25 厚 7mm)11.297 万 m^2;收费站 2 处、服务区 2 对、互通 2 处;同步建设绿化、交安、机电等附属工程。

(2)路线中间控制点

平兴村、霞西镇、甲路镇、周湾村、胡乐镇、金沙镇、扬溪镇、华阳镇。

(3)路线跨越主要河流

中津河、西津河、金沙河、扬溪河、扬之水河。

(4)隧道

全线共有 9 座,其中:分离式隧道 8 座,连拱隧道 1 座;长隧道有:霞西隧道、庄村隧道、株岭隧道。

(5)收费站及服务区

全线设甲路、金沙 2 座收费站,宁国、金沙 2 对服务区。

4. 征地拆迁

征地拆迁情况见表 8-107。

征地拆迁情况统计表　　　　　表 8-107

征地拆迁安置起止时间	征用土地(亩)	拆迁房屋(m²)	支付补偿费用(元)
2010 年 10 月~2011 年 6 月	5928.0525	158638	129314598.6

5. 投资

安徽省发展和改革委员会 2009 年 9 月 7 日以皖发改设计〔2009〕834 号文批准了该项目的初步设计,概算投资总额为 50.90 亿元。建设资金来源:资本金占总投资的 35%,由项目业主自行筹措,其余 65% 申请商业银行贷款。

6. 开工及通车情况

2011 年 4 月 20 日开工建设,2014 年 12 月 24 日建成通车。

开工典礼

(二)决策研究

2008 年 3 月 26 日,安徽省发改委下发《关于扬州至绩溪公路宁国至绩溪段立项问题的复函》(发改交通〔2008〕206 号)批准项目建议书;

2008 年 10 月 31 日,安徽省水利厅下发《关于扬州至绩溪公路宁国至绩溪段工程水土保持方案报告书的批复》(皖水农函〔2008〕1147 号)批复项目水土保持方案;

2008 年 11 月 26 日,安徽省环保局下发《关于扬州至绩溪公路宁国至绩溪段工程环境影响报告书的批复》(环评函〔2008〕1248 号)批复项目环保实施方案;

2009 年 3 月 24 日,安徽省发展和改革委员会《关于扬州至绩溪高速公路宁国至绩溪段可行性研究报告的批复》(发改交通函〔2009〕242 号)批复项目工可;

2009 年 9 月 7 日,安徽省发展和改革委员会《关于扬州至绩溪高速公路宁国至绩溪段初步设计的批复》(皖发改设计〔2009〕834 号)批复项目初步设计;

2010 年 3 月 18 日,国土资源部下发《关于扬州至绩溪公路宁国至绩溪段工程建设用

地的批复》(国土资函〔2010〕161号)对项目建设用地进行审核批复;

2011年2月28日,安徽省交通运输厅下发《关于扬绩高速公路宁国至绩溪段工程施工许可的批复》(皖交建管〔2011〕62号)对项目建设施工许可进行批复。

(三)项目实施

1. 项目招标

(1)设计招标

确定中交第一公路勘察设计研究院有限公司承担本项目的勘察、设计工作,完成路线勘测、地质勘探、路基、路面、桥梁、隧道、绿化、交通安全设施等的设计和设计优化。

(2)施工招标

确定施工合同段44个,其中:路基15个、路面3个、交通工程5个、绿化6个、通信管道1个、房建1个、机电1个、其他12个。

(3)监理招标

确定监理合同段14个,其中:总监办1个、路基9个,路面4个。

2. 项目管理

(1)管理机构

项目建设采用省、市、县三级指挥部协调管理模式。项目业主安徽省高速公路控股集团有限公司,执行机构安徽省高等级公路工程建设指挥部宣宁高速公路项目办公室。监理采用总监办和监理组二级监理体系。各级监理机构按合同规定各自负责所辖施工标段的安全管理、质量管理、进度管理、合同管理和投资控制等具体监理工作。

(2)质量保证体系

项目在实施过程中,质量保证体系健全、制度完善、责任明确,体现出较高的质量控制能力。施工中采取的各种工程质量保证措施得力,对提高项目的使用质量起到了有力的保障作用。

(3)交工验收

2014年9月,交工验收委员会依据《公路工程质量检验评定标准》(JTG F80/1—2004),对本项目进行了验收评定,项目工程质量综合评定得分为99.11分,工程质量评定等级为合格,同意交工验收并移交管养。

3. 重大事项

(1)重大决策

宁绩高速公路在K75+050处与在建及规划的京福高速铁路、杭黄高速铁路、皖赣高速铁路平交,宁绩项目批复在先,但铁路项目在设计中未考虑与高速公路之间的跨越设计。2009年11月17日,京福公司发函省交通厅《关于合肥—福州(安徽段)铁路客运专线跨越省内等级公路有关事宜的函》(京福工程函〔2009〕257号)提及宁绩高速公路K76+405处交角42°,交叉方式为"公跨铁"。2011年9月4日,省发改委在绩溪召开协调会确定宁绩高速公路该段路基变更为桥梁,上跨京福、杭黄、皖赣三条高速铁路。2013年7月份省交通厅批复设计变更图纸,但变更增加8000万元的费用来源未定,导致该段迟迟不能开工。2013年11月30日,省发改委组织协调合福、杭黄等高铁铁路与宁绩高速公路立交工程投资分摊问题,确定增加变更费用由京福高速铁路公司支付。

(2)重大变更

①周湾隧道变更

周湾隧道围岩整体强度低,属薄层软岩,裂隙发育且不规则,周湾隧道在正常的施工过程中出现塌方4次、初支变形2次、初支位移下沉侵限1次、山体蠕动变形造成洞内初支及二衬段变形1次、调整围岩等级及支护参数7次、因与实际地形不符洞门设计调整2次,累计发生变更17次。

②滑坡体开挖变更

宁绩高速公路与皖赣铁路K147+050~K147+180段交叉,铁路边坡总高度约60m。宁绩高速公路施工过程中开挖深度34.4m,对该段的高边坡损坏较严重,同时坡顶25m处为原铁路边坡危岩堆积滑塌体,对铁路运营形成严重安全隐患。为保障皖赣铁路的运营安全,对该处方案进行变更,增加金额732.28万元。

4.复杂技术工程

(1)际坑口铁路大桥

际坑口铁路特大桥全长1480m,下部采用柱式墩、门架墩、肋式台、钻孔灌筑桩基础,上部采用装配式部分预应力混凝土连续箱梁。主要技术特征:右幅桥的42号和43号桥墩,左幅桥的42号和43号桥墩设为门架结构,跨越省道S215;右幅桥的46号桥墩,左幅桥的46号桥墩设为门架结构,跨越皖赣铁路。省道S215净高要求为5.4m公路建筑限界宽度为14m;铁路净空高度为7.96m,桥墩立柱内侧边缘与相邻铁路中心线距离不小于6.5m。如何在规定的时间内安全顺利地完成门架墩施工任务是本工程的重难点。

(2)西津河特大桥

西津河特大桥路基分离式桥梁,右幅全长1049m,左幅全长1089m,上部采用装配式部分预应力混凝土连续T梁,下部采用柱式墩、柱式台、钻孔灌筑桩基础。两端桥台位于西津河两岸的低丘斜坡上,坡体较为陡峻,整体呈现两端陡高,中间平缓之势。对岩溶发育段落,桥墩桩基应穿透溶洞分布带,嵌入稳定基岩持力层。根据溶洞的洞高和洞内的填充物情况,对溶洞采用不同的处理方法,主要的处理方法有:抛填法、灌筑混凝土填充法、套放大小钢护筒法等。

建成后的西津河特大桥

(四)科技创新与成果

疏水纳米自洁涂料的应用研究。

(1)研究内容

①涂料主成分及溶剂的选取;②纳米粒子的改性及其在溶剂中的分散性能研究;③优化组合配方制备纳米自洁涂料;④纳米粒子对涂料性能影响的规律性研究;⑤纳米自洁涂料的附着力、抗紫外线、耐腐蚀及自清洁等性能的考察;⑥纳米自洁涂料在施工路段的应用。

(2)创新点

将纳米科技应用于自洁涂料领域,使二者完美结合,研制出具有环保超耐候性的纳米自洁涂料,为钢筋混凝土结构桥梁、道路、护栏涂料的发展开辟一条新的途径。

(3)推广应用情况

自清洁现象在自然界已经存在很多年,但是在最近几十年才被人类所认识,并经过研究获得了初步应用。在已经商业化的自清洁产品中,应用最多的形式就是与人们日常生活关系密切的自清洁涂层。自清洁涂层无须维护,使用方便,有利于环保,符合低碳经济的发展模式,具有极大的市场吸引力和发展潜力。开发具有憎水、耐沾污性能稳定、施工方便并能用于不同基材表面的多功能自清洁涂层,是自清洁涂料未来发展的方向,但这一进程任重道远。本项目开发目标集中研制在高架桥结构表面与水泥防护栏表面涂覆的疏水自清洁涂料。

（五）运营与养护

1.运营管理

全线设服务区 2 对,为宁国、金沙服务区;收费站点 2 处,分别为甲路、金沙收费站(表8-108)。从 2014 年 12 月 24 日起至 2015 年 8 月 31 日,宁绩高速公路交通流量发展状况见表 8-109。

收费站点设置情况表　　　　　　　　　　　　　　　　　表 8-108

站点名称	车道数	收费方式
金沙站	入口 2 条、出口 4 条	人工收费及电子不停车收费综合 (入口:1 条 MTC 车道、1 条 ETC 车道) (出口:3 条 MTC 车道、1 条 ETC 车道)
甲路站	入口 3 条、出口 4 条	人工收费及电子不停车收费综合 (入口:2 条 MTC 车道、1 条 ETC 车道) (出口:3 条 MTC 车道、1 条 ETC 车道)

交通流量发展状况表(单位:辆)　　　　　　　　　　　　　表 8-109

年份	入口	出口	合计	日平均流量
2014 年	4443	3301	7744	968
2015 年 1 月至 8 月底	274578	246476	521054	2144
合计	279021	249777	528798	

2.养护管理

本项目于 2014 年 12 月建成通车以来,采用社会专业养护管理模式,通过公开招标方式确定社会专业化养护公司,对全线路面、交安、机电、桥梁进行专业化养护。目前本项目暂无大修工程实施。

三十三、G4012 溧宁(溧阳—宁德)高速公路绩溪至黄山段

(一)项目概况

G4012 溧宁(溧阳—宁德)高速公路绩溪至黄山(歙县呈村降)段(简称"绩黄高速公路")是安徽省高速公路网原规划 S01 溧阳至黄山高速公路的重要组成部分,与徽杭高速公路、宁宣杭高速公路、铜黄高速公路共同形成皖南公路网骨架,现已调整为国家高速公路网 G4012 溧阳至宁德的组成部分。项目建设是实现中部崛起、安徽省东向发展战略和高速公路网建设的需要,有利于皖南地区融入长三角,加入国家级承接产业转移示范区,为皖南地区快速发展提供条件,对推动区域经济一体化进程以及促进旅游经济发展具有十分重要的意义。

第八章
高速公路建设项目

G4012 溧宁(溧阳—宁德)高速公路绩溪至黄山段(一)

G4012 溧宁(溧阳—宁德)高速公路绩溪至黄山段(二)

1. 参建单位

项目业主是安徽省高速公路控股集团有限公司,建设单位是安徽省高等级公路工程建设指挥部宣宁高速公路项目办公室。

项目主要参建单位见表 8-110。

G4012 溧宁(溧阳—宁德)高速公路绩溪至黄山段主要参与建设单位汇总表　　表 8-110

序号	参建单位	单位名称	合同段编号及起止桩号	主要负责人	备注
1	项目管理单位	安徽省高等级公路工程建设指挥部绩黄项目办	K5+250~K29+864	方昱	全部
2	勘察设计单位	安徽省交通规划设计研究院	K5+250~K29+864	王耀明	全部

续上表

序号	参建单位	单位名称	合同段编号及起止桩号	主要负责人	备注
3	施工单位	安徽省路桥工程集团有限公司	1标 K5+250~K10+480	钱叶琳、陈卫卫	路基
		安徽省公路桥梁工程公司	2标 K10+480~K15+350	张庆书、王秋华	路基
		中铁十五局集团第五工程有限公司	3标 K15+350~K23+925	丁冠军、王小林	路基
		中铁十局集团第二工程有限公司	4标 K23+925~K26+105	陈其亮、胡鹏	路基
		中铁十一局集团第四工程有限公司	5标 K26+105~K28+632	张明、秦茂军	路基
		安徽省路港工程有限责任公司	6标 K28+632~K29+864	钱玉宝、李克让	路基
		安徽水利开发股份有限公司	路面 K5+250~K29+864	叶明林、邹忠诚	路面
4	监理检测单位	安徽省科兴交通建设工程监理有限公司	一组 K5+250~K15+350	林军	路基
		武汉广益工程咨询有限公司	二组 K15+350~K26+080	刘锋	路基
		安徽省高等级公路工程监理有限公司	三组 K26+080~ZK29+814	周先仓	路基
		安徽省高等级公路工程监理有限公司	一办 K5+250~K29+864	许军	路面
		安徽省高等级公路工程监理有限责任公司	总监办 K5+250~K29+864	石程华	路基路面

2. 技术标准

（1）公路等级、里程及地形类别

采用重丘区高速公路四车道高速公路标准设计，路面采用沥青混凝土路面。全线配置了完善的通信、监控和收费系统及照明、绿化、房建、安全设施等交通工程和服务设施。项目建设里程24.614km。

本项目位于皖南中低山区的腹地，地形起伏大，沟壑纵横，西部属黄山山脉，东部属天目山—白际山山脉，高速公路位于两大山脉之间的低山丘陵区，地势总体特征是南高北低，两侧高、中间低。

（2）主线行车速度

主线行车速度为100km/h。

（3）路基、路面

起点K5+250~K22+900段：整体式路基宽26m，路面宽22.5m。K22+900~终点YK29+864段：分离式路基宽13m，路面宽11.5m。路面总厚度为74cm，各层结构分别是

4cm AC-13(SBS) + 6cm AC-20(SBS) + 8cm AC-25 + 36cm 水稳碎石 + 20cm 低剂量水稳碎石。

(4)桥梁、涵洞

计算荷载:汽车—超20级,验算荷载:挂车—120;设计洪水频率:特大桥1/300,大、中、小桥、涵洞1/100。

桥面净宽:26m 路基对应小桥桥面净宽为 2×11.5m,大、中桥 2×11.75m;分离式断面桥梁与路基同宽。涵洞与路基同宽。

(5)隧道

行车道宽(0.5 + 2×3.75 + 1.0)m;行车道净高 5m;检修道净高 2.5m。

(6)路线交叉

互通式立体交叉设计标准:三级交叉互通;匝道行车速度 35~40km/h;匝道宽度,单向双车道路基宽 8.5m,路面宽 7m(不含加宽值)。单向双车道路基宽 10.5m 和 12m,路面宽 9m 和 10.5m,对向双车道路基宽 15.5m,路面宽 13m。

路线交叉设计标准:主线上跨各级公路的桥梁及通道净空高度,二级及二级以上公路 5.0m,三、四级公路 4.5m,汽车通道≥3.2m,拖拉机通道≥2.7m,人行通道≥2.2m;主线下穿各级公路的净空高度均按 5m 控制。

3. 工程内容及主要构造物

(1)建设主要内容

路基工程共分 6 个标段,路面工程分 1 个标段。共设 3 处互通立交,分别是绩溪互通、歙县互通、歙县呈村降互通立交;服务区 1 处:华阳服务区。

路基挖填土石方 794 万 m^3(其中填方 428 万 m^3,挖方 366 万 m^3),大中小桥 27 座(其中大桥 1213.43m/6 座,分离立交桥 656.74m/10 座,中小桥 68.38m/3 座,互通匝道桥 2142.85m/5 座,通道桥 67.33m/3 座),涵洞通道 112 道,隧道 4 座 4491m(其中连拱隧道 587m/3 座,分离隧道 3904m/1 座),沥青混凝土路面 65.2 万 m^2。

主要材料核定为:钢材 3.09 万 t;水泥 23.39 万 t;石油沥青 9.83 万 t。

(2)路线中间控制点

宣城市绩溪县汪庄、溪马、孔灵、汪村,上跨 S217、皖赣铁路、练江、S215,穿佛岭、上跨 S324 及徽杭高速公路。

(3)路线跨越主要河流

练江及其支流杨之河、东源河等河谷地段。

(4)桥梁

全线桥梁结构形式较为简单,主线桥梁采用 20m、25m、30m 标准跨径预制箱梁,先简支后连续。匝道桥梁多采用现浇预应力混凝土箱梁,主要桥梁布设情况见表 8-111。

绩黄高速公路主要大桥建设情况　　　　　　　　　　　表8-111

序号	桩号位置	总长度(m)	跨径组合	结构形式
1	K10+237.5	432	17×25	PC箱梁
2	K12+980	254.150	10×25	PC箱梁
3	K14+047	286.5	11×25	PC箱梁
4	K18+152	578	30+32+4×30+6×30+7×30	PC箱梁
5	AK1+268.7	573.5	7×25+17.5+15×25	PC箱梁
6	BK0+497.18	553.5	14×25+22.5+7×25	PC箱梁
7	CK0+521.327	356.8	6×25+27.5+6×25+23.3	PC箱梁
8	DK0+632.78	573.5	17.5+22×25	PC箱梁

（5）隧道

全线共有4座隧道，见表8-112。

绩黄高速公路隧道建设情况　　　　　　　　　　　表8-112

序号	隧道名称	隧道全长(m)	隧道净宽(m)	备注
1	佛岭隧道左幅	3704	9.75	分离式
1	佛岭隧道右幅	3904	9.75	分离式
2	玉台隧道	343	9.75	连拱式
3	月山Ⅰ号隧道	99	9.75	连拱式
4	月山Ⅱ号隧道	160	9.75	连拱式

（6）收费站及服务区

项目设收费站2处，分别是绩溪收费站、歙县东收费站；服务区1处：华阳服务区。

4. 征地拆迁

项目在宣城市、黄山市以及歙县、绩溪县分别成立了相应的指挥部，负责征地拆迁工作。绩黄高速公路共计征用土地2258.79亩，拆迁各类房屋9170.91m^2。共计支付补偿费用35635574.53元。

5. 项目投资

（1）投资规模、资金来源

安徽省发展和改革委员会于2006年12月25日以发改设计〔2006〕1090号文，批准了该项目的初步设计，概算投资总额为17.19亿元。建设资金来源：资本金占总投资的35%，由安徽省高速公路总公司自行筹措，其余65%申请商业银行贷款。

（2）概算执行情况

经竣工决算审计，绩黄高速公路工程基本建设支出数124177.37万元，与批复的概算总投资171900.03万元相比,较概算节约47722.66万元,对比概算节约比例27.76%。

6.开工及通车时间

2008年12月1日开工,2011年10月31日通过交工验收,2011年11月20日通车投入试运营。

(二)决策研究

2004年4月,安徽省公路学会、交通厅及发展和改革委员会多次组织专家对扬州至绩溪至黄山高速公路的方案及预可行性研究报告进行论证及评审,由于徽杭高速公路已建成通车,作为扬州至绩溪至黄山高速公路的一段,先期启动本项目的条件最为成熟,能有效缩短运营里程,提高投资效益,对扬州至绩溪至黄山高速公路的建设具有促进带动作用。完成项目基本建设决策文件如下:

(1)2006年6月28日,安徽省人民政府办公厅下发《黄山、宣城境内两条高速公路建设前期工作协调会议纪要》(安徽省人民政府专题会议纪要〔第60号〕);

(2)2006年9月22日,安徽省发展和改革委员会下发《关于高速公路项目前期工作协商会议纪要》(会议纪要〔第23号〕);

(3)2006年11月2日,安徽省环保局下发《关于绩溪至黄山(歙县呈村降)高速公路环境影响报告书审查意见的复函》(环评函〔2006〕754号)批复了项目环保实施方案;

(4)2006年11月20日,安徽省发展和改革委员会下发《关于绩溪至黄山(歙县呈村降)高速公路项目核准的批复》(发改交运〔2006〕1017号);

(5)2006年11月20日,安徽省发改委下发《关于绩溪至黄山(歙县呈村降)高速公路项目核准的批复》(发改交运〔2006〕1017号)批复了项目申请;

(6)2006年12月25日,安徽省发改委下发《关于绩溪至黄山(歙县呈村降)高速公路初步设计的批复》(发改设计〔2006〕1090号)批复了项目初步设计文件;

(7)2007年3月26日,安徽省交通厅下发《关于绩溪至黄山(歙县呈村降)高速公路项目施工图设计的批复》(皖交基〔2007〕20号)对项目施工图文件进行了审查批复;

(8)2008年6月24日,国土资源部下发《国土资源部关于绩溪至黄山高速公路工程建设用地的批复》(国土资函〔2008〕384号)对项目建设用地进行了审核批复;

(9)2008年7月17日,安徽省政府下发《关于绩溪至黄山高速公路工程建设用地的批复》(皖政地〔2008〕166号)对项目建设用地进行了批复;

(10)2008年12月30日,安徽省交通厅下发《关于绩溪至黄山(歙县呈村降)高速公路建设项目施工许可的批复》(皖交基〔2008〕80号)对项目建设施工批复许可。

(三)项目实施

1.项目招标

(1)设计招标

2006年6月25日,安徽省人民政府专题会(安徽省人民政府办公厅第60号会议纪要)同意绩溪至黄山(歙县呈村降)高速公路项目业主委托安徽省公路勘测设计院(现更名为安徽省交通规划设计研究总院股份有限公司)承担项目工程设计工作。

(2)施工招标

2007年1月15日,191家施工单位参加路基工程竞标,87家施工单位通过资格预审,2007年4月17日,72家施工单位递交了投标文件,2007年5月11日,确定由安徽省路桥工程集团有限责任公司等6家施工单位中标承担路基工程施工任务。路面及附属配套工程施工招标程序与主路基工程相同。

(3)监理招标

2007年1月18日,19家监理单位参加竞标,16家监理单位通过资格预审,2007年4月28日,确定由安徽省高等级公路工程监理有限公司等4家监理单位中标承担路基工程监理任务。

2.建设管理

(1)管理机构

绩黄高速公路项目建设采用省、市、县三级指挥部协调管理模式,建设单位安徽省高等级公路工程建设指挥部在现场设置绩黄高速公路项目办公室。路基工程施工监理采用总监代表处和驻地监理组二级监理体系;路面及附属工程施工监理设置驻地监理组一级机构。各级监理机构按合同规定负责所辖施工标段的质量、进度、合同和投资控制等具体监理工作。

(2)管理特色

绩黄高速公路项目沿线生态环境良好,建设过程中坚持工程建设与自然环境相和谐,强调不破坏就是最好的保护建设理念,坚持最大限度地保护、最小限度地破坏、最强力度地恢复。主要管理措施有:

①委托上海勘测设计研究院在项目建设过程中专职实施现场水土流失按期监测,发现问题及时通知项目单位落实整改,并每季度出具水土保持监测报告,有效促进了项目施工同步落实环保措施。

②调整取弃土调配,不设取弃土场。项目办在施工单位进场后,统一核算路基挖填方总量,优化取弃土调配方案,使项目未设一处取弃土场,节省取弃土场征占地约110亩和

降低工程费用约100万元。

③表土收集利用。路基清表和沟塘清淤的腐殖土是绿化优质基材,路基施工过程中,项目要求各单位挖移集中保存,绿化施工时用到路基边坡和中分带回填,苗木成活率高且生长旺盛,增强了绿化效果,并减少了路基边坡水土流失。

④景观敏感点保护。路线途经宣城市绩溪县和黄山市歙县两个著名旅游景区,有较多珍稀植物及自然风景景观敏感点。建设中通过动态优化变更设计,调整路线布设线形,避让古樟树等。虽然增加了投资,但保持了原生态环境。

竹林自然风景　　　　　　　　　　　三百年古樟树

(3)交(竣)工验收情况

①2011年11月11日,安徽省高速公路控股集团有限公司组织完成交工验收,项目评定为合格工程,并向省交通运输厅报送《关于报送绩溪至黄山(歙县呈村降)高速公路工程交工验收报告的报告》(皖高路建〔2011〕77号);

变更匝道线路保护古树

②2013年12月4日,安徽省档案局《绩溪至黄山(歙县呈村降)高速公路项目档案

验收意见》；

③2013年12月30日，安徽省环境保护厅《安徽省环境保护厅关于绩溪至黄山（歙县呈村降）高速公路工程项目竣工环境保护验收意见的函》（皖环函〔2013〕1622号）；

④2014年11月10日，安徽省交通运输厅《关于转发安徽省绩溪至黄山（歙县呈村降）高速公路工程竣工决算审计报告的通知》（皖交财函〔2014〕527号）；

⑤2015年1月26日，安徽省交通运输厅《关于印发绩溪至黄山（歙县呈村降）高速公路竣工验收鉴定书的通知》（皖交建管函〔2015〕62号），项目评定为优良工程。

3. 重大事项

绩溪互通变更。绩黄高速公路起点绩溪互通，因与京福铁路绩溪站场在空间布设位置上存在矛盾，2010年11月19日，省发展改革委副主任、省铁路建设协调领导小组办公室主任张天培在绩溪主持召开协调会议。省交通运输厅、省投资集团、省高速控股集团、京福铁路安徽公司、杭黄铁路公司筹备组、宣城市铁路办、绩溪县人民政府等参加了会议，会议达成了一致意见：

①将绩溪互通立交连接方向由老县城调整至县城新区。

②绩溪县通过宣城市尽快向省政府请示绩溪互通立交调整方案，并增加投资的来源、建设工期、施工组织和公路接线同步建设等事项，作出明确承诺。

③京福铁路安徽公司、杭黄铁路公司承担调整绩溪互通立交所增加的工程投资，并负责按批准的调整方案和规定工期组织实施。省高速公路控股公司将原互通立交剩余投资拨付京福铁路安徽公司、杭黄铁路公司使用，绩溪县政府积极配合调整工程实施，并负责同步建成公路接线。

④绩溪互通立交设计单位一周内拿出设计方案，报省交通运输厅审定。

4. 复杂技术工程

佛岭隧道全长3904m，为左右线分离式曲线特长隧道，是绩黄高速公路的关键性工程。隧道地质围岩结构十分复杂，一共穿过7个断层带，一个300m的涌水段。针对隧道实际特点，制订了科学合理的施工方案，采用短进尺、强支护、弱爆破形式，强化现场管理，确保施工作业规范、工序衔接紧凑。隧道进洞后，针对围岩较差的情况，及时做好超前地质预报及监控量测工作，并邀请专家对施工方案进行安全论证，较好地解决了围岩差、隧道渗水等诸多难题；加强通风、人员进出洞登记管理等工作，落实掌子面及时初喷封闭，二衬及时跟进，使工程质量始终得到有效控制，安全生产实现零事故，从而确保了隧道顺利贯通。

（四）科技创新与成果

1. 绩黄高速公路佛岭长大隧道关键施工技术研究

主要研究内容包括：隧道洞口段关键施工技术及进洞技术、施工期间围岩快速分级方法及围岩分级综合智能系统、隧道施工监测信息管理及反馈系统研制、隧道施工安全技术与管理方法等。

项目科研成果有：①提出了适应现场施工的隧道围岩快速分级指标及各指标的简便测试方法，建立了围岩级别与分级指标之间的非线性数学模型；②采用粒子群优化（PSO）算法优化指数函数、双曲线函数和对数函数的回归系数，实现了任意监测数据的自动拟合，进行围岩稳定性判断；③采用PSO-BP神经网络耦合算法建立围岩变形与时间之间的非线性智能模型，以进行围岩变形的超前预报；④通过对关键点围岩压力监测数据的连续插值，采用荷载－结构模式计算初期支护结构内力以进行初期支护稳定性判断；⑤通过分析围岩与支护之间相互作用力随时间的变化规律，进而掌握支护衬砌的安全系数与时间的变化关系，评价衬砌结构耐久性。

通过研究建立一套集隧道施工围岩现场分级、光爆施工参数优化和监测信息管理功能于一体，保证隧道工程施工围岩稳定与安全，且行之有效的动态设计和施工智能辅助决策系统软件，能方便和适用于现场指导施工。同时，提出了公路隧道衬砌结构耐久性评价新方法，为隧道建成后安全运营提供理论支持。

2. 公路隧道光纤组合发光涂料节能照明技术研究

研究光纤照明技术是利用太阳能自动追踪聚光器进行太阳光采集，并通过透镜聚焦，然后利用光纤传输和散射尾灯形成照明体系。

项目科研成果有：①首次提出了将光纤、光伏照明及多功能蓄能发光涂料进行组合的隧道运营照明的设计体系和方法；②提出了视觉震荡及视觉舒适度评价指标的新理念；③针对山区气候条件，在保证全天候隧道安全运营照明的条件下，提出了光伏板与照明灯具功率配置的技术参数；④研发了适合公路隧道照明条件的耐久性光伏LED隧道灯及光纤、光伏LED组合灯具和适合公路隧道使用条件的太阳能免维护自动照明控制系统；⑤研制了一种新型的自发光涂料。

在公路隧道中采用光纤、光伏LED与发光涂料组合照明，与我国现有的隧道照明设计相比，其建安费可节约15%~50%，隧道电耗将节约至少100万元/(km·年)，隧道绿色照明的经济社会效益显著。

3. 绩黄高速华阳服务区可持续节能减排系统综合应用研究

在华阳服务区进行可持续节能减排系统综合应用研究，建立一个以地热与空气热源作为可持续能源供给和水资源循环利用为基础的可持续节能减排综合应用系统，实现地热、空气热源、智能照明、自然通风、自然热水、生活用水回用及雨水收集等的综合应用，达到节能减排实效。

项目科研成果有：①提出适应性服务区理念，采用综合技术，实现了高速公路服务区的建筑适应、人文适应以及技术适应目标;②根据高速公路服务区的特性,通过地源热泵系统及一系列节能措施,实现了高速公路服务区可持续节能系统的综合应用;③通过广场雨污水收集系统与人工湿地处理系统有机结合,实现了高速公路服务区减少污染物排放及水资源的循环利用。评价总体达到了国内先进水平,具有推广价值。

(五)运营与养护

1. 营运管理

本项目建成通车由安徽省交通控股集团有限公司宁国管理处负责营运管理,全线设置2个收费站点,分别是绩溪站、歙县东站,均采用人工收费及电子不停车收费综合方式,收费站车道设置情况见表8-113。设1对华阳服务区。绩黄高速公路建成通车交通量自2012年1月起至2015年8月增长情况见表8-114。

绩溪收费站

歙县东收费站

收费站点设置情况表 表8-113

站点名称	车道数	收费方式
绩溪站	入口4条、出口6条	入口:3条MTC车道、1条ETC车道 出口:5条MTC车道、1条ETC车道
歙县东站	入口3条、出口4条	入口:2条MTC车道、1条ETC车道 出口:3条MTC车道、1条ETC车道

交通流量发展状况表(单位:辆) 表8-114

年份	入口	出口	合计	日平均流量
2012	206782	185920	392702	1119
2013	265316	248807	514123	1409
2014	430468	409823	840291	2302
2015年1月至8月	314871	316120	630991	2597
合计	1217437	1160670	2378107	

徽派风格华阳服务区

营运管理工作主要体现在以下方面：

(1)严格执行收费政策,提高通行费实征率。规范收费操作流程,坚持"应收不漏,应免不收"收费原则,提高收费员工堵漏增收业务技能,严厉打击各类偷逃通行费行为;规范绿通收费管理,确保惠民政策落到实处;提升道口保畅能力,保障安全运行。

(2)强化机电日常维护,保障中控系统正常运行。坚持日常维护与专项维修相结合,成立机电维护班,实行动态巡查,快速处置潜在隐患;定期进行技术交流与培训,不断提高自身中控维护水平,保障机电系统运行正常。

(3)坚持路警联勤联动,切实保障道路安全畅通。坚持每日道路巡查和定期安全隐患排查,落实安全生产责任制,强化路警企联勤联动,维护路产路权。

(4)提升微笑服务品质,打造安徽微笑高速品牌。坚持以"微笑服务,促进社会和谐"为使命,健全完善微笑服务"教育、培训、测评、考核"四位一体长效工作机制,在服务过程中注重"美在微笑、贵在真诚、好在自然、重在服务",使微笑服务品质不断提升,逐步促使微笑服务成为安徽高速公路的一张靓丽名片。

2. 养护管理

养护管理面向社会招标确定的专业化养护公司实施,养护管理主要措施如下：

(1)路况调查分析。坚持养护巡查工作制,开展每日路况巡查和桥涵结构物例行检查,及早及时发现、处治道路病害,确保路况调查的及时性和有效性。

(2)道路日常养护。坚持月初计划、月中督促、月尾考核,确保道路病害早发现、早预防、早处治。落实建立路面保洁、绿化管养考核,结果与工程结算挂钩制度。

(3)路基病害防治。按照"预防为主,防治结合"的方针,快速处置雨季高填方边坡、桥头锥坡的局部塌陷等病害;人工巡查高填方和高大边坡等重点路段;定期清理排水沟,保持排水设施完好、通畅。

（4）桥梁安全管理。贯彻落实桥梁安全运行十项制度，配备专职桥梁工程师负责桥梁养护工作。建立了桥梁管理系统，做好桥梁纸质卡片、检查记录等技术档案资料整理归档，准确掌握桥涵基本数据，筑牢桥涵管养工作基础。

（5）隧道养护管理。重点对隧道土建结构安全系统、排水系统等进行检查。在日常巡查中，对路面湿滑、检修道、安全设施、车行横洞和人行横洞等进行检查。定期对隧道排水、衬砌裂缝及渗水等进行专项排查，同时建立专项技术资料，详细记录每个部位结构、设备状况，每次检查后进行对比分析，对出现的问题进行安全评价，存在的隐患及时排除。

（6）养护内业管理。按照集团公司统一标准要求和路段运营养护管理特点，建立健全养护内业管理制度；及时收集整理有关技术基础资料和工程管理资料，按年度分类归档，做到资料的对应性、闭合性和统一性；力保养护内业资料规范、准确、齐全。

（7）应急养护管理。结合路段交通安全运行要求，制订各类突发事件应急预案和除雪保通专项方案，加强实战演练，定期组织开展安全隐患排查整改活动，及时消除安全隐患，保障交通运行安全。

三十四、G42 沪蓉（上海—成都）高速公路合肥至南京段（龙塘—周庄）

（一）项目概况

合宁高速公路全长（皖境段）133.36km，共分三期实施，第三期工程为大蜀山至龙塘段，不列入本项目范围内。它是国家原规划的312国道上海至新疆伊宁的组成部分，也是国家规划的"两纵两横"国道主干线中上海至成都，即现在国家高速公路网上海—重庆（G42）的重要组成路段，横贯安徽省中部地区，西起合肥市西郊大蜀山，与合肥至六安一级公路衔接，东至苏皖交界的全椒县周庄，与江苏省浦珠一级公路相连。1985年5月，国务院副总理李鹏同志在新华社《国内动态》和交通部的报告上两次批示，同意兴建合肥至南京公路，交通部和安徽省均将该线列为"七五"的重点工程项目。本项目按高速公路标准建设的一级汽车专用公路，经过6年艰苦奋斗，1992年10月龙塘至周庄段103km竣工通车，实现了安徽省高等级公路零的突破，从此翻开了公路建设史上崭新的一页。1993年国庆前夕，交通部授予该路"改革开放以来全国十大公路工程"第三名，仅次于沈大和京津塘高速公路，使安徽省跻身于全国高速公路建设的前列。1994年该路被评选为安徽省十大重点工程，同年2月24日交通部正式批准为高速公路。

1. 参建单位

安徽省高等级公路建设指挥部。

主要参建单位见表8-115。

第八章
高速公路建设项目

G42 沪蓉(上海—成都)高速公路合肥至南京段(龙塘—周庄)

G42 沪蓉(上海—成都)高速公路合肥至南京段(龙塘—周庄)
主要参与建设单位汇总表   表8-115

工程项目	承包单位	合同编号	里程	开竣工日期	主要负责人
路基	安徽省港航公司	AGL-87-009 (包括店埠桥及肥东互通)	K0+000~K8+163.76	1987.6.15~1989.12	常林枢
	铁四局四处	AGL-86-003	K9+163.76~K16+742	1986.12.31~1989.11	张健基
	铁四局四处	AGL-86-004	K16+742~K24+858	1986.12.31~1989.11	张健基
	交通部第一工程局	AGL-87-005	K24+858~K35+000	1987.12.25~1990.3	孙大权
	交通部第一工程局	AGL-87-006	K35+000~K43+435	1987.12.25~1990.3	孙大权
	铁十六局一处	AGL-86-007	K43+435~K54+500	1987.2~1990.2	鲁学兴
	铁十六局一处	AGL-86-008A	K54+500~K61+352	1987.2~1990.2	鲁学兴
	铁十六局三处	AGL-86-008B	K61+352~K69+285.6	1987.3~1989.12	
	铁十六局三处	AGL-86-001	K69+285.6~K79+900	1986.12~1989	
	交通部二局六处	AGL-86-002	K78+900~K89+055	1986.12~1989	杨学智
	交通部二局六处	AGL-91-001 AGL-91-002 (含路基路面防护桥涵)	K91+946.8~ K102+416.0	1990.5.8~1992.6	杨学智
	安徽省路桥公司	全椒立交桥 滁河大桥	K89+055.2~K91+946.8 K43+437~K43+565	1987.9~1989.12	左传安
路面	安徽省路桥公司	AGL-LM88-001	K0+000~K8+200	1989.12~1990.11	左传安
	安徽省路桥公司	AGL-LM88-002	K8+200.00~K38+487	1989.12~1990.11	左传安
	铁十六局一处	AGL-LM88-003	K38+487~K60+306	1989.12~1990.12	
	交二局第六工程处	AGL-LM88-004	K60+306~K90+000	1989.11~1990.11	
	交通部二局六处	AGL-88-010	K90+000~K110+161	1988.11~1989.12	

续上表

工程项目	承包单位	合同编号	里程	开竣工日期	主要负责人
独立桥	铁十六局一处	AGL-互通-200	大墅互通立交	1988.4~1989.10	
	安徽省路桥公司	议标	国道滁河桥、便桥、辅道桥	1987.9~1989.12	
	铁十六局三处	议标	京王立交桥	1987.7~1989.10	
	铁十六局三处	议标	襄河桥	1990.9.30~1990.11	
附属设施	安徽省公路机械厂	缆式防冲护栏	K0~K92	1989.11~1990.10	
	中国核工业总公司华兴建设公司	路堤边坡护砌工程	K0~K92	1989.11~1990.10	
	深圳招科现代交通设施有限公司	公路标线	K0~K92	1991.7~1992.5	
	安徽省路桥公司	隔离栅及其附属工程	K0~K110+160	1988.3~1989.12	
	无锡交通设施厂	标志牌	K0~K110+160	1989.12~1991.4	夏建军

2. 技术标准

（1）公路等级、里程（起终点）及地形类别

合宁高速公路龙塘至周庄段，全长103km，为平原微丘区全封闭、全立交、双向四车道高速公路。其中，第一期工程龙塘至吴庄段全长91.947km（原里程桩号K0+000~K91+946.8）。第二期工程吴庄至周庄段全长11.046km（原里程桩号K91+946.8~K102+993.2）。

本项目位于东经117°42′~118°42′，北纬31°83′~32°14′。项目区域位于江淮丘陵上，地势西北高东南低，地面高程5~200m，可将沿线分为垄岗~微丘区和平原区两个地貌单元。河流较发育，为滁河及其支流小马厂河、管坝河、大马厂河、襄河等。由于区内地势平缓，河床比降小，水位受季节影响变化较大。属北亚热带湿热季风气候区，具有季风明显、四季分明、气候温和、雨量适中、梅雨显著、夏雨充沛等特征。

（2）主线行车速度

第一期工程龙塘至吴庄，120km/h；第二期工程吴庄至周庄，100km/h。

（3）路基、路面

第一期工程龙塘至吴庄，路基宽26m；第二期工程吴庄至周庄，路基宽23m。

路面采用水泥混凝土路面，基层为水泥稳定粒料，底基层为石灰稳定土。软土地段路面采用沥青过渡式路面，待路基稳定后，再采用水泥混凝土路面。

（4）桥梁、涵洞

计算荷载：汽车—超20级，验算荷载：挂车—120；设计洪水频率：1/100；桥面净宽：与路基同宽。

(5)路线交叉

互通式立体交叉设计标准:三级交叉互通;行车速度50km/h;匝道宽度,单车道路基宽7.5m,路面宽5.5m(不含加宽值);双车道路基宽10m,路面宽8.5m。

路线交叉设计标准:主线上跨各级公路的桥梁及通道净空高度,二级及二级以上公路5.0m,三、四级公路4.5m,汽车通道≥3.2m,拖拉机通道≥2.7m,人行通道≥2.2m;主线下穿各级公路的净空高度均按5m控制。

3. 工程内容及主要构造物

(1)建设主要内容

合宁高速公路龙塘至周庄段共设收费所5个:龙塘、肥东、大墅、全椒、吴庄;互通立交3处:肥东互通、大墅互通、全椒互通;服务区3处:吴庄服务区、大墅服务区、肥东服务区;涵洞491道,共长16271.2m;通道173道;大桥1046.13m/4座,中桥775.24m/11座,小桥1226.55m/52座;土石方7.69758万m^3,水泥混凝土路面1738682.8m^2,沥青路面123371.86m^2,护砌工程236837.8m^3,排水系统42018.6m,房建工程25020.4m^2。全线桥涵总长19.32km,占工程总长度的18.8%。

(2)路线中间控制点

路线主要控制点为苏境周庄和皖境全椒、肥东、巢湖、合肥,涉及乡镇主要有全椒县的十字、襄河、六镇、马厂、大墅,巢湖栏杆集;肥东县包公、石塘、店埠、龙塘等。

(3)路线跨越主要河流

沿线主要河流为滁河、新龙河、襄河、大马厂河、管坝河、石塘河和店埠河等,其中滁河为通航标准为Ⅵ级航道,其他河流均无通航要求。

4. 征地拆迁

1986年7月15~16日,省312国道工程建设领导小组第一次(扩大)会议在全椒县召开,会议明确了各级领导机构、建设任务和施工计划,规定了征地、拆迁补偿标准,征迁办法。7月29日,省高等级公路工程建设指挥部召开了第一次指挥办公会议。要求第一期工程10月1日动工,全线征迁工作必须在11月份完成。截至11月7日,肥东、巢湖、全椒、滁州4个县、市历时110天完成龙塘至西葛段110km征地拆迁工作。其中一期工程从1986年7月~1986年11月共征用土地7321亩,二期工程于1989年共征用土地2319.4亩。支付补偿费用为3080.98万元。

5. 项目投资

(1)投资规模、资金来源

1985年安徽省交通厅文件交计字〔85〕181号批准概算为33861.1万元,由于实施过程中将原设计沥青混凝土路面改为水泥混凝土路面,和其他设计变更、漏项等,并新增加中央分隔带的防冲护栏,全线交通管理系统(通信、监控、供电、收费)以及沿线小区建设等项目,同时包括18km二级汽车专用路(吴庄—西葛)和45km三级标准的辅道,并考虑物价上涨因素,1990年经省计委计设〔1990〕700号文批准调整概算为56907万元。

资金来源:项目最终决算为54263.75万元人民币,其中:交通部投资24000万元,占总投资44.59%;省内自筹27400万元,占总投资50.9%;借贷款1750万元,占总投资3.25%;江苏省交通厅(滁河大桥)679万元,占总投资1.26%;利息434.75万元。

(2)概算执行情况

经竣工决算,合宁高速公路龙塘至周庄段工程基本建设支出54263.75万元,与批复的概算总投资56907万元人民币相比,较概算节约2643.25万元人民币,对比概算节约比例4.64%。

6. 开工及通车时间

总工期原计划5年,即1986年10月~1991年10月,后因在施工中途,与江苏接线点由西葛改为周庄,经交通部〔89〕交工字122号文批准吴庄至周庄段工期(自开工之日起)为两年。同时受1991年特大洪灾影响,全线至1992年9月30日才正式通车。

根据资金和施工力量,采取分段分期施工。

(1)第一阶段工程:首先安排肥东至全椒段(K8+200~K89+055.2)81km路段先施工,因该段比老合浦路缩短里程25km,效益最为显著,先建成通车,既可先发挥效益,又利于集中兵力打歼灭战。该段于1986年10月1日象征性开工,1987年4月全面开工,于1990年12月28日路面全线贯通,接着进行收尾配套工作,1991年4月6日开始试运行。

(2)第二阶段工程:东、西两段共11.0916km。

龙塘至肥东段(K0+000~K8+200)1987年5月开工,1991年4月路面贯通。

全椒至吴庄段(K89+055.2~K91+946.8)1989年5月开工,1991年4月路面贯通。

上述东、西两段经过5个月收尾配套工作,于1991年10月4日与第一期工程同时开通。

(3)第三阶段工程:吴庄至苏皖交界处周庄(K91+946.8~K102+993.2),该段关键工程滁河大桥于1989年5月1日开工,路基于1991年4月正式开工,6~10月因遭罕见洪灾而被迫停工,1991年11月恢复施工。经过10个月的艰苦拼搏,于1992年9月30日建成通车,至此,合肥至南京的高等级公路全线贯通。

(二)决策研究

安徽经济的发展,长期受交通滞后的制约。1984年10月,交通厅党组建议先修东西贯通线东段(312国道南京—合肥段),按高速公路设计、实施,抓紧前期工作,并立即上报省政府和交通部,争取国家支持。1984年12月,中国共产党安徽省第四次代表大会上,省委书记黄璜同志的报告中肯定了修建东西贯通线的设想。1985年5月4日,新华社《国内动态清样》1016期上刊登了安徽提出修建高等级公路的10条措施,引起了中央领导的重视,国务院副总理李鹏和交通部部长钱永昌分别做了批示。

交通部副部长王展意在通车典礼讲话

安徽省委书记卢荣景剪彩

1985年5月30日,交通部钱永昌部长给李鹏副总理的报告中,肯定了"东西、南北线是国家干线公路,也是安徽的主要交通线,具有重要的经济价值,'七五'期间进行改建是完全必要的",并同意312国道合肥以东126km,按高速公路标准布设线路。同时肯定安徽集资修路的10条措施大部分是可行的。李鹏同志在该报告上写下"同意"两个大字,并迅速转安徽省委、省政府。

7月16日,省长王郁昭主持的省政府第16次办公会议上正式研究了两路建设问题,并提出了相关意见。8月24日,省计委正式下文批准两路立项。

立项审批文件:国内动态清样(第1016期);李鹏同志在国内动态清样第1016期上的批示;国务院办公厅秘书局〔85〕国秘函字19号;钱永昌部长给李鹏副总理的报告;李鹏同志对钱永昌同志报告的批示;安徽省人民政府会议纪要第17号;安徽省交通厅交计字〔85〕158号文关于"国道312线西葛至合肥段改建工程计划任务书"的报告;安徽省交通厅交计字〔85〕157号"关于赴京请示我省东西、南北两条贯通公路工程项目建设书批复情况的报告";安徽省计委计能字〔85〕第777号"关于国道312线合肥至西葛段公路工程设计任务书的批复";安徽省交通厅交计字〔85〕181号关于对"国道312线西葛至合肥段两阶段初步设计"审查意见的报告;312线西葛—合肥段初设会审会议纪要;安徽省计委计设字〔1985〕865号"关于312国道合肥至西葛段初步设计审查意见的批复"。

交通部函〔86〕交函计字466号"关于合肥—南京公路(国道312)省际接线点的复函";交通部〔87〕交函计字597号"关于南京至合肥一级公路省际接线方案的函";安徽省交通厅交计字〔87〕126号"关于312国道吴庄—西葛段按一级线形二级公路标准修建的

路幅布置及断面形式的请示";安徽省计委计设字〔1987〕901号"关于312国道吴庄—西葛段建设标准的复函";交通部文件〔88〕交计字235号"关于合肥—南京公路全椒吴庄至江浦珠江段设计任务书的批复";交通部文件〔89〕交工字122号"关于合肥—南京公路全椒吴庄至江浦珠江镇段初步设计文件的批复";合肥至南京公路全椒吴庄至江浦珠江段初步设计审核意见;国道312线西葛—叶集段改建工程初步可行性研究报告;安徽省交通厅皖交计字〔90〕117号"关于312国道合肥至南京公路调整概算的报告";安徽省计委计设字〔1990〕700号"关于312国道合肥至南京公路安徽段调整概算的批复"。

(三)项目实施

1. 项目招标

合宁高速公路为国内第一条采用招投标确定各标段施工单位的高速公路项目,也是第一条将"菲迪克"条款应用到合同行政条款和技术条款的高速公路项目。招标文件参照国际招标方式,根据国内条件,由省指挥部统一编制。本工程招标由省计委、经委、财政、建设、交通、建行等有关部门成立招标领导机构,下设招标办公室,办理日常招标、编标、资审、审标等具体事宜,中标签约后交监理办公室负责全过程质检、计量工作。

(1)设计招标

合宁高速公路(皖境)由安徽省公路勘测设计院完成施工图设计。其中,吴庄至周庄(皖苏交界)11.046km由交通部第二公路勘测设计院完成施工图设计。交通管理系统由电子工业部五十四研究所完成施工图设计。

(2)施工招标

采取招标投标方式,引进竞争机制:标段的划分采取"横切一刀,竖切一刀"的办法,横切:即每8~10km左右横切作为一个标段(包括路基、桥涵);竖切:即是把路基与路面分别招标。房建交通工程、安全设施及主体工程中独立项目以议标为主,经过认真考察和议价,选择有承担能力的合格单位承担,其中交通管理系统选择一个单位实行设计、施工、安装、调试、交付使用一揽子承包。

合宁高速公路全线路基工程共分12个标段,路面工程分5个标段,独立桥4个标段,附属设施5个标段。

(3)监理招标

安徽省高等级公路工程建设指挥部(简称"省指挥部")于1986年7月21日成立,部内设立监理办公室,代表业主(省指挥部)承担合宁高速公路龙塘至周庄段102.993km的工程技术监理,重点负责工程技术(包括设计、施工)方案的审定、修改,施工质量控制和结算。当时一度还聘请了东南大学李一珉、陈雅珍等教授作为现场工程监理。

2. 项目管理

(1) 管理机构

为适应安徽省高速公路的修建,按省委、省政府的决定,在建设期间成立了以省经委主任为组长的安徽省高等级公路工程建设领导小组,代表省政府组织建设、协调各方关系,研究和解决工程建设的重大问题并组建了安徽省高等级公路工程建设指挥部,沿线各地市成立了办公室,负责协调地方工作,各县成立了合宁高速公路工程建设指挥部。在省领导小组的领导下,作为本项目业主的省高等级公路工程建设指挥部负责筹措建设资金,组织工程实施招投标,检查和监督工程执行情况,及时解决工程建设中出现的问题。县指挥部主要负责征地拆迁、临时用地,组织地材生产、运输,辅道建设,以及协调地方与施工单位之间的关系。其中交通管理系统由机电部54所进行设计、研制、施工总承包;交通工程设施由省公路机械厂工程队和无锡标牌厂施工缆式防冲护栏,无锡标牌厂施工光标号志牌,深圳交通部招科现代交通安全设施有限公司施工反光标线;核工业部华兴公司施工全线路基护坡工程;监理单位为安徽省高等级公路建设指挥部工程监理室。

(2) 创新技术,提升工程质量

①路面结构层革新。建设过程中提出了碾压经济混凝土基层(简称"ERCC 基层")、RCC(碾压混凝土) + AC(沥青混凝土)复合式路面、钢纤维混凝土路面等新型路面结构形式,并采用路面不等距压槽技术、研发新型专利桥梁波形伸缩装置等方法,有效解决了水泥混凝土路面抗滑性能低、平整度不足和桥头跳车等问题。

②引进先进机械设备。引进了美国 GP-2000 型水泥混凝土滑模摊铺机、弗格勒轨道摊铺机等当时世界上最先进的自动化程度很高的混凝土路面施工机械设备,这在国内混凝土公路施工中是极为罕见的,并经过反复试验、实践,提出用改进维勃仪检测拌和物稠度和适用于滑模摊铺机稠度的试验方法和技术指标,达到摊铺路面呈现无麻面、塌边特征,大大提高了机械设备使用效率。

③针对"合肥膨胀土"的高液限黏土,为确保路基结构稳定,采用了在路基顶部再覆盖一层 30~40cm 厚石灰土作封层的方法,保持水分平衡。施工过程中把当时采用制作面粉的打面机进行灰土拌和,上百台打面机一字排开,昼夜不间断地工作,场面蔚为壮观,有效将结团的灰土拌和均匀一致,彰显了公路人的聪明才智和不竭的创造力。

④交通管理系统的应用。通过安徽省高等级公路工程建设指挥部与电子工业部五十四研究所共同研发了合宁高速公路交通管理系统(监控、传输、收费和供电)四部分组成,形成了统一的交通管理体系,这在当时具有国内领先水平,并获得了国家级、部级和省级多项大奖。

(3) 交工、竣工验收

根据交通部"关于安排 312 国道合肥至南京段公路工程竣工验收的通知"(交工便

字〔94〕021号),1994年1月17～24日,交通部、江苏和安徽两省交通厅等有关部门联合组成验收委员会,验收委员会一致认为:竣工工程符合设计要求,线形顺适,景观协调,路面坚实平整,交通工程设施齐全,竣工资料完整准确,工程造价较低,并控制在工程概算以内,这为我国公路建设和争取外资贷款起到了示范和推动作用。同时,也提高了建设、设计、施工、监理单位的技术和管理水平,培养了一批适应现代化建设项目管理和工程监理制度的人才,引进了一批国外先进的施工设备,工程总体水平达到国内先进行列和当代国际先进水平。交通部颁"优良工程标准"。

1993年国庆前夕,交通部授予南京至合肥公路皖境段"改革开放以来十大公路工程"第三名的光荣称号,并颁发奖状奖匾。1994年1月,该路经交通部验收评为优良工程。

3. 重大事项

(1) 重大变更

①江苏至安徽两省一级公路间接线点变更,引起路线走向改变。1987年,交通部根据对该项目所做的前期工作的结果及全国高等级公路路线合理布局,研究决定:将合肥至南京公路原合肥—全椒—西葛—南京,改为合肥—全椒—周庄—南京[交通部(87)交函597号文]。同时仍修建全椒至西葛段18.1km公路(由一级改为二级标准),增加概算1509.8万元。吴庄—周庄段11.046km及江苏境内25km均由交通部第二公路设计院负责勘测设计,增加特大桥滁河桥一座,桥长577.20m;交通部已批准修正概算造价为9167.4万元(含滁河大桥),比变更前全椒吴庄至西葛段18.1km一级公路增加概算3578.4万元。

②全线原设计互通立交5处(肥东、石塘、大墅、东王、全椒)。其中东王和石塘互通立交,因考虑到当时交通量不大,施工过程中预留位置,暂不实施。

③路面结构类型有所改变,初设路面为沥青混凝土结构,经省政府批准将原厚13cm沥青路面改为厚23cm水泥混凝土路面。变更原因主要为当时安徽省水泥资源丰富,可以进行充分利用,如若进口沥青,则需要700万～800万美元外汇;另外,建设期间物价上涨、增加土地税、营业税以及设计漏项等也是引起变更的原因。

合肥龙塘至全椒吴庄段92km调增概算16780.2万元。具体项目如下:由原厚13cm沥青路面改为厚23cm水泥混凝土路面,需增加6370.2万元;原批准概算中未含土地税、营业税,需增列2300.2万元;物价上涨费2918.8万元,以及材料差价1232.2万元,需调增4151万元;原设计92km未列中央分隔带防冲护栏和通信、监控设施,需增加工程费用4048.8万元,以及计划利润差等费用。以上三大项共需调整投资23045.7万元,调整后概算为56906.8万元。合肥至全椒92km路段每公里基本造价为502.5万元。全项目102.8km平均每公里造价为538.88万元。

(2) 重大事件

1991年初夏,一场百年不遇的特大洪灾袭击了安徽。皖东部分地区数日间竟变成水乡泽国,但唯有"七五"期间修建的连接江苏、安徽两省省会刚试运行的合宁公路,如长龙卧波,在苏皖大片地区被淹的情况下,全线大小桥梁、涵洞排水顺畅,路基稳固坚实,水泥混凝土路面完好无损,畅通无阻。这条路不仅成了沿线灾民避难的"诺亚方舟",而且成了抢险救灾的唯一通道。6月14日国务院总理李鹏通过合宁高速公路到滁州、全椒灾区腹地视察,当看到洪灾中合宁高速公路畅通无阻、许多灾民拥上路肩躲避洪水时,他满含感慨地说:"应该搞一些这样的道路。"

肆虐的洪水为高速公路做了无形的广告。6、7月间的两次洪水暴涨,将城市、乡村化作汪洋中的孤岛。当人民生命财产面临严重威胁的时候,高速公路给人们送来了生存的希望,驱走死亡的威胁,在安徽抗洪救灾中发挥了"决定性的作用"。合肥遭受40多小时暴雨袭击后,通往省内外的6条公路干线中断,京沪、淮南铁路水毁严重,连唯一的航空港——骆岗机场也与外界隔绝,被迫停航。合宁高速公路成为合肥等市县连接省内外的唯一通道,省领导感慨地说,这样的公路今后还要多修。这条路在当时被称为"救命路"。公路边的灾民也激动地说,没有这条路,损失会更大。

4. 复杂技术工程

(1)勘测设计的新技术

①勘测技术

20世纪80年代初期,本项目首次采用航测照片绘制线路带状平面图,并采用红外测距仪、精密水准仪、经纬仪等进行实地测量,用极坐标放线法中线,用误差理论对中线放点精度及其成果进行分析,加快了测度,保证了测设精度。

②微机在设计中的应用

20世纪80年代初合宁高速公路勘测设计中开始应用微机制图,设计中平面、横断面、纵剖面全部都用微机绘制,可以说在设计手段上来了一场技术革命。

(2)高速公路水泥混凝土路面

①碾压经济混凝土基层(简称"ERCC基层")

在建设中,根据充分调研和铺筑试验路段取得的成果,提出采用一种地材丰富、价格低廉、施工方便,具有足够强度及抗冲刷能力的基层——碾压经济混凝土(简称"ERCC基层"),在安徽省的高等级公路路面基层中得到了广泛应用,并收到了良好效果。

②滑模摊铺混凝土路面材料配合比及施工工艺

在合宁高速公路混凝土路面施工中引进了美国GP-2000型水泥混凝土滑模摊铺机,经过反复试验、实践,提出以表面积理论和密实原则相结合为依据控制$D_{max}/2$含量的石料级配控制法,使集料表面积降到最低,达到减少水泥浆含量和防止塑性收缩开裂的目的,并通过新提出的拌和物稠度测定方法进行校核调整。部分研究成果已作为修正国标《水泥混凝土路面施工及验收规范》机械化施工部分的基本依据。

滑模摊铺机摊铺水泥

弗格勒轨道摊铺机路面作业

RCC+AC 结构形成 RCC+AC 复合式路面,刚中有柔,刚柔相济,有效地解决了抗滑、平整、耐磨等三大难题;建设过程中采用的钢纤维混凝土路面在合宁高速公路和合芜高速公路接缝修护和大中修路段改造调坡中广泛应用,并取得良好效果。

(3)路面不等距压槽技术

建设过程中,研究人员着重研究了不等距压槽,通过光面、不同等距和不同不等距压槽表面构造形式之试验对比,结果找出横向不等距压槽,间距分布为(16cm,32cm)。槽深≥2mm,槽宽≥5mm 作为推荐的形式,其振动小,噪声低,摩擦系数、平整度等指标均能达到要求。这一研究成果在安徽省公路水泥混凝土路面中得到推广应用。

(四)科技创新与成果

1. 安徽省高等级公路生态工程综合技术研究

该项目获得2000年安徽省科技进步一等奖、交通部行业联合科技攻关项目二等奖。成果应用于陇西立交高速公路、合宁高速公路、高界高速公路等工程。该技术大幅度降低防护工程造价,节约环境资源,创经济效益数以亿元。

2. 桥梁波形伸缩缝推广与应用

该项目获得2002年安徽省科学技术二等奖。波形伸缩缝装置首先在合宁高速公路成功试装,通车十多年来完好无损,已广泛应用于沪蓉高速公路安徽段高(河埠)界(子墩)高速公路、合芜高速公路、芜湖长江大桥接线、宣广高速公路、界阜蚌高速公路、合徐高速公路、合安高速公路、连霍高速公路、绍兴市政、沈阳长春高速公路等工程,累计使用达2万多延米。

3. 联网收费系统

该项目获得1999年安徽省科技进步二等奖。系统自1997年10月1日试运行以来,社会效益和经济效益显著,提高了三条路的技术等级和运营管理水平,使安徽省高速公路收费管理工作步入规范化、科学化的管理轨道,收费额和车流量同比增加5%,年增收近千万元。该系统还可广泛用于高速公路、收费公路、桥梁、隧道等场所的收费、监控。

4.皖通高速公路综合信息系统

该项目在国内率先提出了将高速公路信息化管理模式划分为"接口层、信息采集层、信息处理层、业务办公层"四层结构,通过计算机实现全方位管理;在国内首创将高速公路全部管理信息实现了数字化,从而建立了通信、监控、收费和其他业务高度统一的综合信息系统新概念,打破了传统的各系统独立建设、运行的旧结构;实现网内信息资源共享,提高信息资源利用率(一个子系统可以为其他子系统提供数据),实现高速公路运营管理信息化、决策科学化。本项目获得2002年安徽省科技进步二等奖。项目产品在安徽省高速公路信息化建设市场中占近60%的市场份额,新建或升级改造高速公路信息系统约1500km,对高速公路实现智能化管理起到了积极推广示范作用。

5.合芜、合宁高等级公路建设若干关键技术的研究与应用

该项目获1997年交通部科技进步二等奖。技术成果除在合宁高速公路建设期间得到成功运用外,也在随后建设的合芜高速公路、合铜高速公路等诸多省内高速公路建设项目中广泛应用。

(五)运营与养护

1.运营管理

龙塘至周庄段沿线共设置3对服务区(吴庄服务区、大墅服务区、肥东服务区),共设5个收费站点(龙塘、肥东、大墅、全椒、吴庄,其中龙塘、吴庄为主线站),见表8-116。

收费站点设置情况　　　　　　　　　　　　　　　　　　表8-116

站点名称	车 道 数	收 费 方 式
龙塘站	入口4条、出口6条	人工收费及电子不停车收费综合 (入口:3条MTC车道、1条ETC车道) (出口:5条MTC车道、1条ETC车道)
肥东站	入口4条、出口6条	人工收费及电子不停车收费综合 (入口:3条MTC车道、1条ETC车道) (出口:5条MTC车道、1条ETC车道)
大墅站	入口2条、出口2条	人工收费及电子不停车收费综合 (入口:1条MTC车道、1条ETC车道) (出口:1条MTC车道、1条ETC车道)

续上表

站点名称	车道数	收费方式
全椒站	入口4条、出口6条	人工收费及电子不停车收费综合 (入口:3条MTC车道、1条ETC车道) (出口:5条MTC车道、1条ETC车道)
吴庄站	入口10条、出口16条	人工收费及电子不停车收费综合 (入口:8条MTC车道、2条ETC车道) (出口:14条MTC车道、2条ETC车道)

面对交通量快速增长,坚持以收费为龙头,以微笑服务为主线,以养护管理为保障,以安全保畅为目标,切实打造"畅通高速、平安高速、微笑高速、和谐高速"。

2.养护管理

在合宁高速公路通车二十余年中,合肥管理处和滁州管理处始终以"一流通行环境、一流管理水平、一流服务质量"为目标,坚持"预防为主、防治结合、科学养护、保障畅通"的养护工作方针,设置健全组织机构,落实集团公司养护工作要求,推进养护管理各项工作,努力打造优良通行环境。具体措施如下:

(1)路况调查分析。坚持养护巡查工作制,确保路况调查的及时性和有效性。

(2)道路日常养护。坚持月初计划、月中督促、月尾考核,确保道路病害早发现、早预防、早处治。

(3)路基病害防治。快速处置雨季高填方边坡、桥头锥坡的局部塌陷等病害;人工巡查高填方和高大边坡等重点路段;定期清理排水沟,保持排水设施完好、通畅。

(4)桥梁安全管理。贯彻落实桥梁安全运行十项制度,配备专职桥梁工程师负责桥梁养护工作;加强桥涵日常巡查,落实例行检查,及时掌握桥涵结构物技术状况和使用功能;建立了桥梁管理系统,做好桥梁纸质卡片、检查记录等技术档案资料整理归档,准确掌握桥涵基本数据,筑牢桥涵管养工作基础。

(5)养护内业管理。建立健全养护内业管理制度;及时收集整理有关技术基础资料和工程管理资料,按年度分类归档,做到资料的对应性、闭合性和统一性;力保养护内业资料规范、准确、齐全。

(6)应急养护管理。制订各类突发事件应急预案和除雪保通专项方案,加强实战演练,定期组织开展安全隐患排查整改活动,及时消除安全隐患,保障交通运行安全。

三十五、G42沪蓉(上海—成都)高速公路合肥至南京段改建工程

(一)项目概况

由于原道路设计标准较低,随着运营时间的不断增长,受车流量日益增大、重车超载

车增多和环境等因素的影响,使得水泥混凝土路面出现不同程度的损坏,路况呈逐年下降趋势,尤其在 2000 年以后,靠日常养护已难以满足道路的正常服务功能。为尽快改善合宁高速公路路面状况,提高道路服务水平,经省交通厅批准,安徽皖通高速公路股份有限公司对合宁高速公路进行了"白加黑"路面全面黑色化改建。

1. 参建单位

安徽省合宁高速公路改建工程指挥部。

项目主要参建单位见表 8-117。

G42 沪蓉(上海—成都)高速公路合肥至南京段改建工程主要参与建设单位汇总表　　　　表 8-117

合同段	起讫桩号	施工单位	驻地监理组	总监代表处
HNGJ-01 (沥青路面)	K29+970~K41+500、 K43+000~K57+500、 K115+500~K133+300	武警六支队	安徽省公路工程建设监理有限责任公司	安徽省高等级公路工程监理有限公司
HNGJ-02 (沥青路面)	K57+500~K115+500、 K41+500~K43+000、	路桥集团第二公路工程局	安徽省高等级公路工程监理有限公司	
HNGJ-03 (原路面处理)	K29+970~K57+500、 K115+500~K133+300	安徽省路港工程公司	安徽省公路工程建设监理有限责任公司	
HNGJ-04 (原路面处理)	K57+500~K115+500	安徽省巢湖市路桥公司	安徽省高等级公路工程监理有限公司	
HNGJ-05 (边护栏)	K29+970~K133+300	徐州光环交通设施有限公司	安徽省高等级公路工程监理有限责任公司	
HNGJ-06 (标志标线)	K29+970~K133+300	上海交大天长交通工程有限公司	安徽省高等级公路工程监理有限公司	

2. 建设内容及主要技术指标

合宁高速公路实际改建路段为 K14+410~K133+300,全长 118.89km。合宁高速公路安徽段 133.3km 批准的估算总投资 9 亿元,K29+970~K133+300 段估算投资 7.27 亿元,建设工期 3 年。

改建工程全线按平原微丘区高速公路标准设计,为全封闭、全立交、双向四车道高速公路,K14+410~K122+466 段路基宽 26.0m,K122+466~K133+300 段路基宽 23.0m,改建工程在处理后的原水泥混凝土路面上直接加铺 22cm 厚的沥青混凝土路面结构。行车速度 120km/h。桥涵设计荷载:汽车—超 20 级;验算荷载:挂车—120。道路平面线形与老路保持一致,纵面线形根据沥青加铺厚度适当进行调整。

原路面处理换板 24.1 万 m²,硬路肩处理 36.5 万 m²,AC-10 调平层沥青混凝土 220.4 万 m²,AC-25 下面层沥青混凝土 221 万 m²,AC-20 中面层和 AC-16 上面层沥青混凝土各 225 万 m²,重建桥梁 3 座,更换梁板 43 片,整体化桥面铺装 66 座,波形梁边护栏 210.6km,中护栏加高处理 103.2km。

3. 征地拆迁

本扩建项目在原有的高速公路上进行加铺改造,不需要征地拆迁。

4. 投资规模、资金来源

合宁高速公路改建工程 K29+970~K133+300 段完成总投资 70182.89 万元。建设资金全部由项目法人安徽皖通高速公路股份有限公司自行筹集。

5. 概算执行情况

K29+970~K133+300 段 103.33km 改建概算投资为 72681.92 万元。审计部门对本项目改建工程完工后进行工程决算、审计,实际完成投资 70182.89 万元。

6. 开工及通车时间

2003 年 3 月 11 日开工改建工程建设,于 2004 年 11 月 6 日前全部通车。

(二) 决策研究

2002 年 3 月,安徽省高速公路总公司组织对合宁高速公路路面破损状况进行了详细调查,并按照《水泥混凝土路面养护技术规范》进行评定。根据路面状况等级评定结果,合宁高速公路应采取全路段改建措施。

2002 年 4 月,中国人民银行南京分行向安徽省人民政府提交了《关于改造合宁高速公路合肥段有关建议的报告》(南银发〔2002〕98 号),省政府领导在文件上作了重要批示,要求抓紧研究合宁高速公路改建事宜。

2002 年 7 月,安徽省高速公路总公司向省交通厅上报了立项申请,省交通厅以《关于合宁高速公路改建工程立项的批复》(皖交计〔2002〕32 号)批准改建工程立项。

2003 年 3 月,省交通厅以《关于合宁高速公路改建工程施工图设计的批复》(皖交基〔2003〕16 号),批准改建工程施工图设计。

(三) 项目实施

1. 招标投标

经过严格招投标程序并由招标委员会确定选择的施工与监理中标单位为:武警交通第六支队、路桥集团第二公路工程局为 2 家沥青路面施工单位;安徽省路港工程公司、安徽省巢湖市路桥工程有限公司为 2 家原路面处理施工单位;徐州光环交通设施有限公司、上海交大天长交通工程有限公司为2家交通工程施工单位;监理组由安徽省公路工程建设监理有限责任公司、安徽省高等级公路工程监理公司2家单位中标。

2. 项目建设管理

2002年7月,省高速公路总公司以皖高路司营〔2002〕23号文批准成立了安徽省合宁高速公路改建工程指挥部。由总公司总经理王水同志任指挥部指挥长,指挥部下设现场办,负责改建工程日常工作,现场办人员常驻工地处理改建工程的日常事务。现场办设行政部、工程部、财务部、安全协调部、地方工作部等职能部门。

(1)原路况调查:2002年3月底组织对路面破损状况进行了检测评定,评定结果认为应对全路段进行改建。

(2)改建试验段的实施:2002年上半年完成了小西冲K14+410～K18+500段4.1km改建试验段。为总结小西冲试验段成果,对设计方案进一步优化,下半年组织对K18+500～K29+970段11.5km扩大试验段进行改建。

(3)大规模改建初步方案设计与施工图设计:2002年12月4日,省公路勘测设计院会同省交通厅、省公路局及东南大学的专家,召开了初步设计评审会,最终确定的改建方案为:原混凝土路面处理主要采取冲击压实技术,局部路段采用碎石化技术,然后直接加铺22cm厚的沥青混凝土,从下至上依次为:4cm AC-10找平层+8cm AC-25+6cm AC-20+4cm AC-16。桥涵的改建方案以尽量利用原结构为原则,根据实际情况逐一设计。2003年2月份提交了正式的施工图设计文件,3月4日由省交通厅主持召开施工图设计审查会。

(4)质量监督单位:安徽省交通基本建设工程质量监督站。

(5)检测单位:安徽省恒达交通建设质量检测有限公司、安徽省高速公路试验检测科研中心、交通部交通工程监理检测中心。

3. 工程进度

改建工程于2002年3月开展试验段施工,2002年11月完成了K14+410～K29+970段15.56km改建试验段工程。规模施工自2003年3月11日正式开始,于2004年11月6日前全部完工通车,利用2年时间完成了K29+970～K133+300段103.33km的改建任务。其中2003年度完成了K29+970～K41+500、K43+000～K90+000段及K90+000～K97+000下行道,共计全幅62.03km的改建任务,2004年度完成了K41+500～K43+000、K90+000～K97+000上行道、K97+000～K133+300段,共计全幅41.3km的改建任务。改建工程利用两年时间(2003—2004年)完成了K29+970～K133+300段103.33km的改建任务。总之,根据省委、省政府领导"三年任务,两年完成"的指示精神,及时调整工作计划,经过科学调度,合理安排,确保2年完成了改建任务。

4.交(竣)工验收情况

(1)交工验收情况

监督单位安徽省交通基本建设工程质量监督站组织对工程质量进行了认真的检测和评定,向交工验收委员会提交了《合宁高速公路改建工程交工验收质量检验评定报告》,报告评定结果:项目单位工程优良率为90.5%,建设项目质量评分91.7分。经验收委员会审议,推荐改建项目的质量等级为优良。

(2)竣工验收情况

2006年11月10日~12月10日,安徽省交通基本建设工程质量监督站组织对该项目进行竣工验收质量鉴定。根据《关于贯彻执行公路工程竣交工验收办法有关事宜的通知》(交公路发〔2004〕446号)的规定,省交通厅质监站对改建工程质量进行了评定。评定结果为:建设项目工程质量得分为91.2分。

(四)科技创新与成果(高速公路旧水泥混凝土路面改造技术研究)

该项目研究冲击碾压处理旧路面的成套技术、加铺层结构计算与设计、防反射裂缝措施及旧路改建的施工组织与管理等技术,提出了较为系统的旧路改建方法及工艺。获得2007年安徽省科技进步三等奖、2007年中国公路学会科学技术二等奖。研究成果已在省内的205国道天长段、合宁高速公路、合巢芜高速公路、宣广高速公路等高速公路改建工程中得到应用,充分利用了老路资源、保护了自然环境,实现了可持续发展目标。

三十六、G42沪蓉(上海—成都)高速公路合肥至南京段(大蜀山—龙塘)

(一)项目概况

G42沪蓉(上海—成都)高速公路合肥至南京段(大蜀山—龙塘)为合宁高速公路(312国道)重要组成部分,是原国家规划的"两纵两横"国道主干线中的"一横",是现国家高速公路网上海至成都(G42)中的重要一段,为千里江淮第一路。路线环绕合肥市南郊,起点接合淮阜高速公路(双向六车道),并且设井冈铺互通与合六叶公路相连接,向东与京台高速公路(G3)和合宁高速公路龙塘至周庄段相连,全线长30.54km。项目于1993年11月25日正式开工,于1995年11月20日完工,为全封闭、全立交双向四车道高速公路,路面类型为水泥混凝土路面。2006年9月,本项目实施"四改八"改扩建工程,为安徽省第一条高速公路"四改八"扩建工程,也是安徽省首条双向八车道沥青混凝土路面高速公路。全线设龙塘、十八岗(金寨路)、机场(包河大道)、大蜀山共4处收费站。

第八章
高速公路建设项目

G42 沪蓉（上海—成都）高速公路合肥至南京段（大蜀山—龙塘）（一）

G42 沪蓉（上海—成都）高速公路合肥至南京段（大蜀山—龙塘）（二）

1. 参建单位

合肥市 312 国道大龙段工程指挥部。

项目主要参建单位见表 8-118。

G42 沪蓉（上海—成都）高速公路合肥至南京段（大蜀山—龙塘）
主要参加建设单位汇总表　　　　表 8-118

序号	参建单位	单 位 名 称	合同段编号及起止桩号	主要负责人
1	项目管理单位	合肥市 312 国道大龙段工程指挥部	全线	钟咏三
2	勘察设计单位	安徽省公路勘测设计院	全线	方正华
3	施工单位	安徽省公路桥梁工程公司	DL-01	程家宽
		安徽省宿县地区路桥公司	DL-02	胡春亭
		芜湖市政工程公司	DL-03	陈存锁
		安徽省水利建筑安装总公司	DL-04	牛曙东
		合肥市政工程总公司	DL-05	陈圣贵
		安徽省水利建筑总公司	DL-06	牛曙东

续上表

序号	参建单位	单 位 名 称	合同段编号及起止桩号	主要负责人
3	施工单位	武警交通六支队	DL-07	黄晓汉
		南京海福园工程技术中心	DL-08	邹锐
		铁四局四处	DL-09	张汉顺
		安徽省港航建筑工程公司	DL-10	郑训云
		中建五局一公司	DL-11	毛章米
		合肥市虹达路桥公司	DL-12	李永华
		合肥市路桥公司	DL-13	丁增信
4	监理单位	安徽省高速公路监理站	全线	周茂君

2. 技术标准

（1）公路等级、里程（起讫点）及地形类别

项目为全封闭、全立交双向八车道高速公路，沥青混凝土路面。全线设置了完善的交通安全、机电、房建、绿化等配套设施。总建设里程全长30.54km。

该区处于江淮分水岭南侧，大别山东麓余脉的北缘。整个地形呈西北方向高，东南方向低的倾斜状。区内水网交错，河道纵横。测区河流多为雨源型河流，干旱少雨季节断流，多雨季节易形成洪涝。影响本线路的构造为新华夏系构造，其中郯城—庐江断裂带自北向南斜贯工作区东侧。历史上本区域地震活动频繁，有感地震常有发生，根据《安徽省地震烈度区划图》本线区地震基本烈度为Ⅶ度。属北亚热带湿润季风气候区，具有季风明显、四季分明、气候温和、雨量适中的特点。

（2）主线行车速度

主线行车速度为120km/h。

（3）路基、路面

原路基设计宽26m，主行车道宽2×7.5m，中央分隔带宽2.7m；路面宽8.5m×2，水泥混凝土路肩2.75m×2，中央分隔带为新泽西护栏。改扩建后整体式路基宽42.0m（每侧加宽8.0m），其中行车道宽8×3.75m，中间带宽4.5m（含0.75m×2路缘带），硬路肩宽3.0m×2（含路缘带0.5m×2），土路肩宽0.75m×2；分离式路基宽13.25m+26.0m+13.25m，其中行车道宽2×3.75m，左侧硬路肩宽1.25m（含路缘带0.5m），右侧硬路肩宽3.0m（含路缘带0.5m）。

（4）桥梁、涵洞

计算荷载：汽车—超20级，验算荷载：挂车—120；

设计洪水频率：特大桥1/300，大、中小桥、涵洞1/100。

(5)路线交叉

原新建互通交叉:互通式立体交叉设计标准:三级交叉互通;行车速度50km/h;匝道宽度,单车道路基宽7.5m,路面宽5.5m(不含加宽值);双车道路基宽10m,路面宽8.5m。

路线交叉设计标准:主线上跨各级公路的桥梁及通道净空高度,二级及二级以上公路5.0m,三、四级公路4.5m,汽车通道≥3.2m,拖拉机通道≥2.7m,人行通道≥2.2m;主线下穿各级公路的净空高度均按5m控制。

改扩建后互通交叉:扩建互通立交4处,分别是十八岗互通立交、小西冲互通立交、龙塘互通立交、大蜀山互通立交。

3.工程内容及主要构造物

(1)建设主要内容

合宁高速公路大龙段全长30.54km,全线路基工程共分13个标段,共设7个交点,平均4.29km一个交点。最小平曲线半径550m,最大平曲线半径12248.465m,曲线总长28.505km,占路线总长93.34%。特大桥3座,大、中、小桥44座,涵洞175道,人、机孔68道,互通立交3处,平交2处。沿线附属设施有防冲护栏、标志、标线、隔离栅、绿化带和管理区。改扩建十八岗、小西冲、龙塘、大蜀山5处互通式立交,迁建机场互通式立交至包河大道,新增分离式立交2处,改扩建南淝河1101m特大桥1座,大桥3座。

(2)路线中间控制点

合肥大蜀山西约3km的小铺头、南新庄、陈夹塘、姚李岗、十八里大井、骆岗机场、合九铁路专用线、合肥市徽州南路、合巢公路、义兴集北、黄镇南、关镇、南淝河、龙塘镇。2006年9月改扩建项目中,路线设计基本保持原平纵面线形,采用两侧拼接方式对现有道路进行加宽,建设工程的地理位置、路线走向、路基高度等维持不变。

(3)路线跨越主要河流

主要河流南淝河、派河、丰乐河,均汇入巢湖,属长江水系。

4.征地拆迁

1993年8月17日,合肥市人民政府组织召开了312国道大龙段工程征地拆迁动员大会,明确征地拆迁补偿标准按照合芜高速公路征地拆迁补偿标准执行,要求并实际于1993年9月30日前圆满完成大龙段征地拆迁任务。共征用土地4746.83亩,拆迁房屋35863.86m^2,支付补偿费用12709.4096元。改扩建后工程实际永久性征地共145.5195公顷,工程沿线设置取土场8处,共计119亩,施工后现状为水塘;全线未设置弃土场。

5.项目投资

(1)投资规模、资金来源

1992年3月3日,安徽省计划委员会以计设字〔1992〕142号文《关于312国道合肥至南京汽车专用公路大蜀山至龙塘初步设计的批复》批准概算暂定27658.2万元。

1994年9月27日,安徽省交通厅以皖交基〔94〕85号文《关于合肥至南京高速公路(大蜀山至龙塘段)调整概算的批复》批准概算46128.4万元。

1996年10月15日,安徽省交通厅在皖交基〔1996〕105号文《关于合宁高速公路大龙段调整概算的批复》中明确,该项目在建设期间,由于政策性调整物价上涨,工程设计变更和建设规模扩大等因素,原批概算已不能满足工程建设的需要。同意批准概算59470.79万元。

资金来源:安徽省交通厅筹措。

改扩建工程投资19亿元(包括龙塘—陇西立交段11.56km)。

(2)概算执行情况

皖交(94)85号文批复概算为46128.4万元,1996年4月18日安徽省高等级公路工程建设指挥部文件[皖高指建(96)48号]《关于合宁高速公路大龙段调整概算的请示》申请将概算调整为63009.76万元。1996年10月15日,安徽省交通厅文件[皖交基(1996)105号]《关于合宁高速公路大龙段调整概算的批复》将大龙段全线调整后的概算批准为59470.79万元。

6. 开工及通车时间

1993年11月25日正式开工,工期为39个月,1995年11月20日建成通车,11月25日,大龙段交付使用,比原决战工期提前31天竣工通车;扩建工程于2006年9月20日开工,于2009年9月12日全部建成通车。

(二)决策研究

合宁公路大龙段是312国道合肥至西葛公路的一段,前期决策同合宁高速,本项目决策研究及完成基本建设程序批复文件如下:

1984年开始做前期准备工作,南北贯通线在1985年《国内动态情况》中以《安徽集资修建南北、东西两条贯通公路》刊登;

国务院文件(国秘函字〔86〕第19号)批准立项(1985年3月3日);

安徽省计划委员会文件(计能字〔85〕第777号)《关于国道312线合肥至西葛段公路工程设计任务书的批复》(1985年11月1日);

安徽省计划委员会文件(计设字〔1985〕865号)《关于312国道合肥至西葛段初步设计审查意见的批复》(1985年11月27日);

安徽省计划委员会文件(计设字〔1992〕142号)《312国道合肥至南京汽车专用公路大蜀山至龙塘初步设计的批复》(1992年3月3日);

安徽省计划委员会文件(计引字〔1992〕543号)《关于合肥大蜀山—龙塘段公路项目建议书的批复》(1992年7月8日);

安徽省交通厅和合肥市人民政府文件(合政〔1993〕124号)《关于成立312国道大龙段工程指挥部的通知》(1993年6月17日);

合肥市人民政府312国道大龙段工程指挥部文件(市指〔1993〕1号)《关于312国道指挥部办公室机构设置及组成人员的通知》(1993年8月1日);

合肥市人民政府文件(第101号会议纪要)《312国道大龙段工程指挥部成员第一次会议纪要》(1993年8月2日);

安徽省交通厅文件(皖交基〔93〕77号)《关于要求将合宁公路大龙段列为省重点建设项目的请示》(1993年9月29日);

安徽省交通厅文件(皖交基〔94〕85号)《关于合肥至南京高速公路(大蜀山至龙塘段)调整概算的批复》(1994年9月27日);

安徽省高等级公路工程建设指挥部文件(皖高指建〔96〕48号)《关于合宁高速公路大龙段调整概算的请示》(1996年4月18日);

安徽省交通厅文件(皖交基〔1996〕105号)《关于合宁高速公路大龙段调整概算的批复》(1996年10月15日)。

(三)项目实施

1. 项目招标

(1)设计招标

经安徽省交通厅、合肥市人民政府同意,312国道大龙段由省公路勘测设计院为设计单位,负责工程设计;合肥市政府为建设单位,负责征地拆迁与工程的施工管理;省高等级公路管理局为监理单位,负责工程质量监理。1993年8月26日成立312国道大龙段工程招标委员会,负责主持招标的日常业务工作。

(2)施工招标

大龙段工程招标按照国际惯例和菲迪克条款面向全社会实行公开招标。整个招标工作包括投标、开标、评标和决标。每个投标单位都由招标委员会进行认真评选,按照严格的投标、开标、评标和决标程序进行,并经合肥市公证处公证,确定中标单位,共13个施工单位。其中,建设过程中由于DL-04标(省水利建筑安装总公司)和DL-11标(中建五局)进度严重滞后被市指挥部清场,分别由安徽省公路工程公司施工DL-04标,阜阳地区公路局施工DL-11标东段,安徽省港航建筑工程公司施工DL-11标西段。附属工程施工单位是:安徽省高速公路经济技术开发公司、中美合资华运建设公司、安徽省公路机械厂、安徽省水利建筑安装总公司、安徽省实业发展总公司。

(3)监理招标

本项目实行监理工程师负责制,按施工单位自检,监理单位抽查,政府部门监督质量管理体系。安徽省高速公路工程监理站全面负责本项目监理工作,设立总监办,处理日常工作,分标段设立监理组。

2.项目管理

(1)管理机构

1993年6月17日,安徽省交通厅、合肥市人民政府以合政〔1993〕124号文《关于成立312国道大龙段工程指挥部的通知》组建了312国道大龙段指挥部,指挥部由合肥市市长钟咏三总指挥,省交通厅厅长李永铎、合肥市副市长孔令渊、省交通厅厅长助理王水、省高等公路管理局局长杨家沪任指挥。成员由合肥市政府21个有关居委办、沿线郊区、县负责人组成。指挥部下设办公室,具体办理日常业务工作,办公室主任由蔡嵩生担任。沿线郊区县、乡、镇分别成立指挥部和指挥所,负责征地拆迁和协调工作。省市指挥部联合成立招标委员会。

改扩建工程项目业主为安徽皖通高速公路股份有限公司。

(2)项目交工、竣工验收

本项目于1995年11月25日通过交工验收。

改扩建工程于2009年10月13日通过交通主管、质量监督、公安交警、安监部门等单位组成的交工验收委员会的严格审评,以98.39分的高分顺利通过交工验收。于2015年9月2日完成竣工验收,综合评分94.43分,综合评价等级为优良。

3.重大事项

(1)重大决策

312国道大龙段中原设计K15～K24位于张小郢—黄镇之间,初选路线穿越张小郢以北和油坊岗、盛大郢、许小河、义兴集、塘头吴等村庄以南。由于路线在盛大郢以南干扰骆岗机场导航,安徽省民航局要求路线向北偏离150m以上,最终确定路线位于张小郢以北,穿过油坊岗,经许小河、义兴集、塘头吴等村庄以北。

(2)重大变更

1995年7月4日,合肥市人民政府312国道大龙段工程指挥部根据312国道大龙段决战指挥组〔1995〕11号会议纪要精神,设计代表对路面板块划分图、设计图作重新修改,修正内容如下:

B形板边缘钢筋取消,增设单层$\phi 8$的钢筋网;D形板增设单层$\phi 8$的钢筋网;桥头搭板(或路面衔接板)板下基层结构与路段相同,即18cm的水泥稳定粒料和20cm石灰土(软土段厚40cm)。

(3)重大事件

①1995年2月8日,中共安徽省委书记卢荣景视察大龙段工地提出:"大龙段是安徽

形象工程,必须抢时间,争速度,确保质量,确保年内竣工通车。"

②大龙段工程采用崭新的"一路四方"建设管理模式。合肥市人民政府312国道大龙段工程指挥部为建设单位,安徽省公路勘测设计院为设计单位,监理单位是安徽省高速公路工程监理站,施工单位是通过向社会公开招标确定的施工企业。四支方面军均由安徽省高等级公路工程建设指挥部负责。

③在大龙段决战指挥组的指挥下,经各单位共同努力,大龙段高速公路全线于1995年11月25日竣工交付使用,比工期提前31天竣工通车,比计划工期提前401天。

安徽省委书记卢荣景视察大龙段高速公路

建成初期的龙塘收费站

4. 复杂技术工程

(1)南淝河大桥

南淝河大桥全长1101.2m,是312国道大龙段的关键工程。大桥采用先用后征的办法,于1993年6月25日开工建设。

根据初步设计结果,连续梁方案和连续刚构方案在全桥工程量上几乎没有多大区别,连续梁方案从总体角度出发,在桥位上要比第二种方案合理,同时结合该桥所具有的河道弯曲、全桥结构呈斜、弯桥跨以及主桥墩受船舶冲撞频率较高的特点。连续梁方案中设计的圆柱形独柱式桥墩结构,对解决以上问题都是比较理想的,故将预应力混凝土连续梁方案作为了南淝河大桥的施工方案。

(2)合九铁路立交桥

省港航建筑工程公司承建的10标合九铁路立交桥是全线三座特大桥梁之一。工程于1994年1月27日开工,从开工到竣工仅用540多天,比决战工期提前118天实现竣工通车。

合九铁路立交桥是"安徽形象工程"312国道大龙段跨越合肥—九江铁路的一座特大桥,全长611.17m,造价2100万元。大桥位于平、纵曲线段,上部结构采用先张法预应力空心板,下部桥墩采用单排柱式墩,桥台台身采用肋板式,基础均为钻孔灌筑桩。

(四)科技创新与成果

原大龙段高速公路科技创新详见合宁高速公路龙塘至周庄段建设实录。

大陇段"四改八"扩建工程不仅开创了安徽省高速公路"四改八"扩建工程的先河,改变了安徽省没有八车道高速公路的历史,提升了安徽交通对外形象,而且为今后国内高速公路改扩建工程积累了宝贵经验。同时,依托工程开展的"合宁高速公路扩建工程关键技术研究"科研项目,获得了安徽省科技进步三等奖和中国公路学会科学技术二等奖。

(五)运营与养护

1.运营管理

大龙段高速公路沿线共设置4个收费站点(蜀山站、金寨路站、包河大道站、龙塘站)。从1999年1月1日至2015年12月31日,大龙段高速公路累计交通流量为23785万辆,见表8-119。

各收费站交通流量发展状况表(1999—2015年)(单位:辆)　　　　表8-119

收费站名称	年份	入口	出口	合计	日平均流量
蜀山站	1999	302289	330605	632894	1758
	2000	386001	409428	795429	2210
	2001	428759	432238	860997	2392
	2002	434363	483365	917728	2549
	2003	536988	540067	1077055	2992
	2004	677463	671349	1348812	3747
	2005	671826		1339593	3721
	2006	717575		1439512	3999
	2007	801433	667767	1624696	4451
	2008	194804	721937	461013	1260
	2009	528984	696891	1225875	3359
	2010	792759	952434	4578069	4781
	2011	1400337	1492268	2892605	7925
	2012	1932013	2212673	4144686	11324
	2013	2566801	2480251	5047052	13828
	2014	2710377	2563492	5273869	14449
	2015	3214728	3046942	6261670	17155
金寨路站 (原十八岗站)	1999	540904	497488	1038392	2884
	2000	714626	690787	1405413	3904
	2001	932986	891756	1824742	5069

第八章
高速公路建设项目

续上表

收费站名称	年份	入口	出口	合计	日平均流量
金寨路站 （原十八岗站）	2002	778816	860123	1638939	4553
	2003	577752	521221	1098973	3053
	2004	797459	703448	1500907	4069
	2005	866432	764618	1631050	4531
	2006	859520	737980	1597500	4438
	2007	276310	250741	527051	1444
	2008	1301711	907724	2209435	6037
	2009	2278421	2157681	4436102	12153
	2010	4075009	3887231	7962240	21814
	2011	3726537	3273845	7000382	19179
	2012	3606202	3495769	7101971	19404
	2013	4472559	4292659	8765218	24014
	2014	5202147	4954957	10157104	27828
	2015	5702943	5511984	11214927	30726
包河大道站 （原机场站）	1999	368659	399632	768291	2134
	2000	454973	499612	954585	2652
	2001	641418	708934	1350352	3751
	2002	871213	842489	1713702	4760
	2003	1056133	1284736	2340869	6502
	2004	1230458	1394450	2624908	7291
	2005	1653324	1860106	3513430	9760
	2006	1931114	2157716	4088830	11358
	2007	2949888	3092233	653641	6880
	2008	1573071	1541626	3114697	8510
	2009	1963842	1907249	3871091	10606
	2010	2323739	2254330	4578069	12543
	2011	2675988	2621791	5297779	14514
	2012	3169300	3129029	6298329	17209
	2013	3791187	3730380	7521567	20607
	2014	4420323	4372734	8793057	24091
	2015	4825507	4860689	9686196	26538
龙塘站	1999	479003	449724	928727	2580
	2000	679293	641316	1320609	3668
	2001	575340	536679	1112019	3089

续上表

收费站名称	年份	入口	出口	合计	日平均流量
龙塘站	2002	641314	563356	1204670	3346
	2003	508917	439236	948153	2634
	2004	761084	531760	1292844	3591
	2005	516513	486043	1002556	2785
	2006	3108226	2827749	5935975	16489
	2007	276310	250741	653641	6880
	2008	1573071	1541626	3114697	8510
	2009	1963842	1907249	3871091	10606
	2010	2323739	2254330	4578069	12543
	2011	2675988	2621791	5297779	14514
	2012	3169300	3129029	6298329	17209
	2013	3791187	3730380	7521567	20607
	2014	4420323	4372734	8793057	24091
	2015	2907857	2862785	5770642	15810

自通车以来采用社会化养护管理模式，通过公开招标方式确定社会专业化养护公司进行小修和路面、绿化、机电等专业化养护。大龙段高速公路经过"四改八"工程，前后站点设置有较大变动，见表8-120、表8-121。

大龙段建设收费站点设置情况表　　　　　　　表8-120

站点名称	车道数	收费方式
机场站	入口3条、出口5条	人工收费
十八岗	入口3条、出口5条	人工收费
龙塘站	入口3条、出口4条	人工收费
蜀山站	入口2条、出口3条	人工收费

"四改八"工程后收费站点设置情况表　　　　　　　表8-121

站点名称	车道数	收费方式
金寨路站（原十八岗站）	入口8条、出口12条	人工收费及电子不停车收费综合（入口:6条MTC车道、2条ETC车道）（出口:10条MTC车道、2条ETC车道）
包河站（原机场站）	入口8条、出口12条	人工收费及电子不停车收费综合（入口:6条MTC车道、2条ETC车道）（出口:10条MTC车道、2条ETC车道）
龙塘站	入口4条、出口6条	人工收费及电子不停车收费综合（入口:3条MTC车道、1条ETC车道）（出口:5条MTC车道、1条ETC车道）
蜀山站	入口4条、出口6条	人工收费及电子不停车收费综合（入口:3条MTC车道、1条ETC车道）（出口:5条MTC车道、1条ETC车道）

2.养护管理

在合宁高速公路通车二十余年中,合肥管理处始终以"一流通行环境、一流管理水平、一流服务质量"为目标,坚持"预防为主、防治结合、科学养护、保障畅通"的养护工作方针,建立健全组织机构,落实集团公司养护工作要求,推进养护管理各项工作,努力打造优良通行环境。

(1)路况调查分析。坚持养护巡查工作制,开展每日路况巡查和桥涵结构物例行检查,及早及时发现、处治道路病害,确保路况调查的及时性和有效性。

(2)道路日常养护。坚持月初计划、月中督促、月尾考核,确保道路病害早发现、早预防、早处治。以四季常青、三季有花为目标,落实建立路面保洁、绿化管养考核结果与工程结算挂钩制度,提升沿线路面整洁度和绿化整体效果。及时维修各类道路附属设施,保证设施齐全完好,标志、标线清晰醒目。

(3)路基病害防治。按照"预防为主,防治结合"的方针,快速处置雨季高填方边坡、桥头锥坡的局部塌陷等病害;人工巡查高填方和高大边坡等重点路段;定期清理排水沟,保持排水设施完好、通畅。

(4)桥梁安全管理。贯彻落实桥梁安全运行十项制度,配备专职桥梁工程师负责桥梁养护工作;加强桥涵日常巡查,落实例行检查,及时掌握桥涵结构物技术状况和使用功能;建立了桥梁管理系统,做好桥梁纸质卡片、检查记录等技术档案资料整理归档,准确掌握桥涵基本数据,筑牢桥涵管养工作基础。

(5)养护内业管理。按照集团公司统一标准要求和路段运营养护管理特点,建立健全养护内业管理制度;及时收集整理有关技术基础资料和工程管理资料,按年度分类归档,做到资料的对应性、闭合性和统一性;力保养护内业资料规范、准确、齐全。

(6)应急养护管理。结合路段交通安全运行要求,制订各类突发事件应急预案和除雪保通专项方案,加强实战演练,定期组织开展安全隐患排查整改活动,及时消除安全隐患,保障交通运行安全。

三十七、G42沪蓉(上海—成都)高速公路合肥至南京段(大蜀山—陇西立交扩建工程)

(一)项目概况

G42沪蓉(上海—成都)高速公路合肥至南京段大蜀山至陇西立交扩建工程是G42沪蓉高速公路、G40沪陕高速公路在安徽境内的共线段,是安徽省重要的东西向交通大动脉,同时也是合肥绕城高速公路(G4001)的南半环,兼具高速公路和城市快速通道的功能。

安　徽
高速公路建设实录

改扩建前路况

合宁(合肥至南京)高速公路原为双向四车道高速公路,于1991年陆续建成通车,是安徽省第一条高速公路,也是我国建成较早的高速公路之一。随着安徽省经济的持续增长和合肥市"大建设、大发展"步伐的加快,大蜀山至陇西立交段交通量迅猛增长,原有四车道高速公路的通行能力已逐渐饱和。为了适应交通发展需求,提高道路服务水平,安徽省发改委批准对本段进行扩建,并列入省"861"重点项目。安徽省皖通高速公路股份有限公司于2006年9月开始对合宁高速公路大蜀山至陇西立交段实施"四改八"扩建,工程2009年9月通过交工验收。沿途4个匝道收费站(金寨路、包河大道、龙塘、肥东)和2个枢纽互通立交(小西冲、陇西)同步完成改建。路段交通量初步预估结果见表8-122。

路段交通量初步预估结果(单位:辆) 表8-122

路　段	里程(km)	2005年	2010年	2015年	2020年	2025年	2030年
大蜀山—十八岗	11.7	5204	18381	30282	42471	54206	62839
十八岗—小西冲	4.3	10078	23231	35931	48084	58501	66189
小西冲—机场	2.1	20528	37061	51979	66340	76907	84911
机场—龙塘	11.9	22202	33757	47345	60426	70050	77341
龙塘—肥东	8.8	24491	36443	51113	65235	75625	83496
肥东—陇西	2.5	28179	38383	53834	68707	79650	87940
路段平均	41.3	16889	29325	42754	55881	66477	74410
平均增长率			11.7%	7.8%	5.5%	3.5%	2.3%

1. 参建单位

安徽省合宁高速公路扩建工程指挥部。

项目主要参建单位见表8-123。

G42 沪蓉(上海—成都)高速公路合肥至南京段(大蜀山—陇西立交扩建工程)
主要参与建设单位汇总表

表 8-123

序号	参建单位	单 位 名 称	合同段编号及起止桩号	主要负责人
1	项目管理单位	安徽皖通高速公路股份有限公司	全线(2009年国家高速公路网命名编号调整,本表合同段起讫桩号均使用原合宁高速公路桩号)	王水
2	勘察设计单位	中交第二公路勘察设计研究院有限公司、安徽省交通规划设计研究院	全线	徐邦凯
3	施工单位	中交一公局第六工程有限公司	HNKJ-LJ-01 K0+860.11~K8+045	闫瑞江
		安徽省巢湖市路桥工程有限公司	HNKJ-LJ-02 K8+045~K12+420	冯世海
		安通建设有限公司	HNKJ-LJ-03 K12+420~K16+775	李昭昕
		中交第三公路工程局有限公司	HNKJ-LJ-04 K16+775~K18+032.5	刘伟
		辽宁省路桥建设总公司	HNKJ-LJ-05 K18+032.7~K23+574.71	丁忠山
		中交第四公路工程局有限公司	HNKJ-LJ-06 K23+574.71~K26+839.82	何会新
		邵阳公路桥梁建设有限责任公司	HNKJ-LJ-07 K26+839.82~K35+513.62	韩伟斌
		安徽省交通建设有限责任公司	HNKJ-LJ-08 K35+513.62~K43+500	李冬兴
		中交二公局第六工程有限公司	HNKLM-01 K0+860.11~K18+585.325	乔晓延
		中铁四局集团有限公司	HNKLM-02 K18+585.325~K43+500	宋昌宜
4	监理单位	安徽省高等级公路工程监理有限公司	HNKJ-LJ-01、02、03 HNKLM-02	杨冬林
		山西省交通建设工程监理总公司	HNKJ-LJ-04、05 HNKLM-01	刘爱霞
		安徽省公路工程建设监理有限责任公司	HNKJ-LJ-06	吴兴恕
		江西省嘉和工程咨询监理有限公司	HNKJ-LJ-07、08	张建辉

2.技术标准

(1)公路等级、里程及地形类别

合宁高速公路原为四车道,水泥混凝土路面。扩建工程按平原微丘区八车道高速公路标准设计,全封闭,全立交,采用沥青混凝土路面。

起点位于合肥郊区大蜀山,与合淮阜高速公路顺接,终点位于陇西枢纽立交,与合徐高速公路、合巢芜高速公路相连,起讫桩号为 G4001:K6+785~K47+750,G40:K596+217~K597+892,路线全长 42.64km。

项目位于东经117°42′~118°42′,北纬31°83′~32°14′。项目区域处于江淮丘陵,地势西北高东南低,地貌单元分别为垄岗~微丘区和平原区。沿线地区属北亚热带湿热季风气候区,具有季风明显、四季分明、气候温和、雨量适中、梅雨显著、夏雨充沛等特征。

(2)主线行车速度

主线行车速度为120km/h。

(3)路基、路面

原有双向四车道高速公路路基宽26m,采取"两侧直接拼宽为主,局部分离加宽为辅"的扩建方式,扩建后八车道高速公路整体式路基宽度42m(在原有路基两侧各拼宽8m),分离式路基宽度为52.5m(13.25m+老路26m+13.25m)。

(4)桥梁、涵洞

设计荷载:拼宽部分及新建桥涵为公路—Ⅰ级,原桥涵为汽车—超20级,挂车—120;设计洪水频率:特大桥1/300,大、中小桥、涵洞1/100;桥宽:拼宽桥为两侧各加宽8.0m,分线单侧桥宽13.25m。拼接方式:上部结构相互连接,下部结构不连接。

桥梁拼宽

(5)路线交叉

互通式立交设计标准:4处收费互通立交匝道行车速度40km/h,2处枢纽互通立交匝道行车速度40~80km/h。

分离式立交设计标准:主线上跨各级公路的分离式立交桥的拼宽方式与主线桥相同,被交道路上跨的分离式立交桥因地制宜采取合适的扩建方案。

3. 工程内容及主要构造物

(1)建设主要内容

扩建项目建设里程为42.64km,改扩建互通立交3处(金寨路、龙塘、肥东),迁移互通立交1处(包河大道),改扩建枢纽互通立交2处(小西冲、陇西),新增服务区和管理分中心各一处,全线设匝道收费站4处,房建总建筑面积2.25万m^2。征用土地2183亩,拆迁房屋4.6万m^2。

(2)路线跨越主要河流

跨越十五里河、南淝河、黑河、龙塘河、店埠河、金岗河共6条主要河流,其中南淝河、店埠河为通航河流,航道等级分别为三级和六级。

4. 征地拆迁

扩建路段穿越合肥市6个区县,沿线开发程度高,途经路段建筑物和杆线密集,路侧敷设有各类军用、民用光缆,征地拆迁难度大。扩建指挥部未雨绸缪,积极协调,于2006

年4月会同合肥市政府召开征地拆迁工作动员会,合肥市、区、县分别成立了相应的地方指挥部。2006年9月,征地拆迁工作正式展开,随工程进展逐步完成。

2007年5月,本项目土地分解完成,土地报批于2008年8月由省国土资源厅初审完成,并上报国土资源部批准。征地拆迁情况见表8-124。

征地拆迁情况统计表 表8-124

征地拆迁安置起止时间	征用土地(亩)	拆迁房屋(万 m²)	支付补偿费用(万元)
2006年9月~2007年5月	2183	4.6	2300

5.项目投资

(1)投资规模、资金来源

工程概算总投资为19.6463亿元。资金来源:全部由项目法人安徽皖通高速公路股份有限公司自行筹措。

(2)概算执行情况

经竣工决算审计,实际工程建设资金19.6241亿元,与批复的概算总投资19.6463亿元相比,节约0.0222亿元。

6.开工及通车时间

本段扩建工程于2006年9月20日正式开工。采取边通车边施工的组织模式,分段分幅组织实施。2007年重点实施路基和桥梁工程,并完成了金寨路互通(原十八岗互通)的扩建任务。2008年开始转入路面规模施工,到2008年底,K0+860.11~K26+500(大蜀山—南淝河大桥)25.64km"四改八"扩建工程完工通车,并建成金寨路、包河大道、小西冲、龙塘、肥东5处互通立交。2009年完成剩余的17km主线路面、陇西立交扩建、南淝河大桥老桥拆除重建的施工任务,全线于2009年9月12日建成通车。

2006年9月20日开工仪式

时任安徽省委常委、合肥市委
书记孙金龙宣布工程开工

(二)决策研究

2005年10月安徽省发改委批准立项,2006年9月20日安徽皖通高速公路股份有限公司开始组织对合宁高速公路大蜀山至陇西立交段进行"四改八"扩建。

立项审批文件:

(1)2005年10月,安徽省发展和改革委员会以发改交运函〔2005〕664号文《关于合宁高速公路大蜀山至陇西立交段扩建工程立项问题的复函》,同意扩建项目立项;

(2)2006年3月,安徽省环境保护局以环评函〔2006〕140号文《关于合宁高速公路大蜀山至陇西立交段扩建工程环境影响报告书审查意见的复函》,批复了项目环境影响评价报告书;

(3)2006年5月,安徽省发展和改革委员会以发改交运〔2006〕434号文《关于合宁高速公路大蜀山至陇西立交段扩建工程可行性研究报告的批复》,同意扩建项目建设;

(4)2006年7月,安徽省发展和改革委员会以发改设计〔2006〕603号文《关于合宁高速公路大蜀山至陇西立交段扩建工程初步设计的批复》,批复了项目初步设计文件;

(5)2006年9月,安徽省交通厅以皖交基〔2006〕60号文《关于合宁高速公路大蜀山至陇西立交段扩建工程施工图设计的批复》,批复了项目施工图设计文件;

(6)2006年9月,安徽省交通厅以皖交基〔2006〕65号文《关于合宁高速公路大蜀山至陇西立交段扩建工程施工许可的批复》,批复了项目施工许可;

(7)2007年4月,安徽省交通厅以皖交基〔2007〕21号文《关于合宁高速公路大蜀山至陇西立交段扩建工程路面施工图设计的批复》,批复了项目路面专项施工图设计文件。

(三)项目实施

1.项目招标

(1)设计招标

为加快前期工作进度,经省政府批准,本项目于2006年4月采取邀请招标方式选择设计单位,最终由中交第二公路勘察设计研究院有限公司和安徽省交通规划设计研究院组成的联合体中标。

(2)施工招标

扩建指挥部根据本项目的工程进度,分阶段组织了路基、路面、房建、附属工程的施工招标工作。为加强招投标管理工作,扩建工程指挥部专门成立了招标委员会。招标全过程接受纪检、监察等部门的监督检查。

(3)监理招标

驻地监理组的招标工作与相关项目的施工招标工作同时组织,其中路基工程监理分为4个监理组,由安徽省高等级公路工程监理有限公司等4家监理单位中标。路面工程监理分为2个监理组,由山西省交通建设工程监理总公司等2家单位中标。房建工程监理设1个监理组,由安徽华夏建设监理有限责任公司中标。

2. 项目管理

(1)管理机构

建设单位:安徽省合宁高速公路扩建工程指挥部;设计单位:中交第二公路勘察设计研究院有限公司;质量监督单位:安徽省交通基本建设工程质量监督站;施工单位、监理单位及其他参与单位。

(2)质量保证体系

本改建工程采取的环境保护方面的设计和防治处理方法有:

最大程度地利用旧水泥混凝土路面作为基层,减少弃渣占地,减少占用基本农田;再生综合利用废弃的旧水泥混凝土块,节约筑路材料和土地资源;加铺层选用耐久性沥青路面,保护环境,降低维修养护成本;重新打造整体式路域生态系统;合宁高速公路被打造成为防护、环保、景观于一体的综合路域生态系统;完善高速公路排水系统,不直接排放路域范围内汇水;完善服务区、停车区和收费区雨、污水处理系统;为防止弃渣场、沥青混凝土拌和站对环境敏感点的影响,上述站址均设立于居民区下风向300m以外。

2007年2月15日,安徽省长王金山视察
合宁高速公路扩建工程

2007年5月17日,交通部部长李盛霖视察
合宁高速公路扩建工程

(3)交工和竣工验收情况

①交工验收阶段

本项目各项建设内容于2009年9月12日完工。为做好本项目交工验收工作,项目法人成立了由交通主管、质量监督、公安交警、安监部门和建设、设计、施工、监理、运营、养护等单位代表组成的合宁高速公路大蜀山至陇西立交段扩建工程交工验收委员会。交工验收委员会认为施工、监理单位在工程建设中能够履行合同,遵守各项法律法规和基本建

设程序,按期完成了合同规定的各项工程内容,工程质量评定得分为98.39分,质量等级评定合格。

②竣工验收阶段

档案验收:2011年11月13日,省档案局会同省交通运输厅、省交通建设工程质量监督局等单位共同组成档案专项验收组,一致同意项目档案通过验收,评定得分为92.5分,等级为优良。

环保验收:2006年,因合肥市发展规划要求,将原机场互通迁建于包河大道与合宁高速公路交叉口西北角,路段管理分中心由原址机场互通内变更至金寨路互通立交区内。根据省环保厅对此两项工程变更的具体要求,扩建工程指挥部在合肥市环保局履行了环评审批手续,补充开展了环境影响评价工作。2010年10月,扩建工程指挥部委托安徽省科学技术咨询中心编制完成变更分析报告(批复文号环建审〔2011〕44号)。2011年合肥市环境保护局以合环验〔2011〕376号文同意上述变更工程通过竣工环保验收。

根据省环保厅《关于同意合宁高速公路大蜀山至陇西立交段扩建工程试运行的函》(皖环函〔2013〕1332号)文件,扩建工程指挥部完善了扩建工程沿途敏感点的降噪措施,除环评报告中要求建设的9处声屏障(油坊岗村由于拆迁未安装声屏障)外,另在包河区政府办公区、文景新城小区、报业园小区以及本项目沿线其他新增敏感点设置了声屏障,共计安装声屏障5339延米,比环评阶段新增了3289延米。2014年12月,省环保厅组织有关单位对本项目进行了竣工环境保护验收现场检查,2015年6月,省环保厅以皖环函〔2015〕664号《关于合宁高速公路大蜀山至陇西立交段扩建工程竣工环境保护验收意见的函》通过了对本项目的环境保护竣工验收。

竣工决算审计:2013年4月30日,安徽皖通高速公路股份有限公司委托安徽正一会计师事务所有限公司对本项目进行竣工决算审计。2013年5月14日,安徽正一会计师事务所有限公司出具审计报告(正一皖审字〔2013〕第126号)。本项目批复概算投资为19.6463亿元,经审核,工程总支出19.7786亿元,超出1545.06万元,超出原因是本项目起点与合淮阜高速公路交接处K0+000~K0+863段额外工程支出了3592.21万元,属于财务归口管理的超项列支费用。

竣工验收:2015年8月28日,安徽省交通运输厅组织成立合宁高速公路大蜀山至陇西立交段扩建工程竣工验收委员会对本项目进行了竣工验收。对该项目进行了工程质量评定。竣工验收工程质量评分值为94.55分,工程质量等级为优良。

3. 重大变更

(1)机场互通式立体交叉中的变更;

(2)HK17+614.405美菱大道分离式立交桥的变更;

(3)小西冲互通匝道桥的变更;

(4)包河大道与合宁高速公路匝道衔接相关问题;

(5)特殊路基处理变更;

(6)十八岗互通式立交收费站及排水(边)沟变更;

(7)K25+760~K25+980.387南淝河;

(8)小西冲互通A匝道桥钢箱梁桥1号墩重建钢筋布置图;

(9)小西冲互通D匝道桥钢箱梁桥2号墩重建钢筋布置图;

(10)黄镇4号桥通(变更设计);

(11)龙塘互通立交变更;

(12)K38+220包河大道分离立交桥变更设计;

(13)陇西主线3号桥下部结构变更。

4.复杂技术工程

(1)南淝河大桥

南淝河大桥全长1101m,主桥为(45+75+45)m三箱预应力混凝土变截面连续箱梁,斜桥正做,下构为锥形圆柱墩。

经检测,主桥病害较严重,主要表现为:箱梁中跨跨中存在明显下挠,边跨$L/4$附近、中跨$L/4$~$3L/4$区段箱梁腹板斜向开裂;中跨跨中附近箱梁底板横向开裂,部分裂缝已延伸发展为腹板竖向裂缝。

南淝河大桥主桥　　　　　　　　　　　南淝河大桥引桥

对主桥进行了荷载试验,对上下部构造进行了检测。主桥上部构造主要承重构件的技术状况分类评定为三类,下部构造的技术评定状况分类为一、二类,建议主桥拆除重建。

南淝河大桥下挠严重,不宜拼接,因此采用分离扩建方案,在原桥两侧各新建一条与老路分离的单向双车道分线,并在分线上另建两座新桥,以保证该路段全断面具有8个行车道。施工方案为:先建左右两幅新桥后,将旧桥上的交通转移至新桥,再拆除旧桥主桥上部构造,然后重建原桥主桥上部构造。

新旧桥盖梁搭接

(2)店埠河大桥拼宽工程

①由于新旧桥基础之间产生较大的不均匀沉降将导致结构的附加应力增加,根据以往经验,桥梁拼接完成后,新旧桥梁之间沉降差异应该控制在5mm以下;通过采用钻孔灌筑桩基础,增加设计桩长,桩基础施工时严格控制沉淀层的厚度,来减少钻孔灌筑桩的沉降。

②由于旧桥的收缩、徐变变形基本完成,为了控制新旧梁间的收缩、徐变,减少新建T梁的收缩、徐变,湿接缝混凝土采用UEA补偿收缩混凝土,减少混凝土收缩的影响,降低新建T梁的预应力,采用部分预应力混凝土构件设计,减小新建T梁的徐变。

③通过增加存梁期,延长桥面现浇混凝土层和湿接缝混凝土浇筑的间隔时间,以使新建桥梁的桩基沉降,混凝土收缩、徐变能够在拼接前完成。

④由于新桥T梁跨径30m,梁高仅为1.7m,为弥补其刚度储备不足的问题,将桥面混凝土铺装层与预制T梁预留钢筋浇筑结合成整体,增加了T梁的有效高度。

⑤新旧桥梁连接时,应预先施工新桥桥面铺装,护栏或采用等代荷载预压新桥,避免新老桥连接后再施工二期恒载引起新老桥连接部位的竖向剪切力过大。

(3)UEA混凝土在合宁高速公路扩建桥梁拼接施工中的应用

合宁高速公路扩建工程采取的措施主要是以两侧拼宽加宽为主,局部分离加宽,扩建后八车道桥梁宽度为41.5m,整体路基的宽度为42.5m。通过两侧加宽的方式拼接桥梁,即采取相同的跨径、类型和结构,下部构造不连,上部构造拼接。

为保证新拼宽的桥梁能与旧桥共同受力,减少混凝土发生收缩徐变产生裂缝,减少结构整体的附加内力,设计新、旧桥梁纵向拼接缝采用UEA混凝土浇筑。

施工结果及分析:混凝土凝结硬化后,检查施工缝,确定混凝土表面致密,不存在裂缝;UEA混凝土试压件7d、28d抗压及限制膨胀率的试验结果见表8-125,由此可知:UEA

混凝土的抗压强度都达到了要求,其在空气中28d后也没有负变形产生,这表明UEA混凝土的补偿收缩性能良好。

表8-125

混凝土强度等级	抗压强度(MPa)		14d限制膨胀率(%)		
	7d	28d	7d	14d	28d(空气中)
C40	37.6	49.3	0.021	0.037	0.006
C50	46.8	58.4	0.024	0.039	0.006

(四)科技创新与成果

1.合宁高速公路扩建工程关键技术研究

(1)项目创新点

基于新旧路面性能协调设计理念,提出了原水泥路面扩建为沥青路面的结构优化方案,并成功应用于合宁高速公路扩建工程,取得了良好的使用效果;分析了不中断交通条件下行车荷载等因素对边坡稳定和原路面结构的影响,提出了明确的交通优化方案,实现了通行与安全施工的协调;提出了错孔布置的等截面PC连续刚构桥和连续箱梁桥拓宽结构的跨径设置要求,保证了旧桥主梁的受力状态满足使用要求;研究了新旧桥梁桩基差异沉降的影响因素,提出了扩建桥梁桩基沉降控制技术。

(2)项目鉴定情况

2011年1月16日,由交通运输部主持鉴定,鉴定研究成果总体达到国际先进水平。

(3)项目获奖情况

研究成果荣获2011年度安徽省科学技术奖三等奖和中国公路学会科学技术二等奖。

(4)项目推广应用情况

本项目研究成果在合宁高速公路大蜀山至陇西立交段扩建工程应用,并推广到合宁高速公路陇西立交至周庄段改建工程应用。

2.机电系统升级改造工程

在部分收费道口设置自动发卡机,提高了自动化水平,降低了营运成本。道路监控系统经数字化升级改造后,具备全能接入能力,实现了高速公路外场至收费站各类业务的接入,使营运管理更加先进、可靠、便捷。

(五)运营与养护

2009年9月,合宁高速公路大蜀山至陇西立交段扩建工程完工,并进入试运营。同年,因国家高速公路路网命名编号调整,合宁高速公路大蜀山至陇西立交段调整为合肥绕城高速南环段(G4001)。

自动发卡机和车道

1. 运营管理

本项目沿线设置服务区 1 处,服务区名称为肥东服务区,桩号 K37。沿线改造、新建收费站共计 4 处,各收费站点设置情况见表 8-126。

表 8-126

站点名称	车 道 数	收费方式
金寨路站	20	人工 + 电子收费
包河大道站	20	人工 + 电子收费
龙塘站	10	人工 + 电子收费
肥东站	10	人工 + 电子收费

2. 养护管理

路段管理处高度重视养护管理工作。注重加强路况调查分析,坚持养护巡查工作制,确保路况调查的及时性和有效性。重视道路日常养护,及时处置路基病害。突出桥梁安全管理,配备专职桥梁工程师负责桥梁养护工作。重视养护内业管理,建立健全养护内业管理制度。加强应急养护管理,制订各类突发事件应急预案和除雪保畅专项方案,及时消除安全隐患,保障运行安全。

三十八、G42 沪蓉(上海—成都)高速公路六安至长岭关段

(一)项目概况

G42 沪蓉(上海—成都)高速公路六安至长岭关段(以下简称为"六武高速公路安徽段")途经皖西大别山区,是连接华东与中、西部地区的交通大通道。道路全长 90.869km,起自霍邱县大顾店,连接六叶高速公路,自东北向西南途经金寨县境内的梅山、槐树湾、古

碑、南溪、斑竹园5个乡镇,止于安徽、湖北两省交界长岭关。该路将国道105、国道312、省道318、省道210、省道209有机串联,形成大别山区公路网的骨架,犹如一条巨龙绵延在巍巍大别山,搭建起飞度山川天堑,直通皖鄂"心脏"的发展长桥、合作纽带。该项目的建成对完善国家公路网,发展革命老区经济,促进旅游资源的开发和旅游业的发展,均有积极的作用。

G42沪蓉(上海—成都)高速公路六安至长岭关段

1. 参建单位

安徽省交通投资集团有限责任公司。

项目主要参建单位见表8-127。

G42沪蓉(上海—成都)高速公路六安至长岭关段主要参与建设单位汇总表　表8-127

序号	参建单位	单位名称	合同段编号及起止桩号	主要负责人	备注
1	项目管理单位	六武高速公路建设管理办公室	K0+000~K90+869	张其云	
2	勘察设计单位	安徽省公路勘察设计院	K0+000~K90+869	马利斌	路基、路面
3	施工单位	中国十五冶金建设有限公司	1标 K0+000~K8+050	侯希平、周春雷	路基
		安徽水利开发股份有限公司	2标 K8+050~K15+610	甘正永	路基
		中铁二十局第一工程有限公司	3标 K15+610~K21+366.7	吉波	路基
		中铁十七局集团第五工程有限公司	4标 K21+366.7~ZK(YK)24+130	王宗良、王宗明	路基
		中铁三局集团有限公司	5标 YK24+130(ZK24+130)~K27+840	李相统	路基
		中铁十四局四公司	6标 K27+840~K32+780	刘朝阳、何建伟	路基
		中铁隧道集团三处有限公司	7标 K32+780~YK36+145(ZK36+138)	曾建雄	路基
		中铁四局集团第四工程有限公司	8标 ZK36+138(YK36+145)~K40+850	李朝珠、张建林	路基
		安通建设有限公司	9标 K40+850~K47+043	何钦、梅树华	路基
		中铁八局集团有限公司	10标 K47+043~K54+300	陈伟、熊涛	路基

续上表

序号	参建单位	单位名称	合同段编号及起止桩号	主要负责人	备注
3	施工单位	邵阳路桥建设有限责任公司	11标 K54+300~K60+818	金伟明	路基
		中铁十七局集团有限公司	12标 K60+818-ZK66+158（YK66+207）	张山成、杨胜华	路基
		中铁十三局集团第四工程有限公司	13标 ZK66+158（YK66+207）~K71+777	叶云、何洪涛	路基
		中国冶金建设集团公司	14标 K71+777~K76+840	吴同生	路基
		中铁二十三局集团有限公司	15标 K76+840~K81+885	杨焕科	路基
		新疆昆仑路港工程公司	16标 K81+885~K90+869	王志敏	路基
		中铁十六局集团有限公司	K0+000~YK31+185（ZK31+190）	马金锋	路面
		河北路桥集团有限公司	YK31+185（ZK31+190）~K60+821	刘献民	路面
		中国路桥工程有限责任公司	K60+821~K90+869.3	郑志永	路面
4	监理单位	安徽省公路工程建设监理有限责任公司	总监办	朱立地、方高桃	路基
		北京路桥通工程监理咨询有限公司	第一驻地办	袁广学、龙永高	路基
		安徽省高等级公路工程监理有限公司	第二驻地办	刘洪良	路基
		安徽省公路工程建设监理有限责任公司	第三驻地办	杜和军	路基
		安徽省公路工程建设监理有限责任公司	第四驻地办	项建平、邓建军	路基
		内蒙古交通建设监理咨询有限公司	第五驻地办	李文章、耿坤	路基
		吉林省公路工程监理有限责任公司	第六驻地办	陈文达、林范国	路基
		安徽中信工程建设监理组	总监办	曹士政	路面
		安徽省高等级公路工程监理有限公司	第一驻地办	郭亮	路面
		安徽省公路工程建设监理有限责任公司	第二驻地办	杜和军	路面
		天津市国腾公路咨询监理有限公司	第三驻地办	纪兵	路面

2. 技术标准

（1）公路等级及地形类别

平原微丘、山岭重丘区高速公路。

（2）主线行车速度

主线行车速度为100km/h。

(3)路基、路面

全线为双向四车道,整体式路基宽 26m,路面宽 22.5m;分离式路基宽 13m,路面宽 11.5m。采用沥青混凝土路面,标准轴载 BZZ-100。

(4)桥梁、涵洞

计算荷载:汽车—超 20 级,验算荷载:挂车—120;

设计洪水频率:特大桥 1/300,大、中小桥、涵洞 1/100;

桥面净宽:26m 路基对应小桥桥面净宽为 2×11.5m,大、中桥 2×11.5m;分离式断面桥梁与路基同宽。涵洞与路基同宽。

(5)隧道

行车道宽(0.5+2×3.75+1)m;行车道净高 5m;检修道净宽左 0.75m、右 1.00m;检修道净高 2.5m。

(6)路线交叉

主线上跨各级公路的桥梁及通道净空高度:考虑一些重要的被交叉道路改建或路面加铺等需要,本项目实际设计中二级路按不小于 5.2m 控制,三、四级路按不小于 4.7m 控制。汽车、收割机通道≥3.5m,拖拉机通道≥2.7m,人行通道≥2.2m。

3. 工程内容及主要构造物

(1)建设主要内容

全线路基挖方 897.34 万 m^3,路基填方 1431.77 万 m^3,防护工程 83196 m^3。特大桥、大中桥共 95 座,桥梁总长 33851m,隧道 8 座,总长 18390m,桥隧比例达 41% 以上。

(2)路线中间控制点

大顾店、金寨(江店)、古碑、丁埠、斑竹园、长岭关。

(3)路线跨越主要河流

三湾十八道河、白水河、牛食畈河、竹根河、南流河。

(4)隧道

六武高速公路安徽段全线共有 16 座隧道,其中:分离式隧道 14 座,连拱隧道 2 座。长隧道:三湾隧道、槐树湾Ⅱ号隧道、李集Ⅰ号隧道;特长隧道:将军岭隧道。

(5)收费站及服务区

全线设金寨、古碑、丁埠、斑竹园、长岭关 5 座收费站,梅山、长岭关 2 处服务区和天堂寨 1 处停车区。

4. 征地拆迁

本项目征地拆迁于 2005 年 9 月开始,2006 年 1 月全线拆迁安置工作完成,共拆迁各类建筑 10.38 万 m^2,征用土地 7837.51 亩,动用征迁资金 30097.52 万元。

5. 项目投资

（1）投资规模及资金来源

本项目概算总投资53.72亿元。交通部补助资金为7.2亿元（含2008年12月国家新增投资2亿元），其他资金由安徽省交通投资集团自筹。

（2）概算执行情况

经竣工决算审计，六武高速公路安徽段工程基本建设支出461858.69万元，与批复的概算总投资537190万元相比，较概算节约75331.31万元。

6. 开工及通车时间

2005年10月28日开工建设；2009年12月28日建成通车。

（二）决策研究

2001年7月下旬，金寨县政府向省、市政府和交通主管部门递交报告，希望六武高速公路能途经金寨。2001年10月下旬，安徽省公路勘测设计院进行调整方案研究。2002年，经皖、鄂两省交通厅协调，对高速公路走向形成共识，并联合行文上报交通部，提出六武高速公路途经金寨、麻城的调整方案。

2003年7月20~21日，安徽省公路学会组织专家对预可行性研究报告进行了现场调研和评审，专家组一致同意预可报告的推荐方案，建议对线路走廊带和局部线路方案进行优化，尽量靠近金寨县城和沿线大的集镇，并对工可阶段需深化的问题提出了具体建议。

2004年3月26~28日，交通部组织专家对本项目进行了现场调研，原则上同意预可报告中的推荐方案。专家建议"金寨—古碑段"建设技术标准应结合地形条件、工程造价以及湖北段的标准选用情况进行综合论证。

2004年4月14日，交通部印发《关于六安至武汉公路安徽段项目建议书的批复》（交规划发〔2004〕177号），同意建设路线和总投资额。

2004年11月29日，交通部印发《关于六安至武汉公路安徽段可行性研究报告的批复》（交规划发〔2004〕685号）。

2005年8月15日，交通部印发《关于六安至武汉公路安徽段初步设计的批复》（交规划发〔2005〕366号）。

2005年8月26日，国家环境保护总局印发《关于六安至武汉公路安徽段工程环境影响报告书的批复》（环审〔2005〕716号）。

2005年11月29日，安徽省交通厅印发《关于六安至武汉高速公路安徽段施工图设计的批复》（皖交基〔2005〕72号）。

2007年8月31日,国土资源部印发《关于六安至武汉公路安徽段工程建设用地的批复》(国土资函〔2007〕682号)。

2009年7月2日,安徽省交通厅印发《关于合肥至六安等四条高速公路施工许可的函》,批准六安至武汉高速公路(安徽段)进行建设。

六安至武汉高速公路(安徽段)建设得到时任中共中央政治局常委、国家副主席曾庆红的关怀。2003年8月16日国家副主席曾庆红至金寨县考察。金寨县委书记陆秀宗汇报交通部正在规划六武高速公路,金寨县人民盼望六武高速公路能途经金寨。曾庆红听后十分关注,返京后要求交通部加强高速公路网规划研究,促进革命老区经济社会的发展。

(三)项目实施

1. 项目招标

(1)设计招标

通过招标确定由安徽省公路勘测设计院中标本项目的勘察、设计工作,完成路线勘测、地质勘探、路基、路面、桥梁、隧道、绿化、交通安全设施等的设计和优化。由西安公路研究所完成本项目的机电工程的设计。

(2)施工招标

本项目施工于2005年7月进行国内公开招标。施工标段划分如下:路基工程16个标段、路面工程3个标段、交通工程7个标段以及附属房建、绿化、机电、隧道消防等共计33个标段。

(3)监理招标

本项目监理于2005年7月进行国内公开招标。标段划分如下:7个路基工程监理标、4个路面工程监理标,以及2个房建、绿化、机电、消防等监理标。

2. 建设管理

2005年10月28日,省委书记郭金龙、省长王金山等莅临六武高速公路开工典礼现场,郭金龙宣布六武高速公路安徽段正式开工。

遵照国家基建程序要求,本项目建立两套管理机构。一是由省政府、省交通厅及省相关部门和沿线市政府组成六武高速公路建设指挥部,沿线市、县(区)政府以及交通、土地、电力等部门成立地方指挥部,主要负责征地拆迁、移民安置、外部协调等工作;二是由总监办、驻地办组成两级监理机构,负责全线的工程质量、进度、投资、安全、环保、组织协调及信息管理等监理工作。

本项目在实施过程中,质量保证体系健全、制度完善、责任明确,体现出较高的质量控制能力。施工中采取的各种工程质量保证措施得力,对提高项目的质量起到了有力的保障作用。通过2006—2009年雨季的考验,本项目桥梁、隧道、高边坡安全可靠。路面工程各项质量指标均达到设计要求。附属工程外观良好,与沿线自然景观融为一体。

2009年12月8日,六安至武汉高速公路(安徽段)交工验收会在金寨召开,并以98.7的高分顺利通过交工验收。

六安至武汉高速公路(安徽段)开工典礼

2009年12月28日,六安至武汉高速公路(安徽段)通车典礼在六安市隆重召开,标志着六武高速公路安徽段顺利建成通车。

六安至武汉高速公路(安徽段)通车典礼

2012年1月11日,六武高速公路安徽段缺陷责任期交验会召开。路基、路面、房建、机电工程的设计单位、施工单位、监理单位有关人员参加,分组到现场系统检查工程存在缺陷,并形成清单、落实修复工作。同时委托衡水宝力路桥养护工程设计开发有限公司、安徽恒通交通工程有限公司对试运营期间出现的问题进行修复。经验收组检查,交工验收及缺陷责任期路基、路面、桥梁等出现的少量质量问题已经进行了妥善处理,并于2012年1月通过竣工验收。

3. 复杂技术工程

(1)汲东干渠暨宁西铁路高架桥

桥跨布置控制点为汲东干渠和宁西铁路。汲东干渠为人工开挖渠道,干渠无通航等级,不承担区域性的防洪和排水任务。宁西铁路现仅一股道,根据宁西线复线规划,两侧各按预留一股道设计。按轨顶以上净高8.2m控制梁底高程。本桥为整体式桥梁,上部结构采用先简支后连续30m小箱梁,为满足错孔需要配以20m边跨。全桥左右幅各8联,联长150～180m。下部采用柱式墩,独柱墩柱径2.2m,根据桥梁高度不同双柱墩柱径为1.4m和1.6m。其中渠中独柱墩上接盖梁由于悬臂较大,而采用了预应力结构。基础结构墩台均采用灌筑桩基础,根据地勘资料全部按摩擦桩设计。

(2)船板冲大桥

船板冲大桥布孔方案为(8×30+45+3×80+45+6×30)m,全长756m。主桥采用五跨预应力混凝土连续刚构,跨径布置为(45+3×80+45)m;主桥上部采用变高度直腹板连续梁,单箱单室。箱梁梁高按二次抛物线变化,底板厚度按直线变化。单幅桥面的单项横坡通过调整箱梁两腹板高度来实现,保持底板水平。引桥上部结构采用8×30m、6×30m一联的先简支后连续小箱梁。主桥下部结构主墩采用薄壁式箱形桥墩,群桩基础;过渡墩采用方柱接盖梁式,桩基础;桩基均为嵌岩桩。主墩墩身边长7×4m,壁厚0.8m,承台高2.5m,桩径为2.0m,过渡墩柱边长为2.2m×2.2m,承台高2.2m,桩径为150cm。

(3)李集大桥

李集大桥布孔方案为右幅(53+3×90+53)m,左幅(26+64+2×90+53)m。上部结构采用刚构-连续体系,主桥横向采用单箱单室形式,主桥纵向为五跨预应力混凝土变高度直腹板刚构连续体系,单箱单室。其中左幅26m边跨为等高箱梁,梁高2.2m,其一号桥墩两侧设计为等截面悬浇形式。主桥下部结构主墩为单箱空心薄壁钢筋混凝土桥墩,墩身为矩形,内设一道横隔板,中间开设120cm×80cm人孔。

(4)三湾隧道

三湾隧道位于六安市金寨县境内,为双洞单向两车道分离式隧道,双洞全长4032m,其中左洞长2047m,右洞长1985m,设计速度为100km/h,隧道平面线形为曲线,纵坡为+0.55%的单向坡,洞门形式为削竹式。

该隧址区属于低山地貌,隧址区植被发育。隧址区发育的地层主要有第四系全新统残坡积物(Q_4^{el+dl})碎石土层、中生代燕山中晚期花岗岩侵入体、新元古代—早古生代佛子岭岩群潘家岭岩组(Pt_3-P_{z1})石英片岩、八道尖岩组(Pt_2-P_{z1}^b)。隧道围岩以Ⅲ～Ⅴ级围岩为主,隧址区岩体节理、裂隙及风化裂隙较为发育,岩体呈碎裂状松散结构,隧道洞口开挖削坡后边坡稳定性较差。隧址区地下水量贫乏,水文地质条件简单,对隧道围岩影响不大且地下水对混凝土无腐蚀性。

隧道按照新奥法进行设计施工,采用复合式衬砌结构。隧道衬砌的结构设计以锚、喷、网联合支护为初期支护,模筑混凝土为二次支护措施,Ⅴ级围岩段二次衬砌采用C25钢筋混凝土结构,Ⅲ、Ⅳ级围岩段二次衬砌采用C25素混凝土结构。洞门采用削竹式,明洞采用C25钢筋混凝土结构。

三湾隧道

隧道排水体系为环向排水盲沟将水引入纵向排水管,再通过横向管引入中央排水管,最后引水至洞外排水沟。

(5)将军岭隧道

将军岭隧道位于六安市金寨县境内,为双洞单向两车道分离式隧道,双洞全长6445m,其中左洞长3210m,右洞长3235m,设计速度为100km/h。隧道平面线形为曲线,左洞纵坡为2.2%的单向坡,右洞纵坡为2.1%的单向坡,洞门形式为削竹式。

该隧址区属于低山地貌,山体地形整体较陡,隧址区植被发育。隧道围岩以Ⅲ~Ⅴ级围岩为主,隧址区基岩出露随处可见,岩体破碎,节理发育,Ⅴ级围岩主要分布在隧道出口处,岩体呈角砾碎石状,松散结构,地下水量贫乏,稳定性较差。

隧道按照新奥法进行设计施工,采用复合式衬砌结构。隧道衬砌的结构设计以锚、喷、网联合支护为初期支护,模筑混凝土为二次支护措施,Ⅴ级围岩段二次衬砌采用C25钢筋混凝土结构,Ⅲ、Ⅳ级围岩段二次衬砌采用C25素混凝土结构。洞门采用削竹式,明洞采用C25钢筋混凝土结构。

隧道排水体系为环向排水盲沟将水引入纵向排水管,再通过横向管引入中央排水管,最后引水至洞外排水沟。

4. 景观工程

六武高速公路安徽段景观进行了专项规划设计,力争最大限度地恢复和重建公路建设中所破坏的自然景观资源,营造出与周围环境高度和谐的景观。设计主题为"展老区风韵、筑生态大道"。本方案将高速公路全线分为3个景观段,即"穿绿色长廊、走金光大道、体红色之旅",这三段分别融合了当地的"红色文化""绿色文化"和"金色文化",体现出"原生态""地域性""科学性"和"经济性"等设计理念。

第八章
高速公路建设项目

（1）中分带节点设计

①"红色之旅"。通过四点三线设计体现"红色之旅"。四点即金寨、古碑、丁埠、斑竹园四个互通区，它们是三色的过渡区，但以红色为重点；三线即路基1至4标、古碑互通至丁埠互通、斑竹园互通至路基16标标尾；通过乌桕（秋叶红）、红玉兰（春天红花）等落叶树种，杜英（秋叶红）、红花木莲（夏初红花）等常绿树种及紫薇、紫荆、紫玉兰等花灌木的应用，使本路段出现强烈的视觉冲击，将沿途打造成一派火红景象，四季怒放，展现出一片激情的"革命红"，生动形象地再现革命时期大别山势成燎原的革命烽火，使驾乘人员能身临其境地体会大别山革命老区的这种红色氛围和革命精神。

将军岭隧道右洞武汉端洞门

"红色之旅"中分带

②绿色长廊。绿色长廊景观通过K24+130至古碑互通段展现。"绿色长廊"主题体现"环保路""生态路"的理念。绿色不仅代表"原生态"，同时也体现了皖西山区的"绿色文化"，即茶文化。本段植物景观的营造均以常绿乔木为基调，如香樟、女贞、毛竹等，同时运用多种花灌木及地被植物，营造出与自然界高度协调一致的"自然绿色生态群落"。

绿色长廊

③金光大道。通过丁埠互通至斑竹园互通一条线去体现。本段的景观主题定位为"金光大道"，通过种植银杏（秋叶金黄）、无患子（秋叶黄色）、黄山栾树（黄花、黄叶）、黄花木兰（黄花）等金黄、黄色系植物，呈现出一派金秋的收获景象，以此来体现皖西地区劳动人民的勤劳与富足。

(2)"红色文化"服务区设计

在长岭关服务区建设"红色文化"广场,以生动的塑石假山、金寨革命历史浮雕、刻有镰刀斧头与詹谷堂题词的塑石、刻有立夏节起义经过的雕塑书造型等景观,再现了大别山革命烽火岁月,纪念这片土地上的奋斗与牺牲,使人深刻地体会大别山革命老区的革命精神。

金光大道

长岭关服务区"红色文化"广场

5. 工程环保措施

(1)加强生态保护

①"自然式边坡"。没有"刀削式"的人工痕迹,起伏延伸,与青山自然融为一体,每

个边坡,都种上本地的乔灌植被,一坡一景,四季常绿,三季有花。②"零开挖进洞"。一条条隧道,隧道口上方没有常见的生硬"切面",山体不损,草木原样保留。③工程弃方综合利用。工程弃方在这里得到巧妙运用,有的筑成小型停车场,有的建成休憩观景台;全线隧道弃渣加工为混凝土集料近百万立方米,减少弃渣占地近百亩。④特殊的"施工许可制"。为实现少砍一棵树,少动一粒土,指挥部实行一种从边坡开挖、驻地建设,到施工便道建设、用电线路架设,乃至材料堆放,都先开一个现场"踏勘会",确定对环境破坏最小的方案后,才准许动工。⑤沿线古树名木全部建立了"档案",或原位保护,或就近移植,甚至是移"路"不移树。

"自然式边坡"

"零开挖进洞"

沿线古树名木保护

（2）加强水环境综合保护

在敏感路段设置桥面径流收集系统，在服务区设置污水处理设施，实现水资源循环利用。

（3）加强大气污染防治

施工期定时洒水，降低扬尘；运输车辆，覆盖篷布；各服务区、收费站餐厅使用电气及液化气设备并设置厨房排烟系统。

（4）加强声环境防治

采用轻型桥梁声屏障、生态屏障等噪声防治工程减缓或消除交通噪声对沿线居民区的不利影响。

声环境防治工程

(四)科技创新与成果

六武高速公路安徽段横穿大别山腹地,因受地形地质条件限制,全线布设 8 处隧道,构成了六武高速公路大别山隧道群,由 7 座分离式隧道、1 座连拱隧道组成,隧道群左、右幅长度合计 18.39km。六武高速公路大别山隧道群建设过程中,贯彻了"安全、环保、节能、经济"的工程建设理念,凝聚了众多专家学者和科研院所高尖人才的智慧和经验,对隧道选址、设计、施工、运营等各阶段都进行了多项工程技术研究。其安全、环保、节能的创新成果达到国内领先、国际先进水平。目前,已取得国家发明专利 4 项、实用新型专利 1 项,软件著作权 2 项。同时,根据建设成果的总结,已编制发布了安徽省地方标准 4 部、在编国家行业标准 2 部,填补了目前我国《公路隧道设计规范》和《公路隧道施工技术规范》中的相关技术空白。六武高速公路大别山隧道群通过对设计、施工安全控制及节能减排技术的研究和应用,实现了隧道群零伤亡事故,有效解决了隧道建设、管理等诸多方面的难题,工程节约造价 3000 余万元,运营节约能耗 68% 以上,每年节约电费超过 900 万元。2013 年 7 月 9 日,"六安至武汉高速公路大别山隧道群"项目荣获"第十一届中国土木工程詹天佑奖"。

1. 山区高墩大跨度桥梁温度荷载研究

以船板冲大桥为背景,对山区高墩大跨度连续刚构混凝土桥梁温度场和温度荷载模式进行研究,提出适合山区条件下混凝土箱梁和桥墩温度梯度模式,获 2011 年度安徽省公路学会科学技术二等奖。

2. 装配式涵洞关键技术研究

山区高速公路沟壑纵横,在路基中设置的各种排水和交通涵洞较多,但山区公路的涵洞现浇施工困难,如何能达到管涵建筑时的施工方便、快速、工程质量易保证和造价低廉的目的,六武高速公路结合工程建设实际情况,开展了"装配式混凝土管型通道的设计施工方法研究"。该课题的成果为公路管涵设计标准化、预制构件工厂化、安装装配化总结了技术经验,成果符合环境友好型和资源节约型的建设新理念,也是路基施工的一次革命性创新突破,并具有跨行业推广应用前景。目前已在安徽省徐明高速公路、马巢高速公路、济祁高速公路上应用。

山区高墩大跨度钢构桥梁温度场
与温度荷载模式研究获奖证书

3. 六武高速公路安全评价与模拟驾驶验证研究

六武高速公路通过对项目行车安全性影响等方面开展深入系统的研究,针对不可避免出现的一些特殊路段,如:连续下陡坡、小半径曲线、桥隧众多、桥隧和互通相连等特点,提出妥善的解决方案,减少由于公路本身设计和营运阶段存在的一些安全问题。

4.公路隧道施工阶段围岩分级方法及位移非接触量测技术的应用研究

六武高速公路沿线地质复杂,施工中要时刻关注围岩级别的变化、准确客观地修正方法、位移监控量测的及时准确和施工安全性判定。为解决这些技术难题,依托本项目开展了安徽省交通建设科研攻关课题——"公路隧道施工阶段围岩分级方法及位移非接触量测技术的应用研究"。该课题成果有效地指导了隧道施工建设,保证了隧道施工的安全和质量,直接节约建设成本1133.96万元。2009年1月18日由我国地下工程的奠基人孙钧院士、中国勘察大师顾宝和教授领衔的11位国内外行业著名专家组成的鉴定委员会对课题的鉴定验收评价是:"成果社会经济效益显著,推广应用前景良好,为完善我国公路隧道设计和施工的有关规范,起到了十分重要的指导意义。鉴定委员会认为该课题研究成果总体上达到国际领先水平。"在该课题研究成果的基础上,课题组又接受安徽省交通厅、安徽省质量技术监督局的委托编写了安徽省地方标准《公路隧道施工非接触量测规程》和《公路隧道施工阶段围岩分级规程》。这2个地方标准将为提高安徽省的公路隧道建设水平,起到巨大的推动和示范作用,也将为我国的公路隧道建设提供借鉴的资源依据。

公路隧道施工非接触量测规程

公路隧道施工阶段围岩分级规程

5.主要发明专利

LED灯、发光涂料节能技术综合应用。节能减排已成为我国经济社会可持续发展的重要决策和方针政策。六武高速公路建设落实科学发展战略理念,以安全、节能为主导思想,在隧道照明上,针对原设计方案进行了进一步的合理优化。

采用LED灯具并结合隧道洞外亮度、洞内交通量和行车速度对隧道洞内亮度的影响特点,将照明控制系统自动化。由此可实现隧道照明节能约40%,初步估计营运使用中每年将节约照明用电费用900万元以上。

亮度自动控制系统 LED 照明

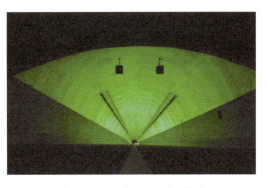
隧道内多功能发光涂料停电照明

同时,在本工程建设中,引进了新技术、新材料。在公路隧道的内外壁墙面和上跨桥底面均设计涂刷武汉广益工程咨询有限公司研发的"五彩玉"牌节能发光装饰涂料。该涂料集发光、耐水、耐污染、阻燃、撤掉光源后可延时发光于一体。其节能发光的原理是因涂料中具有光致发光材料,能够吸收太阳光和灯光,并可以通过光致发光材料,重新以光的形式释放出来。这样在照明功率不变的情况下,可以提高亮度,从而达到节能的目的。该涂料中还含有长余辉光致发光材料,它可以在撤掉光源后的一段时间内持续释放光能,起到照明作用。因而在发生火灾等灾难事故及意外停电时,其余辉可照明逃生。该涂料在自然光中增光率不小于60%,针对不同灯具的光波波长其增光率为20%~70%,余辉可达逃生照度要求的时间不小于9小时。该技术已申请国家专利。

在茫茫夜色中,利用节能发光装饰涂料在夜晚释放白天的余辉,并可以发出不同的彩光,可使驾乘人员在旅途中振作精神、愉悦心情,达到安全舒适的行车效果。这种"天人合一""巧于因借"的和谐统一设计,是公路夜景安全节能设计的先进方法,这种技术方法也是具有现实意义的。六武高速公路安徽段隧道照明中使用发光涂料预计每年将节约隧道照明电费达350万元以上,并对安全事故中的逃生起到保障作用。

多功能涂料及其制备方法专利证书

(五)运营与养护

金寨高速公路管理公司认真落实科学发展观,坚持以巩固完善制度管理为基础,以提高服务质量为中心,以文明创建为核心,以"养好路、收好费、促畅通、保安全"为理念,团结奋战、锐意进取、扎实工作,服务能力和服务质量不断提升,各项管理工作不断地迈上新台阶。

1.运营管理

随着车流量的不断增长,养护工作愈加繁重,管理公司养护工作从管理体制、管理理念等方面不断创新。公司先后制订了《隧道交通事故应急处置预案》《道路监控信息发布流程》等各类新制度 16 项,修订了《养护管理制度汇编》和《安全生产管理制度汇编》。通过这些规章制度,进一步健全了养护工作的管理体系,使其规范化、制度化。

2. 养护管理

(1)采用快速早强防水聚丙烯纤维混凝土材料。管理公司积极尝试应用新技术,不断提高应用水平,在修复伸缩缝混凝土时,采用快速早强防水聚丙烯纤维混凝土材料,不仅提高了混凝土耐磨性,还缩短了封道的时间(7 天缩短为 2 天)。

(2)安装健康检测系统。在下行线李集大桥上安装健康检测系统,该系统可实现对桥梁挠度、应力、裂缝等相关参数的实时检测,并根据病害发展情况及时提出预警,确保运营安全。

(3)养护总结提炼。对日常道路养护不断地进行总结提炼,最终形成《六武高速公路小修养护工区标准化建设指南》《六武高速公路道路交通堵塞车辆分流及恶劣天气应急处置示意图》和《六武高速公路通道桥火灾应急抢修工程总结》等。

三十九、G42S 沪鄂(上海—武汉)高速公路马鞍山长江公路大桥

(一)项目概况

马鞍山长江公路大桥及接线工程位于安徽省东部,大桥处在芜湖长江大桥和南京长江三桥之间,上游距离芜湖长江大桥约 27km,下游距离南京三桥约 46km。马鞍山长江公路大桥是交通部《长江三角洲地区现代化高速公路水路交通规划纲要》中上海—江阴—马鞍山—合肥高速公路和《中部地区崛起公路水路交通发展规划纲要》中马鞍山—和县—武汉高速公路的跨江工程,是《安徽省高速公路网布局规划》"四纵八横"中跨越长江的关键工程,也是安徽省发改委、交通厅编制的《长江过江通道布局规划研究》中的 10 座公路大桥之一,在区域高速公路网中具有重要地位。

马鞍山长江公路大桥(一)

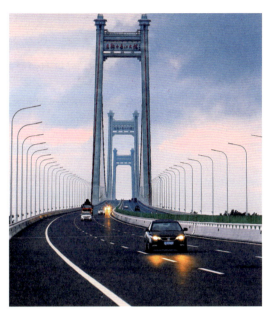

马鞍山长江公路大桥(二)

1. 参建单位

本项目建设单位为安徽省高速公路控股集团公司。

项目主要参建单位见表8-128。

G42S沪鄂(上海—武汉)高速公路马鞍山长江公路大桥主要参与建设单位汇总表 表8-128

序号	参建单位	单位名称	合同段编号及起止桩号	主要负责人	备注
1	项目管理单位	安徽省交通控股集团有限公司	副指挥长	屠筱北	
		安徽省交通控股集团有限公司	指挥部总工、项目办主任	殷永高	
	地方指挥部	马鞍山市建设指挥部	副指挥长	章正	
		当涂县建设指挥部	指挥长	魏学林	
		马鞍山市雨山区建设指挥部	副指挥长	谷志龙	
		和县建设指挥部	指挥长	郭俊峰	
2	勘察设计单位	中铁大桥勘测设计院有限公司 安徽省交通规划设计研究院有限公司	K5+660~K16+869	徐宏光、张强	
		安徽省交通规划设计研究院有限公司	K0+85~K5+660 K16+869~K36+189	徐宏光	
3	施工单位	中铁大桥局股份有限公司	MQ-01、09 K8、K12+620~K14+120	刘俊	
		中交第二公路工程局有限公司	MQ-02、07、15 K6+920	杨敏	

续上表

序号	参建单位	单位名称	合同段编号及起止桩号	主要负责人	备注
3	施工单位	中交第二航务工程局有限公司	MQ-03、06、16 K9+080	王德怀	
		重庆市智翔铺道技术工程有限公司	MQ-17 K0+85~K9+080	杨燕	
		中交第三公路工程局有限公司	MQ-18 K9+080~K36+189	黄腊泉	
		安徽省路港工程有限责任公司	MQ-04 K0+85~K2+540	钱玉宝	
		中铁十四局集团有限公司	MQ-05 K2+540~K5+660	王方兵	
		安徽省交通建设有限责任公司	MQ-08 K10+940~K12+620	张辉	
		中交路桥华南工程有限公司	MQ-10 K14+120~K15+760	王嗣江	
		中城建第二工程局集团有限公司	MQ-11 K15+760~K16+869	田贵泉	
4	监理单位	安徽省高等级公路工程监理有限公司	MQ-ZJ K0+85~K36+189	吴志昂	
		中国公路工程咨询集团有限公司	MQ-J01、J02	陈功和	
		武汉大通公路桥梁工程咨询责任有限公司	MQ-J03	邱新胜	
		安徽省公路工程建设监理有限责任公司	MQ-J04	刘月辉	
		合肥工大建设监理有限公司	MQ-J05	张小军	
		安徽省高等级公路工程监理有限公司	MQ-J06	华国兴	
		安徽省高等级公路工程监理有限公司	MQ-J07	吴志昂	
		中国船级社实业公司	MQ-J08	孙华东	
		武汉桥梁建筑工程监理有限公司	MQ-J09	苏从辉	

2.技术标准

(1)公路等级、里程及地形类别

公路等级为全封闭、全立交的六车道平原微丘区高速公路。全线设置了完善的通信、监控和收费系统,以及安全设施和照明、绿化、房建等服务设施。

马鞍山长江公路大桥及接线工程起于和县姥桥镇206省道,在马鞍山江心洲处跨越长江,通过马鞍山市城区的西南侧,在超山附近接马芜高速公路后向东,终于皖苏两省交界处牛路口,与拟建的溧水—马鞍山高速公路江苏段相接。路线全长36.274km,其中,跨江工程长约 11.209km,南接线长 19.320km,北接线长 5.745km。

项目位于长江河道及长江一级阶地上,以丘陵、低山地貌为主,并有部分的平原地貌,地势总体呈现东高西低之势。长江南岸以东地段位于丘陵区,分为山麓坡前冲洪积平原、低岗缓丘及风化剥蚀低丘残体、低山等三种不同地貌单元,高程一般在 12～131m。本项目在自然区划中处于Ⅳ2 区。

(2)主线行车速度

主线行车速度为 100km/h。

(3)路基、路面

主线路基宽 33.5m,断面布置:2×(0.75m 土路肩 +3.00m 硬路肩 +3×3.75m 行车道 +0.75m 左侧路缘带) +2.00m 中央分隔带。其中,硬路肩部分包括 0.50m 的右侧路缘带。

匝道单向单车道路基宽 8.5m,路面宽 7m(不含加宽值);单向双车道路基宽 10.5m 和 12m,路面宽 9m 和 10.5m;对向双车道路基宽 15.5m,路面宽 13m。

路基设计洪水频率 1/100。路面首次采用沥青混凝土结构,标准轴载 BZZ-100。

(4)桥梁、涵洞

汽车荷载等级:公路—Ⅰ级。

设计洪水频率:特大桥 1/300,大、中、小桥及涵洞 1/100。

桥面净宽:2×15.0m。涵洞与路基同宽。

(5)路线交叉

主线上跨各级公路的桥梁及通道净空高度:二级及二级以上公路净高 5.0m,三、四级公路 4.5m,汽车通道≥3.5m,拖拉机通道≥2.7m,人行通道≥2.2m。

主线下穿各级公路的净空高度均按 5.0m 控制。

3. 工程内容及主要构造物

(1)建设主要内容

路基土石方 571.4 万 m^3,沥青上面层 32 万 m^2。特大桥 11209m/1 座,大桥 186m/1 座,中小桥 1567.52m/13 座;通道 17 道,涵洞 49 道。互通式立体交叉 4 处。养护工区 1 处。

(2)路线中间控制点

长江左汊、长江右汊、G205、宁芜铁路、江心洲、红旗南路。

(3)路线跨越主要河流

长江左汊、长江右汊,其中长江左汊为内河Ⅰ-(1)级航道;长江右汊为内河Ⅲ级航道,其他河流均无通航要求。

(4)收费站及服务区

全线设郑蒲港、太白、采石 3 座互通立交匝道收费站和皖苏省界主线站(皖苏各建半幅)。太白服务区1对。

4.征地拆迁

本项目征地拆迁工作于2009年5月开始,2009年12月全线征地拆迁工作结束,共征用土地3294亩,房屋拆迁面积8万m^2,迁移坟墓1500多座,砍伐树木7万余棵,完成18家工商户和企业搬迁,土地及附属物补偿费用为20470.05万元。

5.项目投资

(1)投资规模、资金来源

本项目初步设计批复投资概算为70.78亿元,其中部补资金7.27亿元,自有资本金17.53亿元,银行贷款约46亿元。

(2)概算执行情况

经竣工决算审计,本项目累计完成投资600976.96万元(不含未决事项及尾工工程费用)。

6.开工及通车时间

2008年12月28日正式开工,2013年12月31日全线建成通车。

(二)决策研究

2004年1月,马鞍山长江公路大桥列入安徽省发改委、交通厅编制的《长江过江通道布局规划研究》中10座公路大桥之一。

2004年6月,中铁大桥勘测设计院有限公司和安徽省公路勘测设计院联合设计组完成了马鞍山长江公路大桥工程预可。2004年9月12~17日,由中咨公司主持,在马鞍山召开预可研报告咨询论证会。2005年9月,交通部综合规划司和交通部专家委员会在马鞍山主持召开了安徽省马鞍山长江公路大桥预可行性研究报告审查会,根据交通部专家意见,工可阶段除继续深化江心洲两方案外,补充了对东梁山桥位和马和渡口桥位的研究和论证工作。2006年3月,安徽省交通厅在马鞍山组织召开《马鞍山长江公路大桥工程可行性研究报告》预评审会;2006年5月,中国国际工程咨询公司在合肥组织召开《马鞍山长江公路大桥工程可行性研究报告》预评审会。2006年8月,中咨公司对马鞍山长江公路大桥及接线工程可行性研究报告进行评审。根据咨询意见,大桥工可报告提出了东西梁山、马和渡口和江心洲三大桥位方案,对于江心洲方案布置了江心洲第一方案和第二方案两个具体线位方案,综合河势、通航、拆迁和马鞍山市规划发展及长江过江通道布局等因素分析,推荐采用江心洲第二线位方案。

(1)2006年2月14日,国家发展和改革委员会《国家发展改革委关于安徽省马鞍山大桥项目建议书的批复》(发改交运〔2006〕236号);

(2)2007年12月28日,国家发展和改革委员会《国家发展改革委关于安徽省马鞍山长江公路大桥可行性研究报告的批复》(发改交运〔2007〕3675号);

(3)2008年9月26日,交通运输部《关于马鞍山大桥初步设计的批复》(交公路发〔2008〕332号);

(4)2009年2月26日,交通运输部《关于马鞍山大桥技术设计的批复》(交公路发〔2009〕75号);

(5)2010年10月18日,马鞍山大桥施工图设计批复。

(三)项目实施

1.项目招标

本项目共完成了59项招标工作,其中工程类18项,监理类11项,技术服务类9项,检测类6项,材料采购类15项。

(1)设计招标

本项目通过公开招标方式,确定:跨江主体工程的勘察设计单位为安徽省交通规划设计研究院有限公司与中铁大桥勘测设计研究院有限公司联合体,接线工程、房建工程勘察设计单位为安徽省交通规划设计研究院有限公司,交通工程机电设施初步设计单位为中国公路工程咨询集团有限公司,交通工程总体设计施工图设计单位为江苏省交通规划设计院股份有限公司。本项目设计咨询单位为日本长大株式会社。

(2)施工、监理招标

2008年11月,完成悬索桥02标南塔、03标北塔土建施工及总监办、02和03驻地办的招标。

2009年4月,完成悬索桥01标中塔土建施工及01驻地办的招标。

2009年9月,完成C01标中塔钢塔柱加工制作、04-11土建施工及04、05、06驻地办的招标。

2009年12月,完成12、13、14土建施工、07驻地办的招标。

2009年12月,完成15、16土建施工、C02/C03材料、08/09驻地办的招标。

2010年5月,完成招标C02/C03材料、2011年10月完成08/09驻地办的招标。

2013年1月,完成MQ-17、18标路面施工、J10驻地办的招标。

2.项目管理

(1)管理机构

省交控集团成立了以项目法人为主体的大桥现场指挥部,现场指挥部实行集体领导下的指挥长分工负责制,指挥长为现场指挥部最高行政领导,对项目工程建设管理全面负责,设有指挥长1名、副指挥长1名、总工程师1名,下设大桥、接线两个项目办。大桥项目办代表现场指挥部行使现场工程管理职责,下设7个职能部门:行政部、财务部、外联部、安全生产部、工程计划部、技术质量部、总师办。

(2)质量保证体系

通过管理创新与标准化建设,马鞍山大桥工程品质显著提升。混凝土结构物的各项指标大幅优于规范与设计要求,保护层合格率达到90%以上。钢结构探伤一次合格率超过99.9%,最终合格率为100%;制作与安装精度也优于设计与规范要求。

在马鞍山大桥建设阶段,建设团队共编写了17本分部分项工程施工手册,6项质量标准化手册,编制了26项质量格式化检查表格。指挥部还结合本工程特点和工程经验,编写了《马鞍山长江大桥施工技术与质量标准化》。

(3)竣(交)工验收情况

根据《公路工程竣(交)工验收办法》(交通部令2004年第3号)的有关规定,项目法人于2013年12月22日,组织有关单位对项目进行了交工验收,交工验收工程质量评分为99.27分,工程质量等级评定为合格。

2016年7月5~6日,交通运输部成立了马鞍山长江公路大桥项目竣工验收委员会,对该项目进行了竣工验收,竣工验收工程质量评分为97.6分,工程质量评定等级为优良。

3. 重大决策

(1)左汊主桥桥型选择

左汊主桥是本项目中工程量最大、最具代表性的部分,是控制投资和工期的关键工程,影响和控制左汊主桥跨度布置的因素简述如下。

历史上,桥址河床断面变化较复杂。1969年河床为单一深槽,断面形态为"U"形。1986年河床中间形成心滩,形成左右两深槽,主深槽在左岸。1992年河床中间心滩淤高,左右岸崩退,主深槽靠左岸,中间心滩水深不足5m。

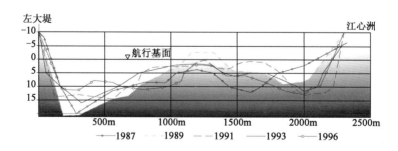

桥址河床断面变化情况(一)

受1998年大洪水影响,河床中间心滩冲退,至2000年深槽右移,左岸淤积,河床中间最大冲深10m以上。2004年深槽右移超过100m,深槽最深点水深达20m。2000—2004

年最大淤厚达5m以上,河床变化为单一深槽。近40年来深泓摆动最大幅度为1200m。

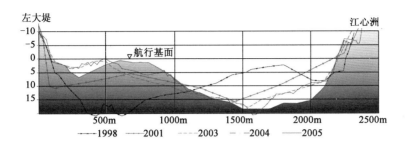

桥址河床断面变化情况(二)

目前,左汊河槽(堤顶内侧间)宽2360m,河床断面呈微"W"形,主深槽靠右岸,左岸次深槽处河床在0m线左右。深槽最大水深为航行基面下20m,枯季4.5m水深的航宽达1250m,6m水深的航宽为1180m。

按照《马鞍山长江公路大桥桥梁通航净空尺度和技术要求论证研究报告》中关于主汊通航净空尺度的计算成果,左汊单孔单向通航净空宽度不小于445m,单孔双向通航净空宽度不小于790m。

鉴于交通部对通航净空尺度和技术要求的批复中没有单孔单向的批复意见,左汊桥型方案主孔的尺度必须按照单孔双向通航宽度进行布置,并适当留有一定的富余;为适应主航道的摆动,主桥应能覆盖航道可变动的范围,宜尽量少布置或不布置防撞能力不高的中、小跨度,以避免船撞事故的发生。

主跨2×1080m两塔三跨悬索桥,最大限度地满足了航道的要求,同时,还有以下好处:

①两边塔变为浅水或陆地施工,可减小施工难度和降低施工费用;

②主孔覆盖的深水区域相应地增加了约120m,同时两边塔上岸,降低对桥址上下游规划的江心洲港区和郑蒲港区产生的影响,一定程度上保护了长江黄金水道的资源,也提高了方案对复杂河势、水文的适应能力;

③左右锚碇前沿距大堤堤脚距离大于220m,有利于减小施工期间对大堤安全的影响;

④两边塔处于岸边滩地,减小了施工难度和对行洪的影响;

⑤边墩船撞概率大为降低,减小了结构防撞设施费用。

综合考虑,主缆跨度布置为:360m+1080m+1080m+360m=2880m。

(2)右汊拱塔斜拉桥桥型选择

江心洲右汊太平府捷水道为支汊航道,航道部门目前暂未定级,主要通行马鞍山当涂县地方小型船舶,洪水期曾最大通航2000吨级货船。根据马鞍山市港口总体布局发展规划,结合一定河道整治工程,其通航净空高度按不低于18m考虑。主桥中间两主跨为通航孔,边跨跨越南岸大堤,全桥满足通航净宽、净空要求,同时也满足两岸大堤的通车净空和防洪通道要求。

右汊主桥跨径布置为(38+82+260+260+82+38)m,全长760m,为双索面半漂浮体系斜拉桥。上部采用预应力混凝土双边箱梁、椭圆拱形混凝土桥塔,下部采用哑铃式圆形承台和群桩基础。

4. 重大事件

2010年12月27日,北边塔封顶。

2011年4月1日,日本长大公司钢结构制造专家考察马鞍山大桥。

2011年5月8日,国际桥梁与结构协会俄罗斯团及俄罗斯桥梁工程师协会一行27人来马鞍山大桥参观交流。

2011年10月15日,世界第一塔吊及钢塔标准节段首吊。

2012年1月18日,马鞍山大桥先导索过江。

2012年11月17日,美国桥梁专家团(第九届中美桥梁技术交流会美方代表)考察马鞍山大桥建设。

2013年1月19日,右汊主桥3座拱塔成功合龙。

2013年2月2日,左汊主桥钢箱梁成功合龙。

2013年6月27日,由交通运输部公路科学研究院和韩国建设技术研究院联合举办的第四届中韩建设技术研讨会韩方代表团一行参观考察马鞍山大桥。

2013年8月6日,右汊主桥合龙,标志着马鞍山大桥全线贯通。

2013年9月9日,东南大学和瑞典国立吕勒奥工业大学学生联合实习项目瑞方代表团一行参观考察马鞍山大桥。

5. 复杂技术工程

(1)左汊主桥

左汊主桥采用2×1080m三塔两跨悬索桥,大桥主跨跨度突破千米,位列世界同类桥型第一,主缆长度突破3000m,钢混叠合塔规模为世界第一,并首次采用塔梁固结体系。大桥主要技术特征和创新点:

①适应河势的三塔连跨悬索桥桥式创新。桥位处左汊大堤之间的距离约2300m,可通航水面宽约2100m。深泓摆动较为频繁,主跨2×1080m的三塔悬索桥很好地适应了河势,对航道适应能力强,且比主跨1760m一跨过江的两塔悬索桥方案节省投资5.98亿元。主跨1760m方案未能覆盖整个深槽变化水域,且大孔两侧均布设为密集型小间距的桥墩,不能辅助通航,难以适应主航槽的变迁。本桥主跨2×1080m的三塔悬索桥是世界上

最早付诸实践并建成通车的大跨度三塔悬索桥,其结构新颖、技术先进、造型优美、经济合理。

②悬索桥非漂移结构体系(塔梁固结体系)创新。左汊主桥加劲梁为两跨连续结构,在中塔处采用非漂移结构体系,与中塔下横梁固结在一起。采用非漂移结构体系,有利于提高中塔处主缆抗滑安全系数与主跨结构刚度,改善中塔受力与结构抗风、抗震性能,并省去了支座与弹性索,减少了后期养护工作量。加劲梁标准段梁高3.5m,塔梁固结处梁高5m,中间设有16m长的变高段,应力传递匀顺,结构受力安全可靠。经研究非漂移结构体系较半漂移结构体系:主缆抗滑移安全系数提高了15%,跨中挠度减少了10%,梁端纵移减少19%,塔顶偏位减少10%。该结构体系获得了"钢混叠合、塔梁固结千米级连跨悬索桥"国家专利,为世界首座非漂移体系三塔悬索桥。

③悬索桥钢-混凝土叠合主塔创新。三塔悬索桥的力学特性决定其中塔的刚度既不能太大也不能太小,如果中塔刚度太大,当一主跨满载、另一主跨空载时,中塔顶纵向变形很小,非加载跨主缆拉力增加不多,主缆在中塔两侧形成较大的不平衡力,有可能引起主缆在鞍槽内滑移,同时对中塔及基础受力不利;如果中塔刚度太小,则加劲梁挠度大,结构刚度弱,对行车舒适性不利。本桥左汊主桥采用刚度适宜的钢-混凝土叠合中塔,很好地解决了中塔主缆抗滑与主跨结构刚度问题,比全钢塔节省钢材约3143t;钢-混凝土叠合塔上段为钢结构,对变形适应能力强,中塔顶鞍槽内主缆抗滑稳定满足要求,下段为预应力混凝土结构,适应桥位处水位落差大的条件,有利于防腐蚀及防船撞;钢-混凝土叠合面位于桥面以下,通过可更换的无黏结预应力钢绞线将上段钢结构与下段混凝土结构紧紧锚固在一起,同时大桥也有满足行车舒适性需要的足够刚度。为世界首座钢-混凝土叠合中塔三塔悬索桥。

塔梁固结、塔柱叠合段图　　　　　　　分析模型

(2)右汊主桥

右汊主桥跨径布置为(38+82+2×260+82+38)m,全长760m,为三塔六跨的双索面半漂浮体系斜拉桥,下部结构采用桩基础。桥塔为椭圆拱形,为国内首座拱形塔三塔斜拉桥。

大桥主要技术特征和创新点：

右汊顺桥向为3个不等高的拱形主塔。曲线形塔设计计算复杂,尤其桥塔受空间索力的作用,塔柱受力复杂。通过对桥塔按框架结构分别进行顺桥向和横桥向结构计算,对拉索锚固区按照三维空间结构进行模拟计算分析,利用拱式结构受压能力强的特点,合理确定拱圈的高度和塔肢两侧面外的拱度,有效解决了桥塔顶面和下塔柱外侧面拉应力过大的问题;通过对106m高实塔1∶10大缩尺比的混凝土拱塔结构模型试验,对多个工况以及1.2倍承载能力极限状态下混凝土和钢筋的应力、应变,以及裂缝发展等问题的研究,验证和解决了拱形塔在结构纵横向刚度、桥塔横向关键断面受力问题,并为曲线塔施工线形控制研发出可调曲率式模板的工法,解决了曲线施工线形控制的关键技术问题。

右汊主桥桥塔

根式基础模型

（3）一种新型桥梁基础形式——根式基础创新

根式基础是将沉井与桩基础相结合的一种新型的基础形式,既发挥了沉井刚度大的特点,同时井身有一定的变形,并由井壁伸出根键,使基础与土体结合,较好地满足了基础对水平和竖向承载力方面的要求。该基础是采用在沉井（沉管）中预留顶推孔,待沉井（沉管）下沉到设计高程封底后再在沉井内部通过预留的根键孔往外顶推预制的根键,从而形成的一种仿生的根式基础形式。

马鞍山长江公路大桥在设计中对该新型基础形式,进行了大量的可用于桥墩的单根基础及可用于锚碇的群基础工程试桩试验及理论研究,根据研究成果,成功将其应用于江心洲引桥部分桥墩的基础,节约了工程造价并丰富了桥梁基础形式。

（4）结合地域文化特色的景观设计创新

左汊主桥采用"H"形桥塔,考虑到安徽特殊的地域特色,通过比选选用带有徽式建筑风格的横梁和灯塔造型的塔顶结构。桥塔局点古朴素雅,尽显徽派特色,承载了安徽悠久的历史文化内涵,桥梁整体则又是气势恢宏,烘托了开放马鞍山朝气蓬勃的发展未来。

右汊主桥采用"A"形桥塔,塔柱模拟广场喷泉斜向喷出,自由落体后形成桥塔外形,地面射灯照射塔柱形成拉索,广场喷泉下嬉戏的儿童恰似汽车。拱形桥塔外形似美术字"A"和"H",和"安徽"的汉语拼音首字母相同。同时,桥塔采用不等高设计,中塔高、两边塔低,与索、梁组成群山景象,如同象形字"山",不等高三塔又恰似马鞍。寓意安徽、马鞍山,烘托了一派和谐的生活场面,又突出了鲜明的地域特征。

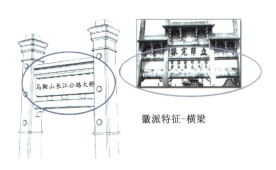

徽式建筑风格在左汊主桥上的应用　　　　景观设计在右汊主桥上的应用

(四)科技创新与成果

1. 马鞍山三塔缆索承重桥成套技术研究

创新点如下:

(1)马鞍山长江大桥结合长江下游桥位河段特点和通航条件,充分论证了采用三塔悬索桥的经济合理性,建立了深泓摆动河流桥位定性-定量综合论证桥型方案的方法及相应的指标体系。

(2)采用符号化设计方法,以经典的桥梁结构和文化传承构建了马鞍山大桥的美学景观造型。

(3)首次提出了三塔悬索桥非漂移结构体系,给出了主要设计参数的取值范围。

(4)通过全桥与塔梁固结段的理论研究与模型试验,成功解决了三塔悬索桥的中塔鞍座抗滑及主跨的刚度问题。

(5)创造性地提出了主梁全断面与塔柱横梁的连接方式及钢-混凝土叠合中塔合理结构形式,实现了非漂移结构体系下的中塔合理刚度取值,给出了中间塔钢混结构分界和与加劲梁固结的合理位置及加劲梁截面高度渐变过渡段长度的合理取值。

(6)研发了三塔悬索桥钢-混叠合塔施工工艺及装备,包括多接头大断面复杂构造钢塔节段制作、塔梁固结段安装与精确定位技术、大尺寸密闭空间叠合段混凝土施工工艺、D5200上回转塔机(最大起重力矩达52000kN·m),解决了非漂移结构体系下钢—混凝土叠合塔施工关键技术。

(7)从构件制作、架设、监控三方面构建了三塔非漂移体系悬索桥钢箱梁线形综合控制技术，解决了非漂移结构体系下钢加劲梁的施工关键技术。

（8）提出双缠包带法，研发全回转拽拉器连接件和弹性支撑托滚架，并形成索股防扭转架设新工艺，有效解决了非漂移结构体系下特有的主缆施工关键技术。

（9）建立了基于 EBS 方式和 PIP 技术的业务处理、视频会议、档案管理和视频监控的信息化管理模式并研发了相应系统，建立了特大型建设项目的综合集成管理方法。

应用效果如下：

项目在设计方法、施工工法、施工设备、建设管理模式、高品质混凝土技术 5 个方面的研究成果已经在马鞍山大桥上成功应用，有力地支撑了工程建设，确保大桥安全、优质、高效的建成，节约了工程投资。

项目提出的三塔悬索桥非漂移体系设计方法为多塔悬索桥提供了一种新的体系；提出的钢-混凝土叠合塔、主缆索股防扭转架设、超高钢筋混凝土塔柱、变曲率拱形索塔等系列新施工工法、新技术已经在望东桥、芜湖二桥、鹦鹉洲大桥等进行推广应用；研制的 D5200 水平臂上回转自升塔式起重机等大型设备，在鹦鹉洲大桥得到应用；提出的"高品质"为导向的混凝土结构标准化施工技术，形成了《马鞍山大桥混凝土质量标准化手册》。

2. 多塔连跨悬索桥非漂移结构体系的研究

创新点如下：

（1）通过选用非漂移结构体系和钢-混凝土叠合中塔解决了大跨度三塔悬索桥的 3 个关键技术问题：①中塔顶鞍槽内主缆抗滑稳定；②全桥结构刚度；③中塔受力安全。

（2）中塔钢-混凝土叠合塔墩接头和塔梁固结区域是大桥受力集中的区域，也是设计控制的关键部位，通过仿真计算分析和缩尺模型试验研究，研究了该部位的受力状况，优化并确定了局部构造细节，使设计结构的应力和稳定性满足要求，确保了结构安全。

（3）中塔钢-混凝土叠合面的密贴性是钢-混凝土叠合段施工的关键，通过反复进行材料浇筑试验，完善了材料配合比和施工工艺，并进行 1/4 模型试验验证了施工工艺的可靠性，解决了钢-混凝土叠合面的密贴要求，确保了叠合段的施工质量。超大吨位钢塔起步段安装是中塔施工的关键，采用新研制的 1000t 浮吊进行安装，其中下横梁单吊 730t 的起重量在国内并不多见，T2 节段起吊吊高达 70m，创造了内河新纪录。

3. 获奖情况

大桥建设过程中，开展了"马鞍山三塔缆索承重桥成套技术研究""多塔连跨悬索桥非漂移结构体系的研究""马鞍山长江公路大桥基于建管养一体化模式的钢桥面铺装成套技术研究""根式沉井基础""悬索桥新型根式锚碇基础新技术"等多项关键技术研究，项目研究成果获得第 33 届国际桥梁协会理查德森奖、2015 年度安徽省科学技术进步一等奖、2015年中国公路学会科技进步特等奖等多个国际国内奖项。自主创新和研发"钢-混凝土叠合塔塔柱施工工法""超高钢筋混凝土索塔环缝切割与梯度养护施工工法""悬索桥索股双缠包带与新型拽拉器防扭转法架设施工工法""拱形钢筋混凝土塔柱变曲率模板施工工法"等8项施工工法,获得20项国家专利,保障了大桥建设顺利实施,促进了我国桥梁建设技术的发展。

(五)运营与养护

1. 运营管理

马鞍山长江公路大桥共设置太白服务区1对,郑蒲港站、太白站、采石矶站和皖苏省界博望主线4个收费站(表8-129)。

收费站点设置情况表　　　　　　　　　　　　　　　　　表8-129

站点名称	车道数	收费方式
郑蒲港站	入口4条、出口6条	人工收费及电子不停车收费综合 (入口:3条MTC车道、1条ETC车道) (出口:5条MTC车道、1条ETC车道)
太白站	入口4条、出口6条	人工收费及电子不停车收费综合 (入口:3条MTC车道、1条ETC车道) (出口:5条MTC车道、1条ETC车道)
采石矶站	入口4条、出口6条	人工收费及电子不停车收费综合 (入口:3条MTC车道、1条ETC车道) (出口:5条MTC车道、1条ETC车道)
省界博望站	出口15条	人工收费及电子不停车收费综合 (出口:13条MTC车道、2条ETC车道)

从2013年12月31日起至2015年12月31日,马鞍山长江公路大桥累计交通流量为2009.9万辆。

2. 养护管理

安徽省交通控股集团有限公司十分重视马鞍山长江公路大桥的养护管理工作,设置马鞍山大桥管理中心,专门负责大桥结构养护和桥下安全,下设工程管理科和安全保卫科两个科室负责具体养护维护工作。

马鞍山大桥管理中心依据交通运输部颁布的《公路养护技术规范》《公路桥涵养护技术规范》,制定并不断完善养护管理制度,认真落实桥梁安全运行十项制度。管理中心已委托交通运输部公路科学研究所开发"马鞍山长江大桥桥梁巡检养护系统",编写《马鞍山长江大桥养护手册》,为大桥的安全运营和养护管理提供了强有力的技术支撑。

马鞍山长江公路大桥交工后,马鞍山大桥管理中心在省厅及集团公司的领导下,始终坚持"预防为主,防治结合"的养护管理方针,将养护管理工作中心转移至桥梁结构的日常管养和预防性养护工作上来。目前,除湿系统、供电系统、称重系统以及健康监测系统运行良好。缺陷责任期内,马鞍山大桥管理中心主要工作是负责日常的养护检查、常规的维修以及完善设计缺陷。大桥管理中心组织原施工、监理单位系统的检查回访工程施工缺陷,根据合同约定要求承包单位修复完善,节省了大桥后期维护成本。

钢桥面铺装采用方案设计、施工、科研、养护一体招标,既让方案设计、施工、科研、养护目标统一,又使承包商协调有力,缺陷责任期2年,养护期8年,养护质量与养护费用挂钩,提高了承包商"自主权",充分发挥承包商的积极性、主动性。从健康监测的测量数据中可以看出,目前大桥各主要构件的状况良好。

四十、G42S 沪鄂(上海—武汉)高速公路马鞍山至巢湖段

马鞍山至巢湖段(一)

马鞍山至巢湖段(二)

第八章 高速公路建设项目

(一)项目概况

北沿江高速公路马鞍山至巢湖段(以下简称"马巢高速公路"),是安徽省高速公路网中"横六"——G42S上海至武汉高速公路的重要组成部分,也是马鞍山长江公路大桥向西的延伸线。自东往西沟通安徽省高速公路网中的"纵一"(徐州—杭州)、"纵二"(徐州—福州)南北两条纵线,建成后对促进皖江城市发展和承接长三角地区产业转移等具有重要意义。

1.参建单位

安徽省交通投资集团有限责任公司。

项目参建单位见表8-130。

G42S沪鄂(上海—武汉)高速公路马鞍山至巢湖段主要参与建设单位汇总表　　表8-130

序号	参建单位	单位名称	合同段编号及起止桩号	主要负责人	备注
1	项目管理单位	安徽省交通控股集团有限公司	K0+000~K35+771	陈发根、乔春林	
2	勘察设计单位	安徽省交通规划设计研究总院股份有限公司	K0+000~K35+771	王吉双	
3	施工单位	中交第四公路工程局有限公司	K0+000~K14+800	王安、刘建国	路基
		安徽水利开发股份有限公司	K14+800~K25+876	李飞、王洋	路基
		中铁十六局集团有限公司	K25+876~K35+771.5	马金锋、雷宏	路基
		安徽省路港工程有限责任公司	K0+000~K22+352	赵庆东、朱守柱	路面
		中交二公局第三工程有限公司	K22+352~K35+771.5	李旭颖、袁素平	路面
4	监理单位	安徽中兴工程建设监理所	总监办	曹士政、邵志兵	路基路面
		安徽省高等级公路工程监理有限公司	第一驻地办	许成林	路基
		安徽公路工程建设监理有限责任公司	第二驻地办	周义伦	路基
		安徽省高等级公路工程监理有限公司	第一驻地办	尹亚峰	路面
		安徽中兴工程建设监理所	第二驻地办	曹晓军	路面

2. 技术标准

(1)公路等级、里程及地形类别

公路等级为全封闭、全立交的六车道平原微丘区高速公路。全线设置了完善的通信、监控和收费系统,以及安全设施和照明、绿化、房建等服务设施。

马巢高速公路起于郑蒲港收费站西,经和县、含山县,终于含山县林头镇卧虎村,路线全长 35.772km。

项目位于东经 117°50′~118°20′,北纬 31°30′~31°60′。沿线所经区域为平原丘陵区,项目起点属于长江冲积平原,地形平坦,地势开阔,多为农田;其余大部分区域为低山丘陵区,地貌分为剥蚀地貌区、堆积地貌区两大类单元,地貌类型主要有平坦(低)平原区、波状平原区、岗状平原区、丘陵区,地形起伏不大,冲沟发育。本项目在自然区划中处于Ⅳ3 区。

(2)主线行车速度

K0+000~K4+900 段采用 100km/h,K4+900~K35+771.548 段采用 120km/h。

(3)路基、路面

K0+000~K4+900 段整体式路基宽 33.5m,路面宽 30m;K4+900~K35+771.548 段整体式路基宽 34.5m,路面宽 30m。

匝道单向单车道路基宽 8.5m,单向双车道路基宽 10.5m,双向双车道路基宽 15.50m(有中分带)或 10.5m(无中分带)。

路基设计洪水频率 1/100。路面首次采用沥青混凝土结构,结构形式为:4cm 细粒式沥青混凝土上面层 +6cm AC-20C 中粒式沥青混凝土(SBS 改性)+8cm AC-25C 粗粒式沥青混凝土 +36cm 水稳基层 +20cm 低剂量水泥稳定碎石。其中,上面层分为两种路面结构形式:AC-13C(SBS 改性沥青)和 PAC-13(高黏沥青),约分别占工程总量的 80% 和 20%。标准轴载 BZZ-100。

(4)桥梁、涵洞

汽车荷载等级:公路—Ⅰ级。

设计洪水频率:特大桥 1/300,大、中、小桥及涵洞 1/100。

桥面宽度:K0+000~K4+900 段桥面净宽 2×15m;K4+900~K35+771.548 段桥面净宽 2×15.5m。

(5)路线交叉

主线上跨各级公路的桥梁及通道净空高度:二级及二级以上公路净高≥5.0m,三、四级公路≥4.5m,汽车通道≥3.5m,机耕通道≥2.7m,人行通道≥2.2m。主线下穿各级公路的净空高度均按≥5m 控制。

3. 工程内容及主要构筑物

(1) 建设主要内容

路基土石方 1511.7 万 m^3，防护工程 2729.7391m^3。特大桥 1743m/1 座，大桥 4240.62m/13 座，中小桥 956.18m/15 座，桥梁总长 6939.8m，占路线总长度的 19.4%。涵洞 54 道，共长 1877.25m；通道 106 道，总长 4602.86m。互通式立体交叉 4 处，1 个养护工区。

(2) 路线中间控制点

姥桥互通(起点)、姥桥枢纽互通、向阳水库、鹰子山垭口、500kV 滁州至马鞍山输电线路、合巢芜高速公路(终点)。

(3) 路线跨越主要河流

丰山河、清溪河上游支流。

(4) 收费站及服务区

全线设含山南站 1 座收费站，清溪 1 对服务区。

4. 征地拆迁

本项目征地拆迁工作于 2010 年 10 月开始，2011 年 12 月全线征地拆迁工作结束，征用土地 4077.9255 亩，拆迁面积 34680.38m^2，补偿金额 22357.1 万元。

5. 项目投资

(1) 投资规模、资金来源

本项目初步设计批复投资概算为 23.986177 亿元，其中安徽省交通投资集团等筹措 6 亿元作为项目的资本金，其余 17.986177 亿元资金利用商业银行贷款。

(2) 概算执行情况

经竣工决算审计，本项目基本建设支出 23.601 亿元，与批复的概算总投资 23.986 亿元相比，较概算节约 0.385 亿元。

6. 开工及通车时间

2010 年 6 月 30 日正式开工，2013 年 12 月 31 日全线建成通车。

(二) 决策研究

2005 年底安徽省政府根据交通部《促进中部地区崛起公路水路交通发展规划纲要》出台了《安徽省高速公路网规划要点》。

2005 年 12 月 8 日，安徽省交通厅主持召开了北沿江高速公路路线方案论证会，与会专家和领导对路线方案提出了具体意见和建议，如北沿江高速公路服务于皖江城镇业带的整体开放开发,功能定位应着重在皖江区域经济通道上等。

北沿江高速公路马鞍山—巢湖段开工典礼

2006年8月30日,安徽省公路学会受省交通厅委托,组织专家组召开了安徽省高速公路网巢湖结点方案评审会,专家组一致认为:北沿江高速公路在彭山咀附近接合巢芜高速公路,马鞍山大桥北岸接线尽量往彭山咀方向靠近。

2006年9月,省发改委会同中科院南京地理与湖泊研究所编制了《沿江城市群"十一五"经济社会发展规划纲要》。提出了交通基础设施建设的总体思路,即"东西向增强便捷程度、南北向消除交通断层、市县间提高通达程度、多运输方式加强衔接"。项目组结合专家意见和沿江城市群发展规划,对路线方案进行了深入细致的优化。

2007年2月12日,安徽省交通投资集团有限责任公司委托省公路设计院承担北沿江高速公路姥桥至澎山段预、工可研究报告编制工作。

2007年4月2日,受安徽省交通厅委托,安徽省公路学会在合肥市组织召开了本项目的预评审会。同意修建行车速度120km/h的高速公路,暂定八车道标准,路基宽度45m,沥青混凝土路面;同意路线走向:起点位于姥桥西侧南义,与滁马高速公路和马鞍山长江大桥接线衔接,经含山县南、清溪,在彭山咀附近与合巢芜高速公路衔接,路线里程约30km,推荐方案估算投资约22.3亿元。根据专家组意见,结合最新的建设期贷款利率及新的企业所得税税率,报告编制单位对报告的投资估算及经济评价进行了修改,4月底完成了最终的预可行性研究报告。

(1)2009年9月4日,安徽省交通运输厅《关于调整马鞍山至巢湖等高速公路建设规模的通知》(皖交计函〔2009〕477号);

(2)2009年9月21日,安徽省发改委《关于北沿江高速公路马鞍山至巢湖段项目建议书的批复》(皖发改基础〔2009〕889号);

(3)2009年9月30日,安徽省地震局《关于北沿江高速公路马鞍山至巢湖段地震安

全性评价工作的复函》(皖震函〔2009〕265号);

(4)2009年12月16日,安徽省水利厅《关于北沿江高速公路马鞍山至巢湖段工程水土保护方案的批复》(皖水保函〔2009〕1351号);

(5)2009年12月28日,安徽省环保厅《关于北沿江高速公路马鞍山至巢湖段工程环境影响报告书的批复》(环评函〔2009〕578号);

(6)2010年2月3日,安徽省发改委《关于北沿江高速公路马鞍山至巢湖段可行性研究报告的批复》(皖发改基础〔2010〕97号);

(7)2010年3月18日,国土资源部办公厅《关于北沿江鞍山至巢湖段控制工期单体工程先行用地的复函》(国土资厅函〔2010〕497号);

(8)2010年4月20日,安徽省发改委《关于北沿江高速公路马鞍山至巢湖段初步设计的批复》(皖发改设计〔2010〕311号);

(9)2010年9月13日,国家林业局《关于北沿江高速公路马鞍山至巢湖段项目临时占用林地的行政许可决定》(林资许准〔2010〕285号);

(10)2010年11月29日,国土资源部《关于关于北沿江高速公路马鞍山至巢湖段工程建设用地的批复》(国土资函〔2010〕997号);

(11)2010年12月20日,安徽省人民政府《关于北沿江高速公路马鞍山至巢湖段项目建设用地的批复》(皖政地〔2010〕620号);

(12)2011年2月17日,安徽省交通运输厅《关于北沿江高速公路马鞍山至巢湖段施工图设计的批复》(皖交建管函〔2011〕52号);

(13)2011年5月11日,安徽省交通运输厅《关于北沿江高速公路马鞍山至巢湖段施工许可的批复》(皖交建管函〔2011〕322号)。

(三)项目实施

1. 项目招标

(1)设计招标

通过招标确定设计单位为安徽省交通规划设计研究总院股份有限公司。

本项目设计咨询单位1个,为安徽省交通勘察设计院。

(2)施工招标

本项目共20个施工单位,其中路基3个、路面2个、其他15个。所有施工单位均采用公开招标方式确定中标单位。

(3)监理招标

本项目所有监理单位均采用公开招标方式确定中标单位。设路基路面总监办1个、路基和路面驻地办各2个,其他监理单位3个。

2. 项目管理

(1) 管理机构

北沿江高速公路马巢建设办公室(马巢管理公司)是安徽省交通投资集团有限责任公司下属的国有独资企业,2010年8月24日批准成立。

(2) 质量保证体系

马巢高速公路建设过程中,质量管理制度完善、机制健全、责任明确、措施到位,有较强的质量控制能力。施工中坚持质量技术交底制度,推行工程首件制,强调材料进场许可制、监理检查验收制,严抓隐蔽工程,坚持"四方验收",推行路面"零污染"施工,力推标准化建设,所采取的一系列措施得力,对提高工程的使用质量发挥了较好的作用。

(3) 竣(交)工验收情况

2013年12月18日马巢建设办公室主持召开马巢高速公路交工验收会议,交工验收委员会由建设、设计、施工、监理、质量监督等单位代表组成,路基工程总得分为99.1分,质量等级为合格。

2016年10月14日,安徽省交通运输厅组织了该项目竣工验收,马巢高速公路工程综合评定得分94.52分,综合评价等级为优良。

3. 重大事项

(1) 全面实施装配式管型通道

全线涵洞、通道集中预制,实现了工厂化预制、养护,现场装配拼装。相比传统现场施工现浇,预制装配式涵洞工程整体质量和生产效率得到大幅提升,给工程管理带来极大便利。编制形成《装配式钢筋混凝土管型通道施工技术指南》和《装配式钢筋混凝土通道质量评定标准》等地方标准。

(2) 创新实施排水性路面

排水性路面可以有效保障雨天行车安全。为克服沿江多雨地区高速公路雨季易引发交通事故的难题,马巢高速公路全线超高路段(14处)采用排水性路面,保障运营安全,该路面可比常规路面的事故率下降60%以上。此外,该种路面具有降噪功能,是未来主流的路面结构形式之一。

(3) 原巢湖市撤销给工程拆迁造成影响

2011年8月22日以前,主要是老巢湖市组建市级马巢高速公路建设指挥部,管理协调和县与含山县两级县级指挥部;2011年8月22日以后,地级巢湖市拆销,和县与含山县两级县级指挥部调整归属马鞍山市新组建的市级马巢高速公路建设指挥部管理协调。新老班子的交替正处在工程拆迁的重要关口,加上马巢高速公路所经乡村,老百姓生活富裕,新建房整齐漂亮,拆迁工作困难重重。

(4)国家银根紧缩,工程无米下锅

2011年国家采取银根紧缩的宏观政策调控经济,马巢项目融资极其困难,导致资金链断裂,建设办及时调整思路,集中有限资金保证桥涵项目不停工,尽最大可能减小资金对工程的影响。

(5)路面地材紧缺

2012年6月,马巢高速公路全面进入路面施工阶段,在这急需石料的关键时刻,国家注重环保关闭了一大批料场,并对开放的石料场采取炸药限领政策,同时马巢周边修建的几条省道(如S226扩建)也正处于路面施工阶段,这一系列的情况让马巢路面施工举步维艰,建设办果断采取措施,扩大料源范围,增加备选料源,寻求市政府支持,加大备料考核,专人落实,提前考虑,强力督促施工单位加紧备料,确保路面工程如期完成。

(四)科技创新与成果

创新点如下:

(1)依据室内和现场试验,提出基于泥岩物理性质和物理性能的泥岩分级标准,并据此提出四类级别泥岩的施工控制标准,明确了"破碎机+羊足碾+三层填筑振压+冲击补压力"的最佳施工方案。

(2)建立泥岩路基冲击碾压动能模型,并提出通过工作机具的质量确定土体最佳分层压实厚度的方法。明确了冲击碾压遍数与沉降量、压实度、回弹模量之间的定性或定量的关系,提出冲击压实质量控制标准。

(3)提出了泥岩路基封水过渡层典型结构及关键施工技术。地基表层铺设0.4~0.7m厚的低液限黏土作为地基封水过渡层;路堑表层铺设厚度不小于0.8m的石灰作为Ⅰ、Ⅱ级泥岩的路堑封水过渡层;路床底部铺设0.2m厚低液限黏土作为路堤与路床的过渡层。

(4)建立路基深度、黏土封水层厚度、路基晾晒时间以及泥岩风化程度与路基含水率关系的预估模型,降水前铺设厚度为20cm的低液限黏土作为封水层,有效降低雨水入渗量,较好地保护了泥岩路基。

(5)基于压实度、路面结构层附加应力、坡度、舒适度四个方面提出泥岩路堤差异沉降量控制标准。基于多层分析方法的边坡稳定影响因素权重确定模型方面的研究。

2015年6月5日,由省交通运输厅在合肥市组织鉴定,专家委员会确认项目总体上达到国内领先水平。同年获得中国公路学会科学技术二等奖。

推广应用情况:该课题对泥岩物理参数、路用性能、路堤和边坡施工技术及质量控制进行了大量研究,研究成果应用于北沿江高速公路马巢段,且已经产生显著的经济和社会效益,推广应用于北沿江高速公路巢湖至无为段。马鞍山至巢湖段通车以来,泥岩段路基路面使用性能良好,未见任何病害和不稳定迹象,为全国泥岩发育段的公路建设提供参考。

(五)运营与养护

1.运营管理

马巢高速公路建成后的运营管理单位为安徽省马巢高速公路有限公司。根据安徽省人民政府《收回合六路、合淮路经营权专题会议纪要》(2013年第21号专题会议纪要)第七条要求,2013年3月底前省交通运输厅、省国资委启动马巢高速公路投资人招标工作。2014年5月16日,安徽省商务厅以《关于同意省马巢高速公路有限公司变更为中外合作经营企业的批复》(皖商办审函〔2014〕394号)同意安徽省马巢高速公路有限公司股东安徽省交通投资集团有限责任公司将其持有的49%的股权转让给路劲(中国)基建有限公司,注册地为英属维尔京群岛。股权转让后,安徽省马巢高速公路有限公司由内资企业变更为中外合作企业。公司投资总额85800万元人民币,注册资本28600万元人民币,其中,安徽省交通投资集团有限责任公司出资14586万元人民币,占注册资本的51%;路劲(中国)基建有限公司出资14014万元人民币,占注册资本的49%。

马巢高速公路沿线共设置1对服务区(清溪服务区),1个匝道收费站(含山南站)(表8-131),1座养护工区。

收费站点设置情况表　　　　　　　　　　表8-131

站点名称	车道数	收费方式
含山南站	入口3条、出口5条	人工收费及电子不停车收费综合 (入口:2条MTC车道、1条ETC车道) (出口:4条MTC车道、1条ETC车道)

从2014年1月1日起至2015年9月30日,马巢高速公路主线流量为645万辆;含山南收费站累计交通流量为102.5万辆,具体数据见表8-132和表8-133。

交通流量发展状况表(马巢主线)(单位:辆)　　　表8-132

年份	上行线(均)	下行线(均)	合计	日平均流量
2014	1603203	1433683	3036886	8320
2015(1~9月)	1766436	1646091	3412527	12500

交通流量发展状况表(含山南收费站)(单位:辆)　　　表8-133

年份	入口	出口	合计	日平均流量
2014	257004	260167	517171	1417
2015(1~9月)	249669	258630	508299	1862

2. 养护管理

马巢高速公路设置1个养护工区。

自通车以来采用社会化养护管理模式,通过公开招标方式确定社会专业化养护公司进行小修和路面、绿化、机电等专业化养护。

养护管理工作坚持"预防为主,防治结合"的原则,明确"以桥梁和高边坡养护为重点,以路面养护为中心,实行全面养护"的工作思路,严格贯彻落实"畅通主导、安全至上、服务为本、创新引领"的养护管理方针。主要开展以下几项工作:

(1)完善养护管理制度

完善的高速公路养护管理制度是做好养护管理工作的基础,一套好的规章制度,能使各项工作正常衔接,避免工作遗漏,可达到事半功倍的效果。完善日常及小修养护管理制、养护专项工程管理制度、桥梁养护管理制度、安全管理制度等,使养护管理工作标准化、制度化、流程化。

(2)认真履行养护合同

认真执行集团相关文件和招标合同,对人员设备按要求配置和出勤,出台了养护工程月度考评细则,每月开展考评和打分,帮助养护单位解决困难,信息共享,真正做到团结一心,共同规范养护行为。

(3)加强养护预算成本的控制

严格执行董事会及集团公司审批的年度预算,按照养护计量支付制度,规范计量支付,控制各项费用。

(4)提高管理能力

按照养护规范扎实开展路基、桥梁、路面的日常养护管理工作,建立完善各种巡查记录台账,认真做好高速公路日常小修保养工作,确保路容路貌整洁美观;严格按照日常养护巡查制度与频率对路损或病害及时进行修复;对绿化草木及时进行除草、修剪、施肥;检查养护单位施工质量,加强养护施工现场管理,规范现场施工行为,特别是安全管理与工程验收环节管理;按要求频率上路巡查,发现问题及时要求养护单位限期整改,确保道路的整洁美观、安全畅通。

(5)加强桥梁管理

增设桥梁信息公开牌。在中桥及以上桥梁设立公示牌,对桥梁的名称、管养单位、监管单位、监督电话等内容进行公示,定期检查伸缩缝、支座、桥面、锥坡及泄水孔等的巡查检查,每次巡查至少步行一座桥检查状况,做好记录,对发现的病害及时处置,确保桥梁使用安全。

(6)强化安全管理,做好各项安全防范措施

高度重视安全管理工作,始终将养护安全管理作为公司安全管理工作的重中之重。

一是对上路施工人员进行安全知识的培训。二是配备完备的施工安全标志设施,如标志牌、标志车、反光锥、反光信号服等,并按规范要求进行交通控制和渠化管理。三是加强施工现场材料堆放管理,及时清走施工废料,同时做好施工车辆的安全管理。建立健全安全管控体系,签订相关安全责任书,做好对员工安全教育和技术交底工作。养护单位在高速公路养护维修施工过程中,严格按养护规范施工作业,做好施工安全防范工作,严格按照《公路养护安全作业规程》(JTG H30—2015)施工,确保各项养护施工安全。

(7)规范内业资料

为了积极响应集团要求,规范各项内业资料,养护部召集养护单位技术人员共同学习标准规范要求,并进行人员分工,定岗定责,组织编制。养护部会同养护单位,对所有资料进行分级和分类,按序入柜,对档案标签、封皮目录、纸张尺寸等按规范严格统一设置,对所有资料进行编号登记归档。建立完善的高速公路养护管理制度,是做好养护管理工作的基础,做好设计、施工、变更、竣工图纸资料的收集存档,专人负责管理。

四十一、G42S 沪武(上海—武汉)高速公路岳西至武汉安徽段

(一)项目概况

G42S 沪武(上海—武汉)高速公路岳西至武汉安徽段是国家高速公路网 G42S 上海至武汉并行线的重要路段,项目建设对于完善安徽省高速公路网,加强皖鄂两省及东、中部地区的交通经济联系具有重要作用,同时对促进岳西县旅游资源开发,加快红色革命老区的脱贫致富意义重大。

本项目位于层峦叠嶂的大别山腹地——安庆市岳西县,路线总体走向为自东往西,起于岳西县城西莲云乡与六安至潜山高速公路交叉,设枢纽互通立交,预留向东延伸的建设条件,向西经中关、五河、明堂山、河图、白帽,终于大枫树岭,接岳西至武汉高速公路湖北段(武汉至英山高速公路),全长 46.235km。

1. 参建单位

建设单位是安徽省高速公路控股集团有限公司,现场设置安徽省高速公路控股集团有限公司岳武项目办公室。

项目主要参建单位见表 8-134。

2. 技术标准

(1)公路等级、里程及地形类别

本项目全线采用山岭重丘区四车道高速公路标准,技术指标按《公路工程技术标准》(JTG B01—2003)规定执行,建设总里程 46.235km。

第八章
高速公路建设项目

岳武高速公路曹河大桥

G42S 沪鄂(上海—武汉)高速公路岳西至武汉安徽段主要参与建设单位汇总表　表 8-134

序号	参建单位	单 位 名 称	合同段编号及起止桩号	主要负责人	备注
1	项目管理单位	安徽省交通控股集团有限公司岳武项目办公室	K0+000~K46+235	黄学文	全部
2	勘察设计单位	安徽省交通规划设计研究院	K0+000~K46+235	陈修林	全部
3	施工单位	中交一公局桥隧工程有限公司	1 标 K0+000 ~ K4+800	孙海峰	路基
		中铁隧道集团二处有限公司	2 标 K4+800 ~ K9+808	朱玉峰	路基
		岳阳市公路桥梁基建总公司	3 标 K9+808 ~ K13+750	彭军华	路基
		贵州桥梁建设集团有限责任公司	4 标 K13+750 ~ K17+390	冉茂伦	路基
		中铁十二局集团第二工程有限公司	5 标 K17+390 ~ K21+150	李峰	路基
		福建省第二公路工程有限公司	6 标 K21+150 ~ K24+921	刘友春	路基
		中铁十一局集团第二工程有限公司	7 标 K24+921 ~ K29+920	冯友付	路基
		中铁隧道集团三处有限公司	8 标 K29+920 ~ K35+100	王龙兵	路基
		安徽省路桥工程集团有限责任公司	9 标 K35+100 ~ K40+300	钱叶琳	路基
		中铁十五局集团第五工程有限公司	10 标 K40+300 ~ K46+227.155	丁冠军	路基
		中交一公局第一工程有限公司	1 标 K0+000 ~ K24+921	马春雷	路面
		安徽省路桥工程集团有限责任公司	2 标 K24+921 ~ K46+235	常乃坤	路面

续上表

序号	参建单位	单位名称	合同段编号及起止桩号	主要负责人	备注
4	监理检测单位	安徽省高等级公路工程监理有限公司	总监理工程师办公室	陈传明	路基、路面
		安徽省公路工程建设监理有限责任公司	第一监理组	黎德衍	路基
		山东恒建工程监理咨询有限公司	第二监理组	邓永宇	路基
		安徽中信工程建设监理所	第三监理组	翟寒科	路基
		中国公路工程咨询集团有限公司	第四监理组	翟国东	路基
		山东恒建工程监理咨询有限公司	第一监理组	冯义禄	路面
		安徽省公路工程建设监理有限责任公司	第二监理组	唐平	路面
		安徽省高速公路科研试验检测中心有限公司	中心试验室	何玉柒	路基、路面

项目区域内多山，西北角地势居高，公路沿线地形中间高、两端低，路线区域高程为200～1030m，地形陡峻，起伏剧烈，高差50～700m。全线均为山地地貌，根据地貌成因形态，可分为丘陵、低山、中山三个地貌类型。其中丘陵占7.6%，中低山占92.4%。

（2）主线行车速度

主线行车速度为80km/h。

（3）路基、路面

整体式路基宽24.5m，路面宽21m；分离式路基宽12.25m，路面宽10.75m。路基设计洪水频率为1/100，路面标准轴载BZZ-100。

路面采用半刚性基层沥青混凝土结构，总厚度为74cm，沥青面层厚度18cm。分别是：4cm AC-13（SBS改性）+6cm AC-20（SBS改性）+8cm AC-25+36cm 水泥稳定碎石基层+20cm低剂量水泥稳定碎石底基层。

桥面沥青铺装采用4cm AC-13（SBS改性）+6cm AC-20（SBS改性）+防水黏结层；隧道路面采用复合式路面：4cm AC-13（SBS改性温拌）+6cm AC-20（SBS改性温拌）+黏结层+24cm水泥混凝土；匝道结构同主线。

（4）桥梁、涵洞

汽车荷载等级：公路—Ⅰ级。设计洪水频率：大、中、小桥及涵洞为1/100。桥面净宽：大、中、小桥桥面净宽10.75m。

(5)隧道

隧道行车道及侧向宽度净宽为(0.5+2×3.75+0.75)m,净高5m,检修道净宽2×0.75m,净高2.5m。

(6)路线交叉

互通立交:环形匝道行车速度为40km/h;定向匝道行车速度为60km/h。单向单车道匝道路基宽8.50m;单向双车道匝道路基宽10.50m;对向双车道匝道路基宽15.50m。

分离立交:主线上跨公路净空高度,二级及二级以上≥5.2m,三、四级公路≥4.5m,汽车、收割机通道≥3.5m,拖拉机通道≥2.7m,人行通道≥2.2m。上跨公路时预留净宽不小于规划宽度。一般人、机孔通道净宽采用4m,重要村道处的机孔通道净宽采用6m;主线下穿公路净空高度均按≥5.2m控制。

3.工程内容及主要构造物

(1)建设主要内容

路基土石方622万m³,大桥7100m/22座,中小桥141.52m/2座,涵洞62道,互通立交3处[分别为岳西北互通、中关互通(预留)、司空山互通],服务区1处(白帽服务区),主线收费站1处,匝道收费站1处。沥青路面工程:碎石垫层74.83万m²,20cm低剂量水稳碎石底基层63.34万m²,36cm水稳碎石基层58.41万m²,沥青混凝土路面面层105.39万m²;房建总建筑面积约1.56万m²。

(2)路线中间控制点

岳西县城、沙村、大龙潭水电站、曹河、戴家河、明堂山、河图、双畈、白帽、余河、大枫树岭。

(3)路线跨越主要河流

沙村河、曹河、赵河、道河、戴家河、杨岭河、界牌大河、崔畈河、双畈河、白帽河、余河。

(4)桥梁

本项目无特大桥,大桥22座,中小桥2座。标准跨径桥梁上部结构跨径≤20m,采用密肋式矮T梁取代传统空心板;跨径>20m,采用全预应力结构T梁。下部结构对于墩高<30m的桥墩采用传统柱式墩;30m≤墩高<40m的桥墩采用矩形实体墩;墩高≥40m的桥墩采用空心薄壁墩。主要桥梁情况见表8-135。

主要桥梁建设情况　　　　　　　　　　表8-135

序号	名称	跨径组合	桥长(m)	结构形式	备注
1	沙村大桥	20+13×30+40+70+40	560	变截面连续箱梁	半路半桥
2	曹河大桥	3×30+63+115+63	331	变截面连续刚构	最高主墩56m
3	崔畈河大桥	6×30+46+2×80+46+5×30	582	变截面连续刚构	最高主墩67m

(5)隧道

全线原设计隧道10座,建设中将狮子凸隧道与明堂山隧道通过遮光棚连成整体隧道,实际隧道共9座,单洞总长38540m。全线隧道情况详见表8-136。

全线隧道建设情况　　　　　表8-136

序号	名　称	左线长度(m)	右线长度(m)	洞门形式	
				小桩号	大桩号
1	飞旗寨隧道	2607	2606	削竹	削竹
2	古井园(大坝沟)隧道	367	367	削竹	端墙
3	妙道山(曹河)隧道	3158	3211	端墙	端墙
4	明堂山隧道	7770	7751	削竹	端墙
5	鹞落坪(界牌石)隧道	367.5	357	端墙	端墙
6	驼尖(明山)隧道	1334	1316	削竹	斜切
7	司空山隧道	2344	2434	削竹	削竹
8	牛草山(沙树林)隧道	161	160	削竹	削竹
9	大枫树岭隧道	1109.5	1120.2	斜切	端墙
	合计	19218	19322.2		

注:隧道名称在通车后进行了变更,表中括号内为隧道原设计名称。

(6)收费站及服务区

主线设收费站1处,为皖鄂省界收费站,中心桩号为K43+675,距项目终点皖鄂交界处2.552km,距湖北省武汉至英山高速公路杨柳主线收费站11.06km,由两省分址合建,两省各建本省出口的半幅收费站。匝道收费站1处,位于司空山互通立交。

服务区1处,为白帽服务区,中心桩号为K37+200,距岳武高速公路湖北段英山服务区25.6km,距离六潜高速岳西服务区39.2km。

4.征地拆迁

本项目征地拆迁安置工作自2012年3月起,至2013年3月基本完成,共计征用土地3191.8605亩,拆迁房屋90055.83m^2,支付补偿费用127276217.3元。

5.项目投资

(1)投资规模、资金来源

本项目概算总投资52.58亿元。工程资金由安徽省交通控股集团有限公司自筹和交通运输部补助。

(2)概算执行情况

控制在概算以内,节约概算数量待竣工审计报告确定。

6.开工及通车时间

2012年11月8日开工,2015年12月31日通车。

（二）决策研究

（1）《关于岳西至武汉高速公路安徽段立项问题的复函》（发改交通函〔2008〕718号）；

（2）《关于对岳西至武汉高速公路安徽段项目工程规划选线的审核意见》（安徽省住房和城乡建设厅）；

（3）《关于岳西至武汉高速公路安徽段工程可行性研究报告的批复》（皖发改基础函〔2011〕388号）；

（4）《关于岳西至武汉高速公路安徽段初步设计的复函》（皖发改设计函〔2011〕706号）；

（5）《关于岳西至武汉高速公路安徽段施工图设计的批复》（皖交基管〔2011〕403号）；

（6）《关于岳西至大枫树岭高速公路环境影响报告书的批复》（环评函〔2011〕281号）；

（7）《国土资源部关于岳西至武汉高速公路安徽段工程建设用地的批复》（国土资函〔2011〕920号）；

（8）《关于岳西至武汉高速公路安徽段工程水土保持方案报告书的批复》（皖水保〔2011〕70号）；

（9）《对岳西至武汉高速公路安徽段K13+320曹河大桥及明堂山隧道工程场地地震安全性评价报告的批复》（皖震安评〔2011〕第40号）；

（10）《岳西至武汉高速公路安徽段工程地质灾害危险性评估报告评审意见》（皖地调环函〔2011〕101号）；

（11）关于印发《＜岳西至武汉高速公路（安徽段）工程沿线压覆矿产资源调查评估报告＞评审意见书》的函（皖国土资函〔2010〕430号）；

（12）《公路工程质量监督通知书》（省交通建设工程质量监督局2012-GL-003号）；

（13）《公路建设项目行政许可决定书》（省交通运输厅〔2012〕009号）。

（三）项目实施

1. 项目招标

（1）设计招标

2011年4月29日，项目法人安徽省高速公路控股集团有限公司在中国招标与采购网、安徽省交通运输厅网站、安徽省高速公路控股集团有限公司网站和安徽省高等级公路工程建设指挥部网站发布了本项目施工勘察设计招标公告,经评审、推荐、公示,中标单位为安徽省交通规划设计研究院。

(2)施工招标

本项目施工招标按路基、路面、附属工程三个阶段分开实施,均实行公开招标,评标采用最低价法。路基工程招标划分10个标段,路面工程招标划分为2个标段。附属工程招标主要包括机电工程、交通安全工程、收费站与服务区房建工程、伸缩缝、绿化工程等,按工程进展需要分别实行公开招标。

(3)监理招标

全线设1个总监办,路基工程设4个监理驻地办,路面工程设2个监理驻地办,路基和路面工程统一归口为总监办管理,房建工程设1个监理组。监理招标采用综合评估法,经评审确定中标单位。

2.项目管理

(1)项目管理机构

岳武高速公路建设管理严格落实四项制度要求,即项目法人责任制、项目招标投标制、工程项目监理制和工程合同管理制。安徽省高速公路控股集团有限公司作为项目法人全面负责本项目的资金筹措,项目办具体承担工程建设现场管理。项目办设置工程部、质安部、地方部、行秘部共4个部门。工程部负责现场施工管理与计划执行,参与合同管理以及协调工作;质安部主要负责工程质量、安全和监理管理工作;地方部主要负责路用征地、协调各级地方机构处理各类地方问题,为项目提供建设环境;行秘部主要负责后勤保障,处理各类往来文件,保障项目管理信息通畅并及时传递。各部门职责清晰、分工协作,保证了项目建设顺利进行。

工程监理采用二级监理管控模式,总监办负责全线工程建设质量、安全、计量等指导和审核工作,并对各驻地监理组进行考核管理。各监理组按合同规定负责所辖项目和施工标段的质量、进度、合同管理和投资控制等具体监理工作;项目试验检测中心按合同规定负责施工质量日常检测、随机抽检等,并协助省质监局抽检、督查,审核批复路基、路面各阶段重要配合比设计等工作。

(2)项目管理主要特色

一是因地制宜推进工地标准化建设。针对山区项目的特点和难点,创新思维,因地制宜开展标准化驻地、场站、便道建设。岳武高速公路地处大别山腹地,沿线山高坡陡,地无三尺平,耕地资源稀缺。驻地建设结合当地新农村建设、危房改造等需要,采用租改相结合的模式进行。如01、07标改造当地闲置厂房,02、03、06标等整合农村建房需要,拆旧危房,一次性提高建设标准,建成标准化项目部和混凝土拌和站,工程结束后还房(站)于民。在施工便道建设上,实行"施工单位多投入一些、建设单位补偿一些、地方上贴一些"

的三结合思路,改造部分农村道路为5m宽的水泥混凝土,大大改善了沿线老百姓出行条件。这种走资源集约化、路地双赢的驻地、场站、便道建设新路子,既创造了舒适、清新、和谐的工作生活环境,也让老百姓得到了实惠,充分体现了以人为本和低碳环保的发展理念,得到了各级领导的肯定和沿线群众的支持和赞扬。

拆旧民房建标准项目驻地　　　　　　　　永临结合建设标准混凝土站

二是以打造"绿色梁场、平安隧道、生态路基"为切入点,强化管理手段信息化,创建绿色公路。绿色梁场不只是体现梁场周边青山绿水自然景观的打造,更重要的是体现出绿色低碳的建设模式。梁场结合路基挖方段提前施工,平整造地规划梁场,减少占用线外土地,梁场混凝土可再生利用。梁体实行自动喷淋养护,养护用水实行循环利用和三级沉淀排放,节约水资源。钢筋加工采用数控机械和定位胎架绑扎;改进模板结构和浇筑工艺,实现A级混凝土的外观品质;预应力采用智能张拉和循环压浆。绿色梁场建设减少了资源损耗,避免了材料浪费,提高了制梁的精度和整体品质。

绿色梁场布置示意图　　　　　　　　　　智能循环压浆

平安隧道是岳武高速公路工程建设的重点,隧道标准化施工落在细节:洞口施工场地预先采用混凝土硬化;洞口开挖早进晚出,增加明洞长度,减少山体开挖;零挖进洞和支洞进洞,减少山体植被破坏,对环境进行最大程度的保护;早作洞门、洞口早绿化与水土防治,提升了洞门施工安全和环境效果。洞内挖掘视地质情况施行微台阶技术和光面爆破技术,既保证施工安全性,又提高隧道成洞精度。

生态路基主要突出表现在山区高填深挖路基施工质量控制和防护景观效果的协调统一。路基填挖与边坡防护同步,多级边坡采用格构框架与生态防护相结合,并首次在山区路堑高边坡中引入可降解性秸秆植物毯,融入自然环境,减少水土流失。

为实现项目管理手段信息化全覆盖的要求,项目办开发可视化建设管理平台,实现信息传递、工程计量、现场视频、数据采集、设计变更等管理远程信息网络化,管理效率大幅提升。在创建绿色公路行动中,坚持最大限度的保护,减少对自然环境的破坏,以桥代路和以隧代挖。引进低碳、循环、节能新材料应用。2015年5月,荣获交通运输部2015年绿色公路主题性项目,这是安徽省首个绿色公路示范项目。

平安隧道施工中的洞口环境

多级生态框架边坡同步防护效果

项目信息化管理平台

建设中的绿色科技岳武高速

三是坚持安全为天,打造"平安工地"示范项目。首先是层层落实安全生产责任。参建单位签订安全生产目标责任书,通过三阶段安全风险分析与预防会议,落实危险源防控,分析研判安全生产形势和存在问题并及时整改落实。其次是全员全覆盖的安全教育培训制度。聘请安全专家举办各类安全管理讲座、培训班,集中宣贯《安全生产法》等法律法规、技术标准和操作指南,保持"三类人员"和特殊作业人员持证率达到100%。同时,坚持领导带班生产,落实安全生产检查和隐患排查治理制度。重点监控隧道掌子面及竖井、高墩桥梁、高边坡和涉路等危险性较大区域，推行专项施工方案审查和专家场指导等创新做法。开展了"山区高速'平安班组'建设研究"，探索建立"平安工地""平安交通"和安全文化示范项目建设思路、管理模式、考核评价标准。编著了《桥梁工程施工班组风险控制与管理指南》《隧道工程施工班组风险控制与管理指南》《桥隧工程"平安班组"考核评价标准》《桥梁与隧道工程施工安全标准图册》《班组安全教育手册》等成果资料。

2013年8月，举办全省公路水运工程标准化施工现场观摩会；2014年9月，荣获第一批交通运输部"平安交通"建设示范项目；2014年11月，荣获第四批交通运输部级"平安工地"创建示范项目；2017年3月，荣获交通运输部、国家安监总局公路水运建设"平安工程"冠名。

（3）交（竣）工验收

2015年12月16日，建设单位组织交工验收，经评定项目总体评分为99.77分，其中路基工程质量评分为99.13分，路面工程、交通安全设施、机电工程和绿化工程质量综合评分99.42分，项目工程质量等级合格。竣工验收目前尚未完成。

3. 重大事项

（1）重要活动

2011年12月20日，本项目在岳西举行开工仪式，省委书记张宝顺、省长李斌等领导参加。

2014年1月7日，省委书记张宝顺在岳西调研期间，来到岳武高速公路施工现场，察看工程进度，向建设者们致以亲切问候。

项目举行开工仪式

省长李斌在开工仪式上讲话

历经3年多的艰辛努力，凿岩跨谷天堑变坦途，岳武高速公路如巨龙腾飞建成通车。2015年12月31日，岳西县政府在武汉会议中心召开"岳武高速通了，安徽岳西来了"融入武汉发展新闻发布会。

(2) 重大变更

①隧道围岩支护：鉴于岳武高速公路安徽段 YW-02、YW-05、YW-06、YW-07、YW-10 等 5 个标段在隧道掘进过程中发现部分段落围岩与原设计不符，现场围岩节理裂隙发育，且有大面积渗水，施工过程中极易发生掉块坍塌现象，其中 05、06 两个标段开挖的 4 掌子面均发生了涌水和塌方，存在较大施工安全隐患，为保证隧道施工及结构安全，对上述标段隧道围岩支护进行加强变更。

省委书记张宝顺现场调研

穿越大别山的岳武高速

②片石混凝土挡墙：鉴于山区高速公路高填路基传统浆砌片石挡墙施工质量控制难度大，易出现质量通病，结合施工工艺的改进，对挡墙墙高超过 10m 以上的，变更浆砌片石调整为 C25 片石混凝土挡墙，提升重力式挡墙的安全性、耐久性。

③钢筋混凝土盖板（箱）涵变更波纹钢管涵：波纹钢管涵是用由碳钢板经专业设备制作成波纹形状、再弯曲成一定直径的圆形管道，其惯性矩和断面系数大幅提高，可替代常规钢筋混凝土涵洞和小桥中钢筋混凝土管体或支承结构体。波纹钢管涵具有强度高、重量轻、施工便捷、适应承载能力强等优点，较钢筋混凝土造价降低 20%。本项目推广应用 $\phi200cm$、$\phi300cm$、$\phi450cm$、$\phi500cm$、$\phi600cm$、$\phi700cm$ 等多种规格的波纹管涵，总长 538.66m，替代同断面的钢筋混凝土盖板涵。

④明堂山隧道支洞法掘进施工方案：因隧址武汉端位于悬崖峭壁，进洞作业面十分困难，施工方案变更为增加一斜向支洞（交通洞）进入主洞的方案，减少山体开挖，保护生态植被。

⑤废旧橡胶改性沥青与温拌沥青应用：在路面一标主线实施双幅 5km 中上面层橡胶粉改性沥青替代 SBS 改性沥青，总量约 1300t，橡胶粉掺入基质沥青工艺采用现场加工。同时，在全线隧道沥青混凝土路面施工中，采用温拌沥青技术，通过在沥青混合料掺加温拌剂，降低拌和温度 40～60℃。摊铺时减少沥青烟 50%，其他有害气体 CO、SO_2、NO_2 等烟尘大幅度减少，显著改善隧道路面施工环境质量。

钢波纹管涵推广应用　　　　　　　　明堂山隧道交通洞进洞施工

4. 复杂技术工程

(1) 曹河大桥

曹河大桥主跨为(63+115+63)m 连续刚构。主桥墩高 56m,是全线次高墩桥梁。主梁采用单箱单室变截面 PC 连续箱梁,外腹板采用竖直腹板形式,箱梁顶板宽度为 12m,箱梁底板宽度为 6.5m。主墩墩顶根部梁高 7m,梁高变化采用 2 次抛物线。

主桥采用体内-体外混合配束体系,体内预应力钢束用于满足结构在施工与使用状态的受力要求,体外预应力钢束用于抵消体内预应力钢束长期损失的不确定性带来的不利影响,可在成桥运营阶段选择合适时机张拉或补张拉。该桥施工技术难度体现在主墩桩基础和体外预应力施工。因主墩桩基础位于曹河右岸悬崖峭壁,离引水发电隧道洞口不足 5m,基本无作业面,且无法正常爆破,最终采用水磨钻沿桩周取芯加微爆破法施工获得成功。体外预应力桥梁在安徽省尚属第一座,通过攻关研究,确定体内和体外预应力合理分配值,为解决大跨径连续刚构桥下挠问题提供借鉴。

(2) 明堂山特长隧道

明堂山隧道为安徽省最长的高速公路隧道,也是岳武高速公路关键控制性工程。隧址区属中低山地貌,地形起伏较大,隧道范围内中线高程 404.3~1002.5m,最大高差约 598.2m,隧道最大埋深约 545.2m。隧址区地质条件复杂多变,洞口地形极为陡峭,地层岩性主要为第四系残坡积土、全—强—中风化片麻岩、花岗岩等,岩体节理裂隙发育,且多次穿过断层破碎带。隧址区地表水也极为发育,隧道多次下穿赵河、道河、戴家河、葫芦河、杨岭河以及多处山体冲沟,且与赵河发电站引水隧洞交叉,洞身存在多处涌水区段,施工期间极易出现涌突水现象。

根据公路隧道通风设计规范相关要求,明堂山隧道通风设计方案综合隧道工程规模、地形地貌、交通量、施工组织及紧急救援等多重因素进行了分析计算,于 K22+254 右侧约 110m 处设置一处通风竖井,右线隧道分两段进行送排式纵向通风,左线隧道采用全射流诱导式纵向通风方案,同时考虑隧道内防灾救灾的需要,右线隧道为左线隧道预留排烟通道。

曹河大桥施工条件困难

明堂山特长隧道武汉端洞门

(四)科研创新与成果

(1)山区隧道防灾、资源利用及环保技术集成研究

针对山区隧道面临的防灾、资源利用和环保节能的问题,从特长隧道施工与运营通风方式及防灾与救灾体系、富水条件下特长隧道单向坡排水技术、穿越有压水条件下隧道施工技术、山区路堑边坡结构与生态防护综合技术、山区隧道洞渣分类加工综合技术、弃渣场整理耕地技术等六个方面开展系统研究,集成应用于岳武高速公路建设,提出了单通道通风新模式,实现了创新节能方面的新突破,为高速公路绿色低碳发展提供了十分重要的示范和借鉴。

(2)长大隧道环保耐久性沥青路面结构与材料研究

我国对隧道内路面的结构和材料的研究比较薄弱。由于长大隧道内通风、散热条件差,普通热拌热铺沥青混合料的高温(摊铺温度一般在150～180℃)和排放出的有害气体、浓烟和刺鼻气味,对现场施工人员的健康产生较大的危害。因此,针对长大隧道内的气候环境条件、使用环境和施工条件,研究提出易于施工和养护维修,且耐久、环保、阻燃的沥青路面结构和材料,对于保证长大隧道的通行能力和安全运营具有重要的意义。课题组提出温拌阻燃改性沥青混合料表面层的路面结构方案,解决隧道沥青路面的施工困难和环保、阻燃等问题。

(3)大跨度悬浇变截面连续梁桥体内-体外混合配束若干关键技术

预应力混凝土悬臂浇筑变截面连续梁桥/连续刚构凭借其整体性好、结构刚度大、抗震性能好、行车舒适、施工技术成熟等优点,在50～150m跨径范围内,已成为目前国内外使用最为广泛的一种桥型。但是,此类梁桥尤其是大跨度桥,运营后多面临着较为严重的下挠、开裂现象。体内与体外混合配束具有了良好的技术合理性、耐久性和经济性,采用体内、体外混合配束对抑制混凝土梁桥下挠开裂病害的出现与发展,具有积极的效果。

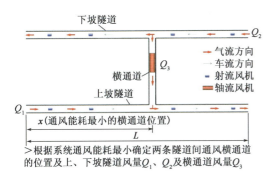

> 根据系统通风能耗最小确定两条隧道间通风横通道的位置及上、下坡隧道风量Q_1、Q_2及横通道风量Q_3

单通道送风式节能排风系统

隧道沥青混凝土温拌技术

(4)高速公路隧道分布式供电与智能控制

实现长大隧道机电设施的单端远距离供电,解决长大隧道两端供电传统供电方式产生的房屋征地与建设投资、建设条件难度高、供电线缆投资大的难题。建立隧道机电设施简易可靠的智能化控制体系,实现隧道机电设施简易、低成本的控制方法。调压方式实现隧道照明的节能控制,促进隧道节能低碳运营。智慧供电从武汉端变电所引出单相3.3kV电力电缆,通过曹河隧道全程,为沿线均布的下位机(分布式智慧开关电源)提供单相电源;从武汉端变电所引出三相3.3kV电力电缆,为曹河隧道风机供电。智慧供电上位机集中于岳西端变电所,既可发挥智慧供电长距离输送电能的优势,又便于集中管理维护。

(五)运营与养护

1. 服务区和收费站点设置

全线设服务区1对,为白帽服务区;收费站点2处,分别为皖鄂省界主线收费站和司空山互通匝道收费站。

2. 养护管理

本项目于2015年12月底建成通车,运营养护与管理由安徽省交通控股集团有限公司高界管理处承担,养护管理主要工作包含以下方面:

(1)加强路基病害防治。按照"预防为主,防治结合"的方针,加大路基维护力度,快速处置雨季路基塌陷、高边坡塌方等地质灾害;定期对高填深挖段进行人工巡查;定期清理高填方段截水沟,保证高边坡排水设施完好;提前预防,及时治理高边坡的各种早期病害。

(2)加强桥梁安全管理。贯彻落实桥梁安全运行十项制度,配备专职桥梁工程师负责桥梁养护工作;加强桥涵检查,及时掌握桥涵动态;建立桥梁管理系统,做好桥梁纸质卡片的登记工作,准确掌握桥涵基本数据,完善桥涵管理基础资料。

（3）加强隧道养护管理。坚持隧道日常巡视检查制度,切实做好隧道日常养护工作;制订各类突发事件应急预案,加强实战演练,确保隧道通行安全;积极开展隧道安全隐患排查整改活动,切实消除安全隐患。

（4）坚持日常维护与专项维护相结合的原则,确保机电系统维护维修的及时性、有效性和可靠性;成立隧道维护班,实行动态巡查,快速处置隧道机电和消防隐患;加强中控技术维修队伍建设,定期进行技术交流与培训,提升中控维护水平;落实中控维护人员驻点收费所制度,快速抢修收费系统故障,保障中控系统运行正常。

四十二、G4211 宁芜（南京—芜湖）高速公路马鞍山东环路高速化改造工程

G4211 宁芜（南京—芜湖）高速公路马鞍山东环路高速化改造工程（一）

G4211 宁芜（南京—芜湖）高速公路马鞍山东环路高速化改造工程（二）

（一）项目概况

G4211 宁芜（南京—芜湖）高速公路马鞍山东环路高速化改造工程（简称"马鞍山东环路"）是安徽省公路主骨架沿江高速公路的重要组成部分,同时也是马鞍山市的城市外

环线,承东启西、连接南北,是长三角地区通往华中、华南等地的重要通道。马鞍山东环路于1996年建成,与马鞍山南环一起成为马鞍山境内G205的替代公路,随着运营城市的发展,两侧建筑物逐渐增多,运营安全性、服务水平大幅度降低,老路现状很不适应路网中的功能、地位及交通量发展的需求,经安徽省交通运输厅立项批复,对马鞍山东环路进行高速化改造。

1. 参建单位

建设单位是安徽省高速公路控股集团有限公司,现场设置安徽省高速公路控股集团有限公司马鞍山东环路高速改造项目办公室。

项目参建单位见表8-137。

G4211宁芜(南京—芜湖)高速公路马鞍山东环路高速化改造工程主要参与建设单位汇总表

表8-137

序号	参建单位	单 位 名 称	合同段编号及起止桩号	主要负责人	备注
1	项目管理单位	马鞍山东环路高速改造项目办公室	K26+274~K39+768	蔡骏、江凯	全部
2	勘察设计单位	安徽省交通规划设计研究院	K26+274~K39+768	王耀明	全部
3	施工单位	安徽省路港工程有限责任公司	1标 桥梁加固、顶升及葛羊互通立交改建	许琪	路基
		安徽省公路桥梁工程公司	2标 南环互通立交改建	汪卫东	
		南京东部路桥工程总公司	3标 全线原路面处理	黄继余	
		南通路桥工程有限公司	4标 全线沥青路面	高波	路面
4	监理单位	安徽省高等级公路工程监理有限公司	K26+274~K39+768	吴志昂	路基路面

2. 技术标准

(1)公路等级、里程及地形类别

马鞍山东环路高速化改造按四车道平原微丘区高速公路标准设计,全封闭、全立交,沥青混凝土路面。起点为皖苏交界宁马高速公路K26+274,终点为马鞍山南环线互通K39+768,与马芜高速公路顺接,建设里程13.494km。根据马鞍山市政府要求,本项目的K30+645~K34+444段,共计4.799km不进行高速改造,由马鞍山市政府负责新建高架桥梁替代。项目位于马鞍山的东侧,北部、中部为低山丘陵区,地形起伏不平;南部为平地,土地肥沃,大部分为种植地。

(2)主线行车速度

主线设计行车速度为100km/h。

(3)路基、路面

路基宽24.5m,路面宽21.5m。路面结构形式采用原水泥混凝土路面经处理后加铺沥青混凝土面层,其中,沥青混凝土路面结构层为 4cm 厚 ARAC-13 沥青面层 + 8cm 厚 AC-20 沥青中面层 + 10cm 厚 AC-25 沥青下面层。

(4)桥梁、涵洞

计算荷载:汽车—超 20 级;验算荷载:挂车—120。设计洪水频率:特大桥 1/300,大、中、小桥、涵洞 1/100。桥面净宽:中、小桥桥面净宽 2×11.0m,特大、大桥桥面净宽 2×14.5m。

(5)路线交叉

互通立交匝道行车速度为 80km/h(定向匝道)、50km/h(立交枢纽内环匝道)、40km/h。匝道为单向单车道,路基宽 8.75m;单向双车道,路基宽 10.5m 或 12m;对向双车道,有分隔带路基宽 15.5m。

主线上跨各级公路的桥梁及通道净空高度:二级及二级以上公路 5.0m,三、四级公路 4.5m,汽车通道≥3.2m,拖拉机通道≥2.7m,人行通道≥2.2m。主线下穿各级公路的净空标准均按 5m 控制。

3. 工程内容及主要构造物

(1)建设主要内容

处理原路面 8.695km,改建葛羊、南环互通立交,新建支线上跨桥 1 座、人行上跨桥 2 座,匝道桥 7 座、通道 2 座、线外桥 1 座,滩塘桥(8.7m 跨径)的上部结构及马鞍山南环互通匝道上跨桥拆除重建,加固维修中小桥 7 座,新建葛羊、南环匝道收费所,扩建皖苏主线收费站,全线增设隔离及通信、监控、服务安全等设施。

(2)路线中间控制点

葛羊互通、雨山立交、南环互通。

(3)桥梁

主要桥梁建设情况见表 8-138。

主要桥梁建设情况　　　　　　　　　　表 8-138

序号	桥梁桩号及名称	主跨径组合	长度(m)	备注
1	K30+338 葛羊互通主桥	20+2×16+5×20	156.12	空心板梁
2	K33+620 东环线高架桥	3×33+2×45+43+4×31.6+3×31.6+ 29×2+3×31.6+(4×32.5)×2+3×32.5	3748.31	连续箱梁
3	K36+070 雨山路立交桥	8×20	177.6	连续箱梁
4	K37+142 马向铁路立交桥	5×20	117.28	连续箱梁
5	AK0+129.325 马南匝道桥	3×30+(3×30+28.81)	216.37	连续箱梁
6	AK0+792.289 马南匝道桥	3×30+26.85	124.41	连续箱梁

(4)收费站及服务区

项目设宁马主线收费站、马鞍山北、马鞍山南匝道共 3 个收费站,未设置服务区。

4. 征地拆迁

征地拆迁安置起止时间为2009年12月至2010年7月,征用土地318.343亩,拆迁房屋15577.5m²,支付补偿费用37063559.43元。

5. 项目投资

(1)投资规模、资金来源

本项目概算总投资3.994亿元。项目建设资金主要为基建拨入资金,共收到筹集的建设资金32659.79万元,其中基建拨款13359.79万元,自有资金为省高速控股公司拨款;基建贷款19300万元。

(2)概算执行情况

经审计,东环路高速化改造项目总支出37124.06万元,与批准概算相比,节约概算2815.67万元,节约7.05%。

6. 开工及通车时间

本项目于2010年3月12日举行开工典礼,采用单幅双向通行边通车边施工的组织模式,建成一段开放一段。整个工程分两个阶段实施。第一阶段为K26+274～K30+645、K35+444～K39+768.13,于2011年7月20日通过交工验收;第二阶段K30+645～K34+444,由马鞍山市公路局实施路基、桥梁部分,完毕后由东环改造办实施路面及其他部分,于2012年6月18日建成试运行,2012年8月2日东环路并网收费运营。

项目举行开工典礼

建设过程中交通组织转换有序

(二)决策研究

1. 原道路建设情况

马鞍山东环路由香港铿锵发展有限公司投资建设,原行车车速100km/h,路基宽24.5m,双向四车道,部分封闭,1996年建成。

2. 高速化改造情况

（1）2008年7月7日，马鞍山市政府与安徽省高速公路控股集团有限公司签订了《关于收购马鞍山市东环路部分资产进行高速化改造的框架协议》。

（2）2009年5月27日，安徽省国资委以皖国资产权函〔2009〕172号文《关于确认205国道马鞍山过境公路部分路段资产收购价格的函》，同意省高速公路总公司收购过境公路宁马高速公路至马芜高速公路入口处12294m路段资产并实施高速化改造。

（3）2009年7月，省高速控股公司正式收购原东环路线路资产，收购价款26392.63万元，启动东环路高速化改造工作。

（4）2009年7月1日，省高速控股公司与马鞍山市交通局签订了《关于马鞍山市东环路部分资产进行高速化改造的框架协议之补充协议》，确定资产收购事宜，包括资产范围、转让价款、移交与付款以及资金预算等。

（5）2009年8月4日，安徽省交通运输厅《关于马鞍山东环高速化改造工程立项的批复》（皖交计〔2009〕341号）。

（6）2009年10月12日，马鞍山市政府主持召开的由市交通局、市规划局、省高速控股公司以及皖通公司参加的会议，形成《马鞍山市东环路高速化改造工程方案调整问题及会议纪要》，会议同意："按照马鞍山市政府提出的方案，对马鞍山东环路高速化改造工程部分路段的线形进行调整，即马鞍山东环路葛羊互通南至雨山路立交北约4.8km路线（以下简称"老线"）不再进行高速化改造，沿即将建设的宁安城际铁路新建四车道（预留八车道）高速公路（以下简称"新线"），老线两端路段与新线顺接并改造成高速公路后，老线即与东环高速断开。会议商定2011年7月31日24时起，皖苏收费站的通行费收入归属省高速控股公司；新线建成后与老线无偿置换，即马鞍山市政府无偿将该路段交给省高速控股公司，同时无偿获得老线。"

（7）2009年11月28日，马鞍山市政府以马政函〔2009〕54号文《关于商请调整马鞍山市东环路高速化改造工程建设方案的函》。

（8）东环路高速化改造项目维持原有道路平面线形基本不变，原一级公路改建为高速公路标准建设，起点位于宁马高速公路苏皖两省交界处，终点与马芜高速公路顺接，全长13.666km。其中葛羊互通南至雨山路立交北共4.799km由马鞍山市新建四车道高速公路路基工程替代，其余路段设计改造成路基宽24.5m、行车速度100km/h，双向四车道全封闭、全立交的沥青混凝土路面高速公路。

（9）2009年12月5日，安徽省交通运输厅以皖交基函〔2009〕651号文《关于马鞍山市东环高速化改造工程方案设计意见的批复》，总投资额核定为39939.73万元。

（10）2009年12月23日，安徽省交通厅以皖交管函〔2009〕717号文《关于马鞍山市东环路高速化改造工程施工批复》批复该项目施工图设计。

(11)2010年,安徽省国土资源厅以皖国土资函〔2010〕1815号文件批复该项目建设用地。

(三)项目实施

1. 项目招标

2009年9月,安徽省马鞍山东环高速化改造工程开始进入招标阶段,结合项目规模和改造的特点,招标分为原路面处理,沥青路面、桥梁顶升及维修加固、交通工程、绿化、小区房建、材料供应、施工监理等标段分别招标。

2. 建设管理

建设单位安徽省高速公路控股集团有限公司在建设现场设项目办公室,负责项目建设协调等管理。项目办、监理办、施工单位均严格执行四项制度,责任到位、规范管理,一年多时间完成全线改造通车任务。

宁马高速公路主线收费站

马鞍山东环路改造全线通车

3. 交(竣)工验收情况

(1)安徽省交通建设工程质量监督局《马鞍山东环路改线工程交工验收质量检测意见》(2012年6月);

(2)马鞍山市环境保护局《关于马鞍山东环路改线工程竣工环境保护验收意见的函》(马环验〔2013〕4号)(2013年4月8日);

(3)马鞍山东环路改线工程项目档案验收组《关于马鞍山东环路改线工程项目档案验收意见》(2014年1月15日);

(4)安徽安建会计师事务所《马鞍山市东环路高速化改造工程竣工决算审计报告》(皖安财审〔2014〕第005号)(2014年1月20日);

(5)马鞍山市审计局《关于东环路改线工程建设－移交(BT)项目工程价款结算部分的审计报告》(马审投报〔2014〕17号)(2014年5月22日)。

(四)科技创新与成果

采用原有老路2.5km沥青路面铣刨回收料进行厂拌冷再生,累计再生沥青混合料18000t,用作新路面的基层。加铺路面结构采用4cm废旧橡胶粉改性沥青混合料ARAC-13上面层+8cm SBS改性沥青混合料AC-20C中面层+10cm普通沥青混合料AC-25C下面层+10~13cm厂拌冷再生基层和原路面其余结构。

(五)运营与养护

1.运营管理

本项目收费站设置情况见表8-139。

2012年6月18日~2014年12月31日,项目累计交通流量为1236.60万辆,详见表8-140。

收费站点设置情况表　　　　表8-139

站点名称	车道数	收费方式
宁马站	入口6条、出口12条	入口:5条MTC车道、1条ETC车道 出口:10条MTC车道、2条ETC车道
马鞍山北站	入口4条、出口6条	入口:3条MTC车道、1条ETC车道 出口:5条MTC车道、1条ETC车道
马鞍山南站	入口4条、出口6条	入口:3条MTC车道、1条ETC车道 出口:5条MTC车道、1条ETC车道

交通流量发展状况表(单位:辆)　　　　表8-140

年份	路段一	路段二	路段三	日平均流量
2012	2137148	1943591	2351086	5531
2013	5726911	5386634	6545011	15165
2014	5808680	5759689	7011157	15949

2.养护管理

项目自通车以来采用社会化养护管理模式,通过公开招标方式确定社会专业化养护公司进行小修和路面、绿化、机电等专业化养护。高速公路养护管理工作坚持"预防为主、防治结合、科学养护、确保质量、注重安全、保障通畅"的养护工作方针,以"畅、安、舒、美"为目标,真抓实干,狠抓落实。

东环段弯道多,又有连续桥梁,路况复杂,养护管养难度大。养护工作严格按照《公路桥涵养护技术规范》(JTG H11—2004)和《公路桥梁技术状况评定标准》(JTG/T

H21—2011)等相关规定,认真落实桥梁安全运行十项制度,做好桥梁预防性维护保养工作和经常性检查工作,注重对甲、乙类桥梁的部分部位进行针对性、预防性维修保养检查工作,重点进行了桥下地面进行系统整治,对全线桥梁钢扶、防落网进行除锈,对上跨桥进行油漆亮化,关注桥梁伸缩缝运行状况。加强安全管理,督促安全生产制度和保障措施落实,建立养护、路产联合巡查机制。围绕路况调查、分析评价、养护决策和工程实施四个关键环节,狠抓制度落实,严格执行技术标准和养护规范,养护工作扎实有效开展。

四十三、G4211 宁芜(南京—芜湖)高速公路马鞍山至芜湖段

G4211 宁芜(南京—芜湖)高速公路马鞍山至芜湖段(一)

G4211 宁芜(南京—芜湖)高速公路马鞍山至芜湖段(二)

(一)项目概况

马鞍山至芜湖高速公路(以下简称"马芜高速公路"),是安徽省沿江城市通向江苏、上海等经济发达地区的重要通道,是沟通我国东南沿海与中西部的大通道,是安徽省"十

五"交通建设的重点工程,也是安徽省规划的沿江高速公路的重要组成部分。本项目北接宁马高速公路,中连合杭高速公路,南接规划的沿江高速公路芜湖—安庆段,起着连南接北,并对安徽省高速公路网早日形成起到重要作用。

1. 参建单位

安徽省马芜高速公路建设指挥部、安徽省皖江高速公路建设开发有限公司。

主要参建单位见表8-141。

G4211 宁芜(南京—芜湖)高速公路马鞍山至芜湖段主要参与建设单位汇总表   表8-141

序号	参建单位	单位名称	合同段编号及起止桩号	主要负责人	备注
1	项目管理单位	安徽省马芜高速公路建设指挥部办公室	G4211 K39+438~K74+362,G50 K341+163~K359+535	黄文苗	前期、路基工程
		安徽省皖江高速公路建设开发有限公司	G4211 K39+438~K74+362,G50 K341+163~K359+535	黄健	路面、交安、绿化、机电、房建工程
2	勘察设计单位	安徽省公路勘测设计院	G4211 K39+438~K74+362,G50 K341+163~K359+536	王吉双	
3	施工单位	中铁二局集团有限公司	G4211 K39+438~K42+244	黄敬忠、武佰全	路基
		中铁隧道集团一处有限公司	G4211 K42+244~K45+964	钟筠筠、魏明阳	路基
		安徽省公路工程总公司	G4211 K45+964~K49+358	高扬、刘伟峰	路基
			G4211 K50+092~K50+726		路基
		马鞍山路桥公司	G4211 K49+358~K50+092	瞿俊、张宁	路基
		安徽路桥公司	G4211 K50+726~K52+690	查明华、陶圣卓	路基
		路桥集团一局一公司	G4211 K52+690~K59+557	孟庆瑜、周志峰	路基
		安徽水利开发股份有限公司	G4211 K59+557~K63+354	朱有良、赵国桥	路基
		山东省交通工程总公司	G4211 K63+354~K68+316	王力、王焕	路基
		合肥市路桥公司	G4211 K68+316~K73+104	董宪明、管世东	路基
		安徽路港工程公司	G4211 K73+104~K74+362	胡以亮、孙刘林	路基
		中铁大桥局二公司	G50 K341+163~K342+215	章化平、陈志强	路基
		江西省路桥工程局	G50 K342+215~K344+817	沈文军、黄华	路基
		中港一航局	G50 K344+817~K351+365	许砚兵、胡建洪	路基
		宿州路桥公司	G50 K351+365~K356+552	张有志、金爱民	路基
		中铁十二局三公司	G50 K356+552~K359+535	石加玉	路基
		北京城建道桥工程有限公司	G4211 K39+438~K66+614	张建军、张建	路面
		北京城建道桥工程有限公司	G4211 K66+614~K359+535	赵传兴、孙飞江	路面
4	监理单位	安徽省公路工程建设监理有限责任公司	总监办	王宏祥	路基、路面
		安徽省高等级公路工程监理有限公司	第一监理组	操太林	路基

续上表

序号	参建单位	单位名称	合同段编号及起止桩号	主要负责人	备注
4	监理单位	江西交通工程监理公司	第二监理组	李玉生	路基
		安徽中兴工程建设监理所	第三监理组	邓成计	路基
		北京双环工程咨询有限责任公司	第四监理组	赵焕辉	路基
		安徽省高等级公路工程监理有限公司	第一驻地监理办	刘洪良	路面
		安徽中兴工程建设监理所	第二驻地监理办	邓成计	路面

2. 技术标准

(1)公路等级、里程及地形类别

公路等级为全封闭、全立交的四车道平原微丘区高速公路。全线设置了完善的通信、监控和收费系统,以及安全设施和照明、绿化、房建等服务设施。

路线起自马鞍山市的姜家村,与马鞍山市东环公路相接,沿途经马鞍山市向山区、当涂县银塘镇、城关镇、太白乡、查湾乡、年陡乡、芜湖县清水镇、荆山镇、火龙岗镇和芜湖市马塘区,终于芜湖县205国道张韩村,路线全长53.296km。

路线所经区域地处长江下游的河、湖交织地带,以平原为主,兼杂岗地、低山、丘陵。平原有长江冲积平原和冲积湖积平原,主要分布在长江及其支流两岸以及芜湖市境内,海拔在10m以下,地势低平坦荡,相对起伏0.5~8m,水网交错,河湖众多。低山主要分布在马鞍山市当涂县境内,有十里长山、青山等,最高海拔372m。岗地主要分布于低山丘陵与平原的过渡地带,海拔40m左右,冲沟发育。剥蚀丘陵分布于银塘、龙山桥一带,海拔50~150m,呈断续岛状散落在平原之上。本项目在自然区划中处于Ⅳ2区。

(2)主线行车速度

主线设计行车速度为120km/h。

(3)路基、路面

主线路基宽度28m,路面宽度23.5m(包括硬路肩部分)。匝道单向单车道路基宽8.5m,单向双车道路基宽10.5m或12m,对向双车道有分隔带路基宽15.5m。

路面首次采用沥青混凝土结构,上面层采用4cm AK-13A抗滑表层,中面层采用6cm AC-20I密级配沥青混凝土,下面层采用6cm AC-25I密级配沥青混凝土,上面层和中面层采用SBS改性沥青;收费站采用钢筋混凝土路面。路基设计洪水频率1/100;标准轴载BZZ-100。

(4)桥梁、涵洞

计算荷载:汽车—超20级,验算荷载:挂车—120。

设计洪水频率:特大桥 1/300,大、中、小桥及涵洞 1/100。

桥面净宽:中、小桥为 2×11.75m,特大、大桥为 2×12.0m。

地震基本烈度Ⅵ度,抗震设防烈度Ⅶ度。

(5)隧道

隧道净宽 9m,行车道宽(0.5+2×3.75+0.5)m,净高 5m;检修道净宽 0.75m,净高 2.5m。

(6)路线交叉

主线上跨各级公路的桥梁及通道净空高度:二级及二级以上公路 5.0m,三、四级公路 4.5m,汽车通道≥3.2m,拖拉机通道≥2.7m,人行通道≥2.2m。

主线下穿各级公路的净空标准均按 5m 控制。

3.工程内容及主要构造物

(1)建设主要内容

特大桥 3 座,大桥 26 座,中桥 24 座,小桥 26 座;涵洞 227 道,其中圆管涵 98 道,盖板涵 37 道,箱涵 92 道。互通立交 6 处。

(2)路线中间控制点

姜家村(G205)、黄梅山铁矿、当涂县十里牌(S314 当博路)、青山风景区、姑山矿排土场、湾里机场导航台、二龙港(芜宣高速公路)、青弋江、荆山镇、姑山、G205(张韩)。

(3)路线跨越主要河流

姑溪河、青山河、青弋江、荆山河、欧阳河(荆山河支流)等,大多为季节性通航河流,河流概况如下:

姑溪河全长 23.44km,流域面积 125km^2,为Ⅴ级航道;

青山河全长 33.00km,流域面积 214km^2,为Ⅵ级航道;

青弋江全长 291km。有大小支流 23 条,流域面积 4340km^2,为Ⅴ级航道;

荆山河为青弋江支流,全长 32.9km,为Ⅵ级航道。欧阳河为其支流。

(4)隧道

黄梅山隧道 1 道,长 530m,为中隧道。隧道位于马鞍山市当涂县银塘镇境内,地貌上属于丘陵低山,山体近东西走向,东高西低;矿坑杂乱分布,较大地改变了原有地形。

(5)收费站及服务区

全线设芜湖南、芜湖东、当涂、太白及马鞍山东 5 处收费站,太白服务区 1 对。

4.征地拆迁

本项目征迁工作于 2002 年 3 月开始,2005 年 12 月全线征迁工作结束,共征用土地 7875.97 亩,其中主线 6088.31 亩,线外征地和二次扩征 1787.66 亩;拆迁房屋 222520m^2。

项目设计概算征地拆迁补偿费用为138974426元,实际支付征地拆迁补偿费用224742431.96元(含部分线外工程费用),超概算85768005.96元。费用增加的原因是征用土地费用由原来的每亩6000元增加到每亩13500元(皖国土资函〔2005〕271号)。

5. 项目投资

(1)投资规模、资金来源

概算总投资人民币26.1748亿元。资金来源如下：

截至2007年10月31日,马鞍山至芜湖高速公路建设项目建设资金来源总额为2629478081.21元。包括:项目资本1.8亿元,均为法人资本,其中新疆三联投资集团有限公司投入资本为1.6亿元,国信(芜湖)投资有限公司投入资本0.2亿元。基建投资借款18.75亿元,其中建设项目借款18.1亿元,流动资金借款0.65亿元。应付款余额为294178081.21元,包括应付安徽省公路管理局的马芜高速公路建设项目转让款213857976.44元和该欠款支付的利息34776668.32元、芜湖经济技术开发总公司投入的建设资金0.3亿元和未付的承包单位的工程尾款、征地拆迁费用、机械设备尾款10403436.45元及其他应付款5140000元。上级拨入资金总额为2.803亿元,为安徽省皖江高速公路建设开发有限公司母公司新疆三联投资集团有限公司投入的建设资金。

(2)概算执行情况

截至2007年10月31日,本项目累计完成投资额26.0738亿元,与经批复后的调整概算26.1748亿元相比节约投资额1010万元。

6. 开工及通车时间

2002年3月2日正式开工,2005年12月16日全线建成通车。建设期变更增加的太白匝道和王拐匝道以及太白服务区扩建工程于2007年10月完工。

(二)决策研究

马芜高速公路项目建议书批复后,安徽省公路勘测设计院依据安徽省交通厅《关于下达编制马鞍山至芜湖公路工程可行性研究报告的通知》(皖交计〔2000〕89号)及安徽省公路管理局《关于编制马鞍山至芜湖公路工程可行性研究报告的委托函》(皖路前〔2000〕26号)文件的要求,编制《马鞍山至芜湖公路工程可行性研究报告》。2001年10月18日,召开马芜高速公路施工、监理招标开标会。2001年11月20日,安徽省交通厅与马鞍山市政府在马鞍山市召开马鞍山至芜湖公路建设协调会。2001年11月23日,安徽省交通厅与芜湖市政府在芜湖市召开马鞍山至芜湖高速公路建设协调会。2001年11月28日,成立安徽省马芜高速公路建设指挥部。

(1)2000年12月12日,交通部《关于马鞍山至芜湖公路项目建议书的批复》(交规划发〔2000〕658号);

(2)2001年7月10日,交通部《关于马鞍山至芜湖公路可行性研究报告的批复》(交规划发〔2001〕369号);

(3)2001年11月29日,交通部《关于马鞍山至芜湖公路初步设计的批复》(交公路发〔2001〕697号);

(4)2001年12月2日,安徽省交通厅《关于马鞍山至芜湖公路施工图设计的批复》(皖交基发〔2001〕144号);

(5)国家环境保护总局《关于马鞍山—芜湖公路环境影响报告书审查意见的复函》(环审〔2002〕246号)。

(三)项目实施

1.项目招标

马芜高速公路建设工程的路基工程、路面工程和附属工程的施工与监理单位均是采用招标方式确定的,安徽省交通厅分别以皖交基〔2001〕138号、皖交基〔2001〕142号、皖交基〔2001〕146号、皖交基〔2003〕148号、皖交基〔2003〕150号、皖交基〔2004〕75号、皖交基〔2004〕78号等文件对工程项目的招标文件和各施工单位的资格预审初评结果进行了批复,最终通过公开招标确定了各工程项目的施工单位和监理单位,招投标过程符合规定。

(1)设计招标

安徽省公路勘测设计院(现安徽省交通规划设计研究总院股份有限公司)。

(2)施工招标

安徽省公路工程建设监理有限公司招标代理中心受业主委托,编制招标文件,实施招标程序。本项目共21个施工单位,其中路基施工单位15个,路面施工单位2个,其他施工单位4个。

(3)监理招标

安徽省公路工程建设监理有限公司招标代理中心受业主委托,编制招标文件,实施招标程序。本项目监理单位共7个,其中路基监理单位4个,路面监理单位2个,总监办1个。

2.项目管理

(1)管理机构

项目前期由安徽省公路管理局组织建设,2003年5月8日,安徽省公路管理局与安徽省皖江高速公路建设开发有限公司签订《马芜高速公路移交协议》后,该项目由安徽省皖江高速公路建设开发有限公司组织建设。

(2)竣(交)工验收情况

2005年4月16日,路基工程交工,2005年11月21日,路面及沿线交通、机电、房建工程交工。2005年11月21日,验收委员会完成了马芜高速公路交工验收工作,形成交工验收报告,同日安徽省皖江高速公路建设开发有限公司《关于报送马鞍山至芜湖高速公路工程交工验收报告的报告》(皖高速发〔2005〕54号)将交工验收报告报送安徽省交通厅备案。

交工验收委员会形成了交工验收报告,工程项目质量评分值为96.04分,项目整体交工验收合格。

3. 重大事项

(1)重大决策

在安徽省皖江高速公路建设开发有限公司成为项目业主后,为了控制工程造价风险,保障工程质量、工期及环保安全,对马芜高速公路建设实施风险管理。2003年6月23日,安徽省皖江高速公路建设开发有限公司与上海华旭投资有限公司在上海签订了《马芜高速公路项目管理协议》,安徽省皖江高速公路建设开发有限公司负责建设项目资金的筹集、拨付并对工程建设资金、成本、进度、质量、环保和安全等方面进行监督和管理,上海华旭投资有限公司以其设立的马芜路项目办公室负责项目工程建设进度、质量、安全、环保以及对施工单位的管理和工程款结算等。

2003年6月30日,安徽省皖江高速公路建设开发有限公司《关于委托上海华旭投资有限公司建设管理马芜高速公路的报告》(皖高速发〔2003〕40号),将建设项目实行风险承包事项上报安徽省交通厅。经过风险承包的马芜高速公路建设质量得到了保证,交工验收优良率达到了100%,建设工期得到了保证并实现了提前通车,建设期间实现了零事故,确保了安全生产,同时工程造价得到了有效控制。

(2)重大变更

增设芜湖经济技术开发区出入口。为了芜湖市的城市建设和经济发展,充分发挥高速公路的投资效益,芜湖市人民政府向安徽省交通厅发出了《关于请求在沿江高速公路增设芜湖经济技术开发区东区接口的函》(芜政秘〔2003〕39号函),2003年5月6日,安徽省交通厅复函《关于原则同意在马芜高速公路增设芜湖经济技术开发区出入口的复函》(皖交路〔2003〕15号),原则同意在马芜高速公路K29~K35之间增设一处互通立交出口。该出口改造后于2009年5月4日开通。

马芜高速公路路面工程方案变更。马芜高速公路原初步设计的沥青混凝土路面方案为:上面层采用厚4cm的AK-13A抗滑表层,中、下面层分别采用厚6cm的AC-20Ⅰ沥青混凝土和厚 6cm 的 AC-25Ⅰ沥青混凝土。由于目前高速公路普遍存在超载及重交通车辆较多等现象,为提高高速公路使用性能,延长使用寿命,安徽省皖江高速公路建设开发有限公司邀请有关路面方面专家对路面工程实施进行了专题研究,提出对中上层采用改性沥青等意见,并征得设计单位安徽省公路勘察设计院同意。安徽省皖江高速公路建设开发有限公司上报《关于要求调整马芜路路面工程实施方案的请示》(皖高速发〔2004〕21 号),2004 年 3 月 29 日,安徽省交通厅下发《关于马芜高速公路路面工程方案变更的批复》(皖交基〔2004〕31 号),同意对路面中上层采用改性沥青、下层采用重交通道路用沥青;同意路面底基层有原设计的 20cm 石灰土变更为 20cm 低剂量水泥稳定碎石。

取消年陡互通立交增设太白互通立交。鉴于当涂县人民政府要求在青山(太白服务区)处增设互通立交一处,在安徽省环境保护局出具《关于马芜高速公路增加太白出入口环境保护意向性意见的复函》(环然函〔2004〕268 号)后,安徽省皖江高速公路建设开发有限公司向安徽省交通厅提出了《关于增设太白服务区互通工程的请示》(皖高速发〔2004〕54 号),2004 年 12 月 1 日,安徽省交通厅下发《关于马芜高速公路增设太白服务区及互通工程的批复》(皖交基〔2004〕128 号),同意取消年陡互通立交,增设太白互通立交。

建成后的太白互通立交是将太白互通与太白服务区合并设置,一直未开通运营。2014 年,应马鞍山市及当涂县人民政府要求,经安徽省交通运输厅《关于宁芜高速马芜段太白互通立交改建工程施工图设计的批复》(皖交建管函〔2004〕131 号)批准,对太白互通立交进行改建。该互通已于 2015 年 7 月 23 日开通运营。

以上三项设计变更,安徽省交通厅《关于马鞍山至芜湖公路初步设计概算调整的请示》(皖交基〔2005〕10 号)上报交通部并申请调整概算;2005 年 6 月 14 日,交通部下发《关于马鞍山至芜湖公路调整概算的批复》(交公路发〔2005〕253 号),将马鞍山南至芜湖公路概算调整为 26.1748 亿元(含建设期贷款利息 2.4561 亿元)。

(四)科技创新与成果

土工格室在软土地基处理中的应用:

全段有 24 道结构物需进行地基处理,选 K28+212 箱式机孔为代表结构物,断面形式 6m×4m。按设计要求结构物基础采用土工格室联合粉喷桩进行处理。处理方案为:粉喷桩桩距 1.1m,桩径 50cm,桩长 15.0m;粉喷桩顶部铺设土工格室 1 层高 20cm。

(1)土工格室性能

土工格室是用高密度聚丙烯片,经强力焊接,成为蜂窝状格式结构,填充土石或混凝土构成的据有强大侧向限制的大刚度的结构体。聚丙烯片厚度为 0.8mm,宽度为 20cm,

焊成框格形状。片材的宽度即为格室的高度,焊接的距离即为格室的宽度。

土工格室性能优良,是最新的三维受力加筋手段,焊矩为主弯矩方向,用在受力主方向可全部抗拉、抗弯,其设计可视为柔性板。

(2)土工格室的特点

具有极佳的承载性能;是优秀的浅层处理方法;填料可就地取材,经济高效;土工格室能重复利用;土工格室运输效率高;可用于边坡防护,绿化环境,改善自然景观。

(3)应用效果

为有效观察土工格室处理效果,在试验段 K28+212 顶板上设置左、中、右 3 个观测点,经过连续不断的观测,其处理效果完全满足软基处理要求。

土工格室联合粉喷桩处理软土地基在马芜高速公路中得到大面积的应用,全部取得成功,至今未发现一例失败记录,说明其处理软土地基具有良好的效果,其施工具有可靠的费效比,具有重大的推广价值。

(五)运营与养护

1. 运营管理

马芜高速公路在 K17+481 处设置太白服务区一处,配备有停车场、加油站、修理厂、餐饮、超市等相关附属设施。收费站 5 处,即芜湖南、芜湖东、当涂、太白及马鞍山东(表 8-142)。

收费站点设置情况表　　　　　　　　表 8-142

站点名称	车 道 数	收 费 方 式
芜湖南站	入口 3 条、出口 4 条	入口:2 条 MTC 车道、1 条 ETC 车道 出口:3 条 MTC 车道、1 条 ETC 车道
芜湖东站	入口 2 条、出口 4 条	入口:2 条 MTC 车道、0 条 ETC 车道 出口:2 条 MTC 车道、2 条 ETC 车道
当涂站	入口 4 条、出口 6 条	入口:3 条 MTC 车道、1 条 ETC 车道 出口:5 条 MTC 车道、1 条 ETC 车道
太白站	入口 3 条、出口 4 条	入口:2 条 MTC 车道、1 条 ETC 车道 出口:3 条 MTC 车道、1 条 ETC 车道
马鞍山东站(已于 2012 年 8 月 2 日停止运营)	入口 4 条、出口 7 条	入口:4 条 MTC 车道、0 条 ETC 车道 出口:7 条 MTC 车道、0 条 ETC 车道

从 2005 年 12 月 16 日起至 2014 年 12 月 31 日,马芜高速公路累计交通流量为 8267.04 万辆,具体数据见表 8-143。

交通流量发展状况表（单位：辆） 表8-143

年份	入口	出口	合计	日平均流量
2005	28610	20509	49119	3275
2006	1180045	1100994	2281039	6249
2007	1679608	1605722	3285330	9001
2008	2101728	2049262	4150990	11373
2009	2534775	2563073	5097848	13967
2010	3625133	3695883	7321016	20058
2011	4656566	4708012	9364578	25656
2012	6321242	6445667	12766909	34978
2013	7893584	8216790	16110374	44138
2014	11012500	11230649	22243149	60940

2.养护管理

深入推进规范化养护，围绕路况调查、分析评价、养护决策和工程实施四个关键环节，狠抓制度落实，严格执行技术标准和养护规范，养护工作扎实有效开展。

辖区路段桥梁比例达到29.5%，养护管养难度大。马鞍山处严格按照《公路桥涵养护技术规范》（JTG H11—2004）和《公路桥梁技术状况评定标准》（JTG/T H21—2011）等相关规定，认真落实桥梁安全运行十项制度，做好桥梁预防性维护保养工作和经常性检查工作，注重对甲、乙类桥梁的部分部位进行针对性、预防性维修保养检查工作，重点对桥下地面进行系统整治，对全线桥梁钢扶、防落网进行除锈出新，对上跨桥进行油漆亮化，关注桥梁伸缩缝运行状况，及时维修养护。

结合马芜高速公路绿化实际情况，有序推进预防性养护工作；采用"补植完善为主、适度提升"的方式，完善充实提高绿化品质。

加强安全管理，督促安全生产制度和保障措施落实，建立养护、路产联合巡查机制；加强养护质量管理，对工程质量进行过程控制和养护工程质量评定，逐步建立健全三级质量保证体系；养护内业规范化管理力争精、准、细、严，促使养护内业管理系统化、规范化、标准化。

自通车以来采用社会化养护管理模式，通过公开招标方式确定社会专业化养护公司进行小修和路面、绿化、机电等专业化养护。

四十四、G4212 沪蓉（上海—成都）高速公路合肥至高河埠段暨 G50 沪渝（上海—重庆）高速公路安庆连接线

（一）项目概况

合肥至安庆高速公路是安徽省首次利用世界银行贷款修建的高速公路，也是安徽省利用世行的最大的一个项目。由合肥至高河埠和高河埠至安庆段两部分组成。其中合肥至高河埠段是国道主干线上海至成都公路、北京至福州公路在安徽境内的共用路段,是国家规划的国道主干线"两纵两横"中的一横,是华东地区与华中、华北、华南地区联系的主要陆路通道,是八届四次人大批准的《纲要》中"九五"建设重点,也是安徽省南北向的重要干线公路。高河埠至安庆段是安庆市与国道主干线的连接线,是安庆市的重要出境干线公路。进一步加强了安徽省沿江经济带与上海、南京等发达城市的联系。这两部分根据国家计委和交通部的批复同步建设。

G4212 沪蓉(上海—成都)高速公路合肥至高河埠段暨
G50 沪渝(上海—重庆)高速公路安庆连接线

合肥至安庆高速公路路线起点为合宁高速公路小西冲互通立交,经合肥市(合肥市郊区、肥西县)、六安市(舒城县)、巢湖市(庐江县)、安庆市(桐城市、怀宁县),终点接高河埠—界子墩段高速公路。长126.014km,同步建设的安庆连接线起于鸽子墩互通立交枢纽,经三鸦寺、五横,终于安庆市大龙山,长27.416km。全线全长153.43km,按平原微丘区全封闭全立交四车道高速公路标准设计,沥青混凝土路面。全线特大桥6000.6m/6座,大桥946m/5座,互通立交6处,服务区3处。批复概算37.62亿元,其中世行贷款2亿美元。合肥至安庆高速公路的建设对于完善安徽省干线公路网络,改善沿线交通运输条件,促进区域社会经济发展起到巨大的促进作用。

1. 参建单位

安徽省合安高速公路建设指挥部。

项目主要参建单位见表8-144。

2. 技术标准

(1)公路等级、里程及地形类别

安徽

沪蓉高速公路合肥至高河埠段暨沪渝高速公路安庆连接线主要参与建设单位汇总表

表 8-144

序号	参建单位	单位名称	合同段编号及起止桩号	主要负责人	备注
1	项目管理单位	安徽省合安高速公路建设指挥部	K0+000～K126+014.3；LJK0+000～LJK27+415.9	黄岳忠、王水、钱东升	
2	勘察设计单位	安徽省公路勘测设计院	K0+000～K126+014.3；LJK0+000～LJK27+415.9	王吉双	
3	施工单位	西藏珠峰工程企业集团	HALJ-01 标 K0+000～K11+000	王建国	路基工程
		交通部第二公路工程局第二工程处	HALJ-02 标 K11+000～K17+000	张继凤、钱卫君	路基工程
		交通部第二公路工程局	HALJ-03 标 K17+000～K28+000	陈武正、郑鸿南	路基工程
		天津市第三市政工程公司	HALJ-04 标 K28+000～K35+975	张津辰、潘铁武	路基工程
		安徽省公路工程公司	HALJ-05 标 K35+975～K45+100	何堂高、屠筱皖	路基工程
		交通部第二航务工程局	HALJ-06 标 K45+100～K59+300	艾佑元	路基工程
		中国水利水电第三工程局	HALJ-07 标 K59+300～K75+200	宋璞、张砚峡	路基工程
		铁道部第四工程局	HALJ-08 标 K75+200～K87+300	李明、廖林	路基工程
		安徽省宿县地区路桥工程公司	HALJ-09 标 K87+300～K97+300	曹作为、张新民	路基工程
		交通部第一公路工程总公司	HALJ-10 标 K97+300～K107+300	郭振武、郭吉刚	路基工程
		铁道部第二十工程局	HALJ-11 标 K107+300～K117+300	郑志闪	路基工程
		湖北省路桥公司	HALJ-12 标 K117+300～K122+760	李国红、汪炎泽	路基工程
		铁道部第十四工程局第二工程处	HALJ-13 标 K122+760～K126+014.3 和 JK0+000～LJK13+000	黄幼祥	路基工程
		铁道部第一工程局	HALJ-14 标 LJK3+000～LJK13+000	贾柯云、胡新生	路基工程
		新疆昆仑路港工程公路三处	HALJ-15 标 LJK13+000～LJK27+415.9	董建平	路基工程
		交通部第二公路工程局	HALM-01 标 K1+120～K17+000	王海宝	路面工程
		交通部第二公路工程局第六工程处	HALM-02 标 K17+000～K35+975	王海宝	路面工程
		交通部第二航务工程局	HALM-03 标 K35+975～K59+300	潭泳匀	路面工程
		天津市第一市政工程公司	HALM-04 标 K59+300～K75+200	张连椿	路面工程
		安徽省宿县地区路桥工程公司	HALM-05 标 K75+200～K97+300	曹作为、张新民	路面工程
		交通部第一公路工程局	HALM-06 标 K97+300～K117+300	郭振武	路面工程
		铁道部第十四工程局	HALM-07 标 K117+300～K122+760	安茂平	路面工程
		新疆昆仑路港工程公路三处	HALM-08 标 LJK3+000～LJK27+415.9	欧阳荣辉、高飞	路面工程
4	监理单位	澳大利亚雪山公司	K0+000～K126+014.3；LJK0+000～LJK27+415.9	艾伦渥特渥兹	
		安徽省高等级公路工程监理公司	HALJ-01 标 K0+000～K11+000 HALJ-04 标 K28+000～K35+975 HALJ-10 标 K97+300～K107+300 HALJ-13 标 K122+760～K126+014.3 和 JK0+000～LJK13+000	吴志昂	路基工程

续上表

序号	参建单位	单位名称	合同段编号及起止桩号	主要负责人	备注
4	监理单位	安徽省公路工程咨询监理公司	HALJ-06 标 K45+100~K59+300 HALJ-12 标 K117+300~K122+760	李学潮	路基工程
		安徽中兴工程建设监理所	HALJ-02 标 K11+000~K17+000	周力军	路基工程
		北京华通公路桥梁监理咨询公司	HALJ-05 标 K35+975~K45+100 HALJ-15 标 LJK13+000~LJK27+415.9	刘元泉	路基工程
		北京华宏路桥咨询监理公司	HALJ-07 标 K59+300~K75+200 HALJ-09 标 K87+300~K97+300	张勇	路基工程
		重庆安宏公路工程监理咨询有限公司	HALJ-03 标 K17+000~K28+000 HALJ-08 标 K75+200~K87+300 HALJ-11 标 K107+300~K117+300	汪雪波	路基工程
		北京育才交通工程监理公司	HALJ-14 标 LJK3+000~LJK13+000	张慎友	路基工程
		安徽省高等级公路工程监理公司	HALM-01 标 K1+120~K17+000 HALM-02 标 K17+000~K35+975 HALM-08 标 LJK3+000~LJK27+415.9	吴志昂	路面工程
		北京华通公路桥梁监理咨询公司	HALM-03 标 K35+975~K59+300	刘元泉	路面工程
		北京华宏路桥咨询监理公司	HALM-04 标 K59+300~K75+200	张勇	路面工程
		安徽中兴工程建设监理所	HALM-05(1)标 K75+200~K87+300	周力军	路面工程
		重庆安宏公路工程监理咨询有限公司	HALM-05(2)标 K87+300~K97+300	汪雪波	路面工程
		北京育才交通工程监理公司	HALM-06 标 K97+300~K117+300 HALM-07 标 K117+300~K122+760	张慎友	路面工程

合肥至安庆高速公路为平原微丘区四车道高速公路,全封闭,全立交,沥青混凝土路面,路面标准轴载 BZZ-100。路基设计洪水频率 1/100。计算荷载:汽车—超 20 级;验算荷载:挂车—120。设计洪水频率:特大桥 1/300,大、中、小桥、涵洞 1/100。桥面净宽:特大桥、大桥及跨径组合大于 50m 的中桥 $2 \times 12m$,其他中、小桥宽为 $2 \times 11.75m$。涵洞与路基同宽。全线配置了完善的通信、监控和收费系统及照明、绿化、房建、安全设施等交通工程和服务设施。

合肥至高河埠段主要为平原微丘区,大部分地区为冲岗起伏,垄畈相间的波状平原,由二级阶地、一级阶地及河滩组成。高河埠至安庆段主要为丘陵低山区,北段地形较为平坦,南段丘峦重嶂,线路从山峰间一狭长凹地通过,基岩大面积出露,地形起伏较大。

项目沿线属亚热带湿润季风气候区,具有季风明显、四季分明、气候温和、雨量适中等特点。多年平均气温为 15~17℃。年降水量约 1000~1500mm。降水在全年中分配不均,4~8月降水量较大,为汛期,占全年降水量的55%~66%。全年无霜期约230天。项目沿线地下水可分为松散岩类孔隙水与基岩裂隙水两种类型。松散岩类孔隙水包括第四系中的地下水和基岩风化带中的地下水,以河漫滩的砂、砾石层中地下水含量较高,而河间波状平原、丘陵岗地地下水贫乏。

(2)主线行车速度

合肥至高河埠段:设计行车速度为120km/h(K0+000~K126+014段)。

高河埠至安庆段:设计行车速度为100km/h(LJK0+000~LJK27+416段)。

(3)路基、路面

合肥至高河埠段:路基宽度28m,路面宽度26.5m;行车道4×3.75m+硬路肩2×3.5m+中央分隔带3m+土路肩2×0.75m;路面结构设计为面层采用16cm厚沥青混凝土;上面层为4cm厚AC-16I型+6cm厚AC-25I型+6cm厚AC-25I型粗粒式沥青混凝土,基层采用36cm厚水泥稳定碎石,底基层采用20cm厚石灰土,总厚度为72cm。

高河埠至安庆段:路基宽度26m,路面宽度24.5m;行车道2×2×3.75m+硬路肩2×3.0m+中央分隔带2m+土路肩2×0.75m。路面结构设计:上面层为4cm厚SMA-13(SBS改性)+6cm厚AC-25I型+6cm厚AC-25I型,基层采用36cm厚水泥稳定碎石+底基层采用20cm厚石灰土,路面层总厚度为72cm。

(4)路线交叉

互通式立体交叉设计标准:一级交叉互通;行车速度80km/h,单向双车道宽10.5m;三级交叉互通;行车速度40km/h;路线交叉设计标准:主线上跨各级公路的桥梁及通道净空高度,与汽车专用公路和二级公路5m,三、四级公路4.5m,汽车通道≥3.2m,机耕通道≥2.7m,非机动车通道≥2.2m;主线下穿各级公路的净空高度均按5m控制。主线上跨其他公路及乡村道路为28m;乡村公路上跨主线净宽为7m,机耕道路上跨主线净宽为4.5m。

高河枢纽互通布设图

小西冲枢纽互通布设图

3. 工程内容及主要构造物

(1)建设规模

合肥至安庆高速公路路线全长153.43km,全线路基工程共分15个标段,路面工程分8个标段。全线共设置7处互通立交:小西冲互通立交、严店互通立交、桑树店互通立交、长岗头互通立交、马堰互通立交、桐城互通立交、鸽子墩互通立交,五横互通立交。

设严店、舒城、庐江、桐城、怀宁、安庆北6个收费站;丰乐、香铺2个停车区和1个陈埠服务区;桐城设一个管理中心。全线共有土石方1523.2238万 m^3,防护工程20.9038万 m^3;沥青混凝土路面357.8174万 m^2;植草439万 m^2,种植乔木14万株,灌木92万株;特大桥5445.36m/6座,大桥868.72m/4座,中桥1465.15m/26座,小桥1028.52m/45座,涵洞28009.43m/701道;互通立交6处,跨线桥3517.21m/84座,通道6994.76m/229道,人行天桥1407.75m/16座。

项目于1998年12月8日正式开工,2002年9月29日建成通车,投入试运营。主要材料核定为:木材14032m^3;钢材70731t;水泥497881t;石油沥青83137t。

(2)路线中间控制点

全线经过烟墩集、中派河镇、严店、丰乐、桑树店、长岗头、马堰、陈埠、十五里坊、王屋、彭家嘴、朱家风形、上占井、五横、总铺等地。

(3)路线跨越主要河流

中派河、丰乐河、杭埠河、新店河、龙眠河、挂车河、柏年河、人形河、三鸦寺湖等,其中中派河为通航三级,丰乐河、杭埠河为通航六级,其他河流均无通航要求。

4. 征地拆迁

征拨土地执行《安徽省人民政府关于合安高速公路建设用地的批复》(皖政地〔1999〕49号),共征用土地1128.813公顷地(合肥郊区45.29公顷,肥西县168.5713公顷,舒城县56.8653公顷,庐江县244.3477公顷,桐城市347.684公顷,怀宁县266.0547公顷),拆迁房屋34万 m^2。所有征地拆迁补偿款已支付到位,为701572623.2元。

5. 项目投资

(1)投资规模、资金来源

交通部于1998年8月5日以交公路发〔1998〕480号文,批准了该项目的初步设计,概算投资总额为37.622亿元。其中:国家用车辆购置附加费安排6.38亿元、安徽省养路费、重点公路建设基金安排9.86亿元作为项目资本金,约占项目总投资的43%;安排利用世界银行贷款2亿美元(折合人民币16.6亿元,贷款本息及会费由安徽省负责偿还),利用国内银行贷款5亿元。

(2)概算执行情况

经竣工决算审计,沪蓉公路合肥至高河埠及安庆连接线项目基本建设支出数 31.99 亿元,与批复的概算总投资 37.62 亿元相比,较概算节约 5.63 亿元,对比概算节约比例 14.97%。

6. 开工及通车时间

项目于 1998 年 12 月 8 日正式开工,2002 年 9 月 29 日建成通车,按照交通部文件的要求,提前 3 个月完成工程项目的建设。

开工仪式

7. 交工验收

根据《公路工程竣(交)工验收办法》的规定,建设单位安徽省合安高速公路建设指挥部于 2002 年 7 月份起组织了对合安高速公路工程全线 153.43km 交工验收的各项工作。并于 2002 年 9 月 24 日最后形成交工验收报告。单位工程优良率为 84.8%,建设项目质量评定得分为 90.7 分,评定结果合安高速公路工程质量等级评定为优良。

(二)研究决策

受安徽省交通厅、安徽省高速公路总公司的委托,安徽省公路勘测设计院早于 1993 年就已开始建设前期工作,后又于 1996 年 3 月重新完成了合肥至高河埠预可(约 126km)的编制工作。同时通过安徽省省内评审。评审会议《纪要》明确路线走向原则上采用第 I 方案,并增加合界公路至安庆市的连接线一条,长约 26km。项目决策研究及完成基本建设程序批复文件如下:

(1)1996 年 6 月 3 日,安庆市人民政府《关于沪蓉高速公路安庆市连接线建设意见的报告》(宜政秘〔1996〕77 号);

（2）1997年4月17日，国家计委《国家计委关于审批至上海至成都国道主干线合肥至高河埠高速公路项目建设书的请示》（计交能〔1997〕633号）；

（3）1997年5月2日，安徽省公路管理局《关于委托编制利用世界银行贷款修建合肥—高河埠公路安庆连接线工程可行性研究报告的函》（皖路前〔1997〕7号）；

（4）1997年7月29日，国家计委《印发国家计委关于审批至上海至成都国道主干线合肥至高河埠高速公路项目建设书的请示的通知》（计交能〔1997〕1292号）；

（5）1998年6月14日，国家计委《国家发展计划委员会关于审批上海至成都国道主干线合肥至高河埠高速公路工程可行性研究报告的请示》（计交能〔1998〕1089号）；

（6）1998年7月20日，国家计委《印发国家发展计划委员会关于审批上海至成都国道主干线合肥至高河埠高速公路工程可行性研究报告的请示的通知》（计交能〔1998〕1374号）；

（7）1998年8月5日，交通部《关于合肥—高河埠公路初步设计的批复》（交高路发〔1998〕480号）；

（8）1998年8月28日，安徽省计划委员会《关于要求批准国道主干线沪蓉公路皖境合肥至高河埠段及安庆连接线开工建设的请示》（计重建字〔1998〕648号）；

（9）1999年3月19日，安徽省审计厅《安徽省审计厅关于合高公路开工前的审计意见》（皖审投〔1999〕55号）；

（10）1999年7月29日，国土资源部《关于合肥至安庆高速公路工程建设用地的批复》（国土资函〔1999〕203号）；

（11）1999年7月29日，安徽省人民政府《关于合安高速公路建设用地的批复》（皖政地〔1999〕号）；

（12）1999年9月21日，安徽省计划委员会《关于沪蓉公路合肥至高河埠及安庆连接线项目开工的通知》（计重建字〔1999〕683号）（补办）；

（13）2002年11月11日，安徽省高速公路总公司《关于合安路主线增宽工程立项的报告》（皖司建〔2002〕19号）；

（14）2002年12月13日，安徽省交通厅《关于加大合安路主线部分路段公路用地范围的批复》（皖交基〔2002〕161号）；

（15）交通部《关于〈上海至成都公路皖境合肥—高河埠（含安庆连结线）段环境影响报告书〉预审意见的函》（交环字〔1998〕63号）；

（16）1998年6月3日，国家环境保护总局《关于上海至成都公路皖境合肥—高河埠（含安庆连节线）段环境影响报告书审批意见的复函》（环发〔1998〕86号）。

(三)项目实施

1. 项目招标

本项目工程管理实行工程招投标制、工程监理制、合同管理制,路基工程分15个标段,路面分8个标段实行分期公开招标;交通工程、生态绿化工程、房建工程、监控系统均分别进行公开招标。

设计单位是安徽省公路勘测设计院(现安徽省交通规划设计研究总院股份有限公司);23个施工单位,其中路基施工单位15个,路面施工单位8个;监理单位共14个,其中外籍监理单位1个(共4人,总监办和3个驻地办各1人),路基监理单位7个,路面监理单位6个。各监理组副组长为业主委派。

2. 项目管理

(1)管理机构

合安高速公路是安徽省第一条世界银行贷款的公路项目,于1997年3月20日成立了安徽省交通厅引进外资领导小组世界银行贷款项目执行办公室。1998年8月10日成立了安徽省合安高速公路建设指挥部,由安徽省人民政府副省长黄岳忠任指挥长。合安高速公路工程建设的日常管理工作由合安高速公路建设指挥办公室全面负责,安徽省高速公路总公司总经理王水任办公室主任。

合安高速公路的建设按照项目法人责任制、工程项目监理制、工程管理合同制和质量责任终身制,全面加强工程建设组织管理。由安徽省高速公路总公司任该项目的实际法人。合安高速公路的监理实行三级监理模式,并与澳大利亚雪山公司成立中外联合监理组,下设总监代表处,驻地监理处和监理组。负责全线的工程质量、进度、投资、安全、环保、组织协调及信息管理等监理工作。

(2)项目管理

严把设计关:设计文件的好坏直接影响工程建设的质量。在开工之初,指挥部组织监理人员对图纸进行复核,同时组织多方面专家包括外籍监理对设计文件中不合理部分进行了修改,如软土路基的处理、薄壁台的设计修改等,避免了施工过程中的损失。在施工期间,设计单位又委派了4名设计代表进驻工地现场继续修改和解决了由设计方面带来的施工难题,解答施工单位的技术问题,配合施工单位,改进施工工艺。

进度控制:1999年上半年遭遇罕见的阴雨天气,甚至部分单位的驻地和设备受淹,严重影响合安路的进展,为此指挥部调整了计划重点,集中精力抓施工便道在5月份贯通。正因为如此,下半年天气一转好,由于全线施工便道已贯通,给路基大规模施工创造了条件。同时,省指及时组织施工单位增加设备、技术管理力量和资金投入。面对一些进度滞后的施工标段及时采取专题会议,分析原因,提出解决方案。对进展不力的单位过程任务切割措施等有效办法,基本上保证项目过程进度的平衡性。

技术创新:省合安路指挥部在部颁技术规范基础上结合过程特点,提出了更高的技术标准和机械设备性能的要求。如在混凝土施工中增加使用大块钢模板($1.5m^2$);路床填土掺加消石灰处理,提高 CBR 强度;浆砌工程增加块石修面;当时路基 14、15 标红砂岩较多,遇水膨胀,且无法压实,后多方比选试验,红砂岩中掺低剂量量水泥($2\% \sim 4\%$),极大提高了 CBR 值,解决了土源问题,节约了土地和工程费用。提高外观质量;后台回填要求使用透水性材料,并使用专用小型压实机械,减少差异桥头沉降;对土质不好的地方使用蓝派冲击式压路机处理;中、小桥梁伸缩缝使用波形伸缩缝以提高行车舒适性;路面施工强制使用性能优越的进口摊铺机施工,取得了良好的效果。

环境保护:合安高速公路是世行项目,特别强调环境保护,这也符合我国的基本国策。各施工单位占用的农田在施工结束后一律进行原标准恢复,以保护耕地面积。借用的取土场进行规划和整治。对施工开挖裸露的坡面采取铺植草皮和植树绿化,防止水土流失,维持生态平衡。在村庄、小学等人口集中的地方,采用隔离板保护,减少噪声污染。施工中的粉尘采取覆盖措施。

科研工作:从项目开工阶段,指挥部即合设计、监理及科研院校进行各项有针对性的科研工作,并将取得的科研成果及时运用到施工过程中,为提高过程质量,降低工程造价积累了经验。主要开展的科研项目有:①工型连续组合梁施工方案的研究解决了该种桥型在我国第一次施工的难题。②SMA 沥青混凝土路面施工管理技术的研究,填补安徽省这一领域的空白,为今后大规模推广这形式的路面施工提供了依据。③应用高等级公路环境生态系统的研究成果,提出了现代高速公路环境保护的新概念,为高等级绿化工程实施标准的制定作出了开创性贡献。

(3)交工、竣工验收

2002 年 9 月,安徽省交通基本建设工程质量监督站依据安徽省恒达交通建设质量检测有限公司等单位提交的质量检测报告,评定合安高速公路工程质量等级为优良。

2003 年 7 月 11 日,安徽省档案局关于合安高速公路工程竣工档案预验收的意见,认为合安高速公路工程竣工档案材料收集齐全、完整,文件编制规范,档案整理符合要求,达到验收条件。

2003 年 10 月 20 日,形成合安高速公路《交通基本建设项目竣工决算报表》。

2003 年 11 月 13 日,合肥—高河埠—安庆高速公路工程竣工环境保护验收组验收意见,该工程符合环保验收要求,验收组一致同意通过环保验收。

3. 工程变更

合安高速公路随着施工过程中设计的不断优化,存在一些变更:

设计变更导致工程任务及投入增大：K30+270~K35+975属于软基段地处圩区，需要对此软基段36处小结构物基础的软基处理进行设计变更，此变更导致在同一工期内增加了大量的工程项目；土场变更导致工程任务成倍增大；

原安庆北收费所前约0.7km路原按双向四车道设计，在路基成型时安庆大桥连接线方案已基本确定，因此该段面层变更为双向两车道，节约了工程费用。

4．复杂技术工程

在当时的沥青路面施工中，SMA是个难点：一是无部颁现行规范，资料信息少；二是华东地区无做成功的经验可借鉴。为确保SMA试验路的圆满成功，特邀请全国沥青路面首席专家沈金安、东南大学道路实验室主任王晓等专家来进行授课；三是材料规格特质特殊，最终选定枞阳玄武岩为料源地；四是规模施工尽量创造满足实验室要求的环境。经过10个月的准备，于2001年11月16日在线外进行了300m SMA改性沥青路面试验，在初步取得成功经验后，又在主线试铺了3km，并经过一个冬雨季观察考验，顺利通过了专家组的评审。2002年5月16日在25℃以上的气温条件下再次铺筑了2km的试验路，进一步完善了施工工艺，为随后大规模SMA路面施工做好了充分的理论、技术、工艺、管理、机械和人员准备。

（四）科技创新与成果

本项目科研成果为组合I连续梁桥的施工控制：该项目于2002年12月13日由省交通运输厅在合肥市组织鉴定。鉴定专家委员会由安徽省公路学会李永铎、胡厚钧、殷治宁、程跃辉、朱新实等知名专家组成。专家委员会确认项目研究成果达到国内先进水平。

（五）运营与养护

1．运营管理

合安高速公路沿线原建设共设置1对服务区（陈埠服务区），2对停车区（丰乐、香铺停车区），营运期间丰乐停车区于2005年8月10日扩建，本次丰乐服务区扩建工程A标（广场）位于丰乐服务区西区，扩建面积共为39802m^2，其中广场扩建面积为38490m^2，入口匝道改造面积为1312m^2。香铺服务区改扩建工程于2009年10月开工，2011年6月底完工。香铺服务区改扩建工程总用地面积为212.57亩，其中广场面积为79370m^2，综合楼11412m^2，宿舍2152m^2，客房1130m^2，设备房734m^2，维修间773m^2，加油站站房216m^2，加油站网架2534m^2（加油机10台、油罐10座），绿化面积52333m^2，以及改扩建若干中控、环保设施。

共设6个收费站点（严店、舒城、庐江、桐城、怀宁、安庆北）。从2003年1月1日至2014年12月31日，合安高速公路累计交通流量为11214.4万辆，收费站布设与交通流量分别见表8-145和表8-146。自通车以来采用社会化养护管理模式,通过公开招标方式确定社会专业化养护公司进行小修和路面、绿化、机电等专业化养护。目前合安高速公路暂无大修工程实施。

收费站点设置情况表　　　　　　　　　　　　　　　表8-145

站点名称	车 道 数	收 费 方 式
严店站	入口2条,出口3条	人工收费和电子不停车收费综合 (入口:1条MTC车道,1条ETC车道) (出口:2条MTC车道,1条ETC车道)
舒城站	入口2条,出口5条	人工收费和电子不停车收费综合 (入口:1条MTC车道,1条ETC车道) (出口:4条MTC车道,1条ETC车道)
庐江站	入口3条,出口5条	人工收费和电子不停车收费综合 (入口:2条MTC车道,1条ETC车道) (出口:4条MTC车道,1条ETC车道)
桐城站	入口4条,出口7条	人工收费和电子不停车收费综合 (入口:3条MTC车道,1条ETC车道) (出口:6条MTC车道,1条ETC车道)
怀宁站	入口3条,出口5条	人工收费和电子不停车收费综合 (入口:2条MTC车道,1条ETC车道) (出口:4条MTC车道,1条ETC车道)
安庆北站	入口3条,出口5条	人工收费和电子不停车收费综合 (入口:2条MTC车道,1条ETC车道) (出口:3条MTC车道,2条ETC车道)

交通流量发展状况表(单位:辆)　　　　　　　　　　　　表8-146

年份	入口	出口	合计	日平均流量
2003	1696114	1548244	3244358	8888.652
2004	141296	131970	273266	746.6284
2005	1517947	148048	1665995	4564.37
2006	1669131	1519287	3188418	8735.392
2007	499762	468719	968481	2653.373
2008	1969098	1814598	3783696	10337.97
2009	2046588	2024885	4071473	11154.72
2010	2510202	2511873	5022075	13759.11
2011	2900752	2901945	5802697	15897.8
2012	3619801	3608662	7228463	19749.9
2013	4581984	4536473	9118457	24982.07
2014	5892732	5811972	11704704	32067.68

2. 养护管理

合安高速公路养护管理以精细化养护管理为手段,以制定的养护工作目标为出发点,始终贯彻"预防为主、防治结合、科学养护、确保质量、注重安全、保障畅通"的养护管理方针,养护工作扎实开展,确保了所辖路段的畅、洁、绿、美。

在桥梁管养方面,认真落实桥梁养护工作制度和桥梁分类管理制度,加强桥涵的日常检查工作,健全桥涵管理档案。通过采取巡查、经常性检查、定期检查等手段,及时处治发现病害,确保桥梁结构安全。

结合合安高速公路的特点和实际情况,养护管理工作始终按照经常性、预防性、及时性的要求,实行规范化、精细化管理,积极探索养护管理新模式,扎实细致地开展养护管理工作,细化养护目标、责任和措施,保持道路安全、畅通、整洁、美观,养护工作扎实而富有成效。

四十五、G50 沪渝(上海—重庆)高速公路广德至祠山岗段

G50 沪渝(上海—重庆)高速公路广德至祠山岗段

(一)项目概况

G50 沪渝(上海—重庆)高速公路广德至祠山岗段原名广德至祠山岗高速公路(以下简称"广祠高速公路"),是安徽省"十五"重点建设项目,是合肥—杭州公路的重要路段,也是安徽省公路网规划"三纵四横七连"中的"一连"的重要组成部分。作为合肥至杭州快速通道安徽境内最后建成的一段高速公路,广祠高速公路的通车,实现了合肥至杭州高速公路的全线贯通,对安徽皖东南地区的开发开放及安徽经济发展、加强皖苏浙沪省际间的合作与交流具有重要的作用。

1. 参建单位

安徽省广祠高速公路建设指挥部。

项目主要参建单位见表8-147。

G50沪渝(上海—重庆)高速公路广德至祠山岗段主要参与建设单位汇总表　　表8-147

序号	参建单位	单位名称	合同段编号及起止桩号	主要负责人
1	项目管理单位	安徽省广祠高速公路建设指挥部项目办	K0+000~K13+490	程中则
2	勘察设计单位	安徽省公路勘测设计院	K0+000~K13+490	马利斌
3	施工单位	安徽开源路桥有限责任公司	GC-01标段 K0+000~K3+595.2	曹余存
		中铁四局有限公司	GC-02标段 K3+595.2~K8+500	曹翔
		安徽省宿州市路桥工程公司	GC-03A标段 K8+500~K11+840	马春华
		安徽省路港公司	GC-03B标段 K11+840~K13+490	刘劲生
		无锡交通设施有限公司	GCBZ标段 K0+000~K13+490	袁进
		马鞍山园林建设工程公司	GCLH-01标段 K0+000~K13+490	刘决楼
		合肥佳洲园林公司	GCLH-02标段 全程两端	刘华
4	监理单位	安徽省高等级公路工程监理有限公司	K0+000~K13+490	石程华
5	设计咨询单位	安徽省中交公路工程技术有限责任公司、中交第一公路勘察设计研究院	K0+000~K13+490	丁小军、赵述曾

2.技术标准

(1)公路等级、里程及地形类别

广德至祠山岗高速公路全线按平原微丘区双向四车道标准设计,全封闭,全立交,水泥混凝土路面(2010年改建为沥青混凝土路面),全线配置了完整的通信、监控和收费系统及照明、绿化、房建、安全设施等交通工程和服务设施。

路线起于广德南,接已建成通车的宣城至广德高速公路,终至已建成通车的祠山岗至界牌高速公路,起讫桩号K0+000~K13+490,路线全长13.49km。全线位于广德县境内。项目地处皖南山区与长江冲积平原的交接地带,西南高,东北低,属水阳江流域。水阳江是本地区最主要的河流,属于长江水系支流。项目位于南北冷暖气流交会频繁地带,属温和湿润的亚热带季风气候。据近二十余年气象资料分析,本区年平均气温为15.7℃,最大年降雨量达2105.4mm,最小年降雨量为973.3mm,降雨多集中于5、6月份,约占全年降雨量的50%;累年最大积雪深度为40cm,年最长无霜期为268天,最短为212天。

(2)主线行车速度

主线设计行车速度为100km/h。

(3)路基、路面

路基宽度为24.5m,路面宽度为22m。

(4)桥梁、涵洞

计算荷载:汽车—超20级;验算荷载:挂车—120。设计洪水频率:特大桥1/300,大、中、小桥、涵洞及路基1/100。桥面净宽:2×11m。

(5)路线交叉

全线设互通式立体交叉 2 处,即广德南互通立交(K0+298)、祠山岗互通立交(K11+800)。

路线交叉设计标准:主线上跨各级公路的桥梁及通道净空高度:二级及二级以上公路 5.0m,三、四级公路 4.5m;汽车通道≥3.2m,拖拉机通道≥2.7m,人行通道≥2.2m。

主线下穿各级公路的净空标准:主线下穿各级公路的净空高度均按 5m 控制。

匝道均为三级互通,行车速度 40km/h,单向单车道,路基宽 8.5m,对向双车道有中分带的路基宽 15.5m。

3. 工程内容及主要构造物

(1)建设主要内容

广德至祠山岗高速公路全线路基工程分 3 个标段,路面工程分 3 个标段,交通工程分 2 个标段,绿化工程分 2 个标段,机电工程 1 个标段。

互通立交共 2 处:广德南互通式立交(K0+298),祠山岗互通立交(K11+800)。

服务设施:服务区 1 处,即广德服务区。

涵洞(含通道)62 道,全线桥梁总长 720m,占工程总长度的 5.34%。

(2)路线主要控制点

起于水礁湾接宣广高速公路,往东经徐家湾,在小苗村跨无量溪河(大沙河),再经何家棚、打鼓塘、黎家山边、终于祠山岗接祠界高速公路。

(3)路线跨越主要河流

无量溪河。

4. 征地拆迁

2002 年初,安徽省交通基础设施领导小组代表安徽省人民政府下发了《关于广祠高速公路征地拆迁工作有关规定的通知》(皖交基〔2002〕1 号),具体规定了广祠高速公路征地拆迁的补偿标准和其他补偿的原则。根据《通知》精神,征地拆迁补偿工作由省广祠高速公路建设指挥部负责总体协调,沿线市、县人民政府负责组织实施。广德县人民政府于 2002 年 2 月 4 日成立了广德县广祠高速公路征地拆迁指挥部,并在沿线各乡镇成立了相应的指挥所,由县政府及各乡镇的主要领导担任指挥部及指挥所的负责人,并抽调专人从事广祠高速公路建设期间的征地拆迁以及协调和保障施工环境等工作。省广祠高速公路建设指挥部于 2002 年 4 月 12 日和广德县广祠高速公路征迁指挥部正式签订了《广祠高速公路工程征地拆迁安置承包责任状》。在沿线各级政府的大力支持下,各级指挥机构的积极努力和各相关部门的密切配合下,除广德南互通立交外,征地拆迁工作于 2002 年 9 月 1 日前已基本完成。另外,经省政府同意,按照省国土资源厅、省交通厅联合下发的《关于兑现界阜蚌高速公路二期、三期和广德至祠山岗高速公路征地和拆迁补偿费用标准的函》(皖国土资函〔2004〕441号)文件精神,广祠高速公路建设的征地和拆迁补偿费用标准按皖交基〔2003〕36号文规定标准执行,工程沿线各市、县政府按皖交基〔2003〕36号文规定将差价款兑现给被征地的单位和个人。广祠高速公路征地拆迁实际发生费用共计45529699.3元,相关费用如下：

(1)征地:广祠高速公路主线征地共计1551.96亩,线外征地387.39亩,取土坑用地609.03亩,按照皖交基〔2003〕36号文标准,共计使用征地费用为24017355元。

(2)建筑物及其他附属物拆迁:共计拆迁房屋283户,总面积37476.82m^2,迁坟643座,水井159口,树木7562棵,内外瓷砖89096.43m^2,电话103部等,按照皖交基〔2003〕36号文标准,共计使用拆迁费用9151035.3元。

(3)三杆征地拆迁:广祠高速公路共计升迁电力、通信、联通、移动和军用杆线484道,光缆1200m,实际发生升迁费用共计为197.52万元。征地拆迁情况见表8-148。

(4)其他:乡镇办公经费722000元,治安经费60.150元,占补平衡及林地植被恢复费5417500元,耕地占用税、征地管理费、水利建设基金1607346元,相关杂费2579113元。

征地拆迁情况统计表　　　　　　　　　　　　　　　　表8-148

征地拆迁安置起止时间	征用土地 (亩)	拆迁房屋 (m^2)	支付补偿费用 (元)
2002.2.4~2002.9.1	1551.96	37476.82	45529699.30

5.项目投资

(1)投资规模、资金来源

交通部以交公路发〔2001〕757号文批准了该项目的初步设计,概算投资总额2.836亿元。资金来源:根据皖交基〔2001〕85号文件批复精神,安徽省高速公路总公司作为项目法人,负责筹措资金。本项目资金构成为安徽省高速公路总公司自筹11100万元,银行贷款17800万元。

(2)概算执行情况

经竣工决算审计,宣广高速公路广祠段工程基本建设支出数是2.9866亿元,与批复的概算2.836亿元总投资相比,超出概算1506万元(广祠高速公路建设期间遇上高速公路征地和拆迁补偿费用大幅上调以及水泥、钢材和地材价格暴涨)。

6.开工及通车时间

2002年7月1日开工,2004年6月30日通过交工验收,2004年7月11日建成通车。

(二)决策研究

2001年,安徽省交通厅以皖交计〔2001〕6号文件向交通部上报了该工程的项目建议书,交通部以交规划发〔2001〕228号文件批复了项目建议书。

受交通厅委托,省公路局于2001年编制完成了该项目工程可行性研究报告,省交通厅以皖交计〔2001〕39号文件向交通部上报了工程可行性研究报告,交通部以交规划发〔2001〕556号文件批复了工程可行性研究报告。

2001年9月,省交通厅以皖交基〔2001〕85号文件批复确定省高速公路总公司为该项目法人,省高速公路总公司委托安徽省公路勘测设计院对该项目进行初步设计,省交通厅以皖交基〔2001〕117号文件向交通部上报了初步设计,交通部以交规划发〔2001〕757号文件批复了初步设计,批准广祠路按高速公路标准建设,水泥混凝土路面,全长13.185km,核定总概算283583236元。

受安徽省高速公路总公司委托,安徽省公路勘测设计院于2002年初完成了该项目的施工图设计,省高速公路总公司以皖高路司建〔2002〕3号文件向交通厅上报了施工图设计。省交通厅组织专家对施工图进行了审查,并以皖交基〔2002〕19号文件批复了施工图。

立项审批文件:

2001年2月21日,安徽省交通厅《关于请求审批G318广德至祠山岗公路工程项目建议书的请示》(皖交计〔2001〕6号);

安徽省公路学会咨询委员会《广德至祠山岗公路预可行性研究报告专家预评审意见》;

2001年5月11日,交通部《关于国道318线广德至祠山岗公路项目建议书的批复》(交规划发〔2001〕228号);

2001年5月29日,安徽省交通厅《关于审批广德至祠山岗公路工程可行性研究报告的请示》(皖交计〔2001〕39号);

2001年9月26日,交通部《关于广德至祠山岗公路可行性研究报告的批复》(交规划发〔2001〕556号);

2001年10月19日,安徽省计划委员会《关于G318国道广德至祠山岗公路可行性研究报告的批复》(计基础〔2001〕902号);

2002年1月10日,安徽省高等级公路工程指挥部《关于广德至祠山岗高速公路施工图委托设计的函》(皖高路指〔2002〕4号);

2002年2月10日,安徽省高速公路总公司《关于广德至祠山岗高速公路施工图设计审查报告》(皖高路司〔2002〕3号);

2002年3月12日,安徽省交通厅《关于广德至祠山岗高速公路施工图设计的批复》(皖交基〔2002〕19号);

2002年6月17日,宣城市交通局《关于要求审批G318广德至祠山岗公路项目环境影响报告的请示》(宣交计〔2002〕34号);

2002年8月20日,安徽省环境保护局《关于"国道318线广德至祠山岗公路项目环境影响报告表"的批复》(环然函〔2002〕307号)。

(三)项目实施

1. 项目招标

(1)设计招标

本项目通过直接委托方式确定安徽省公路勘测设计院为广祠高速公路项目设计单位。

(2)施工招标

本项目共分3个路基施工合同段,2001年11月,安徽省人民政府以皖政秘〔2001〕176号文件批准实行邀请招标。2002年3月18日,通过资格预审,2002年4月8日进行招投标,确定了3家中标单位,承建单位均具有甲级企业施工资质。

路面施工合同段3个,交通工程施工合同段2个。机电、绿化、加油站、污水处理等均采用国内竞争性招标方式确定。

(3)监理招标

监理招标采用邀请招标方式,选定监理单位为安徽省高等级公路监理公司。

2. 项目管理

(1)管理机构

项目法人:安徽省高速公路总公司。

项目建设单位:安徽省广祠高速公路建设指挥部。

项目设计单位:安徽省公路勘测设计院。

项目监理单位:安徽省高等级公路工程监理有限公司。

项目共有11个施工单位,其中,路基施工单位3个,路面施工单位3个,其他施工单位5个。

(2)质量保证体系

①贯彻设计管理新理念

本项目建设管理严格执行项目法人制和工程监理制。广祠高速公路项目法人严格按批复的初步设计控制建设规模;严格控制设计变更,各项变更按程序报批;设计、施工、监理招投标符合部及省有关规定,无越级承担工程现象;占用林地、土地严格履行报批手续;牵涉的"三杆"与所属部门协商一致后由所属部门按行业标准规范迁移;路线范围内的文物委托省文物考古研究所进行挖掘、保护;项目建设管理严格按合同办事。在本项目设计过程中采用地形图数字化,应用CAD技术优化模拟组合,全面采用计算机程序辅助设计,计算机出图率达100%。

②认真履行项目承诺,积极开展创优质示范工程活动

广祠高速公路建设项目办积极开展创优质示范工程活动。为了加快进度,工程指挥部坚持组织开展"质量月"活动,提出"重技术、高标准、铸精品"的口号,开展了"三大会战":一是路面工程土石方工程大会战;二是砂砾石底基层大会战;三是路面工程大会战。通过会战,使工程进度迅速向前推进,并取得了良好的经济效益和社会效益。

(3)交工、竣工验收情况

①交竣工验收文件

2004年2月26日,安徽省广祠高速公路建设指挥部《关于交工验收的申请报告》(皖广祠高速路指〔2004〕18号)。

2004年3月15日,安徽省交通基本建设工程质量监督站《关于广祠高速公路路面工程交工验收检测工作安排的函》(皖交工监站函〔2004〕19号)。

2004年6月30日,《广德至祠山岗高速公路交工验收报告》。

2005年11月,《广德至祠山岗高速公路竣工验收鉴定书》。

②项目法人对交工遗留问题处理结果及评价结论

根据《公路工程竣(交)工验收办法》的规定,项目指挥部制定了交工验收程序,有计划地安排验收工作,在验收工作中严格把关,组织各类(合同、工程实质量、内业资料尾留工程等)检查小组进行现场检查真实性。2004年6月先后组织完成了路基工程所有合同段、路面工程所有合同段及其他工程合同的交工验收,工程质量评定为合格,建设项目质量评定得分是88.62分,质量等级评定为优良。

③项目法人或管理单位对试运营期间出现的问题处理结果及评价结论

一是原施工单位工程缺陷责任期内缺陷修复,一律由原施工单位自费修复或由小修养护单位进行修复,费用从原施工单位质保金中扣除。二是因人为原因导致部分工程出现质量缺陷,一律由小修养护单位进行修复,费用由管理单位承担。三是因地质或恶劣天气原因造成工程边坡路段发生局部滑坡,召开专题会议,解决设计施工问题,按照集团公司规定的相关程序,管理单位根据工程造价进行招标,确定施工单位后立即组织实施。四是应急中心定期巡查桥梁,保证了桥梁主体安全。五是广祠高速公路主体质量优良,结构安全,在运营过程中不断完善其路用性能。

④对工程质量的总体评价

本项目在实施过程中,质量管理结构建全,制度完善、责任明确,体现出较高的质量控制能力,施工中采取的各种工程质量技术措施得力,对提高项目的使用质量起到了有力的保障作用。

3. 重大事项

(1) 重大变更

①软基处理:广祠高速公路有100多米软基段,原设计方案为利用路基填土预压,考虑到软基段很短,将原方案变更为粉喷桩,大大缩短了工期。

②新老路接合段:广德西互通匝道与宣广高速公路接合部位,考虑到老路基边坡松散、宣广路正在通车运营无法开挖,采用压浆处理;与祠界高速公路接头800m老G318拓宽改造段,考虑老路拓宽可能产生纵向裂缝,结合工程实际,采用了增加土工格栅、挤密碎石桩,用30cm级配碎石代替95区开放交通等措施尽可能消除新老路基不均匀沉降,效果良好。

③95区填料问题:根据02、03标取土场红砂岩储量丰富、埋藏浅,加上挖方段也有大量红砂岩,在大量试验的前提下把02、03标95区石灰改善土变更为红砂岩填筑,既满足设计要求,又节约了工程造价约400万元。

(2) 重大事件

①广德至祠山岗段路面"白改黑"改建工程

2010年,广德至祠山岗段全线实施路面"白改黑",其中4cm路面上面层AC-13沥青混凝土采用橡胶改性沥青,也是橡胶改性沥青在安徽省高速公路上第一次大规模应用,共利用废旧轮胎约2.7万条。通过5年时间使用验证,橡胶沥青具有良好的路用性能。其主要技术特征为:

a. 沥青粗集料全部采用玄武岩;

b. 橡胶沥青采用70号A级道路石油沥青和20～30目粗斜交胎粉现场制备,生产过程中胶粉掺量控制在17.5%～19%之间;

改建中的广祠高速公路

c. 广祠改建橡胶沥青配合比采用了与SMA类似的骨架间断型级配,提高结构的嵌挤能力,保证高温性能;同时,采用相对较高的油石比(8.2%)形成橡胶沥青胶浆,来填充骨架间隙,使之密实。另外添加水泥来增强沥青与集料的黏附性,以此保证其抗水损害性能和低温抗裂性能。

②主线收费站迁址改建

原祠山岗主线收费站位于广德县桃州镇祠山岗,东为宣广高速公路祠界段,西为广祠高速公路,按 7+4(即 7 个出口,4 个入口)的标准建设,于 2004 年 7 月投入营运。由于原设计车道数量偏少,2004 年投入使用的计重收费系统又延长了货车的单位通行时间,在当时的交通量下已经出现了高峰期间拥堵的状况,因此决定对祠山岗主线收费站进行改建。新建广德主线收费站,收费广场中心桩号为 K90+278.311,位于原广德主线收费站东侧的祠山岗,规模为 8 进 14 出,配套建设计算机收费系统、收费雨棚、办公楼、餐厅、收费员公寓等房建工程。本项目在 2006 年底经立项批复后,2007 年 6 月 28 日开工,2008 年 10 月 10 日试运营。

(四)运营与养护

1. 运营管理

广德至祠山岗高速公路共设 1 个收费站,即原祠山岗收费站(后更名为广德东收费站)(表 8-149),交通流量发展状况见表 8-150。

收费站点设置情况表 表 8-149

站点名称	车道数	收费方式
广德东站	11	封闭式

交通流量发展状况表(单位:辆) 表 8-150

年份	年度流量	日平均流量
2008	4417548	12103
2009	5051454	13840
2010	6070821	16632
2011	6923079	18967
2012	7379358	20217
2013	7078115	19392
2014	7785130	21329

2. 养护管理

广祠路专业化养护管理工作坚持"预防为主,防治结合"的原则,明确"以桥梁、高边坡养护为重点,以路面养护为中心,实行全面养护"的工作思路。广祠高速公路桥梁(含上跨桥)有 10 座,养护技术含量较高,施工维修难度较大。广祠路专业化养护管理工作高度重视预防性养护和桥梁养护管理工作,积极开展养护工程后评价工作,总结提炼养护处治和管理经验。同时严格执行《公路桥梁养护管理工作制度》,加强监控检测和监控系统建设,通过采取巡查、经常性检查、定期检查和硬化排查等工作,及时处治发现病害,确保桥梁结构安全。

四十六、G50 沪渝(上海—重庆)高速公路宣城至广德段

G50 沪渝(上海—重庆)高速公路宣城至广德段

(一)项目概况

沪渝高速公路是国家"7918"高速公路路网中一条重要的横线,贯穿我国东、中、西三大经济板块。宣广高速公路为沪渝高速公路的一段,是宣城市自筹资金建设项目,是国家高速公路网 G50 沪渝高速公路由上海至重庆的高速公路的重要组成部分,是安徽省通向江、浙、沪方向的交通大动脉,为安徽省的"东向发展"战略提供强有力地通畅支撑,也是连接沿海省份和中部内陆地区及西部边境地区的运输要道。

宣广高速公路经宣州区、郎溪县、广德县 3 个县区,止于安徽省广德界牌附近。该项目采取总体规划、分期实施的办法。其中宣州至广德段 62km,1993 年 3 月 20 日正式开工,1997 年 9 月 28 日建成通车;南环段全长 17km,1997 年 9 月 28 日正式开工,2001 年 7 月 20 建成通车;广祠段全长 13km,2002 年 7 月 1 日开工,2004 年 6 月 30 日建成通车。本篇介绍宣州至广德段基本情况。

1. 参建单位

宣城市交通运输局。

项目参建单位见表 8-151。

G50 沪渝(上海—重庆)高速公路宣城至广德段主要参与建设单位汇总表

表 8-151

序号	参建单位	单位名称	合同段编号及起止桩号	主要负责人	备注
1	项目管理单位	318国道宣广段改造工程指挥部	K0+000~K62+071	肖玉恒	
2	勘察设计单位	安徽省公路勘测设计院	K0+000~K62+071	方正华	
3	施工单位	宁国公路站	K0+000~K1+000	朱世虎	路基
		铁道部十四局	K1+000~K2+047、K4+724~K9+500	胡段强	路基
		合肥市政公司	K2+047~K4+724		路基
		宣城筑路处	K9+500~K11+550、K18+000~K22+550	邓先进、徐永平	路基
		中建四局	K11+550~K17+735		路基
		中建八局	K22+550~K29+200	李明海	路基
		武警九支队	K29+200~K33+334	刘道胜、雷先武	路基
		中外建	K33+334~K42+660	蔡晓则	路基
		省机械化施工公司	K42+660~K49+040	魏爱民	路基
		蚌埠市政公司	K49+040~K53+340	王运来	路基
		江西路桥局	K53+340~K58+071	万良红	路基
		南空	K0+735.9~右K4+724、左K6+589	周文	路面
		铁十四局	右K4+724~K20+141、左K6+589	蒋宁生、刘红旗	路面
		华达	K20+199~K30+199	吴明光、卫平俊	路面
		港航公司	K30+199~K32+199	高圣	路面
		十七冶	K32+199~K40+200	潘曰田	路面
		交二局	K40+200~K58+071	高志清	路面
		铁十六局	工粮长河、小砂河、黄金坝中桥	王千定	桥梁
		华伟建安公司	范村桥	卫功德	桥梁
		宿县地区路桥公司	胜家湾和姜小湾中桥、万村大桥	马彦	桥梁
		南陵三建公司	罗家湾中桥	张宣华	桥梁
		省路桥公司	誓节渡大桥	方征	桥梁
		旌德顺通桥梁公司	十字铺中桥	陶敦明	桥梁
		铁四局六处	公跨铁立交桥	何松官、孙志兴	桥梁
		泾县华伟公司	百花中桥	卫功德	桥梁
		华达、港航公司	十字铺互通立交、交通安全设施	吴明光、高圣	

续上表

序号	参建单位	单 位 名 称	合同段编号及起止桩号	主要负责人	备注
4	监理单位	318国道宣广段改造工程指挥部总监办	K0+000~K62+071	方培汉、梁世华	
5	设计咨询单位	安徽省工程咨询研究院	K0+000~K62+071		

2. 技术标准

（1）公路等级、里程及地形类别

公路等级为全封闭、全立交的四车道丘陵区高速公路。全线设置了完善的通信、监控和收费系统，以及安全设施和照明、绿化、房建等服务设施。

项目起自双桥，经宣州区、郎溪县、广德县3个县区，止于安徽省广德界牌附近。该项目采取总体规划、分期实施的办法。其中宣州至广德段62km。

本项目位于东经118°50′~119°33′7.5″，北纬30°55′~30°57′。线路自起点至麻姑山段为微丘区，最高峰为麻姑山顶，海拔为352.8m，相对高差为250m；其余微丘最高海拔不大于200m，相对高差小于150m，坡势均较平缓。自麻姑山至终点为平原区，平均海拔仅12m左右，水系发达，塘坝、沟渠密布其间，属水网地带，植被均为水稻。

（2）主线行车速度

主线设计行车速度为100km/h。

（3）路基、路面

路基宽度为24.5m，路面宽度为22m。

路基设计洪水频率1/100。路面首次采用水泥混凝土结构，标准轴载BZZ-100。

（4）桥梁、涵洞

计算荷载：汽车—超20级，验算荷载：挂车—120。

设计洪水频率：特大桥1/300，大、中、小桥及涵洞1/100。

桥面净宽：2×11m。涵洞与路基同宽。

（5）路线交叉

主线上跨各级公路的桥梁及通道净空高度：二级及二级以上公路5.0m，三、四级公路4.5m。汽车通道≥3.2m，拖拉机通道≥2.7m，人行通道≥2.2m。

主线下穿各级公路的净空高度均按5m控制。

3. 工程内容及主要构造物

（1）建设主要内容

路基土石方667万m^3，防护工程30万m^3，全线大、中桥11座，小桥24座，分离式上跨立交桥42座，桥梁总长1582m，占工程总长度的2.55%，涵洞（含通道）393道，总长9728.5m。

(2)路线主要控制点

双桥、九女、叶家湾、洪林桥、小姚村、十字铺、誓节渡、九龙岗、花鼓、黄金坝、山关岭、凤井、祠山岗、界牌。

(3)路线跨越主要河流

粮长河、小砂河、桐汭河、砂河、范村河。

(4)收费站及服务区

宣广高速公路共设置一对服务区(广德服务区);皖浙收费站、广德收费站、十字收费站共3个。

4. 征地拆迁

本项目征地拆迁工作于1993年10月23日开始,1994年2月22日全线征地拆迁工作结束,共征用土地3030.981亩,拆迁房屋38896.67m^2,支付补偿费用为7284311.4元。

5. 项目投资

安徽省计划委员会计能字〔1992〕701号文批准了该项目建议书,工程总造价控制在3.8亿元以内。

本项目批复总投资为4.5亿元。其中:交通部安排车购费投资1.33亿元,省交通厅投资1.2亿元,银行贷款1.2亿元,地方自筹资金7700万元(宣九段和广祠两个收费站按每年1200万元计算,3年共收费3600万元;征用土地可减少支出600万元,房屋拆迁补偿费可减少支出200万元,"三杆"迁移可减少支出100万元,无偿挖取砂砾石可节约500万元;车辆征集建勤费2700万元)。

6. 开工及通车时间

1993年3月20日正式开工,1997年9月28日建成通车。

(二)决策研究

为切实改变交通严重滞后局面,宣城行署于1991年3月组织力量,着手进行318国道宣广段预可行性研究,6月完成研究报告。1992年6月第二次组织力量对报告作了必要的修改和补充,1992年8月形成预可行性研究报告第二版。

(1)1992年8月18日,宣城行署计委、交通局《318国道宣广段改造工程项目建议书》(计项字〔1992〕203号);

(2)1992年8月18日,安徽省交通厅《关于318国道宣城段改造工程的审查意见》(皖交路字〔1992〕43号);

(3)1992年8月22日,安徽省计划委员会《关于318国道宣城段改造工程项目建议书的批复》(计能字〔1992〕701号);

(4)1993年3月15日,安徽省工程咨询研究院《关于318国道宣城—广德公路工程可行性研究报告》的评估报告(皖工咨字〔1993〕07号);

(5)1993年5月11日,安徽省交通厅《关于宣城行署要求解决318国道宣广段建设资金报告的复函》(皖交路字〔1993〕27号);

(6)1993年7月3日,中华人民共和国交通部对八届全国人大(杨璞雄等32代表)一次会议第351号建议的答复(B类),"你们提出的关于318国道宣城段公路改建刻不容缓,要求列入交通部重点工程计划项目,予以资金补助"(交计建提字〔1993〕54号);

(7)1993年7月15日,安徽省计划委员会《关于318国道宣城至广德段可行性研究报告的批复》(计能字〔1993〕547号);

(8)1993年7月20日,宣城地区行政公署计划委员会《关于上报318国道宣广段改建工程初步设计的报告》(计项字〔1993〕141号);

(9)1993年7月27日,宣城地区行政公署计划委员会《关于上报318国道宣广段二期工程可行性研究报告》的报告(计项字〔1993〕143号);

(10)1993年7月27日,宣城地区行政公署《关于318国道宣广段改造工程资金筹措情况的报告》(行发〔1993〕99号);

(11)1993年8月31日,安徽省计划委员会印发《关于318国道宣城至广德段一级公路初步设计的批复》(计设字〔1993〕665号)。

(三)项目实施

1.项目招标

(1)设计招标

1992年6月份起指挥部成立后,抽调系统内技术人员进行项目前期工作,自己动手编制项目建议书、工可报告。

安徽省公路勘测设计院。

(2)施工招标

1993年3月起,地委行署号召沿线各县市民工建勤(地区提供部分机械设备)完成路基清表和沿线便道铺筑工作,后由各县市自己引进施工单位承担本县市路基(含小桥涵)施工。其中大、中桥、路面由指挥部公开招标引进施工队伍,交安设施则由指挥部采取议标方式(由企业垫付工程款)引进2家施工单位完成。

项目共有20个施工单位,其中,路基施工单位11个,路面施工单位6个,其他施工单位3个。

(3)监理招标

一期项目监理单位为宣城地区318国道宣广段改造工程指挥部总监办。项目共设总监理办 1 个,路基、路面监理组各 3 个。

2. 项目管理

(1)管理机构

遵照国家基建程序和要求,本项目建立两套管理机构,一是由宣城行署及行署相关部门组成的"宣城地区 318 国道工程指挥部",行署交通局为承办主体,地委、行署领导参加,地直有关部门负责人为成员。沿线宣州、郎溪、广德 3 个县区,分别成立项目建设指挥分部,县(市)交通部门负责人为办公室主任的分指挥部。至此,一个公路交通建设最高决策指挥机构诞生,一个人民交通全民办的格局形成。地区指挥部的主要职责是:负责工程建设资金的筹措,工程质量监理和工程调度;负责设计变更和施工中重大技术问题处理;审核批准工程计量支付;负责协调分指挥部解决不了的困难和问题。3 个分指挥部的主要职责是:负责本县辖区工程的综合管理;负责处理、解决施工中遇到的所有地方矛盾,做好当地群众工作,保证工程顺利进行,准确无误地完成指挥下达的各项任务。从而形成一个步调一致、政令畅通、指挥有力的战斗堡垒;成立项目总监办、各指挥分部设监理处和驻地监理等监理机构,负责全线的工程质量、进度、投资、安全、环保、组织协调及信息管理监理工作。

宣广段项目法人为行署交通局。

(2)质量保证体系

一是建立健全质量监理体系。从全区交通、公路部门抽调了 75 名工程技术人员,通过监理培训,组建了 318 国道宣广段改造工程监理部,采用线性管理结构模式,对整个工程实行全方位进度控制、投资控制和质量控制。

二是选好施工队伍。在招议标阶段,我们不仅注重施工企业投标书、造价,更注重其整体素质。在考察过程中,把机械化施工力量、技术力量,施工力量作为能否中标的先决条件,凡是这三个方面不理想的,一律不予考虑,即便是已经中标的单位也不准进场。

三是充分发挥中心试验室的作用。对工程质量实行全面监控。尽管 318 工程资金非常紧张,但我们在试验设备方面舍得投入。仅 MC-3 核子密湿度仪、100t 万能试验机、200t 试验压机、水泥软练设备等试验仪器就投入 70 余万元,有效地实现了质量监控。

四是制定了一整套的监理规章制度。为明确职责,使监理工程走上规范化、制度化、程序化,培养锻炼一批技术硬、作风好、纪律严的工程监理队伍,监理部专门制定了"监理人员岗位责任制""计量与支付工程程序""工程分包管理办法"等一系列规章制度,严格操作程序,使监理人员有章可循,从而增强监理人员的责任感。

五是严格把好质量关。在路面施工中,根据现场存在问题,指挥部明文规定强行实行"五不准"和"把好六关"。五不准:①混凝土配合比无电子计量集中拌和不准施工;②水稳层超高未处理好不准施工;③模板未验槽不准施工;④水稳层未洒底层水不准施工;⑤机具设备不齐全不准施工。把好六关:把好配合比关,把好原材料质量关,把好平整度关,把好混凝土振捣关,把好厚度关,把好混凝土强度关。通过上述严格管理,动真格抓,使路面施工质量得到了立竿见影效果。在施工中不放过任何质量隐患,发现问题和处理问题一步到位,不讲情面,一丝不苟,对质量事故坚决返工重建(如对二号桥、誓节渡大桥、打鼓台上跨桥的果断处理)经处理后确保了工程质量。

(3)竣(交)工验收情况

根据《公路工程竣(交)工验收办法》的规定,项目制定了交工验收程序。有计划地安排验收工作,在验收工作中严格把关,组织各类检查小组进行现场检查。1998年4月先后组织完成了路基工程、路面工程及其他工程合同的交工验收,工程质量评定为合格,建设项目质量评定得分87.1,质量等级评定为优良。

(四)"白改黑"改建工程

项目起点为宣广高速公路K17+590.6(宣城双溪镇),终点为皖浙交界宣广高速公路K92+033处(不包括13.5km广祠高速公路),全长61.4439km,线形全部拟合原线形,按部颁《公路工程技术标准》(JTJ 01—1988)中平原微丘区一级汽车专用公路标准进行改建。

采用"白+黑"路面改建方案,即对原路面采用五边形冲击夯进行冲压,上面加铺沥青混凝土结构层,非冲压路段(如桥头、临近房屋路段)在原水泥混凝土面板上加铺道路防裂土工布,然后再铺设沥青混凝土结构层。桥梁工程中对发现的所有病害进行处理,采用芳玻韧布对10m以上的所有桥梁梁板进行加固,更换局部严重受损梁片。为确保加铺路面后上跨桥净高,全线7座桥进行了整体抬高。

1. 主要技术指标

路基宽24.5m,即行车道2×8.5m+硬路肩2×2.5m+中央分隔带1.5m+土路肩2×0.5m。

桥梁计算荷载:汽车—超20级,挂车—120。

2. 路面结构

2.5cm厚AC-10沥青混凝土调平层+≥7cm厚AC-25沥青混凝土下面层+6.0cm AC-20沥青混凝土中面层+5.0cmAC-16沥青混凝土上面层。

原水泥混凝土路面冲压后作为路面基层使用,为防止反射裂缝,部分特殊路段加铺了道路专用防裂土工布。

3. 主要内容

上面层137.4万m²沥青混凝土改性,中面层138.9万m²沥青混凝土改性,下面层

161.7万 m² 沥青混凝土,130.5万 m² 沥青混凝土调平层,原混凝土路面冲压2214万 m²,更换24cm C30 水泥混凝土7.0万 m³,土路肩挖除新建119.1km(单线),梁底加铺芳玻韧布1.4万 m³,原护栏处理3676.76t,波形护栏板安装241.9km(单线),热熔标线5.8万 m³,隔离栅108.5km(单线)。

4. 工程进度

分两年实施,2005年上半年进行了施工、监理、沥青材料供应商的招标工作,于2005年8月15日开始封道施工,至2005年11月底,完成12.5km的路面改造工作。2006年度全线于3月10日开始封道施工,按四个阶段(每阶段12.5km)安排施工,于10月20日完成剩余的所有路面改建,总工期提前40天完成。

(五)运营与养护

1. 运营管理

宣广高速公路共设置一对服务区(广德服务区);皖浙收费站、广德收费站、十字收费站共3个,收费站点设置和交通流量发展状况分别见表8-152、表8-153。

收费站点设置情况表 表8-152

站点名称	车道数	收费方式
皖浙站	22	封闭式
广德站	7	封闭式
十字站	6	封闭式

交通流量发展状况表(单位:辆) 表8-153

年份	年度流量	日平均流量
2008	8196588	22456
2009	9206514	25223
2010	10925680	29933
2011	11630097	31863
2012	13573464	37188
2013	13848709	37942
2014	14107236	38650

2. 养护管理

自通车以来采用社会化养护管理模式,通过公开招标方式确定社会专业化养护队伍进行小修和路面、绿化、机电等专业化养护。

养护管理工作坚持"预防为主,防治结合"的原则,明确"以桥梁、高边坡养护为重点,以路面养护为中心,实行全面养护"的工作思路,严格贯彻执行"畅通主导、安全至上、服务为本、创新引领"的养护管理方针,积极推进养护管理发展方式转变,夯实基础管理,提升管理水平,推进科学养护,强化应急保畅。重点开展养护管理标准化管理体系建设,组织养护示范工程创建和示范管理推广两项活动,并着重推进养护专项工程实施工作。

宣广高速公路地处丘陵山区,桥梁(含上跨桥)有77座,养护技术含量较高,施工维修难度较大,宣广高速公司高度重视预防性养护和桥梁养护管理工作,树立全寿命周期养护成本理念,制定适合公路桥梁技术状况特点和养护需求的预防性养护指导意见。对实施大中修工程的路段,积极开展养护工程后评价工作,总结提炼养护处治和管理经验。同时严格执行《公路桥梁养护管理工作制度》,加强监控检测和监控系统建设,通过采取巡查、经常性检查、定期检查等工作,及时处治发现病害,确保桥梁结构安全。

结合宣广高速公路的特点和实际情况,养护管理工作始终按照经常性、预防性、及时性的要求,完善、健全丘陵地区高速公路养护新模式,扎实细致地开展养护管理工作,保持道路安全、畅通、整洁、美观。围绕"保持道路路况良好、设施齐全、路容整洁、绿化管护到位"的目标任务,以管理创新和技术进步为手段,积极推行日常养护管理标准化、规范化、精细化。加强道路桥梁预防性养护,积极探索高速公路养护管理的新方法、新技术、新工艺,细化养护目标、责任和措施,从而使养护工作深入扎实,成效明显。

四十七、G50 沪渝(上海—重庆)高速公路宣城南环段

(一)项目概况

沪渝高速公路是国家"7918"高速公路路网中一条重要的横线,贯穿我国东、中、西三大经济板块。宣广高速公路是沪渝高速公路的一段,为宣城市自筹资金建设项目,是国家高速公路网 G50 沪渝高速由上海至重庆的高速公路的重要组成部分,是安徽省通向江、浙、沪方向的交通大动脉,为安徽省的"东向发展"战略提供强有力地通畅支撑,也是连接沿海省份和中部内陆地区及西部边境地区的运输要道。

宣广高速公路经宣州区、郎溪县、广德县 3 个县区,止于安徽省广德界牌附近。该项目采取总体规划,分期实施的办法。其中宣州至广德段 62km,1993 年 3 月 20 日正式开工,1997 年 9 月 28 日建成通车;南环段全长 17km,1997 年 9 月 28 日正式开工,2001 年 7 月 20 日建成通车;广祠段全长 13km,2002 年 7 月 1 日开工,2004 年 6 月 30 日建成通车。本篇介绍南环段 17km 基本情况。

1. 参建单位

宣城市交通运输局。

项目主要参建单位见表 8-154。

G50 沪渝(上海—重庆)高速公路速宣城南环段主要参与建设单位汇总表　　表 8-154

序号	参建单位	单位名称	合同段编号及起止桩号	主要负责人	备注
1	管理单位	安徽省宣城地区公路建设总指挥部	K0+000~K17+000	肖玉恒	
2	设计单位	安徽省公路勘测设计院	K0+000~K17+000	方正华	
3	施工单位	中国建筑材料工业建设总公司	L1 K0+000~K1+305	刘峰山	
		安徽省公路工程公司	L2 K2+753~K3+848	祝宏继	
		铁道部第十二工程局第三工程处	L3 K4+000~K7+455	乔通来	
		武警水电第二总队	L4 K7+527~K10+740	刘怀军	
		宣城地区县乡公路工程处	L4-1 K7+527~K8+840	吉蒙光	
		广德县路桥工程公司	L4-2 K8+840~K10+740	熊涛	
		武警水电第二总队	L5 K10+740~K13+500	王日新	
		中国航空港建设第三工程总队	L6 K13+500~K14+500	王宝成	
		安徽省扬子交通设施有限公司	L7-1 K14+500~K17+000	魏强	
		中国航空港建设第三工程总队	L7 K14+500~K17+000	周文	
		中国第十七冶金建设公司	LT1	王建华	L2-1、L3部分工程
		中国第十七冶金建设公司	LMA 标段 K0+000~K5+957.58	潘曰田	质量评定为优良
		武警交通第六支队	LMB 标段 K6+090~K11+713	李照昕	
		中国航空港建设第三工程总队	LMC 标段 K11+802.303~K17+000	周文	
		江苏雷威建设工程有限公司	Q1 标 145.22m/50m	李澄	林庄大桥、宣杭铁路桥
		铁道部第十四工程局第一工程处	Q2 标 60m/100m	周春雨	泥河中桥、宛溪河大桥
		江苏省交通工程总公司	Q3 标 60m/48m	高广明	楼屋中桥、沙湾中桥
		安徽省旌德路桥建设有限公司	Q4 标 39m	张光辉	蔡庄中桥
		安徽省京安工程公司	Q5 标 60m	许小旺	S105 线分离立交桥
		中国建筑材料工业建设总公司	Q5 标 60m	常永清	S105 线分离立交桥
		铁道部第十六工程局第三工程处	Q6 标 39m	刘森林	拦路村中桥
		江西省公路桥梁工程局	Q7 标 1327.06m	廖裕武	水阳江特大桥
4	监理单位	宣城地区高速公路监理部	K0+000~K17+000	夏智海	
5	设计咨询单位	黑龙江省林业设计研究院	K0+000~K17+000	孙长清	

2. 技术标准

(1)公路等级、里程及地形类别

公路等级为全封闭、全立交的四车道丘陵区高速公路。全线设置了完善的通信、监控和收费系统,以及安全设施和照明、绿化、房建等服务设施。

项目起点接双桥,终点敬亭山茶场,起讫桩号 K0+000~K17+000,路线全长17km。

项目位于东经 118°50′~119°33′7.5″,北纬 30°55′~30°57′。沿线所经区域地形地貌较为复杂多样,多为丘陵,偶尔有河流与平原。地处皖南山区与长江冲积平原的交接地带,西南高、东北低属水阳江流域。路线所经处纵横沟渠及水塘较多,农田为水田和经济作物。前9km地势平坦,地形高差较小,排水困难,属内涝区。后8km进入山区,地形起伏高差较大,路线所经沟谷处有部分水田和经济作物田,旱田较多,16km到18km有部分人工幼林,18km后为茶园。

(2)主线行车速度

主线设计行车速度为100km/h。

(3)路基、路面

路基宽度为26m,路面宽度为22m。

路基设计洪水频率1/100。路面首次采用沥青混凝土结构,标准轴载BZZ-100。

(4)桥梁、涵洞

计算荷载:汽车—超20级,验算荷载:挂车—120。

设计洪水频率:特大桥1/300,大、中、小桥及涵洞1/100。

桥面净宽:2×11m。涵洞与路基同宽。

(5)路线交叉

主线上跨各级公路的桥梁及通道净空高度:二级及二级以上公路5.0m,三、四级公路4.5m。汽车通道≥3.2m,拖拉机通道≥2.7m,人行通道≥2.2m。

主线下穿各级公路的净空高度均按5m控制。

匝道均为三级互通,行车速度40km/h,单向单车道路基宽8.5m,对向双车道有中分带的路基宽15.5m。

3. 工程内容及主要构造物

(1)建设主要内容

路基土石方2811911m³,防护工程119363m³;特大桥1座,大、中桥7座,总长度为1928.828m,占工程总长的11.35%;涵洞(含通道)68道,总长2433.79m。互通立交共2处:后刘村互通(K0+427.35~K1+262.90),龟岭岗(K13+600~K13+500)。

(2)路线主要控制点

双桥大滩子、玉山、夏渡、绿锦铺、龟岭岗和敬亭山茶场。

(3)路线跨越主要河流

水阳江、泥河、宛溪河、无量溪河。

(4)收费站及服务区

共设置一对服务区(绿锦服务区);宣城西、宣城东共2个收费站。

4. 征地拆迁

本项目征地拆迁工作于1997年9月10日开始,1998年7月8日全线征地拆迁工作结束,共征用土地2697.212亩,拆迁房屋12861.64m^2,支付补偿费用为6221507.91元。

5. 项目投资

本项目初步设计批复投资概算为3.8亿元。其中:交通部投资1.0亿元,交通厅投资8000万元,地方自筹1.33亿元,银行贷款7000万元。

6. 开工及通车时间

1997年9月28日正式开工,2001年7月20日建成通车。

(二)决策研究

318国道(G50沪渝高速公路)宣州环城段是该国道线在宣城境内的最后一段改建工程。为使该项目尽早完成,早日发挥效益,省交通厅以皖交基〔1996〕24号文批准立项,以皖交基〔1996〕109号文批准可行性研究报告,以皖交基〔1997〕38号文批准该工程初步设计。省政府以皖重字〔1998〕07号文将本项目列为省重点工程。

(三)项目实施

1. 项目招标

(1)设计招标

北京市政设计研究院、黑龙江省林业设计院。

(2)施工招标

本项目共分10个施工合同段,并采用竞争性招标方式组织工程施工招标。路面施工单位3个,交通工程分2个标段,与此同时,机电、绿化、加油站、污水处理等均采用国内竞争性招标方式确定。

(3)监理招标

监理单位采用同步邀请招标,本项目监理单位为宣城地区高速公路监理部。本项目设立监理部1个,路基、路面监理组各1个。

2. 项目管理

(1)管理机构

遵照国家基建程序和要求,本项目建立了工程建设管理机构,由宣城行署及行署相关部门组成的"宣城地区南环段工程建设指挥部",行署交通局为承办主体,地委、行署领导参加,地直有关部门负责人为成员。其主要职责是:负责工程建设资金的筹措,工程质量监理和工程调度;负责设计变更和施工中重大技术问题处理;审核批准工程计量支付。并做好当地群众工作,保证工程顺利进行。

(2)质量保证体系

一是制定严格的评审条件。有针对性地采用不同的评分方式,择优确定施工单位。中标的大部分企业都具有良好的类似工程业绩,在近期省内类似工程施工中都表现较好。

二是重技术咨询。聘请东南大学交通学院为本工程的技术咨询单位,东南大学交通学院在一位博士生导师带领下,组织十余位专家、博士,全方位全过程为业主提供各类技术服务;同时业主多次邀请专家到工地现场调研,召开专题技术研讨会,多方听取专家意见和建议,及时完善施工方案和弥补设计不足。

三是严格现场管理,动态控制工程质量。业主坚持每天组织技术人员全线巡查和夜间巡查制度。同时及时了解质监部门、检测单位和咨询单位对工程质量控制的意见或检测结果,发现质量异常情况或隐患及时分析原因,指导工程施工,然后再进行质量状况检测和调查,从而达到动态控制效果。

四是量化考核,严格奖惩。业主按阶段对各施工项目部的安全管理、质量控制、工程进度,制定了严格的量化考核制度,严格实行奖惩,确保总体质量目标实现。

(3)交工、竣工验收情况

根据《公路工程竣(交)工验收办法》的规定,项目制定了交工验收程序。有计划地安排验收工作,在验收工作中严格把关,组织各类(合同、工程实质量、内业资料尾留工程等)检查小组进行现场检查真实性。先后组织完成了路基工程所有合同段、路面工程所有合同段及其他工程合同的交工验收,工程质量评定为合格,建设项目质量评定得分是88.2分,质量等级评定为优良。

本项目在实施过程中,质量管理结构建全,制度完善、责任明确,体现出较高的质量控制能力,施工中采取的各种工程质量技术措施得力,对提高项目的使用质量起到了有力的保障作用。路基工程十五年来,经历了特大灾害性暴雨考验,桥梁、高边坡和砂性土路堤质量安全可靠。路基工程各项内在质量指标均达到设计要求。

3. 复杂技术工程

（1）水阳江特大桥

水阳江特大桥是318国道（现G50沪渝段）高速公路中的一座重要桥梁，位于水阳江上，东起宣州区双桥泥湾村，西止济川玉山村，全长1327.06m，桥梁前7孔位于直线段，其他均位于曲线上，曲线半径1500m，缓和曲线长90m，桥梁超高3%。桥梁起点纵坡0.5284%，终点纵坡1.861%。1998年5月开工建设，2000年9月建成通车，工程总造价6183万元。

建成后的水阳江特大桥为水泥混凝土桥面（2008年改建后改为沥青混凝土），每120m为1联，全桥设2×12道伸缩缝，建成后的水阳江特大桥主要有154根钻孔灌注桩、154根墩柱、48座承台及普通盖梁、29座预应力盖梁、4座独立肋式、240片后张法工形梁、480片先张法空心板梁。

主要技术特征：

①桥梁墩柱、盖梁不同，大桥前30孔600m长为双柱式墩、预应力盖梁，盖梁长26.5m。后24孔720m长为每个桥墩由两个双柱式桥墩组成、盖梁长11.4m。

②整座桥梁梁片有两种，不仅有先张法梁空心板梁，也有后张法工形梁。大桥前30孔为20m先张法空心板梁，后24孔720m长为30m后张法预应力工形梁。

（2）高大挡墙路基防护

K0+600~K5+900段因路线经宣城东互通立交、水阳江特大桥、跨宣杭铁路立交桥、跨皖赣铁路立交桥、跨宣城至向阳乡公路桥、宛溪河，全线路基填高平均达7m，最高处12m，经过区域大部分为基本农田，设置浆砌片石挡墙共39268m³，节约耕地106亩，减少借土填方共21万m³，有效保护当地环境。

主要技术特征：

①根据本地区有大量片石场、水阳江沿岸中粗砂丰富、建设时人工费低、借土运距远的特点，全线采用M7.5浆砌片石重力式挡土墙。

②为减少耕地占用，挡土墙外侧坡率多采用1:0.25。

（四）运营与养护

1. 运营管理

宣广高速公路南环段共设置一对服务区（绿锦服务区）；宣城西、宣城东共2个收费站，收费站点设置和交通流量发展状况见表8-155、表8-156。

收费站点设置情况表 表8-155

站点名称	车道数	收费方式
宣城东站	11	封闭式
宣城西站	14	封闭式

交通流量发展状况表（单位：辆）　　　　　　表 8-156

年份	年度流量	日平均流量
2008	3482366	9541
2009	3775051	10343
2010	4359177	11943
2011	4596851	12594
2012	4587269	12568
2013	4567144	12513
2014	4656867	12759

2. 养护管理

采用社会化养护管理模式，通过公开招标方式确定社会专业化养护队伍进行小修和路面、绿化、机电等专业化养护。

宣广路专业化养护管理工作坚持"预防为主，防治结合"的原则，明确"以桥梁、高边坡养护为重点，以路面养护为中心，实行全面养护"的工作思路，严格贯彻执行"畅通主导、安全至上、服务为本、创新引领"的养护管理方针，积极推进养护管理发展方式转变，夯实基础管理，提升管理水平，推进科学养护，强化应急保畅。重点开展养护管理标准化管理体系建设，组织养护示范工程创建和示范管理推广两项活动，并着重推进养护专项工程实施工作。

宣广高速公路地处微丘地区，为全封闭、全立交的典型的丘陵山区高速公路，桥梁（含上跨桥）有29座，养护技术含量较高，施工维修难度较大，宣广路专业化养护管理工作高度重视预防性养护和桥梁养护管理工作，树立全寿命周期养护成本理念，制订适合道路桥梁技术状况特点和养护需求的预防性养护指导意见。对实施预防性养护的大中修工程，积极开展养护工程后评价工作，总结提炼养护处治和管理经验。同时严格执行《公路桥梁养护管理工作制度》，加强监控检测和监控系统建设，通过采取巡查、经常性检查、定期检查和硬化排查等工作，及时处治发现病害，确保桥梁结构安全。

结合宣广高速公路的特点和实际情况，养护管理工作始终按照经常性、预防性、及时性的要求，实行规范化、精细化管理，逐步完善、健全丘陵地区高速公路养护新模式，扎实细致地开展养护管理工作，保持道路安全、畅通、整洁、美观。围绕"保持道路路况良好、设施齐全、路容整洁、绿化管护到位"的目标任务，以管理创新和技术进步为手段，积极推行日常养护管理标准化、规范化、精细化。加强道路桥梁预防性养护，积极探索高速公路养护管的新方法、新技术、新工艺，细化养护目标、责任和措施，从而使养护工作深入扎实，成效明显。

四十八、G50 沪渝(上海—重庆)高速公路芜湖至宣城段

G50 沪渝(上海—重庆)高速公路芜湖至宣城段(一)

G50 沪渝(上海—重庆)高速公路芜湖至宣城段(二)

(一)项目概况

G50 沪渝(上海—重庆)高速公路芜湖至宣城段(简称"芜宣高速公路")位于安徽省东南部,是安徽省早期重点建设的省际快速通道合肥至杭州公路的组成部分,在安徽省干线公路网中占有十分重要的地位。本项目的建设很大程度缓解了皖东南地区交通基础设施滞后于经济发展的矛盾。通过合芜、合徐及合六等高速公路与省会合肥及皖北、皖西地区相连,并通过 205 国道或沿江高速公路接上沪宁高速公路,继而连接江苏、上海等经济发达地区,经宣广公路通往浙江及东南沿海地区,通过拟建芜湖至黄山公路通往皖南地区及江西省。因此,该项目建设将加强本地区与全省及江苏、上海、浙江等沿海经济发达地区的交流,对促进地方经济更快发展意义重大,为安徽省"两点一线"的开放、开发战略的

进一步实施奠定了坚实的基础。同时,芜宣高速公路的建设对开发皖南旅游资源,实现交通促进旅游、旅游带动发展的战略也有着十分重要的意义。

1. 参建单位

建设单位为安徽省公路管理局,项目现场组建项目办公室。

项目主要参建单位见表8-157。

G50沪渝(上海—重庆)高速公路芜湖至宣城段主要参与建设单位汇总表 表8-157

序号	参建单位	单 位 名 称	合同段编号及起止桩号	主要负责人	备注
1	项目管理单位	安徽省公路局	K0+000~K56+683	江梦泽	全线
2	勘察设计单位	安徽省公路勘测设计院	K0+000~K56+683	徐宏光	全线
3	施工单位	铁道部第十五工程局	01A标 K0+000~K4+513	李广和	路基
		中港二航四公司	01B标 K4+513~K5+900	王年福	路基
		铁道部十二局一处	02A标 K5+900~K9+400	苟茂云	路基
		中国第十七冶金建设公司	02B标 K9+400~K12+062.84	朱辉	路基
		安徽省公路桥梁工程公司	03标 K12+062.84~K13+188.06	许崇尚	路基
		江苏省锡山市交通工程总公司	04A标 K13+188.06~K16+254.52	钱龙兴	路基
		中交一局五公司	04B标 K16+254.52~K18+450	何国民	路基
		恒通公司	K18+450~K19+700	王茂和	试验路
		中国建筑第六工程局	05A标 K19+700~K22+400	席华武	路基
		安徽省路港工程公司	05B标 K22+400~K25+000	施建刚	路基
		安徽省公路工程公司	06A标 K25+675~K30+500	高扬	路基
		安徽省水利开发股份有限公司	06B标 K30+500~K35+220	牛曙东	路基
		淮南市公路工程有限责任公司	07A标 K35+000~K40+600	沈瑞金	路基
		合肥虹达道路桥梁工程公司	07B标 K40+600~K46+385	姜守云	路基
		交通部第二公路工程局第六工程处	08A标 K46+385~K50+500	王海宝	路基
		安庆市路达公路建设工程有限公司	08B标 K50+500~K56+353.8	华国兴	路基
		山东省交通工程总公司	01标 K1+450~K16+915.5	周新波	路面
		北京城建、安徽省路桥联营体	02标 K16+915.5~K35+187.4	王可武	路面
		浙江省大成建设集团有限公司	03标 K35+187.4~K56+353.8	唐凯	路面
4	监理单位	安徽省中兴监理所	总监办	周立军	全部
		安徽省公路工程监理公司	01标 K0+000~K12+320	李学潮	路基
		安徽省中兴监理所	02标 K12+320~K18+455	惠荣奎	路基
		安徽省高等级公路工程监理有限公司	03标 K18+455~K34+615	许昌清	路基
		安徽省公路工程监理公司	04标 K34+615~K56+353.8	季渝滨	路基
		安徽省公路工程监理公司	01标 K1+450~K16+915.5	季渝滨	路面
		安徽省中兴监理所	02标 K16+915.5~K35+187.4	邓陈记	路面
		安徽省高等级公路工程监理有限公司	03标 K35+187.4~K56+353.8	陈传明	路面

2. 技术标准

（1）公路等级、里程及地形类别

全线按平原微丘区四车道高速公路标准建设，路面采用沥青混凝土路面。全线配置了完善的通信、监控和收费系统及照明、绿化、房建、安全设施等交通工程和服务设施。

项目总里程 56.683km。其中 G50 沪渝高速公路段为 48.963km，对应桩号 K292+200～K341+163；G5011 芜合高速公路段为 7.72km，对应桩号 K0+000～K7+720。

本项目西北部为青弋江下游平原，东部为石臼湖、固城湖等江河圩区，东南部为皖南丘陵区。

（2）主线行车速度

主线设计行车速度为 100km/h。

（3）路基、路面

路基全宽 26m，其中行车道 2×2×3.75m，硬路肩 2×3m（含右侧路缘带 2×0.5m），左侧路缘带 2×0.75m，中央分隔带 2m，土路肩 2×0.75m。

路面结构采用半刚性沥青混凝土，沥青面层厚度 15cm，总厚度 70cm。各层结构是：4cm 沥青抗滑表层 + 中面层 5cm 中粒式沥青混凝土 + 下面层 6cm 粗粒式沥青混凝土 + 基层 35cm 水泥稳定碎石 + 底基层 20cm 二灰土。全线路基设计洪水频率 1/100；路面标准轴载 100kN。

（4）桥梁、涵洞

设计荷载：汽车—超 20 级，验算荷载：挂车—120。

设计洪水频率：特大桥 1/300，大、中、小桥、涵洞 1/100。

桥面净宽：特大、大桥 2×11.5m，中、小桥 2×11.25m。涵洞与路基同宽。

（5）路线交叉

互通立交：环形匝道行车速度为 40km/h；定向匝道行车速度为 60km/h。

分离立交：主线上跨公路净空高度，二级及二级以上≥5.0m，三、四级公路≥4.5m；主线下穿各级公路的净空高度，均按 5m 以上控制。

平面交叉：建设初期在起点处与芜湖长江大桥南岸接线、芜湖市天门山路以及弋江路相交处设置转盘平角，现已改造为立交。

3. 工程内容及主要构造物

（1）建设主要内容

全线路基土石方 728 万 m^3，沥青混凝土路面 124.3 万 m^2，水泥混凝土路面 3.3 万 m^2，粉喷桩 200 万 m，袋装砂井 300 万 m。

全线大桥、特大桥 6150.44m/10 座，中、小桥 1265.34m/43 座，支线上跨桥 1338.53m/

19座;涵洞、通道281道,计10822.46m。主要材料核定为:木材3725 m^3;钢材25261t;水泥177779t;沥青21090t。互通立交4处(预留3处),后因路网完善新接入互通有3处,分别是:G50 K296+500铜南宣互通立交、G50 K329+000芜雁互通立交、G5011 K0+000马芜互通立交。

（2）路线中间控制点

路线总体走向呈西北至东南向,起点位于芜湖市二环路与解放路及芜湖长江大桥南岸接线的交叉点,经晋村、老庄、吴垛、李家垛、任垛、咸保、新竹园、朱家塘、潘家墩、燕窝西、陶村东、三元中学、杨家店、湾塘村冲、团山,终点为石塘口,接上宣州市南环线高速公路。

（3）路线跨越主要河流

清水河、扁担河、赵家河等,其中清水河为通航标准为Ⅴ(3)级,其他河流均无通航要求。

（4）桥梁

芜宣高速公路主要桥梁见表8-158。

芜宣高速公路主要桥梁一览表　　　　表8-158

序号	桥　名	中心桩号	最大跨径(m)	桥长(m)	结构形式
1	清水河特大桥	K335+835	52	1125.22	PC现浇箱梁
2	新竹桥	K323+041	25	713	PC预制箱梁
3	昭义河桥	K325+097	40	686.68	PC现浇箱梁
4	六郎桥	K326+935	25	805	PC预制箱梁
5	幸福高架桥	K328+434	25	180	PC预制箱梁
6	高架桥	K330+214	25	180	PC预制箱梁
7	咸保高架桥	K331+266	25	480	PC预制箱梁
8	易太桥	K332+472	25	605	PC预制箱梁
9	清闸沟高架桥	K337+246	25	421.12	PC预制箱梁
10	扁担河大桥	K2+679.5	52	941.86	PC现浇箱梁

（5）收费站及服务区

服务区1处:新竹服务区。收费站2处:芜湖收费站、湾沚收费站。

4．征地拆迁

1999年5月,省交通基础设施建设领导小组下发了关于批转《芜宣高速公路征地拆迁工程有关规定》的通知,标志着征地拆迁工作开始,2001年12月结束。共征用土地6745.714亩,拆迁房屋88545.48m^2,支付补偿费用7553.54万元。

5．项目投资

（1）投资规模、资金来源

2001年3月,交通部以交公路发〔2001〕87号文批准了项目初步设计,概算投资总额为16.415亿元。其中:商请交通部补助2.8亿元,国家开发银行提供贷款7.0亿元,其余由省交通厅和沿线地市政府筹集。

(2)概算执行情况

经竣工决算审计,芜宣高速公路工程基本建设支出16.271亿元,与批复的概算总投资16.415亿元相比,节约0.144亿元。

6.项目开工及通车时间

1999年10月6日正式开工,工期为48个月,2003年10月1日,芜宣路建成通车,基本按期完成工程项目的建设。

(二)决策研究

本项目是安徽省重点建设的省际快速通道合肥至杭州公路的组成部分,是皖东南地区快速出海通道,在安徽省干线公路网中占有十分重要的地位。路线起点接在建的芜湖长江大桥南岸接线终点,终点接在建的宣州南环高速公路。

1995年9月,完成《芜湖—黄山公路预可行性研究报告》,芜湖至宣城被作为其中的一段进行研究,研究结果推荐芜湖至宣城段按平原微丘区一级汽车专用公路标准建设。

1998年3月,受安徽省交通厅和安徽省公路管理局委托,安徽省公路勘测设计院组织专家专门对芜湖至宣州公路进行实地考察和方案论证,完成《芜湖至宣州公路路线方案初选报告》;同年9月完成《合肥至杭州公路芜湖至宣州段预可行性研究报告》的编制工作,并通过安徽省内评审。

各阶段完成项目决策研究文件及批复如下:

(1)关于芜湖至宣州公路项目建议书的批复(交规划发〔1999〕263号 交通部1999年6月1日);

(2)关于合肥至杭州公路芜湖—宣州段工程可行性研究报告的批复(计交能字〔1998〕1028号 安徽省计划委员会1998年12月16日);

(3)关于芜湖至宣州公路可行性研究报告的批复(交规划发〔1999〕581号 交通部1999年11月3日);

(4)关于合杭高速公路芜宣段初步设计的批复(计设字〔1999〕506号 安徽省计划委员会1999年8月4日);

(5)关于芜湖至宣州公路初步设计的批复(交公路发〔2001〕87号 交通部2001年3月1日);

(6)关于合杭高速公路工程(芜湖至宣城段)建设用地的批复(国土资函〔1999〕476号 国土资源部1999年9月16日)。

(三)项目实施

1. 项目招标

(1)施工招标

芜宣高速公路施工招标执行交通部和国家有关招投标管理的有关规定,按照"公正、公平、公开"的原则,择优选择施工队伍。1999年5月,通过公开招投标方式确定了16家路基施工单位;2001年7月,通过公开招投标方式确定了3家路面施工单位。对附属工程项目,省指办通过公开或邀请招标的方式选择施工队伍。

(2)监理招标

监理招标与施工招标同步实施,4家路基监理单位、3家路面监理单位中标监理合同。

2. 项目管理

(1)管理机构

安徽省交通厅成立项目建设指挥部,建设单位安徽省公路管理局组建项目建设管理办公室,分管副局长任主任,内设工程部、合同部、技术部、综合部等职能部门,并在省指挥部的统一领导下,开展具体工作。

(2)项目管理特点

本项目地处芜湖青弋江下游平原,东部为石臼湖、固城湖等江河圩区。区域内分布大量软土地基,且里程长达20多公里,最大深度达20~30m。路基工程建设难点体现在软土地基的深层处理和大跨径桥梁建设管理技术等方面,这是安徽省第一条长距离深层软土处理的高速公路项目,没有多少可借鉴的成功经验。建设项目办公室组织同济大学、省公路勘测设计院等专家对多种软基处理方案进行尝试,确定水泥粉喷桩深层搅拌工艺效果良好。桥梁工程则聘请东南大学专家对大跨径连续梁桥进行技术指导。沥青混凝土路面工程在安徽省尚属起步阶段,面对我国半刚性基层沥青路面早期病害突出的问题,项目办组织技术攻关团队与同济大学教授共同开展重载交通复杂气候条件下路面结构的专题研究,现场指导施工。

(3)交(竣)工验收情况

2003年9月22日,安徽省交通基本建设工程质量监督站组织完成了路基、路面、大桥、中桥、互通立交、交通安全设施工程等共42个单位工程的交工验收,经评定37个单位工程评为优良,5个单位工程评为合格,单位工程合格率为100%,单位工程优良率为88.1%,该建设项目质量评分为90.9分,评定工程质量等级为优良。项目交工验收后进入缺陷责任期,至竣工验收前完成以下工作:

①项目业主委托东南大学交通学院桥隧工程研究所和东南大学工程结构与材料试验

中心对清水河和扁担河主桥进行了长期观测,认为目前这两座跨径52m的预应力混凝土连续箱梁桥跨中截面3年徐变挠度处于正常范围,且两座大桥观测截面的累计向下变形趋于稳定,清水河大桥主桥和扁担河大桥主桥处于正常使用状况。

②2015年12月,安徽省环境监测中心站《安徽省合杭高速公路芜宣段工程竣工环境保护验收调查报告》。

③2006年3月,委托交通部通信交通管理工程质量监督站对机电工程进行了专项交工验收检测,质量合格。

④2006年6月,宣城市审计局《宣城市审计局关于合杭高速公路芜宣段工程项目竣工决算的审计决定》(宣审投决〔2006〕第66号)。

2006年6月16日,安徽省交通厅组织对芜湖至宣州高速公路进行了竣工验收。经竣工验收委员会评议后认为,芜宣高速公路经过两年多的通车试运营,路线线性顺畅,路基稳定,路面平整,边坡及沿线防护工程稳固,结构物强度符合设计要求。竣工验收委员会对该工程进行了评议,工程质量评分为91.6分,质量等级为优良。2006年7月17日,安徽省交通厅下发《关于印发芜湖至宣州高速公路工程竣工验收鉴定书的通知》(皖交基〔2006〕43号)。

省交通厅组织交工验收会议

3. 重大事件

(1)软土地基处理

经地质勘察,芜宣高速公路软基路段分布在长江和青弋江之间河漫滩冲积平原上,根据软土路基的设计主要原则,针对不同的地质条件,采用了浅层砂垫层处理方案、袋装砂井处理方案和粉喷桩复合地基处理方案。

K2+500~K23+000、K25+100~K25+500段分布厚度不等的软土,最大软土层厚约30m,软土路段长达20多公里,为保证该路段路堤的施工安全、长期营运稳定,保证路面要求的平整度。根据软土路基的设计主要原则,针对不同的地质条件,采用了浅层砂垫层处理、袋装砂井处理和粉喷桩复合地基处理方案等。K5+588~K6+600 及 K25+100~K25+500 的路堤段采用了浅层砂垫层处理;K9+192.5~K9+668 采用了砂垫层加铺 2 层格栅处理。K2+500~K9+668 的路堤段,袋装砂井布设间距 1.5m,桩长 6~8m;K9+668~K22+870 间的路堤段,袋装砂井布设间距 1.3m,桩长 7~16m。粉喷桩复合地基处理分为桥头引道段地基处理和涵洞通道地基处理方案两种。软基处理设计的主要控制标准如下:

①长路堤段工后沉降的控制标准为 0.2m;

②涵洞、通道结构物处工后和差异沉降的控制标准为 0.2m;

③桥台桥头段工后和差异沉降的控制标准为 0.1m。

(2) 软土段高路堤改为高架桥

芜宣高速公路施工图设计由安徽省公路勘测设计院承担,省指挥部办公室委托江苏省交通规划设计院进行了咨询审查,并邀请了交通部第一规划设计院、同济大学的专家参加审查。

咨询报告提出当软土深度大于 20m,路基高度大于 6m 时,可考虑以桥代路方案,据统计全线约 3.2km。勘察设计单位在认真分析比较的基础上,根据设计咨询意见对软土较深、填土较高的几段路堤改为高架桥方案,段落分别为:K15+747.5~K16+292.5、K16+597.5~K16+682.5、K18+117.5~K18+282.5、K19+877.5~K20+062.5、K21+047.5~K21+912.5,共计五段路改桥桥梁总长 1850m。

(3) 重要活动

邀请国外专家进行沥青技术培训

组织省内技术专家现场观摩

(四) 科技创新与成果

1. 水泥搅拌桩法等处理软土地基成套技术

合杭高速公路芜宣段位于长江下游冲洪积河漫滩区,地势低平,大部分路段地面高程

黄海嵩副省长现场指导

黄镇东部长视察项目建设工地

大多低于长江汛期水位,全线软基里程长,软土路段达22km,软基深度深,最长软基深度达30多米,是安徽省第一条大规模进行软基处理工程的高速公路项目。能否保证软基处理的质量和达到预期的效果是创优的关键。为此,芜宣路进行了软基处理工程大量的科研攻关和技术研究工作。建设初期,芜宣路指挥部委托设计单位先期进行了800m的软基处理试验段施工及研究工作。通过对粉喷桩、搅拌桩、袋装砂井、排水板等不同的处理形式的观测研究。提交了《工程地质测试报告》《粉喷桩、袋装砂井施工工艺报告》《粉喷桩及搅拌桩质量检测及验收规程》《软土地基填土过程控制建议报告》等,为指挥部制定全线软基施工规范提供了大量的第一手资料。为了对全线的软基段路堤施工提供及时科学的指导,同时为今后的类似工程提供可靠的技术参数,由同济大学成立软基观测项目组,对软基段路基施工进行跟踪观测。全线共布置110个沉降观测断面,对软基的沉降、水平位移、土压力、空隙水压力、分层沉降、倾斜变位等各项指标进行观测。通过大量数据的采集和分析,注意各项指标的变化情况,使软土段路基施工过程始终处于受控状态。创新成果主要包括以下内容:

(1)通过对水泥土强度的室内外试验研究,得出了在芜宣路软土地基工程地址条件下水泥土搅拌法处理地基的施工工艺参数;根据路堤填土过程中应力和变形的观测与分析,及对在柔性荷载作用下复合地基承载机理的研究,提出了适用于公路软土地基的水泥土搅拌法的设计方法;通过对不同检测方法的比较与分析,提出了采用小应变动测结合现场取芯检测的质量检测方法及相应的质量评定标准。

(2)借助引用基于遗传算法的优化反分析方法,建立了可依据现场量测信息对软基路堤沉降量随时间而发展的过程进行动态预报的分析理论与计算方法。

(3)以现场量测信息为基础,运用反分析方法,建立了不同地基处理条件下瞬时沉降速率与加载速率的线性回归方程,提出了以瞬时沉降速率控制为依据的路堤稳定性动态预报方法;通过不同条件下的路堤稳定性分析,提出了按不同填土高度调整路堤填筑速率的施工控制方法与变形控制标准。

(4)在综合考虑地质条件、施工条件、设计要求、工期要求和造价等因素影响的前提下,建立了公路软土地基处理方案的优化设计过程和决策方法;对芜宣高速公路中采用的几种主要地基处理方案进行了综合评价,提出了不同条件下软土地基优化处理方案。本研究报告提出的采用粉喷桩+砂井(塑料插板)联合处理的方法,为在深厚软土地质条件下处理高路堤桥头路段地基提供了一种新思路。

该研究成果为芜宣路软土路基段从地基处理施工方法、质量检验、路堤填筑速率及变形控制标准、预压方案调整等路基施工的整个过程提供了具体指导,取得了良好的技术经济效益。研究成果总体水平居国内领先,其中神经网络模型的应用等部分成果达到国际先进水平。

2.沥青路面结构及混合料配合比组成设计研究

芜宣高速公路地处江南多雨软土地区,且夏季温度较高。国内已建成高速公路沥青路面早期损坏的现象比较严重,为确保工程建设质量能达到预定目标,2001年2月,省指办委托同济大学道路与交通工程系课题组承担了"芜宣高速公路沥青路面结构及混合料组成设计与咨询"。根据半刚性基层的特性和沥青路面结构对沥青混合料的技术要求,充分考虑芜宣高速公路沿线地区的气象、水文条件,进行了半刚性基层沥青路面结构分析以及中、下面层和防滑磨耗层沥青混合料配合比设计。设计时吸收了国内外现有沥青路面先进技术和我国高速公路沥青路面成功经验,并借鉴美国Superpave技术和我国"八五"国家重点科技攻关项目"沥青及沥青混合料路用性能的研究"成果,考虑和完善现行设计方法和关键指标;采用先进仪器设备,通过室内试验验证,提出符合芜宣地区环境与荷载条件的沥青混合料配合比设计和施工控制指标,确保芜宣高速公路沥青面层的抗车辙、抗疲劳、防水损坏及抗滑性能。

(五)运营与养护

1.服务区和收费站点设置

芜宣高速公路沿线共设置1对服务区(新竹服务区)、2个收费站点(芜湖站、湾沚站),芜湖站为主线收费站(表8-159)。

收费站点设置情况表　　　　表8-159

站点名称	车道数	收费方式
芜湖站	入口6条、出口12条	入口:4条MTC车道、2条ETC车道 出口:10条MTC车道、2条ETC车道
湾沚站	入口2条、出口4条	入口:1条MTC车道、1条ETC车道 出口:3条MTC车道、1条ETC车道

芜宣高速公路建成通车后,交通流量增长较快,现已成为安徽省较为繁忙的路段之一。从2008年至2015年,芜宣高速公路累计交通流量为6770万辆(表8-160)。

交通流量发展状况表(单位:辆)　　　　　　　　　　表8-160

年份	入口	出口	合计	日平均流量
2008	2522859	2562072	5084931	13893
2009	2745401	2749820	5495221	15055
2010	3329247	3236983	6566230	17990
2011	3940675	3841453	7782128	21321
2012	4575320	4470214	9045534	24715
2013	5704848	5631330	11336178	31058
2014	5560895	5533740	11094635	30396
2015	5600737	5700690	11301427	30963

2. 养护管理

面临重载大交通流量的长期运营,养护管理工作量逐年增大。芜宣高速公路养护管理工作在集团公司的领导下,坚持"预防为主,防治结合"的原则,坚持养护管理新理念,以桥梁和路面养护为重点,严格贯彻落实"畅通主导、安全至上、服务为本、创新引领"的养护管理方针,规范实施各项养护项目,认真开展示范工程创建活动。芜宣公司以桥梁养护为重点不断完善桥梁养护管理体系建设,按照交通运输部、省厅以及集团公司相关制度要求,公司认真落实管养职责,实行了桥梁工程师制度,组织开展了桥梁养护规范化建设,建立健全了桥梁养护计划和预算管理、桥梁检查与评定、桥梁养护工程管理、桥梁信息化管理、应急保畅管理体系。

芜宣高速公路养护管理坚持养护市场化,通过市场选择有资质、有业绩、有实力的省内外专业养护施工单位承担养护工作。2004年、2009年分别对芜湖站进行了扩建工程,2008年对清水河桥、扁担河桥主桥进行了加固维修,2010—2011年对沥青路面进行了中修。芜宣公司不断加大养护投入,抓好高速公路养护市场化、规范化、标准化和专业化工作,全面提升养护工作效率和路况等级。通过努力,确保芜宣高速公路技术状况良好。

同时,管理公司于2009年与东南大学合作,率先建立了高速公路路面养护管理决策支持系统,为路面养护提供了高效科学的管理手段。同年又建立了桥梁管理系统(CBMS),为桥梁养护管理、统计计划提供多方位的信息服务和辅助决策,2014年起,管理公司将原单机桥梁系统升级为网络版管理系统,进一步提高了桥梁养护管理信息化水平。

四十九、G50 沪渝(上海—重庆)高速公路芜湖至铜陵段

G50 沪渝(上海—重庆)高速公路芜湖至铜陵段

(一)项目概况

沿江高速公路是国家高速公路东西横线上海—重庆的重要组成部分。在全国路网中,沿江高速公路向东与南京相连,向西与武汉、九江相接,在长江两岸与已建成通车的合宁高速公路、合界高速公路共同构筑两条快速通道,连南接北、承东启西,是天津、山东、江苏等地区通往浙江、福建、广东等地的重要通道,它的建设对于加强中国东西交通联系、促进区域经济发展起着重要的作用。在安徽省路网中,沿江高速公路为安徽省高速公路网"四纵八横"中的一横(横七)重要组成部分。向东接已通车的芜马高速公路、芜宣高速公路和芜湖长江大桥;与在建的合铜黄高速公路立体交叉,向西接安(庆)景(德镇)高速公路和安庆长江大桥。

1. 参建单位

安徽省高速公路控股集团有限公司。

项目主要参建单位见表 8-161。

G50 沪渝(上海—重庆)高速公路芜湖至铜陵段主要参与建设单位汇总表 表 8-161

序号	参建单位	单 位 名 称	合同段编号及起止桩号	主要负责人
1	项目管理单位	安徽省高速公路控股集团有限公司	K0+000~K60+600	王水
		安徽省沿江高速公路建设指挥部项目办	K0+000~K60+600	钱东升、胡红雨
2	勘察设计单位	安徽省公路勘测设计院	K0+000~K60+600	王吉双
3	施工单位	中铁大桥局集团有限公司	路基 YJ1-1 K0+000~K3+956	戴振洋
		中铁十四局集团第一工程有限公司	路基 YJ1-2 K3+956~K14+000	仇高山
		中铁一局集团第一工程有限公司	路基 YJ1-3 K14+000~K19+000	焦广盈

续上表

序号	参建单位	单位名称	合同段编号及起止桩号	主要负责人
3	施工单位	四川武通路桥工程局	路基 YJ1－4 K19＋000～K24＋094	张振武
		中铁五局集团第三工程有限公司	路基 YJ1－5 K24＋094～K31＋800	李任生
		中铁隧道集团有限公司	路基 YJ1－6 K31＋800～K36＋206.5	步三广
		安徽省公路桥梁工程公司	路基 YJ1－7 K36＋206.5～K43＋461	冯保佑
		安徽省公路工程总公司	路基 YJ1－8 K43＋461～K50＋141	
		山东省公路工程总公司	路基 YJ1－9 K50＋141～K50＋755，K51＋592～K52＋498	李高讯
		中铁十七局集团第一工程有限公司	路基 YJ1－10 K50＋755～K51＋592，K52＋498～60＋600	张西玉
		山东省路桥集团有限公司	路面 YJ1－LM01 K0＋000～K19＋000	李相国
		中国路桥集团第一公路工程局第一公路工程公司	路面 YJ1－LM02 K19＋000～K40＋500	王玉臣
		中铁十四局集团第三工程有限公司	路面 YJ1－LM03 K40＋500～K60＋600	李化连
		凯通交通工程有限公司	交通工程 YJ1HL－01	殷立山
		淄博玉泰公路设施有限公司	交通工程 YJ1HL－02	高金富
		广东新奥交通投资有限公司	交通工程 YJ1BZ－01	孙青
		深圳市新路交通工程有限公司	交通工程 YJ1BX－01	孔伟兴
		中国路桥新津厂	交通工程 YJ1SSF	
		凯通交通工程有限公司	交通工程 YJ1FXB－01	侯广祥
		河北远东通信有限公司	交通工程 YJ1GD－01	孟志坡
		安徽皖通科技有限公司	交通工程 YJJD	王学勇
		滁州市虹宇交通设施工程有限公司	交通工程 YJ1GLS	吴长青
		安徽华明园林公司	交通工程 YJ1PB01	周兵
		南京金埔园林装饰工程有限公司	交通工程 YJLH01	王邦祥
		芜湖精城园林公司	交通工程 YJLH02	何德胜
		芜湖金海苑园林公司	交通工程 YJLH03	张学凤
		合肥大圩建筑安装公司	小区 YJXQ－01 千军服务区	
		合肥第五建筑工程公司	小区 YJXQ－02 顺安停车区	
		合肥市瑶海建筑公司	小区 YJXQ－03 峨桥收费所	韩明伦
		安徽省湖滨建筑公司	小区 YJXQ－04 繁昌收费所	方光玉
		合肥市第二建筑公司	小区 YJXQ－05 钟鸣收费所	

第八章 高速公路建设项目

续上表

序号	参建单位	单 位 名 称	合同段编号及起止桩号	主要负责人
4	监理单位	安徽省高等级公路工程监理有限公司	总监办 K0+000~K60+600	吴志昂
		安徽省公路工程建设监理有限公司	路基 YJ1-1 K0+000~K3+956	王恒礼
		安徽中兴工程建设监理所	路基 YJ1-2 K3+956~K14+000	张军
		安徽省高等级公路工程监理有限公司	路基 YJ1-3 K14+000~K19+000	惠春阳
			路基 YJ1-4 K19+000~K24+094	
		内蒙古交通建设监理咨询有限责任公司	路基 YJ1-5 K24+094~K31+800	张前
			路基 YJ1-6 K31+800~K36+206.5	
		中国公路工程咨询监理总公司	路基 YJ1-7 K36+206.5~K43+461	王强
			路基 YJ1-8 K43+461~K50+141	
		江苏东南交通工程咨询监理有限公司	路基 YJ1-9 K50+141~K50+755, K51+592~K52+498	续军
			路基 YJ1-10 K50+755~K51+592, K52+498~60+600	
		安徽中兴工程建设监理所	路面 YJ1-LM01 K0+000~K19+000	张久伟
		安徽省高等级公路工程监理有限公司	路面 YJ1-LM02 K19+000~K40+500	施昌权
		江苏东南交通工程咨询监理有限公司	路面 YJ1-LM03 K40+500~K60+600	续军
		安徽省高等级公路工程监理有限公司	交通工程 YJ1HL-01	施昌权
			交通工程 YJ1HL-02	
			交通工程 YJ1BZ-01	
			交通工程 YJ1BX-01	
			交通工程 YJ1SSF	
			交通工程 YJ1FXB-01	
			交通工程 YJ1GD-01	
			交通工程 YJJD	
			交通工程 YJ1GLS	
			交通工程 YJ1PB01	
			交通工程 YJLH01	
			交通工程 YJLH02	
			交通工程 YJLH03	
		工大监理公司	小区 YJXQ-01 千军服务区	杨成斌
			小区 YJXQ-02 顺安停车区	
			小区 YJXQ-03 峨桥收费所	
			小区 YJXQ-04 繁昌收费所	
			小区 YJXQ-05 钟鸣收费所	

2. 技术标准

（1）公路等级、里程（起终点）及地形类别

沿江高速公路分三期建设，分别为沿江东段、沿江中段、沿江西段。沿江东段起点位于芜湖市张韩（K0+000），终点位于铜陵朱村（K60+600），路线全长60.6km。全线按平原微丘区四车道高速公路标准设计，全封闭、全立交，路面采用沥青混凝土路面。全线配置了完善的通信、监控收费用系统及照明、绿化、房建、安全设施等交通工程服务设施。

沿江高速公路位于安徽省的芜湖市、铜陵市、池州市，地理坐标为东经117°00′~118°30′，北纬30°20′~31°20′，地势总体特征是北低南高、西低东高，地形起伏较大，公路路线大致沿长江东南岸展布，走向与长江河道大致平行，所经地区属长江水系。地貌为沿江丘陵平原区，平原、岗地、丘陵和中低山四个微地貌形态类型组成。多年平均气温15.2~17.2℃，自然区划为Ⅳ2江淮丘陵、山地湿润区。

（2）主线行车速度

主线设计行车速度为100km/h。

（3）路基、路面

路基宽度26m，路面宽度22.5m；全线路基设计洪水频率1/100；为对向四车道，路面标准轴载BZZ-100。

（4）桥梁、涵洞

设计荷载：汽车—超20级，验算荷载：挂车—120。

设计洪水频率：特大桥1/300，大、中、小桥、涵洞1/100。

桥面净宽：小桥桥面净宽为2×11.25m，大、中桥2×11.50m；分离式断面桥梁与路基同宽，桥面宽为12.50m；涵洞与路基同宽。

（5）隧道

隧道净空：行车道净宽(0.5+2×3.75+0.5)m；行车道净高≥5.0m；检修道净宽0.75m；检修道净高≥2.5m。

（6）路线交叉

①互通式立体交叉设计标准：

a. 互通立交等级：峨桥互通、繁昌互通、钟鸣互通均为三级。

b. 匝道计算行车速度：三级互通立交采用40km/h。

c. 匝道路基宽度：单向单车道匝道路基宽8.5m，路面宽7m；对向双车道路基宽度15.5m，路面宽13m；单向双车道匝道路基宽10.5m，路面宽9m。

②分离式立体交叉及通道设计标准：

a. 主线上跨各级公路的桥梁及通道净空高度:二级及二级以上公路≥5.0m,三、四级公路≥4.5m,汽车通道≥3.2m,机耕通道≥2.7m,人行通道≥2.2m。

b. 主线下穿各级公路的净空标准:主线下穿各级公路的净空高度均按≥5m 控制。

3. 工程内容及主要构造物

(1)建设主要内容

全长60.6km,全线路基工程共分10个标段,路面工程分3个标段,交通工程8个标段,机电工程2个标段,绿化3个标段,房建5个标段。共设3处互通立交,即峨桥互通、繁昌互通、钟鸣互通;服务区1处:千军服务区;停车区1处:顺安停车区;管理中心1处:芜湖管理处;收费站3处:峨桥收费站、繁昌收费站、铜陵东收费站(钟鸣收费站);分离式隧道1座、连拱隧道5座;涵洞通道8670m/256座;防护工程10.1万m^3;路基土石方699.9万m^3;路面水稳碎石基层129.76万m^2;沥青混凝土路面147.26万m^2;特大桥1539m/1座;大中桥4608m/15座;小桥142m/9座,分离立交1530m/49座。

(2)路线中间控制点

张韩、漳河、响水涧蓄能电站、繁昌童坝、白马山南、钟鸣、新桥、朱村。

(3)路线跨越主要河流

漳河、赤沙河、新桥。

漳河挂篮悬浇施工

梁板预制场布置图

(4)隧道

全线共有6座隧道,其中分离式隧道1座(峨山隧道),连拱式隧道5座[千军岭隧道、朱冲隧道、梅冲(原名梅冲Ⅰ号)隧道、马仁山(原名梅冲Ⅱ号)隧道、孙村(原名大尖山)隧道]。中隧道两座,分别为峨山隧道和千军岭隧道。

4. 征地拆迁

2003年11月~2004年10月,在各级指挥机构的配合下,在地方各级政府的支持下,征地拆迁工作正式展开,征用土地5674.98亩,拆迁房屋99398m^2,支付补偿费用58340.02万元(因沿江西、东、中段合并审计,故支付补偿费用为沿江高速总数)。

初期支护施工

建成后短连拱隧道

5. 项目投资

(1)投资规模、资金来源

2003年10月,安徽省发展计划委员会以计设计[2003]1079号文《关于芜湖至铜陵高速公路初步设计的批复》批复了项目初步设计文件,概算投资总额为20.1854亿元,核定项目全长60.6km。

资金来源:项目资本金70727万元,约占总投资35%,除申请国家车购税补助外,其余由集团公司自筹;资本金以外部分131100万元,申请银行贷款解决。

(2)概算执行情况

经竣工决算审计,沿江高速公路工程基本建设支出544657.93万元(不含固定资产净值19.16万元),与安徽省计委批复西、东、中段概算总投资649755.49万元相比,节约概算105097.56万元,对比概算节约比例16.17%。与国家发展改革委员会改交运[2015]421号文对项目核准的批复总投资62亿元相比,节约概算75342.07万元,对比概算节约比例12.15%。

6. 开工及通车时间

2004年6月开工,工期3年,2007年6月28日建成通车。

7. 交工验收

验收委员会于2007年6月18日对沿江东段举行交工验收会议,验收委员会一致认为:本项目路线平纵线舒适、选用指标恰当,路基及边坡稳定,路面平整密实,路基、路面排水合理,互通形式合理、规模恰当,桥梁、隧道、通道及涵洞等构造物总体质量较好,桥路衔接顺适,交通安全设施完备,监控、通信、收费系统运行正常,沿线管理服务设施功能完善,档案资料完整、规范、齐全,重视沿线环保生态,受到社会各界和使用者的一致好评。

沿江东段通车典礼

项目单位工程合格率100%,评审值为97.9分,经验收委员会审议后,项目评为优良工程。

(二)决策研究

2002年12月10日,安徽省发展计划委员会以计基础〔2002〕1133号文向国家计委会正式上报《关于安徽省以及高速公路芜湖—铜陵—池州段项目建议书的请示》。

国家发展改革委员会和交通部也分别以发改交运〔2004〕1672号、交函规划〔2005〕56号、发改交运〔2005〕1421号、交工便字〔2005〕270号对《关于安徽省芜湖至安庆(池州大渡口)公路项目核准的批复》予以核准。

2003年7月18日,安徽省发展计划委员会以计基础〔2003〕686号文《关于芜湖至铜陵高速公路项目建议书的批复》批复了项目建议书。

2003年8月29日,省计委以计基础〔2003〕894号文《关于芜湖至铜陵高速公路可行性研究报告的批复》上报国家计委,抄报交通部。

2003年10月24日,安徽省发展计划委员会以计设计〔2003〕1079号文《关于芜湖至铜陵高速公路初步设计的批复》批复了项目初步设计文件。

2004年2月26日,安徽省交通厅以皖交基〔2003〕18号文《关于沿江高速公路张韩至朱村、毛竹园至大渡口段施工图设计的批复》进行了批复。

2004年,交通厅分别以皖交基〔2004〕7号文《关于沿江高速公路张韩至朱村段路基工程施工招标资格预审的批复》、皖交基〔2004〕34号文《关于沿江高速公路张韩至朱村段路基工程招标文件的批复》批复了项目资格预审和招标文件。

2004年4月,省交通厅对项目开工前准备工作进行审查,建设资金进行审计,认为具备开工条件。建设单位安徽省沿江高速公路建设指挥部按交通部规定办理了开工报告。

国家环保总局、国家交通部、安徽省环保局也分别以环审〔2005〕414号、交环函〔2004〕80号、环然函〔2003〕385号文批复了《关于安徽省沿江高速公路芜湖（张韩）至安庆（池州毛竹园）段环境影响报告书审查意见的复函》。

国家土地资源部以国土资函〔2006〕602号文、安徽省人民政府皖政地〔2006〕399号文批复了《关于芜湖至安庆（池州大渡口）高速公路工程建设用地的批复》。

（三）项目实施

1. 项目招标

（1）设计招标

设计单位是安徽省公路勘测设计院。

（2）施工招标

路基工程施工招标：2003年12月，路基工程划分为10个标段，通过资格预审共52家来自公路、铁路、水利等建筑行业的施工企业参加竞标。2004年3月24日公开开标，确定了10家中标单位。

路面工程施工招标：2005年5月27日实行公开开标，确定了3家中标单位。

附属工程招标：主要包括交通工程、绿化工程、机电工程、收费站与服务小区等工程均实行公开招标。

（3）监理招标

路基工程监理招标：共划分6个监理组，全国共有9家监理单位参加资格审查，9家监理单位通过资格预审，确定了6家中标监理单位。

路面工程监理招标：共划分3个监理组，全国共有13家监理单位参加资格审查，12家监理单位通过资格预审，确定了3家中标监理单位。

房建工程监理招标：划分1个监理组，通过公开招投标，确定了1家中标监理单位。

2. 项目管理

2003年6月经安徽省人民政府同意，皖政交基〔2003〕2号文成立了安徽省沿江高速公路建设领导小组，根据皖沿江组〔2003〕1号文成立了安徽省沿江高速公路有限公司。当年6月成立了安徽省沿江高速公路建设指挥部办公室。

3. 重大事项

（1）重大决策

根据安徽省人民政府《关于沿江高速公路项目有关问题的会议纪要》，明确了沿江高速公路中段铜陵（朱村）至池州（毛竹园）高速公路采用西线方案，为了与中段西线方案衔接，对东段第十标段的路线方案进行了调整。

(2) 重大变更

① 沿江高速公路东段芜湖(张韩)至铜陵(朱村)段十标路线方案变更，为了与中段西线方案衔接，对第十标段的路线方案进行了调整，K50+755～K51+592、K52+498～K60+000，路线里程 8.939km。

② 千军岭隧道 K15+605 岩溶塌陷加固变更。

③ 朱村互通立交变更。

④ K27+830～K28+300 段古滑坡群变更。项目建设开工后，由于路堑开挖引起滑坡局部变形，由于种种原因特别是二次台风"麦沙"的袭击，滑坡复活加剧，加大了治理难度。施工单位于 2005 年 10 月委托公路设计院重新设计，鉴于该滑坡规模大，技术条件复杂，设计单位联合国内知名岩土工程公司共同设计，交通厅组织国内著名专家对初步设计及施工图设计文件评审通过，主要增设上下两排抗滑桩共计 74 根，增设坡脚路堑挡墙防护及截排水措施。

(3) 重大事件

① 路基、环保设计理念的提升及设计创新。在边坡防护上，采用了较缓坡率，大大减少了坡面加固工程费用，还有利于坡面采用绿色防护与提高边坡安全度，使道路边坡景观也得到了极大改善，同时改善了驾乘人员视觉及心理舒适度。个别深挖方路段，如 K97+265～K97+499.5 段路基左侧采用了一二级锚杆框架+绿化防护、三四级挂 TECC0 网+绿化防护的防护方案，在保证边坡稳定的同时减少了工程造价，改善了公路视觉环境。

矩形抗滑桩基坑施工

建成后抗滑桩效果

② 为了中段西线方案衔街，调整东段十标路线方案。根据安徽省人民政府《关于沿江高速公路项目有关问题的会议纪要》，明确了沿江高速公路中段铜陵(朱村)至池州(毛竹园)高速公路采用西线方案，为了与中段西线方案衔接，对东段第十标段的路线方案进行了调整。

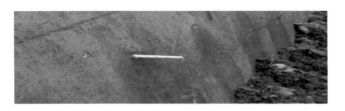

增设坡脚路堑挡墙

4. 复杂技术工程

(1)隧道

因地质原因在朱冲隧道施工过程中,发现隧道中墙底部有多处溶洞,严重影响隧道中墙及隧道结构安全。通过隧道地质补勘,沿隧道中洞轴线底部10m范围内有21处大小不等的溶洞或溶洞群,根据溶洞发育大小及位置,采取多种综合处理方案;千军岭隧道出口10月29日导洞开挖到桩号K15+605时,围岩发生突变,掌子面发生塌方,塌方体为混合土夹孤石,并于11月9日的降雨影响导致冒顶、塌方。通过一系列地质勘察手段,确认塌方段隧道穿越一处岩溶塌陷,采用地表深孔注浆加固、加强支护、控制施工等综合手段处理。

(2)钟鸣大桥桩基溶洞处理

位于钟鸣镇的钟鸣大桥因桩基处有地下溶洞,桩基在施工过程中存在漏浆现象,根据漏浆的不同程度分别从附近购买水泥、膨润土、黄土、碎石、钢套筒分别填至桩基内,然后对桩基重新配浆,重新钻孔,再漏再填,也用同样的方法进行反复施工,对于反复施工仍无效的,根据现场的实际情况,对后17跨采取了申报变更的处理措施,缩短了17跨桥梁,增加了3跨扩大基础桥台中桥,以有效地避免特大桥深基础的溶洞处理的难点,最后顺利完成项目的施工任务。

(四)科技创新与成果

本项目科研和新技术应用主要有7大内容:

(1)安徽省沿江高速公路路面混合料设计与施工技术研究

通过水泥稳定碎石基层材料的路用性能试验研究与分析,研究了不同龄期模量与7d无侧限抗压强度的关系,提出了较优的工程级配控制范围与强度控制标准。对AC-13、AC-20和AC-25型沥青混合料路用性能的影响因素,沥青混合料与施工技术、机具设备之间的互相作用关系及变异性进行研究,分析了各种影响因素与变异性对沥青混合料性能指标的影响程度与规律,提出了适用于本地区的工程级配设计范围。三种AC型沥青混合料的细集料级配对沥青混合料性能的影响明显大于粗集料,尤其是对混合料空隙率及其变异性有显著影响;检测结果表明,路面现场空隙率变异性较室内试验增大约一倍。

研究了空隙率对混合料力学指标的影响,压实功、成型温度、混合料级配、油石比对沥青混合料空隙率有显著影响,为提高沥青路面施工质量提供了依据。研究了沥青混合料骨架密实结构的三种评价方法与调整骨架密实结构的设计方法,推荐了采用集料毛体积密度与表观密度相结合的骨架密实结构评价方法,为骨架密实沥青混合料组成设计提供了依据。

研究成果有力支持了依托工程建设,在安徽省沿江高速公路、安景高速公路、阜周高速公路、周六高速公路、蚌淮高速公路、黄祁高速公路、阜新高速公路、芜雁高速公路、望东长江大桥高速公路、望东北岸接线高速公路、滁马高速公路和东九高速公路近11条共1200多公里的工程建设中得到推广应用。

该项目于2011年1月9日由省交通运输厅在合肥主持召开了"高速公路沥青路面混合料设计与施工技术研究"项目成果鉴定会,于2011年12月获得安徽省科技进步三等奖。

(2)安徽沿江高速公路软基处理关键技术研究

2011年1月9日,受省科学技术厅委托,省交通运输厅在合肥主持召开了"安徽沿江高速公路软基处理关键技术研究"项目成果鉴定会。该科研项目于2012年12月获得安徽省科技进步三等奖。

(3)改性乳化沥青罩面在长隧道铺筑中的应用研究

通过沿江高速公路隧道乳化沥青罩面实体工程的应用研究和跟踪观测总结,解决了隧道内水泥混凝土基面潮湿状态下如何施工乳化沥青罩面的工艺控制、配合比设计和材料性能创新问题,解决了国内尚无在长隧道内(潮湿)如何提供乳化沥青罩面的开放交通强度问题。通过国内常见的微表处改性乳化沥青采用的SBR和季氨盐类作为胶乳剂,对比了采用SBS作为胶乳剂和采用高性能SBS+SBR改性乳化沥青,每一种胶乳剂对应32.5级和42.5级水泥作为提高早期强度共6个乳化沥青罩面配比分析与研究,优化了破乳和黏结的矛盾,解决了活性集料导致破乳加快难以施工控制问题,并能够控制开放交通时间。研究得到了采用定量水泥作为填料时,随着改性乳化沥青用料的增加,其相应的力学指标呈现略微下降趋势;MS-3型级配中粗集料含量增加后,混合料的强度和回弹模量有明显增加。乳化沥青罩面的应用不但提高了抗滑、密水、降噪(相对水泥混凝土路面),而且大大提高了行车的舒适性,同时也大大节约了采用复合双层沥青路面铺筑的造价。

(4)阻燃沥青混凝土路面在隧道路面施工的应用研究

安徽沿江高速公路是国家和省重点建设工程,其中YJ1-LM02合同段工程中,共有4条隧道(朱冲隧道、梅冲Ⅰ号隧道、梅冲Ⅱ皓隧道和大尖隧道)做沥青混凝土路面铺筑。为了提高沥青混凝土路面在隧道中的阻燃防火性能,此4条隧道沥青混凝土路面的表面层施工中采用阻燃沥青混合料铺筑。

通过沿江高速公路YJ1-LM02合同段隧道工程的隧道阻燃性新技术的应用研究得出

经验:在保证阻燃沥青混凝土路面使用性能的基础上提高了路面的阻燃性。解决了阻燃剂添加会影响沥青表面层 AC13 沥青混凝土的抗滑性能技术难题。

(5)ETC 在沿江高速公路收费系统中的应用

安徽省沿江高速公路率先在三期工程收费系统中保留了 ETC 系统。

(6)沿江高速小区建设新技术的应用

生活污水沼气净化技术在沿江高速公路服务区中的应用,是安徽省服务区在污水处工艺上变废为宝、加强预处理、确保污水达标排放的一个新的尝试,具有投资少、处理效果好、运行管理方便、耗能少等优点。

(7)2013 年度获得交通部《现代沥青路面施工体系工法》工法证书

项目获奖情况见表 8-162。

获 奖 情 况　　　　　　　　　　表 8-162

序号	获奖项目	获奖名称	获奖年度	获奖单位	授奖单位
1	安徽省沿江高速公路路面混合料设计与施工技术研究	安徽省科技进步三等奖	2011	安徽省高速公路控股有限责任公司、安徽省试验检测科研中心、同济大学交通运输工程学院	安徽省人民政府
2	安徽沿江高速公路软基处理关键技术研究	安徽省科技进步三等奖	2011	安徽省高速公路控股有限责任公司、安徽省试验检测科研中心、同济大学交通运输工程学院	安徽省人民政府
3	沿江高速芜湖至安庆段项目	第十二届詹天佑奖	2014	安徽省高速公路控股集团有限公司等	中国土木工程学会、北京詹天佑土木工程科学技术发展基金会

(五)运营养护管理

1.运营管理

沿江高速公路芜湖(张韩)至铜陵(朱村)段沿线共设置 1 对服务区(千军服务区)、1 对停车区(顺安停车区),共设 3 个收费站点(峨山、繁昌、铜陵东)(表 8-163)。

2007 年 6 月 28 日至 2015 年 12 月 31 日,沿江高速公路芜湖(张韩)至铜陵(朱村)段累计交通流量为 1748 万辆(表 8-164)。

自通车以来采用社会化养护管理模式,通过公开招标方式确定社会专业化养护公司进行小修和路面、绿化、机电等专业化养护。目前,沿江高速芜湖(张韩)至铜陵(朱村)段暂无大修工程实施。

收费站点设置情况表　　　　　　　　　　　　　　表 8-163

站点名称	车道数	收费方式
峨桥站	入口3条、出口4条	人工收费及电子不停车收费综合 （入口:2条MTC车道、1条ETC车道） （出口:3条MTC车道、1条ETC车道）
繁昌站	入口4条、出口6条	人工收费及电子不停车收费综合 （入口:3条MTC车道、1条ETC车道） （出口:5条MTC车道、1条ETC车道）
铜陵东站	入口3条、出口4条	人工收费及电子不停车收费综合 （入口:2条MTC车道、1条ETC车道） （出口:3条MTC车道、1条ETC车道）

交通流量发展状况表（单位:辆）　　　　　　　　表 8-164

年份	入口	出口	合计	日平均流量
2007	24676	24139	48815	272
2008	699444	698309	1397753	3830
2009	825972	808481	1634453	4478
2010	894054	922802	1816856	4978
2011	1044756	1080191	2124947	5822
2012	1092359	1154792	2247151	6157
2013	1198542	1260815	2459357	6738
2014	1277037	1331256	2608293	7146
2015	1561176	1585081	3146257	8620

2.养护管理

养护管理工作坚持"预防为主,防治结合"的原则,明确"以桥隧和高边坡养护为重点,以路面养护为中心,实行全面养护"的工作思路,严格贯彻落实"畅通主导、安全至上、服务为本、创新引领"的养护管理方针。积极推进养护管理发展方式转变,夯实基础管理,提升管理水平,推进科学养护,强化应急保畅。重点开展养护管理标准化管理体系建设,组织养护示范工程创建和示范管理推广两项活动,并着重推进养护专项工程实施工作。

五十、G50 沪渝(上海—重庆)高速公路铜陵至池州段

(一)项目概况

G50 沪渝(上海—重庆)高速公路铜陵至池州段是国家高速公路东西横线上海—重庆的重要组成部分。在全国路网中,沿江高速公路向东与南京相连,向西与武汉、九江相

接,在长江两岸与已建成通车的合宁高速公路、合界高速公路共同构筑两条快速通道,连南接北、承东启西,是天津、山东、江苏等地区通往浙江、福建、广东等地的重要通道,它的建设对于加强中国东西交通联系、促进区域经济发展起着重要的作用。在安徽省路网中,沿江高速公路为安徽省高速公路网"四纵八横"中的一横(横七)重要组成部分。向东接已通车的芜马高速公路、芜宣高速公路和芜湖长江大桥;与在建的合铜黄高速公路立体交叉,向西接安(庆)景(德镇)高速公路和安庆长江大桥。

G50 沪渝(上海—重庆)高速公路铜陵至池州段

1. 参建单位

安徽省高速公路控股集团有限公司。

项目主要参建单位见表8-165。

G50 沪渝(上海—重庆)高速公路铜陵至池州段主要参与建设单位汇总表　　表8-165

序号	参建单位	单位名称	合同段编号及起止桩号	主要负责人
1	项目管理单位	安徽省高速公路总公司	K60+600~K117+000	王水
		安徽省沿江高速公路建设指挥部项目办	K60+600~K117+000	钱东升、胡红雨
2	勘察设计单位	安徽省公路勘测设计院	K60+600~K117+000	王吉双
3	施工单位	新建昆仑路港工程公司	路基 YJ2-1 K60+600~K71+300	黄春生、张宏建
		中铁四局第一工程有限公司	路基 YJ2-2 K71+300~K75+300	田传毕、寿拽仁
		中铁二十局集团第一工程有限公司	路基 YJ2-3 K75+300~K76+990 及 A、E 匝道桥	胡清华、张银生
		东盟营造工程有限公司	路基 YJ2-4 B、C、D、F、H 匝道桥	杨志杰、余常俊
		中国建筑第五工程局	路基 YJ2-5 K76+990~K80+820	金伟明、张曦宝
		路桥集团第一公路工程局第五工程处	路基 YJ2-6 K80+820~K83+490	郭振武、张卫强
		路桥集团第二公路工程局第六工程处	路基 YJ2-7 K83+490~K94+300	胡承雄、方永前

第八章
高速公路建设项目

续上表

序号	参建单位	单 位 名 称	合同段编号及起止桩号	主要负责人
3	施工单位	中铁十四局集团第五工程有限公司	路基 YJ2-8 K94+300~K95+300、K97+500~K98+500	王方兵、赵方刚
		安徽省巢湖市路桥工程有限公司	路基 YJ2-9 K95+300~K97+500、K98+500~K102+000	韩忠国、吴家祥
		安徽省路港工程有限公司	路基 YJ2-10 K102+000~K110+751.883、K115+900~K117+000	张琼、陆兵
		安徽省公路桥梁工程公司	路面 YJ2-LM01 K60+000~K87+000	谢业明、陈萃
		东盟营造工程有限公司	路面 YJ2-LM02 K87+000~K117+000	靖玉、邢小明
		江苏国强镀锌实业有限公司	交通工程 YJ2HL-01	范东明
		杭州萧山金鹰交通设施有限公司	交通工程 YJ2HL-02	张辉
		杭州公路交通设施工程有限公司	交通工程 YJ2BZ-01	董志远、丁瑞雄
		江苏无锡交通设施有限公司	交通工程 YJ2BX-01	顾伟德、胡建龙
		常熟橡胶有限公司	交通工程 YJ2SSF	
		安庆京鹏交通工程有限公司	交通工程 YJ2GLS	汪建军
		合肥绿叶园林工程有限责任公司	交通工程 YJ2LH01	王兵、张艳
		安徽华艺园林景观生态建设有限公司	交通工程 YJ2LH02	金鹏飞、胡优华
		安徽皖通科技发展有限公司	交通工程 YJJD	郭骥
		阜阳建工集团有限公司	小区 YJXQ-11 天门服务区	吕新涛
		安徽华力建设集团有限公司	小区 YJXQ-12 马衙服务区	胡本维
			小区 YJXQ-12 九华收费区	
		安徽汇源建设工程有限公司	小区 YJXQ-13 繁昌养护区	骆晚林
4	监理单位	安徽省高等级公路工程监理公司	总监办 K60+600~K117+000	吴志昂
		安徽省公路工程建设监理公司	路基 YJ2-1 K60+600~K71+300	孙伟
			路基 YJ2-2 K71+300~K75+300	
		北京路桥通监理公司	路基 YJ2-3 K75+300~K76+990 及 A、E 匝道桥	曲庆璋
			路基 YJ2-4 B、C、D、F、H 匝道桥	
			路基 YJ2-5 K76+990~K80+820	
		安徽省高等级公路工程监理公司	路基 YJ2-6 K80+820~K83+490	吴志坚
			路基 YJ2-7 K83+490~K94+300	
			路基 YJ2-8 K94+300~K95+300、K97+500~K98+500	
		安徽省科兴监理公司	路基 YJ2-9 K95+300~K97+500、K98+500~K102+000	余文松
			路基 YJ2-10 K102+000~K110+751.883、K115+900~K117+000	

续上表

序号	参建单位	单位名称	合同段编号及起止桩号	主要负责人
4	监理单位	安徽省高等级公路工程监理公司	路面 YJ2-LM01 K60+000～K87+000	江杰才
		安徽省科兴交通建设工程监理公司	路面 YJ2-LM02 K87+000～K117+000	余平
		安徽省高等级公路工程监理有限公司	交通工程 YJ2HL-01	
			交通工程 YJ2HL-02	
			交通工程 YJ2BZ-01	
			交通工程 YJ2BX-01	
			交通工程 YJ2SSF	
			交通工程 YJ2GLS	
			交通工程 YJ2LH01	
			交通工程 YJ2LH02	
			交通工程 YJJD	
		合肥工大建设监理有限责任公司	小区 YJXQ-11 天门服务区	
			小区 YJXQ-12 马衙服务区	
			小区 YJXQ-12 九华收费区	
			小区 YJXQ-13 繁昌养护区	

2. 技术标准

(1)公路等级、里程及地形类别

沿江高速公路分三期建设,分别为沿江东段、沿江中段、沿江西段。沿江中段起点位于铜陵朱村(K60+600),终点位于池州毛竹园(K117+000),路线全长53.54km。全线按平原微丘区四车道高速公路标准设计,全封闭、全立交,路面采用沥青混凝土路面。全线配置了完善的通信、监控收费用系统及照明、绿化、房建、安全设施等交通工程服务设施。

沿江高速公路位于安徽省的芜湖市、铜陵市、池州市,地理坐标为东经117°00′～118°30′,北纬30°20′～31°20′,地势总体特征是北低南高、西低东高,地形起伏较大,公路路线大致沿长江东南岸展布,走向与长江河道大致平行。地貌为沿江丘陵平原区,平原、岗地、丘陵和中低山四个微地貌形态类型组成。

区域构造单元属于扬子准地台、下扬子台坳、沿江拱段褶带的安庆凹断褶束。所处地区属亚热带湿润季风候区。气象要素变化与流域地理位置及地形地势特点相适应,多年平均气温15.2～17.2℃,一月份气温最低－10.0℃,七月份气温最高39.8℃。年降水量1400～1600mm,少数年份可达2000mm以上,主要降水发生在3～7月。多年平均蒸发量1270.49mm,相对湿度79.26%。路线所经地区属长江水系。自然区划为Ⅳ2江淮丘陵、山地湿润区。

(2)主线行车速度

主线设计行车速度为100km/h。

(3)路基、路面

路基宽度26m,路面宽度22.5m;全线路基设计洪水频率1/100;为对向四车道,路面标准轴载BZZ-100。

(4)桥梁、涵洞

设计荷载:汽车—超20级,验算荷载:挂车—120;

设计洪水频率:特大桥1/300,大、中、小桥、涵洞1/100;

桥面净宽:小桥桥面净宽为2×11.25m,大、中桥2×11.50m;分离式断面桥梁与路基同宽,桥面宽为12.50m;涵洞与路基同宽。

(5)路线交叉

①互通式立体交叉设计标准

a.互通立交等级:上水桥互通立交交叉等级为一级。九华山互通立交、朱村互通立交交叉等级为三级。

b.匝道计算行车速度:一级互通立交:定向、半定向匝道采用60km/h,环形匝道采用40km/h。

c.匝道路基宽度:单向单车道匝道路基宽8.5m,路面宽7m;对向双车道路基宽度15.5m,路面宽13m;单向双车道匝道路基宽10.5m,路面宽9m。

②分离式立体交叉及通道设计标准

a.主线上跨各级公路的桥梁及通道净空高度:二级及二级以上公路≥5.0m,三、四级公路≥4.5m,汽车通道≥3.2m,机耕通道≥2.7m,人行通道≥2.2m。

b.主线下穿各级公路的净空标准:主线下穿各级公路的净空高度均按≥5m控制。

3.项目内容及主要构造物

(1)建设主要内容

全长53.54km,全线路基共分10个标段,路面分2个标段,交通工程6个标段,机电1个标段,绿化2个标段,房建工程4个标段。共设3处互通立交(朱村互通、九华互通、上水互通),收费站2处(铜陵收费站、九华北站),服务区2处(天门服务区、马衙服务区),养护区1处,停车区1处,涵洞通道5240.41m/153座,防护工程3.71万m^3,路基土石方845.41m^2,水稳碎石基层337.15万m^2,沥青混凝土路面392.50万m^2,特大桥4490m/2座,大中桥2578m/12座,小桥116m/7座,分离立交2304.9m/28座。

(2)路线中间控制点

朱村、天门镇、S103、铜九铁路、铜汤高速公路(上水桥互通立交)、青通河、桐梓山、西岔湖、观前镇(九华山互通立交)、九华河、马衙镇、马衙河、G318、里山镇、毛竹园互通。

（3）路线跨越主要河流

青通河、九华河。

4. 征地拆迁

本项目征地拆迁标准按安徽省国土资源厅、交通厅皖国土资函〔2007〕1018号文规定执行,共完成路线征地5501.5亩,支付补偿费用58340.02万元（因沿江西、东、中段合并审计,故支付补偿费用为沿江高速公路总数）。

5. 项目投资

（1）投资规模、资金来源

2005年7月,安徽省发展计划委员会以发改设计〔2005〕603号文《关于铜陵（朱村）至池州（毛竹园）高速公路初步设计的批复》批复了项目初步设计文件,概算投资总额为22.3213亿元,核定项目全长53.34km。资金来源:项目资本金7.8124亿元,约占总投资35%,除申请国家车购税补助外,其余由集团公司自筹;资本金以外部分14.5089亿元,申请银行贷款解决。

（2）概算执行情况

经竣工决算审计,沿江高速公路工程工程基本建设支出544657.93万元（不含固定资产净值19.16万元）,与安徽省计委批复西、东、中段概算总投资649755.49万元,节约概算105097.56万元,对比概算节约比例16.17%。若按照国家发展改革委员会改交运〔2015〕421号文对项目核准的批复总投资62亿元相比,节约概算75342.07万元,对比概算节约比例12.15%。

6. 开工及通车时间

2005年10月开工,工期3年,2008年6月28日建成通车。

通车典礼

（二）决策研究

2002年12月10日,安徽省发展计划委员会以计基础〔2007〕1133号文向国家计委正式上报《关于安徽省以及高速公路芜湖—铜陵—池州段项目建议书的请示》。

国家发展和改革委员会和交通部也分别以发改交运〔2004〕1672号、交函规划〔2005〕56号、发改交运〔2005〕1421号、交工便字〔2005〕270号对《关于安徽省芜湖至安庆（池州大渡口）公路项目核准的批复》予以核准。

国家环保总局、国家交通部、安徽省环保局也分别以环审〔2005〕414号、交环函〔2004〕80号、环然函〔2003〕385号文批复了《关于安徽省沿江高速公路芜湖（张韩）至安庆（池州毛竹园）段环境影响报告书审查意见的复函》。

2005年7月4日，安徽省发展计划委员会以发改设计〔2005〕603号文《关于铜陵（朱村）至池州（毛竹园）高速公路初步设计的批复》批复了项目初步设计文件。

2005年8月30日，安徽省交通厅以皖交基〔2005〕48号文《关于沿朱村至池州毛竹园高速公路施工图设计的批复》进行了批复。

2006年8月3日，省交通厅以皖交基〔2006〕50号文对《关于沿江高速公路建设项目开工许可的批复》进行了批复（本项目属于补报）。

国家土地资源部以国土资函〔2006〕602号文、安徽省人民政府皖政地〔2006〕399号文批复了《关于芜湖至安庆（池州大渡口）高速公路工程建设用地的批复》。

(三) 项目实施

1. 项目招标

(1) 设计招标

设计单位是安徽省公路勘测设计院。

(2) 施工招标

路基工程招标：2005年6月，路基工程划分为10个标段，通过资格预审共64家来自公路、铁路、水利等建筑行业的施工企业参加竞标，2005年7月1日公开开标，确定了10家中标单位。

路面工程招标：本项目共划分2个标段，2007年1月4日实行公开开标，确定了2家中标单位。

附属工程招标：主要包括交通工程、绿化工程、机电工程、收费站与服务小区等工程，均实行公开招标。

(3) 监理招标

路基工程监理招标：共划分4个监理组，全国共有17家监理单位参加资格审查，17家监理单位通过资格预审，确定了4家中标监理单位。

路面工程监理招标：共划分2个监理组，全国共有13家监理单位参加资格审查，13家监理单位通过资格预审，确定了2家中标监理单位。

房建工程监理招标:划分1个监理组,通过公开招投标,确定了1家中标监理单位。

2.项目管理

(1)管理机构

2003年6月经安徽省人民政府同意,皖政交基〔2003〕2号文成立了安徽省沿江高速公路建设领导小组,根据皖沿江组〔2003〕1号文成立了安徽省沿江高速公路有限公司,同时成立了安徽省沿江高速公路建设指挥部办公室。

(2)交工验收

验收委员会于2008年6月24日对沿江中段举行交工验收会议,验收委员会一致认为:本项目路线平纵线舒适、选用指标恰当,路基及边坡稳定,路面平整密实,路基、路面排水合理,互通形式合理、规模恰当,桥梁、通道及涵洞等构造物总体质量较好,桥路衔接顺适,交通安全设施完备,监控、通信、收费系统运行正常,沿线管理服务设施功能完善,档案资料完整、规范、齐全,重视沿线环保生态,受到社会各界和使用者的一致好评。项目单位工程合格率100%,评审值为98.1分,经验收委员会审议后,项目评为优良工程。

验收资料如下:国家交通运输部档案馆《关于印发芜湖至安庆(池州大渡口)公路项目档案专项验收意见的函》(档指函〔2011〕19号)(2011年5月13日);国家环境保护部《关于安徽省沿江高速公路芜湖(张韩)至安庆(池州大渡口)段竣工环境保护验收意见的函》(2013年5月10日);安徽省交通运输厅《转发对沿江高速公路铜陵(朱村)至池州(毛竹园)段工程竣工决算审计报告的通知》(皖交财函〔2011〕318号)(2011年5月19日);安徽安建会计师事务所《安徽省沿江高速公路芜湖(张韩)至安庆(池州大渡口)段竣工决算(合并)审计报告》(2011年8月25日)。

3.重大变更

(1)全线地处岩溶地区,桥梁桩基处理费用较大。

(2)九华河桥池州台因溶洞深且大,局部桥梁修改成路基。

(3)上水桥互通的变更,主要是溶洞的处理和桩径变为统一。

(4)上水互通根据岩溶补勘的地质资料,互通立交区域内桥梁部分位于溶洞范围,并对上水桥互通的F匝道和H匝道桥墩桩柱直径进行统一。

4.复杂技术工程

上水互通地形复杂,互通立交位于铜陵县大通镇的上水桥,主线为了下穿铜九铁路采用分离式断面,互通立交的交叉桩号为:铜池高速公路YK76+058.447=铜汤高速公路K80+393.597,铜池高速公路ZK76+055.983=铜汤高速公路K80+412.818。该互通立交是连接两条高速公路的大型枢纽工程,设计采用半苜蓿定向型四肢互通立交的形式,本项目上跨铜汤高速公路。本互通立交大部分处在白浪湖湖区及圩区,因此除与铜汤路相接部分为路基外,均为桥梁。

桩基施工图

立柱施工图

(四)科技创新与成果

本项目科研和新技术应用主要有5项内容:

(1)安徽省沿江高速公路路面混合料设计与施工技术研究

通过水泥稳定碎石基层材料的路用性能试验研究与分析,研究了不同龄期模量与7d无侧限抗压强度的关系,提出了较优的工程级配控制范围与强度控制标准。对AC-13、AC-20和AC-25型沥青混合料路用性能的影响因素,沥青混合料与施工技术、机具设备之间的互相作用关系及变异性进行研究,分析了各种影响因素与变异性对沥青混合料性能指标的影响程度与规律,提出了适用于本地区的工程级配设计范围。三中AC型沥青混合料的细集料级配对沥青混合料性能的影响明显大于粗集料,尤其是对混合料空隙率及其变异性有显著影响;检测结果表明,路面现场空隙率变异性较室内试验增大约一倍。

研究了空隙率对混合料力学指标的影响,压实功、成型温度、混合料级配、油石比对沥青混合料空隙率有显著影响,为提高沥青路面施工质量提供了依据。研究了沥青混合料骨架密实结构的三种评价方法与调整骨架密实结构的设计方法,推荐了采用集料毛体积密度与表观密度相结合的骨架密实结构评价方法,为骨架密实沥青混合料组成设计提供了依据。

研究成果有力支持了依托工程建设,在安徽省沿江高速公路、安景高速公路、阜周高速公路、周六高速公路、蚌淮高速公路、黄祁高速公路、阜新高速公路、芜雁高速公路、滁马高速公路、望东长江大桥高速公路、望东北岸接线、岳武高速公路和东九高速公路近12条共1200多公里高速公路的工程建设中得到推广应用。

该项目于2011年1月9日由省交通运输厅在合肥主持召开了"高速公路沥青路面混合料设计与施工技术研究"项目成果鉴定会。于2011年12月获得安徽省科技进步三等奖。

(2)安徽沿江高速公路软基处理关键技术研究

2011年1月9日,受省科学技术厅委托,省交通运输厅在合肥主持召开了"安徽沿江高速公路软基处理关键技术研究"项目成果鉴定会。该科研项目于2012年12月获得安徽省科技进步三等奖。

(3)ETC在沿江高速公路收费系统中的应用

沿江高速公路率先在三期工程收费系统中保留了ETC系统。

(4)沿江高速公路小区建设新技术的应用

生活污水沼气净化技术在沿江高速公路服务区中的应用,是安徽省服务区在污水处工艺上变废为宝、加强预处理、确保污水达标排放的一个新的尝试。该技术在沿江高速公路服务区中的应用,具有投资少、处理效果好、运行管理方便、耗能少等优点。

(5)沿江高速芜湖至安庆段项目

2015年12月4日,第十二届中国土木工程詹天佑奖颁奖大会在北京举行。安徽省沿江高速芜湖至安庆段项目在工程设计、绿色环保技术、生态环保技术、历史文化保护、工程全寿命安全监测等方面具有较大创新而受到表彰,被授予詹天佑奖。

(五)运营与养护

1.运营管理

沿江高速公路铜陵(朱村)至池州(毛竹园)段沿线共设置1对服务区(天门服务区)、共设1个收费站点(九华北站)(表8-166)。从2007年6月28日起至2015年12月31日,沿江高速铜陵(朱村)至池州(毛竹园)累计交通流量为280万辆(表8-167)。

收费站点设置情况表 表8-166

站点名称	车道数	收费方式
九华北站	入口3条、出口4条	人工收费及电子不停车收费综合 (入口:2条MTC车道、1条ETC车道) (出口:3条MTC车道、1条ETC车道)

交通流量发展状况表(单位:辆) 表8-167

年份	入口	出口	合计	日平均流量
2008	50711	52840	103551	725
2009	128547	134478	263025	721
2010	126100	142454	268554	736
2011	134418	146306	280724	769

续上表

年份	入口	出口	合计	日平均流量
2012	152355	162349	314701	862
2013	215698	234046	449744	1232
2014	256101	291384	547485	1500
2015	267836	301361	569197	1559

自通车以来采用社会化养护管理模式,通过公开招标方式确定社会专业化养护公司进行小修和路面、绿化、机电等专业化养护。目前沿江高速公路铜陵(朱村)至池州(毛竹园)段暂无大修工程实施。

2.养护管理

高速公路养护管理工作坚持"预防为主,防治结合"的原则,明确"以桥隧和高边坡养护为重点,以路面养护为中心,实行全面养护"的工作思路,严格贯彻落实"畅通主导、安全至上、服务为本、创新引领"的养护管理方针。

对实施预防性养护的大中修工程,积极开展养护工程后评价工作,总结提炼养护处治和管理经验。同时严格执行《公路桥梁养护管理工作制度》,全面落实桥梁养护的技术政策和管理制度;加强长大桥梁安全运营管理,加强监控检测和监控系统建设,通过采取巡查、经常性检查、定期检查和硬化排查等工作,及时处治发现病害,确保桥梁隧道结构安全。

五十一、G50沪渝(上海—重庆)高速公路毛竹园至大渡口段

(一)项目概况

G50沪渝(上海—重庆)高速公路毛竹园至大渡口段是国家高速公路东西横线上海—重庆的重要组成部分。在全国路网中,沿江高速公路向东与南京相连,向西与武汉、九江相接,在长江两岸与已建成通车的合宁高速公路、合界高速公路共同构筑两条快速通道,连南接北、承东启西,是天津、山东、江苏等地区通往浙江、福建、广东等地的重要通道,它的建设对于加强中国东西交通联系、促进区域经济发展起着重要的作用。

在安徽省路网中,沿江高速公路为安徽省高速公路网"四纵八横"中的一横(横七)重要组成部分。向东接已通车的芜马高速公路、芜宣高速公路及芜湖长江大桥;与在建的合(肥)铜(陵)高速公路立体交叉,与铜陵长江大桥相连;向西接安(庆)景(德镇)高速公路和安庆长江大桥。沿江高速公路的建设是安徽省实施"两点一线"(两点指合肥、黄山,一线指沿江地带)经济战略和开发沿江旅游资源,以"两山一湖"(黄山、九华山、太平湖)为龙头、大力发展旅游经济的需要,有利于皖南地区融入长三角,为皖南地区经济的快速发展提供了有利条件,在皖南乃至整个安徽省经济建设中将起着极其重要的作用。路段起

于毛竹园,经贵池区、东至县,止于大渡口镇。

G50 沪渝(上海—重庆)高速公路毛竹园至大渡口段

1. 参建单位

安徽省沿江高速公路有限责任公司。

项目主要参建单位见表 8-168。

G50 沪渝(上海—重庆)高速公路毛竹园至大渡口段主要参与建设单位汇总表 表 8-168

序号	参建单位	单 位 名 称	合同段编号及起止桩号	主要负责人	备注
1	项目管理单位	安徽沿江高速毛竹园至大渡口段工程建设项目办	K117+000 ~ K166+704	钱东升、杨庆云、胡红雨	
2	勘察设计单位	安徽省公路勘测设计院	K117+000 ~ K166+704	陈修林	
3	施工单位	路桥华南工程有限公司	路基 01 标 K121+147 ~ K122+223	彭立志、谯兰志	路基
		中铁四局集团第一工程有限公司	路基 02 标 K120+500 ~ K121+147;K122+223 ~ K131+000	蔡学为、杨家林	路基
		中国水利水电第十三工程局	路基 03 标 K131+000 ~ K138+130	高宗文、张书起	路基
		中国冶金建设集团公司	路基 04 标 K138+130 ~ K138+659	张立葆、王连航	路基
		路桥集团第二公路工程局第六工程处	路基 05 标 K138+659 ~ K139+630;K140+696 ~ K141+458	郑鸿南、陈武正	路基
		中国建筑第五工程局	路基 06 标 K139+630 ~ K140+696	彭仕明、贾承良	路基
		安徽省公路桥梁工程公司	路基 07 标 K141+458 ~ K142+090	孙学军、程长永	路基
		四川武通路桥工程局	路基 08 标 K142+090 ~ K149+397	王建国、王明和	路基
		中铁四局集团第四工程有限公司	路基 09 标 K149+397 ~ K151+020	楼金其、张志全	路基
		辽宁省路桥建设总公司	路基 10 标 K151+020 ~ K152+550	张亚洲、李连宏	路基
		路桥集团第一公路工程局第五工程公司	路基 11 标 K152+550 ~ K153+931	张维东、徐振伟	路基
		中铁十四局集团第五工程有限公司	路基 12 标 K153+931 ~ K155+734.5	赵方刚、刘治宝	路基

续上表

序号	参建单位	单位名称	合同段编号及起止桩号	主要负责人	备注
3	施工单位	内蒙古自治区公路工程局	路基13标 K155+734.5~K158+867；K159+871~K160+792；K161+796~K162+263	王宝奎、刘建军	路基
		路桥集团第二公路工程局	路基14标 K158+867~K159+871；K160+792~K161+796	张军智、刘新生	路基
		安徽省公路桥梁工程公司	路基15标 K162+263~K164+430	戴良军、彭申凯	路基
		新疆昆仑路港工程公司	路基16标 K164+430~K166+703.898	董建平、李艳明	路基
		安徽开源路桥有限责任公司	路面01标 K117+000~K139+630	李志福、张先惠	路面
		交通部第二公路工程局第六工程处	路面02标 K139+630~K166+704	云新儒、李建武	路面
		安徽开源公司	YJ3HL-01 K117+000~K166+704	马庆华、曹余存	交通工程
		无锡交通设施有限公司	YJ3BZ-1 K117+000~K166+704	顾伟德、钱亚忠	交通工程
		常州市交通设施有限公司	YJ3BX-1 K117+000~K166+704	郭瑛、颜安	交通工程
4	监理单位	安徽省高等级公路工程监理有限公司	YJ3-1 K121+147~K122+223	吴志昂	路基
			YJ3-2 K120+500~K121+147；K122+223~K131+000		
		安徽中兴工程建设监理所	YJ3-3 K131+000~K138+130	周力军	路基
		湖北中交桥梁监理有限公司	YJ3-4 K138+130~K138+659	曾兵	路基
			YJ3-5 K138+659~K139+630；K140+696~K141+458		
		厦门路桥咨询监理有限公司	YJ3-6 K139+630~K140+696	刘德全	路基
			YJ3-7 K141+458~K142+090		
		安徽中兴工程建设监理所	YJ3-8 K142+090~K149+397	周力军	路基
		南京工苑建设监理咨询有限公司	YJ3-9 K149+397~K151+020	张玉信	路基
			YJ3-10 K151+020~K152+550		
		安徽省公路工程建设监理有限公司	YJ3-11 K152+550~K153+931	陈维平	路基
			YJ3-12 K153+931~K155+734.5		
		贵州交通建设咨询监理有限公司	YJ3-13 K155+734.5~K158+867；K159+871~K160+792；K161+796~K162+263	任义平	路基
		安徽省公路工程建设监理有限公司	YJ3-14 K158+867~K159+871；K160+792~K161+796	陈维平	路基
			YJ3-15 K162+263~K164+430		

续上表

序号	参建单位	单位名称	合同段编号及起止桩号	主要负责人	备注
4	监理单位	贵州交通建设咨询监理有限公司	YJ3-16 K164+430~K166+703.898	任义平	路基
		安徽中兴工程建设监理所	YJ3-LM01 K117+000~K139+630	周力军	路面
		南京工苑建设监理咨询有限公司	YJ3-LM02 K139+630~K166+704	张玉信	路面

2. 技术标准

(1) 公路等级、里程及地形类别

沿江高速公路毛竹园至大渡口段起点位于毛竹园(K117+000),终点位于池州市大渡口镇,终点桩号 K166+703.898。为了本项目通车需要,把沿江中段的杏花村互通立交并入本项目同步建成,路线全长 49.704km,全线设断链一处:新桩号 K130+700 = 原桩号 K131+701.974,短链 1.974m。全线按平原微丘区四车道高速公路标准设计,全封闭、全立交,路面采用沥青混凝土路面。全线配置了完善的通信、监控和收费系统及照明、绿化、房建、安全设施等交通工程和服务设施。

本项目位于北纬 30°27′~30°36′和东经 117°04′~117°30′。沿线所经区域为沿江丘陵平原区,全线按地貌可划分为冲积(堆积)平原、剥蚀丘陵、侵蚀低山三个基本类型。根据含水介质的储水性能和地下水的水力性质,将区内地下水类型划分为侵入岩类裂隙水、碎屑岩裂隙孔隙水、碳酸盐岩类岩溶水、松散岩类孔隙水等四种类型。各类型地下水的富水性均较好。根据区域水文地质资料,各类地下水对混凝土基本无腐蚀性。

项目区域位于温暖湿润的亚热带季风气候区,具有四季分明,气候温和,雨量充沛,雨热同季,光照较充足的气候特点。年平均气温 16.1℃,年平均降雨量为 1602.4mm,5~8 月份降雨量较为集中,公路自然区域属于Ⅳ3、Ⅳ5 区。

(2) 主线行车速度

主线设计行车速度为 100km/h。

(3) 路基、路面

路基宽度 26m,路面宽 22.5m;全线路基设计洪水频率 1/100;为双向四车道,路面标准轴载 BZZ-100。

(4) 桥梁、涵洞

计算荷载:汽车—超 20 级,验算荷载:挂车—120。

设计洪水频率:特大桥 1/300,大、中、小桥、涵洞 1/100。

桥面净宽:小桥桥面净宽为 2×11.25m,大、中桥 2×11.50m;涵洞与路基同宽。

(5) 路线交叉

互通式立体交叉设计标准:

①互通立交等级:殷家汇互通立交为三级;大渡口互通立交为一级。

②匝道计算行车速度:三级互通立交采用 40km/h。大渡口互通立交中:单喇叭部分的匝道采用 40km/h、T 形部分(与两条高速公路连接的定向匝道)采用 70km/h。

③匝道路基宽度:单向单车道匝道路基宽 8.5m,路面宽 7m;对向双车道路基宽度 15.5m,路面宽 13m;单向双车道匝道路基宽 10.5m,路面宽 9m。

分离式立体交叉及通道设计标准:

①主线上跨各级公路的桥梁及通道净空高度:二级及二级以上公路≥5.0m,三、四级公路≥4.5m,汽车通道≥3.2m,机耕通道≥2.7m,人行通道≥2.2m。

②主线下穿各级公路的净空标准:主线下穿各级公路的净空高度均按≥5m 控制。

3. 工程内容及主要构造物

(1)建设主要内容

毛竹园至大渡口段路线全长 49.704km,全线路基工程共分 16 个标段,路面工程分 2 个标段。共设 3 处互通立交,即杏花村、殷汇、大渡口;服务区 1 处:牛头山服务区;涵洞通道 6011m/162 座;特大桥 13420m/9 座,大中桥 1653m/13 座,小桥 39m/3 座,分离立交 1008m/13 座;路基土石方 720.3 万 m^3,防护工程 5.5 万 m^3,沥青混凝土路面 130 万 m^2,护栏 205km。

(2)路线中间控制点

毛竹园、白杨河、涓桥(国道 318)、秋浦河、殷家汇、乌龙河、牛头山、海螺水泥厂输料廊道、马料湖、黄湓河、升金湖、大渡口。

(3)路线跨越主要河流

白杨河、秋浦河、乌龙河、马料湖、黄湓河、新河,其中秋浦河为 V 级航道,白杨河为 Ⅷ 级航道,其他河流均无通航要求。

4. 征地拆迁

省国土资源厅于 2003 年 9 月 24 日下发了《关于池州至安庆高速公路工程建设用地预审意见的函》,同意了该项目的建设用地。2004 年的 3 月底,该段土地完成分解,全线主线用地共计为 5218 亩,包括 3 个互通区、3 个收费所、1 个服务区,用地没有超过预审批复的用地计划,征用土地 5218 亩,拆迁房屋 60936m^2,支付补偿费用 1111576432 元。

5. 项目投资

(1)投资规模、资金来源

根据安徽省计委《关于池州至安庆高速公路初步设计的批复》(计设计〔2003〕1080 号),批复概算 22.4688 亿元。资金来源:高速公路总公司拨付项目资本金 78640 万元;项目法人自筹银行贷款 146048 万元。

(2)概算执行情况

经竣工决算审计,沿江高速公路毛竹园至大渡口段工程基本建设支出数 18.9 亿元,与批复的概算总投资 22.4688 亿元相比，较概算节约 3.57 亿元，对比概算节约比例 15.89%。

6. 开工及通车时间

2004 年 4 月正式开工，工期为 32 个月，2006 年 12 月建成通车。

沿江西段通车典礼

领导通车前检查

（二）决策研究

2003 年 7 月，安徽省发展计划委员会以计基础〔2003〕687 号文《关于池州至安庆高速公路项目建议书的批复》批复了项目建议书。

2003 年 8 月，省计委以计基础〔2003〕895 号文《关于池州至安庆高速公路可行性研究报告的批复》上报国家计委，抄报交通部。

2003 年 10 月，省计委以计基础〔2003〕1080 号文《关于池州至安庆高速公路初步设计的批复》批复了项目初步设计文件。核定项目全长 46.156km。

2003 年，省交通厅分别以皖交基〔2003〕110、皖交基〔2003〕125 号文《关于沿江高速公路毛竹园至大渡口段路基工程招标资格预审的批复》《关于沿江高速公路毛竹园至大渡口段路基工程招标文件的批复》批复了项目资格预审和招标文件。

2004 年 4 月，省交通厅对项目开工前准备工作进行审查，建设资金进行审计，认为具备开工条件。建设单位安徽省沿江高速公路建设指挥部按交通部规定办理了开工报告。

（三）项目实施

1. 项目招标

（1）设计招标

勘察设计工作由安徽省公路勘测设计院完成。

（2）施工招标

路基工程招标：2003 年 10 月，路基工程划分 16 个标段，面向国内符合资质资信登记要求的施工企业公开招标,2004年1月5日公开开标,经综合评标,最后分别由路桥华南工程有限公司、中铁四局集团第一工程有限公司等中标。

路面工程招标:本项目共划分为2个标段。2005年5月27日实行公开开标后由报价适宜的安徽开源路桥有限责任公司、路桥集团第二公路工程局第六工程处中标。

附属工程招标:主要包括交通工程、绿化工程收费站、服务小区、机电工程的招标,招标程序与路基、路面工程基本相同。

(3)监理招标

路基工程监理共划分10个监理组,最后安徽省高等级公路工程监理有限公司、安徽中兴工程建设监理所等中标。

路面工程监理共划分2个监理组,最后共有南京工苑建设咨询监理有限公司、安徽省中兴工程建设监理所2家监理单位承担了沿江西段路面监理工作。

2. 项目管理

(1)管理机构

沿江高速公路的建设按照项目法人责任制、项目招标投标制、工程项目监理制和工程合同管理制,全面加强工程建设组织管理。根据皖经贸企改函〔2003〕603号文《关于设立安徽省沿江高速公路有限责任公司的批复》设立了项目法人安徽省沿江高速公路有限责任公司,项目法人全面负责本项目的资金筹措,负责生产经营、债务偿还和国有资产的保值增值。2003年6月,经安徽省人民政府同意,皖政交基〔2003〕2号文成立了安徽省沿江高速公路建设领导小组,根据皖沿江组〔2003〕1号文成立了建设单位——安徽省沿江高速公路建设指挥部。指挥部设办公室、工程计划部、技术质量部、财务部、地方工作部、物资设备部、小区建设办公室等职能部门。

(2)质量控制措施与效果

第一,严格执行工程质量政府监督制度;第二,社会监理采取二级监理模式,即总监理工程师办公室和16个路基及2个路面监理组,监理机构实行全过程、全方位监理;第三,施工企业自检体系按照工序要求建立健全内部的自检、互检、交接检等三级质量保证体系;第四,建设单位严把设计质量,严格技术标准,开展技术创新。

(3)进度管理情况

在进度控制方面主要是抓计划的制定和落实,每年初省指召开一次生产调度会,布置项目总体目标和年度工作计划。项目办根据省指要求和工程施工相互交叉的特点,合理划分各阶段工作的重点。每月召开一次监理例会,具体落实工程进度计划,解决影响工程顺利开展中出现的矛盾。

(4)工程造价控制情况

严格审核图纸,实行"二院制",优化设计,减少设计漏洞,从设计源头控制工程造价;

省指财务部门加强资金的计划管理,合理调度资金,根据工程建设的年度计划,指挥部及时地对工程资金需求进行分析,按工程进度调度资金,使资金得到合理利用。以招投标为手段,有效控制工程造价;由于主体工程和附属工程采用了招标管理,有效地控制工程预算支出;严格计量支付,加强计量支付复审工作。严格控制工程变更费用,专门下发了《公路工程变更管理暂行办法》,并对变更申报及审批程序作出明确规定;重大变更须由省指挥部专家组讨论技术方案,审核工程数量和工程费用,尽量使变更费用合理;控制主材价格,节省工程投资。省指对主要材料如沥青、水泥、钢材进行直供。

(5)交工验收

交工验收委员会于2006年12月17日举行交工验收会议,交工验收委员会一致认为:沿江高速公路西段路线平纵线性舒适、选用指标恰当,路基及边坡稳定,路面平整密实,路基、路面排水合理,互通形式合理、规模恰当,桥梁、通道及涵洞等构造物总体质量较好,桥路衔接顺适,交通安全设施完备,监控、通信、收费系统运行正常,沿线管理服务设施功能完善,档案资料完整、规范、齐全,重视沿线环保生态,受到社会各界和使用者的一致好评。项目单位工程合格率为100%,评分值为97.03分,经验收委员会审议后,项目评为优良工程。

3. 重大事项与重大变更

(1)重大决策

①原毛竹园互通在中段,考虑到西段最先通车,为保障池州市有出入口,经省交通厅同意,将毛竹园互通纳入西段实施;

②K126+000~K127+500段为避让煤矿采空区,线位向南移;

③K128+000~K132+000段避让左侧220kV高压线路线右移30m;

④K136+100~K140+300段避让里汾移民建镇;

⑤K153+000~K155+000段为使路线尽量远离升金湖核心区路线右移紧靠G318布设;

⑥K158+000~K165+000段调整平面线位,缩短路线跨越忠字沟桥。

(2)重大变更

原设计中主桥采用变高度预应力连续箱梁,引桥采用30m及20m箱形组合连续梁,为了保证工期,减少施工难度,经池州项目办与水利航道部门进一步协商后,同意将主跨悬浇箱梁变更为简支小箱梁方案,变更后全桥采用30m及20m箱形组合连续梁。

4. 复杂技术工程

秋浦河大桥主桥采用40m+3×68m+40m现浇预应力混凝土变截面箱梁;黄湓大桥采用40m+4×68m+40m现浇预应力混凝土变截面箱梁;白杨河大桥主桥采用30m+7×50m+30m现浇预应力混凝土变截面箱梁;乌龙河大桥主桥采用30m+50m+30m现浇预应力混凝土变截面箱梁。单幅箱梁顶板宽度12.95m,底板宽度为7.0m,翼板宽

2.975m,顶板厚0.28m,底板厚0.32~0.60m,腹板厚0.6m,根部梁高3.5m,跨中梁高1.8m。箱梁梁高按二次抛物线变化,底板厚度按直线变化。箱梁采用C50号混凝土,双向预应力。纵、横向预应力均采用低松弛高强钢绞线,公称直径 ϕ15.24mm,标准强度 $R_y^b = 1860$MPa。其中,顶板束和底板束均采用16股钢绞线,配AM15-16锚具,下弯束采用12股钢绞线,配AM15-12锚具,横向预应力束采用4股钢绞线,配BM15-4和BMP15-4扁锚。主桥上部采用悬臂浇筑法施工,单T划分为19个梁段(不包括合龙段)、9个悬浇阶段,施工最大悬臂长度33m,悬浇块件最大长度4.0m,最大重量1082kN。主墩临时锚固采用 ϕ132mm精轧螺纹粗钢筋,配YGM-32锚具。下部结构主墩采用直径为2.4m双柱式墩身,基础采用4根直径1.8m的钻孔灌注桩基础,按摩擦桩设计。

上部构造箱梁0~1号块及边跨3.9m现浇段采用托架和支架施工,其余梁段均采用挂篮悬臂浇筑,施工0号块时,安装好临时锚固,必要时可在1号块与承台之间设置临时支撑,以策安全。其他悬浇梁段的施工流程如下:移挂篮→立模、绑扎钢筋→浇混凝土、养护→张拉预应力→拆模→移挂篮,循环以上步骤,直至合龙段,先合龙边跨,解除主墩临时锚固,再合龙中跨。

(四)科技创新与成果

1. 沥青面层施工关键技术应用研究

2005年上半年先后组织3次沥青混凝土路面设计文件和相关技术论证会议,并邀请了国内著名专家(同济大学林秀贤、孙立军)进行沥青混凝土路面施工关键技术讲座。首次对沥青混凝土路面施工招标文件进行较大的修改,重点对施工设备、技术指标和施工工艺进行了严格规定。施工过程中,先后制定并实施了符合沿江交通特点、气候环境的《安徽省沿江高速公路沥青混凝土路面施工技术指导手册》《安徽省沿江高速公路水泥稳定碎石施工作业指导书》《安徽省沿江高速公路沥青混凝土路面透层油施工指导意见》《安徽省沿江高速公路沥青混凝土路面下面层(AC-25C)施工指导意见》(2006年5月)、《安徽省沿江高速公路沥青混凝土路面中面层(AC-20C)施工指导意见》(2006年7月)和《安徽省沿江高速公路沥青混凝土路面上面层(AC-13C)施工指导意见》(2006年9月)、《安徽省沿江高速公路沥青混凝土路上面层(SMA-13)施工指导意见》六部具有操作性的技术手册。同时,安徽省高速公路总公司科技领导小组于2005年组织立项了"安徽省沿江高速公路沥青混凝土路面混合料设计与施工技术应用研究"科研课题,有效地推动了沿江沥青混凝土路面施工科技创新水平。

2. 水泥稳定碎石关键施工技术应用研究

(1)基于水泥稳定碎石干缩和温缩的抗裂矿料级配应用研究

项目办首次对沿江水稳矿料进行三条级配对比试验验证,重点对规范级配范围内的

4.75mm、2.36mm 和 0.075mm 筛孔通过率规定在中值线上、中、下,通过对 7d 强度、28d 强度、90d 强度和 180d 强度的发展规律和干缩、温缩性能进行综合整体性能对比分析,结果表明:4.75mm 筛孔通过率控制在 30%~32% 之间、0.075mm 通过率在 2.5%~5% 之间。采用控制其最大和最小强度的方法减少水稳材料的开裂,规定 7d 龄期无侧限抗压强度设计值最小不低于 3MPa,最大不高于 4MPa;重点从矿料级配出发,降低集料的总表面积,一方面在满足强度要求的前提下,降低 2.36mm、0.6mm、0.075mm 筛孔的集料比例;另一方面研究基础上提出推荐采用沿江水稳级配,有效降低水泥稳定碎石的收缩裂缝。

水泥稳定碎石的缩裂主要与集料、矿料级配、含水率、水泥用量有关。项目办前期对此进行试验研究,结果表明:相同级配的水泥稳定碎石,存在一相应于最小干缩应变的最佳水泥剂量,基本在 4.5%~5.0%;用水量对收缩的影响最为突出,用水量增大,收缩明显呈线性增大;在水分蒸发时其收缩是不可避免的,控制集料中细集料的含量可以较小收缩。但如果为减少收缩而将细料降低到最低限度或取消,固然可以降低干缩应变,但该材料却达不到早期强度和龄期的要求,从而使得半刚性基层强度和板体性难以充分发挥。由此可见,在集料中,适当的细料含量是不可缺少的。

(2)水泥稳定碎石施工工艺关键技术

沿江水稳自施工以来,施工现场基本没有发现裂纹、坑槽和松散现象。在施工中通过对现场钻芯芯样进行严格控制,强度基本在 4MPa 左右,拌和站矿料级配水洗后基本与目标配合比相吻合,水泥剂量控制在 4.5%。水稳碾压工艺首次在复压阶段采用胶轮压路机进行搓揉,以增强水平方向的嵌挤力和摩阻力,也避免了由于采用振动压路机击破碎石的现象,增强了水稳的密水性能。

项目办十分重视两台拌和站同时施工对水泥混合料矿料级配稳定性问题。在试验段铺筑前期,严格对拌和站转速和集料流量进行标定,以防设备不能保证工艺现象的发生。从连续一周抽检水泥混合料矿料级配结果看,基本上保证了两台拌和站矿料级配偏差在 2% 以内,为混合料路用性能奠定基础。

通过对试验段碾压工艺不同组合对比试验数据分析,采用不同振动压路机完全可以满足现行规范压实度要求,而且压实度增长很快,但取芯试件空隙率偏大,密水性能较差,内部集料击破现象较严重。在采用振动压路机静压一遍后,直接采用胶轮压路机搓揉两遍,再用两台振动压路机振压两遍,最后用胶轮压路机碾压一遍的碾压工艺较前一种好。试验结果表明,压实度增长较慢,但完全可以满足要求,试件密实度较大,空隙率较小。一方面增强了矿料横向的嵌挤作用,使集料得到了重新分布,增加了密水性能,另一方面减小了由于直接采用振动压路机击破集料现象的发生,增加了水泥混合料集料之间的加固强度和粗集料与细集料的嵌挤力。

2014 年 12 月,沿江高速公路芜湖至安庆段荣获第十二届中国土木工程詹天佑奖。

项目获奖情况见表8-169。

获奖情况　　　　　　　　　　　　　　　表8-169

1	创新型技术名称	安徽省沿江高速公路软基工后沉降处理方案比较研究
	主要参与人员	吴志昂、陆学元
	所获奖励	安徽省科技进步三等奖
	主要内容	采用干振复合桩
2	创新型技术名称	安徽省沿江高速公路路面混合料设计与施工技术研究
	课题主持与负责人	陆学元
	所获奖励	安徽省科技进步三等奖
	主要内容	有效地提升了我省高速公路沥青路面施工创新水平，制定出规范化现代沥青路面施工技术指南

（五）运营与养护

1.运营管理

沿江高速公路毛竹园至大渡口段沿线共设置1对服务区（牛头山服务区），设3个收费站点（池州站、殷汇站、大渡口站）（表8-170）。

2007年1月1日～2015年12月31日，沿江高速公路毛竹园至大渡口段累计交通流量为2954.54万辆（表8-171）。

自通车以来采用社会化养护管理模式，通过招标方式确定社会专业化养护公司进行小修和路面、绿化、机电等专业化养护。目前沿江高速公路毛竹园至大渡口段暂无大修工程实施。

收费站点设置情况表　　　　　　　　　　　　　　　表8-170

站点名称	车道数	收费方式
池州站	入口4条、出口6条	人工收费及电子不停车收费综合（入口：3条MTC车道、1条ETC车道）（出口：5条MTC车道、1条ETC车道）
殷汇站	入口3条、出口4条	人工收费及电子不停车收费综合（入口：2条MTC车道、1条ETC车道）（出口：3条MTC车道、1条ETC车道）
大渡口站	入口4条、出口6条	人工收费及电子不停车收费综合（入口：3条MTC车道、1条ETC车道）（出口：5条MTC车道、1条ETC车道）

通流量发展状况表（单位：辆）　　　　　　　　　　　　　　　表8-171

年份	入口	出口	合计	日平均流量
2007	81408	83993	165401	453
2008	1017734	1031561	2049295	5614

续上表

年份	入口	出口	合计	日平均流量
2009	1192743	1200880	2393623	6557
2010	1433249	1418012	2851261	7811
2011	1667231	1660793	3328024	9117
2012	1917174	1919122	3836296	10510
2013	2292349	2343018	4635367	12699
2014	2476798	2526301	5003099	13707
2015	2629668	2653415	5283083	14474

2. 养护管理

高速公路养护管理工作坚持"畅通主导、服务需求、安全至上、创新引领"的工作方针,坚持"以路面养护为中心、以桥隧养护为重点、加强全面养护"的养护思路,积极推进养护管理发展方式转变,夯实基础管理,提升管理水平,推进科学养护,强化应急保畅。努力做到道路整体运行平稳,桥梁隧道结构安全,专项工程质量可靠,绿化工作亮点突出,应急保畅工作快速有序。

五十二、G50 沪渝(上海—重庆)高速公路安庆长江公路大桥

(一)项目概况

G50 沪渝(上海—重庆)高速公路安庆长江公路大桥位于安徽省安庆市迎江区和池州市大渡口之间。大桥主体工程由高架桥、立交桥、引桥、引道、主桥等部分组成,全长5985.66m。大桥上距九江长江大桥164km,下距铜陵长江大桥96km,是 G50(沪渝高速公路)的重要过江通道。大桥的建成使安庆这座历史文化名城,打通了向北、向东以及向南出海通道,加强与环渤海地区、长江三角洲地区、闽东南地区以及珠江三角洲地区的经济联系,为安庆发展开辟了新的坦途。

安庆长江公路大桥(一)

安庆长江公路大桥(二)

1. 参建单位

项目建设单位为安庆长江公路大桥有限责任公司。

项目主要参建单位见表8-172。

G50 沪渝(上海—重庆)高速公路安庆长江公路大桥主要参与建设单位汇总表 表8-172

序号	标段	参建单位名称		工作内容
1	监督	安徽省交通基本建设工程质量监督站		全项目
2	设计	安徽省公路勘测设计院、重庆交通科研设计院		全项目
3	A1	湖南省公路桥梁建设总公司		北塔钢围堰
4	B1	中铁宝桥股份有限公司		南塔钢围堰
5	A	湖南省公路桥梁建设总公司	西安方舟监理公司	北主桥
6	B	中港第二航务工程局		南主桥
7	C	中铁宝桥股份有限公司		钢箱梁制造安装
8	D	柳州OVM有限公司		斜拉索制作安装
9	E	中港第二航务工程局		南引桥
10	F	路桥华南工程公司	西安方舟监理公司	北跨堤引桥
11	G	中铁大桥局集团第四工程公司		北引桥跨G206高架
12	H	湖北省路桥公司	安徽省公路工程建设监理有限公司	北引桥跨新河高架
13	I	中铁大桥局集团第二工程公司		北引桥
14	J	河北路桥集团公司		清源路立交
15	K	香港安达臣沥青公司	武汉大通监理公司	引桥引道路面工程

2. 技术标准

(1)桥面宽度

桥面总宽度31.2m,其中双向四车道桥面,标准宽度26m,中间设2.0m宽中央分隔带,两边各设0.5m防撞护栏。主桥除斜拉桥两边增设锚索及检修宽度外,其余桥型及高架桥均按标准宽度设计。

(2) 桥面坡度

桥面纵坡≤3%;桥面横坡 2%。

(3) 荷载等级

汽车—超 20 级,挂车—120。温度荷载:体系升温 20℃,体系降温 27.5℃。

(4) 设计风速

桥面处设计基准风速为 33.85m/s。

(5) 船舶撞击荷载

主塔墩顺水流方向为 27000kN,横水流方向为 13500kN,辅助墩相应减半。

(6) 地震基本烈度

场地基本烈度为 6 度,按 7 度设防。

(7) 设计洪水频率

设计洪水频率为 1/300,相应设计洪水位 18.970m。

(8) 通航水位

最高通航水位(20 年一遇):16.93m;最低通航水位(保证率 99%):2.48m。

(9) 通航净空

最小净高:24m。最小净宽:主通航孔双向航宽不小于 460.0m,边通航孔单向航宽不小于 204.0m。

(10) 主线行车速度

主线行车速度为 100km/h。

3. 工程内容及主要构造物

总体工程范围长 5985.66m。除南引道外,主线工程均为桥梁结构。

(1) 菱湖北路立交

主线在菱湖北路与规划中的清源路呈"十"字形交叉,平面布置为定向式立交,主线上跨。主线高架桥为双幅多跨一联单箱多室变宽度混凝土连续梁桥,共 8 联,全长 1552m;匝道桥为单幅多跨一联单箱单室预应力混凝土连续梁桥。

(2) 北部分离立交桥

北部分离立交桥为 8 联等高度及变高度预应力混凝土连续梁桥,全长 1476.5m。其中包括主要高架跨线桥 3 处,分别为跨望庆大道,跨 206 国道,跨华中东路;跨新河桥 1 处。

(3) 北跨堤外引桥

北跨堤外引桥为双幅两联 7×40m + 7×40m = 560m 单箱单室等高度预应力混凝土连续梁桥。

(4)北跨堤引桥

北跨堤引桥为双幅 4 跨 45m+70m+2×45m=205m 变高度预应力混凝土连续箱梁桥。

(5)主桥

主桥为 50m+215m+510m+215m+51m=1040m 全焊扁平流线形封闭钢箱梁斜拉桥,采用倒 Y 形双塔,空间双索面扇形斜拉桥。

(6)南漫滩引桥

南漫滩引桥为双幅 8 跨 8×51m=408m 单箱单室等高度预应力混凝土连续箱梁桥。

(7)南跨堤引桥

南跨堤引桥为双幅 46.25m+70m+46.25m=162.5m 变高度预应力混凝土连续箱梁桥。

(8)南堤外引桥

南堤外引桥为双幅 6 跨 6×40m=240m 单箱单室等高度预应力混凝土连续箱梁桥。

(9)南引道

南引道路基标准宽度 26m,全长 339.16m,重点与 318 国道新改建路线相交,同时也是安庆长江公路大桥终点,相交处设平交路口。

4.征地拆迁

安庆长江公路大桥建设用地计划已通过省国土资源厅预审,核定用地规模为 1110 亩,并取得安庆市规划局核发的建设用地规划许可证(N00724818),经国土资源部国土函〔2002〕39 文和省国土资源厅皖政地〔2002〕22 号文批复。本项目征地拆迁安置工作自 2000 年 8 月至 2001 年 1 月基本完成,共计征用土地 1149.92 亩;拆迁房屋 $79412m^2$;支付补偿费用 102278900 元。

5.项目投资

本项目概算总投资 13.174 亿元,其中交通部和省交通厅拨付建设资金 3.58 亿元,余下 7.85 亿元由项目法人贷款筹集。经竣工决算审计工程造价为 11.956 亿元,比概算节约 1.218 亿元。

6.开工及通车时间

2001 年 11 月 18 日开工建设,2004 年 12 月 26 日建成通车,比计划工期提前一年。

(二)决策研究

"江流有声,断岸千尺",安庆与长江边许多城市一样,也有过百年建桥梦。孙中山先生早于1912年在《建国方略》中就提出在安庆建设长江大桥的设想。1958年,在武汉长江大桥建成通车后,国家有关部门也曾有在安庆建桥的想法。在20世纪后半期改革开放的大潮中,曾"因江而兴"的安庆开始凸现"因江而阻"的矛盾,日益成为偏居江北、望江兴叹的"孤城"。

(1) 项目立项

1984年,安庆市建桥的计划再次被提起,并首次编制了《项目建议书》。1992年,原国家计委对长江中下游的基础设施建设进行调研后作出决定,计划在安徽建设3座长江大桥。安庆随即成立了"大桥项目筹建指挥部"。安庆市计划委员会于1995年1月6日以计交字〔1995〕006号文向安徽省计划委员会正式上报《关于上报〈安庆长江公路大桥预可行性研究报告〉的报告》,之后由于融资问题没有落实下来,"项目建议书"也因此耽搁了近三年时间。

1998年5月11日,安庆市计划委员会以计交字〔1998〕083号文向安徽省计划委员会上报《再次上报安庆长江公路大桥"项目建议书"的报告》。安徽省计划委员会于1998年7月21日以计交能〔1998〕497号文向国家发展计划委员会上报《关于再次上报安庆长江公路大桥项目建议书的请示》。1998年10月28日,国家交通部以交函计〔1998〕331号文向国家发展计划委员会发了《关于安徽省安庆长江公路大桥项目建议书审查意见的函》。国家发展计划委员会委托中国国际工程咨询公司于1998年12月22日至27日组织专家对安庆长江公路大桥项目建议书进行了现场调研评估,并向国家发展计划委员会上交了《关于安庆长江公路大桥项目建议书的评估报告》(咨交通〔1999〕246号)。国家发展计划委员会于1999年10月10日向国务院上报《国家计委关于审批安徽省安庆长江公路大桥项目建议书的请示》(计基础〔1999〕1956号),建议国务院批准其项目建议书。最终安庆长江公路大桥于1999年12月1日由国家发展计划委员会以计基础〔1999〕2124号文"印发国家计委关于审批安徽省安庆长江公路大桥项目建议书的请示的通知"批准立项。

(2) 批复文件

2000年4月23日,安徽省发展计划委员会文件《关于同意安徽省安庆长江公路大桥设计招标文件的批复》(计设字〔2000〕254号);

2001年7月,国家计委以计基础〔2001〕1186号文《印发国家计委关于审批安徽省安庆长江公路大桥可行性研究报告的请示的通知》批准项目可行性研究报告;

2001年9月11日,交通部文件《关于安徽省安庆长江公路大桥初步设计的批复》(交公路发〔2001〕503号);

2001年10月11日,安徽省交通厅文件《关于安庆长江公路大桥施工图设计的批复》(皖交基〔2001〕98号);

2001年10月17日,安庆市人民政府文件《关于要求审批安庆长江公路大桥工程建

设用地的请示》(宜政报〔2001〕52号);

2001年11月8日,池州市人民政府文件《关于要求审批安庆长江公路大桥工程建设用地的批复》(池政秘〔2001〕88号);

2002年1月29日,国土资源部《关于安庆长江公路大桥工程建设用地的批复》(国土资函〔2002〕39号);

2002年2月8日,安徽省人民政府建设用地批复《关于安庆长江公路大桥建设用地的批复》(皖政地〔2002〕22号)。

(三)项目实施

1. 项目招标

(1)设计招标

安庆长江公路大桥初步设计和施工图设计首次在安徽省重点工程项目中进行公开招标。大桥公司委托省华安工程招标中心编制招标文件并发布公告,国内四家设计院参加竞标。2000年7月2日设计招标在合肥开标。经过评审,由安徽省公路勘测设计院和重庆交通科研设计院联合中标。同时委托中交规划设计院作为设计咨询审查单位,北京建达公司作为设计复查单位。

(2)施工、监理招标

安庆长江公路大桥的土建项目共分为11个标段来组织实施,深水钢围堰分为2个标段,交通机电工程分为2个标段。2001年9月13日,大桥公司委托安徽省交通建设工程交易中心在《中国经济导报》《中国交通报》及中国采购与招标网站公开发布主桥施工A、B标及监理标招标公告。2001年10月21日,主桥施工A、B标及监理标在合肥开标,经过依法组成的评标委员会评审,确定A标中标单位为湖南路桥公司,B标中标单位为中港二航局;主桥监理标中标单位为西安方舟监理公司。

2. 建设管理

(1)项目建设管理机构

安庆长江公路大桥建设工程由安庆市政府负责实施,1999年安庆市成立了安庆长江公路大桥筹建指挥部。2000年3月31日,安庆市人民政府以宜政办秘〔2000〕29号文批准在安庆长江公路大桥筹建指挥部的基础上成立安庆长江公路大桥有限责任公司,负责安庆长江公路大桥工程建设项目的筹资、建设、经营、还贷。2001年11月16日,安庆市委以办〔2001〕33号文批准成立安庆长江公路大桥建设指挥部,负责工程项目的组织、协调、管理。省交通厅、省质监站为进一步加强对安庆长江公路大桥全过程质量监督,成立了驻安庆大桥监督办公室。

(2)工程建设管理特点

在工程建设管理方面突出了以下几项工作:严格项目法人制,充分发挥项目法人在工程管理中的牵头、组织协调作用,采取各项措施,牢牢掌握工程建设的主动权。在建设初期,结合安庆大桥的特点及其具体情况,认真编制总体实施方案,合理安排工期和各道工序衔接,明确各阶段质量、进度、投资、安全的控制目标,始终把握工程建设主动权。认真编制招标文件,严格贯彻工程招投标制,择优选择一流的单位参与工程建设。贯彻工程监理制,建立完善的质量保证体系,根据 FIDIC 条款、我国国情及安庆大桥的实际情况,建立二级监理体系,一级由项目法人担任,主要负责工程的总体组织管理和计划安排,履行一级监理职责,检查并督促二级监理的工作,二级监理由社会监理担任,主要负责施工现场的三大目标控制,核心和重点都是质量控制;依靠科技作为抓好大桥质量的保证;突出强化对施工质量主体的管理,保证设备技术、人力资源的投入;强化安全管理,实现安全零事故目标。严格资金管理,控制投资规模。

(3)工程竣工验收

由于经营主体从安庆市政府变更为省高速公路总公司,使得竣工验收工作滞后。最终于 2011 年 5 月通过竣工验收。

3. 重大事项

(1)重大决策

①初步设计分别在菱湖北路设互通式立交,在高架桥设主线收费站。审核认为,互通立交终点距高架桥主线收费站和菱湖北路城市主干道距离均很短,在较小的范围布置功能齐全的互通式立交,将进、出安庆市交通集中在桥头,必将导致城市道路、互通立交、主线收费站前后路段交通堵塞,方案不可行。据此,与业主、安庆市政府、省交通厅、省设计院共同研究进行方案调整:安庆岸与菱湖北路城市主干道交叉处,设两条上、下桥梁的单向双车道匝道,纵坡放缓,与城市主干道接点处设匝道收费站;主线往北方向,一是直行交通量通过拟建合安高速公路主线收费站拆账解决收取过桥费;二是在合安高速公路与安庆大桥之间连接线(约13km)设一处互通与安庆市主干线连接,解决上下高速公路交通量,通过匝道收费站拆账解决收取过桥费。

②按照省政府《关于安庆长江大桥有关问题的批复》(皖政秘〔2005〕40 号)文件精神,2005 年 6 月 27 日安徽省交通厅、安庆市人民政府、安徽省高速公路总公司三方签订《协议书》,由安徽省高速公路总公司以 12.38 亿元全资收购了安庆长江公路大桥,公司名称由原"安庆长江公路大桥有限责任公司"变更为"安徽安庆长江公路大桥有限责任公司",为其二级全资子公司,注册资本 15000 万元。

(2)重大变更

①定向立交主线桥 H36/37/38 号墩外形变更。

原设计方案:定向立交主线桥 H36 右、H37 左、H38 左幅墩外形设计与前后"花瓶式"墩身。

变更理由:安庆石化厂物料输送管廊因故未能拆除或改建,墩身与管廊的平面冲突使原有设计施工方案不可实施。

变更后情况:将原有墩身设计变更为跨管廊的柱式墩,避开与管廊的平面冲突。

②引桥桩径、桩长变更。

原设计方案:定向立交主线桥和高架桥的桩径均为 1.3m;桩长根据初步设计阶段地质情况与岩土试验资料确定。北岸引桥、北岸垮堤引桥、南岸江漫滩引桥、南岸垮堤引桥以及主桥过渡墩的桩径为 2.0m;桩长亦根据初步设计阶段地质钻探及岩土试验资料确定。

变更理由:根据 2002 年 11 月引桥施工单位进场后地质部门提供的施工图设计阶段地质详勘资料和专家意见,将定向立交主线桥基础桩径改为 1.5m,对所有引桥桩基入土长度均进行了调整。

变更后情况:将新河以北定向立交主线桥的桩基直径调整为 1.5m;对全线引桥(含主桥过渡墩、辅助墩)的所有桩基实际入土深度均按此时提供的详细地质资料进行了调整。

③主桥桩基长度变更。

原设计方案:原设计时桩长为根据地质部门主桥基础下工程地质条件确定。

变更理由:根据主桥基础开工后左的主桥桩基岩土力学性质研究课题成果。

变更后情况:将主桥桩长做了适当调整。

④高架桥 F25 号墩外形变更。

原设计方案:根据安庆市规划中的望庆大道横断面,F25 号墩外形设计与前后均为一致的"花瓶式"墩身。

变更理由:因安庆市在实施望庆大道时将横断面中道路中央绿化带宽度由原设计的 6.0m 改为 3.0m 致使原设计的 F25 号墩侵入在建的望庆大道快车道空间。按原有设计施工方案不可实施。

变更后情况:将原有墩身设计变更为悬臂式预应力墩身,避开对道路空间的侵占。

增减工程量:墩身、承台和盖梁增加混凝土 75m^3,钢筋增加 17.285t。

⑤南岸 17 号桥台外形变更、与合安连接线高架桥变更。

原设计方案:钻孔灌注桩后扶壁钢筋混凝土桥台。

变更理由:原设计实施扶壁式桥台因台前灌溉沟改道受到地方意见阻碍不便实施。

变更后情况:改为钻孔灌注桩钢筋混凝土 U 形桥台。

增减工程量:桥台混凝土减少 411.5m^3,1.5m 钻孔灌注桩桩长增加 811.6m。合计钻孔进尺增加811.6m,桩身混凝土增加1434.2m³。

4.复杂技术工程

（1）基础部分

①外径32m,高50多米,重达1000多吨的大型双壁钢围堰着床就位由"嵌岩"改为"着岩"。根据桥塔基地质状况较为理想及封底后大型钢围堰在塔基结构中的受力特点,整体钢围堰刃脚由"嵌岩"改为"着岩"。这一变化为基础施工赢得了宝贵的时间,为巨型钢围堰安全渡过2002年的长江洪水起到了关键作用。

②巨型钢围堰的制作与就位着岩。

A标北塔基础双壁钢围堰,重达1000多吨,从制作、刃脚段的下河、浮运、焊拼接高、下沉、定位着岩全过程包含着多方面的技术难点。主要的技术要点和措施有：

底节刃脚段7.0m高、质量接近200t的圆柱形钢结构在岸边整体加工拼制,采用滑道拖移、浮吊整体起吊下水,浮运就位,其余堰体分块预制吊拼,竖向分层,每层分12环块,重10～18t,采用驳船运送到墩位起吊安装。

钢围堰灌水下沉同时辅以锚索调节,通过调整各隔仓混凝土的灌注量及注水压重和吸泥等主要措施对刃脚着床状况进行调整,控制巨大围堰的准确着岩位置。

由于受水流、风力等诸方面的影响,巨大围堰的锚固系统是一项重大施工措施。在总结长江水下工程施工经验的基础上,经过周详的设计和探讨、优化方案,采用定位船、导向船、多个霍尔铁锚及锚链、锚缆,设置了安全可靠的锚固系统。此外,在近岸一侧加设了多个地锚,有效地解决棘手的激流中围堰止摆问题。

直径32m大型钢围堰块件现场拼装的起吊方法。大围堰分块的质量达10～18t,吊机的工作半径较大,分别在南北两艘导向船上安装了两台2400kN·m的塔吊,并临时租用两台大浮吊,以实现围堰全部块件的整体拼装。

（2）塔柱部分

①塔柱选用爬架模板施工。

爬模是集模板工作平台、支架、提升设备等功能为一体,从而使工序简化,安拆周期缩短。由于施工人员在架内操作,工作安全可靠,爬架爬模随已浇塔柱的升高而附着提升,从而节省大量脚手架材料,由于在施工中爬架与爬模互相利用,可以大大缓解塔吊的繁忙。从而创造了最快时索塔日均升高2.25m的国内纪录,索塔混凝土不仅内在质量优良,而且表面平整光洁、外表质量美观。

②斜塔柱施工主动施力的临时横撑方案取得了控制斜肢柱内力与线形的良好效果。由于中塔柱两肢内倾的斜率大,因此在高斜肢的施工过程中必须分高度设置多层临时横撑,以平衡结构内倾水平分力,使斜肢处于悬臂状态施工时斜肢根部的内应力小于允许值（该处混凝土拉应力须小于1MPa）,且在施工过程中斜肢的变形和竣工的线形也应在允

许值以内。为了减小上述的应力和求得更理想的塔体线形,施工单位制定了中塔柱施工过程中设置4层主动施力临时横撑的方案。在逐层加设的横撑中安装施力千斤顶,分次加力至设计值后锁定,有效控制了塔柱施工时的内力和变形。经埋置的应力元件及精密仪器测定,效果十分理想,整塔的偏差精度大大高于 $H/3000$ 的设计要求。

③真空辅助吸压浆工艺的引进。长期以来我国一直采用单一压浆法进行预应力管道的压浆施工,特别是对于曲折和线路较长的管道,由于水泥浆流动性能、强度、收缩及含气量的影响,压浆的可靠度令人担忧。但自从引进 VSL 公司的真空辅助吸压浆工艺及其配套材料后,经过现场多次实践后证明,配料时水灰比可降为0.3,压浆充盈饱满无收缩(经试验锯开索断面后检查无空隙),且浆体强度大为提高(达 $60\sim90$ MPa)。

④索管定位测量装置。

为了提高塔柱斜拉索套管安装定位时测量的精度和速度,在索管安装定位测量时,在索管两端的测控点位置装上带圆心的圆板,这样测量标杆可直接放置在与管心定位点重合的圆心上,以确定控制点坐标。

⑤劲性骨架与环形预应力索道整体制作、整体吊运和整体安装。

此方法比以往劲性骨架分节分块制作、运至施工现场组拼焊接后,再在劲性骨架上高空安装环向塑管、弯折穿绕葫芦拖拉大为简化,把"天上"的作业提前安排在"地上"完成,把"分部"吊运改为"整体"吊运,不仅使工序间的衔接时间大为缩短,而且施工作业也更加安全方便。

(3)上构钢箱梁安装部分

①由于安庆长江大桥北辅助墩施工期间长江安庆段持续高水位,导致辅助墩工期滞后,项目工期计划要求2004年1月18日北边跨排架具备吊梁条件,设计亦要求2004年4月30日前边跨合龙,否则出于主梁施工期安全考虑,边跨将不得不设置抗风临时墩,工程投资将要增加。

——起重设备的优化:由于浮吊起吊高度和作业效率有限,我们弃用了现有浮吊起重设备,设计出 240t·m 塔吊起重系统方案。

——排架方案的优化:由于原先制订的方案需将钢管桩打入河床,经过研究,决定取消原排架方案中所有支撑钢管,拼装 $4m\times8m$ 的万能杆件梁,直接连通过渡墩与辅助墩。该方案不仅解决了工程进度问题,也解决了支撑钢管不同支撑面产生不均匀沉降和排架范围河床地质地貌复杂等问题。具体优化如下:

a.过渡跨排架。过渡跨排架由4排 $\phi1.0m$ 钢管柱组成,在过渡墩和辅助墩承台上分别支撑两排(顺桥向)斜钢管桩,横桥向两组钢管桩的中心间距为14m(与钢箱梁纵隔板间距一致),每组钢管桩为双肢,中心距为2.0m。每组钢管桩顶以单层带加强弦杆的6片贝雷桁架组作为承重梁。承重梁顶以3.0m长的36号工字钢作为横枕分配压力,横枕顶面以双片45号工字钢作纵移轨道。为了使贝雷梁局部的荷载能合理分布,在贝雷梁支点处底部安放36号工字钢。贝雷架与墩身采用异型贝雷架以焊接方式连接。

b.辅助跨排架。辅助跨排架采用支承载钢套箱上的$\phi100m$钢管桩成扇形布置。桩顶采用三片组的56号工字钢作承重主梁,同时兼作移梁纵轨。钢管桩排架横向用$\phi60cm$钢管桁架焊接连接,增强整个辅助跨支架的横向稳定性。上下游承重主梁分别由一排钢管桩支承,每排由3根$\phi1.0m$或$\phi1.2m(\delta8mm)$的钢管桩呈扇形布置组成,从而将钢箱梁的荷载通过钢管桩传至钢套箱上。钢套箱和由承台顶面搭设上来的直径1.0m钢管桩联合承受辅助跨排架自重及由它传递来的钢箱梁荷载。辅助跨排架的水平分力则通过墩身侧面和顶部的预埋板承担。

②临时墩的取消。

临时排架结构进行优化设计并付诸实施后效果十分理想,加上其他各方面的工作安排都有条不紊,钢箱梁吊装进展非常顺利。考虑到完全有把握在2004年4月30日以前完成边跨合龙,钢箱梁安装最危险的大悬臂拼装避开了每年7~9月的台风期,由施工方提议,报请设计同意,经一桥四方会同有关专家研讨,一致同意取消临时墩的设置。这一举措大大节省了工程造价,为加快全桥合龙和按期通车奠定了坚实的基础。

(4)桥面铺装

①混凝土桥面处理。

安庆长江公路大桥引桥混凝土桥面处理,采用机械喷砂的方式,是国内首座采用喷砂的方式进行表面处理的大桥。具有速度快、质量好的优点。采用喷砂速度远远超过凿毛方式,大大提高了功效,在工期上缩短了一个月的时间,从而确保了安庆长江公路大桥如期通车。按照传统的观点,混凝土表面不需要处理,或者仅需要减掉处理。实践证明,经过处理的混凝土表面再进行后续的工作施工能提供更优的工作面,能够极大程度提高综合性能。

②浇注式沥青混凝土。

浇注式沥青混合料使用专门的运输设备Cooker。不仅起到运输的功能,同时可以对浇筑式沥青混凝土进行二次拌和和二次加温,以便于满足流动度。经过Cooker的二次拌和,浇筑式沥青混凝土的流动性也大大提高,大大减少了混合料的离析现象。浇筑式沥青混凝土摊铺是无须碾压,靠材料本身的流动性,自动流动成型。采用专用的浇筑式沥青摊铺机进行布料和摊铺。因此,在施工中要求对混合料的流动度要求极严,每车必须检测,只有合格的材料才允许进行摊铺。浇筑式沥青混凝土摊铺结束后,立即进行撒布预拌碎石,预拌碎石靠自身的重量沉入到沥青混凝土中。因此,在撒布时,必须严格控制撒布温度。

另外,钢桥铺装结构类型也为国内首次在桥梁上使用,结构为3cm浇筑式沥青混凝土+4.5cm 改性 SMA-10 沥青混凝土。其中 SMA-10 的改性沥青要求达到 SHAP 分级的 PG82-22 要求,此沥青在市场上无法购得,也需要现场制备。SMA-10 施工过程中,因为在钢桥上进行摊铺、碾压,因此,碾压设备要求水平振动压路机,而设计中要求两台。因在钢桥上风大,沥青混合料的温度散失较快,为确保工程质量,投入了三台水平振动压路机。

(四)科技创新与成果

与同济大学、东南大学、重庆交科院等高校及科研单位分别联合开展了 C50 大体积混凝土科研、风洞试验、实体钢锚箱抗疲劳耐久性试验以及安庆大桥桥面铺装等一系列科研咨询项目。

由东南大学绿色建材技术研究所、安庆长江公路大桥有限责任公司、南京工业大学和江苏省建筑科学研究院共同开展"安庆长江公路大桥高强高性能混凝土技术"课题研究。本课题通过对主要原材料调研分析、粗细骨料勘查、试验室研究、现场试验和实体工程应用,得到了抗裂性、体积稳定性、耐久性等内在性能好的索塔和箱梁高强高性能混凝土的先进配制技术;而针对桥梁外观质量方面,提出了桥梁混凝土外观质量半定量测量和评价方法,开发了基于图像分析的外观质量评价计算机软件,并弃用涂装技术,提出了高质量索塔清水混凝土配制和施工技术,具有创新性。课题研究成果已在安庆长江公路大桥索塔和箱梁建设中得到成功应用,大桥建设过程及通车运行两年的实践表明,混凝土技术性能好,经济和社会效益显著。2007 年 1 月 20 日通过安徽省科技厅科技成果鉴定,鉴定专家一致认为该项成果总体上达到国际先进水平,同时对于土木工程中"防裂、耐久、体积稳定和外观质量良好"的高强度等级混凝土设计和施工有重要的借鉴意义。

成果鉴定会

（五）运营与养护

1. 运营管理

安庆长江公路大桥共设 1 个收费站点（安庆大桥站）。从 2004 年 12 月 26 日起至 2015 年 12 月 31 日，大桥累计交通流量为 2340.00 万辆，日平均流量逐年增长。具体交通流量发展状况见表 8-173。

交通流量发展状况表（单位：辆） 表 8-173

年份	入口	出口	合计	日平均流量
2005			1270000	3479.45
2006			1470000	4027.40
2007			1590000	4356.16
2008			1750000	4794.52
2009	812039	849465	1661504	4552.07
2010	933291	1000536	1933825	5298.15
2011	1055070	1125341	2180411	5973.73
2012	1168347	1257969	2426316	6629.28
2013	1372491	1462236	2834727	7766.38
2014	1487337	1571075	3058412	8379.21
2015	1572959	1656045	3229004	8846.59

2. 养护管理

2012 年 6 月，建立了桥梁养护管理系统，2014 年 7 月，完成桥梁健康监测系统。通过采取巡查、经常性检查、定期检查和硬化排查等工作，及时处治病害，确保桥梁结构安全。自通车以来通过公开招标方式确定社会专业化养护公司进行小修和路面、绿化、机电等专业化养护。目前安庆大桥暂无大修工程实施。

五十三、G50 沪渝（上海—重庆）高速公路安庆长江大桥北岸接线段

（一）项目概况

安庆长江大桥北岸接线段北接合安高速公路安庆连接线，与沪蓉高速公路相连；南接安庆长江大桥，与沿江高速公路相接。安庆长江大桥建成后，既是衔接江北、江南两条高速公路的重要连接线，又是安庆市最重要的一条出口通道，对于加强安庆与江南、江北的联系，完善我省路网布局，促进地区经济发展等具有重要意义。

1. 参建单位

项目建设单位为安徽省高速公路总公司。

项目主要参建单位见表8-174。

G50沪渝(上海—重庆)高速公路安庆长江大桥北岸接线段主要参与建设单位汇总表

表8-174

序号	参建单位	单位名称	合同段编号及起止桩号	主要负责人	备注
1	项目管理单位	安徽省合安高速公路建设指挥部	K0+000~K14+897.93	钱东升、高进、陈志忠	
		安庆市指	K0+000~K14+897.93	方川林、焦贤明、高进	
2	勘察设计单位	安徽省公路勘测设计院	K0+000~K14+897.93	胡可	
3	施工单位	武警交通六支队	K0+000~K7+681.50	刘国珍	路基
		安徽省路港公司	K8+927.92~K10+125.10	郑建中、卢云发	路基
		安徽水利开发股份有限公司	K7+681.5~K8+927.92 K10+125.1~K12+909.701	甘正永、袁成	路基
		路桥集团第一公路工程局	K12+909.701~K14+897.93	黄紫跃、钱绍锦	路基
		武警交通六支队	K0+000~K14+897.93	刘国珍	路面
4	监理单位	安徽省高等级公路工程监理公司	K0+418~K8+755 K10+125.1~K12+909.701	吴志昂	路基
		中铁四院工程监理咨询公司	K8+755~K10+125.1 K12+909.701~K14+897.93	王德华	路基
		安徽省高等级公路工程监理公司	K0+000~K14+897.93	吴志昂	路面

2. 技术标准

(1)公路等级、里程及地形类别

公路等级为全封闭、全立交的四车道平原微丘区高速公路。全线设置了完善的通信、监控和收费系统,以及安全设施和照明、绿化、房建等服务设施。

本项目起于建成的合安高速公路安庆连接线总铺陶凹,沿大龙山南麓,经鲁冲、桃园,绕开安庆机场后,分别跨越安枞公路、安庆电厂专用线,终点与安庆长江大桥北岸引桥相接,全长14.898km。

项目区域地势总体自北向南逐渐降低,北部为大龙山南麓及南山、把门山、虾子山等较低矮的山丘,最高海拔近510m;南部长江两岸属沿江冲积平原的一级阶地和河漫滩平原,海拔一般为10~20m。本项目在自然区划中处于Ⅳ2区。

(2)主线行车速度

主线行车速度为100km/h。

(3)路基、路面

路基宽26m,横断面为2×(0.75m预制块路肩+3m硬路肩+7.5m行车道+0.75m路缘带)+2m中央分隔带,路面宽22.5m。

匝道单向单车道路基宽8.5m,对向双车道有分隔带路基宽16m。

路基设计洪水频率1/100。路面首次采用沥青混凝土结构,标准轴载BZZ-100。主线路面结构层共72cm。沥青混凝土面层16cm,其中,上面层为4cm厚Superpave-16玄武岩沥青混凝土,中面层为6cm厚Superpave-20石灰岩沥青混凝土,下面层为6cm厚Superpave-25石灰岩沥青混凝土,层间设置透层、黏层;基层为36cm水稳碎石,底基层20cm,为10%的石灰土。

(4)桥梁、涵洞

计算荷载:汽车—超20级,验算荷载:挂车—120。

设计洪水频率:特大桥1/300,大、中、小桥及涵洞1/100。

桥面净宽:特大桥宽2×11.5m,大、中、小桥宽2×11.25m。

涵洞与路基同宽。

(5)路线交叉

主线上跨各级公路的桥梁及通道净空高度:二级及二级以上公路净高5.0m,三、四级公路4.5m,汽车通道≥3.2m,拖拉机通道≥2.7m,人行通道≥2.2m。

主线下穿各级公路的净空高度均按≥5.0m控制。

3.工程内容及主要构造物

(1)建设主要内容

路基土石方182万m^3,浆砌片石防护19267m^3,混凝土预制块13699m^3,沥青混凝土路面106.4万m^2,水稳碎石基层67.5万m^2。特大桥3166.9m/2座,中小桥840.73m/17座;通道20道,长596.35m,涵洞40道,长1116.03m;上跨桥1座,互通式立体交叉2处;护栏总长69.945km,隔离栅25km,标志牌191块,标线1823m^2。

(2)路线中间控制点

高山村、桃园、虾子山北麓、安枞路、安庆机场、石塘湖、机场互通立交、安庆电厂铁路、安庆市规划柘山路、元山路。

(3)路线跨越主要河流

石塘湖及其两支流,均无通航要求。

(4)收费站及服务区

全线设安庆北、安庆、大桥3个收费站,由于建设需要,安庆北收费站于2004年12月

26 日停止收费,后拆除;大龙山 1 对服务区。

4. 征地拆迁

本项目征迁工作于 2002 年 3 月开始,2003 年 5 月全线征迁工作结束,共征用土地 1595.5 亩,房屋拆迁面积 66335.49m^2,土地及附属物补偿费用为 3928.1464 万元。

5. 项目投资

(1)投资规模、资金来源

本项目初步设计批复投资概算为 47425.328 万元,其中:省交通厅补助 3100 万元,安徽省高速公路总公司自有资金 5500 万元,银行贷款 35926.2764 万元。

(2)概算执行情况

经竣工决算审计,本项目基本建设支出 44526.2764 万元,与批复的概算总投资 47425.328 万元相比,较概算节约 2899 万元,节约投资支出 6.11%。

6. 开工及通车时间

2003 年 1 月 8 日正式开工,2004 年 12 月 26 日全线建成通车。

(二)决策研究

2000 年,安徽省公路勘测设计院组织力量开展了建设前期工作,2000 年 2 月 28 日,安徽省交通厅专题研究安庆长江大桥北岸接线工程建设有关事宜。安徽省公路勘测设计院于 2001 年 1 月完成了安庆长江大桥北岸接线的预可报告编制工作,并于 2001 年 3 月通过安徽省省内评审。2001 年 9 月完成了安庆长江大桥北岸接线的工可报告编制工作,同时通过安徽省省内评审。

(1)2001 年 8 月,交通部《关于安庆长江大桥北岸接线项目建议书的批复》(交规划发〔2001〕444 号);

(2)2002 年 4 月,交通部《关于安庆长江大桥北岸接线可行性研究报告的批复》(交规划发〔2002〕160 号);

(3)2002 年 6 月,交通部《关于安庆长江大桥北岸接线初步设计的批复》(交公路发〔2002〕268 号);

(4)安徽省交通厅《关于安庆长江大桥北岸接线路基工程招标资格预审结果的批复》(皖交基〔2002〕56 号);

(5)安徽省交通厅《关于安庆长江大桥北岸接线路基工程招标文件的批复》(皖交基〔2002〕58 号);

(6)安徽省交通厅《关于安庆长江大桥北岸接线工程施工图设计的批复》(皖交基〔2002〕59 号);

(7)安徽省交通厅《关于安庆长江大桥北岸接线路面工程施工招标文件的批复》(皖交基〔2003〕82号);

(8)国土资源部《关于安庆长江大桥北岸公路连接线工程建设用地的批复》(国土资函〔2004〕435号);

(9)安徽省人民政府《关于安庆长江大桥北岸公路连接线工程建设用地的批复》(皖政地〔2004〕501号)。

(三)项目实施

1. 项目招标

(1)设计招标

设计单位是安徽省公路勘测设计院(现安徽省交通规划设计研究总院股份有限公司)。

(2)施工招标

本项目共19个施工单位,其中路基4个,路面1个,其他14个。所有施工单位均采用公开招标方式确定中标单位。

(3)监理招标

本项目所有监理单位均采用公开招标方式确定中标单位。监理单位共5个,其中路基2个,路面1个,交通工程1个,房建1个。

2. 建设管理

(1)项目建设管理机构

本项目建设管理严格执行"四项制度",即项目法人制、工程招投标制、工程监理制、合同管理制。安徽省高速公路总公司为该项目法人,负责筹措资金、工程建设、运营管理等事宜。总公司设立了现场办公室,现场办设置工程技术部、地方部、行政办公室、中心试验室等机构,各部门既分工负责,又互相配合,共同完成工程建设的质量、进度、投资控制和协调管理。

本项目的监理机构为总监领导下的总监代表及总监代表处,下设监理组,负责全线的工程质量、进度、投资、安全、环保、组织协调及信息管理等监理工作。

(2)质量保证体系

四级质量保证体系:政府监督、业主监控、社会监理、企业自检。

(3)竣(交)工验收情况

根据《公路工程竣(交)工验收办法》的规定,建设单位于2004年9月28日组建了安庆长江大桥北岸接线交工验收委员会,经交工验收委员会审议后,评定安庆长江大桥北岸接线工程质量等级为优良。

2007年10月,经安庆长江大桥接线工程竣工验收委员会审议后,安庆长江大桥北岸接线工程质量等级评定为优良。

3. 重大变更

(1)桥梁通道变更设计

因安庆长江大桥综合经济开发区规划原因,导致该区规划图与连接线施工图设计文件存在冲突,导致连接线工程在2.95km范围内共有6座构造物进行了变更设计,重新设计4座分离立交桥(净高5m)和2道机孔通道(净高2.5m)。

(2)路基95区填料

原路基设计中,95区0~80cm全部采用4%石灰改善土,路基施工期间,阴雨天气较多,石灰土的施工严重制约了整体工程进度。针对本项目土源土质较好的特点,经设计部门同意,现场办根据路段情况对95区填料进行了调整,部分路段维持原设计,部分路段路床0~40cm范围采用石灰土改善,40~80cm用素土填筑,但素土部分填料的CBR值必须达到规范CBR>5的要求,通过此项变更,既保证了路床的填筑质量,又节省了大量的费用,保证了工期。

(3)分离立交桥和主线收费站

根据交通厅专题会议精神,为满足安庆市开发区规划的需要,支持开发区的发展,本项目对接线工程部分通道、桥涵进行调整,新增两座分离立交桥、两座通道;另外,为满足安庆大桥接线远景交通量增长的需要,K11+980主线收费站由三进三出调整为八进八出。

(4)弱风化石质路堑边坡防护方案

安庆长江大桥北岸接线工程K0+100、K5+600、K6+800等处为石质挖方路段,开挖完成后路堑边坡较高,岩面大面积裸露。如进行浆砌片石护面墙常规防护,则施工难度较大,造价高,且与周围的自然景观很不协调,现场办对该处的岩质边坡采用国内较为先进、具有成功实践经验的客土吹附生态防护技术,该项技术主要包括修坡、铺网、喷播、养护等几个工序。通车至今,大桥接线几处弱风化石质边坡生态防护工程已见成效,根据岩性及当地自然环境精心配制的混合草种发芽后长势良好,覆绿后的边坡与自然景观融为一体,尽显安庆得天独厚的生态自然景观和人文历史底蕴,为安庆树立良好的"绿色通道"典范。

(5)沥青混凝土面层设计类型

为进一步提高沥青混凝土路面的使用性能,尽可能减少路面质量通病的发生,现场办对原设计AC类沥青混凝土路面进行设计变更,采用国内先进的Superpave沥青路面。在现场办和施工、监理单位的共同努力下,铺筑成功,验收结果表明,该种路面质量及各项技术指标完全符合Superpave技术标准及我国《公路沥青路面施工技术规范》(JTG F40—2004)的要求,从通车道路使用状况来看,该路面未出现坑槽、车辙、推移等质量通病,使用性能优良,证实了该种新型路面形式在安徽省的首次应用是成功的。

(四)科技创新与成果

1. 石方路堤填筑

本工程石方开挖量大,为加大挖方利用、减少征地借方量,大量采用石方填筑路堤。为加强填石路堤质量控制,主要加强以下三个方面的质量控制。

(1)严格控制填筑石料的最大粒径和填筑层厚。最大粒径不得超过规范允许每层厚度的 2/3,本项目施工中我们将其严格控制在 27cm 以内,每层最大厚度不得超过 50cm。对于超粒径石料采用人工破碎或清除出场。

(2)选用重型压实机械,确保石方路基压实度。本项目施工中,主要选用 18t 以上的胶轮振动压路机,并辅以 50t 的拖式羊角碾加强压实。

(3)最后采用冲击压路机补充压实,进一步保证填石路堤的压实度。采用冲击压路机补充压实 20~25 遍。实践检验证明,通过上述处理措施后,填石路堤密实稳定。

2. 优化沥青混凝土路面材料和结构层级配,提高了路面质量

在本项目中,对沥青混合料中的四号料采用制砂机现场加工方式,加强了细集料的除尘控制,将 0.075mm 以下的含量严格控制在 10% 以内,有效地保证了细集料的质量。同时,将 Superpave-25、Superpave-20、Superpave-16 三种型号的沥青混凝土混合料级配采用粗级配,对中、上面层采用进口改性沥青,提高了路面的抗车辙、抗滑等路用性能。

(五)运营与养护

1. 运营管理

安庆长江大桥北岸接线工程共设 2 个收费站点,即安庆收费站和安庆大桥收费站,见表 8-175。

收费站点设置情况表　　　　　　表 8-175

站点名称	车 道 数	收 费 方 式
安庆站	入口 4 条,出口 6 条	人工收费和电子不停车收费综合 (入口:3 条 MTC 车道,1 条 ETC 车道) (出口:5 条 MTC 车道,1 条 ETC 车道)
安庆大桥站	入口 6 条,出口 6 条	人工收费和电子不停车收费综合 (入口:5 条 MTC 车道,1 条 ETC 车道) (出口:5 条 MTC 车道,1 条 ETC 车道)

从 2004 年 9 月 28 日起至 2014 年 12 月 31 日,累计交通流量为 1099.9 万辆,具体数据见表 8-176。

交通流量发展状况表（单位：辆）　　表8-176

年份	入口	出口	合计	日平均流量
2005	248344	276574	524918	1438
2006	294229	339337	633566	1736
2007	118741	119515	238256	1653
2008	423554	442836	866390	2367
2009	493632	461064	954696	2616
2010	652463	599944	1252407	3431
2011	712914	655440	1368354	3749
2012	823225	753387	1576612	4308
2013	894136	833795	1727931	4734
2014	951206	904496	1855702	5084

2.养护管理

安庆大桥北岸接线现由合安公路管理处养护管理，是以精细化养护管理为手段，以制定的养护工作目标为出发点，始终贯彻"预防为主、防治结合、科学养护、确保质量、注重安全、保障畅通"的养护管理方针，创新工作理念，理清工作思路，夯实基础管理，提升管理水平，推进科学养护，强化应急保畅。

高速公路养护管理工作始终按照经常性、预防性、及时性的要求，实行规范化、精细化管理，积极探索养护管理新模式，扎实细致地开展养护管理工作，细化养护目标、责任和措施，保持道路安全、畅通、整洁、美观，养护工作扎实而富有成效。自通车以来采用社会化养护管理模式，通过公开招标方式确定社会专业化养护公司进行小修和路面、绿化、机电等专业化养护。目前暂无大修工程实施。

五十四、G50沪渝（上海—重庆）高速公路高河埠至界子墩段

（一）项目概况

G50沪渝（上海—重庆）高速公路高河埠至界子墩段（以下简称"高界高速公路"），是国家"两纵两横"公路主骨架的组成部分，国家"九五"重点工程之一。起点位于安徽省怀宁县高河镇境内的合宁高速公路，经潜山、太湖、宿松，终于鄂皖交界处的湖北省黄梅县界子墩；途经太湖县花亭湖旅游风景区和国家AAAA级天柱山旅游风景区。

1.参建单位

项目建设单位为安徽省高速公路总公司。

沪渝高速公路高河埠至界子墩段(一)

沪渝高速公路高河埠至界子墩段(二)

项目主要参建单位见表 8-177。

G50 沪渝(上海—重庆)高速公路高河埠至界子墩段主要参与建设单位汇总表　表 8-177

序号	参建单位	单 位 名 称	合同段编号及起止桩号	主要负责人	备注
1	项目管理单位	安徽省高速公路总公司	K0+000～K109+766	王水	总经理
2	省级项目管理单位	安徽省高等级公路工程建设指挥部高界项目办	K0+000～K109+766	屠筱北	主任
3	市级项目管理单位	沪蓉公路安庆段建设指挥部	K0+000～K109+766	周公顺	指挥长
4	县级项目管理单位	沪蓉公路安庆段建设指挥部怀宁县建设指挥部	K0+000～K109+766	钱时杰	指挥长
		沪蓉公路安庆段建设指挥部潜山县建设指挥部	K0+000～K109+766	陶方启	指挥长
		沪蓉公路安庆段建设指挥部太湖县建设指挥部	K0+000～K109+766	孟庆银	指挥长
		沪蓉公路安庆段建设指挥部宿松县建设指挥部	K0+000～K109+766	檀向群	指挥长

第八章
高速公路建设项目

续上表

序号	参建单位	单位名称	合同段编号及起止桩号	主要负责人	备注
5	勘察设计单位	安徽省公路勘察设计研究院	K0+000～K109+766	方正华	
6	施工单位	交通部第二公路工程局第六工程处	GJ-01 标段 K0+000～K4+051，K4+500～K6+800	王秋全	项目经理
		安徽省京安工程公司	GJ-02 标段 K4+051～K4+500	詹克志	项目经理
		安庆市路达公路建设工程有限责任公司	GJ-03 标段 K6+800～K12+400	王易发	项目经理
		中国航空港建设第十工程总队	GJ-04 标段 K12+400～K22+080	张辉	项目经理
		中国航空港建设第三工程总队	GJ-05 标段 K22+080～K31+210	罗会旺	项目经理
		安徽省公路桥梁工程公司	GJ-06 标段 K31+210～K38+700	徐清	项目经理
		铁道部大桥工程局	GJ-07 标段 K38+700～K40+390	艾国柱	项目经理
		中国人民武装警察部队交通第六支队	GJ-08 标段 K40+390～K47+497	董建平	项目经理
		铁道部第十四工程局三处	GJ-09（1）标段 K47+497～K56+000	李化连	项目经理
		安徽省港航建设工程公司	GJ-09（2）标段 K56+000～K58+207	胡以亮	项目经理
		铁道部第四工程局五处	GJ-10 标段 K58+207～K66+000	付漳湖	项目经理
		安徽省潜山县路桥工程公司	GJ-11（1）标段 K68+000～K74+600	凌英翰	项目经理
		江苏华野机械化工工程有限公司	GJ-11（2）标段 K66+000～K68+000	张邦国	项目经理
		安徽省公路桥梁工程公司	GJ-12 标段 K74+600～K75+717	王可武	项目经理
		中国建筑第四工程局机械施工公司	GJ-13 标段 K75+717～K79+000	史建柱	项目经理
		交通部第二公路工程局第二工程处	GJ-14 标段 K79+000～K80+000	魏本元	项目经理
		安徽省宿县地区路桥工程公司	GJ-15（1）标段 K80+000～K84+900	张久飞	项目经理
		安徽省公路工程公司	GJ-15（2）标段 K84+900～K88+500	刘文庆	项目经理
		大兴安岭机械筑路工程局	GJ-16 标段 K88+500～K98+501.5	张孝宗	项目经理
		交通部第二工程公路局	GJ-17（1）标段 K100+766.3～K109+766	魏邦泉	项目经理

续上表

序号	参建单位	单 位 名 称	合同段编号及起止桩号	主要负责人	备注
6	施工单位	安徽省巢湖地区路桥工程有限公司	GJ-17(2)标段 K98+501.5~K100+766	汪豪	项目经理
7	监理单位	安徽省高等级公路工程监理有限公司	K0+000~K109+766	吴志昂	总监

2．技术标准

高界高速公路按照1988年交通部颁发的《公路工程技术标准》（JTJ 01—1988）和1995年版规定的重丘区高速公路标准设计；同时参考《日本高速公路设计要领》等内容，主要技术标准如下：

（1）公路等级及地形类别

全长109.766km，为全封闭、全立交、控制出入口和双向四车道的高速公路。该路线位于长江北岸，大别山南麓，从路线起点至潜山野鸡湾，约43km，岗冲相间，地势低凹，平均高差20m左右，自西南往东北为一级和二级阶地分布，地形较为平坦，为垄岗微丘区。野鸡湾至终点界子墩约67km路段以山地为主，地形起伏较大，山丘沟谷分布密集，坡度较陡，地面相对高差为20~200m，为植被茂密的山岭重丘区。全线地质构造，属中朝准地台、秦岭地槽褶皱系北淮阳褶被带和扬子准地台，主要通过怀宁凹褶断束地质构造单元。

（2）主线行车速度

主线行车速度为100km/h。

（3）路基路面

K0+000~K12+400路基宽24.5m，K12+400~K109+766.3路基宽26.5m，其中：行车道2×7.5m，左、右侧路缘带2×0.5m，中央分隔带2.0（1.5）m，硬路肩2×3.5（3.0）m（含右侧路缘带0.5m），土路肩2×0.75m；路面宽度：宽17.0m水泥混凝土高级路面，设计标准轴载100kN。

（4）设计荷载

汽车—超20级，挂车—120。

3．工程内容及主要构造物

（1）建设主要内容

全线共有桥梁158座，共计9749.53m。其中主线桥5944.85m/76座（大桥3316.60m/7座，中桥1499.39m/27座，小桥1128.86m/42座）；支线上跨桥2606.25m/54座；人行天桥1198.43m/28座。特大桥2496.48m/3座，大桥820.16m/4座，中小桥2034.27m/53座。还有圆管涵及倒虹吸13442.7m/399座，人机孔5244.14m/166道，盖板涵10031.7m/193道，箱涵609.88m/17道。

(2)路线中间控制点

全线主要控制点分别是城西河大桥、宿松孚玉互通立交、凉亭河大桥、太湖长河大桥、太湖新城互通立交、潜水河大桥、车轴寺大桥、车轴寺互通立交等。

(3)路线跨越主要河流

宿松城西二朗河、凉亭河、太湖长河、潜山县境潜水河、皖河等。

(4)收费站及服务区

全线设公岭、王河、太湖及宿松4个服务区;设车轴寺、太湖及宿松3个收费站。

4. 征地拆迁

按照"统一标准,市县结算,包干使用,自定方法"的原则,自1995年11月部署高界段全线征地拆迁工作,1999年4月基本完成。本项目共征用土地8981.85亩,拆迁房屋91319.27m²,支付补偿费用65553453.52元。

5. 项目投资

(1)投资规模、资金来源

该工程批准概算总投资184426万元。资金来源:交通部拨款47200万元,中央国债资金6000万元,国债转贷资金5500万元,省交通厅交建资金拨款4052万元,省建设银行贷款21000万元,国家开发银行贷款42000万元,皖通公司投资55331万元,其他3328万元。

(2)概算执行情况

高界高速公路累计基本建设支出为173640.77万元(含建设期贷款利息14040万元),其中建安投资136680.06万元,设备投资1748.08万元,其他投资37.82万元。与批准概算总投资相比,结余10759.23万元。

6. 开工及通车时间

项目于1996年12月2日全线开工建设,1998年12月20日(除软基段外)全面完成了主体工程施工任务,1999年5月1日建成通车,投入试运营。

(二)决策研究

1. 前期决策背景

合肥—高河—界子墩公路是国家"井"字形公路主骨架中上海到成都公路的重要路段,它将312、206、318、105四条国道串联成一体。因当时公路修建年代久远,线形差、标准低,不能满足日益增长的经济交流和运输发展需要。为保障国家"井"字形公路干线建设如期进行,安徽省交通运输厅依据安徽省人民政府批准的安徽省交通基础建设总体规划,于1993年3月以《关于我省交通重点建设项目前期工作计划的报告》(皖交基〔93〕5号)文件上报交通部,建议将此公路进行改建或新建。1993年4月,安徽省交通厅正式印发《关于下达1993年至1995年安徽省交通重点建设项目前期工作计划的通知》（皖交基〔93〕11号）文件，将其列入安徽省交通重点建设项目前期工作计划。

2．立项审批

1993年6月5日，安徽省公路局委托省公路设计院进行合肥—界子墩公路预可行性研究工作，标志着高界公路前期工作正式开始。7月16日，安徽、湖北两省交通厅在宿松县签订《关于上海—成都国道主干线安徽、湖北省界接线点会议纪要》，确定了双方接线点标高。9月11日安徽省交通厅在合肥组织专家对合界公路预可进行初审，并确定高界线为一期工程，合高段为二期工程。

1993年12月11日，安徽省交通厅向交通部报送《关于国道主干线上海—成都公路皖境高河埠—界子墩段项目建议书的报告》（皖交计〔94〕55号），申请项目立项。

1994年11月5日，交通部以《关于高河埠到界子墩公路项目建议书的批复》（交计发字〔1994〕1195号）批复该项目建议书，同意项目立项。

1995年1月16日，安徽省交通厅向交通部报送《关于报送〈高河埠到界子墩公路可行性研究报告〉的报告》（皖交基〔95〕3号）。

1995年7月6日，交通部以《关于高河埠到界子墩公路可行性研究报告的批复》（交计发字〔1995〕579号）批准可行性研究报告。

1995年，安徽省交通厅向交通部报送《关于报送沪蓉公路皖境高河埠到界子墩段初步设计的报告》（皖交基〔95〕96号）。

1996年3月14日，交通部以《关于高河埠到界子墩公路初步设计的批复》（交公路发字〔1996〕240号）批准初步设计。

1996年11月27日，安徽省交通厅向交通部报送《关于上报"上海—成都公路安徽高界段"工程开工报告》（皖交基〔1996〕121号）申请项目开工。

1997年1月，交通部批复《高河埠到界子墩公路开工报告》。

(三)项目实施

1．项目招标

高界高速公路工程建设实行公开招投标。由安徽省交通厅成立了招标委员会，招标工作始终坚持"公开、公平、公正"的原则，严格按照交通部颁发的《公路建设市场管理办法》要求，采取合理标价中标。工程招标自1996年7月22日至9月26日止，共历时2个月。

(1)招标程序

本次招标按照制度化、规范化、程序化的原则，以《公路工程国内招标文件范本》为依据,借鉴省内外以往高等级公路招标工作经验,拟定了招标工作计划书的指导书,制定了全线工程量清单计算原则与标准。从1996年7月31日省公路设计院递交设计文件至同年9月26日发放中标通知书止,整个过程分为三个大阶段,即:①8月2日~8月24日编写招标文件、审查图纸、计算工程量清单;②8月26日~9月5日发售招标文件、组织现场考察、标前会议、答题、编制标底;③9月16日~9月26日开标、评标、决标。

(2) 招标过程

本次招标共有116家施工单位报名,第一轮资质审查,由安徽省交通厅和安庆市交通委员会质监站共同进行,确定了78家基本符合条件的投标单位。招标委员会于8月13日在合肥集中研究、讨论、审查,通过了工作计划书,并进行第二轮资格审查,最后确定73家单位参加14个投标段的公开投标。

(3) 评标原则和方法

按照计划书,招标委员会于1996年9月15日在安庆市宜城饭店正式举行了开标大会,现场委托安庆市公证处公证人员现场公证。此次开标,不但对各投标单位的报价进行公布,同时还当场公布各标段的标底(业主编制),确保各投标单位公平竞争氛围。

9月16日进行评标,对最终报价超过标底+8%以上的投标单位不予评定,对低于标底15%以下的,如无充分理由说明其降价的原因,也不予评定。在已入围投标单位中,我们借鉴了安徽省在以往高等级公路评标的经验,对投标书又进行了"四表一审批",即沪蓉公路高界段最终报价比较表、各标段工程建设成本(标底)与投标单位最终报价比较表、分项工程投标报价比较表、主要工程项目投标单价报价比较表,对所有合格的投标单位的施工组织设计、技术力量、机械设备、承担高速公路的工作业绩、企业信誉等进行分批审批、综合考评。为更好地确保工程质量、控制工程造价和总工期,又在公证人员的监督下,选择并推荐了报价合理、施工组织设计可行的施工队伍,再经评委认真讨论、分析,优胜劣汰,最后由招标委员会全体成员进行表决,确定了14家施工企业中标,其中交通系统占43%,军队占21%,建筑系统占15%,铁路系统占21%,全线加上1995年9月28日先期开工的1~3标段,共17个标段。

2. 项目管理

(1) 管理机构

为加强对沪蓉公路高界段工程建设的领导,该项目申请之初,即得到各级领导的关怀和支持,安徽省交通厅成立了"高界高速公路建设项目领导组",厅长李永铎任组长,副厅长王水、安庆市市长周公顺、市长助理交委主任焦贤明任副组长,省高管局局长屠筱北、省厅基建处处长杨家沪、计划处副处长余国才、财务处副处长黄志友、省公路局局长韩凤华、安庆市交委副主任方阳春等同志为成员。

1994年12月12日,安庆市成立"沪蓉公路安庆段建设指挥部",市长周公顺任指挥长,市长助理交委主任焦贤明、市计委副主任周济满、市交委副主任方阳春任副指挥长,安庆市直有关部门和桐城、怀宁、潜山、太湖、宿松五县(市)负责同志为成员。并从组织机构、政策协调、行政管理等方面予以指导和支持。高界高速公路项目业主为安徽省高速公路总公司(现安徽省交通控股集团有限公司),负责工程造价控制,总体工程计划安排。沪蓉公路高界段工程建设指挥部作为业主委托人,负责对全路段的建设管理、组织实施、地方工作、材料供应、工程价款的审核支付等工作。各县指挥部负责征地拆迁和协调地方关系工作。

高界段工程建设遵照交通部规定实行社会化监理,全权委托安徽省高等级公路工程监理有限公司,负责全线的工程质量、进度、工程价款计量和路段工程中间验收等工作。

项目设计委托安徽省公路勘察设计院实施,负责对全路段的技术交底、水准点、坐标点恢复等基础资料的提供交接工作,派驻设计代表常驻现场,负责解答、处理施工期出现的技术问题,提供设计变更图纸和文件。

本项目共17个标段22家施工企业。为确保工程质量,各施工单位都建立了高效运转的项目经理部,确立项目经理为质量第一责任人,推行全面质量管理,真正实现责、权、利相结合。

(2)质量保证体系

为确保高界高速公路工程建设质量,借鉴了国际"菲迪克"合同管理模式,实行"政府监督、施工监理、企业自检"三级质保体系,坚决贯彻执行交通部颁布的有关工程质量监理工作的方针、政策,牢固树立"百年大计,质量第一"的观念,严格按照规范的要求,成立了"沪蓉公路高界段总监代表处"和17个驻地监理办公室,共配备140名监理人员。建立健全了施工企业自检、监理组抽检、总监代表处复检的三级质量管理体系,加强预控和施工过程中的动态控制,将有可能出现质量问题的因素消灭在形成过程中,努力做到超前监理,重视施工的前期工作。

严格把好六关,一是把好材料和构件质量关,不合格的水泥、砂、石、钢材以及路缘石制品不得使用;二是把好设备性能关,对达不到施工技术规范要求的设备责令更换;三是把好施工队伍素质关,对个别拼凑的作业班组限期改进技艺或直接清理出场;四是把好工序验收关,凡经验收不合格的工序,坚决予以返工;五是把好计量关,坚持实事求是计量;六是把好管理关,严格现场管理,健全规章制度,安全施工,提高工效。

做好对设计图纸审查。对施工单位提交的施工方案在技术、经济上进行审核,在开工前,对小型构造物根据实际的角度、涵底高程、纵坡等绘出施工图保证使用要求。并及时对全线控制桩进行复测,要求设计院平差,大桥、特大桥施工放样必须经过测量工程师确认。

严格控制施工材料质量。中心试验室负责全线各合同段标准试验校核和工程质量检测。现场监理组对已到场的施工单位自购材料按规定频率进行抽检,不合格的材料及时清除出场。业主供应的材料除要求有产品质量检测证书外,也要按规定频率进行抽样测试。中心试验室不能完成的试验,委托有资质和能力的试验机构完成。

为加强对高界段工程建设的管理和监督,指挥部组建了巡回检查组和督查组,定期或不定期组织有关部门,对全线的工程建设管理工作、计划措施的落实、存在的问题进行巡回检查和督查,及时地给予调度、处理,拿出专门资金,积极开展质量、进度双竞赛活动,树典型,促落后,奖优罚劣。

加大检查力度,实行监理通报制。总监代表处成立了高界线监理检查验收组,负责对全线监理人员的检查考核及对现场工程质量巡视。每次巡回检查前做到有计划、有目的、有内容、有要求,着重对施工管理、工程质量、材料、施工机械设备、施工工艺、施工人员、检测试验手段、内业资料、工程计量、文明生产、安全11个方面全面行使工程执法,重大质量隐患及时通知施工单位。在工程的特定阶段及时组织一次全线质量检查评比,并召开专门质量工作会议,通报检查结果,指挥部对质量好坏单位予以奖惩。在工程实施过程中,进行了多次路基施工质量、台背回填质量、防护工程质量及路面施工质量大检查。

为加强对质量通病进行重点监理,结合高速公路桥头跳车的通病,采用了"八五"交通部科研成果波形伸缩缝来代替原设计的板式伸缩缝。目前高界线中小桥全部采用波形伸缩缝,特大桥采用毛勒伸缩缝,最大限度地克服桥头跳车的质量通病。大桥、特大桥施工采用了钢模,避免结构表面的错缝、漏浆、麻面等通病;对桥的外露部分如护栏、桥面、砌石台身都进行了表面处理。通过控制施工配合比、砂石材料及施工工艺,不仅保证了混凝土路面抗折强度,而且成功地使小型机具施工的混凝土路面平整度控制在小于5mm的通过率100%,小于3mm的通过率85%,从而大大提高了通车时路面的运营性能。

(3)交工、竣工验收

交工验收:1999年4月30日,经省交通厅同意,由沪蓉公路安庆段建设指挥部主持,按照交通部《公路工程竣(交)工验收办法》的要求,成立了沪蓉公路高界段工程交工验收领导小组。小组成员听取报告、审查资料和实地察看现场后,经过认真审议,同意该项目通过交工验收,质量等级评为优良。

竣工审计:2000年12月21日~2001年1月16日,安徽省审计厅对沪蓉公路高界段进行了竣工审计。审计结果表明:高界公路建设项目执行基本建设程序基本合规;建设项目法人责任制和资本制度落实;工程招标投标制、工程监理制和合同管理制得到较好的应用;财务支出基本合规。

档案验收:2000年8月21日,安徽省档案局成立档案验收组,对沪蓉公路高界段竣工档案进行验收。验收组认为沪蓉公路高界段工程竣工档案的收集、整理和保管情况总体较好,基本具备工程档案竣工验收条件,同意对该工程通过竣工验收。

环保设施验收：2000年5月10~11日，安徽省环境保护局对高界高速公路进行环境验收，验收组认为工程达到国家有关环保工程设施竣工验收的要求，同意该工程环保设施验收合格。

竣工验收：2001年5月28~30日，交通部公路司和安徽省交通厅共同组织沪蓉公路皖境高界段竣工验收。竣工验收委员会听取了建设各方汇报，查阅了工程建设有关文件和竣工验收资料，对全线工程进行了现场察看。经过评议，同意该项目通过竣工验收，质量等级评为优良。

3. 重大事项

（1）重大决策

1995年5月21日，省交通厅在安庆市组织召开高界高速公路建设工作会议，省交通厅副厅长李永铎、安庆市委书记汪石满、市长周公顺及相关单位部门负责人参加会议（文中涉及人员及职务均为时任）。会议确定省公路局受省交通厅的委托，负责高界高速建设的行业管理。同时，为进一步加强对工程建设的领导，会议决定成立安徽省高界高速公路建设项目领导组，负责建设资金的筹集和总体计划安排，研究建设过程中的重大问题。项目组长为省交通厅厅长金明生，周公顺、李永铎、焦贤明、韩凤华同志为副组长。安庆市成立沪蓉公路安庆段建设指挥部，作为项目建设单位，全面负责高界高速公路的建设管理工作。下设办公室、计划工程统计科、物资科、监理处（含总工室、中心试验室）、地方办等。

1995年10月28日，省交通厅在合肥组织召开高界高速公路建设项目领导组会议。由于人员变动等影响，会议确定高界高速公路建设项目领导组组长由省交通厅厅长李永铎担任，增加交通厅副厅长王水同志为副组长，并扩充了领导组成员。会议同时确定，省交通厅对项目的管理由原省公路局改由省高等级公路工程建设指挥部承担。会议要求省指挥部成立现场办常驻现场，参加高界公路建设全过程管理。

（2）重大变更

①路基宽度由24.5m变更至26.5m。

1993年12月11日，安徽省交通厅向交通部报送《关于国道主干线上海—成都公路皖境高河埠—界子墩段项目建议书的报告》中，建议高界线全线采用一级路标准，路基宽度为24.5m。交通部同意安徽省意见，并要求安徽省抓紧抓好工程可行性研究工作。1995年1月，安徽省交通厅向交通部报送《高河埠到界子墩公路可行性研究报告》，交通部在可行性研究报告的批复中，指出为保证行车安全和提高未来通行能力，硬路肩宽度宜采用3.5m。1996年3月，交通部以《关于高河埠到界子墩公路初步设计的批复》批准初步设计。批复中明确指出考虑到道路重载交通量大，为保证主线安全畅通，硬路肩采用3.5m，路基宽度为26.5m。由于一期12.4km已开工建设，维持原设计路基宽度24.5m不变，其余路段路基宽度为 26.5m。

②优化底基层，部分路段底基层变更为水泥稳定土。

高界高速公路原设计路面底基层为级配碎石，厚度为 20cm、25cm、30cm 不等，由于底基层对碎石质量和规格要求高，需求量大，为解决高界高速公路途径的太湖、宿松两县碎石料缺乏的问题，由监理单位提出并经设计和科研部门论证通过，同意路面底基层采用水泥稳定土的新工艺的变更。

(四)科研创新与成果

(1)全面推广桥梁波形伸缩缝，为有效解决高速公路伸缩缝处跳车的通病，高界高速公路全面使用"八五"重要科研成果，交通部"九五"推广产品"桥梁波形伸缩缝"。"桥梁波形伸缩缝"的使用大大提高了高界高速公路的行车功能。

(2)高界高速公路防撞护栏全线采用先热镀再喷塑(交通绿)的新工艺，在全国范围内也是较早尝试。事实证明，这种工艺的使用，既充分保证了防撞安全设施的防腐功能，又与全线环境相协调，是公认的又一技术创新。

(五)运营与养护

1. 运营管理

高界高速公路沿线共设置 3 对半服务区(公岭服务区、王河服务区、太湖服务区、宿松收费站)，共设 3(4)个收费站点[金拱收费站(原主线站，已拆除)、车轴寺收费站、太湖收费站和宿松收费站，其中宿松收费站为主线站]。从 1999 年 5 月 1 日起至 2015 年 12 月 31 日，高界高速公路累计交通流量为 7417.16 万辆。收费站点设置情况如表 8-178 所示，交通流量发展状况如表 8-179 所示。

收费站点设置情况表　　　　　　　表 8-178

站点名称	车道数	收费方式
车轴寺站	入口 3 条、出口 5 条	人工收费及电子不停车收费综合 (入口:1 条 MTC 车道、1 条 ETC 车道、1 条 MTC/自动发卡机复合车道) (出口:4 条 MTC 车道、1 条 ETC 车道)
太湖站	入口 4 条、出口 6 条	人工收费及电子不停车收费综合 (入口:2 条 MTC 车道、1 条 ETC 车道、1 条自动发卡机车道) (出口:5 条 MTC 车道、1 条 ETC 车道)
宿松站	入口 6 条、出口 14 条	人工收费及电子不停车收费综合 (入口:2 条 MTC 车道、1 条 ETC 车道、1 条自动发卡机车道、1 条 ETC/MTC 复合车道、1 条 MTC/自动发卡机复合车道) (出口:12 条 MTC 车道、2 条 ETC 车道)

交通流量发展状况表(单位:辆)   表8-179

年份	入口	出口	合计	日平均流量
1999	954479	940899	1895378	7736
2000	1924175	1913216	3837391	10513
2001	2254694	2247268	4501962	12334
2002	2323896	2325125	4649021	12737
2003	1732610	1770519	3503129	9598
2004	1742674	1786210	3528884	9668
2005	1709886	1747731	3457617	9473
2006	1852863	1886650	3739513	10245
2007	2095248	2147534	4242782	11624
2008	2190536	2233803	4424339	12121
2009	2234422	2262543	4496965	12320
2010	2598533	2663589	5262122	14417
2011	2548683	2562214	5110897	14002
2012	2575320	2543967	5119287	14025
2013	2656574	2627618	5284192	14477
2014	3123664	3150794	6274458	17190
2015	2426131	2417552	4843683	19933
合计	36944388	37227232	74171620	12495

2.养护管理

高界高速公路试通车后,始终坚持"预防为主,防治结合"的养护管理方针,将养护管理工作中心转移至道路日常管养和预防性养护工作上来,以遏制水泥混凝土路面病害发展,提高道路通行水平为目标,努力打造高界高速公路"畅、洁、绿、美、安"的优良通行环境。

五十五、G50沪渝(上海—重庆)高速公路高河埠至界子墩段改建工程

(一)项目概况

G50沪渝(上海—重庆)高速公路高河埠至界子墩段(以下简称"高界高速公路")是国家高速公路主干线沪渝高速公路的重要组成部分。该道路于1995年开工建设,1999年竣工通车。通车近10年后,高界高速公路通行质量出现下降。为进一步提升高速公路的服务水平,2008年3月开始,安徽省交通部门对该道路进行"白改黑"升级改造。改建工程起自G50沪渝高速公路K569+016(改建前合界高速公路K126+053),止于K678+797(改建前合界高速公路K235+834),全长109.781km。改造后的高界高速公路全线均

为沥青混凝土路面,提升了皖西南公路运输能力。

沪渝高速公路高河埠至界子墩段改建工程

1. 参建单位

项目建设单位为安徽皖通高速公路股份有限公司。

项目主要参建单位见表8-180。

G50 沪渝(上海—重庆)高速公路高河埠至界子墩段改建工程
主要参与建设单位汇总表 表8-180

序号	参建单位	单位名称	合同段编号及起止桩号	主要负责人	备注
1	项目管理单位	安徽皖通高速公路股份有限公司	K569+016～K678+798（K126+053～K235+835）	王水	
2	省级项目管理单位	安徽省高界高速公路改建工程指挥部	K569+016～K678+798（K126+053～K235+835）	李云贵	指挥长
3	勘察设计单位	安徽省交通规划设计研究院	K569+016～K678+798（K126+053～K235+835）	王吉双	
4	总监办	安徽省高等级公路工程监理有限公司	K569+016～K678+798（K126+053～K235+835）	吴志昂	总监代表
5	施工单位	南京东部路桥工程总公司	GJG01标 原路面处理 K126+053～K181+400	周龙模	项目经理
		中交第三公路工程局有限公司	GJG02标 桥梁顶升及维修加固 K126+053～K181+400	周孝余	项目经理
		中交第二公路工程局有限公司	GJG-03标 沥青路面 K126+053～K181+400	陈兴	项目经理
		安徽省路港工程有限责任公司	GJG-04标 原路面处理 K181+400～K235+834	郭明奎	项目经理
		上海天演建筑物移位工程有限公司	GJG-05标 桥梁顶升及维修加固 K181+400～K235+834	张运军	项目经理

续上表

序号	参建单位	单位名称	合同段编号及起止桩号	主要负责人	备注
5	施工单位	安徽省公路桥梁工程公司	GJG-06标 沥青路面 K181+400~K235+834	王远胜	项目经理
		安徽水利开发股份有限公司	GJG-010标 原路面处理 K181+400~K235+834	王柱年	项目经理
6	监理一组	安徽省高等级公路工程监理有限公司	GJG-01、02、03、07、08、09标	施昌权	监理组长
7	监理二组	安徽省公路工程建设监理有限责任公司	GJG-04、05、06、10标	孙伟	监理组长

2. 技术标准

(1)公路等级及地形类别

平原重丘区双向四车道高速公路。

(2)主线行车速度

主线行车速度为100km/h。

(3)设计荷载

原设计标准(汽车—超20级,挂车—120),拆除重建桥梁为公路—Ⅰ级。

(4)设计洪水频率

路基1/100,大中小桥及涵洞1/100,特大桥1/300。

(5)路基、路面

宽度维持原公路标准为26.5m(其中K669+434~K678+797路基宽度为24.5m)。

路面结构形式采用原水泥混凝土路面经处理后加铺沥青混凝土面层,其中,沥青混凝土路面结构层为2~4cm厚AC-10调平层、8cm厚AC-25下面层、6cm厚AC-20中面层、4cm厚SMA-13上面层。

3. 工程内容及主要构造物

原水泥混凝土路面处理104.8km,其中直接加铺路段长26.2km;挖除重铺路段2.8km;冲击压实75.8km。主线桥梁改造77座,其中:直接加铺路面8座,更换梁板后加铺路面12座,顶升梁板后加铺路面4座,增大梁板断面后加铺路面53座。支线上跨桥顶升38座;人行上跨桥顶升23座。摊铺沥青混凝土面层(SMA-13)1323320m²、中面层(AC-20)1280322m²、下面层(AC-25)1181386m²、调平层(AC-10)1036700m²。更换波型梁护栏92.99km。升级改造了全线交通标志、标线。

4. 项目投资

工程概算投资9.915亿元,决算投资8.246亿元,节约建设投资1.6亿元。资金全部由安徽皖通高速公路股份有限公司自行筹措。

5. 开工及通车时间

该项目于2008年3月开工,于2009年7月全线交工验收,工期提前9个月。

(二)决策研究

高界高速公路建成后被时任交通部部长黄镇东同志誉为国内水泥混凝土高速公路中的典范。然而水泥混凝土本身存在许多固有缺点,特别是在车辆荷载和环境因素下,水泥混凝土路面出现细小的裂缝、坑槽、露骨,路面板出现裂缝、断板,接缝产生错台等危害。通车近10年来,高界高速公路通行质量出现了下降趋势,改建势在必行。为进一步提升高界高速公路的服务水平,按照省委、省政府的统一部署,省高速集团公司、皖通公司在报经省交通运输厅审批同意后,决定对高界高速公路进行改建。

为了把握好高界高速公路改建工程时机,科学制定改建工程方案,以最大限度地提升改建效益与效率,省高速集团公司、省皖通公司自2005年起,就着手进行前期准备工作,2005年10月11日、10月22日和12月1日分别邀请东南大学、长安大学、同济大学的教授专家到高界高速公路现场进行实地察看,形成三份专家意见。2006年4月,省内10多名路桥专家齐聚一堂,对高界高速公路路面改建时机和方案进行了充分论证。这些工作,为高界高速公路改建工程的立项和"白改黑"方案的最终确定打下了基础。

(1)2006年12月31日,省交通运输厅《关于同意高界高速公路改建工程的批复》(皖交计〔2006〕107号)批准立项。

(2)2007年6月22日,省交通运输厅《关于高界高速公路改建工程初步设计意见的函》(皖交基函〔2007〕62号)批准工程初步设计。

(3)2007年10月19日,省交通运输厅《关于高界高速公路改建工程施工图设计的批复》(皖交基〔2007〕77号)批复工程施工图设计。

(4)2008年2月,安徽省交通厅《关于高界高速公路改建工程施工许可的批复》(皖交基函〔2008〕13号)同意高界高速公路改建工程开工。

(三)项目实施

1. 项目招标

为使改建工程招投标工作顺利进行,2007年2月1日,安徽省高速集团成立了安徽省高界高速公路改建工程招标委员会,负责高界高速公路改建工程项目招投标工作。工程招标委员会多次召开高界高速公路改建工程项目招标会议,研究部署高界高速公路改建项目的招投标工作。指挥部严格按照交通运输部《公路工程施工招投标管理办法》《公路工程施工招标资格预审办法》等招投标法律法规的规定,先后组织了工程勘察设计、施工与监理的公开招投标工作。首先在指定的报刊媒体上发布招标公告,然后进行资格预审,最后对通过资格预审的单位发出投标邀请函,投标单位须按招标文件的要求进行投标,开标时聘请公证处人员到场公证。由交通运输厅专家组织评标并编制评标报告,整个招投标工作全过程接受纪检、监察等部门的监督检查。因此,本项目招投标工作组织规范有序,体现了"公开、公平、公正"的原则,得到了有关各方的一致好评。

2. 建设管理

（1）管理机构

为切实加强高界高速公路改建工程组织领导,确保工程项目建设的顺利进行,2007年1月9日,高速集团成立了由集团公司副总经理、皖通公司总经理为指挥长,集团公司纪委副书记、皖通公司副总经理、集团公司工程技术处处长、高界管理处处长为副指挥长,相关部门负责人为成员的安徽省高界高速公路改建工程指挥部。指挥部成立了改建工程项目办公室,具体负责改建工程的组织协调和现场管理工作。项目办下设监察室、行政部、工程计划部、交通安全部、地方工作部和财务部。除监察室和财务部由集团公司、皖通公司派员组成外,其他四个部均从高界管理处相关单位、部门抽调精干人员组成。

（2）质量保证体系

建立健全质量管理制度。指挥部制定了《高界高速公路改建工程建设管理办法》等诸多管理制度,提出了"创新质量理念、倡导精雕细琢、追求卓越品质、提升服务水准"的质量方针。

为提高质保体系运行效率,指挥部每月对各施工、监理单位进行考核,采用三级检验制度,即施工班组自检互检、项目部质检员复检达到要求后,报监理单位、质检单位、建设单位等有关单位复检。建立了横向到边、纵向到底的全方位的质量保证体系,确保质量体系有效运行。提升参建人员质量安全意识;加强现场质量巡检力度;抓住关键工序,健全质量监督。根据改建工程的特点,指挥部聘请了华南理工大学道路工程研究所作为改建工程技术咨询单位,对沥青混凝土路面施工等关键工程、难点工程施工方案进行评审,在施工工艺、质量、技术、安全保障等方面进一步完善施工方案,确保工程质量和安全。

（3）交通管理

高界改建工程对交通的影响,从技术方面上看主要有:施工占道对交通的影响;施工范围内拆迁交通设施对交通的影响;施工方法对交通的影响;施工管理对交通的影响;其他组织方面对交通的影响。这些因素一方面降低了施工路段车辆的通行能力,影响道路交通的畅通,另一方面又增加了施工路段的作业危险,影响工程的技术质量。指挥部在借鉴合宁、宣广改扩建交通管理经验的基础上,根据高界路的实际情况,全线均衡布点,强化交通现场管理,在半幅封闭施工、半幅双向通行路段的现场管理中采取了以下几个方面的措施：

①为了便于交通组织和缩短施工周期，原则上按照6km封闭施工，每个施工区段在施工时采取每3km滚动向前推进施工。对应路段使用锥形路标或其他交通标志分隔，形成两个不同方向的车道，保障车辆双向通行。

②设置齐全的安全标志和有效的信息提示，一方面为车辆安全通行提供服务，一方面也是施工单位应承担的法律责任。

③制定完善的应急预案。双向通行路段一旦发生交通事故或车辆故障抛锚，可以根据预案制定的方法和措施，在最短的时间内恢复通行，有效缓解了交通压力，保证了施工路段安全畅通。

④为了抓好改建期间的道路安全管理工作，营造良好的施工环境，指挥部积极和交警部门取得联系，由安庆市交警支队、高界管理处、指挥部、监理组和各施工单位联合成立了高界高速公路改建工程交通组织实施领导小组，全面负责改建期间道路交通管理组织领导工作，高速交警大队具体负责各自管辖范围内施工路段的交通管制工作。改建期间，高界路全线没有发生一起交通安全责任事故，做到了改建、通行两不误。

(4)合同管理

①加强合同履约检查。工程质量、安全和进度的关键取决于各施工、监理单位的合同履约能力。指挥部依据施工、监理合同的规定，逐月对施工、监理单位的现场组织机构和人员、设备的投入，质量保证体系的建立、健全与开展情况以及项目合同管理等进行检查，对不符合合同约定的，责令限期进行整改。

②加强项目考评力度。针对高界改建工程实际情况，指挥部会同监理、施工单位按标段逐一确定每一构造物、每个施工段所需投入的人力、物力，明确时间要求，与各施工、监理单位签订了阶段、节点工程奖惩协议书，逐月进行考评，实施如期完工者重奖、滞后者重罚。此举充分调动了参建单位的积极性。

(5)工程造价控制

①以招投标为手段，有效控制工程造价。本项目所有主体工程和附属工程均采用了招标管理，在严格审查施工队伍资质、资信、施工设备和组织管理均合理的前提下，重点考核投标报价，有效地控制工程预算支出。

②严格计量支付，加强计量支付审核工作。每月计量时，首先由施工单位申报计量申请，由现场监理工程师、监理组长审核签署后，报总监办复审。最后由指挥部有关部门审查无误后，经指挥部项目负责人签发支付证书。每期工程结算指挥部人员均建立工程结算台账，杜绝了重报、多报的现象，确保计量的准确性。

③严格按照程序操作，控制工程变更费用。根据《高界高速公路改建工程建设管理办法》，按照变更申报及审批程序，审核工程数量和工程费用。

④优化技术方案,强化投资控制管理。改建工程工期紧、工程量大、不可预见因素多,使得工程投资控制难度很大。指挥部不断优化技术方案,通过合理优化设计来控制和减少工程投资。例如,指挥部将原路面处理由冲击压实为主进行优化设计,在对原路面混凝土板块进行逐块检测评定的基础上,增加直接加铺段。此外,指挥部还通过多方论证,取消了中分带沥青砂路缘石,既加快了工程进度,又节约了投资。

⑤控制主材价格,节省工程投资。指挥部对主要材料沥青进行直供。通过实行公开招标采购,确定沥青材料供应商,最后统一集中供应。直供材料通过竞争招标不仅可以节省大量工程投资,为工程施工提供方便,而且可以通过供货渠道的控制,保证材料质量。

(6)交工、竣工验收

①交工验收。本工程质量检验及评定工作由安徽省交通建设工程质量监督局委托安徽省高速公路试验检测科研中心进行。高界高速公路改建工程交工验收委员会于2009年7月7日举行交工验收会议,经验收委员会审议,本项目工程质量评分值为96.7分,各合同段工程合格率为100%,项目评为合格工程。

②档案验收。2012年1月18日,省档案局会同省交通运输厅等单位组成验收组,按照国家档案局、发改委和省关于重大建设项目档案验收的规定,对高界高速公路改建工程档案进行了验收。评定高界高速公路改建工程档案总得分为92.5分,达到项目档案验收"优良"标准。

③环保设施验收。2012年4月13日,由安庆市环境保护局牵头召开了高界高速公路改建工程建设项目竣工环保验收会,会议认为项目符合环境保护验收条件,同意项目通过环保验收。

④竣工验收。2012年6月20日至21日,安徽省交通运输厅组织成立安徽省高界高速公路改建工程竣工验收委员会,对该项目进行了竣工验收。竣工验收委员会根据交工验收结论和质量鉴定意见,按照《公路工程竣(交)工验收办法实施细则》等有关规定,对该项目进行了工程质量评定。竣工验收工程质量评分值为94.51分,工程质量等级为优良。

3.重大变更

(1)动态控制路面处理方案

冲击破碎和修复路段是该项目原路面处理两个最主要的处理方案,冲击破碎因效果好而被广泛应用,但噪声大,冲击波对附近建筑物有影响。施工期间,根据当地政府及民众的意见,进行了一定的调整,以便施工的顺利进行,满足总体目标的要求。

(2)公里牌的调整

该项目改建设计结束后,安徽省试行《国家高速公路网命名和编号规则》的工作也开始进行,影响较大的就是百米牌和公里牌。施工期间叫停公里牌和百米牌的施工,要求按《国家高速公路网命名和编号规则》的设计图纸施工。

(3)二标 K141+099 支线上跨桥变更

K141+099 支线上跨桥在桥梁顶升到设计高度后发现,主梁端部剪力区域损坏严重,端部混凝土严重脱落,钢筋锈蚀严重,经一致同意,对该桥的上部结构做更换处理方案,由钢筋混凝土空心板变更为预应力混凝土空心板。

(4)二标、五标上跨桥预制块变更

由于上跨桥顶升对桥上交通和地方交通产生较大影响,应地方政府、施工单位、监理以及业主的要求,也为了使此影响降到最低程度,对原上跨桥设计采用的墩台接高施工变更为在墩台顶部分采用预制块的形式,即在桥梁支座下采用预制块以方便落梁,并安放支座,最后再现浇墩台顶其余位置的混凝土。

(四)科技创新与成果

工程建设期间,指挥部联合监理及华南理工大学进行了各项有针对性的科研工作,并将取得的科研成果及时运用到施工过程中,为提高工程质量,降低工程造价积累了经验。主要开展的科研项目有:

(1)旧水泥混凝土路面性能评价和沥青加铺层成套技术研究

该科研项目于 2011 年获得了安徽省公路学会交通科技进步二等奖。

(2)改建工程沥青加铺层设计与施工质量验证

该科研项目于 2015 年获得了安徽省公路学会交通科技进步三等奖。

五十六、G5011 芜合(芜湖—合肥)高速公路店埠至沈家巷段

(一)项目概况

芜合高速公路店埠至沈家巷段是安徽省"八五"期间交通基础建设设施重点建设项目,是安徽省通往苏、浙、沪、闽东南沿海经济发达地区的重要干线公路,是国家公路干线沪渝高速公路的一条重要连接线。南起芜湖长江大桥北岸接线,北至陇西立交,北连合宁、合徐、合六高速公路。建设这条路旨在促进安徽省开发皖江、呼应浦东,对开发沿江,建设合巢芜经济走廊,改善安徽省投资环境,促进安徽省经济发展具有十分重大的战略意义。

1.参建单位

项目建设单位为安徽省合芜高速公路建设指挥部。

项目主要参建单位见表 8-181。

芜合高速公路店埠至沈家巷段(一)

芜合高速公路店埠至沈家巷段(二)

G5011芜合(芜湖—合肥)高速公路店埠至沈家巷段主要参与建设单位汇总表　表 8-181

序号	参建单位	单 位 名 称	合同段编号及起止桩号	主要负责人
1	项目管理单位	安徽省合芜高速公路建设指挥部	K0+000～K84+935	王水
2	项目办	安徽省合芜高速公路建设指挥部		王水
3	指挥部办公室	合芜高速公路巢湖地区建设指挥部		金德炎
		合芜高速公路巢湖市建设指挥部		刘之田
		合芜高速公路含山县建设指挥部		宋安峰
		合芜高速公路和县建设指挥部		刘春光
4	设计单位	安徽省公路勘测设计院	K0+000～K84+935	
5	施工单位	安徽省路桥公司	HW-01 标 K36+000～K43+900	
		铁道部隧道工程局一处	HW-02 标 K43+900～K46+500	
		交通部第二公路工程局	HW-03 标 K46+500～K51+000	
		武警交通六支队	HW-04 标 K51+000～K55+400	
		安徽省水利建筑安装公司	HW-05 标 K55+400	
		安徽省公路工程公司	HW-06 标 K55+500～K61+000	

续上表

序号	参建单位	单 位 名 称	合同段编号及起止桩号	主要负责人
5	施工单位	芜湖市政工程公司	HW-07 标 K61+000～K64+000	
		铁道部第十六工程局一处	HW-08 标 K64+000～K68+000	
		巢湖地区路桥公司	HW-09 标 K68+000～K73+000	
		武警交通六支队	HW-10 标 K73+000～K79+000	
		安徽省路桥公司	HW-11 标 K79+000	
		华东送变电工程公司路桥工程处	HW-12 标 K79+820～K85+000	
		武警交通六支队	HW-2-02 K0+700～K5+000	
		交通部第二公路工程局	HW-2-03 K5+000～K10+000	
		铁道部第十四工程局五处	HW-2-04 K10+000～K14+200	
		宿县地区路桥公司	HW-2-05 K14+200～K21+750	
		铁道部第十六工程局一处	HW-2-06 K21+750～K27+520	
		安徽省路桥公司	HW-2-07 K27+520～K34+864	
6	监理单位	安徽省高速公路工程监理站	K0+000～K84+935	

2. 技术标准

(1)公路等级、里程及地形类别

公路等级为全封闭、全立交的四车道平原微丘高速公路。全线设置了完善的通信、监控和收费系统,以及安全设施和照明、绿化、房建等服务设施。

项目起点接陇西立交与合徐、合宁高速公路交汇处,经过合肥市肥东县、巢湖市、含山县和鸠江区沈巷镇。终点至芜湖长江大桥北岸接线起点。桩号为 K32+742(原桩号 K84+875)～K116+650(原桩号 K0+967),路线全长 83.908km。

本项目位于东经 117°31′～118°13′,北纬 31°52′～31°27′之间。区域内主要为平原微丘地带。路线北部波状平原区、龙塘、店埠一带主要为膨胀土;中部低山丘陵区,基岩埋藏较浅,地基的强度较高,稳定性较好;北部及中部河流漫滩及巢湖东部圩区全新统地层中,还可见压缩性高、强度低、稳定性差的软土,层位不稳定、厚度变化大;在路线南部河谷平原区、关镇、铜闸、沈家巷一带圩区,河塘港汊较多,软土分布广泛。

项目沿线属亚热带季风气候区,具有季风明显,四季分明,雨量适中,光照充足的特点。沿线年平均温度 16℃左右,降雨量在 1000～1300mm 之间,主要集中在 6～8 月份,年平均无霜期大约 247 天。

(2)主线行车速度

主线行车速度为 100km/h。

(3)路基、路面

路基宽度 24.5m;行车道宽 2×7.5m;中央分隔带宽 2.5m(包括左侧路缘带 2×

0.5m);硬路肩 2×3.0m(土路肩 2×0.5m,路缘带 2×0.5m)。单向单车道路基宽 8.5m,对向双车道无分隔带路基宽 10m。

全线路基设计洪水频率 1/100。路面首次采用水泥混凝土结构,标准轴载 BZZ-100。

(4)桥梁、涵洞

计算荷载:汽车—超 20 级,验算荷载:挂车—120。

设计洪水频率:特大桥 1/300,大、中、小桥及涵洞 1/100。

桥面净宽:桥面净宽 2×11m;涵洞与路基同宽。

(5)隧道

行车道宽 2×3.75m;行车道净高 5m;路缘带宽 2×0.5m;检修道净宽 0.75m;检修道净高 2.5m。

(6)路线交叉

主线上跨各级公路的桥梁及通道净空高度,二级及二级以上公路 5.0m,三、四级公路 4.5m,联合收割机通道 3.5m,汽车通道 3.2m,拖拉机通道≥2.7m,人行通道≥2.2m。

主线下穿各级公路的净空高度均按 5m 控制。

3. 工程内容及主要构造物

(1)建设主要内容

路基土石方 832 万 m^3;水泥混凝土路面 136.63 万 m^2;大桥 953m/2 座,中小桥 1222m/34 座;涵洞 550 道;箱涵 138 道;通道 102 道;隧道 3621m/4 道。分离式立交 41 处,互通式立交 5 处。主要材料核定为:钢材 15660.64t,木材 3457.79m^3,燃油 2193.88t,水泥 324073t,沥青 2193.88t。

(2)路线中间控制点

西山驿、柘皋、半汤、福山、高山。

(3)路线跨越主要河流

柘皋河、夏阁河、清溪河、牛屯河等,其中清溪河通航标准为Ⅶ级,其他河流均无通航要求。

(4)隧道

全线共有隧道 4 道,全部为分离式隧道,试刀山隧道为长隧道,高山隧道为中隧道。

(5)收费站及服务区

全线共设王铁、柘皋、半汤、关镇、沈巷 5 处互通式立交收费站。全线设福山服务区 1 处。

4. 征地拆迁

本项目征迁工作于 1992 年 11 月开始,1993 年 12 月全线征迁工作结束,共征用土地 6601.871 亩,拆迁房屋 32105.86m^2,支付补偿费用 29238217.40 元。

5. 项目投资

（1）投资规模、资金来源

本项目初步设计批复概算总额为 9.9654 亿元。建设前期由省交通厅、财政厅、省建行共同组建合芜高速公路有限责任公司筹集建设资金，其中省交通厅占投资总额 30%，财政厅、省建行各占 20%，不足部分由公司向社会募集。建设后期由于国家政策规定省财政厅和省建行均退出投资，由省高速公路总公司筹集资金建设。

（2）概算执行情况

经竣工决算，本项目基本建设支出 9.754579 亿元，与批复的概算总投资 9.9654 亿元相比，节约 0.210821 亿元。

6. 开工及通车时间

1992 年 12 月 8 日正式开工，1995 年 12 月 26 日全线建成通车。

（二）决策研究

安徽省第七届人大第十五次会议审查通过的"安徽省国民经济和社会发展十年计划和第八个五年计划纲要"中，公路建设的第一个项目是合肥—芜湖公路。省委、省政府要求建成合肥—芜湖—马鞍山—南京—合肥高速公路网，有利于开发安徽、呼应浦东，为东部沿海地区的高速度向安徽省延伸提供良好的交通基础设施，为外资投向安徽创造良好的交通运输服务环境。

安徽省公路发展规划网将合肥—芜湖公路列为"八五""九五"建设期中，是必建的项目。国家计委主持的"长江三角洲综合运输网规划"中将合肥—芜湖公路列为合肥—杭州综合运输网中的一段。

（1）安徽省计划委员会《关于利用外资建设合肥—芜湖公路项目建议书的批复》（计引字〔1992〕542 号）；

（2）安徽省计划委员会《关于合肥至芜湖一级汽车专用公路初步设计的批复》（省计设〔1993〕310 号）；

（3）安徽省计划委员会《关于合肥至芜湖公路店埠—沈家巷段工程可行性研究报告的批复》（计能字〔1993〕440 号）。

（三）项目实施

1. 项目招标

（1）设计招标

安徽省公路勘测设计院（现安徽省交通规划设计研究总院股份有限公司）。

(2)施工招标

本项目共分18个施工合同段,由安徽省合芜高速公路建设指挥部根据实际情况部分标段进行公开招标,部分标段进行议标。

(3)监理招标

本项目监理单位由安徽省高速公路工程监理站担任。为了全面推行监理工程师制度,为培养合格监理人才和锻炼一支监理队伍,交通部先后举办了两期公路工程监理人员培训班。同时分别在西安公路学院和省交通学校聘请了6位讲师和工程师参加隧道和路桥现场监理。

2. 建设管理

(1)管理机构

遵照国家基建程序,经安徽省人民政府批准,成立了安徽省重点公路建设领导小组,统一领导指挥省内重点公路工程建设,并先后成立合芜高速公路建设指挥部、联合招标委员会、合芜高速公路巢湖地区建设指挥部、合芜高速公路巢湖市建设指挥部、合芜高速公路含山县建设指挥部、合芜高速公路和县建设指挥部,加强领导,做好对合芜高速公路建设的指挥、组织、协调工作。合芜高速公路店埠—沈家巷段项目法人为安徽省合芜高速公路建设指挥部,由合芜高速公路建设指挥部具体负责项目建设。项目分两个阶段施工。

(2)竣(交)工验收情况

根据《公路工程竣工验收办法》(交公路发〔1995〕1081号)和《公路工程质量检验评定标准》(JTJ 071—1998)的规定,安徽省交通厅质量监督站对合芜高速公路(店埠至沈家巷段)工程质量进行了检验和评定,安徽省高等级公路工程建设指挥部组织了该项目的竣工验收,竣工验收委员会听取了建设、设计、施工、监理、质量监督单位情况汇报,查阅了工程建设有关文件和竣工验收资料,对全线工程进行了实地查看。经过评议认为:合芜高速公路店埠—沈家巷段,路线线形顺适,经过几年的通车运营,全线(包含软基路段在内)路基稳定,路面较平整,边坡及沿线防护工程较牢固,结构物强度符合设计要求。按照《公路工程竣工验收办法》规定,竣工验收委员会对该工程进行了质量评分,工程质量评分为83.56分,评定合芜高速公路店埠—沈家巷段质量等级合格。

3. 重大事项

(1)经安徽省人民政府政秘〔92〕339号文批准,成立"安徽省重点公路建设领导小组",以适应加快全省高等级公路建设步伐,统一领导指挥省内重点公路工程建设。

(2)1992年11月25日,安徽省第一条采用股份制公司建设的高速公路签字仪式在安徽饭店举行,吴昌期副省长到会祝贺并讲话。

(3)1992年12月8日,合芜高速公路开工奠基仪式在巢湖半汤隆重举行,省长傅锡寿及五大班子领导出席开工典礼。

(4)1993年1月20日,安徽省政府体制改革委员会正式发文批准成立"安徽省合芜高速公路有限责任公司"。

(5)1994年6月16日,省交通厅副厅长李永铎、建行副行长姬德勤就"合芜高速公路有限责任公司股东股权转让协议书"进行签字。

(6)2003年2月27日,安徽省高速公路总公司与东方控股有限公司在安徽饭店签订合巢芜高速公路经营权转让协议,东方控股有限公司出资19亿元依法取得合巢芜高速公路30年经营权。合巢芜高速公路经营权转让通过招标方式进行,省高速公路总公司联合省计委、财政厅、监察厅、交通厅、国有资产管理办公室五家单位组成招标委员会,通过邀请招标方式向国内外公开选择买家,东方控股有限公司最后以19亿元中标,并承诺在五年内斥资6亿元进行路面大修改造。

(7)2003年4月18日,安徽省高速公路总公司与受让方新成立的安徽合巢芜高速公路有限公司签订《合巢芜高速公路经营权转让细则》。

(8)2003年6月17日,安徽合巢芜高速公路有限公司举行员工劳动合同签字仪式,原省高速公路总公司合巢芜公路管理处全体员工完成身份置换,整体返聘,这标志着合巢芜高速公路经营权转让获得圆满成功。

(9)东方控股公司经营几年后,由于其资金链出现重大问题,2005年12月经省人民政府协调,由省高速公路总公司依法收回了合巢芜高速公路经营权。

4. 复杂技术工程(牛屯河大桥)

牛屯河大桥全长731.96m,全宽24.5m,位于含山县与和县交界线的牛屯河上,主桥8孔40m预应力T梁,引桥8孔25m T梁,下部结构为钻孔灌注桩,工字形承台,双柱式桥墩,桥台为挡墙式U形桥台。为保证40m T梁的尺寸与质量,专门制作了钢模。架设40m梁用的贝雷钢架是30m T梁的三倍,在整个40m T梁的架设过程中,不安全因素一个个都被克服,对于40m T梁的庞然大物,由于只是从书本上见识过,如何利用25m的跨墩门架把它起吊上去架上平车,双导梁的布置、前进与横移都是施工中的难点,通过精确的计算和以往施工经验的汇合,突破了安徽造桥史上首次架100t T梁的大关。该桥于1993年2月20日开工建设,1995年12月26日竣工通车。

(四)大修改造工程

1. 工程简介

合巢芜高速公路起自合肥至南京高速公路陇西立交,止于芜湖长江大桥北岸,全长

99.799km。2003年,东方控股集团公司受让合巢芜高速公路30年经营权,并成立安徽合巢芜高速公路有限公司。根据经营权转让协议的有关规定及实际路况,要求东方控股集团公司对合巢芜高速公路进行大修改造,改造工程技术标准采用合巢芜高速公路原技术标准。根据经营权转让协议的有关规定和省交通厅有关会议纪要要求,在工程实施过程中,安徽省高速公路总公司负责对改造工程进行技术指导、监督,从而确保了工程的顺利实施。

牛屯河大桥建成图片

本次大修改造工程分一、二期先后进行,其中:一期工程于2004年4月1日开工,桩号为K1+200～K48+800,于2004年11月10日通车;二期工程于2004年7月1日开工,桩号为K48+800～K83+900,于2004年11月30日通车。试刀山和高山隧道以及王铁、柘皋、半汤及关镇互通不在本次改造范围内。

2. 前期准备工作

(1)管理机构

为保证本次大修改造工程的顺利开展,由东方控股集团公司组建成立了东方路桥投资发展有限公司,全面负责本次大修改造工程的所有工作,在施工现场设大修改造工程指挥部负责现场工程管理。从东方控股集团和合巢芜高速公路有限公司抽调一批专业技术干部负责改建工程的日常工作。

(2)立项

2003年11月,合巢芜高速公路有限公司向交通厅上报了关于合巢芜高速公路大修工程的请示,2004年1月,省交通厅印发《关于合巢芜高速公路大修改造的批复》(皖交基〔2004〕1号)。

(3)现状检测

2003年底,合巢芜高速公路大修改造工程指挥部委托安徽省恒达交通建设质量检测有限公司对合巢芜公路路面、路基及桥梁的完好程度、缺陷和病害情况进行现场检查。

(4) 初步设计

2003年12月,合巢芜高速公路有限公司向交通厅上报了关于大修改造工程设计招标的请示,并于2004年2月4日召开了初步设计评审会。会后,省交通厅印发《关于合巢芜高速公路陇西至试刀山段改造工程初步设计的批复》(皖交基〔2004〕13号),批准该项目的设计方案,并同意进行施工图设计。

(5) 改造方案

初步设计评审会确定了本次大修改造工程的设计方案:18cm水泥稳定碎石+8cm AC-25I粗粒式沥青混凝土+6cm改性AC-20I中粒式沥青混凝土+4cm改性AK-13A抗滑表层,桥梁加固以实际情况为依据,以现行规范为标准,对现有结构进行补强。二期工程对部分原路面质量较好路段采用4cm AC-10I沥青混凝土+8cm AC-25I粗粒式沥青混凝土+6cm改性AC-20I中粒式沥青混凝土+4cm改性AK-13A抗滑表层的结构形式。

3. 项目招标

本次大修改造工程采取招标的办法确定了设计单位、施工单位和监理单位。招标工作由东方路桥投资发展有限公司具体组织实施。

(1) 设计单位。安徽省公路勘测设计院(现安徽省交通规划设计研究总院股份有限公司)。

(2) 施工招标。一期工程施工单位:01、02标为上海建设机场道路工程有限公司,03、04标为路桥集团第二公路工程局第六工程处。二期工程施工单位:01标为中铁九局集团有限公司,02标为中铁十局二分公司。

(3) 监理单位。一期工程为江苏东南交通工程咨询监理有限公司,二期工程为安徽省高等级公路工程监理公司。

大修改造后路况

4. 交工验收

本次大修改造工程完工后,项目业主东方路桥投资发展有限公司未按规定及时办理交工验收手续。2005年12月,安徽省高速公路总公司依法收回了合巢芜高速公路的经营权,对交工验收的主要内容进行检查,经施工企业自检、监理评定和综合评定,各合同段得分均在75分以上,按合同段投资额为权重计算,本工程项目质量综合评分值为93.9分,为合格工程。

(五)运营与养护

1. 运营管理

合芜高速公路店埠至沈家巷段沿线共设置1对服务区(福山服务区),共设王铁、柘皋、巢湖(原半汤)、含山(原关镇)、芜湖北(原沈家巷)5个收费站点(表8-182)。

收费站点设置情况表　　　　表8-182

站点名称	车道数	收费方式
王铁站	入口2条、出口2条	人工收费及电子不停车收费综合 (入口:1条MTC车道、1条ETC车道) (出口:1条MTC车道、1条ETC车道)
柘皋站	入口4条、出口4条	人工收费及电子不停车收费综合 (入口:2条MTC车道、2条ETC车道) (出口:2条MTC车道、2条ETC车道)
巢湖站 (原半汤站)	入口4条、出口6条	人工收费及电子不停车收费综合 (入口:3条MTC车道、1条ETC车道) (出口:5条MTC车道、1条ETC车道)
含山站 (原关镇站)	入口2条、出口2条	人工收费及电子不停车收费综合 (入口:1条MTC车道、1条ETC车道) (出口:1条MTC车道、1条ETC车道)
芜湖北站 (原沈家巷站)	入口4条、出口6条	人工收费及电子不停车收费综合 (入口:3条MTC车道、1条ETC车道) (出口:5条MTC车道、1条ETC车道)

福山服务区于2000年8月开工新建,位于合巢芜高速公路K61+400处,是合巢芜高速公路上唯一的服务区。它的建成营业,结束了合巢芜高速公路通车5年多时间,全线100km以内没有服务区的历史,标志合巢芜高速公路在完善配套服务设施、改善行车环境等方面迈出了坚实的一步。

从2002年1月1日起至2015年12月31日,芜合高速公路累计交通流量为12762.3321万辆。交通流量发展状况见表8-183。

交通流量发展状况表（单位：辆）　　　　　　表 8-183

年份	入口	出口	合计	日平均流量
2002	1602219	1638817	3241036	8880
2003	1912220	1928909	3841129	10524
2004	2440397	2942735	5383132	14708
2005	2424335	2545742	4970077	13617
2006	2830580	2873272	5703852	15627
2007	3299901	3312367	6612268	18116
2008	3532584	3545371	7077955	19339
2009	3836699	3885315	7722014	21156
2010	4917781	4975293	9893074	27104
2011	5627576	5704668	11332244	31047
2012	6467766	6535661	13003427	35528
2013	7669246	7748955	15418201	42242
2014	8188563	8301677	16490240	45055
2015	8446994	8487678	16934672	46396

2.养护管理

（1）日常养护

自通车以来采用社会化养护管理模式，通过公开招标方式确定社会专业化养护公司进行小修和路面、绿化等专业化养护。

养护管理工作坚持"预防为主，防治结合"的原则，明确"以桥隧养护为重点，以路面养护为中心，实行全面养护"的工作思路，严格贯彻落实"畅通主导、安全至上、服务为本、创新引领"的养护管理方针。一是预防为先。坚持养护工程师每日上路巡查；认真开展路况调查和检测，掌握第一手资料，既为科学制定养护计划提供依据，也预见性地发现各类病害，做好预防性养护。二是制度为本。建立了质量管理体系文件，明确养护管理质量目标、控制程序和管理办法，其中《养护管理卷》包含《养护管理机构和职责》《维修保养工程管理办法》《专项养护工程管理办法》《养护施工交通管制预案》《养护材料采购供方评价准则》等制度，为养护工作提供了操作指南和执行规范。三是桥隧为重。针对辖段建设标准低、使用年限长、重载车辆增多、病害不断显现的情况，认真贯彻《公路桥梁养护管理工作制度》、桥梁养护管理十项制度和隧道管理要求，精心实施专项养护。四是安全为要。通过充分论证、综合考虑各种因素尤其是安全因素，优选路面养护方案；严把施工备案审批关，在施工安全得到保障的前提下方可进场施工。五是资料为证。加强痕迹化管理，留存养护作业点施工前和施工后的照片，可以进行对比，起到"印证养护工作、再现养护过程、展示养护效果、收集养护数据"四大功能。

（2）养护工程

建成后分别实施了如下专项养护工程：中央分隔带防眩板安装工程，牛屯河大桥维修加固工程，试刀山、高山两隧道防渗工程等。有效地提升了辖段路容路貌、通行安全性、舒适性和管理服务水平。

中央分隔带防眩板安装工程

试刀山、高山两隧道防渗工程

中央分隔带防眩板安装工程。合巢芜高速公路，1995年建成通车，路面中央设计为新泽西护栏。随着车流量急增，存在安全隐患，影响安徽高速形象，因此，合巢芜高速公路防眩板工程列入2006年实施计划。合巢芜高速公路防眩板工程施工，由江苏无锡交通设施有限公司中标，安徽高速公路监理有限公司监理，该工程概算投资365万元，2006年3月5日准时开工，2006年5月25日竣工，比计划工期提前10天。2006年7月，该项工程由交通部检测中心验收通过。

试刀山、高山两隧道防渗工程。试刀山隧道1995年底、高山隧道1996年初相继建成通车，至2006年运行已有10多年时间，维修整治前，两条隧道渗漏水现象相当普遍，壁面钙质残留物随处可见；局部拱肩部位水平施工缝充填黄土，其强度严重不足，个别区段纵向、水平、环向、倾斜裂缝数量较大；由渗漏水和汽车尾气造成的隧道壁面污染严重。为了改善隧道环境、消除安全隐患，经总公司批准同意，对合巢芜高速公路试刀山、高山隧道进行水害整治、结构补强、装饰亮化、路面维修处理。工程于2006年11月10日开工，2007年7月21日主体工程完工，2007年10月所有附属工程全面完工。本工程设计单位为：煤炭工业部合肥设计研究院。监理单位为：安徽省高等级公路工程监理有限公司。主承包单位为一个联合体：①芜湖市星火建筑防水工程有限公司；②安徽固力建筑新技术发展有限责任公司。路面维修施工单位为：安徽省路港工程有限责任公司和巢湖市仙林道路工程有限公司。

该工程概算总投资1500万元，实际完成投资约1287万元，其中主体病害治理工程985万元，路面维修工程182万元，其他安全标志牌工程、工程设计费、工程监理费等约120万元。

第八章 高速公路建设项目

五十七、G5011 芜合(芜湖—合肥)高速公路芜湖长江大桥北岸接线段

(一)项目概况

G5011 芜合(芜湖—合肥)高速公路芜湖长江大桥北岸公路接线段(简称"芜湖大桥北岸接线")北起合巢芜高速公路一期工程终点,南接芜湖长江大桥,全长 15.891km。该项目建成通车,对实现安徽省"呼应浦东、开发皖江"战略,加强安徽省与沿海经济发达地区的交往,繁荣安徽省经济具有重大意义。

芜湖长江大桥北岸接线段

1.参建单位

项目建设单位为安徽省高等级公路工程建设指挥部。

项目主要参建单位见表 8-184。

G5011 芜合(芜湖—合肥)高速公路芜湖长江大桥北岸接线段
主要参与建设单位汇总表   表 8-184

序号	参建单位	单 位 名 称	合同段编号及起止桩号	主要负责人	备注
1	项目管理单位	安徽省高等级公路工程建设指挥部	K84+875~K100+766.37	钱东升	全线
2	勘察设计单位	安徽省公路勘测设计研究院	K84+875~K100+766.37	程跃辉	全线
3	施工单位	安徽省巢湖地区路桥工程公司	1 标 K84+875~K86+294.875	何子平	路基
		安徽省港航建筑工程公司	02 标 K86+294.875~K87+155.125	高胜	沈巷铁路立交桥
		安徽省公路工程公司	03A 标 K87+155.125~K91+800	何堂高	路基
		铁道部第十四工程局第五工程处	03B 标 K91+800~K93+000	王方兵	路基
		武警交通六支队	04 标 K93+000~K97+637	秦永福	路基

续上表

序号	参建单位	单位名称	合同段编号及起止桩号	主要负责人	备注
3	施工单位	安徽省公路桥梁工程公司	05标 K97+637~K98+793	鲁学兴	裕溪河大桥
		宿县地区路桥工程公司	06标 K98+793~K100+766.37	雷光亮	路基
		中南市政工程建设总公司	K84+875~K100+766.37	李更尔	路面
4	工程监理单位	安徽省高等级公路工程监理公司	K84+875~K100+766.37	肖念生	路基路面

2. 技术标准

（1）公路等级、里程及地形类别

芜湖长江大桥北岸公路接线工程采用全封闭、全立交的平原微丘区高速公路标准，建设里程15.891km。路线地处江淮平原，广泛分布淤泥质低液限黏土，厚度较大，工程地质条件较差。

（2）主线行车速度

主线行车速度为100km/h。

（3）路基、路面

路基宽度24.5m；路面宽21.5m，中央分隔带宽1.5m。路面采用沥青混凝土结构，上面层为4cm AC-13、中面层为5cm AC-20、下面层为6cm AC-25，基层为35cm水泥稳定碎石，底基层为18cm石灰土。

（4）桥梁、涵洞

设计荷载：汽车—超20级，挂车—120。

设计洪水频率：特大桥1/300，大、中小桥、涵洞1/100。

3. 工程内容及主要构造物

（1）建设主要内容

路基土石方174.6万m^3，沥青混凝土路面31.9万m^2，特大桥2016.25m/2座，大桥1座，分离式立交3座，涵洞、人机孔111道，互通式立交2处。

（2）路线中间控制点

合巢芜一期工程终点沈家巷，芜湖长江大桥北岸公路引桥。

（3）路线跨越主要河流

裕溪河，通航标准为Ⅲ级。

4. 征地拆迁

芜湖长江大桥北岸接线工程的征地拆迁补偿标准按省人民政府政秘〔1992〕388号文件要求，参照《关于合芜高速公路征地拆迁工作的有关规定》标准执行。征迁工作自1997

年 9 月开始,1 个月时间完成,共计征用土地 1640 亩,拆迁房屋 6134.7m²。

5. 项目投资

项目总投资为 59347.05 万元(不包括监控)。建设资金由交通部及省交通厅筹集 2/3,贷款解决 1/3。

6. 开工及通车时间

1997 年 11 月 22 日正式开工,2000 年 9 月 28 日投入通车试运营。

(二)决策研究

芜湖长江大桥北岸接线工程是国家重点工程芜湖长江大桥的重要配套工程,又是安徽省公路网中重要组成部分。芜湖长江大桥北岸接线工程可行性研究报告由铁道部和安徽省人民政府以铁计函字〔1993〕213 号文《关于报送芜湖长江大桥可行性研究报告》联合上报国家计委,并于 1995 年 9 月 11 日由国家计委以交计能字〔1995〕1295 号文批准可行性研究报告,初步设计报告由省交通厅以皖交基〔1997〕37 号文《关于芜湖长江大桥两端接线工程"初设"审查的报告》及皖交基字〔1997〕57 号文《关于报送芜湖长江大桥公路接线工程概算的函》上报省计委,并于 1997 年 3 月 25 日由省计委以计设字〔1997〕692 号文批准初步设计,开工报告由省交通厅于 1997 年 11 月 10 日批准。完成主要决策工作文件如下:

(1)铁道部和安徽省人民政府文件《关于报送芜湖长江大桥可行性研究报告》(铁计函字〔1993〕213 号);

(2)国家计委文件《国家计委关于芜湖长江大桥可行性研究报告的批复》(交计能字〔1995〕1295 号);

(3)安徽省计划委员会文件《关于印发芜湖长江大桥公路接线工程初步设计预审查会议意见的通知》(计设字〔1996〕267 号);

(4)安徽省计划委员会文件《关于芜湖长江大桥两端公路接线工程初步设计的批复》(计设字〔1997〕692 号)。

(三)项目实施

1. 项目招标

(1)设计招标

勘察设计工作委托安徽省公路勘测设计院为设计单位完成。

(2)施工招标

本项目共分 6 个路基施工合同段和 1 个路面施工合同段,由安徽省高等级公路建设指挥部采用有限招标方式。省指挥部项目组向省内外28家交通企业发出投标邀请,经资格预审后,选定了省路桥、黑龙江路桥等12个企业参加投标。省交通厅、高管局、地方政府等共同组成了"长江大桥北岸接线工程招评标领导小组",1997年10月6日,公开开标后,由招标委员会全体成员进行表决,确定了中标单位。

(3)监理招标

监理工作委托安徽省高等级公路工程监理有限公司实施。

2.建设管理

(1)项目建设管理机构

该项目在省交通重点工程建设领导小组领导下,由省政府委托省高等级公路工程建设指挥部组织实施。并由省指挥部委托巢湖行署成立相应指挥机构对征地拆迁负总责。省指挥部负责大桥北岸公路接线工程的规划、设计、招标、建设管理、监理、资金筹措和投资控制等,各县指挥部配合省指挥部和巢湖行署指挥部组织实施该项目。

(2)交(竣)工验收情况

芜湖长江大桥北岸公路接线工程的交工验收工作,由安徽省高等级公路工程建设指挥部主持,成立了由建设主管部门和建设、设计、施工、监理、接管养护、质量监督等单位代表及特邀专家组成的北岸公路接线工程交工验收委员会,对北岸公路接线工程进行交工验收。本工程的质量检验及其评定工作由安徽省交通厅质量监督站于2000年9月组织进行检测与评定,向交工验收委员会提交了"芜湖长江大桥北岸接线交工验收质量检测核定报告",各标段评分值均为85分以上,由于该建设项目全路段均为软土地基,路基沉降时间较短,现阶段仍属于沉降期,如路基的沉降量超过设计控制指标,有可能导致路面结构层早期破损,并对结构物产生不利影响,故该项目的质量等级暂认定为优良,待竣工验收时再确定其质量等级。

3.重大事项

(1)省政府制定征地拆迁标准

合芜高速公路征用土地补助费每亩5200元,另加征地管理费每亩126元,共计每亩5326元。耕地占用税按每亩1000元的标准支付。临时用地补偿标准:占用期在一年之内的,每亩补助600元;占用期在两年之内的,每亩补助1000元;三年之内的,每亩补助1500元。占用地单位与当地政府签订协议。临时用地免征耕地占用税。利用岗地、坡地及其他非耕地取土,能够造田的不办征用手续,由县(市)、乡政府组织复垦,只给复垦补助费。补助费包括:青苗、附着物补偿、耕地土覆盖、农田水利设施恢复、减产补助等,补助标准每亩2000元。房屋拆迁补偿楼房90~150元/m^2,砖墙瓦顶平房70~85元/m^2。

(2) 重大变更

合裕路改线上跨桥变更。原设计为 5×20m 桥面连续简支板 +（30.5+31.0+31.0+30.5）m 连续箱梁 +5×20m 桥面连续简支板直线桥，桥梁长 327.2m。引桥纵坡 3%，建设过程中为压缩桥长，降低工程造价，将桥面纵坡提高至 4%，跨径布置变更为 3×20m 桥面连续简支板 +（30.5+31.0+31.0+30.5）m 连续箱梁 +3×20m 桥面连续简支板，全长 248m，缩短桥长 79.2m。

软土处理变更。因施工作业面及工期的控制，部分软基段过水涵洞基底深层处理难以实施，同时也为降低工程造价，并尽可能减少差异沉降，将部分过水涵洞的深层地基处理变更为填砂石挤淤，并分层铺设土工格栅加固，现经观测，效果较好。局部路段因预压期难以保证，取消原深层地基处理方案，变更为加铺土工格栅，并尽可能使路基整体连续均匀地自然沉降。部分高填方路段，填土高度超过了极限填高，原设计为满足地基稳定的要求，而采用了轻质路堤，即采用粉煤灰填筑。施工过程中因粉煤灰供给不上，仍改用素土填筑，但增设反压护道，以保证地基的稳定，同时相应构造物的进出口予以变更，并配以适宜的绿化设计，增加了景观效应。

(3) 重大事件

2003年2月27日，安徽省高速公路总公司与东方控股有限公司在安徽饭店签订合巢芜高速公路经营权转让协议，东方控股有限公司出资 19 亿元依法取得合巢芜高速公路 30 年经营权。其中就包含有本项目路段，后东方控股经营不善，省高速总公司依法收回经营权。

4. 复杂技术工程

(1) 沈巷铁路立交桥

沈巷铁路立交桥是芜湖长江大桥北岸公路接线工程中一座重要桥梁，主线桥全长 860.25m，采用 2×30m 桥面连续 + 两联 4×30m 连续梁 +5×30m 桥面连续 +（11.75+31.0+31.0+30.5）m 连续梁（主桥）+ 两联 5×30m 连续梁；B 匝道桥长 146.08m，采用 9×16m 连续板；E 匝道桥长 146.08m，采用 9×16m 连续板。由于全桥大部分位于立交区内，主线桥平面设计线为圆曲线接缓和曲线接直线（含 3% 超高及 125m 长超高过渡段），并有三条匝道驶入或驶出。B 匝道桥、E 匝道桥桥面平曲线各含两段缓和曲线，并加超高。全桥为一弯、坡、斜特殊结构，并有加宽和超高。主线桥上跨 A 匝道和淮南铁路（复线），并与淮南铁路斜交（约 45°）。主线桥在等宽度段采用 4×30m 或 5×30m 一联的装配式部分预应力混凝土连续箱梁，采用多箱单独预制，简支安装，现浇连续接头的先简支后连续的结构体系；在变宽段采用 2×30m、4×30m 或 5×30m 一联的装配式部分预应力混凝土箱梁，纵桥向构造连续，横桥向湿接缝变宽。主桥上跨淮南铁路，采用 11.75m 配孔斜桥正做。为了便于模板制作和外形美观，主梁沿纵向外轮廓尺寸保持不变。支座设置方式除每联端支座设滑板支座外,各中墩上支座采用厚度不等的板式橡胶支座。主桥内各主墩采用盆式固定支座。0号桥台与主梁构造连续,不设伸缩缝。全桥各梁端跨设伸缩缝者为边跨,不设伸缩缝者为中跨,主梁因横坡方式不同有内边梁和外边梁之分。预制梁长有29.55m、29.65m、29.45m、29.35m等十二种,横梁现浇,厚度、宽度不等。

(2)裕溪河大桥

裕溪河大桥是芜湖长江大桥北岸公路接线工程跨越裕溪河的特大桥,桥梁全长1156m。设计最高通航水位采用二十年一遇频率的洪水位,为10.46m(黄海高程),航道等级为Ⅲ-4级。为改善大桥的外观形式,主桥截面高自2.0m向4.5m过渡,采用二次抛物线变化,这样既保证了两主航道孔的通航要求,又使主桥建筑高度平顺化。加之桥跨的改变(引桥为30m跨径,主桥边跨为55m跨径,主跨为85m跨径)使得全桥竖曲线协调优美。主桥1号、3号墩采用双薄壁柔性墩结构,2号墩采用防撞形式,11.8m直径3m厚的圆形承台配7根1.80m钻孔灌注桩,桩长50m不等。主桥采用单箱单室结构,顶板设有顶板预应力束,肋板内设有弯束,底板设有底板束。其中顶板束平弯时不竖弯,底板束平弯时不竖弯。为一单向预应力的部分预应力结构。其构造钢筋按强度计算所配。全桥施工采用对称悬浇,设计挂篮自重为35t。

(四)运营与养护

1.运营管理

芜湖长江大桥北岸公路接线工程自2000年建成通车以来,由合巢芜公路管理处负责运营养护管理工作。设1个主线收费站点(雍镇收费站),详见表8-185,采用人工收费及电子不停车收费综合模式。

收费站点设置情况　　表8-185

站点名称	车道数	收费方式
雍镇站	入口8条 出口16条	入口:6条MTC车道,2条ETC车道 出口:14条MTC车道,2条ETC车道

从2002年1月1日起至2015年12月31日,芜合高速公路累计交通流量为12762.3321万辆,具体数据见表8-186。

交通流量增长状况(单位:辆)　　表8-186

年份	入口	出口	合计	日平均流量
2002	1602219	1638817	3241036	8880
2003	1912220	1928909	3841129	10524
2004	2440397	2942735	5383132	14708
2005	2424335	2545742	4970077	13617

续上表

年份	入口	出口	合计	日平均流量
2006	2830580	2873272	5703852	15627
2007	3299901	3312367	6612268	18116
2008	3532584	3545371	7077955	19339
2009	3836699	3885315	7722014	21156
2010	4917781	4975293	9893074	27104
2011	5627576	5704668	11332244	31047
2012	6467766	6535661	13003427	35528
2013	7669246	7748955	15418201	42242
2014	8188563	8301677	16490240	45055
2015	8446994	8487678	16934672	46396

2.养护管理

采用社会化养护管理模式,通过公开招标方式确定社会专业化养护公司进行小修和路面、绿化等专业化养护。

高速公路养护管理工作坚持"预防为主,防治结合"的原则,严格贯彻落实"畅通主导、安全至上、服务为本、创新引领"的养护管理方针。

一是预防为先。坚持养护工程师每日上路巡查;认真开展路况调查和检测,按照相关标准进行公路技术状况评定;配备符合资格条件的专职桥隧工程师,按规定频率对桥梁、隧道进行经常性、定期性检查,掌握第一手资料,既为科学制定养护计划提供依据,也预见性地发现各类病害,做好预防性养护,延长道路使用寿命,节约养护成本。

二是制度为本。建立了质量管理体系文件,明确养护管理质量目标、控制程序和管理办法,其中《养护管理卷》包含《养护管理机构和职责》《维修保养工程管理办法》《专项养护工程管理办法》《养护施工交通管制预案》《养护材料采购供方评价准则》等制度,为养护工作提供了操作指南和执行规范。

三是桥梁为重。针对辖段建设标准低、使用年限长、重载车辆增多、病害不断显现的情况,认真贯彻《公路桥梁养护管理工作制度》、桥梁养护管理十项制度和隧道管理要求,精心实施专项养护。

四是安全为要。通过充分论证、综合考虑各种因素尤其是安全因素,优选路面养护方案;严把施工备案审批关,在施工安全得到保障的前提下方可进场施工;开展专项安全培训,提高施工人员安全意识和防护能力;施工安全设施全部由管理处统一采购、制作,按标准配置,杜绝安全设施不到位或缺损不能及时更换的现象;结合路段实际编制《施工标志摆放图》,统一标志尺寸和摆放要求,组织辖段交警、路政、安全管理等部门审核后执行,规范施工现场安全管理;及时通过宣传媒体、道路情报板发布道路施工信息,提醒过往车辆;合理安排施工点,实行错峰养护,尽量避开车流高峰期;通过日常巡查、桥隧检查、每月安全检查、涉路施工专项检查、隔离栅定期维修等措施,保障设施完好和通行安全,督促施工单位严格落实规范要求。

五是资料为证。加强痕迹化管理,留存养护作业点施工前和施工后的照片,可以进行对比,起到"印证养护工作、再现养护过程、展示养护效果、收集养护数据"四大功能。积极推进养护管理发展方式转变,夯实基础管理,提升管理水平,推进科学养护,强化应急保畅。重点开展养护管理标准化管理体系建设,组织养护示范工程创建和示范管理推广两项活动,并着重推进养护专项工程实施工作。

五十八、G5011 芜合(芜湖—合肥)高速公路改扩建试刀山隧道应急工程

(一)项目概况

G5011 芜合(芜湖—合肥)高速公路改扩建试刀山隧道应急工程起点接林头枢纽互通终点,即清溪河大桥东侧约 400m 处(起点桩号:K61+500),路线终点路段于 K115+490 处下穿合宁高速铁路后于陇西枢纽互通相接,位于安徽省合肥市肥东县小观塘村以南,终点桩号 K115+526.447。勘察设计里程约 54.026km。合巢芜高速公路是安徽省通往沿海经济发达地区的重要干线公路,工程起自肥东陇西立交,终止于和县雍镇,全长 100km,为全封闭、全立交、控制出入的双向四车道高速公路,设计车速 100km/h。1992 年 12 月开工建设,前两期工程于 1995 年 12 月竣工,三期工程芜湖长江大桥北岸公路接线于 2000 年 9 月通车。合巢芜高速公路于 2004 年 4 月 1 日开始改建,改建后全线均为沥青混凝土路面,整个改建工程于 2004 年 12 月 28 日完工。2009 年 5 月完成更名为 G5011 芜合高速公路。

芜合高速公路改扩建试刀山隧道应急工程

试刀山隧道工程是整个芜合高速公路改扩建工程的控制性工程,因此,拟将试刀山隧道路段改扩建作为应急工程先期实施,先期实施内容含原有隧道两侧各新建双车道隧道以及其两端接线工程。

1. 参建单位

项目建设单位为安徽省交通控股集团有限公司。

项目主要参建单位见表8-187。

G5011芜合(芜湖—合肥)高速公路改扩建试刀山隧道应急工程主要参与建设单位汇总表

表8-187

序号	参建单位	单位名称	合同段编号及起止桩号	主要负责人
1	项目管理单位	安徽省交通控股集团有限公司	SDS-01、02 K71+100～K74+450	于春江
2	勘察设计单位	中交第二公路勘察设计研究院有限公司	SDS-01、02 K71+100～K74+450	习春飞
3	施工单位	中铁二十三局集团有限公司	SDS-01 K71+100～ZK72+530(YK72+502)	钟勇
3	施工单位	中交一公局桥隧公司	SDS-02 ZK72+530(YK72+502)～K74+450	王俊伟
4	监理单位	安徽省高等级公路工程监理有限公司	SDS-01、02 K71+100～K74+450	石程华

2. 技术标准

(1)公路等级、里程及地形类别

起点位于巢湖市小李村,终点位于巢湖市茶庵村附近。起讫桩号为K71+100～K74+450,路线全长3.35km。全线按平原微丘区、四车道高速公路标准修建,路面采用沥青混凝土路面。全线配置了完善的通信、监控和收费系统及照明、绿化、房建、安全设施等交通工程和服务设施。

勘测区位于沿江丘陵平原区,表现为中部高,两端低,地势起伏较大,地面高程为32～280m,最低点位于勘测区K74+750处,地面高程为32m,最高点位于试刀山山脊勘测区K72+580附近,地面高程为280.0m。区域地貌属沿江丘陵平原区,地势起伏较大,微地貌类型由岗地、中丘组成。按含水介质、孔隙类型和地下水赋存条件,工程沿线可分为松散岩类孔隙水、碳酸盐岩类裂隙岩溶水、基岩裂隙水4种类型。勘测区地表水、地下水对混凝土具微腐蚀性,对钢结构具微腐蚀性。

勘测区属北亚热带湿润季风气候区。气候特征是:气候温和、湿润,四季分明,雨量适中,日照充足。年际降水量变化较大,梅雨集中。勘测区年平均气温15.8～16.0℃,年极端最高气温39.6℃(1959年8月23日),年极端最低气温-13.2℃(1977年1月31日)。多年平均降水量999.90～1092.2mm,年最大降水量1998.4mm(1991年),年最小降水量

525.1mm(1978年)。区内降水量的季、月分配不均,降水量主要集中在5~7月,占年降水量的55%以上,每年的12月至翌年2月降水量最少,占年降水量6%。多年平均蒸发量为1469~1629mm。年平均无霜期为229~239天,年日照时数约2126.1h,风向有明显的季节性变化,冬季以偏北风为主,夏季以偏南风为主,春秋两季是风向转换季节,年平均风速2.7m/s。旱、涝、暴雨、连阴雨、冰雹是其主要的灾害性天气。连阴雨涝灾多发生在5~7月汛期,特别是梅雨期间;暴雨主要发生在5~7月。

区域地表水系较为发育,工程区周围的河流为长江流域巢湖水系支流清溪河、夏阁河、柘皋河等。改建工程经上述河流采用桥梁跨越,且各河流都筑有防洪大堤,因此,河水位变化对改建工程影响小。

(2)主线行车速度

主线行车速度为120km/h。

(3)路基、路面

分离式路基宽度13.25m,路面宽11.75m。

本应急工程项目是在老路两侧分别修建新车道,为保证新老路之间交通通行,需设置保通车道。保通车道设计标准为设计时速60km,标准宽度从新建车道宽度(13.25m)渐变至现老路宽度(12.25m)。

全线路基设计洪水频率1/100;为双向四车道。

(4)桥梁、涵洞

计算荷载:公路—Ⅰ级。

设计洪水频率:特大桥1/300,大、中小桥、涵洞1/100。

桥面净宽:8.5m。

(5)隧道

行车道宽(1.00+0.75+2×3.75+1.25+1.00)m;行车道净高5m;检修道净宽1.0m;检修道净高2.5m。

(6)路线交叉

路线交叉设计标准:主线上跨各级公路的桥梁及通道净空高度,二级及二级以上公路5.0m、三、四级公路4.5m,汽车通道≥3.2m,拖拉机通道≥2.7m,人行通道≥2.2m;主线下穿各级公路的净空高度均按5m控制。

3.工程内容及主要构造物

(1)建设主要内容

路线全长3.35km,共分2个标段。全线共设分离式立交桥88.65m/2座;通道3个,共125.63m;涵洞10道,共229.55m;全线设隧道1座(左线长1220m,右线长1310m)。

(2)路线主要控制点

试刀山隧道、大力禅寺、力寺水库、商合杭高速铁路、老芜合高速公路等。

(3)隧道

全线设有试刀山隧道1座,为分离式长隧道。

4.征地拆迁

2015年3月本项目启动征迁动员工作,征地拆迁标准为省政府2015年24号文,共征用土地199亩,拆迁房屋4户,约900m²,征用土地199亩,支付补偿费用1100万元。

5.项目投资

省交通运输厅于2015年3月13日以皖交建管函〔2015〕125号文批准了该项目的初步设计,概算投资总额为4.94亿元人民币。全部为企业自筹。

6.开工及通车时间

2015年4月29日正式开工,工期为17个月,2016年9月28日建成通车。

(二)决策研究

近年来,随着经济的快速发展,原芜合高速公路四车道标准已不能满足交通量的需求,服务水平日趋下降,其中试刀山隧道段仅双向双车道通行,此处已成为整条芜合高速公路的瓶颈,是芜合高速公路的交通事故多发区。2002年起,隧道内通行车道由双车道调整为单车道,运营限速由100km/h调整为60km/h,调整后虽然重大交通事故率明显降低,但总体事故率依然较高。根据交通量观测数据显示,2013年期间试刀山隧道路段年均日交通量为27230辆。2013年底马鞍上大桥开通运营,对交通量吸引显著,大量前往苏南、上海地区的车辆经此通行,2014年试刀山隧道年均日交通量为37017辆,该隧道已无法满足交通量需求,节假日期间交通瓶颈现象日益凸显。且受隧道通行断面所限,事故救援严重滞缓、交通严重堵塞,多次造成重大经济损失及较大社会影响,迫切需要在原隧道两侧各新增单洞两车道。此外,试刀山隧道路段与在建京福高速铁路平面距离仅240m。为保障高速铁路运营安全,需力争在京福高速铁路2015年1月试运行通车前进行爆破施工。

经省政府研究决定,同意将试刀山隧道改扩建作为应急工程先行启动。

2014年6月9日,本项目环评获环保部批复。

2015年2月5日,省发改委批复该项目方案。

2015年3月2日,项目外业勘察与地质详勘完成验收。

2015年3月3~4日,项目一阶段施工图设计通过省交通运输厅组织的审查。

2015年3月13日,省交通运输厅批复本项目施工图设计。

2015年3月25日,本项目土地获省政府批复。

(三)项目实施

1. 项目招标

(1)设计招标

安徽省高等级公路工程建设指挥部于2014年12月委托中交第二公路勘察设计研究院有限公司为设计单位。设计单位完成了路线勘测、地质勘探、路基、路面、桥梁、隧道、绿化、交通安全设施等的设计和设计优化。

(2)施工招标

本项目共分2个施工合同段,采用竞争性招标方式组织工程施工招标。2015年3月进行招投标,确定2家中标单位。承建单位均具有甲级企业施工资质。

(3)监理招标

本项目共划分1个总监办,由竞争性招标方式组织招标。2015年3月进行招标,4月份评标结束,确定安徽省高等级公路工程监理有限公司中标。

2. 项目管理

(1)管理机构

2015年4月14日,安徽省交通控股集团公司正式成立合芜高速公路改扩建项目办作为试刀山隧道应急工程的现场管理机构,项目办内设行政办公室、工程计划室、技术质量室、安全生产管理室及地方协调室。

(2)项目管理

试刀山隧道作为应急工程具有如下特点:工期紧、任务重、社会关注度高;地质条件复杂,技术储备时间短;施工条件苛刻,安全风险大。面对刚性工期和硬性任务的双重要求,施工安全和通行安全的双重压力,项目办坚持统筹谋划、方案先行,科学合理安排节点任务,狠抓质量安全管控,稳健高效推进项目建设。树立了"策划在前,方案先行"的指导思想;明确了工程"必须按期完工,绝不降低质量,安全头等大事"的管理思路;确定了"程序不减少,质量不降低,安全有保障,确保按计划"的原则,以"阶段任务目标法"及"进度计划控制法"为手段,以施工标准化和安全标准化为抓手,促进工程建设各项工作的推进。

质量:程序不减,质量不降。项目虽然定位为应急工程,但全体参建人员并没有因此而降低质量标准,时间再紧、任务再重,都不能以牺牲质量来换进度,项目办通过施工标准化、标段互查、提前引进交工验收检测单位等一系列手段,不断提高工程品质。如隧道二衬厚度等关键指标位居全省先列。

安全:技术助安全,安全保生产。"保既有高速正常营运、保新建隧道安全施工"的"双保目标"是安全工作的主要任务,项目办确定了"做足规定动作,做好自选动作"的安全管理思路,利用技术降低风险、通过方案消除隐患、借助科研助推安全,以确保"双保目标"的实现。自开工至项目完工,未发生一起因新建隧道施工而影响既有高速公路正常营运的事件。

进度:细化节点,攻坚克难。项目进场后,即通过"阶段任务目标法""进度计划控制法"将目标任务细化各个节点,全体参建人员共同努力,攻坚克难,确保每个节点任务的按期完成。

协调:整合资源,管理互动。短时间内快速进行资源整合,加强互动、沟通,是完成应急工程的关键。项目办通过定期约谈参建单位法人、和监理联合办公、和管理处成立协调工作小组,高效、快速地解决了项目推进工程中遇到的各类问题,取得了良好的效果。

试刀山隧道第一次工地会议

试刀山隧道贯通仪式

(3)进展过程

2015年4月29日本项目召开第一次工地会议,发布开工令。路基工程于2015年4月29日开工建设,2016年8月路基工程结束。隧道工程于2015年5月1日进洞,左洞于2016年4月5日贯通;2016年1月6日,应急工程打通关键节点,安全顺利地穿越了120m滑坡体;右洞于2016年6月8日贯通。路面工程于2016年3月29日开工建设,2016年9月路面主体结束。2016年9月27日项目完成交工验收,工程质量评定得分99.5分。

3.复杂技术工程

隧址区属于丘陵地貌,隧址区植被发育。隧址覆盖层总体厚度薄,多分布于洞口坡脚及缓坡带,发育的地层主要为第四系全新统残坡积(Q^{el+dl})碎石土、角砾土层,二叠系下统栖霞组(P_1^q)灰岩、泥灰岩夹钙质页岩,石炭系船山组、黄龙组互层(C_{2+3})灰岩,泥盆系五通组(D_3^w)石英砂岩志留系下统高家边组(S_1^g)泥质粉砂岩。

隧道围岩以Ⅳ～Ⅴ级围岩为主,局部穿越断层破碎带。隧道区构造作用强烈,灰岩段发育有一较大范围的向斜,加上 f_2 断层破碎带、地下水、岩溶较为发育,总体地质条件复杂。隧道洞口开挖削坡后边坡稳定性一般。隧址区溶洞、节理裂隙发育,地下水对隧道施工有一定影响。

隧址区溶洞、节理裂隙发育

该应急工程在原有隧道两侧进行新建,地质情况复杂,隧道洞身穿越多处溶洞,涉断裂带、滑坡体,局部围岩破碎与泥质充填而易引发小型坍塌;毗邻既有高速公路仅二十余米,安全风险高。施工难点在于临近既有隧道的爆破作业以及穿越滑坡体的施工。

(1)新建试刀山隧道距既有隧道最近约22m。新建隧道施工期间,既有高速公路必须保持通行。为减小新建隧道爆破对老隧道的影响,施工过程中控制爆破用药量在15kg以内,在坚持"每爆必测、每测必控"原则下,有效防控了安全风险。及时加强监控量测与超前地质预报,成立专门监控小组,采用仪器检测与人工观察相结合,24小时监视新建隧道开挖时原隧道内的震速、破坏等情况。

(2)隧道右线巢湖端发育有一滑坡体,全长120m。设计采用暗洞穿越,掘进过程中,采用地质雷达等先进仪器进行地质超前预报,采用激光断面仪等仪器量测开挖线形、围岩变形、断面尺寸以及收敛情况,用定型钢模板浇筑仰拱等施工保障措施。项目办充分考虑各工法占用时间,通过方案讨论、不断试验,调整施工工法,将CD法优化为"三台阶七步开挖工法",历时135天顺利穿越滑坡体,为探索类似地质条件下的隧道开挖新工艺,拓展了工法应用范围。

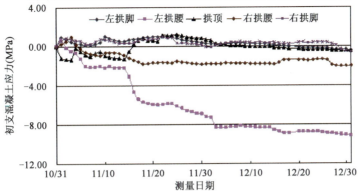

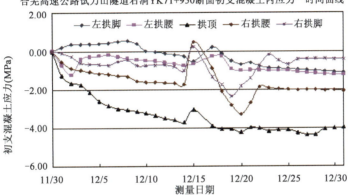

施工过程监控量测数据

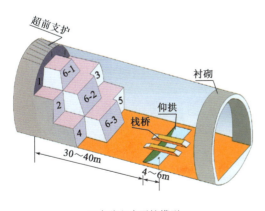

三台阶七步开挖模型　　　　　　　　三台阶七步开挖施工方法

4. 景观工程

结合地域特点,充分考虑新老隧道的风格协调,确定了洞门形式,达到环境的和谐统一,绿化景观设计主要在保证边坡稳定的基础上适当美化,使之具有良好的功能性及景观性，为体现资源节约，对原道路局部路段苗木给予保留。新隧道进出口外180m范围内各设置7盏路灯，降低出入隧道光线变化，洞内两侧布置250W的加强型LED灯，提高照明亮度。新隧道单洞采用6组风机增加洞内空气流通，设置2对车行和人行通道，增设了高位水池确保隧道消防用水，提高防灾救援能力。新隧道的洞内采用三线突起路标，可有效区分行车区域。新隧道在出、入口30m范围铺设了彩色防滑路面，不仅可以在雨雪天气情况下起到警示作用，也能防止车辆侧滑。

隧道洞口铺装彩色路面

隧道洞门及景观

5. 工程环保措施

（1）根据设计完善声屏障设置。

（2）路面沥青混凝土采用社会化供应，减少拌和站建设对环境的影响。

（3）排水、拦挡工程均计入主体工程，弃土场周边布设截排水沟，弃土场使用完毕后，弃土场顶面种植刺槐，撒播白三叶草籽。

（4）洞门开挖体现"零开挖进洞"理念，减少对山体植被的破坏，路堑边坡以植物防护为主，圬工防护为辅。

（四）科技创新与成果

本项目与同济大学开展了"隧道改扩建工程安全控制与保护关键技术研究"，主要研究内容为：

（1）既有隧道安全状态评估与安全控制技术

既有隧道建设与养护资料的收集、分析与三维数字化再利用；既有隧道结构安全状态评估和安全控制指标；新建隧道爆破与开挖对既有隧道的影响分析及安全控制。

（2）新建隧道施工与环境保护控制技术

新隧道入口段滑坡体处置和明暗交界段方案综合优化；岩溶、断层破碎带等不良地质条件下的隧道施工安全控制；穿越老隧道塌方事故段的隧道施工安全控制；复杂敏感环境下隧道施工环境保护控制。

(3)基于 BIM 的新老隧道建养一体化安全控制技术

建立集新老隧道、地质体及周边环境为一体的三维 BIM 模型;基于超前预报和地质素描的 BIM 地质模型更新与可靠度分析;基于 BIM 模型的隧道施工过程安全可视化;面向长期运营安全的新老隧道建养一体化。

(五)运营与养护

本项目于 2016 年 9 月 28 日正式通车运营,以四个隧洞八个车道全面服务于建成后的首个"十一"国庆黄金周车流高峰,有效缓解这一区段"逢节必堵"的交通压力,同时,为即将启动的芜合高速公路"四改八"奠定了基础。

五十九、G56 杭瑞(杭州—瑞丽)高速公路黄山至昱岭关段

(一)项目概况

G56 杭瑞(杭州—瑞丽)高速公路黄山至昱岭关段(简称"徽杭高速公路")是《国家高速公路网规划》的"7918"中的第十二横,起自浙江省杭州市,经黄山、景德镇、九江、咸宁、岳阳、吉首、遵义、毕节、六盘水、曲靖、昆明、大理,止于云南省瑞丽,全长 3405km。安徽黄山至昱岭关(皖浙省界)高速公路是国家重点高速公路 G56 杭州—瑞丽穿越安徽境内的一段,也是连接 G3(北京—台北)高速公路东西走向的国家干线高速公路;是皖、浙、闽、赣四省区域经济主干线;是黄山市融入"长三角"经济圈的主要通道;是连接世界两大著名旅游胜地——杭州、黄山的最便捷通道;也是安徽省第一条山区高速公路。

杭瑞高速公路黄山至昱岭关段(一)

徽杭高速公路位于皖南山区腹地,东起于昱岭关(皖浙省界),经竹铺、三阳坑、杞梓里、苏村、大阜、呈村降、南源口、雄村、王村、五里亭,止于安徽省黄山市机场专用公路黎阳大弯道处,与省道 S103 线平面交叉。

1. 参建单位

项目建设单位为黄山长江徽杭高速公路有限责任公司。

项目主要参建单位见表 8-188。

杭瑞高速公路黄山至昱岭关段(二)

G56 杭瑞(杭州—瑞丽)高速公路黄山至昱岭关段主要参与建设单位汇总表　　表 8-188

序号	参建单位	单位名称	合同段编号及起止桩号	主要负责人	备注
1	项目管理单位	黄山长江徽杭高速公路有限公司	K0+000~K81+701	李晓峰	
2	勘察设计单位	安徽省公路勘测设计院	K0+000~K81+701	王耀明	
3	施工单位	黄山市交通建设公司	路基工程 01-1 合同段 K0+000~K5+183.47	胡有富	连接线
		中铁十七局四处	路基工程 01-2 合同段 K0+000~K5+183.47	张永生	连接线
		黄山市路通公司	路基工程 01-3 合同段 K0+000~K5+183.47	周旭阳	连接线
		广东机械化施工公司	路基工程 02 合同段 K5+183.47~K9+600	彭永刚	
		吉林省公路工程公司	路基工程 03 合同段 K9+600~K14+000	吴德印	
		安徽水利建设有限公司	路基工程 04 合同段 K14+000~K18+946.284	朱乐华	
		河南黄河工程局	路基工程 05 合同段 K12+840~K17+000	杨士安	
		中国航空港建设总公司	路基工程 06 合同段 K17+000~K21+830	王学峰	
		交通部二局六处	路基工程 07 合同段 K21+830~K25+900	云新儒	

第八章 高速公路建设项目

续上表

序号	参建单位	单 位 名 称	合同段编号及起止桩号	主要负责人	备注
3	施工单位	冶金部马鞍山矿山研究院	路基工程07-2合同段 K23+321~K23+548	杨永生	
		中铁四局六处	路基工程08合同段 K25+900~K27+200	唐善田	
		广东汕头路桥公司	路基工程09合同段 K27+200~K32+400	徐竺峰	
		安徽省港航工程公司	路基工程10合同段 K32+400~K36+000	章帮伟	
		浙江大成建设集团公司	路基工程11合同段 K36+000~K40+000	徐平原	
		中铁二十局二处	路基工程12合同段 K40+000~K44+000	吴大斌	
		浙江路桥集团公司	路基工程13合同段 K44+000~K48+100	胡卫星	
		交通部二航局四处	路基工程14合同段 K48+100~K51+950	宋华清	
		中铁五局(集团)有限责任公司	路基工程15合同段 K51+950~K65+390	欧阳华勇	
		中铁隧道(集团)有限责任公司	路基工程16合同段 K66+000~K77+020	刘宗标	
		中铁隧道(集团)有限责任公司	路基工程19合同段 ZK63+700~K66+000 路基工程19合同段 YK65+388~K66+000	赵玉良	
		路桥集团第一公路工程局	路面工程01合同段 K2+880~K17+000	孙树光	
		河北路桥集团有限公司	路面工程02合同段 K17+000~K40+000	陈志银	
		中铁五局(集团)有限责任公司	路面工程03合同段 K40+000~K77+365	李永青	

续上表

序号	参建单位	单位名称	合同段编号及起止桩号	主要负责人	备注
4	监理检测单位	安徽省公路工程监理有限公司	路基工程01监理驻地办 TY01-1、01-2、01-3，K0+000~K5+183.47，TY07、08、09、10，K21+830~K36+000，TY19；ZK63+700~K66+000，YK65+388~K66+000	贾雷	
		北京华宏公路工程监理有限公司	路基工程02监理驻地办 K5+183.47~K21+830	武静	
		北京双环公路工程监理公司	路基工程03监理驻地办 K36+000~K51+950	张文	
		安徽省高等级公路监理公司	路基工程04监理驻地办 K51+950~K65+390	陈传明	
		山东省交通工程监理咨询公司	路基工程05监理驻地办 K66+000~K77+020	段勇	
		安徽省公路工程建设监理公司	路面工程01监理驻地办 K2+880~K17+000	汪本波	
		厦门市路桥建设监理有限公司	路面工程02监理驻地办 K17+000~K40+000	刘慧军	
		山东省交通工程监理咨询公司	路面工程03监理驻地办 K40+000~K77+365	段勇	

2.技术标准

(1)公路等级、里程及地形类别

全线按山岭重丘区四车道高速公路标准设计，路面采用沥青混凝土路面。全线配置了完善的通信、监控和收费系统及照明、绿化、房建、服务区、安全设施等交通工程和服务设施。本期昱岭关至机场专用公路建设里程81.701km。地处北纬30.037186°~29.6867480°、东经118.890953°~30.037186°,沿途跨越黄山市歙县、屯溪区，地形总体是北西高、南东低，在地貌上多属中低山区。自然区划分为江南丘陵区Ⅳ5。

(2)主线行车速度

一般路段80km/h,特殊困难路段60km/h。

(3)路基、路面

整体式：路基宽度22.5~30m,路面宽度20m和22m；分离式：路基宽度11.25m,路面宽度10.25m。

(4)桥梁、涵洞

桥涵设计荷载：汽车—超20级、挂车—120。

设计洪水频率:特大桥为1/300,大、中、小桥及涵洞为1/100。桥面净宽:单向为11.25m;双向为22.5m;其中双向最宽为佩浪河中桥,为32.5m。大、中、小桥、涵洞与路基同宽。

(5)路线交叉

百鸟亭立交:匝道设计时速35km,最小平曲面半径58.25m,最小竖曲面半径为凸形900m、凹形1200m,最大纵坡4.69%,加速车道采用平行式,长160m,减速车道采用直线式,长80m。金山互通立交:匝道设计时速30km,最小平曲面半径60m,最小竖曲面半径为凸形1003.975m、凹形587.625m,最大纵坡4.744%,加速车道采用平行式,长120m,减速车道采用直线式,长70m。

分离立交、通道:全线共设置分离立交17处,通道75处,分离立交形式尽可能与地形及周边环境协调。分离立交路面视被交叉道路等级而定,大部分为沥青表处或碎石路面。人孔、机孔通道两侧30m铺设沥青表处或泥结碎石路面,30m以外部分与原有道路相同。

3.工程内容及主要构造物

(1)建设主要内容

全线路基挖方1873.76万 m^3;隧道4558.20m/11座;特大桥、大桥8795.16m/30座,中小桥2770.45m/65座,涵洞9571.61m/282道,通道26253m/75道;互通立交3处,分离立交17处,收费站5处,养护工区1处,同步建设绿化、交安、机电等附属工程。

(2)路线中间控制点

竹铺、杞梓里、大阜、呈村降、南源口、王村、五里亭。

(3)路线跨越主要河流

棉溪河、华源河、昌源河。

(4)桥梁

全线共有桥梁95座,其中:小南海特大桥1010.2m,大桥7784.96m/29座,中桥2025.85/32座,小桥743.02/33座,分离立交17座,互通匝道桥200.50/5座。

(5)隧道

全线共有隧道12座(单洞),分别为:鸿飞隧道(双向)、狮形隧道、中岭角隧道、前胜隧道、荷花形隧道、王村隧道、竹岭隧道(双向)、三阳隧道、昱岭关隧道(双向)。12个隧道共长4695.6m,其中单洞最长的为竹岭隧道(左线),长度785m。

(6)收费站及服务区

全线设五里亭(起点)和三阳(终点)两处主线收费站;百鸟亭、金山、三阳三处匝道收费站;朱村、三阳两对服务区。

4.征地拆迁

征地拆迁情况见表8-189。

征地拆迁情况统计表   表8-189

征地拆迁安置起止时间	征用土地(亩)	拆迁房屋(m²)	支付补偿费用(元)
1996年7月~2002年9月	8404.766	929户	169827311.4

5. 项目投资

(1)投资规模、资金来源

2001年9月27日,交通部以交公路发〔2001〕562号文下发《关于安徽黄山至昱岭关(皖浙省界)公路初步设计的批复》。概算投资总额为19.30758亿元。资金由项目法人自筹。

(2)概算执行情况

经决算审计,杭瑞高速公路黄山至昱岭关段工程基本建设支出21.85375亿元,与批复的概算总投资19.3076亿元相比,较概算超支2.54617亿元,对比概算超支比例13.19%。

6. 开工及通车情况

1997年1月18日开工建设,2004年10月18日建成通车。

徽杭高速公路(安徽段)通车典礼

(二)决策研究

1996年7月7日,黄山市计划委员会以计基字〔1996〕第86号文向省计委申报《关于请求徽杭公路黄山市(黄口桥)至昱岭关段高速公路工程立项的报告》。

1996年10月21日,省计划委员会以计交能字〔1996〕739号文《关于黄山至杭州公路黄口桥—昱岭关段公路工程立项的批复》同意黄山至杭州公路黄口桥—昱岭关段公路工程立项。

1998年8月26日,国家环境保护总局通过环发〔1998〕242号文《关于徽—杭公路黄山市至昱岭关段环境影响报告书审批意见的复函》给交通部传达:"你部交环字〔1998〕

115号《关于〈徽—杭公路黄山市至昱岭关段环境影响报告书〉预审意见的函》收悉。经研究,《徽—杭公路黄山市至昱岭关段环境影响报告书》提出审批意见函复如下:同意你部预审意见。"

2000年9月10日,人民日报社事业发展局(中国华闻投资控股公司)与黄山市徽杭高速公路建设开发总公司协议成立黄山长江徽杭高速公路有限责任公司(以下简称"长江公司")。由人民日报社事业发展局下属的海南民生燃气(集团)股份有限公司出资6.48亿元,占长江公司60%股份;黄山市徽杭高速公路建设开发总公司出资4.86亿元,占长江公司40%股份。随后,长江公司在黄山市工商行政管理局登记注册,注册资本金为3.5亿元,取得企业法人资质及其营业执照。

2001年4月13日,国家发展计划委员会以计基础〔2001〕575号文向安徽省计委下发《印发国家计委关于审批安徽黄山至昱岭关(皖浙省界)公路工程可行性研究报告的请示的通知》。通知讲:"《国家计委关于审批安徽黄山至昱岭关(皖浙省界)公路工程可行性研究报告的请示》(计基础〔2001〕33号)业经国务院批准,现印发给你们,请按照执行。"

2001年4月17日,国家发展计划委员会下发《国家计委关于下达2001年第二批基本建设新开工大、中型项目计划的通知》(计投资〔2001〕593号),将徽杭高速公路项目列入其中,工期至2004年底。

2001年6月20日,省交通厅下发《关于同意黄山长江徽杭高速公路有限责任公司为徽杭高速公路项目法人的批复》(皖交基〔2001〕48号),长江公司取得项目法人资格。

2001年9月27日,交通部以《关于安徽黄山至昱岭关(皖浙省界)公路初步设计的批复》(交公路发〔2001〕562号),批准概算总金额为19.30758亿元。

2002年1月6日,黄山长江徽杭高速公路有限责任公司挂牌运营,正式全面接管徽杭高速公路的建设任务。

2002年5月14日,安徽省交通厅以《关于黄山至昱岭关(皖浙省界)高速公路开工报告的请示》(皖交基〔2002〕29号)上报交通部:"我省黄山至昱岭关(皖浙省界)高速公路具备开工条件,现上报开工报告,请部审查批复。"

2002年9月5~6日,安徽省交通厅组织省内外专家、学者对徽杭高速公路施工图设计进行审查,2002年9月12日印发《关于黄山至昱岭关(皖浙省界)高速公路施工图设计的批复》(皖交基〔2002〕91号)。

(三)项目实施

1. 项目招标

(1)设计

由黄山市交通局委托具有甲级设计资质的安徽省公路勘测设计院承担,包括预可研、工可研、初步设计、施工图设计以及后期服务。

(2)施工招标

确定施工合同段61个,其中:路基21个、路面3个、绿化8个、交安12个、机电4个、其他13个。

(3)监理招标

确定监理合同段18个,其中:路基5个、路面3个、房建1个、交通设施3个、绿化3个、其他3个。

2.建设管理

(1)管理机构

建立六部一室管理机构,依靠社会力量,组建总监理工程师办公室,负责徽杭高速公路工程进度、质量、成本、安全的全面监督、控制、管理。

(2)质量保证体系

制定工程招投标管理程序、工程质量监督等13项工作管理程序和制度,还制定人事、考勤等13项行政管理制度,有效地规范各项工作,显著提高了工作效率。狠抓以"一控四管"为中心的各项管理工作,在质量管理中始终坚持"一级监督制、三级负责制和三级监理制"。

(3)交工、竣工验收

①交工验收

2005年1月14日,交工验收委员会依据《公路工程质量检验评定标准 第一册 土建工程》(JTG F80/1—2004)对本项目进行了验收评定,项目工程质量综合评定得分为99.21分,工程质量评定等级为优良,同意交工验收。

②竣工验收

2007年2月5日,徽杭高速公路顺利通过省交通运输厅组织的竣工验收。经竣工验收委员会评定,该项目综合评价等级为优良。竣工验收委员会查看了工程现场,听取了参建单位的汇报,并审阅了有关资料,经综合评定,验收委员会认为,该项目已按批准设计文件完成了各项建设任务,经过通车试运营和竣工前质量检测,工程符合设计和使用要求,并按有关规定完成了项目环保、档案验收、竣工决算和审计工作,同意通过竣工验收。

3.重大事项

(1)重大决策

根据黄山市经济发展和招商引资的需要,原业主于1997年1月18日举行了先导工程——率水河特大桥开工仪式,自此徽杭高速公路建设正式拉开帷幕。但此后至2001年五年间,因审批程序不到位、资金不到位、设计图纸不到位、项目法人申报不到位等因素影响,工程一直处于断断续续的建设过程。

自2001年9月中国华闻投资控股公司下属的海南民生燃气(集团)股份有限公司与黄山市徽杭高速公路建设开发总公司达成合作建设徽杭高速公路协议以后,华控集团积极派员协助原业主完善按基本建设程序规定应该申报的各种报批手续,至2002年5月省交通厅批准开工报告止,完成了全部程序审批任务。徽杭高速公路工程建设才正式步入正轨。

(2)重大变更

①绕过雄村古老滑坡群

采取在新安江上修建小南海特大桥(桥长1012m)和雄村特大桥(桥长676m),两跨新安江,绕线近2km绕过滑坡群的方案。

②根治朱村滑坡体

采取抗滑桩、浆砌片石挡土墙、抗滑锚墩、锚索框架梁、锚杆框架梁等综合防护。

(3)重大事件

①2002年6月19~20日徽杭高速公路全线连降大到暴雨,24小时降雨量达100多毫米,新安江水量猛增,沿河多座工地便桥被淹2m以上,部分便桥被冲毁,便道被冲断,全线工程全面受阻,损失达数千万元。

②2003年3月4日,正在建设的徽杭高速公路16标段发生一起轨道式塔式起重机倾翻事故,造成8人死亡,4人重伤。事故的原因:一是塔吊安装没有办理告知手续,没有经过监督检验,没有办理使用登记手续;二是违章在塔吊下方设置工棚,这是造成群死群伤的主要原因。

4.复杂技术工程

岭脚大桥:该桥起点桩号K73+421.746,终点桩号K73+892.546,全长470.80m,桥面全宽22.5m。主桥为六跨45m+2×80m+45m预应力混凝土变高度直腹板连续刚构,单箱单室。引桥为30m预应力简支T梁,桥面连续。本桥位于缓和曲线段上,主桥采用曲桥曲做,梁翼缘按所在曲线制作。引桥以直代曲,盖梁径向布置,分3孔、4孔一联。岭脚大桥跨越山谷,桥面设计较高,墩高达到50m左右。为避免过多高桥墩,主桥采用两孔80m跨越山谷。桥梁下部主墩为钢筋混凝土薄壁箱形桥墩,壁厚为0.6m。上下设置倒角。主桥桥墩基础采用群桩基础,四根直径2m钻孔灌注桩基础。本桥基础桥墩均为挖孔灌注桩,主桥上部结构按通常的悬臂浇筑法进行施工,边孔的合龙采用导梁方式。

(四)科技创新与成果

徽杭高速公路最大的难点是地质灾害和滑坡体的防治。长江公司成立以来,就制定

建成后的岭脚大桥

"依靠科学、攻关克难"做好地质灾害防治工作的方针。为此,曾多次邀请国内各行业的专家、学者,其中包括国防、铁路、公路、水电、冶金等行业的专家进行专题论证。同时依托安徽省公路勘察设计院联合西安立德公路设计咨询公司的技术力量,跟踪随访,动态设计,及时对可能发生地质灾害的工点进行补充、完善设计,取得了非常显著的成绩。徽杭高速公路路堑边坡、滑坡体防护、治理后,经受了两年试运营的考验,工程总体质量较好,两年间没发生一起防治工程滑塌。应该说这是专家论证、动态设计、创新设计的成果。

(五)运营管理

全线设服务区2对,为朱村、三阳服务区;收费站点5处,分别为五里亭、三阳、百鸟亭、金山、三阳收费站。

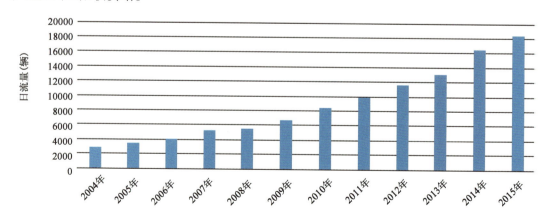

徽杭高速公路日流量统计

第二节 省级高速公路项目

一、S05 宁宣杭（南京—宣城—杭州）高速公路宣城至宁国段

（一）项目概况

S05 宁宣杭（南京—宣城—杭州）高速公路宣城至宁国段（简称"宣宁高速公路"）是安徽省规划的"四纵八横"高速公路网"纵一"的重要路段，起点位于宣城双桥东大徐村，与铜南宣高速公路终点相接，顺接宁宣杭高速公路宁国至千秋关段，并设置宁国枢纽互通立交与扬州至绩溪高速公路（现调整规划为溧阳至宁德高速公路）宁国至绩溪段相接。项目的通车对加强苏皖浙三省、加强中西部地区与东部地区之间的经济联系，推动区域经济一体化的进程以及促进旅游经济的发展具有十分重要的意义。

宁宣杭高速公路宣城至宁国段（一）

宁宣杭高速公路宣城至宁国段（二）

1. 参建单位

项目法人是安徽宁宣杭高速公路投资有限公司,建设单位是安徽省高等级公路工程建设指挥部,现场设置宣宁高速公路项目办公室。

项目主要参建单位见表8-190。

S05 宁宣杭(南京—宣城—杭州)高速公路宣城至宁国段 表8-190

序号	参建单位	单 位 名 称	合同段编号及起止桩号	主要负责人	备 注
1	项目管理单位	宣宁高速公路项目办公室	K0+000~K45+961.5	方昱	全部
2	勘察设计单位	安徽省交通规划设计研究院	K0+000~K45+961.5	王吉双	全部
3	施工单位	北京市海龙公路工程公司	1标 K0+000~K5+000	王百胜	路基
		安徽省公路桥梁工程公司	2标 K5+000~K15+500	张庆书	路基
		辽宁省路桥建设一公司	3标 K15+500~K25+040	王景辉	路基
		安徽省巢湖市路桥工程有限公司	4标 K25+040~K30+582.5	阮东平	路基
		中铁十局集团有限公司	5标 K30+582.5~K37+000	栾友根	路基
		安徽水利开发股份有限公司	6标 K37+000~K43+560	李道润	路基
		胜利油田胜利工程建设集团有限责任公司	7标 K43+560~K45+961.5	胡学东	路基
		中交三公局第二工程有限公司	01标 K0+000~K25+040	徐靖	路面
		安徽省公路桥梁工程公司	02标 K25+040~K45+961.5	肖必忠	路面
4	监理检测单位	安徽省高等级公路工程监理有限责任公司	总监办 K0+000~K45+961.5	石程华	路基、路面
		安徽中兴工程建设监理所	一组 K0+000~K15+500	林秀川	路基
		安徽省高等级工程监理有限公司	二组 K15+500~K30+582.5	徐长生	路基
		宣城华安路桥工程监理有限公司	三组 K30+582.5~K45+961.5	邵军	路面
		安徽省高等级工程监理有限公司	一组 K0+000~K45+961.5	许军	路面
		安徽省高速公路科研试验检测中心有限公司	中心试验室 K0+000~K45+961.5	徐劲柏	路基、路面

2. 技术标准

(1) 公路等级、里程及地形类别

全线采用平原微丘区高速公路标准建设,其中与扬州至绩溪高速公路共线段长3.989km,为6车道高速公路,其余为双向4车道。路面采用沥青混凝土,全线配置了完善的通信、监控和收费系统及照明、绿化、房建、安全设施等交通工程和服务设施。建设里程

45.961km。项目地处皖南山区与沿江平原,西南部及东南部地势较高,中部和北部为丘陵和平原,微地貌单元可分为河漫滩、一级阶地、二级阶地、岗地、低丘、高丘6个微地貌形态类型。

(2)主线行车速度

主线行车速度为120km/h。

(3)路基、路面

K39+975.141~K43+963.865为扬州至绩溪高速公路共线段,6车道路基宽度34.5m,路面宽30m;其余路基宽28m,路面宽23.5m。分离式路基宽度13.75m,路面宽12.25m。全线路基设计洪水频率1/100;路面标准轴载BZZ-100。路面总厚度为74cm,各层结构分别是4cm AC-13(SBS)+6cm AC-20(SBS)+8cm AC-25+36cm水稳碎石+20cm低剂量水稳碎石。

(4)桥梁、涵洞

计算荷载:汽车—超20级;验算荷载:挂车—120。设计洪水频率:大、中小桥、涵洞1/100。桥面净宽:大、中、小桥桥面净宽2×12m;涵洞与路基同宽。

(5)隧道

行车道宽(0.75+2×3.75+1.25)m;行车道净高5m;检修道净宽1.00m;检修道净高2.50m。

3. 工程内容及主要构造物

(1)建设主要内容

全线路基工程共分7个标段,路面工程分2个标段。共设5处互通立交(1处预留),即宣城枢纽、孙埠、宁国北、宁国枢纽、河沥溪预留互通。服务区1处;大、中、小桥、立交桥(含互通区立交桥)共54座,连拱隧道190m/1座,分离式隧道770m/1座,土石方895万m^3。交通工程4个标段,隔离栅2个标段,伸缩缝1个标段,绿化工程5个标段,机电工程3个标段,房建及附属工程7个标段。主要材料核定为:木材6884m^3;钢材73135t;水泥312166t;石油沥青27907t。

(2)路线中间控制点

宣城双桥东大徐村、孙埠镇、水阳江、劳山林场、皖赣铁路、殷白、宁国东。

(3)路线跨越主要河流

水阳江、东津河等,其中水阳江通航标准为Ⅶ级航道。

(4)桥梁

宣宁高速公路全长45.961km,全线含桥梁56座,共计11.15km,占所辖公路总里程24.26%。其中:大桥26座,中桥10座,小桥20座;主线桥45座,匝道桥10座,支线上跨桥1座。桥梁上部结构形式主要有预应力混凝土空心板、现浇连续箱梁、先简支后连续预应力混凝土箱梁等几种,桥梁下部结构形式主要有柱式墩、U形桥台、肋台等几种。

(5)隧道

全线共有2座隧道(分离式隧道1座,连拱隧道1座)。

4. 征地拆迁

征地拆迁安置自2009年10月至2010年8月,项目永久征用土地4466.72亩(其中,耕地2262.55亩,林地1486.8亩),拆迁建筑物96439m^2(其中宣州区境内拆迁各类房屋49126m^2,宁国市境内拆迁各类房屋47313m^2)。共计支付补偿费用97442090.01元。

5. 项目投资

安徽省发改委于2009年2月17日以发改设计〔2009〕110号文批准项目初步设计概算投资总额为26.78亿元。建设资金来源:资本金占总投资的35%,由项目业主自行筹措,其余65%申请商业银行贷款。

6. 开工及通车时间

2010年3月26日正式开工,2013年9月8日通车投入试运营。

(二)决策研究

受宣城市高等级公路建设管理有限公司委托,安徽省公路勘测设计院于2007年11月完成预可行性研究报告的编制工作。2007年12月,安徽省发改委以发改交通〔2007〕1381号文批准本项目立项。项目决策研究完成基本建设程序文件如下:

(1)2007年12月,省发改委《关于宁宣杭高速公路宣城至宁国段项目建议书的批复》(发改交通〔2007〕1381号);

(2)2008年10月,省发改委《关于宁宣杭高速公路宣城至宁国段可行性研究报告的批复》(发改交通〔2008〕994号);

(3)省环境保护局《关于宁宣杭高速公路宣城至宁国段环境影响报告书审查意见的函》(环评函〔2008〕799号);

(4)省水利厅《关于宁宣杭高速公路宣城至宁国段工程水土保持方案报告书的批复》(皖水农函〔2008〕975号);

(5)2009年2月,省发改委《关于宁宣杭高速公路宣城至宁国段初步设计的批复》(发改设计〔2009〕110号);

(6)2009年5月,国土资源部《国土资源部关于宁宣杭高速公路宣城至宁国段建设用地的批复》(国土资函〔2009〕797号);

(7)2010年5月,省交通运输厅《关于宁宣杭高速公路宣城至宁国段施工许可的批复》(皖交建管〔2010〕154号)。

(三)项目实施

1. 项目招标

(1)设计招标

2008年9月23日发布招标资格预审公告,通过资格预审6家单位,2008年12月18日组织评标,招标人确定中标单位是安徽省交通规划设计研究院。

(2)施工招标

路基工程施工招标,84家施工单位通过资格预审,2009年11月26日,63家施工单位递交了投标文件,2009年12月6日完成定标。路面、小区房建、绿化、机电工程等与路基工程招标程序一致,均实行公开招标。

(3)监理招标

路基工程监理招标,9家监理单位通过资格预审,招标人于2009年12月确定安徽省高等级公路工程监理有限公司等4家监理单位中标承担路基工程监理任务。

2. 项目管理

(1)管理机构

项目建设采用省、市、县三级指挥部协调管理模式。项目现场管理机构是安徽省高等级公路工程建设指挥部宣宁高速公路项目办公室。路基工程施工监理采用总监办和监理组二级监理体系;路面及附属工程施工监理设置驻地监理组一级机构。各级监理机构按合同规定各自负责所辖施工标段的安全管理、质量管理、进度管理、合同管理和投资控制等具体监理工作。

省领导参加项目开工仪式

(2)管理特色

宣宁高速公路建设期间,建设单位定期召开调度会议,协调建设方案优化及各种问题的解决。建设管理方面将环境保护作为与质量安全并重的日常管理内容,严格执行"三同时"制度。在环保设计、取弃土场、表土收集、景观敏感点、防护排水、绿化等方面坚持因地制宜强化管理,具体措施如下:

①从源头重视环保、水保设计。把保护自然环境和生态平衡作为本段高速公路设计要点之一,将环保要求纳入专项设计中。水土保持措施总体布局是在对主体工程中具有水土保持功能的防护措施进行分析评价的基础上,结合水土流失防治分区、工程建设的特点进行布置,既能有效地控制项目建设区内的水土流失,保护项目区的生态环境,又能保证公路工程的建设和运营安全。

项目建设单位召开协调调度会议

②加强取、弃土场设置管理。全线设6处弃土场,选择不影响农田排灌系统及水利设施场地,对大型弃方场地进行压实和平整,覆土植树和撒播草籽绿化,达到防止水土流失和美化环境的效果。

③开展集中表土收集。宣宁高速公路项目地处山区和丘陵地带,用于绿化使用的优质土源较缺乏。路基施工前期安排各路基标段集中堆放存储的路基清表土和清淤土,作为有限自然资源。表土收集一方面可减少弃土数量,少占弃土用地,另一方面又可减少水土流失、保护环境,确保项目建设生态环保。全线表土收集设置15处临时堆场地,占地约83.45亩,临时堆放约一年半。宣宁高速公路绿化施工用土均来自前期收集的耕植土,绿化用土包括中分带填土、服务区、互通区匝道内填土、填石路基边坡培土、分离式路基内填土、挖方平台填土等,沿线绿化共使用耕植土20多万 m^3。

④沿线自然景观保护。项目所在的宣城市为安徽省东南部门户城市,省级历史文化名城,山水特色突出的工贸旅游城市。沿线自然环境优美,植被茂盛,本着不破坏就是最

大的保护宗旨,施工前期,各施工、监理单位现场逐处踏勘,深入了解路线所处地理位置和地形地貌特征,对沿线山丘、沟谷、河流、水库、池塘和山区植被等进行细致调查和统计,并提出保护方案,报总监办核验,在项目办核批后对自然景观实施保护。

表土临时集中堆放

表土临时防护

⑤注重防护排水、绿化工程实施。防护工程在设计中充分体现"环保、和谐、舒适"的理念,让道路工程融于自然,实现路与自然的和谐统一。坚持一体化设计,将路基防护设计与水土保持、环境保护相结合,遵循"因地制宜、就地取材、防治结合"的方针,综合考虑安全、美观、经济、实用性和各路段不同的地质水文条件。除必须保证边坡防护安全性外,在防护设计中大量采用绿色防护和柔性防护。路堑主要采用了锚杆框架植草护坡、三维网喷播植草护坡等防护形式,隧道口坡面实施了喷混凝土防护等措施。

边坡绿色防护

桥和隧道相连减少开挖破坏

全线通过设置纵向排水沟、横向排水沟、纵向涵、边沟、急流槽等排水构造物形成一个完整的排水系统。在具体设计中,边沟、排水沟采用梯形或矩形等形式,部分填方段堤边沟结合地方水系采用浆砌片石砌筑,便于地方水系沟通,挖方段大部分边沟采用暗埋式矩形边沟,边沟盖板上填土绿化,达到美化高速公路环境的视觉效果。

(3)项目交(竣)工验收情况

融入自然的绿色公路

2013年8月至2013年9月先后组织完成了路基、路面等工程交工验收,工程质量均评定合格,建设项目质量评定得分为98.17分,质量等级评定合格。

3. 重大变更

(1)孙埠互通立交变更

初步设计批复的孙埠镇境内省道104上跨高速公路方案,由于实施过程中省道104抬高改建涉及的道路两侧拆迁的民房和企业较多,安置、拆迁难度大,地方群众有强烈的抵触情绪。为推动项目和谐建设,避免产生矛盾和诱发群体事件,经省交通运输厅组织专家评审会,最终确定将原批准的宣宁高速公路下穿省道104方案变更为上跨省道104方案。变更段落为路基主线K8+120~K10+880及互通全线,涉及桥梁取消2座,新增桥梁1座,变更增加金额3005万元,该变更经省交通运输厅批复。

(2)K37+680~K37+910段滑坡体的变更

K37+680~K37+910路基左侧坡面锚杆框架防护工程施工时,发现坡面出现一条滑裂带,滑裂带上部山体整体向坡面外部滑移。项目办立即要求XN-06标停止施工,经检查,山体发现多条裂缝。裂缝带距路基中线为40.4~105.2m,裂缝宽度多为5~40cm,其中山顶裂缝宽度为1.65m。项目办组织总监办、监理组和设计单位现场进行了实地勘验,发现该裂缝带仍有扩大趋势,且随时会危及裂缝带边缘处的220kV高压线塔的安全。项目办要求在坡脚处进行加载反压,减缓裂缝带扩大趋势,并组织地质专家及设计单位至现场进行了勘探、分析,确定了此段地质灾害治理的方案,主要采取边坡放缓及增设锚索框架等多种防护形式加固。

(3)取消石灰土

宣宁路全线 93、94 及 96 区取消石灰改善土,其中 01、02 标根据现场情况做 1 至 2 层 4% 水泥改善土,03 标 96 区部分剩余土方改为石方填筑,减少变更金额 2000 万。

(四)科技创新与成果(PAC 沥青排水路面应用研究)

本项目属于降雨量丰富地区,常见 AC 型沥青面层属于不透水结构,雨水降落于路面上后,首先填满路面的凹陷部分,将于路面上形成一定的水膜厚度,影响行车的安全性,排水性路面则较好地解决了这个问题。它提供了排水通道,使雨水能迅速下渗并向路边缘排走;另外,其本身具有较高的空隙率,能够储存一部分来不及排走的雨水,因此减少水膜产生对行车带来的危害。另一方面,行车噪声是由轮胎与路面间空气的抽动与压缩轮胎在路面上的振动产生的。车辆高速行驶中,轮胎滚进时会把空气压入轮胎与路面间,待轮胎滚过,空气又会迅速膨胀而发出噪声。传统路面路表密实,空气压缩比高,故行车噪声大。而排水性面层有很多孔隙,当轮胎把空气压缩时,空气会渗入面层孔隙,因空气有空间消散而压缩比低,故行车噪声小。因此,本项目采用 PAC 排水路面结构可增强表面抗滑性能,且具有降低行车噪声,大幅减少雨天交通事故等优点。宣宁高速公路路面成功铺筑了 2km 排水性沥青路面,取得了比较好的效果,工程实体检测质量达到了设计要求。

(五)运营与养护

1. 运营管理

项目建成通车后由原安徽高速公路控股集团宁国管理处负责运营管理,本项目共设置 1 对服务区(水东服务区),3 个收费站点(宁国站、宁国北站、孙埠站),收费站设置情况见表 8-191,采用人工收费及电子不停车收费综合方式。交通量增长见表 8-192。运营管理单位坚持以收费为龙头,以微笑服务为主线,以养护管理为保障,以安全保畅为目标,切实打造畅通高速、平安高速、微笑高速、和谐高速。

收费站点设置情况　　　　　　　　　　表 8-191

站点名称	车 道 数	收 费 方 式
宁国站	入口 4 条、出口 6 条	入口:3 条 MTC 车道、1 条 ETC 车道 出口:5 条 MTC 车道、1 条 ETC 车道
宁国北站	入口 4 条、出口 6 条	入口:3 条 MTC 车道、1 条 ETC 车道 出口:5 条 MTC 车道、1 条 ETC 车道
孙埠站	入口 3 条、出口 4 条	入口:2 条 MTC 车道、1 条 ETC 车道 出口:3 条 MTC 车道、1 条 ETC 车道

交通流量发展状况表（单位：辆）　　　　　　　　　　　　　　　表 8-192

年　份	入　口	出　口	合　计	日平均流量
2013 年	162753	162473	325226	2828
2014 年	610153	571746	1181899	3238
2015 年 1～8 月	693303	678917	1372220	5647
合计	1466209	1413136	2879345	

（1）严格执行收费政策，提高通行费实征率。规范收费操作流程，坚持"应收不漏，应免不免"收费原则，提高收费员工堵漏增收业务技能，严厉打击各类偷逃通行费行为；规范绿通收费管理，确保惠民政策落到实处；提升道口保畅能力，保障安全运行。

（2）强化机电日常维护，保障中控系统正常运行。坚持日常维护与专项维修相结合，确保机电维护及时、有效；成立机电维护班，实行动态巡查，快速处置潜在隐患；加强队伍梯队建设和个人业务技能提升，定期进行技术交流与培训，不断提高自身中控维护水平，保障机电系统运行正常。

（3）坚持路警联勤联动，切实保障道路安全畅通。坚持每日道路巡查和定期安全隐患排查，层层落实安全生产责任制，确保道路安全畅通；强化路警企联勤联动，维护路产路权，净化道路运营秩序；坚持路警企三位一体，健全应急预案，开展应急演练，积极应对雨雪雾等恶劣天气，不断提高应急抢险救援和除雪保通能力。

（4）提升微笑服务品质，打造安徽微笑高速品牌。坚持以"微笑服务，促进社会和谐"为使命，健全完善微笑服务"教育、培训、测评、考核"四位一体长效工作机制，在服务过程中注重"美在微笑、贵在真诚、好在自然、重在服务"，使微笑服务品质不断提升，逐步促使微笑服务成为安徽高速的一张靓丽"名片"。

2. 养护管理

宣宁高速公路通车四年来，坚持"预防为主、防治结合、科学养护、保障畅通"的养护工作方针，设置健全组织机构，落实集团公司养护工作要求，推进养护管理各项工作，努力打造优良通行环境。养护管理主要措施如下：

（1）路况调查分析。坚持养护巡查工作制，开展每日路况巡查和桥涵结构物例行检查，及时发现、处治道路病害，确保路况调查的及时性和有效性。

（2）道路日常养护。坚持月初计划、月中督促、月尾考核，确保道路病害早发现、早预防、早处治。以四季常青、三季有花为目标，落实建立路面保洁、绿化管养考核结果与工程结算挂钩制度，提升沿线路面整洁度和绿化整体效果。及时维修各类道路附属设施，保证设施齐全完好，标志、标线清晰显目。

（3）路基病害防治。按照"预防为主，防治结合"的方针，快速处置雨季高填方边坡、桥头锥坡的局部塌陷等病害；人工巡查高填方和高大边坡等重点路段；定期清理排水沟，保持排水设施完好、通畅。

（4）桥梁安全管理。贯彻落实桥梁安全运行十项制度，配备专职桥梁工程师负责桥梁养护工作；加强桥涵日常巡查，落实例行检查，及时掌握桥涵结构物技术状况和使用功能；建立了桥梁管理系统，做好桥梁纸质卡片、检查记录等技术档案资料整理归档，准确掌握桥涵基本数据，筑牢桥涵管养工作基础。

（5）隧道养护管理。按照《公路隧道养护技术规范》（JTG H12—2015），重点对隧道土建结构安全系统、排水系统等进行检查。在日常巡查中，对路面湿滑、检修道、安全设施、车行横洞和人行横洞等进行检查。定期对隧道排水、衬砌裂缝及渗水等进行专项排查，同时建立专项技术资料，详细记录每个部位结构、设备的状况，每次检查后进行对比分析，对出现的问题进行安全评价，存在的隐患及时排除。

（6）养护内业管理。按照集团公司统一标准要求和路段运营养护管理特点，建立健全养护内业管理制度；及时收集整理有关技术基础资料和工程管理资料，按年度分类归档做到资料的对应性、闭合性和统一性；力保养护内业资料规范、准确、齐全。

（7）应急养护管理。结合路段交通安全运行要求，制定各类突发事件应急预案和除雪保通专项方案，加强实战演练，定期组织开展安全隐患排查整改活动，及时消除安全隐患，保障交通运行安全。

二、S05 宁宣杭（南京—宣城—杭州）高速公路宁国至千秋关段

（一）项目概况

S05 宁宣杭（南京—宣城—杭州）高速公路宁国至千秋关段（简称宁千高速公路）位于安徽东南部宁国市，是安徽省规划的"四纵八横"高速公路网的"一纵"的重要路段（高速公路编号 S05），也是《长三角都市圈高速公路网规划方案》中纵7 宁金高速公路（南京至金华）在安徽省的过境段。其功能定位是皖江、皖中皖北以及西部地区通往浙江、福建地区的一条快速通道，福建通往黄山的高速通道，同时也是宁（南京）杭（杭州）第二通道。

本项目的实施，对促进苏、皖、浙共同交往、共求发展、实现交通促进旅游，旅游带动经济、社会的全面发展，均有着十分重要的意义。项目的建设对加强苏皖浙三省、加强中西部地区与东部地区之间的经济联系，推动区域经济一体化的进程以及促进旅游经济的发展具有十分重要的意义。

1. 参建单位

项目建设单位为安徽宁宣杭高速公路投资有限公司。

项目主要参建单位见表8-193。

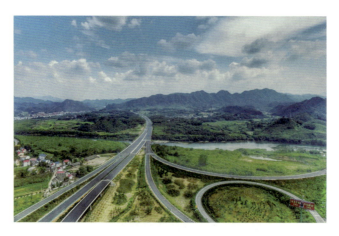

宁宣杭高速公路宁国至千秋关段

S05 宁宣杭(南京—宣城—杭州)高速公路宁国至千秋关段
主要参与建设单位汇总表

表 8-193

序号	参建单位	单 位 名 称	合同段编号及起止桩号	主要负责人
1	项目管理单位	安徽宁宣杭高速公路投资有限公司	ZZK0+010.261～ZZK1+355.52 K0+000～K38+856.603	钱东升
2	项目办	安徽省高等级公路工程建设指挥部宣宁高速公路项目办公室	ZZK0+010.261～ZZK1+355.52 K0+000～K38+856.603	方昱 黄正、钱之火、方明、黄伟、汪凤华、李先锋
3	地方指挥部	宣城市指挥部	ZZK0+010.261～ZZK1+355.52 K0+000～K38+856.603	宋仁昕
		宁国市指挥部	ZZK0+010.261～ZZK1+355.52 K0+000～K38+856.603	张师范
4	勘察设计单位	安徽省交通规划设计研究院	ZZK0+010.261～ZZK1+355.52 K0+000～K38+856.603	王吉双
5	施工单位	中铁四局集团有限公司	路基01标 ZZK0+010.261～ZZK1+355.52 K0+000～K5+200	黄明忠、裴军
		安徽省公路桥梁工程公司	路基02标 K5+200～K12+550	余跃、王守武
		安徽水利开发股份有限公司	路基03标 K12+550～K18+600	王礼兵、张海军
		中铁十局集团有限公司	路基04标 K18+600～K26+500	石伟、杨俊
		安徽省巢湖市路桥工程有限公司	路基05标 K26+500～K34+760	阮东平、李小布
		中交第三公路工程局有限公司	路基06标 K34+760～K37+500	卢云发、马银

续上表

序号	参建单位	单位 名 称	合同段编号及起止桩号	主要负责人
5	施工单位	胜利油田胜利工程建设集团有限责任公司	路基07标 K37+500～K38+856.603	李晓燕、王国玺
		安徽省公路桥梁工程公司	路面01标 ZZK0+010.261～ZZK1+355.52 K0+000～K18+351.75	沈守涛、郭文彪
		北京市城建道桥工程有限公司	路面02标 K18+351.75～K38+856.603	李冰、邢焕海
6	监理单位	安徽省高等级公路工程监理有限责任公司	总监办 ZZK0+010.261～ZZK1+355.52 K0+000～K38+856.603	石程华、田凯
		安徽省高速公路试验检测中心	中心试验室 ZZK0+010.261～ZZK1+355.52 K0+000～K38+856.603	徐劲柏
		武汉广义监理有限公司	路基一组 K0+000～K12+550	宋子东
		安徽中兴工程建设监理所	路基二组 K12+550～K18+600	林秀川
		安徽省高等级工程监理有限公司	路基三组 K18+600～K38+856.635	殷真
		安徽中兴工程建设监理所	路面一组 K0+000～K18+351.75	王长兵
		安徽省公路工程建设监理有限公司	路面二组 K18+351.75～K38+856.603	赵宏亮

2. 技术标准

(1) 公路等级、里程及地形类别

山岭重丘区高速公路,全封闭、全立交、双向四车道,沥青混凝土路面。全线配置了完善的通信、监控和收费系统及照明、绿化、房建、安全设施等交通工程和服务设施。

起点接宁宣杭高速公路宣城至宁国段与扬绩高速公路宁国至绩溪段交叉的宁国枢纽互通,终点至皖浙交界的千秋关。互通起讫桩号为 ZZK0+010.261～ZZK1+355.52,项目主线起讫桩号为 K0+000～K38+856.603,路线全长 38.857+1.345=40.202km。

项目位于东经 119°01′～119°18′,北纬 30°38′～30°215′之间。本项目沿线所经区域地形、地势、地貌复杂多样,区域内北部为丘陵、岗冲起伏,高程一般为 15～100m,东南部属于天目山山脉,山地、丘陵和盆谷交错分布。海拔高程一般为 200～1000m 以上。受地质构造控制,地势南高北低,地貌复杂多样,大致可分为山地、丘陵、盆(谷)地、岗地、平原五大类型;沿线属北亚热带湿润季风气候区,总的气候特征是夏热冬寒,春秋温和,雨量充沛,光照充足,雨热同期,无霜期长。沿线最高温度均大于 33℃,年降雨量达 1200～

1300mm,雨日数占全年天数的40%以上。区域属长江水系。

(2)主线行车速度

主线行车速度为100km/h。

(3)路基、路面

整体式路基宽度26m,路面宽22.5m;分离式路基宽度13.0m,路面宽11.5m。路面标准轴载BZZ-100。ZZK0+010.261~ZZK1+355.52宁国枢纽互通:匝道单向双车道路基宽10.5m。路基宽度的渐变在宁国互通立交和中溪互通三角渐变带内变化。全线路基设计洪水频率1/100。

(4)桥梁、涵洞

设计洪水频率:特大桥1/300,大、中小桥、涵洞1/100。

桥面净宽:26m路基对应小桥桥面净宽为2×11.75m,大、中桥2×11.75m;分离式断面桥梁与路基同宽。涵洞与路基同宽。

(5)隧道

行车道宽(0.5+2×3.75+1)m;行车道净高5m;检修道净宽0.75~1m;检修道净高2.5m。

(6)路线交叉

互通式立体交叉设计标准:行车速度40~80km/h;匝道宽度为,单向单车道路基宽8.5m,路面宽7m(不含加宽值),单向双车道路基宽10.5m,路面宽9m,对向双车道路基宽度15.5m,路面宽13m。

路线交叉设计标准:主线上跨各级公路的桥梁及通道净空高度为,二级及二级以上公路5.0m,三、四级公路4.5m,汽车通道≥3.5m,拖拉机通道≥2.7m,人行通道≥2.2m;主线下穿各级公路的净空高度均按5.4m控制。

3.工程内容及主要构造物

(1)建设主要内容

宁千高速公路路线全长40.202km(含宁国互通枢纽1.345km),全线路基工程共分7个标段,路面工程分2个标段。共设4处互通立交,即:宁国枢纽互通、中溪互通、狮桥互通(预留)、仙霞互通(预留)。服务区1处:中溪服务区。停车区2处。圆管涵涵洞91道,共长3125.594m;通道43道,总长1955.406m;小桥100.66m/2座,大中桥15468.69m/30座;连拱隧道568m/2座,分离式隧道单线7258m/3座;土石方1030.82万m^3,防护工程46.61万m^3。全线桥隧总长23.40km,占工程总长度的30%。交通工程3个标段,绿化工程4个标段,机电工程1个标段,消防工程1个标段,房建工程4个标段,污水处理1个标段,加油站、收费大棚2个标段,通信管道1个标段。

(2)路线中间控制点

宁国枢纽、中溪(中溪互通)、狮桥(S104河沥溪至唐舍岭公路)、仙霞(预留互通及主线收费站)、千秋关(皖浙省界)。

(3)路线跨越主要河流

路线多次跨越东津河及其支流。

(4)隧道

宁千高速公路全线共有5座隧道,其中:分离式隧道3座,连拱隧道2座;长隧道有梅林隧道、仙霞隧道、千秋关隧道。

4. 征地拆迁

宁千高速公路项目征地,严格履行了相关程序,2011年3月6日,国土资源部下发《国土资源部关于宁宣杭高速公路宁国至千秋关段工程建设用地的批复》,同意批复项目建设用地为3303.74亩(其中占用耕地1270.19亩),项目建设实际用地未超批复用地计划,征用土地3303.74亩,拆迁房屋91600m^2,支付补偿费用152148203.6元。

5. 项目投资

安徽省发展和改革委员会于2010年9月19日以皖发改设计函〔2010〕727号文,批准了该项目的初步设计,概算投资总额为29.278亿元。建设资金来源:资本金占总投资的25%,由安徽宁宣杭高速公路投资有限公司自行筹措,其余75%申请商业银行贷款。安徽宁宣杭高速公路投资有限公司担当宁千高速公路项目法人,安徽宁宣杭高速公路投资有限公司由安徽皖通高速公路股份有限公司和宣城市交通建设投资有限公司按70%、30%比例出资组建。

6. 开工及通车时间

2012年11月1日正式开工,工期为36个月,2015年11月11日通过交工验收,12月19日通车投入试运营。

宁国至千秋关高速公路开工典礼

（二）决策研究

2004年，受安徽省交通厅、安徽高速公路控股有限公司委托，安徽省公路勘测设计院开始对南京至宣城至杭州高速公路安徽段项目进行研究。并于2008年12月完成宁宣杭高速公路宁国至千秋关段预可报告的编制工作。项目决策研究及完成基本建设程序批复文件如下：

2009年5月，安徽、浙江两省交通运输厅经会商，基本明确了本项目省际接点的位置，即安徽省和浙江省交界的千秋关附近，并签订了协议，同年8月，两省交通运输厅计划处签订了坐标协议；

2009年6月4日，安徽省发展计划委员会以《关于宁宣杭高速公路宁国至千秋关段项目建议书的批复》（发改交通〔2009〕472号）批复了项目建议书；

2009年9月9日，安徽省水利厅《关于宁宣杭宁国至千秋关段水土保持方案的批复》（皖水农函〔2009〕994号）；

2009年9月17日，安徽环境保护厅《关于宁宣杭高速公路宁国至千秋关段环境影响报告书批复的函》（环评函〔2009〕265号）；

2009年11月24日，安徽省发展和改革委员会以《关于宁宣杭高速公路宁国至千秋关段可行性研究报告的批复》（皖发改基础〔2009〕1245号）批复了可行性研究报告；

2010年9月19日，安徽省发展和改革委员会以《关于宁宣杭高速公路宁国至千秋关段初步设计的批复》（皖发改设计函〔2010〕727号）批复了初步设计；

2011年3月6日，国土资源部《关于宁宣杭高速公路宁国至千秋关段工程建设用地的批复》（国土资函〔2011〕95号）。

2011年8月16日，安徽省交通运输厅以《关于安徽省宁国至千秋关高速公路施工图设计的批复》（皖交建管函〔2011〕591号）批复了施工图设计；

（三）项目实施

1. 项目招标

（1）设计招标

2010年3月15~22日发布招标公告，2010年4月20日组织评标，2010年5月4日确定安徽省交通规划设计研究院有限公司为中标单位。

（2）施工招标

路基工程施工招标有111家施工单位通过资格预审，2012年5月22日55家施工单位递交了投标文件，2012年5月25日确定由中铁四局集团第一工程有限公司等7家施工单位中标承担路基工程施工任务;路面工程施工招标有37家施工单位通过资格预审,2014年7月22日19家施工单位递交了投标文件,2014年7月28日确定由安徽省公路桥梁工程有限公司等2家施工单位中标承担路面工程施工任务;附属工程招标也严格按照规定程序陆续完成施工招标工作。

(3)监理招标

路基工程监理:2012年5月2~8日发售招标文件,2012年5月23日17家监理单位递交了投标文件,2012年6月8日确定由安徽省高等级公路工程监理有限公司等5家监理单位中标承担路基工程监理任务。

房建工程监理:2013年10月17~23日发售招标文件,2013年11月7日3家监理单位递交了投标文件,2013年12月2日确定由武汉广益交通科技股份有限公司中标承担房建工程施工监理任务。

路面工程监理:2014年5月7~14日发售招标文件,2014年6月12日11家监理单位递交了投标文件,2014年7月11日确定由安徽省高等级公路工程监理有限公司等4家监理单位中标承担路面工程施工监理任务。路面总监办监理任务还包含绿化、交安及机电等附属工程监理任务。

(4)其他项目招标

其他项目如物资采购、水保监测、环境监测、档案咨询、交工质量检测等也均根据项目工程进展和总体招标计划,并严格按照规定程序陆续完成招标。

2. 项目管理

(1)管理机构

项目建设采用省、市、县三级指挥部协调管理模式。项目业主安徽省高速公路控股集团有限公司,执行机构安徽省高等级公路工程建设指挥部宁千高速公路项目办公室。项目办设置工程部、质安部、地方部、行秘部四个部门,负责项目建设日常管理工作。

项目路基工程施工监理采用总监办和监理组二级监理体系。各级监理机构按合同规定各自负责所辖施工标段的安全管理、质量管理、进度管理、合同管理和投资控制等具体监理工作。

(2)"生态高速"建设

建设过程中委托安徽省公路工程检测中心和上海勘测设计研究院有限公司两家单位进行施工期环境监测和实施现场水土流失按期监测,每季度出具施工期环境和水土保持监测报告,有效促进了项目施工同步落实环保、水保措施。施工场界环境噪声昼间监测值为49.6~68.2dB,满足《声环境质量标准》(GB 3096—2008);施工区域附近环境空气总悬浮颗粒物日平均浓度监测值为0.143~0.215mg/m³范围,满足《环境空气质量标准》

（GB 3095—2012）；东津河水质监测因子 pH 值、水质悬浮物和石油类含量，各监测断面无明显差异且浓度值均满足《地表水环境质量标准》（GB 3838—2002）；水保总体防治检测为扰动土地整治率达 95%；水土流失总治理度达 97%；林草植被恢复率达 99%。

优化减少取弃土场占地设计方案：设计路基填方 525 万 m^3，路基挖方 505 万 m^3，隧道洞渣 80 万 m^3，设计取土场 4 处取土 95 万 m^3，设计弃土场 3 处弃土 76.6 万 m^3。为减少取弃土对环境的影响，采取减少取土远运土方案进行土石方调配，严禁擅自设置取弃土场，路基 01 标、05 标有效减少取弃土场约 13 亩和 15 亩。同时，优化桥改路设计方案：路基 05 标杨山高架桥通过优化设计调整为填方路基，消除弃方约 19 万 m^3，原设计的 K34+900 处 55.5 亩弃土场仅使用了 10 亩。充分利用隧道弃渣，减少弃渣占地：采取洞渣填充分离路基中央空缺部位，处理约 2 万 m^3 洞渣，增设安装设备加工洞渣，有约 8 万 m^3 碎石用于隧道路面垫层、混凝土衬砌及其他低强度等级混凝土，有约 10 万 m^3 碎石用于路面水稳结构层施工。筛选优质洞渣用作路基防护浆砌体约 6 万 m^3。通过优化降低工程造价约 100 万元；洞渣加工和利用降低工程造价约 50 万元；有效减少取弃土场约 130 亩，节省占地费用约 350 万元。通过科学管理不仅节省了投资，又减少了占用土地，避免了用地增加的水土流失隐患。

收集利用表土：2014 年 7 月~2015 年 6 月收集表土全部用于路基、路面绿化施工，路基边坡和路面中分带的绿化草皮及苗木，成活率较高且生长旺盛，不但绿化达到了预期效果，同时也起到了稳固坡面的作用，更有效减少了路基边坡水土流失隐患；现场结合隧道洞口地形地貌，采取适当措施调整隧道洞口段长度，推行隧道"零开挖"进洞理念，取得良好的效果。项目严格措施加强对沿线景观敏感点实施保护，基本未影响沿线原生态环境。同时增强单点绿化，突显绿色高速：沙埠隧道针对光滑岩面增加人造假山景观并点缀常绿灌木，仙霞隧道洞口强风化岩面补充锚杆支架植生带绿化覆盖，千秋关隧道洞口采用大、中苗木结合灌木突显分层绿化等。

建成后沙埠隧道景观

(3)"平安工地"建设

各单位按规定成立安全生产领导机构,配备专职管理人员,建立责任追究制。同时按照项目办制定的《安全生产管理细则》等系列安全管理制度,分级签订安全生产责任书,强化各级安全生产管理人员认真履行职责,真正做到人尽其责。通过组织机构及制度的建设,形成了一个"上有人抓,下有人管,专管成线,群管成网"的安全管理网络;落实"单元预警法""一校一会一志""三阶段安全风险分析与预防"等安全管理措施,实行安全标准化管理,创建"平安工地"。通过不断学习深入领会并贯彻落实省厅质监局推出的一系列先进的安全管理制度,提高认识、培训技能、设立单元预警牌、三阶段安全风险分析预防、应急救援演练、安全施工方案审查等安全管理措施,推动和实现了项目安全管理"三转变":由单纯地提高安全意识向提高认识与提高生产技能相结合转变,由经验管理向科学管理转变,由单一化向系统化转变,全面提升了项目安全生产管控能力。

突出管理重点,统一安排部署,提升安全保障:项目开工起,各施工标段的各类施工管理人员和所有一线作业工人均作统一登记,实行花名册登记制度。项目部落实建立"一线工人业余学校",确立"一长三员",制订教育培训计划、拟定授课内容、规定授课频次,并确定授课教员;重视教育、培训,切实提高管理水平和操作技能。针对性对各标段项目部及时进行全员培训和施工安全技术交底,按计划有针对性地进行部分项目应急救援演练,特别是千秋关隧道(未贯通)路面沥青摊铺,重点对隧道通风、应急照明、人员频繁换班等进行针对性演练,使全员能熟练掌握施工技术和安全作业技能时,方才展开隧道沥青路面摊铺。通过一系列管理手段,使项目一直处于安全施工的受控状态。

(4)交工验收

宁千高速公路项目的交工验收严格按照交通运输部下发的《关于印发公路工程竣交工验收办法实施细则的通知》(交公路发〔2010〕65号)要求,项目业主组织各参建单位对工程质量进行评定,工程质量评定得分99.73分。

3. 重大变更

经初步统计核算,项目几个较大方案通过优化调整设计,共计减少工程造价投资近千万元,具体如下:

(1)全部取消原地面处理石灰改善土,经设计复核确认石灰改善土的取消节省合同造价350万元。

(2)沿线5座支线上跨桥设计方案优化取消3座。K1+000混凝土拱桥、K32+009斜腿刚构和K33+500人行天桥,采取通过路基通道串联原有道路保证通行功能,减小了主线施工干扰,降低施工安全隐患,估算节省合同造价150万元。

(3) 项目 K25+325 桂花园大桥半幅桥改路，取消半幅桥改成路基填筑，同时对原河道拓宽改移，调整方案后估算节省合同造价 190 万元。

(4) 项目 K33+895 杨山高架桥桥改路，可消化弃方 19 万 m^3，即能方便组织施工，又降低工程造价，经核算节省合同造价 280 万元。

（四）科技创新与成果

1. 桥隧工程施工"平安班组"建设管理模式研究

通过本项目的研究，明确施工作业环境的概念；提出施工作业环境建设标准；提出施工作业环境建设和管理的评价指标体系和评价方法；建立一套行之有效的桥隧工程施工班组建设模式和管理机制，强化施工班组的安全管理，将管理制度、各项措施落实到施工一线班组，提高班组成员的安全作业操作能力和水平，是提高桥隧工程施工安全管理、降低事故风险的一项重要技术手段与方法。

2. 公路隧道低碳节能安全照明技术研究

提出公路隧道智能照明多级优化控制策略；开发公路隧道电力载波智能控制器；反光发光标线、反光涂料及蓄光发光釉面砖组合引导增光辅助照明技术。

3. 高速公路临时终点交通安全设施设置技术研究

确定了高速公路临时终点交通安全设施设置技术的关键环节，并对关键环节进行了定性和定量分析。形成高速公路各临时终点典型路段形式下的交通安全设施的设置技术，填补省内的技术空白。

（五）运营与养护

1. 运营管理

面对交通量快速增长，管理处坚持以收费为龙头，以微笑服务为主线，以养护管理为保障，以安全保畅为目标，切实打造"畅通高速、平安高速、微笑高速、和谐高速"。

(1) 严格执行收费政策，提高通行费实征率。规范收费操作流程，坚持"应收不漏，应免不收"收费原则，提高收费员工堵漏增收业务技能，严厉打击各类偷逃通行费行为；规范绿通收费管理，确保惠民政策落到实处；提升道口畅通能力，保障安全运行。

(2) 强化机电日常维护，保障中控系统正常运行。坚持日常维护与专项维修相结合，确保机电维护及时、有效；成立机电维护班，实行动态巡查，快速处置潜在隐患；加强队伍梯队建设和个人业务技能提升，定期进行技术交流与培训，不断提高自身中控维护水平，保障机电系统运行正常。

(3) 坚持路警联勤联动，切实保障道路安全畅通。坚持每日道路巡查和定期安全隐患排查,层层落实安全生产责任制,确保道路安全畅通;强化路警企联勤联动,维护路产路权,净化道路运营秩序;坚持路警企三位一体,健全应急预案,开展应急演练,积极应对雨雪雾等恶劣天气,不断提高应急抢险救援和除雪保通能力。

(4)提升微笑服务品质,打造安徽微笑高速品牌。坚持以"微笑服务,促进社会和谐"为使命,健全完善微笑服务"教育、培训、测评、考核"四位一体长效工作机制,在服务过程中注重"美在微笑、贵在真诚、好在自然、重在服务",使微笑服务品质不断提升,逐步促使微笑服务成为安徽高速公路的一张靓丽"名片"。

S05宁千高速公路宁国至千秋关段沿线共设置1对服务区(中溪服务区),2个收费站点(中溪站、千秋关站,其中千秋关站为主线站)。收费站点设置情况如表8-194所示。

收费站点设置情况表 表8-194

站点名称	车道数	收费方式
中溪站	入口3条、出口5条	人工收费及电子不停车收费综合 (入口:2条MTC车道、1条ETC车道) (出口:4条MTC车道、1条ETC车道)
千秋关站	入口3条、出口8条	人工收费及电子不停车收费综合 (入口:2条MTC车道、1条ETC车道) (出口:7条MTC车道、1条ETC车道)

皖浙千秋关主线站

从2015年12月19日起至2016年6月30日,宁千段累计交通流量为44.5762万辆,具体数据见表8-195。自通车以来采用社会化养护管理模式,通过公开招标方式确定由社会专业化养护公司进行小修和路面、绿化、机电等专业化养护。

交通流量发展状况表(单位:辆)   表 8-195

年份	入口	出口	合计	日平均流量
2015 年	7842	7851	15693	1207
2016 年 1 月至 6 月底	205984	224085	430069	2363
合计	213826	231936	445762	

2. 养护管理

养护管理主要措施:

(1)路况调查分析。坚持养护巡查工作制,开展每日路况巡查和桥涵结构物例行检查,及时发现、处治道路病害,确保路况调查的及时性和有效性。

(2)道路日常养护。坚持月初计划、月中督促、月尾考核,确保道路病害早发现、早预防、早处治。

(3)路基病害防治。按照"预防为主,防治结合"的方针,快速处置雨季高填方边坡、桥头锥坡的局部塌陷等病害;人工巡查高填方和高大边坡等重点路段;定期清理排水沟,保持排水设施完好、通畅。

(4)桥梁安全管理。贯彻落实桥梁安全运行十项制度,配备专职桥梁工程师负责桥梁养护工作;加强桥涵日常巡查,落实例行检查,及时掌握桥涵结构物技术状况和使用功能;建立了桥梁管理系统,做好桥梁纸质卡片、检查记录等技术档案资料整理归档,准确掌握桥涵基本数据,筑牢桥涵管养工作基础。

(5)隧道养护管理。重点对隧道土建结构安全系统、排水系统等进行检查。在日常巡查中,对路面湿滑、检修道、安全设施、车行横洞和人行横洞等进行检查。定期对隧道排水、衬砌裂缝及渗水等进行专项排查,同时建立专项技术资料,每次检查后进行对比分析,对出现的问题进行安全评价,对存在的隐患及时排除。

(6)养护内业管理。建立健全养护内业管理制度;及时收集整理有关技术基础资料和工程管理资料,按年度分类归档,做到资料的对应性、闭合性和统一性。

(7)应急养护管理。结合路段交通安全运行要求,制定各类突发事件应急预案和除雪保通专项方案,加强实战演练,定期组织开展安全隐患排查整改活动,及时消除安全隐患,保障交通运行安全。

三、S07 徐明(徐州—明光)高速公路安徽段

(一)项目概况

S07 徐明(徐州—明光)高速公路安徽段是安徽省"四纵八横"高速公路网中"纵一"组成部分,项目建设将形成徐州往南京方向的高速通道,构筑又一条连接山东、苏北、皖东

北地区与南京、苏锡常、上海等长三角地区的便捷通道,有利于加强中部欠发达省市与东部沿海发达地区、特别是长三角经济圈的经济联系,对促进中部地区崛起、实施安徽省东向发展战略、加速融入长三角具有重要意义。徐明高速公路为利用亚行贷款项目。

徐明高速公路安徽段(一)

徐明高速公路安徽段(二)

1. 参建单位

项目建设单位为安徽省交通投资集团有限责任公司。

项目主要参建单位见表8-196。

2. 技术标准

(1)公路等级、里程及地形类别

公路等级为全封闭、全立交的四车道平原地区高速公路。全线设置了完善的通信、监控和收费系统,以及安全设施和照明、绿化、房建等服务设施。

路线起点接徐明高速公路江苏段,途经宿州市灵璧县和泗县、蚌埠市五河县、滁州市凤阳县和明光市,终点接蚌明高速公路,全长139.06km。

S07 徐明(徐州—明光)高速公路安徽段主要参与建设单位汇总表　　　　表 8-196

序号	参建单位	单位名称	合同段编号及起止桩号	主要负责人	备注
1	项目管理单位	徐明高速公路管理有限公司	K000+000~K139+032	郑建中	
2	勘察设计单位	安徽省交通规划设计院	K000+000~K139+032	王吉双	
3	施工单位	江苏恒基路桥有限公司	K000+000~K13+600	岳志坚	路基
		重庆涪陵路桥工程有限公司	K13+600~K27+505	周绍钢	路基
		许昌广莅公路工程建设有限责任公司	K27+505~K37+705	杨金龙	路基
		安徽省路桥工程集团有限责任公司	K37+705~K48+975	刘利明	路基
		安徽省路港工程有限责任公司	K48+975~K50+775	郑国新	路基
		邵阳公路桥梁建设有限公司	K50+775~K59+930	罗振华	路基
		中铁二十四局集团有限公司	K59+930~K69+867.5	霍玉卫	路基
		中国水电建设集团十五工程局有限公司	K69+867.5~K83+874	吴勇	路基
		安徽巢湖市路桥工程有限公司	K83+874~K98+363	邓成龙	路基
		朝阳建设集团有限公司	K98+363~K101+003	王贵云	路基
		安徽省公路桥梁工程公司	K101+003~K102+508	傅月兵	路基
		上海第一市政工程有限公司	K102+508~K112+870.5	李学卫	路基
		中交第三公路工程局有限公司	K112+870.5~K116+166.5	刘伟	路基
		无锡市交通工程有限公司	K116+166.5~K131+500	杜永军	路基
		中铁十四局集团第二工程有限公司	K131+500~K116+166.5	冯家勇	路基
		中交第三公路工程局有限公司	K000+000~K27+505	闫伟	路面
		北京城建道桥建设集团有限公司	K37+705~K55+505	李冰	路面
		安徽省公路桥梁工程公司	K55+505~K83+874	王小洁	路面
		安徽省路港工程有限责任公司	K83+874~K112+870.5	郑国新	路面
		中铁十局集团第二工程有限公司	K112+870.5~YK139+032	邵长山	路面
4	监理单位	安徽省科兴交通建设工程监理有限公司	路基一办	吴忠福	
		北京路桥通国际工程咨询有限公司	路基二办	王军	
		武汉广益工程咨询有限公司	路基三办	冯守中	
		安徽省高等级公路工程监理有限公司	路基四办	吴志昂	
		北京华通公路桥梁监理咨询有限公司	路基五办	李作天	
		安徽中兴工程建设监理所	路基总监办	陈廷江	
		安徽省科兴交通建设工程监理有限公司	路面绿化一办	张有斌	
		安徽省科兴交通建设工程监理有限公司	路面绿化二办	舒嵩岭	
		武汉广益工程咨询有限公司	路面绿化三办	肖俊	
		安徽省公路工程建设监理有限责任公司	路面绿化四办	谭标	
		安徽省公路工程建设监理有限责任公司	路面绿化五办	李明明	
		安徽省公路工程建设监理有限责任公司	路面绿化总监办	张礼柱	

全线地形地貌以淮河为界分为淮北平原和江淮丘陵,沿线大型河流较多、人工沟渠众多。淮北平原北部零星分布着低丘,其余大部分为广阔平原,地面十分平坦。江淮波状平原邱岗起伏,低丘散布于区内。

(2)主线行车速度

主线行车速度为120km/h。

(3)路基、路面

路基宽27m,路面宽23.5m。匝道单向单车道路基宽8.5m,路面宽7.0m;单向双车道匝道路基宽10.50m或12m;对向双车道匝道路基宽15.50m(有中分带)或10.5m(无中分带)。

路基设计洪水频率1/100。路面首次采用沥青混凝土结构,标准轴载BZZ-100。

(4)桥梁、涵洞

汽车荷载等级:公路—Ⅰ级。

设计洪水频率:特大桥1/300,大、中、小桥及涵洞1/100。

桥面与路基同宽。涵洞与路基同宽。

(5)路线交叉

主线上跨各级公路的桥梁及通道净空:二级及二级以上公路净高≥5.2m,三、四级公路≥4.5m,汽车、收割机通道≥3.5m,拖拉机通道≥2.7m,人行通道≥2.2m。上跨公路时预留净宽≥规划宽度。一般人、机孔通道净宽采用4m,重要村道处的机孔通道净宽采用6m。

主线下穿各级公路的净空高度均按≥5.4m控制。

3. 工程内容及主要构造物

(1)建设主要内容

全线路基土石方1558.24万m^3,防护工程1.63万m^3。低剂量水稳底基层368.75万m^2,上面层350.15万m^2,下面层304.40万m^2。桥梁共136座。按桥梁长度分类:特大桥3座(淮河特大桥、怀洪新河特大桥、跨宿淮铁路分离式立交桥)、大桥30座、中桥91座、小桥12座。按跨越方式分类:主线桥91座、上跨桥(天桥)29座、匝道桥16座。涵洞333道,通道224道。互通式立交11处(含6处预留)。

(2)路线中间控制点

渔沟、大庙、新濉河、泗宿高速公路、宿淮铁路、长沟、新汴河、草沟、沱湖、怀洪新河、五河县城南工业园区、淮河、桥头。

(3)路线跨越主要河流

新濉河、新汴河、隋唐古运河、沱湖、怀洪新河、淮河。

(4)收费站及服务区

全线设五河西、长沟东、渔沟、徐州主线 4 座收费站,桥头、石龙湖、冯庙 3 对服务区。

4. 征地拆迁

本项目征迁工作于 2009 年 11 月开始,2012 年 3 月全线征迁工作结束,共征用土地 11034.71 亩,房屋拆迁面积 71616.64m²,土地及房屋拆迁补偿费用为 44628.0635 万元。

5. 项目投资

本项目初步设计批复投资概算为 62.5 亿元,利用亚行贷款 1.2 亿美元,其余全部由安徽省交通投资集团有限责任公司自筹。

6. 开工及通车时间

2011 年 3 月 15 日正式开工,2014 年 12 月 26 日全线建成通车。

(二)决策研究

2004 年 9 月,安徽省交通投资集团公司委托安徽省交通规划设计研究院(以下简称设计院)进行该项目可行性研究工作,2005 年初编制完成了项目预可行性研究报告(初稿)。2005 年 3 月 3~4 日,受安徽省交通厅委托,安徽省公路学会成立专家组在泗县对预可报告进行了现场踏勘评审。2006 年 6 月,设计院根据苏皖两省交通部门省界协议洽谈情况,在预可报告(初稿)的基础上,结合预评审专家组意见,对路线方案进行了进一步优化。

2006 年 12 月 18 日,安徽省政府、江苏省政府签订了《关于进一步加强两省区域交通合作的协议》(以下简称协议),协议明确了徐州至明光公路省界接点,具体位置为安徽省灵璧县的崔楼附近和江苏省睢宁县前焦营附近。

2007 年根据两省协议精神,5 月初设计院完成了徐州至明光公路预可行性研究报告;2007 年 5 月 29~31 日,受省交通厅委托,省公路学会成立专家组在滁州市召开了徐州至明光公路安徽段预可行性研究报告预评审会议。

2008 年初,徐州至明光公路安徽段纳入国家发改委利用亚洲开发银行贷款的备选项目。2008 年 6 月 1~10 日,亚洲开发银行技术支持实地考察团访问安徽,与安徽省交通厅讨论了项目的相关内容,并形成了备忘录。

2008 年 11 月 12 日,安徽省发改委《关于徐州至明光高速公路安徽段利用亚行贷款项目建议书的批复》(发改外资〔2008〕1090 号);

2009 年 6 月 11 日,安徽省水利厅《关于徐州到明光公路安徽段工程水土保持方案的批复》(皖水农函〔2009〕659 号);

2009 年 7 月 28 日,安徽省环保厅《关于徐州至明光公路安徽段环境影响报告书的批复》(环评函〔2009〕102 号);

2009年9月11日,安徽省发改委《关于徐州至明光高速公路安徽段工程可行性研究报告的批复》(皖发改外资〔2009〕857号);

2009年11月11日,安徽省发改委《关于徐州至明光高速公路安徽段初步设计的批复》(皖发改设计〔2009〕1199号);

2010年9月25日,国土资源部《关于徐州至明光高速公路项目工程建设用地的批复》(国土资函〔2010〕787号);

2010年11月1日,安徽省政府《关于徐州至明光高速公路工程建设用地的批复》(皖证地〔2010〕437号);

2010年12月3日,安徽省交通运输厅《关于徐州至明光高速公路安徽段施工图设计的批复》(皖交建管〔2010〕456号);

2011年5月11日,安徽省交通运输厅《关于徐州至明光高速公路施工许可的批复》(皖交建管函〔2011〕326号)。

(三)项目实施

1. 项目招标

(1)设计招标

本项目通过公开招标方式,确定由安徽省交通规划设计研究院为本项目勘察、设计单位。

(2)施工招标

本项目共46个施工单位,其中路基15个、路面5个、绿化5个、交安设施5个、预制1个、其他15个。所有施工单位均采用公开招标方式确定中标单位,其中15个路基标按照亚行贷款项目采用国际竞争性招标方式,其他标段采用国内竞争性招标。

(3)监理招标

本项目所有监理单位均采用公开招标方式确定中标单位。其中路基监理设1个总监办、5个监理驻地办,路面监理设1个总监办、5个监理驻地办。

2. 建设管理

(1)管理机构

遵照国家基建程序和亚行项目要求,安徽省交通投资集团组织成立了徐明高速公路管理有限公司,负责该项目的建设、营运工作。沿线市、县(区)政府以及交通、土地、电力等部门成立地方指挥部,主要负责征地拆迁、移民安置、外部协调等工作。

由总监办、驻地办组成两级监理机构,其中总监办由社会监理与外国专家咨询单位组成联合监理组,负责全线的工程质量、进度、投资、安全、环保、组织协调及信息管理等监理工作。

(2) 质量保证体系

本项目在实施过程中,质量保证体系健全、制度完善、责任明确,体现出较高的质量控制能力。施工中采取的各种工程质量保证措施得力,对提高项目的质量起到了有力的保障作用。

(3) 竣(交)工验收情况

交工验收路基工程质量评定得分98.8分,路面工程质量评定得分99.44分。综合评定得分98.99分。

3. 重大变更

(1) 路基排水边沟

原设计时路堤边沟采用预制拼装管形边沟,单个管节尺寸较大,不方便预制生产及后期路基单位安装。为了加快施工进度,后期施工过程中将预制边沟变更为现浇滑模施工。

(2) 收费站车道宽度变化

根据安徽省交通投资集团重大技术方案审查意见(编号2011-yy-02)提出的高速公路收费车道设置标准,对收费站车道宽度进行调整,具体如下:进出口ETC车道宽由3.5m改为3.2m,进出口普通车道宽度由3.2m改为3.5m。

涉及变更的收费站为:省界主线收费站、渔沟互通立交收费站、长沟东互通立交收费站、五河西互通立交收费站。

(3) 匝道路面工程

徐明高速公路互通立交匝道和服务区匝道原设计路面结构层为:4cm厚细粒式沥青混凝土AC-13(SBS改性) +6cm厚中粒式沥青混凝土AC-20(SBS改性) +36cm水泥稳定碎石 +20cm低剂量水泥稳定碎石,共计66cm。

根据徐明建设办《关于对徐明高速路面及交安工程进行优化设计的请示》(皖徐明办〔2012〕164号),经集团公司同意(2012-jg-xm-02),将匝道路面结构层调整为:4cm厚细粒式沥青混凝土AC-13(SBS改性) +6cm厚中粒式沥青混凝土AC-20(SBS改性) +8cm厚粗粒式沥青混凝土AC-25 +36cm水泥稳定碎石 +20cm低剂量水泥稳定碎石,共计74cm。

(4) 长沟东互通立交桥梁

施工时地方文物部门认为徐明高速公路上跨S303北侧河流为隋唐大运河,目前正在申报世界文化遗产,要求上跨桥桩基不可设计在古河床范围内。经徐明高速公路建设、设计、施工、监理等单位与国家文物局、省文物局、省考古所、泗县地方文物部门沟通协调,由安徽省交通投资集团、徐明建设办同意,主线上跨隋唐大运河桥梁由8×25.5m调整为(3×25.5m +26.5m) +50m +2×25.5m;D匝道上跨隋唐大运河桥梁5×20m调整为2×20m +

46m+20m；A匝道上跨隋唐大运河桥梁由 AK0+074 处 3×13m 变更为 AK0+026.5 处 1×25m，桥宽为 15.750~21.048m 变宽桥，结构角度 -10°，隋唐大运河维持原位，取消原设计对其改道。

(5) 五河西规划区桥梁

徐明高速公路设计时，K105+700~K111+200 范围内，五河县地方规划不完善，规划道路只提供了初步位置，未提供具体断面及具体桩号。徐明高速公路施工时，五河县规划道路作了新的调整，导致规划断面与高速公路预留下穿孔存在偏差，为此五河县人民政府就相关路线方案与集团公司进行进一步对接，并达成了一致的意见。涉及具体桥梁及桩号如下：取消 K105+958 装配式暗箱，在 K105+929.3 位置处设立 2-6×4.5m 现浇箱梁；取消 K106+598 处 3-25m 分离立交桥，在 K106+576.4 设立 4-13m 分离立交桥；取消 K106+972 处 3-25m 分离立交桥，在 K106+967 设立 3-20m 分离立交桥；取消 K108+209 处 3-25m 分离立交桥，在 K108+163.1 设立 2-20m 分离立交桥；取消 K108+749 处 3-16m 分离立交桥，在 K108+695.4 设立 3-20m 分离立交桥；取消 K109+437.5 处 5-30m 分离立交桥，在 K109+467 设立 5-30m 分离立交桥；在 K110+926 处新增设立 4-20m 分离立交。

(6) 五河淮河特大桥引桥

由于亚行招标程序等原因影响致使本项目开工日期延迟，整个施工期需跨越两个汛期和一个冬季，南岸引桥 34 号~75 号墩台现浇混凝土箱梁采用设计的移动模架方案施工，工期难以保证。若采用现浇支架多工作面施工，由于地表为苇塘区，地基处理的成本高，难度大，同时存在安全风险。为加快施工进度，保证工期，并便于工作面的全部开展，徐明路建设办建议将南岸引桥 34 号~75 号墩台（共 41 跨 1640m）的 40m 跨径现浇箱梁改为 40m 预制 T 梁，同时对下部结构做相应调整。考虑到本项变更为重大变更设计，集团业主就变更内容重新进行了委托并完善了相关合同手续。

在收到变更设计任务后，设计院尽快完成了变更设计文件。并于 2011 年 10 月 17 日取得安徽省交通运输厅的批复。

4. 复杂技术工程

(1) 五河淮河特大桥

五河淮河特大桥使用同向回转拉索柱式塔斜拉技术，主梁施工首先进行边跨 125m 及主跨 15m 部分混凝土主梁的施工。在以钢管群桩为基础的临时承台上安装临时钢架，在临时钢架上分段浇筑梁段，张拉相应的预应力。主跨钢主梁拼装在完成钢混结合部施工后开始。主跨悬臂拼装过程中，安装并张拉相应拉索，对应张拉相应预应力，以同时支撑悬臂跨和边跨。索塔基础为 18 根直径为 2.5m 钻孔桩。141m 高塔体采用连续的变尺寸和变倒角矩形截面，索塔和主梁在交叉位置设置横梁将塔、梁固接，塔身采用斜置鞍座单向锚索与梁连接。淮河特大桥主桥面 246m 为超薄钢桥面铺装技术，采用常温连续快速现浇施工方案,1mm 防水防腐层+6mm 抗裂弹性层+4mm 磨耗表层。

五河淮河特大桥

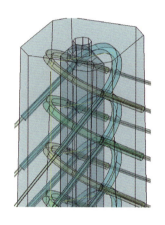

同向回转拉索体系示意图

新型聚氨酯超薄层钢桥面铺装

(2)怀洪新河特大桥

怀洪新河特大桥采用桥梁预制管桩基础、矮塔斜拉与桁架结构。矮塔斜拉技术是介于连续桥梁与斜拉桥之间的一种斜拉组合体系桥,具有塔矮、梁刚、索集中的特点。矮塔斜拉桥主梁刚度较大,是主要的承重构件,斜拉索对梁起加劲、调整受力的作用,斜拉索的恒载索力的比重较斜拉桥大,斜拉索的应力变幅较小,问题不突出。且矮塔斜拉桥具有结构新颖跨越能力大、施工简单、节省材料等特点。预应力预制管桩基础是一种新型基桩,由专业厂家采用先张法预应力工艺和离心成型,蒸汽养护而成,是一种细长空心等截面预制混凝土构件,且具有单桩承载力高,施工速度较快,价格便宜等特点。

(3)60m 钢管-混凝土桁架组合梁

徐明高速公路共有垮堤桥10座,与传统的采用主跨60m 的连续梁桥的垮堤桥方案相比,桁架梁桥有如下优势:一是降低主梁高度0.8m,在同等净空、纵坡(2%)条件下,可

怀洪新河特大桥

缩短桥长约40m;二是自重轻、跨越能力强,可降低下部结构的造价,整体稳定性好,不需要设横撑;三是经济效益明显,每座桥可节约造价约200万元。

60m钢管-混凝土桁架组合梁

(四)科技创新与成果

1. 淮河特大桥超薄层钢桥面铺装技术研究

完成"超薄层钢桥面铺装技术研究"报告和《超薄层聚合物钢桥面铺装系统》《超薄层聚合物钢桥面铺装系统技术条件》2项企业标准的编制。已获授权发明专利和实用新型专利共8项。

2. 淮河特大桥同向回转拉索柱式塔斜拉桥关键技术研究

创新性地提出了同向回转拉索体系,通过鞍座将索力直接以径向压力的形式传递给索塔,并最大限度地平衡了对面鞍座径向压力。该锚固方式改变了索塔锚索区受力机理,避免了在索塔锚固区产生拉应力,充分地利用了混凝土抗压性能,提高了索塔的耐久性。首次完成了小半径大转角鞍座系统疲劳试验,检验了钢绞线在小半径大转角鞍座系统中疲劳性能及安装、张拉和拆换工艺的可行性,填补了国内鞍座系统疲劳试验的空白。首次提出了利用横向预应力实现锚拉板锚固的挤压摩擦性混凝土梁锚拉板结构,巧妙地通过横向预应力产生挤压力提高锚拉板与混凝土之间的锚固,基本避免了由于连接件的设置在混凝土主梁中出现拉应力问题。首次提出了柱式塔体系斜拉桥的概念,降低了桥塔尺寸,提高了材料的使用效率,并对柱式塔体系斜拉桥展开了较全面的研究,系统掌握了该体系斜拉桥的受力特性。获得专利5项,软件著作权1项,制定企业标准4部。获奖情况及专利情况见表8-197～表8-199。

获奖情况一览表　　　　　　　　　　　　　　　　　　表8-197

序号	获奖项目	获奖名称	获奖年度	研究单位	授奖单位
1	同向回转拉索锚固体系研究	安徽省交通科技进步特等奖	2015	安徽省交通投资集团有限公司	安徽省公路学会
2	皖北地区高速公路小型构造物地基承载力快速评定方法研究	安徽省交通科技进步三等奖	2015	安徽省交通投资集团有限公司	安徽省公路学会

主要发明专利统计表　　　　　　　　　　　　　　　　表8-198

序号	专利名称	专利号	专利发明人	授权单位	授权时间
1	螺旋板荷载-静力触探联合试验仪	ZL 2010 10230326.5	余飞、段海鹏、黄志福、陈善维、罗红明、乐红	中华人民共和国国家知识产权局	2011年07月16日
2	斜拉桥混凝土主梁用锚拉板	ZL 2013 10026902.8	梅应华、曹光伦、左敦礼、于春江、李晓勇、王宏斌、邹正明、杨新苏、龚祚、窦巍、连俊峰	中华人民共和国国家知识产权局	2014年10月1日
3	用于索塔斜置的拉索转向器	ZL 2012 10567587.5	梅应华、杨晓光、胡可、郑建中、石雪飞、许文俊	中华人民共和国国家知识产权局	2014年09月17日
4	大跨度桥梁铺装材料	ZL 2005 10038106.1	桂永全	中华人民共和国国家知识产权局	2009年8月26日
5	公路和机场跑道表面超薄层快速修复材料	ZL 2005 10038105.7	桂永全	中华人民共和国国家知识产权局	2007年7月11日
6	公路工程大孔径管型装配式钢筋混凝土涵洞(通道)施工方法	(工法标号)GJEJGF 228—2012	侯帅、韦秀刚、艾思平、叶明林、吴先锋	中华人民共和国住房和城乡建设部	2014年3月19日

主要实用新型专利统计表 表8-199

序号	专利名称	专利号	专利发明人	授权单位	授权时间
1	一种薄层改性聚氨酯钢桥面铺装结构	ZL 2014 20032626.6	陈修和、胡可、席进、张玉斌、杨航、王春红、邵静、孙莉	中华人民共和国国家知识产权局	2014年08月20日
2	装配式改性聚氨酯钢桥面铺装	ZL 2014 20032622.8	席进、杨晓光、胡可、陈修和、张玉斌、杨航、王春红、邵静、孙莉	中华人民共和国国家知识产权局	2014年08月20日
3	一种聚氨酯改性聚合物钢桥面铺装结构	ZL 2014 020716385.7	杨晓光、胡可、郑建中、佐敦礼、张尤平、桂永全、于春江、唐军、朱玉、王亮、潘家升、杨牧盘、王文刚、马乙一、曹浩、杨新苏、陈维平	中华人民共和国国家知识产权局	2015年05月13日
4	一种桥面铺装结构	ZL 2014 20716362.6	杨晓光、胡可、郑建中、佐敦礼、张尤平、桂永全、赵可肖、魏星、黄涛、李品、赵加信、熊亮、连俊峰、汪家勇、孙海鹏、陈蓓蓓、张孝虹、韩磊	中华人民共和国国家知识产权局	2015年05月13日
5	一种用于制作附着力测试式样的辅助工具	ZL 2014 20254122.9	陈修和、杨航、席进、张玉斌、毛洪强、王春红、邵静	中华人民共和国国家知识产权局	2014年10月08日
6	一种可深层加载的螺旋板荷载试验装置	ZL 2013 20117809.3	罗红明、胡可、曹光伦	中华人民共和国国家知识产权局	2013年09月04日
7	鞍座锚固段具有复合护套	ZL 2012 20711471.x	杨晓光、郑建中、梅应华、蔡兵	中华人民共和国国家知识产权局	2013年06月05日
8	具有同向回转拉索体系的斜拉桥	ZL 2013 20039003.7	胡可、杨晓光、郑建中、马祖桥、赵可肖、蔡兵、许文俊、王亮、王文刚、孙海鹏、汪家勇	中华人民共和国国家知识产权局	2013年07月24日
9	用于斜拉桥索塔拉索转向器的雨滴形不锈钢分丝管	ZL 2013 20006677.7	梅应华、杨晓光、胡可、郑建中、石雪飞、许文俊	中华人民共和国国家知识产权局	2013年06月19日
10	一种抗震型预应力高强混凝土管桩	ZL 2011 20489282.8	王吉双、吴平平、段海澎、陈修和、席进、郑建中、袁瑞、王诗青	中华人民共和国国家知识产权局	2012年08月15日

(五)运营与养护

1. 运营管理

徐明高速公路沿线共设3对服务区(桥头服务区、石龙湖服务区、冯庙服务区),共设4个收费站(五河西收费站、长沟东收费站、渔沟收费站、徐州主线)。收费站点设置情况见表8-200,2015年交通流量发展状况见表8-201。

收费站点设置情况表　　　　　　　　　　　　　　　　表8-200

站 点 名 称	车 道 数	收 费 方 式
长沟东站	8	人工收费及电子不停车收费综合
五河西站	8	人工收费及电子不停车收费综合

2015年交通流量发展状况表(单位:辆)　　　　　　　表8-201

年份	明光互通	五河西收费站	长沟东收费站	日平均流量
2015	318114	162321	129861	840

2. 养护管理

养护管理工作坚持"预防为主,防治结合"的原则,明确"以桥梁和边坡养护为重点,以路面养护为中心,实行全面养护"的工作思路,严格贯彻落实"畅通主导、安全至上、服务为本、创新引领"的养护管理方针。积极推进养护管理发展方式转变,夯实基础管理,提升管理水平,推进科学养护,强化应急保畅。重点开展养护管理标准化管理体系建设,组织养护示范工程创建和示范管理推广两项活动,并着重推进养护专项工程实施工作。

徐明高速公路位于皖北平原,特大桥、大桥较多,养护技术含量较高,维修难度较大。徐明公司高度重视预防性养护和桥梁养护管理工作,树立全寿命周期养护成本理念,制定适合桥梁技术状况特点和养护需求的预防性养护指导意见;对实施预防性养护的大中修工程路段,积极开展养护工程后评价工作,总结提炼养护处治和管理经验。同时严格执行《公路桥梁养护管理工作制度》,全面落实桥梁养护的技术政策和管理制度;加强大桥、特大桥安全运营管理,加强监控检测和监控系统建设,通过采取巡查、经常性检查、定期检查和硬化排查等工作,及时处治发现病害,确保桥梁结构安全。

结合徐明高速公路的特点和实际情况,养护管理工作始终按照经常性、预防性、及时性的要求,围绕"保持道路路况良好、设施齐全、路容整洁、绿化管护到位"的目标任务,逐步完善、健全平原高速公路养护新模式,以管理创新和技术进步为手段,积极推行日常养护管理标准化、规范化、精细化。加强道路桥梁预防性养护,积极探索高速公路养护管理的新方法、新技术、新工艺,细化养护目标、责任和措施,养护工作扎实而富有成效。保持道路安全、畅通、整洁、美观。

四、S17 蚌合（蚌埠—合肥）高速公路合肥至淮南段暨 S12 滁新（滁州—新蔡）高速公路淮南至阜阳段

（一）项目概况

S17 蚌合（蚌埠—合肥）高速公路合肥至淮南段暨 S12 滁新（滁州—新蔡）高速公路淮南至阜阳段（简称"合淮阜高速公路"）是安徽省高速公路网规划中 S17 蚌合高速公路和 S12 滁新高速公路的一部分，位于 G36 宁洛高速公路和 G40 沪陕高速公路之间一条东西向通道，对发挥高速公路网规模效益、补充国省道主干线功能作用显著。

合淮阜寿阳特大桥

项目建设是省政府提出的"建成以合肥为中心，通往各个主要城市的高速公路网络，在 3 个小时以内安徽省的任何一个城市可以到达合肥，安徽省的县城 1 个小时之内上高速公路"的交通战略目标的一部分，对加强省会合肥市对周边地区的辐射、振兴省会经济圈、加快皖北经济发展，进一步促进合肥、淮南、阜阳三地的经济联系起着巨大的推动作用。

项目起点位于阜阳市东南四十铺国道 105 交叉处，顺接阜阳至新蔡高速公路，在此处设置阜阳南互通和阜阳至六安高速公路十字形交叉枢纽互通，在长丰县三十岗与在合肥市北环高速公路十字形交叉处，设置合肥西枢纽互通，终点位于合肥市井岗铺接合肥市南环高速公路。路线起讫点桩号分别为 －K1＋083、K189＋500，全长 190.583km，是安徽省一次性建设里程最长的项目。

1. 参建单位

建设单位是安徽省高等级公路工程建设指挥部,与安徽省高速公路总公司为两块牌子、一套管理班子。现场成立安徽省高速公路总公司合淮阜项目办公室,具体承担项目建设现场管理任务。

项目主要参建单位见表8-202。

S17 蚌合(蚌埠—合肥)高速公路合肥至淮南段暨 S12 滁新(滁州—新蔡)高速公路淮南至阜阳段主要参与建设单位汇总表 表8-202

序号	参建单位	单位名称	合同段编号及起止桩号	主要负责人	备注
1	项目管理单位	安徽省高等级公路工程建设指挥部合淮阜项目办公室	−K1+083~K189+500	黄学文	全线
2	勘察设计单位	安徽省公路勘测设计院	−K1+083~K189+500	王吉双	全线
3	施工单位	新疆兴达公路工程部	1标 −K1+083~K2+572	高飞	路基
		中铁十六局集团第三工程有限公司	2标 K2+572~K14+450	杨刚军	路基
		河南路桥发展建设公司	3标 K14+450~K25+640	张建华	路基
		中铁二十局集团有限公司	4标 K25+640~K35+340	魏锦荣	路基
		辽宁路桥建设总公司	5标 K35+340~K40+700	刘宗海	路基
		中国建筑第五工程局	6标 K40+700~K49+052	石新辉	路基
		路桥二公局第三工程有限公司	7标 K49+052~K60+500	孙涛	路基
		中铁十四局集团有限公司	8标 K60+500~K74+832.5	李华连、王西中	路基
		路桥华南工程有限公司	9标 K74+832.5~K78+565.5	张继凤	路基
		安徽省公路桥梁工程公司	10标 K78+565.5~K81+898.5	彭申凯、傅月斌	路基
		北京海威工程建设有限公司	11标 K81+898.5~K84+368.5	任伟涛	路基
		路桥集团一局第三工程公司	12标 K84+368.5~K89+008.5	郭云杰	路基
		路桥集团国际建设股份有限公司	13标 K89+008.5~K91+450	张争鹏	路基
		中铁二十局集团第一工程有限公司	14标 K91+450~K102+800	邓华	路基
		中国建筑第八工程局	15标 K102+800~K115+200	刘建	路基
		北京城建集团有限公司	16标 K115+200~K128+775	刁美龙	路基
		江苏省镇江市路桥工程总公司	17标 K128+775~K142+300	王洪	路基
		江苏盐城市交通建设工程有限公司	18标 K142+300~K154+610	张容华	路基

第八章 高速公路建设项目

续上表

序号	参建单位	单位名称	合同段编号及起止桩号	主要负责人	备注
3	施工单位	中铁十五局集团有限公司	19 标 K154+610~K167+550	邓悦勤	路基
		安徽开源路桥有限责任公司	20 标 K167+550~K175+975	曹作为	路基
		中铁二十四局集团有限公司	21 标 K175+975~K184+035	李志兵	路基
		新疆昆仑路港工程公司	22 标 K184+035~K189+500	曹长明	路基
		新疆兴达公路工程部	1 标 -K1+083~K24+000	高飞	路面
		徐州公路工程总公司	2 标 K24+000~K49+052	王福杰	路面
		路桥二公局第三工程有限公司	3 标 K49+052~K74+832.5	陈先峰	路面
		中铁十四局集团有限公司	4 标 K74+832.5~K102+800	王焕	路面
		中铁十九局集团第三工程有限公司	5 标 K102+800~K126+917.5	吴枫林	路面
		路桥集团一公局第一工程公司	6 标 K126+917.5~K151+020	李朝阳	路面
		中交第三公路工程局有限公司	7 标 K151+020~K175+975	候建刚、蔡文	路面
		安徽开源路桥有限责任公司	8 标 K175+975~K189+500	李志福	路面
4	工程监理单位	安徽省高等级公路工程监理有限公司	总监办 -K1+083~K189+500	杨冬林	路基路面
		湖北楚维工程咨询监理公司	1 组 -K1+083~K25+640	杨旭	路基
		河南省宏力工程咨询监理公司	2 组 K25+640~K49+052	时建党	路基
		安徽省公路工程建设监理有限公司	3 组 K49+052~K74+832.5	陈云	路基
		安徽省高等级公路工程监理有限公司	4 组 K74+832.5~K89+008.5	李教生	路基
		北京中通路桥工程咨询发展公司	5 组 K89+008.5~K115+200	宋立明	路基
		福建省交通建设工程咨询公司	6 组 K115+200~K142+300	魏生炎	路基
		江西嘉和咨询监理公司	7 组 K142+300~K167+550	朱日胜	路基
		安徽中兴工程建设监理所	8 组 K167+550~K189+500	费维阳	路基
		武汉广益工程咨询公司	1 组 -K1+083~K24+000	马克远	路面
		安徽公路工程监理公司	2 组 K24+000~K49+052	黎德衍	路面
		合肥工大建设监理公司	3 组 K49+052~K74+832.5	刘敏	路面
		安徽高等级公路工程监理有限公司	4 组 K74+832.5~K102+800	史幼广	路面
		安徽科兴交通监理公司	5 组 K102+800~K126+917.5	钱大心	路面
		南京工苑建设监理公司	6 组 K126+917.5~K151+020	卢应午	路面
		江西嘉和工程咨询公司	7 组 K151+020~K175+975	张书江	路面
		安徽中兴工程监理所	8 组 K175+975~K189+500	方镜	路面

2. 技术标准

（1）公路等级、里程及地形类别

本项目按平原微丘高速公路标准建设，车道数分为三段标准：起点 - K1 + 083 至 K108 + 310 段为四车道高速公路标准；K108 + 310 至 K188 + 060 为六车道高速公路标准；K188 + 060 至 K189 + 500 为八车道高速公路标准。项目建设总里程为 190.583km。

项目位于淮河冲积平原区和江淮分水岭地区，地面高程一般为 22 ~ 30m，微地貌单元属二级阶地。

（2）主线行车速度

主线行车速度为 120km/h。

（3）路基、路面

全线分为三段技术标准，路基宽度的渐变在互通三角渐变带范围内变化：

- K1 + 083 ~ K108 + 310：路基宽度 28m，路面宽 23.5m；

K108 + 310 ~ K188 + 060：路基宽度 34.5m，路面宽 30.0m；

K188 + 060 ~ K189 + 500：路基宽度 42m，路面宽 37.5m。

全线路基设计洪水频率 1/100；路面标准轴载 BZZ-100。

路面结构采用半刚性基层沥青混凝土，总厚度为 76cm，沥青面层厚度 18cm。各层结构分别是：4cm SMA-13 + 6cm AC-20 + 8cm AC-25 + 38cm 水泥稳定碎石基层 + 20cm 石灰改善土（或低剂量水泥稳定碎石）底基层；匝道结构同主线。

（4）桥梁、涵洞

计算荷载：汽车—超 20 级；验算荷载：挂车—120。

设计洪水频率：特大桥 1/300，大、中小桥、涵洞 1/100。

桥面净宽：28m 路基对应小桥桥面净宽为 2 × 11.75m，大、中桥 2 × 12m；34.5m 路基对应小桥桥面净宽为 2 × 15m，大、中桥 2 × 15.25m。涵洞与路基同宽。

（5）路线交叉

互通立交：环形匝道设计速度为 40km/h；定向匝道设计速度为 60km/h。单向单车道匝道路基宽 8.50m；单向双车道匝道路基宽 10.50m；对向双车道匝道路基宽 15.50m。

分离立交：主线上跨公路净空高度，二级及二级以上≥5.0m，三、四级公路≥4.5m，汽车通道≥3.2m，拖拉机通道≥2.7m，人行通道≥2.2m。主线下穿各级公路的净空高度，均按 5m 以上控制。

3. 工程内容及主要构造物

（1）建设主要内容

路基土石方 2521 万 m^3，路面水稳碎石基层 557.74 万 m^2，沥青混凝土路面

509.59万m²；特大桥17668.4m/3座，大、中桥11424.56m/113座，小桥3232.7m/138座；分离式立交桥4348m/36座；涵洞通道728道；互通立交11座，服务区4处，路段运营管理中心2处，养护管理分中心1处，以及其他交通安全、机电、绿化、房建等附属配套工程。

(2)路线中间控制点

路线途经颍州区、颍上县、毛集区、谢集区、寿县、合肥市长丰县、肥西县、庐阳区、蜀山区共11个县(区)级行政区域。

中间主要控制点：阜阳市东南四十铺、阜六高速公路、新集、颍上、淮南毛集、淮河、寿县北、蔡家岗、孤堆、兴隆集、省道311、国道206、庄墓、杨庙、吴山、三十岗、北环高速公路、合六一级公路、合肥南环高速公路、井岗铺。

(3)路线跨越主要河流

路线跨越主要河流有：淮河、颍河、东淝河(新河)、东淝河、高塘河、庄墓河(沿河)等，均为常年性河流。

(4)桥梁

全线共设特大桥17668.4m/3座，大、中桥11424.56m/113座，小桥3232.7m/138座；分离式立交桥4348m/36座。其中，跨淮河大桥(含引桥)为安徽省最长公路桥梁，主要桥梁情况见表8-203。

主要桥梁建设情况　　　　　　　　　　　　　　　　　　　表8-203

序号	名称	主要跨径组合	桥长(m)	结构形式	备注
1	淮河特大桥	90+160+160+160+96	15576	连续梁	现浇混凝土
2	颍河大桥	(50+30+25)+(60+100+60)	1338.4	连续梁	现浇与预制
3	董铺水库桥	8×30+(60+100+60)+11×30	798.4	连续梁	现浇与预制
4	K1+457.7	20×30	606	连续梁	跨G105
5	K169+484.3	9×30+3×45+27.3	444.68	连续梁	跨G206
6	许桥水库桥	10×30	308.4	连续梁	预制小箱梁
7	K173+248.3	53×25+20+2×18+19+26	1432	连续梁	跨G40
8	K92+787.7	20×30+41.4+50+35+12×30	1094.8	连续梁	跨S102

(5)收费站及服务区

全线设9个收费站点，分别是阜阳南、颍上、毛集、淮南西、淮南南、长丰南、杨庙、吴山、蜀山(长江西路)；设4对服务区，分别是颍上、焦岗湖、八公山、龙门寺服务区。

4.征地拆迁

征地拆迁安置工作自2005年6月开始，至2007年12月完成，最终主线用地19029.73亩，共计支付补偿费384058842.8元；全线共计拆迁各类房屋115842m²，拆迁补偿经费共计33420000元。

5. 项目投资

(1) 投资规模、资金来源

阜阳至合肥高速公路批复概算 702602.93 万元。后因合肥至淮南段按六车道路面一次性建成,调整批复预算为 775067.93 万元。资金来源由项目法人自筹资本金和商业银行贷款构成。

(2) 概算执行情况

安徽省审计厅派出审计组于 2010 年 5 月 7 日至 9 月 23 日,对本项目进行了竣工决算审计。2010 年 12 月 24 日,安徽省审计厅出具审计报告(皖审投报〔2010〕70 号)。项目决算投资为 610100.76 万元(含预留工程 27503.08 万元),其中建安投资 486363.15 万元,设备投资 6445.3 万元,待摊投资 117292.31 万元;均较批复概算有较大节省。

6. 开工及通车时间

本工程路线较长,开工受全线征地拆迁工作进度影响较大。2005 年 10 月,阜阳、淮南、六安及合肥长丰段境内征迁工作基本完成,全线大部分工程正式开工建设。合肥市蜀山区段延期至 2006 年 6 月开工。

根据省政府的总体要求,最终分成三段建成通车:阜阳至淮南(毛集)段(-K1+083~K74+832.5)于 2007 年 12 月建成通车;淮南(毛集)至合肥(西枢纽互通)段(K74+832.5~K175+975)于 2008 年 6 月建成通车;合肥绕城高速公路西环段(K175+975~K189+500)于 2008 年 11 月建成通车。

(二) 决策研究

(1) 2004 年 3 月,安徽省发展计划委员会以《关于阜阳至淮南高速公路项目建议书的批复》(发改基础〔2004〕18 号)和《关于淮南至合肥高速公路项目建议书的批复》(发改基础〔2004〕8 号)批复了项目建议书。

(2) 2005 年 3 月,国家环保总局以《关于阜阳—淮南—合肥高速公路环境影响报告书审查意见的复函》(环审〔2005〕248 号)批复项目环评报告。

(3) 2005 年 4 月,交通部以《关于阜阳至合肥高速公路建设项目核准意见的函》(交函规划〔2005〕112 号)批复了项目建设。

(4) 2005 年 9 月,国家发展和改革委员会以《国家发展和改革委关于安徽省阜阳至合肥公路项目核准的批复》(发改交运〔2005〕11687 号)核准项目建设。

(5) 2006 年 1 月,省发改委以《关于阜阳至合肥高速公路初步设计的批复》(发改交运〔2006〕53 号)批复了项目初步设计文件,核定项目全长 190.85km。

(6) 2006 年 7 月,省交通厅以《关于阜阳至合肥高速公路建设项目施工许可的批复》

(皖交基〔2006〕45号)批复了项目施工许可。

(7)2007年12月,国土资源部以《关于阜阳至合肥高速公路建设用地的批复》(国土资函〔2007〕1038号)批准建设用地申请。

(三)项目实施

1. 项目招标

(1)设计招标

2004年10月27日,安徽省人民政府专题会议纪要(第123号)明确,鉴于本项目的特殊性,同意业主直接委托设计。经主管部门批准,本项目未进行设计招标,直接委托安徽省交通规划设计研究院(原安徽省公路勘测设计院)承担全部设计任务。

(2)施工招标

本项目施工招标根据工程进展情况,分为路基、路面、附属工程三个阶段实施,建设单位安徽省高等级公路工程建设指挥部自行招标。

合淮阜高速公路路基工程划分为22个标段,面向国内符合资质资信登记要求的施工企业公开招标,2005年6~7月,共有117家投标单位,219份投标文件参加。评标方法为二次平均合理低价法。路面工程招标与路基工程招标程序相同,全线划分为8个标段,2006年10月完成评标,评标采用合理低价法。

附属工程招标主要包括交通工程、绿化工程、收费站、管理服务小区、机电工程等。招标程序与主体工程相同。附属工程评标办法一律采用最低价法,通过符合性审查和初步评审及详细评审后的最低价,作为中标备选单位。

(3)监理招标

本项目路基、路面工程监理共划分为34个监理组,面向全国具有独立法人资格、公路工程监理甲级资质的企业公开招标。监理招标采用综合评估法。

2. 项目施工

(1)项目管理机构

建设单位安徽省高等级公路工程建设指挥部在现场成立项目建设办公室,负责全线工程计划、质量、造价、安全、协调等管理工作。工程监理设总监办和驻地监理组二级监理体系。各级地方政府成立协调指挥部。

(2)质量保证体系

项目在开工之初建立四级质量保证体系,即施工自检、监理核检、业主委检、质检站抽检的制度,分级独立,层层把关。

首先,施工单位完善自检体系,负起工程实体质量的直接责任。按照工序要求,各施工主体单位均建立自检、互检、交接检内部质量保证体系,分项落实质量责任人,签订责任书,实现质量挂名责任制。其次,充分发挥监理管理作用。项目推行二级社会独立监理模式:即总监理工程师办公室和监理组。总监办在开工初期制定《合淮阜高速公路监理实施办法》,明确各级监理质量管理的职责,规范独立监理的行为。再次,项目办作为质量管理的关键主体,主要着眼于宏观质量控制目标,切合现场工程实际,制定相应措施监督落实质量管理。工程技术管理人员坚持每天巡视工地,发现问题及时发出指令纠偏改正。同时定期组织对全线各标段工程质量的月评季奖活动,安排中心试验室运用检测数据评判工程质量状况。最后,项目办申请履行政府监督程序,省质量监督站在项目全过程承担政府监督工作,经常性深入工地开展专项检查和综合检查,并发布质量管理中的缺陷、问题及整改建议。

通过建设中的严格管控,项目实体质量已达到优良标准。经过多年的运营实践和竣工检测数据表明,路基稳固、路面平整、桥梁安全可靠,全线整体路况处于良好服务水平。

(3)交(竣)工验收情况

项目法人根据省政府的总体要求及项目进展情况,分三期组织完成交工验收:

2007年12月,完成阜阳至淮南(毛集)段交工验收,建设项目质量评定得分为98.32分,质量等级评定合格。

阜阳至淮南(毛集)段交工验收会议

2008年6月,完成淮南(毛集)至合肥西枢纽互通段交工验收,建设项目质量评定得分为98.42分,质量等级评定合格。

2008年12月,完成合肥西枢纽互通至蜀山互通段交工验收,建设项目质量评定得分为98.32分,质量等级评定合格。

各段交工验收均由项目法人向省交通运输厅报备。项目通车运营后,建设单位继续完成缺陷责任期各项工作,并积极配合完成了项目竣工审计工作和环保验收工作。

2010年12月,安徽省审计厅完成审计工作,提交审计决定书《关于合肥—阜阳高速公路建设项目竣工决算和投资绩效的审计决定》(皖审投决〔2010〕14号)。

2010年12月,省档案局、省交通运输厅组织对本项目进行档案专项验收,同意项目档案通过验收,评定得分为90.5分,达到档案验收优良标准。

省档案局对项目档案举行验收会议

2011年9月,国家环保部对本项目进行环保专项验收,以《关于安徽省阜阳至合肥公路竣工环境保护验收意见的函》(环验〔2011〕242号)批准通过。

2012年12月20~21日,省交通运输厅组织了阜阳至合肥高速公路竣工验收。通过近5年实际运营检验,经竣工验收委员会检查和评议,同意阜阳至合肥公路通过竣工验收。建设项目综合评分为93.69分,工程质量等级评定为优良(其中HF-05、HF-10、HF-21合同段为合格)。

3. 重大事项

(1)重要活动

2005年5月,黄海嵩副省长在阜阳市主持召开了征迁工作动员大会。根据会议精神,阜阳、淮南、六安、合肥四市分别成立了市、县(区)及乡镇级征地拆迁指挥协调机构,负责各行政区域内的土地征用和房屋拆迁等工作。

2007年12月,阜阳至淮南(毛集)段举行先期通车典礼,黄海嵩副省长参加;2008年6月,淮南(毛集)至合肥(西枢纽互通)段与沿江高速公路共同举行通车典礼;2008年11月,合肥绕城高速公路西环段举行通车仪式。

(2)重大变更

①路面结构:针对重载条件下悬浮密级配沥青混凝土易产生车辙病害的问题,建设单

位组织路面施工图专家审查优化时,提出底基层结构由稳定土底基层变更为低剂量水稳碎石,上面层结构变更为SMA-13(SBS改性)方案。

②路面车道数:淮南至合肥段原设计为六车道路基、四车道路面,分期建设。建设单位经论证认为该段交通量增长较快,分期建设成本高,且影响运营安全,决定按照六车道高速公路标准一次性实施完成,实施方案报省交通运输厅,并由皖交基〔2006〕51号文件批复,增加路面工程预算费用约72465万元。

③阜阳南互通区G105上跨主线桥延长:原设计是4×25m连续梁,为满足群众生产、生活的要求,省交通运输厅组织专题协调会,对原方案桥跨向两侧各加4×25m,并增加人行楼梯。省交通运输厅批复增加费用332万元。

④合肥西枢纽互通D匝道中一座高墩桥梁(DK0+500)取消:原设计桥梁位于采石场,墩高20m,施工难度大、工期长。建设单位提出以路代桥方案,经设计单位论证,同意取消该桥,变更为高路堤设计。省交通运输厅批复同意,减少费用158.85万元。

⑤K105+859处途经一道500kV高压线,净高不满足相应的安全要求,因实施时500kV高压线升迁协调难度大,且杆线升迁周期较长难以满足工期需要,对K105+025~K107+263段进行纵面调整。

4. 复杂技术工程

寿阳淮河特大桥为合淮阜高速公路跨越淮河的一座特大型桥梁,全桥长15.57km,为安徽省最长的公路桥梁。主桥长666m,上部采用3跨预应力混凝土变高度直腹板连续梁,单箱单室。单幅箱梁顶板宽13.5m,底板宽7m,梁高在主墩处为8.5m,梁高和底板厚度均按二次抛物线变化。左右幅分离错孔布置,跨径布置左幅为96m+3×160m+90m,右幅为90m+3×160m+96m。

主桥承台施工,考虑围堰受力随水深变化的特点、河床以上的围堰必须拆除的环保要求等,创新采用了单双壁结合的钢围堰形式,结构受力更合理,方便现场施工组织。该施工技术获得了省公路学会科技进步二等奖,获得中国施工企业管理协会科学技术创新成果二等奖。

主桥连续梁采用挂篮悬浇施工,箱梁0号、1号块和边跨不对称段采用满堂钢管支架现浇。合龙段施工控制及体系转换,按照先边跨后次边跨最后主跨进行。利用悬浇挂篮制作合龙段施工吊架,选择温差较小时浇注混凝土,达到设计强度80%后,解除临时束,割断刚性支撑,按先长后短顺序张拉合龙段底板预应力束。体系转换时,打掉临时支座垫石,割断临时锚固筋,完成合龙。均衡对称地解除墩顶临时固结,过程中注意各节段的高程变化。将同幅中两连续墩临时固结同时拆除,每个连续墩上四个临时固结垫块也同时解除,保证体系转换过程中梁体稳定性。次边跨合龙段张拉完毕后,拆除完1号、4号墩临时固结后即可进行主跨合龙段的施工,主跨合龙段张拉完毕后,拆除完2~3号墩临时固结后即主桥成为成桥状态。

主桥箱梁 0 号、1 号块施工

淮河特大桥主桥合龙施工

(四)科技创新与成果

1. 根式基础研究

依托寿阳淮河大桥深水桩基施工,建设单位提出根键式沉井基础的创新理念,联合路桥华南工程有限公司、东南大学等进行理论分析计算、设计结构演算、现场施工监测等,并展开了主体工程的成功应用。项目创新点体现在:

(1)根式基础利用在井式基础上安装根键,能十分有效地、较大地提高基础承载力。结构合理,施工方便,可较大地降低工程造价。

(2)在已进行的工程实践中进行根键顶进和根键止水实验研究,实现了根式基础结构的工程应用。

(3)对大吨位根式基础承载性状进行实验分析,证明了根式基础的竖向承载力和水平承载力有大幅度的提高。

(4)运用弹性地基桥梁理论和荷载传递法推导解析解,对根式基础构思与承载性状进行了验证。

该项目于2007年10月13日由省交通厅在合肥市组织鉴定。鉴定专家委员会由凤懋润主任、郑皆连院士、陈新、杨进、张喜刚、郑明珠等知名专家组成。专家委员会确认项目总体上达到国际领先水平。2008年,根式基础研究获安徽省科学技术二等奖。

2. 煤矸石的路用性能试验及施工质量控制研究

淮南地区煤矸石每年排矸量在400万t以上,林立的矸石山在风化淋滤作用下,对城市地表水体、土壤等环境造成了严重污染。路线经过的淮南谢家集区富集大量煤矸石,侵占大量可耕地,影响周边人民生活环境。项目办通过大量室内外试验和现场施工工艺研究,将淮南煤矸石作为路基填料成功应用于高速公路建设中(K90 + 392.500 ~ K91 +

450),至今路基稳固,路线平顺,运营单位和检测单位反映该路段质量良好,减少取土占地约120亩,受到环保部门的高度肯定。

3. SMA沥青混凝土施工技术控制研究

本项目全面推广应用SMA新技术,通车4~5年后,累计轴载超过设计30%,平整度衰减很小,车辙较小,平均车辙深度为6.0mm,应用结果表明SMA结构在本地区基本取得了成功。

4. 桥面防水采用抛丸技术的试验研究

针对桥面防水施工,水泥混凝土桥面铣刨对平整度欠佳部分易造成漏筋,路面五标施工单位与上海汇城防水公司联合在K106+478中桥桥面防水施工中尝试桥面抛丸技术,取代铣刨技术取得了非常好的效果,但其施工成本高于现行的铣刨技术。

5. 冲压技术在高路堤中的应用

合肥西枢纽淮南至六安方向匝道处于采石厂深坑,取消桥梁改为回填路基,深度在20m左右,填筑时采用了分层回填加冲压工艺;合肥绕城段与合宁高速公路段拓宽改造占用深水塘,采用不排水抛石挤淤加冲压技术。该技术施工简便、经济,工后效果至今稳固良好。

6. 抗裂土工布、温拌沥青等新材料应用

针对半刚性基层材料本身固有的温缩和干缩特性,在铺筑沥青混凝土前对其裂缝粘贴特殊性土工布,抵抗裂缝发展。在阜阳段沥青路面施工中,最低气温持续低于10℃以下,施工单位主动增加温拌剂,增强黏温效果,该段路面至今使用良好。

7. 多向变位与波形伸缩装置应用

桥梁伸缩装置是事关桥梁结构安全和变位的一个极为重要的组成部分。目前安徽省高速公路桥梁应用传统的模数式和梳形板类装置,存在着不同的结构与性能缺陷,难以适应大型桥梁纵、横、斜等多向变位功能需要,大多数桥梁在重载作用下2~3年开始损坏,更换成本较大。本次在淮河特大型桥梁采用了新型RB多向变位伸缩装置360、240、160型,至今"零维修",从全寿命成本核算是一种十分经济可靠的新技术。同时,波形伸缩装置作为安徽省自主知识产权的桥梁伸缩装置,也在一般中小桥梁中广泛应用,使用效果良好。

(五)运营与养护

1. 服务区和收费站点设置

合淮阜高速公路全长190.583km,共设9个收费站点,分别是阜阳南站、颍上站、毛集站、淮南西站、淮南南站、长丰南站、杨庙站、吴山站、蜀山站;共设置4对服务区,分别是颍上、焦岗湖、八公山、龙门寺服务区。各收费站情况详见表8-204。从2011年1月起至

2014年12月31日,合淮阜高速公路累计交通流量为2968.8万辆,具体数据详见表8-205。

合淮阜高速公路收费站点设置情况表　　　　表8-204

站点	车道数	收费方式
阜阳南站	入口4条、出口6条	入口:3条MTC车道,1条ETC车道 出口:5条MTC车道,1条ETC车道
颍上站	入口4条、出口6条	入口:3条MTC车道,1条ETC车道 出口:5条MTC车道,1条ETC车道
毛集站	入口4条、出口6条	入口:3条MTC车道,1条ETC车道 出口:5条MTC车道,1条ETC车道
淮南西站	入口4条、出口6条	入口:3条MTC车道,1条ETC车道 出口:5条MTC车道,1条ETC车道
淮南南站	入口4条、出口6条	入口:3条MTC车道,1条ETC车道 出口:5条MTC车道,1条ETC车道
长丰南站	入口4条、出口6条	入口:3条MTC车道,1条ETC车道 出口:5条MTC车道,1条ETC车道
杨庙站	入口2条、出口3条	入口:1条MTC车道,1条ETC车道 出口:2条MTC车道,1条ETC车道
吴山站	入口2条、出口3条	入口:1条MTC车道,1条ETC车道 出口:2条MTC车道,1条ETC车道
蜀山站	入口4条、出口6条	入口:3条MTC车道,1条ETC车道 出口:5条MTC车道,1条ETC车道

交通流量发展状况表(单位:辆)　　　　表8-205

年份	入口	出口	合计	日平均流量
2011	2959251	3007221	5966472	16346
2012	3428922	3476698	6905620	18920
2013	3989966	4012017	8001983	21923
2014	4409664	4404540	8814204	24149

2. 养护管理

本项目运营养护工作由安徽省交通控股集团有限公司阜阳管理处和淮南管理处分别承担,分界处位于毛集互通。项目自通车以来采用社会化养护管理模式,通过公开招标方式确定社会专业化养护公司进行小修和路面、绿化、机电等专业化养护。目前合淮阜高速公路路况良好,无大修工程实施。

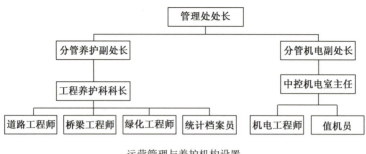

运营管理与养护机构设置

五、S17 蚌合（蚌埠—合肥）高速公路蚌埠至淮南段

（一）项目概况

S17 蚌合（蚌埠—合肥）高速公路蚌埠至淮南段位于安徽省中北部，是安徽省规划高速公路网"四纵八横"中第二纵（蚌埠—黄山并行线）的重要组成部分。连接京台高速公路合徐南段与合淮阜高速公路，起到有效缓解京台高速公路合徐段、G206 的交通压力，沟通合肥、蚌埠、淮南等城市，成为蚌埠至合肥的第二高速通道。它的建成对促进区域经济发展具有极其重要的地位。

蚌合高速公路蚌埠至淮南段

该项目路线起于凤阳县刘府镇正南，接省道 310 向西南跨合徐高速公路、水蚌铁路，经官塘、高塘湖、淮南农场、九龙岗，上跨淮南铁路后终于淮南市田家庵区曹庵镇，与合淮阜高速公路相接。

1. 参建单位

项目建设单位为安徽省高速公路集团有限公司。

项目主要参建单位见表 8-206。

S17 蚌合(蚌埠—合肥)高速公路蚌埠至淮南段主要参与建设单位汇总表　　表 8-206

序号	参建单位	单位名称	合同段编号及起止桩号	主要负责人
1	项目管理单位	蚌合高速公路蚌淮段项目办	K2+440~K43+808.812	黄学文
2	勘察设计单位	中交第一公路勘察设计研究院有限公司	K2+440~K43+808.812	柴福斌
3	施工单位	安徽省路桥工程集团有限责任公司	路基工程 01 合同段 K2+440~K8+000	卢红松
		中国建筑第五工程局有限公司	路基工程 02 合同段 K8+000~K11+100	彭仕明
		中交一公局海威工程建设有限公司	路基工程 03 合同段 K11+100~K22+800	张彦涛
		安徽省路港工程有限责任公司	路基工程 04 合同段 K22+800~K25+800	郑国新
		中铁十四局集团第三工程有限公司	路基工程 05 合同段 K25+800~K33+200	王西忠
		中铁十六局集团第五工程有限公司	路基工程 06 合同段 K33+200~K43+808.812	邵小虎
		安徽省公路桥梁工程公司	路面工程 01 合同段 K2+440~K22+800	王远胜
		安徽开源路桥有限责任公司	路面工程 02 合同段 K22+800~K43+808.812	马庆华
4	监理检测单位	安徽省高等级公路工程监理有限公司	路基工程监理驻地办 K2+440~K43+808.812	杨冬林
		安徽省高等级公路工程监理有限公司	路面工程监理驻地办 K2+440~K43+808.812	杨冬林

2. 技术标准

(1)公路等级、里程及地形类别

项目起点至西泉街枢纽(K2+440~K8+951)为四车道高速公路;西泉街枢纽至终点(K8+951~K43+787.513)为六车道高速公路。全封闭,全立交,路面采用沥青混凝土。全线配置了完善的通信、监控和收费系统及照明、绿化、房建、安全设施等交通工程和服务设施。本段建设里程 41.369km。沿途跨越滁州市、凤阳县和淮南市、田家庵区、大通区。地势总体特征是呈波状分布,最高点位于梅山西村,海拔高程 90m,最低点位于高塘湖,海拔高程 16m。项目处于我国南北气候过渡带,大体以淮河为界,北部属于暖温带半湿润季风气候区,南部属于暖温带半湿润季风气候与亚热带湿润季风气候过渡区,气候变化规律具有自北向南逐渐升高,降水量逐渐增加而蒸发量逐渐减少的特点。

(2)主线行车速度

主线行车速度为120km/h(K2+440~K43+787.513)。

(3)路基、路面

起点至西泉街枢纽段:路基宽度28m,路面宽度23.5m;西泉街枢纽至终点段:路基宽度34.5m,路面宽度30.0m。路基宽度的渐变在三角渐变带内变化。路基设计洪水频率为1/100。

(4)桥梁、涵洞

桥涵设计荷载:公路—Ⅰ级。设计洪水频率:特大桥1/300,大、中小桥、涵洞1/100。桥面净宽:28m路基对应小桥桥面净宽为2×11.75m,大、中桥2×12m;34.5m路基对应小桥桥面净宽为2×15m,大、中桥2×15.25m;分离式断面桥梁与路基同宽。涵洞与路基同宽。

(5)路线交叉

分离式立交设计标准:主线上跨各级公路的桥梁及通道净空高度,二级及以上公路≥5.0m,三、四级公路≥4.5m,汽车通道≥3.2m,拖拉机通道≥2.7m,人行通道≥2.2m;主线下穿各级公路的净空高度均按5m控制。

3.工程内容及主要构造物

(1)建设主要内容

全线路基挖方95.99万m^3,填方592.51万m^3;特大桥2228.89m/1座,大桥4263.07m/12座,中桥1422.84m/26座,小桥201.48m/6座;分离式立交14处,互通式立交5处(预留1处)。水泥稳定碎石基层127.19万m^2,细粒式沥青混凝土(AC-13厚40mm)391.95万m^2、中粒式沥青混凝土(AC-20厚60mm)391.95万m^2、粗粒式沥青混凝土(AC-25厚80mm)391.95万m^2;服务区1对、收费站2处、养护工区1处。

(2)路线中间控制点

刘府镇、合徐高速公路、水蚌铁路、高塘湖、合徐高速公路淮南连接线、淮南铁路、合淮阜高速公路。

(3)路线跨越主要河流

四清河、高塘湖。

(4)收费站及服务区

全线设官塘、淮南东2座收费站,官塘1对服务区。

4.征地拆迁

征地拆迁情况见表8-207。

征地拆迁情况统计表　　　　　　　　表8-207

征地拆迁安置起止时间	征用土地(亩)	拆迁房屋(m^2)	支付补偿费用(元)
2009年5月~2011年12月	4506.399	31351	91769868

5. 项目投资

安徽省发展和改革委员会2007年7月5日以皖发改设计[2007]668号文批准了该项目的初步设计,概算投资总额为25.61亿元。资金均为业主自筹。

6. 开工及通车情况

2009年10月开工建设,2012年8月8日建成通车。

(二)决策研究

2005年11月,省发改委以《关于蚌埠至淮南高速公路项目建议书的批复》(发改交运[2005]1241号)批复项目立项;

2006年5月,省环保局以《关于蚌埠至淮南高速公路建设项目环境影响报告表的复函》(环评函[2006]270号)批复环评;

2006年11月,省发改委以《关于蚌埠至淮南高速公路可行性研究报告的批复》(发改交运[2006]1016号)批复项目可行性研究;

2007年7月,省发改委以《关于蚌埠至淮南高速公路初步设计的批复》(发改交运[2007]668号)批复初步设计文件;

2008年4月,省交通厅以《关于蚌埠至淮南高速公路施工图设计的批复》(皖交基[2008]18号)批复施工图设计文件;

2008年11月,国土资源部以《国土资源部关于蚌埠至淮南高速公路工程建设用地的批复》(国土函[2008]785号)批复项目用地;

2009年8月,安徽省交通建设工程质量监督局以《公路工程质量监督通知书》(2009-GL-005号)受理本项目的质量监督;

2009年12月,省交通厅以《关于蚌埠至淮南高速公路施工许可证的批复》(交建管函[2009]733号)批复项目施工许可。

(三)项目实施

1. 项目招标

(1)设计招标

确定中交第一公路勘察设计研究院有限公司承担本项目的勘察、设计工作,完成路线勘测、地质勘探、路基、路面、桥梁、隧道、绿化、交通安全设施等的设计和设计优化。

(2) 施工招标

确定施工合同段 18 个,其中:路基 6 个、路面 2 个、绿化 2 个、交通工程 5 个、其他 3 个。

(3) 监理招标

确定监理合同段 5 个,其中:总监办 1 个,其他 4 个。

2. 建设管理

(1) 管理机构

本项目建立两套管理机构,一是由沿线市、县(区)政府以及交通、土地、电力等部门成立地方指挥部,主要负责征地拆迁、移民安置、外部协调等工作;二是由总监办、驻地办组成两级监理机构,其中总监办由社会监理单位组成联合监理组,负责全线的工程质量、进度、投资、安全、环保、组织协调及信息管理等监理工作。

(2) 质量保证体系

积极发挥监理作用。一是通过制定《蚌淮高速公路监理实施办法》明确各级监理质量管理的职责,规范独立监理的行为。二是通过对监理人员的专业培训、考试和持证上岗,保证监理人员技术业务素质满足工程建设的需要。经考核不合格的监理人员予以更换,项目共更换了 12 名监理人员。紧抓"政府监督、业主管理、社会监理、企业自检"的四级质量保证体系。一是项目部、总监办(监理组)、项目办分别建立了独立的工地试验室,按照不同的职责和试验频率对工程质量进行检验检测,同时引入第三方检测单位代表省交通建设工程质量监督局对工程质量进行抽检。二是施工、监理、建设单位建立了分项工程质量责任制,签订责任书,实现人人有责任,一级对一级负责的监督检查机制。

(3) 交工、竣工验收

①交工验收

2012 年 7 月 31 日,交工验收委员会依据《公路工程质量检验评定标准》(JTG F80—2004),对本项目进行了验收评定,项目工程质量综合评定得分为 98.3 分,工程质量评定等级为合格,同意交工验收并移交管养。

②竣工验收

2016 年 3 月 4 日,安徽省交通运输厅组织召开蚌埠至淮南高速公路竣工验收会,项目通过竣工验收,综合评价等级为优良。

3. 重大事项

(1) 重大决策

①刘府互通位置与在建的合蚌高速铁路客运专线刘府站的设置位置冲突。根据安徽

省发改委2008年12月1日在"蚌埠至淮南高速公路凤阳延伸段工可评估会"上的意见,对蚌埠至淮南高速公路项目中刘府互通的设置位置进行了调整,将刘府互通的位置向东移至与本项目相接的蚌埠至淮南高速公路凤阳延伸段内。

②为研究高模量抗车辙沥青混凝土在安徽地区应用情况,在本项目进行单幅10km的中面层路段试验,对K33+100~K38+100段中面层结构调整为6cm中粒式掺加抗车辙剂的沥青混凝土(AC-20)。

(2)重大变更

①合蚌高速铁路客运专线设置主跨2×80m的桥梁上跨蚌淮高速公路,由于合蚌客运专线与高速公路路线交叉角度很小,铁路桥墩直径6m,客运专线桥梁的桥墩进入高速公路建筑限界。经公路、铁路双方建设部门协商确定,高速公路淮南铁路分离立交桥向小桩号侧增长两孔(110m),客运专线桥梁桥墩处的高速公路中央分隔带由3m渐变至9m。

②根据省指〔2009〕9号文《蚌淮路西泉街枢纽互通立交桥高塘湖将大桥设计方案变更论证会纪要》将西泉街枢纽互通立交匝道跨合徐高速公路处桥梁由原设计的预制小箱梁变更为整体现浇箱梁;高塘湖特大桥水中桩桩顶抬高,桩系梁改为柱系梁,保证常水位下系梁不全露出水面;为节省造价,取消高塘湖特大桥第1~8跨,改为高填方路基,填料采用山渣石。

4.复杂技术工程

高塘湖特大桥:桥梁全长2230m,跨径布置为4×30m+10×(6×30)m+2×(5×30)m,上部结构为装配式部分预应力混凝土连续箱梁,下部结构采用柱式墩、肋式台,钻孔灌注桩基础。混凝土桥面铺装层过去的做法一般将半幅分成2~3条浇筑,往往还出现铺装层平整度很差,二次施工面错台,施工质量不易控制。宽幅一次性进行混凝土桥面铺装技术,很好地解决了相关问题。按照施工桥面宽度,通过定制适当宽度的混凝土整平机(一般最大宽度为15m),利用已施工完毕的护栏或护栏底座作为控制高程带,一次性单幅成型,在混凝土即将初凝前发挥抹光机的揉、搓功能,有效地防止混凝土表面龟裂。该技术不仅加快了施工进度,保证了桥面铺装质量,同时也降低了施工成本。铺装桥面层基本无龟裂,平整度、密实度、混凝土实体强度等满足规范和设计要求。在交通运输部质检总局、省交通质监局的安全、质量综合监督检查中,对该技术都给予高度评价,为安徽省高速公路混凝土桥面铺装施工首创新技术,推动了安徽省公路混凝土桥面铺装的技术进步。

(四)科技创新与成果

1.高速公路大雾监测预警与运行安全保障技术研究

主要成果及创新见表8-208,标准与指南见表8-209。

高塘湖特大桥

主要成果及创新　　　　　　　　　　　　　　　　　　　　　　　表 8-208

内　　容	成果与创新点
大雾综合监测技术研究	基于视频的能见度监测方法
大雾条件下信息联动发布技术	大雾事件下高速公路拥堵的空间影响范围预测模型
	大雾条件下高速公路动态在途高速公路信息联动发布策略和方法
大雾条件下高速公路交通设施应用技术研究	雾天行车安全智能引导系统
雾条件下公路交通安全管控策略研究	雾条件下多因素适合限速值确定方法
	典型雾天交通事件和交通管控情况下建议限速管理方案
	雾条件下一般路段交通组织的管理准则
大雾条件下高速公路安全监控与管理支持系统	大雾条件下高速公路安全监控与管理支持系统

标 准 与 指 南　　　　　　　　　　　　　　　　　　　　　　　表 8-209

标准/指南名称	类　　别
雾天公路行车安全诱导装置要求	交通行业标准
雾条件下高速公路安全通行保障技术指南	指南
高速公路雾区智能诱导标志系统建设指南	指南

2.煤矸石填料在高速公路中的应用研究

(1)主要研究内容

以合淮阜高速公路和蚌淮高速公路为工程背景,采用室内试验、理论分析和现场工程试验相结合的研究方法,系统研究淮南地区煤矸石的工程性质,解决煤矸石路基的设计施工技术与施工工艺问题,为煤矸石在高速公路及其他道路领域中的应用提供依据和工程示范。

(2)主要成果与创新点

①实验得到不同 P5 含量的煤矸石压实、水理及强度和变形特性,揭示了掺加适量黏土后煤矸石的路用力学特性及变化规律;

②首次提出了煤矸石混合料的路用力学参数之间(如 E_0-CBR、$E_0 \sim \lambda_c$、W_{op} 等)的实用关系式,以及煤矸石路基的弯沉值和回弹模量的拟合关系表达式;

③通过合淮阜高速公路和蚌淮高速公路现场应用,总结出煤矸石路基合理的松铺厚度、标准化压实工艺、质量控制指标等;首次提出采用动力触探法在实际工程中快速测定煤矸石路基压实度;

④该研究成果在合淮阜和蚌淮高速公路得到了成功应用,社会效益、环保效益与经济效益显著。蚌埠至淮南高速公路获专利情况见表8-210。

蚌埠至淮南高速公路获专利一览表　　　　表8-210

序号	证书号	专利名称	专利类型	专利号	专利权人	授权公告日
1	0573168	雾条件下高速公路安全监测与管理支持系统V1.0	发明专利	ZL00394968	安徽省高速公路控股集团有限公司;交通运输部公路科学研究所	2014年1月10日
2	3081042	一种适用于恶劣气象条件的交通标志	实用新型	ZL201320016492.4	交通运输部公路科学研究所	2013年8月7日

(五)运营管理

全线设服务区1对,为官塘服务区;收费站2处,分别为官塘、淮南东收费站。收费站设置情况见表8-211。从2012年8月8日起至2016年12月31日,蚌淮高速公路累计交通流量为651.34万辆。交通流量发展状况见表8-212。

收费站点设置情况表　　　　表8-211

站点名称	车道数	收费方式
官塘站	入口2条、出口3条	人工收费及电子不停车收费综合 入口:1条MTC车道、1条ETC车道 出口:2条MTC车道、1条ETC车道
淮南东站	入口4条、出口6条	人工收费及电子不停车收费综合 入口:3条MTC车道、1条ETC车道 出口:5条MTC车道、1条ETC车道

交通流量发展状况表(单位:辆)　　　　表8-212

年份	入口	出口	合计	日平均流量
2012	151123	173243	324366	2222
2013	571027	625316	1196343	3278
2014	721024	762521	1483545	4065
2015	751200	801524	1552724	4254
2016	948828	1007630	1956458	5346

六、S12 滁新(滁州—新蔡)高速公路阜阳至新蔡安徽段

(一)项目概况

S12 滁新(滁州—新蔡)高速公路阜阳至新蔡安徽段(以下简称"阜新高速公路")位于安徽省阜阳市境内,途经颖州区、阜南县和临泉县,全长 69.008km。该道路位于 G36、G40 之间,东接合淮阜高速公路,西接化庄至新蔡高速公路,是安徽省高速公路网规划中"四纵八横"中"横四"(南京至驻马店)的重要组成部分。该道路的建成对加强豫皖两省和中西部地区与东部地区的经济联系,推动区域经济一体化的进程具有十分重要的意义。

滁新高速公路阜阳至新蔡安徽段

1. 参建单位

项目建设单位为安徽省高速公路总公司。

项目主要参建单位见表 8-213。

阜新高速公路主要参与建设单位汇总表　　　　表 8-213

序号	参建单位	单位名称	合同段编号及起止桩号	主要负责人	备注
1	项目管理单位	安徽省高等级公路工程建设指挥部	全部项目	孙狂飙	项目办主任
2	勘测设计单位	安徽省交通规划设计研究院	全部施工项目	王吉双	院长
3	总监单位	安徽省高等级公路工程监理有限公司	路基、路面、交安设施	刘洪良	总监
4	中心试验室	安徽省高速公路试验检测科研中心	路基、路面、交安设施	王文炳	主任

续上表

序号	参建单位	单位名称	合同段编号及起止桩号	主要负责人	备注
5	施工单位（路基）	中交第二航务工程局有限公司	FX-01 K1+083~K18+500	李计金	项目经理
		邵阳公路桥梁建设有限责任公司	FX-02 K18+500~K26+030	黎革联	项目经理
		中交二公局第六工程有限公司	FX-03 K26+030~K43+610	宁文龙	项目经理
		江苏中瑞路桥建设有限公司	FX-04 K43+610~K55+800	徐辞剑	项目经理
		东盟营造工程有限公司	FX-05 K55+800~K69+131	赵海龙	项目经理
		安徽省路港工程有限责任公司	FX-YZ 全线小型构件预制	朱忠明	项目经理
6	施工单位（路面）	中交三公局二公司	FXLM-01 K1+083~K19+756.5	侯兆岭	项目经理
		中交一公局一公司	FXLM-02 K19+756.5~K43+610	马春雷	项目经理
		中交一公局厦门公司	FXLM-03 K43+610~K69+131	张景春	项目经理
7	监理单位（路基）	内蒙古交通建设监理咨询有限责任公司	FX-01、FX-02	耿坤	组长
		安徽省公路工程建设监理有限责任公司	FX-03、FX-YZ	王斌	组长
		安徽中兴监理所	FX-04、FX-05	国文新	组长
8	监理单位（路面）	安徽省公路工程建设监理有限责任公司	FXLM-01	蔡建东	组长
		江西省嘉和监理咨询有限公司	FXLM-02	陈正茂	组长
		安徽中兴监理所	FXLM-03	国文新	组长

2.技术标准

（1）公路等级、起终点及地形类别

平原微丘区高速公路。起点顺接合淮阜高速公路阜阳南互通式立交；终点位于省界，顺接在建的河南省化庄至新蔡高速公路。

（2）主线行车速度

主线行车速度为100km/h。

（3）路基、路面

路基宽26m，路面宽22.5m，双向四车道。沥青混凝土路面。

（4）桥梁、涵洞

汽车荷载等级：公路—Ⅰ级；设计洪水频率：特大桥1/300，大、中小桥、涵洞1/100；桥面净宽：小桥桥面净宽为2×11.50m，大、中桥2×11.75m；涵洞与路基同宽。

（5）路线交叉

互通式立体交叉设计标准：①互通式立交等级为三级。②匝道计算行车速度：采用40km/h。③匝道路基宽度：单向单车道匝道路基宽8.5m，路面宽7m；单向双车道匝道路基宽 10.5m,路面宽 9m。对向三车道路基宽度 17.5m,路面宽 16m。

分离式立体交叉及通道设计标准:①主线上跨各级公路桥梁及通道的净空高度:二级及二级以上公路≥5.2m,三、四级公路≥3.5m,汽车通道≥3.2m,机耕通道≥2.7m,人行通道≥2.2m。②主线下穿各级公路净空标准:主线下穿各级公路净空高度均按≥5.2m控制。

3. 工程内容及主要构造物

(1)建设主要内容

全线路基土石方约 723 万 m^3;特大桥 1 座,主线大桥 4 座,中小桥 7 座,支线上跨桥 8 座,互通上跨桥 4 座。涵洞及通道 236 道;路面水稳底基层 166 万 m^2,水稳基层 156 万 m^2,沥青混凝土路面 475 万 m^2;共设互通式立交 2 处。

(2)路线中间控制点

四十铺(起点)、马桥(京九铁路立交桥)、老油坊(省道 202 三塔互通立交)、郑楼(三塔服务区)、老集(省道 328 老集互通)、刘小庄(X018 临泉互通立交)、廖庄(省界终点)。

主要被交叉道路:G105 国道(四十铺)、S202 省道(三塔)、S328(老集)、界临淮 X018(宋集)。

(3)路线跨越主要河流

公路沿线属淮河水系,所经河流有界南新河、临艾河等。

(4)桥梁

主要桥梁建设情况如表 8-214 所示。

主要桥梁建设情况　　　　　　　表 8-214

序号	桥梁桩号及名称	桥梁全长(m)	桥长分类	桥位分类
1	K258+500 大桥	168.50	大桥	主线桥
2	K271+530 京九铁路分离特大桥	1065.00	特大桥	主线桥
3	K274+100 三塔互通主线大桥	560.50	大桥	主线桥
4	K305+050 大桥	556.00	大桥	主线桥
5	K314+900 大桥	381.00	大桥	主线桥
6	K292+516 大桥	136.00	大桥	支线上跨
7	K298+860 支线上跨大桥	136.00	大桥	支线上跨
8	K317+628 支线上跨大桥	136.00	大桥	支线上跨
9	K318+810 支线上跨大桥	136.00	大桥	支线上跨
10	K321+240 支线上跨大桥	136.00	大桥	支线上跨
11	AK0+596 阜南互通匝道大桥	206.00	大桥	匝道

(5)收费站及服务区

项目全线设阜阳南(已提前建成)、阜南、临泉3处互通式立交;阜南收费站、临泉南收费站和皖豫临泉收费站(主线)3处;阜南服务区和临泉服务区2处,阜南养护工区1处。

4. 征地拆迁

本项目拆迁涉及13个乡镇,45个行政村,500余户。征地拆迁安置工作自2010年9月26日起,至11月25日基本完成。共计征用土地5462亩,房屋拆迁70000m^2。

5. 项目投资

项目概算总投资24.44亿元。由项目业主出资7.28亿元,其余的金额通过国内银行贷款解决。

6. 开工及通车时间

2011年3月20日正式开工建设,2013年8月建成并具备试运营通车条件。2013年11月26日正式通车。

(二)决策研究

(1)2006年6月,国家环境保护总局以环审〔2006〕296号文件《关于阜阳至新蔡高速公路安徽段环境影响报告书的批复》对项目进行了环评批复。

(2)2010年3月,国家发改委以发改基础〔2010〕485号文件《国家发展改革委关于阜阳至新蔡高速公路项目核准的批复》对项目核准进行了批复。

(3)2010年4月,省发改委以皖发改设计函〔2010〕205号文件《关于同意阜阳至新蔡高速公路安徽段初步设计的复函》对项目初步设计进行批复。

(4)2010年11月,省交通运输厅以皖交基〔2010〕398号文件《关于阜阳至新蔡高速公路安徽段施工图设计的批复》对项目施工图设计进行批复。

(5)2010年12月,国土资源部以国土资函〔2010〕1092号函《关于阜阳至新蔡公路安徽段工程建设用地的批复》对建设用地进行了批复。

(6)2011年3月,省交通运输厅以皖交建管函〔2011〕153号文件《关于阜阳至新蔡高速公路安徽段工程施工许可的批复》对施工许可进行批复。

(7)2011年4月,安徽省交通基本建设工程质量监督站以2011-GL-004号《公路工程质量监督通知书》正式受理项目质量监督。

(8)2012年7月,省交通运输厅以皖交建管函〔2012〕481号文件《关于阜阳至新蔡高速公路安徽段沥青路面上面层设计变更的批复》进行了批复。

(三)项目实施

1. 项目招标

(1)设计招标

本项目勘察设计工作由安徽省交通规划设计研究院完成。

(2)施工招标

本项目路基路面工程施工、监理、检测单位招标工作首先由招标人在《中国经济导报》、中国采购与招标网上发布招标公告,随后对参与竞标的各家单位进行资格审查,通过资格预审的单位按照相关规定递交了投标文件,在公证人员和集团公司监察人员现场监督下公开开标。开标后,由省交通运输厅从专家库中随机抽取的专家和集团公司委派的业主代表组成评标委员会,对全部投标文件进行了认真评审,并推荐出中标候选人。最后定标委员会根据评标委员会推荐的中标候选人确定中标单位。

路基工程招标:路基工程划分 6 个标段,由安徽省高等级公路工程建设指挥部于 2010 年 8 月面向国内符合资质等级要求的施工企业公开招标,经综合评标,最后分别由中交第二航务工程局有限公司等 6 家单位中标。

路面及交通安全设施工程招标:路面工程划分 3 个标段,由安徽省高等级公路工程建设指挥部于 2012 年 4 月面向国内符合资质等级要求的施工企业公开招标,经综合评标,最后分别由中交三公局二公司等 3 家单位中标。

交安工程划分 7 个标段,由安徽省高等级公路工程建设指挥部于 2012 年 9 月面向国内的施工企业公开招标,经最低投标价法评标,最后分别由安徽省江苏国强镀锌实业有限公司等 6 家单位中标。

附属工程招标:主要包括收费站与服务小区、机电、绿化、桥面防水及桥梁、伸缩缝工程,均实行公开招标,招标程序与常规路基、路面工程基本相同。

(3)监理及检测招标

路基工程监理共划分 3 个监理组和 1 个总监办,由安徽省高等级公路工程建设指挥部于 2010 年 8 月面向全国具有独立法人资格、公路工程监理甲级资质的企业公开招标。最后安徽省高等级公路工程监理有限公司等 4 家监理单位承担阜新高速公路路基工程监理工作。

路面工程监理共划分 3 个监理组,2012 年 4 月公开开标后,经定标委员会对评标委员会推荐的中标候选人进行综合评审,最后安徽省高等级公路工程监理有限公司等 3 家监理企业中标承担本项目路基路面工程监理任务,机电、交通安全设施工程归总监办统一管理。

中心试验室通过公开招标,确定由安徽高速公路试验检测科研中心中标,承担本项目工程试验检测工作。

2011年5月~2013年6月通过对路基、路面工程、附属工程及桥梁的动静载试验的交工检测单位进行公开招标,确定路基工程由安徽省公路工程检测中心为交工检测单位;交通运输部公路科学研究所为路面工程交工检测单位;安徽省交通规划设计研究院工程检测中心为桥梁荷载检测中标单位;受安徽省交通基本建设工程质量监督站委托,江苏省交通科学研究院股份有限公司工程检测中心为本项目交通安全检测单位。

房建工程监理划为1个监理组,通过公开招投标,确定合肥市工程建设监理公司中标,承担本项目房建工程监理工作。

2. 项目管理

2011年3月20日,阜新高速公路正式开工建设。2013年6月29日,阜新高速公路沥青路面主体工程顺利完成。项目交工验收严格按照《公路工程竣(交)工验收办法》要求,成立了阜新高速公路工程交工验收委员会。检测单位经过认真检测和评定,并向交工验收委员会提交了《阜新高速公路工程质量检验评定报告》,分项工程合格率为100%,分部工程优良率97%以上,重点分项工程优良率100%,综合评定98.5分,工程质量达到优质工程标准。本项目尚未竣工验收。

3. 重大事项

主线和匝道沥青路面上面层由4cm SMA-13(SBS)变更设计为4cm AC-13C(SBS),工程造价较原设计减少1689.774万元。

4. 复杂技术工程(京九铁路特大上跨桥的施工)

京九铁路特大上跨桥是本项目唯一的一座特大桥,桥梁上部结构均采用先简支后连续的预应力混凝土箱梁,跨径包括25m、30m和35m,施工技术难度不大。但该桥跨越铁路,设计和施工的协调难度较大。该桥的施工中标单位为邵阳公路桥梁建设有限责任公司,其无铁路工程施工总承包资质。自2011年3月20日正式开工以来,由于铁路主管部门就上跨设计图纸、铁路运营安全管理及涉铁工程施工资质等行业标准提出要求,造成上跨京九铁路桥15号~19号墩涉铁工程长期无法开工。为此,在省交通运输厅、省指挥部多次出面协调下,协调时间长达一年多,直至2012年6月,安徽省高等级公路工程建设指挥部作为委托人(甲方)与代建人安徽上铁地方铁路开发有限公司(乙方)签订了委托建设合同。安徽上铁公司随后确定由中铁二十四局集团安徽工程有限公司作为施工总承包单位,而中标承建单位邵阳路桥公司作为专业分包单位实施。在设计和施工方面,工程建设部和项目办与铁路部门又进行了4次一系列的协调商谈,召开6次施工图审查会和施工安全方案评审会。2012年9月22日涉铁桩基开钻,2012年11月21日完成桥梁下部结构。同年12月5日安徽上铁地方铁路开发有限公司召集各单位在现场察看后,召开了施工封锁预备会和架桥机过轨施工协调会,对施工安全方案与封锁点计划进行了最后审定,次日架桥机顺利过轨完成了架梁各项准备工作;2012年12月12日第一片梁板架设完成,2013年1月16日涉铁8片梁板顺利架设完成。

(四)科技创新与成果

1. 低高度密肋式T梁的应用

低高度密肋式预应力混凝土简支T梁为安徽省交通规划设计研究院自主研发设计的通用图,并获国家实用新型专利。本项目应用的是20m简支T梁,与以往相同跨径的空心板梁或传统T梁比较,具有以下优点:

造价上与空心板相比,比空心板低30%,与小箱梁相比,造价几乎相当,但小箱梁需要体系转换,不太适合单跨或两跨桥梁。施工工艺上与空心板、小箱梁相比无需内模,施工方便;T梁断面形式不设马蹄,既有利于增加预制T梁侧向刚度,又有利于脱模,方便混凝土的振捣,避免露筋。支撑设计上与空心板和小箱梁相比,单梁一端只设一个支座,支座不易脱空,而空心板和小箱梁在运营养护期间普遍出现支座脱空现象,后期维修养护费用高。采用低高度密肋式T梁可以最大限度地避免此类现象发生。横向连接上,T梁横向连接属刚接,可以避免空心板铰缝混凝土在运营过程中易脱落,造成铰缝损坏。吊装质量轻,20m跨径23.6t,仅相当于空心板的65%,极大的方便梁体安装。

2. 收费称重静态磅秤应用技术

当时现有的电子计重秤主要采用称车辆的轴重,当车辆以5km/h的速度通过计重器时,每一个轴的质量都会传达到电脑系统,从2轴车到6轴车,将其每轴的质量进行计算,可以得出车货总重。驾驶员们利用这个原理,采用"跳秤""绕秤"等方式逃费。本项目采用静态整车计重秤(俗称"地磅秤")。静态秤具有称重准确(误差在±0.5%)、计重时间短、速度快等特点,彻底解决了动态秤存在的问题和弊端,同时提高收费车辆通过效率,确保车辆缴纳通行费的公平合理性,并缓解收费站拥挤等问题。

3. 水泥稳定碎石混合料级配优化及应用

当时现行公路路面基层施工技术规范和设计规范中采用的水泥稳定碎石集料级配组成在实体工程应用和成型路面基层质量控制中还存在差距。突出表现在设计规范的级配容易产生摊铺级配离析,施工规范级配在应用中常出现较多的收缩裂缝。为保证半刚性基层应具有的模量要求,提高路面结构承载力和路面内在受力的均匀性,本项目借鉴均匀设计方法,筛选出9种集料级配设计方案。对水泥稳定碎石试件分别进行无侧限抗压强度试验和干缩试验,以抗压强度和干缩应变作为相应考察目标值,通过逐步多元回归,优选出影响水泥稳定碎石性能的显著因子,优化集料级配组成设计,对水泥剂量进行严格限制,有效提高了沥青路面整体抗车辙能力和防裂缝能力,并在实践中得到了验证。同时为加强水泥稳定碎石层间的黏结,采用了喷洒水泥净浆措施。

实践证明,水泥稳定碎石基层开裂的概率和程度,受现场施工控制的影响,在一定程度上也是施工组织管理、施工工艺水平的反映。考虑沥青路面水稳工程数量大,需由2台水稳拌和站供应才能满足施工进度要求,2台站自身性能存在的差异将造成水泥混合料路用性能的差异。本项目采用1台站供应1个施工作业点的施工方法,保证混合料级配的稳定性。其次,传统的碾压方式已不再适应骨架密实类水泥混合料的压实,采用过大的强振来满足压实度要求,但忽略了石料遭到严重击破,改变最初的矿料级配。因此采用了先胶轮搓揉后刚轮碾压的科学合理的施工工艺。

优化透封层施工工艺与控制:本项目要求在水泥稳定碎石上基层施工后表面稍变干立即紧跟进行透层洒布。透层洒布量控制在 1.5kg/m² 以上,石屑洒布量控制在 3~5kg/m²。该工艺的应用既增强了乳化沥青渗透能力,又提高了水稳上基层的养生效果,避免由于长时间放置造成污染而影响到层间抗剪切强度。取芯结果显示了乳化沥青渗透深度以及与沥青下面层的黏结能力。实践证明采用透封层联合施工,既可提高实际应用效果又降低了由于采用改性乳化沥青作为封层而增加的工程造价。

透封层联合施工现场

4. 课题研究

(1)生态植物纤维毯应用技术研究

原设计路基为传统拱形及混凝土预制硬性防护,优点是护坡能力较强,缺点是一次性投资大,造价高,难以恢复自然植被,与周边景观不协调,不利于生态保护和水土保持,在外观上生硬、单调,与生态保护的大趋势背道而驰。本项目将阜南互通区坡面及全线路肩优化为生态植物纤维毯防护,以研究应用植物纤维毯防护技术增强生态效果。

植物纤维毯是利用稻草、麦秸等植物为原料生产出来的,在载体层添加草种、保水剂、营养土等材料。植被毯分为上网、植物纤维层、种子层、木浆纸层、下网5层结构。植被毯可以固定土壤,增加地面粗糙度,减少坡面径流量,减缓径流速度,缓解雨水冲刷坡面表土,由于在草毯中加入肥料、保水剂等材料,为植物种子出苗、后期生长提供了良好的基础条件,尤其是在人工养护管理有一定困难的区域,大大减少了其后期的养护管理工作量。植被毯具有能够生物降解、无污染、保水保墒、建植简易快捷、维护管理粗放、养护管理成本低廉的特点,是一种简洁有效的水土保持植被恢复措施。与圬工体刚性护坡相比,其优势主要存在于以下方面:一是经济性好。柔性护坡比刚性护坡造价低很多,对缺乏圬工材料的阜阳片区可节约大量资源及减少工程造价。二是施工速度快。柔性护坡在路基施工时就可以进场施工,与路基施工可以同时进行。施工后马上对边坡进行保护,在道路未通车时,草已长出,水土保持效果显著。三是绿化效果好。一年四季都可以施工,尤其是在春季施工,一周后草种就可以发芽。四是路基稳定,护坡效果好。在草种成坪前,秸秆层就可以起到护坡作用。成坪后,草起到护坡作用,防止雨水冲刷,而且充分利用草的不同生长特性,如紫花苜蓿,根系发达,一年后草根可达一米长,固土效果理想;紫穗槐生长快,根系固土效果好,蘖根生,盘根错节,使边坡稳定,且绿化效果好。五是环境保护和水保效果好。柔性护坡可以与周边生态环境保持一致,无太多人工修复痕迹,是一条生态路。

生态植物纤维毯护坡

(2)能量转化型快速融冰雪桥面铺装结构层的技术研究

在冬季低温雨雪期间,桥面容易结冰,为了达到实时、快速融冰雪,保障交通安全,快速恢复通畅交通、延长冬季桥面铺装寿命的目的,提出新的桥面融冰雪方法——能量转化型加热系统;新的特殊桥面铺装结构技术,新的兼具热学和力学效应的特殊桥面铺装材料技术,新的桥面融冰雪行为理论(力学和热学)与计算方法,并通过依托工程的实践进行验证,不仅填补国内行业空白,而且力求真正做到自主知识创新、自主知识产权的建立,为此项技术在国内甚至国际推广打下坚实基础。本项目联合合肥工业大学开展了"能量转化型快速融冰雪桥面铺装保通技术研究"科研工作,以阜阳至新蔡高速公路为依托工程,针对安徽潮湿多雨,在冬季冰冻雨雪天气下桥面常见的安全隐患和交通堵塞问题,充分考虑和利用国家可持续发展能源战略——新能源的推广应用和发展。将目前国内外常用的新能源家用技术应用到交通行业,能节约现有资源,特别适用于消除因冬季桥面积(冰)雪而造成的安全隐患,从而达到减少冰雪对交通的影响和经济损失。课题打破传统只关注传热、导热、蓄热模型、模拟计算、依靠工程经验的研究思路,围绕能量转化型融冰雪桥面概念和设计、桥面特殊结构与材料方案的优化设计、融冰雪试验模拟与计算、施工与可持续性等关键点和技术难点来开展工作,成功在桥面上铺筑了科研试验段。该研究对进一步提高安徽省高速公路特殊路段的建设水平,提高沥青路面的使用性能、减少路面养护维修的费用、延长沥青路面的使用寿命,具有重要的理论意义和工程实践价值。

融冰雪桥面铺装施工

（五）运营与养护

1. 运营管理

阜新高速公路设阜南、临泉、主线临泉 3 个收费站点,见表 8-215。2013—2015 年,交通流量持续稳步增长,见表 8-216。

收费站点设置情况表　　　　　　　　　　　表 8-215

站 点 名 称	车 道 数	收 费 方 式	备注
阜南站	入口 4 条、出口 6 条	人工收费及电子不停车收费综合 （入口:3 条 MTC 车道、1 条 ETC 车道） （出口:5 条 MTC 车道、1 条 ETC 车道）	
临泉站	入口 3 条、出口 4 条	人工收费及电子不停车收费综合 （入口:2 条 MTC 车道、1 条 ETC 车道） （出口:3 条 MTC 车道、1 条 ETC 车道）	
主线临泉站	出口 12 条	人工收费及电子不停车收费综合 （出口:11 条 MTC 车道、1 条 ETC 车道）	

交通流量发展情况表（单位：辆） 表8-216

年份	路段一	路段二	路段三	备注
2013	531	172	192	
2014	1191	427	583	
2015	1505	791	951	

2.养护管理

抓好日常养护和预防性养护，切实履行管养职责，制订管养方案，加大路面、桥梁、人机孔、涵洞日常检查和巡查力度，严格落实动态监管、动态报告等管理制度，建立技术状况评价和预警应急机制，及时采取预防措施处置各类安全隐患，确保辖段安全运营。

七、S22 天潜（天长—潜山）高速公路滁州至马鞍山段

（一）项目概况

S22 天潜（天长—潜山）高速公路滁州至马鞍山段（简称滁马高速公路）是安徽省"四纵八横"高速公路网中最东端的"纵一"，徐州至杭州高速公路的重要组成部分，同时也是安徽省高速公路网中的"横六"，长江以北的扬州至武汉高速公路的重要组成部分。该路的建设对促进全省高等级公路网形成，推进安徽省交通现代化建设起到积极的作用。

天潜高速公路滁州至马鞍山段

该项目路线起于滁州市大王镇东北约 5km 的夹埂村附近，与 G36 国家高速公路蚌埠至南京段（已建成的蚌宁高速公路）交叉（本项目设置滁州东枢纽立交），经过全椒县、和县至姥桥西，终点接北沿江高速公路马鞍山至巢湖段。

1.参建单位

项目建设单位为安徽省交通控股集团有限公司。

第八章 高速公路建设项目

项目主要参建单位见表 8-217。

S22 天潜(天长—潜山)高速公路滁州至马鞍山段主要参与建设单位汇总表　　表 8-217

序号	参建单位	单位名称	合同段编号及起止桩号	主要负责人
1	项目管理单位	天潜高速公路滁马段项目办	K0+888.858~K83+110.751	胡红雨
2	勘察设计单位	中交第一公路勘察设计研究院有限公司、安徽省交通规划设计研究院有限公司	K0+888.858~K83+110.751	吴明先、王吉双
3	施工单位	中铁十四局集团有限公司	路基工程01合同段 K0+888.858~K13+950	彭维庆
		中铁十四局集团第三工程有限公司	路基工程02合同段 前区:K13+950~K16+100; 后区:K34+000~K39+079	王西忠
		安徽省公路桥梁工程有限公司	路基工程03合同段 K16+100~K34+000	邓光文
		安徽省路港工程有限责任公司	路基工程04合同段 K39+079~K56+600	张俊
		安徽路桥工程集团有限责任公司	路基工程05合同段 K56+600~K71+850	张立兵
		中交第四公路工程局有限公司	路基工程06合同段 K71+850~K83+110.751	刘辉
		安徽省交通建设有限责任公司	路面工程01合同段 K0+888.858~K27+500	吴波
		安徽省路港工程有限责任公司	路面工程02合同段 K27+500~K56+600	王文全
		安徽省巢湖市路桥工程有限公司	路面工程03合同段 K56+600~K83+110.751	马少岚
4	监理检测单位	安徽省高等级公路工程监理有限公司	总监办 K0+888.858~K83+110.751	杨冬林
		安徽省高速公路试验检测科研中心	中心试验室 K0+888.858~K83+110.751	桓笑峰
		北京华路顺工程咨询有限公司	路基工程01驻地监理组 K0+888.858~K16+100; K34+000~K39+079	李作天
		山东格瑞特监理咨询有限公司	路基工程02驻地监理组 K16+100~K34+000; K39+079~K56+600	秦先锋
		宣城华安路桥工程监理有限公司	路基工程03驻地监理组 K56+600~K83+110.751	章熙宏

2.技术标准

(1)公路等级、里程及地形类别

全封闭、全立交的四车道高速公路,路面采用沥青混凝土。项目设置了完善的通信、监控、收费、照明、绿化、房建、安全设施等交通工程及沿线设施。本段建设里程82.233km。地处北纬31°40′~33°00′,东经118°00′~119°00′之间。沿途跨越滁州市、来安县、全椒县和马鞍山市和县。地势总体特征是地面高程起伏较大,一般侵蚀构造地貌单元内50~200m,侵蚀堆积地貌单元内20~50m,堆积地貌单元内10~20m。

(2)主线行车速度

主线行车速度为120km/h。

(3)路基、路面

路基宽度28m,路面宽度23m,路基设计洪水频率1/100。

(4)桥梁、涵洞

桥涵设计荷载:公路—Ⅰ级。设计洪水频率:特大桥1/300,大桥、中、小桥和涵洞1/100。桥面净宽:2×13.5m,涵洞与路基等宽。

(5)路线交叉

互通式立交设计标准:三级交叉互通;行车速度35~60km/h。

匝道宽度:单向双车道路基宽度8.5m,路面宽度7m(不含加宽段)。

3.工程内容及主要构造物

(1)建设主要内容

主线主要工程数量见表8-218。

主要工程数量表　　　　　　　表8-218

序号	工程项目		单位	工程数量
1	路线长度		km	83.014
2	公路用地		亩	8491
3	路基土石方	土石方数量	1000m³	1504
		平均每公里数量	1000m³/km	181.1
4	特殊路基处理		km	12.3
5	防护排水工程		1000m³	112.8
6	主线桥梁(含立交主线桥及桥式通道长度)	特大桥	m/座	8408/6
		大桥		8866/34
		中、小桥		3685/74
7	涵洞/通道		道	336
8	桥梁占路线比例		%	25.25
9	互通式立交		处	8(预留1处)

续上表

序号	工程项目		单位	工程数量
10	分离式立交		处	8
11	服务区及管理养护机构等	服务区	处	2
		匝道收费站		5
		管理中心		1

(2)路线中间控制点

G104国道、大王镇、津浦铁路、京沪高速铁路、全椒县、G40沪陕高速公路、沪蓉高速铁路、滁河汊河船闸、盘景水泥厂、香泉镇、西埠镇。

(3)路线跨越主要河流

本项目主要跨越清流河、滁河、驷马河、得胜河。

(4)桥梁

全线桥梁总长20.959km,占路线全长的25.25%。全线设桥梁(含立交跨线桥及通道桥)20959m/114座,其中:特大桥8408m/6座,其中跨合宁客专(沪蓉高速铁路)特大桥长1786m,跨京沪铁路特大桥长1396m,清流河特大桥长1341m,滁河特大桥长1166m,驷马河特大桥长1322m,得胜河特大桥长1397m;大桥8866m/34座;中桥、小桥3685m/74座。

(5)收费站及服务区

全线设滁州东、滁州南、吴庄主线站(迁建)、石杨(设计预留,地方政府正在实施)、香泉、和县六座收费站,滁州南、香泉两对服务区。

4.征地拆迁

项目征地拆迁情况见表8-219。

征地拆迁情况统计表　　　表8-219

征地拆迁安置起止时间	征用土地（亩）	拆迁房屋（m²）	支付补偿费用（元）
2012年12月~2013年6月	8491	51000	318187469

5.项目投资

安徽省发展与改革委员会2011年11月28日以皖发改设计函〔2011〕1189号文批复了本项目的初步设计,概算投资总额为56.59亿元。资金来源:项目资本金实际到位金额6.98995亿元;利用银行贷款21.86亿元,其中:国家开发银行7.87亿元,中信银行1.5亿元,中票资金6亿元,工商银行6.49亿元。

6.开工及通车情况

2013年6月9日开工建设,2015年12月15日建成通车。

(二)决策研究

2009年9月22日,安徽省发展和改革委员会《关于北沿江高速公路滁州至马鞍山段项目建议书的批复》(皖发改基础〔2009〕890号);

2010年1月18日,安徽省地震局《对滁州至马鞍山高速公路滁河特大桥工程场地地震安全性评价报告的批复》(皖震安评〔2010〕15号);

2010年4月7日,安徽省地质调查与环境监测中心《安徽省滁州至马鞍山公路工程地质灾害危险性评估报告评审报告》(皖地调环函〔2010〕18号);

2010年7月22日,铁道部京沪高速铁路建设总指挥部苏州指挥部《关于<安徽省滁州至马鞍山高速公路下穿京沪高速铁路征求意见的函>的复函》(京沪苏指函〔2010〕38号);

2010年9月17日,安徽省国土资源厅《关于北沿江高速公路滁州至马鞍山段项目建设用地预审意见的函》(皖国土资函〔2010〕1786号);

2010年9月17日,安徽省国土资源厅《关于印发<安徽滁州至马鞍山高速公路工程沿线压覆矿产资源调查评估报告评审意见的函>》(皖国土资函〔2010〕570号);

2010年9月21日,安徽省水利厅《关于北沿江高速公路滁州至马鞍山段水土保持方案报告书的批复》(皖水保〔2010〕350号);

2010年9月25日,安徽省环境保护厅《关于北沿江高速公路滁州至马鞍山段工程环境影响报告书的批复》(环评函〔2010〕900号);

2010年11月23日,安徽省发展和改革委员会《关于北沿江高速公路滁州至马鞍山段可行性研究报告的复函》(皖发改基础函〔2010〕1054号);

2011年6月10日,上海铁路局《关于安徽省北沿江高速公路滁州至马鞍山段跨越京沪铁路设计方案审查意见的函》(上铁师函〔2011〕792号);

2011年10月19日,安徽省交通运输厅《关于北沿江高速公路滁州至马鞍山段滁河特大桥通航净空尺度和技术要求的批复》(皖交规划函〔2011〕724号);

2011年10月24日,安徽省交通运输厅《关于北沿江高速公路滁州至马鞍山段建设模式的批复》(皖交建管函〔2011〕733号);

2011年11月28日,安徽省发展和改革委员会《关于北沿江高速公路滁州至马鞍山段初步设计的复函》(皖发改基础函〔2011〕1189号);

2011年12月20日,铁道部运输局《关于安徽省北沿江高速公路跨越合宁铁路工程实施方案的复函》(运工桥隧函〔2011〕671号);

2012年7月27日,水利部长江水利委员会行政许可决定《关于安徽省北沿江高速公路滁州至马鞍山段驷马河特大桥工程涉河建设方案的批复》(长许可〔2012〕158

号）；

2012年9月17日,安徽省交通运输厅《关于北沿江高速公路滁州至马鞍山段驷马河特大桥通航净空尺度和技术要求的批复》（皖交规划函〔2012〕634号）；

2012年9月17日,安徽省交通运输厅《关于北沿江高速公路滁州至马鞍山段得胜河特大桥通航净空尺度和技术要求的批复》（皖交规划函〔2012〕635号）；

2013年1月17日,安徽省交通运输厅《关于北沿江高速公路滁州至马鞍山段施工图设计的批复》（皖交建管〔2013〕17号）；

2013年4月1日,水利部长江水利委员会行政许可决定《长江水利委员会关于安徽省北沿江高速公路滁州至马鞍山段滁河特大桥工程涉河建设方案的批复》（长许可〔2013〕77号）；

2014年7月17日,上海铁路局《关于安徽省北沿江高速公路滁州至马鞍山段上跨沪蓉铁路工程初步设计审查意见的函》（上铁师函〔2014〕1153号）。

(三)项目实施

1. 项目招标

(1)设计招标

确定中交第一公路勘察设计研究院有限公司和安徽省交通规划设计研究院有限公司承担本项目的勘察、设计工作,完成路线勘测、地质勘探、路基、路面、桥梁、隧道、绿化、交通安全设施等的设计和优化。

(2)施工招标

确定施工合同段38个,其中:路基6个、路面3个、绿化3个、房建2个、交通工程5个、其他19个。

(3)监理招标

确定监理合同段8个,其中:总监办1个,监理合同段7个。

2. 项目管理

(1)管理机构

本项目建立两套管理机构,一是由沿线市、县（区）政府以及交通、土地、电力等部门成立地方指挥部,主要负责征地拆迁、移民安置、外部协调等工作；二是由滁马高速公路项目办公室负责项目建设管理；总监办、监理组组成两级监理机构,其中总监办负责全线的工程质量、进度、投资、安全、环保、组织协调及信息管理等监理工作。

(2)质量保证体系

本项目在实施过程中,质量保证体系健全、制度完善、责任明确,体现出较高的质量控制能力。施工中采取的各种工程质量保证措施得力,对提高项目的使用质量起到了有力的保障作用。

(3)交工验收

2015年12月15日,交工验收委员会依据《公路工程质量检验评定标准》(JTG F 80—2004),对本项目进行了验收评定,项目工程质量综合评定得分为98.8分,工程质量评定等级为合格,同意交工验收并移交管养。

3.重大事项

(1)重大决策

2011年2~4月,滁州市政府提出增加6条规划路与滁马高速公路相交。2011年6月,安徽省发改委在合肥组织召开了"北沿江高速公路滁州至马鞍山段"初步设计审查会,由于新增规划路没在本项目工可中计入,且造成初步设计工程造价大幅增加,该方案未获通过。后经滁州市与安徽省高速公路控股集团有限公司协商后,提出在保证滁马高速公路纵坡不变的前提下增加4处规划道路、1处规划河道共计5座分离式立交。建设费用由滁州市政府承担,相应路基标段由施工单位负责施工。

(2)重大变更

跨合宁铁路转体桥梁原设计方案转体T构为(58+58)m,两边设置现浇5m段,T构与现浇段间为2m合龙段。由于边墩距离合宁铁路为13m,若设置现浇段和合龙段,则施工面离合宁铁路更近,不利于铁路安全,经各方会议协商,上海铁路局要求主桥转体一步到位,转体T构长度调整变为(65+65)m。由于T构的加长,导致上部结构尺寸加大,自重增大。下部球铰承载力由原设计140000kN增加至176000kN。而转体下承台及桩基已按原设计施工完毕。承台平面尺寸22m×22m,厚度5m,分两次浇筑,后浇段厚度为1m。2014年9月22日安徽省高等级公路工程建设指挥部在合肥组织召开了"安徽省北沿江高速公路上跨合宁铁路分离式立交桥梁施工图设计审查会",认可了施工图设计。2015年8月11日凌晨经过精心准备,周密安排,耗时将近2小时,桥梁成功转体。

4.复杂技术工程

跨合宁铁路转体桥梁总长1786m,跨径布置为[23×30+30+(2×65)+30×30]m,引桥为装配式预应力混凝土连续箱梁,为左右幅双线桥,单幅桥宽12.5m;主桥为2×65m,单幅T构桥面宽32m。主桥采用(65+65)m整幅式断面T构,转体法施工。在铁路北侧搭架现浇,逆时针转体86°就位,转体长度为(65+65)m,转体质量约17600t。

(四)科技创新与成果(大吨位预应力混凝土T形刚构桥梁转体施工技术研究)

转体施工承重系统由上、下转盘构成,上转盘支承转体结构,下转盘与基础相连,通过上转盘相对于下转盘转动,达到转体目的。转动球铰是平转施工体系的关键部位,它是转体结构向下传递荷载的直接承担者,制作精度的高低关系到转体施工能否成功。根据功能不同转动球铰又可细分为上球铰、下球铰和中心销轴3部分。上球铰支撑着整个转体结构,下球铰与基础相连,中心销轴控制着上下转盘的相对位置。转体施工过程中的监控技术是转体施工技术中非常重要的一环。监控的有效控制可以保证整个转体过程的安全性、平稳性以及转动效率。本项目的转体监控技术主要包括几个部分:①刚体位移监测;②转体速度和加速度监测;③应力监测;④悬臂端部竖向振幅和横向加速度监测。

建设中的跨合宁铁路转体桥

(五)运营与养护

1. 运营管理

全线设服务区 2 处,为滁州南、香泉服务区;收费站点 6 处,分别为滁州东、滁州南、吴庄主线站(迁建)、石杨(设计预留,地方政府正在实施)、香泉、和县收费站,见表 8-220。

收费站点设置情况表 表8-220

站点名称	车 道 数	收 费 方 式
滁州东站	14个车道(6进8出)	人工和电子不停车收费综合(4条ETC车道)
滁州南站	12个车道(5进7出)	人工和电子不停车收费综合(2条ETC车道)
香泉站	8个车道(3进5出)	人工和电子不停车收费综合(2条ETC车道)
和县站	12个车道(5进7出)	人工和电子不停车收费综合(2条ETC车道)
吴庄主线站(迁建)	36个车道(12进24出)	人工和电子不停车收费综合(6条ETC车道)

2. 养护管理

本项目于2015年12月建成通车以来采用社会化养护管理模式,通过公开招标方式确定社会专业化养护公司进行小修和路面、绿化、机电等专业化养护。重点开展养护管理标准化管理体系建设,组织养护示范工程创建和示范管理推广两项活动,并着重推进养护专项工程实施工作。目前本项目暂无大修工程实施。

八、S28 芜雁(芜湖—雁翅)高速公路

(一)项目概况

S28 芜雁(芜湖—雁翅)高速公路地处皖南沿江平原,位于沿海开放和沿江开发梯度推进的交汇点,是连接安徽省与经济发达的长三角地区的交通大通道,具有吸纳沿海和长江三角洲发达地带辐射并向内陆地区扩散转移的区位优势。本路段是安徽省芜湖市到上海市的一条便捷路线,205国道从芜湖—上海须经南京绕行,318国道从芜湖—上海须经宣城绕行,本项目实施后,将节约芜湖—上海的运营里程约80km,对国道205及国道318功能有很强的补充和完善作用。

芜雁高速公路

该项目路线起于六郎镇加元村,经过芜湖县花桥镇、宣城市宣州区水阳镇,跨越芜宣高速公路,终于皖苏两省省界(雁翅)。

1. 参建单位

项目建设单位为安徽省高速公路控股集团有限公司。

项目主要参建单位见表8-221。

S28 芜雁(芜湖—雁翅)高速公路主要参与建设单位汇总表 表8-221

序号	参建单位	单 位 名 称	合同段编号及起止桩号	主要负责人
1	项目管理单位	芜雁高速公路项目办	K1+899.5~K18+819.295	胡红雨
2	勘察设计单位	安徽省交通规划设计研究院有限公司	K1+899.5~K18+819.295	王吉双
3	施工单位	安徽省巢湖市路桥工程有限公司	路基工程01合同段 K1+899.5~K3+050.0	韩忠国
		安徽省路港工程有限责任公司	路基工程02合同段 K3+050.0~K8+864.0	张琼
		中交第三公路工程局有限公司	路基工程03合同段 K8+864.0~K12+576.5	张清华
		路桥南华工程有限公司	路基工程04合同段 K12+576.5~K16+783	张平
		中交一公局海威工程建设有限公司	路基工程05合同段 K16+783~K18+819.3	郭振武
		中铁四局集团第一工程有限公司	路面工程合同段 K1+899.5~K18+819.295	田传毕
4	监理检测单位	安徽省高等级公路工程监理有限公司	总监办 K1+899.5~K18+819.295	胡兮
		安徽省公路工程建设监理有限责任公司	路基工程01至03标驻地监理办 K1+899.5~K8+864	贾累
		安徽中兴工程建设监理所	路基工程03至05标驻地监理办 K8+864~K18+819.3	曹士政
		安徽省公路工程建设监理有限责任公司	路面工程驻地监理办 K1+899.5~K18+819.295	史幼广
		安徽省高等级公路工程监理有限公司	WYJA-01驻地监理办 K1+889.5~K18+819.3	
			WYSSF-01驻地监理办 K1+889.5~K18+819.3	
			WYJD-01驻地监理办 K1+889.5~K18+819.3	

续上表

序号	参建单位	单位名称	合同段编号及起止桩号	主要负责人
4	监理检测单位	安徽省公路工程建设监理有限责任公司	WYJD-02 驻地监理办 K1+889.5~K18+819.3	
			WYLH-01 驻地监理办 K1+889.5~K18+819.3	
		安徽省新同济建设监理咨询有限公司	WYFJ-03 驻地监理办 K1+889.5~K18+819.3	

2. 技术标准

(1)公路等级、里程及地形类别

全线采用全封闭、全立交的四车道高速公路,路面采用沥青混凝土。全线配置了完善的通信、监控、收费、照明、绿化、房建、安全设施等交通工程及沿线设施。本段建设里程16.92km。沿途跨越芜湖市和宣城市,地势总体特征是东西向,水网圩区平原及冲积、湖积平原,地面坡度1/1000以上。自然区划分为Ⅳ1。

(2)主线行车速度

主线行车速度为120km/h。

(3)路基、路面

路基宽度28m,路面宽度23.5m,路基设计洪水频率1/100。

(4)桥梁、涵洞

桥涵设计荷载:公路—Ⅰ级。设计洪水频率:特大桥1/300,大、中、小桥、涵洞1/100。桥面净宽:小桥桥面净宽为2×12m;涵洞与路基同宽。

(5)路线交叉

互通式立交设计标准:①等级为三级。②计算行车速度:40km/h。③路基宽度:单向单车道路基宽度8.5m,路面宽度7m;对向双车道路基宽度15.5m,路面宽度13m。

分离式立交设计标准:①主线上跨各级公路的桥梁及通道净空高度:二级及以上公路≥5.0m,三、四级公路≥4.5m,汽车通道≥3.2m,机耕通道≥2.7m,人行通道≥2.2m。②主线下穿各级公路的净空标准:主线下穿各级公路的净空高度均按≥5m 控制。

3. 工程内容及主要构造物

(1)建设主要内容

全线路基挖方133.4215万 m^3,填方117.8711万 m^3,防护工程1.27万 m^3;特大桥、大桥11129m/5 座,中桥44m/1 座,涵洞通道310.6m/6 道;路面水稳碎石基层75.23万 m^2;沥青混凝土路面131.38万 m^2;收费站3处、服务区1处、互通式立交3处、养护区1处;同步建设绿化、交安、机电等附属工程。

(2)路线中间控制点

芜宣高速公路、芜太二级路、杨黄路、杨泗雁翅公路、雁翅街道。

(3)路线跨越主要河流

赵家河(倒逆河)、裘公河(上青山河)、水阳江。

(4)收费站及服务区

全线设横岗、水阳、皖苏芜湖3座收费站,新芜1处服务区。

4. 征地拆迁

项目征地拆迁情况见表8-222。

征地拆迁情况统计表　　　表8-222

征地拆迁安置起止时间	征用土地 (亩)	拆迁房屋 (m²)	支付补偿费用 (元)
2008.10~2009.12	2107.29	30715	14093106

5. 项目投资

(1)投资规模、资金来源

安徽省发展和改革委员会于2006年12月25日以发改设计〔2006〕1089号文《关于芜湖至雁翅高速公路初步设计的批复》批复了项目初步设计文件,概算投资总额为15.33亿元,核定项目全长16.92km。

资金来源:高速公路总公司投资10.73亿元,占投资的70%;芜湖交通设施有限公司投资4.6亿元,占投资30%。

(2)概算执行情况

经竣工决算审计,芜湖至雁翅高速公路项目完成投资合计139303.15万元,比概算投资减少4.3207亿元,对比概算投资节约比例9.11%。

6. 开工及通车情况

2009年11月5日开工建设,2012年12月20日建成通车。

(二)决策研究

2004年6月29日,省地震局《关于芜湖至高淳高速公路水阳江大桥高淳场地地震安全性评价报告的批复》(皖震安评〔2004〕81号);

2005年9月26日,安徽省发展和改革委员会以《关于芜湖至雁翅高速公路项目建议书的批复》(发改交运〔2005〕1036号)批复项目建议书;

2006年5月19日,省环保局《关于芜湖至雁翅高速公路建设项目环境影响报告表的复函》(环评函〔2006〕269号);

2006年8月9日,安徽省发展和改革委员会以《关于芜湖至雁翅高速公路可行性研究报告的批复》(发改交运〔2006〕676号)批复可行性研究报告;

2006年12月25日,安徽省发展和改革委员会以《关于芜湖至雁翅高速公路初步设计的批复》(发改设计〔2006〕1089号)批复项目初步设计文件,核定项目全长16.907km;

2007年8月13日,水利部长江水利委员会《关于芜湖至岩层高速公路水阳江大桥高淳涉河建设方案的批复》(长许可〔2007〕100号);

2008年4月1日,交通厅以《关于芜湖至雁翅高速公路施工图设计的批复》(皖交基〔2008〕19号)批复施工图设计文件;

2008年11月27日,国土资源部《国土资源部关于芜湖至雁翅高速公路建设用地的批复》(国土资函〔2008〕778号);

2008年12月9日,省交通运输厅《关于芜湖至雁翅高速公路省界收费站变更设计的批复》(皖交建管〔2008〕353号);

2009年11月16日,安徽省交通建设工程质量监督局《公路工程质量监督通知书》(2009-GL-008号);

2009年12月25日,省交通运输厅《关于芜湖至雁翅高速公路建设项目施工许可的批复》(皖交建管函〔2009〕727号)。

(三)项目实施

1. 项目招标

(1)设计招标

确定安徽省交通规划设计研究院有限公司承担本项目的勘察、设计工作,完成路线勘测、地质勘探、路基、路面、桥梁、隧道、绿化、交通安全设施等的设计和设计优化。

(2)施工招标

确定施工合同段15个,其中:路基5个、路面1个、交通工程1个、绿化1个、房建1个、机电2个、其他4个。

(3)监理招标

确定监理合同段10个,其中:总监办1个,其他9个。

2. 项目管理

(1)管理机构

本项目设立两套管理机构,一是由地方政府成立各级地方指挥部,主要负责沿线征地拆迁、移民安置、外部协调等;二是现场成立建设办,并招标选择总监办、驻地办组成两级监理机构,负责全线的工程质量、进度、安全、投资、环保等协调管理工作。

(2)质量保证体系

本项目在实施过程中,质量保证体系健全、制度完善、责任明确,体现出较高的质量控制能力。施工中采取的各种工程质量保证措施得力,对提高项目的使用质量起到了有力的保障作用。

(3)交工、竣工验收

a. 交工验收

2012年11月20日,交工验收委员会依据《公路工程质量检验评定标准》(JTG F80—2004),对本项目进行了验收评定,项目工程质量综合评定得分为98.5分,工程质量评定等级为合格,同意交工验收并移交管养。

b. 竣工验收

2016年5月19~21日,安徽省交通运输厅组织了芜湖至雁翅高速公路竣工验收工作。经竣工验收委员会检查和评议,同意芜湖至雁翅高速公路通过竣工验收,综合评分为95.0分,工程质量等级评定为优良。

3. 重大事项

(1)重大决策

2010年6月24日,芜湖县人民政府来函要求对黄杨路芜雁高速公路上跨桥设计修建进行调整,同年9月9日,芜湖市交通运输局向安徽省交通运输厅发出请示。芜湖市"十二五"期间拟对黄杨路按一级公路兼城市主干道路标准进行升级改造,即在现有方案路基宽度21.5m基础上拓宽至42m,双向六车道。鉴此,黄杨路上跨芜雁高速公路桥(K7+900)建设标准也随之需要由12m宽调整为24m宽。新建设的桥梁建设资金由芜湖县政府自行解决。

(2)重大变更

根据2009年12月11日《关于苏皖两省四条高速公路省际主线收费站方案省际衔接的协议》,在雁翅互通式立交增设两进两出的匝道收费站;芜湖至雁翅高速公路横岗主线收费站取消原设计左半幅主线收费站,采用分址合建方式,两省在各自境内设置14个出口的半幅省界主线站,收取本省路段通行费,代对方发卡。

4. 复杂技术工程

赵家河大桥:主桥为预应力混凝土变截面直腹板连续箱梁,上部结构为双幅单箱单室箱形截面。下部结构主墩采用钢筋混凝土实体圆柱墩,桥墩直径2.8m,基础采用4根直径1.8m的钻孔灌注桩基础,按摩擦桩设计。主桥上部采用悬臂浇筑法施工,单T划分为15个梁段(不包括合龙段)、6个悬浇段。

建设中的赵家河大桥

建成后的赵家河大桥

(四)科技创新与成果

1. 岩沥青面层施工关键技术应用研究

专题研究"国产岩沥青及其混凝土关键技术",重点从6个方面进行系统开展:岩沥青的作用机理;最优岩沥青掺量确定;最优岩沥青改性沥青含量确定;掺加岩沥青的热拌沥青混合料短期、长期老化性能分析;最佳岩沥青改性沥青混合料的施工工艺研究;AC-20岩沥青改性沥青混凝土性能的影响因素研究。

参与了行业标准《沥青混合料改性添加剂 第5部分:天然沥青》(JT/T 860.5—2014)的起草。

2. PHC管桩在软基处理施工的应用研究

单桩承载力高,单位造价便宜。桩身混凝土强度等级为C80,具有高强性能,ϕ600的管桩单桩允许承载力达到 2500~3200kN,质量稳定可靠。由于采用工厂预制的生产方式,能利用先进的工艺和设备,质量容易控制,产品质量容易保证,且成桩质量检测方便,应用范围广。桩身耐腐蚀性能好,规格长度容易调整,涉及选用范围广,容易布桩,对桩端持力层起伏变化大的地质条件适应性强。

(五)运营与养护

1.运营管理

全线设服务区 1 处,为新芜服务区;收费站点 3 处,分别为横岗、水阳、皖苏芜湖收费站(表8-223)。2012 年 12 月 19 日~2016 年 12 月 31 日,芜湖至雁翅高速公路累计交通流量为 500.73 万辆(表8-224)。

收费站点设置情况表　　　　　　　　　　　　表 8-223

站点名称	车道数	收费方式
横岗站	入口 3 条、出口 4 条	人工收费和电子不停车收费综合 (入口:2 条 MTC 车道、1 条 ETC 车道) (出口:3 条 MTC 车道、1 条 ETC 车道)
皖苏芜湖主线站	出口 14 条	人工收费和电子不停车收费综合 (出口:12 条 MTC 车道、2 条 ETC 车道)
水阳站	入口 2 条、出口 2 条	人工收费 (入口:2 条 MTC 车道) (出口:2 条 MTC 车道)

交通流量发展状况表(单位:辆)　　　　　　　　表 8-224

年份	入口	出口	合计	日平均流量
2012	3656	3911	7567	582
2013	393437	392663	786100	2154
2014	460787	463699	924486	2533
2015	688298	718061	1406359	3853
2016	933644	94067	1882711	5144

2.养护管理

本项目于 2012 年 12 月建成通车以来,采用社会化养护管理模式,通过公开招标方式确定社会专业化养护公司进行小修和路面、绿化、机电等专业化养护。目前芜湖至雁翅高速公路线暂无大修工程实施。

九、S32 宣铜(宣城—铜陵)高速公路

(一)项目概况

S32 宣铜(宣城—南陵—铜陵)高速公路通称铜南宣高速公路,是 G50 沪渝(上海—

重庆)国家高速公路的重要辅助线路,其建设对于加强中国东西部交通联系、促进区域经济发展起着重要的作用。路线全长 82.68km,起点位于沪渝高速公路(G50)芜湖(张韩)至铜陵(朱村)段的钟鸣互通,终点位于沪渝高速公路(G50)宣城至广德段九女湾(K5+862.759)处的宣广枢纽互通式立交。地理坐标为东经 118°03′、北纬 30°57′~东经 118°52′、北纬 31°02′。

宣铜高速公路

在安徽省高速公路网规划中,铜南宣高速公路是皖南地区的重要横向通道,也是安徽省"861"行动计划通达工程的重要项目。项目东接宣广高速公路、芜宣高速公路,西接南沿江高速公路、铜陵公铁两用大桥、安庆长江公路大桥、安庆至景德镇高速公路,向西延伸可与北沿江高速公路连接,对促进路网结构的优化,缩短沪渝国家高速公路(G50)运营里程具有重要意义。

铜南宣高速公路的建设是安徽省实施"两点一线"(两点指合肥、黄山,一线指沿江地带)经济战略和开发沿江旅游资源,以"两山一湖"(黄山、九华山、太平湖)为龙头、大力发展旅游经济的需要,建成后将成为安徽省及西南省份通往长三角地区的主要陆路通道和旅游热线,与南沿江高速公路和长江黄金水道共同构建安徽省(皖南)综合运输主骨架。

1. 参建单位

本项目建设单位经历过变动:前期工作由安徽省铜宣高速公路有限公司组织开展,并于 2006 年组织项目开工,2008 年 1 月完成约 2.2 亿元工程投资后因故停工。2012 年省政府决定由安徽省交通投资集团有限责任公司负责本项目建设,于 2013 年复工建设。2015 年安徽省交通投资集团与安徽省高速公路控股集团重组为安徽省交通控股集团有限公司。

项目主要参建单位见表 8-225、表 8-226。

2. 技术标准

(1)公路等级及地形类别

第八章 高速公路建设项目

铜宣高速公路主要参与建设单位汇总表（复工前）

表 8-225

序号	参建单位(原)	单位名称(原)	合同段编号及起止桩号	主要负责人	备注
1	项目管理单位(原)	铜宣高速公路投资有限责任公司(原)	K0+000～K83+964.481	董事长：汤凌 总经理：古劲松	本表为复工前从业单位基本信息
2	勘察设计单位	安徽省公路勘测设计院	K0+000～K83+964.481	王吉双	
3	施工单位（原）	新疆兴达公路工程部	TXLJ-A1 K0+000～K10+090		
		浙江鼎盛交通建设有限公司	TXLJ-A2 K10+090～K21+540		
		安徽省公路桥梁工程公司	TXLJ-A3 K21+540～K28+777		
		岳阳市公路桥梁基建总公司	TXLJ-A4 K28+777～K35+100		
		吉林省中盛路桥工程有限公司	TXLJ-A5 K35+100～K41+262		
		江苏省交通工程集团有限公司	TXLJ-A6 K41+262～K43+253		
		路桥集团三公局工程有限公司	TXLJ-A7 K43+253～K50+039		
		苏州交通工程集团有限公司	TXLJ-A8 K50+039～K58+540		
		路桥集团第二公路工程局	TXLJ-A9 K58+540～K61+700		
		中铁十四局集团第二工程有限公司	TXLJ-A10-K61+700～K68+446（YK68+418）		
		路桥二公局第三工程有限公司	TXLJ-A11-KZK68+446（YK68+418）～K70+453		
		江西省路桥工程有限公司	TXLJ-A12 K70+453～K72+763		
		中铁十四局集团第五工程有限公司	TXLJ-A13 K72+763～K75+142		
		天津城建集团有限公司	TXLJ-A14 K75+142～K83+964.481		

续上表

序号	参建单位(原)	单位名称(原)	合同段编号及起止桩号	主要负责人	备注
4	监理单位（原）	江西交通建设工程监理所	TXLJ-B1 K0+000～K28+777		
		安徽省公路工程建设监理有限责任公司	TXLJ-B2 K28+777～K50+039		
		安徽省高等级公路工程监理有限公司	TXLJ-B3-K50+040～K68+446（YK68+418）		
		安徽中兴工程建设监理所	TXLJ-B3-K68+446（YK68+418）～K83+964.481		

铜宣高速公路主要参与建设单位汇总表（复工后） 表8-226

序号	参建单位	单 位 名 称	合同段编号及起止桩号	主要负责人	备注
1	项目管理单位	安徽省交通控股集团有限公司	K1+282.968～K83+964.481	李学潮	本表为复工后从业单位基本信息
2	勘察设计单位	安徽省交通规划设计研究院有限公司	K1+282.968～K83+964.481	王吉双	
3	路基施工单位	中铁隧道集团有限公司	TNXLJ-01 K1+282.968～K10+090	蔡振宇、阮清林	
		北京鑫旺路桥建设有限公司	TNXLJ-02 K10+090～K21+540	孙志东、胡永利	
		中铁十一局集团第一工程有限公司	TNXLJ-03 K21+540～K28+777	彭旺喜、袁新立	
		中铁十局集团第二工程有限公司	TNXLJ-04 K28+777～K35+100	乔才、赫瑞锋	
		安徽水利开发股份有限公司	TNXLJ-05 K35+100～K41+257	李道润、袁成	
		中交第二航务工程局有限公司	TNXLJ-06 K41+257～K43+253	王德怀、汪成龙	
		安徽省交通建设有限责任公司	TNXLJ-07 K43+253～K50+039	时修彬、刘发	
		安徽省公路桥梁工程有限公司	TNXLJ-08 K50+039～K58+540	余跃、谢道明	
		中铁十四局集团第二工程有限公司	TNXLJ-09 K58+540～K61+700	晋金亮、王晨光	
		中铁二十一局集团第三工程有限公司	TNXLJ-10-K61+700～ZK68+444.37,YK68+419.84	雷中宁、宋小军	

续上表

序号	参建单位	单位名称	合同段编号及起止桩号	主要负责人	备注
3	路基施工单位	中交二公局第三工程有限公司	TNXLJ-11-ZK68+444.37，YK68+419.84~K70+469	张晓东、魏东	
		中铁十三局集团第一工程有限公司	TNXLJ-12 K70+469~K72+749	李春江、解仁伟	
		中交一公局第三工程有限公司	TNXLJ-13 K72+749~K75+145.7	姚正德、李传仁	
		天津城建集团有限公司	TNXLJ-14-K75+145.7~K83+964.481	牛晓宇、张岩	
		安徽省公路桥梁工程有限公司	TNXLJ-ZMHT BK0+193.283~BK1+241.577 EK0+196.429~EK1+630.942 FK0+150.356~FK0+540.527 GK0+120.901~GK0+995.197	刘振岭、吴明	
		北京市政建设集团有限责任公司	TNXLJ-HLSHT AK0+520.000~AK1+416.931 BK0+137.46~BK0+368.77 CK0+000.00~CK0+240.84 DK0+049.56~DK0+300.39 EK0+128.64~EK0+513.16	王文正、杨永亮	
4	宣广互通路面施工单位	安徽省合通交通工程有限公司	宣广互通式立交路面施工 AK1+385.021~AK1+642.712 （XK4+454~XK5+320.199左侧） BK1+379.896~BK1+659.114 （XK6+664.724~XK7+521右侧） FK0+157.905~FK0+449.356 （XK6+502.163~XK7+115左侧） HK0+147.384~HK0+576.041 （XK4+630~XK5+247.656左侧）	吴爱军、冯时海	
5	路面施工单位	安徽省公路桥梁工程有限公司	TNXLM-01 K1+283~K28+777	王小杰、王世凯	
		安徽水利开发股份有限公司	TNXLM-02 K28+777~K58+540	李飞、袁成	
		安徽省路港工程有限责任公司	TNXLM-03 K58+540~K83+964	郑国新、余良胜	
6	监理单位	安徽中兴工程建设监理所	TNXLJLM-ZJB K1+282.968~K83+964.481	齐渭斌	
		江西省公路工程监理公司	TNXLJ-JL1 K1+282.968~K28+777	钱江安、黄国松	
		安徽省公路工程建设监理有限责任公司	TNXLJ-JL2 K28+777~K50+039	江家银	

续上表

序号	参建单位	单位名称	合同段编号及起止桩号	主要负责人	备注
6	监理单位	安徽省高等级公路工程监理有限公司	TNXLJ-JL3 K50+039~ZK68+444.37, YK68+419.84	周先仓、柯荣根	
		安徽中兴工程建设监理所	TNXLJ-JL4 ZK68+444.37,YK68+ 419.84~K83+964.481	李凤斌	
		武汉广益交通科技股份有限公司	TNXLM-JL1 K1+283~K28+777	孟祥栋、陈威	
		安徽省公路工程建设监理有限责任公司	TNXLM-JL2 K28+777~K58+540	汪联伟、傅玉	
		安徽省高等级公路工程监理有限公司	TNXLM-JL3 K58+540~K83+964	谢道权	

本项目全线采用四车道高速公路标准。

地形类别为沿江丘陵平原区(含江南水网),局部属山岭重丘区。地势总体特征是南高北低、西高东低,地面高程7.2~387.1m,相对高差379.9m。

本项目属亚热带湿润季风气候区。公路自然区划:属Ⅳ3、Ⅳ5区长江中游平原中湿区、江南丘陵多湿区。

(2)主线行车速度

K0+000~K61+700段,设计速度100km/h;K61+700~K83+964.481段,设计速度120km/h。

(3)路基、路面

K0+000~K61+700段,整体式路基,宽度26m;K61+700~K66+592.645段,整体式路基,宽度28m;K66+592.645~YK69+533.372(ZK69+545.894)段,分离式路基,单幅宽度13.75m;K69+533.372~K83+964.481段,整体式路基,宽度28m。主线的设计速度及路基宽度变化在芜宣枢纽互通式立交范围内实现,采用线性渐变。

主线和匝道采用沥青混凝土路面,标准轴载BZZ-100。

(4)桥梁、涵洞

全线设计汽车荷载:公路—Ⅰ级。设计洪水频率:特大桥1/300,其余为1/100。

桥面净宽:26m路基段对应小桥桥面净宽为2×11.5m,大、中桥2×11.75m;28m路基段对应小桥桥面净宽为2×12.5m,大、中桥2×12.75m;分离式断面桥梁与路基同宽,涵洞与路基同宽。

(5)隧道

行车道宽(0.5+2×3.75+0.5)m;行车道净高5m;检修道净宽0.75m;检修道净高

2.5m。

(6)路线交叉

互通式立体交叉设计标准:①三级交叉互通;②行车速度35～40km/h;③匝道宽度:单向单车道路基宽8.5m,路面宽7m(不含加宽值);单向双车道路基宽10.5m和12m,路面宽9m和10.5m。对向双车道路基宽度15.5m,路面宽13m。

路线交叉设计标准:①主线上跨各级公路的桥梁及通道净空高度;二级及二级以上公路5.0m,三、四级公路4.5m,汽车通道≥3.2m,拖拉机通道≥2.7m,人行通道≥2.2m;②主线下穿各级公路的净空高度均按5m控制。

3.工程内容及主要构造物

(1)建设主要内容

本项目全线设互通式立交6座:钟鸣枢纽互通(起点)、南陵西互通(K21+978.928)、南陵东互通(K31+489.593)、珩琅山互通(K44+335)、芜宣枢纽互通(K60+115.071)、宣城北互通(YK67+320)、宣广枢纽互通(K83+964.481)。预留乌霞寺互通(K11)和丁店互通(K80)2处。

全线设置2处服务区,4处匝道收费站,1处养护工区(位于南陵东互通立交),1处养护分中心(位于宣城北互通立交)。

全线设特大桥3座:漳河特大桥(K26+365～K28+777)、青弋江特大桥(K41+257～K43+253)、水阳江特大桥(K68+419～K75+148);设分离式隧道1处:营盘山隧道。

(2)路线中间控制点

乌霞寺风景区、桂山、南陵县城、珩琅山风景区、团山、营盘山、五星、丁店。

(3)主要被交叉道路

本项目主要被交道路有皖赣铁路、沿江高速公路、芜宣高速公路、宣广高速公路、S320、S216、G205、G318、S104、S322,与地方规划的二级、三级公路有10处交叉。

(4)路线跨越主要河流

经过的主要河流有资福河、后港河、漳河、青弋江、水阳江、双河。其中漳河、青弋江、水阳江为通航河流(规划为Ⅴ级航道)。

(5)隧道

全线仅营盘山隧道1处分离式隧道,左线长603m,右线长570m。

(6)收费站及服务区

全线设南陵西、南陵东、珩琅山、宣城北4处匝道收费站,设桂山服务区(运营后更名为南陵服务区)和凤凰山服务区(运营后更名为寒亭服务区)2处服务区。

4.征地拆迁

征地拆迁情况见表8-227。

征地拆迁情况统计表

表 8-227

项目阶段	征地拆迁安置起止时间	征用土地（亩）	拆迁房屋（m²）	支付补偿费用（元）	备注
一期	2013.4~2013.11	9652.8675	95511.347	379456711.9	红线内
二期	2014.3~2014.9	23.396	7764.753	3610756.15	新增红线内及改沟、改路和3m内红线外

5．项目投资

2006年1月16日，安徽省发改委《关于铜陵至南陵至宣城高速公路建设工程初步设计的批复》（发改设计〔2006〕48号），核定该项目的总概算为372011.22万元。

2013年4月3日，安徽省发改委《关于铜陵至南陵至宣城高速公路建设工程概算调整的复函》（发改设计函〔2013〕318号），核定该项目调整后的总概算为644946.94万元。

资金构成情况如下。

原概算：总概算为372011.22万元。其中：建安工程投资278426.71万元，设备及工具、器具投资4700.33万元，征迁费20743.88万元，建管费8848.40万元，研究试验费1900.00万元，前期工作费6973.44万元，贷款利息29596.32万元，预备费16079.64万元，新增加费用4742.50万元。费用全部由业主自筹。

复工后调整概算：总概算为644946.94万元。其中：建安工程投资425352.45万元，设备及工具、器具投资4353.85万元，建设其他费用（征迁费、建管费等）158322.75万元，预备费26940.99万元，新增加费用29976.92万元。费用全部由业主自筹。

6．开工及通车时间

（1）工程开工及停工时间

本工程于2006年5月28日开工，受资金链断裂等多种原因影响，2008年1月，项目全面停工。

（2）工程复工及通车时间

2007年，应铜陵、宣城两市政府要求，省政府经第15次省长办公会议研究决定，由安徽省交通厅牵头依法依规推进该项目移交省交通投资集团有限责任公司建设。2012年7月，省政府主要领导召集相关的市和单位开会，提出宣铜高速公路项目要尽快复工。后经多方协调，宣铜高速公路项目移交省交通投资集团有限责任公司建设。

2013年4月28日，省交通投资集团正式组织本项目复工。

2015年12月31日，本项目建成通车。

（二）决策研究

2004年11月21日，安徽省宣城市高等级公路建设管理有限公司、中基投资管理有限责任公司和安徽省铜陵市建设投资公司签订了《关于组建铜陵市铜宣高速公路建设投资有限责任公司发起协议书》,决定组建铜陵市铜宣高速公路建设投资有限责任公司,共同投资建设和经营管理该项目。

2005年10月19日,交通部以交函规划〔2005〕329号文出具了《关于宣城至铜陵公路建设项目核准的意见》。

2005年12月22日,国家发改委以发改交运〔2005〕2840号文《国家发展改革委关于安徽省铜陵至宣城公路项目核准的批复》核准本项目。

2006年1月16日,安徽省发改委以发改设计〔2006〕48号文《关于铜陵至南陵至宣城高速公路建设工程初步设计的批复》批复初步设计。

2008年1月,安徽省交通基本建设工程质量监督站下发《关于要求铜南宣高速公路停工整顿的通知》(皖交工监站〔2008〕3号),项目随即停工。

2010年11月,安徽省交通运输厅遵照省政府领导批示精神,牵头主持召开铜南宣高速公路复工专题协调会并开始现场勘验和资产审计工作。

2012年7月,铜南宣高速公路项目移交省交通投资集团公司建设。

2013年4月28日,全面复工续建。

其他相关批复:《关于铜宣高速公路建设用地预审意见的复函》(国土资预审字〔2005〕406号)、《关于安徽省铜陵—南陵—宣城高速公路工程水土保持方案的复函》(水保函〔2005〕400号)、《关于安徽省铜陵—南陵—宣城高速公路环境影响报告书的批复》(环审〔2005〕857号)、《国土资源部关于铜陵至宣城公路工程建设用地的批复》(国土资函〔2009〕686号)、《铜南宣高速公路移交工作专题会议纪要》(安徽省人民政府办公厅〔2012〕第116号)、《铜南宣高速公路项目移交协议》(铜陵市铜宣高速公路投资有限责任公司)、《安徽省发展改革委关于铜陵至南陵至宣城高速公路建设工程概算调整的复函》(省发改委皖发改设计函〔2013〕318号)、《关于铜南宣高速公路复工阶段缺陷修复及变更设计的批复》(省交通运输厅皖交建管函〔2013〕460号)。

(三)项目实施

1. 项目招标

(1)复工前

建设单位:铜陵市铜宣高速公路建设投资有限责任公司。勘察设计单位:安徽省交通规划设计研究院有限公司。施工单位14家;监理单位4家。

(2)复工后

建设单位:安徽省交通投资集团有限责任公司(2015年之后为安徽省交通控股集团有限公司)。监理单位11家;施工单位39家;试验检测单位5家;桥梁荷载试验检测单位

1家;交安及机电工程交工验收质量检测单位1家;技术咨询单位2家。

2. 项目管理

本工程由建设单位全面负责项目的管理,并由招标组建的总监办、驻地办组成两级监理机构,负责全线的工程质量、进度、投资、安全、环保、组织协调及信息管理等监理工作。沿线市、县(区)政府以及交通、土地、电力等部门成立地方指挥部,主要负责征地拆迁、移民安置、外部协调等工作。项目法人安徽交通控股集团有限公司于2015年12月12日组织了铜南宣高速公路工程交工验收。根据《公路工程质量检验评定标准》,项目工程质量综合评定得分为99.17分(不含复工前已完工程),工程质量评定等级为合格,同意交工验收并移交管养。

3. 重大事项

(1) 琅琊山互通预留工程转同步实施

琅琊山互通在铜南宣项目设计时为预留互通,项目复工后,应地方政府要求,省交通运输厅批复同意,决定琅琊山互通同步进行施工,增加变更投资约1500万元。

(2) 路基06标青弋江大桥34号墩承台施工方案变更

铜南宣项目复工设计图纸青弋江大桥34号墩承台已完成,但复工后的施工单位在施工时发现原施工单位并未施工,由于34号墩在青弋江主航道内水下施工,变更增加费用约40万元。

(3) 桥面径流收集系统

铜南宣项目桥梁多,在复工设计时未设计桥面径流收集系统,后根据环保要求增加桥面径流收集系统,变更增加投资约80万元。

(4) 铜南宣高速公路跨宣古大道路改桥工程

铜南宣高速公路项目在宣州区古泉镇蔡村附近设置芜宣互通式立交,互通主线及C匝道与宣城市规划的九连山路(宣古大道)交叉,经宣城市政府与省交投集团协商,在交叉处设置分离式立交桥,上跨规划的九连山路,变更增加投资1800万元。

4. 复杂技术工程

(1) 漳河大桥

主桥上部结构采用支腹板变截面三向预应力连续箱梁,跨径组合为40m+60m+40m,桥梁横断面为双幅单箱单室,全宽26m。引桥上部结构采用部分预应力混凝土组合箱梁,标准跨径为30m,引桥主要跨径组合为5×30m。

地形、地貌、工程地质条件如下。

桥位区地貌为沿江丘陵平原区,勘察表明,在钻探所达深度范围内,场地上部土层1层为填筑土,2~6层为第四系全新统冲积层;下伏基岩为第三系始新组双塔寺组泥质砂岩,桥位区附近无活动断裂经过,区域构造稳定性较好。

(2)青弋江大桥

主桥为35m+2×60m+35m预应力混凝土变截面直腹板连续箱梁,上部结构为双幅单箱单室箱形截面。引桥上部结构采用多孔一联的30m先简支后连续小箱梁。

地形、地貌、工程地质条件如下。

桥位地貌为青弋江河谷与丘陵相间的地貌格局。根据《中国地震动参数区划图》(GB 18306—2001),本区域地震动峰值加速度分区为0.05g(地震基本烈度为Ⅵ度),构造地质条件稳定。

(3)水阳江大桥

本桥横跨水阳江,主桥采用四孔70m主跨跨越大堤和主河槽,以满足通航、水利及堤防的要求。桥梁全长6708m,右幅6720m。

地形、地貌、工程地质条件如下。

地层从上至下依次为:亚黏土、亚砂土、亚黏土(轻)、中砂、软土、亚黏土、中砂、卵石土、圆砾土、角砾土、强风化泥质粉砂岩、全风化砂岩、弱风化砂岩。

(4)隧道

全线仅有1处隧道,为营盘山隧道。

隧道穿越Ⅴ、Ⅳ级围岩段,岩层节理裂隙较发育,隧道系统锚杆Ⅴ、Ⅳ级围岩选用中空有压注浆锚杆,锚杆必须设置垫板。二次衬砌采用模板台车泵送混凝土浇筑,锚杆为ϕ25中空有压注浆锚杆,壁厚5mm,单位质量小于2.5kg/m,杆体材料抗拉力不小于180kN,垫板厚6mm,尺寸为150mm×150mm。管棚为ϕ89管棚,壁厚6mm,单位质量12.28kg/m;小导管注浆压力为0.5~1.0MPa,管棚注浆压力为1~2MPa。

地形、地貌、工程地质条件如下。

营盘山隧道位于安徽省宣城市古泉镇敬亭村境内,穿过营盘山山体,为分离式隧道,进出洞口处方位角均为100°。左线洞身最大埋深约89.08m,位于ZK68+205里程处,右线洞身最大埋深约89.82m,位于YK68+005里程处。左幅进洞口段山坡总体坡向280°,隧道轴线与坡面基本正交,右幅进洞口段山坡总体坡向325°,隧道轴线与坡面斜交;左幅出洞口段山坡总体坡向155°,隧道轴线与坡面斜交,右幅出洞口段山坡总体坡向100°,隧道轴线与坡面基本正交。隧道进出口段地表由大气降水形成的面流顺坡向隧址区外排泄。进出洞口段和洞身段山体植被发育茂密,水土保持较好,多生竹及灌木。

(四)科技创新与成果

1.低高度、密肋式T梁的应用

铜南宣高速公路2~5标段20m跨径的简支桥梁采用了低高度密肋式T梁。与预应力混凝土空心板和小箱梁相比有如下优点,见表8-228。

低高度密肋式T梁与空心板和小箱梁比较　　　　表8-228

序号	项目	低高度密肋式T梁	空心板	小箱梁
1	工程造价	1	1.3	1
2	施工工艺	无内模,不需体系转换	需内模	需体系转换
3	吊装质量	1	1.35	1
4	垂直支撑	两个支座,支座不易脱空	支座易脱空,养护费用高	支座易脱空,养护费用高
5	横向连接	刚性连接	铰缝混凝土在运营中易脱落	刚性连接

2. 钉形水泥土双向搅拌桩的应用

铜南宣高速公路2、5、7标段软基段采用了"钉形水泥土双向搅拌桩"处理。

3. 原位施工台座、无吊装预制箱梁施工

南陵西互通JK0+203.594分离式立交桥为预制连续梁桥,总长70m。铜南宣高速公路下穿216省道。该段省道两边均为民房等,施工现场地域狭窄,无法设置预制场,并且本段省道是高路堤路段,如果在承包人预制场制作箱梁,无法运送到现场。经各方面共同研究,提出"原位施工台座无吊装预制箱梁"的施工方案,经实践检验,确认能够很好解决这一难题。

4. 堆土法桥梁拆除施工

水阳江大桥原施工单位已完成悬臂现浇2385m³,因质量问题需拆除桥梁上部结构,并且要确保桥梁下部结构安全。复工设计提出了"挂篮切割块段"方法,经分析,安全隐患太大且经济性差,施工周期长。有关专家提出了"爆破拆除方法",由于该桥位置离居民区近,爆破对周边居民影响较大也难以实施,后经多方面咨询并经专家反复论证,最后采用"堆土法"对桥梁进行拆除。

主要方法为从地面堆土至箱梁底部,再利用破碎机对上部结构破碎。通过有限元计算需要在特定块段用钢管支撑,减少桥墩水平推力。通过实践证明,利用堆土方法拆除桥梁降低了安全隐患,经济效益得到很大的提升。该方法操作简单易于实现,为拆桥工程提供可靠的施工方法。

5. 沥青混凝土路面PR抗车辙添加剂应用

铜南宣高速公路长大纵坡路段沥青混凝土路面,采用PR抗车辙添加剂。PR添加剂主要特点是显著提高沥青混合料高温抗车辙能力。

6. 隧道施工门禁系统的应用

该系统集视频监控系统、施工人员考勤、区域定位、安全预警、灾后急救、日常管理等功能于一体,使管理人员能够随时掌握施工现场人员、设备的分布状况及每个人员和设备的运动轨迹,便于进行更加合理的调度管理以及安全监控管理。

7.智能张拉压浆系统的应用

提高了张拉力精度,具有自动测量,及时校核,与张拉力同步控制,真正实现了张拉应力与伸长量"双控"效果,避免了传统手工张拉过程预应力损失大等缺点,进一步提高了预制预应力箱梁施工质量。

8.预制梁场采用滑触排架供电系统

该系统具有使用安全、节能环保、寿命长、易于维护、安装简单等优点,在使用时比较方便,外壳绝缘性能好,有很好的可靠性,散热能力非常好,定向性能可靠,对接触电弧和串弧有很好的控制作用,不会产生导线过热从而引发供电事故。

(五)运营与养护

铜南宣高速公路沿线共设置2处服务区:桂山服务区(K16+458),建筑面积7840m^2,凤凰山服务区(K50+600),建筑面积7840m^2;另有1处养护工区,4处匝道收费站,见表8-229。

收费站点设置情况表　　　　表8-229

站点名称	车道数	收费方式
南陵东站	8条(3入5出)	MTC:6条(2入、4出) ETC:2条(入、出各1条)
南陵西站	8条(3入5出)	MTC:6条(2入、4出) ETC:2条(入、出各1条)
珩琅山站	8条(3入5出)	MTC:6条(2入、4出) ETC:2条(入、出各1条)
宣城北站	10条(4入6出)	MTC:7条(2入、5出) ETC:2条(入、出各1条) 自动发卡:1条(1入)

十、S32宣铜(宣城—铜陵)高速公路合福铁路铜陵长江公铁大桥公路接线段

(一)项目概况

铜陵长江公铁大桥位于长江下游荻港水道,是合福铁路跨越长江的关键性工程,大桥主跨630m,是目前世界已建成的最大跨度的公铁两用桥。其中,铁路桥通行合福铁路客运专线双线和庐江至铜陵Ⅰ级铁路双线,公路桥位于铁路桥上方,采用六车道高速公路标准。合福铁路铜陵长江公铁大桥公路接线项目是铜陵长江公铁大桥的公路接线工程,建成后提供了又一条由铜陵过江的快速通道,对缓解铜陵长江公路大桥交通压力具有重要意义。在安徽省路网中,本项目为S32(宣铜高速公路,又称铜南宣高速公路)的一部分。

宣铜高速公路合福铁路铜陵长江公铁大桥公路接线段(一)

宣铜高速公路合福铁路铜陵长江公铁大桥公路接线段(二)

本项目路线全长 40.607km,分为北岸接线和南岸接线。北岸接线位于芜湖市无为县境内,路线起于无为县赫店镇,接在建的北沿江高速公路巢湖至无为段,止于高沟镇,接长江大桥北岸引桥 N21 号墩,北岸接线长 25.501km;南岸接线位于铜陵市义安区境内,起点位于东联乡,接长江大桥南岸引桥 S13 号墩,终点位于钟鸣镇,接 G50 沪渝高速公路及铜南宣高速公路,南岸接线长 15.106km。

铜陵长江公铁大桥主桥全长 2.488km,采用(90＋240＋630＋240＋90)m 钢桁斜拉桥,采用阻尼约束体系,由京福铁路客运专线安徽有限责任公司负责建设,运营阶段京福公司将主桥公路部分移交芜铜公司运营管理。

1. 参建单位

合福铁路铜陵长江公铁大桥公路接线项目建设单位为安徽芜铜长江高速公路有限公司。芜铜公司系 2012 年 9 月根据安徽省政府文件批示,由省政府(出资人代表为安徽省投资集团有限公司)、芜湖市政府(出资人代表为芜湖市交通投资公司)、铜陵市政府(出资人代表为铜陵市交通投资公司)三方共同出资组建的国有合资公司,开创了安徽省高速公路建设省、市共建,以省为主的合作新模式。芜铜公司于 2013 年 5 月 16 日顺利注册成立,注册资金 29.213 亿元。

公司严格按照现代企业制度要求,不断完善法人治理结构。目前,公司设有董事会、监事会和经营层,下设办公室、项目管理部、投资管理部、财务管理部和运营管理部。公司领导班子主要成员均由三方股东委派,主要技术和项目管理人员通过社会招聘形成,负责合福铁路铜陵长江公铁大桥公路接线项目投融资、建设和运营全过程管理。

项目主要参建单位见表 8-230。

合福铁路铜陵长江公铁大桥公路接线项目主要参与建设单位汇总表　　　表 8-230

序号	参建单位	单位名称	起止桩号	项目负责人
1	项目管理单位	安徽芜铜长江高速公路有限公司	K0+000～K43+095.352	曾勇
2	勘察设计单位	安徽省交通规划设计研究院有限公司	K0+000～K43+095.352	王耀明
3	监理单位	安徽省公路工程建设监理有限公司	K0+000～K43+095.352	朱立地
4	试验检测单位	安徽省高速公路试验检测科研中心	K0+000～K43+095.352	杨道明
5	路基施工单位	安徽省交通建设有限责任公司	K0+000～K9+540	豆德存
		中铁四局集团有限公司	K9+540～K15+135	李云峰
		中铁十二局集团有限公司	K15+135～25+501.573	王春景
		中铁大桥局股份有限公司	K27+989.658～K36+962	卢海明
		中铁二十四局集团有限公司	K36+962～K43+095.352	张著文
6	路面施工单位	北京城建道桥建设集团有限公司	K0+000～K25+501.573	王水彬
		北京市政路桥股份有限公司	K27+989.658～K43+095.352	侯巨伟

2. 技术标准

(1) 公路等级、里程及地形类别

本项目全线采用高速公路标准建设,路线全长 40.607km。本项目地貌单元为沿江低山丘陵平原区,工程沿线地形起伏较大,地形总趋势表现为南北两端高、中部低的特点,地形变化与地貌变化相一致,地面高程 6～110m,最高点位于路线终点附近西侧岗地,地面高程 110m;最低点位于长江河漫滩,地面高程 6m 左右。

(2) 主线行车速度

主线行车速度为 100km/h。

(3) 路基、路面

本项目全线路基宽度分为26m、33.5m两种,具体如下:

①高沟互通终点至铜陵北互通起点段(K16+332~K25+501.573、K27+989.658~K32+321段)采用六车道,路基宽度33.5m;

②其余路段(K0+000~K16+332、K32+321~K43+095.352段)采用四车道,路基宽度26m。

主线和匝道路面采用沥青混凝土路面,收费广场路面采用水泥混凝土路面。

(4)桥梁、涵洞

全线设桥梁20747.41m/15座、分离式立交408m/3座、互通式立交5处(含1处预留互通),桥梁长度为25.062km(含分离式立交及互通主线桥),桥梁占路线比例为61.72%。涵洞25道,共长974.12m。

(5)路线交叉

本项目共设置互通式立交5处,其中枢纽互通式立交2处,塔桥枢纽(部分预留)、钟鸣枢纽;一般式互通立交3处,无为西互通(预留)、高沟互通、铜陵北互通。各互通式立交分布情况见表8-231。

互通式立交分布一览表　　　　表8-231

序号	互通式立交名称	桩号	形式	距离(km)
1	塔桥枢纽互通	K0+000	部分苜蓿叶十字枢纽	
2	无为西互通(预留)	K5+671.5	单喇叭A型	5.672
3	高沟互通	K15+668.338	单喇叭B型	9.997
4	铜陵北互通	K32+858.007	单喇叭B型	17.190
5	钟鸣互通	K41+588.48	部分苜蓿叶十字枢纽	8.730

项目起点塔桥枢纽互通式立交距离在建的北沿江高速公路无为北互通式立交14.6km;终点钟鸣枢纽互通式立交距离铜南宣高速公路南陵西互通式立交20km,与相邻高速公路的互通式立交间距合理。

3.工程内容及主要构造物

(1)建设主要内容

建设内容包含路线范围内的路基工程、路面工程、桥涵工程、交安工程、机电工程、绿化工程、环保工程、附属房建工程等。

(2)路线中间控制点

起点(刘家庄附近)、十里、姚沟、高沟、皖电东送特高压路径、合福铁路铜陵长江公铁大桥、宁安铁路、终点(铜陵县钟鸣镇东)。

(3)路线跨越主要河流

本项目沿线主要交叉河流见表8-232。

第八章 高速公路建设项目

沿线主要交叉河流 表8-232

河流名称	交叉位置	备注
西河	K10+070	Ⅴ级航道
永合河	K31+940	无通航要求

(4)桥梁

项目全线桥梁分布情况见表8-233。

全线桥梁一览表 表8-233

桥梁名称	里程桩号	桥梁长度(m)	跨径组合	上部结构形式	分类
小赵桥	K3+230	106.00	4×25	预制箱梁	大桥
K3+523分离式立交	K3+523	26.03	1×16	预制T梁	小桥
小汪河桥	K3+830	106.00	4×25	预制箱梁	大桥
K4+154分离式立交	K4+154	28.03	1×16	预制T梁	小桥
K5+160.5分离式立交	K5+160	356.00	14×25	预制箱梁	大桥
K9+170车行天桥	K9+170	66.00	2×30	现浇连续箱梁	中桥
西河特大桥	K10+305	1528.00	17×25+55+90+55+36×25	预制箱梁	特大桥
K12+643.715特大桥	K12+644	3151.43	50×25+20.286+2×25+2×20.286+3×25+20.286+25+20.286+66×25	预制箱梁	特大桥
K14+677.215大桥	K14+677	915.57	33×25+20.286+2×25+20.286	预制箱梁	大桥
高沟互通主线桥	K15+733	1197.00	20+19×25+21+30+26+25×25	预制箱梁	特大桥
乔安特大桥	K17+019	1375.00	55×25	预制箱梁	特大桥
桃园特大桥	K18+844	2274.57	3×25+20.415+25+2×20.415+2×25+2×20.415+2×25+2×20.415+2×25+20.415+68×25+20.415+2×25+2×20.415+2×25+20.415	预制箱梁	特大桥
老村特大桥	K21+332	2700.00	108×25	预制箱梁	特大桥
合兴特大桥	K24+092	2820.01	50+90+50+63×40+35+40+35.11	预制T梁	特大桥
复兴桥	K28+327	675.00	35+16×40	预制T梁	大桥
K29+444.658特大桥	K29+445	1560.00	39×40	预制T梁	特大桥
K31+195.079特大桥	K31+195	1940.84	64×25+2×20.421+12×25	预制箱梁	特大桥
铜陵北互通主线桥	K32+781	1231.00	22+3×30+20×25+21+25+21+2×26+20×25	预制箱梁	特大桥
永和河桥	K34+105	1410.00	28×25+20+25+2×20+25×25	预制箱梁	特大桥
K35+940车行天桥	K35+940	104.00	18+2×32+18	现浇连续箱梁	大桥
K37+205大桥	K37+205	156.00	6×25	预制箱梁	大桥
牧冲小桥	K39+266	22.00	1×16	预制T梁	小桥

续上表

桥梁名称	里程桩号	桥梁长度（m）	跨径组合	上部结构形式	分类
钟鸣互通主线桥	K41+195	1425.00	35+60+35+4×25+9×30+3×29+3×31+27+6×30+4×25+22.5+23+11×35	预制箱梁	特大桥
K42+223中桥	K42+223	53.54	3×13	预制空心板	中桥
YJK40+803中桥	K40+803	39.00	3×13	现浇连续箱梁	中桥
YJK42+256.000中桥	K42+256	39.00	3×13	现浇连续箱梁	中桥

(5)收费站及服务区

全线共设铜陵北、无为南2处收费站和1处襄安服务区,襄安服务区目前暂未开通。无为南收费站3进4出,5个单向收费亭、1个双向收费亭、7台收费设备。铜陵北收费站4进6出,8个单向收费亭、1个双向收费亭、11台收费设备(含1台自动发卡设备)。预留无为西互通出入口,与省道S319二军路相交。

4.征地拆迁

项目征地拆迁情况见表8-234。

征地拆迁情况统计表　　　　表8-234

征地拆迁安置起止时间	征用土地（亩）	拆迁房屋（m²）	支付补偿费用（元）
2013.6~2015.6	3251	107781	358062812.9

5.项目投资

(1)投资规模、资金来源

合福铁路铜陵长江公铁大桥公路接线项目概算总投资为51.33亿,项目资本金19.1亿元,项目资金来源为业主自筹加银行贷款(表8-235)。

合福铁路铜陵长江公铁大桥公路接线资金来源情况(单位:万元)　　　表8-235

资金来源	2013年		2014年		2015年		2016年		合计	
	计划数	实际数	计划数	实际数	计划数	实际数	计划数	实际数	计划数	实际数
项目资本金	113600	113600	54700	54700	16800	16800	8000		193100	185100
银行贷款			80000	80000	135000	135000	105100	31000	320100	246000
合计									513200	431100

(2)概算执行情况

本项目初步设计概算批复总额为51.32亿元,其中工程建设费38.42亿元,建安工程其他费10.05亿元,设备购置及其他费2.86亿元。截至2016年底,根据项目进展及投资统计情况,工程建设费完成概算投资36.46亿元,建安工程其他费完成投资6.7亿元;设备购置及其他费完成投资 0.02 亿元。

6.开工及通车时间

本项目于 2013 年 9 月 29 日正式开工建设,根据工程总体计划安排,2013 年重点实施征地拆迁、路基和桥梁下部结构,2014 年重点实施路基和桥梁工程,2015 年重点完成路面、交安、机电及附属工程。2015 年 11 月 20 日项目基本完工,2015 年 12 月 31 日建成通车,无为到铜陵的行车时间从 2 小时缩短至 70 分钟。

(二)决策研究

本项目严格执行了交通基本建设程序,从预可行性研究、工程可行性研究、初步设计、施工图设计、工程施工、监理招投标及工程开工报告的审批,各个环节手续齐全,具体如下:

2012 年 8 月,安徽省发展和改革委员会以皖发改基础函〔2012〕856 号文下发了《安徽省发展改革委关于合福铁路铜陵长江公铁大桥公路接线工程立项的批复》,同意实施合福铁路铜陵长江公铁大桥公路接线工程;

2012 年 11 月,安徽省发展和改革委员会以皖发改基础函〔2012〕1185 号文下发了《安徽省发展改革委关于合福铁路铜陵长江公铁大桥公路接线工程可行性研究的批复》;

2013 年 3 月,安徽省发展和改革委员会以皖发改设计函〔2013〕266 号文下发了《安徽省发展改革委关于合福铁路铜陵长江公铁大桥公路接线初步设计的批复》;

2013 年 7 月,国土资源部以国土函〔2013〕509 号文下发了《国土资源部关于合福铁路铜陵长江公铁大桥公路接线工程建设用地的批复》;

2013 年 8 月,安徽省交通运输厅以皖交建管〔2013〕143 号文下发《安徽省交通运输厅关于合福铁路铜陵长江公铁大桥公路接线施工图设计的批复》。

(三)项目实施

1.项目招标

(1)设计招标

2012 年 11 月 19 日发布合福铁路铜陵长江公铁大桥公路接线工程勘察设计及勘察设计咨询招标公告。2012 年 12 月 8 日完成开标。勘察设计 01 标中标单位为安徽省交通规划设计研究院有限公司;勘察设计咨询 02 标中标单位为湖南省交通规划勘察设计院。

(2)施工招标

路基及路面工程施工公开招标,资格审查采用资格预审方式。路基工程施工划分为 5 个标段,路面工程施工划分为 2 个标段。

路基工程施工招标于2013年5月16日发布招标预审公告,2013年5月27日完成资格预审,2013年6月20日完成评标。路面工程施工招标于2014年6月30日发布预审公告,2014年7月14日完成资格预审,2014年8月6日路面工程完成评标。

(3)监理招标

2013年1月25日发布施工监理招标公告;2013年3月12日完成开标。施工监理中标单位为安徽省公路工程建设监理有限责任公司。

2.项目管理

(1)组织机构

工程建设管理由合福铁路铜陵长江公铁大桥公路接线项目建设办公室(以下简称"项目办")负责,项目办有员工25人,内设协调办、工程部、安环部、计合部、财务部和综合部。

项目建设办公室组织结构图

(2)质量管理

严格实行"企业自检、社会监理、业主管理、政府监督"的四级质量管理体系。各参建单位加强企业自检力度。实行二级监理组织机构。加强标准化建设管理、安全管理、进度管理、投资管理、资料档案管理。

(3)交工验收工作情况

本项目主体建设内容于2015年11月30日完工,建设单位组织监理、施工单位完成了工程质量评定,检测单位进行了检测。项目法人成立了由交通主管、质量监督、公安交警、安监、路政、建设、设计、施工、监理、运营、养护管理等单位代表组成的交工验收委员会。主体工程于2015年12月21日通过交工验收;交安工程于2015年12月31日通过交工验收;房建工程于2016年5月通过交工验收;机电工程于2016年8月通过交工验收。项目于2015年12月31日通车运营。

3.重大事项

2012年11月12日下午,省投资集团公司与芜湖市、铜陵市合作建设高速公路、铁路项目签约仪式成功举行。

第八章
高速公路建设项目

合作建设高速公路、铁路项目签约仪式

4. 复杂技术工程

复杂技术工程主要为合兴特大桥。

(1)工程概况

合兴特大桥位于安徽省芜湖市无为县高沟镇,是合福铁路铜陵长江公铁大桥北岸接线控制工程,设计中心桩号为K24+091.562,桥梁跨径布置为(50+90+50)m连续箱梁+63×40m预制T梁+(35+40+35.011)m现浇箱梁,桥梁全长2820.011m。

(2)技术特征及难点

①上部结构

a. 第一联(50+90+50)m连续梁跨越无为大堤(一级堤防),大堤顶设有X150县道,采用悬臂法施工。该桥型跨越能力大,受力合理,结构整体性能好,桥面连续行车舒适,梁底为二次抛物线,造型简洁且不失美感。主梁采用C50混凝土,三向预应力结构,梁底曲线为二次抛物线,主墩支点处梁高为5.5m,主跨跨中梁高为2.4m,可有效减小建筑高度,提高桥下净空,视野开阔,行车安全。

最后一联(35+40+35)m现浇连续梁与铜陵长江公铁大桥N21号桥墩相接,桥位墩高47m,梁宽16.5m,高2.6m,单幅分3次浇筑完成,高墩支架现浇安全风险极大。

b. (50+90+50)m连续梁采用悬臂法施工,桥梁按单箱双室设计,桥面宽16.5m,墩顶高5.5m。难点在于:0号段钢筋密集,预应力钢筋密集,因桥梁为预应力结构,对预应力管道的安装及定位要求极高。桥梁采用先边跨后中跨合龙方法,合龙要求两端高程控制在2cm范围内,要求较高,因此采用了全程线形监控办法。

c. (35+40+35)m支架现浇连续梁墩高47m,单幅分3次进行浇筑,单次浇筑混凝土近600m^3,对支架设计和安装提出了极高的要求,在施工过程中,严格控制支架安装质量,必须确保满足设计施工要求。

② 下部结构

a. (50+90+50)m 连续梁主墩桩基础直径 2.2m,桩长 55m,施工时必须保证一次性成桩,因桥梁位于长江围区,地质条件较差且复杂,确保桩基一次性成桩合格为项目难点。

b. (35+40+35)m 支架现浇连续梁主墩为变截面空心薄壁桥墩,墩身宽度 9.5m,墩身厚度两侧均采用 80∶1 的渐变率,墩顶厚度 2m,墩底厚度 3.1m。施工难点在于桥墩较高,施工截面较大,内腔空间较小,对模板加固带来困难。因此,施工中对混凝土配合比和浇筑分层厚度进行严格控制,确保墩柱成型质量。

(四)科技创新与成果

一是综合运用先进的电子、信息、通信、传感与检测、自控等技术,实现路况信息智能研判和基于车载智能信息终端的高速公路车辆位置信息显示系统,形成完善的软件平台系统建设。实现高速公路行驶车辆能够利用开发出的新产品——车载智能信息终端,在恶劣气候条件下实时了解周围车辆位置信息,达到全天候安全行驶;实现利用路况信息智能研判得到交通状况异常信息和天气状况异常信息,交通管理工作人员根据对应的应急预处理方案以可变情报板、短信和数字型可变限速标志的方式,为交通出行者提供路况信息,为出行提供便利,引导交通流,减少交通拥堵情况;实现指挥中心软件平台系统建设,使人、车、路更加协调地结合在一起,建立一种实时、准确、高效的管理体系。开发的"北斗 RTK 系统 V1.0""北斗车载导航系统 V1.0"获得了计算机软件著作权;"车载定位系统通信装置""具有串口转 wifi 模块的车载定位装置"和"一种车载定位装置"获得实用新型专利;"智能车载定位终端及定位方法"和"封闭快速道路监测系统及监控数据处理方法"两项发明专利正处审查阶段。

二是通过对桥面防水黏结层材料展开深入研究,并且提出桥面防水黏结层的实用检测技术,使其既为桥面板提供防止湿气的无渗透性屏障,又能将铺装层与桥面板黏结成一个整体,充分发挥铺装层与桥面板的复合作用,改善桥面板与铺装层的受力情况。结合水性聚氨酯环氧树脂材料等技术,可以考虑开发实现水性聚氨酯环氧沥青等高性能桥面防水黏结层材料技术,实现水泥混凝土桥面防水黏结技术的改进与提高。

三是通过对软土地基上高速公路桥梁设计与施工关键技术研究,对全线桥梁桩长进行核算,在保证安全的前提下并经设计单位同意减短桩长。此外,本项目区域分布沿江河漫滩河湖相沉积软土,软土厚度大,灵敏度高,渗透系数小,固结速率慢,总沉降大。长期以来,深厚层软土路堤的工后沉降问题(特别是桥头、结构物段的跳车问题)一直是长期困扰业主、设计人员的重要技术问题。本项目最终提出了钉形双向搅拌桩、大直径薄壁管桩(PCC)等综合处理方案,为工程节约了 620 多万元,并解决了施工中出现的多项技术难题,确保了工程质量,保证了工程进度。相关研究成果还成功应用于芜湖长江公路二桥引桥、淮南淮河二桥等多个大跨径桥梁的抗震设计工作,取得了显著的社会经济效益。《基于性能的安徽省高速公路桥震抗震性能评估方法研究》科研项目获得了2015年第四届安徽省公路学会交通科技一等奖;《软土及可液化地基上高速公路桥梁优化设计关键问题研究》科研项目获得了2015年第四届安徽省公路学会交通科技二等奖。

(五)运营与养护

1. 服务区和收费站点设置

合福长江公铁大桥公路接线项目全线设2处收费站,其中铜陵北站位于铜陵市义安区钟鸣镇桐城中路,无为南站收费入口位于无为南高新大道与芜铜高速公路交界口。

服务区设置:由于与本项目相交的北沿江高速公路巢无段尚未通车,襄安服务区未与本项目同步开通,计划于2017年底与北沿江高速公路巢无段同步开通。

2. 交通流量发展状况

2016年两站出入口共计车流量992325辆。其中,无为南车流量570985辆,占总车流量的57.54%;铜陵北车流量421340辆,占总车流量的42.46%;客车车流量646949辆,占总车流量的65.2%;货车车流量212897辆,占总车流量的21.45%;免费车流量19889辆,占总车流量的2%;特殊车流量112590辆,占总车流量的11.35%。

2016年,两站客车总车流量646949辆,日平均交通量1772辆,其中,一型车633184辆,日平均交通量1734辆;二型车5416辆,日平均交通量15辆;三型车2929辆,日平均交通量8辆;四型车5420辆,日平均交通量15辆。具体内容见表8-236。

2016年无为南站与铜陵北站总车流量(单位:辆) 表8-236

2016年	一型车	二型车	三型车	四型车
1季度	138105	1200	517	1827
2季度	147390	1261	539	1107
3季度	175252	1386	767	1163
4季度	172437	1569	1106	1323
合计	633184	5416	2929	5420

目前,本项目车流主要为无为县居民南下以及南部车流过江前往无为。项目起点段的15km尚未连接路网,未实际运营。随着北沿江高速公路巢无段建成通车,以及干线公路路网结构将进一步优化,本项目的车流量将会逐步增加,从而促进公司建设项目投资回收,使芜铜公司运营路段发展前景更加美好。

3. 养护管理

本项目养护里程43.095km(含铜陵长江公铁大桥公路主桥2.488km),养护工区正在建设。公司养护管理职能部门通过巡查、检修等手段进行养护管理,同时,通过招标形式确定小修养护单位和机电维护单位。在养护管理上坚持预防性养护原则,开展日常检查;坚持路面、桥梁养护为重点;确保工程养护的及时性;加强安全生产教育,确保无责任性事故。

十一、S38 东彭(东至—彭泽)高速公路东至至九江安徽段

(一)项目概况

东至至九江高速公路安徽段是安徽省"四纵八横"高速公路网规划中"横七"(南京—九江公路)的重要组成部分,是安徽省南沿江高速公路的最西段,列入了交通运输部《促进中部地区崛起公路水路交通发展规划纲要》,是皖江产业转移示范区的重要基础设施之一。目前,南沿江高速公路马鞍山—芜湖—铜陵—池州—安庆(池州大渡口)—东至段已经建成通车;东至—望东长江公路大桥段(即望东长江公路大桥南岸接线)也已开工建设,与本项目相连的江西省彭泽至湖口高速公路已建成,本项目的实施,是促进中部地区崛起、实施安徽省东向发展战略、促进区域经济一体化的重要举措,对构筑沿江城镇群,强化池州地区与马芜铜经济圈的紧密联系,加快香隅工业园区与周边城镇的整合,促进沿江区域化工业快速发展,加快皖江地区整体开发开放具有重要意义。本项目全线均位于东至县境内,对地方投资环境的改善及经济的快速发展具有较大的推动作用。

东彭高速公路东至至九江安徽段

1. 参建单位

项目建设单位为安徽省高速公路控股集团有限公司。

项目主要参建单位见表 8-237。

2. 技术标准

(1)公路等级、里程及地形类别

公路等级为全封闭、全立交的四车道平原微丘区高速公路。全线设置了完善的通信、监控和收费系统,以及安全设施和照明、绿化、房建等服务设施。

S38 东彭(东至—彭泽)高速公路东至至九江安徽段主要参与建设单位汇总表　　表8-237

序号	参建单位	单位名称	合同段编号及起止桩号	主要负责人	备注
1	项目管理单位	安徽省高等级公路工程建设指挥部	K0+600~K11+402.188	陈政平	
2	勘察设计单位	江苏省交通科学研究院股份有限公司	路基、路面、绿化、交安、房建、机电设计	王家强	
3	施工单位	中铁十局集团有限公司、江苏省交通科学研究院股份有限公司、安徽恒通交通工程有限公司	路基、路面、绿化、交安及设计	陈明刚	
		安徽方圆建设有限公司	房建工程标:香隅服务区、收费站	张宝	
		无锡市德林环保工程有限公司	香隅服务区污水处理	曹斌	
		合肥市园林建设有限公司	香隅服务区绿化	潘方	
		安徽省现代交通设施工程有限公司	收费站钢结构雨篷	杜洁	
		中国南海工程有限公司	香隅服务区油罐油路管道安装	王兴生	
		安徽日环消防科技有限公司	香隅服务区、收费站消防供水设备	姜山	
		安徽圆明基建筑装饰工程有限公司	香隅服务区、收费站二次装饰	丁俊梅	
		安徽电信工程有限责任公司	通信管道	许天翔	
		中海网络科技股份有限公司	机电工程	朱林泉	
4	监理单位	安徽省高等级公路工程监理有限公司	路基、路面、绿化、交安、机电	徐长生	
		安徽恒泰工程咨询有限公司	房建监理:香隅服务区、收费站	赵晖	

路线起点接望(江)东(至)长江公路大桥南岸接线,设置香隅枢纽互通式立交。终点接已建的江西省彭泽至湖口高速公路赣皖界至彭泽段,路线全长11.402km,其中K0+000~K0+600段计入望东长江大桥南岸接线项目,实际实施里程10.802km。

项目位于东经116°47′~116°52′,北纬30°0′~30°03′之间。地形总的趋势是南高北低,山坳和低山丘陵区,地势起伏较大,高程在40~300m之间,北部为丘陵平原区。本项目在自然区划中处于Ⅳ2区。

(2)主线行车速度

主线行车速度为100km/h。

(3)路基、路面

主线路基宽26m,横断面为2×(0.75m预制块路肩+3m硬路肩+7.5m行车道+0.75m路缘带)+2m中央分隔带,路面宽22.5m。匝道单向单车道路基宽8.5m,对向双车道有分隔带路基宽度16m。路基设计洪水频率1/100。路面首次采用沥青混凝土结构,标准轴载 BZZ-100。

(4) 桥梁、涵洞

汽车荷载等级:公路—Ⅰ级。设计洪水频率:特大桥 1/300,大、中、小桥及涵洞 1/100。桥面净宽:大、中桥为 2×11.75m,小桥 2×11.5m。涵洞与路基同宽。

(5) 路线交叉

主线上跨各级公路的桥梁及通道净空高度:二级及二级以上公路净高 5.0m,三、四级公路 4.5m,汽车、收割机通道≥3.5m,拖拉机通道≥2.7m,人行通道≥2.2m。

主线下穿各级公路的净空高度均按 5.0m 控制。

3. 工程内容及主要构造物

(1) 建设主要内容

路基土石方 185 万 m^3。大桥 896.70m/4 座,中小桥 70.04m/1 座,分离式立交桥 56.16m/2 座,车行天桥 72.04m/1 座,涵洞 22 道,通道 18 道。主要材料核定为:木材 1037.58m^3;钢材 5563.6t;水泥 28000t;石油沥青 6196.78t。

(2) 路线中间控制点

香隅镇规划、化工园固废中心以及沿线水库、村庄等敏感点。

(3) 路线跨越主要河流

香隅河、后港河,河流均无通航要求。

(4) 桥梁

本项目有大桥 4 座,中桥 2 座,小桥 1 座。具体各桥梁汇总信息见表 8-238。

项目桥梁汇总表　　　　表 8-238

序号	名　　称	桥长(m)	主跨径(m)	结构形式	备注
1	香隅河桥	182	30	简支预应力连续梁	
2	潘冲一号桥	336	30	简支预应力连续梁	
3	潘冲二号桥	186	30	简支预应力连续梁	
4	后巷河桥	192.7	30	简支预应力连续梁	

(5) 收费站及服务区

全线设香隅主线收费站 1 个,香隅服务区 1 对。

4. 征地拆迁

本项目征迁工作于 2012 年 5 月开始,2012 年 11 月全线征迁工作结束,共征用土地 1180.266 亩,房屋拆迁面积 3258m^2,土地及附属物补偿费用为 3278.8391 万元。

5. 项目投资

(1) 投资规模、资金来源

本项目投资概算为 5.5279 亿元,项目资本金 1.38 亿元,占总投资的 24.96%,其余资金由银行贷款。

(2)概算执行情况

本项目基本建设支出 4.52 亿元,与批复的概算总投资 5.5279 亿元相比,较概算节约 1.0079 万元,对比概算节约比例 18.23%。

6. 开工及通车时间

2012 年 10 月 16 日正式开工,2015 年 12 月 30 日全线建成通车。

(二)决策研究

为创新公路建设管理模式,进一步提高设计和施工质量,节约资源,控制工程造价,根据 2006 年 12 月交通部下发的《关于开展公路工程项目设计施工总承包试点工作的通知》(交公路发〔2006〕702 号),安徽省高速公路总公司为探索适合省情的公路工程设计施工总承包管理模式,在东至至九江公路安徽段工程建设项目开展设计施工总承包试点工作。2009 年 7 月,安徽省高速公路总公司向省交通运输厅发出《关于开展东九高速公路工程项目设计施工总承包试点工作的请示》(皖高路建〔2009〕24 号)的请示,省交通运输厅于 2009 年 8 月以《关于东至至九江高速公路安徽段工程设计施工总承包的意见》(皖交基函〔2009〕431 号)正式批复。

(1)安徽省发展和改革委员会《关于东至至九江高速公路立项问题的复函》(发改交通函〔2008〕719 号);

(2)2009 年 10 月 14 日,安徽省国土资源厅《关于东至至九江高速公路安徽段建设用地预审意见的函》(皖国土资函〔2009〕1689 号);

(3)2009 年 10 月 14 日,安徽省水利厅《关于东至至九江高速公路安徽段工程水土保持方案的批复》(皖水农函〔2009〕1106 号);

(4)2009 年 10 月 20 日,安徽省国土资源厅《关于印发东至至九江高速公路安徽段沿线压覆矿产资源储量调查评估报告评审意见书》(皖国土资函〔2009〕1730 号);

(5)2009 年 10 月 29 日,安徽省地震局《关于东至至九江高速公路安徽段香隅河大桥工程场地地震安全性评价报告的批复》(皖震安评〔2009〕149 号);

(6)2009 年 12 月 18 日,安徽省环境保护厅《关于东至至九江高速公路安徽段工程环境影响报告书批复的函》(环评函〔2009〕603 号);

(7)2010 年 3 月 23 日,安徽省发展和改革委员会《关于东至至九江公路安徽段可行性研究报告的批复》(发改基础〔2010〕234 号);

(8)2010 年 7 月 26 日,安徽省发展和改革委员会《关于东至至九江高速公路安徽段初步设计的批复》(皖发改设计函〔2010〕475 号);

(9)2012年8月16日,安徽省交通运输厅《关于东至至九江高速公路安徽段施工图设计的批复》(皖交建管〔2012〕225号)。

(三)项目实施

1. 项目招标

(1)设计施工总承包招标

受安徽省高等级公路工程建设指挥部委托,华杰工程咨询有限公司编制了招标文件。2010年9月27日,安徽省高等级公路工程建设指挥部在中国招标与采购网和安徽省交通运输厅网站、安徽省高速公路总公司网站和安徽省高等级公路工程建设部网站发布了本项目设计施工总承包项目招标公告,联合体中铁十局集团有限公司(联合体主办人)、江苏省交通科学研究院股份有限公司(联合体成员一)、安徽恒通交通工程有限公司(联合体成员二)中标。

(2)监理招标

本项目所有监理单位均采用公开招标方式确定中标单位。其中路基路面监理单位1个,其他监理单位1个。

2. 项目管理

(1)管理机构

安徽省高等级公路工程建设指挥部。

(2)质量保证体系

本项目是省内第一个实行设计施工总承包模式的高速公路项目,项目设计、路基路面施工统筹安排,关键工序衔接顺畅,加快了施工进度,实现了"节约资源、控制造价"的目标;高度重视质量、安全管理工作,编写下发了《东九高速公路标准化施工指南》《东九高速公路安全管理办法》,因地制宜、多措并举,工程实体内外在质量取得了良好成效,实现了安全生产目标。

(3)竣(交)工验收情况

根据《公路工程竣(交)工验收办法》的规定,建设单位于2014年12月26日组建了东至至九江高速公路安徽段交工验收委员会,经交工验收委员会审议后,主体工程质量综合评定得分为97.2分,质量评定为合格。同意主体工程交工验收。

(四)科技创新与成果

本项目在安徽省首次采用桥梁工程预应力数控张拉压浆技术,科学发展引领高速公路建设,提升高速公路建设质量、使用功能和进一步实现节能降耗,东九高速公路预应力施工采用智能控制及真空压浆技术,有效控制了预应力张拉力及伸长量的精确控制,防止张拉力不够或超张拉,减少人为因素。采用真空压浆技术,经现场试验,确保注浆后孔道浆体饱满。

智能张拉

(五)运营与养护

东至至九江高速公路安徽段工程共设 1 个收费站点,即香隅主线收费站(表 8-239),本项目与江西相接的主线收费站采用分址合建的模式建设。

全线设香隅服务区 1 处,香隅南北服务区总共占地面积 120 亩,包括:综合楼 2 栋、宿舍楼 1 栋、公厕 2 栋、加油站 2 栋、机修间 2 栋、设备房 2 栋。香隅收费站占地面积 10 亩,包括:综合楼 1 栋、宿舍楼 1 栋、设备房 1 栋。

收费站点设置情况表　　　　　　　　　表 8-239

站点名称	车道数	收费方式
香隅主线收费站	10	人工收费和电子不停车收费综合 2 条 ETC、8 条 MTC

十二、S42 黄祁(黄山—祁门)高速公路

(一)项目概况

S42 黄山至祁门高速公路(简称"黄祁高速公路")是安徽省高速公路网规划"四纵八横"中的第八条横线,也是"7918"国家高速公路网杭州至瑞丽高速公路的重要补充。该项目东与已建成的徽(屯溪)杭(州)高速公路相接,西与已建成的安(庆)景(德镇)高速公路相接,南与已建成的黄(山)塔(岭)桃(源)高速公路相接,北与已建成的合(肥)铜(陵)黄(山)高速公路相接。

黄祁高速公路

本项目的实施,对完善国家及区域路网结构,发展国家及皖南地区社会经济,特别是周边区域旅游经济,提高综合发展水平、提高沿线部队快速集散的机动能力、加强国防战备等诸多方面,都具有极其重大而深远的意义。路线起于黄山市休宁县长岭互通,途经1区3县(屯溪区、休宁县、黟县、祁门县),止于皖赣两省交界良禾口。

1. 参建单位

建设单位是安徽省高速公路控股集团有限公司,现场设立安徽省高速公路控股集团有限公司黄祁项目办公室。

项目主要参建单位见表8-240。

S42 黄祁(黄山—祁门)高速公路主要参与建设单位汇总表　　表8-240

序号	参建单位	单位名称	合同段编号及起止桩号	主要负责人	备注
1	项目管理单位	安徽省交通控股集团有限公司黄祁项目办公室	K0+000～K102+978.476	杨庆云	全部
2	勘察设计单位	北京交科公路勘察设计研究院有限公司	K0+000～K102+978.476	刘革生	全部
3	施工单位	新疆兴达公路工程部	1标 K0+818～K6+060.358	孙助建	路基
		安徽水利开发股份有限公司	2标 K6+060.358～K13+600	王礼兵	路基
		安徽省交通建设有限责任公司	3标 K13+600～K19+400	胡义平	路基
		浙江正方交通建设有限公司	4标 K19+400～K29+280	郑伟潮	路基
		安徽省路桥工程集团有限责任公司	5标 K29+280～K35+290	常乃坤	路基
		安徽开源路桥有限责任公司	6标 K35+290～K40+400	梁惠勇	路基
		中铁十五局集团有限公司	7标 K40+400～K46+800	张向阳	路基
		安徽省公路桥梁工程公司	8标 K46+800～K54+200	黄华	路基
		中铁十四局集团第三工程有限公司	9标 K54+200～K62+700	陈月光	路基

续上表

序号	参建单位	单位名称	合同段编号及起止桩号	主要负责人	备注
3	施工单位	中交一公局第六工程有限公司	10标 K62+700~K70+400	王显利	路基
		中铁二十五局集团有限公司	11标 K70+400~K77+800	黎波球	路基
		中铁二十四局集团南昌铁路工程有限公司	12标 K77+800~K82+800	兰丙发	路基
		中铁隧道股份有限公司	13标 K82+800~K89+051.137	张海峰	路基
		中铁十局集团有限公司	14标 K89+051.137~K95+400	刘伟	路基
		中铁四局集团第五工程有限公司	15标 K95+400~K102+978.476	邱龙	路基
		安徽省交通建设有限责任公司	1标 K0+818~K26+159	胡义平	路面
		中交一公局第一工程有限公司	2标 K26+159~K54+200	边俊平	路面
		安徽省路港工程有限责任公司	3标 K54+200~K77+800	李旭颖	路面
		中铁十局集团第二工程有限公司	4标 K77+800~K102+978.476	刘伟	路面
4	监理检测单位	安徽省高等级公路工程监理有限公司	总监理工程师办公室	陈传明	路基、路面
		安徽中兴工程建设监理所	第一监理组	齐渭兵	路基
		安徽虹桥公路桥梁工程监理有限责任公司	第二监理组	吴建忠	路基
		北京港通路桥工程监理有限责任公司	第三监理组	李义山	路基
		安徽省高等级公路工程监理有限公司	第四监理组	陈正茂	路基
		武汉广益工程咨询有限公司	第五监理组	张序臣	路基
		内蒙古交通建设监理咨询有限责任公司	第六监理组	巨流	路基
		安徽省高等级公路工程监理有限公司	第一监理组	曹茂军	路面
		江西省嘉和咨询程监理有限公司	第二监理组	巨流	路面
		安徽省高速公路试验检测中心	中心试验室	陈发军	路基、路面

2. 技术标准

（1）公路等级、里程及地形类别

全线采用双向四车道高速公路建设标准，沥青混凝土路面。全线配置了完善的通信、监控和收费系统及房建、绿化、安全设施等交通工程和服务设施。项目建设里程

102.978km。

本项目位于安徽省黄山市西部,大致可分为3个地貌类型单元,长岭互通—渭桥的低丘陵区;渭桥—小路口的高丘陵区;小路口—良禾口的中低山区。

(2)主线行车速度

起点至黟县互通段(K0+000~K34+900)设计速度为100km/h;黟县互通至终点(K34+900~K102+978.476)设计速度为80km/h。

(3)路基、路面

K0+000~K34+900:整体式路基宽26m,路面宽22.5m;分离式路基宽13.0m,路面宽11.5m;路线长度34.9km。

K34+900~K102+978.476:整体式路基宽24.5m,路面宽21m;分离式路基宽12.25m,路面宽9.75m;路线长度68.078km。

路面结构层采用4cm AC-13(SBS)+6cm AC-20(SBS)+8cm AC-25+透封层+38cm水泥稳定碎石+20cm低剂量水泥稳定碎石层。

(4)桥梁、涵洞

桥梁荷载标准:公路—Ⅰ级。设计洪水频率:大、中小桥、涵洞1/100。桥梁宽度:整体式大、中桥桥面全宽24.0m;分离式大、中桥桥面全宽11.75m。

(5)隧道

设计速度为100km/h的路段隧道建筑限界为净宽10.75m,净高5.0m。

设计速度为80km/h的路段隧道建筑限界为净宽10.25m,净高5.0m。

(6)路线交叉

互通式立体交叉设计标准:①三级交叉互通行车速度40km/h;②匝道宽度,单向双车道路基宽8.5m,路面宽7m,对向双车道路基宽度15.5m,路面宽13m。

路线交叉设计标准:①主线上跨各级公路的桥梁及通道净空高度,二级及二级以上公路5.0m,三、四级公路4.5m;②人行通道净宽≥4.0m,净高≥2.2m;③机耕通道净宽≥4.0m,净高≥2.7m;④汽车通道净宽≥4.0m,净高≥3.2m;⑤主线下穿各级公路的净空高度均按5m控制。

3. 工程内容及主要构造物

(1)建设主要内容

路基土石方2172万m^3,大桥14213m/58座,中小桥1017m/24座,分离式立交桥5282m/26座,涵洞通道511道,连拱隧道498m/3座,分离式隧道9478m/11座,沥青混凝土路面152万m^2。

互通式立交5处(齐云山、黟县、祁门、牯牛降、闪里、新安预留),分离式立交25处,服务区2处(齐云山、牯牛降),管理处及养护工区各1处,主线收费站1处。

全部工程划分为路基15个标段、路面4个标段、交通安全设施7个标段、绿化工程8个标段、机电工程2个标段、低压配电2个标段、房建工程2个标段、钢结构雨篷2个标段、通信管道1个标段。

（2）路线中间控制点

长岭、巴坞村、南山坑、重塘村、倪湖村、胡坑口、金字牌、祁门、小路口镇、石坑埠、花城村、大北埠、闪里、大丘里、新安岭、紫金洞。

（3）桥梁

全线各类桥梁123座，主要桥梁情况见表8-241。

主要桥梁建设情况一览表　　　　　　　　表8-241

序号	桩号	跨径组合	长度(m)	桥梁名称	备注
1	ZK4+177	14×25	358.5	岭后村桥	连续箱梁
2	K9+050	8×30+3×25	325	沅尾亭桥	连续箱梁
3	K38+085	4×30+3×30+4×30	340	莲花塘桥	连续箱梁
4	K39+240	14×25	357	河村1号桥	连续箱梁
5	K40+168	10×30	307	大河滩桥	连续箱梁
6	ZK42+972.5	14×30+5×25	552	章河桥	连续箱梁
7	K45+567.5	3×30+11×25	372	司联1号桥	连续箱梁
8	K47+469	12×25+3×30+4×40	557.5	金字牌桥	连续箱梁/T梁
9	K55+650	24×30+6×25+2×26	937	祁门桥	连续箱梁
10	K64+490	14×25	361	石门桥	连续箱梁
11	K67+734.5	10×25+8×30	497	小路口桥	连续箱梁
12	K69+496	6×40+3×30	338.8	石坑2号桥	连续箱梁/T梁
13	K71+773	6×30+5×40	399	花城2号桥	连续箱梁/T梁
14	ZK75+095	12×30+4×25	467	伊坑桥	现浇箱梁
15	K80+282.5	21×25	536	药谷桥	连续箱梁
16	K94+397	13×30	396	闪里桥	连续箱梁
17	K102+680.5	15×25	384	良禾口桥	连续箱梁

（4）隧道

全线14座隧道，单洞长合计10474m，详见表8-242。

全线隧道建设情况一览表 表 8-242

序号	隧道名称		隧道长度(m)	洞门形式		备注
				屯溪端	景德镇端	
1	孙家坞	左线	268	明洞式	削竹式	分离式隧道
		右线	287	明洞式	明洞式	
2	南山坑	左线	253	削竹式	削竹式	
		右线	290	削竹式	削竹式	
3	合坑	左线	338	明洞式	城墙式	
		右线	294	削竹式	城墙式	
4	石川	左线	504	明洞式	明洞式	
		右线	625	削竹式	明洞式	
5	汪坑	左线	150	明洞式	端墙式	
		右线	167	明洞式	端墙式	
6	牛头岭	左线	883	端墙式	削竹式	
		右线	681	端墙式	削竹式	
7	许家坞	左线	230	端墙式	明洞式	
		右线	290	端墙式	明洞式	
8	大桥头	左线	522	端墙式	明洞式	
		右线	560	端墙式	削竹式	
9	巴家岭	左线	474	削竹式	端墙式	
		右线	515	削竹式	端墙式	
10	大丘里	左线	394	削竹式	削竹式	
		右线	267	削竹式	削竹式	
11	新安岭	左线	728	削竹式	明洞式	
		右线	758	明洞式	明洞式	
12	祁门		190	明洞式	城墙式	连拱式隧道
13	陈田坑		185	削竹式	明洞式	
14	方家坞		123	端墙式	端墙式	

4. 征地拆迁

黄祁高速公路沿途涉及 12 个乡镇,46 个行政村。项目批复用地共计为 9667 亩,涉及的各类房屋拆迁面积共计为 $65000m^2$,征地拆迁累计完成投资 2.92 亿元。

5. 项目投资

安徽省发展和改革委员会于 2007 年 10 月 26 以发改设计〔2007〕1123 号文,批准了该项目的初步设计,项目概算总投资 65.2 亿元。资金来源:资本金占总投资的 35%,由项目业主自行筹措,其余 65% 申请银行贷款。

6. 开工及通车时间

2009年9月1日正式开工,2013年12月31日通车。

(二)决策研究

(1)2005年3月,安徽省交通厅《关于请审批黄山至景德镇公路安徽段项目建议书的函》(皖交计〔2005〕11号);

(2)2005年9月,安徽省发展与改革委员会《关于黄山至祁门高速公路项目建议书的批复》(发改交运〔2005〕1039号);

(3)2006年7月,安徽省交通厅《关于请审批黄山至祁门高速公路工程可行性研究报告的函》(皖交计〔2006〕53号);

(4)2007年1月,安徽省国土资源厅《关于印发〈《黄山至祁门高速公路工程压覆矿产资源储量调查评估报告》评审意见书〉的函》(皖国土资函〔2007〕85号);

(5)2007年6月,安徽省交通厅文件《关于请审批黄山至祁门公路工程可行性研究报告调整报告的函》(皖交计〔2007〕58号);

(6)2007年7月,安徽省发展与改革委员会《关于黄山至祁门高速公路可行性研究报告的批复》(发改交运〔2007〕742号);

(7)2007年,安徽省环境保护局《关于黄山至祁门高速公路环境保护影响报告书的批复》(环审〔2007〕55号);

(8)2007年,安徽省水利厅《关于黄山至祁门高速公路工程水土保持方案报告书的批复》(皖水农函〔2007〕274号);

(9)2007年10月,安徽省发展与改革委员会《关于黄山至祁门高速公路初步设计的批复》(发改设计〔2007〕1123号);

(10)2008年,国土资源部《国土资源部关于黄山至祁门高速公路工程建设用地的批复》国土资函〔2008〕642号;

(11)2009年10月,安徽省交通运输厅《关于黄山至祁门高速公路工程施工许可的批复》(皖交基函〔2009〕552号);

(12)2010年5月,安徽省交通运输厅《关于黄山至祁门高速公路施工图设计的批复》(皖交建管〔2010〕153号)。

(三)项目实施

1. 项目招标

(1)设计招标

设计单位由省政府相关会议确定,设计单位为北京交科公路勘察设计研究院有限公司。

(2)施工招标

路基工程有131家施工单位通过资格预审,2009年4月22日,99家施工单位递交了投标文件,2009年4月28日确定中标单位。路面工程有28家施工单位通过资格预审,2011年10月18日,27家施工单位递交了投标文件,2011年10月28日确定中标单位。

小区房建工程、边坡绿化工程、机电工程、交通安全设施工程等附属配套工程实行公开招标,招标程序与主体工程一致。

(3)监理招标

路基、路面工程监理与主体工程施工招标同步。

2.项目管理

(1)管理机构

项目建设采用省、市、县三级指挥部协调管理模式。项目业主为安徽省高速公路控股集团有限公司,项目业主委托建设单位安徽省高等级公路工程建设指挥部组建项目办公室,具体负责项目建设日常管理工作。项目路基、路面工程施工监理采用总监办和监理组二级监理体系;各级监理机构按合同规定各自负责所辖施工标段的安全管理、质量管理、进度管理、合同管理和投资控制等具体监理工作。

(2)质量保证体系

项目质量目标:单位工程质量符合设计及相关规范要求,交工验收质量评分达到98分及以上,工程合格;项目竣工验收质量综合评分力争95分及以上,工程优良。

质量管理具体措施包括:

突出事前监管,抓住质量控制重点,强化执行首件工程认可制。落实技术交底,加强细节监管和指导,全程监控关键部位和重点工序施工,全面提升工程实体和外观质量。以安徽省交通运输厅《加强高速公路建设管理意见》与《安徽省公路重点建设项目质量控制指南》为指导,全面推行路面标准化、专业化、精细化施工管理工作。

(3)安全生产

项目办始终坚持"以人为本、安全发展、关爱生命"的理念和"安全第一、预防为主、综合治理"的方针,坚持"标本兼治、重在治本"的原则,建立健全各级安全生产保障和管控体系,以创建"平安工地"为契机,提高从业人员安全意识、改善施工作业环境、消除安全隐患、增强事故防控能力,采用了移动式单元预警牌,实现了安全警示宣传的全覆盖,确保项目建设全过程处于安全受控状态,实现安全生产"零事故"目标。

2013年7月30日,安徽省人民政府安委会命名项目办为"安徽省安全文化建设示范企业"(皖安办〔2013〕29号)。

2014年,黄祁高速公路被交通运输部、国家安监总局联合授予"平安工程"冠名奖(质监发〔2014〕73号文件）。

(4) 交（竣）工验收

按照交通运输部交公路发〔2010〕65号文《关于印发公路工程竣（交）工验收办法实施细则的通知》的要求，项目办组织监理单位根据独立抽检资料及交工验收检测报告对工程质量进行评定，评定内容包括路基、路面、交通安全设施、绿化工程等所有合同段工程。工程质量的评审建议总体评分为98.56分，其中路基工程质量评分为98.41分，路面工程质量评分98.97分，交通安全设施质量评分98.05分，绿化工程质量评分98.64分，项目工程质量等级合格。

2015年9月份，安徽省环境保护厅组织黄山市环保局、休宁县、黟县、祁门县环保局对黄祁高速公路进行了环保验收，并以《安徽省环保厅关于黄山至祁门高速公路项目竣工环境保护验收意见的函》（皖环函〔2015〕1131号）进行了批复。

2017年2月28日~3月1日，安徽省档案局组织档案专项验收小组，对黄祁高速公路档案进行了专项验收，评定项目档案总得分95分，达到项目档案"优良"标准，同意通过档案验收。2017年3月1日，安徽省档案局以《重大建设项目档案合格证》〔2017〕107号证书，批复了本项目通过档案专项验收。

3. 重大事项

(1) 管理中心变更

根据业主下发的《关于黄祁高速公路管理中心设计变更的函》（办函〔2011〕7号），将原设计在黟县互通的管理中心调整至齐云山互通FK1+700右侧，并对霞溪河河道进行护砌设计。经调整后，管理中心占地为58.8亩，场地高程约为155m，平均填方高度约为3m。

(2) K47+469金字牌分离式立交桥第五联跨径调整变更

根据上海铁路局签发的《关于黄山至祁门高速公路跨越皖赣铁路设计方案的复函》（上铁师函〔2009〕2038号），对于金字牌分离式立体交叉桥第五联进行变更设计，上部结构形式由4×40m预制T梁改为4×40m预制箱梁。

(四) 科技创新与成果

1. 高速公路隧道工程地质超前预报与监控量测技术应用研究

本课题的研究采用地质雷达、地震映像法及TSP等多种超前预报方法，开展地质超前预报和隧道衬砌质量综合评价与隧底探测综合方法试验和应用。2012年7月，课题通过结题鉴定。

2. 山区高速公路建设中宕渣的合理利用技术的研究

本课题探讨隧道宕渣废料合理应用于路基填筑或结构混凝土中的适用技术。主要研究内容如下：

(1) 研究当时公路工程采用宕渣作为路基填料的填挖利用和用作混凝土集料的情况。

(2) 研究不同隧道所开采宕渣的化学组成和岩相组成、物理力学性质，确定宕渣的物理力学性能指标。

(3) 研究不同隧道所开采宕渣的颗粒组成、岩性与压实性能的关系；总结宕渣作为一种路基填料的工程特性；研究宕渣路基填筑的材料标准、压实方法、压实指标确定与适用的工程检验方法。

(4) 研究宕渣用作水泥混凝土集料的可行性和适用范围。

2012年7月，课题通过结题鉴定。

3. 安徽省高速公路建设卓越管理技术研究

为了不断提高高速公路建设管理技术水平，集团公司以黄祁高速公路项目为依托，开展了安徽省高速公路建设卓越管理技术研究课题，2016年4月结题并通过省交通运输厅组织专家鉴定。

4. 开展水泥稳定碎石混合料级配优化及应用研究

为保证半刚性基层应具有的模量要求，从而提高路面结构承载力和路面内在受力的均匀性，本项目借鉴均匀设计方法，筛选出9种集料级配设计方案，对其水泥稳定碎石试件分别进行无侧限抗压强度试验和干缩试验，以抗压强度和干缩应变作为响应考察目标值，通过逐步多元回归，优选出影响水泥稳定碎石性能的显著因子，从而优化集料级配组成设计，并将水泥剂量严格限制在4%左右，有效提高了沥青路面整体抗车辙能力和防裂缝能力。

5. 进一步优化与提升沥青面层施工关键技术

紧紧围绕矿料级配和油石比的优化研究，找出级配对抗车辙性能贡献最大的关键筛孔通过率，寻求级配的关键性筛孔通过率对高温劈裂强度和常温劈裂强度的影响。研究结论认为，某些关键性筛孔通过率尽管对马歇尔性能指标影响不显著，却对高温抗车辙性能影响非常巨大，应用不合理时，70℃动稳定度会衰减54%左右；同时，细集料级配对成型路面的抗拉力学性能影响远远大于粗集料的影响。

6. 绿化工程质量ABCD四阶评定法

为了快速有效地评定草坪成坪前的生长期质量，黄祁高速公路根据草坪生长期特点，从出芽率、均匀度、长势等与后期根系发育指标入手，研究总结出质量ABCD四阶评定法。

黄祁高速公路路堑边坡自2013年4月起实行ABCD四阶评定法，通过4轮循环，使边坡达到了全覆盖目标。在第一轮评比时只有60%边坡能达到A级。评比结果出来后，管理有的放矢,施工单位修复的积极性也被调动起来,并开展了大面积修复工作;第二次评比达标率大幅提高,第三、第四次基本是补遗拾漏,故对于强化现场质量管理加快质量缺陷修复,ABCD四阶评定法是一种切实有效、简便易行的好方法。

7.统筹隧道供电线路与风光混合发电系统新技术应用

原来的高速公路隧道施工、运营两次架线接电,黄祁项目办合理规划供电线路,充分利用原施工单位的供电专线,率先在全线将隧道施工期临时用电与后期运营的永久性用电相结合,避免隧道运营时重新接电,全线节省建设资金400多万元。

利用太阳能、风能,解决短隧道的供电问题,黄祁高速公路采用风光混合发电系统对隧道摄像机和光电诱导标志进行供电,提高了隧道供电的保障性,大大节约建设及运营成本。

(五)运营与养护

1.运营管理

项目建成后交由安徽省高速公路控股集团有限公司黄山管理处负责运营管理。全线共设6个收费站点,收费方式采用人工收费及电子不停车收费结合,各收费站设置情况见表8-243,交通流量增长情况见表8-244。

收费站点设置情况表　　　　　　　　　　　　　　　表8-243

站点名称	车道数	收费方式
齐云山站	入口4条、出口6条	入口:3条MTC车道、1条ETC车道 出口:5条MTC车道、1条ETC车道
黟县站	入口4条、出口6条	入口:3条MTC车道、1条ETC车道 出口:5条MTC车道、1条ETC车道
祁门站	入口4条、出口6条	入口:3条MTC车道、1条ETC车道 出口:5条MTC车道、1条ETC车道
牯牛降站	入口4条、出口6条	入口:3条MTC车道、1条ETC车道 出口:5条MTC车道、1条ETC车道
闪里站	入口3条、出口4条	入口:2条MTC车道、1条ETC车道 出口:3条MTC车道、1条ETC车道
皖赣新安省界站	入口8条、出口14条	入口:6条MTC车道、2条ETC车道 出口:12条MTC车道、2条ETC车道

交通流量发展状况表(单位:辆)　　　　　　　　　表8-244

年份	入口	出口	合计	日平均流量
2013	2214	2251	4465	12
2014	746710	790365	1537075	4211
2015	939649	979017	1918666	5257
2016	1031740	1078856	2110596	5782

2. 养护管理

项目缺陷期的养护管理工作内容主要是对少数边坡和防护受水毁影响,局部路面有少量裂缝,个别隧道局部渗水等问题,组织责任单位、养护单位进行针对性处理。2015年底,试运营期间的问题全部处理完成,并进行了竣工验收检测。2016年移交集团养管中心接养,保证了养护管理的连续性。本项目运营养护管理采用社会化养护管理模式,通过招标方式确定社会专业化养护公司进行小修和路面、绿化、机电等专业化养护。

十三、S92 沿江高速公路铜陵连接线段

(一)项目概况

沿江高速公路铜陵连接线是沿江高速公路通道的重要组成部分,该项目位于铜陵市东部。本项目建设对发挥沿江高速公路功能,促进铜陵市经济发展,加速沿江产业带和融入长江三角城市群都具有十分重要的作用。

1. 项目建设单位

项目建设单位为安徽省高速公路总公司。

项目主要参建单位见表8-245。

S92 沿江高速公路铜陵连接线段主要参与建设单位汇总表 表8-245

序号	参建单位	单 位 名 称	合同段编号及起止桩号	主要负责人
1	项目管理单位	安徽省高速公路总公司	K0+000~K6+270	王水
		安徽省沿江高速公路建设指挥部铜陵连接线项目办	K0+000~K6+270	钱东升
2	勘察设计单位	安徽省港航勘测设计院	K0+000~K6+270	孙业香
3	施工单位	安徽水利开发股份有限公司	路基工程 K0+000~K6+270	邹忠诚
			路面工程 K0+000~K6+270	
		芜湖绿洲园林有限公司	绿化工程 K0+000~K6+270	王邦祥
		安徽省现代交通工程有限公司	交安工程 K0+000~K6+270	陈群
		安徽中成建设工程有限公司	桥面防水 K0+000~K6+270	张俊
		安徽皖通科技股份有限公司	机电工程 K0+000~K6+270	屠亮
		衡水华瑞工程橡胶有限公司	伸缩缝工程 K0+000~K6+270	李军
		安徽省龙达建设集团建筑安装有限公司	小区工程	刘星
4	监理单位	安徽省高等级公路工程监理公司	总监办	方瑞林
		安徽省中兴建设监理所	K0+000~K6+270	孙厚福
		合肥工大监理	小区工程	李茂良

2.技术标准

(1)公路等级、里程及地形类别

公路等级为全封闭、全立交的四车道平原微丘区高速公路。全线设置了完善的通信、监控和收费系统,以及安全设施和照明、绿化、房建等服务设施。

本项目起于沿江高速公路铜陵朱村互通交叉出口,向西北跨顺安河、芜铜铁路,于青山村接320省道,利用320省道一段至西湖镇,接在建的铜陵市外环新路,路线全长6.27km。

地势整体呈东南高、西北低,中间局部地段隆起,地形有起伏。地貌为沿江丘陵平原区,本区为沉积岩风化剥蚀区,基本上分为4种地貌单元。自然区划为Ⅳ3江南丘陵过湿区。

(2)主线行车速度

主线行车速度为100km/h。

(3)路基、路面

路基宽26m,路面宽22.5m。匝道单向单车道路基宽8.5m,对向双车道有分隔带路基宽度16m。路基设计洪水频率1/100。路面首次采用沥青混凝土结构,标准轴载BZZ-100。

(4)桥梁、涵洞

汽车荷载等级:公路—Ⅰ级。设计洪水频率:特大桥1/300,大、中、小桥及涵洞1/100。桥面净宽:大、中桥为2×11.75m,小桥2×11.5m。涵洞与路基同宽。

(5)路线交叉

主线上跨各级公路的桥梁及通道净空高度:二级及二级以上公路净高≥5.0m,三、四级公路≥4.5m,汽车通道≥3.2m,机耕通道≥2.7m,人行通道≥2.2m。

主线下穿各级公路的净空高度均按≥5.0m控制。

3.工程内容及主要构造物

(1)建设主要内容

路基土石方74万m^3,浆砌片石防护工程17843m^3,水稳碎石底基层33万m^3;大中桥1342m/2座,小桥93m/3座,涵洞825.19m/21座,通道237.71m/8座。

(2)路线中间控制点

朱村互通立交A匝道,顺安河,芜铜铁路,青山,S320省道。

(3)全线设铜陵收费站1处。

4.征地拆迁

本项目共征用土地424亩,房屋拆迁面积约3563m^2,土地及附属物补偿费用为1119万元。

5.项目投资

(1)投资规模、资金来源

本项目初步设计批复投资概算为1.99亿元,资金来源为商业银行贷款。

(2)概算执行情况

经竣工决算审计,本项目累计完成投资1.69万元,与批复的概算总投资1.99亿元相比,较概算节约3000万元。

6.开工及通车时间

2007年1月开工,2010年1月19日全线建成通车。

(二)决策研究

(1)2005年9月26日,铜陵市人民政府《关于沿江高速公路铜陵连接线建设问题的会谈纪要》;

(2)2005年11月16日,安徽省发改委《关于沿江高速公路铜陵连接线可行性研究报告的批复》(发改交运〔2005〕1242号);

(3)2005年12月20日,铜陵市人民政府《关于征求安徽沿江高速公路铜陵连接线上跨芜铜铁路桥的意见》(秘函〔2005〕53号);

(4)2006年3月14日,上海铁路局《同意安徽沿江高速公路铜陵连接线跨越芜铜铁路设计方案》(上铁师函〔2006〕305号);

(5)安徽省发改委《关于沿江高速公路铜陵连接线项目设计的批复》(发改设计〔2006〕675号);

(6)安徽省交通厅《关于沿江高速公路铜陵连接线朱村互通至青山段施工图设计的批复》(皖交基〔2006〕64号);

(7)安徽省交通运输厅《关于沿江高速公路铜陵连接线建设项目施工许可的批复》(皖交建管函〔2009〕732号)。

(三)项目实施

1.项目招标

(1)设计招标

按照《中华人民共和国招标投标法》的规定,通过公开招标的方式,最终中标设计单位为安徽省港航勘测设计院。

(2)施工招标

本项目共8个施工单位,其中路基1个、路面1个、其他5个。所有施工单位均采用公开招标方式确定中标单位。

（3）监理招标

本项目所有监理单位均采用公开招标方式确定中标单位。设1个总监办、2个监理驻地办。

2. 项目管理

（1）项目管理机构

安徽省沿江高速公路建设指挥部铜陵连接线项目办。

（2）质量保证体系

四级质量保证体系：政府监督、业主监控、社会监理、企业自检。

（3）竣（交）工验收情况

2010年1月13日，交工验收委员会对沿江高速公路铜陵连接线组织交工验收会议，本工程质量检验及评定工作由具有相应检测资质的检测单位进行检测和评定，并向交工验收委员会分别提交了《沿江高速公路铜陵连接线工程质量检验评定报告》，工程质量的评审建议为：项目单位工程合格率100%，评审值为98.5分，经验收委员会审议后，建议该项目评为合格工程。

本项目路线平纵线选用指标恰当，路基及边坡稳定，路面平整密实，路基、路面排水合理，互通形式合理、规模恰当，桥梁、通道及涵洞等构造物总体质量较好，桥路衔接顺适，交通安全设施完备，监控、通信、收费系统运行正常，沿线管理服务设施功能完善，档案资料完整、规范、齐全，重视沿线环保生态。

2013年，安徽省交通运输厅组织了项目竣工验收，沿江高速公路工程综合评定得分95.11分，综合评价等级均为优良。

3. 重大事项

（1）终点平交方案。原设计在K5+870处与省道S320平交斜接，利用省道S320东半幅，经与铜陵市公路局、交警部门协商后，增设交安设施，对原平交设计方案进行调整。

（2）洗矿池强夯置换处理方案。2008年8月26日，在铜陵召开专家论证会，由于K5+118~K5+450段路基尾矿池范围和埋深大，采用强夯置换法对该段路基进行处理。

（四）运营与养护

1. 运营管理

沿江高速公路铜陵连接线沿线共设置1个收费站点（铜陵），如表8-246所示。

收费站点设置情况表 表8-246

站点名称	车道数	收费方式
铜陵站	入口4条、出口6条	人工收费及电子不停车收费结合 （入口：3条MTC车道、1条ETC车道） （出口：5条MTC车道、1条ETC车道）

从2010年1月19日起至2015年12月31日，沿江高速公路铜陵连接线累计交通流量为547万辆，具体数据见表8-247。

交通流量发展状况表（单位：辆） 表8-247

年份	入口	出口	合计	日平均流量
2010	246832	218476	465308	1056
2011	313816	295125	608941	1669
2012	421938	400717	822655	2254
2013	573607	542227	1115834	3057
2014	612720	585176	1197896	3282
2015	645808	620560	1266368	3470

2. 养护管理

自通车以来采用社会化养护管理模式，通过公开招标方式确定社会专业化养护公司进行小修和路面、绿化、机电等专业化养护。目前沿江高速公路铜陵连接线暂无大修工程实施。

十四、S93合肥新桥国际机场高速公路

(一)项目概况

合肥新桥国际机场高速公路被誉为安徽省"省门第一路"，位于合肥市西北部，机场高速公路是合肥市城区与周边市通达新桥国际机场的重要通道，也是一条合肥市区连接合六高速公路的便捷通道，不仅提升了合肥市区域交通枢纽的地位，对构建省会城市立体化交通和改善城市形象、强化合肥市作为皖江城市带核心城市的纽带和引擎功能有一定的影响，而且对促进区域经济一体化发展也具有十分重要的作用。

1. 参建单位

项目建设单位为安徽省交通投资集团有限责任公司。

项目主要参建单位见表8-248。

第八章
高速公路建设项目

合肥新桥国际机场高速公路(一)

合肥新桥国际机场高速公路(二)

S93 合肥新桥国际机场高速公路主要参与建设单位汇总表　　　　表 8-248

序号	参建单位	单 位 名 称	合同段编号及起止桩号	主要负责人
1	项目管理单位	安徽省交通投资集团有限责任公司	K00+000~K17+601	乔传福
2	勘察设计单位	安徽省交通规划设计研究院	K00+000~K17+601	王吉双
3	施工单位	中铁四局集团第一工程有限公司	路基路面工程施工第一合同段 K00+000~K07+896	王平均
		中交第四公路工程局有限公司	路基路面工程施工第二合同段 K07+896~K17+601	赵云
4	监理单位	安徽省公路工程建设监理有限责任公司	工程施工监理（含交通安全设施工程）	孙伟

2. 技术标准

(1) 公路等级、里程及地形类别

公路等级为部分封闭、全立交的六或八车道平原微丘区高速公路。全线设置了完善的通信、监控和收费系统,以及安全设施和照明、绿化、房建等服务设施。

机场高速公路起点北接新桥国际机场南大门,顺接机场内部道路A1路,向东南跨越合六叶高速公路,经将军岭至蜀山区南岗镇,终点与长江西路衔接,顺接方兴大道,路线全长17.6km。

本项目全段属于江淮丘陵地形区,起伏不大,地势较高,地貌类型主要为第四系冲积、剥蚀地貌。

(2) 主线行车速度

项目起点段1.50km和终点段2.40km采用80km/h,中段13.7km采用100km/h。

(3) 路基、路面

项目起点段1.50km、终点段2.40km采用八车道城市快速路标准,双向各设16m宽机动车道、9.5m宽非机动车道和辅道、3m宽人行道,路基总宽度75m;中段13.7km采用双向六车道高速公路标准,路基宽度46.5m,路面宽30m。为预留远期轨道交通建设条件,全线中央分隔带宽为15m。

匝道单向单车道路基宽8.5m,路面宽7m,单向双车道路基宽10.5m或12.0m、路面宽9m或10.5m,对向三车道匝道路基宽度19.0m、路面宽17.5m。

路基设计洪水频率1/100。路面首次采用沥青混凝土结构,标准轴载BZZ-100。

(4) 桥梁、涵洞

汽车荷载等级:公路—Ⅰ级。设计洪水频率:大、中、小桥及涵洞1/100。桥面净宽:大、中、小桥及涵洞与路基同宽。

(5) 路线交叉

主线上跨各级公路的桥梁及通道净空高度:二级及二级以上公路≥5.0m,三、四级公路、市政道路≥4.5m,收割机通道≥3.5m,汽车通道≥2.7m,人行通道≥2.2m;一般通道净宽采用4.0m,重要通道净宽采用6.0m。

主线下穿各级公路的净空标准:高度均按≥5.2m控制,净宽均严格按照《公路工程技术标准》中的要求执行。

3. 工程内容及主要构造物

(1) 建设主要内容

全线路基土石方291.2433万 m^3,大桥1518.6243m/6座,中小桥541m/13座;钢结构天桥252m/4座;圆管涵涵洞53道,共长2261.43m;通道31道,总长1125.38m。设机场互通 1 处。

(2)路线中间控制点

合六叶高速公路、滁河干渠、将军岭村、皖电东送 1000kV 特高压输电线路、黄岗村、南岗科技园规划区等。

(3)路线跨越主要河流

滁河干渠。

(4)收费站及服务区

全线设主线收费站 1 座。

4. 征地拆迁

2010 年 9 月 25 日,国土资源部以国土资发〔2010〕785 号文《关于合肥新桥国际机场高速公路工程建设用地的批复》批准合肥新桥国际机场高速公路总用地面积为 164.61 公顷。

根据省交通运输厅、国土资源厅相关补偿标准文件,建设办对该工程沿线工程占地、附属物进行拆迁和补偿,其中工程占地(含取土坑占地)2431.16 亩,补偿金额 9908.7 万元。

5. 项目投资

(1)投资规模、资金来源

2009 年 12 月 22 日,省发改委下发《关于合肥新桥国际机场高速公路初步设计的批复》(省发改委〔2009〕1333 号),批复概算投资总额为 12.09 亿元。

2013 年 3 月 19 日,省发改委下发《安徽省发展改革委关于合肥新桥国际机场高速公路初步设计概算调整的复函》(皖发改设计函〔2013〕260 号),批准概算投资总额为 15.20 亿元,资金由项目法人自筹。

(2)概算执行情况

经竣工决算审计,本项目基本建设支出 15.125071 亿元,与批复的概算总投资 15.20 亿元相比,较概算节约 749.29 万元。

6. 开工及通车时间

2010 年 10 月 16 日正式开工,2013 年 5 月 10 日全线建成通车。

(二)决策研究

(1)2008 年 12 月 1 日,合肥市发展和改革委员会《关于上报合肥新桥国际机场专用高速公路(机场至方兴大道段)项目建议书的请示》(发改交能〔2008〕739 号);

(2)2009 年 8 月 31 日,安徽省发展和改革委员会《关于上报合肥新桥国际机场高速公路立项问题的复函》(皖发改基础函〔2009〕612 号);

(3)2009年11月21日,安徽省发展和改革委员会《关于合肥新桥国际机场高速公路可行性研究报告的批复》(省发改委〔2009〕1235号);

(4)2009年12月22日,安徽省发展和改革委员会《关于合肥新桥国际机场高速公路初步设计的批复》(省发改委〔2009〕1333号);

(5)2010年9月25日,国土资源部《关于合肥新桥国际机场高速公路工程建设用地的批复》(国土资源部〔2010〕785号);

(6)2011年1月13日,安徽省交通运输厅《关于合肥新桥国际机场高速公路施工图设计的批复》(省交通运输厅〔2011〕7号)。

机场高速公路开工典礼

(三)项目实施

1. 项目招标

(1)项目设计招标

安徽省交通投资集团有限公司于2009年11月通过招标形式确定安徽省交通规划设计研究院为本项目勘察设计单位。勘察设计单位完成了路线勘测、地质勘探、路基、路面、桥梁、绿化、交通安全设施等的初步设计和两阶段施工图设计。

(2)项目施工招标

本项目共9个施工单位,其中路基路面施工单位2个,其他施工单位7个。由安徽省交通投资集团有限责任公司通过公开招标方式确定。

(3)项目监理招标

本项目监理单位共4个,路基路面、交安设施监理单位1个,机电工程监理单位1个,其他监理单位2个。由安徽省交通投资集团有限责任公司通过公开招标方式确定。

2. 项目管理

(1) 项目管理机构

项目管理机构为安徽省交通投资集团有限责任公司合肥新桥国际机场高速公路建设办公室。

(2) 质量保证体系

施工期间管理、监理、施工各方严格按设计图纸结合现场实际条件进行施工,并根据现场实际条件的变化进行设计方案调整和优化,同时积极引入先进的设计理念、技术、方法和工艺,质量管理机构健全、制度完善、责任明确,体现出较高的质量控制能力。施工中采取的一系列工程技术措施比较得力,对提高工程的使用质量发挥了较好的作用。

(3) 竣(交)工验收情况

2012年11月16日,在合肥新桥国际机场高速公路建设办召开合肥新桥国际机场高速公路项目交工验收会议,质量合格,通过交工验收。验收的两个文件如下:合肥新桥国际机场高速公路建设办《关于施工进度质量、优化设计、安全、交工验收等问题的通知》(机场高速建办〔2012〕92号)、《关于合肥新桥国际机场高速公路交工验收工作有关事宜的通知》(机场高速建办〔2012〕87号)。

2016年,安徽省交通运输厅组织了该项目竣工验收,机场高速公路工程综合评定得分95.53分,综合评价等级均为优良。

3. 重大决策

(1) 积极创建"综合交通运输典型示范工程"

机场高速公路是合肥市区与航空口岸的最便捷通道,通车运营后,从市区到机场仅需20多分钟。机场高速公路兼具高速公路和市政道路功能,中段13.7km为双向六车道高速公路,起点2.4km、终点1.5km为双向八车道城市快速路。15m宽的中央分隔带为合肥市轨道交通8号线建设预留空间。

(2) 建成15m宽高速公路绿色长廊

机场高速公路中央分隔带宽15m,按照"四季常青、满足功能、便于养护"的理念,着力打造"扬徽州神韵,展安徽风采,迎八方宾客"的绿色长廊。

4. 重大变更

(1) 路基工程变更

为了便于施工控制,将原设计的C20现浇混凝土拱形护坡,变更为对拱形骨架采用C25混凝土预制安装;取消暗埋式路堑边沟,采用带盖板矩形边沟设计;将高速公路路段中央分隔带暗埋式纵向排水沟变更为同截面混凝土现浇明沟。

机场高速公路互通

由于地勘钻孔资料分层与现场有差别,造成 K12+380～K12+760 段路堑土石分界高程变化。该段处理方案是,维持原路线纵坡不变,取消原设计的80cm(8%石灰土)反挖路床部分,对路床顶反挖20cm(平均),用级配碎石找平后,再按原设计的路面结构层进行施工。

机场高速公路互通主线下穿合六高速公路,设计为长挖方路段,对互通内排水设计调查考虑不周全,导致互通内排水不畅。处理方案是,通过在挖方段设置截水沟、汇水槽将雨水截流至路堑边沟,加大路堑边沟断面尺寸,分块将互通范围内雨水汇集至天河排出。

(2)路面工程变更

路面结构层内部排水。原设计方案是在土路肩设置复合排水土工网排出层间下渗水,变更为在路面中下面层设置矩形碎石盲沟,盲沟汇水通过间断设置的集水井排除。

路面上面层原设计的是 4cm PAC-13(TPS 改性),路面上面层变更为 4cm SMA。省交通运输厅以《关于合肥新桥国际机场高速公路路面结构层设计变更的批复》(皖交建管函〔2011〕411 号)批复。

(3)桥梁涵洞变更

根据合肥市政府城乡建设规划,合肥新桥国际机场高速公路在 K0+900 处与规划的肥西县高刘镇新桥大道相交。经合肥市政府与安徽省交通投资集团公司商定,在该处设置新桥大道分离式立交桥,并采取机场高速公路上跨新桥大道的布置方案。新桥大道分离式立交桥为 2×30m 先简支后连续预制组合箱梁桥,桥梁全长 67.0m,下部桥墩采用桩柱式桥墩,桥台采用一字台,桩基础。

HLK52+441(4×30m)分离式立交桥。原设计桥墩墩柱采用了 1.2m×1.2m 的方柱,采用承台与桩基连接,原设计的防护措施是采用钢板桩防护,施工困难,无法保证施工安全及合六高速公路营运安全。对 HLK52+441 分离式立交桥靠近中分带桥墩承台采用人工挖孔(ϕ2.50m)施工方案,桥墩承台形状变更为圆形,桥墩承台系梁钢筋预埋、后立模浇筑;墩柱采用钢混结构,减少墩柱立模、拆模时间,缩短工期,减小施工对合六高速公路运营影响。原设计的全桥21根1.2m×1.2m方形立柱变更为1.2m圆形钢管柱。

5.复杂技术工程

(1)四座造型独特的景观天桥

机场高速公路车行天桥摒弃了传统的桥梁结构形式,采用"彩虹拱""日月拱""蝴蝶拱"等新颖的结构形式,不仅连通地方路系,方便群众出行,而且美化行车环境。

机场高速公路景观天桥(日月拱桥)

机场高速公路景观天桥(斜跨拱桥)

(2)建成安徽省首个"全线照明、全程监控"的高速公路

由于机场高速公路兼具城市快速道路功能,全线设置948套LED节能灯,既能节约用电,又保证了夜间行车的安全性。全线设置35套摄像头,在全省率先尝试高速公路全程监控。

(3)集约化节约用地

机场高速公路在全线开展生态恢复和复垦设计、取土临时占地与路基挖方综合设计,优化路基断面尺寸、设计"瘦身"互通式立交,最大程度减少占地。累计节约土地约80亩,恢复取土场418亩(除地方因灌溉需求而要求挖成水塘的取土场外已全部恢复),弃土场758亩(已全部整平供机场高速公路绿色长廊使用)。

机场高速公路全程照明和全程监控系统

(四)科技创新与成果

机场高速公路积极推广新技术、新工艺,提高项目的科技含量。为保证公路质量的可靠性和技术水平的先进性,提高其科技含量,创安徽精品工程,建设办从工程设计阶段到施工阶段,不断加强技术交流,吸取先进经验,同有关高校、科研院所合作,广泛地采用新技术、新设备、新方法,其主要应用在以下方面:

(1)建设办集合同济大学、省交规院等单位桥梁工程科研实力,对4座大型刚构桥进行施工监控,确保成桥线形和应力应变接近设计要求,并开展"跨线异形拱桥长期性能监测与评估"研究课题。

(2)引入沥青路面施工质量控制信息系统,采集沥青路面各环节的相关质量检测评定数据,更好地指导路面施工,提供公路养护所需的基础数据和信息。

(3)抗裂水泥稳定碎石基层研究。为研究聚丙烯纤维(PVA)增强水泥稳定碎石抗裂性能的机理,及抗裂基层的实际路用效果,建设办与安徽省交通规划设计研究院有限公司合作修筑基层抗裂水稳试验段,为半刚性沥青路面的反射裂缝防治提供新思路。

(4)智能化交通。机场高速公路通过全程监控、全程照明系统,辅以信息化手段,实现交通流信息实时发布,天气状况实时监控,提供人性化服务,实现交通的智能化引导。

(五)运营与养护

1.运营管理

机场高速公路沿线共设置2个收费站点(机场站、合肥站,其中合肥站为主线站),如

表 8-249 所示。

抗裂水稳施工(左:纤维预拌和 右:摊铺效果)

收费站点设置情况表 表 8-249

站点名称	车道数	收费方式
机场站(原长岗站)	入口6条、出口8条	人工收费及电子不停车收费结合 (入口:5条MTC车道,1条ETC车道) (出口:7条MTC车道,1条ETC车道)
合肥站	入口12条、出口12条	人工收费及电子不停车收费结合 (入口:10条MTC车道,2条ETC车道) (出口:10条MTC车道,2条ETC车道)

从 2013 年 5 月 10 日起至 2014 年 12 月 31 日,机场高速公路累计交通流量为 4012.8 万辆,具体数据见表 8-250。

交通流量发展状况表(单位:辆) 表 8-250

年份	入口	出口	合计	日平均流量
2013	1782808	2132661	3915469	10727
2014	3154990	3284389	6439379	17642

2.养护管理

坚持"预防为主,防治结合"的原则,明确"以路容路貌养护为重点,以路面养护为中心,实行全面养护"的工作思路,严格贯彻落实"畅通主导、安全至上、服务为本、创新引领"的养护管理方针。积极推进养护管理发展方式转变,夯实基础管理,提升管理水平,推进科学养护,强化应急保畅。重点开展养护管理标准化管理体系建设,推进养护专业化实施工作。

机场高速公路地处省会合肥市,地理位置突出,是省会的形象道路,施工维修要求高,管理要求非常细。公司高度重视预防性养护和路容路貌管理工作,树立全寿命周期养护成本理念,制定适合道路桥梁技术状况特点和养护需求的预防性养护指导意见。积极开展养护工程评价工作,总结提炼养护处治和管理经验。同时严格执行《公路桥梁养护管理工作制度》,全面落实桥梁养护的技术政策和管理制度;加强桥梁安全运营管理,加强监控检测和监控系统建设,通过采取巡查、经常性检查、定期检查和硬化排查等工作,及时处治发现病害,确保桥梁隧道结构安全。

结合机场高速公路的特点和实际情况,养护管理工作始终按照经常性、预防性、及时性的要求,实行规范化、精细化管理,逐步完善、健全精细化养护新模式,扎实细致地开展养护管理工作,保持道路安全、畅通、整洁、美观。围绕"打造省门第一路"的目标任务,以管理创新和技术进步为手段,积极推行日常养护管理标准化、规范化、精细化。加强道路桥梁预防性养护,积极探索高速公路养护管理的新方法、新技术、新工艺,细化养护目标、责任和措施,养护工作扎实而富有成效。

十五、S95凤阳支线高速公路

(一)项目概况

S95凤阳支线高速公路位于安徽省凤阳县南侧,是安徽省"四纵八横"高速公路网中"纵二"(徐州至福州)并行线(蚌埠至黄山线)的重要组成部分。道路全长44.963km,东接宁洛高速公路,西接蚌埠至淮南高速公路。项目分两期实施:一期工程蚌埠至淮南高速公路凤阳延伸段;二期工程蚌淮高速公路至宁洛高速公路连接线。该高速公路将区域内合淮阜、合徐、蚌淮、宁洛等高速公路及多条国省道有机衔接,形成沟通南北、连接东西的公路网络,对改善出行条件、促进区域旅游资源的开发和旅游业发展,充分发挥高速公路网的规模效益,构筑层次分明、功能明确的公路运输网络将起到积极的促进作用。

凤阳支线高速公路

1.建设单位

一期工程原项目法人为安徽高速公路控股集团,2011年1月28日经安徽省发展和改革委员会批准,项目法人变更为安徽滁宁高速公路开发有限公司(以下简称"滁宁公司")。

项目主要参建单位见表8-251。

S95凤阳支线高速公路主要参与建设单位汇总表　　表8-251

序号	参建单位	单位名称	合同段编号及起止桩号	主要负责人
1	项目管理单位	安徽滁宁高速公路开发有限公司	一期 K1+000~K16+780.988 二期 K0+015.682~29+197.756	杜建国
2	勘察设计单位	中交第一公路勘察设计研究院有限公司	一期01标 K1+000~K16+780.988 二期 K0+015.682~29+197.756	章曹望、陈文
		安徽省交通规划设计研究总院股份有限公司	一期02标 K1+000~K16+780.988	韦峰
3	施工单位	安徽水利开发股份有限公司	一期路基01标 K1+000~K10+500	谢庆龙、施德
		安徽省路桥工程集团有限责任公司	一期路基02标 K10+500~K16+780.988	杜海峰、盛军
		中石化胜利建设工程有限责任公司	二期路基01标 K0+015.682~K12+000	王忠刚、张国训
		安徽省路港工程有限公司	二期路基02标 K12+000~K23+480	徐士征、朱小敏
		中铁十二局集团有限公司	二期路基03标 K23+480~K29+197.756	赵祺、成云江
		黑龙江省龙建路桥第四工程有限公司	路面01标 一期 K1+000~K16+780.988 二期 K0+015.804~K6+316	孙志利、朱有伟
		安徽省路港工程有限公司	路面02标 二期 K6+316~K29+197.756	徐士征、许玉勇
4	监理单位	安徽省公路工程建设监理有限责任公司	一期路基总监办兼驻地办 K1+000~K16+780.988	汪本波
		河北省交通建设监理有限公司	二期路基总监办 K0+015.682~K29+197.756	周华堂
		安徽省公路工程建设监理有限责任公司	二期路基第一驻地办 K0+015.682~K12+000	杨志华
		安徽虹桥交通建设监理有限公司	二期路基第二驻地办 K12+000~K23+480	曹光圣
		安徽中兴工程建设监理有限公司	二期路基第三驻地办 K23+480~K29+197.756	许二邨
		河北省交通建设监理有限公司	路面总监办 一期 K1+000~K16+780.988, 二期 K0+015.682~K29+197.756	周华堂

2.技术标准

(1)公路等级、里程及地形类别

平原微丘区高速公路。道路全长44.963km,其中一期15.781km,二期29.182km。

(2)主线行车速度

主线行车速度为120km/h。

(3)路基、路面

一期工程：双向四车道，路基宽28m，路面宽23.5m。

二期工程：双向四车道，路基宽27m，路面宽23.5m。

路面结构：4cm细粒式沥青混凝土AC-13（SBS改性）+6cm中粒式沥青混凝土AC-20（SBS改性）+8cm粗粒式沥青混凝土AC-25+35cm水泥稳定碎石基层+20cm低剂量水泥稳定碎石底基层。

(4)桥梁、涵洞

桥梁设计荷载：公路—Ⅰ级。

设计洪水频率：特大桥1/300，大、中、小桥、涵洞均为1/100。

3. 工程内容及主要构造物

(1)建设主要内容

一期主要工程量：路基土方251万m^3，沥青混凝土路面42万m^2，大桥400m/3座，中小桥561m/13座，分离式立交8处，通道53道，涵洞34道。房建工程建筑面积1719m^2，收费大棚建筑面积909m^2。

二期主要工程量：路基土方547.14万m^3，沥青混凝土路面124.77万m^2；圆管涵75道，总长2645.91m；通道55道，总长1716.83m；中小桥1324.5m/36座，大桥1663.28m/8座，特大桥1177.2m/1座。房建工程建筑面积9994.2m^2，收费大棚建筑面积1929.72m^2。

(2)路线中间控制点

一期工程：府城镇、京沪高速铁路、刘府镇及沿线矿产资源。

二期工程：蚌淮高速公路凤阳延伸段、皇觉寺遗址、明皇陵互通、凤阳南互通、京沪铁路、板桥河、江山枢纽。

(3)路线跨越主要河流

小涧湾、妇女坝、濠河、江山河、板桥河等。

(4)桥梁

濠河大桥、江山河大桥、跨京沪铁路及板桥河特大桥。

(5)互通式立交

全线共设置刘府、凤阳（原名"明皇陵"）、凤阳东（原名"凤阳南"）和江山枢纽4处互通式立交。

(6)收费站及服务区

全线设明皇陵服务区（现名"凤阳服务区"）1处；设刘府站、凤阳站、凤阳东站3处收费站点。

4.征地拆迁

一期工程:2010年10月开始征地拆迁,至2013年09月基本完成,共完成主线征用土地1434.1935亩;主线内拆迁房屋15567.59m²;主线征迁支付补偿费用54489659.61元。

二期工程:2012年10月开始征地拆迁,至2014年03月基本完成,共完成主线征用土地3239.142亩;主线内拆迁房屋8952.69m²;主线征迁支付补偿费用125420581.05元。二期工程主线征地含设计改路改沟征地面积。

5.项目投资

全线概算总投资238926万元。

一期工程:省发改委批复初步设计概算为66994万元。其中:法人自筹17996万元,银行贷款49000万元。

二期工程:省发改委批复初步设计概算为171932万元。其中:法人自筹63900万元,银行贷款108000万元。

6.开工及通车时间

一期工程2011年4月开工建设,二期工程2013年5月1日开工建设。2015年12月31日全线建成通车试运营。

(二)决策研究

S95凤阳支线高速公路可完善安徽省公路网布局,缓解沿线地区交通运输的紧张状况,进一步促进沿淮经济带与长江三角洲、华东地区经济交流;是落实省委、省政府"沿淮城市群"建设精神、促进凤阳县社会经济发展,加速皖江城市带承接产业转移的需要;有利于千亿硅产业基地打造、沿线旅游开发和社会主义新农村建设,促进县域经济的快速发展。

1.一期工程

2008年3月20日,安徽省发展和改革委员会《关于蚌埠至淮南高速公路凤阳延伸段项目建议书的批复》(发改交通〔2008〕226号)。

2009年10月16日,安徽省国土资源厅《关于蚌埠至淮南高速公路凤阳延伸段项目建设用地预审意见的函》(皖国土资函〔2009〕1705号)。

2009年11月3日,安徽省环境保护厅《关于蚌埠至淮南高速公路凤阳延伸段环境影响报告书的批复》(环评函〔2009〕400号)。

2009年12月18日,一期工程地震安全性评价报告获省地震局批复同意(皖震函〔2009〕330号)。

2010年2月5日,安徽省水利厅《关于蚌埠至淮南高速公路凤阳延伸段工程水土保持方案的批复》(皖水保函〔2010〕121号)。

2010年2月12日,安徽省发展和改革委员会《关于蚌埠至淮南高速公路凤阳延伸段可行性研究报告的批复》(皖发改基础〔2010〕132号)。

2010年7月5日,安徽省发展和改革委员会《关于蚌埠至淮南高速公路凤阳延伸段初步设计的批复》(发改交通〔2010〕412号)。

2010年8月6日,安徽省发展和改革委员会《关于蚌淮高速公路至宁洛高速公路连接线立项的批复》(皖发改基础〔2010〕832号)。

2010年12月30日,安徽省林业厅《关于蚌埠至淮南高速公路凤阳延伸段使用林地审核意见书》(皖林地审〔2010〕478号)

2011年1月26日,安徽省交通运输厅《关于蚌淮高速公路凤阳延伸段施工图设计的批复》(皖交建管函〔2011〕29号)。

2011年1月28日,安徽省发展和改革委员会《关于同意变更蚌淮高速公路凤阳延伸段项目法人的批复》(皖发改基础函〔2011〕62号)。

2011年3月4日,安徽省国土资源厅《关于蚌埠至淮南高速公路凤阳延伸段建设项目土地复垦方案审核意见的函》(皖国土资函〔2011〕333号)。

2011年7月24日,国土资源部《国土资源部关于蚌埠至淮南高速公路凤阳延伸段工程建设用地的批复》(国土资函〔2011〕465号)。

2011年8月15日,安徽省人民政府《关于蚌埠至淮南高速公路凤阳延伸段工程建设用地的批复》(皖政地〔2011〕363号)。

2. 二期工程

2010年8月6日,安徽省发展和改革委员会《关于蚌淮高速公路至宁洛高速公路连接线立项的批复》(皖发改基础〔2010〕832号)。

2010年12月9日,安徽省地震局《对蚌淮高速公路至宁洛高速公路连接线工程场地地震安全性评价报告的批复》(皖震安评〔2010〕195号)。

2010年12月27日,安徽省地质调查与环境监测中心《蚌淮高速至宁洛高速公路连接线建设工程地质灾害危险性评估报告》(皖地调环函〔2010〕108号)。

2011年1月31日,安徽省水利厅《关于蚌淮高速至宁洛高速连接线工程水土保持方案报告书的批复》(皖水保〔2011〕69号)。

2011年4月18日,安徽省环境保护厅《关于蚌淮高速至宁洛高速连接线工程环境影响报告书的批复》(环评函〔2011〕344号)。

2011年6月16日,安徽省住房和城乡建设厅《关于对蚌淮高速公路至宁洛高速公路连接线工程规划选址的审核意见》。

2011年7月26日,安徽省发展和改革委员会《关于蚌淮高速公路至宁洛高速公路连接线工程可行性研究报告的批复》(皖发改基础函〔2011〕683号)。

2011年9月15日,上海铁路局《关于安徽省蚌淮高速至宁洛高速连接线跨越京沪铁路设计方案审查意见的函》(上铁师函〔2011〕1279号),同意跨京沪铁路工程设计方案。

2011年9月29日,安徽省发展和改革委员会《关于蚌淮高速公路至宁洛高速公路连接线初步设计的复函》(皖发改设计函〔2011〕957号)。

2012年3月27日,安徽省交通运输厅《关于蚌淮高速公路至宁洛高速公路连接线施工图设计的批复》(皖交建管〔2012〕87号)。

2012年4月28日,安徽省发展和改革委员会印发《关于同意蚌淮高速公路凤阳延伸段和蚌淮高速公路至宁洛高速公路连接线合并命名的复函》(皖发改基础函〔2012〕423号),同意一期工程和二期工程合并命名为蚌淮高速公路至宁洛高速公路连接线。

2012年8月23日,国土资源部《国土资源部关于蚌淮高速公路至宁洛高速公路连接线工程建设用地的批复》(国土资函〔2012〕696号)。

2012年9月10日,安徽省人民政府《关于蚌淮高速公路至宁洛高速公路连接线工程建设用地的批复》(皖政地〔2012〕481号)。

(三)项目实施

1. 项目招标

(1)设计招标

一期工程设计分为2个标段,二期工程设计为1个标段。经公开招标,中交第一公路勘察设计研究院有限公司承担一期工程01标段及二期工程勘察、设计工作;原安徽省交通规划设计研究院(现名"安徽省交通规划设计研究总院股份有限公司")承担一期工程02标段机电工程设计工作。

(2)施工招标

一期路基工程分2个标段。2010年11月15日完成招标。01标段中标单位是安徽水利开发股份有限公司;02标段中标单位是安徽省公路桥梁工程公司。

二期路基工程分3个标段。2011年11月3日完成招标。01标段中标单位是原胜利油田胜利工程建设(集团)有限责任公司(现名为"中石化胜利建设工程有限公司");02标段中标单位是安徽省路港工程有限责任公司;03标段中标单位是中铁十二局集团有限公司。

全线路面工程共2个标段。2013年7月3日完成招标。01标段中标单位是龙建路桥股份有限公司;02标段中标单位是安徽省路港工程有限责任公司。

全线交通安全设施工程分6个施工标段。经公开招标,护栏工程01、02标中标单位分别是济南金宇公路产业发展有限公司、河北远征交通设施有限公司;隔离栅工程01、02标中标单位分别是江苏中路交通发展有限公司、常州市交通设施有限公司;标志标牌工程及标线工程中标单位分别是杭州公路交通设施工程有限公司、平湖市通顺交通设施有限公司。

全线绿化工程分为2个标段。经公开招标,01、02标中标单位分别是安徽华明园林建设有限公司、安徽开源园林绿化工程有限公司。

房建工程为1个标段。经公开招标,中标单位是安徽华力建设集团有限公司。

全线机电工程施工为1个标段。经公开招标,中标单位是安徽汉高信息科技有限公司。

(3)监理招标

一期路基工程监理设1个总监办,中标单位为安徽省公路工程建设监理有限责任公司。二期路基工程监理共划分1个总监办、3个驻地办。总监办中标单位为河北省交通建设监理咨询有限公司,第一驻地办中标单位为安徽省公路工程建设监理有限责任公司,第二驻地办中标单位为安徽虹桥交通建设监理有限公司,第三驻地办中标单位为安徽中兴工程建设监理所。路面工程、房建工程及附属工程总监办中标单位为河北省交通建设监理咨询有限公司。

2. 建设管理

2010年12月11日,蚌埠至淮南高速公路凤阳延伸段举行开工典礼,原安徽省政府副省长黄海嵩、原省交通运输厅厅长梅劲及滁州市主要领导参加。

2011年3月28日,一期工程总监办向施工单位下发开工通知书,批准全线于2011年4月4日开工。2013年5月1日,二期工程正式开工建设。2015年4月25日,江山枢纽上跨宁洛高速公路桥梁工程全部完成,标志着蚌淮高速公路至宁洛高速公路连接线项目两侧接点顺利连通。2015年10月31日,跨京沪铁路及板桥河特大桥正式贯通,标志着S95凤阳支线高速公路路基全线贯通。2015年12月31日,在凤阳东收费广场举行通车仪式。

2014年10月28日,一期路基、桥梁工程通过交工验收。2015年12月20日,全线路面工程、附属工程交工验收。2015年12月25日,滁宁公司主持召开全线交工验收会议。经审定,S95凤阳支线高速公路各合同段工程质量得分均在90分以上,质量等级评定为合格,项目质量评分值为97.8分,工程质量等级评定为合格;各合同段工程质量得分均在90分以上,质量等级评定为合格,项目质量评分值为97.5分,工程质量等级评定为合格。项目仍处在缺陷责任期内,未进行竣工验收工作。

3. 重大事项

采用土石混合料填筑路堤。本项目原设计取土坑多为高液限弱膨胀黏土,此类土质难压实、易开裂、水稳定性差,规范规定一般不宜直接作为路基填料,需掺加石灰改良处理。而石灰改善土需使用大量石灰,同时需征用大量农田作为取土场,工程量大、施工周期长且费用较高。安徽省交通运输厅在《关于蚌埠至淮南高速公路凤阳延伸段施工图设计的批复》

(皖交建管函〔2011〕29号)中要求:"你公司与设计单位进一步深入调查研究沿线环境,充分比较沿线取土与集中取土两方案,以节约耕地,保护沿线生态环境"。滁宁公司经充分调研,并联合东南大学开展了《高速公路填石路堤应用技术及效益分析研究》,结合建设路段土地资源紧缺、荒山众多的特点,从经济效益、社会效益、生态环境保护和施工质量控制等方面综合比较了采取集中开挖土石混合料与就近分散取土并进行改良后填筑路基两种方案。经研究决定在蚌埠至淮南高速公路凤阳延伸段全部路基及蚌淮高速公路至宁洛高速公路大部分路基采用土石混合料填筑路堤方案。两种方案造价基本相当,而采用土石混合料填筑路堤与原设计石灰改善土相比,少用石灰20多万吨,减少征地1435亩,同时施工质量易于控制,施工进度受雨季干扰小,达到了集约使用土地、保护环境、提高工程质量和社会效益最大化的目的。

土石混填冲击压实

4.技术复杂工程

跨京沪铁路及板桥河特大桥。该桥于2013年7月开工建设,2015年11月完工,工程造价8132万元。

跨京沪铁路及板桥河特大桥全长1177.2m,交角约为83°。桥梁设计速度120km/h,双向四车道,桥面宽度27m。涉铁部位跨径组合为:左幅(39+40+41)m,右幅(41+40+39)m,单幅4片预制箱梁。该桥第25孔跨越现有京沪铁路,采用40m预制箱梁,最大梁重为155t(外边梁)。由于京沪线上方架桥机过孔、预制箱梁架设、横隔梁、湿接缝、防撞墙、防抛网施工均需封锁铁路线。而京沪铁路为繁忙铁路干线,根据列车运行图京沪上行线天窗时间为11:50~13:50;京沪下行线天窗时间为13:15~15:15。为不影响跨局列车的开行(不需要铁路总公司调整列车运行径路或时间,不需要调整管内客车开行时间或停运管内客车,货物列车运行干扰也最小),施工单位编制了利用天窗时间封锁铁路线的专项施工方案。

为安全完成涉铁主跨箱梁架设,施工单位进行了严密的施工组织。建立各项组织机构;各个环节专人负责;驻站和现场防护人员经过铁路部门的专业培训;关键工序先进行模拟演习。制订各种专项应急预案:《不能在规定的封锁时间内完成施工任务的预案》《物体坠落、危及行车安全的措施》《桥机过孔中途发生故障的预案》《大型机械设备倾覆应急预案》《遭遇台风天气应急预案》《接触网损坏应急预案》《钢丝绳断裂、梁板掉落,影响既有线行车安全应急预案》《架桥机吊装施工时发生停电的措施》。施工过程中所有参与人员服从命令、听从指挥、各司其职,最终顺利完成主跨箱梁架设。

涉铁主跨箱梁架设

(四)科技创新与成果

S95凤阳支线高速公路建设中,滁宁公司联合河海大学开展了《湖沥青改性沥青在高速公路上的应用技术研究》《泡沫温拌技术在安徽高速公路上的应用研究》。

1. 湖沥青改性沥青在高速公路上的应用技术研究

2015年11月19日,在安徽省交通运输厅主持召开的《湖沥青改性沥青在高速公路上的应用技术研究》课题鉴定会上,经过专家组鉴定,研究成果达到了国内领先水平。

湖沥青改性沥青施工现场

2. 泡沫温拌技术在安徽高速公路上的应用研究

2015年11月19日,在安徽省交通运输厅主持召开的《泡沫温拌技术在安徽高速公路上的应用研究》课题鉴定会上,经过专家组鉴定,研究成果达到了国际先进水平。

(五)运营与养护

1. 运营管理

自2015年12月31日全线开通至2016年12月31日,S95凤阳支线高速公路交通流量累计通行120.5万余辆,具体数据见表8-252。

交通流量表(单位:辆)　　　　　　　　表8-252

年份	入口	出口	合计	日平均流量
2016	570260	635273	1205533	3303

a) 月总入口流量曲线图

b) 月总出口流量曲线图

c) 月总车流量曲线图

d) 日平均车流量曲线图

交通流量曲线图(2015.12.31~2016.12.31)

2.养护管理

S95凤阳支线高速公路养护实行招投标制、合同管理制、工程监理制。通过公开招标方式确定养护设计、施工、监理单位,凤阳管理处工程养护科负责养护工程预算和计划编制、工程方案制定、养护质量检查考核、合同管理、养护工程验收等工作。

附录一
高速公路建设大事记

（1986—2016 年）

1986 年

9月1日,《安徽省公路管理条例》经安徽省六届人大常委会第二十四次会议审议通过,自1987年1月1日起施行。

10月1日,安徽省第一条高等级公路312国道合肥至西葛段开工典礼在全椒举行,在全国开创施工招投标建设管理模式。

1987 年

3月31日,安徽省财政厅、交通厅发布《安徽省公路运输管理费征收、使用实施细则》。

1989 年

10月21日,安徽省政府发布《安徽省道路交通管理条例实施办法》,自发布之日施行。

10月20~24日,交通部部长钱永昌来皖考察,强调抓住机遇,重点建设长江、淮河水运主通道,公路"十字"形主骨架工程。

1990 年

5月22~25日,全国公路施工机械化经验交流会在合肥召开,来自全国交通部门的180多名代表参观312国道合肥至全椒段施工现场。

1991 年

5月17日,安徽省政府发布《安徽省高速公路管理暂行办法》,自1991年6月1日起施行。

6月14日,国务院总理李鹏视察灾情。因连日大雨,多处公路路段受阻。当李鹏乘车快速、安全通过合(合肥)宁(南京)高速公路时对高速公路建设给予充分肯定。自此全国高速公路得以快速发展。

10月4日,合宁高速公路龙塘至吴庄段建成通车。

10月25日,国务院副总理朱镕基来皖视察,路经合宁高速公路,称赞"安徽抓交通基础设施建设,根据实际需要修建高速公路,是修到点子上了,路面质量也很好"。

12月5日,铜陵长江公路大桥开工建设。该桥是"八五"期间国家重点工程建设项目,投资5.4亿元。桥长2592m,主桥长1152m,引桥长1440m,桥面宽23m,通航净高24m。主桥采用大跨度预应力混凝土双塔扇形索面斜拉桥,主跨径432m,索塔高153.65m,是安徽境内长江上第一座特大型公路桥。

1992 年

9月30日,312国道合肥龙塘至南京西葛段竣工通车。

10月,安徽省高等级公路管理局研制成功高速公路注水式隔离墩,并由江苏省张家港市特种玻璃钢厂批量生产,填补了国内在这个领域中的一项空白。

1993 年

9月23日,交通部命名全国十大公路工程,合宁高速公路安徽段以工程优良、建设周期短、工程造价低、技术和管理水平高等特点名列第三。

1994 年

4月12日,安徽省人民政府颁发《关于印发全省公路分级管理实施意见的通知》。

11月28日,经省计划委员会和中国人民银行安徽省分行批准,安徽省交通建设投资开发总公司委托中国建设银行安徽省分行营业部面向全省首次公开发行"安徽省高速公路建设债券",总额2000万元,期限两年,年利率为15%。

12月,国务院总理李鹏为铜陵长江公路大桥题写桥名。

1995 年

10月5日,安徽省人民政府发布《安徽省公路路政管理办法》,自发布之日起施行。

11月25日,合宁高速公路大龙段竣工。该路段西起合肥大蜀山,东到肥东龙塘,是安徽省内唯一的城市高速公路。

12月26日,合巢芜高速公路巢芜段通车。合巢芜高速公路是交通部确定的1995年建成的全国十条重点公路之一。

12月26日,铜陵长江公路大桥竣工通车,全国政协副主席洪学智、交通部副部长李居昌,中共安徽省委书记卢荣景、省长回良玉出席通车典礼。

1996 年

1月1日,205国道马鞍山过境公路建成通车。该路是皖南地区第一条全封闭、全立交的一级公路。

7月28日,安徽省八届人大常委会第二十五次会议审议通过《安徽省道路运输管理条例》,自1996年10月1日起实施。

11月13日,全国第一家在境外上市的高速公路股份有限公司的安徽皖通H股在香港联合交易所大厅挂牌上市。

12月26日,被誉为亚洲第一生态桥的黄山太平湖大桥竣工通车。

1997年

10月18日,中共中央政治局委员、国务委员李铁映和国家体改委副主任邵秉仁一行考察铜陵长江公路大桥。

1998年

7月1日,合(肥)徐(州)高速公路南段工程开工典礼在蚌埠市郊区仁和集举行。合(肥)徐(州)高速公路是北京至福州国道主干线的组成部分,南段长112.27km,工程总投资20.62亿元。省领导回良玉、陈光琳等出席开工典礼。

7月18日,经中共安徽省委、省政府批准,安徽省高速公路总公司为大型一类企业。

10月26~29日,由国家财政部、外交部、交通部、安徽省财政厅和交通厅组成的代表团与世界银行就安徽省公路项目(合肥至安庆高速公路)在世行华盛顿总部谈判,商定"贷款协定"和"项目协定",并达成共识。

1999年

5月8日,高界高速公路投入试运营。

11月12日,安庆长江公路大桥项目建议书由国家发展计划委员会报请国务院第二十二次总理办公会议审查通过,被批准立项。

2000年

3月20日,经国家交通公路工程"三优"评审委员会审定,铜陵长江公路大桥荣获优质工程一等奖、优秀设计二等奖。

5月7日,国务院副总理钱其琛在铜陵市主要领导陪同下,视察铜陵长江公路大桥。

5月8日,省财政厅、交通厅联合发布《安徽省车辆通行费财务管理办法》,于2000年1月1日起执行。这是安徽省自1985年试行"贷款修路,收费还贷"政策以来,第一部较为全面系统的通行费财务管理办法。

6月18日,界阜蚌高速公路二期工程开工典礼在太和县旧县镇举行。工程投资9.16亿元,计划2001年底建成通车。

9月8日,共青团安徽省委命名的全省第一条"青年文明号"公路——高界高速公路正式挂牌。

9月28日,芜湖长江大桥北岸公路接线工程竣工通车。

9月30日,芜湖长江大桥建成通车。该桥于1997年3月开工兴建,是国家"八五"期间重点项目,动态总投资37亿元,工程总量相当于南京、武汉长江大桥的总和。

12月15日,界阜蚌高速公路一期工程被评为优良工程。该工程于1998年9月正式开工,工程总投资6.98亿元,一期工程全长49.58km。

12月30日,合(肥)徐(州)高速公路北段工程在宿州市埇桥区三八乡举行开工典礼。中共安徽省委书记王太华、省人大常委会主任孟富林、省长许仲林等参加典礼活动。北段工程全长142.85km,其中宿州市境内64.17km,总投资38.1亿元,工期3年。

2001年

4月16日,安徽省皖北第一条高速公路——界(首)阜(阳)蚌(埠)高速公路一期工程竣工通车。

4月28日,高界高速公路被授予国家级"青年文明号"称号,成为全省交通系统第一条获此殊荣的高速公路。

5月28日,经省人民政府批准,安徽省交通投资集团有限责任公司正式挂牌成立。

6月25日,沪(上海)蓉(成都)高速公路高界段被评为部优项目。

6月30日,合(肥)徐(州)高速公路合肥至蚌埠段建成通车。

9月7日,合(肥)徐(州)高速公路淮南连线工程开工。工程全长36.1km,总投资4.72亿元。

9月8日,蒙(城)蚌(埠)高速公路正式开工。项目全长89.53km,总投资19.8亿元。

10月6日,在深圳招商会上,安徽省交通厅与香港南洋国际投资集团签订合肥—芜湖—宣州高速公路使用权转让项目,转让金约为35亿元人民币。

12月3日,国家发展计划委员会以"特急"计投资〔2001〕2534号文件,下达安庆长江公路大桥开工的通知。安庆长江公路大桥全长5899.5m,其中主桥1040m,桥面净宽26m,总投资13.17亿元,国家批准建设工期4年,设计使用年限120年。

2002年

1月18日,南沿江高速公路马鞍山至芜湖段开工。项目全长53.296km,建设投资24亿元。

1月23日,合(肥)铜(陵)黄(山)高速公路庐铜段动工兴建。项目全长78.06km,总投资20亿元人民币,建设工期3年。

1月23日,"皖通高速"A股增发获得中国证监会批准,标志着皖通公司成为在香港特区和内地同时上市的公路企业,具有两个资本市场运作的优势。

5月1日,广德至祠山岗高速公路工程开工。项目全长13.5km,工程投资2.8亿元。

7月1日,连霍高速公路(江苏省连云港—新疆霍尔果斯)安徽段建成通车。

9月29日,合(肥)安(庆)高速公路通车典礼在怀宁县举行。

11月1日,安庆长江公路大桥北岸公路连接线工程开工。

12月8日,蚌(埠)宁(南京)高速公路蚌埠至明光段开工。项目全长80.93km,投资26.4亿元。

12月18日,亳(州)阜(阳)高速公路试验段正式开工,亳阜高速公路全长99.94km,项目总投资25亿元。

12月18日,界(首)阜(阳)蚌(埠)高速公路二期工程举行通车典礼。界阜蚌高速公路全长187.45km,总投资39.3亿元。

2003年

1月7日,安徽皖通公司增发的2.5亿A股在上海证券交易所挂牌上市流通,筹集资金5.5亿元。

2月20日,安徽滁宁高速公路开发有限公司举行成立暨揭牌仪式。该公司为股份合作制公司,注册资金1亿元,开创安徽省高速公路建设单个项目投资民营资本占大份额的先例,交通建设投资渠道走向多元化。

2月26日,世界银行项目经理川田安弘和安徽省交通厅厅长王兴尧分别在安徽世行公路项目Ⅱ——铜汤高速公路评估备忘录上签字,世界银行圆满完成安徽公路项目Ⅱ的评估工作。

2月27日,安徽省高速公路总公司与上海东方控股有限责任公司在合肥正式签订合(肥)巢(湖)芜(湖)高速公路30年经营权转让协议。《合巢芜经营权转让合同协议书》的签订是交通建设投融资体制改革的新尝试。

5月16日,安徽省公路管理局与金种子集团所属安徽金宇高速公路发展有限公司就建设经营管理庐铜高速公路项目签订合同书。

10月1日,合(肥)杭(州)高速公路芜湖至宣城段建成通车。

10月26日,安徽省编制委员会做出调整全省高速公路路政管理体制的决定。决定包括:①调整高速公路路政管理职责。将安徽省高速公路总公司和其他高速公路经营企业承担的路政管理职能统一收归安徽省公路管理局承担,高速公路经营企业不再承担路政管理职能。②调整高速公路路政管理机构,成立安徽省公路路政总队,与省公路管理局一个机构两块牌子,负责全省公路路政管理。高速公路路政支队按照"一路一大队"的原则下设大队,负责具体的日常路政管理工作。③高速公路路政人员编制配备标准,暂按照0.2人/km的标准核定。④高速公路路政经费在高速公路收取的通行费中列支。

11月26日,汤(口)屯(溪)高速公路开工。汤屯高速公路全长57.4km,工程总投资31.03亿元,2007年底竣工通车。

12月16日,安徽省政府举行新闻发布会,宣布安徽省高速总里程已突破1000km,在全国排名第12位。在建高速公路达到1090km,实现通车里程和在建里程"双超千公里"的目标。

12月18日,国家"十五"重点建设项目合徐高速公路北段工程建成通车。

2004年

4月1日,合巢芜高速公路大修改造工程动工。工程分两期进行,第一期陇西立交桥至试刀山隧道段40km,第二期试刀山隧道至沈巷段44km。

4月12日,芜湖长江大桥南岸公路接线立交桥通车。

4月22日,安徽省高速公路总公司划归安徽省人民政府国有资产监督管理委员会管理。

7月11日,广德至祠山岗高速公路建成通车。

7月13日,安徽省政府办公厅颁发《安徽省高速公路经营权转让管理暂行办法》,从发布之日起执行。

8月2日,安徽省首次引进美国Superpave改进型中控式沥青混凝土路面施工技术,在安庆长江大桥北岸接线工程上一次性试铺成功,标志着安徽本省公路建设质量已逐步接近世界先进水平。

8月20日,省十届人大常委会第十一次会议审议通过《安徽省公路路政管理条例》和《安徽省高速公路管理条例》修正案。

9月28日,安庆长江大桥北岸接线工程通过交工验收,被评为优良工程。

10月10日,界(首)阜(阳)蚌(埠)高速公路全线贯通。

10月18日,徽(州)杭(州)高速公路安徽段建成通车。

10月28日,共青团中央授予合徐高速公路国家级"青年文明号"称号。

11月4日,312国道合宁高速公路改建工程全线完工。

12月18日,合(肥)六(安)叶(集)高速公路动工兴建。项目全长161.1km,工程概算总投资47亿元,建设工期4年。

12月26日,安庆长江公路大桥建成通车。

12月28日,合巢芜高速公路大修提前1年竣工,恢复全线通行。

12月28日,合(肥)淮(南)阜(阳)高速公路淮南试验段开工建设。

2005年

1月18日,庐(江)铜(陵)高速公路完工,正式投入试运营。该公路由安徽金种子集团投资建设,是安徽省工业企业进入高速公路建设管理的第一家。

1月18日,安徽省政府颁发《关于加快公路建设的决定》。

3月5日,安徽省交通厅在合肥举行世行贷款安徽公路项目Ⅱ(铜汤高速公路)工程实施备忘录签署仪式。

6月22日,全省首个高速公路路政大队——庐(江)铜(陵)高速公路路政大队成立。

6月29日,六安至黄尾、黄尾至潜山高速公路开工典礼在岳西举行。两路段全长149.3km,总投资92亿元,计划工期4年。

7月20日,铜黄高速公路汤屯段石头岭隧道右线贯通。该隧道是当时安徽省最长的高速公路隧道,左线长3054m,右线长3011m。

8月15日,安徽省皖南地区首条高速公路宣(城)广(德)高速公路改建工程全面展开。项目全长61.4km,总投资工程初步预算3.8亿元,预计工期16个月。

9月26日,省交通厅在合肥召开合宁高速公路大蜀山至陇西立交桥扩建工程初步方案讨论会,安徽省第一条"四车道改八车道"的高速公路项目前期工作正式启动。

9月26日,安徽省高速公路总公司正式开通面向全省的客户服务热线"96566",为高速公路驾乘人员提供实时路况、救援清障、投诉咨询等服务。

10月28日,六安到武汉高速公路安徽段正式开工。项目全长91.17km,总投资工程总概算53.72亿元,计划工期4年。

11月9日,省长办公会议第十九次会议通过《安徽省高速公路规划》。

11月22日,黄山至塔岭和小贺至桃林高速公路项目正式动工。项目全长50.01km,总概算投资38.4亿元,计划2008年建成通车。

12月12日,省政府办公厅印发《安徽省高速公路网规划要点》。

12月16日,省"861"行动计划重点工程项目、安徽省首条引进民营资本建设的马鞍山至芜湖高速公路竣工通车。

12月16日,按照省政府皖政秘〔2005〕160号文批复,安徽省高速公路总公司依法收回合巢芜高速公路经营权。

12月28日,蚌埠至南京高速公路蚌(埠)明(光)段建成通车。

2006年

4月25日,蚌宁(蚌埠至南京)高速公路明(光)滁(州)段建成通车。

4月29日,安徽省高速公路路政支队挂牌成立,负责全省高速公路路政管理工作。

5月28日,铜(陵)南(陵)宣(城)高速公路正式开工建设。

5月28日,被列为全国生态高速公路的典型示范工程黄塔桃高速公路开工。

6月22日,阜周高速公路淮河特大桥顺利合龙。

7月10日,亚洲第一提篮拱桥太平湖大桥合龙。太平湖大桥位于合铜黄高速公路,主跨336m,为中承式钢管混凝土提篮拱桥。

7月22日,铜(陵)汤(口)高速公路东山河特大桥顺利合龙。

8月6日,安徽省高速公路总公司结合合宁高速公路安徽段和205国道(新线)天长段改造工程,提出的控制指标和配套工艺纳入交通部公路司公布的《公路冲击碾压实用技术指南》,研究成果达到国际先进水平。

9月30日,安徽省领导王金山、任海深、朱先发出席宁(南京)洛(阳)高速公路安徽段全线通车仪式。

10月21日,安徽省高速公路总公司合肥管理处中控室被交通部精神文明建设办公室和中国交通通信中心联合授予"全国交通通信系统创建文明行业先进集体"称号。

11月16日,芜宣高速公路湾沚连接线建成通车。

12月18日,安徽省首条双向六车道高速公路宁连高速公路安徽天长段正式建成通车。

12月24日,安徽省第四座长江大桥——马鞍山长江公路大桥试桩工程动工。

12月22日,沿江高速公路(毛竹园至大渡口段)建成通车。

2007年

6月18日,沿江高速公路芜湖(张韩)至铜陵(朱村)段通过交工验收。

6月21～22日,第二届国际路面工程讨论会在合肥市召开。

6月28～30日,沿江高速公路芜湖至铜陵段正式建成通车。

7月20日,安徽省交通厅制定《安徽省高速公路联网收费技术规范》和《安徽省高速公路南网通信骨干网规划》。

9月28日,铜陵至黄山高速公路建成通车。

10月21日,安徽省交通厅对高速公路北网收费系统改造顺利完成(由纸质磁性通行券向IC卡切换),为将来实施电子支付系统、长三角高速公路不停车收费提供技术保障。

11月28日,合(肥)六(安)叶(集)高速公路建成通车。

12月28日,马鞍山长江公路大桥实施保障工程举行开工典礼。

12月29日,合淮阜高速公路北段建成通车。从而结束淮南市不通高速公路的历史,标志着安徽省实现"市市通高速"的目标,并将安徽省高速公路的通车里程延伸至2200km,位居全国前10名。

2008年

1月12日,泗(洪)许(昌)高速公路泗县至宿州段开工建设。项目全长91.47km,概算投资36.89亿元。

4月11日,六潜高速公路六岳段磨子潭2号大桥顺利合龙,大桥左右幅桥均长480.37m,主跨均为140m,桥面离地面最高处达94.8m,是安徽省迄今为止最高的大桥,工程造价5300万元。

6月29日,南沿江和合淮阜高速公路全线建成通车。

7月30日,中共安徽省委、省政府在绩溪县举行宣城至黄山高速公路一期工程开工典礼。该工程为扬州至绩溪高速公路向南延伸段,总里程24.614km,总投资17.19亿元,建设工期3年。

11月1日,安庆至景德镇高速公路安徽段通车典礼在安景高速公路皖赣主线收费站举行。

11月12~13日,交通运输部优质工程验收专家组对合徐北高速公路进行全线核验,该路荣获2008年度全国公路交通优质工程奖。

11月13日,合肥绕城高速公路全线通车仪式在蜀山收费站举行。

12月21日,江苏省泗洪县至河南省许昌市高速公路安徽亳州段开工建设。泗许高速公路安徽段全长204.5km,自东向西分为泗洪至泗县段、泗县至宿州段、淮北段、亳州段四段建设,其中泗县至宿州段已于2008年1月开工。

12月25日,阜周高速公路恢复开工。该路2003年12月开工建设,由于诸多原因2006年停工,2008年移交至安徽省高速公路总公司建设管理。

12月26日,黄山至祁门高速公路开工仪式在屯溪举行。项目全长103km,概算总投资65.2亿元。

12月26日,交通运输部典型示范工程黄塔桃高速公路建成通车。安徽省高速公路通车里程从此达2508km,位居全国第九位,中部省份第三位。

12月28日,马鞍山长江公路大桥开工典礼在当涂县江心洲举行。

2009年

5月15日,安徽省交通运输厅与浙江省交通运输厅签订南京—宣城—杭州(金华)高速公路省际衔接协议。

6月22日,沪(上海)渝(重庆)高速公路高(河)界(子墩)段"白加黑"改建工程全线竣工。该路段全长110km,1999年5月通车营运,2008年3月开始将原来的水泥混凝土路面升级为黑色沥青路面。

7月1日,全国人大常委会委员长吴邦国在皖检查工作途中,视察高界高速公路公岭服务区。

8月1日,界阜蚌高速公路一、二期"白改黑"改建工程开工。

8月11日,全省交通行业"微笑服务、温馨交通"活动现场会在合肥召开。

9月12日,合宁高速公路南环段"四改八"扩建工程全线建成通车。

9月28日,宁(南京)宣(城)杭(州)高速公路宣城至宁国段工程开工典礼暨宁国至绩溪高速公路征地拆迁动员会。

11月16日,泗许高速公路淮北、泗县段在淮北市濉溪县百善镇举行开工典礼。淮北段路线长50.31km,投资概算21.53亿元,计划工期3年;泗县段线长23.4km,总投资概算10.61亿元,计划工期3年。

11月26日,扬(州)绩(溪)高速公路宁国至绩溪段开工建设,同时宁宣杭高速公路宁国至千秋关路段征迁工程开始。

11月28日,沪苏皖高速公路不停车收费电子系统联网暨徽通卡开通仪式在合肥举行。

12月26日,马鞍山东环路高速化改造工程开工。

12月27日,阜(阳)周(集)高速公路北段通车、阜(阳)新(蔡)高速公路安徽段开工、周(集)六(安)高速公路复工仪式在阜阳举行。

12月28日,六(安)潜(山)高速公路、六(安)武(汉)高速公路安徽段通车典礼在六安市举行。

12月28日,望东长江公路大桥试桩工程开工。

2010年

1月18日,徐(州)明(光)高速公路安徽段开工仪式在泗县举行。徐明高速公路是安徽省第一条利用亚洲银行贷款建设的高速公路,全长139.05km,项目概算62.54亿元,其中亚行贷款1.2亿美元。

3月29日,合肥新桥国际机场高速公路举行开工仪式。项目全长17.6km,总概算投资12.6亿元,2012年建成通车。

5月14日,交通运输部科技司在金寨县主持召开"隧道半导体照明(LED)综合节能技术研究"项目技术鉴定会,该项目是交通运输部2008年度行业联合攻关科技项目。

6月27日,由安徽省高速公路控股集团有限公司和长安大学共同承担的2007年度省交通科技进步通达计划项目"大跨高墩连续刚构桥施工监控技术研究"课题成果鉴定会在合肥召开。课题总体研究成果达到国内先进水平,在动力分析方面达到国内领先。

6月29日,阜阳至周集高速公路全线通车运营。

6月30日,北沿江高速公路马鞍山至巢湖段在巢湖姥桥开工。该项目工程概算23.99亿元。

7月28日,沪苏皖赣高速公路电子不停车收费系统联网签字仪式在南昌举行。安徽省高速公路"徽通卡"用户在沪苏皖赣高速公路上可以刷卡消费或不停车缴费。

7月28日,安徽省交通运输厅与浙江省交通运输厅签订《关于安徽宣城至浙江金华高速公路皖浙省际路线衔接方案的协议》。

11月11日,绩(溪)黄(山)高速公路主线贯通。

11月11日,蚌埠至淮南高速公路的控制性工程——高塘湖特大桥竣工。桥长2228.89m,桥面宽34.5m,水中最大桩长42m。

12月6日,望东长江公路大桥北岸连接线和东至至九江高速公路安徽段动工建设。望东长江公路大桥北岸连接线长49.96km,总投资约18.3亿元;东至至九江高速公路安徽段长11.4km,总投资约5.5亿元。

12月11日,宁洛高速公路延伸线在凤阳县开工建设。该项目全长44.5km,概算总投资18.79亿元。项目分两期实施,一期15.78km,二期28.73km。

12月28日,济南至祁门高速公路砀山段开工建设。此路段长39.46km,总投资24.76亿元,计划工期3年。

12月28日,泗许高速公路宿州段建成通车。

2011年

1月13日,六(安)武(汉)高速公路全线贯通,合肥经六安到武汉实现全程高速。

3月3日,宁(国)宣(城)杭(州)高速公路宁国至千秋关段举行开工典礼。此路段长40.202km,总投资约为28.7亿元,建设工期3年。

7月4日,合肥滨湖新区方兴大道与京台高速公路互通式立交开通运营。

7月12日,全省高速公路路政管理职能移交签字仪式在省交通运输厅举行,省高速公路控股集团和省交通投资集团将路政管理职能移交给省公路管理局(路政总队)。

8月19日,省高速公路联网运营有限公司与中国邮政储蓄银行安徽省分行举行"安徽交通卡"项目合作签约仪式。

9月13日,由马鞍山长江公路大桥现场指挥部主办的"大跨径桥梁技术创新与建设管理研讨会"在马鞍山市召开。

11月29日,省路警联合指挥中心、省交通运输联网运行管理中心运行揭牌仪式在合肥举行。

12月12日,泗洪至许昌高速公路亳州段建成通车,济南至祁门高速公路利辛段开工建设。

12月20日,望(江)东(至)长江公路大桥、岳西至武汉高速公路安徽段分别举行开工仪式,周集至六安高速公路南段举行通车仪式。

2012年

1月16日,绩溪至黄山高速公路开通试运营。

1月20日,周集至六安高速公路全线通车运营。

3月11日,北沿江高速公路马巢段交叉合巢芜高速公路枢纽工程开工建设。

3月17日,徐(州)明(光)高速公路跨宁(南京)洛(阳)高速公路蚌明段互通——明光枢纽开工建设。

4月6日,安徽省交通投资集团公司召开会议,通报铜陵至黄山高速公路荣获"第十届中国土木工程詹天佑奖"。

4月6日,京台高速公路小方段"四改八"扩建工程左半幅(安庆—合肥方向)全线贯通,实行双向通行。

4月21日,马鞍山长江公路大桥的两项科研成果(特大沉井基础施工关键技术研究和特大型钢吊箱钻孔平台整体设计与施工成套技术研究应用)通过专家鉴定会的鉴定。

5月23日,合淮阜高速公路路政大队被全国总工会授予全国"工人先锋号"荣誉称号。

6月18日,马鞍山东环高速公路改线工程全线建成通车。

8月2日,长三角区域高速公路联网不停车收费全面开通仪式在杭州举行。

8月2日,G4211宁芜高速公路(原马鞍山市东环路)开通运营。

8月8日,蚌埠至淮南高速公路建成通车。

8月23日,京台高速公路小西冲至方兴大道段"四改八"扩建工程建成通车。

9月24日,省政府召开新闻发布会,发布重大节假日小型客车免收过路费的实施细则。

10月16日,沪陕高速公路与国道312叶集段道路连接线建设工程开工仪式在叶集试验区举行。

10月26日,省交通运输厅印发《安徽省一级公路勘察设计工作指导意见(试行)》和《加强高速公路建设管理的若干意见(试行)》。

11月20日,杜集吴圩互通式立交工程开工建设。

2013年

2月2日,马鞍山长江公路大桥左汊悬索桥合龙。

3月21日,省交通运输厅印发《高速公路交通指路标志规范完善工作实施方案》。

5月9日,全国安全文化建设工作现场会表彰73家荣获"全国安全文化建设示范企业"称号的单位,省高速集团池州管理处成为全国交通公路行业唯一获此殊荣的单位。

5月10日,合肥新桥机场高速公路试运营,开通合肥主线收费站。

6月28日,芜湖长江公路二桥开工建设。路线全长55.8km,其中跨江主桥长1622m,是连通南北沿江高速公路的重要枢纽,项目概算总投资90.4亿元,工期4年。

7月9日,"第十一届中国土木工程詹天佑奖颁奖大会"在北京召开,安徽省交通投资集团公司投资建设的"六安至武汉高速公路大别山隧道群"再获殊荣。

8月3日,合徐高速公路杜集吴圩互通式立交工程主线"四改八"扩建工程启动。

8月6日,省高速公路控股集团公司承担的《高速公路微笑服务文化理论及相关系统建设研究》项目通过专家组鉴定和验收。

8月6日,马鞍山长江公路大桥右汊斜拉桥合龙,为该桥年内竣工通车奠定基础。

9月8日,宣城至宁国高速公路孙埠至宁国段正式开通试运营。

9月10日,济南至祁门高速公路永城至利辛安徽段开工建设。

9月15日,北沿江高速公路巢无段跨合福铁路桥工程建设启动。

10月30日,宿(州)扬(州)高速公路天长段项目开工建设。

11月22日,阜阳至新蔡高速公路安徽段开通试运营。

12月24日,安(庆)景(德镇)高速公路安徽段荣膺全国公路交通优质工程一等奖。

12月30日,黄山至祁门高速公路建成通车。

12月31日,马鞍山长江公路大桥建成通车。该桥是安徽省第一座完全依靠自身力量管理建设的跨江大桥。

12月31日,北沿江高速公路马鞍山至巢湖段建成通车。

2014年

1月6日,池州长江公路大桥试桩工程开工。此桥是济南至祁门高速公路的跨江关键性工程,全长41.22km,其中北岸接线长15.7km、南岸接线长14.82km,大桥估算总投资66.13亿元,建设周期4年。

1月16日,济(南)祁(门)高速公路淮南至合肥段项目建设正式启动。

3月1日,京台高速公路合肥至蚌埠段大修改善工程开工。该工程首次大规模引进"冷再生和大粒径"新技术,概算投资10.36亿元,计划2015年8月底完成。

3月17日,黄祁高速公路荣获2013年度全国公路水运建设项目"平安工程"称号。

4月9日,岳武高速公路大枫树岭隧道实现与湖北段对接贯通。

4月12日,芜湖长江公路二桥节段梁场站建设及架设方案正式确定,该桥所使用节段梁将在国内首次采用工厂化生产方式的全体外预应力束轻型薄壁大悬臂节段梁。

4月20日,宁(国)千(秋关)高速公路的控制性工程千秋关隧道(安徽段)全幅完成。

4月26日,济祁高速公路利辛至淮南段路全线开工建设。

5月1日,黄祁高速公路齐云山服务区建成国内首个汽车自驾游营地。

5月5日,济祁高速公路寿县淮河特大桥开工建设。

5月16日，南京至芜湖高速公路马芜段太白互通式立交工程开工建设。

5月19日，芜湖长江公路二桥主墩钻孔灌注桩全部完成，标志着芜湖二桥主桥墩桩基础顺利完工。

5月20日，徐州至明光高速公路安徽段控制性工程——淮河特大桥合龙，为项目年内通车奠定了基础。

7月28日，全国首个服务区候机楼——合六叶高速公路新桥服务区候机楼正式启用。

8月6日，由省高速公路控股集团有限公司实施改造的首个花园式服务区——合宁高速公路文集服务区正式向过往驾乘人员开放。

8月11日，铜南宣高速公路营盘山双幅隧道顺利贯通。该隧道为分离式隧道，其中左线长603m，右线长570m。

8月20日，京台高速公路合徐南段（合肥至蚌埠方向）大修改造工程提前1个月完工并开放通行。

10月27日，安徽省首批全面推行标准化建设的项目——滁州至马鞍山高速公路路面工程正式启动。线路长83km。概算投资56.59亿元，计划2015年建成通车。

11月6日，国际基础设施BE创新奖竞赛大会在英国伦敦召开，芜湖长江公路二桥荣获大奖。我国桥梁项目首次获得该奖项，标志着中国桥梁在原创技术上达到国际领先水平，桥梁领域的数字化发展达到全新高度。

12月1日，省交通运输厅出台《关于进一步提升高速公路服务区服务质量的实施意见》。

12月4日，"第十二届中国土木工程詹天佑奖颁奖大会"在北京举行，安徽省沿江高速公路芜湖至安庆段项目被授予詹天佑奖。

12月13日，全省最长的公路隧道——全长7.77km的岳（西）武（汉）高速公路明堂山隧道左幅贯通。

12月24日，宁国至绩溪高速公路建成通车。

12月25日，安徽省高速公路控股集团有限公司和安徽省交通投资集团有限责任公司合并重组，成立安徽省交通控股集团有限公司。

12月26日，徐州至明光高速公路安徽段建成通车，是目前安徽省一次建成最长的高速公路。

12月26日，滁州至淮南高速公路开工建设。项目全长125.06km，概算投资82.46亿元，工期3年。

2015年

1月13日，安徽省最长的公路隧道，全长7.77km的明堂山隧道实现全幅贯通。

2月3日,江苏省S68溧芜高速公路高淳至芜湖段建成通车,从而安徽省S28芜雁高速公路东向通道实现贯通。

2月3日,省交通运输厅印发《安徽省高速公路服务区文明服务创建工作实施方案》,提出全省争创6对全国百佳示范服务区和20对优秀服务区目标。

3月23日,马鞍山三塔缆索承重桥成套技术研究成果通过交通运输部鉴定验收。

3月27日,省交通运输厅与江苏省交通运输厅签订合宁高速公路改扩建工程省界接点协议。

3月28日,芜合高速公路试刀山隧道应急工程开工建设。工程在2座原隧道外侧各建1座双车道隧道,估算投资约4.94亿元,计划工期16个月。

3月31日,北沿江高速公路巢湖至无为段全线开工建设。此路段全长43.87km,概算投资36.58亿元,工期3年。

4月10日,由省交通联网管理中心牵头编写的《高速公路联网收费规范》通过安徽省质量技术监督局审核,并作为安徽省地方标准(DB34/T 2223—2014)发布,从2015年1月起正式实施。

4月16日,阜(阳)新(蔡)高速公路阜王路互通式立交工程开工建设。

5月16日,望东长江公路大桥关键节点南北主塔成功封顶,实现重大节点工序转换。

5月20日,安徽省首座公路隧道竖井——岳武高速公路明堂山隧道通风竖井顺利贯通。

5月25日,芜湖长江公路二桥外预应力拼装轻型薄壁连续箱梁足尺模型试验成功,填补了国内外全体外预应力节段拼装轻型薄壁连续箱梁试验研究的空白。

6月3日,经省政府同意,省交通运输厅印发《关于进一步规范高速公路互通立交增设等工作的通知》。

6月3日,省交通控股集团驿达公司荣获交通运输部、公安部、安全监管总局、中华全国总工会、共青团中央联合颁发的"情满旅途"先进集体表彰。

7月8日,省交通控股集团公司承担的"基于云计算与业务扁平化的高速公路收费系统"获评"安徽省信息化十件大事"。

7月14日,芜湖长江公路二桥QC质量控制小组编写的《研究节段梁养护的新装置》成果,获得"全国工程建设优秀质量管理小组一等奖"。

7月23日,宁芜高速公路太白互通工程竣工并正式营运。

7月31日,京台高速公路蚌埠至合肥段大修工程完工,开放通车。

8月11日,滁(州)马(鞍山)高速公路上,重1.76万t、长130m的上跨铁路立交桥逆时针整体旋转86°,顺利跨越沪蓉高速铁路,创国内高速公路建设首次无合龙段桥梁转体施工纪录。

8月15日,济祁高速公路涡河特大桥主桥顺利合龙,该项目全线贯通。

8月16日,望东长江大桥全面进入主梁安装阶段。

8月16日,安徽省交通运输厅与省公安厅、省气象局联合印发《安徽省高速公路交通运行信息与阻断事件报送管理办法》。

9月12日,望东长江大桥北岸连接线主体工程完工。

9月17日,宁绩高速公路荣获全国公路水运建设平安工程称号。

10月17日,安徽省在界阜蚌高速公路首次使用嵌固抗滑表面处理养护新技术。

10月18日,中国公路建设行业协会专家组对泗许高速公路宿州段进行现场核验,认为该项目在建设管理、技术创新、工程质量等方面达到国内高速公路建设先进水平,入围2014—2015年公路交通优质工程奖。

10月31日,随着全国ETC正式联网,安徽省高速公路ETC进入发展快车道,截至2015年10月,安徽交通卡用户已突破100万户,ETC用户80万户,ETC规模效应初步显现。

12月16日,省交通控股集团负责建设的7个项目全部通过交工验收,建设里程414km,为实现全省4200km高速公路通车目标做出贡献。

12月16日,交通运输部正式发布全国高速公路服务区服务质量等级评定结果,安徽省5处服务区获评全国"百佳示范服务区",19处服务区获评全国优秀服务区。

12月19日,济祁高速公路砀山段、济祁高速公路永城至利辛段、宁宣杭高速公路宁国至千秋关段建成通车。

12月29日,省交通质监局与安徽省皖通科技股份公司共同承担的《交通建设工程质量远程监督应用技术研究》项目通过鉴定。该项目率先在全国交通工程质量安全监管行业内得到应用,总体上达到国内先进水平。

12月30日,铜南宣高速公路、东至至九江高速公路安徽段、望东长江公路大桥北岸连接线、北沿江高速公路滁州至马鞍山段、岳西至武汉高速公路安徽段建成通车。

12月30日,铜陵长江公铁大桥公路接线工程全线通车。

2016年

1月6日,合芜高速公路改扩建项目试刀山隧道应急工程安全顺利穿越滑坡体,打通关键节点。

2月23日,安徽省被交通运输部确定为首批ETC异地充值系统工程试点省份,计划于同年3月份启动系统联调测试工作。

4月1日,滁淮高速公路定远至长丰段开工建设。项目全长63.069km,投资概算44.7亿元,建设工期3年。

4月5日,试刀山隧道应急工程左幅比计划提前15天贯通。

4月5日,池州长江公路大桥南北接线工程开工建设。

4月8日,滁淮高速公路滁州至定远段开工建设。项目概算38.87亿元,计划2018年底建成通车。

4月26日,济祁高速公路淮河特大桥索塔封顶工程完工。

6月8日,试刀山隧道应急工程双幅安全贯通,较计划工期提前22天。

6月19日,2014—2015年度公路交通优质工程(李春)奖表彰会暨"弘扬工匠精神 打造品质工程"高峰论坛在北京举行,安徽省泗宿高速公路荣获李春奖一等奖。

7月12日,安徽省调整收费公路货车通行费优惠政策。即日起,货运车辆使用安徽交通卡支付通行费,享受85折优惠,优惠期暂定3年。

8月8日,世界最大跨度叠合梁斜拉桥——望东长江公路大桥顺利合龙,主桥长1.25km。

8月17日,省交通控股集团公司首单永续票据10亿元成功发行,期限5年,票面利率3.57%。

8月22日,省内跨度最大的矮塔斜拉桥——济祁高速公路寿春淮河特大桥顺利合龙。

8月27日,2016年中国500强企业高峰论坛发布2016年中国企业500强榜单,省交通控股集团首次入围,名列第471位,同步入围2016年中国服务业企业500强,名列第151位。

9月28日,芜合高速公路试刀山隧道应急工程建成通车。

9月30日,溧阳至广德高速公路安徽段通车试运营。

11月2日,第十届中国高速公路服务区管理年会在贵州省贵阳市举行,安徽驿达公司荣获优秀服务区管理公司奖。

12月30日,德州至上饶高速公路利辛至淮南段、淮南至合肥段建成通车并运营。

12月30日,望东长江公路大桥建成通车,全长2000km的济南至广州高速公路在安徽境内全贯通。

附录二
获奖情况

在安徽省高速公路建设及营运管理过程中,涌现出了一大批先进集体。2015年安徽交通控股集团被交通运输部评为"全国交通运输文化建设示范单位"、被中国交通企业管理协会授予"全国交通运输文化建设卓越单位"称号。一批优质工程和科研项目荣获中国土木工程詹天佑奖、中国建设工程鲁班奖、乔治·理查德森奖、全球BE创新奖、国家级和省(部)级科技进步奖等。涌现了一大批国家级、省(部)级"劳动模范"和"五一劳动奖章"获得者。具体获奖情况见附表2-1~附表2-8。

(一)综合类获奖情况

安徽交通控股集团历年获奖汇总表(综合类)　　　附表2-1

序号	年度	奖项名称	颁奖单位
1	2003年	全省交通系统文明单位	安徽省交通厅
2	2004年	安徽省50强企业	安徽省人民政府
3		第六届安徽省文明单位	中共安徽省委安徽省人民政府
4		2003年度全省交通系统先进单位	安徽省交通厅
5	2005年	2005年全国交通百强企业	中国交通企业管理协会交通行业优秀企业管理成果评审委员会
6		2004年度全省交通系统先进单位	安徽省交通厅
7		2004年6月~2005年5月AA+级信用企业	中国农业银行安徽省分行
8	2006年	第七届安徽省文明单位	中共安徽省委安徽省人民政府
9	2007年	安徽省属企业文明单位	省国资委
10	2008年	第八届安徽省文明单位	中共安徽省委安徽省人民政府
11		全省抗雪防冻救灾工作先进集体	中共安徽省委安徽省人民政府
12		全省交通系统抗雪灾保畅通先进集体	安徽省交通厅
13		全省交通系统"抗雪灾保畅通"先进集体	安徽省交通厅
14		2007年度全省交通系统先进单位	安徽省交通厅
15		第四届全国体育大会活动组织奖	安徽省人民政府
16		2007年省属企业经营预算编制工作先进单位	安徽省国资委
17		模范职工之家	安徽省总工会
18	2009年	第二届安徽省省属企业文明单位	安徽省国资委
19		安徽省利用国家开发银行开发性金融合作贷款工作先进单位	安徽省开发性金融合作领导小组办公室

附录二

获奖情况

续上表

序号	年度	奖项名称	颁奖单位
20	2010年	全国交通运输行业先进单位	交通运输部
21		全国交通运输行业文明单位	交通运输部
22		省属企业"十一五"发展战略与规划编制工作先进集体	安徽省国资委
23		2009年度全省交通运输系统组织劳动竞赛先进单位	安徽省交通运输厅
24		2010年安徽企业100强42名	安徽省经信委 安徽省企业联合会
25		2010年度全省企业共青团工作优秀单位	共青团安徽省委员会 中共安徽省国资委委员会
26	2011年	第九届安徽省文明单位	中共安徽省委 安徽省人民政府
27		2011年度全国交通运输企业文化建设优秀单位	中国交通企业管理协会、交通行业优秀企业管理成果评审委员会
28		2006—2010年度省属企业党委中心组学习先进集体	中共安徽省国资委委员会
29		2010年度交通运输基础设施建设先进单位	安徽省加快基础设施建设领导小组
30		2010年全省交通系统先进单位	安徽省交通运输厅
31		2008—2010年全省内部审计先进单位	安徽省审计厅
32	2012年	2011年安徽省与中央企业合作发展成果二等奖	安徽省人民政府
33		第三届安徽省省属企业文明单位	安徽省国资委党委
34		2011年度全省国资系统信息工作先进单位	安徽省国资委
35		2006—2010年全省档案工作先进集体	安徽省档案局
36		2011年度全省交通运输基础设施建设先进单位	安徽省加快基础设施建设领导小组
37		2012年安徽百强企业	安徽省经信委 安徽省企业联合会
38		2012年安徽省诚信企业	安徽省企业联合会 安徽省信用协会
39		安徽省交通运输行业2011年度先进单位	安徽省交通运输厅
40		2012年全省安全生产月活动优秀单位	安徽省人民政府安全生产委员会
41		全省2011年度首批安全文化示范企业	安徽省人民政府安全生产委员会办公室
42		2011年省属企业五四红旗团委	安徽省国资委团工委
43	2013年	廉政文化建设示范点	中共安徽省纪委
44		2013年度全国安全生产月活动先进单位	中共中央宣传部

续上表

序号	年度	奖项名称	颁奖单位
45	2013年	2013年度全国交通运输企业文化建设优秀单位	中国交通企业管理协会
46		2013年安徽企业100强44名	安徽省经信委安徽省企业联合会
47		2012年安徽省与中央企业合作发展成果二等奖	安徽省推进与中央企业合作发展工作领导小组
48		2011—2012年度全省交通运输文明行业	安徽省交通运输厅
49	2014年	2014年度全国交通运输文化建设优秀单位	中国交通企业管理协会
50		安徽省首批"劳模创新工作室"（胡可创新团队）	安徽省总工会
51		2013年度安徽省劳动竞赛先进集体	安徽省劳动竞赛委员会
52		2013年度安全生产工作先进单位	安徽省安全生产协会
53		第十届安徽省文明单位	中共安徽省委安徽省人民政府
54	2015年	全国交通运输文化建设示范单位	交通运输部
55		2011—2013任期经营"业绩优秀企业奖"	安徽省国资委
56		全国交通运输文化建设卓越单位	中国交通企协,企管评审委
57	2016年	100个享誉全国的安徽品牌	人民网安徽频道
58		安徽省劳模创新工作室（殷永高劳模创新工作室）	安徽省总工会

安徽交通控股集团直属各单位历年获奖汇总表

附表2-2

获奖单位	奖项名称	颁奖单位	获奖时间
宿州管理处	全国"模范职工之家"	中华全国总工会	2015.11
宿州管理处	国家级"青年文明号"	共青团中央	2004.05
宿州管理处	第十届"安徽省文明单位"	中共安徽省委安徽省人民政府	2014.12
宿州管理处	第九届"安徽省文明单位"	中共安徽省委安徽省人民政府	2011.01
宿州管理处	安徽省"职工书屋示范点"	安徽省总工会	2013.11
宿州管理处	安徽省"工人先锋号"	安徽省总工会	2012.05
宿州管理处	安徽省"模范职工之家"	安徽省总工会	2009.01
宿州管理处	安徽省"巾帼文明岗"	安徽省妇女巾帼建功活动领导小组	2011.03
宿州管理处	全省"廉政文化示范点"	中共安徽省纪委安徽省监察厅	2012.05
界阜蚌公司	全国企业应急救援知识竞赛优胜单位奖	国家安全生产监督管理总局	2013.11
界阜蚌公司	安徽省第十届"文明单位"	中共安徽省委安徽省人民政府	2014.12
界阜蚌公司	安徽省第八届"文明单位"	中共安徽省委安徽省人民政府	2008.04

附录二

获奖情况

续上表

获奖单位	奖项名称	颁奖单位	获奖时间
界阜蚌公司	安徽省第七届"文明单位"	中共安徽省委安徽省人民政府	2006.04
界阜蚌公司	安徽省第九届"文明单位"	中共安徽省委安徽省人民政府	2011.01
界阜蚌公司	安徽省劳动竞赛先进单位	安徽省总工会	2016.01
蚌埠管理处	全国青年文明号	共青团中央	2004.01
蚌埠管理处	安徽省第九届文明单位	中共安徽省委安徽省人民政府	2011.01
蚌埠管理处	安徽省第七届文明单位	中共安徽省委安徽省人民政府	2006.01
蚌埠管理处	安徽省青年文明号	共青团省委	2003.01
蚌埠管理处	安徽省安全文化建设示范企业	安徽省人民政府安全生产委员会办公室	2014.01
阜阳管理处	2010—2011年度全国交通运输行业精神文明建设先进集体	交通运输部	2012.12
淮南管理处	安徽省劳动竞赛先进集体	安徽省劳动竞赛委员会安徽省总工会	2013.04
全椒管理处	第十届安徽省文明单位	中共安徽省委安徽省人民政府	2014.12
全椒管理处	第九届安徽省文明单位	中共安徽省委安徽省人民政府	2011.1
六安公司	全国抗冰除雪先进单位	交通部	2008.01
六安公司机场分公司	省级工人先锋号	省总工会	2013.01
六安公司高刘站	省级青年文明号	共青团省委	2010.01
六安公司合肥站	全国公路交通系统"模范班组"	中国海员工会	2015.01
六安公司合肥站	最美中国路姐团队	中国公路学会	2014.01
合肥管理处	全国交通运输系统先进集体	人力资源和社会保障部交通运输部	2009.12
合肥管理处	全国交通运输行业文明示范窗口单位	交通运输部	2010.09
合肥管理处	2013年度全国青年安全生产示范岗	共青团中央办公厅国家安全监管总局	2014.04
合肥管理处	全国安全文化建设示范企业	中国安全生产学会	2016.01
合肥管理处	全国工人先锋号	中华全国总工会	2008.01
合肥管理处工会	全国模范职工小家	中华全国总工会	2008.04
合肥管理处	全省抗雪防冻救灾工作先进集体	中共安徽省委安徽省人民政府	2008.03
合肥管理处	安徽省安全文化建设示范企业	安徽省人民政府安全生产委员会办公室	2013.07
合肥管理处	廉政文化建设示范点	中共安徽省纪委安徽省监察厅	2015.03

续上表

获奖单位	奖项名称	颁奖单位	获奖时间
合肥管理处陈静静女子班	全国巾帼文明岗	中华全国妇女联合会	2013.03
合肥管理处陈静静女子班	安徽省五一巾帼标兵岗	安徽省总工会	2012.03
合肥管理处包河大道所	2009—2010年度全国青年文明号	交通运输部共青团中央	2011.05
合肥管理处包河大道所	2011—2012年度全国青年文明号	交通运输部共青团中央	2013.02
合肥管理处金寨路收费所	第三届安徽省文明窗口	安徽省创建文明行业活动指导委员会	2012.01
合肥管理处中控室	全国交通系统通信服务先进集体	交通部	1999.12
六安管理处	全国公路交通系统模范职工小家	交通部精神文明建设办公室	2012.01
六安管理处	全国企业应急救援知识竞赛优胜单位奖	国家安全生产监督总局	2013.01
六安管理处	第十届安徽省文明单位	中共安徽省委安徽省政府	2014.12
六安管理处	安徽省青年文明号	共青团安徽省委省交通厅	2011.01
合巢芜管理处	第十届安徽省文明单位	安徽省委省人民政府	2014.01
合巢芜管理处	第九届安徽省文明单位	安徽省委省政府	2011.01
庐江公司	全国企业应急知识竞赛"优胜单位"奖	国家安监局	2013.01
庐江公司	全省2011年度（首批）安全文化示范企业	安徽省人民政府安全生产委员会办公室	2012.01
庐江公司花园站	2014—2015年度全国交通运输行业文明示范窗口	交通运输部	2016.08
庐江公司花园站	第三届安徽省"文明窗口"	安徽省创建文明行业活动指导委员会	2012.01
庐江公司花园站	安徽省工人先锋号	安徽省总工会	2010.01
庐江公司浮山收费站	省级青年文明号	共青团安徽省委	2013.01
合安管理处	全国巾帼文明岗	全国妇女联合会	2013.01
合安管理处	全国青年文明号	共青团中央	2006.01
合安管理处	全国职工书屋	中华总工会	2014.01

附录二

获 奖 情 况

续上表

获奖单位	奖项名称	颁奖单位	获奖时间
合安管理处	安徽省青年文明号	共青团安徽省委	2004.01
合安管理处	安徽省十五发展创新工程先进集体	安徽省劳竞委省总工会	2005.01
合安管理处	安徽省第九届文明单位	中共安徽省委安徽省人民政府	2010.03
合安管理处	安徽省第八届文明单位	中共安徽省委安徽省人民政府	2008.01
合安管理处	安徽省第七届文明单位	中共安徽省委安徽省人民政府	2006.01
合安管理处	安徽省巾帼文明岗	安徽省妇联	2011.03
合安管理处	全省2011年度（首批）安全文化示范企业	安徽省安全生产委员会	2012.01
合安管理处	安徽省先进集体	安徽省政府	2012.01
合安管理处	2013年度省级"职工书屋"	安徽省总工会	2014.01
合安管理处陈青女子班	最美中国路姐团队	中国公路杂志社	2015.01
青阳公司	2012—2013年度全国交通运输行业文明单位	交通运输部	2015.01
青阳公司	全省干线公路养护管理工作先进基层单位	安徽省人民政府	2012.06
青阳公司	安徽省劳动竞赛先进集体	安徽省劳动竞赛委员会安徽省总工会	2014.04
青阳公司	工人先锋号	安徽省劳动竞赛委员会安徽省总工会	2013.04
高界管理处	第四届全国文明单位	中央文明委	2014.12
高界管理处	第三届全国文明单位	中央文明委	2011.12
高界管理处	全国"青年文明号"高速公路	交通部共青团中央	2001.04
高界管理处	全国精神文明建设工作先进单位	中央文明办	2009.01
高界管理处	全国精神文明建设工作先进单位	中央文明办	2005.1
高界管理处	全国创先争优先进基层党组织	中共中央组织部	2012.07
高界管理处	全国安全文化建设示范企业	国家安全生产监督管理总局	2014.05
高界管理处	第十届"安徽省文明单位"	中共安徽省委安徽省人民政府	2014.12
高界管理处	第九届"安徽省文明单位"	中共安徽省委安徽省人民政府	2011.11
高界管理处	第八届"安徽省文明单位"	中共安徽省委安徽省人民政府	2008.04

续上表

获奖单位	奖项名称	颁奖单位	获奖时间
高界管理处	第七届"安徽省文明单位"	中共安徽省委安徽省人民政府	2006.04
高界管理处	第六届"安徽省文明单位"	中共安徽省委安徽省人民政府	2004.04
高界管理处	全省文明单位创建优秀品牌（"振风净思"廉政文化）	安徽省文明办	2016.12
高界管理处	安徽省廉政文化示范标兵	安徽省纪委安徽省监察厅	2016.01
高界管理处	安徽省职工书屋示范点	安徽省总工会	2014.12
高界管理处	安徽省"安全文化建设示范企业"	安徽省政府安委会办公室	2013.07
高界管理处	安徽省"青年文明号"高速公路	安徽省交通厅共青团省委	2000.09
高界管理处	安徽省"廉政文化建设示范点"	安徽省纪委安徽省监察厅	2011.04
高界管理处	安徽省"先进集体"	安徽省人民政府	2002.09
黄山管理处	全国"安康杯"竞赛优胜班组	中华全国总工会国家安监总局	2015.05
黄山管理处	全国"安康杯"竞赛班组安全建设与管理成果展示比赛一等奖	中华全国总工会国家安监总局	2015.05
黄山管理处	省级工人先锋号	安徽省总工会	2014.01
黄山管理处	省级职工书屋示范点	安徽省总工会	2014.01
黄山管理处	省级青年志愿者优秀组织	共青团省委	2015.05
黄山管理处	省级青年志愿者优秀项目	共青团省委	2015.05
黄山管理处	省级职工省级职业道德建设标兵单位	安徽省总工会	2015.01
黄山公司	第四届全国文明单位	中央文明办	2015.02
黄山公司	2010—2011年度全国交通运输行业文明示范窗口"	交通运输部	2012.12
黄山公司	全国交通运输文化建设优秀单位	中国交通企业管理协会	2013.11
黄山公司	全国交通运输文化建设优秀单位	中国交通企业管理协会	2014.09
黄山公司	第十届安徽省文明单位	中共安徽省委安徽省人民政府	2014.12
黄山公司	第九届安徽省文明单位	中共安徽省委安徽省人民政府	2011.01
黄山公司汤口收费站	全国巾帼文明岗	中华全国妇女联合会	2015.02
黄山公司汤口收费站	全国三八红旗集体	中华全国妇女联合会	2014.02
黄山公司汤口收费站	全国交通交通运输行业文明示范窗口	交通运输部	2012.12
黄山公司监控中心	省级巾帼文明岗	安徽省妇女"巾帼建功"活动领导小组	2015.03

附录二

获奖情况

续上表

获奖单位	奖项名称	颁奖单位	获奖时间
黄山公司G3黄山收费站	省级职工书屋	安徽省总工会	2010.11
黄山公司汤口收费站	省级巾帼文明岗	安徽省妇女"巾帼建功"活动领导小组	2011.03
省交规院公司	"十五"全国建筑技术创新先进企业	中国建设部	2006.07
省交规院公司	全国交通行业优秀质量管理小组	中国交通企业管理协会	2007.08
省交规院公司	第十届安徽省文明单位	中共安徽省委安徽省人民政府	2014.12
省交规院公司	第九届安徽省文明单位	中共安徽省委安徽省人民政府	2011.01
省交规院公司	第八届安徽省文明单位	中共安徽省委安徽省人民政府	2008.04
省交规院公司	安徽省劳动竞赛先进集体	安徽省劳动竞赛委员会	2008.04
省交规院公司	安徽省五一劳动奖状	安徽省总工会	2005.04
省交规院公司	"十五"百万职工创新工程先进集体	安徽省劳动竞赛委员会	2005.04
省交规院公司	全国青年文明号	交通部共青团中央	2007.04

（二）科技类获奖情况

安徽交通控股集团历年获奖汇总表（科技类）　　附表2-3

序号	奖项名称或奖项等级	获奖年度	颁奖单位	获奖项目或获奖单位名称
国 际 奖					
1	第33届国际桥梁大会最高奖——乔治·理查德森奖	2016	国际桥梁大会组委会	马鞍山长江公路大桥
2	全球BE创新奖——本特利公司	2014	全球基础设施建筑软件供应商奔特力公司	芜湖长江公路二桥
詹 天 佑 奖					
3	第十届中国土木工程詹天佑奖	2011	中国土木工程学会	安徽铜陵至黄山高速公路
4	第十一届中国土木工程詹天佑奖	2013	中国土木工程学会	六安至武汉高速公路大别山隧道群
5	第十二届中国土木工程詹天佑奖	2014	中国土木工程学会	沿江高速公路芜湖至安庆段

安徽

续上表

序号	奖项名称或奖项等级	获奖年度	颁奖单位	获奖项目或获奖单位名称
鲁班奖				
6	2012—2013 年度中国建设工程鲁班奖(国家优质工程)	2013	中国建筑业协会	安徽省铜陵至汤口高速公路太平湖大桥
7	2016—2017 年度第一批中国建设工程鲁班奖(国家优质工程)	2016	中国建筑业协会	马鞍山长江公路大桥
公路交通优质工程奖				
8	2012—2013 年度公路交通优质工程奖	2013	中国公路建设行业协会	安庆至景德镇公路安徽段
9	2014—2015 年度公路交通优质工程(李春)奖	2016	中国公路建设行业协会	泗县至宿州高速公路
黄山杯奖				
10	2011 年度安徽省建设工程"黄山杯"奖(省优质工程)	2012	安徽省住房和城乡建设厅	合六高速公路路面第二合同段
信息化类奖项				
11	安徽省信息化示范工程奖	2013	安徽省经济和信息化委员会	安徽省高速公路集团数据库云平台
12	信息化优秀项目	2013	安徽省经济和信息化委员会	高速公路综合指挥调度平台应用研究
13	安徽省信息化十件大事	2014	安徽省信息化协会	基于云计算与业务扁平化的高速公路收费系统
安徽省科学技术奖				
14	一等奖	1999	安徽省人民政府	安徽省高等级公路生态工程综合技术研究
15	二等奖	2002	安徽省人民政府	桥梁波形伸缩缝推广与应用
16	二等奖	2006	安徽省人民政府	软土地基处理新工艺的研究——干振复合桩复合地基
17	三等奖		安徽省人民政府	高速公路侧向安全槽的研究与应用
18	三等奖		安徽省人民政府	复杂地质条件下长连拱隧道设计施工关键技术研究
19	三等奖	2007	安徽省人民政府	太平湖大桥桥基岩体工程适应性及深大基坑动态设计-施工互馈研究
20	三等奖		安徽省人民政府	高速公路旧水泥混凝土路面改造技术研究

附录二
———— 获奖情况 ————

续上表

序号	奖项名称或奖项等级	获奖年度	颁奖单位	获奖项目或获奖单位名称
21	二等奖	2008	安徽省人民政府	根式基础研究
22	三等奖		安徽省人民政府	安徽江淮膨胀土工程特性及路基处治关键技术研究
23	二等奖	2009	安徽省人民政府	通透肋式拱梁傍山隧道修建技术研究
24	三等奖		安徽省人民政府	大跨度拱桥施工过程空间仿真分析研究
25	三等奖	2010	安徽省人民政府	公路隧道施工安全控制新技术研究与应用
26	三等奖		安徽省人民政府	太平湖特大跨径提篮拱桥安全及稳定关键技术研究
27	二等奖	2011	安徽省人民政府	山区高速公路高边坡动态设计及施工控制技术系统研究
28	三等奖		安徽省人民政府	高速公路沥青路面混合料设计与施工技术研究
29	三等奖		安徽省人民政府	合宁高速公路改扩建工程关键技术研究
30	二等奖	2012	安徽省人民政府	山区高墩大跨度连续刚构桥温度场与温度荷载模式研究
31	三等奖		安徽省人民政府	安徽省沿江高速公路软基处理关键技术研究
32	三等奖		安徽省人民政府	超薄沥青混凝土在特大水泥混凝土桥面中的应用研究
33	三等奖		安徽省人民政府	淮北地区粉性土路基设计施工技术研究
34	二等奖	2013	安徽省人民政府	京台高速公路皖南段建设创新成套技术研究
35	三等奖		安徽省人民政府	低高度密肋式预应力混凝土简支T梁上部构造成套技术研究
36	三等奖		安徽省人民政府	煤矸石填筑高速公路路堤关键技术研究
37	三等奖	2014	安徽省人民政府	山区高速公路高边坡运营期监控技术研究
38	三等奖		安徽省人民政府	安徽省山区高速公路沥青路面新结构与材料研究

续上表

序号	奖项名称或奖项等级	获奖年度	颁奖单位	获奖项目或获奖单位名称
39	一等奖	2015	安徽省人民政府	马鞍山三塔缆索承重桥成套技术研究
40	三等奖		安徽省人民政府	基于排水抗裂功能的耐久性路面设计及改扩建工程应用
41	三等奖		安徽省人民政府	基于预拌-增强技术的温拌沥青混合料研发与应用
42	三等奖		安徽省人民政府	基于性能的城市高架抗震评估关键技术
43	三等奖		安徽省人民政府	长服役期自修复水性防水系统研究及产业化
44	三等奖	2016	安徽省人民政府	超薄层钢桥面铺装材料及技术研究
中国公路学会科学技术奖				
45	二等奖	2006	中国公路学会	软土地基处理新工艺的研究——干振复合桩复合地基
46	二等奖		中国公路学会	龙山浅埋大跨连拱隧道动态反馈与施工控制技术研究
47	一等奖	2007	中国公路学会	山区高速公路数字化集成设计系统研究与开发
48	二等奖		中国公路学会	高速公路旧水泥混凝土路面改造技术研究
49	一等奖	2008	中国公路学会	铜黄高速公路汤口至屯溪段高边坡稳定性及支护设计优化系统研究
50	二等奖		中国公路学会	安徽江淮膨胀土工程特性及路基处治关键技术研究
51	三等奖	2009	中国公路学会	复杂地质条件下长连拱隧道设计施工关键技术研究
52	二等奖	2010	中国公路学会	山岭隧道施工管理安全控制新技术研究（与2010年省科技三等奖"公路隧道施工安全控制新技术研究与应用"为同一项目）
53	二等奖	2011	中国公路学会	合宁高速公路扩建工程关键技术研究
54	二等奖		中国公路学会	高速公路沥青路面养护成套技术研究
55	三等奖		中国公路学会	淮北地区粉性土路基设计施工技术研究

附录二

获奖情况

续上表

序号	奖项名称或奖项等级	获奖年度	颁奖单位	获奖项目或获奖单位名称
56	三等奖	2012	中国公路学会	装配式混凝土空心板横向联系质量控制研究
57	三等奖	2012	中国公路学会	安徽省六武高速公路道路安全评价与模拟驾驶验证研究
58	三等奖	2012	中国公路学会	地产集料在高速公路沥青路面中的应用研究
59	一等奖	2013	中国公路学会	京台高速公路皖南段建设创新技术研究
60	三等奖	2013	中国公路学会	低高度密肋式预应力混凝土简支T梁上部构造成套技术研究
61	三等奖	2013	中国公路学会	高速公路隧道工程地质超前预报与监控量测技术应用研究
62	三等奖	2013	中国公路学会	公路隧道光纤组合发光涂料节能照明技术研究
63	三等奖	2013	中国公路学会	高烈度地区公路路基抗液化处理技术研究
64	三等奖	2013	中国公路学会	安徽省高速公路服务区可持续节能减排系统综合应用研究
65	一等奖	2014	中国公路学会	马鞍山长江大桥施工安全控制与管理成套技术研究
66	一等奖	2014	中国公路学会	大雾条件下高速公路运营安全保障技术研究
67	二等奖	2014	中国公路学会	多孔钢波纹板公路桥涵结构技术研究
68	二等奖	2014	中国公路学会	拱式索辅梁桥设计关键技术研究
69	二等奖	2014	中国公路学会	绩黄高速公路佛岭长大隧道关键施工技术研究
70	三等奖	2014	中国公路学会	安徽生态高速公路工程技术研究
71	三等奖	2014	中国公路学会	安徽省山区高速公路沥青路面新结构及材料研究
72	特等奖	2015	中国公路学会	马鞍山三塔缆索承重桥成套技术研究
73	一等奖	2015	中国公路学会	基于排水抗裂功能的耐久性路面设计及改扩建工程应用
74	一等奖	2015	中国公路学会	同向回转拉索柱式塔斜拉桥关键技术研究
75	二等奖	2015	中国公路学会	拱形塔施工工艺和模型试验研究

续上表

序号	奖项名称或奖项等级	获奖年度	颁奖单位	获奖项目或获奖单位名称
76	三等奖	2015	中国公路学会	安徽省高速公路水运工程质量通病防治研究
77	三等奖		中国公路学会	桥梁预制管桩基础设计理论及应用技术研究
78	三等奖		中国公路学会	不对称斜拉桥方案设计及其关键技术研究
79	三等奖		中国公路学会	预应力混凝土U形梁受力性能与设计方法研究
80	二等奖	2016	中国公路学会	"微笑服务"长效机制建设研究
81	二等奖		中国公路学会	马鞍山长江公路大桥基于建管养一体化模式的钢桥面铺装成套技术
82	三等奖		中国公路学会	平原区高速公路集约建造成套创新技术研究
安徽省交通科技进步奖				
83	特等奖	2009	安徽省公路学会	根式群井基础新技术研究
84	一等奖		安徽省公路学会	通透肋式拱梁傍山隧道修建技术研究
85	一等奖	2009	安徽省公路学会	铜汤高速公路太平湖大桥大跨度大吨位缆索吊装系统设计及提篮式拱肋安装工艺研究
86	一等奖		安徽省公路学会	大跨径钢管混凝土拱桥关键力学问题研究
87	二等奖		安徽省公路学会	高速公路沥青路面车辙维修关键技术研究
88	二等奖		安徽省公路学会	高速公路联网收费系统储值卡应用研究
89	二等奖		安徽省公路学会	安徽省山区高速公路限速标志关键技术研究
90	三等奖		安徽省公路学会	组合I型连续梁桥的施工控制
91	三等奖		安徽省公路学会	膨胀土地区透水路面应用研究
92	二等奖	2011	安徽省公路学会	无背索预应力混凝土斜拉桥关键技术研究
93	二等奖		安徽省公路学会	山区高墩大跨度连续刚构桥温度场与温度荷载模式研究
94	二等奖		安徽省公路学会	安徽省平原区高速公路低路堤设计技术研究

附录二

获奖情况

续上表

序号	奖项名称或奖项等级	获奖年度	颁奖单位	获奖项目或获奖单位名称
95	二等奖		安徽省公路学会	旧水泥混凝土路面性能评价和沥青加铺层成套技术研究
96	二等奖		安徽省公路学会	高速公路沥青路面养护成套技术研究
97	二等奖		安徽省公路学会	隧道半导体照明(LED)综合节能技术研究
98	二等奖		安徽省公路学会	125kHz高速公路多义性路径识别无源RFID系统
99	三等奖		安徽省公路学会	平原区高速公路控制点低高度桥梁设计关键技术研究
100	三等奖		安徽省公路学会	有黏结预应力筋加固变高度混凝土箱梁技术研究
101	三等奖	2011	安徽省公路学会	大跨高墩连续刚构桥施工监控技术研究
102	三等奖		安徽省公路学会	安徽省公路桥梁盐损害防治技术研究
103	三等奖		安徽省公路学会	高速公路服务区污水处理和中水回用技术研究
104	三等奖		安徽省公路学会	旧水泥混凝土路面加铺薄层沥青混凝土关键技术
105	三等奖		安徽省公路学会	淮北地区粉性土路基设计施工技术研究
106	三等奖		安徽省公路学会	印尼布敦岩沥青在高速公路沥青路面工程中的应用研究
107	三等奖		安徽省公路学会	安徽省高速公路养护工程定额
108	特等奖		安徽省公路学会	同向回转拉索锚固体系研究
109	一等奖		安徽省公路学会	低高度密肋式预应力混凝土简支T梁上部构造成套技术研究
110	二等奖		安徽省公路学会	拱式索辅梁桥设计关键问题
111	二等奖		安徽省公路学会	水泥混凝土桥梁沥青铺装结构研究
112	二等奖	2013	安徽省公路学会	马鞍山长江公路大桥特大沉井基础施工关键技术研究
113	二等奖		安徽省公路学会	高烈度地区公路路基抗液化处理技术研究
114	二等奖		安徽省公路学会	高速公路沥青路面使用性能调查与结构分析

续上表

序号	奖项名称或奖项等级	获奖年度	颁奖单位	获奖项目或获奖单位名称
115	二等奖	2013	安徽省公路学会	温拌橡胶沥青混合料技术开发与应用研究
116	二等奖		安徽省公路学会	安徽沿江高速公路软基处理关键技术研究
117	二等奖		安徽省公路学会	公路隧道光纤组合发光涂料节能照明技术研究
118	二等奖		安徽省公路学会	安徽省内河码头典型性装卸工艺改进研究
119	三等奖		安徽省公路学会	安徽省高速公路存疑车辆稽查管理系统应用研究
120	三等奖		安徽省公路学会	煤矸石填筑高速公路路堤关键技术研究
121	三等奖		安徽省公路学会	皖北地区高速公路小型构造物地基承载力快速评定方法研究
122	三等奖		安徽省公路学会	安徽省六安至潜山高速公路隧道照明综合节能成套技术研究
123	三等奖		安徽省公路学会	山区高速公路建设中宕碴合理利用技术的研究
124	三等奖		安徽省公路学会	安徽省高速公路服务区可持续节能减排系统综合应用研究
125	三等奖		安徽省公路学会	山区高速公路桥隧群交通安全改善技术研究
126	三等奖		安徽省公路学会	高速公路隧道工程地质超前预报与监控量测技术应用研究
127	特等奖	2015	安徽省公路学会	多塔连跨非漂移结构体系的研究
128	特等奖		安徽省公路学会	超薄层钢桥面铺装材料及技术研究
129	特等奖		安徽省公路学会	"微笑服务"长效机制建设研究
130	一等奖		安徽省公路学会	连续梁桥上部结构整体顶升及其施工过程监控关键技术
131	一等奖		安徽省公路学会	桥梁伸缩装置病害处治与维修成套技术研究
132	一等奖		安徽省公路学会	养护工程大粒径沥青碎石基层抗裂性研究
133	一等奖		安徽省公路学会	Super PCR SBS改性乳化沥青粘层材料研发与应用研究

附录二

获 奖 情 况

续上表

序号	奖项名称或奖项等级	获奖年度	颁奖单位	获奖项目或获奖单位名称
134	一等奖	2015	安徽省公路学会	基于排水抗裂功能的耐久性路面设计及改扩建工程应用
135	二等奖		安徽省公路学会	预应力混凝土U形梁受力性能与设计方法研究
136	二等奖		安徽省公路学会	不对称斜拉桥方案设计及其关键技术研究
137	二等奖		安徽省公路学会	桥梁预制管桩基础设计理论及应用技术研究
138	二等奖		安徽省公路学会	标准跨径桥梁抗震设计研究及应用
139	二等奖		安徽省公路学会	高温多雨地区高模量抗车辙沥青混凝土开发及应用技术研究
140	二等奖		安徽省公路学会	公路泥岩路基修筑关键技术研究
141	二等奖		安徽省公路学会	内河航道生态护坡形式及防冲效果研究
142	二等奖		安徽省公路学会	马鞍山大桥混凝土品质研究
143	二等奖		安徽省公路学会	省级高速公路路网收费管理决策支持系统
144	二等奖		安徽省公路学会	高速公路收费系统扁平化应用研究
145	二等奖		安徽省公路学会	高速公路监控视频数字化应用研究
146	二等奖		安徽省公路学会	高速公路综合指挥调度信息化应用研究项目
147	二等奖		安徽省公路学会	高速公路沥青路面养护工程施工及验收标准的研究
148	三等奖		安徽省公路学会	隧道高性能多孔水泥混凝土路面研究
149	三等奖		安徽省公路学会	基于预拌-增强技术的温拌沥青混合料研发与应用
150	三等奖		安徽省公路学会	高渗透型透层油开发研究
151	三等奖		安徽省公路学会	旧水泥路面加铺沥青层路面结构层性能分析与验收指标的研究
152	三等奖		安徽省公路学会	芜申运河堤坝高边坡支挡结构研究
153	三等奖		安徽省公路学会	车辆管理模式与使用预报机制研究

续上表

序号	奖项名称或奖项等级	获奖年度	颁奖单位	获奖项目或获奖单位名称
154	三等奖	2015	安徽省公路学会	山区高速公路边坡稳态远程智能监测综合预警系统研究及其工程应用
155	三等奖		安徽省公路学会	安徽省高速公路控股集团有限公司机电系统标准化指南
156	三等奖		安徽省公路学会	高速公路机电系统管理信息化应用研究
157	三等奖		安徽省公路学会	高速公路沥青路面路况评价指标体系与养护规划研究
其他奖项				
158	安徽省国土资源科学技术奖	2015	安徽省国土资源厅	安徽省高速公路土地利用与管理模式研究
159	中国智能交通科学技术奖三等奖	2015	中国智能交通协会	省域高速公路智能化管理关键技术研究应用

(三)个人获奖情况

全国劳模汇总表　　　　　　　　　　　　　　　　　　　　附表2-4

序号	姓　名	荣誉称号	颁奖单位	获奖时间
1	乔传福	全国劳动模范	国务院	2015.04
2	陈青	全国劳动模范	国务院	2015.04

省部级劳模及省五一劳动奖章获奖汇总表　　　　　　　　　附表2-5

序号	姓　名	奖项名称	获奖时间
1	黄海燕	安徽省劳动模范	2017年
2	卢元均	安徽省五一劳动奖章	2016年
3	左敦礼	安徽省五一劳动奖章	2015年
4	殷永高	全国交通运输系统劳动模范	2015年
5	黄玲	全国交通运输系统劳动模范	2015年
6	张敏	安徽省五一劳动奖章	2015年
7	章小妹	安徽省五一劳动奖章	2014年
8	李进	安徽省五一劳动奖章	2014年
9	邓萍	安徽省五一劳动奖章	2011年
10	郑建中	安徽省劳动模范/安徽省五一劳动奖章	2007年/2006年
11	徐大志	安徽省劳动模范	2007年
12	阳惠	安徽省五一劳动奖章	2007年
13	费富强	安徽省五一劳动奖章	2007年

附录二
获奖情况

续上表

序号	姓　名	奖项名称	获奖时间
14	倪春燕	安徽省五一劳动奖章	2007年
15	李慧林	安徽省劳动模范	2006年
16	王水	安徽省劳动模范	2005年
17	胡可	安徽省劳动模范	2005年
18	钱东升	安徽省劳动模范/安徽省五一劳动奖章	2002年/2001年
19	何红	全国交通系统劳动模范	2001年
20	屠筱北	安徽省五一劳动奖章	1998年
21	王宏	安徽省五一劳动奖章	1996年
22	谯志清	全国交通系统先进工作者	1994年
23	席伦运	全国交通运输系统先进工作者	1994年
24	汪晓马	安徽省劳动模范	1992年
25	傅勤元	安徽省劳动模范	1992年
26	王春林	安徽省劳动模范	1988年
27	张长华	全国交通系统两个文明标兵	1987年

中国公路学会百名优秀工程师汇总表　　　　　　　　　　　　　　附表2-6

届次	获奖时间	姓　名	职　称
第一届	1998年	胡可	教授级高级工程师
第一届	1998年	曹光伦	高级工程师
第二届	2003年	孙敦华	教授级高级工程师
第三届	2005年	钱东升	教授级高级工程师
第三届	2005年	宋文	教授级高级工程师
第四届	2007年	徐宏光	教授级高级工程师
第四届	2007年	陈修和	教授级高级工程师
第五届	2009年	殷永高	教授级高级工程师
第五届	2009年	段海澎	教授级高级工程师
第六届	2011年	孙业香	教授级高级工程师
第六届	2011年	王耀明	教授级高级工程师
第六届	2011年	黄学文	教授级高级工程师
第七届	2013年	黄志福	教授级高级工程师
第七届	2013年	杨善红	教授级高级工程师
第八届	2015年	苏新国	教授级高级工程师
第八届	2015年	毛洪强	教授级高级工程师

安徽省公路学会优秀工程师汇总表　　　　　　　　　　　　　　附表2-7

届次	姓　名	职　称
第一届	黄学文	教授级高级工程师
第一届	段海澎	高级工程师

续上表

届次	姓名	职称
第一届	谢洪新	教授级高级工程师
第一届	孙业香	高级工程师
第二届	唐军	高级工程师
第二届	石程华	高级工程师
第三届	苏新国	教授级高级工程师
第三届	张尤平	高级工程师
第三届	李晓勇	高级工程师
第三届	毛洪强	教授级高级工程师
第四届	方昱	高级工程师
第四届	马祖桥	教授级高级工程师

（四）主要发明专利统计表

主要发明专利汇总表　　　　　　　　　　　附表2-8

序号	专利名称	专利号	专利发明人	专利权人	授权时间
1	根式基础及其施工方法	ZL200610038147.5	屠筱北、钱东升、殷永高、黄学文、房涛、陈志忠、王恒斌、许泽宁、于斌、车承志	安徽省高速公路总公司	2009.8.5
2	一种生态护坡方法及护坡结构	ZL201410458962.1	杨建英、钱东升、赵平、苏新国、史常青、许振宁、赵廷宁、黄学文、杨阳、刘治兴	北京林业大学、安徽省交通控股集团有限公司	2016.4.16
3	一种空心管柱水下浇筑自浮式内模系统	ZL201410171790.X	殷永高、章征、张立奎、朱福春、吕奖国、赵公明、郑伟峰、王凯、纪厚强、沈宜萍	安徽省交通控股集团有限公司	2016.1.20
4	一种带有护壁的水下浇筑式管柱及其施工方法	ZL201410172024.5	殷永高、孙敦华、张立奎、吕奖国、赵先民、赵公明、郑伟峰、朱星虎、明昕、葛德宏	安徽省高速公路控股集团有限公司	2015.8.26
5	一种土工格室与纤维毯组合的边坡生态防护方法与结构	ZL201410458898.7	杨建英、钱东升、赵平、苏新国、史常青、许泽宁、赵廷宁、黄学文、杨阳、刘治兴	安徽省高速公路控股集团有限公司、北京林业大学	2016.6.29
6	一种带有护壁的水下浇筑根式基础及其施工方法	ZL201410171844.2	殷永高、孙敦华、章征、朱福春、赵先民、向文凤、朱瑞允、李东旭、王凯、王重阳	安徽省交通控股集团有限公司	2015.11.18
7	干振复合桩及其成桩方法	ZL200610039190.3	屠筱北、殷永高、黄学文、钱东升、陈志忠、胡红雨、房涛、方昱、周明高、谷林涛、杨庆云、孙狂飙、许泽宁、章征、王恒斌、车承志	安徽省高速公路总公司	2006.12.6

附录二
获奖情况

续上表

序号	专利名称	专利号	专利发明人	专利权人	授权时间
8	斜拉桥混凝土主梁用锚拉板组件	ZL201310026902.8	梅应华、曹光伦、左敦礼、于春江、李晓勇、王宏斌、邹正明、杨新苏、龚祚、窦巍、连俊峰	安徽省交通投资集团有限责任公司	2014.10.1
9	聚乙烯醇纤维增强水泥稳定碎石路面基层材料	ZL201110354053.X	陈修和、张玉斌、陈为成、张辉	安徽省交通规划设计研究院	2013.6.19
10	一种水基渗透型混凝土保护剂的制备方法	ZL201310153443.X	陈修和、余建军、瞿红侠、廖绍锋、张玉斌、陈为成、王春红、张辉、杨航、卓建平	安徽省交通规划设计研究院有限公司、安徽润砼建材科技有限公司	2014.10.8
11	管型混凝土桥墩	ZL201310420662.X	吴平平、胡可、黄浩、王吉双、徐宏光、席进、吴志刚、唐国喜	安徽省交通规划设计研究总院股份有限公司	2015.8.5
12	通透肋式拱梁隧道	ZL200810048633.4	余飞、陈善雄、陈修和、张胜、王飞	中国科学院武汉岩土力学研究所、安徽省交通规划设计研究总院股份有限公司	2010.10.6
13	通透肋式拱梁隧道施工方法	ZL200810048634.9	陈善雄、陈修和、余飞、张胜、王飞	中国科学院武汉岩土力学研究所、安徽省交通规划设计研究总院股份有限公司	2010.1.20
14	一种可深层加载的螺旋板载荷试验装置及其方法	ZL201310082682.0	陈善雄、胡可、曹光伦、罗红明、余飞、戴张俊	安徽省交通控股集团有限公司、中国科学院武汉岩土力学研究所	2015.9.16
15	一种装配式通道弧形顶板的内壁半径的测量检验方法	ZL201410345454.2	陈发根、杨晓光、胡可、郑建中、曹光伦、左敦礼、张其云、王宏斌、马祖桥、王胜斌、董阁、吴刚、席进、阮欣、潘家升、杨牧盘、杨新苏、陈维平、赵可肖、唐军、孙海鹏	安徽省交通投资集团有限责任公司	2016.8.24